博雅

合同法通则

（第二版）

General Rules of
Contract Law
(2nd edition)

王利明　著

图书在版编目(CIP)数据

合同法通则 / 王利明著. -- 2 版. -- 北京 ：北京大学出版社，2025. 2. --(21 世纪法学规划教材).
ISBN 978-7-301-35857-3

Ⅰ. D923.6

中国国家版本馆 CIP 数据核字第 20255NA656 号

书　　名　合同法通则（第二版）
　　　　　HETONGFA TONGZE（DI-ER BAN）
著作责任者　王利明　著
责任编辑　周　菲
标准书号　ISBN 978-7-301-35857-3
出版发行　北京大学出版社
地　　址　北京市海淀区成府路 205 号　100871
网　　址　http://www.pup.cn
新浪微博　@北京大学出版社　@北大出版社法律图书
电子邮箱　编辑部 law@pup.cn　总编室 zpup@pup.cn
电　　话　邮购部 010-62752015　发行部 010-62750672　编辑部 010-62752027
印 刷 者　河北文福旺印刷有限公司
经 销 者　新华书店
　　　　　787 毫米×1092 毫米　16 开本　37.5 印张　966 千字
　　　　　2022 年 5 月第 1 版
　　　　　2025 年 2 月第 2 版　2025 年 2 月第 1 次印刷
定　　价　88.00 元

丛书出版前言

秉承“学术的尊严，精神的魅力”的理念，北京大学出版社多年来在文史、社科、法律、经管等领域出版了不同层次、不同品种的大学教材，获得了广大读者的好评。

但一些院校和读者面对多种教材时出现选择上的困惑，因此北京大学出版社对全社教材进行了整合优化。集全社之力，推出一套统一的精品教材。

“21世纪法学规划教材”即是本套精品教材的法律部分。本系列教材在全社法律教材中选取了精品之作，均由在我国法学领域颇具影响力和潜力的专家学者编写而成，力求结合教学实践，推动我国法律教育的发展。

“21世纪法学规划教材”面向各高等院校法学专业学生，内容不仅包括16门核心课教材，还包括多门传统专业课教材，以及新兴课程教材；在注重系统性和全面性的同时，强调与司法实践、研究生教育接轨，培养学生的法律思维和法学素质，帮助学生打下扎实的专业基础和掌握最新的学科前沿知识。

本系列教材在保持相对一致的风格和体例的基础上，以精品课程建设的标准严格要求各教材的编写；汲取同类教材特别是国外优秀教材的经验和精华，同时具有中国当下的问题意识；增加支持先进教学手段和多元化教学方法的内容，努力配备丰富、多元的教辅材料，如电子课件、配套案例等。

为了使本系列教材具有持续的生命力，我们将积极与作者沟通，结合立法和司法实践，对教材不断进行修订。

无论您是教师还是学生，在使用本系列教材的过程中，如果发现任何问题或有任何意见、建议，欢迎及时与我们联系（发送邮件至 bjdxcbs1979@163. com）。我们会将您的意见或建议及时反馈给作者，供作者在修订再版时进行参考，从而进一步完善教材内容。

最后，感谢所有参与编写和为我们出谋划策提供帮助的专家学者，以及广大使用本系列教材的师生，希望本系列教材能够为我国高等院校法学专业教育和我国的法治建设贡献绵薄之力。

北京大学出版社

2017年10月

《民法典》合同编的中国特色(代序)

合同法是市场经济的基本法，在现代市场经济法治保障中发挥着基础性的作用。我国《民法典》合同编一共分为三个分编(通则、典型合同、准合同)，共计 526 条，占《民法典》条文总数的 40%以上，在《民法典》中具有举足轻重的地位。合同编是在系统总结我国合同立法经验的基础上产生的，它植根于中国大地，是我国改革开放和市场经济经验的总结，彰显了中国特色，也回应了我国经济生活、交易实践的需要。

从合同编的规范来源来看，其不仅借鉴了很多国家和地区的立法经验，也积极吸收了我国的立法和司法实践经验，尤其是整体继受了 1999 年颁布的《合同法》的立法经验。《合同法》是在立足中国国情、反映我国市场经济的需求，并充分借鉴国外先进的立法经验基础上制定的，二十多年的实践证明，该法在保护当事人合同权益、促进市场经济健康有序发展以及维护社会经济秩序等方面发挥了重要的作用。该法的大多数规则是符合我国市场经济的基本情况的，在交易实践和司法实践中也运行良好，因此其主要内容都被《民法典》所吸收。此外，合同编还积极总结司法实践经验，确立了相关规则，如预约合同、未生效合同、司法终止合同、代位权的直接受偿等规则，这些规则都来源于司法实践，并且在实践中取得了良好的社会效果。从《民法典》合同编规则的来源可见，合同编立足中国基本国情，从中国的实践出发，解决当代中国的实际问题，充分彰显了中国特色。

合同编在体系结构上作出了重大创新。我国《民法典》的分则体系设计并未采纳德国、法国和瑞士的立法模式，没有设置债法总则，而是从中国实际情况出发，保持了合同法总则体系的完整性和内容的丰富性，这是对大陆法系民法典体系的一种重要创新。同时，为避免债法总则功能的缺失，合同编通则在一定程度上发挥了债法总则的功能，合同编新增了 70 个法条，其中将近三分之一涉及有关债的分类以及不当得利、无因管理等债的规则，具体而言：一是在合同的履行中规定了债的分类，补充了多数人之债(按份之债和连带之债)、选择之债、金钱之债等规则，为合同编通则发挥债法总则的功能创造了条件。二是合同编中严格区分了债权债务与合同的权利和义务的概念。例如，在第六章“合同的变更和转让”中，有些条文使用了“债权转让与债务转移”的表述，而对于合同的概括转让，《民法典》则采取“合同的权利和义务一并转让”的表述(第 556 条)，这就区分了可以适用于合同外的债权债务转让的规则和仅适用于合同概括转让的规则。三是借鉴法国法和英美法的经验，规定了准合同。我国《民法典》合同编第三分编对准合同作出了规定，其中规定了无因管理、不当得利制度。设立准合同分编，不再在债法中割裂各种债的发生原因，使得不当得利和无因管理制度与合同制度有效联系，并充分考虑法律适用中的不同情形，从而实现了对法定之债与意定之债的整合。合同编发挥债法总则的功能，这种体系上的创新既避免了设置债法总则所可能导致的叠床架屋，同时也便利了司法适用，避免了法官找法的困难；另外，此种立法设计也可以在规定债法总则共通性规则的基础上，保持合同法总则体系的完整性，这也有利于更好地解释适用合同编的规则。

合同编兼顾了合同严守、合同自由和合同正义的原则。我国合同编将合同严守作为最为基础的价值,《民法典》第 465 条第 1 款规定:“依法成立的合同,受法律保护。”合同编强调合同对当事人的约束力,并通过合同的履行、保全、解除、违约责任等制度,督促当事人遵守合同。合同法是自治法或任意法,合同的成立和内容基本取决于当事人的意思。市场经济的发展需要进一步强化私法自治,充分鼓励交易,维护交易安全。合同编从合同的订立到履行都强调了促进合同自由和私法自治这一宗旨,有力调动了市场主体从事交易的积极性。合同编在保障合同自由、合同严守的基础上,也注重维护合同正义,如规定了情势变更及不可抗力情形下的解除和免责、合同司法终止以及违约金调整等规则,这些规则不仅填补了《合同法》的漏洞,而且为解决因疫情等原因而产生的合同纠纷提供了基本依据,具有重大的现实意义。

合同编强化了对弱势群体的人文关怀。古典的合同法理论认为,“契约即公正”,也就是说,合同自由可以自然导向合同正义,人们按照自己的意愿自主地进行交换,这种关系对于双方都是公正的,也有利于创造财富、实现资源的优化配置。然而,合同自由并没有也不可能完全实现社会正义。由于信息不对称、竞争不充分、集体合作规模大等原因,市场不能够完全自发、有效地配置资源,有时无法通过自发的合同交易实现社会财富的最有效流通,尤其是不能体现对弱势群体的关爱。因此,我国《民法典》合同编强化了对弱势群体的保护与关爱,彰显了这一实质正义和实质平等的要求。例如,合同编考虑到了相关主体缔约能力的不足,确认了强制缔约、对格式条款进行规制等一系列规则,旨在通过法律的强制性规定实现合同的实质正义。需要指出的是,合同编强化对弱势群体的保护是为了体现实质正义和实质平等,但也并未放弃形式正义和形式平等,合同编既要维护实质公平,也要实现形式公平,对弱势群体之外的主体,仍要以形式平等为原则。

合同编突出了对民生的保护。合同编在保留《合同法》所规定的十五类典型合同的前提下,新增了四种典型合同,其中专门规定了物业服务合同,这主要是考虑到物业服务对老百姓安居乐业的重要性,与广大业主的权益密切相关。在该章中,合同编明确规定了业主单方解除权、前期物业服务合同、物业服务人的安全保障义务、物业服务人的相互交接等问题。为落实党的十九大报告提出的加快建立多主体供给、多渠道保障、租购并举的住房制度的目标,合同编在租赁合同一章中进一步完善了买卖不破租赁规则(《民法典》第 725 条)、优先购买权规则(《民法典》第 726 条)、承租人优先承租权规则(《民法典》第 734 条)、承租人死亡后共同居住人的继续承租权规则(《民法典》第 732 条)等,这都有助于加强对承租人的保护,有利于实现租售并举的住房制度改革。

合同编注重改善营商环境。“法治是最好的营商环境。”合同编为改善营商环境,推进了担保制度的现代化,在保证制度的相关条款中,减轻了保证人的责任,降低了保证人的风险,减少了因连环保证而形成的风险蔓延。合同编进一步补充完善了所有权保留买卖、融资租赁、保理等具有担保性质的规则,并协调了合同性担保权利与担保物权之间的关系。例如,合同编在买卖合同中明确规定,出卖人对标的物保留的所有权,未经登记,不得对抗善意第三人(《民法典》第 641 条第 2 款),这就在一定程度上解决了各类担保的受偿顺位问题。合同编删除了《民法通则》第 61 条第 2 款、第 134 条第 3 款以及《合同法》第 59 条关于收缴非法财产、追缴双方合同所得、罚款和拘留等具有公法性质的责任规定,进一步尊重了当事人的私法自治。

合同编彰显了绿色原则。21 世纪是一个面临严重生态危机的时代,生态环境遭到严重破坏,人类生存与发展的环境不断受到严峻挑战。良好的生态环境是人民美好幸福生活的重要内容,是最普惠的民生福祉。合同编直面这一问题,充分贯彻了绿色原则。例如,《民法典》第 509 条第 3 款规定:“当事人在履行合同过程中,应当避免浪费资源、污染环境和破坏生态。”再如,《民法典》第 558 条规定:“债权债务终止后,当事人应当遵循诚信等原则,根据交易习惯履行通知、协助、保密、旧物回收等义务。”此外,合同编还在买卖合同中明确规定,没有通用方式的,应当采取足以保护标的物且有利于节约资源、保护生态环境的包装方式(《民法典》第 619 条),出卖人负有自行或者委托第三人对标的物予以回收的义务(《民法典》第 625 条)。

合同编适应了互联网时代的电子商务发展需要。随着我国电子商务的迅速发展,我国电子商务无论是交易数量还是总规模都已居于全球首位。为此,合同编中增加了有关电子商务的规则,如针对电子合同本身所具有的无纸化、数据化等特点,《民法典》第 469 条第 3 款规定:“以电子数据交换、电子邮件等方式能够有形地表现所载内容,并可以随时调取查用的数据电文,视为书面形式。”合同编在合同订立部分还增加了通过互联网方式订约的特别规则,《民法典》第 491 条第 2 款规定:“当事人一方通过互联网等信息网络发布的商品或者服务信息符合要约条件的,对方选择该商品或者服务并提交订单成功时合同成立,但是当事人另有约定的除外。”这就对合同的成立时间进行了特别的规定。《民法典》第 512 条还就通过信息网络订立的电子合同标的物的交付时间作出了特别规定。这些规定都回应了互联网时代交易的需求。

“合同法创造财富,侵权法保护财富”(Contract law is productive, tort law is protective)。[①]《民法典》合同编不仅创造财富,而且守护动态的财产,保障交易的有序进行。合同编的中国特色使得合同编更加符合国情,更能回应我国市场经济发展需求、解决中国的现实问题,更有利于鼓励交易、创造财富,维护交易安全和秩序,为中国的市场经济发展保驾护航。

王利明

2024 年 6 月

---

① Marc Stauch, *The Law of Medical Negligence in England and Germany: A Comparative Analysis*, Hart Publishing, 2008, p. 7.

术语缩略表

一、主要法律及司法解释缩略语

1.《民法典》:《中华人民共和国民法典》,2020 年 5 月 28 日公布,2021 年 1 月 1 日起施行。

2.《民法通则》:《中华人民共和国民法通则》,1987 年 1 月 1 日起施行,2021 年 1 月 1 日废止。

3.《合同法》:《中华人民共和国合同法》,1999 年 10 月 1 日起施行,2021 年 1 月 1 日废止。

4.《担保法》:《中华人民共和国担保法》,1995 年 10 月 1 日起施行,2021 年 1 月 1 日废止。

5.《总则编解释》:《最高人民法院关于适用〈中华人民共和国民法典〉总则编若干问题的解释》,2022 年 2 月 24 日公布,2022 年 3 月 1 日起施行。

6.《合同编通则解释》:《最高人民法院关于适用〈中华人民共和国民法典〉合同编通则若干问题的解释》,2023 年 12 月 4 日公布, 2023 年 12 月 5 日起施行。

7.《有关担保制度的解释》:《最高人民法院关于适用〈中华人民共和国民法典〉有关担保制度的解释》,2020 年 12 月 31 日公布,2021 年 1 月 1 日起施行。

8.《买卖合同司法解释》:《最高人民法院关于审理买卖合同纠纷案件适用法律问题的解释》,2012 年 5 月 10 日公布,2020 年 12 月 29 日修改,2021 年 1 月 1 日起施行。

9.《时间效力的若干规定》:《最高人民法院关于适用〈中华人民共和国民法典〉时间效力的若干规定》,2020 年 12 月 29 日公布,2021 年 1 月 1 日起施行。

10.《引用法律规定》:《最高人民法院关于裁判文书引用法律、法规等规范性法律文件的规定》,2009 年 10 月 26 日公布,2009 年 11 月 4 日起施行。

11.《合同法司法解释(一)》:《最高人民法院关于适用〈中华人民共和国合同法〉若干问题的解释(一)》,1999 年 12 月 29 日起施行,2021 年 1 月 1 日废止。

12.《合同法司法解释(二)》:《最高人民法院关于适用〈中华人民共和国合同法〉若干问题的解释(二)》,2009 年 5 月 13 日起施行,2021 年 1 月 1 日废止。

二、国际公约及示范法缩略语

1.《销售合同公约》:《联合国国际货物销售合同公约》(United Nations Convention on Contracts of International Sales of Goods)

2.《商事合同通则》:国际统一私法协会《国际商事合同通则》(The Principle of International Commercial Contracts)

3.《欧洲民法典草案》:《欧洲示范民法典草案:欧洲私法的原则、定义和示范规则》(Principles,Definitions and Model Rules of European Private Law: Draft Common Frame of Reference)

目 录

第一编 导 论

第二编 合同的订立、内容与效力

第三编　合同的履行、保全和变动

第五编　违约责任

博雅

第一编 | 导论

第一章

合 同 概 述

第一节　合同的概念与特征

一、合同的概念和特征

合同也称契约。英文中的"contract",法文中的"contract"或"pacte",德文中的"Vertrag"或"Kontrakt",意大利文中的"contractto",都意指合同,而这些用语又都来源于罗马法中的合同概念"contractus"。[①] 然而究竟应如何给合同下定义,在大陆法和英美法中一直存在不同的看法。大陆法学者基本上认为合同是一种合意或协议,而英美法学者大都认为合同是一种允诺。

合同是反映交易的法律形式,它反映的是等价交换的基本原则。在我国,千百年来契约的概念基本上仍保持了"合意"和"拘束"的含义。根据一些学者的考证,在我国,合同一词早在两千多年前即已存在,但一直未被广泛采用。[②] 古代汉语中的"契",在古代同"锲",即用刀子刻的意思;"约","缠束也",该词"反映了远古时代刻木为信、结绳记事的遗风"[③]。以后衍生出"合意"的意思。《说文解字》中说:"券,契也。券别之书以刀判契其旁,故曰契券"。1915年出版的《辞源》对于合同的定义是:"合同,互执之契约也,俗于两人以上之交涉。或受佣任事,或合资营业。将双方同意订定之契约同时誊写两份或两份以上。彼此执以为凭。谓之合同。"[④]《辞源》说:"合同即指契约文书。当事人订立一个'约',表示他们愿意受其约束"。"契"和"约"的基本含义就是"合意""约束"。古代最典型的两种契约形式"质剂"和"傅别",都表达了相同的含义。[⑤] 1949年以前,民法著述中都使用"契约"而不使用"合同"一词。自20世纪50年代初期至现在,除我国台湾地区之外,我国的民事立法和司法实践主要

---

① 据学者考证,"contractus"一词由"con"和"tractus"两部分组成。"con"由"cum"转化而来,有"共"的意思,"tractus"有交易的意思。因此,合同的本义为"共相交易"。参见王家福主编:《中国民法学·民法债权》,法律出版社1991年版,第286页。

② 参见周林彬主编:《比较合同法》,兰州大学出版社1989年版,第79页。

③ 叶孝信主编:《中国民法史》,上海人民出版社1993年版,第62页。

④ 《辞源》,商务印书馆1915年版,第20页。

⑤ "质剂"一词最初见于《周礼·天官·小宰》:"听买卖以质剂",可见"质剂"是中国最古老的买卖契约。所谓"质剂",就是"两书一札同而别之者,谓前后作二券,中央破之,两家各得其一"(贾公彦《疏》)。合在一起,称为"合同"。古代契约还有另外一种形式,称为"傅别"。据《周礼·天官·小宰》记载,"听称责以傅别"。它是古代最早的借贷契约。此种契约形式是指在竹木简上书写双方协议内容,然后从简中间剖开,双方各执一半,要"合券"才能读通,而"合券"实际上就是合同。

采用了合同而不是契约的概念。① 我国民事立法在合同定义上,基本继受了大陆法的概念,认为合同是一种合意或协议。《民法典》第464条第1款规定:“合同是民事主体之间设立、变更、终止民事法律关系的协议。”依据这一规定,合同具有以下特征。

1. 合同是平等民事主体所实施的一种民事法律行为。民事法律行为作为一种重要的法律事实,是民事主体实施的、能够引起民事权利和民事义务的产生、变更或终止的法律行为。民事法律行为以意思表示为成立要件,没有意思表示,就没有民事法律行为。合同是当事人之间设立、变更、终止民事权利义务关系的协议,是当事人意思表示一致的结果。由于合同是一种民事法律行为,因而民法关于民事法律行为的一般规定,如民事法律行为的生效要件、民事法律行为的无效和撤销等,均可适用于合同。

2. 合同以设立、变更或终止民事权利义务关系为目的和宗旨。民事法律行为是以达到行为人预期的民事法律后果为目的的行为,对合同而言,这种预期的民事法律后果就是设立、变更、终止民事权利义务关系。所谓设立民事权利义务关系,是指当事人订立合同旨在形成某种法律关系(如买卖关系、租赁关系),从而具体地享受民事权利、承担民事义务。所谓变更民事权利义务关系,是指当事人通过订立合同使原有的合同关系在内容上发生变化,它通常是在继续保持原合同关系效力的前提下变更合同内容。所谓终止民事权利义务关系,是指当事人订立合同的目的旨在消灭原合同关系。无论当事人订立合同旨在达到何种目的,只要当事人达成的协议依法成立并生效,就会对当事人产生法律效力,当事人可以基于合同约定享有权利,但也应当按照约定履行义务。

3. 合同的成立需要当事人的意思表示达成一致。合同又称协议,相当于英美法上的“agreement”,“协议”一词在民法中也可以指当事人之间形成的合意。② 实际上,“协议”一词常常也就是指“合意”。大陆法学者通常用“意思表示一致”或“合致”的表述来概括这种合意。③ 任何合同都必须是订约当事人意思表示一致的产物。由于合同是合意的结果,因而它必须包括以下要素:第一,合同的成立必须要有两个以上的当事人;第二,各方当事人须作出意思表示,这就是说,当事人各自从追求自身的利益出发而作出某种意思表示;第三,各个意思表示是一致的,也就是说,当事人达成了一致的协议;第四,当事人必须在平等、自愿基础上进行协商,形成合意。如果合同中不存在平等、自愿,也就没有真正的合意。合同是由平等主体的自然人、法人或其他组织所订立的,因此,订立合同的主体在法律地位上是平等的,任何一方都不得将自己的意志强加给另一方。合同是反映交易的法律形式,而任何交易都要通过交易当事人的合意才能完成,所以合同必须是当事人协商一致的产物或意思表示一致的协议。

合同本质上是一种民事法律关系,因而,合同与能够证明协议存在的合同书是不同的。合同书是合同法律关系的外在表现,其能够作为证据,证明协议的存在,并可以确定协议的内容,但合同书本身不能完全等同于合同关系,也不能认为只有合同书,才能证明合同关系或者协议的存在。

---

① 当然,从法律上看,合同和契约也是存在区别的,契约常常指双方法律行为,而且强调双方意思表示的对立性,而合同主要指多方法律行为,其主要强调各方意思表示方向的一致性。

② 参见梁慧星:《民法学说判例与立法研究》,中国政法大学出版社1993年版,第242—243页。

③ 同上书,第243页。

二、合同与相关概念的区分

（一）合同与协议（共同法律行为）

所谓协议，是指当事人为实现共同的目的而达成的意思表示方向一致的协议，多指共同法律行为。例如，当事人订立的合伙协议、设立公司的协议等。从民法学说发展来看，一些学者区分了双方法律行为与共同法律行为。早在1892年，德国学者孔兹提出，应将契约行为和合同行为分开，双方法律行为应为契约，而共同行为（如合伙合同）则称为合同。[①] 在英文中，合同表述为contract，其前缀有“相反”的意思，突出的是双方权利义务以相反的内容对接；而德文中合同称为Vertrag，其前缀是“合在一起”的意思，可见，相对的行为和共同的行为在合同的概念中并没有严格分开。根据法国学者的观点，合同是双方的法律行为，它不同于共同行为，前者主要约束合同当事人，而后者产生的效力可能约束某些并未参加该行为的人，如股东所通过的决议可对全体股东产生约束力。[②] 我国《民法典》第134条第1款规定：“民事法律行为可以基于双方或者多方的意思表示一致成立。”据此，民事法律行为包括了双方法律行为和共同法律行为。我国《民法典》合同编也确认了合伙合同，其实合伙合同在性质上就属于一种共同行为。由此可见，我国《民法典》合同编并没有对合同与协议作出严格区分，而是统一将其纳入合同法的调整范围，民法典合同编规定合伙合同就是典型例证。

在法律上，两者主要存在如下区别。

第一，是否具有共同的目的不同。当事人在达成协议时，其所追求的利益是共同的，同时，当事人通常要依据法律规定和合同约定共享收益、共担后果。而在合同关系中，当事人虽然也需要达成合意，但其利益是相对的。

第二，是否要遵守一定的程序不同。在协议行为中，当事人达成合意可能需要遵循一定的程序。例如，订立章程要遵守一些订立章程的规则、程序，就不宜完全适用《民法典》合同编的规定。再如，业主订立管理规约，也要遵守一定的表决程序。而当事人在订立合同时，通常不需要遵守此种程序性规定。

第三，内容不同。在协议中，当事人通常是为了实现共同的目的而订立协议，协议通常不会在合同中约定具体的标的，其内容通常较为简单、概括、原则，而且当事人通常不会在协议中约定违约责任。而在合同关系中，为了保障合同的全面履行，当事人通常会详细约定合同的内容，并对当事人不履行合同义务的违约责任作出明确约定。

第四，能否适用双务合同履行中的抗辩不同。双务合同中当事人的给付具有牵连性，因此，一方的主给付义务不履行时，另一方也可以基于此种给付与对待给付的牵连性，行使同时履行抗辩权、不安抗辩权或先履行抗辩权。而在人数超过两人的共同行为中，则因为不存在双务合同中给付与对待给付的牵连性，因而通常协议行为中并不存在双务合同履行中的抗辩权。

（二）合同与单方法律行为

所谓单方法律行为，又称一方行为，是指根据一方的意思表示就能够成立的行为，换言之，是指某个人依据其意志而从事的能够发生法律效果的行为。《民法典》第134条第1款承认单方法律行为的效力，单方法律行为大体上可以分为两种：一是因行使个人权利而实施

---

① 周林彬主编：《比较合同法》，兰州大学出版社1989年版，第79页。

② 参见尹田编著：《法国现代合同法》，法律出版社1995年版，第4页。

的单方行为,而该行为仅仅发生个人的权利变动,如无主物先占、抛弃所有权和其他物权等。二是该行为涉及他人权利的产生、变更与消灭等,如代理权的授予、订立遗嘱和抛弃继承、委托代理的撤销,以及行使合同解除权、选择权等。[①] 单方行为仅依据单方的意思表示即成立。

我国《民法典》第 499 条规定了悬赏广告,就性质而言,悬赏广告属于一种单方法律行为。《民法典》合同编主要是基于合同编通则要发挥债法总则的功能这一原因对其作出规定,将此种单方法律行为规定在合同订立部分,可以使得该行为并不因为债法总则的缺失而被遗漏,但这并不意味着悬赏广告属于双方法律行为。依据《民法典》第 134 条第 1 款,合同是基于双方的意思表示一致而成立,是一种双方行为。合同作为一种双方法律行为与单方法律行为的区别主要表现在以下几个方面:一是包含的意思表示的数量不同,合同需要两个意思表示一致方可成立,而单方法律行为只需一个意思表示;二是是否包含合意不同,合同行为以双方当事人达成合意为必要,而单方法律行为中并无合意存在[②];三是法律行为效力规则适用的不同,例如,恶意串通主要针对的是合同行为,而不针对单方法律行为。

(三)合同与有关身份关系的协议

所谓身份关系的协议,是指基于身份关系而订立的、不以交易为主要内容的协议。此类协议虽然也是当事人设立、变更、终止民事权利义务的协议,但其不是具有平等、等价有偿属性的民事合同,与市场经济活动存在本质的区别。此类协议是以身份关系的取得和变更为内容的协议。具体而言,有关身份关系的协议主要有如下几种:一是婚姻关系中的协议。婚姻本身不是合同,不能直接适用《民法典》合同编的规定,但婚姻关系中也涉及一些协议,如婚前协议、分家析产协议、离婚协议、夫妻忠诚协议等,在身份关系没有特别规定的情形下,可以准用《民法典》合同编的规定。二是收养协议。收养本身在性质上并不是民事合同,因此收养关系应当适用《民法典》婚姻家庭编的规定,一般不适用合同编的规定,但有关收养协议的要约、承诺,收养合同的效力等,在没有特别规定的情形下,可以准用合同编的相关规定。三是监护协议。在我国《民法典》中,有关监护协议主要是成年监护协议。在此类协议发生纠纷以后,如果法律对身份关系没有特别规定,也可以准用《民法典》合同编的规定。四是其他有关身份关系的协议,如继承编规定的遗赠扶养协议等。应当看到,随着社会生活的发展,有关身份关系的协议类型也在不断涌现,立法对此不可能予以全面列举。

《民法典》第 464 条第 2 款规定:"婚姻、收养、监护等有关身份关系的协议,适用有关该身份关系的法律规定;没有规定的,可以根据其性质参照适用本编规定。"依据这一规定,对于婚姻、收养、监护等有关身份关系的协议,可以根据其性质参照适用合同编的规定,因为有关婚姻、收养、监护等有关身份关系的协议,针对合同履行、变更、解除特别是违约责任等问题,婚姻家庭编并没有作出规定,在当事人就上述问题发生纠纷后,法官在裁判时通常无法可依,如果不参照适用合同编的规定,则很难有效处理相关纠纷。因此,《民法典》第 464 条规定了参照适用规则,该规定包括了如下两层含义。

第一,对于婚姻、收养、监护等有关身份关系的协议首先应当适用身份关系的法律规定,这是特别法优先于一般法这一原则的必然要求。有关身份关系的法律规定虽然就身份关系而言属于一般规范,但是其中婚姻、收养、监护等有关身份关系的协议的规定相较于合同规范而言则是特别规范。如果身份法上具有特别的规则,那么首先应当适用身份法上的相关

---

① 〔德〕卡尔·拉伦茨:《德国民法通论》(下册),王晓晔等译,谢怀栻校,法律出版社 2003 年版,第 431 页。

② 参见史尚宽:《民法总论》,中国政法大学出版社 2000 年版,第 309—310 页。

规定，如关于夫妻婚内财产制的约定以及离婚财产分割等问题，婚姻家庭编已经包含了一些规则，这些规则应当优先于合同编的规则适用。只有在身份法中没有规定的情况下，才能依据其性质准用合同编的规则。

第二，有关身份法律关系的规范中没有规定时，应当依据该协议的性质，参照适用合同编的规定。这一规范意味着有关身份关系的协议可以参照适用合同编的规定。例如，意定监护协议在没有特别规定的情形下可以适用委托合同的规定。当然，该规定并不意味着有关身份关系的协议就能参照适用合同编的所有规则。例如，对于家事代理行为，就不能适用委托合同中的任意撤销权。

如何理解"根据其性质参照适用本编规定"？笔者认为，对于合同规则在身份关系协议中的适用，应当基于不同的身份关系协议的性质与特点，尤其是相关协议中身份行为的强弱分别考虑，是否可以适用合同编的相关规则。基于上述区分标准，身份关系协议可以区分为三类：第一类是纯粹的身份关系协议。例如，结婚协议、离婚协议等，此类协议具有明确的人身性质，与合同编中的合同具有本质上的区别，原则上不适用合同编的规则。例如，有人将婚姻称为合同，但事实上，它是典型的人身关系，不能适用合同法的规则。第二类是基于身份关系作出的与财产有关的协议约定。例如，夫妻双方订立的婚内财产制协议和离婚中财产分割协议等，这类协议是基于身份关系作出的关于财产的约定，可以参照适用合同编规则。[①] 第三类是纯粹的财产协议，这类协议虽然可能与身份关系有关，但是在性质上仍然属于财产协议，因而可以适用合同编的规则。在参照适用合同编的规则时，也要"根据其性质参照适用"。例如，夫妻间的赠与协议，虽然赠与发生于夫妻之间，但是不影响赠与合同的性质，因此，也应当参照适用合同编有关赠与合同的规则。再如，遗赠扶养协议，虽然具有一定的身份属性，但其主要还是以财产为内容的协议。可以依据协议内容，参照适用合同编有关委托合同等规则。

如何理解"参照适用"？参照适用就是"准用"(entsprechende Anwendung)，准用是指法律明确规定特定法律规定可以参照适用于其他的情形。准用"乃为法律简洁，避免复杂的规定，以明文使类推适用关于类似事项之规定"[②]。如此规定，既能弥补身份权立法规定的不足，同时，也能简化法律规定以避免重复。在具体的法律适用中，法官首先应当穷尽现有的规则，在穷尽现有规则的情形下，才能通过该准用条款，参照适用合同编的规范。需要指出的是，参照适用既包括当事人设立民事权利义务关系的协议，也包括当事人变更、终止民事权利义务关系的协议。

第二节 合同与债

一、债的概念和特征

(一) 债的概念

债是特定人之间请求为或不为一定行为的关系。"债"这个词的拉丁词源为"obligatio"，

---

① 参见王雷：《婚姻、收养、监护等有关身份关系协议的法律适用问题——〈合同法〉第2条第2款的解释论》，载《广东社会科学》2017年第6期。

② 史尚宽：《民法总论》，中国政法大学出版社2000年版，第51页。

其词根为“lig”,本意是拘束的意思。[①] 该词来源于 ligare,原意为“捆绑”[②]。所以,债也被称为“法锁”(iuris vinculum),即法律上的锁链,或“形成拘束力”的意思。[③] 据学者考证,该词来源于古罗马剧作家普劳图斯的作品。[④] 但也有学者认为,“obligatio”一词最早可以追溯到罗马法。例如,保罗曾将债描述为:“债的本质不在于我们取得某物的所有权或者获得役权,而在于其他人必须给我们某物或者做或履行某事。”[⑤]在罗马法中,债(obligatio)被称为“法锁”,它意味着对债权人和债务人的拘束。[⑥] 也就是说,“债是一种迫使我们必须根据我们城邦的法律制度履行某种给付义务的法律约束”[⑦]。优士丁尼的《法学阶梯》一书对此所下的著名的定义是:“债是一把法锁,根据我们国家的法律,我们因之而有必要履行某种义务。”依据发生原因的不同,罗马法还将债分为基于契约之债(ex contractu)和基于不法行为之债(ex delicto),这一分类方法对后世的法律产生了重大的影响。自罗马法以来,债一直被认为是特定主体之间的拘束与被拘束的关系,如同物或人被束缚住了一样。

罗马法上的债的概念被大陆法系民法典所继受。1804 年的《法国民法典》在第三编“取得财产的各种方法”中,不仅使用了债的概念,而且规定了“合意之债”和“非合意之债”。《德国民法典》不仅采纳了债的概念,而且设置了独立的债权编,构建了系统、完整的债的体系。不过,英美法系受法律历史传统的影响,并不注重构建严谨的法律体系,其虽然在债的具体制度(尤其是契约法)上吸收了罗马法的许多成就,却一直没有采纳罗马法“债”的概念和债法体系。在英美法中,与拉丁文“obligatio”相对应的“obligation”一词仅指义务。英语中的“debt”一词主要是指金钱债务,与大陆法系“债”的内涵并不相同,后者中债的概念更为宽泛。需要指出的是,尽管在几千年人类法律文化的演进过程中,罗马法关于债的概念和分类一直为后世所沿袭,但随着商品经济的发展,债的内容已日趋复杂化、多样化,传统的债的类型已经无法有效规范现代社会中债的关系。

在现代法律体系中,债是整个私法中最为核心的概念。然而,究竟什么是债、应当如何界定债的概念,是一个必须深入探讨的问题。从我国法律传统来看,债的概念非常狭窄,主要限于金钱给付。在我国古代,“债”最早有“赊欠”的意思,如《帝王世纪》中记载“贩于顿丘,债于传虚”。此处所说的“债”主要是指金钱赊欠的意思。后来,“债”的概念与借贷一词等同,常常称为“责”。如《周礼》中记载“听称责以傅别”[⑧],“傅别”就是借贷契约的一种形式。[⑨]“责,谓假贷,人、财、物未偿者也。”[⑩]在实践中,提到债的概念,人们常常想到的就是“欠债还钱”“债台高筑”等词汇,认为债就是金钱之债。可见,我国古代缺乏类似于罗马法的债的概

---

① See Reinhard Zimmermann, *The Law of Obligations: Roman Foundations of the Civilian Tradition*, Oxford University Press, 1990, p. 1.

② 费安玲主编:《罗马私法学》,中国政法大学出版社 2009 年版,第 260 页。

③ David Deroussin, Histoire du droit des obligations, Paris: Economica, 2007, p. 7.

④ 据齐默曼考证,古罗马剧作家普劳图斯(Titus Maccius Plautus,约前 254—前 184)的作品《粗鲁汉》(Truculentus)中的人物 Astaphium Ancilla 曾说过:“Nam fundi et aedes obligatae sunt ob Amoris praedium”。其中提到了“债”这个词,这被认为是债的概念的最初来源。也有学者认为,债的概念起源于西塞罗。See Reinhard Zimmermann, *The Law of Obligations: Roman Foundations of the Civilian Tradition*, Oxford University Press, 1990, p. 1.

⑤ See Reinhard Zimmermann, *The Law of Obligations*, Clarendon Press, Oxford, 1996, p. 1.

⑥ 〔意〕彼德罗·彭梵得:《罗马法教科书》,黄风译,中国政法大学出版社 1992 年版,第 284 页。

⑦ Reinhard Zimmermann, *The Law of Obligations*, Clarendon Press, Oxford, 1996, p. 1.

⑧ 《周礼·天官·小宰》。

⑨ 例如,郑玄注引郑司农云:“称责,谓贷予。傅别,谓券书也。”

⑩ 《汉书·淮阳宪王钦传》师古注。

念。将“obligatio”一词译为汉字的“债”最初始于日本。20世纪初，清末变法之际，债的概念开始引入我国。[①]

中华人民共和国成立以后，因为废除了中华民国政府的“六法”，虽然有关法律文件中使用过“契约”或“合同”概念，但极少采用债的概念。改革开放以后，随着市场经济的发展，相关立法逐步重新使用债的概念。1986年《民法通则》明确采纳了债的概念，该法第84条第1款规定：“债是按照合同的约定或者依照法律的规定，在当事人之间产生的特定的权利和义务关系。享有权利的人是债权人，负有义务的人是债务人。”《民法典》第118条规定：“民事主体依法享有债权。债权是因合同、侵权行为、无因管理、不当得利以及法律的其他规定，权利人请求特定义务人为或者不为一定行为的权利。”依据这一规定，债本质上是发生在特定当事人之间的关系，债权人有权基于债向债务人提出请求，债务人也应当按照债的要求履行其债务。从该条的规定来看，《民法典》所采用的债的概念与大陆法系中债的概念基本一致。

（二）债的特征

债主要具有如下法律特征：

第一，债是一种民事法律关系。这就是说，债不同于一般的生活关系，在债的关系中，因为当事人的约定或者法律规定而在当事人之间产生了一定的法律关系，债的关系当事人都应当受债的关系的约束。[②] 债的关系是指两个主体之间的权利义务关系，债权人据此对债务人享有请求给付的权利。[③] 债权人应当按照债的要求行使其债权，债务人也应当按照债的要求履行其债务。由此可见，债作为一种法律关系，是以民事权利、民事义务为其内容的，其不同于日常生活中人们说的感情之债等非法律意义上的关系。债与情谊关系不同，或者说与当事人之间因情谊行为而产生的关系不同。情谊行为的施惠人和受惠人之间没有形成法律关系，施惠人不负担法定或者约定的作为或不作为义务。施惠人与受惠人之间为所谓情谊行为，应该是以社会生活中人与人之间的情感或道德关系为基础的自愿行为，其主要反映的是一种生活关系，而并不涉及任何对法律义务的履行。例如，甲帮乙购物，乙提出要请甲去全聚德吃烤鸭，事后乙反悔，甲请求乙履行其承诺。在该例中，乙虽然允诺请甲去全聚德吃烤鸭，但该允诺本质上是社会生活中的情谊行为，不具有规范上的拘束力，不能在当事人之间产生债的关系，甲并不因此而成为债权人，乙也非债务人。

第二，债是一种财产法律关系。债的关系在本质上属于交易的形式，反映了一种交换关系，债应当以财产性给付为内容。因此，凡是不具有财产给付内容的，原则上都应当从债法中剥离出来。例如，赔礼道歉并非是要交付一定的财产，而只是一种道歉行为，因此，其不属于债的范畴。在民事权利体系中，债权属于财产权的范畴。诚如德国法学家Dernburg所言，债是一种法律关系，在这一法律关系中，债务人对债权人负有进行具有财产价值给付的义务。[④]普赫塔(Puchta)也强调，债权的给付行为必须指向具有特定财产价值的标的物[⑤]。当然，债的关系并非完全产生于财产关系，人格权也可以成为债的关系产生的来源，如人格利益的许可使用即可产生债的关系。但是，债的关系本质上不同于人身关系，不以人身内容为客体，在债的关系中，债权人虽然有权请求债务人为一定行为，但债权人无权通过限制债

① 参见史际春：《关于债的概念和客体的若干问题》，载《法学研究》1985年第3期。

② F. Endemann, Lehrbuch des bürgerlichen Rechts, Band I, Heymanns verlag 1899, S. 405.

③ A. a. O., S. 406.

④ Heinrich Dernburg, Pandekten, Band II, Ulan Press, 2012, S. 1.

⑤ Puchta, Lehrbuch der Pandekten, 1838, S. 214, 215.

务人人身自由的方式实现其债权。从这一意义上说,债并非人身性的,它在本质上反映交易的形式,反映了交换关系,因此,债应当以财产性给付为内容。

第三,债是发生在特定主体之间的法律关系,这也称为债的相对性(Relativität des Schuldverhältnisses)。[①] 梅迪库斯教授认为,债的关系是一种特别的结合关系[②],即债在性质上是特定当事人之间的特殊结合。债的关系与物权关系的不同之处在于,其主体具有相对性,即只有特定人对于特定人有请求给付的权利,或者负担给付的义务。无论是债权人还是债务人,都必须是特定的。因此,在债的关系中,权利人只能向特定的义务人提出请求,而义务人也只需向特定的权利人履行义务。[③] 而且作为债的客体的给付也具有特定性[④],即债是特定的、应为的给付(Leistensollen)。[⑤] 当然,债的给付的特定性也并非绝对,只要是同一种类型的给付即可,至于具体的时间、地点、方式,可以在债之关系成立时处于不确定状态,在给付提出前由当事人再予以确定。例如,在选择之债中,当事人可以自由约定,由一方当事人在合同订立后选择债的履行的标的、履行时间、履行方式等内容。债的相对性使债权与物权、人格权等绝对权有明显的区别。

第四,债是一种一方向另一方给付的法律关系。发生在特定人之间的给付是债的核心要素。给付是有意识地增益他人利益的行为,作为债的客体的给付可以是财产权的让渡、他人之物的返还,甚至是单纯的许可利用他人之物;给付还可以以单纯的行为为标的,比如为他人处理事务、为他人提供劳务,甚至是单纯的不作为等。[⑥] Wächter 指出,任何债务都以特定义务人的给付为内容,给付的内容可以多样,只是义务人依据债务会负有作为或不作为的义务。[⑦] 正是由于债的关系是一方向另一方给付,所以债权人只能请求债务人履行债务,而不能如物权人那样直接并且排他地支配客体。

第五,债的效力具有平等性。与物权是绝对权从而具有优先性不同,债权在效力上具有平等性,在同一债务人负担多项债务的情形下,不论各项债权成立时间的先后,或者债权数额的大小,其在效力上都是平等的,即当债务人的财产不足以实现全部债权时,担保物权可以优先于普通债权受偿,而其他普通债权原则上应当按照债权比例公平受偿。

第六,债的产生原因具有多样性。传统上,债的类型主要有合同之债、侵权之债、不当得利之债、无因管理之债、缔约过失之债等类型,但随着社会生活的发展,又出现了因法定补偿义务而产生的债、因单方行为产生的债等类型。而且,即便是传统类型的债的关系,随着社会生活的发展,其内容也在发展变化。例如,对合同之债而言,其内涵也在不断丰富与完善,当事人权利义务的来源日益多样化,其不仅限于当事人所约定的主给付义务及相关的从给付义务,而且基于诚实信用原则,当事人之间还可能负担一定的协助、通知、保密等附随义务,一方当事人违反附随义务造成对方当事人损害的,也应当承担相应的损害赔偿责任。

债因合同、无因管理、不当得利以及侵权行为、缔约过失以及其他法定原因而发生。债的发生原因总体上可以分为两大类:一是法律行为,二是法律规定。[⑧] 基于法律规定产生的

---

① MünchKomm/Ernst, Einleitung des Recht der Schuldverhältnisse, Rn. 18.

② 参见〔德〕迪特尔·梅迪库斯:《德国债法总论》,杜景林、卢谌译,法律出版社 2004 年版,第 4 页。

③ 同上书,第 11 页。

④ MünchKomm/Ernst, Einleitung des Recht der Schuldverhältnisse, Rn. 11, 28.

⑤ Wächter, Pandekten, Band II, 1881, S. 276 ff.

⑥ A. a. O., S. 275 f.

⑦ MünchKomm/Ernst, Einleitung des Recht der Schuldverhältnisse, Rn. 36.

⑧ A. a. O.

债，属于法定之债，包括无因管理之债、不当得利之债、侵权行为之债和其他法定之债。而基于法律行为产生的债属于意定之债，包括基于共同行为（如合伙协议）、合同行为（或称契约）、遗嘱行为以及单方行为等产生的债。债的发生可以基于合法行为，如合同、无因管理等，也可以基于非法行为，如侵权行为，还可能基于事件而发生，如不当得利等。而且在同一案件中，当事人之间可能同时存在多种债的关系。

债的关系是一个动态的发展和变动过程，债本身具有高度的变化性，它是随着时间的流逝而逐渐发展变化的。在债的不同阶段，债的关系的内容也存在一定的差异。所以，债常常被称为“动态的财产关系”。

（三）债权与物权的关系

债权与物权的区分是对财产权利的基本区分方法，也是传统大陆法系民法典编纂的基本指导思想。按照通说，财产权是以财产利益为客体的民事权利[①]，它主要包括物权与债权。物权与债权是民法中最基本的财产权形式，二者具有如下区别：

第一，债权是请求权，而物权是支配权。债权是债权人请求债务人依照债的规定为一定行为或不为一定行为的权利，而物权是权利人支配特定物的权利。债权请求权必须以相对人的意志作为中介，该权利的实现需要他人的积极协助行为。如果相对人未按照请求权人的意志积极实施某种行为，请求权人的利益就无法实现。例如，当事人在买卖合同中约定，出卖人应于某年某月某日交货，在交货期到来之前，买受人只是享有请求出卖人在履行期到来后交付货物的权利，而不能实际支配出卖人的货物。而支配权是权利人以自己的意志对权利客体行使权利，不需要以他人的意志为中介，也不需要他人从事积极的协助行为。当然，物权请求权也是物权的效力之一，但其目的主要也在于确保物权人对物的圆满支配状态。

第二，债权是对人权和相对权，而物权是对世权和绝对权。债权受到侵害以后，债权人只能针对债务人主张权利，而不能针对其他第三人主张权利。即便是由于第三人的原因导致债务无法履行，债权人通常也只能请求债务人承担债务不履行的责任。而物权是对世权，权利人可以对抗一切人，任何人都负有不得妨害或侵害的义务。只要物权受到侵害，不论行为人与物权人之间是否存在一定的法律关系，物权人都可以对行为人主张物权请求权，也可以请求行为人承担侵害物权的责任。

第三，债权具有平等性，而物权具有优先性。所谓平等性，是指不论债权成立时间的先后，各个债权在效力上都是平等的。在债务人不能清偿各个债权的情况下，各个债权不论成立时间的先后，都按照其债权比例清偿。但物权具有优先性。所谓物权的优先性，主要表现在同一标的物之上同时存在物权和债权时，物权的效力优先于债权。当同一物上多项其他物权并存时，应当根据法律规定和物权设立的时间先后确立效力的优先性。例如，抵押权优先顺位的确定就采取登记先后的规则，先登记的抵押权要优先于后登记的抵押权。[②]

第四，债权具有非公开性，而物权是公开化的权利。债权只是在特定的当事人之间存在，它并不具有公开性，其设立和转移也不需要公示，也正因如此，债权原则上不受侵权法的保护。如果债务人不履行债务，则债权人只能请求其承担违约责任。而物权作为一种绝对权，具有强烈的排他性，直接关系到第三人的利益，因而物权必须要对外公开，使第三人知

① 参见谢怀栻：《论民事权利体系》，载《法学研究》1996年第2期。

② 参见谢在全：《民法物权论》（上）（修订二版），三民书局2003年版，第33页。

道,由此决定了物权在设定、变动时必须公示。因此,当事人之间订立合同设立某项物权,如未公示,可能仅产生债权而不产生物权。正是因为物权具有社会公开性,所以受到侵权法的保护,任何人侵害物权或者妨害物权人行使权利时,权利人都可以通过提起侵权行为之诉来获得法律上的救济。

第五,债权可以由当事人自由约定,而物权的设立采法定主义。债权的设立由当事人自由约定,只要不违反法律的禁止性规定和公序良俗,当事人可以根据自己的意思设定债权,并自由约定债的内容和具体形式。当事人即使订立法定的有名合同之外的无名合同,也受法律保护。而物权具有法定性,物权的种类和基本内容由法律规定,不允许当事人自由创设物权种类或随意确定物权的内容,这有利于防止欺诈,维护交易安全。[①]

第六,债权主要以行为为客体,而物权的客体主要是有体物。债权主要以行为为客体,如交付货物、支付货款、提供劳务等。而物权作为支配权,必须以特定的物作为其支配的客体。依据《民法典》第 114 条的规定,物权以"特定的物"为客体。如果某物还尚未成为特定的物,是不能成为物权的支配对象的。例如,空气、云彩等无法为人力所支配的物,不能成为物权客体。正如法谚所称,"所有权不得未确定"。如果物不能独立和特定,则物权支配的对象亦不能确定,从而物权也难以存在。

第七,债权具有一定的存续期限,而物权具有永久性或长期性,他物权虽然有一定的存续期限,但其存续期限一般较长。因此,物权在性质上属于长期稳定的财产权。而债权的存续期限一般较短,一旦债务人履行债务,当事人之间债的关系即终止。

二、合同与债

(一) 合同债权是债权最典型的形态

合同包含如下两种含义:一是合同行为,这是产生债的原因的一种。《民法典》第 118 条第 2 款规定:"债权是因合同、侵权行为、无因管理、不当得利以及法律的其他规定,权利人请求特定义务人为或者不为一定行为的权利"。可见,合同是债权产生的原因之一。二是合同关系,合同关系是在当事人之间基于合同而产生的权利义务关系。合同关系是债的关系的一种。由于合同在本质上是当事人之间达成的合意关系,其既可以通过口头证据证明,也可以通过书面证据证明,因此,不能将合同等同于能够证明协议存在的合同书。合同书和其他有关合同的证据一样,都只是用来证明合同存在及合同内容的证据,但其本身不能等同于合同关系,也不能认为只有合同书才能证明协议或合同关系的存在。合同关系的主体又称为合同的当事人,包括债权人和债务人。债权人和债务人都必须是特定的主体。债权人有权请求债务人依据合同的约定和法律的规定履行义务;而债务人则应依据合同的约定和法律的规定履行实施一定行为的义务。当然,不能将合同与债等同,除合同之债外,债还包括其他产生原因。我国《民法典》将无因管理、不当得利放入合同编,命名为"准合同",这就意味着其与合同有相似之处,都是一种债的关系,同时,"准"也意味着其与合同不同。

合同债权是最为典型的债权的形态,现代社会,在各种类型的债的关系中,合同债权在重要性、发生频率以及数量等方面,在整个债权中均占主要地位。市场本身就是成千上万以交易为内容的合同关系的总和,从这个意义上说,市场化就是契约化。19 世纪法国法社会学家杜尔克姆曾提出了社会有机体学说,认为社会是一个整体,每个人是这个整体不可分割

---

① 参见常鹏翱:《体系化视角中的物权法定》,载《法学研究》2006 年第 5 期。

的部分，基于社会连带的思想，所以合同各方应当负担协力义务。[①] 在市场经济社会，合同和人们的生活关联密切，是人们组织生产和生活的重要方式，可以说，每个人几乎每天都要生活在合同的世界中，交易中的协作关系变得尤其重要。合同的双方当事人都不应辜负对方的合理期待，任何一方都必须尊重另一方的利益。正是因为合同所表现的交易不是一种零和游戏，而是一种共赢的关系，因此，依据诚信原则，合同当事人负有协作、协力的义务。[②] 合同之债是最典型的债的形态，主要原因在于：

第一，合同债权最典型地体现了债权的拘束力。罗马法上债被称为"法锁"，即强调债对当事人的拘束力，即在债的关系成立后，债务人应当严格按照债的要求履行债务，债权人也应当按照债的要求履行一定的义务，而且债的关系一旦成立，即对当事人产生拘束力，任何一方当事人都不得随意解除债的关系。合同之债最典型地体现了债的拘束力，即在合同关系成立后，债务人即应当按照合同的约定履行债务，债权人也应当按照约定及诚实信用原则履行相关的义务，而且除法律规定的原因外，任何一方当事人不得随意解除合同。由此可以看出，合同之债最典型地体现了债的拘束力的特点。

第二，合同债权最典型地体现了债权的相对性。债的关系具有相对性，即债原则上仅对当事人产生拘束力，而不对债的当事人之外的第三人产生拘束力。合同之债最典型地反映了债的相对性的特点，合同关系仅发生在特定的当事人之间，因当事人的意思表示一致而成立，合同之债仅对当事人产生拘束力，一般情形下，债权人仅能向债务人主张权利，债务人也仅应向债权人履行义务，因此，合同之债最典型地反映了债的相对性的特点。

第三，合同债权最典型地反映了债权的财产性。债法为财产法、任意法、交易法[③]，"债法为直接规范财货创造活动之法律规范"[④]。严格地说，只有合同债权最为典型地反映了债权的财产性特征，债权的财产性既体现为其作为其他财产权流转的媒介，也体现为其本身就是一种独立的财产权，可以成为经济活动的对象。而合同债权最典型地反映了债权的财产性。一方面，合同不仅能够为各种现实财产的利益流转提供媒介，而且可以为将来财产利益的流转提供媒介，这可以使各种财产权的流转超越时间和空间的限制。为了优化社会资源配置、促进社会财富增长，社会资源需要借助于合同在不同的社会主体之间进行分配[⑤]，合同关系越发达、越普遍，则意味着交易越活跃、市场经济越具有活力，社会财富才能在不断增长的交易中得到增长。从这一意义上说，在市场经济条件下，合同是促进社会财富增长的手段。正如日本学者我妻荣所指出的："承认了债权制度，就可以使将来的给付预约变为现在的给付对价价值。人类在经济生活中，除了过去和现在的财产之外，还可以增加将来的财产。"[⑥]同时，合同不仅是现实既存财产流转的媒介，当事人还可以借助合同机制，实现对未来财产的利用，从这一意义上说，可以使财产的利用超越时间和空间的限制，能够使未来的财产现实化。例如，合约性期权本身是合同的一种形式。此外，有价证券等其他财产形式的变动和流转也主要是通过合同实现的。因此，在市场经济条件下，合同是物权在不同主体之间

---

① 参见刘波等：《英国学派多元主义与社会连带主义论争——一种比较视角》，载《国际观察》2009 年第 1 期。

② 郑强：《合同法诚实信用原则价值研究——经济与道德的视角》，载《中国法学》1999 年第 4 期。

③ 参见郑玉波：《民法债编总论》，三民书局 1993 年版，第 125 页。

④ 参见邱聪智：《债各之构成及定位》，载《辅仁法学》1992 年第 11 期。

⑤ 〔英〕P. S. 阿蒂亚：《合同法概论》，程正康等译，李志敏校，法律出版社 1982 年版，第 3 页。

⑥ 参见〔日〕我妻荣：《债权在近代法中的优越地位》，王书江、张雷译，谢怀栻校，中国大百科全书出版社 1999 年版，第 6 页。

进行交换和流转的主要媒介，借助于合同机制，当事人可以进行物的交换，安排相关的经济生活。另一方面，合同债权本身也是一种独立的财产权形式，可以成为经济活动的对象，如债权人可以转让其合同债权，提供担保或者发挥其他信用功能等。按照传统观点，债权只是财产流转的一种媒介，而没有被作为独立的财产权，自近代以来，债权逐渐成为重要的财产形式，正如拉德布鲁赫在其《法学导论》中所指出的："社会生产关系完全以所有权为中心的中世纪社会形势是静态的，今天资本主义法律形式已完全变为动态的。债权表现的权利欲及利息欲，在今天都是经济目的。"[①]在现代社会，合同本身可以成为经济活动的对象，债权人可以对其所享有的合同债权进行利用，如可以将其转让、设定担保以及提供信用等。正是从这个意义上，美国法学家庞德提出了一句名言，即"在商业时代里，财富多半是由许诺组成的"[②]。因此，合同债权最为典型地反映了债权的财产性。

第四，合同债权最充分地表现了债权的任意性。合同属于法律行为，充分遵循意思自治原则，因此，合同法要借助大量的任意性规范，从而实现对当事人意思的尊重。侵权行为是侵害他人财产和人身的行为，是法律所禁止的行为。侵权行为虽可产生债，但此种债务与根据当事人意愿设立的合同之债的关系完全不同：在侵权行为产生以后，行为人对受害人负有损害赔偿的义务，此种赔偿义务也是行为人对国家所负有的责任，行为人是否愿意承担责任和在多大范围内承担此种责任，不以行为人的意志为转移。从这个意义上说，侵权法具有强行法的特点，其原则上不允许当事人通过约定排除适用，因此，侵权法规范大多具有强行法的特点。[③] 而合同法应当充分贯彻合同自由原则，赋予交易当事人在合同的订立、履行、变更、转让、补救方式的选择等方面广泛的选择自由，充分尊重当事人的意志，因此，合同法总则具有任意法的特点，当事人大多可以通过约定排除其适用。

（二）合同之债的客体

1. 合同之债的客体是给付

合同关系的客体为合同债权与合同债务所共同指向的对象，也称为合同关系的标的。合同关系的标的既不是特定的标的物，也不是债务人的人身，而只能是债务人的特定行为。当然，在债权中也涉及物，例如买卖中有标的物。但是债权的客体直接指向的是债务人的行为，而间接涉及物。任何债的关系中，债务人的给付行为都不可或缺，间接涉及物的则只是一部分而不是全部的债的关系。而且即便债权涉及物，物也不是债权的客体。例如，在买卖合同中，债权人只能请求债务人交付标的物，而不能直接支配标的物。

在法律上，作为债的客体的给付应当具备如下条件：

第一，给付应当具有合法性。在合同关系中，如果要产生法律所认可的债的关系，就必须满足给付合法性的要求，否则，该法律行为就可能被认定为无效，也不可能产生给付义务。例如，当事人约定买卖毒品若干，因为该给付具有违法性，所以，不可能据此产生债务人的给付义务。此外，广义上的给付合法性，也包括了给付应当具有妥当性的含义，这里所说的妥当性，就是指给付不应当违反公序良俗。[④]

第二，给付应当具有可能性。例如，A 与 B 约定，A 将火星上的一块地卖给 B。显然这种给付是不可能的，因此不符合债的客体的要求。从比较法和法律史的角度来看，各国关于

---

① 参见〔德〕拉德布鲁赫：《法学导论》，米健等译，中国大百科全书出版社 1997 年版，第 61 页。

② 〔英〕P. S. 阿蒂亚：《合同法概论》，程正康译，李志敏校，法律出版社 1982 年版，第 3 页。

③ 参见王泽鉴：《债法原理》(第二版)，北京大学出版社 2013 年版，第 57—58 页。

④ 参见〔日〕我妻荣：《新订债权总论》，王燚译，中国法制出版社 2008 年版，第 18 页。

给付可能性对法律行为效力影响的做法并不一致。例如,自德国债法改革以后,自始不能给付也不应影响法律行为的效力,仅仅导致债务不履行责任的承担。[①]

第三,给付应当具有确定性。所谓确定,是指明确给付的内容。[②] 也就是说,在债履行时,作为债的标的的给付应当是确定的。债的标的的确定性要求作为债的标的的给付应当是确定的,在债的关系成立时,作为债的标的的给付可能是不确定的,但在债务履行时,其标的应当是确定的,否则将无法履行。例如,就选择之债而言,在债的关系成立时,可以有多种给付供当事人选择,此时作为债的标的的给付是不确定的,但在债务履行前,当事人应当及时选择债的标的,否则债将无法履行。给付内容是否确定,应当依据当事人的意思和法律的相关规定进行判断。债的客体是给付,如果给付是确定的,即能明确债的关系当事人的权利义务关系,同时,作为债的客体的给付具有确定性也是债的履行的前提。当然,给付不确定也并不当然导致债的关系不成立。例如,在合同之债中,如果当事人就相关的给付内容约定不明的,也可以通过事后约定或者依据法律规定的方式予以确定。例如,《民法典》第510条规定:“合同生效后,当事人就质量、价款或者报酬、履行地点等内容没有约定或者约定不明确的,可以协议补充;不能达成补充协议的,按照合同有关条款或者交易习惯确定。”该条就是确定合同中给付内容是否确定的重要依据。

第四,给付一般应当具有财产性。在债的关系发展中,债的关系对债务人的人身拘束力逐渐消失,而演变为一种财产权利,因此,从债的概念的历史发展来看,债的概念也是一个不断财产化的过程。债的概念逐渐演变为一种财产权利,因此,应当将债的概念限定为一种财产给付关系。一方面,这有利于明确划定债权与其他民事权利的边界。将具有财产性作为界定债的客体的给付的标准,有利于明晰债权与其他民事权利的关系。债权是民事权利体系的组成部分,如果所有的请求关系都界定为债,则债权与物权及其他权利无法区分,债权甚至无所不包,这显然会影响民事权利的体系划分。另一方面,这有利于构建请求权的体系。请求权也是一个体系,当物权、债权等受到侵害之后,就产生请求权,不同的请求权是依附于其基础性权利的。如果所有特定人之间的以非财产性给付为内容的请求权都属于债权,可能不利于构建请求权的体系。因此,原则上应当将债的客体限于财产性给付。

当然,由于债的类型多种多样,作为其客体的给付也具有多样性,某些债并不具有财产给付内容或者不具有强制执行力,如赡养请求权、夫妻扶助义务,甚至自然债务等,但也属于债的内容。[③]

2. 给付的分类

(1) 作为和不作为的给付。

在法律上,债的客体就是给付,给付包括了作为和不作为。如果给付的内容是债务人的作为,就是积极给付;如果给付的内容是债务人的不作为,就是消极给付。[④]

债的客体的典型形态是作为的给付,例如买卖合同中交付标的物的义务。在某些情形下,债也可以以不作为为给付内容,如合伙协议中禁止同业竞争的义务等。

---

① 参见W.多伊布勒、朱岩:《德国新债法概述》,载《比较法研究》2002年第2期。

② 参见梁慧星主编:《中国民法典草案建议稿附理由·债权总则编》,法律出版社2013年版,第12页。

③ Konrad Cosack, Lehrbuch des deutschen bürgerlichen Rechts auf der Grundlage des Bürgerlichen Gesetzbuchs, Band I, Fischer, 1903, S. 301 f.

④ 参见江俊彦:《民法债编总论》,新学林出版股份有限公司2011年版,第5页。

(2) 转移财产和提供劳务的给付。

依据合同内容不同,又可以将作为义务分为以下两大类:一是转移财产。以转移财产为内容的给付,又可以区分为转移财产所有权和转移财产使用权两大类。例如,买卖合同,供用电、水、气、热力合同,赠与合同等,都是以移转财产所有权为目的的,其债的标的是物的给与。而租赁合同、融资租赁合同等,则是以移转财产使用权为目的的,其债的标的也是物的给与。二是提供劳务。例如,在保管、仓储、委托、行纪、中介合同中,合同一方当事人应当提供一定的服务,但是不需要保证特定结果的出现。此类合同在学理上常常被称为行为之债。此外,在一些提供劳务的合同(如承揽)中,一方当事人不仅要提供服务,而且该服务必须体现为一定的成果,在学理上常常被称为成果之债,当然,此种债的标的兼有物的给付和劳务的提供两方面的内容。

(三) 合同之债与其他债的区别

合同之债与其他债的关系其实就是意定之债与法定之债的关系。所谓意定之债,就是通过民事法律行为确定的债。就意定之债而言,当事人之间主要是通过合同(双方法律行为)来设定、变更债的关系。意定之债的典型形式就是合同之债,此外,也可以通过单方法律行为成立债的关系(如通过悬赏广告、捐助行为设立债的关系),或变更、解除债的关系(如通过解除权的行使解除合同)。[①] 所谓法定之债,就是基于法律规定而产生的债的关系。法定之债包括侵权损害赔偿之债、无因管理之债、不当得利之债等类型。合同之债与法定之债的区别主要表现在:

第一,发生原因不同。合同之债一般基于当事人的意思表示而发生,而其他法定之债要么基于事实行为而发生,要么基于法律规定而发生,与当事人的意思表示无直接关联,因此,意思表示解释的相关规则只能适用于合同之债,对法定之债则无适用余地。正是因为合同之债与法定之债的发生原因不同,从尊重当事人私法自治的角度出发,在合同与不当得利、无因管理、侵权等关系难以区分的情形下,如果存在合同关系,首先应当依据合同关系确定当事人之间的关系,只有在不存在合同关系时,才应当考虑适用其他债的关系。

第二,内容不同。意定之债的内容主要依据当事人的约定而确定,按照私法自治原则,当事人原则上可以在合同中自由约定其合同权利义务;而法定之债的内容主要由法律作出规定,如侵权之债中,行为人实施侵权行为造成他人损害的,行为人应当向受害人承担侵权责任,该责任的内容、履行期限和方式等,都要基于法律的规定而判断。与法定之债相比,合同之债的内涵较为丰富,因为对法定之债而言,当事人之间的权利义务由法律直接作出规定,即一旦行为人实施相关的事实行为,或者法律规定的条件发生,即在当事人之间产生债权债务关系,债的内容是由法律直接规定的。而合同是私法自治的基本工具,在合同之债中,当事人可以在法律规定的范围内自由安排其权利义务关系。而且在合同之债中,为保障合同之债目的的实现,当事人除负有主给付义务之外,往往还负有从给付义务、附随义务等义务,合同关系中的义务群之丰富是其他类型的债所不具备的。

第三,债的当事人之间是否存在信赖关系不同。大多数合同之债并非发生在陌生人之间,相反,当事人之间一般存在一定的信赖关系,债权人常常是基于对债务人能力、资质的认可而与其订立合同,如委托合同的订立主要是基于委托人对受托人的人身信赖,承揽合同的

---

① MünchKomm/Emmerich, § 311, Rn. 21f.

订立主要是基于定作人对承揽人相关资质、条件的信赖。[①] 而法定之债主要是基于法律行为以外的原因或特定的法律事实产生,当事人之间通常不具有信赖关系,产生法定之债的原因既可以是事件,也可以是非法律行为,还可能是出于法律的直接规定。在债的关系发生时,债的关系当事人往往没有按照其意思选择债的关系相对人。

第四,债务的履行不同。合同之债的履行具有特殊性。在合同之债中,当事人之间一般存在对待给付的关系,因此,合同之债的履行可能会产生一些抗辩权。所谓抗辩权,是指对抗对方的请求或否认对方的权利主张的权利,又称为异议权。"因请求权之所行使权利,义务人有可能拒绝其应给付之权利者,此项权利谓之抗辩权。"[②]法律在合同之债中设置抗辩权,有利于确认是否存在所谓的双方违约行为,从而确定相应的责任承担问题。例如,在符合先履行抗辩权的情况下,先履行一方没有履行其义务的,后履行一方可以行使其抗辩的权利。即使其没有履行义务,也并不构成违约,只是权利的正当行使。上述抗辩权原则上仅适用于合同之债,因为对法定之债而言,当事人之间一般不存在对待给付的关系,无适用上述抗辩权的可能。

第五,债务不履行的责任不同。合同之债与法定之债相比,其债务不履行的责任也存在一定的区别:一方面,合同之债不履行时可转化为二次债务,两者具有统一性。在合同之债中,债务人不履行债务时,债权人有权请求债务人继续履行,而继续履行在性质上是一种救济方式,即违约责任,这种责任常常被称为"第二次债务",因为债务人所要履行的内容与原债务基本相同。对其他法定之债而言,虽然在个别情形下也有可能存在继续履行的可能,如无因管理之债中,管理人负有交付相关单证的义务,管理人不履行此种义务时,本人即有可能请求其继续履行,但对法定之债而言,一般不存在继续履行的问题。债务人不履行债务时,债权人可以直接请求债务人承担债务不履行的责任,此种责任在内容、性质等方面与原债务存在本质差别。另一方面,当事人能否对债务不履行的责任进行约定不同。对合同之债而言,按照私法自治原则,当事人可以在合同中就债务不履行的责任作出约定,如当事人可以在合同中约定违约金等,对合同之债不履行的责任作出约定。而在法定之债中,由于当事人无法预见债的发生及相关风险等,无法在债发生之前对债务不履行的责任作出约定。即法定之债不履行的责任都是由法律直接规定的,当事人无法对其作出约定。

第六,债消灭的原因不同。对合同之债而言,基于私法自治原则,当事人可以通过合意解除当事人之间的合同关系,从而终止合同之债。对其他类型的债的关系而言,由于其并非基于当事人的合意而产生,当事人一般是基于法律规定而履行债务,无法通过合意解除其债的关系。

第三节 合同的分类

一、典型合同与非典型合同

根据法律上是否规定了一定合同的名称,合同可以分为典型合同与非典型合同。

典型合同又称为有名合同,是指法律上已经确定了一定的名称及规则的合同。[③]《民法

---

① 参见江平主编:《民法学》,中国政法大学出版社 2007 年版,第 442 页。

② 洪逊欣:《民法总则》,作者 1976 年自版,第 57 页。

③ 参见黄薇主编:《中华人民共和国民法典合同编解读》(上册),中国法制出版社 2020 年版,第 477 页。

典》合同编第二分编规定了19种典型合同,具体包括买卖合同,供用电、水、气、热力合同,赠与合同,借款合同,保证合同,租赁合同,融资租赁合同,保理合同,承揽合同,建设工程合同,运输合同,技术合同,保管合同,仓储合同,委托合同,物业服务合同,行纪合同,中介合同,合伙合同。除合同编之外,《民法典》的其他编也规定了一些典型合同,如物权编规定的建设用地使用权出让合同、土地承包经营合同、抵押合同、质押合同等。此外,一些特别法也规定了一些合同,如《保险法》中规定的保险合同,《旅游法》中规定的旅游合同等。这些法律所规定的合同都是典型合同。法律上规定典型合同的主要意义在于:规范合同关系的内容,帮助当事人正确订约。对于典型合同的内容,法律通常设有一些规定,但这些规定大多为任意性规范,当事人可以通过其约定改变法律的规定。也就是说,法律关于典型合同内容的规定主要是要规范合同的内容,以任意性的规定弥补当事人约定的不足。除了合同的必要条款必须由当事人约定以外,对于其他非必要条款,如履行时间、履行地点、危险负担等方面的问题,如果当事人未作出约定,则可以适用法律关于典型合同的规定。可见,典型合同的规则并非是要代替当事人订立合同,而是为了辅助当事人完善合同的内容。

所谓非典型合同又称无名合同,依据《民法典》第467条的规定,是指"本法或者其他法律没有明文规定的合同",此处的法律未明确规定是指《民法典》与其他法律均没有明确规定的合同。简单地说,非典型合同就是法律没有明确规定的合同。其他法律是指《民法典》之外的特别法。无名合同依其内容构成可分为三类:一是纯粹的无名合同,又称狭义的非典型合同,即以法律完全无规定的事项为内容的合同,或者说,合同的内容不属于任何有名合同的事项。例如,瘦身美容、企业咨询等现代新型合同,这些合同的内容并没有规定在现行法律之中。二是混合无名合同,即合同中可能同时包含多个典型合同的内容,从而使其难以归入某个典型合同之中。简言之,即双方当事人互负属于不同类型之主给付义务,学说上也称之为"二重典型合同"或"混血儿合同"。[①] 例如,在租赁房屋时承租人以提供劳务代替交付租金的合同,该合同的内容由不同的有名合同的事项构成。再如,一方提供住宿,另一方帮助看管、维护房屋的合同,都属于混合合同。三是准混合合同,即在一个有名合同中涉及一些法律没有规定的非典型合同的内容。[②] 与混合合同不同,准混合合同仅涉及典型合同与非典型合同的混合,而不涉及多个典型合同内容的混合。这种合同内容一部分属于典型合同,另一部分不属于任何典型合同,如一方提供劳务,另一方提供企业经营咨询服务的合同。此外,当事人在订立合同时,对民法中的典型合同作相反的特别约定,如买卖合同中当事人双方作出变更风险移转时间的约定等。[③] 此种非典型合同的法律适用较为简单,其效力视其变更的条款类型是否属于强行法而定。如果违反了强行法的规定,则违反强行法规定的部分无效。在混合合同的法律适用上,学说上存在吸收主义、结合主义与类推适用主义的理论,通说采取类推适用主义,其认为就混合合同的各个部分,分别类推适用其类似有名合同的规定。

非典型合同不同于合同联立。所谓合同联立,是指两个或两个以上的合同具有经济上的一体性,形成互相结合的紧密关系。[④] 例如,在商品房买卖按揭中,商品房买卖合同与贷款合同这两个合同之间就在不失其独立性的基础上,又具有紧密连接的关系。按揭贷款以商

① 詹森林:《民事法理与判决研究》,作者1998年自版,第121页。

② 参见周林彬主编:《比较合同法》,兰州大学出版社1989年版,第127页。

③ 参见詹森林:《民事法理与判决研究》,作者1998年自版,第120页。

④ 参见江平主编:《民法各论》,中国法制出版社2009年版,第160页。

品房的买卖为目的，商品房买卖合同则要通过贷款合同获得的资金才能完成履行。一般认为，合同联立可以被区分为两种不同的类型。一种是单纯外观结合，即数个独立的合同因缔约行为而结合，互相之间不存在依存关系。另一种是依当事人意思，一份合同的效力依存于另一合同效力而存在。[①] 但是事实上，在第一种情形下，单纯的外观结合，由于各个合同之间不具有紧密联结的关系，因而根本不能构成合同联立。只有上述情形中的第二种，即在存续上具有依存关系的情形，才能构成合同联立。在以往的讨论中，合同联立常常被作为非典型合同的一种类型。[②] 但事实上合同联立和非典型合同存在本质区别。合同联立是两个或两个以上的合同，紧密结合所形成的多数合同关系；而非典型合同则是单一的合同关系。因此，合同联立中有多个法律行为，而非典型合同中则只有一个法律行为。例如，为了买卖商品而从银行贷款属于典型的合同联立，其中包括了买卖合同与借款合同两个合同，因此与只有一个合同关系的非典型合同存在显著区别。[③] 而在诸如以劳务换取食宿这种非典型合同中，只有一个合同，法律行为的数量也是单一的。考察合同联立的效力，首先，应当遵循合同相对性原则，将联立中的数个合同分别对待，以确定各自的权利义务关系。其次，应当注意到，合同联立中，数个合同的效力相互结合，如果一个合同不履行导致其他合同的履行没有履行的意义或者目的落空，此时，应当允许相对方解除其他联立的合同。

从原则上说，《民法典》合同编并不禁止当事人订立非典型合同。合同编关于典型合同的规定，并不是代替当事人订立合同，也不是要求当事人必须按照典型合同的规定来订立合同，只是在合同中没有特别约定或者约定不明确的情况下，才适用合同编的规则。按照合同自由原则，当事人完全可以在合同中约定各种非典型合同，只要当事人的约定不违反法律法规的强行性规范和公序良俗，合同编就应当承认其效力。在这一点上，合同编与物权编中的物权法定原则是不同的。物权编对物权的类型采取“物权法定主义”，如果当事人设立某项权利不符合物权法规定的类型，则不能形成物权；但合同编完全允许当事人在法律规定的典型合同之外，确立各种非典型合同，这是合同自由的固有含义。[④] 非典型合同只要不违反法律、行政法规的强制性规定和公序良俗，原则上都应当是有效的。

我国《民法典》合同编也为非典型合同的法律适用设置了相应的规则。依据《民法典》第467条的规定，非典型合同可以适用或参照适用三种规则。一是合同编通则的规定；二是合同编关于典型合同的规定，即适用合同编典型合同的规定；三是其他法律最相类似合同的规定。例如，货物的互易合同可以参照买卖合同的规定，以提供劳务换取旅游服务的合同则可以适用《旅游法》中关于旅游合同的规定。《民法典》第467条第1款规定：“本法或者其他法律没有明文规定的合同，适用本编通则的规定，并可以参照适用本编或者其他法律最相类似合同的规定。”该规定确立了如下规则：第一，合同编通则的规定直接适用于典型合同与非典型合同。因为合同编通则是适用于所有典型合同与非典型合同的规则。[⑤] 第二，对于合同编关于典型合同的规定以及其他法律关于典型合同的规定，非典型合同只能参照适用。所谓参照适用就是准用。毕竟非典型合同并非典型合同，不能直接适用典型合同的规则，但对于

---

① 参见王泽鉴：《债法原理》(第二版)，北京大学出版社2013年版，第139页。

② 同上。

③ 参见潘重阳：《论联立合同的效力关联——以商品房买卖与借款合同联立为例》，载《政治与法律》2021年第11期。

④ 参见王利明主编：《中国民法典释评·合同编通则》，中国人民大学出版社2020年版，第35页。

⑤ 同上。

与典型合同非常类似的合同规则可以准用。第三,必须是针对与法律关于典型合同规定最相类似的合同规定,才能参照适用。此处所说的“最相类似”的规定,是指从合同的性质来看,待决案件中的合同与合同编中规定的某典型合同具有最相类似的特点。例如,当事人订立了合作合同,合作合同中主要约定了有关买卖与借款的内容,因此应当就发生争议的条款分别参照适用买卖合同与借款合同的有关规定。

二、双务合同与单务合同

双务合同,是指当事人双方互负对待给付义务的合同,即一方当事人愿意负担履行义务,旨在使他方当事人因此负有对待给付的义务。或者说,一方当事人所享有的权利,即为他方当事人所负有的义务,如买卖、互易、租赁合同等均为双务合同。[①] 双务合同是典型的交易形式。单务合同,是指合同当事人仅有一方负担给付义务的合同。例如,在借用合同中,只有借用人负有按约定使用并按期归还借用物的义务。

在法律上区分单务合同和双务合同的意义有以下几点:

1. 是否适用同时履行抗辩权等不同。双务合同成立以后,各当事人基于合同负履行义务,一方负担的义务是以他方负担义务为前提的。双务合同所产生的给付义务和对待给付义务,可能有先后履行顺序,对此当事人没有约定,依照法律规定、习惯、合同性质也无法确定的,则双方应当同时履行。双务合同所产生的给付义务和对待给付义务应当互为对价,处于平等交换的地位,两个债务之间具有相应性,其通常都是合同的主要债务,即主给付义务,一方当事人不得以对方没有履行非主要债务为由主张拒绝履行自己的主要债务。因此基于公平原则,在请求的一方没有履行或者没有提出履行时,被请求的另一方享有拒绝进行对待给付的抗辩权。另外,同时履行抗辩权之外的不安抗辩权、先履行抗辩权也是双务合同所特有的效力。而在单务合同中,因为只有一方负担义务或者另一方虽然负有义务,但其所负的义务并不是主要义务,二者并非对待给付关系,无法适用同时履行抗辩权、不安抗辩权、先履行抗辩权等规则。

2. 在风险负担的适用上不同。由于双务合同中,双方的权利义务互相依存、互为条件,如果非因一方当事人的原因(如因不可抗力的发生)导致其不能履行合同义务,此时需要通过适用风险负担的规则进行处理。而在单务合同中,一方因不可抗力而不能履行义务时,不会发生双方合同中的风险负担问题。

3. 因一方的过错所致合同不履行的后果不同。在双务合同中,如果非违约方已履行合同的,可以要求违约方履行合同或承担其他违约责任;如果违约方要求解除合同,则对于其已经履行的部分有权要求未履行给付义务的一方返还其已取得的财产。但在单务合同中,因主要由一方承担义务,如果其已经履行了部分义务,同时又违反了合同义务,则无权要求对方履行其对待给付或返还财产。

除了典型的双务合同之外,还有一种合同虽然是双务的,但双方当事人的义务不具有对价性,属于双务的无偿合同。例如,我国《民法典》合同编第 21 章规定的保管合同,如无特别约定,寄存人无须向保管人支付保管报酬,但须负担向保管人支付必要费用或有益费用的义务,该合同即属于双务无偿合同。在理论上也有学者将其称为准双务合同,或不完全双务合

---

① 参见苏俊雄:《契约原理及其适用》,台湾中华书局 1978 年版,第 24—25 页。

同。不完全双务合同也属于传统所谓“单务合同”。[①]

三、有偿合同与无偿合同

有偿合同，是指一方通过履行合同规定的义务而给对方某种利益，对方要得到该利益必须为此支付相应代价的合同。在实践中，绝大多数反映交易关系的合同都是有偿的。无偿合同，是指一方给付对方某种利益，对方取得该利益时并不支付任何报酬的合同。无偿合同是等价有偿原则在民法适用中的例外现象。在无偿合同中，一方当事人也要承担义务，如借用人无偿借用他人物品，负有正当使用和按期返还的义务。有偿与无偿的区分意义在于：

第一，有偿是典型的形态，而无偿仅仅是例外。因为合同是反映合同交易的一种形式，而交易以有偿作为原则。因此，《民法典》第 646 条规定：“法律对其他有偿合同有规定的，依照其规定；没有规定的，参照适用买卖合同的有关规定。”这就说明，有偿合同是交易的典型形态，可以适用买卖合同的相关规则。

第二，确定合同的性质。在债权合同中绝大多数合同只能是有偿的，不可能是无偿的。如果要变有偿为无偿，或者相反，则合同关系在性质上就要发生根本的变化。例如买卖合同是有偿的，如果变为无偿合同，则变成了赠与关系。

第三，确定当事人的注意义务。在无偿合同中，单纯给予利益的一方原则上只应承担较低的注意义务，如无偿保管合同中，保管人只有在故意和重大过失的情况下，才对保管物的毁损、灭失承担责任，否则即可免责；而在有偿合同中，当事人所承担的注意义务显然要较无偿合同中之注意义务为重。例如，《民法典》第 897 条就区分了有偿的保管合同与无偿的保管合同中保管人的责任，“保管期内，因保管人保管不善造成保管物毁损、灭失的，保管人应当承担赔偿责任。但是，无偿保管人证明自己没有故意或者重大过失的，不承担赔偿责任。”依据这一规定，对于有偿的保管合同而言，保管人因保管不善导致标的物毁损灭失的均应承担责任；而对于无偿保管人而言，其只要不具有故意或重大过失就无须承担责任。

第四，对缔约主体的要求不同。一般而言，订立合同需要当事人具有完全民事行为能力，但是对于无偿合同而言，由于无偿合同中的一方当事人可能是纯获利益而没有负担的，因此从保护无民事行为能力人和限制民事行为能力人的角度而言，应当允许二者订立纯获利益的合同。例如，对于纯获利益而没有负担的接受赠与，受赠人是否具有完全民事行为能力不影响合同的效力。但需要注意的是，并非所有赠与合同都是纯获利益的合同，例如在一些附条件的赠与中，受赠人可能就负有一定的负担，此时就不应当完全肯定无民事行为能力人和限制民事行为能力人订立此种合同的效力。[②]

第五，合同解释不同。无偿合同大多基于自然人之间互通有无、相互协助关系而产生，对无偿合同而言，在发生争议时，应当作有利于债务人的解释，而对有偿合同而言，则无法适用该解释规则。

四、诺成合同与实践合同

诺成合同，是指当事人意思表示一致即告成立的合同，即“一诺即成”的合同。实践合同，又称要物合同，是指除当事人双方意思表示一致以外尚需交付标的物才能成立的合同，

---

① 参见陈自强：《契约违反与履行请求》，元照出版公司 2015 年版，第 262 页。

② 参见韩世远：《合同法总论》（第四版），法律出版社 2018 年版，第 81 页。

其必须基于法律的明文规定。根据《民法典》的规定,保管合同、自然人借款合同、定金合同等都属于实践合同。

诺成合同与实践合同的区别,主要表现在如下几点:

第一,合同的成立时间不同。诺成合同"一诺即成",双方当事人达成合意,合同即宣告成立。但是对于实践合同而言,单纯的合意达成并不导致合同成立,尚需要完成特定物的交付等才能使合同成立。因此,对实践合同而言,虽然当事人已经达成合意,但如果没有实际交付标的物,则合同仍未成立。

第二,是否以交付标的物作为合同成立条件不同。实践合同的成立以当事人交付标的物为条件。在没有交付标的物之前,即使双方已经达成合意,也应认为合同没有成立。而诺成合同原则上只要双方当事人达成合意即可成立。一旦实际交付标的物,则合同可能因为已经清偿而终止。

第三,诺成合同是原则,实践合同是例外。诺成合同与实践合同的区分起源于罗马法,近代民法为了尊重合同自由、鼓励交易、简化交易条件,通常将诺成合同规定为合同的一般情形,而将实践合同规定为合同的例外情形。[①] 这也意味着,只有在法律有特别规定的情形下,相关合同才能被认定为实践合同,否则,合同关系均属于诺成合同。例如,《民法典》第814条规定:"客运合同自承运人向旅客出具客票时成立,但是当事人另有约定或者另有交易习惯的除外。"再如,《民法典》第679条规定:"自然人之间的借款合同,自贷款人提供借款时成立。"从比较法上看,实践合同在现代都有诺成化的趋势。

在现代民法中,实践合同具有诺成化的发展趋势。[②] 就清偿型以物抵债协议而言,《合同编通则解释》第27条第1款规定其为诺成合同。一方面,诺成合同更符合当事人订立以物抵债协议的目的,一旦订立以物抵债协议,就应当对当事人产生拘束力,至于该协议是否履行,则应当属于合同履行的问题,不应当影响该协议的效力。据此,对此类以物抵债协议而言,物的交付属于以物抵债协议中的履行行为,对于不交付的可以通过违约责任处理。另一方面,正是因为以物抵债协议是诺成合同,因此,一旦成立就发生选择之债,债务人或者第三人未按照约定履行以物抵债协议,经催告后在合理期限内仍不履行的,债权人有权选择请求履行原债务或者以物抵债协议。

五、要式合同与不要式合同

要式合同,是指根据法律规定应当或者必须采用特定方式才能订立的合同。对于一些重要的交易,法律常常要求当事人必须采取特定的方式订立合同。不要式合同,是指当事人依法并不需要采取特定的形式就可订立的合同,当事人可以采取口头方式,也可以采取书面形式。除法律有特别规定以外,合同均为不要式合同。

要式合同与不要式合同的区别在于,是否应以一定的形式作为合同成立或生效的条件。有关书面合同的效力问题,必须要根据法律对某类书面形式的要求,以及在该要求中所体现的效力规定等来具体确定。首先是要确定法律、法规关于形式要件的效力是否有明确规定。例如,《民法典》第668条第1款规定:"借款合同应当采用书面形式,但是自然人之间借款另有约定的除外。"法律对这种合同的形式要件的规定属于成立要件而非生效要件的规定。在

---

① 参见韩世远:《合同法总论》(第四版),法律出版社2018年版,第83页。

② 王泽鉴:《债法原理》(第二版),北京大学出版社2013年版,第150页。

此情况下,当事人未根据法律的规定采用一定的形式的,则合同不能成立。但有时法律规定的形式要件属于生效要件,当事人不依法采用一定形式的,则已成立的合同不能生效。例如,《民法典》第 348 条第 1 款规定:“通过招标、拍卖、协议等出让方式设立建设用地使用权的,当事人应当采用书面形式订立建设用地使用权出让合同。”如果未按照该规定订立书面合同,则合同不能产生法律效力,因此该形式要求属于生效要件。当然,对于不要式合同而言,可由当事人自由决定合同形式,无论采取何种形式,均不影响合同的成立和生效。

六、主合同与从合同

根据合同相互间的主从关系,可以将合同分为主合同与从合同。所谓主合同,是指不需要其他合同的存在即可独立存在的合同。例如,对于保证合同来说,设立主债务的合同就是主合同。所谓从合同,就是以其他合同的存在为存在前提的合同。例如,保证合同相对于主债务合同而言即为从合同。由于从合同要依赖主合同的存在而存在,所以从合同又被称为“附属合同”。

从合同的主要特点在于其附属性,即它不能独立存在,必须以主合同的存在及生效为前提。[①] 从合同主要包括如下两种情况:一是在一个合同关系中的从合同条款,例如,某个合同关系中的定金条款、违约金条款等。此种主合同与从合同的关系类似于联立合同。二是在主合同之外有关当事人订立了从合同。例如,在订立了主合同之后当事人又与第三人订立了担保合同(包括保证、抵押、质押合同等)。这两种类型的主从关系都具有如下几个共同的特点:一是发生上的依附性。从合同是以主合同的存在为前提的,只有在主合同有效成立以后,才能成立从合同。例如,只有在主债务有效成立的前提下,才有可能存在担保之债。二是效力上的从属性,即从合同是以主合同的有效存在为前提的。主合同不能成立,从合同就不能有效成立;主合同被宣告无效或被撤销以后,从合同也将失去效力。例如,主合同因违法被宣告无效以后,即使当事人特别约定保证合同继续有效,保证人也不能代替主债务人履行违法的合同。所以,保证合同也应当被宣告无效。需要指出的是,尽管主合同的存在并生效将直接影响到从合同的成立及效力,但因为主合同并不依附于从合同,相反它是可以独立存在的,因此从合同不成立或生效的,一般并不影响到主合同的效力。三是转让方面的从属性。主合同转让的,从合同也不能单独存在;主合同的权利转让的,从合同的权利也必须依附于主合同而转让。四是消灭上的从属性。从合同除了具有自己的消灭原因外,它一般都是为了加强主合同的效力而存在的,所以主合同消灭的,从合同亦应当随之终止。

尽管上述主从关系具有一定的共同性,但它们又具有一定的区别。主要表现在:

第一,如果在一个合同关系中包括从合同条款,由于当事人是共同的,通常情况下,如果当事人缺乏缔约能力将可能影响整个合同的效力,不可能因当事人欠缺缔约能力而仅仅影响主合同的效力。

第二,如果在一个合同关系中包括从合同条款,则该从合同条款与主合同条款构成一个整体,从合同条款通常不能单独地被宣告无效和被撤销。例如,违约金条款即使具有惩罚性,也只能由法院或仲裁机构进行数额调整,而不能使该条款单独被宣告无效。只有在整个合同被宣告无效的情况下,才能被宣告无效。但如果在主合同之外有关当事人订立了从合同,由于该从合同与主合同是两个合同关系,当事人以及合同的主要内容不相同,所以尽管

① 参见韩世远:《合同法总论》(第四版),法律出版社 2018 年版,第 90—91 页。

从合同在效力上依附于主合同,但其效力又具有一定的独立性。也就是说,从合同可以因为不符合生效要件而被单独宣告无效或被撤销。

第三,如果在一个合同关系中包括从合同条款,则从合同不能与主合同分离而单独转让;但是,如果在主合同之外有关当事人订立了从合同,则从合同的转让与主合同的转让又要保持一定的独立性。例如,在主合同转让之后,必须要取得保证人的同意,保证义务才能相应地转让。同样,在主合同转让之后,抵押权尽管要相应地转让,但从有利于抵押权的公示和保护交易安全角度出发,应当要求抵押权重新登记。

七、一时性合同和继续性合同

(一)一时性合同和继续性合同的概念和区分标准

所谓一时性合同,又称一次性给付合同,是指合同给付总额在合同成立时是确定的,债务的内容通过一次履行行为即可完成的给付。① 绝大多数合同,如买卖、赠与、借贷等均属于一时性合同。

所谓继续性合同,是指给付总额在合同成立时不确定,且合同义务并非一次履行可以终止,而是持续实现的合同。② 继续性合同是由德国学者基尔克于1914年以"继续性债之关系"的概念提出来的,后来被普遍接受。③ 在许多债的关系中,合同义务都并非一次性清结,而是需要持续履行的。继续性合同可分为固有的继续性合同、继续性供给合同与继续性交易关系三类。其中固有的继续性合同是指依据合同性质,给付具有连续性的合同,如租赁合同等。继续性供给合同是指当事人约定在一定期限内连续提供具有一定品质或质量的给付的合同。对于连续供货的合同是否属于继续性合同,存在争议。虽然对于每个单独的给付行为来看,这种给付具有一时性特征,但是从整体上来看,这些给付在合同订立时并不确定,当事人的给付仍然是由实践划定的,因此具有继续性合同的特征。例如,饭店与啤酒厂约定在一定期限内,由啤酒厂不断向其供货的合同。而继续性交易关系则是指双方当事人约定了框架合同,并在该框架合同的范围内,不断进行个别交易的合同。④

关于继续性合同与一时性合同的区分标准,学界存在不同观点,一种观点认为,应当以给付时间是否具有持续性作为区分标准:债务人的给付行为具有持续性的,为继续性合同;债务人的给付一次可以完成的,为非继续性合同。⑤ 另一种观点认为,应当以总的给付内容是否随时间的延续而变化作为区分继续性合同与一时性合同的标准。⑥ 即如果某一合同需要债务人持续地履行,而且当事人之间的给付总额随着时间的延续而发生变化时,此种合同即属于继续性合同;如果某一债务中的给付总额在一开始即可确定,并不因时间的延续而发生变化,则属于一时性合同。笔者赞同后一种观点。在区分继续性合同与一时性合同时,主要应当考察债务人的给付总额在合同关系成立时是否确定,同时,还应当考察合同的履行在时间上是否具有持续性。一方面,如果某一合同的给付总额在一开始并不确定,而需要随着时间的延续才能逐步确定,则其应当属于继续性合同。例如,供应电、水、气、热力都不是一

---

① 参见韩世远:《合同法总论》(第四版),法律出版社2018年版,第67页。

② Otto von Gierke, Dauernde Schuldverhältnisse, Jher Jb, 65, 355.

③ 参见韩世远:《合同法总论》(第二版),法律出版社2008年版,第52页。

④ 参见王文军:《继续性合同及其类型论》,载《北方法学》2013年第5期。

⑤ 参见江平主编:《民法学》,中国政法大学出版社2007年版,第453页。

⑥ 参见屈茂辉、张红:《继续性合同:基于合同法理与立法技术的多重考量》,载《中国法学》2010年第5期。

次性完成的,而是持续性的,因而供用电、水、气、热力的合同属于继续性合同。[①] 另一方面,继续性合同在履行时间上具有持续性。例如,在租赁合同中,就出租人而言,其总给付义务并不确定,除需要将租赁房屋交付给承租人使用外,在租赁合同存续期间内,其还可能需要履行一定的修缮等义务,因此,租赁合同在性质上属于继续性合同。而一时性合同的给付总额在一开始即可确定,并不随着时间的延续而发生变化。[②] 当然,在继续性合同中,在合同关系成立时,合同履行总额并不确定,只要期间继续延展,债务人就要继续履行,而且每次的给付具有一定的独立性。

(二)一时性合同和继续性合同的区别

继续性合同与非继续性合同的区别主要体现在如下几个方面:

第一,合同债务履行是否有时间上的持续性不同。继续性合同的履行一般都是持续的给付(dauernden Leistung),这也是其与一时性合同的重要区别。虽然在个别情形下,非继续性合同的履行也可能有时间上的持续性,如分期付款中付款人的债务,但大多数非继续性合同是一次性履行的,并不具有时间上的持续性,如买卖合同大多是一次履行完毕的。而对继续性合同而言,合同债务的履行通常都有时间上的持续性,即当事人需要在一定的时间段中,不间断地作出履行。[③] 例如,房屋租赁合同中,出租人需要将房屋移转给承租人,供承租人持续地使用。但仅有履行时间上的持续性也并不一定属于继续性合同,还要求债务的总额在债的关系成立时不确定,如因分期付款而产生的合同关系,其义务履行虽然有时间上的持续性,但并不属于继续性债务,而应当属于一时性合同。

第二,债务总额在债的关系成立时是否确定不同。对继续性合同而言,债务的总额在债务成立时并不确定,而是随着时间的延续不断变化,即随着时间的进行而不断产生新的权利义务。例如,在电力供应合同中,电力的供应与使用是连续的,因而合同的履行方式也处于一种持续状态。供电人在发电、供电系统正常的情况下,应当连续向用电人供电,不得中断;用电人在合同约定的时间内,享有连续用电的权利。而对一时性合同而言,债务的总额在一开始即已确定,即便义务的履行有一定的时间延续,合同债务总额也不会因此发生变化。[④]

第三,在当事人之间是否存在信赖的持续保护不同。在继续性合同中往往存在当事人信赖的持续保护问题,即债权人往往是基于对债务人履行能力的信赖等原因而与其成立债的关系,同时债权人信赖债务人能够按照债的要求持续地履行合同。而对一时性合同而言,虽然有的一时性合同中也存在债权人信赖的保护问题,但其给付多是一次完成的,即便不是一次完成,当事人之间的给付总额在债务成立时也已经确定,并不存在对债权人信赖的持续保护问题。

正是因为在继续性合同中存在对债的关系当事人信赖的持续保护问题,债的关系当事人可能因此负担更多的义务。[⑤] 例如,甲与乙订立按照市场价格持续供应某一货物的合同,则甲无须在每次交易前就该货物的价格与乙再次进行协商,为保护甲的此种信赖,在该货物的市场价格发生变动时,乙应当及时对甲作出通知。

第四,合同的存续期间是否特定不同。对一时性合同而言,在合同关系成立时债务人的债

---

① 参见王文军:《继续性合同及其类型论》,载《北方法学》2013 年第 5 期。

② 参见王泽鉴:《债法原理》(第二版),北京大学出版社 2013 年版,第 155—156 页。

③ 参见王洪亮:《债法总论》,北京大学出版社 2016 年版,第 13 页。

④ 参见王泽鉴:《债法原理》(第二版),北京大学出版社 2013 年版,第 156 页。

⑤ 参见〔德〕迪特尔·梅迪库斯:《德国债法总论》,杜景林、卢谌译,法律出版社 2004 年版,第 13 页。

务总额是确定的,其一般有明确的存续期限;而对继续性合同而言,其既可能存在确定的期限(如当事人之间订立的租赁合同,当事人一般会约定合同的存续期限),也可能不存在确定的期限(如长期供货关系中的义务)。在当事人之间成立继续性合同关系,只要当事人没有提前通知解除债的关系,当事人之间的继续性合同就可以持续,其并不要求有明确的存续期限。①

第五,合同解除的事由不同。一时性合同的解除一般针对整个合同关系,即债务人没有按照合同的要求履行债务,并因此影响债权人合同权利的实现的,债权人有权解除合同关系;而继续性合同的解除一般是针对"个别给付"进行,即在债务人的个别给付不符合合同的要求,或者破坏当事人之间的信赖关系时,债权人都可以解除合同关系。②《民法典》第563条第2款规定:"以持续履行的债务为内容的不定期合同,当事人可以随时解除合同,但是应当在合理期限之前通知对方。"这一规定赋予了未定期限的继续性合同中,当事人通知解除的权利。这适用于以持续履行为债务内容的不定期合同,而且是双方当事人均享有解除权而非一方当事人享有。③

第六,合同解除的后果不同。在一时性合同中,合同解除后,当事人可以请求恢复原状。而对继续性合同而言,合同解除的效力不具有溯及力,只是对未来发生效力,即在合同解除之后,当事人不能请求恢复原状。④ 例如,对租赁合同而言,租赁合同是继续性合同,承租人持续地对租赁物进行占有、使用和收益,因此,在租赁合同解除时,也仅对未来发生效力,无法发生溯及力。在租赁合同解除之前,承租人对标的物的占有、使用是有效的,即便在合同解除之后,此前的占有、使用仍然是有效的,合同解除的效力只针对解除之后发生效力。鉴于租赁合同是继续性合同,对于已经支付的租金,承租人不得主张返还,但如果承租人在合同成立之初已经支付了约定期限内所应支付的全部租金的,出租人应将合同不能履行的这段时间的租金予以返还。

八、本约合同与预约合同

(一) 预约合同的概念和特征

预约合同也称为预备性合同,它是指当事人所达成的、约定在将来一定期限内订立合同的允诺或协议。⑤ 预约制度起源于罗马法,并为两大法系所普遍认可。在我国,预约合同在实践中运用得十分广泛,如订购房屋、预订座位、预购机票和车船票等。在实践中,当事人因为主客观原因暂时无法订立本约,但基于合同自由原则,应当允许当事人通过预约对未来订立本约的事宜作出安排。⑥《民法典》第495条第1款规定:"当事人约定在将来一定期限内订立合同的认购书、订购书、预订书等,构成预约合同。"这就是对预约合同的规定。当事人在将来所订立的合同称为本约合同,而当事人约定在将来订立本约的合同即属于预约合同。例如,当事人所订立的购买车票的合同为本约合同,而当事人事先达成的约定在将来购买车票的合同即为预约合同。从名称上看,究竟使用"预约"还是"预约合同",在立法时曾经存在一定的争议。考虑到在实践中"预约"经常被作为动词使用,如预约购房、预约租房、预约买

---

① 参见〔德〕迪特尔·梅迪库斯:《德国债法总论》,杜景林、卢谌译,法律出版社2004年版,第409页。

② 参见王泽鉴:《债法原理》(第二版),北京大学出版社2013年版,第157页。

③ 参见黄薇主编:《中华人民共和国民法典合同编解读》(上册),中国法制出版社2020年版,第353页。

④ 参见黄立主编:《民法债编各论》(上册),中国政法大学出版社2003年版,第144页。

⑤ Werk, in Münchener Kommentar zum BGB, Vor § 145, Rn. 60.

⑥ 参见石宏:《合同编的重大发展和创新》,载《中国法学》2020年第4期。

货等，为避免歧义，《民法典》合同编采用“预约合同”的提法，不无道理。

预约合同的特征在于：第一，预约合同必须是一种合同，从而与无任何法律约束力的意向书等相区别。如果当事人在谈判所形成的书面文件中明确载明谈判内容对双方不具有任何法律约束力，不包含当事人对未来是否在一定期限内订立本约合同达成合意，则该约定仅仅具有解释合同内容的作用，但不构成预约。[①] 第二，预约的核心内容是在将来的一定期限内订立本约。即使预约的内容已经包含了将来全部本约的内容，但当事人只要明确约定在将来订立本约，此时仍然仅仅是预约而非本约。第三，表现形式多元。预约在实践中表现为认购书、订购书、预订书等多种形式，甚至在特殊情况下以“意向书”为名的约定，也可能构成预约。

在交易实践中，当事人订立预约合同是将阶段化的谈判成果固定下来，并希望将未能协商一致的内容留待将来磋商。[②] 预约合同在实践中已经被广泛采用，时常发生纠纷，但我国原合同法并没有对预约合同作出规定，这就不利于明晰当事人之间的权利义务关系。例如，甲向乙购买房屋，双方签订了购房意向书，甲向乙支付了 5 万元定金，后因房屋价格上涨，乙又将房屋转让给丙，甲请求乙承担继续履行的责任。在该案中，由于甲乙之间仅订立了预约合同，而没有订立房屋买卖合同，如果法律不承认预约合同，则购房人甲无权请求乙承担违约责任，而只能主张缔约过失责任，这对购房人甲而言显然是极其不利的。可见，《民法典》合同编承认预约合同，对规范合同关系、保护消费者权益是十分重要的。

(二) 预约合同的成立

依据《民法典》第 495 条第 1 款和《合同编通则解释》第 6 条第 1 款的规定，预约合同的成立应当符合如下条件：

第一，当事人约定在将来一定期限内订立合同。如果合同内容中无法确定当事人有在将来订立合同的意图，则不能将其认定为预约。《合同编通则解释》第 6 条第 1 款要求当事人应当在一定期限内订立合同。如果当事人约定在将来订立合同，但对于何时订立合同并不确定，此时，就不能确定当事人有订立合同的意图，因而无法成立预约。

第二，能够确定将来所要订立合同的主体、标的等内容。预约合同无须包括本约合同的条款，只要能够确定将来所要订立合同的主体、标的等内容，就可以成立预约合同。至于将来所要订立合同的标的、价格等，则由当事人在未来协商。[③] 例如，当事人在某份买卖合同中约定，甲乙双方就购买 50 顿煤炭订立合同，价格另议，该合同究竟属于预约还是本约存在争议。在该合同中，由于已经具备了合同主要条款，只是价款尚未确定，因此，其不应当属于预约合同。

预约合同的成立可以采取预先交付定金的方式，也可以不预先交付定金。如果当事人为担保在将来一定期限内订立合同交付了定金，能够确定将来所要订立合同的主体、标的等内容的，也可成立预约合同。由于交付定金在性质上属于立约定金，表明当事人实际上已经具有订立本约的意图，此时还不能当然将其认定为预约合同，还必须能够确定将来所要订立合同的主体、标的等内容，才能成立预约合同。

---

① 参见黄薇主编：《中华人民共和国民法典解读》(合同编上)，中国法制出版社 2020 年版，第 117 页。

② 参见最高人民法院起草小组：《〈关于适用民法典合同编通则若干问题的解释〉的理解与适用》，载《人民司法》2024 年第 1 期。

③ 参见最高人民法院民事审判第二庭、研究室编著：《最高人民法院民法典合同编通则司法解释理解与适用》，人民法院出版社 2023 年版，第 98 页。

预约不同于意向书或者备忘录。依据《合同编通则解释》第 6 条第 2 款的规定,如果当事人订立意向书等文件,只是表达一种交易的意向,而没有约定在将来一定期限内订立合同,或者虽然当事人约定了在将来一定期限内订立合同,但难以确定将来所要订立合同的主体和标的,则无法成立预约合同。

(三)预约合同与本约合同

从性质上看,预约合同和本约是相互独立且相互关联的两个合同。[①] 尽管预约是为了订立本约合同而订立的,而且是在订立本约合同的过程中订立的,但当事人已经就订立预约形成合意并且该合意具有相对独立性,因此可以与本约合同相分离,作为独立的合同类型。法律上之所以承认预约合同,是因为虽然预约合同的存在目的是为了订立本约,但其又不同于本约而存在,因此有必要将两者分开,预约合同和本约的区别在于:

第一,缔约意图不同。预约合同以订立本约合同为目的,由于本约合同的缔约目的是要形成特定的法律关系,如买卖、租赁、承揽等关系,因此订立预约合同只是向本约合同的过渡阶段。当事人订立预约合同主要是为了有足够的时间磋商,或者避免对方当事人反悔,从而选择以预约合同的方式为订立本约合同做准备。通常,应当结合当事人在预约合同中的约定、当事人的磋商过程、交易习惯等因素,综合认定当事人是否存在订立本约合同的意图。因此,当事人必须明确表达要订立本约合同的意思表示,且当事人应当有受预约合同拘束的意思。[②]

第二,当事人约定的内容不同。预约合同的内容是将来订立本约,例如,预约租赁某个房屋,就使当事人负有订立房屋租赁合同的义务。又如,订购某件商品的预约合同,使当事人负有订立买卖该商品的合同的义务。而本约则是关于合同具体内容的约定。[③] 例如,在房屋租赁合同中,关于价金、具体房屋的约定就属于本约的内容。

第三,违反合同的责任后果不同。《民法典》第 495 条第 2 款规定:"当事人一方不履行预约合同约定的订立合同义务的,对方可以请求其承担预约合同的违约责任。"这就明确了违反预约合同的责任。在预约合同中,当事人一般不会约定违反本约的责任。而对本约合同而言,当事人通常都会约定违约责任条款,如违约金等。这也是当事人愿意受其意思表示拘束的具体体现。当事人违反预约合同时,非违约方可以请求违约方订立合同,而当事人违反本约合同时,并不产生请求对方当事人订立合同的违约责任,而只是产生继续履行、赔偿损失等违约责任。《民法典》第 495 条第 2 款强调违反预约合同将承担违约责任,而并非承担缔约过失责任。但是,违反预约合同,应承担违反预约合同的责任,而不是承担违反本约的责任。在一方违反预约合同的情况下,另一方也可以要求解除该预约合同,并请求违约方承担违约金、定金等责任。

预约符合一定条件可以视为本约。依据《合同编通则解释》第 6 条第 3 款,预约符合一定条件的可以视为本约,实际上包括了两种情形:一是虽然使用预约合同的名称(认购书、订购书、预订书等),但合同内容已经包括了本约的主要条款,符合本约的成立要件,应当认定本约已经成立。二是通过实际履行促成合同成立。这就是说,当事人虽然没有明确就本约合同形成明确的约定,但是一方已经实际履行合同且为对方接受,则可以认定本约已经

① 参见宋晓明、张勇健、王闯:《〈关于审理买卖合同纠纷案件适用法律问题的解释〉的理解与适用》,载《人民司法》2012 年第 15 期。

② 参见陈进:《意向书的法律效力探析》,载《法学论坛》2013 年第 1 期。

③ 参见刘承韪:《预约合同层次论》,载《法学论坛》2013 年第 6 期。

成立。

（四）违反预约的违约责任

1. 违反预约合同的认定

《合同编通则解释》第7条第1款确认了违反预约合同的两种形态：

第一，预约合同生效后，当事人一方拒绝订立本约合同。预约合同的订立目的就是为了订立本约，换言之，在预约合同生效后，当事人均负有在一定期限内订立本约合同的义务，因此，在预约合同生效后，如果当事人一方拒绝订立本约合同，即违反了预约合同所约定的义务。

第二，当事人一方在磋商订立本约合同时违背诚信原则导致未能订立本约合同的。这就是说，当事人订立预约合同时已经就将来要订立的本约的当事人和标的等内容作出了约定，但当事人在订立本约过程中提出了完全不同的标的，或者虽然没有改变标的的内容，但其所提出的数量、价格等条件与预约约定的内容存在显著区别，导致本约合同难以成立。然而，本约合同与预约合同不同，其属于独立的合同，当事人在订立本约时享有合同自由，当事人原则上有权自由约定本约的内容。依据《合同编通则解释》第7条第2款，认定当事人一方在磋商时是否违背诚信原则，应当综合考虑如下因素：一是该当事人在磋商订立本约合同时提出的条件是否明显背离预约合同约定的内容。对于预约合同中已确定的本约合同内容，该当事人在后续磋商中予以否认的，已经违背诚信原则。二是是否已尽合理努力进行协商。对于没有确定的内容，当事人未尽合理努力促成本约合同的订立的，也违反诚信原则。[①]例如，当事人在订立本约的过程中漫天要价，提出了极不合理的价格条款，此种行为即构成违反诚信原则的行为。

2. 违反预约合同的责任

第一，原则上不适用继续履行责任。对本约合同而言，除法律特别规定的情形外，均可适用继续履行这一违约责任承担方式。而关于违反预约合同能否适用继续履行责任，存在争议。对此存在几种不同的观点：一是"损害赔偿说"。此种观点认为，在违反预约的情形下，守约方只能请求违约方承担损害赔偿责任，而不能请求继续履行。[②] 二是"请求实际履行说"。该种学说认为，在非违约方请求对方实际履行时，本约合同并不当然成立，应当由法院决定是否成立本约合同[③]。三是"继续磋商说"。根据此种观点，在一方违反预约合同的情形下，另一方有权要求其继续磋商，当事人双方均负有义务齐心协力协商本约合同的具体条款[④]；如果一方拒绝协商，并且导致最终合同无法订立，则会被认为违背诚信原则。《民法典》第495条第2款规定："当事人一方不履行预约合同约定的订立合同义务的，对方可以请求其承担预约合同的违约责任。"该条并没有规定在违反预约合同时可以适用继续履行的责任形式。《合同编通则解释》第8条第1款规定："预约合同生效后，当事人一方不履行订立本约合同的义务，对方请求其赔偿因此造成的损失的，人民法院依法予以支持。"从该款规定来看，在当事人违反预约合同的情形下，主要通过赔偿损失的方式对非违约方提供救济，这实际上也排除了继续履行这一责任形式的适用。

---

① 最高人民法院民事审判第二庭、研究室编著：《最高人民法院民法典合同编通则司法解释理解与适用》，人民法院出版社2023年版，第112页。

② 参见韩强：《论预约的效力与形态》，载《华东政法大学学报》2003年第1期。

③ 参见耿利航：《预约合同效力和违约救济的实证考察与应然路径》，载《法学研究》2016第5期。

④ 参见黄薇主编：《中华人民共和国民法典释义》，法律出版社2020年版，第950页。

第二,主要适用损害赔偿责任。当事人一方违反预约合同的,对方当事人有权依法主张赔偿损失。依据《合同编通则解释》第 8 条,当事人违反预约合同的,主要适用损害赔偿这一责任方式。依据该规定,如果当事人对违反预约合同的赔偿损失已经作出了约定,则应当依据当事人的约定确定赔偿损失的范围。如果没有约定,确定当事人赔偿损失的范围应当考虑如下因素:

一是预约合同在内容上的完备程度。此处预约合同在内容上的完备程度主要是指预约合同就将来所要订立的本约的内容是否进行了约定以及约定是否全面细致。[①] 例如,当事人不仅对订立本约的当事人、标的作出了约定,还对订立本约的时间、地点以及价款等作出了约定,此时,预约合同在内容上的完备程度就较高。预约合同在内容上越完备,则当事人对于订立本约的期待越高[②],当事人为订立和履行本约所作的准备也越多,此时,一方当事人违反预约合同的约定拒绝订立本约的,则对方因本约未能签订而遭受的损失可能就越大,违约方因此承担的损失赔偿责任也应当越大。

二是订立本约合同的条件的成就程度。在交易中,当事人之所以未订立本约,是因为订立本约的条件还不成熟,因此,当事人通常先订立预约合同,之后再订立本约合同。例如,双方当事人已经就商品房买卖订立了预约合同,出卖人尚未取得售房许可,因此,当事人订立预约合同,约定一旦出卖人取得售房许可,即可订立本约合同,当事人已经就本约合同的许多条款达成合意。在此情形下,订立本约合同的条件的成就程度就较高[③],一旦当事人违反预约合同,即可能给对方当事人造成更大的损失。相反,如果当事人除了主体和标的外,还没有就合同其他条款展开磋商,在此情形下,订立本约的成就程度就较低。

需要指出的是,在违反预约合同的情形下,当事人承担的究竟是信赖利益损失赔偿还是履行利益损失赔偿,对此存在着两种不同的观点。对此,《合同编通则解释》并未作出规定。如果赔偿标准过低,不足以对受害人提供救济。笔者认为,在当事人违反本约的情形下,非违约方有权主张履行利益的赔偿,而在违反预约合同的情形下,当事人的赔偿主要还是对对方当事人信赖利益损失的赔偿,即信赖本约合同能够订立而遭受的损失的赔偿,而且此种信赖程度越高,损失赔偿的数额也应当越大。在通常情形下,应当允许债权人请求信赖利益的赔偿。因为一方面,信赖利益的赔偿并不是缔约过失责任独有,违约责任中也有信赖利益的赔偿。对于违约行为的损害赔偿而言,虽然通说认为应当赔偿履行利益,但是在特殊情形下,信赖利益也同样可以作为损害赔偿的范围。[④] 因此,认为违反预约应当赔偿信赖利益并不是认为预约的违反导致的是缔约过失责任的产生,而同样是一种违约责任。另一方面,应当区分违反预约的损害赔偿范围与违反本约的损害赔偿范围。如果违反预约要赔偿履行利益,将导致预约的违反与本约的违反的赔偿范围一致,此时预约的违反后果将与违反本约的后果相同,构成了预约与本约的混淆。

需要指出的是,在违反预约合同的情形下,原则上不赔偿因本约无法订立而遭受的机会损失。在一方违反预约的情形下,另一方当事人可能因此丧失一定的交易机会,但因此种交易机会丧失而遭受的损失往往难以证明,甚至是否存在相关的交易机会可能都难以证明,且

① 参见参见最高人民法院民事审判第二庭、研究室编著:《最高人民法院民法典合同编通则司法解释理解与适用》,人民法院出版社 2023 年版,第 121 页。

② 同上。

③ 同上书,第 122 页。

④ 参见韩世远:《合同法总论》(第四版),法律出版社 2018 年版,第 784 页。

此种机会往往缺乏现实性，另一方当事人在订约时通常也难以预见，因此，违反预约合同原则上不应当赔偿机会损失。

九、束己合同与涉他合同

根据订约人订立合同的目的是否为自己谋取利益，合同可以分为束己合同与涉他合同。所谓束己合同，也称为订约人自己订立的合同，它是指订约当事人订立合同是为自己设定权利，使自己直接取得和享有某种利益。由于当事人订立合同都是为了追求一定的利益，所以在绝大多数情况下，合同当事人订立合同都是为了给自己设定权利，因此可以说，合同大多是订约人为自己订立的合同。[①]

所谓涉他合同，是指合同当事人在合同中为第三人设定权利或义务的合同。[②] 其中，为第三人设定权利的合同是利益第三人合同，为第三人设定义务的合同是由第三人履行的合同。一是利益第三人合同，也称“为第三人利益订立的合同”，在该类合同中，订约当事人并非为了自己设定权利，而是为第三人的利益订立合同，合同将对第三人发生效力。《民法典》第 522 条第 1 款规定：“当事人约定由债务人向第三人履行债务，债务人未向第三人履行债务或者履行债务不符合约定的，应当向债权人承担违约责任。”该款是关于不真正利益第三人合同的规定。不真正利益第三人合同中的第三人不享有合同中的请求权。《民法典》第 522 条第 2 款规定：“法律规定或者当事人约定第三人可以直接请求债务人向其履行债务，第三人未在合理期限内明确拒绝，债务人未向第三人履行债务或者履行债务不符合约定的，第三人可以请求债务人承担违约责任；债务人对债权人的抗辩，可以向第三人主张。”这就在法律上规定了真正利益第三人合同。在当事人依法设定的利益第三人合同中，第三人依法享有请求债务人履行的权利，在债务人不履行债务时，债权人有权请求债务人承担违约责任。

二是由第三人履行的合同，是指合同当事人约定由合同关系外的第三人进行给付的合同。《民法典》第 523 条规定了第三人履行的合同。原则上而言，当事人不能通过合同为他人设定义务，否则就是不当损害了他人的利益。因此，在当事人约定由第三人履行的情况下，在第三人不履行时，依据《民法典》第 523 条的规定，应当由债务人承担违约责任，而并非由第三人承担违约责任。例如，在连锁买卖之中，上游买受人与下游买受人之间可能约定由上游出卖人直接向下游买受人交付货物。需要注意的是，此种由第三人履行合同与《民法典》第 524 条第 1 款规定的具有合法利益的第三人履行合同不同。在第三人对履行具有合法利益时，第三人可以依据法律的规定履行债务。而由第三人履行合同，则是因为当事人的约定，此时是当事人之间具有了特别的授权，产生了债务人向第三人的给付请求权。第三人履行合同与债务加入也并不相同，债务加入需要由新的债务人作出加入的意思表示，在债务加入后，新的债务人直接负有合同义务，违反合同义务的要承担违约责任，而由第三人履行合同中的第三人并不需要承担违约责任。

束己合同与涉他合同的主要区别在于：第一，合同是否对第三人发生效力不同，在束己合同之中，合同只在当事人之间发生效力，而在涉他合同中，第三人虽然并非合同当事人，但合同可能对其发生效力。第二，合同在一般情况下，仅对当事人发生效力，因此束己合同是合同的一般原则，而涉他合同则是合同中的例外。第三，是否涉及第三人对债权人的责任不

---

① 参见王洪亮：《债法总论》，北京大学出版社 2016 年版，第 474 页。

② 参见韩世远：《合同法总论》（第四版），法律出版社 2018 年版，第 97 页。

同。束己合同并不涉及第三人的权利或第三人的义务,而涉他合同中,真正利益第三人合同可能会产生第三人对于债务人的请求权,在债务人不履行时,产生债务人的违约责任。[①]

第四节 合同关系的内容

合同关系和一般民事法律关系一样,也是由主体、内容和客体三个要素组成的。合同关系的内容包括基于合同而产生的债权和债务,又称合同债权和合同债务。

一、合同权利

所谓合同权利,又称合同债权,是指债权人有权请求债务人为一定行为或者不为一定行为的权利。合同债权在本质上是一种请求权,而不像物权那样是一种支配权。因为债权人一般不是直接支配一定的物,而是请求债务人依照债的规定为一定行为或不为一定行为。合同债权作为一种财产权利,主要有以下几项权能:

(一)请求权能

所谓请求权(Anspruch),是指请求他人为一定行为或不为一定行为的权利。请求权人自己不能直接取得作为该权利内容的利益,而必须通过他人的特定行为间接取得。请求权包括债权请求权、物权请求权、继承法上的请求权、亲属法上的请求权等。请求权的概念最早是由德国学者温特夏德(Windscheid)在19世纪解释罗马法时提出来的。他认为,请求权就是需要他人作为或不作为的权利。此种观点为《德国民法典》所采纳[②],并为许多大陆法国家的民法所采用。

请求权是债权的主要内容,其是否完全等同于债权的概念,大陆法系学者对此有不同的看法。许多学者认为,"债权最初是以请求权这种形式存在的,而且就债权而言,由于债务不履行所引起的效果就是请求权的发生"[③]。因此,请求权的概念和债权的概念经常是被混淆的。我国学者在表述债权概念时,通常也未对债权和请求权的概念作出任何区分。但是严格说来,请求权与债权并不是同一概念,其主要理由如下:

第一,两者对权利的观察视角不同。债权是与物权相对的概念,这是从权利标的的角度进行观察的。而请求权则是从权利作用的角度,对权利进行观察,它是与抗辩权、支配权、形成权相对应的[④]。

第二,二者的内涵与外延并不相同。债权除了包括请求权之外,还包括强制执行权,抗辩权,抵销权,解除、撤销等权利以及受领权限等。它是各种权利和权限的集合,当然其最主要的权利还是体现为请求权。[⑤] 由此可见,请求权只是债权的一项权能。正是从这个意义上,德国学者图尔(von Tuhr)将请求权的概念表述为"作为权能的请求权"。[⑥] 但是,请求权显然并不能概括债权的全部。

第三,请求权是作为一种民事权利而存在的,它不仅在债权法中,而且在物权法、人格权

---

① 参见韩世远:《合同法总论》(第四版),法律出版社2018年版,第98页。

② 《德国民法典》第194条。

③ 〔日〕奥田昌道:《论请求权的概念》,载《东京大学法学论丛》第82卷,第241页。

④ 参见郑玉波:《民法债编总论》(修订二版),陈荣隆修订,中国政法大学出版社2004年版,第5页。

⑤ 王泽鉴:《债法原理》,北京大学出版社2009年版,第17页。

⑥ 〔日〕奥田昌道:《论请求权的概念》,载《东京大学法学论丛》第82卷,第241页。

法、婚姻家庭法、继承法等领域中都普遍存在，是与支配权、形成权、抗辩权相对应的权利。例如，在所有人的财产遭受他人非法侵占的情况下，所有人可以根据物权请求权要求返还，此种请求权并非债权上的请求权。而债权主要是在《民法典》合同编和侵权责任编中进行规定的。

合同上的请求权包括合同有效成立时的给付请求权和因不履行合同债务而产生的违约责任请求权，它是债权请求权的一种形式。除合同上的请求权以外，债权的请求权还包括基于无因管理产生的请求权、不当得利返还请求权、基于侵权行为产生的请求权，基于缔约过失产生的请求权，各项请求权共同构成了债权请求权体系。这些请求权在行使过程中常常是密切联系在一起的。我国《民法典》合同编重点规定了合同上的请求权，但也在第三分编规定了不当得利和无因管理请求权，并在第一分编中规定了缔约过失等请求权。

（二）给付保有权

所谓给付保有权，是指债权人有权保有债务人所作出的给付。基于此种权利，在债务人向债权人作出履行后，债务人不得基于不当得利返还请求权向债权人请求返还。给付保有权确定了一定的利益归属关系，但此种利益归属与物的归属不同。物权的利益归属强调某一物权归属于某一主体，而债权体现的归属则强调债权人保有该利益的法律上的原因。尤其需要指出，债权所体现的利益归属关系并不是将某种法律上的利益直接分配给债权人，而只是赋予债权人请求债务人作出给付的权利，当然，在债务人作出给付后，债权人可以有效受领债务人的给付[①]，并保有该给付利益。

（三）保全权能

所谓保全权，是指在债务人的行为可能影响债权人的债权实现时，债权人有权采取一定的行为，以保障其债权的实现。合同保全是债的对外效力的体现，是由法律直接规定的，其效力已经超出了请求权的范畴，是债权人所享有的一种法定权能。债权人的债权保全权包括代位权和撤销权，这两种权利是确保债权实现的重要手段。[②] 例如，债务人为了逃避债务而与第三人订立合同，将其财产低价转让给第三人，使债务人的财产不当减少且危及债权人的利益时，债权人可以依法请求法院撤销债务人与第三人之间订立的低价转让财产的合同，从而恢复债务人的财产。由此可见，在债权人行使保全权时，债权在一定程度上突破了债的相对性原则，实际上已经对第三人产生了一定的效力。

（四）强制执行权能

所谓强制执行权能，是指当债务人不履行或不适当履行债务时，债权人有权请求国家机关予以保护，强制债务人履行债务或承担违约责任。债权除具有请求力之外，还具有执行力，即寻求国家公权力帮助实现债权的权利。[③] 请求力与执行力的区别在于，请求力针对的是第一性的义务，即当事人因有效成立的合同而负有作出符合法律规定和合同约定的履行的义务。在债务人不履行或不适当履行这一义务后，该义务就会转化为第二性的义务，即违约责任。此时，与之相对的权利就是请求保护债权的权利。也就是说，在债务人不履行其债务时，债权人可以诉请法院向债务人主张违约责任，请求支付违约金、赔偿损害或强制履行合同义务。[④]

---

① 参见王泽鉴：《债法原理》(第二版)，北京大学出版社 2013 年版，第 59 页。

② 参见〔日〕我妻荣：《新订债权总论》，王燚译，中国法制出版社 2008 年版，第 140—141 页。

③ 参见韩世远：《合同法总论》(第四版)，法律出版社 2018 年版，第 13 页。

④ 参见黄茂荣：《债法通则之一：债之概念与债务契约》，厦门大学出版社 2014 年版，第 70—71 页。

(五) 处分权能

所谓处分权能,是指债权人享有对其债权进行处分的权利。处分权所作用的对象并不局限于物权,也包括了合同权利等债权。合同债权作为权利人的一项财产权,可以由当事人进行处分,而且债权作为一种财产,其在经济生活中的地位日益突出。[①] 在合同法中,债权人享有的处分权能体现为权利人有权将债权转让给他人,也可以在债权上设定质权,或通过免除债务人的债务而放弃债权,或通过抵销而处分债权等。由于合同债权本质上体现了债权人的利益,因此按照私法自治原则,应允许债权人作出处分。

此外,还有一些合同权利并不完全具有请求权能和强制执行权能。例如在自然债务中,权利人的权利就仅仅具有受领保持力而不具有请求权能和强制执行权能。所谓自然债务,也称不完全债务,是指债务人不得诉请强制履行,但是在债务人履行后,不得以不当得利主张返还的债务。[②] 自然债务的典型是诉讼时效届满后的债务,诉讼时效期间届满后,义务人的债务变为自然债务,但义务人实际履行了债务的,则债权人仍有权受领,因为权利人接受义务人的履行所获利益并非不当得利,应受法律保护。《民法典》第 192 条第 2 款后段规定:"义务人已经自愿履行的,不得请求返还。"因为诉讼时效届满以后,虽然债权人请求债务人履行,债务人有权提出抗辩,但是,债权人仍然有权受领并保有权利,一旦受领履行,债务人不能请求对方返还不当得利。即使义务人因错误而不知道时效届满,也不能以"重大误解"为由主张撤销。从法律上看,义务人自愿履行,可以认为是以默示的方式抛弃了时效利益。

(六) 受领权能

债权的一项重要的效力就是受领保持力。所谓受领权,是指债权人受领债务人的给付的权利。债权的本质在于,债权人有权请求债务人给付,而且在债务人作出给付之后,债权人有权受领。基于这一权利,债权人有权接受债务人的给付。在债务人没有作出给付的情形,债权人可以催告债务人履行。[③] 如果没有债权,就没有受领和保有利益的权能,对方可以依据不当得利请求返还所获利益。合同权利作为一项债权,有效成立的合同构成了债权人获得给付的"法律上的原因",因此,债权人可以享有该给付,而不构成不当得利。

从某种意义上说,债权人受领债务人的给付既是其权利,也是其义务。也就是说,在债务人按照债的要求作出给付时,债权人有义务受领该给付,其性质上属于债权人协助的义务。在债权人未履行受领义务造成自身损失时,债权人无权请求债务人赔偿该损失,从这一意义上说,债权人的受领义务在性质上属于不真正义务的范畴。当然,债权人受领债务人给付,也并非必须亲自进行。除非法律另有规定或合同另有约定,债权人可以指定第三人受领给付,该第三人称为"受领辅助人"。

二、合同义务

(一) 合同义务概述

合同义务是指债务人所承担的义务,即债务人依据法律或合同向债权人为特定行为或不为特定行为的义务。无论是何种义务,债务人都应按照法律规定和合同约定履行。大陆法国家常常用给付义务来概括债务人应承担的义务,违反义务将会产生相应的责任。责任

---

① 参见〔日〕我妻荣:《债权在近代法中的优越地位》,王书江、张雷译,谢怀栻校,中国大百科全书出版社 1999 年版,第 22—23 页。

② 参见戴修瓒:《民法债编总论》(上),上海法学编译社 1933 年版,第 15 页。

③ 参见王泽鉴:《债法原理》(第二版),北京大学出版社 2013 年版,第 68 页。

是以债务为前提的,无债务即无责任,存在着债务才有可能发生责任问题。我国学界通说认为,义务是第一性的,责任是第二性的,在合同法中义务表现为当为或当不为的行为,如果合同当事人不履行义务,将产生责任,即出现违约责任,亦即由违反第一义务而引起的第二性义务。[①] 义务和责任是相互依存、不可分离的,共同构成了合同关系的内容,但是义务与责任也是存在区别的。义务是依据当事人的约定和法律的规定当事人应当为或不为的行为,而责任则是此种义务违反的后果。

从总体上看,合同义务具有如下几个特点:

第一,合同义务具有拘束性。合同义务是一种义务,与权利不同,对权利而言,权利人既可以行使,也可以不行使,还可以将其抛弃,而义务则是"应当""必须"履行的。合同义务属于义务的一种,所以,债务人必须按照债的要求履行债务,在债务人未按照债的要求履行债务的情形下,债权人有权请求债务人承担债务不履行或债务瑕疵履行的责任。[②]

第二,合同义务是向特定人负担的义务。从合同的相对性原则出发,合同义务也是具有相对性的,这就是说,债务人原则上仅仅向特定的债权人负担义务。当然,在法律或合同有特别规定或约定的情形下,债务人也负有向第三人履行的义务(如利益第三人合同)。这与物权关系不同,在物权关系中,相对人是不特定的人,任何人都负有不得侵害权利人物权的义务。正是因为这一原因,债务并不完全等同于义务,义务的概念更为宽泛。[③]

第三,合同义务是为一定行为或不为一定行为的义务。合同义务内容通常包括两大类:一是作为义务,其中又包括给付一定财物(如移转财产)和提供一定的劳务。二是不作为义务,即债务人通过不作为方式履行对债权人的债务。不作为义务又可分为两类:一是单纯的消极不作为,即债务人以限制自己行为自由的方式进行债务给付;二是容忍义务,即允许债权人为一定行为而不给予干涉。[④]

(二)合同义务的分类

从不同的角度,合同义务可以作如下不同的分类。

1. 约定义务和法定义务

所谓约定义务,是指当事人在合同中经双方协商所确定的义务;法定义务是法律、行政法规所规定的义务,而非当事人所约定的义务。按照传统的观点,合同是当事人意思表示一致的产物,合同义务是由当事人所设立的。所以,只有当事人约定的义务才能称为合同义务,违反约定的义务才能称为违约。然而,在现代合同法中义务来源已经多样化,这主要表现在法律的规定也可以成为合同的内容。不过,从性质上看,我国合同法主要是任意性的法律,合同本质上就是当事人通过自由协商,决定其相互间的权利义务关系,并根据其意志调整他们相互间的关系。只要当事人协商的条款不违背法律的禁止性规定、社会公共利益和公共道德,法律即承认其效力。只有在当事人没有约定或约定不明确的情况下,才应当适用法律的规定。

所谓法定义务,是指法律、行政法规等规定合同当事人所应当承担的义务。合同法主要

---

① 参见张文显主编:《法理学》,高等教育出版社、北京大学出版社 1999 年版,第 120—123 页。

② See Bénédicte Fauvarque-Cosson and Denis Mazeaud (eds.), *European Contract Law*, Sellier. European Law Publishers, 2008, p. 39.

③ 参见〔德〕克里斯蒂安·冯·巴尔、〔英〕埃里克·克莱夫主编:《欧洲私法的原则、定义与示范规则:欧洲示范民法典草案》(第一、二、三卷),高圣平等译,法律出版社 2014 年版,第 580 页。

④ 参见陈猷龙:《民法债编总论》,五南图书出版有限公司 2011 年版,第 6 页。

是任意法,但在特别情况下,合同法也要规定一些义务。如我国《民法典》第 590 条第 1 款规定,在发生不可抗力的情况下,一方应当及时通知对方,以减轻可能给对方造成的损失。《民法典》第 591 条进一步规定:“当事人一方违约后,对方应当采取适当措施防止损失的扩大;没有采取适当措施致使损失扩大的,不得就扩大的损失请求赔偿。”这些义务无论当事人是否在合同中约定,都会自动成为合同的组成部分,违反这些义务将构成对法定义务的违反。依据这些义务的不同性质,对其的违反应当承担不同的责任。

讨论法律、行政法规等为合同当事人所设立的义务时,必须区分两种规范:一是法律的强行性规定。它要求当事人必须遵守,不允许当事人按自行协议排除其适用,当事人的协议违反法律规定的无效。二是法律的任意性规定。此种规定只是为当事人提供了一种示范性或建议性的规定,对此种规定,当事人完全可以通过其相互间的约定加以改变或排斥其适用,但这并不意味着任意性规范绝对不能成为合同的内容。例如,《民法典》第 224 条规定:“动产物权的设立和转让,自交付时发生效力,但是法律另有规定的除外。”这就意味着如果当事人没有就标的物所有权的转移达成特别的约定,就应当适用动产所有权自标的物交付时起转移的规定,而该项规则也自动成为合同的内容。

法定义务和约定义务区别的意义主要在于:第一,产生来源和根据不同,也即基础不同。法定义务是依据法律规定而产生的,此处的法律规定既可以是指法律的明文规定,也可以是指诚信原则。约定义务是依据当事人约定而产生的义务,按照私法自治原则,当事人可以在不违反法律规定的情形下自由约定其义务。法定义务和约定义务存在一定的关联性,在当事人没有作出相关约定或者约定不明的情形下,法定义务可以起到补充约定义务的作用,而且在当事人约定的义务不公平的情形下,法定义务也可以起到调整当事人之间约定义务的作用。约定义务也可以起到补充法定义务的作用,而且在某些情形下,当事人也可以通过约定变更法律规定,即约定义务可以变更法定义务。第二,范围和程度不同。在不同的法律关系中,约定义务和法定义务的范围存在差别。在合同关系中,尽管合同义务的内容已经多样化,但合同义务总体上主要还是约定义务,而法定义务通常都是在合同约定义务的内容不明确或存在漏洞的情况下产生的,主要起到补充约定义务的作用。第三,违反义务的责任性质不同。违反法定义务可能导致合同无效,而违反约定义务则主要产生违约责任。第四,责任后果不同。违反法定义务主要产生法定的违约责任,当事人通常不会通过约定事先对此作出安排;而当事人可以通过事先约定的方式对违反约定义务的后果作出安排。

2. 主要义务和次要义务

根据合同内容对合同成立及当事人缔约目的等的影响,可以将合同义务区分为主要义务和次要义务。我国《民法典》合同编相关条款提及了“主要义务”或“主要债务”的概念[①],表明这种区别是不无意义的。

所谓主要义务,是指依据合同的成立和缔约目的,合同当事人双方应当承担的基本义务,它是实现合同目的必须履行的义务。[②] 例如,在房屋买卖合同中,一方交付房款,另一方办理登记手续,这是房屋买卖合同的主要义务。所谓次要义务,是指依据合同的成立和缔约目的,合同当事人双方承担的、并不影响合同的成立和当事人订约目的的义务。例如,在房屋买卖合同中,在办理过户登记时,出卖人应当负有提供相关资料的义务。主要义务和次要

---

① 参见《民法典》第 490 条、第 563 条等。

② 崔建远、陈进:《债法总论》,法律出版社 2021 年版,第 10 页。

义务的区别主要表现在：

第一，是否影响合同的成立不同。在合同法中，主要义务决定合同的成立。合同中没有约定主要义务，而法律又没有补救条款的，则合同不能成立。而合同中没有约定次要义务的，当事人可以继续协商，但不影响合同的成立。[①]

第二，是否影响当事人的订约目的不同。主要义务与当事人的缔约目的是直接结合在一起的。对主要义务的不履行一般会导致债权人订立合同的目的不能实现，构成根本违约，因此债权人有权解除合同。[②] 而违反次要义务并不一定使债权人订立合同的目的完全丧失，也就是说，违反次要义务一般不构成根本违约，非违约方不能据此主张解除合同。例如，双方在租赁合同中约定，一方向另一方交付房屋时，应当对房屋进行必要的打扫和清理。在一般情况下，对房屋未打扫和清理一般并不影响租赁合同的订约目的，承租人不能据此而主张解除合同。

第三，与合同性质的关联性不同。主要义务与合同性质存在直接关联，合同的性质不同，主要义务的内容也不完全相同。例如，在买卖合同中，主要义务是一方交付标的物，另一方交付价款；而在仓储合同中，主要义务是一方储存仓储物，另一方支付费用。次要义务与合同性质的关联性相对较弱，不同类型的合同可能存在相同或相似的次要义务，其存在的目的在于保障债权人的利益得到最大限度的满足。

应当指出的是，主要义务和次要义务不能完全等同于主给付义务和从给付义务。主要义务与次要义务的区分主要是为了解决违反某项义务是否会影响合同目的实现，进而是否产生解除权的问题。而主给付义务与从给付义务的区分目的在于区分合同类型，并据以确定法律规则的适用。有些义务可能虽然是从给付义务，但却可能构成主要义务。例如，在药物的买卖合同中，虽然交付了药品，但却不提供用法用量的说明，也可能影响当事人合同目的的实现，此时，该义务也构成主要义务。

3. 主给付义务、从给付义务和附随义务

(1) 主给付义务和从给付义务。

从债务的角度观察，债的义务类型呈现出多样化的特点，尤其是近些年发展出的附随义务的概念，更丰富与发展了义务的内容。除主给付义务、从给付义务外，依据诚信原则，债的关系当事人之间还负有一定的附随义务，具体而言：

第一，主给付义务，是指合同之债中所必备的，并能决定合同目的能否实现的基本义务。例如，在买卖合同中，一方有义务交付标的物，另一方有义务支付价款。

第二，从给付义务，是指补充主给付义务以确保债权人利益能获得最大满足的义务。例如，在买卖合同中，一方交付货物、另一方支付价款是主给付义务，开具发票、提供证明文件等为非主要义务。《合同编通则解释》第 26 条规定："当事人一方未根据法律规定或者合同约定履行开具发票、提供证明文件等非主要债务，对方请求继续履行该债务并赔偿因怠于履行该债务造成的损失的，人民法院依法予以支持；对方请求解除合同的，人民法院不予支持，但是不履行该债务致使不能实现合同目的或者当事人另有约定的除外。"由此可见，从给付义务来自于两个方面：一是法律的规定。例如，《民法典》第 827 条规定，货运合同中托运人对货物负有包装义务。二是当事人之间的约定。例如，在买卖合同中，当事人约定一方交付

① 参见黄薇主编：《中华人民共和国民法典合同编释义》，法律出版社 2020 年版，第 27 页。

② 同上书，第 227 页。

标的物,另一方支付价款,一方交付标的物的同时,还应当履行开具发票、提供证明文件等义务。一方违反从给付义务的,另一方有权请求继续履行该义务并赔偿损失。由于不履行从给付义务通常不会导致另一方合同目的不能实现,因此,另一方不能主张解除合同。

主给付义务与从给付义务的区别主要表现在:

一是是否属于依据合同的性质所必备的和固有的义务,合同中缺少该义务是否会导致合同不能成立。由于主给付义务是由合同的性质所决定的,合同的性质不同,主给付义务的内容也随之不同,如在赠与合同中就不存在一方交付价款的义务。而从给付义务并非特定合同所必备或固有的义务。

二是是否是法律明确规定的和合同明确约定的义务。例如,我国《民法典》第595条规定:"买卖合同是出卖人转移标的物的所有权于买受人,买受人支付价款的合同。"这就确定了买卖合同中当事人双方的主给付义务,主给付义务并不限于合同法的规定,当事人双方也可以在合同中特别约定主给付义务,如双方在合同中将履行期限、履行地点和履行方式等规定为主给付义务。从给付义务一般不属于法律规定的主要义务,当事人可能也不会对从给付义务进行约定,其主要依据习惯或合同目的而存在。

三是是否影响到合同目的的实现。主给付义务都与当事人的订约目的有直接的关系,也就是说,只有履行了主给付义务,当事人才能实现其订约目的,一方当事人违反主给付义务一般会影响对方当事人合同目的的实现。而从给付义务往往与订约目的无直接关联,一方违反这一义务往往并不构成根本违约。当然,在特殊情形下,一方当事人违反从给付义务也可能导致对方当事人的合同目的不能实现。

(2) 附随义务。

所谓附随义务,是指依据诚信原则,根据合同的性质、目的和交易习惯,当事人所应当承担的通知、协助、保密等义务。我国《民法典》第509条第2款规定:"当事人应当遵循诚信原则,根据合同的性质、目的和交易习惯履行通知、协助、保密等义务。"这是对附随义务在法律上的准确概括。附随义务的特点表现在:

第一,附随义务不是由当事人在合同中明确约定的义务,而是依据诚信原则产生的义务,或者说,是诚信原则的具体体现。[①] 此种义务具有强行性,当事人不得通过约定排除诚信义务的承担,违反此种义务将构成违约。无论当事人是否约定了附随义务,该义务都会自动转化为合同的内容,成为合同义务的组成部分。例如,出卖人在交付标的物时应当告知该标的物的使用方法,不论当事人在合同中是否对此作出约定,该义务都是出卖人所应当承担的合同义务,违反该义务也构成违约。

第二,附随义务是附随于主给付义务的,附随义务本身不能独立于主给付义务而存在。如出卖人在交付标的物即履行主给付义务时,应当向买受人如实告知产品的使用方法。可见,告知使用方法的附随义务与交付标的物的主给付义务是不可分割的。在通常情况下,附随义务并不是以给付为内容的,而是在维持、保护给付义务的发生、履行以及消灭的全部过程中所形成的义务。

第三,附随义务的内容主要包括:一是通知义务。在合同履行过程中,债务人应当依据诚信原则履行合同义务,包括履行使用方法的告知义务、重要情事的告知义务等。[②] 二是协

① 参见崔建远、陈进:《债法总论》,法律出版社2021年版,第13页。

② 参见黄薇主编:《中华人民共和国民法典合同编释义》,法律出版社2020年版,第108页。

助义务。债权人对债务人的履行应当提供必要的协助(如给予指示、提供履行条件、协助办理特定手续、接受交付等),在合同履行过程中,当事人双方都应当依据诚信原则履行义务。例如,交付大额款项时,不应当故意以硬币交付。三是保密义务。当事人一方在合同的订立或者履行过程中,如果了解到对方的有关商业秘密或者其他应当保密的信息,应当负有保密义务。[1] 四是在合同发生争议以后,当事人双方都应当依据诚信原则妥善地处理争议,主动承担各自应当承担的费用,避免给对方造成不应有的损失。无论是实行替代性购买还是替代性销售,当事人都应依诚信原则进行,不得以高价购买、低价变卖的方式,损害另一方的利益。五是旧物回收义务,例如,出售打印机一方负有回收墨盒的义务。六是其他附随义务。其他附随义务的种类较多,例如,当事人在整个合同的订立过程或者履行过程中应保护相对人的人身权益和财产权益。[2] 又如,一方实施某种行为,使另一方对该行为及其后果产生合理信赖后,则该方当事人应当按照另一方合理信赖的方式行事。再如,在合同订立以后、尚未履行以前,当事人双方都应当依据诚实信用原则,严守诺言,认真做好各种履约准备,不得滥用抗辩权。

附随义务的内容是任何合同都应当具备的,但在不同的合同中,义务内容也不完全相同。尤其应当看到,与主给付义务不同的是,附随义务不是通过当事人在合同中事先确定的,也不是在合同成立时起便已经确定的[3],其内容将随着合同关系的发展而不断变化。例如,在合同履行期到来之前,依据诚实信用原则,当事人负有准备履约、不辜负对方履约期望的义务;在履行期到来以后,当事人应当在履行主给付义务的同时,履行各项附随义务。在履行完毕以后,当事人也应当依据合同的性质和交易习惯履行通知、协助、保密等义务。在不同的阶段,附随义务的内容并不完全相同,而是随着合同关系的发展而不断演化和发展的。

第四,附随义务具有辅助主给付义务实现的功能。在任何一项合同关系中,附随义务都是附随于主给付义务的义务。主给付义务存在,才能使附随义务存在,在交易关系中,附随义务不可能独立于主给付义务而存在。当然,附随义务在任何合同关系中都可以产生,而不受合同类型的限制。主给付义务和附随义务是相辅相成、不可分割的,对于附随义务的违反也可能导致主给付义务不能履行,使当事人的订约目的不能实现。然而,主给付义务和附随义务仍然有一定的区别,表现在:一是义务的产生原因不同。主给付义务是依据法律的规定、当事人的约定或合同的性质产生的,而附随义务则是依据诚实信用原则所产生的义务,或者说是诚实信用义务的具体化,它是法定的义务。二是义务的产生时间不同。由于主给付义务直接决定着合同关系的成立,所以在合同成立时,主给付义务就应当确定,否则将从根本上影响合同关系的成立。[4] 三是义务与订约目的的关系不同。主给付义务与合同当事人的订约目的有直接关系,违反主给付义务将构成根本违约。附随义务对合同当事人利益以及订约目的的影响,在不同的情况下的表现是不一样的,违反附随义务,有可能给当事人造成重大损害,从根本上影响当事人订约目的的实现,如违反使用方法的告知义务,导致使用人使用不当,造成其重大财产损害甚至人身的伤亡。但是在履行过程中,没有尽到协助的附随义务,使对方当事人在合同履行中遇到困难,并不一定导致当事人订约目的不能实现。

---

① 参见黄薇主编:《中华人民共和国民法典合同编释义》,法律出版社 2020 年版,第 109 页。

② 参见韩世远:《合同法总论》(第四版),法律出版社 2018 年版,第 347 页。

③ 参见陈自强:《契约法讲义Ⅱ:契约之内容与消灭》,元照出版公司 2016 年版,第 80 页。

④ 参见王洪亮:《债法总论》,北京大学出版社 2016 年版,第 26 页。

在大多数情况下违反附随义务,不构成根本违约,因而不应导致合同被解除。四是能否独立请求履行不同。主给付义务是典型的给付义务,债权人可以独立诉请债务人履行。但是附随义务一般不能独立请求履行,而只能在债务人违反附随义务时,要求债务人承担责任。[①]

4. 明示义务和默示义务

所谓明示义务,是指当事人以口头或书面等形式所约定的义务。通常,明示义务是在书面合同中明确规定的,书面合同中规定的所有义务都是明示义务。但除了书面合同以外,当事人也可以通过口头约定而确定明示义务。当然,当事人必须举证证明该口头约定的存在。所谓默示义务,是指依据合同的性质和交易习惯所确定的义务。具体来说,包括两方面:一是依据合同的性质和目的必须由合同的当事人所承担的义务。例如,在委托合同中,当事人应当负有尽最大努力的义务。[②] 二是依据交易习惯所产生的义务。因此,交易习惯成为确定合同默示义务的重要依据。[③] 所谓交易习惯,是指在当时、当地或者某一行业、某一类交易关系中,为人们所普遍采纳的,且不违反公序良俗的习惯做法。例如,根据交易习惯通常是先住店后付款、先用餐后结账,这实际上是确定了默示的先后履行义务。当然,依据合同的性质和交易习惯确定默示义务必须客观化,如就交易习惯问题应当由当事人双方举证,法官应当考虑该交易习惯是否客观存在或是否合理。否则,不能以此作为确定默示义务的依据。

明示义务和默示义务的区别主要表现在:一方面,义务的产生原因不同。明示义务通常是当事人明确约定的义务,而默示义务是基于合同性质、合同目的和交易习惯而确定的义务。另一方面,法官在确定义务时的自由裁量空间不同。因为明示义务是当事人明确约定的,法官只能基于明示的约定来确定当事人是否约定了该义务。而默示义务的确定并非基于当事人的约定,法官在确定该义务时实际上享有较大的自由裁量权。正因为如此,英美法上的"默示条款"往往成为法官发展合同义务的工具。

5. 给付义务与受领义务

所谓给付义务又称为履行义务,是指合同当事人双方约定,一方当事人应当从事或不从事某种行为的义务。给付既包括积极地从事一定的行为,即积极给付,也包括消极地不为一定的行为,即消极给付,这两种给付都构成给付义务。[④] 例如,甲、乙订立一项合同,约定乙方不得在其地基上建筑高楼,以免妨碍甲的客人从甲的宾馆向海边眺望,为此甲将向乙支付一定的费用。在该合同中,乙所负有的义务就是消极的不作为的义务,但也构成给付义务的内容。给付义务一般是为债务人所设定的,由于在双务合同中,当事人双方互为债权人和债务人,所以,双方都应当负有给付义务。给付义务包括的内容十分广泛,如当事人应当按照约定的时间、地点、方式以及约定的标的物的数量、质量等作出给付,从而使当事人实现其订立合同的目的。给付义务主要是由合同约定的,但也可以依据法律的规定和诚信原则而产生。

所谓受领义务,是指在债务人交付一定的标的物时,债权人应当依据法律和合同的规定,及时接受标的物的义务。[⑤] 受领义务主要是为债权人设定的义务,它实际上包括三个方面:一是必须受领的义务,即在债务人作出给付以后,债权人无正当理由不得拒绝债务人的

① 参见韩世远:《合同法总论》(第四版),法律出版社 2018 年版,第 343—344 页。

② 参见〔美〕E. 艾伦·范斯沃思:《美国合同法》(原书第三版),葛云松、丁春艳译,中国政法大学出版社 2004 年版,第 510 页。

③ 参见〔德〕埃卡特·J. 布罗德:《国际统一私法协会国际商事合同通则——逐条评注》,王欣等译,法律出版社 2021 年版,第 127 页。

④ 参见朱广新:《合同法总则研究》(下册),中国人民大学出版社 2018 年版,第 391 页。

⑤ 参见史尚宽:《民法总论》,中国政法大学出版社 2000 年版,第 309—310 页。

给付。二是及时受领的义务，即在债务人作出给付以后，债权人应当及时受理，无正当理由不得迟延接受，此项义务可以说是受领义务中最重要的内容。三是在受领中，债权人应对债务人提供必要协助的义务。

笔者认为，对债权人而言，受领主要是一种义务，而不仅仅是一种权利。如前述，债权包括受领权能，但债权人应当负有及时受领给付的义务，因为一方面，尽管债权是一种财产权，但这种财产权不同于物权等财产权，它是一种相对权，必须依赖于债务人的履行行为才能实现，所以行使此种权利要顾及债务人的行为和利益。另一方面，由于合同大多是一种双务合同，债权人接受给付是与其履行相对的义务联系在一起的。例如，接受标的物，一定要支付价款；接受承揽物，应当支付报酬等。如果债权人拒绝接受，同时也拒绝履行自己的义务，显然构成违约。即使债权人在拒绝接受给付的同时，也履行了自己的义务，但是这种拒绝履行行为也会给债务人造成损害，所以拒绝受领绝不仅仅关系到债权人的利益，也关系到债务人的利益，并影响到社会及信用关系。从诚信原则的角度看，如果债权人只享有拒绝受领的权利，而不负有受领义务，将使债权人可以对债务人的履行不提供任何协助，从而损害了协作履行原则，从根本上违背了当事人依法应当承担的诚信义务。因此，如果债权人拒绝受领给付，给债务人造成损害的，应当负损害赔偿责任。

给付义务和受领义务都是合同当事人所应当承担的义务，但这两种义务仍然有一定的区别。一般来说，违反给付义务特别是主给付义务，不仅构成违约而且可能构成根本违约。而违反受领义务在一般情况下不会构成根本违约。即使债权人迟延接受标的物，也并不影响风险的移转。由于债权人已构成违约，风险发生移转，由此造成的损失由债权人自己承担。债务人根本不必以根本违约为由请求解除合同，但如果确因债权人迟延而给自己造成损失的，债务人也可以要求赔偿。

6. 真正义务和不真正义务

所谓真正义务，是指依据合同约定、法律规定和诚信原则所产生的一般的合同义务，违反此种义务将承担相应的民事责任。不真正义务，是指针对该义务，相对人通常不得请求履行，违反该义务也不产生法律责任，而仅仅使义务人自己承受不利后果的义务。[①] 例如，货运合同中，受害人在一定期限内没有及时检查自己的货物，导致事后发现货物受损而不能索赔。再如，在债务人作出给付以后，债权人无正当理由未及时受领。这些违反的都是不真正义务。严格地说，真正义务与不真正义务的分类主要是依据违反后果的不同而作出的。

两者的区别主要表现在：

第一，适用范围不同。由于法律上的义务通常与责任相对应，合同义务一般是指真正义务，不真正义务只是合同义务的例外情形。

第二，违反义务的法律后果不同。债务人违反真正义务，对方当事人有权请求其承担违约责任。而债务人违反不真正义务，只是使自己负担相应的不利后果，并不会产生相应的法律责任。[②] 也就是说，不真正义务虽然是一种法律规定的义务，但它和通常所说的法律的强制性义务是有区别的。相对人通常不得请求履行，违反该义务也不产生损害赔偿责任，而仅仅使义务人自己承受不利后果的义务。[③] 例如，买卖合同中的检验义务就属于典型的不真正

① 参见王泽鉴：《债法原理》(第二版)，北京大学出版社 2013 年版，第 88 页。

② 参见〔德〕迪特尔·梅迪库斯：《德国债法总论》，杜景林、卢谌译，法律出版社 2004 年版，第 514 页以下。

③ 参见王泽鉴：《债法原理》(第二版)，北京大学出版社 2013 年版，第 88 页。

义务,违反检验义务的买受人并不会承担责任,而只是丧失主张瑕疵担保的权利。

第三,是否可以请求履行不同。一般情况下真正义务可以请求履行,而不真正义务则不具有可请求履行性。[①] 在债的关系中,虽然不真正义务是债务人所负担的一项法定义务,但债权人无权请求债务人履行。

7. 作为义务和不作为义务

以义务人所为的给付的内容不同,可以将义务区分为作为义务和不作为义务。作为义务是指债务人应当向债权人交付一定的财产或者提供一定的劳务的义务。而不作为义务主要是指债务人应当消极地不为一定的行为的义务。例如,当事人约定公司高管不得在其他公司兼职,或者在一定时间段不得弹钢琴影响邻居休息,就属于不作为义务。无论是违反作为义务还是不作为义务都会产生责任。在法律上区分作为义务和不作为义务的意义主要在于,判断当事人是否履行义务的标准不同。即对作为义务而言,义务人应当积极作为,否则即构成义务的不履行;而对不作为义务而言,义务人只是负有消极不作为的义务,义务人违反法律规定或者约定实施相关行为的,则可能构成对该义务的违反。

第五节 合同的相对性

一、合同的相对性的概念和历史发展

合同的相对性在大陆法中称为"债的相对性",它是指合同主要在特定的合同当事人之间发生,合同当事人一方只能向与其有合同关系的另一方提出请求,而不能向与其无合同关系的第三人提出合同上的请求,也不能擅自为第三人设定合同上的义务。我国《民法典》第465条第2款规定:"依法成立的合同,仅对当事人具有法律约束力,但是法律另有规定的除外。"这就确认了合同相对性规则。合同相对性之所以成为合同法上的一项规则,一方面,是因为合同的相对性是合同法规则的奠基石。合同是当事人之间设立、变更或终止民事权利义务关系的协议。作为一种民事法律关系,合同关系不同于其他民事法律关系(如物权关系)的重要特点,就在于合同关系的相对性。合同关系区别于物权关系的重要特征就在于,合同关系中的义务人是特定的,受合同相对性的约束,而物权关系中的义务人是不特定的,任何不特定的人都负有尊重物权的义务。另一方面,基于私法自治原则,合同的效力是基于当事人之间的合意产生的,因此该合意仅应约束双方当事人。因为第三人没有参与合同的订立,也没有在合同订立中表达自己的意愿,所以第三人原则上不应受合同的拘束。合同关系的相对性是合同规则和制度赖以建立的基础和前提,也是我国合同立法和司法所必须坚持的一项重要规则。

合同的相对性,在大陆法中属于"债的相对性"的子概念,该规则最早起源于罗马法。罗马法中的诉讼分为对物之诉(actio in rem)和对人之诉(actio in personam)。物权为对物权,其绝对性决定了维护物权的诉讼,可针对一切人提起,此种诉讼称为对物之诉;而债权的相对性决定了债权乃是对人权(jus in personam),并且维护债权的诉讼只能针对特定的人提起,此种诉讼称为对人之诉。[②] 在罗马法中,债(obligatio)被称为"法锁"(juris vinculum),意

---

① 参见王洪亮:《债法总论》,北京大学出版社2016年版,第27页。

② See E. Allan. Farnsworth, *Contracts (Second Edition)*, Little Brown & Co Law & Business, 1990, p. 8.

指“当事人之间之羁束(Gebundenheit)状态”[①]。换言之,是指债能够且也只能对债权人和债务人产生拘束力。然而,随着交易的发展,罗马法逐渐承认了一种债的相对性规则的例外情况,即当缔约人与第三人有利害关系时,更准确地说当向第三人给付是一种本来就应该由缔约人履行的给付时,合同当事人订立第三人利益契约是有效的。[②]

罗马法确立的债的相对性规则对现代大陆法系的债法产生了重大影响。在大陆法中,债权的相对性与物权的绝对性原理不仅是区分债权与物权的一项重要标准,而且在此基础上形成了债权法与物权法各自的一些重要规则。例如,债权法中有关债的设立、变更、移转制度均应适用债的相对性规则;而物权法中的登记制度、物上请求权等制度是建立在物权的绝对性基础上的。可见,不理解债权的相对性,也就不可能理解债权法与物权法各自的特点和内在体系。尤其应当看到,债权的相对性与物权的绝对性,决定了侵权法与合同法的根本区别。相对权主要在特定的当事人之间发生,且缺乏公示性,故通常不属于侵权责任法的保护范围。[③] 在特定的合同关系中所产生的合同利益被侵害时,主要通过违约之诉来解决。[④] 侵权法保护的主要是绝对权,绝对权的权利人对抗的是除自己以外的任何人,所以又称为对世权。就绝对权之实现而言,权利人无须经义务人实施一定行为即可实现利益。“不论侵权、背俗或违法,要让行为人对其行为负起民事上的责任,都须以该行为涉及某种对世规范的违反为前提,其目的就在于建立此一制度最起码的期待可能性,以保留合理的行为空间。”[⑤]物权作为一种绝对权,能够而且必须借助于侵权法的保护才能实现和维持其对世效力,所以物权是侵权法的保障对象。侵权法也正是在对物权等绝对权的保障基础上,才形成了自身的内容和体系。

英美法上也普遍接受了“合同的相对性”(privity of contract)规则,合同相对性规则包含以下几项重要内容:一是,只有合同当事人可以就合同起诉和被诉。由于合同通常被界定为“(对同一权利或财产)有合法利益的人之间的关系”,因而“合同权利只对合同的当事人才有约束力,而且,只有他们才能行使合同规定的权利”[⑥]。一般而言,第三人不得依据合同诉请合同当事人,合同当事人也不得依据合同诉请第三人。形成此种规则的原因在于,第三人与合同当事人之间不存在对价关系。当然,当事人一方可以为第三人利益而申请强制执行合同,但第三人只能通过合同当事人一方提出请求,而自己并不能够以合同当事人的名义向义务人提出请求。[⑦] 二是,如果订立合同的允诺是向多人作出的,则受允诺人或其中的任何一人都可以就允诺提起诉讼。允诺人与两个或两个以上的受允诺人订立合约,则任何一个受允诺人都可以就强制执行该允诺提起诉讼,尽管在这种情况下,其他受允诺人可能必须以共同原告或共同被告身份参加诉讼。[⑧] 三是,合同中的免责条款只能免除合同当事人的责任,而并不保护非合同当事人,换言之,非合同当事人不能援引免责条款对合同当事人的请求提

---

① 李宜琛:《日耳曼法概说》,商务印书馆1944年版,第72页。

② 参见陈朝璧:《罗马法原理》(上册),商务印书馆1944年版,第197页。

③ 参见胡波:《中国民法典编纂体例之我见——以绝对权与相对权的二元结构为中心》,载《河北法学》2004年第7期。

④ 参见王文钦:《论第三人侵害债权的侵权行为》,载梁慧星主编:《民商法论丛》(第6卷),法律出版社1997年版;朱晓哲:《债之相对性的突破——以第三人侵害债权为中心》,载《华东政法学院学报》1999年第5期。

⑤ 苏永钦:《走入新世纪的私法自治》,中国政法大学出版社2002年版,第306页。

⑥ 〔英〕P.S.阿蒂亚:《合同法概论》,程正康等译,李志敏校,法律出版社1982年版,第262页。

⑦ 不过,合同当事人一方是否能替第三人提起损害赔偿之诉,在英国学者中一直存在争议。参见沈达明编著:《英美合同法引论》,对外贸易教育出版社1993年版,第207页。

⑧ 参见沈达明编著:《英美合同法引论》,对外贸易教育出版社1993年版,第211页。

出抗辩。不过,自20世纪50年代以来,一系列案件表明原告可以依据侵权行为提起诉讼,从而回避了合同中的免责条款。例如,客运票上虽载有免除承运人责任的旅客伤害条款,但旅客仍能凭过失侵权行为起诉船方受雇人,即使免责条款涉及受雇人,结果仍然一样,因为受雇人并非客运合同的当事人,他不能援引合同规定事项以保护自己。[①]

总之,合同的相对性或债的相对性规则,自罗马法以来,一直为两大法系所确认,尽管两大法系关于合同相对性规则的内容有所区别,但基本上都认可了这一规则。应当指出,现代大陆法国家,债权的相对性和物权的绝对性的区分只是相对的,随着债权的物权化、责任竞合等现象的出现,合同相对性受到了冲击和突破。各国法上关于合同相对性规则的例外规定,都是为了弥补其不足而作的努力。例如,关于为第三人利益的契约、为保全债权而赋予债权人撤销权和代位权、附保护第三人契约等都体现了对合同相对性的突破。现代英美法在产品责任领域为了充分保护广大消费者的利益,发展出了对利益第三人的担保责任,如《美国统一商法典》第2—318条规定:"卖方的明示担保或默示担保延及买方家庭中的任何自然人或买方家中的客人,只要可以合理设想上述任何人将使用或消费此种货物或受其影响,并且上述任何人因卖方违反担保而受到人身伤害。"

二、合同的相对性规则的内容

根据合同的相对性,只有合同当事人才能享有基于合同所产生的权利,并承担根据合同所产生的义务,当事人一方只能向对方行使权利并要求其承担义务,不能请求第三人承担合同上的义务,第三人也不得向合同当事人主张合同上的权利和承担合同上的义务。从这个意义上说,合同原则上不具有对第三人的拘束力。合同相对性限定了受合同约束的主体范围,体现出与其他对世性权利的区别。[②]

合同关系的相对性与物权的绝对性相对应,两者不仅确定了债权与物权的一项区分标准,而且在此基础上形成了债权法与物权法的一些重要规则。例如,合同债权具有相对性,仅发生在特定的当事人之间,并不具有公开与公示的特点,也不具有对抗第三人的效力。而物权作为一种绝对权,具有社会公开性,因而,物权变动必须要公示,从而使物权具有对抗第三人的效力。合同相对性规则主要包含如下三个方面的内容。

1. 合同主体的相对性

所谓合同主体的相对性,是指合同关系只能发生在特定的主体之间,只有合同当事人一方能够基于合同向合同的另一方当事人提出请求或提起诉讼。合同主体的相对性意味着合同原则上仅仅对合同当事人发生效力,并不及于合同外第三人。[③] 具体来说,一方面,由于合同关系仅发生在特定的当事人之间,因而只有合同关系当事人彼此之间才能相互提出请求,与合同关系当事人没有发生合同上的权利义务关系的第三人,不能依据合同向合同当事人提出合同上的请求和诉讼。另一方面,合同一方当事人只能向另一方当事人提出合同上的请求和诉讼,而不能向与其无合同关系的第三人提出合同上的请求及诉讼。例如,甲、乙订立买卖合同后,甲委托丙向乙送货,结果因为丙的原因导致货物毁损,此时,由于乙、丙之间并不存在合同关系,因而,乙只能请求甲承担违约责任,无权请求丙承担违约责任。

---

① 参见马特、李昊:《英美合同法导论》,对外经济贸易大学出版社2009年版,第134页。

② 参见朱广新、谢鸿飞主编:《民法典评注·合同编·通则1》,中国法制出版社2020年版,第17页。

③ 参见韩世远:《合同法总论》(第四版),法律出版社2018年版,第13页。

2. 合同内容的相对性

所谓合同内容的相对性，是指除法律另有规定或者合同另有约定外，只有合同当事人才能享有合同债权，并承担合同义务，合同当事人以外的任何第三人都不能主张合同上的权利。在双务合同中，合同内容的相对性还表现在一方的权利就是另一方的义务，权利义务是相互对应的，权利人的权利须依赖于义务人履行义务的行为才能实现。从合同内容的相对性原理中，可以引申出如下两项规则：

第一，合同规定由当事人享有的权利，原则上不能由第三人享有；合同规定由当事人承担的义务，一般也不能对第三人产生拘束力。一方行使权利只能针对特定的义务人行使。

第二，合同当事人无权为他人设定合同上的义务。一般来说，权利会对主体带来一定利益，而义务则会为义务人带来一定负担或使其蒙受不利益。如果合同当事人为第三人设定权利，法律可以推定，此种设定是符合第三人意愿的。但如果合同当事人为第三人设定义务，则只有经第三人同意后，才能对第三人发生效力，否则第三人并不受该条款的拘束。

3. 违约责任的相对性

合同义务的相对性必然决定违约责任的相对性。所谓违约责任的相对性，是指违约责任只能在特定的当事人之间即有合同关系的当事人之间发生，合同关系以外的人不负违约责任，合同当事人也不对其承担违约责任。即使是因第三人的行为导致债务不能履行，债务人也仍应向债权人承担违约责任，债务人在承担违约责任以后，有权向第三人追偿。《民法典》第 593 条明确规定："当事人一方因第三人的原因造成违约的，应当依法向对方承担违约责任。当事人一方和第三人之间的纠纷，依照法律规定或者按照约定处理。"当然，如果第三人的行为已直接构成以故意悖俗方式侵害债权，则债权人有权请求该第三人承担侵权责任。

三、合同相对性规则的例外

合同相对性是一项一般的规则，但也同样存在例外。合同相对性的突破是近代合同法发展的产物。[①]《民法典》第 465 条第 2 款规定："依法成立的合同，仅对当事人具有法律约束力，但是法律另有规定的除外。"这就确认了合同相对性规则的例外。依据上述规定，只有在法律另有规定的情况下，才可以突破合同相对性规则，而使合同对第三人发生效力。法律作出这一规定的主要理由在于：一方面，合同是当事人之间的约定，只能在当事人之间产生效力，法律行为的原理要求，只有作出意思表示的人才能受意思表示的约束。另一方面，出于保护第三人的角度考量，双方当事人为他人设定合同义务应当是一概被否定的。如果双方当事人为第三人设定权利，或者对第三人有利（如债务的加入）等，虽然同样符合保护第三人的目的，但也应该经由法律加以认可，同时，法律也要对第三人的拒绝权进行规定。所以，合同在当事人之外发生效力，仅仅有双方当事人的约定是不够的。诸如债务加入、利益第三人合同也是基于法律的规定而对第三人发生效力。

所谓"法律另有规定"，主要包括以下几种情形：

第一，利益第三人合同。它是指合同当事人约定由债务人向合同当事人之外的第三人

---

① 参见朱广新、谢鸿飞主编：《民法典评注 · 合同编 · 通则 1》，中国法制出版社 2020 年版，第 22 页。

作出给付,该合同可以分为真正的利益第三人合同和不真正的利益第三人合同。[①]《民法典》第 522 条第 1 款、第 2 款对此作出了规定。虽然按照合同相对性规则,合同只能对当事人发生效力,合同的当事人不得为第三人设定义务。但是法律允许合同当事人为第三人设定权利,因为法律推定当事人为他人设定权利,至少是不损害其利益的。因此,允许当事人设定利益第三人合同。但是,此时法律也赋予了第三人以拒绝权,只要第三人不行使拒绝权,该约定就可以对第三人发生效力。

第二,第三人代为履行。在通常情况下,合同都是由合同当事人自己履行的,但依据《民法典》第 524 条的规定,在第三人对履行的债务具有合法利益时,第三人有权对债务代为履行。因此,如果第三人有证据证明其对债务的履行具有合法利益的,就可以自己进行清偿,以消灭债务。

第三,合同的保全,包括债权人代位权和撤销权。债权人行使这些权利时,也会对第三人产生效力。例如,在债权人行使代位权的情形下,债权人为保全自己的债权,向债务人的债务人行使代位权,这就使合同债权依法产生了对第三人的效力。

第四,租赁权的物权化。这主要体现在所有权让与不破租赁规则、共同居住人的优先购买权等。

第五,法律在一些典型合同中所规定的例外。例如,在建设工程合同中,《民法典》第 791 条第 1 款、第 2 款规定了对第三人的效力。再如,在运输合同中,《民法典》第 830 条、第 834 条规定了对第三人的效力。

上述法律规定都表明了依据法律规定合同对第三人所产生的效力。严格地说,按照合同相对性的原理,合同对第三人的效力只是合同相对性的例外,而这种例外情况必须要由法律明确作出规定。[②] 也就是说,合同能否对第三人产生效力,产生何种效力,不应当由合同当事人决定,更不能由债权人单方决定,而应当由法律明确作出规定。因为合同的效力本质上是法律所赋予的。法律既可以赋予合同对当事人双方的拘束力,也可以赋予合同在特殊情况下对第三人的拘束力。也只有在法律有特别规定的情况下,合同才能对第三人产生这种特殊的拘束力。

---

① Vgl. MüKoBGB/Gottwald, 8. Aufl. 2019, BGB § 328, Rn. 1.

② 参见黄薇主编:《中华人民共和国民法典合同编解读》(上册),中国法制出版社 2020 年版,第 20 页。

第二章

合同法概述

第一节　合同法的概念、特征与功能

一、合同法的概念

合同法是调整平等主体之间的交易关系的法律，它主要规范合同的订立、效力、履行、变更、解除、保全及违反合同的责任等问题。合同法并不是一个独立的法律部门，只是我国民法的重要组成部分。在市场经济社会，合同法既是基本的财产法，也是规范交易行为、维护交易安全和秩序的基本法律规则，还是鼓励市场主体创造财富的重要法律，“合同法创造财富，侵权法保护财富(Contract Law is productive，tort law is protective)。”[①]这也反映了合同法在社会经济生活中的重要经济作用。

合同法分为广义上的合同法与狭义上的合同法。具体而言：

1. 广义上的合同法，是指所有调整合同关系的规范。除了《民法典》合同编之外，还包括《民法典》其他编的规则，以及特别法的规则。具体而言，包括如下内容：(1)《民法典》总则编和其他编关于合同的规则。《民法典》总则编第六章民事法律行为的规定，大都可以适用于合同关系。除合同编已确认的 19 类有名合同以外，《民法典》其他各编也可能调整合同关系，例如物权编中关于建设用地使用权出让和转让合同的规则。(2) 特别法中的合同法规范。除了《民法典》外，一些特别法中也包含有合同法的规范，如《旅游法》中关于旅游服务合同的规定，《保险法》中关于保险合同的规定以及知识产权法中有关知识产权许可使用合同的规定等。依据特别法优先于普通法的规定，这些合同首先要适用特别法的规定，但是在这些特别法没有就合同的订立、效力、履行、变更、保全、转让、终止及违约责任等问题作出规定的情况下，可以适用《民法典》合同编通则的相关规定。(3) 行政法规中的合同法规范。例如，《物业管理条例》中关于物业服务合同的规定。(4) 司法解释中的合同法规范。在《民法典》颁布前，最高人民法院曾经颁布了不少有关合同法的司法解释，如果经清理继续有效的，将成为《民法典》的渊源。[②]《民法典》颁布后，最高人民法院已就借款合同中的利率、担保制度等制定了一系列司法解释，它们都是《民法典》的渊源。本书是在广义上也即实质意义上

---

① Marc Stauch, *The Law of Medical Negligence in England and Germany: A Comparative Analysis*, Hart Publishing, 2008, p. 7.

② 例如《合同法司法解释一》及《合同法司法解释二》已于 2020 年 12 月 29 日被废止，但《最高人民法院关于审理建设工程施工合同纠纷案件适用法律问题的解释》仍然有效。

使用“合同法”的概念的。

2. 狭义上的合同法,是指《民法典》合同编。《民法典》合同编是调整有关合同的订立、履行、保全等法律关系的规范,该编共计526条,占《民法典》条文总数的1/3以上,其内容分为通则、典型合同和准合同三个分编:第一分编为通则,通则是关于合同的一般规则,或者说是所有典型合同与非典型合同共同适用的规则,其主要规范合同的订立、效力、履行、保全、变更和转让、终止及违约责任等问题。但为了与《民法典》总则编的表述相区别,合同编使用了通则的提法。第二分编为典型合同,所谓典型合同,也就是有名合同,合同编一共规定了19种典型合同,包括买卖合同,供用电、水、气、热力合同,赠与合同,借款合同,保证合同,租赁合同,融资租赁合同,保理合同,承揽合同,建设工程合同,运输合同,技术合同,保管合同,仓储合同,委托合同,物业服务合同,行纪合同,中介合同,合伙合同。第三分编是准合同。所谓准合同,是指与合同相关的有关无因管理、不当得利的债的形态的规定。在该分编中,规定了无因管理、不当得利制度,严格地说,这些内容都属于传统债法的内容,本不应当规定在合同编,但由于我国《民法典》没有设置独立的债法总则,而合同编在一定程度上又发挥了债法总则的功能,所以《民法典》将这些法定之债的内容作为准合同,规定在合同编之中。[①]

《民法典》第463条规定:“本编调整因合同产生的民事关系。”但严格地说,合同关系不仅仅受《民法典》合同编调整,其还要受《民法典》其他编以及许多单行法的调整。这就是说,《民法典》合同编只是调整部分合同关系,所有的合同关系是由实质合同法调整的,合同法是调整平等主体之间的交易关系的法律规范的总和。

广义上的合同法与狭义上的合同法区分的意义主要在于:《民法典》合同编虽然是合同法的组成部分,但它是合同法的基础和中心,也是解释合同法的重要依据。合同法应重点研究《民法典》合同编的相关规定。

二、《民法典》合同编与合同法之间的关系

1.《民法典》合同编是合同法的重要组成部分。合同编在《民法典》中具有举足轻重的地位,不仅条文占《民法典》的1/3以上,而且在内容和体例上也极为丰富和复杂。从内容上看,合同编在整体上延续了原《合同法》的框架和制度体系,但也进行了重大的修改完善。就宏观层面而言,合同编虽然既受了原《合同法》的总分结构,但也进行了重要的体例创新,增设了第三分编“准合同”,并新增规定了保证合同、保理合同、合伙合同等多种典型合同类型。就微观层面而言,不论是合同编通则部分,还是分则部分,均有诸多制度创新,这极大地完善了我国合同法律制度。当然,《民法典》合同编只是合同法的一部分,《民法典》第463条之所以采用了“调整因合同产生的民事关系”的表述,而并未使用“合同关系受本编调整”的表述,是因为《民法典》合同编只是合同法的组成部分,可见,该条采用了广义的合同概念。

2. 合同编是合同法最基本的组成部分。《民法典》合同编是最为基础性的合同法规范,《全国法院贯彻实施民法典工作会议纪要》第20条规定:“要牢固树立法典化思维,确立以民法典为中心的民事实体法律适用理念……”因此,在发生合同纠纷后,在无正当和特殊理由的情形下,法官首先应当且主要依据合同编的规定处理。依据《民法典》第11条的规定,“其他法律对民事关系有特别规定的,依照其规定”,因此,如果合同纠纷涉及法律特别规定的,可以依据单行法的规定予以处理。例如,《民法典》第467条第2款规定:“在中华人民共和

① 参见黄薇主编:《中华人民共和国民法典合同编解读》(上册),中国法制出版社2020年版,第1—2页。

国境内履行的中外合资经营企业合同、中外合作经营企业合同、中外合作勘探开发自然资源合同,适用中华人民共和国法律。"我国颁布了《外商投资法》,对上述几种合同作出了规定,因此,在涉及这些合同的订立、批准以及具体内容等方面的事项,应当优先适用《外商投资法》,但《外商投资法》对上述合同关系没有作出规定的,则应当适用《民法典》合同编的相关规定。

3. 合同编是解释合同法的重要依据。这就是说,由于法典是基础性规范,因此,在解释《民法典》以外的有关合同的单行法律规定时,应当以《民法典》合同编为依据。有关合同的单行法律规定不得与《民法典》合同编相冲突。例如,《保险法》第 16 条第 2 款规定:"投保人故意或者因重大过失未履行前款规定的如实告知义务,足以影响保险人决定是否同意承保或者提高保险费率的,保险人有权解除合同。"此处规定了投保人未履行如实告知义务时保险人的解除权,而没有将其规定为意思表示不真实而产生撤销权。此时在解释上,应当认为保险人也同时享有《民法典》合同编中的撤销权。

4. 合同编是合同法的兜底性规定。对于保险合同、劳动合同、海上货物运输合同等单行法规定的合同而言,虽然由《保险法》《劳动合同法》和《海商法》专门进行调整,但是这些特别法可能往往只是规定了这些有名合同的一些特殊规则,而对于这些单行法没有规定的部分,则仍然需要适用《民法典》合同编的规定。《民法典》第 467 条第 1 款规定:"本法或者其他法律没有明文规定的合同,适用本编通则的规定,并可以参照适用本编或者其他法律最相类似合同的规定。"虽然保险合同、劳动合同、海上货物运输合同等并非无名合同,但是在特别法中没有特殊规则时,仍然应当适用《民法典》合同编通则的规定,在合同编通则没有规定时,也可以参照适用合同编分则中最相类似的有名合同的规则。

三、合同法的特征

由于合同法以调整交易关系为内容,且其适用范围为各类民事合同,所以其具有不同于民法其他部门(如人格权法、侵权行为法、物权法等)的特征,这些特征表现在:

第一,合同法是财产法。合同法调整的关系是当事人之间的交易关系,本质上是一种财产关系,通常不涉及人身关系,因此一般将合同法作为财产法。[①] 合同法保障债权人权利的实现,确立违约救济的规则,实现对于债权人的全面保护,保障交易主体对交易结果的可预期性。而合同债权本质上是财产权的一种类型。

第二,合同法主要是交易法。合同法是调整交易关系的法律规则,其本身服务于当事人之间的交易。合同作为交易的法律形式,是法律所鼓励的合法行为,而交易通常被认为是增加社会财富的有效方式。合同法在很大程度上可以说是交易法,即"调整个人之间为获取金钱而交换货物和服务的方式的法律"[②]。所以,合同法要借助大量的任意性规范,充分尊重当事人的意志,鼓励当事人在法定的范围内行为。因此,合同法以鼓励交易(promoting trade)为其目标,促进交易便利、鼓励生产要素自由流转。只要当事人所缔结的合同不违反法律和政策,法律就承认其效力。例如,在解释合同时,应尽可能使其有效。合同法的总则是关于交易的一般规则,其分则是关于交易的特殊规则。合同法的内容基本上是围绕着交易关系而展开的。由于合同法主要是交易法,所以合同法是创造财富的法。因为它保障了交易的进行,而交易是使社会财富增长的重要途径。科宾指出:"合同法的主要目标是实现由允诺

① 参见韩世远:《合同法总论》(第四版),法律出版社 2018 年版,第 16 页。

② 参见〔英〕P. S. 阿狄亚:《合同法导论》(第五版),赵旭东等译,法律出版社 2002 年版,第 3 页。

产生的合理预期。"[①]合同法通过合同关系可以把静态的财产关系转变成人们之间的财产交换关系,在交换过程中实现财产的增长。

第三,合同法具有任意性。合同法主要是任意法(dispositives Recht)。由于在市场经济条件下,交易的发展和财产的增长要求市场主体在交易中能够独立自主,并能充分表达其意志,法律应为市场主体的交易活动留下广阔的活动空间,政府对经济活动的干预应限制在合理的范围内,市场经济对法律所提出的尽可能赋予当事人行为自由的要求,在合同中表现得最为彻底。内田贵教授认为,契约关系不仅是由私法自治原则支配的世界,所谓信赖关系就是指因一方的行为使另一方产生合理的信赖,应对此信赖予以保护。信赖体现了交易中的协作,这就有必要用协作关系来把握契约关系。[②] 现代法大量出现了从强制法(Imposed law)向任意法(negotiated law)的发展,这就是契约精神的体现。[③] 由于合同法贯彻了合同自由原则,因此,合同法主要通过任意性规范而不是强行性规范来调整交易关系。例如,合同法虽然规定了各种有名合同,但并不要求当事人必须按法律关于有名合同的规定确定合同的内容,而只是听任当事人双方协商以确定合同条款。只要当事人协商的条款不违背法律的禁止性规定、社会公共利益和公共道德,法律即承认其效力。法律尽管规定了有名合同,但并不禁止当事人创设新的合同形式;合同法的绝大多数规范都允许当事人通过协商加以改变。"在法经济学家看来,合同创设了一个私人支配的领域,而合同法正是通过强制履行承诺来帮助人们实现他们的私人目标。如果把具体的合同比作是一部法律的话,那么对于这些自愿形成的私人关系,合同法就像一部统辖所有这些具体法律的宪法。"[④]正是从这个意义上而言,我们可以将合同法称为任意法。

合同法的任意性还表现在,法律确定合同法的规则并不是代替当事人订立合同,只是帮助当事人完善合同,实现当事人的个人意志。这就是说,合同法的目标只是在当事人不能通过合同很好地安排其事务的时候,合同法按照当事人的意思,帮助当事人对其事务作出安排;如果当事人通过合同已经作出了很好的安排,合同法就要尊重当事人的约定。有约定要依据当事人的约定;没有约定的时候,才适用合同法的规定。"对合同适用哪些规范,以合同的类型为准。"[⑤]例如,当事人约定了违约金条款的,首先要执行违约金条款,只有在没有约定违约金条款时,才能适用法定的违约损害赔偿。据此,"合同法是备用的安全阀"[⑥],在当事人不能通过合同有效安排其事务时,就需要合同法来规范当事人的交易行为。

第四,合同法主要是行为法。合同法的规则可以积极指导当事人缔约和履约,从而有助于规范当事人的交易行为。例如,合同法关于依据诚信原则履行合同义务的规定,实际上就是要强化商业道德。但法院裁判首先尊重当事人之间的合同,只有在没有合同时,才能援引合同法。合同法除了行为规范之外,还包括了大量的裁判规范,如关于违约责任的规定,大多都是裁判规范,用来指导法官正确地解决合同纠纷,确立合同责任。合同法规定了一些有名合同,可以对市场经济主体的交易行为提供指导和借鉴,有利于减少交易成本,引导当事

---

① 〔美〕A. L. 科宾:《科宾论合同》(一卷本上册),王卫国等译,中国大百科全书出版社 1997 年版,第 5 页。

② 〔日〕内田贵:《契约法的现代化——展望 21 世纪的契约与契约法》,胡宝海译,载梁慧星主编:《民商法论丛》(第 6 卷),法律出版社 1997 年版,第 328 页。

③ 〔日〕星野英一:《私法中的人》,王闯译,中国法制出版社 2004 年版,第 5—8 页。

④ 〔美〕罗伯特·考特等:《法和经济学》,张军等译,上海三联书店、上海人民出版社 1994 年版,第 314 页。

⑤ 〔德〕迪特尔·梅迪库斯:《德国民法总论》,邵建东译,法律出版社 2010 年版,第 356 页。

⑥ 〔美〕罗伯特·A. 希尔曼:《合同法的丰富性:当代合同法理论的分析与批判》,郑云瑞译,北京大学出版社 2005 年版,第 270 页。

人正确订约。在某些交易(如融资租赁等)还不是十分普及的情况下,合同法对这些合同类型作出了前瞻性的规定,有利于丰富人们的交易经验,更好地促进资源的优化配置。

第五,合同法具有国际性。合同法是一部规范和引导人们参与国际交易关系的法。在全球化时代,资本和商业交往需要突破某一国界,交易越来越需要规则的统一性,从而减少因制度的不统一而产生的交易成本,降低交易费用,这就要求合同法在世界范围内逐渐统一。传统上两大法系在合同规则上存在诸多差异,但是为了适应市场经济全球化的发展,其具体规则相互融合、相互接近,甚至走向统一。市场经济是开放的经济,它要求消除对市场的分割、垄断、不正当竞争等现象,使各类市场合而为一。经济全球化促使国内市场和国际市场不断接轨,促进市场经济的高度发展和财富的迅速增长。这些决定了作为市场经济基本法的合同法,不仅应反映国内统一市场的需要而形成一套统一规则,而且应该与国际惯例相衔接。近几十年来,合同法的国际化已成为法律发展的重要趋向,调整国际贸易的合同公约,例如《销售合同公约》的制定,熔两大法系的合同法规则于一炉,积极促进了合同法具体规则的统一。1994 年,国际统一私法协会组织制定了《商事合同通则》,其尽可能地兼容了不同文化背景和不同法系的一些通用的法律原则,同时还总结和吸收了国际商事活动中广为适用的惯例,其适用范围比《销售合同公约》更为广泛,《商事合同通则》的制定更表明了合同法的国际化是完全可能的。我国《民法典》合同编充分借鉴了比较法上的先进经验,在许多交易规则上,注重与国际接轨,从而有助于鼓励市场主体从事广泛的国际商贸交易和投资行为,减轻交易成本负担,并保障市场主体的合法权益。

四、合同法的功能

所谓合同法的功能,是指合同法在社会经济生活中所发挥的作用。具体来说,合同法的功能主要表现在以下方面:

第一,鼓励交易、创造财富。合同法的目标就是尽可能鼓励当事人进行交易,促进交易便利、鼓励生产要素自由流转。物权只是一种静态的财产权,人与人之间的财产权只有通过缔结合同、发生交易,从而进行财产权利的流转,才能够满足不同主体的不同需求。只有通过合同规范的交易,才能实现资源的有效配置,而合同法正是促进财富创造的法律,其保障当事人订约目的和基于合同所产生的利益得到实现,从而促进财产的流转和财富的创造。

第二,分配风险、规范交易。在市场经济社会,交易中的风险具有一定的不可预测性。合同法的目标是通过确立合同的示范样本,帮助当事人合理预料未来的风险,指引当事人订立完备的合同,从而有效地防范未来的风险、避免纠纷的发生。[①] 例如,《民法典》合同编规定的各类有名合同,为当事人的缔约提供了有效的指引,可以降低缔约时的磋商成本,避免交易风险。

第三,尊重自愿、维护诚信。合同最充分地体现了私法自治的内容和精神。“合同法的中心是承诺的交换。”[②]合同作为一种各方当事人共同进行意思磋商和自治的工具,能够充分地体现当事人的意志和利益,合同法强调“契约严守”(pacta sunt survanda)的规则,要求当事人不得随意变更和解除合同。按照《法国民法典》的经典表述[③],在当事人之间,合同具有

① 参见朱广新:《合同法总则》(第二版),中国人民大学出版社 2012 年版,第 17 页。

② 〔美〕罗伯特·考特等:《法和经济学》,张军等译,上海三联书店、上海人民出版社 1994 年版,第 314 页。

③ 《法国民法典》第 1134 条规定:“依法成立的契约,在缔结契约的当事人之间有相当于法律的效力。”

法律的效力。合同所具有的法律效力有赖于合同法的保护,保障合同得到履行,就能使当事人的意志得到实现。

第四,保护信赖、维护秩序。合同使当事人之间形成合理信赖,此种信赖实际上构成交易安全的重要内容。只有依据合同法才能保障合同的顺利履行,实现当事人之间的信赖,进而保障交易安全。另外,合同法是构建市场经济秩序的法,它通过保障和规范成千上万的协议,从而构建了市场体制的基础。[①]

第五,促进交往、保障秩序。合同是日常生活中规范生产生活的纽带与工具,其与每个人从事生产生活息息相关。合同是组织私人生活的有效制度工具,它可以实现生活的可预期性,保障生活的秩序。合同就是日常生活中的法秩序,合同法规范了合同,也就规范了生活秩序。[②] 可以说,合同是构建国家、社会和个人三者之间和谐关系的基础。[③]

第二节 合同法的调整对象

《民法典》第 463 条规定:"本编调整因合同产生的民事关系。"依据本条规定,合同编调整"因合同产生的民事关系",这就意味着合同法调整平等主体之间因合同产生的法律关系。合同法是所有调整合同的订立、履行、变更、终止等的法律规范的总称。合同法以交易关系为其调整对象,它是市场经济的基本法律规则。按照学者的研究,合同反映交易关系的观点,最早由亚里士多德提出,后者提出了交换正义(commutative justice)的概念,并认为合同就是规范交换正义的工具。[④] 中世纪后期的经院哲学家继承了亚里士多德的思想,将合同定义为规范交换行为并以追求正当交换为目的的手段。[⑤] 到 17 世纪,以格劳秀斯、普芬道夫、波蒂埃和沃尔夫为代表的法学家,进一步发展了有关交易理论。近代以来,合同法主要调整交易关系已经形成了共识,合同法不仅规范交易关系的全过程,而且对一些重要的交易类型即典型合同作出了规定。合同法也是社会生活的百科全书。

在我国,《民法典》合同编以交易关系为主要调整对象,它与每个人的生活息息相关。一个人在一生中,可能不会与刑法打交道,但总是要订立合同,参与各种民事交往,从而必然受到合同法的调整。《民法典》第 464 条规定:"合同是民事主体之间设立、变更、终止民事法律关系的协议。婚姻、收养、监护等有关身份关系的协议,适用有关该身份关系的法律规定;没有规定的,可以根据其性质参照适用本编规定。"该条对我国合同法的调整对象作出了规定。

(一) 合同法调整平等主体之间的协议

合同法所调整的合同关系是发生在平等主体之间的合同关系,合同是反映交易关系的法律形式。正如马克思所指出的,"这种通过交换和在交换中才产生的实际关系,后来获得了契约这样的法的形式"[⑥]。所谓平等主体,意味着当事人参与法律关系的地位平等,即便是政府机关,如果其不是以公权力机关行使者的名义出现,而是以机关法人的名义与相对人订立合同,当事人地位仍然是平等的。所谓交易,是指平等主体基于平等自愿及等价有偿原则

---

① 参见何宝玉:《英国合同法》,中国政法大学出版社 1999 年版,第 51 页。

② 参见〔日〕吉田克己:《现代市民社会的民法学》,日本评论社 2008 年版,第 14 页。

③ 同上书,第 11 页。

④ 〔加拿大〕本森:《合同法理论》,易继明译,北京大学出版社 2004 年版,第 294 页。

⑤ 〔美〕詹姆斯·戈德雷:《现代合同理论的哲学起源》,张家勇译,法律出版社 2006 年版,第 129 页。

⑥ 《马克思恩格斯全集》(第 19 卷),人民出版社 1963 年版,第 423 页。

而发生的商品、劳务的交换，而由这些交换所发生的交易关系则构成了合同法的调整对象。一方面，这些交易关系的主体都是平等的。在市场中，不管交易的对象是生产资料还是生活资料，是国家、集体所有的财产还是公民个人所有的财产，只要是发生在平等主体之间的交易关系，都可以由合同法调整，并遵循合同法的基本原则和准则。另一方面，合同法所调整的合同关系具有等价有偿性以及合同订立的自愿性。凡不具有上述特点的合同，一般不能作为合同法调整的对象。

在确定某一类合同是否属于合同法的调整对象时，首先要考虑其主体是否具有平等性。例如，企业内部实行生产责任制，由企业及企业的车间与工人之间订立的责任制合同，只是企业内部的管理措施，是一种生产管理手段，当事人之间仍然是一种管理和被管理的关系，双方地位不平等，应由《劳动法》等法律调整，不应当受合同法调整。再如，有关行政合同（如有关财政拨款、征税和收取有关费用、征用、征购等），是政府行使行政管理职权的行为，政府机关在从事行政管理活动中采用协议的形式明确管理关系的内容，如与被管理者订立有关综合治理等协议，因为这些协议并不是基于平等自愿的原则订立的，因此不是民事合同，应适用行政法的规定，不适用合同法。[①] 当然，政府机关作为平等的民事主体与其他民事主体之间订立的有关民事权利义务的民事合同，如购买文具、修缮房屋、新建大楼等合同，仍然应受合同法调整。

（二）合同法调整以确立民事权利义务为内容的协议

合同法只适用于私法领域而非公法领域，只是调整民事合同而非其他类型的合同。民事合同的重要特点在于它是以确定民事权利义务为内容的，实际上就是以平等自愿为基础的交易关系。“以民事权利义务关系为内容”，界定了双方之间的实质关系。因此，如果某一类合同虽在名称上称为合同，但确立的是管理和被管理、生产责任制等内容，不具有交易的特点，就不属于合同法调整的范围，如企业内部的生产责任制合同等。合同法的调整对象主要是以财产给付为内容的交易关系，也就是动态的财产关系。合同法属于财产流转法，主要规范财产流转关系。另外，与人身有关的一些财产交易，如肖像的许可使用等，也可以适用合同法的规则。

需要指出的是，合同法调整的合同不同于行政协议。依据最高人民法院《关于审理行政协议案件若干问题的规定》第 1 条，行政协议是“行政机关为了实现行政管理或者公共服务目标，与公民、法人或者其他组织协商订立的具有行政法上权利义务内容的协议”。合同作为当事人之间产生、变更、消灭民事权利义务关系的协议，本质上是一种交易的产物，而行政协议不同于一般的民事合同之处就在于，其本质上不是一种交易的产物，其具有非市场性，行政协议的订立仍然是一种行政权的行使方式，在一定程度上以追求公益为目的。例如，就政府特许经营协议而言，其本质上是政府行使行政权的一种方式；再如，就土地、房屋等征收征用协议而言，其属于政府行使征收权、征用权的必要环节，是政府征收权、征用权的组成部分，无法完全适用民法的等价交换、公平等原则，也不能完全适用合同法的规定。但如果行政机关是以机关法人的身份参与市场交易活动，与其他市场主体订立协议，则该协议仍然应当属于民事合同，应当受到合同法的调整。[②]

---

① 参见顾昂然：《关于〈中华人民共和国合同法(草案)〉的说明》(1999 年 3 月 9 日在第九届全国人民代表大会第二次会议上)。

② 参见王利明：《论行政协议的范围 ——兼评〈关于审理行政协议案件若干问题的规定〉第 1 条、第 2 条》，载《环球法律评论》2020 年第 1 期。

(三)合同法调整设立、变更、终止民事权利义务关系的协议

合同法调整市场交易的全过程,从交易的发生、交易的变动、交易的终止,都受到合同法的调整。合同是一种法律行为,旨在引起法律关系的变动。而法律关系的变动包括设立、变更、终止等。所谓设立,是指当事人通过合同确定当事人之间具体的权利义务。所谓变更,是指当事人通过订立合同修改原有的合同关系的内容。所谓终止,是指当事人通过订立合同消灭原来存在的合同关系。有关民事权利义务关系的设立、变更、终止,如果当事人有约定的,依据当事人的约定,如果当事人没有约定的,则适用合同编的规定。除此之外,合同编还规定了合同的保全、解除、违约责任等制度,这些内容也是合同法的重要组成部分。

(四)合同法调整各类合同关系

合同法首先调整合同编典型合同分编所规定的各类典型合同,包括买卖合同,供用电、水、气、热力合同,赠与合同,借款合同,保证合同,租赁合同,融资租赁合同,保理合同,承揽合同,建设工程合同,运输合同,技术合同,保管合同,仓储合同,委托合同,物业服务合同,行纪合同,中介合同,合伙合同。但合同法并非对《民法典》其他编和特别法所规定的合同以及无名合同不可适用。具体而言,合同法还可以适用于以下其他类型的合同:

一是合同编以外的其他编规定的合同,首先要适用其他编的规定,但在其他编没有规定时,也要适用合同编通则的规定。例如,在确定有关合同的效力时,应当依据《民法典》总则编关于民事法律行为的规定确定。再如,违反建设用地使用权转让合同的规定,涉及违约金或者损害赔偿责任的确定,就要适用合同编通则关于违约责任的规定。

二是特别法规定的合同,如知识产权法所确认的专利权或商标权转让合同、许可合同及著作权使用合同、出版合同,海商法规定的船舶租赁合同,保险法规定的保险合同,旅游法规定的旅游合同,劳动合同法规定的劳动合同等。这些合同首先要适用特别法针对这些合同所作出的特殊规定,但在这些法律没有就这些合同的订立、效力、履行、保全、变更、转让、终止及违约责任等问题作出规定的情况下,也可以适用合同编通则的相关规定。

三是无名合同。无名合同是指《民法典》合同编和其他法律没有明文规定的合同,如借用合同等,合同法并不禁止当事人订立无名合同。[①] 按照合同自由原则,当事人完全可以在合同中约定各种无名合同,当事人订立无名合同只要不违反法律和公序良俗都是有效的,都应当受到法律保护,并受合同法的调整。即使对于无名合同关系,也应当适用合同法的基本规则。《民法典》第467条第1款规定:"本法或者其他法律没有明文规定的合同,适用本编通则的规定,并可以参照适用本编或者其他法律最相类似合同的规定。"

四是非因合同产生的债权债务关系。非因合同产生的债权债务关系在性质上并不是合同关系,但由于我国《民法典》合同编发挥了债法总则的功能,因此,合同编的相关规则也可以调整其他债的关系,对此,《民法典》第468条规定:"非因合同产生的债权债务关系,适用有关该债权债务关系的法律规定;没有规定的,适用本编通则的有关规定,但是根据其性质不能适用的除外。"依据该条规定,对于非因合同而产生的债权债务关系,也可以适用合同法的规则。

---

① 参见朱广新、谢鸿飞主编:《民法典评注·合同编·通则1》,中国法制出版社2020年版,第39页。

第三节 合同法与债法的关系

一、债法的概念

债法又称为债权法、债务关系法，它是指调整债权债务关系的法律规范的总称。由于合同是债的发生原因之一，按照大陆法的民法体系，合同法是债法的组成部分。在《德国民法典》制定之前，学者一般使用“债权法”的称谓，以突出债权(Forderung)的概念。但《德国民法典》将债编称为“债务关系编”(Schuldverhältnisse)。此种称谓表明，其是从债务人视角、而非债权人视角来规范债的关系的。[①]《日本民法典》将债编称为“债权编”，此种称谓突显了债权的意义，从而符合权利本位的理念。笔者认为，无论将债法称为“债权法”，还是将其称为“债务关系法”，都并不十分妥当。虽然债权和债务是相互对立的，但两者毕竟又具有相应性，债权毕竟对应着债务，反之亦然。所以，一方面，将其称为“债法”突出了债法的包容性，无论是债权还是债务，都可以涵盖其中。另一方面，“债法”的称谓也有效地表明了，它可以衔接合同法和侵权责任法。

债法可以分为形式意义上的债法和实质意义上的债法。形式意义上的债法是指以债法为名的法律或民法典的债法编。例如，《瑞士债务法》就属于典型的形式意义上的债法。而实质意义上的债法，则是指以债的关系作为规范对象的法律。因此，凡是以债的关系作为规范对象的法律、行政法规、司法解释等，都属于实质意义上的债法的范畴。从我国《民法典》体例结构来看，我国《民法典》没有设置债法，而是采取将合同法与侵权责任法分别设立的模式。因而，我国《民法典》中不存在形式上的债法体系。虽然我国《民法典》没有规定债法总则，因而未能将债法单独成编，但这并不意味着我国《民法典》中不存在债法。[②] 从实质意义上的债法来看，我国《民法典》中规定了大量的债法规则，尤其是在《民法典》合同编与侵权责任编中，大量规范均属于债法的规范。因此也可以说我国存在着实质意义上的债法。

严格地说，债法是大陆法系独有的概念，英美法中并不存在债法的抽象概念。根据一些学者考证，英美法之所以未采用债的概念，是因为历史上英国曾使用各种不同的诉讼程序规范各种不同的债务，因而没有通过抽象化而得出债的概念。[③] 而在大陆法系，债法是普遍认可的概念。从债法的发展历史来看，其发展在很大程度上归功于罗马法学家的贡献。舒尔茨(Schulz)教授曾经认为，债法是人类文明独一无二的成就。[④] 为什么各种债的关系都通过债法予以调整，其根本原因在于，无论债务关系具有何种表现，其都具有法律效果的相同性(Gleichheit der Rechtsfolgen)[⑤]，债法效果的相同性在于，特定的债权人可以请求特定的债务人为或不为一定的给付行为。

债法是以债的关系为其调整对象的，而债的关系中最核心的内容就是给付。从规范对象来看，各种债的关系几乎囊括了绝大多数民事关系，这就导致了“民法债编所涉事项既然

---

① 参见杜景林：《德国债法总则新论》，法律出版社 2011 年版，第 1 页。

② 参见黄薇主编：《中华人民共和国民法典合同编解读》(上册)，中国法制出版社 2020 年版，第 27 页。

③ 参见沈达明编著：《英美合同法引论》，对外贸易教育出版社 1993 年版，第 66 页。

④ See Reinhard Zimmermann, *The Law of Obligations: Roman Foundations of the Civilian Tradition*, Oxford University Press, 1990, p. 2.

⑤ Vgl. Dieter Medicus, Stephan Lorenz, Schuldrecht, Allgemeiner Teil, C. H. Beck, Aufl. 18, 2008, S. 15.

繁多、类型亦杂,则不同事项、类型之间,难免常有同异互呈之情形"[①]。但是,从其本质来看,债法所调整的关系主要是特定当事人之间以给付为内容的关系。正如罗马法学家保罗曾经指出的,"债的本质不在于我们取得某物的所有权或者役权,而在于其他人必须给我们某物或履行某事"[②]。债法的体系实际上是以给付为中心构建起来的。[③] 债的关系形态各异、类型繁杂,有合法行为产生的关系,也有非法行为产生的关系,有基于合意产生的关系,也有基于法律规定产生的关系。由此形成了多种债的关系,而合同关系只是债的关系的一种类型。

二、合同法与债法的关系

合同法是债法的组成部分,债包括意定之债和法定之债,而合同法是调整意定之债的规则,因此,其属于债法的组成部分。传统的债权体系主要是以合同法为中心建立起来的,一方面,一部债法主要就是合同法,侵权法的规范较少,甚至寥寥无几。债法中,侵权法的规范与合同法的规范极不成比例,内容本来极为丰富的侵权法完全被大量的甚至以上千个条文表现出来的合同法规范所淹没。另一方面,债法总则的内容大多源自合同法,且主要适用于合同关系。大陆法系国家民法典中的债法体系主要围绕合同法进行结构设计,表现为强烈的合同法主导型的结构。债法总则大量替代了合同法总则的内容。但关于《民法典》合同编与债法的关系,可以从如下几方面理解:

第一,《民法典》合同编是债法的核心组成部分。债的发生原因是多种多样的,但是合同是债的典型形态,因而《民法典》合同编在债法中起到了基础性、核心性的作用。《民法典》第468条规定:"非因合同产生的债权债务关系,适用有关该债权债务关系的法律规定;没有规定的,适用本编通则的有关规定,但是根据其性质不能适用的除外。"依据这一规定,《民法典》合同编的规范可以广泛适用于非因合同关系而产生的债权债务关系。除了合同的订立与效力、解除等规则仅适用于合同外,有关合同的履行、保全、变更、转让、终止等规则也可以参照适用于侵权之债、无因管理之债和不当得利之债等其他债的关系。[④]

第二,《民法典》合同编不能概括所有的债法内容。合同之债是债的组成部分,是意定之债,其与不当得利之债、无因管理之债、侵权损害赔偿之债等法定之债一起,共同组成债的类型体系。但合同编只是债法的一部分,不能代替整个债法的内容。传统债法中的一些规则在《民法典》中并没有进行规定,在这些规则缺失的情况下,需要通过类推适用等填补漏洞的方法进行补充。

第三,《民法典》合同编在债法中自成体系。合同编主要调整交易关系,但债法调整的给付关系更为宽泛,不完全是交易关系。合同编具有内在的逻辑体系,以交易为中心,以交易的发生、存续、消灭为主线展开。合同编首先规范合同双方当事人进行合同磋商的缔约阶段,然后规范合同的签订阶段。在合同成立并发生效力后,合同编还规定了双方当事人履行合同的义务以及合同履行过程中可能发生的同时履行抗辩、不安抗辩等抗辩权。此外,在合同履行期到来之前或之后,都可能发生违约情形,从而可能导致合同的解除或终止。我国《民法典》合同编通则正是按照这样一个交易过程的时间顺序展开的。这种"单向度"的规定模式必然使其内容具有非常明显的"同质性"(homogeneity)。因此,合同编构成了完整的意

---

① 邱聪智:《债各之构成及定位》,载《辅仁法学》1992年第11期。

② 〔意〕彼德罗·彭梵得:《罗马法教科书》,黄风译,中国政法大学出版社1992年版,第283—284页。

③ 参见江平主编:《民法学》,中国政法大学出版社2007年版,第445页。

④ 参见黄薇主编:《中华人民共和国民法典合同编解读》(上册),中国法制出版社2020年版,第30页。

定之债的体系。

三、合同法通则发挥债法总则的功能

传统的大陆法系各国普遍采取了物债二分的结构，规定了债法。[①] 在这种立法模式下，虽然各国民法典对于债法总则采取了不同的立法模式，但大多保留了债法总则的规范。与此不同，我国《民法典》的分则体系设计并未采纳德国、法国和瑞士的立法模式，没有设置债法总则，而是从中国实际情况出发，保持了合同法总则体系的完整性和内容的丰富性，并使合同法总则发挥了债法总则的功能，这在大陆法系民法典体系中是一种重要的创新。

第一，合同编第一分编第二章规定了单方法律行为之债。单方法律行为与合同具有完全不同的性质，因而合同法的规则，尤其是双务合同中的抗辩权等制度在单方法律行为中均无法适用。[②] 但是，单方法律行为之债与合同一样，都是债的发生原因，其履行与违反的后果均可以适用合同法的规则。因此，《民法典》合同编将单方法律行为之债置于合同的订立部分加以规定，《民法典》第 499 条规定："悬赏人以公开方式声明对完成特定行为的人支付报酬的，完成该行为的人可以请求其支付。"将单方法律行为之债规定在合同订立部分，使得单方法律行为没有因为债法总则的缺失而被遗漏。

第二，合同的履行一章（第一分编第四章）规定了债的分类。债法分类规则是传统债法中的必要内容，我国《民法典》在合同履行部分对其作出了规定，一是金钱之债（第 514 条），二是选择之债（第 515—516 条），三是按份债权与按份债务（第 517 条），四是连带债权与连带债务（第 518—521 条）。对于多数人之债，虽然广泛适用于合同编、侵权责任编、继承编[③]，但由于合同编承担了统摄债务履行的功能，因而也被置于合同履行的部分。合同的履行一章中还规定了债务人向第三人履行（第 522 条）、第三人代为履行（第 524 条）。这些规定都应当是债法总则的内容。另外，在第七章"合同的权利义务终止"中，还规定了清偿抵充（第 560—561 条）制度等。

第三，合同编中严格区分了债权债务与合同的权利义务的概念。例如，在第六章"合同的变更和转让"中，规定了债权转让与债务移转，但合同的概括转让，则采取"合同的权利和义务一并转让"的表述（第 556 条），表明债权转让与债务移转可以适用于合同外的债权债务转让，但合同的概括转让仅仅适用于合同关系。再如，在第七章"合同的权利义务终止"中，对于履行、抵销、提存、免除、混同所导致的合同权利义务终止，采取了债权债务终止的表述，表明其不仅仅适用于合同关系，还可以适用于合同外的债权债务关系。但关于合同解除，则采取"该合同的权利义务关系终止"的表述（第 557 条第 2 款），表明其仅仅适用于合同关系。此种表述上的区分在维持合同法体系完整性的基础上，也能够使合同编更好地发挥其债法总则的功能。

第四，合同编关于典型合同的规则也发挥了债法总则的功能。一方面，我国《民法典》在第二分编中规定了保证合同，保证合同不仅适用于合同债权的担保，而且适用于各种债的担

---

① 参见唐晓晴：《拉丁法系视野下的物权概念及物权与对人权（债权）的区分》，载易继明主编：《私法》（第 8 辑第 2 卷），华中科技大学出版社 2010 年版，第 93—94 页。

② 参见王文军：《继续性合同之同时履行抗辩权探微》，载《南京大学学报（哲学・人文科学・社会科学）》2019 年第 1 期。

③ 参见〔德〕迪尔克・罗歇尔德斯：《德国债法总论》（第七版），沈小军、张金海译，沈小军校，中国人民大学出版社 2014 年版，第 415 页。

保。传统观点一般将保证作为债的担保方式,我国过去也将保证与担保物权一同在《担保法》中进行规定。《民法典》将保证作为有名合同在合同编的第二分编“典型合同”中进行规定,有效地将保证纳入《民法典》体系内,且单独设章也可以对保证制度进行有效调整。另一方面,合同编有效统摄了民事合同与商事合同,将一些典型的商事合同如行纪合同、融资租赁合同、保理合同、建设工程合同、仓储合同等纳入合同编中。因此,可以说《民法典》合同编融入了商法的要素,对于民事合同与商事合同进行了统一的规定。

第五,合同编单独设立“准合同”分编(第三分编),对无因管理(第二十八章)、不当得利(第二十九章)进行规定,此种做法符合各种法定之债的特点。准合同制度肇始于罗马法,这一概念最初被称为“类合同”(quasi ex contractu),意思是“与合同很类似”,后来逐步演化为“准合同”(quasi-contract)。通过引入准合同的概念,对不当得利、无因管理作出规定,也有利于维持合同编体系的完整性。通过准合同制度,对无因管理、不当得利等债的关系进行集中规定,有助于合同编乃至《民法典》规则的体系化。还应当看到,《民法典》合同编设立准合同分编,不再在债法中割裂各种债的发生原因,而使得不当得利与无因管理制度与合同制度有效联系,并充分考虑法律适用中的不同之处,从而实现了对法定之债与意定之债的整合。

合同编发挥债法总则功能,有利于法律适用的便利。“一部好的法典其规定应该适度抽象到足以调整诸多现实问题,又不能因此而偏离其所调整的现实生活而成为纯粹的理论宣言。”[①]债法总则的大部分规则都是调整交易关系的,这与民法总则法律行为制度、合同编总则的功能会发生重叠现象。一方面,规定债法总则确实会导致叠床架屋现象,给法官找法造成困难。如果坚持这种双重的抽象,那么在合同纠纷中,法官不得不从总则编、债法总则、合同规则三个层面寻找法律依据,这将给法律适用带来不小的难度。另一方面,可能造成规则的重复。而以合同编发挥债法总则的功能可以有效简化法律规则。以合同编规则统摄具有共性的债的规范主要是通过准用条款实现的。准用条款扩张了合同编规则的适用范围,使其适用于合同之债。这些准用条款打通了合同规范与非合同之债规范的壁垒,在最大程度上减少了法律适用的烦琐程度,同时也避免了法律规则的过度抽象。由于债法总则主要也是调整交易的规则,该规则可能与民法总则中的法律行为制度以及合同法的内容发生重复。因此不规定债法总则,以合同编发挥债法总则的功能,也有利于实现法律规则的简约,有助于形成完整的债法体系,并满足裁判实践的需要。[②]

还应当看到,合同编发挥债法总则功能有利于保护合同法总则的完整性。合同法总则围绕交易过程形成了自身的完整体系。因此,合同编发挥债法总则的功能有利于维护合同法体系的完整性。传统大陆法系的民法典中,因为设置了债法总则,所以不得不将合同法总则中的诸多规范置于债法总则之中进行规定。这种模式导致合同法总则的规范不连续,也无法形成自身的体系,法官在法律适用中不得不往返于合同规范、债法总则规范之间来找法。而如果以合同规范吸收债法总则规范,则可以在确保合同法总则完整性的基础上,解决债法共同适用的一些问题,这种模式也更便于适用法律的主体更好地理解合同法总则。尤其是在我国,原《合同法》已经施行了二十余年,人们对于原《合同法》的体例安排和具体内容已经较为熟悉,形成了惯性。在这种情况下,设置债法总则并打破原有的合同法体系将会给

① 〔法〕让·路易·伯格:《法典编纂的主要方法和特征》,郭琛译,载《清华法学》(第8辑),清华大学出版社2006年版,第19页。

② 参见朱广新、谢鸿飞主编:《民法典评注·合同编·通则1》,中国法制出版社2020年版,第46页。

司法实践增添高昂的运行成本。[①]

四、债的法律适用

（一）因合同产生的债的法律适用

因合同产生的债，适用合同编的规则。《民法典》第 463 条规定："本编调整因合同产生的民事关系。"依据该条规定，对因合同产生的债的关系而言，应当适用合同编的规定。当然，依据《民法典》第 11 条的规定，其他法律对民事关系有特别规定的，依照其规定。因此，如果特别法对合同关系作出了特殊规定（如《旅游法》对旅游服务合同作出了规定），则应当优先适用特别法的规定。只有在特别法没有对相关的合同关系作出规定时，才适用《民法典》合同编的一般规定。

因合同产生的债的法律适用，涉及《民法典》合同编通则和典型合同的关系。这两部分也是一般规范和特别规范的关系。因此，在涉及具体合同的法律适用时，应当首先适用典型合同分编所规定的特别规范。

（二）非因合同产生的债的法律适用

所谓非合同之债，又称为法定之债，是指因法律规定而在当事人之间产生的债权债务关系，其主要包括不当得利之债、无因管理之债、侵权损害赔偿之债等。《民法典》第 468 条规定："非因合同产生的债权债务关系，适用有关该债权债务关系的法律规定；没有规定的，适用本编通则的有关规定，但是根据其性质不能适用的除外。"该条扩张了合同编通则的适用范围，使得合同编通则不仅仅在合同编发挥作用，同时还发挥着债法总则的功能。

1. 非合同之债适用有关该债权债务关系的法律规定

由于我国《民法典》没有设置债法总则，为妥当规定各类法定之债（如不当得利、无因管理等）的规则，合同编借鉴英美法和法国法上"准合同"的概念，单设第三分编，对各类法定之债的规则作出规定，并将其置于合同编最后。所谓准合同，是指类似于合同的债的关系。[②]准合同的概念起源于罗马法，盖尤斯认为，不当得利、无因管理也在一定程度上体现了当事人的意思，因此是类似于合同的债的关系[③]，这一观点后来被法国法和英美法所吸收。由于合同编中设置了准合同一编，因此，不当得利、无因管理的相关规则也被纳入合同编中进行调整。此外，《民法典》第 499 条规定的悬赏广告，作为单方行为受到合同编通则的调整。合同编要发挥债法总则的功能，就必须在一般规定中对非因合同产生的债权债务规则进行规定。

依据《民法典》第 468 条的规定，非因合同产生的债权债务关系，如不当得利、无因管理首先适用准合同分编的规定；再如侵权之债，首先要适用有关该债权债务的法律规定。这就是说，不当得利、无因管理首先要适用准合同的规则，对悬赏广告首先要适用《民法典》第 499 条的规定，侵权损害赔偿之债首先要适用侵权责任编的规定。例如，违反安全保障义务的行为作为侵权责任中的特殊侵权形态，首先适用侵权责任编关于违反安全保障义务的责任的规定，但如果当事人之间就安全保障义务的内容事先作出了约定，一方违反该约定后如何确定违约责任，由于侵权责任编没有具体规定，则可以适用合同编的相关规定。之所以要优先

---

① 参见刘承韪：《民法典合同编的立法取向与体系开放性》，载《环球法律评论》2020 年第 2 期。

② 参见李世刚：《中国债编体系构建中若干基础关系的协调——从法国重构债法体系的经验观察》，载《法学研究》2016 年第 5 期。

③ 参见丁超：《论准契约的基本问题》，载费安玲主编：《学说汇纂》（第 3 卷），知识产权出版社 2011 年版，第 68 页。

适用特别法律的规定,一方面是因为,这些债的关系是法定之债,与合同之债这种意定之债不同。例如,不当得利、无因管理虽然与合同类似,但其终究并非合同关系。另一方面,经过法律的发展,不当得利、无因管理等制度已经形成了自身特殊的规则,应当优先适用其自身的规则。还应当看到,不当得利、无因管理等虽然被放在准合同部分,但与合同编通则相比,其也属于特别规定,因而应当优先适用。只有在没有特别规定时,才能适用合同编通则的规定。

2. 如果没有特别规定,非合同之债适用合同编的规定

严格地说,非因合同产生的债权债务关系一般不涉及典型合同的相关规则,因为其并非因为合同产生,也没有以具体合同关系为前提,如果存在基础合同关系,就不再属于非因合同产生的债权债务关系,因此合同编关于典型合同的规定原则上并不能适用于非因合同产生的债权债务关系。但是,在没有特别规定的情形下,依据合同编第 468 条的规定,非合同之债也可以适用《民法典》合同编的规定,其主要理由在于:一方面,非合同之债中的一些类型与合同关系十分密切,类似于合同关系。例如,在无因管理中,无因管理与委托合同关系密切,其内容都是管理他人事务。因此,关于无因管理的规则可能要适用委托合同的规定,正是基于这一原因,《民法典》第 984 条规定:"管理人管理事务经受益人事后追认的,从管理事务开始时起,适用委托合同的有关规定,但是管理人另有意思表示的除外。"除此种情况外,非因合同产生的债权债务关系一般不涉及有名合同规则的问题。另一方面,我国《民法典》合同编发挥着债法总则的功能,因而将合同编的规则用于调整非合同之债,也是合同编的重要功能。关于合同编通则中可以适用于非合同之债的规则,《民法典》的相关规定中存在一定的标志。如果条文中使用的是"债""债权"或者"债务",这意味着该条文能够适用于所有的债。但如果条文中使用的是"合同""合同的权利"或者"合同的义务",这意味着该条文仅能够适用于合同之债。[①] 即便是在侵权责任编中,有些债的关系也涉及债的履行、保全等债的共通性规则的适用,具体而言,主要包括如下情形:

一是债的分类。《民法典》合同编关于按份之债、连带之债等规则,都既可以适用于合同之债,也可以根据具体情形适用于非合同之债。

二是债的保全。例如,在行为人侵害他人权益应当承担侵权损害赔偿责任的情形下,如果行为人怠于行使其到期债权,影响受害人损害赔偿请求权实现的,则受害人有权依法行使债权人代位权,以保全其债权。

三是债的转让。例如,在侵权行为发生后,受害人对行为人享有侵权损害赔偿请求权,受害人也可以依法转让其对行为人所享有的债权。

四是抵销。例如,在受害人对行为人享有侵权损害赔偿请求权的情形下,如果受害人对行为人负有债务,则受害人有权依法行使抵销权,即主张其对行为人享有的债权与行为人对其享有的债权相抵销。当然,《民法典》第 568 条第 1 款但书规定:"但是,根据债务性质、按照当事人约定或者依照法律规定不得抵销的除外。"一般而言,此处"根据债务性质"不得抵销的就包括部分侵权之债,如受害人因故意侵权而享有的债权,不得作为被动债权抵销。

五是债的履行。例如,《民法典》第 514 条规定:"以支付金钱为内容的债,除法律另有规定或者当事人另有约定外,债权人可以请求债务人以实际履行地的法定货币履行。"该规则同样可以适用于侵权损害赔偿之债,即受害人有权请求行为人以该债的实际履行地的法定

① 参见朱虎:《债法总则体系的基础反思与技术重整》,载《清华法学》2019 年第 3 期。

货币履行。

六是债的免除。例如，对侵权损害赔偿之债而言，受害人也可以免除行为人对其所负担的债务。

总之，非合同之债发生抵销、清偿抵充、保全甚至转让等问题时，也应当可以适用合同编通则的规则。[①]《民法典》第468条为侵权损害赔偿之债适用债的一般规则提供了法律依据。

需要指出的是，并非所有的非合同之债，都能够适用合同编通则。依据《民法典》第468条，"非因合同产生的债权债务关系，适用有关该债权债务关系的法律规定；没有规定的，适用本编通则的有关规定，但是根据其性质不能适用的除外"，这就需要根据非因合同产生的债权债务关系的性质确定其能否适用合同编通则的规定，即有必要对非因合同产生的债权债务进行区分，依据其性质来确定能否适用合同编通则。所谓依据其性质来确定，也就是说，如果非合同之债产生的特定的债权债务关系与合同的相关规则和性质是冲突的，存在本质差异，则不能适用合同编通则的规定。例如，侵权法中有关侵害生命权、健康权的法定损害赔偿责任，其赔偿范围、赔偿项目等是法律明确规定的，因而不能适用合同编通则的规定。但是，依据其性质与合同编规则并不矛盾和冲突的关系，则可以适用。

对有些债的关系而言，需要区分其内容而分别确定其能否适用合同编通则的规定，如果其内容属于债的一般规则，就意味着可以适用合同编通则的规定；但如果其属于特有规则，不能适用债的一般规则，则无法适用合同编通则的规定。例如，在保理合同中，应收账款债权人与债务人虚构应收账款作为转让标的，与保理人订立保理合同的，应当适用《民法典》合同编典型合同中关于保理合同的相关规定(《民法典》第763条)，这属于保理合同的特别规则，所以不能适用合同编通则的规定。

第四节 合同法与相关法律的关系

一、合同法和物权法

合同法和物权法都属于财产法，它们都是调整平等主体之间所发生的财产关系的法律，但物权法主要调整的是财产占有关系，这种关系是人们在社会中进行生产和交换的前提。人们要进行生产，就要实现劳动者和生产资料的结合；同时，人们要进行交换，也首先必须对交换的财产享有所有权。所以调整财产关系的物权法是一项重要的法律制度。但是在社会生活中，单靠物权法还不能调整整个社会的财产关系。物权法主要规定的是静态的财产关系，而一个社会的财产关系总是处于不断运动的状态之中，社会经济的发展要依赖于经济的流转，对动态的财产关系的保护和调整任务主要是由债权法尤其是其中的合同法完成的。物权法和合同法相互配合，才能共同对社会经济发挥完整的调整作用。例如，《民法典》合同编中关于无权处分合同效力的规定与物权编中善意取得的规定就需要配合适用。由此可见，物权法与债法上的诸制度相互衔接，协调配合，共同调整物权变动的关系。[②]

尽管物权法与合同法在调整社会财产关系方面具有密切的联系，但两者仍然是有区别的。从两大法系的比较分析来看，英美法在财产法与合同法的分类标准上与大陆法是不同

① 参见黄薇主编：《中华人民共和国民法典合同编解读》(上册)，中国法制出版社2020年版，第30页。

② 参见马特：《物权变动》，中国法制出版社2007年版，第311页。

的。例如,英美法由于受对价理论的影响,将一些不具有对价的允诺(如赠与)作为财产法规范的对象,而并未将其置于合同法中;而大陆法一般认为赠与仍然属于单务合同的范畴,应作为债法规范的对象。再如,英美法认为在买卖关系中,不仅要解决价款支付问题,而且要解决标的物所有权的移转问题。就买卖法而言,其“不仅要解决买方是否和何时得以要求交付自己已经同意买入的货物,而且还要解决如果标的已经交付,买方是否和何时取得这些货物的所有权”的问题[①],所以,在立法上财产法的内容与合同法常常是结合在一起的。而大陆法学者常常认为,交付标的物和支付价金的义务属于债务法范畴,实际交付标的物并移转所有权的行为虽与债务有密切联系,但应属于物权法的范畴,应在体系中分别对待。此外,许多大陆法学者也主张,财产所有权因交付发生移转,不仅可基于买卖等双务合同发生,也可基于单务合同而发生,因此债务与所有权移转应作为两个不同的问题区别对待,分别由债法和物权法调整。[②]

从我国现行立法与现实生活条件来看,笔者认为,物权法与合同法存在明显的区别,主要表现在如下几点:

第一,调整对象不同。物权法主要调整财产的归属和利用、占有关系,因此它旨在反映并维护特定社会的所有制关系,保障财产的静态安全。而合同法主要调整动态的财产流转关系,它主要反映商品交易关系,并旨在维护财产的动态安全。郑玉波先生曾将法的安全分为静的安全与动的安全。前者着眼于利益的享有,所以也称为“享有的安全”或“所有的安全”,此种安全主要是由物权法来保障的。后者着眼于利益的取得,所以也称为“交易的安全”,合同法主要是维护交易安全的法律。[③] 此种看法不无道理。当然,物权法也要受市场经济关系的作用和影响,但是不如合同法那样直接。由于商品交换关系总是处于不断变化和发展过程中,因而,合同法的内容相对于物权法而言,更富于变化。而物权法特别是所有权法的内容在一个社会的所有制关系没有发生根本变革以前,总是具有相对稳定性。一个社会的市场经济越发达,则合同法也就越丰富,在当代发达的市场经济社会,合同法相对于物权法而言,更为发达。

第二,保障的权利范围不同。物权法主要保护的是物权,包括所有权和其他物权,而合同法主要保护的是合同债权。这两种权利在市场经济社会是密切联系在一起的。因为一个正常的商品交换,首先要求主体对其交换的财产享有所有权,否则就不能将该项财产进行交换,从而也就不能产生债权。尤其是在市场经济社会中,不仅所有权,而且所有权权能本身也可以在各个主体之间进行交换。这样,不仅所有权而且所有权的权能都要以合同为媒介进行交换,而交换的结果往往使非所有人享有新的物权。可见,物权与合同债权的关系是非常密切的。不过,尽管如此,物权与合同债权作为两类基本财产权利,在权利的性质、内容、设立、客体、效力、转让和保护及义务主体是否特定等方面均存在着明显的区别。

第三,适用的原则不同。在物权法中,采取了法定主义原则,有关物权的种类和内容要由法律规定,不允许当事人自由约定。正是因为物权法采用物权法定原则,故物权法的规定

---

① 〔德〕K. 茨威格特等:《比较法总论》,潘汉典等译,潘汉典校订,贵州人民出版社 1992 年版,第 269 页。

② 同上。

③ 参见郑玉波:《民商法问题研究(一)》,三民书局 1982 年版,第 39 页。不过,现代物权法在注重维护既有财产的静态安全的同时,也越来越注重既有财产的动态利用效率和潜在财产的创造效率,强调通过制度设计为财产的更有效利用和创造提供激励机制。关于这方面的系统观察,参见熊丙万:《私法的基础:从个人主义走向合作主义》,载《中国法学》2014 年第 3 期。

大多是强制性的，当事人不得排斥其适用。在合同法中，采取了合同自由原则，法律充分尊重当事人的意志，并赋予当事人的意思以优先于任意性规范的效力。例如，合同法中并不明确规定合同的内容，或者允许当事人协商决定合同的内容。只要当事人所协商的内容不违反法律、法规的强制性规定，就能够依法具有法律效力。同时，法律往往也并不限定合同的具体形式，而准许当事人在实践中创造出新的合同形式，并承认其效力。合同法的规定大多是任意性的，当事人可以通过其协调一致的意思改变法律的规定。物权法和合同法的这一区别，主要与私权利行使的外部性成本有关。合同实践通常发生在数量有限的当事人之间，具有封闭性，合同当事人的实践常常与第三人的利益无关。而物权则常常涉及第三人的识别、尊重和交易问题。如果物权可以自由设定，则会给不特定第三人施加很高的交易识别成本。①

第四，在是否具有固有性上不同。物权法具有强烈的固有性，由于物权法主要反映特定社会的所有制关系，同时也深受历史习惯和传统的影响，因而一国物权法往往具有该国的特点，在不同的历史时期以及在所有制性质不同的国家，物权法的内容很难具有共同的特点。而合同法因其主要反映了交换关系的一般要求，所以合同法并不具有强烈的固有性，而在很多方面都具有统一化的趋向。随着现代社会国家间的经济往来的发展，各国合同法在很多方面都在逐步地走向统一。例如 1964 年的海牙《国际货物买卖统一法公约》，已为许多国家所接受。

第五，权利的保护方法不同。物权法通过物权请求权这一特有的方式对物权进行保护。而合同法则是通过违约责任如违约金、损害赔偿等方法来保护合同债权。这两类保护方法在构成要件等方面存在很大的差别，如物权请求权的行使不以义务人具有过错为要件，也不要求有既定损害，而违约损害赔偿请求权则一定要求存在损害，有时还要求义务人具有相应的过错。

值得注意的是，物权法也规范一些合同关系，如土地使用权出让合同、抵押合同、质押合同等。这些合同和一般的债权合同一样在本质上都是反映交易关系的，但由于这些合同旨在设立、变更、移转物权，而我国立法也不承认物权合同的概念，且合同法对此类合同未予调整，因而笔者认为，这些合同作为一类特殊的合同形式，主要应由物权法加以调整；但在合同的订立、解除、违约责任等方面，也要适用合同法的规定。

总之，从民法理论来看，物权、物权法与债权、债权法的概念和内容是相对应的，它们在社会经济生活中是相互配套、相辅相成的，共同调整着社会主义市场经济关系。

二、合同法与侵权责任法

侵权责任法是规范侵权行为及其法律责任的法律规范的总称。《民法典》第 1164 条明确规定："本编调整因侵害民事权益产生的民事关系。"该规定不仅确立了侵权责任法的调整对象，而且明确了侵权责任法的概念。侵权责任法和合同法都属于民法的范畴，然而它们是作为民法内部两部不同的法律存在的。早在古罗马法时期，两法的分离就已经出现并为盖尤斯的《法学阶梯》所明确肯定。在现代各国民事立法中，英美法国家将合同法与侵权法截

---

① See Reinier H. Kraakman, Henry Hansmann, "Property, Contract, and Verification: The Numerus Clausus Problem and the Divisibilty of Rights", 31 *Journal of Legal Studies* S. 373 (2002)；熊丙万：《财产法的经济分析》，载冯玉军主编：《法经济学》，中国人民大学出版社 2013 年版，第五章第四—五节。

然分开,使其各自具有独立的体系和内容,而大陆法国家大多将合同和侵权行为合并规定在民法典债法篇中。在英美法中,侵权责任法在相对独立的同时,也与财产法、合同法等发生密切联系。例如,Hepple指出:英美侵权责任法已经被作为"决定权利(determining rights)的工具"[①]。尤其是涉及财产权的设定问题,侵权法和财产法已经发生了许多交叉,但这丝毫不否定二者的独立存在。我国《民法典》总则编未采取大陆法的立法体例,而是单设"民事责任"一章将合同责任和侵权责任合并作出规定。

诚然,侵权责任法与合同法作为民法的组成部分,具有许多相同之处:从职能上说,两法都承担了保护自然人和法人的合法权益、补偿受害人的损失、恢复被损害的权利人的民事权利等任务。"在以私法自治为基本原则建构的现代社会,侵权行为和契约制度一样,都承担了维护自由意志和社会秩序的功能。"[②]从内容上看,合同行为和侵权行为同为债的发生根据,均要适用民法关于债的一般规定。在责任方面,合同责任和侵权责任均为民事责任,于构成要件、免责条件、责任形式等方面具有民事责任的共同特点。因而《民法典》总则编单设"民事责任"一章对两类责任的共性问题作出了规定。尤其应该看到,由于责任竞合的不断发展,侵权法和合同法已具有逐渐相互渗透和融合的趋势。[③]

但是,侵权责任法和合同法毕竟是民法中相互独立的两个法律部门,侵权责任和合同责任也是不同的责任。混淆二者的性质、模糊其界限,不仅将打乱民法内在的和谐体系,而且对司法实践中正确处理民事纠纷将产生极为不利的影响。根据我国立法和司法实践,笔者认为,侵权责任法和合同法的区别主要体现在:

1. 法律规范的性质不同。合同作为交易的法律形式,是法律所鼓励的合法行为,只有当合法的交易行为得到充分鼓励时,市场经济才能得到繁荣和发展。所以,合同法要借助大量的任意性规范,充分尊重当事人的意志,鼓励当事人在法定的范围内行为。[④] 只要当事人所缔结的合同不违反法律和政策,法律就承认其效力。而侵权行为是侵害他人财产和人身的行为,是法律所禁止的行为。侵权行为虽可产生债,但此种债与合同当事人自愿设立的合同之债的关系是完全不同的。在侵权行为产生以后,行为人负有对受害人作出赔偿的义务,损害赔偿也是行为人对国家所负有的责任,行为人是否愿意承担责任和在多大范围内承担此种责任,不以行为人的意志为转移,从这个意义上说,侵权责任法体现了强行性的特点。

2. 保护的权益范围不同。合同法保护的是订约当事人依据合同所产生的权利,即合同债权,这是一种在特定的当事人之间所发生的相对权。而侵权责任法所保护的是民事主体的物权、人身权以及知识产权,这是一种对抗一切不特定人的绝对权。我国侵权责任法保护的权利范围主要是合同债权以外的绝对权,而不包括相对权。合同法保护履行利益,即把当事人放在合同已经履行的位置上。侵权法所保护的则是固有利益,旨在将原告置于侵权行为没有发生的状态。[⑤] 由于侵权责任法和合同法所保护的权益范围不同,因而它们在民法中所担负的任务和职能也是不同的。

---

① Bob Hepple, M. H. Matthew, *Tort: Cases and Materials*, Butterworth & Co Publishers Ltd., 1991, p. 1.

② 苏永钦:《再论一般侵权行为的类型》,载苏永钦:《走入新世纪的私法自治》,中国政法大学出版社2002年版,第300—334页。

③ See Simon Deakin, Angus Johnston, Basil Markesinis, *Markesinis and Deakin's Tort Law* (Fourth Edition), Oxford University Press 1999, p. 8.

④ 参见王利明:《合同法的目标与鼓励交易》,载《法学研究》1996年第3期。

⑤ 参见王少禹:《论英美法系侵权与合同之区分》,载《环球法律评论》2007年第6期。

3. 规范的内容不同。由于侵权责任法调整的是因侵权行为产生的责任，而合同法调整的是交易关系，因而它们在责任的归责原则、构成要件、主体、承担方式及举证责任、诉讼时效、免责条件等方面的规定上是各不相同的。因此，当某一种民事违法行为产生以后，行为人依据合同法承担违约责任，或依据侵权责任法承担侵权责任，在责任后果上是不同的。

4. 责任方式不同。侵权责任法和合同法都要以损害赔偿为其责任形式，也就是说，当侵权行为和违约行为发生以后，都可以适用损害赔偿的责任形式，二者都要以损害赔偿责任实现补救受害人的根本目的。但是，在适用损害赔偿责任时，两者在归责原则、构成要件、赔偿范围等方面都存在明显的区别。这也决定了两种责任在责任方式上的差异，某些适用于合同责任的形式（如违约金）不能适用于侵权责任，同样，某些适用于侵权责任的形式（如恢复名誉、赔礼道歉）也不能适用于合同责任。

5. 规范功能不同。在民事法律体系中，侵权责任法与合同法作为民法的两大基本法律，担负着不同的功能。一个是维护交易秩序、促进交易的法律；另一个则是保护绝对权、预防损害的法律。[①] 在民事主体具备特定民事权益之后，权利人需要从事两项活动：一是安全地持有此种权益，例如占有物、维护人格完整等，使民事权益处于一种安全的状态；二是利用此种权益从事交易活动，换取其他民事权益，并通过交易来创造和实现财富的价值。侵权责任法和合同法就是分别用于调整前述两个不同方向的民事活动的。第一种活动是由侵权责任法来保护的，在权益的持有状态被侵害之后，通过责令他人承担责任，来恢复既有权益持有状态。第二种活动是由合同法来调整的。据此，法国学者托尼·威尔（Tony Weir）指出，侵权之债的规则主要起到保护财富的作用，合同之债的规则应具有创造财富的功能。[②] 丹克指出："侵权责任法的目的是使公民有义务赔偿因其不法行为给其他公民造成的合同关系之外的损害。"[③]

第五节 合同法的体系

一、合同法的总分结构

所谓合同法体系，是指按照一定的逻辑结构对合同法的规则、制度所进行的体系安排。合同法以总分结构理论为基础，区分总则和分则，并在此基础上构建了合同法的严谨体系。典型的传统大陆法国家大多以债法来涵盖合同法，合同法的相关规则分别作为债法总则和债法分则的内容加以规定。但我国《民法典》并没有设置独立的债法总则编，而是以合同法为体系构建的对象，区分合同编通则与合同编分则，形式意义上的合同编分则是指典型合同与准合同，而实质意义上的合同编分则仅包括典型合同。笔者认为，准合同从性质上只是与合同类似的债的关系，其是法定之债，而并非当事人约定的债的关系，因此不应当属于合同的范畴。本书对合同编分则采实质意义上的立场。

---

① 参见石佳友：《论侵权责任法的预防职能——兼评我国〈侵权责任法（草案）〉（二次审议稿）》，载《中州学刊》2009年第4期。

② See Andre Tunc, Torts, Introduction (International Encyclopedia of Comparative Law), *J. C. B. Mohr* (Paul Siebeck) 1983, p. 12.

③ Andre Tunc, Torts, Introduction (International Encyclopedia of Comparative Law), XI/1, *J. C. B. Mohr* (Paul Siebeck) 1983, p. 19.

采取总分结构模式使得合同法本身的体系更为严谨、逻辑更为清晰。毕竟债可以表现为多种形式,而各种债之间存在重大差异,在各种具体债的规则基础上概括出总则性规定,具有较大的难度。而合同法的同质性要高于债法,较之于债法的总分结构,合同法的总分结构在体系上更为严谨,更富有逻辑性,且在合同法律适用方面可以提供更好的适用模式。

具体而言,合同法的总分结构包括两个方面:

一是合同法通则。合同法总则主要是指《民法典》合同编通则,因此又称为合同法通则。合同法通则是关于合同的一般规则的规定,如关于合同的成立、生效,以及一般合同责任等规则。之所以称为合同法通则,很大程度上是要区分于《民法典》总则编。通则的规定是从分则所规定的各种合同类型之中抽离出来的,并可以广泛适用于分则所规定的各类有名合同。合同法通则通常是按照合同发生及发展的时间先后顺序来规定相应的制度,即合同的订立、生效、履行、违约及其救济等。首先是合同双方当事人进行合同的磋商缔约阶段,然后是合同的签订阶段,在合同成立以后发生效力,然后双方当事人都负有履行的义务,在履行过程中可能发生同时履行抗辩、不安抗辩等抗辩权,在合同履行期到来之后,则可能发生违约情形,从而导致合同的解除或终止。这种"单向度"使合同法内容具有十分明显的"同质性"(homogeneity),该特点在侵权法中完全不存在。当代侵权法被认为具有明显的"异质性"(heterogeneity),从责任基础来看,过错责任和严格责任、公平责任同时存在于其中,过错责任通常以一般条款来规定,而其他责任需要特别规定。所以侵权责任不可能按照时间的顺序而展开。正因如此,笔者认为,保持合同法的相对完整性在很大程度上有助于增强民法典的体系性。

二是合同法分则。它主要是指《民法典》合同编分则关于典型合同的规定,合同编分则是规范典型合同的种类、订立、内容、效力、违约责任等制度的法律规范的总称。所谓典型合同,是法律上对合同的类型、内容都作出了明确规定的合同[①],它是相对于非典型合同而言的。所谓非典型合同,是指法律上尚未确定一定的名称与规则的合同。在大陆法国家,根据法律上是否规定了一定合同的名称,合同分为有名合同与无名合同。但在英美法国家,由于其判例法传统的影响,注重具体交易中当事人的权利义务安排,而不拘泥于某种抽象的典型类型,所以英美法并无严格意义上的有名合同和无名合同的区分。[②] 我国《民法典》合同编从第九章到第二十七章规定了19类合同。严格地说,凡是法律对其名称和规则作出规定的合同,都属于有名合同,此处所说的"法律"并不限于《民法典》合同编,还包括《民法典》之外的其他单行法。例如,《保险法》中规定的保险合同、《合伙企业法》中规定的合伙合同、《海商法》中规定的船舶租赁合同等。各种有名合同散见于单行法之中,但是,典型合同主要是在合同法分则中规定的。合同法分则体系,是以典型合同为基础,按照一定的逻辑关系形成的科学、合理的逻辑结构和制度体系。应当说合同法分则是合同法的重要组成部分。

总体上来说,我国《民法典》合同编中通则和分则的区分是非常清晰的,这主要是因为《民法典》合同编已经明确规定了通则与分则的内容,即第一章到第八章为通则的规定,而第九章以后至第二十七章则为分则的内容。因而,凡是合同法分则规定的都是属于具体合同

① Pascal Puig, Contrats spéciaux, 2e éd., Dalloz Press 2007, p. 20.

② 学说上仍有基于合同中主要权利义务的特征而将各种合同进行类型化的研究者。例如,H. G. Beale 的《合同法》一书即分为上下两卷,既有《合同法总则(General Principles)》,也有《合同法分则(Special Contracts)》,并在后书中列举了代理、买卖、保证等各类有名合同。See H. G. Beale, *The Law of Contracts*, *vol 2*, *Special Contracts*, Sweet&Maxwell, 2008.

的特别规定。

二、合同法通则与分则的关系

如何理解通则和分则的关系？笔者认为，从总体上说，合同法通则与分则之间存在着一种一般与特殊以及基本原则和具体制度的关系。合同法通则是关于合同法的一般规定，而合同法分则的重点则是从各类类型化交易的特殊性出发，对各类有名合同的订立、内容、效力和违约责任等具体问题作出规定，从而更确定、更具体地调整具体的交易关系。[①] 但是，它们之间的关系远不止于此，还存在着指导与被指导、相互补充等关系。

通则对分则的作用主要体现在以下几个方面：一是指导性。合同法通则中确立了合同法的基本原则，如合同自由原则、诚实信用原则、公平原则、公序良俗等基本原则，这些基本原则对各类合同都具有指导意义，且在合同的订立、履行、违约责任的认定、合同条款的解释等过程中，这种指导意义都是存在的。二是普遍适用性。从合同的订立、效力、履行、变更、转让、终止到违约后所应承担的违约责任，整个过程，合同法将普遍适用于各类合同的规则统一规定于合同法通则中，这些规则对所有有名合同都有普遍适用的意义。再如合同法通则中关于合同解释的规则，由于各类有名合同都面临解释的问题，所以，上述规则对各类有名合同都具有普遍适用的作用。三是兜底性。如果不能找到最相类似的合同法分则的规定，就应该适用合同法通则的一般规定。合同法通则的规定具有兜底性作用，尤其是在合同订立、履行、解除、违约责任等方面，对于通则的一般规定应当加以参照适用。

合同法分则作为合同法通则的特别法，其具有自身的特定功能，它是各种典型交易关系规则的总结，与合同法通则相比，其具有如下特点：

第一，合同法分则是合同法通则的具体性规定。相对于分则而言，通则是比较抽象的，而分则是细化的、具体的规定。合同法分则的规定充实、丰富了合同法的规则，弥补了合同法通则中抽象性规定的不足。因为合同法通则是就所有类型的合同所作的一般性规定，其无法兼顾具体合同类型中的特殊要求。通过合同法分则的确立，可以规定各种有名合同的具体规则，从而使通则中的规定得以具体化。我国《民法典》合同编分则具有具体针对性，其对各种有名合同的规定直接适用于特定的交易关系。

通则的功能在于为分则提供具有指导意义的条款，而不是包揽分则中设置具体制度的功能。通则设立的目的就是要和分则相区别，如果通则规定了大量的分则内容，分则就不具有存在的必要了。可以说，通则的所有规定对《民法典》合同编规定的 19 类有名合同虽然具有指导意义，但其并不能替代分则关于有名合同的规定。

第二，合同法分则是合同法通则的确定性规定。所谓确定性规定，是指对于合同法通则同一事项的规定，合同法分则的规定仅仅只是确定了合同法通则规定的具体内容。[②] 换句话说，合同法通则和合同法分则就同一事项都作出了规定，但合同法通则仅是基于其普通法的地位作出了抽象的、一般性规定，其中具体的内容还有待于合同法分则加以确定。例如，我国《民法典》第 577 条规定："当事人一方不履行合同义务或者履行合同义务不符合约定的，应当承担继续履行、采取补救措施或者赔偿损失等违约责任。"该条是总则中的一般性规定，但本条中的"当事人""合同义务"如何认定，如何承担"继续履行、采取补救措施或者赔偿损

---

① 参见邱聪智：《新订债法各论》(上)，姚志明校订，中国人民大学出版社 2006 年版，第 30 页。

② 同上。

失等违约责任”,还有待合同法分则就各类有名合同作出确定性规定。再如,在买卖合同中,当事人被具体化为出卖人和买受人。在借款合同中,当事人被具体化为借款人和贷款人。就违反“合同义务”的认定和违约责任的承担而言,合同编分则设定了许多具体的规则。例如,《民法典》第671条规定:“贷款人未按照约定的日期、数额提供借款,造成借款人损失的,应当赔偿损失。借款人未按照约定的日期、数额收取借款的,应当按照约定的日期、数额支付利息。”这就实现了合同法通则中关于违约责任规定的具体化。

第三,合同法分则是合同法通则的补充性规定。所谓补充性规定,是指相对于合同法通则就同一事项作出的规定,合同法分则具有补充合同法通则规则的作用,从而使得当事人之间的债权债务关系更为具体化、清晰化。[①] 严格地说,合同法是一种具有备用性的交易规则,如果当事人就其交易关系依法作出了明确约定,则合同法的规则可以备而不用。但在当事人没有就其交易关系作出明确约定的情形下,则会有合同法规则的适用。由于分则的规定与通则的规定相比更为具体、确定,因此应当成为明确合同具体内容的依据。

合同法分则是合同法通则的具体化和延伸,因而,在一定程度上可以起到补充通则的不足的作用。[②] 例如,我国《民法典》第558条规定了后合同义务,其属于通则性规定。而《民法典》合同编在分则部分,则用多个条款规定了合同终止后的后合同义务。例如,第936条规定:“因受托人死亡、丧失民事行为能力或者被宣告破产、解散,致使委托合同终止的,受托人的继承人、遗产管理人、法定代理人或者清算人应当及时通知委托人。因委托合同终止将损害委托人利益的,在委托人作出善后处理之前,受托人的继承人、遗产管理人、法定代理人或者清算人应当采取必要措施。”这是就委托合同终止后的后合同义务的明确规定。

三、总分结构的法律适用

在法律已经就典型合同作出明确规定的情形下,则按照特别法优先于普通法的原则,该特殊规定可以优先于合同法通则规定适用。从合同编的规定来看,在绝大多数情况下,其通则与分则的规定都是一致的,但并不排除合同编分则针对特殊的有名合同类型而作出特殊的、具体化的规定的可能。例如,合同编通则关于违约责任归责原则的规定采用严格责任原则,但在分则中,一些具体的合同因其特殊性,规定了过错责任的归责原则。在此情形下,就应当优先适用合同编分则的规定,这也是合同编分则优先于总则规定而得以适用的效力的体现。当然,合同编通则是对合同编分则适用的指导,即便就典型合同而言,如果法律没有就典型合同的相关规则作出规定,则仍应当适用合同编通则的条款。

在法律没有对相关的合同关系作出特别规定的情形下,就涉及非典型合同的法律适用问题,依据《民法典》第467条第1款的规定,“本法或者其他法律没有明文规定的合同,适用本编通则的规定,并可以参照适用本编或者其他法律最相类似合同的规定”。这就是说,在法律没有对相关的合同关系作出规定的情形下,既可以适用合同编通则的规则,也可以参照适用相关典型合同的规则。但从该条的表述来看,对于无名合同,通则关于合同的订立、效力、履行、保全、变更和转让、权利义务终止、违约责任等规则可以直接适用,而典型合同的规则则是参照适用。[③]

---

① 参见邱聪智:《新订债法各论》(上),姚志明校订,中国人民大学出版社2006年版,第33页。

② 参见曹士兵:《合同法律制度的具体化——关于合同法分则》,载《人民司法》1999年第7期。

③ 参见黄薇主编:《中华人民共和国民法典合同编解读》(上册),中国法制出版社2020年版,第26页。

第六节　合同法的渊源

合同法的渊源是指民事法律规范借以表现的形式，它主要表现在各国家机关在其权限范围内所制定的各种规范性文件之中。

一、民事法律

民事法律是由全国人民代表大会及其常委会制定和颁布的民事立法文件，是我国民法的主要表现形式。民事法律主要由两部分组成：

第一，《民法典》。《民法典》合同编是合同法最为重要的渊源。在通则部分对合同法的一般规则进行了规定，并在分则中规定了 19 种典型合同。除《民法典》合同编之外，《民法典》其他编之中也包含有合同法的规范。具体而言：一是总则编中关于法律行为的规定主要适用于作为双方法律行为的合同，因此成为合同法的重要渊源。有关合同法律效力的规定，主要都集中在总则编关于民事法律行为的规定之中。二是物权编中关于土地承包经营合同、建设用地使用权出让合同、抵押合同，质押合同等规定。三是人格权编中关于人格利益的许可使用合同的规定。四是婚姻家庭编中关于夫妻对婚姻关系存续期间所得的财产以及婚前财产的约定等。五是继承编中关于遗赠扶养协议的规定。上述内容都属于合同规范，由此可见，合同法的内涵相较于合同编而言更为丰富。

第二，民事单行法。就民事单行法而言，我国已制定了《保险法》《海商法》《旅游法》等法律。上述民事单行法中均有对特定有名合同的规定。例如，《保险法》第二章专设一章对保险合同进行了规定；《海商法》第四章规定了海上货物运输合同，第五章规定了海上旅客运输合同，第六章规定了船舶租用合同，第七章规定了海上拖航合同；《旅游法》第五章规定了旅游服务合同。上述规定都是合同法的重要组成部分，也是裁判中应当依循的基本规则，法官可以直接援引这些法律裁判案件。

在各项民事法律中，《民法典》是基础性法律，是合同法的基本法。在合同领域，《民法典》和合同法之间的关系，就像树根、主干与枝叶之间的关系，《民法典》是树根和主干，而合同法是枝叶，其必须以《民法典》为基础和根据。

法律不溯及既往不是绝对的，在某些情况下，民事法规也可以作出有溯及力的规定，但需以有明文规定为限。最高人民法院发布了《时间效力的若干规定》，明确了“法不溯及既往”的基本原则及其例外规则。《时间效力的若干规定》在第 1 条就开宗明义重申了法不溯及既往的基本原则，对于《民法典》施行前发生的法律事实引起的民事纠纷案件，《民法典》原则上不具有溯及力。但《时间效力的若干规定》中也按照《立法法》的精神和规定确立了例外情形的溯及适用规则，即如果有利于保护民事主体合法权益，维护社会和经济秩序以及弘扬社会主义核心价值观，可以适用《民法典》的规定。但是，《时间效力的若干规定》第 5 条明确了裁判的既判力优先于溯及力的原则，即不得以判决的个案解释不同于《民法典》的规定为由推翻已经生效的判决。而且如果承认《民法典》的溯及力优于既判力，还可能会导致大量的生效裁决被推翻，从而给司法裁决的权威性带来负面影响。

二、行政法规

国务院作为最高国家行政机关，它可以根据宪法、法律和全国人民代表大会常务委员会的授权,制定、批准和发布法规、决定和命令,其中有关民事的法规、决定和命令,是民法的重要表现形式,其效力仅次于宪法和民事法律。行政法规中有关合同法的规范,如《中华人民共和国劳动合同法实施条例》(2008 年 9 月 18 日颁布)、《铁路货物运输合同实施细则》(2011 年修订)、《水路货物运输合同实施细则》(2011 年修订)等,也可以成为合同法的法律渊源。

三、司法解释

司法解释是最高人民检察院和最高人民法院依法作出的属于审判、检察工作中具体应用法律的解释。《立法法》第 119 条第 1 款前段规定:"最高人民法院、最高人民检察院作出的属于审判、检察工作中具体应用法律的解释,应当主要针对具体的法律条文,并符合立法的目的、原则和原意。"最高人民法院根据《民法典》所颁布的司法解释是我国合同法的重要渊源。例如 2020 年修正的《最高人民法院关于审理买卖合同纠纷案件适用法律问题的解释》《最高人民法院关于审理融资租赁合同纠纷案件适用法律问题的解释》《最高人民法院关于审理建设工程施工合同纠纷案件适用法律问题的解释(一)》等,均是现行有效的司法解释。从法理的角度来看,司法解释虽然不是法律,但其仍然属于我国法律体系的组成部分,且已经成为我国各级审判机关在处理案件中的重要裁判规则,并被裁判者直接援引,所以司法解释事实上已经成为法律渊源。但司法解释只是就合同法在适用中出现的疑难问题所作出的解释,其必须以法律为依据,而不得与法律规则相冲突。

四、地方性法规、自治条例和单行条例、规章

(一) 地方性法规、自治条例和单行条例

省、自治区、直辖市的人民代表大会及其常务委员会根据本行政区域的具体情况和实际需要,在不同宪法、法律、行政法规相抵触的前提下,可以制定地方性法规。自治条例和单行条例也可以成为合同法的渊源。所谓自治条例,是指民族自治地方的人民代表大会依据宪法和法律,结合当地民族自治地区特点所制定的、管理自治地方事务的综合性法规。所谓单行条例,是指民族自治地方的人民代表大会在宪法和法律所规定的自治权范围内,结合民族地区的特点,就某方面具体问题所制定的法规。《引用法律规定》第 4 条规定:"民事裁判文书应当引用法律、法律解释或者司法解释。对于应当适用的行政法规、地方性法规或者自治条例和单行条例,可以直接引用。"依据这一规定,自治条例和单行条例也可以成为民事裁判的依据,可以成为合同法的渊源。

(二) 规章

规章可以分为部门规章和地方政府规章。根据《立法法》的规定,部门规章是指国务院各部、委员会、中国人民银行、审计署和具有行政管理职能的直属机构,根据法律和国务院的行政法规、决定、命令,在本部门的权限范围内,制定的规章。地方政府规章是指省、自治区、直辖市和设区的市、自治州的人民政府,根据法律、行政法规和本省、自治区、直辖市的地方性法规,制定的规章。

关于规章在司法裁判中的运用,《引用法律规定》第 4 条并没有将其规定为民事裁判可以直接引用的裁判规范,但从该司法解释第 6 条的规定来看,对行政规章而言,法官"根据审理案件的需要,经审查认定为合法有效的,可以作为裁判说理的依据",而且法官在裁判案件

时，只是参照适用而非必须参照。[①] 从该条规定来看，在民事裁判中，行政规章并不能直接作为裁判依据，而需要经过法院的审查认定。如果法律对行政规章的适用作出了明确规定，则其也可以成为民事裁判的依据。一些规章也包含调整民事关系的内容，其也可能成为民事裁判的参照。例如原煤炭工业部颁布的《煤炭购运销合同实施办法（试行）》、国家烟草专卖局颁布的《烟叶购销合同暂行办法》等行政规章都现行有效。

（三）行政规章和地方性法规不能直接作为判断合同效力的依据

虽然行政规章和地方性法规可以成为民法渊源，但其不能直接作为判断合同效力的依据。在我国司法实践中，人民法院确认合同无效，应以全国人大及其常委会制定的法律和国务院制定的行政法规为依据，而一般不得以地方性法规、行政规章为依据。

五、国际条约和国际惯例

国际条约是两个或两个以上的国家就政治、经济、贸易、军事、法律、文化等方面的问题确定其相互权利义务关系的协议。国际条约的名称包括条约、公约、协定、和约、盟约、换文、宣言、声明、公报等。例如，我国已经加入了《销售合同公约》(CISG)。国际惯例也称为国际习惯，分为两类：一类为属于法律范畴的国际惯例，具有法律效力；另一类为属于非法律范畴的国际惯例，不具有法律效力。[②] 按照《国际法院规约》第38条，国际惯例是指“作为通例(general practice)之证明而经接受为法律者”。因此，国际惯例主要是指前一种类型。合同领域的国际惯例典型的如国际商会制定的《跟单信用证统一惯例》(UCP)、《国际贸易术语解释通则》(International Rules Trade Terms)等。

一般而言，对于我国缔结或者参加的国际条约，如果其与我国民事法律的规定不同，除我国声明保留的条款外，应适用国际条约的规定。从这个意义上说，我国签订或加入的国际条约以及国际惯例也可以成为我国合同法的渊源。

应当指出的是，国际条约优先于国内法而适用的效力，主要是针对涉外民事关系而言的，而国内的民事关系原则上仍受国内法调整，不应当盲目地扩张国际条约的适用范围。国际惯例的适用只限于中国法律和中国缔结或者参加的国际条约没有规定的情况。国际惯例只有在不违背我国法律规定的前提下，才具有可适用性。

六、国家认可的民事习惯

所谓习惯，是指当事人所知悉或实践的生活和交易习惯。所谓生活习惯，是指人们在长期的社会生活中形成的习惯。所谓交易习惯，是指交易当事人在当时、当地或者某一行业、某一类交易关系中，所普遍采纳的、且不违反公序良俗的习惯做法。我国是幅员辽阔的多民族国家，在少数民族聚居的地区，生活习惯在民法渊源中具有一定的意义。需要指出的是，此处所说的习惯是指作为法律渊源的习惯，而不是当事人意思表示解释中的习惯。例如，我国司法实践历来承认当事人之间的系列交易做法是一种交易习惯，但是在具体的个案中，确定系列交易的主要目的在于明确当事人之间的真实意思，由于当事人没有作出相关的约定，借助系列交易，则可以明确当事人的意思。但在具体个案的裁判中，其又可以作为裁判依据，因此，其究竟是当事人意思表示的解释，还是作为裁判依据的解释，经常容易引发争议。

---

① 参见韩世远：《合同法总论》（第四版），法律出版社2018年版，第20页。

② 黄进主编：《国际私法》，法律出版社1999年版，第82页。

从实践来看,交易习惯主要用于解释当事人的意思表示,而不是作为法律渊源存在,作为法律渊源的习惯,主要是生活习惯,可以作为裁判依据。《民法典》第10条规定:"处理民事纠纷,应当依照法律;法律没有规定的,可以适用习惯,但是不得违背公序良俗。"当然,习惯要成为民法渊源,并成为裁判的依据,其必须经过"合法性"判断,即不得违反法律的强制性规定和公序良俗。具体而言:

一方面,不论是作为具体裁判规则的习惯,还是用于填补法律漏洞的习惯,都应当与其他法律渊源之间保持一致性,而且其内容都不得违反法律的强制性规定。违反法律强制性规定的习惯不能作为漏洞填补的依据。例如,按照有的地方的习俗,"拜师学艺期间,马踩车压,生病死亡,师傅概不负责"[①]。此类习惯显然与我国现行法中雇主应当对雇员在执行工作任务中遭受的人身伤害承担赔偿责任且当事人不能约定免除人身伤害的赔偿责任的法律规则存在冲突。

另一方面,习惯不得不违反公序良俗。因为公序良俗是从民族共同的道德感和道德意识中抽象出来的,公序良俗在内涵上是由社会公共秩序、生活秩序以及社会全体成员所普遍认许和遵循的道德准则所构成,它是中华民族传统美德的重要体现,也是维护社会安定有序的基础。习惯作为法律渊源,能够弥补法律规定的不足,使法律保持开放性[②],但如果习惯本身与法律规则和公序良俗相冲突,甚至与整个社会公认的伦理道德观念相冲突,将其引入法律渊源体系,则可能导致体系违反的现象,也会破坏现有的法秩序。因此,只有符合公序良俗原则和国家整个法制精神的习惯,才可以被承认为习惯法;反之,那些违背公序良俗、与一国整体法制精神相违背的习惯将不会被承认为习惯法。因此,法官在适用这些习惯时,应当通过法律规定和"公序良俗"对其内容和效力进行审查。[③]

依据《民法典》第10条,处理民事纠纷采纳"有法律依法律,无法律依习惯"的规则,也就是说,在存在具体法律规则时,应当优先适用该具体的法律规则,而不能直接适用习惯法;此处所说的"法律"是指具体的法律规则,而不包括法律的基本原则。[④] 只有在无法找到具体法律规则时,才能适用习惯处理民事纠纷。由于习惯可作为裁判依据,因此法官应依职权主动收集、确定。在此需要讨论习惯与法律基本原则适用的先后顺序。笔者认为,习惯应优先于法律基本原则而适用。一方面,习惯作为民法渊源,较之于民法基本原则,更为具体,可以直接运用到个案。而基本原则具有高度的概括性和抽象性,可以普遍适用于各种民事案件,所以,如果基本原则优先于习惯而适用,则习惯作为民法渊源就失去了适用的空间。另一方面,习惯更能够体现当事人的真实意愿。优先适用习惯,则可以更好地尊重当事人的私法自治,而且习惯的内容相对具体,可以有效限制法官的自由裁量权,如果优先适用民法基本原则,则会赋予法官过大的自由裁量权。

---

① 参见汤建国、高其才主编:《习惯在民事审判中的运用——江苏省姜堰市人民法院的实践》,人民法院出版社2008年版,第288页。

② 参见黄薇主编:《中华人民共和国民法典合同编释义》,法律出版社2020年版,第30页。

③ 参见广东省高级人民法院民一庭、中山大学法学院:《民俗习惯在我国审判中运用的调查报告》,载《法律适用》2008年第5期。

④ 参见王利明主编:《中国民法典释评·合同编通则》,中国人民大学出版社2020年版,第37页。

第三章

合同法的基本原则

第一节　合同法基本原则概述

一、合同法基本原则的概念

“原则”一词来源于拉丁文 Principium，有“开始、起源、基础、原理、要素”等含义。① 法律原则包括立法、司法、执法和守法在内的整个法制活动的总的指导思想和根本法律准则。法律原则的基本特点在于，“它不预先设定任何确定的、具体的事实状态，没有规定具体的权利和义务，更没有规定确定的法律后果。但是，它指导和协调着全部社会关系或某一领域的社会关系的法律调整机制”②。合同法的基本原则具有如下特点：

1. 合同法的基本原则贯穿于整个合同法制度和规范，是合同法基本精神的集中体现，也是制定、解释、执行和研究合同法的出发点和根本依据。合同法的基本原则指导和协调全部合同关系，它统领着合同订立原则、合同履行原则、归责原则等，对于合同立法、司法活动具有特殊的法律效力。合同法的基本原则最终是由社会经济生活条件所决定的，是法律对社会生活的反映。

合同法的基本原则和具体原则应当区分开来，两者主要在抽象性程度和适用范围方面存在区别。一方面，基本原则应适用于整个合同行为，具体原则仅适用于合同的订立、履行等某个阶段或过程。例如，实际履行原则仅仅适用于履行阶段，以及违约以后的补救及补救过程，而不适用于合同的订立阶段。再如，情势变更原则主要适用于合同的变更和解除，而不适用于其他领域。因此，具体原则不能像基本原则那样对全部合同法规范发挥指导作用。另一方面，基本原则在效力上应凌驾于具体原则之上，并对具体原则起指导作用，具体原则不能违背基本原则的规定。如果将两者等同起来，实际上是否认了基本原则对具体原则的指导作用。

2. 合同法的基本原则不直接涉及当事人的具体权利义务。有学者认为，基本原则具有不确定性，它不是确定性法律规范，不预先设定任何确定的、具体的事实状态，没有规定具体的权利和义务，更没有规定确定的法律后果。合同法的基本原则同样如此，它只反映合同法的基本价值取向，如自由、正义、效率等。因此，不能以合同法的基本原则代替合同法的具体

---

① 参见徐国栋：《民法基本原则解释——成文法局限性之克服》，中国政法大学出版社 1992 年版，第 7 页。

② 〔美〕迈克尔·P. 贝勒斯：《法律的原则——一个规范的分析》，张文显等译，中国大百科全书出版社 1996 年版，第 468 页。

规则,更不能以此代替当事人约定的合同条款。

3. 合同法的基本原则通常是强行性规范,不允许当事人排除适用。[①] 合同当事人必须严格遵守,不得以约定排除其适用,当事人排除基本原则适用的约定不发生法律效力。尤其是合同法中的公序良俗原则,其具有鲜明的强行性特点,不允许当事人排除适用,当事人订立合同违反公序良俗的,则将导致合同无效。

根据传统的大陆法系民法,合同法的基本原则主要是合同自由原则。由于这一原则之于合同法的极端重要性,它曾经上升为民法的三大原则之一。而自 20 世纪以来,随着社会经济的发展和国家干预的加强,合同自由已经受到了诸多的限制,而诚实信用原则却在合同立法中愈发受到重视。从我国合同立法和实践来看,我们既要适应改革开放和发展市场经济的需要,扩大市场主体所应当享有的合同自由,也应当从维护社会公共利益和公共道德以及社会经济秩序的角度出发,注重诚实信用原则,禁止当事人滥用合同自由和合同权利,使合同当事人的利益及合同正义得到充分的维护。同时,从搞活经济、增加社会财富、提高经济效率的需要出发,应当将鼓励交易作为合同法的一项基本原则。这几项原则也体现了合同法的基本价值。正如彼得·斯坦所指出的:"作为法律的首要目的的,恰是秩序、公平和个人自由这三个基本的价值。"[②]而这几项原则对于维护秩序、保障公平,促进市场主体的自由有重要作用。总之,笔者认为,合同法的基本原则应为合同自由原则、诚信原则、合同正义原则和鼓励交易原则。

二、合同法基本原则的功能

合同法的基本原则本身具有规范作用,从事交易活动的当事人必须遵循。基本原则本身尽管没有确定具体的合同权利和义务,但它为交易行为确立了抽象的行为准则,也是合同立法的基本准则。合同法基本原则在合同法中具有重要的作用,主要体现在以下几个方面:

(一) 合同法基本原则是合同立法的基本准则

在制定合同法时,立法者必须首先确定合同法的根本出发点。合同法是市场经济的基本法律制度,首先应当反映市场经济对相应法律规则的要求,而合同法的基本原则也必须充分体现这些要求。在充分考察这些要求的基础上,所确立的立法准则,就是合同法的基本原则。一部合同法如果没有一些基本原则作指导,其内容必然是杂乱无章的,规则之间也必然是相互冲突、矛盾的。基本原则是贯穿于整个合同立法的基本准则,例如,我国合同法贯彻了合同自由原则,那么合同法就主要应当是一部任意性的法律。再如,合同法以鼓励交易为基本原则,因此在立法上严格区分了合同的无效和可撤销,以及合同的成立和生效等问题,同时在以要约承诺为核心的合同订立制度中也强调了对交易的维护。合同法还严格限制了一方违约时另一方解除合同的条件。这些具体制度上的规定无不体现了鼓励交易的原则,对促进市场发展、增进社会财富的流转具有重要意义。

(二) 合同法基本原则是指导交易行为的准则

尽管合同法的基本原则并不直接确定合同当事人之间的权利义务,但也具有确定行为模式的作用,从而指导当事人的具体行为,具体表现在,一方面,基本原则本身可以提供一种

---

① 参见崔建远:《合同法》(第三版),北京大学出版社 2016 年版,第 14 页。

② 〔英〕彼得·斯坦、约翰·香德:《西方社会的法律价值》,王献平译,郑成思校,中国人民公安大学出版社 1990 年版,第 3 页。

抽象的行为模式和标准。[①] 例如，诚实信用原则体现了伦理和道德的要求，体现了人们所追求的一种理想和目标，自然应当成为人们的行为准则。应当看到，合同法在合同的订立、履行、变更、解除、转让、责任等方面也规定了一些指导性的规则。这些规则与合同法的基本原则仍然存在区别。从效力范围来看，其效力仅限于合同法的某个领域或是交易过程的某一阶段，尚不能取代指导整个交易过程和整个合同法领域的基本原则。另一方面，基本原则可以起到弥补具体规则不足的作用。社会经济生活总是处于不断变化之中，合同法规范不可能对各种合同关系和合同纠纷都作出详细规定。在缺乏具体规则的情况下，依据基本原则从事交易活动和处理各种合同纠纷，也是十分必要的。

（三）合同法基本原则是适用合同法的指导原则

合同法的基本原则为人民法院、仲裁机构处理合同纠纷，准确适用合同法提供了指导性的方针和原则。主要是在法律存在漏洞或合同条文语意不明时，合同法基本原则可以发挥填补漏洞或确定合同条文意思的功能。[②] 人民法院、仲裁机构在处理合同纠纷时，有法律具体规定的，依照该规定或参照最相类似的规定，在缺乏可供适用的具体法律规则的情况下，应当依据与法律、行政法规的强制性规定以及与公序良俗不相违背的习惯；没有上述习惯的，依据合同法确定的基本原则参照法理处理。依据合同法确定的基本原则参照法理作出裁判时，法院应当在裁判文书中就所依据的原则、所参照的法理以及裁判理由进行详细的论证和说明。基本原则的适用给予了法官一定的自由裁量权，有助于克服审判的机械性，为司法机关进行创造性司法活动提供依据。由于合同法的基本原则在适用范围上具有弹性，因而能够调整立法者未预料到的法律关系，消除法律的相对稳定与社会的变动所产生的矛盾。但需要特别指出的是，合同法的基本原则绝不能代替合同法的具体规则和当事人约定的合同条款。在可以适用合同法的具体规则和当事人约定的合同条款时，不能直接适用合同法的基本原则，以免造成裁判不公和司法擅断。

（四）合同法基本原则可以作为解释合同的准则

我国《民法典》合同编对合同的解释规定了具体的规则，同时也对填补合同漏洞的方法作了明确的规定，但是在依据法定的规则和方法不能解释合同的时候，可以依据诚信原则解释合同。应当指出的是，依据诚信原则解释合同，从我国合同法的规定来看，是在其他方法不能适用的情况下才能采用，而不能首先采用该原则解释合同。尤其需要指出的是，在合同条款不明确或没有规定的情况下，不能根据基本原则来确定合同的主要条款，因为基本原则是不能代替合同的条款的，更不能简单地从基本原则中认定当事人应当承担某种默示义务。

第二节　合同自由原则

一、合同自由原则的概念和内容

合同自由在我国《民法典》中，被称为“自愿原则”。《民法典》第 5 条规定：“民事主体从事民事活动，应当遵循自愿原则，按照自己的意思设立、变更、终止民事法律关系。”但严格地说，合同自愿原则的表述不如合同自由原则清晰、明确。自愿只是表明民事主体愿意从事

---

① 参见崔建远：《合同法》（第三版），北京大学出版社 2016 年版，第 14 页。

② 参见韩世远：《合同法总论》（第四版），法律出版社 2018 年版，第 43 页。

某种法律行为,但是,此种表示能否产生应有的法律拘束力?显然自愿原则中没有包含这一内容。另外,私法自治保障个人根据自己的意志,通过法律行为构筑其法律关系的可能性。[①]而自愿原则没有体现意思的拘束力,而且其主要着眼于意思形成时的自愿。

德国学者海因·科茨曾指出:"契约自由在整个私法领域具有重要的核心地位。"[②]美国学者富勒曾经指出,合同责任不同于侵权责任的最大特点在于,其贯彻了私法自治原则。[③]私法自治是私法的基本原则,也是私法与公法相区别的主要特征。合同自由是私法自治的核心内容。合同自由,就是允许当事人通过意思合致的方式安排自己的事务,并受该合意的拘束。《民法典》第465条第1款规定:"依法成立的合同,受法律保护。"因此,有合同的依合同,在没有合同约定或约定不明的情形下,才应当适用《民法典》合同编的任意性规定。合同法本质上是自治法或任意法,合同的成立和内容基本取决于当事人意思自治,只要当事人所缔结的合同不违反法律的规定和公序良俗,法律就承认其效力。合同编从合同的订立到履行都强调了增进合同自由和私法自治这一宗旨,有力调动了市场主体从事交易的积极性,维护了市场经济的正常秩序。

合同自由反映了现代市场经济最本质的要求和市场主体的基本诉求,也是保障市场经济秩序健康发展的需要。市场经济与合同自由具有不可分割的关系,一方面,市场经济的发展有赖于资源、各类市场要素的自由流动,而合同正是市场要素流动的重要媒介。因此,合同自由是市场经济发展的基础性前提。市场是开放的,而不是封闭的。这在客观上都需要充分保障市场主体的合同自由。[④] 另一方面,合同自由是促进市场经济发展、创造社会财富的有效手段。正是因为私法充分体现了意思自治原则,市场主体才享有在法定范围内广泛的行为自由,从而依据自身的意志从事各种财富流通和财富创造活动。在此基础上,财富得到不断的增长,市场经济才能逐渐繁荣。还要看到,合同自由原则是合同法中最基本的原则,也是鼓励交易、促进市场经济发展的必要条件。正如梅迪库斯所指出的,民法通过"私法自治给个人提供一种受法律保护的自由,使个人获得自主决定的可能性。这是私法自治的优越性所在"[⑤]。

合同严守与合同自由同为合同法的基本原则,二者关联密切:一方面,合同严守是合同自由的重要保障,如果当事人的约定不能对当事人产生拘束力,则合同的约定将只能产生道德上的约束力,合同将难以发挥其市场交易的媒介功能,合同自由的意义也不复存在。另一方面,合同自由也是合同严守的前提。因为只有当事人按照自己的意愿为自己的交易行为所设定的规则,才能对当事人产生拘束力,也才有严守的必要,否则,将构成对个人交易活动和私人生活的不当干预。因此,合同严守与合同自由是相辅相成、相互支撑的。在法律学说的演进史上,法学家曾经侧重从道德观念去强调合同严守的正当性,认为法律应当反映社会道德观念。但事实上,在法律上强调"合同严守"这一道德观念并不是因为其道德属性本身,而是因为这种道德观念所倡导的社会行为规则具有深刻的经济学原理。因为只有当合同得到严格遵守和履行的时候,陌生人之间才产生了比较强的交易信用,才有足够的信心去开展

① 参见〔德〕迪特尔·梅迪库斯:《德国民法总论》,邵建东译,法律出版社2000年版,第8页。

② 〔德〕罗伯特·霍恩、海因·科茨、汉斯·G.莱塞:《德国民商法导论》,楚建译,中国大百科全书出版社1996年版,第90页。

③ See Lon L. Fuller, "Consideration and Form", 41 *Colum. L. Rev.* 799 (1941).

④ 参见石宏:《合同编的重大发展和创新》,载《中国法学》2020年第4期。

⑤ 〔德〕迪特尔·梅迪库斯:《德国民法总论》,邵建东译,法律出版社2000年版,第143页。

更广泛的合同交易，从而促进社会财富的流通和创造。[①]

二、合同自由的内容

（一）当事人享有订立合同和确定合同内容等方面的自由

合同自由表现为允许当事人在交易的各个环节和过程均享有充分的自由。

第一，决定是否订约的自由。这是合同自由的首要内容，也就是说，是否要订立合同，什么时候订立合同，如何订立合同，以及签订何种合同，应当由合同当事人自由决定，而不受他人的非法强迫和非法干涉。[②] 即使是一方利用格式条款订立合同，另一方也仍然享有是否接受格式条款的权利。除了法律上规定有强制缔约义务的主体外，其他民事主体具有选择是否订立合同的自由。

第二，选择合同相对人的自由。选择合同相对人就是选择交易伙伴，除法律关于强制缔约和保护消费者的特定情形外，当事人有权选择合同相对人，自由决定是否订立合同。这就意味着民事主体可以自行决定是否通过意思合致的方式与他人产生合同法律关系。在合同相对人的选择上，民事主体也有权自行决定与何人订立合同。

第三，决定合同内容的自由。按照合同自由原则，合同的内容应当由当事人在法律规定的范围内自由约定。依据《民法典》第470第1款的规定，“合同的内容由当事人约定”，这就强调了当事人依法确定合同内容的自由，即合同内容由当事人自由约定的原则。只要当事人的约定不违反法律和社会的公共道德，这种约定就能产生法律上的拘束力。依据合同自由原则，合同编并不禁止当事人订立非典型合同。合同编关于典型合同的规定，并不是代替当事人订立合同，也不是要求当事人必须按照典型合同的规定来订立合同，只是在合同中没有特别约定或者约定不明确的情况下，才适用合同编的规则。

第四，选择合同形式的自由。除法律对合同订立方式作出特定规定外，当事人有权选择以何种方式订立合同。按照合同自由原则，法律一般对当事人采取口头、书面或其他形式订立合同，并不进行严格的限制，允许当事人进行自由选择。

第五，变更、解除合同的自由。合同关系一旦成立，即对双方当事人具有约束力，除法律另有规定的情形外，任何一方当事人都不得单方变更或者解除合同。当然，当事人在订立合同后，也可以根据客观情事的变化自由协商对合同进行变更，或协商解除合同、脱离合同的拘束。

第六，选择救济方式与争议解决方式的自由。按照合同自由原则，当事人可以在法律规定的范围内，自由约定合同条款，因此，当事人既可以自行约定合同义务和违约责任（如约定违约金），也可以在合同中约定免责条款。按照合同自由原则，选择解决争议的方法也是当事人所应当享有的合同自由的内容。具体来说，当事人可以在合同中约定，一旦发生争议以后，是采取诉讼还是仲裁的方式，选择何地法院进行管辖，以及适用何种法律等。

应该看到，上述自由不是绝对的自由，在任何国家的法律中，这些自由都是受到限制的。合同自由主要体现的是形式正义的要求。在19世纪，合同法理论与经济自由主义相伴而生。这套理论认为，合同法是一个自足的体系，反映了在19世纪占据主导地位的自由放任

---

① 关于合同交易中社会信用的建立机制的观察，参见熊丙万：《私法的基础：从个人主义走向合作主义》，载《中国法学》2014年第3期；〔以色列〕尤瓦尔·赫拉利：《人类简史：从动物到上帝》，林俊宏译，中信出版社2014年版，第320—321页。

② 参见石宏：《合同编的重大发展和创新》，载《中国法学》2020年第4期。

主义经济的理念(laissez-faire economic attitudes)。这种理念推定,个人自由与社会财富的创造是完全能够同步实现的。[①] 古典的合同法理论认为,“契约即公正”[②],也就是说,合同自由可以自然导向合同正义,人们按照自己的意愿自主地进行交换,这种关系对于双方都是公正的,对于社会也是有利的。合同自由作为“市场”在法律领域中的投影,也像市场本身一样,要受到各种规则的限制。[③]

然而,合同自由并没有也不可能完全实现社会正义。一方面,由于信息不对称、竞争不充分、集体合作规模大等原因,市场不能够完全自发、有效地配置资源,不少时候无法通过自发的合同交易实现社会财富的最有效流通。从 20 世纪初开始,许多合同法学者开始批判这种经典合同理论,认为那种关于“合同自由的自足合同理论”是不现实的,没有反映合同实践的现状,阻碍了社会的发展。[④] 另一方面,由于上述原因,在强调合同自由时,必须强调合同的实质正义。合同实质正义与合同自由是密切联系在一起的。两者相辅相成、缺一不可。合同自由赋予交易当事人广泛的行为自由,而合同实质正义则意味着赋予法官以一定的自由裁量权,使他们能够根据合同关系的具体情况,衡平当事人之间的利益,保护经济上的弱者,维护当事人之间的平等地位和合同内容的公平。[⑤]

(二)当事人的合意具有优先于法律任意性规定的效力

合同本质上就是当事人通过自由协商,决定其相互间权利义务关系,并根据其意志调整他们相互间关系的法律制度。合同自由的另一种含义就是,当事人的合意具有优先于法律任意性规定的效力。法律规范分为任意性规范和强行性规范。所谓任意性规范,是指当事人可以通过约定排除其适用的规范,也就是说,任意性规范赋予当事人一定意思自治的空间,允许当事人在法律规定的范围内自由作出约定,当事人通过约定对任意性规范加以排除是合法的。当事人的合意具有优先于任意性规范而适用的效力,这种效力简单地概括就是约定优先的原则。例如,合同法规定了各种有名合同,但并不要求当事人必须按法律关于有名合同的规定设定合同的内容,而只是听任当事人双方协商以确定合同条款。只要当事人协商的条款不违背法律的禁止性规定、社会公共利益和公共道德,法律即承认其效力。再如,法律虽然规定了合同成立的形式,但除了法律关于合同形式的特殊规定以外,并不禁止当事人创设新的合同形式,原则上允许当事人自由选择合同形式。我国《民法典》合同编中许多条文规定“当事人另有约定的除外”,表明了对当事人的合意的充分尊重。例如当事人约定的违约金和损害赔偿责任要优先于法定的损害赔偿责任而适用,也就是说,只有在当事人没有约定违约金和损害赔偿责任时,才能适用法定的损害赔偿责任。正是因为这个原因,合同法在性质上是一部任意性的法律。合同法之所以赋予当事人的合意以法律效力,并使当事人的合意具有优先于法律的任意性规范而适用的效力,根本原因在于合同法充分贯彻了合同自由原则。

---

① See Mindy Chen-Wishart, *Contract Law*, (Fourth Edition), Oxford University Press, 2012, p. 10.

② 尹田编著:《法国现代合同法》,法律出版社 1995 年版,第 20 页。

③ 参见许德峰:《合同自由与分配正义》,载《中外法学》2020 年第 4 期。

④ 对经典合同理论的代表性批评,可见 M. Horwitz, “The Historical Foundations of Modern Contract Law”, 87 *Harvard Law Review* 917 (1974); Grant Gilmore, *The Death of Contract*, The Ohio State University Press 1974;对整个私法领域的经典意思自治理论的反思,参见熊丙万:《私法的基础:从个人主义走向合作主义》,载《中国法学》2014 年第 3 期。

⑤ 关于私人之间的结构性经济能力失衡和弱者保护的讨论,参见薛军:《私法立宪主义论》,载《法学研究》2008 年第 4 期。

所谓强行性规范，是指法律要求当事人必须遵循的，且不能允许其通过自己的约定加以改变或者排除适用的规范，其也常常被称为取缔性规范。[①] 强行性规范本身就是对当事人合同自由的一种限制，当事人的合意不得违反法律的强行性规范。例如，《民法典》第680条第1款规定："禁止高利放贷，借款的利率不得违反国家有关规定"，该条款就属于强行性规定。

（三）合同自由是否应当包括违约自由

近几十年来，美国一些法律经济学学者提出了"违约自由"和"效率违约"的观点。这种观点认为，救济手段实际上并不具有遏制违约的功能，由此可能导致的必然结果是，如果合同当事人觉得违约比守约更有利，其更倾向于脱离合同的约束。[②] 以波斯纳为代表的经济分析法学派提出"效率违约"的理论，明确指出违约的补救应以效率而不是公平正义为其追求的主要目标。美国学者霍姆斯（Oliver Holmes，1841—1935）认为，道德和法律的混淆在合同法中最为严重，违约的道德性观点完全混淆了法律和道德问题。合同当事人并不在道德上负有一种履约的义务。所谓履约的义务本身是假想的（imaginary），"因为一个合同当事人具有一种选择——履约或在不履约时赔偿损害，缔结合同并不承担履行义务"[③]。"在普通法中，信守合同的义务意味着一种推断（prediction），即如果你不信守合同，必须赔偿损害，正如你侵权必须赔偿损害一样，仅此而已。"[④]霍姆斯所主张的违约不涉及道德问题的观点对普通法甚至大陆法的合同责任理论都产生了重大影响。美国经济分析法学派提出的"效率违约"（theory of efficient breach）等理论与霍姆斯的观点有密切的联系。波斯纳指出："如果（一方当事人）从违约中获得的利益超出他向另一方作出履行的期待利益，如果损害赔偿限制在对期待利益的赔偿方面，则此种情况将形成对违约的一种刺激，当事人应该违约。"[⑤]由于这种有效率的违约使资源转移到最有能力利用它的人的手中，当事人从违约中获得了利益，社会也从中获利，所以，当违约能够实现价值最大化的时候，应当鼓励此种违约，而不应当考虑违约责任所体现的公平正义的问题。

笔者认为，构建我国违约责任理论体系必须对上述观点予以澄清。不可否认，上述观点具有一定的合理性，但它们不应被我国合同立法、司法实践和学说所采纳，其原因在于：一方面，在我国市场经济发展的初期，从维护交易秩序、保障市场经济正常发展的需要出发，必须强化人们诚实守信的道德观念。从法律上鼓励和督促当事人严格履行合同。重合同、守信用，"言必行，行必果"是中华民族传统道德的重要组成部分，也是社会主义商业道德的主要内容。任何违约行为都是不信守诺言、不符合道德的行为。至于那种公然视合同为废纸，甚至利用合同坑蒙拐骗、坑害他人的行为，更是对法律和道德准则的严重践踏，应当受到法律的必要制裁和谴责。如果认为违约不违背道德，甚至从道义上说是正当的，只能起到鼓励违约的效果，其结果势必会对道德准则和交易秩序形成极大的破坏。另一方面，违约责任和其他任何法律责任一样都应以公平正义作为其追求的主要目标。美国著名侵权法专家艾泼斯坦（Epstein）认为，经济分析法学只考虑到行为的经济后果而不考虑行为的正当性问题；只考虑到阻止行为的低效率而没有考虑到行为的道德性问题，这是一种非道德的分析方法，不

① 参见王泽鉴：《民法实例研习（民法总则）》，三民书局1996年版，第234页。

② 参见韩世远：《违约损害赔偿研究》，法律出版社1999年版，第98页。

③ Oliver Wendell Holmes, *The Common Law*, M. Howe ed., Cambridge, Harvard University Press. 1963, p. 324.

④ Oliver Wendell Holmes, "The Path of the Law", 10 *Harv L. Rew* 457 (1897).

⑤ Posner, *Economie Analysis of Law*, Little Brown and Company, 1977, pp. 89-90.

符合法律维护正义的目的。[1] 另外,从效率的角度来看,效率违约理论也并不是很严谨的。该理论并未考虑到由于许多交易是偏离市场的,因而市场价格不能准确地确定合同履行的价值以及在违约时受害人所遭受的全部损失,从而根本不能确定违约是否是有效率的。在我国当前发展市场经济的过程中,合同法所要追求的主要目标是维护交易的秩序,而不是实现所谓的效率。即使违约对当事人是有效率的,但从社会角度来看,它将构成对社会整个交易秩序的破坏。特别是在一系列交易形成一个相互联系的锁链的情况下,一个违约将会造成交易锁链的断裂,给多个合同关系中的当事人造成不同程度的损害。从这个意义上讲,任何违约都是低效率的,应当禁止而不应当鼓励。所以,我国合同法不能承认所谓的违约自由理论。

第三节 诚实信用原则

一、诚实信用原则的概念和历史发展

在民法中,诚实信用原则是一项重要的原则,它是指在合同的订立、履行以及变更解除等各个阶段都应当秉持诚实,恪守承诺,以善意的方式行使权利、履行义务,不欺不诈,信守承诺。所谓秉持诚实是指当事人要真实、真诚,在合同订立中,要如实披露相关订约信息,告知相关真实情况,不坑蒙拐骗,不欺诈他人。所谓恪守承诺,就是指严守契约和允诺。严守合同(Pacta sunt servanda)、信守允诺(Solus consensus obligat)曾被认为是自然法的基本规则,也是基本的商业道德。该原则常常被称为民法特别是债法中的最高指导原则或"帝王规则"(könig Lehrnorm),君临法域。[2]《民法典》合同编虽然没有明确规定诚实信用原则,但是《民法典》第 7 条规定:"民事主体从事民事活动,应当遵循诚信原则,秉持诚实,恪守承诺。"该原则直接适用于合同编。

诚实信用原则起源于罗马法。1804 年的《法国民法典》第 1103 条规定,契约应依诚信方法(dc bonnefoi)履行。1863 年的《撒克逊民法典》第 158 条规定:"契约之履行,除依特约、法规外,应遵守诚信。依诚实人之所应为者为之。"从诚实信用原则发展历程来看,其经历了几个发展阶段:一是诚实信用原则主要适用于债之关系;二是至 20 世纪,西方国家日益借助于诚实信用原则解释法律和契约,诚实信用原则的适用范围不断拓宽,突破了债之关系而扩展到民法各个法域,包括物权法、亲属法、继承法,任何人在行使权利、履行义务时都应当依诚实信用原则为之,因而其被称为民法中的"帝王规则"。可以说,自 20 世纪以来,诚实信用原则在民法中得以普遍运用,是民法发展的重要标志。

中国古代历来就有"民有私约如律令"的说法。古时商鞅立木为信、季布一诺千金,曾被传为佳话。古人历来提倡"君子一言,驷马难追","言必行,行必果",儒学曾将"信"与"仁、义、礼、智"并列为"五常",使其成为具有普遍意义的最基本的社会道德规范之一。守诚信、重允诺是中华民族优秀传统文化的重要组成部分,也是社会主义核心价值观的重要组成部分,是维护市场经济的基础。我国《民法典》从维护社会主义核心价值观和市场秩序出发,必然要求民事主体从事民事活动时诚实守信,恪守承诺。我国合同法以诚实信用为原则具有

---

① See Richard A. Epstein, "A Theory of Strict Liability", 2 *Journal of Legal Studies* 151 (1973), p. 151.

② 王泽鉴:《民法学说与判例研究》(第 1 册),北京大学出版社 2009 年版,第 150 页。

如下意义：一方面，弘扬了社会主义核心价值观中的诚信价值，确立了最基本的商业精神和最低限度的商业道德。只有树立全社会诚实守信的道德观念，才能建立诚信社会，维护正常的生活秩序和经济秩序，并为法治的推行奠定良好的基础。另一方面，是维护正常的市场秩序的前提和基础。市场经济本质上是诚信经济，民法始终以诚信原则为帝王原则，这一原则不仅适用于交易领域，而且适用于所有民事领域。市场经济的有序运行要求建立保护产权、严守契约、统一市场、平等交换、公平竞争、有效监管的法律制度。市场经济应当是诚信经济，只有当事人之间订立的合同能够得到履行，才能保证交易的有序进行。诚实信用原则是基本的商业道德，也是信用经济的基础。正是从这个意义上讲，契约精神也是构建市场的基础。严守契约不仅仅在市场经济社会的建设中意义重大，其在法治社会的构建中也居功至伟。“重合同、守信用”也是维护正常的社会和谐有序的基础。只有强化人们诚实守信的观念，督促当事人认真履行合同，才能保护交易的秩序，保障社会安定有序[①]。

二、诚实信用原则在合同关系中的具体体现

诚实信用原则作为直接规范交易关系的法律原则，与债权债务关系尤其是合同关系的联系最为密切。诚实信用原则贯穿于合同的订立、履行、变更、解除等各个阶段，甚至在合同关系终止以后，当事人都应当严格依据诚实信用原则行使权利和履行义务[②]，具体表现在：

第一，合同的订立。在合同订立阶段，尽管合同尚未成立，但当事人彼此间已具有订约上的联系，其应依据诚实信用原则，负有忠实、诚实守信、相互照顾和协助、遵守允诺、保密等义务。例如，当事人一方应如实向对方陈述商品的瑕疵、质量情况，同时应如实向对方陈述一些重要情事，如财产状况、履行能力等。

第二，合同履行前的准备。在合同订立以后，尚未履行以前，当事人双方都应当依据诚实应用原则，严守诺言，认真做好各种履约准备。如果一方在履约前因经营不善造成严重亏损，或者存在其他法定情况，另一方可以依据《民法典》第 527 条的规定，暂时中止合同的履行，并要求对方提供履约担保。但另一方在行使不安抗辩权时应严格遵循诚实信用原则及法律规定的条件，不能因为对方支付能力出现暂时的或并不严重的困难，便借故中止合同的履行。如因违背诚实信用原则而行使不安抗辩权，给对方造成损失的，应负损害赔偿责任。

第三，合同的履行。合同的履行应当严格遵循诚实信用原则。《民法典》第 509 条第 2 款规定：“当事人应当遵循诚信原则，根据合同的性质、目的和交易习惯履行通知、协助、保密等义务。”一方面，当事人除了应履行法律和合同规定的义务以外，还应履行依诚实信用原则所产生的各种附随义务，如相互协作和照顾的义务、瑕疵的告知义务、使用方法的告知义务、重要情事的告知义务、忠实的义务等；另一方面，在法律和合同规定的义务内容不明确或欠缺规定的情况下，当事人应依据诚实信用原则履行义务，具体确定履行标的、履行时间、履行地点、履行方式等。例如，债务人深夜敲门还钱、趁关店时交货等，都违背了诚实信用原则。再如，如果债务人给付货物数量不足，但不足额甚微，对债权人未造成明显损害，债权人不得拒绝接受并援引同时履行抗辩的规定拒付全部货款。如果债务人交付的数量超过约定的数量，而债权人返还超额部分并不困难，则不得拒绝债务人的给付。

第四，合同的变更和解除。依据《民法典》第 533 条，当事人在合同订立以后，因不可归

---

① 参见石宏：《合同编的重大发展和创新》，载《中国法学》2020 年第 4 期。

② 参见韩世远：《合同法总论》（第四版），法律出版社 2018 年版，第 56 页。

责于双方的原因而发生情势变更,致使合同存在的基础发生动摇或丧失,继续履行合同对当事人一方明显不公平的,依据诚实信用原则,应允许当事人变更和解除合同。在其他情况下,解除合同也应遵循诚实信用原则。如在长期的继续性合同中,任何一方依据合同规定的条件而解除合同,应当提前通知对方,使对方有充足的时间做好准备。一般而言,在一方违约以后,如果违约并没有给非违约方造成重大损害,依诚实信用原则,非违约方不得提出解除合同。

第五,合同的终止。《民法典》第558条规定:"债权债务终止后,当事人应当遵循诚信等原则,根据交易习惯履行通知、协助、保密、旧物回收等义务。"因此,在合同关系终止以后,尽管双方当事人不再承担合同义务,但亦应根据诚实信用原则的要求,承担某些必要的附随义务。

三、合同法中诚实信用原则的功能

(一) 确立附随义务的功能

诚实信用原则不仅是一项抽象的法律原则,而且依据该原则可以产生附随义务,此种义务是附随于法律和合同所确立的合同主要义务的义务。在合同法中,主要表现在:一是缔约过程中的义务。《民法典》第500条确立了合同当事人在合同缔约过程中互负协作、忠实、保护、保密等义务,一方不得辜负另一方对诚信订约的信赖。二是合同履行中的义务。《民法典》第509条第2款规定:"当事人应当遵循诚信原则,根据合同的性质、目的和交易习惯履行通知、协助、保密等义务。"三是合同终止后的义务。《民法典》第558条规定:"债权债务终止后,当事人应当遵循诚信等原则,根据交易习惯履行通知、协助、保密、旧物回收等义务。"可见,诚实信用原则的适用贯穿了合同关系的全过程,当事人应当依法履行其附随义务,当事人违反附随义务的,也应当依法承担相应的责任。

(二) 填补法律和合同漏洞的功能

诚实信用原则首先可以适用于填补法律漏洞。也就是说,在适用法律的过程中,如果出现法律的漏洞,法官可以运用诚信原则对法律的漏洞作出填补。诚实信用原则的一大功能在于法的续造。其次,诚实信用原则也可以适用于填补合同漏洞。填补合同漏洞具体表现在:第一,合同的内容存在遗漏,即一些合同条款,例如质量条款在合同中没有作出规定,此时可以依诚实信用原则填补漏洞。第二,合同中的约定不明确,或者约定前后矛盾的,可以依诚实信用原则加以完善。

(三) 衡平的功能

诚实信用原则要求平衡当事人之间的各种利益冲突和矛盾。平等主体之间的交易关系,都是各个交易主体因追求各不相同的经济利益而产生的,而各方当事人之间的利益常常会发生冲突或矛盾,这就需要借助诚实信用原则加以平衡。[①]

诚实信用原则不仅要平衡当事人之间的利益,而且要求平衡当事人的利益和社会利益之间的冲突与矛盾,即要求当事人在从事民事活动过程中,要充分尊重他人和社会的利益,不得滥用权利,损害国家、集体和第三人的利益。

(四) 解释的功能

诚实信用原则要求在法律与合同缺乏规定或规定不明确时,司法审判人员应依据诚信、

---

① 参见韩世远:《合同法总论》(第四版),法律出版社2018年版,第55页。

公平的观念，准确解释法律和合同。具体来说，一方面，在适用法律时，诚实信用原则要求司法工作人员能够依据诚信、公平的观念正确解释法律、适用法律，弥补法律规定的不足。另一方面，诚实信用原则也是司法工作人员在解释合同时所应遵循的一项原则。

确定行为规则、衡平利益的冲突、为解释法律和合同确定准则，是诚实信用原则所具有的三项基本的功能。这些功能都是基于诚实信用原则体现了伦理道德的观念或正义的现实要求，从而在适用中能产生特殊的作用。

诚然，诚实信用原则是对伦理观念的法律确认，但这并不是说诚实信用原则只是一项道德原则。诚实信用原则将道德规范确认为法律原则以后，已成为法律上一项重要的原则。在法律上，诚实信用原则属于强行性规范，当事人不得以其协议加以排除和规避。

四、诚实信用原则与公序良俗的关系

公序良俗，是由“公共秩序”和“善良风俗”两个概念构成的。公共秩序包含对国家最为重要的社会制度与秩序；善良风俗的范围要相对狭窄，一般是指特定社会良好的道德与观念。[①] 依据《民法典》第 8 条的规定，民事主体从事民事活动，不得违背公序良俗。公序良俗原则与诚实信用原则一样，都要反映一个社会主流的价值观和道德观，并通过这一原则的引入以发挥填补法律漏洞、弥补法律不足的功能。我国《民法典》在规定这两项基本原则时，并没有界定二者不同的适用范围。二者主要存在如下区别：

一是适用范围不同。诚实信用原则作为“帝王规则”，特别强调在交易活动中秉持诚实、恪守承诺，意义重大。一般而言，诚实信用原则主要适用于合同法等领域，其主要适用于财产关系，尤其是交易关系，以弥补当事人意思自治的不足，一般难以适用于人身关系如人格权、婚姻、继承等领域，在侵权责任关系中通常也不适用诚实信用原则。而公序良俗原则主要适用于人身关系和债法领域，在物权法等领域适用情形相对较少。故诚实信用原则仅适用于“特别关联”领域，而公序良俗则更注重适用于具有人身性质的关系。[②]

二是功能不同。诚实信用原则经常用于填补法律漏洞和合同漏洞。正是因为这一原因，在诚实信用原则的基础上产生了许多新的规则，如合同正义原则、禁止暴利原则、禁止滥用权利原则、缔约过失责任规则、当事人应承担附随义务的规则等。而在司法实践中，法官很少以公序良俗原则为基础解释出新的规则和制度。公序良俗原则的功能主要是认定法律行为的效力。依据《民法典》的规定，违反公序良俗将导致法律行为无效。但诚信原则主要不是用于判断法律行为效力的，违反诚实信用原则也不当然地导致法律行为无效。

三是调整民事行为的方式不同。诚实信用原则一般通过设定行为人积极行为义务（如附随义务）的方式，调整人们的行为；而公序良俗原则一般通过禁止行为人从事某种行为的方式，实现对个人行为的调整。

四是目的不同。诚实信用原则主要是为了保护对方当事人的利益。因此，诚实信用原则往往赋予一方当事人要求另一方当事人为特定行为的权利，如合同当事人可以基于此原则要求对方履行附随义务。而公序良俗原则往往侧重于保护第三人的利益和一般社会大众的利益，从这一意义上说，公序良俗原则设定了私法自治的框架，消极地限制法律行为的效

---

① Muriel Fabre-Magnan, Droit des obligations, 1-Contrats et engagement unilatéral, PUF, 2016, pp. 77-79.

② Vgl. Larenz, Lehrbuch des Schuldrechts, Band Ⅰ, AT, 14. Aufl., 1987, S. 127.

力,当事人通常并不能以此为基础要求对方当事人为特定行为。

五是与公共利益的关联性不同。诚实信用原则一般是对当事人之间行为的要求,一方当事人违反诚实信用原则,通常也只是损害对方当事人的利益,而通常不会损害社会公共利益。而当事人违反公序良俗原则的行为虽然未必损害对方当事人的利益,但一定会危及社会公共秩序和公共利益。一般而言,作为交易当事人的行为标准而言,诚实信用的要求显然高于公序良俗的要求。也正是因为如此,诚实信用原则更容易被违反,而善良风俗则旨在划定行为人行为的底线,违反善良风俗会直接导致行为的无效。①

第四节 合同正义原则

一、合同正义原则概述

正义一词,来自拉丁语 justia,它是由拉丁语 jus 一词演化而来。jus 最初有正、平、直等含义。后来由此衍生出英文和法文的 justice 一词,其本义包含有公平、公正、公道等含义。②正义首先是一个法律范畴,也是法律的基本价值,没有正义就没有法律。在西方,正义常常与法律是同一个词。许多西方思想家认为,正义是法的实质和宗旨,法只能在正义中发现其适当的和具体的内容。③ 波塔利斯指出,"实定法是永恒的正义的要求,一切立法者都不过是这种永恒正义的诠释者,否则一切法律都会具有随意性和不确定性"④。然而自亚里士多德将正义概括为分配的正义和矫正的正义以来,许多思想家和法学家虽然极力倡导"法的正义"或者"法律正义",但对正义的概念却存在着不同的看法。实际上,正义的概念总是包含了公平、公正、平等的要求,是人们伦理观念在法律上的反映,体现了人们所追求的一种理想和目标。⑤

所谓合同正义,又称为契约正义,按照王泽鉴先生的观点,契约正义系属平均正义,以双务契约为其主要适用对象,强调一方给付与对方的对待给付之间应具等值性。⑥ 这一观点实际上是将合同正义等同于等价或对价的概念。这种看法虽不无道理,但对合同正义的内容理解得过于狭窄。合同正义既然是公平、平等、公正等伦理和道德观念的集中体现,那它就不应该仅仅限于经济上的等价,还应当包括实质的合同正义。因为"正义只有通过良好的法律才能实现"。在古典契约理论看来,契约即为正义,人们按照自己的意愿交换相互的财产或服务,以这种观念建立起来的人们之间的相互关系最为公正,于社会也最为有利,因为任何有理智的人都不会订立损害自己的契约。⑦

千百年来,许多学者视契约为正义的体现,因为契约意味着当事人要基于其合意移转财产,是对暴力侵夺、武力侵占财物及各种野蛮行径的否定,是对交易秩序的确定。所以,古希腊的一些哲学家曾经以契约来解释法的起源;而 18 世纪至 19 世纪的理性哲学思想家曾经

---

① 参见于飞:《公序良俗原则与诚实信用原则的区分》,载《中国社会科学》2015 年第 11 期。

② 参见舒国滢:《权利的法哲学思考》,载《政法论坛》1995 年第 3 期。

③ 参见张文显:《法学基本范畴研究》,中国政法大学出版社 1993 年版,第 268 页。

④ 〔法〕波塔利斯等:《法国民法典开篇:法国起草委员会在国会面前的关于民法典草案的演讲》,袁菁等译,载何勤华主编:《20 世纪外国民商法的变革》,法律出版社 2004 年版。

⑤ 参见孙国华主编:《法理学教程》,中国人民大学出版社 1994 年版,第 91 页。

⑥ 参见王泽鉴:《民法学说与判例研究》(第 7 册),北京大学出版社 2009 年版,第 16 页。

⑦ 参见崔建远主编:《合同法(教学参考书)》,法律出版社 1999 年版,第 16 页。

把契约作为一种逻辑的抽象和理性的观念；罗尔斯则在其《正义论》一书中认为契约的安排体现了一种正义，契约的原则就是“作为公平的正义”，它“正是构成了一个组织良好的人类联合的基本条件”[①]。可见，18 世纪至 19 世纪的合同法中所强调的正义主要是指形式正义而非实质正义。所谓形式正义即强调当事人必须依法订约，并严格遵守合同，至于订约当事人实际上是否平等、一方是否利用了自己的优势或者对方的急需等与对方订约，或者履行合同时是否因一定的情势变化而使合同的履行显失公平等，均不作考虑。近代民法极为强调合同自由，极力排斥国家对合同关系的干预。合同自由一度被奉为民法的三大原则之一，在民法中具有重要的地位。

然而自 20 世纪以来，由于社会经济条件的变化，绝对的合同自由并不一定体现合同的正义。特别是一些垄断公司和大公司采用了格式合同和各种免责条款，使经济上弱小的广大消费者和顾客只能被迫接受合同的条件，合同订立结果对后者并不一定是公正的。为了维护社会秩序、协调社会矛盾和冲突，西方国家的法律开始加强了对合同的干预，并逐渐出现了合同正义的概念。为达到所谓的合同正义，立法和判例确认了公平、诚实信用、公序良俗等原则，赋予法官以广泛的自由裁量权，使其能根据上述原则变更、解释、补充合同内容，或确认合同条款的效力，从而尽可能协调各种利益和矛盾，维护社会经济秩序和生活秩序。例如，《美国统一商法典》第 2—302 条第 1 款规定：“法院若认定合同或者其任何条款在订立时即显失公平的，可以拒绝强制执行该合同，仅强制执行显失公平条款以外的合同剩余条款，或者限制显失公平条款的适用以避免显失公平的结果。”如果在合同订立以后，因为社会经济形势发生重大变化，使合同履行对当事人显失公平，法院可以根据合同受挫或情势变更原则强行干预变更契约内容，以实现所谓实质上的公平、正义。正如有些学者指出的，自 20 世纪以来，由于“发生了深刻变化的社会经济生活条件，迫使 20 世纪的法官、学者和立法者，正视当事人间经济地位不平等的现实，抛弃形式正义观念而追求实现实质正义”[②]。

我国由于长期实行集中型的计划体制，以及受几千年来官本位观念的影响，一直存在国家对合同关系干预过多的现象，交易当事人常常缺乏必要的合同自由，因而，许多学者呼吁我国合同法应强调合同自由原则，并应将该原则的精神体现在合同法的全部内容之中。这些观点无疑是合理的。然而，强调合同自由原则不能忽视合同的正义，因为合同自由并不能当然导致合同正义的结果。事实上，在合同法理论与实践的发展中，并不存在一个完全的自由阶段，而是以往“以外部监管为主的交易模式”，逐渐与尊重个体协商和缔约自由的精神相互融合，最终形成了当前的合同法。[③] 在现实生活中，市场经济的发展造成了民事主体之间在交易过程中的实质平等已经成为一个严重的问题。这就是说，一面是愈来愈多经济实力极为雄厚的大型企业、跨国公司，另一面是非常弱小的广大消费者，尽管他们在订立合同时在形式上是平等的，但其谈判能力在实质上是不平等的。缔约当事人之间常常在经济实力、经济规模、销售优势等诸多方面存在差异，许多“打工仔”“打工妹”尚缺乏与雇主讨价还价的订约能力，其为了生计所迫，而常常被迫接受对方的条件，凡此种种都说明单纯的合同自由并不必然产生合同的实质正义，而世界各国合同法发展的历史也证明了这一点。因此，从我国现实经济出发，并借鉴国外的经验，笔者认为，我国法律在确认合同自由的同时，也应当通

---

① 〔美〕约翰·罗尔斯：《正义论》，何怀宏等译，中国社会科学出版社 1988 年版，第 5 页。

② 梁慧星主编：《民商法论丛》（第 7 卷），法律出版社 1997 年版，第 242 页。

③ Kennedy, “Form and Substance in Private Law Adjudication”, *H. L. Review*, vol. 89, No. 8, 1976, pp. 1725-1737.

过诚实信用、公平、平等、等价有偿等原则的适用以实现合同正义。事实上,维护合同正义与维护合同自由是密切联系在一起的,两者是相辅相成、缺一不可的。合同自由原则离开了合同正义原则是片面的、不完全的。所以合同正义既是我国合同法追求的重要目标,也是合同法中的一项重要原则。合同法的分配正义,有助于确立财富归属、生产、交易和分配规则本身的合法性,是这些规则得以存在的前提。[①]

二、对合同正义的维护

合同正义原则实际上是对交互正义(commutative justice)的反映。所谓交互正义,是指双方在交往过程中,如何平衡双方利益,实现交往中的公平,例如契约正义就属于典型的交互正义。它"所关切者为人与人之间的义务,使人与人在交易中享有了平等合理对待"[②]。交互正义更多地体现在交换关系之中,它主要侧重于在人们正常的交往或者经济交易过程中权利义务的分配及其正义的实现问题。[③] 合同法对合同正义的维护,乃是法律维护合同正义价值的具体体现,合同法正是实现正义的法律手段,对合同正义的维护应体现在如下几个方面:

第一,保障缔约当事人的平等。合同正义首先意味着当事人的法律地位平等,平等是交易关系在法律上的要求,也是合同正义的首要内容。在合同法中,对缔约当事人平等地位的保障,首要的任务是要协调经济地位和实力极不平等的缔约当事人之间的矛盾,保障经济上处于弱者地位的消费者和劳动者能够自主地表达其意志,并实现其订约目的。为协调经济地位不平等的当事人之间的矛盾,许多国家的法律对格式合同制订者一方的权利进行了一些限制,如不允许从事公共事业者自由选择其所供应的对象,从事公共事业者必须以公开的、继续的方式向一切人提供服务等。同时,考虑到合同当事人双方经济地位相差悬殊,相互间交涉能力及注意能力差距很大的状况,各国立法大都采取了一系列对策,督促格式合同制订人将合同内容以各种方式提请相对人注意,规定合同条款特别是免责条款的有效要件,采取各种方式防止不公正条款的产生等,这些都在一定程度上有利于平衡交易双方当事人之间的利益、保障双方当事人在格式合同制订中表达其意志。

第二,保障格式条款中相对人的合法权益。为了切实维护合同当事人权利,就需要借助于法律对格式条款的干预,防止当事人一方利用经济上的强势、对方生活上的迫切需要及各种从属关系等滥用合同自由,强迫另一方当事人接受不平等的格式条款。为此,我国《民法典》扩大了格式条款提示和说明的范围,明确了一方对格式条款未履行提示说明义务的法律后果,并进一步完善了格式条款无效制度。[④] 为了保障人民的基本生活需要,充分保障民生,《民法典》合同编在供用电等合同中规定了强制缔约义务,在运输合同中也要求从事公共运输的承运人不得拒绝旅客、托运人通常合理的运输要求(《民法典》第 648 条、第 810 条)。

第三,维护等价有偿的原则。亚里士多德曾将公正的赔偿和交易视为矫正正义的内容[⑤],可见,合同的正义也包含了等价有偿的内容。也就是说,当事人订立和履行合同,应按

---

① 参见许德风:《合同自由与分配正义》,载《中外法学》2020 年第 4 期。

② 谢哲胜:《赠与的生效要件》,载《台湾法研究参考资料》1998 年第 8 期。

③ Emmanuel Dockès, Valeurs de la démocrative, Huit notions fondamentales, Dalloz-Sirey 2005, p. 147.

④ 参见石宏:《合同编的重大发展和创新》,载《中国法学》2020 年第 4 期。

⑤ 参见〔英〕彼得・斯坦、约翰・香德:《西方社会的法律价值》,王献平译,郑成思校,中国人民公安大学出版社 1990 年版,第 78 页。

照价值规律的要求进行等价交换，实现各自的经济利益，只有这样才能充分体现合同正义。保障等价有偿不仅要求在一方不履行合同给另一方造成损害时，应按照交易关系的内在要求使违约当事人的赔偿数额与受害人的损失相符，而且要求在双务合同中保障双方当事人权利义务的对等性。我国《民法典》要求当事人在从事民事活动中应遵循公平、等价的原则，避免出现显失公平的现象，不过，这并不意味着价值与价格完全相等，按照学理上的一般观点，当事人取得的财产权及其履行的财产义务之间在价值上大致相当，即为"等价"[①]。

第四，维护公序良俗、保障正常的交易和生活秩序。按照一些德国学者的解释，善良风俗并非是一个抽象的而是一个实用的标准。凡是私人交易中公认为最低限度的诚实与信用标准，就是善良风俗，而低于该项标准便是违反善良风俗。公共秩序是指一切宪法性的原则，这些原则是社会秩序、政治秩序的基础。[②]《民法典》第153条第2款规定，违背公序良俗的民事法律行为无效。此外，公序良俗是衡量习惯的标准，使习惯符合一般国民公正适当的法律感情，借以提高法律认知水平，进而与伦理道德观念相结合。[③] 例如，对于一些交易习惯，是否能够作为填补合同漏洞、解释合同的依据，就要根据公序良俗进行判断。通过公序良俗规则的检验，就可以将"陈规陋俗"等与整体法秩序不一致的交易习惯排除在外。

第五，维护公平原则。合同正义要求合同当事人应本着公平正义的观念从事订约和履约行为，在法律、法规对价金、收费标准等缺乏规定的情况下，当事人双方应根据公平原则协商确定。在合同被确认无效以后，"不允许非法契约造成的损失不公平地落到与有责任的当事人相对立的无辜当事人头上"[④]。正如学者阿狄亚认为的，交易的实质公正仍是当今合同法的重要关注事项。[⑤] 为了保障公平原则的实现，《民法典》合同编赋予法官一定的自由裁量权，允许其在合同的内容显失公平的情况下变更和撤销合同。在合同的条款不齐备或不明确的情况下，法院可以根据公平或诚实信用原则解释合同的内容，在合同所规定的双方当事人承担的危险不公平时，法院也可以根据公平原则合理分配危险的负担。为了保护承租人的合法权益，合同编新增了承租人的优先承租权。为保护残疾人利益，合同编在不可撤销的赠与情形中，增加了助残的内容，防止虚假助残捐赠等问题。[⑥]

总之，维护合同正义的原则是合同法的一项重要原则。这一原则与合同自由原则相辅相成、相互配合，使合同法的规范能够切实体现其应有的价值和功能。另外，合同自由或许还有包含以市场的自由（Freedom of Market）来限制或修正个体的自由（Freedom of Individual），让个体间的交易受市场上一般交易框架制约的内涵。[⑦]

合同正义与合同效益经常是发生冲突的。市场交易活动需要提高效率，社会经济的发展要求提高效益，但效益的提高并不一定导致合同正义的实现。笔者认为，当效益和正义发生冲突时，应以维护合同正义作为合同法的首要目标。因为正义是法的实质和宗旨，法只能在正义中发现其适当的和具体的内容，正义所考虑的不是个别当事人的利益，而是包含了社会公共利益和公共道德的要求。

---

① 张新宝编著：《民事活动的基本原则》，法律出版社1986年版，第22页。

② 参见沈达明、梁仁洁编著：《德意志法上的法律行为》，对外贸易教育出版社1992年版，第179—180页。

③ 参见施启扬：《中国民法总则》，三民书局1992年版，第55页。

④ 〔美〕迈克尔·D.贝勒斯：《法律的原则——一个规范的分析》，张文显等译，中国大百科全书出版社1996年版，第423页。

⑤ Atiyah, Contract and Fair Exchange, *University of Toronto Law Review*, vol. 35, No. 1, 1985, p. 3.

⑥ 参见石宏：《合同编的重大发展和创新》，载《中国法学》2020年第4期。

⑦ Atiyah, *The Rise and Fall of Freedom of Contract*, Oxford university Press, 1985, p. 403.

第五节 鼓励交易原则

一、鼓励交易原则的概念和意义

鼓励交易(faveur pour le contra)原则,是指法律尽可能促成合同的成立和生效,从而促使交易的完成。所谓交易,是指在独立的、平等的市场主体之间,就其所有的财产和利益所进行的交换。我国《民法典》合同编以交易关系为调整对象,同时也以鼓励交易为其重要目标,各种纷繁复杂的交易关系,都要表现为合同关系并借助于合同法规则予以规范。合同的规则就是规范交易过程并维护交易秩序的基本规则。在市场经济条件下,一切交易活动都是通过缔结和履行合同来进行的,而因为交易活动乃是市场活动的基本内容,无数的交易构成了完整的市场,所以,为了促进市场经济的高度发展,就必须使合同法具有鼓励交易的职能和目标。

《民法典》为什么应以鼓励交易作为其重要目标?其原因在于:第一,这是《民法典》以交易关系为调整对象的自然展开。众所周知,所谓合同,特别是双务合同,乃是交易关系在法律上的表现。这些每时每刻发生的、纷繁复杂的交易关系,都要表现为合同关系,并要借助于合同法规则予以规范,合同像一把"法锁"一样拘束着交易当事人。合同的一般规则就是规范交易过程并维护交易秩序的基本规则,而各类合同制度也是保护正常交换的具体准则。典型的买卖活动是反映商品到货币、货币到商品转化的法律形式,但是商品交换过程并不只是纯粹买卖,其还包括劳务的交换(诸如加工、承揽、劳动服务)以及信贷、租赁、技术转让等各种合同形式。它们都是单个的交换,都要求表现为合同的形式。可以说,在市场经济条件下,一切交易活动都是通过缔结和履行合同来进行的,而因为交易活动乃是市场活动的基本内容,无数的交易构成了完整的市场,因此,合同关系是市场经济社会最基本的法律关系。[①] 为了促进市场经济的高度发展,就必须使合同法具备鼓励交易的职能和目标。因为鼓励当事人从事更多的合法的交易活动,也就是鼓励当事人从事更多的市场活动,而市场主体越活跃、市场活动越频繁,市场经济就越能真正得到发展。

第二,鼓励交易是提高效率、增进社会财富积累的手段,这不仅是因为只有通过交易才能满足不同的交易主体对不同的使用价值的追求,满足不同的生产者与消费者对价值的共同追求,还是因为,只有通过交易的方式,才能实现资源的优化配置,保障资源的最有效利用。按照美国经济分析法学家的观点,有效率地使用资源必须借助于交易的方式,只要通过自愿交换方式,各种资源的流向必然趋于最有价值的使用。当各种资源的使用达到最高的价值时,就可以说它们得到了最有效的使用。美国学者波斯纳等人认为,在一个交易成本为零或者很低的时候,最初的权利分配并不影响到它的最有效使用,交易自然导致财产向最有效的使用者手中转移。[②] 如A有一批货物,他认为对他仅值100元,而B认为该批货物对他值150元,只要双方在100元至150元之间就该货物的买卖成交,则双方都会受益。假如B在以125元购买以后,C认为该批货物对他值160元,如果C以150元购买该批货物,则C也将从交易中获利,并且通过交易使该批货物向最有效利用它的手中转移,资源也得到了最

① 参见梁慧星主编:《社会主义市场经济管理法律制度研究》,中国政法大学出版社1993年版,第7页。

② See W. Landes and R. Posner,"A Positive Economic Theory of Products Liability",*The Journal of Legal Studies* 14 (1985),pp. 535567.

有效的利用。尤其应当看到,美国经济分析法学家认为这种自愿交易不仅使交易当事人受益,而且将使社会从中受益。因为,在A、B交易后,A的财产从100元增值到125元,增加了25元,而B也从交易中获得了25元的利益。A、B之间通过交易使该批货物的价值增加了50元,这不仅使资源得到有效配置,而且使社会财富也得到增长。[①] 由此可见,在市场经济条件下,合法的交易是提高资源的使用效率的重要手段,这就决定了以调整交易关系为基本任务的合同法律,应以鼓励交易作为其基本目标。合同法本身虽不能创造社会财富,却可以通过鼓励交易而促进社会财富的增长。所以,英国学者Tony Weir指出,侵权之债的规则主要起保护财富的作用,合同之债的规则则应具有创造财富的功能。[②]

第三,鼓励交易是与维护合同自由、实现合同当事人意志和订约目的密切联系在一起的。因为,当事人的自主自愿是交易的基础和前提条件,没有自愿,则交易就不是公平和公正的交易。按照西方合同法的经典理论,"合意是构成真正交易的精神事件"[③]。在市场经济社会,每个市场主体作为一个合理的"经济人"(或像罗马法所称的"良家父"),都是为了追求一定的经济利益而订立合同的,同时也希望通过合同的履行而实现其订约目的,所以,在当事人自愿接受合同关系拘束的情况下,如果合同本身并没有违背法律和社会公共道德,则任何第三人强迫当事人解除合同或宣告合同失效都是不符合当事人意志的。由此可见,鼓励交易,努力促使当事人订约目的实现,也是符合交易当事人的意志的。

应当指出,我们说鼓励交易,首先是指应当鼓励合法、正当的交易。合同的合法性是合同能够生效的前提,也就是说,在当事人的合意不违背国家意志和社会公共利益、公共道德的前提下,此种合意才能够生效。如果当事人之间已经成立的合同,违背了法律或社会公共道德,则此种交易不仅不应当受到鼓励,而且应当追究交易当事人的责任。因为,这些类型的交易对社会来说通常是低效率或者负效率的做法。其次,我们所说的鼓励交易,是鼓励自愿的交易,也就是指在当事人真实意思一致的基础上产生的交易。基于欺诈、胁迫或其他意思表示有瑕疵的行为而产生的交易,常常不符合双方当事人、特别是意思表示不真实一方的意志和利益,因此也会导致不公平、不公正,对此种交易活动不应当予以鼓励,而应当通过可变更、可撤销等法律规则予以限制和调整。

二、鼓励交易原则在合同法中的具体体现

合同法上的鼓励交易原则,主要表现在如下方面:

第一,促使合同成立。根据传统的大陆法理论,承诺必须与要约的内容相一致。任何添加、限制或更改要约条件的答复都会导致拒绝要约的后果。然而,随着交易的发展,要求承诺与要约内容绝对一致,不利于促成许多合同的成立,从而不利于鼓励交易。因此,《民法典》采纳了实质性变更原则,认为除非承诺构成对要约的实质性变更,否则承诺并非对要约的拒绝,双方可以形成合同关系。[④]《民法典》第489条规定:"承诺对要约的内容作出非实质性变更的,除要约人及时表示反对或者要约表明承诺不得对要约的内容作出任何变更外,该承诺有效,合同的内容以承诺的内容为准。"

---

① See H. G. Beale, *Contract Cases and Materials* (Second Edition), Butterworths, 1990, p. 71.

② See Andre Tunc, *International Encyclopedia of Comparative Law, Torts, Introduction*, J. C. B. Mohr (Paul Siebeck), 1974, p. 12.

③ 〔美〕罗伯特·考特等:《法和经济学》,张军等译,上海三联书店、上海人民出版社1994年版,第313页。

④ 参见黄薇主编:《中华人民共和国民法典释义》(中),法律出版社2020年版,第939页。

第二，尽量促成合同有效。从我国《民法典》的规定来看，其对民事法律行为效力瑕疵的事由作出了严格限定，也就是说，除非基于法律的明确规定，否则不得随意否定合同的效力。例如，《民法典》第153条第1款规定："违反法律、行政法规的强制性规定的民事法律行为无效。但是，该强制性规定不导致该民事法律行为无效的除外。"这就严格限定了合同无效的法定事由。《合同编通则解释》第16条第1款规定，合同违反法律、行政法规的强制性规定，但由行为人承担行政责任或者刑事责任能够实现强制性规定的立法目的的，合同不因违反强制性规定无效。

第三，严格限制违约解除的条件。我国《民法典》第563条第1款第4项明确规定，"当事人一方迟延履行债务或者有其他违约行为致使不能实现合同目的"的，当事人可以解除合同。该条显然是采纳了根本违约的规则。《民法典》第563条在总结我国司法实践经验，并借鉴上述比较法经验的基础上，规定了根本违约制度。根本违约制度严格限制了合同解除的条件，为合同严守确定了重要的保障。在违约行为没有构成根本违约也不满足其他法定解除或约定事由的情况下，当事人不能解除合同，这就继续维持了合同的效力，从而鼓励当事人继续履行合同。

第四，明确了合同不因无权处分而无效。所谓无权处分，是指当事人不享有处分权而处分他人财产。在买卖合同中，出卖人应当对标的物享有所有权或者处分权，但由于标的物交由他人经营管理，或出租、交付他人管理等原因，经营者、管理者、占有者等未经授权，将标的物转让给他人，便形成了无权处分。我国原《合同法》第51条将无权处分的合同规定为效力待定合同，但是在真正权利人拒绝追认时，无权处分合同将构成无效。我国《民法典》第597条第1款在总结司法实践经验的基础上，吸收了比较法上所普遍采纳的有效说。[①] 有效说可以鼓励未来财产交易。现代社会中的商业交易并非全部建立在对已经获得所有权的标的物的处分之上。在相当多的商业交易中，当事人采取订购的方式，约定买卖将来物，也就是说，在合同订立时，标的物可能尚未生产出来，或所有权仍属于他人，当事人只是就尚未生产出来的物或可从他人处购得的标的物作预先安排，从而加速财产的流动。在这些情形中，如果坚持无权处分合同效力未定，将不利于这种交易模式的展开。

第五，确立了合同成立要件的补正规则。在当事人没有践行法律规定或者当事人约定的特定形式时，合同关系将无法成立，而我国《民法典》合同编第490条规定了履行治愈规则，即在上述情形下，合同一方当事人履行其主要义务，另一方接受的，则可以补正合同形式上的瑕疵。《民法典》承认当事人可以通过实际履行方式促成合同的成立，这是完全符合鼓励交易原则的。

第六，确认了未生效合同可以生效的规则。依据《民法典》第502条第2款，"依照法律、行政法规的规定，合同应当办理批准等手续的，依照其规定。未办理批准等手续影响合同生效的，不影响合同中履行报批等义务条款以及相关条款的效力。应当办理申请批准等手续的当事人未履行义务的，对方可以请求其承担违反该义务的责任"。因此，即便是对于依照法律应当办理批准手续的合同，在当事人未办理的情况下，报批义务条款仍然有效。此类条款有其特殊性，其效力不受合同整体不生效的影响。[②] 另一方当事人可以请求负有报批义务

---

① 参见黄薇主编：《中华人民共和国民法典释义》(中)，法律出版社2020年版，第1162页。

② 同上书，第964页。

的一方当事人继续履行报批义务，以促成合同生效，这就非常有利于鼓励交易。[①]

第七，对于超越经营范围从事经营活动的合同不能仅因此确定无效。《民法典》第 505 条规定："当事人超越经营范围订立的合同的效力，应当依照本法第一编第六章第三节和本编的有关规定确定，不得仅以超越经营范围确认合同无效。"因此，即便当事人从事经营活动订立的合同超过了其经营范围，也不会因此导致其订立的合同无效。

第八，明确规定了合同的解释制度和填补漏洞制度。从实践来看，当事人订立合同时可能因为意思表示不清晰，或者意思表示有疏漏，从而使得合同内容模糊或者存在漏洞。在此情形下，不能随意否定合同的效力，我国《民法典》合同编规定了合同解释规则和合同漏洞填补规则，专门用于解决上述问题，根据《合同编通则解释》第 1 条第 3 款，"对合同条款有两种以上解释，可能影响该条款效力的，人民法院应当选择有利于该条款有效的解释。"这就有利于尽量维持合同的效力，是符合鼓励交易原则的。

总之，鼓励交易既是合同法的重要目标，也是合同法的基本原则。该原则贯彻体现在《民法典》合同编的各项制度之中。这也充分表明，合同法适应市场经济的发展，鼓励交易，鼓励财富的创造。从根本上说，确立鼓励交易的原则是由合同的性质和市场经济发展的本质需要所决定的。

---

① 参见石宏：《合同编的重大发展和创新》，载《中国法学》2020 年第 4 期。

第四章

合同法的新发展

"法是一个动态的发展过程,在这个过程中,解决问题的方法很少是永久不变的。"①合同法是古老的法律部门,自罗马法以来,它一直都是民法中重要的组成部分。合同法作为调整各类交易关系的法律,对市场起着极大的支撑作用,同时也随着市场经济的发展而不断演化和发展。可以说,合同法是民法中最具有活力、发展变化最为显著的法律。随着市场经济和全球化的发展,合同法律制度也出现了一些新的发展趋势。

第一节　从形式正义走向实质正义

所谓合同正义,是指合同法应当保障合同当事人在平等自愿的基础上缔约和履约,并保障合同的内容体现公平、诚实信用的要求。虽然汉语中的"公平"与"正义",英语中的"fairness"和"justice"是近义词,但是公平与正义之间也是有区别的。② 两者的区别主要表现在,正义具有永恒性,而公平具有相对性;正义是一种上位的价值,而公平更多地体现为一种原则;公平原则是正义价值的具体体现,而公平本身不是一种法典的价值,只是法典价值的具体要求;公平需要在具体个案中得到实现,但正义具有普适性,它是一种社会的制度性的安排,不因种族、性别等而有所区别。③ 在合同法中,正义主要是指平等。18 世纪至 19 世纪的近代民法在合同法中十分强调形式的正义而非实质的正义。形式的正义强调当事人必须依法订约,并严格遵守合同,从而实现契约的形式正义,至于订约当事人实际上是否平等、一方是否利用了自己的优势地位或者对方的急需等与对方订约,或者履行合同时是否因一定的情势变化而使合同的履行显失公平等,均不予考虑。

然而,自 20 世纪以来,社会经济结构发生了巨变,社会组织空前复杂庞大,垄断日益加剧,社会生产和消费出现大规模化发展趋势,公用事业飞速发展,消费者、劳动者等弱势群体保护的问题日益凸显,因市场经济的高度发展而造成民事主体之间在交易过程中的实质不平等越来越成为一个严重的问题。一方是经济实力极为雄厚的大型企业、跨国公司,另一方是经济实力非常弱小的广大消费者,尽管他们在订立合同时在形式上是平等的,但其谈判能

---

① 〔美〕E. A. 霍贝尔:《初民的法律:法的动态比较研究》,周勇译,罗致平校,中国社会科学出版社 1993 年版,第 314 页。

② 参见谢鹏程:《基本法律价值》,山东人民出版社 2000 年版,第 55 页。

③ 参见赵宇峰:《论正义性原则是公共政策制定的基本价值追求》,载《深圳大学学报(人文社会科学版)》2008 年第 2 期。

力在实质上是不平等的，因此，实质正义越来越受到重视。

正如有些学者所指出的，“发生了深刻变化的社会经济生活条件，迫使20世纪的法官、学者和立法者，正视当事人间经济地位不平等的现实，抛弃形式正义而追求实现实质正义”[①]。“现代契约法的中心问题，已不是契约自由而是契约正义问题。”[②]“契约法是一种法律体制内强制实现某些分配正义的方式。”[③]现代社会由于贫富差别的扩大、大公司的兴起以及消费者权益保护的迫切需要等，对维护合同的实质正义提出了迫切要求。这就导致合同法出现了一些新的变化，例如，基于诚实信用等法律原则和一般条款，衍生出了大量的附随义务，侵权法的适用范围也因此不断扩张，传统的以当事人意思自治为核心的古典合同法理论在当代受到很大冲击。美国学者吉尔莫在《契约的死亡》一文中指出，允诺不得反悔原则和信赖利益的保护导致英美法传统对价理论的衰落，以对价为中心的契约理论的崩溃导致契约法向侵权法融合，大量的当事人约定之外的义务引入契约关系，“责任爆炸”使古典的契约法面目全非。此外，公共政策对契约法对象进行系统性掠夺，劳动法、反托拉斯法、保险法、商业规制和社会福利立法把原本属于契约法范畴的许多交易和境况，划归到自己的调整范围。这些现象都导致了古典契约理论的变革。[④] 针对现代社会合同关系发生巨变的现实，美国学者麦克尼尔提出了著名的关系契约理论，该理论继承了富勒的信赖利益保护学说，以法社会学的视角，分析了社会中现实存在的活的契约关系，认为社会关系本身存在其内在秩序，现代契约法要做的就是怎样将这种社会秩序赋予法的效力。[⑤] 日本学者内田贵则在其《契约的再生》一文中对所谓契约的死亡现象进行了反思，并以日本社会为样本分析了关系契约理论。[⑥] 这些学者在讨论现代契约法的变化时，都从不同的角度指出了合同法追求实质正义的趋势。合同法追求实质正义的趋势，主要体现在以下几个方面：

第一，附随义务的产生。所谓附随义务，是指合同当事人依据诚实信用原则所产生的，根据合同的性质、目的和交易习惯所应当承担的通知、协助、保密等义务，由于此种义务是附随于主给付义务的，因而被称为附随义务。《商事合同通则》第1.7条规定：“(1) 每一方当事人在国际贸易交易中应当依据诚实信用和公平交易的原则行事。(2) 当事人各方不得排除或限制此项义务。”《欧洲合同法原则》第1:202条则直接规定了“协作义务”(Duty to Cooperate)，这一义务也得到了广泛的承认。[⑦] 相对于给付义务而言，附随义务只是附随的，但这并不意味着附随义务是不重要的。相反，在很多情况下，违反附随义务如果给另一方造成重大损害，甚至可构成根本违约，例如不告知产品的使用方法，使买受人蒙受重大损害。附随义务不是由当事人在合同中明确约定的义务，而是依据诚实信用(Bona Fide, Bonne Foi, Good Faith)原则产生的。或者说，其是诚实信用原则的具体体现。附随义务不仅表现在合同的履行过程中，而且在合同成立以前以及合同终止以后都会发生。许多国家的法官在判

① 梁慧星：《从近代民法到现代民法》，载梁慧星主编：《民商法论丛》(第7卷)，法律出版社1997年版，第242页。

② 王晨：《日本契约法的现状与课题》，载《外国法评译》1995年第2期。

③ 〔美〕莫里斯·科恩：《契约的基础》，于立深、周丽译，载《法制与社会发展》2005年第1期。

④ 参见〔美〕吉尔莫：《契约的死亡》，曹士兵等译，载梁慧星主编：《民商法论丛》(第3卷)，法律出版社1995年版，第328页。

⑤ 参见傅静坤：《二十世纪契约法》，法律出版社1997年版，第55页。

⑥ 参见〔日〕内田贵：《契约的再生》，胡宝海译，中国法制出版社2005年版，第173—174页。

⑦ Bénédicte Fauvarque-Cosson, Denis Mazeaud (eds.), *European Contract Law*, Sellier. European Law Publishers, 2008, p. 547.

例中依据诚实信用原则逐步确立了“前契约的一般理论”,该理论确立了附随义务。[1] 附随义务的产生实际上是合同法领域商业道德的进一步强化,并使这种道德以法定的合同义务的形式表现出来。这对于维护合同的实质正义起到了十分有益的作用。[2]

第二,强制缔约制度的发展。强制缔约又称为契约缔结之强制、强制性合同、强制订约,是指合同的订立不以双方当事人的合意为要件,只要一方当事人提出缔结合同的请求,另一方当事人就负有法定的、与之缔结合同的义务。[3] 强制缔约制度,目的在于保护社会弱势群体、维护实质正义。例如法律要求提供公共服务的企业不得拒绝个人请求提供服务的合理要求,这就反映了合同正义、强化了对弱势群体的保护。

第三,对格式条款的限制。格式条款的产生和发展是 20 世纪合同法发展的重要标志之一。19 世纪中叶以来,由于垄断的加剧和公用事业的发展,现代工商企业为降低及控制生产成本,减少交易费用,往往预先设计一定的合同条款,对众多的交易相对人适用相同的交易条件,从而使格式条款日渐普及,进而大量流行。[4] 至 20 世纪,由于科学技术的高度发展、垄断组织的蓬勃兴起,尤其是某些企业的服务交易行为(如银行、保险、运送等)的频繁程度与日俱增,格式条款的适用范围日益广泛,已成为当代合同法中的一个重要发展趋向。格式条款的产生具有其经济上的必然性,它反映了现代化的生产经营活动的高速度、低耗费、高效益的特点。格式条款的采用可以明确订约基础、节省费用、节约时间,从而大大降低交易成本。但格式条款的广泛运用,对合同的基本原则即契约的自由原则产生了巨大的冲击。[5] 到 20 世纪中叶,各国和地区法院多已公开表示其对格式条款的态度,以色列、瑞典、英国、德国等更是单行立法,对格式条款施以种种限制,韩国、我国台湾地区等均在消费者保护法中设专节予以明定,其他国家如法国、意大利、荷兰、美国、日本等国因其一般法典已有相关或类似规定,而不再单独立法,仅通过司法程序予以控制。有学者甚至认为,对格式条款进行限制,已经成为各国合同法上的重要课题之一,也是当今合同法发展的重要趋势。[6]

第四,对消费者权益保护的加强。民法在保护消费者权益的过程中一直占据着重要地位。在商品经济尚不发达的条件下,生产者为手工业者或者小作坊主,他们在经济上并不占据显著优越地位。在 15 至 18 世纪期间,由于倡导自由放任主义和契约自由原则,因而在商人和消费者之间适用“买者当心”原则。直至 19 世纪初,法庭对商人与消费者之间签订的合同均采取不干预的态度。在这一时期,商业交易都是小规模的简单交易,如亚当·斯密所观察的肉商、面包商和酿酒商与普通购买者之间的买卖行为。在这些情境中,每个私人的逐利行为都可以帮助其订立对自己最有利的合同。[7]

然而自 19 世纪以来,随着市场经济的发展,大公司、大企业对生产和经营的垄断不断加强。这些庞然大物般的大企业拥有强大经济实力,消费者与其相比,在交换关系中明显处于弱者的地位。在科学技术、营销手段日新月异的情况下,消费者对商品缺乏足够的了解,缺

---

① 参见王泽鉴:《债法原理》,中国政法大学出版社 2001 年版,第 42 页。

② 同上。

③ 参见〔德〕迪特尔·梅迪库斯:《德国债法总论》,杜景林、卢谌译,法律出版社 2004 年版,第 70 页。

④ 参见詹森林:《定型化约款之基础概念及其效力之规范》,载《法学丛刊》第 158 期,第 143 页。

⑤ 参见〔英〕P. S. 阿狄亚:《合同法导论》(第五版),赵旭东等译,法律出版社 2002 年版,第 14—26 页。

⑥ See Charles L. Knapp、Nathan M. Crystal、Harry G. Prince, *Problems in Contract Law: Case and Materials* (Fourth Edition), Aspen Publishers 1999.

⑦ See Adam Smith, *An Inquiry into the Nature and Causes of the Wealth of Nations* (1776), edited by R. H. Campbell and A. S. Skinner, Clarendon Press 1976, p. 2627.

少有关商品的可靠信息,同时又为各种宣传媒介的虚假信息所困扰,因而极易受到损害。20世纪五六十年代,伴随着西方国家的经济繁荣,爆发了消费者权利运动。正如有学者所指出的,《德国民法典》采取的自由市场模型在早期一直受到消费者保护运动的强烈批评,它反映了19世纪末期市场竞争的理论,围绕形式平等和私法自治展开。但随着消费者保护运动的日益高涨,它越来越无法适应现实需要。① 因此,各国立法都加强了对消费者的保护,表现在:一是对格式条款和免责条款的限制、强制缔约规则的建立等都是对消费者保护的措施;二是在邮购买卖、访问买卖、无要约寄送中,考虑到消费者可能是由于未慎重考虑或者仓促间所为的交易行为,基于公平的考量,各国多赋予消费者以一定期限内的悔约权。② 三是为了加强对消费者的保护,使合同关系之外的人对合同当事人承担责任以及使合同当事人对合同关系之外的人承担责任。例如在产品责任领域,为加强对消费者的保护,法国法承认消费者可享有"直接诉权",对与其无合同关系的生产者、销售者提起诉讼。③ 而德国法则承认了"附保护第三人作用的契约",以加强对消费者的保护。④ 四是在民法典中规定消费者概念。例如,2002年《德国债法现代化法》吸收了《上门推销买卖法》《远程销售法》等法律中的大量保护消费者权益的特别规定,规定了消费者和经营者的概念,使得民法典中第一次出现了有关消费者特别保护的制度,从而加强了对实质平等的关注。五是在有名合同中强化了对消费者的保护。例如,1996年《意大利民法典》在其合同法部分特别增加了"消费契约"一节;《荷兰民法典》分别在合同法和侵权法中增加了相关内容,并在具体合同,例如买卖合同、保险合同中增加了保护消费者的特别规定⑤;《魁北克民法典》也有类似做法。六是规定了经营者负有向消费者披露信息的义务。2002年《欧盟金融服务远程销售指令》明确地规定了经营者负有向消费者提供信息的义务,这些义务被列明,且各成员国还可以继续添加。⑥ 一些国家民法典中也规定了合同当事人在订约过程中的说明告知义务。《欧洲民法典草案》专门在第3章第1节规定了告知义务。

第五,注重对人格尊严的保护。从国外合同法的发展来看,合同法越来越关注对合同当事人人格尊严的保护。例如,当事人签订代孕合同或买卖人体重要器官的合同被宣告无效*,表明不能对人类的身体进行买卖,人的身体不能成为买卖合同的客体被作为一项基本原则确定下来。⑦ 有些国家的法律规定,在冬天,房东不得以房客未支付租金为由解除合同,以保护低收入群体的生存权,并尊重承租人的人格尊严。例如,法国1989年7月6日第89—462号法律规定,每年自11月1日到次年3月15日[法语称为"冬季修整时间"(trêve hivernale)]期间,即使房客未支付房租,房东也不得驱逐房客。⑧ 再如,在德国,规制住房租赁的法律为保障承租人生存利益而对出租人的财产利益进行了严格的限制,规定出租人不得出于提高租金的目的而解除房屋租赁关系,出租人如果想要提高租金,必须取得承租人的

① See Reiner Schulze, *New Features in Contract Law*, Sellier. European Law Publishers, 2007, p. 110.

② 参见〔德〕海因·克茨:《欧洲合同法》(上卷),周忠海、李居迁、宫立云译,周忠海校,法律出版社2001年版,第131页。

③ See Walter van Gerven, Teremy Lever, Pierre Larouche, *Tort Law: Ius Commune Casebooks for the Common Law of Europe*, Hart Publishing, 2001, pp. 619-624.

④ See Basil S. Markesinis, *Foreign Law and Comparative Methodology*, Hart Publishing, 1997, p. 245.

⑤ 参见〔意〕桑德罗·斯奇巴尼:《法典化及其立法手段》,丁玫译,载《中外法学》2002年第1期。

⑥ See Reiner Schulze, *New Features in Contract Law*, Sellier. European Law Publishers, 2007, pp. 122-123.

* Cass. Ass. Plén., 31 mai 1991, Bull. civ. n°4; D. 1991, p. 417, Rapp. Y. Chartier, note D. Thouvenin; JCP 1991, II, 21752, note F. Terré.

⑦ TGI Paris, 3 juin 1969, D. 1970, p. 136, note J. P.

⑧ Loin°89462 du 6 juillet 1989.

同意,并且提高的幅度要受到该区域可比较的租金水平的限制。[①] 在这些制度中,生存利益都被设定为高于商业利益的价值,这体现的正是民法的人文关怀精神。

正是因为上述原因,有学者认为,当代合同法在保障自由的同时,"也注重伸张社会正义和公平,以求得当事人之间以及当事人与社会利益之间的平衡"[②]。甚至可以说,"在现代福利国家中,合同自由应为'契约公正'所取代"[③]。

第二节 对合同自由的限制趋势

德国学者海因·科茨等指出:"私法最重要的特点莫过于个人自治或其自我发展的权利。契约自由为一般行为自由的组成部分……是一种灵活的工具,它不断进行自我调节,以适用新的目标。它也是自由经济不可或缺的一个特征。它使私人企业成为可能,并鼓励人们负责任地建立经济关系。因此,契约自由在整个私法领域具有重要的核心地位。"[④]意思自治是私法的基本原则,也是私法与公法相区别的主要特征。正是因为私法充分体现了意思自治原则,市场主体才被赋予在法定范围内广泛的行为自由,并能够按照自己的意志从事各种交易和创造财富的行为。在此基础上,财富得到不断的增长,市场经济才能逐渐繁荣。私法自治原则在合同法中的具体体现就是合同自由原则。因此,合同自由原则是合同法中最基本的原则,也是鼓励交易、促进市场经济发展的必要条件。

然而,自 20 世纪以来,由于资本主义自由竞争不断走向垄断,西方社会发生了世界性的经济危机,凯恩斯主义的经济政策应运而生。凯恩斯主义的基本观点是,承认资本主义制度存在着失业、分配不均等缺陷,认为自由主义的经济理论和经济政策是产生危机的原因,主张政府应加强对经济生活的干预。第二次世界大战以后,一些主要资本主义国家在其经济政策中相继采纳了凯恩斯主义,从而扩大政府职能,加强对经济的全面干预。在法律领域,合同自由原则因国家干预经济的加强而受到越来越多的限制,因此,对合同自由的限制成为 20 世纪以来合同法发展的一个重要趋向。[⑤]

大致来看,当今法律对经典合同自由的限制主要出于两方面的考虑:

一是为了纠正市场机制和市场信号的系统性缺陷。经典合同自由理论依赖于三个基本的前提性假说,即理性人假说、市场信息完全假说和市场竞争充分假说。但随着市场交易形态的复杂化和市场交易规模的扩大化,这些假说的条件很可能并不具备。例如,在那些需要规模合作与交易的情景,分散的当事人很可能因为集体谈判成本过高、"敲竹杠"和"搭便车"等问题而最终无法实现合同谈判与相应的合作。为了解决这些问题,政府有必要采取调控措施,对当事人的合同行为予以必要干预,激励那些具有良好交易前景的交易合作得以发生。[⑥] 例如,传统合同法采用自己负责的原则,在买卖合同中需要由购买人自己去判断交易

---

① 参见许德风:《住房租赁合同的社会控制》,载《中国社会科学》2009 年第 3 期;张翔:《财产权的社会义务》,载《中国社会科学》2012 年第 9 期。

② 王晨:《日本契约法的现状与课题》,载《外国法评译》1995 年第 2 期。

③ 〔德〕海因·克茨:《欧洲合同法》(上卷),周忠海、李居迁、宫立云译,周忠海校,法律出版社 2001 年版,第 15 页。

④ 〔德〕罗伯特·霍恩、海因·科茨、汉斯·G. 莱塞:《德国民商法导论》,楚建译,中国大百科全书出版社 1996 年版,第 90 页。

⑤ 参见胡代光:《凯恩斯主义的发展和演变》,清华大学出版社 2004 年版,第 20 页。但也有学者认为,合同自由随着社会经济的发展并未减少,反而增加了。参见许德风:《合同自由与分配正义》,载《中外法学》2020 年第 4 期。

⑥ 参见熊丙万:《私法的基础:从个人主义走向合作主义》,载《中国法学》2014 年第 3 期。

对象的品质;但现代合同法却根据诚实信用原则强制要求出卖人披露那些直接影响到交易商品价值的信息。[①]

二是为了实现对消费者等弱势群体的特别保护。市场自由竞争有很大的经济优势,但也可能会导致垄断、不正当竞争。[②] 自由放任的合同自由会导致个人无序地追逐个人利益,并且在交易双方当事人地位实质不平等的情况下,损害弱势一方的利益。[③]“如果合同关系不是发生在事实上平等的双方当事人之间,竞争可以带来经济自由和实质公平的结论就无法实现。因此,法律必须确保双方当事人地位的实质平等。”[④]为了防止拥有强大经济实力和影响力的市场主体利用自己的优势地位签订有违合同自由和合同公正的合同,国家公权力进行了适度的介入,通过法律的方式来调整这种不平等的合同关系,以公权力来助力弱势地位的一方,从而维持市场交易的公平和自由。[⑤]

概括而言,对合同自由的限制主要体现在如下几方面:

第一,意思主义的衰落。19 世纪大陆法系合同法深受德国理性主义哲学的影响,采纳的是意思主义理论。该理论认为,意思表示的实质在于明确行为人的内心意思,表示行为只不过是实现行为人意思自治的手段。然而自 19 世纪末期以来,国家对社会生活的干预不断加强,因此意思主义逐渐衰落,表示主义理论应运而生。根据表示主义理论,法律行为的本质不是行为人的内心意思,而是行为人表示的意思,在确定行为人的真实意图时,不能仅仅局限于对当事人真实的内心意思的探讨,而应当特别重视其外部的表示行为。《德国民法典》就采取了表示主义,该法第 157 条规定,“契约的解释,应当遵守诚实和信用的原则,并考虑交易上的安全”。

自 20 世纪以来,大陆法系的民法更注重意思表示的客观意义,即外在表示的客观内容,在合同解释方面出现了客观化的趋势以及要求一些特殊交易必须符合形式要件。另外,大陆法系各国还普遍赋予法官极大的自由裁量权,对合同自由进行干预,德国法形成了“审判官形成权”(Richterliches Gestaltungsrecht),“使法律能针对个人经济与社会力量不可松散之结合关系,给予衡平,藉此行使契约之规范,保护经济地位弱者之生存基础。这种法理,殆为自然法思想之实现,以求法律之社会妥当性(社会正义)之具体化。审判官形成权之承认,委以法院在衡平原则下具有契约内容改订之权,较一般情势变更原则,更进一步”[⑥]。法官自由裁量权的逐渐扩大,使其可以根据公平和善意的观念来干预当事人的合同关系,调整当事人之间的合同内容。应当指出,基于合同自由原则,当事人仍然具有广泛的通过其合意调整其关系的权利,在合同条款没有作出规定,或者约定不明的情况下,法官虽然可以通过合同的解释填补合同的空白,但这种解释不得违反当事人的意志,不得与当事人的约定相违背。[⑦]

第二,对合同缔结的强制。古典的合同理论认为,合同自由意味着不得给当事人强加任

---

① 在普通法上,出卖人对重要交易信息的保留可能构成欺诈。关于这方面的介绍,参见 Charles L. Knapp, Nathan M. Crystal, Harry G. Prince, *Problems in Contract Law: Case and Materials* (Fourth Edition), Aspen Publishers 1999, chapter 4。

② 关于这方面的观察,参见李永军:《从契约自由原则的基础看其在现代合同法上的地位》,载《比较法研究》2002 年第 4 期;李永军:《民法上的人及其理性基础》,载《法学研究》2005 年第 5 期。

③ See Kessler, "Contracts of Adhesion-Some Thoughts About Freedom of Contract", 43 *Colum, L. Rev*. 629, 640 (1943).

④ 〔德〕乌尔里希·伊蒙伽:《市场法》,方小敏译,载《比较法研究》2005 年第 6 期。

⑤ 参见同上。

⑥ 苏俊雄:《契约原理及其适用》,台湾中华书局 1978 年版,第 24—25 页。

⑦ See E. Allan. Farnsworth, *Contracts* (Second Edition), Little Brown & Co Law & Business, 1990. p. 464.

何订立合同的义务,无论是在立法中还是在司法中,都不得给当事人强加此种义务,否则是违背合同自由原则的。[①] 而现代合同理论已经改变了这种看法,强制订约义务成为现代合同法发展的一个重要趋势。[②] 在铁路运输、能源供应、残障人士就业等领域出现了要求有关企业强制缔约的规范,也有些国家不仅确认了公共承运人的强制缔约义务,而且确认了供电、供水、供气等公用性企业的强制缔约义务。在美国,法律出于反垄断、保护正当竞争、反种族歧视等目的,也规定了强制订约义务。[③] 我国《民法典》第 810 条、《电力法》第 26 条等条款都对强制缔约作出了规定。

第三,对于合同形式的必要限制。古代法律普遍注重合同的形式,而忽视合同的内容,合同如果不采取一定的形式,将导致合同不能成立。但随着交易的发展,现代合同法越来越注重交易形式的简化、实用、经济、方便,从而在合同形式的选择上不再具有重视书面、轻视口头的倾向,而是根据实际需要,对有些合同规定为书面,对有些合同规定为口头。[④] 正如海因·克茨指出的,"在欧洲所有国家的法律中,都有关于在缺少特别形式时使某种合同无效的规则。这种规则一般被视为例外规则,一般原则是不要求具有特别形式。实际上,在大多数国家的民法典中,这一原则都是很明确的"[⑤]。对于合同形式,法律大都允许当事人自由选择。当事人自由选择合同的形式已经成为合同自由的重要组成部分。但这是否意味着合同形式在现代法中越来越不重要了呢?事实并非如此。正如《德国民法典》的立法理由书所言,"遵循某种形式之必要性,可给当事人产生某种交易性之气氛,可唤醒其法律意识,促使其三思,并确保其作出之决定之严肃性。此外,遵守形式可明确行为之法律性质,仿佛硬币上之印纹,将完整的法律意思刻印在行为上面,并使法律行为之完成确定无疑。最后,遵守形式还可永久性保全法律行为存在及内容之证据;并且亦可减少或者缩短、简化诉讼程序"[⑥]。尽管现代合同法重视交易的简捷和迅速,但同时也重视交易的秩序和安全,这就需要对合同的形式作出一些特定的要求,以督促人们正确、谨慎地缔约。尤其是许多涉及国家利益和社会公共利益的合同,法律需要通过形式要件的特别要求对这些利益进行特殊保护。此外,现代合同法基于保护消费者和弱者的利益,也对某些合同提出了书面形式的要求。在最近的几十年里,在消费者信贷合同、住房租赁合同、全包度假合同、培训合同等合同中越来越要求采取书面形式,形式上的要求又一次升温,有些学者将此种现象称为"形式主义的复兴"(renaissance de formalisme)[⑦]。我国《民法典》也要求一些合同采用书面合同形式,例如,该法第 851 条要求"技术开发合同应当采用书面形式"。

还需要指出,法律对合同形式的要求还有助于实现公共政策的目标。例如,土地出让、工程建设、工程监理等合同除了直接影响到合同当事人的利益之外,还可能影响到第三人(如房屋买受人)的利益和公共秩序(如土地的用途、工程建设的进度和质量)等。在这些情形,法律要求书面合同形式有助于政府管理部门掌握充分的信息,对涉及公共政策的交易活

---

① See Friedrich Kessler, Edith Fine, "Culpa in Contrahendo, Bargaining in Good Faith, and Freedom of Contract: A Comparative Study", 77 *Harvard Law Rev.* 1964, p. 409.

② See Donald F. Turner, "The Definition of Agreement Under the Sherman Act: Conscious Parallelism and Refusals to Deal", 75 *Harvard Law Rev.* 1962. p. 655, 689.

③ See E. Allan. Farnsworth, Contracts(Second Edition), Little Brown & Co Law & Business, 1990. p. 203.

④ 参见苏惠祥主编:《中国当代合同法论》,吉林大学出版社 1992 年版,第 91 页。

⑤ 〔德〕海因·克茨:《欧洲合同法》(上卷),周忠海、李居迁、宫立云译,周忠海校,法律出版社 2001 年版,第 112 页。

⑥ 〔德〕迪特尔·梅迪库斯:《德国民法总论》,邵建东译,法律出版社 2000 年版,第 461 页。

⑦ 〔德〕海因·克茨:《欧洲合同法》(上卷),周忠海、李居迁、宫立云译,周忠海校,法律出版社 2001 年版,第 114 页。

动开展必要的监管和指导。

第四，默示条款的产生。英美合同法认为，除了双方曾明示之条款外，契约之内容亦可能自其已有之内容，衍生出其他条款，或经习惯、或经法律、或经法院之推论而成，此即所谓默示条款。默示条款可分为：事实上的默示条款、法定的默示条款和习惯上的默示条款。[①] 默示条款是英美合同法自19世纪末期以来发展的一项制度，该制度突破了法官不得为当事人订立合同的原则，通过法官行使自由裁量权将大量的当事人约定之外的义务引入合同关系之中，从而达到平衡当事人之间的权利义务的目的，在一定程度上限制了契约自由，维护了合同正义。特别是某些法定的默示条款不得为当事人约定所排除，从而对不公平条款进行必要的限制，以保护合同关系中的弱者。例如在美国一些州，针对电信、运输、银行、保险等特殊的合同类型规定了特殊的条款，这些条款可以被当事人直接纳入合同之中。[②] 默示条款的产生对合同自由形成了极大的挑战，而且给予法官很大的自由裁量权。我国《民法典》第140条第1款规定："行为人可以明示或者默示作出意思表示。"这实际上也承认了默示条款。

此外，很多调整现代市场经济的法律制定了一些强制性条款。例如，为了限制垄断、平抑物价、维护竞争秩序，制定反垄断和维护自由竞争的法律，这些法律本身就是对合同自由的限制。同时，法律还指定或专门设立具有准司法性质的行政机关，对合同进行监督、管理和控制，如设立公正交易委员会，以维护公平交易，以及设立反垄断机构，以维护自由竞争等。所有这些都是限制合同自由的措施。我国在近几十年中相继颁布了《反不正当竞争法》《反垄断法》等一系列法律法规，其中很多条款都是为了平衡市场交易中主体经济地位实质上不平等所带来的复杂利益格局。

第三节　网络技术的发展对合同法的挑战

20世纪是人类科学技术突飞猛进的时代，现代网络通信技术、计算机技术、生物工程技术等高科技的发展无疑对形成于19世纪的风车水磨时代的民商法带来了革命性的挑战。尤其是网络的发展使我们进入了一个信息爆炸的时代，网络搭建了一条信息传播和交流的高速通道，使人们对信息的传播、交流和收集变得极为便利，网络极大地缩小了地域间的差异，使得世界各地的人们更紧密地联系在一起。互联网的发展对民法的许多制度都产生了明显的影响。例如，在财产法上，所谓虚拟财产的出现在民法上成为新型课题[③]；在合同法上，电子签名更新了传统的合同法。

随着网络的迅速发展，电子商务成为未来贸易的主要方式，其前景十分广阔，电子商务交易对合同法的规则形成了挑战。这主要表现在电子数据交换和电子邮件是否可以作为书面形式，以电子数据交换和电子邮件订约在要约、承诺等规则上如何完成电子签名，如何对电子商务中的格式条款进行限制等方面。许多国家制定了专门的有关电子商务的法律规则，以调整当事人利用网络从事订约的行为。也有一些国家通过修订合同法中合同订立的规则以及扩大合同书面形式的范围等方式，将电子商务交易纳入合同法调整的范围。我国

---

① 参见杨祯：《英美契约法论》，北京大学出版社1997年版，第286页。

② See E. Allan. Farnsworth, *Contracts* (Second Edition), Little Brown & Co. Law & Business, 1990, p. 23.

③ 参见吴汉东等：《无形财产权制度研究》，法律出版社2005年版，第13页。

《民法典》合同编在合同订立一章中对此也作出了相应的规定。

电子商务的发展也对消费者的保护提出了更高的要求,正如经合组织(OECD)《关于电子商务中消费者保护指南的建议》所言:“全球性的网络环境对每一个国家或其法律制度解决电子商务中消费者保护问题的能力提出了挑战。”[①]从合同法的角度来看,因电子商务的发展,也必然要求合同法进一步强化对消费者的保护。这主要表现在如下几个方面:

第一,在缔约过程中,法律要求出卖人对消费者负有完全的披露义务,在订立合同之前必须在“互联网”上就出售的产品对消费者作出说明。例如,欧盟《关于内部市场中与电子商务有关的若干法律问题的指令》明确规定:“各成员国在其国内立法中须规定,除当事方均为专业人员且另有约定以外,服务供应商应在合同缔结之前明确无误地对电子合同的缔结方式给予解释说明。”而欧盟《远程契约消费者保护指令》第4条第1款更进一步规定:“经营者在通过互联网与消费者订立合同时,有告知消费者以下信息的义务,即经营者的名称、地址、买卖条件。而买卖条件的内容必须列明所提供商品或服务的主要特质、税款、运费(如适用)、付款方式、运送方式、要约与价格之有效期间、解除权的相关内容等。”即使法律对出卖人的披露义务未作出相应的规定,依据诚信原则出卖人也应该负有此种义务。尤其是在网购过程中,如何进一步强化经营者的信息披露义务,防止欺诈,是电子商务法律制度需要解决的重要问题。

第二,在缔约过程中,如果交易的一方为消费者,对消费者的承诺规则将因电子商务而有所改变,即消费者对通过网络购买的商品或接受的服务必须明示同意,若仅仅只是默示表示同意,不能认为消费者已经作出承诺。例如,美国《全球与全国商务电子签名法》第101条中规定:“使用电子记录向消费者提供交易信息,必须得到消费者的明示同意。”而且其前提是:必须事先向消费者充分说明消费者所享有的各项权利以及消费者撤销同意的权利、条件和后果等;消费者确实获得了调取与保存电子记录的说明与能力;有关调取或保存电子记录的任何变化,都应通知消费者,在发生变化的情况下,消费者享有无条件撤销同意的权利。[②]如果没有获得消费者明示的承诺,销售商或提供服务的一方不能主张合同已经成立。

第三,进入数字时代以后,借助于网络环境,合同的形式也发生了变化。传统合同法以所有权的买卖为原型,合同往往是交易双方围绕着所有权与价金交易展开的谈判。但数字时代的交易形式,已经从一次性交易到持续性交易发展,许可合同成为数字时代交易的基础性、典型性合同。[③] 因为数据财产通常并不强调单一的控制权和所有权归属的移转。比如消费者从网上下载App,购买电子书、电影等虚拟物品时,企业所提供的协议常常不是转移这些虚拟产品的所有权,而是赋予用户在一定时期内的使用权,同时附加若干使用限制。购买使用权、许可权成了数字时代交易的主要形式。[④] 消费者一般并没有取得其所有权的意愿,而只希望通过获得其使用权以满足自己特定的生产活动和生活消费的需要。因此,合同交易规则的参照系将发生变化,传统合同法中禁止“一物数卖”“一物数租”等重复处分规则已

---

① 经合组织:《关于电子商务中消费者保护指南的建议》,载上海信息化办公室编译:《国内外信息化政策法规选编:国外电子商务部分》,中国法制出版社2001年版,第99页。

② 参见美国《全球与全国商务电子签名法》,载阚凯力、张楚主编:《外国电子商务法》,北京邮电大学出版社2000年版,第224页。

③ 参见梅夏英:《数据交易的法律范畴界定与实现路径》,载《比较法研究》2022年第6期;丁晓东:《数据交易如何破局——数据要素市场中的阿罗信息悖论与法律应对》,载《东方法学》2022年第2期。

④ Aaron Perzanowski & Chris Hoofnagle, “What We Buy When We ‘Buy Now’”, 65 *University of Pennsylvania Law Review* 315, 317(2017).

经不适用于数据利用的许可合同。

第四，关于合同解除规则也有所变化。如果通过网络交易的一方为消费者，消费者通过"互联网"正式订立合同之后，即使其已接受所订购的商品，也可以在一个特定期间内解除该合同。如果消费者在订立合同后对其约定的服务不再感兴趣，在一定期限内也有单方面解除合同的权利。例如，法国 1988 年 7 月 6 日的法律规定："远程买受人有权在收到其订货后 7 天之内，将其购买的商品退还给出卖人并要求退还货款等。"欧盟《关于远距离合同中消费者权益保护指令》第 6 条规定："自接到货物之后 7 天之内，或服务协议签订之后 7 天内，消费者有权行使反悔权，无偿退回商品。"法律规定退货期或反悔期的原因在于：一方面，在普通购物中，消费者能够直接见到实物，但在网上购物时，因为消费者没有看到商品的实物，只能根据网上提供有关商品的信息来选购商品。由于网上购物消费者既不能与经营者面对面谈判，又不能见到实物，极容易受到生产者或销售者在网上作出的各种广告的误导。因为多媒体形式的电子商务广告更符合客户的视听感受，虚假广告更容易达到以假乱真的效果。[①] 如果不允许消费者退货，很难防止欺诈。规定退货期有利于消费者全面了解商品的性能与质量，也有利于防止欺诈。另一方面，充分保证交易双方的信息对称。因为消费者在实际获得实物以前，并不能占有商品，因而无法了解商品完整的信息。而经营者则实际占有着商品，对商品信息有充分的了解。这样双方对商品信息的占有是不对称的。允许有一个合理的退货期的目的就是使消费者充分了解商品的性能并最终作出是否选购的决定。由于法律规定了退货期和返回期，因而通过网络订立的合同在合同解除规则方面有一定的变化，即赋予了消费者在一定期限内单方解除合同的权利。

第五，对格式条款进行严格的规范和限制。进入数字时代，在数据大规模自动化处理的情况下，数据处理者很难与每个人进行一对一谈判。为了降低交易费用，用户协议、隐私条款等格式条款被广泛使用。而用户在下载 APP 时不可能对条款提出修改和变更意见，只能概括地表示接受或不接受，但在这些格式条款中确实夹杂了很多不合理、不平等的内容。在数字环境下，网络用户协议则常常很不显著。例如浏览协议、注册协议，一般用户很难注意到它们；即使是具有弹窗形式的点击协议，用户也常常无心浏览。[②] 网络用户协议大多是一种要么同意要么拒绝的二元机制，用户很少有机会能够对用户协议进行修改。特别是一些网络经营者经常规定一些不公平的格式条款而迫使对方接受。对于这些格式条款，消费者只能接受或者拒绝，而不能讨价还价。因此，合同法在数字时代遇到的一个重要问题，就是如何强化对格式条款的规制，尤其是条款制作人如何将一些异常条款通过合理方式向相对人提示，可以说，这一问题比以往任何时候都显得重要。

第四节 合同法与侵权法的相互交融

瓦格纳教授指出，在近几十年的比较法研究当中，侵权责任法无疑是最为热门的课题之一，这不仅是因为人们每时每刻都面临着各种遭受损害的风险，还源于侵权法因为风险和损害类型的发展而随之发生的变化。[③] 诚然，侵权法与合同法的调整范围受到每个国家私法体

---

① 参见赵廷光等：《电子商务安全的几点刑法对策》，载《法商研究(中南政法学院学报)》2000 年第 6 期。

② See Yannis Bakos et al., "Does Anyone Read the Fine Print? Consumer Attention to Standard-Form Contracts", 43 *The Journal ofLegal Studies* 1, 23-24(2014).

③ 参见〔德〕格哈特·瓦格纳：《当代侵权法比较研究》，高圣平、熊丙万译，载《法学家》2010 年第 2 期。

系的传统和法学部门功能地位的影响而有所不同,例如,在英美法系,侵权法的调整范围远远大于合同法的调整范围,而在大陆法系,由于侵权法的保护范围过于狭窄,导致一些国家(如德国)合同法的调整范围不断扩张,如附保护第三人效力契约等制度的产生就反映了这一问题。总体而言,随着时代的发展,合同法与侵权法呈现出相互交融的趋势。其中最主要的特点就是侵权法的调整范围不断扩张而渗入传统合同法的调整领域,合同法的调整范围受到侵权法的侵蚀。这主要表现在:

第一,对债权的保护。债权原则上由合同法保护,随着现代民事责任制度的演化,尤其是违约责任和侵权责任竞合现象的发展,侵权法在特殊情况下也保护合同债权。根据英美侵权责任法,第三人故意引诱他人违约,将构成经济侵权(economic harm),并应负侵权行为责任。[①] 就对外效力来说,债权与其他民事权利一样都具有不可侵害性,当这种权利受到第三人侵害之后,债权人有权获得法律上的救济。尤其是因为债权也体现了债权人所享有的利益,尽管这种利益是预期的利益,但如果债务得以履行,这种利益是可以实现的。在现代社会中,这种利益已经成为一种重要的财富,所以债权也可以成为侵权行为的对象。以《德国民法典》为例,其第 823 条第 1 款规定,因故意或过失不法侵害他人的生命、身体、健康、自由、所有权或其他权利,构成侵权责任。对于该条款来说,立法者明确将该条所保护的权利限定为生命、身体、健康、自由、所有权或其他权利。因为该款使用"其他权利"一词,属于兜底性规定,于是为法官不断扩张侵权法的保护范围留下余地。基于对该款的解释,既产生了人格权等新型的权利,也产生了侵害债权制度。从德国许多侵害债权的案例来看,如双重买卖、引诱违约、不正当雇佣等都是根据该条款来处理的。[②] 正是因为现代侵权法保障的权利范围非常宽泛,所以,许多学者认为,现代侵权法不限于对绝对权的保护,还包括相对权。[③] 此种观点确实反映了现代侵权法发展的趋势。

第二,产品责任。早期的产品责任主要采取合同责任,直至 19 世纪初,法庭对商人与消费者之间签订的合同均采取"买者当心"的规则。[④] 但是,随着工业社会的发展,大量产品充斥市场,尤其是高科技的发展,使得产品的危险性日益增加,受害人的范围逐渐扩大。另外,20 世纪 60 年代,世界范围内的消费者运动蓬勃兴起,这些都使得产品责任问题受到重视。美国在 1916 年的一个案例中,已经开始突破合同相对性的规则[⑤],并通过一系列突破合同相对性的案例而确立了产品责任的侵权责任。美国许多州的法院要求缺陷产品的销售者承担严格责任。1960 年的"海宁森诉布鲁姆菲尔德汽车公司"(Henningsen v. Bloomfield Motor Inc.)案[⑥],更是冲击了担保范畴中的相互关系,使违反默示担保的卖方承担责任的范围突破了合同关系的界限。在大陆法系国家,有关产品责任的规定表现出一定的差异性,各国的规定并不一致。例如,法国通过解释《法国民法典》第 1384 条第 1 款的规定,适用无生物责任

---

① See Epstein, Gregorg, Kleven, *Cases and Materials on Torts* (Fourth Edition), Little, Brown and Company, 1984, pp. 1336-1344.

② 参见朱柏松:《论不法侵害他人债权之效力(上)》,载《法学丛刊》第 145 期。

③ 参见王泽鉴:《侵权行为法(第一册):基本理论、一般侵权行为》,中国政法大学出版社 2001 年版,第 97 页。

④ See Duncan Fairgrieve, *Product Liability in Comparative Perspective*, Cambridge University Press 2005, p. 85.

⑤ 在该案中,被告是一家著名的汽车制造商。原告麦克弗森从零售商那里购买了被告制造的一辆别克轿车。原告在开车送生病的邻居去医院的途中,汽车突然出现故障,他从车里摔出并受伤。经查明,这辆车的一个轮胎使用了有瑕疵的木材,导致行车途中辐条粉碎、汽车撞毁,并导致原告受伤。原告将生产者别克汽车公司诉至法院,法院支持了原告的请求。See MacPherson v. Buick Motor Co. 217 NY 382, 111NE1050, 1916.

⑥ Duncan Fairgrieve, *Product Liability in Comparative Perspective*, Cambridge University Press, 2005, p. 84.

（也称物的监管人责任）制度来解决产品责任问题。[①] 但法国在 1985 年的欧盟指令之后，产品责任制度发生了根本性的变化。其通过修改民法典，在侵权一编中专门对产品责任作出了规定，新的条款是第 1386 条第 1 款至第 18 款。在德国，早期受害人可以选择适用合同法和侵权法的规定，如果其选择侵权法，就应当适用《德国民法典》第 823 条第 1 款关于过错责任的一般条款。[②] 但是，由于过错的证明是比较困难的，后来，在鸡瘟案等案件中，确立了过错推定原则。随着 1985 年《欧盟产品责任指令》的实施，整个欧洲的产品质量法，发生了根本性变化。主要表现在，整个欧洲的产品责任制度依据欧盟指令的要求而得到统一，基本内容都与指令的要求相一致。因此，在实践中消费者因为产品缺陷而致害后，往往通过提起侵权之诉而不是违约之诉的方式来维护自己的权益。

我国产品责任制度的发展也在很大程度上与此类似。为了应对现实中比较严峻的产品质量问题，保护消费者权益，我国不仅采纳了严格责任，而且承认了惩罚性赔偿，特别是在食品、药品领域承认了"知假买假者"的惩罚性赔偿请求权。[③] 这也是希望通过私法来发挥公共政策功能，实现对社会现实问题的综合治理。[④]

第三，医疗领域。患者和医务人员之间是一种合同关系，但是侵权法也通过"医疗损害"的侵权制度为患者提供保护。在大陆法系一些国家，如法国、比利时等，传统上认为医生和病人之间存在医疗合同关系，此种合同是受害人的求偿依据，但合同责任采用严格责任，对医院的诊疗活动并不有利。因此法国逐渐扩张了侵权责任的范围，将之逐步适用于医疗活动领域。在 1936 年的一个案件中，某个医生未尽到注意义务而造成病人的损害，此时法国的法院要求受害人根据《法国民法典》第 1382 条关于侵权行为的一般原则来证明医生的过错，而不考虑受害人是否和医生之间存在合同关系。其主要原因就在于强化对受害人的保护，同时也兼顾医院的诊疗活动的特点。[⑤] 在医疗等领域，合同法与侵权法的交融背后，反映出这样的一种事实：即从保护权利人的角度来看，侵权法有时候能比合同法发挥更为有效的作用，这也导致了合同法在这些领域中的作用的衰减。

侵权法不断扩张的趋势延伸到合同法领域，主要有以下几方面的原因：

第一，在传统合同形式下，交易的内容和对象随着社会的发展而发生了深刻的变化，不少交易对象本身带有潜在的危害性，伴随着交易活动的同时也可能具有侵害他人权利的风险。此种风险引发的履行利益以外的其他人身财产的损害，是传统合同法没有关注、也无力解决的问题。这就要求运用侵权法来解决传统合同法所未曾面对的新问题。例如在法国，对产品的生产者和销售者而言，其对消费者不仅负有合同上的义务，而且要承担由法院在实践中所确立的所谓安全义务（obligation de sécurité），违反此种义务则可能构成侵权。[⑥]

第二，传统的合同法律关系表现出了强烈的相对性，合同关系的产生和延续一般不会与

---

① Duncan Fairgrieve, *Product Liability in Comparative Perspective*, Cambridge University Press, 2005, pp. 90-92.

② 参见〔德〕马克西米利安·福克斯：《侵权行为法》，齐晓琨译，法律出版社 2006 年版，第 114 页。

③ 参见鲍艳、熊丙万：《中国司法观念和司法方法的转型——来自"王海打假案"十年司法史的启示》，载《判解研究》2013 年第 4 辑。

④ 美国法学家戴杰（Jacques de Lisle）观察认为，中国侵权法在产品责任等一系列问题上，强调发挥私法的公共政策功能。参见〔美〕戴杰：《中国侵权法的普通法色彩和公法面向》，熊丙万、李昊、刘明译，载《判解研究》2014 年第 1 辑。

⑤ See P. J. Zepos & Ph. Christodoulou, *International Encyclopedia of Comparative Law*, Vol. 4, Torts, Chapter 6, Professional Liability, J. C. B. Mohr (Paul Siebeck), 1975, p. 8.

⑥ See Duncan Fairgrieve, *Product Liability in Comparative Perspective*, Cambridge University Press, 2005, pp. 90-92.

合同当事人之外的第三人发生联系。而现代合同交易模式发生了深刻的嬗变,特定相对人之间发生的合同关系很可能与第三人发生不同程度的联系,甚至可能损及第三人利益,或者当事人利益被第三人侵害。由此引发的问题是传统合同法无法解决的。而侵权法则为受害人获得救济提供了法律依据和保障。侵权责任法也借此获得了向合同法领域扩张的机会。

第三,在某些情况下严格区分合同责任与侵权责任,未必都有利于保护受害人。《欧盟产品责任指令》第9条规定:"在缺陷产品致人损害的情况下,损害包括因死亡及身体被侵害而生的损害和具有缺陷商品以外之物的毁损灭失。"由此规定可知商品本身的缺陷并不包括在内。此种规定的必要性在于维持契约法和侵权法的区分。但作出此种严格区分,并不利于消费者主张权利,因为产品缺陷既可能造成产品本身的损害,又可能会造成产品以外的损害,此时消费者不可能针对两种损害分别提起诉讼。因此,针对两种损害一并提起侵权诉讼,更有利于保护消费者的权益。我国《民法典》第1202条采纳了这一主张。在合同法与侵权法相互交融的领域,侵权法为人们提供的保障更为有力,人们通过提起侵权之诉的方式能够获得更为有利的赔偿。

吉尔莫指出,"客观地讲,契约的发展表现为契约责任正被侵权责任这一主流逐渐融合"[①]。"可以设想,契约法为侵权法所吞并(或者它们都被一体化的民事责任理论所吞并)是其命中所定。"[②]当然,这种说法未免有些夸张,但侵权法与合同法的交错和相互渗透的现象却是合同法发展的一个重要趋向,它对于保障民事主体的合法权益提供了全面补救的手段。笔者认为,仅仅因为侵权法的扩张而宣称契约死亡,未免言过其实。相反,合同法与侵权法的交融,也为合同法的发展提供了新的机遇。事实上,合同法也对侵权法产生了一定的影响。例如,就安全保障义务而言,就其本源,其实是源于合同法。随着合同法的发展,合同衍生出许多所谓的附随义务,这些义务其实很可能没有在合同中由当事人直接加以明文约定,而是由法律所强加给义务人的义务。这些附随义务之中,重要的内容之一就是安全保障义务。由于此种义务的核心是保障权利人的人身安全,因而必然也涉及侵权法的适用。再如,就减损义务而言,其特殊性在于,它是无过错的权利人所负有的一项特殊义务,即采取合理措施防止已发生损害的进一步扩大;许多学者认为,这是诚信原则的一项衍生义务。这一义务本来源于合同法,但是,晚近以来,部分国家的侵权法在财产侵权之中,也承认受害人负有此义务。

第五节 诚实信用原则在合同法中地位凸显

诚实信用原则,简称为诚信原则,是指作为交易的当事人,在从事交易活动中,要做到恪守诺言,讲究信用,诚实不欺,以信为本,不损害他人利益。诚实信用,以拉丁文表达为Bona Fide,在法文中为Bonne Foi,在英文中为Good Faith。英文直译为"善意",在德文中表达为"忠诚和相信"(Treu und Glauben),在日本法中称为"信义诚实"原则。诚信原则也是当代合同法发展的重要趋势。具体表现在:

一、诚信原则的适用范围不断扩张

诚信原则适用范围的扩张主要表现在,其由原本只适用于特殊情形扩张到普遍适用于

---

① 〔美〕格兰特·吉尔莫:《契约的死亡》,曹士兵、姚建宗、吴巍译,中国法制出版社2005年版,第117页。

② 同上书,第127页。

各种情形，从仅适用于债法扩张到适用于民法各个领域。诚信原则最早起源于罗马法，被称为“善意”(bona fides)[①]，具有法律原则的功能。[②] 其最初仅适用于一些特殊的情形，在罗马法中权利行使自由(Ouiiure utitus nemini farit inicuriam)的原则，包括行使权利不得含有加害意思(Animus Vicno nocendi)及应善意衡平(Konum acquum)进行诉讼程序的内容[③]，其中就包括了诚信的思想。一些学者认为，它起源于罗马法的“一般恶意抗辩”(cexceptio doli generalis)。根据裁判官法，当事人因误信有债的原因而承认的债务实际上并不存在时，可以提出诈欺抗辩，以拒绝履行。同时依市民法规定，当事人如因错误而履行该项债务时，得提起“不当得利之诉”(condictio indebiti)[④]。其对于法律关系内容的控制、填补以及合同条款的解释都能够发挥作用。而在阿奎利亚法(aequitas)中，其更是体现为一种公平交易的基本准则(Gleichbehandlungsgrundsatz)，被视为一种法律关系判断的客观标准。[⑤] 有学者认为，罗马法的“一般恶意抗辩”是现代诚信原则的起源。[⑥] 这一观点不无道理。

近代合同法中，诚信原则主要适用于合同领域。1804 年《法国民法典》规定了诚信原则，但认为该原则仅适用于合同关系，该法第 1134 条规定：“契约应当以善意履行”；第 1135 条规定：“契约不仅对于契约中所载明的事项发生义务，并根据契约的性质，对于公平原则、习惯或法律所赋予此义务的后果发生义务。”在此之后，德国《萨克森王国民法典》将诚信原则视为合同的填补规范[⑦]，表明诚实信用已经成为合同法的基本原则，但其适用范围仍然是有限的。

在英美法中，尽管早期并没有通过制定法来确认诚信原则，但衡平法和判例法很早就确认了诚信原则(good faith)。[⑧] 自中世纪衡平法院设立以后，衡平法官处理案件主要依据“衡平与良心”的原则(the rules of equity and good conscience)，以后逐渐开始遵循前衡平法官所创设的先例。衡平法院管辖的案件大量属于诈欺案件，在这些案件中法官广泛适用了诚信原则。[⑨] 在美国，将诚信原则作为履行义务的标准确定下来始于 1933 年的“Kirke La Shelle Co v. Paul Armstreng Co.”一案，在该案中，法官认为，“在每个合同中均有一项默示的条款：即各方当事人均不得从事毁灭、侵害另一方当事人获得合同的成果的权利，这意味着在任何一项合同中，均包括诚实信用(good faith)和正当交易(fair dealing)的默示条款”[⑩]。在以后的一些案例中，也都涉及诚信原则的运用。[⑪]《美国统一商法典》第 1—203 条规定：“本法所涉及的任何合同和义务，在其履行或执行中均负有诚信之义务。”在该条的正式评论中称，根据该条，诚信原则贯穿于整个统一商法典。《美国统一商法典》第 2—103 条对诚信原则又作了具体解释：“对商人而言，诚信系指忠于事实真相，遵守公平买卖之合理商业准则。”[⑫]根据该法第 1—102 条，依诚信原则所产生的义务，属于法定的强行性规范，当事

---

① 例如，罗马法中在所谓善意第三人、善意占有和取得及守信履约之外，还有善意行为、善意诉讼等概念。

② Roth/Schubert, Münchener Kommentar zum BGB, § 242, Rn. 17.

③ 参见林诚二：《民法理论与问题研究》，中国政法大学出版社 2000 年版，第 5 页。

④ 何孝元：《诚实信用原则与衡平法》，三民书局 1977 年版，第 14 页。

⑤ Roth/Schubert, Münchener Kommentar zum BGB, § 242, Rn. 17.

⑥ 参见史尚宽：《债法总论》，荣泰印书馆股份有限公司 1978 年版，第 319 页。

⑦ Roth/Schubert, Münchener Kommentar zum BGB, § 242, Rn. 18.

⑧ 参见徐炳：《买卖法》，经济日报出版社 1991 年版，第 18 页。

⑨ 参见何孝元：《诚实信用原则与衡平法》，三民书局 1977 年版，第 19 页。

⑩ Kirke La Shelle Co v. Paul Armstreng Co. 263 N. Y. 79, 188 N. E 163(1933).

⑪ Western Oil & Fuel Co. v. Kemp, 245 F. 2d 633, 640 (8th Cir. 1957).

⑫ U. C. C., Official Comments § 2103.

人不得通过其协议加以改变。由此可见,在英美商法,尤其是在合同法中,诚信原则也是一项重要的原则。

在当代合同法中,诚信原则的适用范围已经远远突破了合同法领域,逐步扩张适用于债法甚至整个民法之中,上升成为整个民法的基本原则。例如,《德国民法典》第242条规定:“债务人有义务依诚信和信用,并参照交易习惯,履行给付。”《德国民法典》第157条也规定:“解释合同应依诚信,并考虑交易习惯。”诚信原则在德国法中已经上升为“规则之王”的地位[①],依据这一原则,法官发展了附随义务和补充义务的概念,并产生了禁止权利滥用、禁反言、禁止通过不诚实手段获取权益、恶意抗辩、情势变更、缔约过失等一系列制度,从而不仅广泛适用于民法领域,而且成为法官解释和填补法律漏洞的重要工具。[②]

由此可见,从两大法系的比较来看,诚信原则适用范围的扩张是合同法发展的重要趋势。

二、诚信原则的地位日益提高

由于诚信原则适用范围的扩张,尤其是,其既可以作为衡平法也可以作为解释法广泛适用,因此诚信原则常常被称为民法特别是债法中的最高指导原则,甚至有人将其称为“帝王规则”(König Lehre)[③]。德国学者 Hedemann 指出“诚信原则之作用力,世罕其匹,为一般条项之首位”[④],诚信被视为交易规范的核心因素。[⑤] 这主要是因为,一方面,现代市场经济是信用经济,更注重以诚信为基础构建整个市场经济的体系,维持整个市场经济的正常运转。另一方面,市场经济的发展也与现代金融业的发展密不可分,不论是融资,还是提供担保,都以诚信作为重要的基础。此外,在经济全球化的背景下,跨国贸易、投资往来日益频繁,电子商务可以覆盖全球的每个角落,诚信也是维持全球经济有效运转的重要基础。因此,Casaregis 指出:“诚信是商业的原动机和赋予其生命的灵魂。”[⑥]这也是20世纪以来,诚信原则之所以被两大法系认为是民商法中至高无上原则的原因所在。

三、诚信原则的作用日益凸显

(一)确立行为规则的功能

传统上,合同义务主要由当事人约定产生,法律在例外情况下虽然也要设定一定的义务,但是,诚信原则使合同义务的来源多元化。在比较法上,诚信原则被广泛作为具体规则加以运用。例如,《美国统一商法典》第二章“买卖”中有13个条款对具体的交易行为明文规定了“善意”或“诚信”的要求。[⑦] 两大法系在诚信原则的基础上产生了许多涉及合同义务的规则。诚信原则在合同法中不仅表现为一项基本原则,而且具体化为诚信义务,此种义务具有强行性,当事人不得通过约定排除。

---

① 参见〔德〕莱因哈德·齐默曼、〔英〕西蒙·索特克主编:《欧洲合同法中的诚信原则》,丁广宇等译,林嘉审校,法律出版社2005年版,第14—21页。

② 同上。

③ 〔日〕森田三男:《债权法总论》,日本学阳书房1978年版,第28页。

④ 转引自杨仁寿:《法学方法论》,三民书局1995年版,第171页。

⑤ Roth/Schubert, Münchener Kommentar zum BGB, § 242, Rn. 1.

⑥ Rudolf Meyer, Bona fides und lex mercatoria in der europäischen Rechtstradition(1994), 61ff.

⑦ 《美国统一商法典》第2-305条第2款规定:如果买卖合同规定货物的价格由卖方(或买方)确定,那么该方应“善意地”决定该价格。

（二）确定附随义务的功能

现代合同法的发展趋势之一就是在合同当事人约定的内容之外，产生了附随义务。附随义务主要是依据诚信原则而产生的，诚实信用原则对与给付有关的附随义务的特定化有重大意义。[①] 它通常是指合同当事人应当对相对人负有保护、照顾、保密、通知、协助等义务。诚信原则是附随义务确立的重要依据，也是当事人应当履行的重要义务。[②] 在合同领域，附随义务可以存在于合同订立阶段、合同履行阶段以及合同终止之后，诚信原则使得附随义务得以具体化和扩张。[③] 正是因为诚信原则，产生和扩张了附随义务群的概念，即前契约义务、合同履行义务和后契约义务，从诚信原则中产生的附随义务有助于在商业交易中强化商业道德和商业信用，保障合同的履行。当事人履行债务、行使债权、提出抗辩、解除合同、寻求救济，都要遵循诚信原则。同时，通过诚信原则的适用也强化了国家对私法关系的干预。[④]

（三）衡平的功能

法谚云："法爱衡平"，法律作为一种协调社会利益关系的工具，其本身就是利益衡量的结果。诚信原则要求平衡当事人之间的各种利益冲突和矛盾。许多学者认为，诚信原则是一项重要的衡平法。[⑤] 平等主体之间的交易关系，都是各个交易主体因追求各不相同的经济利益而产生的，而各方当事人之间的利益常常会发生各种冲突或矛盾，这就需要借助诚信原则来加以平衡。例如，一方交货在量上轻微不足且未致对方明显损害，则可以使出卖人承担支付违约金等责任，但不应导致合同的解除，否则对出卖人是不公平的。诚信原则不仅要平衡当事人之间的利益，而且要求平衡当事人的利益与社会利益之间的冲突与矛盾。

（四）解释的功能

诚信原则是解释合同的主要依据。在解释法律或合同方面的作用，常常使该原则被称为"解释法"。[⑥] 我国台湾地区学者何孝元认为：诚信原则作为"解释法"与其作为"补充法"是不同的，"补充法系以外在之意思，以补充原有之意思。解释法则系对于内在之意思加以阐明，使不悖于公平诚信原则也"。[⑦] 如前所述，现代民法的许多制度都是在诚信原则的基础上产生的，包括缔约过失责任、禁反言、情势变更、禁止权利滥用、合同目的解释、权利失权、恶意抗辩、申述丑行者不被采纳、欺诈所得必须返还、积极侵害债权等。[⑧] 由司法审判人员依据诚信原则正确解释法律与合同之规定，对正确适用法律及处理各种合同纠纷有着极为重要的意义。

---

① 参见〔德〕迪尔克·罗歇尔德斯：《德国债法总论》（第七版），沈小军、张金海译，沈小军校，中国人民大学出版社2014年版，第32页。

② Roth/Schubert, Münchener Kommentar zum BGB, § 242, Rn. 166.

③ A. a. O., Rn. 167.

④ 参见韩世远：《合同法总论》（第四版），法律出版社2018年版，第36页。

⑤ 参见徐国栋：《民法基本原则解释——成文法局限性之克服》，中国政法大学出版社1992年版，第36页。

⑥ 何孝元：《诚实信用原则与衡平法》，三民书局1977年版，第6页。

⑦ 同上。

⑧ 参见〔德〕莱因哈德·齐默曼、〔英〕西蒙·惠特克主编：《欧洲合同法中的诚信原则》，丁广宇等译，林嘉审校，法律出版社2005年版，第476页。

第六节 合同法组织经济的功能日益凸显

一、合同法组织经济功能的演进

作为现代合同法的前身,古典合同法理论侧重调整一次性的交易,以交易主体利益的对立性为预设、以合同内容的高度确定性和简单的合同执行机制为主要特征,并未充分认识到合同法在组织经济方面的功能。即认为合同法所追求的是交换正义,其调整的侧重点是单个的交易关系。[①] 而19世纪产生的意思理论,实际上也可以认为是来源于亚里士多德的交易理论,其制度原型仍然是单次交易。与古典的合同法理论相比,现代合同法或新古典合同法理论更注重合同法的社会性,其核心是信赖利益保护规则和允诺禁反言规则。如麦克尼尔将合同置于社会整体之中予以考察,提出合同不仅是合意的产物,还应当将合意之外的各种"社会关系"引入合同。学者逐渐认识到合同法并不只是调整单个的交易关系,其在某种程度上具有组织社会生活的功能。近来,越来越多的学者已经开始高度重视合同法在组织经济中的功能。法学家、经济学家如科斯、哈特、威廉姆森等人直接通过研究企业组织中的合同关系来理解企业制度。[②] 欧洲学者也开始强调正确认识合同法的组织经济功能。如德国学者 Grundmann 等人提出了"组织型合同"(organizational contracts)的概念,认为合同法的功能正从交易性向组织性发展。[③]

随着市场经济的发展,合同法组织经济的功能在现代社会日益凸显,主要源于以下几个原因:其一,社会分工的细化。现代市场条件下,社会分工越来越细致,交易关系也因此越来越复杂和专业,而合同是连接不同交易阶段的纽带,对理顺交易关系、促进交易便捷具有至关重要的作用。由于社会经济生活的复杂性,交易关系也变得越发复杂和专业,当事人要在合同订立过程中充分维护自身的权益,并促成合同的顺利缔结和履行,需要具备大量的相关专业知识和经验,而合同法通过规定各类典型合同,可以在一定程度上弥补当事人缺乏专业知识的不足,降低双方当事人的协商成本,也有利于保证合同公平性。从这一意义上说,合同法作为社会分工的重要媒介,在组织经济方面发挥了基础性作用。其二,产业组织的复杂。按照科斯的交易成本理论,企业的存在是为了节约市场交易成本。市场交易成本高于企业内部的管理协调成本,是企业产生的原因。市场交易的边际成本与企业内部管理协调的边际成本相等之处,是企业规模扩张的界限。可以看出,合同与企业都是组织经济的工具,选择何者取决于交易成本:如果以合同为载体的外部市场成本高于企业内部的管理协调成本,则选择企业作为组织经济的工具;反之,如果市场交易成本低于企业内部的管理成本,则宜选择合同作为组织经济的工具。因此,合同组织经济的功能与企业组织经济的功能并非相互对立,而是相互补充的。其三,新兴技术的跃进。随着计算机和互联网技术的发展,人类社会进入一个信息爆炸的时代。互联网交易的发展也使得合同法组织经济的功能日益

---

① 〔美〕詹姆斯·戈德雷:《现代合同理论的哲学起源》,张家勇译,法律出版社2006年版,第114页。

② R.. Coase, "The nature of the Firm", 4 *Economica*, 386, 390-391(1937); Oliver E. Williamson, *The Economic Institutions of Capitallism*, The Free Press, pp. 32-35;〔美〕奥利弗·哈特:《企业、合同与财务结构》,费方域译,上海人民出版社2006年版,第69—85页;〔美〕弗兰克·伊斯特布鲁克等:《公司法的经济结构》(中译本第二版),罗培新等译,北京大学出版社2014年版,第1—39页。

③ Grundmann et al. (eds.), *The Organizational Contract: From Exchange to Long-term Network Cooperation in European Contract law*, Ashgate Publishing, 2013.

凸显，互联网交易的具体规则需要合同法予以规范，如在网络环境下，要约、承诺的方式发生了重大变化，金融消费者、网购消费者的权益保护及交易平台和支付平台的法律地位等，都需要新规则予以规范[①]；尤其是，在信息时代，随着电子商务的日益发展，出卖人可以根据订单需求组织供给，实现“零库存”，根据个性化需求组织个性化生产。

总之，合同法是现代市场经济最重要的基础设施。这种作用不仅表现在其对交易关系的调整上，还体现在其对经济生活的组织上。改革开放以来，我们逐步认识到，在市场经济条件下，虽然其他力量可以影响和引导资源配置，但决定资源配置的力量只能是市场。合同法所调整的交换关系和经济组织功能之所以很难截然分开，是因为在市场经济条件下，对于市场主体双方而言，交换的过程是一个相互为对方提供产品或服务以满足自身利益需求的过程，即交换可以促使资源向能够最有效利用它的人手中转移，从而实现资源的优化配置。

二、合同法组织经济功能的具体体现

（一）合同法组织经济活动的范围日益宽泛

公司法组织经济的功能在于约束公司组织的成员及组织的内外部关系，适用范围较为特定；而合同法则调整所有的市场主体，其调整对象范围更广，其在组织经济方面的重要性也强于公司法。经济活动是由无数交易所组成的，这些交易连接所有的经济活动主体，涵盖了涉及物、服务以及各种混合交易等所有经济活动类型，包括了从原料生产到最终消费的所有经济活动环节。而所有这些交易原则上都是通过合同来实现的。合同既组织供给，也组织需求，并有效促进供给和需求的连接。从交易实践来看，过去的交易关系更多地强调对当前经济、社会关系的规划与安排，没有考虑对未来交易的预见性。而现代交易关系越来越重视长期性合同和面向未来的信用交易，如期房买卖等针对未来之物的买卖，又如为了规避未来价格剧烈波动的风险而订立的长期供货合同、套期保值交易合同和大宗商品期货交易合同等。在这个意义上，可以说合同就是经济活动本身的具体化。而合同的安全性、可预期性直接决定了经济活动能否顺利进行、社会财富能否顺利增加。

（二）合同从交换型合同到组织型合同的发展

在市场经济条件下，一切交易活动都是通过缔结和履行合同进行的，无数交易构成了完整市场，在这个意义上，合同关系是市场经济最基本的法律关系。[②] 以其功能为分类标准，这些合同关系又可分为交换型合同（exchange contract）和组织型合同（organizational contract）。交换型合同调整单个的交易关系，要么以物或者权利为标的（如买卖合同），要么以物的使用为标的（如租赁合同或借用合同），要么以特定服务为标的（如提供劳务或者服务的合同）；而组织型合同则不像其他合同那样仅调整单个交易关系，而是用于组织复杂的经济活动，在这一过程中，合同被用作组织和管理的工具与载体。[③]

组织型契约有两个核心要素：长期性和网状特性。“组织型契约是合同法中的一个特殊领域，有其自己的特点，更类似于公司法。如今，不只是意思自治、市场规范和稳定性是这两

① UNCITRAL, United Nations Convention on the Use of Electronic Communications in International Contracts, New York, 2005.

② 梁慧星主编：《社会主义市场经济管理法律制度研究》，中国政法大学出版社 1993 年版，第 7 页。

③ See Willamson, “Tranction-Cost Economics: The Governance of Contractual Relations”, 22 *Journal of Law & Economics*, 233-261(1979).

个领域的共同支柱，长期性和网络效果也成为了新的共同特性。”[①]与前述长期性合同类似，当事人在订立组织型合同时，也可能忽略未来的情况，合同能否按照约定履行，具有一定的不确定性。当然，组织型合同与长期性合同也存在一定的区别，在长期性合同中，当事人之间的合作关系一般不具有层级性，而在组织型合同中，当事人按照约定的组织方式履行合同义务，各当事人之间的关系具有一定的组织性和层级性。[②] 与传统的合同关系不同，组织型合同通常并不针对对立的双方当事人所实施的单个行为，而是主要着眼于多方主体基于合同组织起来的共同行为。

(三) 合同法有效地维系了供应链关系

所谓供应链 (Supply chain)，是指在产品生产、流通、分配等过程中所形成的一种交易链条，连接着原材料供应商、生产商、分销商、零售商以及最终消费者等多个市场主体。而合同法具有维护交易秩序的功能，正是体现在其对供应链的有效连接上，这也是合同法组织经济功能的体现。正如有的学者所指出的，在市场经济条件下，“合同几乎从来不是单独出现的，某一合同之所以有成立的可能是由于其过去曾有上百个合同，即所谓上游合同。任何两个人都可以成立买卖铅笔的合同，但两个人单靠他们自己是不能生产一支铅笔的”[③]。由于各种合同关系形成了一个密切联系的交易锁链，因此，过多或不适当地宣告合同无效或解除，必然会造成许多交易的锁链中断，对其他一系列合同的履行造成障碍，给合同当事人的利益也造成不同程度的影响。这也是合同法强调“契约严守”(pactasunt suranda)，视合同为当事人之间法律的原因。进一步讲，合同法不仅保护契约的严守，还可以通过规范制度降低协商成本，尽量保证当事人双方的公平，从根本上减少合同纠纷的产生，提高交易的效率。

(四) 合同法注重对长期合同的调整

合同关系大多是临时性的交易关系，但也存在一些长期性的交易合同，其在调整交易关系的同时，也发挥着组织经济的作用。此类合同主要具有如下特点：一是履行期限的长期性。长期合同调整的是当事人之间的长期合作和交易关系，一般具有较长的履行期限。在长期性合同中(如供货关系)，当事人需要经过多次履行才能最终实现合同目的。由于履行期限较长，当事人在订立合同时，可能对未来的经济生活规划得不够周密，故可能在合同履行过程中发生一些纠纷。[④] 二是参加人数的复数性。对于规范一次性交易的合同关系而言，其一般仅包含双方当事人，而对长期性合同而言，其可能涉及多方当事人，而且各个当事人之间的权利义务关系具有一定的牵连性，合同的相对性规则也可能要受到一定的限制。三是行为的协同性。对传统的合同关系而言，依据诚实信用原则，当事人之间虽然也负有一定的协助、保护等附随义务，但此种义务主要基于诚实信用原则产生，满足最低限度即可，违反该义务一般也不会影响当事人合同目的的实现。但对长期性合同而言，为保障各当事人合同目的的实现，各当事人的行为之间需要进行一定的协同，其程度可能超过附随义务。

(五) 合同法强化对继续性合同的调整

继续性债务是指债务并非一次履行可以终止，而是继续实现的债务。在继续性债务中，

---

① Grundmann et al. (eds.), *The Organizational Contract: From Exchange to Long-term Network Cooperation in European Contract Law*, Ashgate Publishing, 2013, p. 28.

② Ibid., p. 31.

③ 沈达明编著:《英美合同法引论》,对外贸易教育出版社 1993 年版,第 87 页。

④ 〔美〕奥利弗・E. 威廉姆森:《资本主义经济制度》,段毅才等译,商务印书馆 2002 年版,第 113 页。

当事人受到的拘束是长期的甚至是不确定的，因而常以特殊信赖关系为前提。[①] 在很多债的关系中，债务都是一次性清结的，但也有一些债务是持续履行的。继续性债务的履行具有其特殊性，即当事人需要在一定时间内不间断地作出履行。例如，房屋租赁合同中，出租人需要将房屋移转给承租人，供承租人持续地使用。又如，电、水、气、热力的供应都不是一次性完成的，而是持续性的，因而供用电、水、气、热力的合同属于继续性合同。同时，继续性债务在履行时间上具有持续性。当然，仅有履行时间上的持续性，也并不一定属于继续性合同，还要求债务的总额在债的关系成立时不确定。例如，在租赁合同中，就出租人而言，当事人的总给付义务并不确定，除需要将租赁房屋交付给承租人使用外，在租赁合同存续期间，其还须履行一定的修缮等义务，因此，租赁合同在性质上属于继续性合同。而非继续性债务的给付总额在一开始即可确定，并不随着时间的延续而发生变化。就分期付款合同而言，由于其债务的履行虽然有时间上的持续性，但因为给付总额在一开始即可确定，故其并不属于继续性债务，而属于非继续性债务。[②]

（六）合同法规范商业特许经营合同

特许经营合同是一种新的合同类型。[③] 在此种合同关系中，由于特许人和受许人都是独立的主体，特许经营合同本质上也是平等主体之间订立的民事合同。[④] 根据《欧洲民法典草案》第 4.5-4:101 条，特许经营合同，是指一方当事人（特许人）为取得报酬，授予对方当事人（被特许人）从事经营活动（特许经营活动）的权利，被特许人有权为自身利益，以自己的名义在特许人的经营体系下提供特定产品，被特许人有权利也有义务使用特许人的商号、商标或其他知识产权、技术秘密以及模式的合同。美国特许经营协会（IFA）也作出了类似的规定。[⑤] 我国合同法虽未作出明确规定，但相关的行政法规和规章对此作出了规定。根据我国《商业特许经营管理条例》第 3 条的规定，特许经营合同是指特许人将其拥有的注册商标、企业标志、专利、专有技术等经营资源许可他人使用，受许人按照合同约定在统一的经营模式下开展经营，并向特许人支付特许经营费用的合同。在特许经营合同中，许可他人使用其所拥有的注册商标、企业标志、专利、专有技术等的主体称为特许人，而被许可使用的另一方主体称为受许人或被特许人。在特许经营合同中，合同的履行并非一时完成的，而需要持续、不间断地履行，在特许经营关系存续期间，特许人应向受许人持续提供技术、经营模式等方面的指导，受许人也应当按照合同约定持续使用特许人的商号、商业标志、专利技术、经营模式等。同时，特许经营的费用通常不是一次性支付的，而是根据特许经营状况分批进行支付。因此，特许经营合同属于继续性合同。

（七）合同法调整企业收购与合并协议

企业合并是指两个以上的企业合并在一起成立一个新的企业，由新企业承担原先的两个企业的债权债务，或者一个企业被注销后，将其债权债务一并移转给另一个企业。关于企业合并，《民法典》第 67 条第 1 款规定："法人合并的，其权利和义务由合并后的法人享有和

---

① 参见〔德〕迪特尔·梅迪库斯：《德国债法总论》，杜景林、卢谌译，法律出版社 2004 年版，第 13 页。

② 江平主编：《民法学》，中国政法大学出版社 2007 年版，第 453 页。

③ 何易：《特许经营法律问题研究》，中国方正出版社 2004 年版，第 1 页。

④ See Christian von Bar et al.(eds.), *Principles, Definitions and model Rules of European Private Law*, Sellier. European Law Publishers GmbH, 2009, p. 2382.

⑤ 美国特许经营协会（IFA）将其定义为：特许经营是特许人与受许人之间的一种契约关系，根据该契约，特许人向受许人提供一种独特的商业经营特许权，并给予人员培训、组织结构、经营管理、商品采购等方面的指导与帮助，受许人则向特许人支付相应的费用。参见李维华等编著：《特许经营概论》，机械工业出版社 2003 年版，第 2 页，前言。

承担”。该规则也适用于其他债权债务概括移转的情形。企业资产转让与股权转让不同,股权转让只是股东的更换。股权的转让不会涉及公司债权债务的承担问题,因为该债权债务的主体是公司,与股东的股权分属不同主体,且股东对公司的债务依法只在出资范围内承担有限责任,所以股权转让不发生债权债务的概括移转。但如果企业作为一项整体,作为财产的集合转让给他人时,则可能发生债权债务的概括移转。

企业资产转让与商法通常所说的营业转让类似。后者是商法上的概念,原则上不发生债权债务的概括移转,它特指具有一定营业目的、有组织的机能性财产的全部或者重要部分的有偿转让。[①] 营业转让只是企业资产或者“营业”的转让,不涉及债的主体的变化,而债权债务的概括移转将使债的主体发生变化。债权债务概括移转的主要内容是转让债权和债务,而营业转让的主要内容是转让企业的资产,其一般不涉及债权、债务的移转。但在营业转让中,承债式收购与债权债务的概括移转类似,即收购方以承担被收购方债务为条件接收其资产,这实际上是以一方当事人承担债务为接收营业资产的对价的营业转让。[②] 在此种交易安排中,原企业的财产和经营转让给新企业,但原企业可能继续存在,新企业也并不沿用转让经营的企业名称,受让人在吸收他人的财产和营业的同时,也要概括承受他人的债权债务。类似地,在“继任人责任”(successor liability)的制度下,资产买卖中买受人不承担出卖人的义务或责任的原则有以下几个例外[③]:其一,有关的买卖构成了一种事实上的合并(de factomerger);其二,买受人企业是出卖人企业的简单延续(mere continuation);其三,有关的买卖是一种用以规避责任的欺诈性买卖。[④] 就合同之债而言,《民法典》虽然在第 555 条、第 556 条对债权债务概括转让作出了明文规定,但并没有规定营业转让情形下合同权利和义务的概括移转问题,未来修法宜加以补充。

(八)合同法调整金融合同

融资对经济组织的存续与发展的重要性不言而喻。而资金的载体——货币作为各类金钱债权的标的物,最广泛地出现在金融合同中。对于金融债权的实现而言,以下两个要素至为重要:一是债权的清偿得到确保,二是该债权可以较为容易地回收。在这一背景下,担保制度和债权转让制度是金融合同组织经济功能得以发挥的重要保障。通过金融合同(如存款合同),金融机构将他人的闲置资金(具体表现为个人对金融机构所享有的金融债权)集合起来,甚至将金钱债权作为与货币同样的支付手段,如贴现、保理、票据债权等,灵活运用,包括投资于公司之中,从而实现资本的增值和对公司的实际控制。[⑤] 我国《民法典》虽然规定了借款合同、保理合同和融资租赁合同等金融合同,但并没有对其他类型的金融合同,包括存

---

① 参见王文胜:《论营业转让的界定与规制》,载《法学家》2012 年第 4 期。

② 例如,《德国民法典》第 419 条规定:“依契约承受他人财产者,该他人之债权人,于原债务人之转让仍继续外,得对于承受人,自契约订立时起,主张其时业已成立之请求权。承受人之责任以所承受之财产之现状及依契约归属于承受人之请求权为限。”日本修正后的《商法典》第 28 条规定:“营业之受让人,虽不续用让与人之商号,而以承担因让与人营业所生之债务之旨为公告时,债权人对于受让人得为清偿之请求。”

③ Fromm et al., “Allocating Environmental Liabilities in Acquisitions”, 22. *The Journal of Corporation Law*, 429, 440(1997).

④ Bud Antle Inc. v. Eastern Foods Inc., 758 F. 2d 1451, 1456(11th Cir. 1985); Louisiana-Pacific, 909 F. 2d, 1264-65; Mozingo v. Correct Mfg., 752 F. 2d(5th Cir. 1985) 168, 175; *Restatement of Torts(Third): Products Liability*, 1997, § 12. 参见彭冰:《“债随物走原则”的重构与发展——企业重大资产出售中的债权人保护》,载《法律科学》2008 年第 6 期。

⑤ 〔日〕我妻荣:《债权在近代法中的优越地位》,王书江、张雷译,谢怀栻校,中国大百科全书出版社 1999 年版,第 194 页。

款合同、转账安排合同等作出规定,因此还需要通过特别法予以完善。

此外,合同法通过设置相关的风险分担规则,妥当地界定当事人之间的权利义务关系,能够起到合理分配交易风险的作用。现代社会中,简单物物交换式的即时交易较少见,而异地、远期、连续、大规模的交易盛行。这些交易中充满了不确定性,包括市场环境的变化、当事人的机会主义行为等。合同法通过确立合同的示范规则,帮助当事人合理规划未来的风险,指引当事人订立完备的合同,从而有效地防范未来的风险、避免纠纷的发生。[①] 如《民法典》规定的各类典型合同,为当事人的缔约提供了有效的指引,可以降低缔约时的磋商成本,避免交易风险。

第七节 经济全球化对合同法的重大影响

近几十年来对合同法影响最为深远的原因乃是经济的全球化。随着经济的全球化和相伴而来的跨国公司在各国市场上的经营,资源在世界范围内优化组合和配置不断加强,国际经济贸易往来朝着更为密切、更为融合的趋势发展,这也必然导致法律出现全球化趋势。可以说,经济全球化是当代世界最为深刻的变化之一。在经济日益全球化的条件下,作为交易共同规则的合同法以及有关保险、票据等方面的规则日益国际化,两大法系的相应规则正逐渐融合,这就产生了走向相对统一的合同法运动。[②] 正如美国学者夏皮罗指出的,"随着市场的全球化和相伴而来的跨国公司在这种市场上的经营,就产生了走向相对统一的全球化契约法和商法的一些活动"[③]。经济全球化对合同法的影响主要表现在如下方面:

一、两大法系规则的相互渗透和相互借鉴

经济全球化在相当程度上要求推进私法规则的统一和协调。在现代市场经济条件下,交易越来越需要规则的统一性,这样才能减少因制度的不统一而造成的交易成本,降低交易费用,这就要求合同法在世界范围内逐渐统一。传统上两大法系在合同规则上存在诸多差异,但是为了适应市场经济全球化的发展,其具体规则相互融合、相互接近,甚至正在走向统一。尤其是第二次世界大战以来,世界经济一体化发展趋势日益凸显,多个国际性组织(例如联合国国际贸易法委员会)和地区性组织都主导和推动了合同法规则的统一。也有一些关于合同法的示范法问世并被不少国家所采纳。在合同法方面,有关国际公约和示范法主要包括1980年《销售合同公约》、1994年《商事合同通则》、1996年《欧洲合同法原则》等。另外,合同法领域两大法系规则也在走向趋同。例如,英美法历来认为合同是一种允诺,而并没有重视其合意的本质。然而,近几十年来也开始借鉴大陆法合同的概念,强调合同的本质是合意。与此同时,大陆法也借鉴英美法的经验,例如预期违约等制度。尤其两大法系在许多合同法规则上出现了相同之处,例如对于要约的非实质性的变更并不构成反要约,对此两大法系的发展趋势是相同的。

---

① 参见朱广新:《合同法总则》,中国人民大学出版社2008年版,第17页。

② 参见韩世远:《合同法总论》(第四版),法律出版社2018年版,第35页。

③ 转引自《法律全球化问题研究综述》,载《法学研究动态》2002年第9期。

二、合同法呈现出国际化的趋势

“到了20世纪,特别是在欧洲,人们关注的焦点转向支持私法的更新和国际化。这是由于在起草新的法律条文时考虑吸收外国成果的意向不断增强所造成的。此外,在私法的许多领域,法律的统一以及协调已经开始(值得注意的是:统一发生于协调的前面)。”[①]近几十年来,合同法的国际化已成为法律发展的重要趋向,调整国际贸易的合同公约,例如,1980年的《销售合同公约》的制定,熔两大法系的合同法规则于一炉,初步实现了合同法具体规则的统一。1994年,国际统一私法协会组织制定了《商事合同通则》,其尽可能地兼容了不同文化背景和不同法系的一些通用的法律原则,同时还总结和吸收了国际商事活动中广为适用的惯例和规则,其适用范围比《销售合同公约》更为广泛。《商事合同通则》的制定更表明了合同法的国际化是完全可能的。

商事合同是一个与民事合同相对应的概念,其主要指具有商人身份者缔结的合同,或者不具有商人身份者参与缔结的营业性合同。消费合同因不具备商人身份和营业性而被排除在商事合同之外。[②] 从合同标的上看,商事合同不仅包括商品的供应或交换,或者服务的供应或交换,还包括其他类型的经济性交易,例如投资或转让协议、职业服务合同等。[③] 在一些国家,“商事合同”在学理上和制定法上都是一个较为明确的法律术语,此种明确概念的运用通常发生在采用民商分立体制的国家。但需要指出的是,在合同法领域,出现了商事合同和民事合同统一的发展趋势。在民商分立的体制下,交易行为分为商行为和民事行为,合同也相应地被区分为民事合同和商事合同。但随着市场化和经济全球化的发展,出现了商事合同和民事合同统一的发展趋势。所谓国际商法主要就是对交易的法律规则的全球化趋势的反映。1911年的瑞士联邦债务法首先确定了合同法的统一,在世界范围内树立了民事合同和商事合同统一的典范。而1946年的意大利新民法典也采纳了此种模式,被实践证明是成功的。在传统上,民事关系通常包含许多无偿行为,而商事关系均为有偿行为;法律关系的无偿与有偿,导致所适用的法律规则出现差异。在当代,这一差异出现了缩小的趋势。[④]

另外,按照西方一些学者的看法,在商事合同领域出现了一种自治趋势,“产生国际商业自治法的原因看来是:许多传统的国内法制度之间存在着差异,它们不适应现代国际贸易市场上变化了的环境”[⑤]。例如关于不可抗力的概念,各国法律制度各不相同,有的解释比较宽泛,而有的解释相对比较严格,因而在《欧洲经济委员会共同条件》采用了独立于各国定义的不可抗力的概念。[⑥] 这本身是法律全球化的一部分。随着交易实践的发展,一些交易习惯、惯例已成为合同法渊源,在解释合同、填补合同漏洞方面发挥着越来越重要的作用。

---

① 〔德〕冯·巴尔:《欧洲比较侵权行为法》(上卷),张新宝译,法律出版社2001年版,第451页。

② 参见张玉卿主编:《国际统一私法协会国际商事合同通则2010》,中国商务出版社2012年版,第53页。

③ Unidroit Principles of International Commercial Contracts 2004, International Institute for the Nification of Private Law, (Unidroit), Rome, p. 23.

④ Alain Bénabent, Pénalisation, commercialisation et... Droit civil, Pouvoirs, 2003/4 n°107, p. 57.

⑤ 〔英〕施米托夫:《国际贸易法文选》,程家瑞编辑,赵秀文选译,郭寿康校,中国大百科全书出版社1993年版,第217页。

⑥ 参见同上书,第220页。

三、软法在国际商事交易中发挥日益重要的作用

软法是相对于具有国家强制力保证实施的"法"而言的。随着经济全球化的发展,作为法律全球化进程的结果的各种"示范法""原则""标准法"等非强制性文件,对于国际商事交易也产生了重要影响。20世纪后期以来,随着全球层面的公共治理的兴起,国家作为控制者的角色在公共治理中逐渐淡化,形成所谓的"软法"。例如,国际统一私法协会所制定的《商事合同通则》,以及欧洲"兰度委员会"所制定的《欧洲合同法原则》。这些文件不具有强制约束力,但是具有相当程度的示范和导向作用,因此被称为所谓的"软法"①。"软法"的出现对于具有严格体系性的法典也带来影响,在相当程度上成为所谓"后法典化"流派的重要论据之一。一些学者认为,相较于民法典,"软法"更注重私人自治。因此,"软法"似乎应当替代法典的功能。英国学者 Glendon 认为,欧洲共同体规则的一体化、超国家的规范的发展等,都促进了民法典内容的变革。

---

① 罗豪才、宋功德编著:《软法亦法:公共治理呼唤软法之治》,法律出版社2009年版,第314页。

博雅

第二编 | 合同的订立、内容与效力

第五章

合同的订立

第一节　合同的成立和法律拘束力

一、合同成立的概念

合同的成立，是指合同各方当事人的意思表示一致。如果合同是在双方当事人之间订立的，合同就是在双方当事人之间所达成的合意；如果合同是在多方当事人之间订立的，则合同就是由各方当事人所达成的合意。当然，从鼓励交易的角度出发，合同的成立并不需要当事人就合同的所有条款均达成合意，而只需要就合同的主要条款达成合意。合同的成立是合同履行、变更、终止、解释等制度的前提，也是认定合同效力的基础。如果合同根本没有成立，那么确认合同的有效和无效问题也就无从谈起。此外，合同是否成立也是区分违约责任与缔约过失责任的重要标志。在合同成立以前，合同关系不存在，因一方的过失而造成另一方信赖利益的损失的，属于缔约过失责任的范畴，而不属于违约责任的范畴。只有在合同成立以后，一方违反义务才构成对合同义务的违反并应负违约责任。

就此，我国《民法典》第 465 条第 1 款规定："依法成立的合同，受法律保护。"第 502 条第 1 款规定："依法成立的合同，自成立时生效，但是法律另有规定或者当事人另有约定的除外。"合同成立是合同生效的前提。《合同编通则解释》第 3 条第 3 款规定："当事人主张合同无效或者请求撤销、解除合同等，人民法院认为合同不成立的，应当依据《最高人民法院关于民事诉讼证据的若干规定》第五十三条的规定将合同是否成立作为焦点问题进行审理，并可以根据案件的具体情况重新指定举证期限。"合同在成立以后，才能进行效力判断，成立是前提。《最高人民法院关于民事诉讼证据的若干规定》第 53 条中规定：诉讼过程中，当事人主张的法律关系性质或者民事行为效力与人民法院根据案件事实作出的认定不一致的，人民法院应当将法律关系性质或者民事行为效力作为焦点问题进行审理。

在一般情况下，合同一经成立便生效，合同成立的时间也就是合同生效的时间，因此，合同成立的时间可以成为判断合同生效时间的标准。[①] 但也有一些合同的成立和生效时间是不同的，例如，效力待定的合同虽已成立，但其效力处于不确定状态。当然，此类情况毕竟是例外现象。

---

① 参见黄薇主编：《中华人民共和国民法典合同编解读》（上册），中国法制出版社 2020 年版，第 17 页。

二、合同成立的要件

合同的成立应当具备以下要件:

(一) 存在双方或多方当事人

合同是双方或多方当事人意思表示一致的产物,所以合同的成立必须存在双方或者多方当事人。如果仅有一方当事人,则无法形成意思表示一致,也就不能成立合同。例如,甲以某公司的名义订立合同,如果并不存在该公司,则可以认为不存在一方当事人,合同不能成立。合同当事人又称为合同主体,他们是实际享受合同权利并承担合同义务的人。① 有些合同当事人并未亲自参与合同的订立,但可以成为合同主体(如通过代理人订约),而另一些主体可能参与合同的订立而不能成为合同主体(如代理人)。

(二) 订约当事人经过要约、承诺而达成了合意

订约当事人必须达成了合意,而这一合意的达成往往需要经过要约和承诺两个阶段。《民法典》第 471 条规定:“当事人订立合同,可以采取要约、承诺方式或者其他方式。”要约和承诺是合同成立的基本规则,也是合同成立必须经过的两个阶段。如果合同没有经过承诺,而只是停留在要约阶段,则合同根本未成立。例如,甲向某编辑部(乙)去函,询问乙是否出版有关法律职业资格考试的教材和参考资料,乙立即向甲邮寄了法律职业资格考试的资料 5 本,并要求甲支付资料费 120 元。甲认为该书不符合其要求,拒绝接受,双方为此发生争议。从本案来看,甲向乙去函询问情况并表示愿意购买法考资料和书籍,属于一种要约邀请行为,而乙向甲邮寄书籍的行为属于现货要约行为。假如甲因该书不符合其需要而拒绝收货,事实上意味着甲拒绝承诺,故双方并未达成合意,因而合同并未成立。

依据《民法典》第 471 条,当事人订立合同,可以采取要约、承诺方式以外的其他方式。该条之所以允许当事人采用要约、承诺之外的其他方式订立合同,主要是因为在实践中,有一些当事人采用了无法区分要约与承诺的订约方式,或在有一些场合中,区分要约与承诺并无必要。例如,交叉要约就属于以要约、承诺之外的方式订立合同的形式。

(三) 当事人就合同主要条款达成合意

合同成立的根本标志在于,合同当事人就合同的主要条款达成合意。所谓主要条款,又称必要条款,是指根据特定合同的性质所应具备的条款,如果缺少这些条款合同是不能成立的。从现代合同法的发展趋势来看,为适应鼓励交易、增进社会财富的需要,各国合同法大都减少了在合同成立方面的不必要的限制(例如现代合同法不像古代合同法那样注重形式),并广泛运用合同解释的方法,尽可能促使合同成立。如合同当事人已就主要条款达成合意的,纵使尚未就非必要条款形成合意,通常不影响合同的成立。② 我国《民法典》第 470 条第 1 款规定:“合同的内容由当事人约定,一般包括下列条款:(一) 当事人的姓名或者名称和住所;(二) 标的;(三) 数量;(四) 质量;(五) 价款或者报酬;(六) 履行期限、地点和方式;(七) 违约责任;(八) 解决争议的方法。”该条使用了“一般包括”而未使用“必须包括”的用语,表明上述条款只是为当事人订约提供指引,为主要条款的判断提供参考,而并不是每一个合同所必须包括的主要条款。为了准确认定合同的主要条款,法院需要在实践中根据特定合同的性质具体认定哪些条款属于合同的主要条款,而不能将《民法典》第 470 条所规

---

① 参见苏惠祥主编:《中国当代合同法论》,吉林大学出版社 1992 年版,第 67 页。

② 参见韩世远:《合同法总论》(第四版),法律出版社 2018 年版,第 103 页。

定的合同条款作为每个合同所必须具备的主要条款。

为了准确认定合同的主要条款,《合同编通则解释》第 3 条第 1 款规定:"当事人对合同是否成立存在争议,人民法院能够确定当事人姓名或者名称、标的和数量的,一般应当认定合同成立。但是,法律另有规定或者当事人另有约定的除外。"该条对合同的主要条款作出了规定,即在一般情形下,如果能够确定当事人姓名或者名称、标的和数量,则应当认定合同成立。除非法律另有规定或者当事人另有约定,在买卖合同中,仅当事人的名称或者姓名、标的和数量条款,为主要条款。由此可见,该条将名称或姓名、标的和数量条款作为合同成立的必要条款。例如,订立买卖合同,首先就要确定购买何种货物,以及购买的数量,否则,买卖合同将难以有效成立。因此,依据这一规定,要约人发出的要约,应当包含这两个主要条款,而相对人在承诺时也应当对这两项内容作出承诺,对这两项内容作出变更的,构成实质性变更。

以上只是合同的一般成立要件。如果法律规定或当事人约定对一些合同设定了特定的成立要件,那么这些合同的成立就必须符合这些特定要件。此处的法律另有规定主要包括两大类:一是法律关于要式合同、实践合同等的规定;二是特别法对合同成立条件的特别规定。当事人也可以对合同成立条款另有约定。例如,当事人约定合同必须经过公证才能成立时,在未办理公证的情形下,合同即无法成立。

因此,在当事人就合同主要条款达成合意时,合同即可成立,即便当事人未就合同非主要条款达成合意,也并不意味着合同无法有效成立,从鼓励交易的原则出发,《合同编通则解释》第 3 条第 2 款规定对合同欠缺的内容,人民法院应当依据《民法典》第 510 条、第 511 条等规定予以确定。这就是说,欠缺上述非必要条款,并不意味着合同不成立,从鼓励交易原则出发,当事人可以在事后达成补充协议或依据《民法典》511 条关于填补合同漏洞的规定来确定合同的内容。

一旦当事人形成了合意,合同一般即宣告成立,而如果未能达成合意则无法形成合同。缺乏合意可以分为明显的不合意和隐藏的不合意。所谓明显的不合意是指当事人显然未就合同的条款达成合意。而所谓隐藏的不合意,是指当事人并没有意识到双方没有达成合意,例如合同所使用的词句具有多义性,当事人双方对于该词句的理解并不相同。[①] 在隐藏的不合意的情形中,可以依据《民法典》第 510 条的规定事后通过协商达成补充协议,不能达成补充协议的,按照合同相关条款或交易习惯确定。如果依据该条无法确定,则构成不合意,合同无法成立。例如,双方当事人就购买某件古董达成合意,但没有约定价款,事后因为古董不存在国家定价或市场价格,因此,无法确定价格条款,故而也构成不合意。

三、合同的法律拘束力

《民法典》第 465 条第 1 款规定:"依法成立的合同,受法律保护。"所谓受法律保护,就是指依法成立的合同对当事人具有法律拘束力。当事人应当按照约定履行自己的义务,不得擅自变更或者解除合同;任何一方违反合同,都应当依法承担违约责任。

(一) 合同对当事人的拘束力

依据合同的相对性,合同的法律拘束力主要体现在对当事人的拘束力上,具体体现为权

---

① 参见韩世远:《合同法总论》(第四版),法律出版社 2018 年版,第 104 页。

利、义务和责任三个方面。

第一,从权利方面来说,合同当事人依据法律和合同所产生的权利依法受到法律保护。合同的权利包括请求和接受债务人履行债务的权利,以及在一方不履行合同时获得补救的权利、诉请强制执行的权利等。当事人因正当行使这些权利而获得的利益,也受到法律的保障。

第二,从义务方面来说,合同对当事人具有拘束力,当事人根据合同所产生的义务具有强制性,当事人应当按照法定和约定的义务履行合同。《民法典》第509条第1款规定:"当事人应当按照约定全面履行自己的义务。"当事人拒绝履行和不适当履行义务或随意变更和解除合同,都是对法律的违反,因此本质上属于违法行为。

第三,从责任方面来说,如果当事人违反合同义务,则应当承担违约责任。也就是说,如果当事人不履行其应负的义务,将要借助国家的强制力强制义务人履行义务。可见,法律责任乃是合同义务的保障,失去了法律责任,合同将很难产生真正的拘束力。

当事人订立合同的目的,就是要使合同产生拘束力,从而实现合同所规定的权利和利益。如果合同不能生效,则合同等于一纸空文,当事人也就不能实现订约目的。从实践来看,如果当事人依据法律的规定订立合同,合同的内容和形式都符合法律规定,则这些合同一旦成立,便会自然产生法律拘束力。因此,在通常情形下,依法成立的合同,自成立时生效。但是,在法律另有规定或者当事人另有约定的情形下,合同虽然已经成立,却并不当然生效,这主要有如下几种情形:一是附条件的合同。所谓附条件的合同,是指当事人在合同中特别规定一定的条件,以条件的是否成就来决定合同效力的发生与否的合同。例如,甲、乙双方约定,在甲将某项产品试验成功以后,乙即向甲赠送一套设备。在该例中,产品试验成功是一个条件,在该条件实现时,赠送设备的合同即发生效力。根据我国法律规定,除了法律明确规定的不得附条件的民事法律行为(如继承权的接受或放弃等民事法律行为不得附条件)以外,其他民事法律行为均可以由当事人设定条件,以此限制民事法律行为的效力,从而满足当事人的各种不同需要。二是依法需要办理批准等手续才能生效的合同。如果法律、行政法规规定合同应当办理批准等手续的,依照其规定。未办理批准等手续的,该合同未生效,但是不影响合同中履行报批等义务条款以及相关条款的效力。应当办理申请批准等手续的当事人未履行义务的,对方可以请求其承担违反该义务的责任。三是当事人约定了特殊生效要件的,应当符合当事人的约定。例如,当事人在合同中特别约定,以办理公证为合同生效要件,则合同签订以后,还不能立即生效,必须在当事人办理了公证以后才能实际生效。

（二）合同在特殊情形下对第三人的拘束力

合同不仅对当事人具有拘束力,而且在特殊情形下,还对合同当事人之外的第三人具有拘束力。也就是说,依法成立的合同所具有的效力,包括排斥第三人非法干预和侵害的效力。有学者将债的效力界定为"为实现债的目的,法律赋予债的当事人及有关第三人某种行为之力或者拘束之力以及在债务不履行时的强制执行力"[①]。在实践中,合同的履行通常受到第三人的影响,如第三人非法引诱债务人不履行债务或采取拘束债务人等非法强制手段迫使债务人不履行债务,或者与债务人恶意串通损害债权人利益等。如果不赋予合同在特殊情况下排除第三人非法干预和侵害的效力,就不能保证合同的正常履行和合同目的的

---

① 章戈:《论债的效力》,载《法学研究》1990年第4期。

实现。

第二节　要　约

一、要约的概念

要约又称为发盘、出盘、发价、出价或报价等，是订立合同所必须经过的程序。《民法典》第 472 条第 1 款前段规定："要约是希望与他人订立合同的意思表示。"依据这一规定，要约是一方当事人以缔结合同为目的、向对方当事人所作的意思表示。发出要约的人称为要约人，接受要约的人则称为受要约人、相对人。要约主要具有如下法律特征：

第一，要约是一种意思表示。所谓意思表示，是指向外部表明意欲发生一定私法上效果之意思的行为。意思表示中的"意思"是指设立、变更、终止民事法律关系的内心意图。所谓"表示"，是指将此种内心意图表示于外部的行为。[①] 意思表示不同于事实行为，是因为意思表示的表意人具有旨在使法律关系发生变动的意图，该意图不违反法律的强制性规定和公序良俗，因而发生当事人所预期的效力。从这个意义上说，意思表示是实现意思自治的工具，行为人可以依据自己的主观意志与外界发生法律关系，并能够依法产生、变更、终止民事法律关系，从而形成了民法特殊的调整方法。

第二，要约是希望和他人订立合同的意思表示。要约是订立合同的必经阶段，不经过要约的阶段，合同无法成立。要约作为一种订约的意思表示，能够对要约人和受要约人产生一种拘束力。尤其是要约人在要约的有效期限内，必须受要约的内容拘束。依据《民法典》第 472 条第 2 项的规定，要约的意思表示必须"表明经受要约人承诺，要约人即受该意思表示约束"。要约在到达受要约人后，非依法律规定或受要约人的同意，不得变更、撤销。

第三，要约不是民事法律行为。尽管要约是一种意思表示，属于法律行为中的一个要素[②]，但其并不是民事法律行为。因为一方面，要约必须经过受要约人的承诺，才能产生要约人预期的法律效果(即成立合同)，对要约来说，其内容只是表达了要约人一方要求订立合同的意思，合同是否能够成立，要约的条件是否能被受要约人所接受，均有待于受要约人作出承诺。如果没有承诺，则当事人没有达成合意，合同无法成立，要约就不能产生要约人所预期的法律效果。而民事法律行为都可以产生行为人所预期的法律效果。另一方面，所受的拘束不同。民事法律行为对双方产生严格的拘束力，违反法律行为将导致违约责任的承担等。而要约虽然也拘束要约人，但是对于撤销要约等行为，造成对方当事人的损害时，可能只是承担缔约过失责任。

二、要约的有效条件

要约通常都具有特定的形式和内容，一项要约要发生法律效力，必须具备特定的生效条件，否则要约不能成立，也不能产生法律效力。依据《民法典》第 472 条，要约的有效条件如下。

(一) 要约是由特定主体作出的意思表示

要约人发出要约旨在获得相对人的承诺，并据此订立合同。因此，要约人应当是特定的

---

① 参见胡长清：《中国民法总论》，商务印书馆 1935 年版，第 223 页。

② 参见韩世远：《合同法总论》(第四版)，法律出版社 2018 年版，第 117 页。

主体。例如,对订立买卖合同来说,要约人既可以是买受人也可以是出卖人,但必须是准备订立买卖合同的当事人。要约是一种意思表示,而不是事实行为,其符合意思表示的构成要件,经受要约人承诺后,可以在当事人之间成立合同关系。

(二)要约必须表明经受要约人承诺,要约人即受该意思表示约束

要约人发出要约的目的在于订立合同,而这种订约的意图一定要由要约人通过其发出的要约充分表达出来,才能在受要约人承诺的情况下成立合同。依据《民法典》第 472 条的规定,要约是希望和他人订立合同的意思表示,要约中必须表明要约经受要约人承诺,要约人即受该意思表示拘束。在判断要约人是否具有订约意图时,应当考虑要约所使用的语言、文字及其他情况。原则上,在判断时应当采表示主义的客观标准。[①] "决定订约"意味着要约人并不是"准备"和"正在考虑"订约,而是已经决定订约。正是因为要约具有订约的意图,所以,一经对方承诺,即可成立合同。

(三)要约必须向要约人希望与之缔结合同的受要约人发出

要约必须向要约人希望与之缔结合同的受要约人发出。要约原则上应向特定的人发出,特定人可以是一个人,也可以是数个人。为什么受要约人原则上应当特定呢?因为一方面,受要约人的特定意味着要约人对谁有资格作为受要约人的问题作出了选择,也只有受要约人特定才能明确受要约人。一旦要约人确定了受要约人,这样一经对方的承诺,合同就可以成立。[②] 反之,如果受要约人不特定,则意味着发出提议的人并未选择真正的相对人,该提议不过是为了唤起他人发出要约,其本身并不是要约。例如,向公众发出某项提议,通常是提议人希望公众中的某个特定人向其发出要约。另一方面,如果受要约人不能确定,却仍可以称为要约,那么向不特定的许多人同时发出以某一特定物的出让为内容的要约是有效的,如果多人向发出要约的人作出承诺,则可能导致一物数卖,影响交易安全。当然,要约原则上应向特定的受要约人发出,并不是说严格禁止要约向不特定人发出。例如,在校园内设置自动售货机的行为即构成要约,此种情形即属于向不特定的受要约人发出的要约。[③] 同时,如果要约人愿意向不特定人发出要约,并自愿承担由此产生的后果,在法律上也是允许的。

(四)要约的内容必须具体确定

依据《民法典》第 472 条第 1 项的规定,要约的内容必须具体确定,具体来说包括两个方面:一是要约的内容必须具体。所谓"具体",是指要约的内容必须具有足以使合同成立的主要条款。要约是受要约人一旦承诺就使得合同成立的意思表示,所以,如果要约不包含合同的主要条款,受要约人即难以作出承诺,或者即便作出了承诺,也会因为这种合意不具备合同的主要条款而使合同不能成立。由于要约旨在缔结具有特定内容的合同,因而要约本身必须确定或者能够确定,它必须包含特定合同的要素(essentialia negotii),从而使要约一经受要约人的承诺就可使合同成立。[④] 二是要约的内容必须确定。所谓"确定",一方面,是指要约的内容必须明确,从而使受要约人能够理解要约的真实含义,而不能含混不清,否则受要约人将无法承诺。另一方面,要约在内容上必须是最终的、无保留的。如果要约人对要约保留了一定的条件,则受要约人将无法作出承诺,在此情形下,要约人的意思表示在性质上并不是真正的要约,而是要约邀请。要约的内容越具体和确定,则越有利于受要约人迅速作

① 参见韩世远:《合同法总论》(第四版),法律出版社 2018 年版,第 118 页。

② 参见徐炳:《买卖法》,经济日报出版社 1991 年版,第 78 页。

③ 参见王泽鉴:《债法原理》,中国政法大学出版社 2001 年版,第 175 页。

④ MünchKomm/Busche, § 145, Rn. 6.

出承诺。

三、要约与要约邀请的区别

（一）要约邀请的概念

要约邀请又称引诱要约，是指希望他人向自己发出要约的表示。《民法典》第 473 条第 1 款第 1 句规定："要约邀请是希望他人向自己发出要约的表示。"依据这一规定，要约邀请具有如下特点：第一，要约邀请是一方邀请对方向自己发出要约，而不是像要约那样是由一方向他人发出订立合同的意思表示。第二，要约邀请不是一种意思表示，而是一种事实行为，也就是说，要约邀请是当事人订立合同的预备行为，在发出要约邀请时，当事人仍处于订约的准备阶段。第三，要约邀请只是引诱他人发出要约，它既不能因相对人的承诺而成立合同，也不能因自己作出某种承诺而约束要约人。在发出要约邀请以后，要约邀请人撤回其邀请的，只要没有给善意相对人造成信赖利益的损失，要约邀请人一般不承担法律责任。

关于要约邀请的性质，学说上有两种不同的观点：一种观点认为，要约邀请不是意思表示，而是事实行为。[①] 另一种观点认为，要约邀请是希望他人向自己发出要约的意思表示。笔者认为，要约邀请并不是意思表示，因为一方面，意思表示必须具有法效意思，这也是意思表示的核心要素，但是在要约邀请中并不包含法效意思，要约邀请虽然是有目的、自觉自愿的行为，但并不具有法效意思。因为意思表示要产生当事人预期的法律效果，而要约邀请并不能产生这种效果，其仅属于要约的引诱。另一方面，意思表示的作出以具有行为能力为必要，如果将要约邀请界定为意思表示，则邀请人应当具有相应的民事行为能力，这并不妥当。例如，寄送价目表的行为人并不需要具有行为能力。正是因为上述原因，《民法典》第 473 条修改了《合同法》第 15 条的规定，将要约邀请界定为希望他人向自己发出要约的"表示"，而不再称为"意思表示"。

虽然要约邀请是一种事实行为，但它是具有一定法律意义的事实行为，具体而言，要约邀请具有如下法律意义：第一，要约邀请的内容在特殊情况下有可能转化为合同的内容，在交易中，一方提出要约邀请后使另一方产生合理的信赖，而双方在以后的要约和承诺过程中，没有作出相反的意思表示，则在某些国家的合同法中，可认为其构成合同的默示条款。第二，某些特殊的要约邀请在法律上是有一定的意义的，如招标公告。依据《招标投标法》第 16 条第 2 款和第 18 条第 2 款，招标公告应载明招标人的名称、地址，招标项目的性质、数量等事项，且不得以不合理的条件限制和排斥潜在投标人，可见招标公告也具有法律效力。第三，在发出要约邀请以后，善意相对人已对要约邀请产生了合理的信赖，并为此发出要约且支付了一定的费用的，如果因为邀请人的过失甚至恶意的行为导致相对人的损失，邀请人应当承担责任。例如，招标人在发出招标文件以后，违反招标文件的规定致投标人遭受损失，亦应依据具体情况负缔约过失责任。第四，在要约邀请阶段，邀请人作出虚假陈述也可能构成欺诈，并应当承担相应的民事责任。

（二）要约邀请和要约的区别

在合同订立问题中，区分要约邀请和要约，关系到合同的成立问题，如果是一方发出要约，另一方接受要约、作出承诺，则合同关系成立；但如果一方发出的是要约邀请，则即便对方同意，也无法在当事人之间成立合同关系。如何区别要约邀请和要约，在实践中极为复

---

① 参见史尚宽：《债法总论》，中国政法大学出版社 2000 年版，第 20 页。

杂。结合我国司法实践和理论,笔者认为,可从如下几方面来区分要约和要约邀请:

1. 依法律规定作出区分。如果法律明确规定了某种行为为要约或要约邀请,即应按照法律的规定作出区分。例如,依据《民法典》第473条的规定,拍卖公告、招标公告、招股说明书、债券募集办法、基金招募说明书、商业广告和宣传、寄送的价目表等为要约邀请。

2. 根据当事人的意愿作出区分。此处所说的当事人的意愿,是指根据当事人已经表达出来的意思来确定当事人对其实施的行为主观上认为是要约还是要约邀请。具体来说,一是要考虑提议的内容。要约中应当含有当事人受要约拘束的意旨,而要约邀请只是希望对方主动向自己提出订立合同的意思表示。[①] 二是要考虑提议中的声明。如当事人在其行为或提议中特别声明是要约还是要约邀请。例如,某时装店在其橱窗内展示的衣服上标明"正在出售"且标示了价格,或者标示为"样品",则"正在出售"且标明价格的标示可视为要约,而"样品"的标示可认为是要约邀请。同时,当事人也可以明确表示其所作出的提议不具有法律拘束力,此时,其所作的提议可能是要约邀请而不是要约。三是要考虑订约意图。由于要约是旨在订立合同的意思表示,所以,要约中应包含明确的订约意图。而要约邀请人只是希望对方向自己提出订约的意思表示,所以,在要约邀请中,订约的意图并不是很明确。

3. 根据提议的内容是否包含合同的主要条款来区分。要约的内容中应当包含合同的主要条款,如此才能因受要约人的承诺而成立合同。而要约邀请只是希望对方当事人提出要约,因此,它不必然包含合同的主要条款。当然,仅以是否包含合同的主要条款来作出区分是不够的,即使要约人提出了未来合同的主要条款,但如果其在提议中声明不受要约的拘束,或提出需要进一步协商,或提出需要最后确认等,都将难以确定他具有明确的订约意图,因此不能认为是要约。

4. 根据交易的习惯即当事人历来的交易做法来区分。例如,根据交易习惯,询问商品的价格,一般认为是要约邀请而不是要约。再如,出租车司机将出租车停在路边招揽顾客,如果根据当地的规定和习惯,出租车司机可以拒载,则此种招揽是要约邀请;如果不能拒载,则认定司机负有强制缔约的义务,此时则构成要约而非要约邀请。

此外,在区分要约和要约邀请时,还应当考虑到其他情况,诸如是否注重相对人的身份、信用、资力、品行等情况(如招聘家庭教师的广告,招聘人注重家庭教师的个人情况,需要与其实际接触和协商),是否实际接触,一方发出的提议是否使他方产生要约的信赖,等等,应当综合各种因素考虑某项提议是要约还是要约邀请。

四、几种典型的要约邀请行为

《民法典》第473条第1款规定:"要约邀请是希望他人向自己发出要约的表示。拍卖公告、招标公告、招股说明书、债券募集办法、基金招募说明书、商业广告和宣传、寄送的价目表等为要约邀请。"因此,下列行为属于要约邀请:

1. 拍卖公告

所谓拍卖,是指拍卖人在众多的报价中,选择报价最高者与其订立合同的一种特殊买卖方式。拍卖一般分为三个阶段:(1) 拍卖表示,是指拍卖人经过刊登或发出拍卖公告,在拍

---

① 参见韩世远:《合同法总论》(第四版),法律出版社2018年版,第119页。

卖公告中对拍卖物作出宣传和介绍。对拍卖表示，各国合同法一般认为属于要约邀请。[①] 因为在该表示中并不包括合同成立的主要条件，特别是未包括价格条款。例如，在“成都鹏伟实业有限公司与江西省永修县人民政府、永修县鄱阳湖采砂管理工作领导小组办公室采矿权纠纷”案中，法院指出：当事人在网站发布公开拍卖推介书的行为，实质上是就公开拍卖事宜向社会不特定对象发出的要约邀请。在受要约人与之建立合同关系，且双方对合同约定的内容产生争议时，该要约邀请对合同的解释可以产生证据的效力。[②] (2) 拍买(又称叫价)，是指竞买者向拍卖人提出价款数额的意思表示。一般认为，拍买的表示属于要约，因为竞买人已就购买标的物提出了价格条件，并愿与出卖人订立合同，竞买人提出价款以后，在没有其他竞买人提出更高的价款之前，该意思表示对竞买人具有拘束力。(3) 拍定，是指拍卖人以拍板、击槌或其他惯用方式确定拍卖合同成立或宣告竞争终结的一种法律行为。一般认为，这种行为在性质上属于承诺。一旦拍定，合同即宣告成立。在整个拍卖流程中，拍卖公告是拍卖的发起阶段，其属于典型的要约邀请。

2. 招标公告

招标是订立合同的一种特殊方式。以招标方式订立合同，要经过招标、投标、定标等阶段。所谓招标，是指订立合同的一方当事人采取招标公告的形式，向不特定人发出的、以吸引或邀请相对方发出要约为目的的意思表示。所谓投标，是指投标人(出标人)按照招标人提出的要求，在规定的期限内向招标人发出的以订立合同为目的、包括合同全部条款的意思表示。所谓定标，是指招标人在开标、评标后从各投标人中选出条件最佳者。招标行为都要发出公告。依据《民法典》第 473 条的规定，此种公告属于要约邀请行为。[③] 因为招标人实施招标行为是订约前的预备行为，其目的在于引诱更多的相对人提出要约，从而使招标人能够从更多的投标人中寻取条件最佳者并与其订立合同；而投标则是投标人根据招标人所公布的标准和条件向招标人发出以订立合同为目的的意思表示，在投标人投标以后必须要有招标人的承诺，合同才能成立，所以投标在性质上为要约。而定标则意味着招标人对投标人的要约予以承诺。

3. 招股说明书

在申请股票公开发行的文件中，招股说明书是一个十分关键的文件。它是指拟公开发行股票的公司经批准公开发行股票后，依法在法定的日期和证券主管机关指定的报刊上刊登的全面、真实、准确地披露发行股票的公司信息以供投资者参考的法律文件。根据《公司法》第 85 条、第 86 条的规定，公司成立时，发起人向社会公开募集股份，必须公告招股说明书，并制作认股书。招股说明书应当载明发起人认购的股份数，每股的票面金额和发行价格，无记名股票的发行总数，募集资金的用途，认股人的权利、义务，本次募股的起止期限及逾期未募足时认股人可撤回所认股份的说明等。招股说明书通过向投资者提供股票发行人各方面的信息，吸引投资者向发行人发出购买股票的要约[④]，但其本身并不是发行人向广大投资者所发出的要约，而只是一种要约邀请。

4. 债券募集办法

债券募集办法又称为发行章程或募债说明书，是指申请发行债券的企业，在有关债券募

---

① 参见〔德〕克里斯蒂安·冯·巴尔、〔英〕埃里克·克莱夫主编：《欧洲私法的原则、定义与示范规则：欧洲示范民法典草案》(第一、二、三卷)，高圣平等译，法律出版社 2014 年版，第 272 页。

② 最高人民法院(2008)民二终字第 91 号民事判决书。

③ 参见黄薇主编：《中华人民共和国民法典合同编释义》，法律出版社 2020 年版，第 912 页。

④ 参见同上书，第 913 页。

集的公告中,告知相关的公司债券募集办法。债券募集办法首先应当经证券管理部门批准,在获得批准之后对外公布,在债券募集办法中,要向公众告知有关债券总额、债券的票面金额、债券的利率、还本付息的期限和方式、债券发行的起止日期等事项。由于债券募集办法只是发出公告,邀请相对人向自己购买企业债券,而不是在相对人作出购买的表示后直接成立合同关系,因此,企业发布债券募集办法在性质上属于要约邀请,而不构成要约。

5. 基金招募说明书

基金招募说明书又称为公开说明书,它是指基金管理人向投资者提供的经国家有关部门认可的介绍基金各项详细内容的法律文件。该法律文件是面向投资者的,以使广大投资者了解基金详情,并帮助其作出是否投资该基金的决策为目的。[①]《证券投资基金法》第 53 条规定,公开募集基金的基金招募说明书应当包括下列内容:基金募集申请的准予注册文件名称和注册日期;基金管理人、基金托管人的基本情况;基金合同和基金托管协议的内容摘要;基金份额的发售日期、价格、费用和期限;基金份额的发售方式、发售机构及登记机构名称;出具法律意见书的律师事务所和审计基金财产的会计师事务所的名称和住所;基金管理人、基金托管人报酬及其他有关费用的提取、支付方式与比例;风险警示内容以及国务院证券监督管理机构规定的其他内容。企业发布基金招募说明书,邀请投资者购买其基金,只是向公众发出了购买基金的邀请,有购买意愿的投资者向企业发出购买基金的请求,企业作出同意投资者购买的承诺后,合同关系才能成立,因此,企业发布基金招募说明书的行为在性质上属于要约邀请,而不构成要约。

6. 商业广告和宣传

广义的广告包括商业广告、公益性广告及分类广告(如寻人、征婚、挂失、婚庆、吊唁、招聘、求购以及权属声明等广告),而狭义的广告仅指商业广告。我国《广告法》第 2 条采纳了狭义的广告概念,即广告是指商品经营者或者服务提供者承担费用,“通过一定媒介和形式直接或者间接地介绍自己所推销的商品或者服务的商业广告”。

依据《民法典》第 473 条的规定,商业广告一般属于要约邀请,所以发出商业广告原则上并不能产生要约的效力。法律上之所以将商业广告作为要约邀请,主要是因为:第一,商业广告旨在宣传和推销某种商品或服务,而一般并没有提出出售该商品或提供该服务的主要条款。发出广告的人通常只是希望他人向其发出购买该商品或要求提供该服务的要约,所以商业广告只是要约邀请。第二,商业广告发出后,不能因任何人接受广告的条件便使合同成立,否则广告人将要承担许多其不可预见的违约责任。第三,广告并非针对特定的人发出,并不符合要约对象为特定主体的特点。

但是,如果商业广告的内容具体、确定,且包含了当事人订约的意思,也可以构成要约。[②]就此,《民法典》第 473 条第 2 款规定:“商业广告和宣传的内容符合要约条件的,构成要约。”也就是说,在符合要约条件的情形下,广告本质上就成为希望与对方订立合同的意思表示,因此其性质上就是要约,而不仅仅是可以被“视为”要约。“视为”作为法律上的拟制,是立法者明知性质不同而作同等对待,但是满足要约条件的广告和宣传事实上已经具有了要约的性质,因此立法不宜再使用“视为”这一表述。例如,广告中声称:“我公司现有某型号的水泥 1000 吨,每吨价格 200 元,先来先买,欲购从速”,或者在广告中声称“保证有现货供应”,则可

---

① 参见〔英〕R. R. 阿罗主编:《投资基金》,企业管理出版社 1999 年版,第 103 页。

② 参见黄薇主编:《中华人民共和国民法典合同编解读》(上册),中国法制出版社 2020 年版,第 56 页。

以依具体情况将该商业广告认为已经构成要约。

一般认为，商业广告构成要约应当具备如下几个要件：第一，广告人具有明确的缔约意图，且有受该商业广告拘束的意思。例如，广告中明确标明“一经承诺合同即成立”或类似字样。第二，广告中必须包含合同的主要条款，或者写明相对人只要作出规定的行为就可以使合同成立，即该广告的内容具体、确定，则应该认为属于要约而不是要约邀请。《欧洲民法典草案》第 2-4:201 条规定，如果经营者在广告中明确表明，其要以特定的价格来提供某种商品或者服务，则视为经营者发出了以该价格提供商品或者服务的要约。[①]

7. 寄送的价目表

生产厂家和经营者为了推销某种商品，通常向不特定的相对人派发或寄送某些商品的价目表。发出价目表的行为虽包含了商品名称及价格条款，且含有行为人希望订立合同的意思，但由于从该行为中并不能确定行为人具有一经对方承诺即接受承诺后果的意图，而只是向对方提供某种信息，希望对方向自己提出订约条件（如购买多少本图书或某种图书），所以，《民法典》第 473 条明确规定，寄送的价目表只是要约邀请，而不是要约。当然，如果行为人向不特定的相对人派发某种商品的订单，并在订单中明确声明愿受承诺的拘束，或者从订单的内容中可以确定他具有接受承诺后果的意图，则应认为该订单不是要约邀请，而是要约。

五、要约的法律效力

（一）要约的拘束力概述

要约的拘束力包括形式拘束力与实质拘束力。所谓形式拘束力是指要约对要约人产生的拘束力，基于此种形式拘束力，法律允许要约人在要约到达之前撤回要约。但是，在要约生效以后，要约人不得随意撤销要约或对要约内容随意加以限制、变更和扩张。[②] 虽然要约可以撤回在比较法上已经形成共识，但是对于要约是否可以撤销，比较法上存在争议。《销售合同公约》第 16 条虽然承认了要约可以撤销，但作出了严格的限制，《商事合同通则》也对要约的撤销予以认可，我国《民法典》明确承认了要约的撤销。

所谓要约的实质拘束力，是指要约对受要约人的拘束力。此种拘束力要求，只要承诺人进行承诺，合同便宣告成立，合同对要约人与承诺人均产生拘束力。此种拘束力又称为承诺适格[③]，即要约生效以后，只有受要约人才享有对要约人作出承诺的权利，受要约人必须根据要约规定的期限、方式等作出承诺；否则，其不构成有效的承诺。

（二）要约生效的时间

要约生效的时间既关系到要约从什么时间对要约人产生拘束力，也涉及承诺期限的问题。关于要约生效的时间，理论上有三种观点：一是发信主义。此种观点认为，要约人发出要约以后，只要要约已处于要约人控制范围之外，要约即产生效力。二是到达主义。到达主义又称为受信主义，此种观点认为，要约必须到达受要约人之时才能产生法律效力。三是了解主义。此种观点认为，要约人发出的要约，在到达相对人后还不能立即生效，必须在相对人了解要约的内涵时才能生效。例如，《销售合同公约》第 15 条规定：“(1) 发价于送达被发

---

① 参见〔德〕克里斯蒂安·冯·巴尔、〔英〕埃里克·克莱夫主编：《欧洲私法的原则、定义与示范规则：欧洲示范民法典草案》（第一、二、三卷），高圣平等译，法律出版社 2014 年版，第 271 页。

② 参见韩世远：《合同法总论》（第四版），法律出版社 2018 年版，第 127 页。

③ 参见同上书，第 130 页。

价人时生效。(2) 一项发价,即使是不可撤销的,得予撤回,如果撤回通知于发价送达被发价人之前或同时送达被发价人。”可见,该公约采纳了到达主义。

我国《合同法》第 16 条第 1 款规定:“要约到达受要约人时生效。”可见,《合同法》采纳了到达主义。但是,《民法典》第 137 条区分以对话方式和以非对话方式作出的意思表示,分别确定其效力,这实际上是修改了《合同法》第 16 条的规定,不再采用统一的到达主义。作出此种修改的主要原因在于:一方面,虽然诸如《销售合同公约》示范法并未对要约生效的时间进行区分,但是其针对的主要是商事交易,到达主义主要针对以非对话方式作出的意思表示,由于我国采民商合一的体例,《民法典》合同编所规范的合同范围广、内容多,因此适用意思表示的一般规则更合适。另一方面,因为意思表示可以以多种方式作出,在非对话方式的情形下,当事人处于异地,通过信件、邮件、传真等方式订立合同的场合,采纳到达主义、确定到达的时间才具有意义。但如果在即时交易中,当事人面对面地订立口头合同,意思表示的发出和到达就没有必要作出区分了。一般认为,在对话方式缔约中,依法作出意思表示,只要所表示出来的意思为对方理解,就应当发生效力。

依据《民法典》第 474 条的规定,“要约生效的时间适用本法第一百三十七条的规定”。《民法典》第 137 条对以对话方式作出的意思表示和以非对话方式作出的意思表示的生效规则分别作出了规定,这也意味着,需要区分以对话方式作出的要约和以非对话方式作出的要约,分别确定要约的生效的时间。

1. 以对话方式作出的要约,相对人知道其内容时生效

所谓以对话方式作出的要约,是指当事人直接以对话的形式发出要约。例如,当事人面对面地订立口头买卖合同,或者通过电话交谈的方式订立合同。关于以对话方式作出的意思表示的生效,《民法典》第 137 条第 1 款规定:“以对话方式作出的意思表示,相对人知道其内容时生效。”在以对话方式作出的意思表示中,意思表示的发出和相对人受领意思表示是同步进行的。[①] 依据该条规定,对以对话方式作出的要约而言,只有在相对人知悉对话的内容时,该要约才能够生效。如果相对人并不知道要约的内容,也无法作出相应的承诺,此时,应当认定要约未生效。因此,就以对话方式作出的要约而言,其生效规则实际上是采取了了解主义。

2. 以非对话方式作出的要约,到达相对人时生效

所谓以非对话方式作出的意思表示,是指当事人以对话以外的形式发出意思表示。例如,采用邮件、传真等方式订立合同。关于非对话方式作出的意思表示的生效,《民法典》第 137 条第 2 款第 1 句规定:“以非对话方式作出的意思表示,到达相对人时生效。”依据这一规定,以非对话方式作出的意思表示,到达相对人时生效,可见,关于以非对话方式作出意思表示的生效,《民法典》采用了到达主义,即到达相对人时生效。所谓到达,是指根据一般的交易观念,已经进入相对人可以了解的范围。到达并不意味着相对人必须亲自收到,只要意思表示已进入受领人的控制领域,并在通常情况下可以期待受领人能够知悉意思表示的内容,就视为已经到达。[②] 这就是说,只要要约送达受要约人所能够控制的地方(如受要约人的信箱等),即为到达。如果要约人未明确限制时间,应以要约能够到达的合理时间为准。在要

① 参见石宏主编:《中华人民共和国民法总则条文说明、立法理由及相关规定》,北京大学出版社 2017 年版,第 328 页。

② 参见徐国建:《德国民法总论》,经济科学出版社 1993 年版,第 96 页。

约人发出要约但未到达受要约人之前，要约人可以撤回要约或修改要约的内容。之所以针对非对话方式作出的意思表示采用到达主义，是因为到达主义为我国立法和司法实践所采纳，《民法典》第 137 条延续了这一立法和司法实践经验。[①]

3. 以非对话方式作出的、采用数据电文形式的要约的生效

在互联网时代，采用数据电文形式作出要约也是合同订立的重要方式。《民法典》第 137 条第 2 款第 2、3 句规定："以非对话方式作出的采用数据电文形式的意思表示，相对人指定特定系统接收数据电文的，该数据电文进入该特定系统时生效；未指定特定系统的，相对人知道或者应当知道该数据电文进入其系统时生效。当事人对采用数据电文形式的意思表示的生效时间另有约定的，按照其约定。"依据该规定，以数据电文形式作出的要约，其生效分为两种情形：一是相对人指定了特定的系统接收数据电文的，此时，该意思表示自该数据电文进入该特定系统时生效；二是相对人未指定特定的系统接收数据电文的，则自相对人知道或者应当知道该数据电文进入其系统时生效。依据《合同法》第 16 条的规定，在相对人未指定特定的系统接收数据电文时，则相关数据电文进入收件人的任何系统的首次时间为到达时间。可见，《民法典》改变了《合同法》第 16 条的规则，原规则规定进入任何数据系统的时间视为到达时间，这显然不利于对受领人的保护，因为表意人可以利用该规则将数据电文发送至受领人并不知晓的地址，并主张意思表示已经到达并生效，这显然对受领人不利。《民法典》第 137 条第 2 款对此作出了修改，规定在未指定特定系统的情形下，必须在相对人知道或应当知道该数据电文进入其系统时才能生效。例如，其所用的邮箱长期不予使用且表意人明知的，则可以认定相对人不应当知道。

（三）要约的存续期限

要约的存续期限是指要约可在多长时间内发生法律效力。要约的存续期限完全应由要约人决定，如果要约人在要约中具体规定了存续期限（如规定本要约有效期限为 10 天，或规定本要约于某年某月某日前答复有效），则该期限为要约的有效存续期限。如果要约人没有确定，则只能以要约的具体情况来确定合理期限。

六、要约的撤回和撤销

（一）要约的撤回

要约的撤回，是指要约人在要约发出以后，未到达受要约人之前，有权宣告取消要约，从而阻止要约生效。如甲于某日给乙去函要求购买某种机器，但甲事后与丙达成了购买该机器的协议，即立即给乙发去传真要求撤回要约，在发出要约的信函到达乙之前，这种撤回应是有效的。《民法典》第 475 条第 1 句规定："要约可以撤回"，就承认了要约可以撤回的规则。

根据要约的形式拘束力，任何一项要约都是可以撤回的，只要撤回的通知先于要约或与要约同时到达受要约人，便能产生撤回的效力。允许要约人撤回要约，是尊重要约人的意志和利益的体现，考虑的是要约人对其意思表示自由处分的权利。[②] 由于撤回是在要约到达受要约人之前作出的，因而在撤回时要约并没有生效，撤回要约也不会影响到受要约人的利

---

① 参见石宏主编：《中华人民共和国民法总则条文说明、立法理由及相关规定》，北京大学出版社 2017 年版，第 329 页。

② 参见黄薇主编：《中华人民共和国民法典合同编释义》，法律出版社 2020 年版，第 918 页。

益。《民法典》第475条规定:“要约可以撤回。要约的撤回适用本法第一百四十一条的规定。”而《民法典》第141条是对意思表示撤回规则的规定,依据该条规定,撤回意思表示的通知应当在意思表示到达相对人前或者与意思表示同时到达相对人,否则不产生撤回意思表示的效力。由于要约属于意思表示,因此要约的撤回需要遵循意思表示撤回的一般规则,既然《民法典》总则编已经就意思表示的撤回进行了规定,因此,可以直接适用总则编的这一规定。

(二) 要约的撤销

1. 要约撤销的概念

所谓要约的撤销,是指要约人在要约到达受要约人并生效以后,受要约人作出承诺前,将该项要约取消,从而使要约的效力归于消灭。法律允许要约可以撤销的理由在于:一方面,从理论上看,要约乃是要约人一方的意思表示,并没有像合同那样对双方产生拘束力,因此,原则上应当允许要约人撤回或者撤销,而不能以合同的拘束力确定要约的效力。另一方面,从实践来看,如果要约人不得撤销要约,可能会对受要约人过多保护,从而不利于保护要约人。因为要约到达后,在受要约人作出承诺之前,可能会因为各种原因如不可抗力、要约内容存在缺陷和错误、市场行情的变化等促使要约人撤销其要约。允许要约人撤销要约对保护要约人的利益、减少不必要的损失和浪费也是有必要的。我国《民法典》第476条在借鉴比较法上先进经验的基础上,规定了“要约可以撤销”。

撤销要约与撤回要约都旨在使要约作废,并且都只能在承诺作出之前实施,但两者存在一定的区别,表现在:撤回发生在要约并未到达受要约人并生效之前,而撤销则发生在要约已经到达并生效之后,但受要约人尚未作出承诺的期限内。由于撤销要约时要约已经生效,因而对要约的撤销必须有严格的限定,需要考虑对受要约人合理信赖的保障问题。[①] 如因撤销要约而给受要约人造成损害的,要约人应负赔偿责任。

关于电子合同订立过程中要约是否可以撤销的问题,应当根据具体情况来确定。尽管在EDI交易中,要约的撤销非常困难,但在理论上仍然是可能的。例如,在要约人发出一项要约的指令以后,尽管该指令已经进入对方的系统,但对方的计算机因为出现故障或其他原因没有自动作出应答,在此情况下,要约人完全可以撤销其要约。

2. 要约撤销的情形

需要指出的是,在法律规定的例外情形下,要约是不得撤销的。《民法典》第476条规定:“要约可以撤销,但是有下列情形之一的除外:(一) 要约人以确定承诺期限或者其他形式明示要约不可撤销;(二) 受要约人有理由认为要约是不可撤销的,并已经为履行合同做了合理准备工作。”允许要约人撤销已经生效的要约,必须有严格的条件限制,否则必将在事实上否定要约的法律效力,导致要约在性质上的变化,同时也会给受要约人造成不必要的损失。那么,如何对要约的撤销作出限制呢? 依据《民法典》第476条的规定,不可撤销的要约包括两种情况。

(1) 要约人以确定承诺期限或者其他形式明示要约不可撤销。

一是要约中规定了承诺期限。这实际上是指要约中明确允诺要约不可撤销或在规定期限内不得撤销。因为要约人在发出要约的时候,已经向受要约人明确告知要约的有效期限,该期限的确定,不仅对要约人产生拘束,而且能够使受要约人产生合理的信赖。例如,要约

① 参见黄薇主编:《中华人民共和国民法典合同编释义》,法律出版社2020年版,第918页。

人在要约中声称"近一个月飞机票打折，价格维持在一千元之内"，这实际上是确定了在一个月中机票价格维持在一千元之内，要约人在一个月内不能更改上述要约的内容。问题在于，在规定了承诺期限的要约到达相对人后的第二天，撤销要约的通知也到达了，此时是否绝对不能撤销？笔者认为，《民法典》第476条规定"确定承诺期限"的要约不可撤销，这实际上是为了保护受要约人的信赖利益，但是如果受要约人并不存在合理的信赖，甚至从事违反诚信原则的行为，此时，就没有对其予以特别保护的必要，要约人仍然可以撤销要约。

二是以其他形式明示要约是不可撤销的。此处所说的其他形式是指除要约人明确规定承诺期限外，要约人以其他方式表明其要约不可撤销。例如，要约人在要约中声称，"我们坚持我们的要约直到收到贵方的回复"，虽然在该要约中没有明确规定要约的期限，但该要约也没有明确限定承诺的期限，且要约的内容是不可更改的。

(2) 受要约人有理由认为要约是不可撤销的，并已经为履行合同做了合理准备工作。此种情形包括两个要件：一是受要约人有理由认为要约是不可撤销的。如何理解"受要约人有理由认为要约是不可撤销的"？这实际上是指受要约人对要约行为已经产生了合理的信赖，因此要约不可撤销，其主要目的在于保护当事人的合理信赖，维护交易安全。[①] 二是受要约人已经为履行合同做了合理准备工作。例如，要约人在要约中附有某种条件，而受要约人要完成该条件，则需要从事广泛的、费用昂贵的调查，如果受要约人已经为此从事了相关的准备工作，则要约人不得撤回该要约。

在此需要讨论的是，法律关于冷静期的规定。所谓冷静期，是指为保护消费者利益，允许在符合一定要件的情况下，消费者在一定期限内撤销要约。[②] 例如，法国1988年7月6日的法律规定："远程买受人有权在收到其订货后7天之内，将其购买的商品退还给出卖人并要求退还货款等。"欧盟的有关法律规定："自接到货物之后7天之内，或服务协议签订之后7天内，消费者有权行使反悔权，无偿退回商品。"[③]我国《消费者权益保护法》第25条规定："经营者采用网络、电视、电话、邮购等方式销售商品，消费者有权自收到商品之日起七日内退货，且无需说明理由……"该条实际上是对合同法定解除事由的规定，法律规定退货期或反悔期的原因在于：一方面，在普通购物中，消费者能够直接见到实物，但在远距离购物时，因为消费者没有看到商品的实物，只能根据在网上提供有关商品的信息来选购商品。由于网上购物既不能与消费者面对面谈判，又不能见到实物，极容易受到生产者或销售者在网上做出的各种广告的误导。因为多媒体形式的电子商务广告更符合客户的视听感受，虚假广告更容易达到以假乱真的效果。[④] 如果不允许消费者退货，很难防止欺诈。规定退货期有利于消费者全面了解商品的性能与质量，也有利于防止欺诈。

3. 要约撤销的效果

《民法典》第476条规定："要约可以撤销……"，但书又规定"有下列情形之一的除外"，其中第2项所说的"不可撤销"并不是指要约人必须无条件地按照要约的内容履行义务。所谓不可撤销，并非禁止撤销，也就是说，要约仍然可以撤销，只不过，如果受要约人在收到要约以后，基于对要约的信赖，已为准备承诺支付了一定的费用，在要约撤销以后，受要约人应

① See Christian von Bar et al. (eds.), *Principles, Definitions and Model Rules of European Private Law*, Sellier. European Law Publishers GmbH, 2009, p.45.

② 参见韩世远：《合同法总论》(第四版)，法律出版社2018年版，第131页。

③ 欧盟1997年5月20日《关于远距离合同中消费者权益保护指令》第6条。

④ 赵廷光等：《电子商务安全的几点刑法对策》，载《法商研究(中南政法学院学报)》2000年第6期。

有权要求要约人予以赔偿。因此,要约的不可撤销规则只是为受要约人主张缔约过失责任提供了依据。当然,对于法律允许撤销的情形,则不存在赔偿的问题。

针对要约的撤销,《民法典》第477条区分两种情形:一是以对话方式撤销要约。《民法典》第477条前段规定:"撤销要约的意思表示以对话方式作出的,该意思表示的内容应当在受要约人作出承诺之前为受要约人所知道。"在以对话方式作出的意思表示中,意思表示的发出和受领是同步进行的。[①] 依据该条规定,对以对话方式作出的意思表示而言,只有在表意人的意思表示被相对人知悉时,意思表示才能够生效。因此,在以对话方式作出的要约撤销中,该意思表示必须在受要约人作出承诺前为其所知。二是以非对话方式撤销要约。《民法典》第477条后段规定:"撤销要约的意思表示以非对话方式作出的,应当在受要约人作出承诺之前到达受要约人。"即该撤销的意思表示必须在受要约人承诺前到达。例如,要约规定的期限为15日,在要约发出后经历了10日才到达受要约人,受要约人需要在5日内作出承诺并到达要约人,如果撤销的意思表示在10日后到达,需要区分受要约人是否已经作出承诺,如果受要约人尚未作出承诺,则可以发生要约撤销的效果,如果受要约人已经作出承诺,则不发生要约撤销的效果,在承诺到达要约人时合同成立。

七、要约失效

要约失效,是指要约丧失了法律拘束力,即不再对要约人和受要约人产生拘束力。受要约人不再享有经由承诺订立合同的地位。[②]《民法典》第478条规定,要约失效的情形主要有如下几种:

第一,要约被拒绝。拒绝要约是指受要约人没有接受要约所规定的条件。拒绝的方式有多种,既可以是明确表示拒绝要约的条件,也可以通过行为表示拒绝。受要约人一旦拒绝要约,要约即失效。不过,受要约人在拒绝要约以后,也可以撤回拒绝的通知,但撤回拒绝的通知必须先于或同时与拒绝要约的通知到达要约人处,撤回通知才能产生效力。

第二,要约被依法撤销。要约在受要约人发出承诺通知之前,可以由要约人撤销要约,要约一旦撤销即告失效。如果撤销要约的意思表示是以对话方式作出的,则该意思表示的内容应当在受要约人作出承诺之前为受要约人所知道;若撤销要约的意思表示是以非对话方式作出的,则应当在受要约人作出承诺之前到达受要约人。

第三,承诺期限届满,受要约人未作出承诺。凡是在要约中明确规定了承诺期限的,则承诺必须在该期限内作出,超过了该期限,则要约自动失效。要约没有确定承诺期限的,如果要约是以对话方式作出的,承诺人应当即时作出承诺,但当事人另有约定的除外;如果要约以非对话方式作出的,承诺应当在合理期限内到达,承诺未在合理期限内到达的,要约即失去效力。

第四,受要约人对要约的内容作出实质性变更。受要约人对要约的内容作出实质性限制、更改或扩张的,表明受要约人已拒绝了要约,但从鼓励交易原则出发,可以将其视为向要约人发出了新的要约。如果在受要约人作出的承诺通知中,并没有更改要约的实质内容,只是对要约的非实质性内容予以变更,而要约人又没有及时表示反对,则此种承诺不应被视为

---

① 参见石宏主编:《中华人民共和国民法总则条文说明、立法理由及相关规定》,北京大学出版社2017年版,第328页。

② 参见黄薇主编:《中华人民共和国民法典合同编释义》,法律出版社2020年版,第922页。

对要约的拒绝。但如果要约人事先声明要约的任何内容都不得改变,则受要约人虽仅更改了要约的非实质性内容,也会产生拒绝要约的效果。

在要约失效后,受要约人也丧失了其承诺的资格,其发出同意接受要约的表示,只能视为向要约人发出新的要约。因此,判断要约是否失效,对于认定合同是否成立十分重要。

第三节 承 诺

一、承诺的概念和要件

承诺,是指受要约人同意要约的意思表示。换言之,承诺是指受要约人同意接受要约的条件以订立合同的意思表示。《民法典》第 479 条规定:"承诺是受要约人同意要约的意思表示。"承诺的法律效力在于,受要约人所作出的承诺一旦到达要约人,合同便告成立。如果受要约人对要约人提出的条件并没有表示接受,而是附加了条件、作出了新的提议,则意味着拒绝了要约人的要约,并形成了一项反要约或新的要约。

依据《民法典》第 479 条的规定,承诺一旦生效就会导致合同的成立,因而,承诺必须符合一定的条件。具体来说,承诺必须具备如下条件,才能产生法律效力。

(一) 承诺必须由受要约人向要约人作出

一方面,承诺必须由受要约人作出。这是因为只有受要约人是要约人选定的,故只有受要约人才能作出承诺,第三人不是受要约人,不具有承诺资格。如果允许第三人作出承诺,则完全违背了要约人的意思。第三人向要约人作出承诺,视为发出要约。但需要指出的是,基于法律规定和要约人发出的要约内容,如果第三人可以对要约人作出承诺,则要约人应当受到承诺的拘束。如果要约是向某个特定人作出的,则该特定人具有受要约人的资格;如果要约是向数人发出的,则其均可成为受要约人。承诺可以由受要约人作出,也可以由其授权的代理人作出。

另一方面,承诺必须向要约人作出。既然承诺是对要约人发出的要约所作的答复,那么只有向要约人作出承诺,才能导致合同成立。如果向要约人以外的其他人作出承诺,则只能视为对他人发出要约,不能产生承诺的效力。

(二) 承诺是受要约人决定与要约人订立合同的意思表示

依据《民法典》第 479 条的规定,承诺在性质上属于意思表示,其必须符合意思表示的要件,即受要约人应当有受承诺拘束的意思。承诺在性质上是需要受领的意思表示。[①] 也就是说,受要约人作出承诺的意思表示后,必须到达要约人才能使合同成立。正如要约人必须具有与受要约人订立合同的目的一样,承诺中必须明确表明同意与要约人订立合同,才能因承诺而使合同成立。[②] 这就要求受要约人的承诺必须清楚明确,不能模糊不清。例如,受要约人在答复中提出,"我们愿意考虑你所提出的条件"或"原则上赞成你们提出的条件"等,都不是明确的订约表示,不能产生承诺的效力。如果答复中包含了承诺的意思,但订约的意图不十分明确,在此情况下,应根据诚实信用原则和交易习惯来确认承诺是否有效。

(三) 承诺的内容必须与要约的内容一致

《民法典》第 488 条规定:"承诺的内容应当与要约的内容一致。受要约人对要约的内容

---

① MünchKomm/Busche, § 147, Rn. 3.

② 参见徐炳:《买卖法》,经济日报出版社 1991 年版,第 100 页。

作出实质性变更的，为新要约。有关合同标的、数量、质量、价款或者报酬、履行期限、履行地点和方式、违约责任和解决争议方法等的变更，是对要约内容的实质性变更。”这就是说，在承诺中，受要约人必须表明其愿意按照要约的全部内容与要约人订立合同。也就是说，承诺是对要约的同意，其同意内容须与要约的内容一致，才构成意思表示的一致(即合意)，从而使合同成立。如果承诺对要约内容的变更构成实质性变更，则不构成承诺，而应视为对原要约的拒绝并作出一项新的要约。

承诺虽然不能改变要约的实质性内容，但这并不意味着受要约人不能对要约的内容进行任何更改。对要约非实质性内容作出更改，不应影响合同的成立。从现代合同法的发展趋势来看，从鼓励交易角度出发，各国立法在承诺的内容上采宽松立场，并不要求承诺必须与要约绝对一致，只要不改变要约的实质性内容，仍然构成承诺，而不是反要约。这一立法经验已经为我国合同立法所借鉴。例如，将履行地点由某一栋小建筑的东门改到西门，而要约人又未及时表示反对的，根据《民法典》第 489 条，应认为承诺有效。当然，即使是非实质性内容的变更，根据《民法典》第 489 条，在以下两种情况下承诺也不能生效：一是要约人及时表示反对，即要约人在收到承诺通知后，立即表示不同意受要约人对非实质性内容所作的变更。如果经过一段时间后仍不表示反对，则承诺已生效。二是要约人在要约中明确表示，承诺不得对要约的内容作出任何变更，否则无效，则受要约人作出非实质性变更也不能使承诺生效。

(四) 承诺必须在要约规定的期限内到达要约人

1. 承诺只有到达要约人时才能生效

我国《民法典》合同编在承诺方面采纳到达主义的原则。所谓到达，是指承诺必须到达要约人控制的范围内。如果承诺以对话的方式作出，则可以立即到达要约人，承诺可立即生效。如果承诺以非对话的方式作出，则相关的承诺文件到达要约人的控制范围的时间为承诺的到达时间。例如，相关的承诺文件到达要约人的信箱或者放置于要约人的办公室，至于到达以后要约人是否实际阅读，则不影响承诺的效力。

2. 承诺必须在规定的期限内到达

承诺的到达必须具有一定的期限限制。《民法典》第 481 条规定：“承诺应当在要约确定的期限内到达要约人。要约没有确定承诺期限的，承诺应当依照下列规定到达：(一) 要约以对话方式作出的，应当即时作出承诺；(二) 要约以非对话方式作出的，承诺应当在合理期限内到达。”这就是说，只有在规定的期限内到达的承诺才是有效的。未能在合理期限内作出承诺并到达要约人，则视为承诺的通常迟延，或称为逾期承诺。此种逾期的承诺在民法上被视为一项新的要约，而不是承诺。由于要约已经失效，受要约人也不能作出承诺。对失效的要约作出承诺，视为向要约人发出要约，不能产生承诺效力。

(五) 承诺的方式必须符合要约的要求

依据《民法典》第 480 条的规定，承诺应当以通知的方式作出，但根据交易习惯或者要约表明可以通过行为作出承诺的除外。这就是说，受要约人必须将承诺的内容通知要约人，但受要约人通知的方式还应当符合要约的要求。如果要约要求承诺必须以一定的方式作出，则受要约人必须按照该方式作出承诺。例如，要约要求承诺应以发送电子邮件的方式作出，则不应采取纸质邮寄的方式。如果要约没有特别规定承诺的方式，则不能将承诺的方式作为有效承诺的特殊要件。

如果要约中没有规定承诺的方式，根据交易习惯也不能确定承诺的方式，则受要约人可以采用如下方式来表示承诺：一是以口头或书面的方式表示承诺，这种方式是在实践中经常采用的。一般来说，如果法律或要约中没有明确规定必须用书面形式承诺，则当事人可以通过口头方式予以承诺。二是以行为方式表示承诺。这就是说，受要约人尽管没有通过书面或口头方式明确表达其意思，但是通过实施一定的行为作出了承诺。这属于通过默示方式作出意思表示，此处所说的行为通常为履行行为。[①] 例如，在现物要约中，接受标的物的一方虽然没有明确表示购买该标的物，但其接受并已使用该标的物，可以视为其以自己的行为作出了承诺。

二、承诺对要约内容不得作出实质性变更

（一）受要约人对要约的内容作出实质性变更将构成新要约

前已述及，承诺的内容应当与要约的内容相一致，这尤其表现在承诺对要约内容不得作出实质性变更。传统大陆法系认为，对于合同的成立，承诺的内容与要约的内容应当保持一致。具体而言，承诺不得附条件，同时也不能对要约的内容进行限制、扩张或者变更。违反上述规则，将导致意思表示不再被作为承诺，而是构成反要约，并同时成立一个新的要约。英美法中的镜像原则（mirror image rule），将承诺和要约比作照镜子一般，即承诺只有与要约的内容完全一致时，合同才能宣告成立。[②] 然而，在实践中，严格要求承诺与要约的内容完全一致，在很多情况下并不可能，也不利于鼓励交易。所以，在美国著名的爱德华·帕伍尔公司诉韦斯特豪斯电器有限公司一案中，法院即对镜像规则作出了一定的修改。[③]《美国统一商法典》第 2-207 条规定"明确和及时的承诺表示或者于合理时间内发送的确认书均构成承诺，即使其所述条款对要约或约定条款有所补充或不同，但承诺的明示以要约人同意这些补充条款或不同条款条件者除外"。而大陆法国家的民法也从鼓励交易角度出发，在承诺的内容上采宽松立场，并不要求承诺必须与要约绝对一致，只要承诺不改变要约的实质性内容，则仍然构成有效的承诺，而不构成反要约。

《国际商事合同通则》借鉴了两大法系的共同经验，于第 2.1.11 条规定："对要约意在表示承诺但载有添加、限制或其他变更的答复，即为对要约的拒绝，并构成反要约。但是，对要约意在表示承诺但载有内容的添加，或不同条件的答复，如果所载的添加或不同条件没有实质性地改变要约的条件，那么，除非要约人毫不迟延地表示拒绝这些答复，则此答复仍构成承诺。如果要约人不作出拒绝，则合同的条款应以该项要约的条款以及承诺通知中所载有的变更为准。"由此可见，承诺的内容并不一定要与要约的内容相一致，如果承诺并未对要约作出实质性变更，则仍然构成有效的承诺。因此，并非承诺的任何变更均构成实质变更，只有承诺从实质上修正或调整了要约的条款，才构成实质变更，如果承诺只是重申要约条款而没有改变其内容，则并不构成实质变更。承诺对要约内容的变更是否构成实质性变更，需要结合具体个案进行判断。[④]

何谓实质性变更？实质性变更是指承诺对要约内容的变更，将对要约的内容和当事人

---

① 参见黄薇主编：《中华人民共和国民法典合同编释义》，法律出版社 2020 年版，第 925 页。

② See ALI：Restatement of Law (2rd)，Contract，§ 59；see also UCC Section 2-207.

③ See Idaho Power Co. v. Westinghouse Electric Corp. United States Court of Appeals，Ninth Circuit，1979. 596 F. 2d 924.

④ Stefan Vogenauer，*Commentary on the UNIDROIT Principles of International Commercial Contracts* (PICC)，Oxford University Press，2015，p. 510.

的利益产生重大影响。但问题在于,如何认定承诺构成对要约内容的"实质变更"? 比较法上存在两种模式:

一是《商事合同通则》采用抽象概括的模式。其认为对实质性变更无法具体确定,而应采纳合理期待理论确定,《商事合同通则》认为在受要约人可以合理地期待要约人会同意此变更条款时,此变更就不构成实质变更。另外,对要约人有利的变更,例如要求一个更大的折扣、免运费、延长担保期间等,都不构成实质变更。[①] 但如果此变更构成"意外条款"(surprising terms)时,则构成实质变更。[②]

二是《销售合同公约》采取了具体列举实质性变更事项的做法,根据《销售合同公约》第19条第3款,"有关货物价格、付款、货物质量和数量、交货地点和时间、一方当事人对另一方当事人的赔偿责任范围或解决争端等的添加或不同条件,均视为在实质上变更发价的条件。"

我国《民法典》第488条基本采纳了《销售合同公约》的规则,对实质性变更的内涵没有进行抽象的界定,依据这一规定,实质性变更是对要约内容的实质性修改,所谓实质内容,是指对当事人利益有重大影响的合同内容。依据我国《民法典》第488条第2句,"有关合同标的、数量、质量、价款或者报酬、履行期限、履行地点和方式、违约责任和解决争议方法等的变更,是对要约内容的实质性变更"。对这些内容作出变更,从根本上违背了要约人的意思,因此,此种变更不能产生承诺的效力。

当然,对上述条款的修改是否构成实质性变更还要依据具体情形加以判断,且需要考虑交易的具体情形。虽然《民法典》第488条列举了各种实质性变更的情形,但交易情形非常复杂,在特定交易中,该条所列举的情形未必都属于实质性变更的情形。例如,在同城交易中,履行地点的变化通常并不会不当增加当事人的履行负担,因此,不宜将其认定为实质性变更的情形。这就是说,如何判断某一合同内容的变化是否属于实质性变更,应当根据交易的具体情形予以判断。一方面,实质性情形不限于上述所列各项,合同的条款很多,法律很难列举穷尽,本条使用"等"这一兜底性规定,表明该条款的列举仅具有提示性质[③],其不限于法律规定的情形,例如,对纠纷解决适用法律的选择也应是实质性的条款。另一方面,在具体合同的订立中,要考虑其具体内容和情形。例如,在有些合同中,其履行方式可能并不重要,履行方式的变更就不应当作为实质性变更。再如,就标的物数量的微小调整,也不应作为实质性变更。总之,在判断实质性变更时,还需要结合交易的具体情形来判断。

采用实质性变更的模式具有其合理性,其一方面可以为法官认定实质性变更提供明确的指引,从而保持裁判标准的统一。另一方面,对交易当事人而言,法律明确列举实质性变更的情形,也有利于保障当事人交易的合理期待。当然,《民法典》第488条虽然明确列举了对要约内容进行实质性变更的具体情形,但承诺对上述事项的变更是否构成实质性变更,还需要遵循具体问题具体分析的思路,结合个案中的具体情形来判断,尤其需要考虑承诺对要约内容的变更对当事人利益的影响。如果受要约人所发出的承诺虽然对上述事项作出了变更,但该变更对要约人的利益并没有重大影响,则不应当将其认定为实质性变更。

在受要约人对于要约的内容作出实质性变更的情形下,不能发生承诺的效力。《民法

---

① Stefan Vogenauer, *Commentary on the UNIDROIT Principles of International Commercial Contracts* (PICC), Oxford University Press, 2015, p. 513.

② Ibid.

③ 参见黄薇主编:《中华人民共和国民法典合同编释义》,法律出版社2020年版,第938页。

典》第488条第2句规定："受要约人对要约的内容作出实质性变更的，为新要约"，在此情形下，要约人将处于受要约人的地位，其可以拒绝也可以接受该新要约。实质变更的内容虽然不一定是合同的必要条款，但其一般构成未来合同的重要条款。对这些内容作出变更，从根本上违背了要约人的意思，因此，此种变更不能产生承诺的效力。

（二）承诺对要约内容作出的非实质性变更通常有效

《民法典》第489条规定："承诺对要约的内容作出非实质性变更的，除要约人及时表示反对或者要约表明承诺不得对要约的内容作出任何变更外，该承诺有效，合同的内容以承诺的内容为准。"由此可见，法律上认可了承诺可以对要约的内容作出非实质性变更。所谓非实质性变更，是指除《民法典》第488条所规定的实质性变更以外的内容变更。从表面上看，非实质性变更也是对要约内容的变更，但此种变更没有实质改变要约的内容，对当事人的利益也没有产生重大影响，没有实质性地增加要约人的负担，因此，该承诺可以成为有效的承诺。

具体来说，非实质性变更主要有如下情形：一是对要约中实质性变更以外的内容作出变更。对《民法典》第488条所列举的条款以外的内容所作出的变更，如对产品包装、售后服务等内容的变更，即属于非实质性变更。二是对要约中实质性内容的轻微变更、对当事人利益不发生实质性影响的，不应属于实质性变更。尽管依据《民法典》第488条，对有关合同标的、数量、质量、价款或者报酬、履行期限、履行地点和方式、违约责任和解决争议方法等的变更，都为实质性变更，但对这些内容作出轻微的改变，也可能仅为非实质性变更。例如，将购买10000台电脑改为9995台，如果要约人没有及时反对，也可以构成非实质性变更。三是受要约人对要约的主要条款未表示异议，然而，在对这些主要条款承诺后，又添加了一些建议或者表达了一些愿望和希望。如果在这些建议和意见中并没有提出新的合同成立要件，则认为承诺有效。例如，在承诺中要求所购买的物是没有设定抵押的财产，应视为对要约内容作出的非实质性变更。四是在承诺中增加了有关说明性条款。这就是说，受要约人为了使承诺内容表达得更为清晰，或者使当事人之间的权利义务表述得更加明确，对相关内容作出了更为详细的说明，并不会实质性增加要约人的负担，因此属于非实质性变更。五是如果承诺中添加了法律规定的义务，不应认为构成反要约。例如，受要约人在承诺中提出，要求欲出售货物的要约人提供产品的说明书，此种要求只是重复了法律规定的义务，并非提出了新的合同条件，不宜认定为对要约内容的实质性变更。

从现代合同法的发展趋势来看，从鼓励交易角度出发，域外立法例在承诺的内容上多采宽松立场，并不要求承诺必须与要约绝对一致，因为在交易实践中，如果要求承诺与要约内容完全保持一致，很可能不利于合同的成立，阻碍交易的正常进行[①]，因此，只要不改变要约的实质性内容，仍然构成承诺，而不是反要约。这一立法经验已经为我国民事立法所借鉴。《民法典》第489条的规定总结了我国立法和司法实践的经验，也允许承诺可以对要约的内容作出非实质性变更。

然而，毕竟上述非实质性变更已经改变了要约的内容，此种变更能否发生承诺的效果，要取决于要约人的意愿，依据《民法典》第489条，通常情形下，承诺对要约内容的非实质性变更，不影响承诺的法律效力，但是，在以下两种情形下，不能发生效力。

第一，要约人及时表示反对，即要约人在收到承诺通知后，立即表示不同意受要约人对

① 参见黄薇主编：《中华人民共和国民法典合同编释义》，法律出版社2020年版，第937页。

非实质性内容所作的变更。在合同的订立过程中,承诺的内容应当与要约的内容保持一致,才能导致合同成立,承诺对要约的内容所作出的任何变更,都不得违背要约人的意思,因此,法律虽然许可承诺可以对要约的内容作出非实质性变更,但如果此种变更不符合要约人的意思,则要约人应当及时提出异议,阻止承诺生效。如果经过一段时间后仍不表示反对,则承诺已生效。

第二,要约表明承诺不得对要约的内容作出任何变更。所谓要约表明,是指要约人在要约中明确表示,承诺不得对要约的内容作出任何变更,否则无效,在此情形下,受要约人作出非实质性变更也不能使承诺生效。

如果不存在上述两种情形,则承诺即使对要约的内容作出了非实质性变更,仍宜认定合同有效成立。

三、承诺的方式

《民法典》第 480 条规定:"承诺应当以通知的方式作出;但是,根据交易习惯或者要约表明可以通过行为作出承诺的除外。"本条对承诺的方式作出了规定。

(一)承诺原则上应当采取通知的方式进行

所谓通知,是指受要约人向要约人作出的、接受要约的意思表示。承诺原则上应当采取通知的方式进行,这主要是因为承诺的意思必须以某种方式表达出来,显示于外部,且须到达相对人,为相对人所知悉,才能够成为有效的承诺。这就要求承诺必须通过通知来完成。通知不仅在内容上必须包括接受要约的意思,而且通知必须到达要约人才能生效。这主要是因为我国《民法典》对意思表示的生效采到达主义,而非发信主义。从实践来看,承诺绝大多数都是以向相对人作出意思表示的方式实现的,仅在特殊的情形下,才可以通过行为等方式作出承诺。

承诺作为一种意思表示,自然可以依据意思表示作出的不同方式进行。以通知的方式作出的承诺就是典型的明示承诺,这种明示的承诺只要求当事人将承诺的意思通知于要约人,而对于该承诺是以书面抑或口头的方式作出则并无要求。除此之外,意思表示也可以以默示的方式作出,这种方式虽然不需要以语言或文字的方式作出表示,但是也必须为相对人所知悉,因此,默示承诺需要通过一定的行为作出。

(二)依据交易习惯或者要约表明可以通过行为作出承诺的除外

依据《民法典》第 480 条的规定,承诺原则上应采取通知方式,但根据交易习惯或者要约表明可以通过行为进行承诺的除外。这就是说,如果要约表明,可以通过行为作出承诺的,则受要约人可以以行为的方式作出承诺。此处所说的以行为作出承诺的方式,就是以实际交付货物、支付价款等方式来作出承诺。在社会生活中,当事人经常在简单的交易中采取行为的方式承诺。例如,行为人乘坐地铁,其刷卡行为本身表明作出了承诺。再如,在自动售货机上投币,也属于以行为的方式作出了承诺。在这些情况下,受要约人之所以可以通过行为的方式作出承诺,是因为要约人允许受要约人以行为的方式承诺。此种承诺方式实际上就是德国法中所说的意思实现(Willensbetätigung)。所谓意思实现,是指行为人没有通过表达法律行为意思的方式而使法律后果产生,而是以创设相应的状态的方式,使行为人所希冀的法律后果实现。[①]《德国民法典》第 151 条规定:"根据交易习惯,承诺无需向要约人表

① 参见〔德〕卡尔·拉伦茨:《德国民法通论》(下册),王晓晔等译,谢怀栻校,法律出版社 2003 年版,第 429 页。

示，或者要约人预先声明无需表示的，即使没有向要约人表示承诺，承诺一经作出，合同即告成立。应根据要约或者当时情况可以推知的要约人的意思，来确定要约约束力消灭的时间。”该条就是对意思实现的规定。[①] 从我国《民法典》第 480 条的规定可知，我国民法认为意思表示的实现在特殊情形下也可成为合同成立的方式之一。例如，甲向乙寄送了一本图书，表示愿意向乙出售该图书，乙在接受图书后，并未通知甲其愿意购买，而是直接在图书上签了自己的名字，并开始阅读。

通过行为作出承诺包含如下两种情形：

第一，根据交易习惯可以通过行为作出承诺。尤其是在长期的、继续性的合同关系中，双方当事人形成一定的交易习惯，即在合同到期后，只要一方向对方交货，另一方没有及时表示退货，即视为合同成立。在此种情形下，按照此种交易习惯，当事人可以通过行为作出承诺。再如，在租赁合同到期后，承租人继续支付租金，对方接受租金的，则视为租赁合同继续有效。

第二，要约人在要约中表明，可以以行为的方式承诺。例如，要约人在要约中载明，受要约人可以通过使用商品的方式作出承诺，则在受要约人作出此种行为时也可以认定为作出了承诺。此时，受要约人以行为的方式承诺，也是符合要约人的意思的。例如，在一方向另一方发出的要约中，明确规定，虽未收到对方的承诺通知，但对方已交付货物，也将达成合意。在此情况下，受要约人不作通知，而直接以行为的方式承诺的，也构成有效的承诺。

问题在于，如果要约人没有在要约中明确以何种方式承诺，受要约人是否可以通过行为的方式承诺？我国《民法典》并不禁止以行为方式作出承诺。《民法典》第 469 条规定，合同可以采取口头的、书面的或其他形式，此处所说的“其他形式”其实就是指以行为的方式承诺。所以，承诺也可以在口头和书面形式之外以行为来作出。但从两大法系的规定来看，基本上都认为，单纯的缄默或不作为(silence or inactivity)本身不构成承诺。[②] 缄默或不作为都是指受要约人没有作任何意思表示，也不能确定其具有承诺的意思，例如，甲向乙、丙同时兜售某块手表，价值 100 元，甲问乙、丙是否愿意购买，乙沉默不语，未作任何表示，而丙则点头表示同意。乙的行为属于缄默或不作为，不构成承诺；而丙的行为则属于默示作出承诺。也就是说，原则上单纯的沉默并无任何法律意义。

四、承诺的期限

承诺的期限是指受要约人作出承诺的期限，如果受要约人没有在承诺的期限内作出承诺，则可能无法产生承诺的效力，并导致合同成立。因此，承诺期限直接关系到合同的成立与生效问题。《民法典》第 481 条规定：“承诺应当在要约确定的期限内到达要约人。要约没有确定承诺期限的，承诺应当依照下列规定到达：(一) 要约以对话方式作出的，应当即时作出承诺；(二) 要约以非对话方式作出的，承诺应当在合理期限内到达。”该条对承诺的期限作出了规定，其主要包括如下规则。

(一) 承诺应当在要约确定的期限内到达要约人

《民法典》第 481 条首先明确了承诺期限的确定规则。承诺期限确定的首要依据是要约

---

① See B. S. Markesinis, W. Lorenz & G. Dannemann, *The German Law of Obligations*, *Vol*. 1, *The Law of Contracts and Restilution*: *A Comparative Introduction*, Clarendon Press. Oxford, 1997, p. 57.

② 参见韩世远：《合同法总论》(第四版)，法律出版社 2018 年版，第 147—148 页。

的内容,如果要约中明确了承诺的期限,则应当适用要约中关于期限的约定。严格地说,承诺的期限应当由要约人在要约中明确,因为承诺的权利是由要约人赋予的,但这种权利不是无期限地行使的,如果要约中明确了承诺的期限,受要约人只有在承诺的期限内作出承诺,才能视为有效的承诺。值得注意的是,此处所说的作出承诺的期限,应当理解为受要约人发出承诺的通知以后实际到达要约人的期限,而不是指受要约人发出承诺的期限。例如,要约人在要约中规定,10 天内作出答复或 5 天内作出通知,此处所说的 10 天和 5 天的期限,不是指受要约人应当在 10 天内或者 5 天内答复,而是指在 10 天内或者 5 天内受要约人的承诺应当到达要约人处。因此,受要约人在收到要约的信件以后作出承诺,如果是以信件的方式作出的,应当考虑信件在途的时间。

承诺作为一种意思表示,从何时开始生效,两大法系存在截然不同的规定。大陆法采纳了到达主义,或称送达主义,即承诺的意思表示于到达要约人支配的范围内时生效,合同方告成立。如《德国民法典》第 130 条规定,在以非对话方式向相对人为意思表示时,以意思表示到达相对人时发生效力。《销售合同公约》第 18 条第 2 款规定,接受发价的意思表示在到达发价人时生效。可见,公约采纳了大陆法的观点。英美法采纳了送信主义,或称为发送主义(doctrine of dispatch),在美国也常常被称为"信筒规则"(mailbox rule),是指如果承诺的意思以邮件、电报表示,则受要约人将信件投入邮筒或电报交付电信局即生效力,除非要约人和受要约人另有约定。这一规则最早起源于 1818 年英国的亚当斯诉林塞尔案。[①] 根据美国《合同法重述》第 64 条的规定,"除非另有规定,承诺采用要约规定的方法和传递工具发出即能生效,而不论要约人是否收到承诺"。

依据我国《民法典》第 481 条,关于承诺的生效采纳了到达主义,即承诺在要约确定的期限内及时到达要约人才能生效。所谓到达,指承诺的通知到达要约人支配的范围内,如要约人的信箱、营业场所等。至于要约人是否实际阅读和了解承诺通知,则不影响承诺的效力。承诺通知一旦到达要约人,合同即宣告成立。如果承诺以非对话的方式作出,则相关的承诺文件到达要约人的控制范围的时间为承诺的到达时间。例如,相关的承诺文件到达要约人的信箱或者放置于要约人的办公室的时间。如果承诺不需要通知,则根据交易习惯或者要约的要求,一旦受要约人作出承诺的行为,即可使承诺生效。

(二)要约没有确定承诺期限时承诺期限的确定

《民法典》第 481 条第 2 款规定了在没有确定承诺期限的要约中,承诺期限如何确定的问题。针对要约没有规定承诺期限的情形,本款区分了以对话方式与非对话方式作出的要约,对两种情况分别作出了规定。

第一,如果要约是以对话方式作出的,应当即时作出承诺。要约中没有规定承诺期限的,在以对话方式作出的要约中,由于当事人可以即时通信,要约的作出与受领是同步进行的,没有时间差,因而需由受领要约人即时作出决定。[②] 因此承诺应当在对话中即时作出。如果要约是口头要约,则意味着要约的意图是立即获得口头方式的答复。不过如果口头要约中规定了承诺期限,也应当视为承诺期限的规定。《商事合同通则》第 2.7 条规定:"对口头要约必须立即作出承诺,除非情况另有表明。"我国《民法典》第 481 条规定要约没有确定

---

① See Adams v Lindsell[1818]1B& Ald. 681. 其余典型案例参见:Dunlop v. Higgins (1848) 1 HL Case381, Household Fire Insurance Company v. Grant (1879) 4 Ex D. 216。

② 参见黄薇主编:《中华人民共和国民法典合同编释义》,法律出版社 2020 年版,第 927 页。

承诺期限的，如果要约以对话方式作出的，应当即时作出承诺。当然，如果当事人在要约中明确规定了承诺期限，则受要约人应当在该期限内作出答复。例如，一方对另一方在电话中提出，“给你 3 天时间考虑作出答复”，这就是在口头要约中另外规定了承诺期限。

第二，如果要约是以非对话方式作出的，受要约人应当在合理期限内作出承诺。[①] 在以非对话方式作出的要约中，当事人双方可能处于异地，并未见面，不可能要求受要约人在收到要约后即时作出承诺，而应当给予受要约人一定的考虑时间和将承诺的意思表示发出并到达要约人的时间。如果要约人未在要约中明确这一时间，则只能确定合理期限作为标准。一般来说，该期限包括三个方面：一是要约到达受要约人的时间。二是受要约人作出考虑的期间。该时间因交易的数量等而有所区别。如果要约中规定“请立即答复”“请即刻回函”，则表明要约人的意图是受要约人不应当有过多的考虑时间，在收到信函以后，应当在一两天之内就作出答复。三是承诺的信件到达要约人手中的合理期限。如果受要约人是在合理期限内发出的信件，但是因为送达等方面的原因而发生迟延，则构成承诺的特殊迟延，应当按照《民法典》第 487 条关于承诺逾期到达的规则确定其效力。

（三）以信件或者电报作出要约时承诺期限的确定

《民法典》第 482 条规定：“要约以信件或者电报作出的，承诺期限自信件载明的日期或者电报交发之日开始计算。信件未载明日期的，自投寄该信件的邮戳日期开始计算。要约以电话、传真、电子邮件等快速通讯方式作出的，承诺期限自要约到达受要约人时开始计算。”该条是关于承诺期限起算的规定。该条区分了以信件或者电报方式作出的要约和以电话、传真、电子邮件等快速通讯方式作出的要约。

第一，对于以信件作出的要约，承诺期限以信件载明的日期起算。在要约人以信件的方式作出要约时，如果要约人在信件中明确载明了承诺期限的起算点，则按照私法自治原则，应当尊重要约人的意愿，即以要约所载明的时间点作为承诺期限的起算点。

第二，信件没有载明日期的，以投寄邮戳日期计算。对于以信件方式作出的要约，如果以要约到达受要约人的时间作为承诺期限的起算点，显然会给要约人带来不利，因为在要约人以信件、电报等方式发出要约的情况下，他并不能确定要约何时才能到达受要约人，一概要求以到达时间作为起算时点，将使要约人处于不利地位。因此，为了保护要约人，该条规定此种情形下自投寄该信件的邮戳日期开始计算承诺期限。例如，要约人在要约中规定了承诺期限为 15 日，如果以投寄邮戳日期起算，可能会导致留给受要约人的时间较短，但即便如此，也不宜肯定应当自要约到达受要约人之日再开始起算承诺期限，因为要约人作出要约后，就要受到要约的拘束；如果以要约到达受要约人的时间起算承诺期限，由于要约人无法控制该信件的到达时间，就需一直受到该要约的拘束；况且一旦以信件到达受要约人的时间作为起算点，要约人难以证明信件的到达时间，而受要约人则可能故意拖延承诺时间，并以信件到达时间较晚为由主张承诺有效，这就可能助长承诺人的投机行为，使承诺期限制度的立法目的落空。所以，不宜采用到达时间作为起算点。即使信件到达时间较晚，受要约人也可以因没有足够时间思考而拒绝缔约，这是其本应当承担的风险，而不宜牺牲要约人的利益使其一直受到要约的拘束。

第三，要约以电话、传真、电子邮件等快速通讯方式作出的，承诺期限自要约到达受要约人时开始计算。《销售合同公约》第 20 条和《商事合同通则》第 2.8 条均在关于承诺期限的

---

① 参见《销售合同公约》第 18 条、《商事合同通则》第 2.7 条。

起算中区分了快速通讯方式与传统通讯方式。要约以电话、传真、电子邮件等快速通信方式作出的,由于以此种方式发出要约,要约在途中的时间几乎可以忽略不计,此时,要约一经发出即可到达受要约人,承诺期限也开始计算。因此,如果要约是以电话、传真、电子邮件等方式作出的,承诺期限自要约到达受要约人之时开始计算。

五、承诺的迟延

(一)承诺的通常迟延

所谓承诺迟延(late acceptance),是指受要约人未在承诺期限内作出承诺。《民法典》第481条第1款规定:"承诺应当在要约确定的期限内到达要约人。"这就是说,承诺只有在规定的期限内到达才是有效的。承诺未能在合理期限内作出并到达要约人的,则视为承诺的通常迟延,或称为逾期承诺。

承诺的迟延可以分为两种:一是通常的迟延,也称为逾期承诺,此种迟延是指受要约人没有在承诺的期限内发出承诺。二是特殊的迟延。此种迟延是指受要约人没有迟发承诺的通知,但因为送达等原因而导致迟延。《民法典》第486条规定:"受要约人超过承诺期限发出承诺,或者在承诺期限内发出承诺,按照通常情形不能及时到达要约人的,为新要约……"此处所规定的迟延就是通常的迟延。

依据我国《民法典》合同编的相关规定,承诺的期限通常是由要约规定的,如果要约中未规定承诺时间,则受要约人应在合理期限作出承诺。超过合理期限作出承诺,该承诺不产生效力。《民法典》第486条的规定首先明确了迟到承诺的效力和性质,也就是说,一方面,迟到的承诺通常不能发生承诺的效力。另一方面,迟到的承诺应当被视为新的要约。在此情形下,要约人将处于受要约人的地位,其可以接受或者拒绝该新要约。[①]

《民法典》第486条但书规定:"但是,要约人及时通知受要约人该承诺有效的除外。"也就是说,对迟到的承诺,如果要约人及时通知受要约人该承诺有效,可以使其发生效力。因为承诺迟延关涉要约人的利益,要约人自愿接受,表明其延长了承诺期限,该承诺仍然有效,但要约人应及时通知受要约人。一旦要约人及时通知受要约人,则该承诺有效。如果要约人不愿承认其效力,则该迟到的承诺为新要约,要约人将处于受要约人的地位。从《民法典》第486条的规定来看,在承诺迟延的情况下,该迟到的承诺在性质上转化为新要约,对该新要约,要约人也应该及时承诺,以防止要约人在承诺迟到以后利用其选择权来从事投机行为。

(二)承诺的特殊迟延

承诺的特殊迟延,是指受要约人没有迟发承诺的通知,但因为送达等原因而导致承诺迟延到达的情形。《民法典》第487条规定:"受要约人在承诺期限内发出承诺,按照通常情形能够及时到达要约人,但是因其他原因致使承诺到达要约人时超过承诺期限的,除要约人及时通知受要约人因承诺超过期限不接受该承诺外,该承诺有效。"法律之所以作出此种规定,是因为受要约人在承诺期限内作出了承诺,但因为其他原因没有按期到达,迟延的原因并不是受要约人的过错造成的,受要约人对承诺能及时到达的预期和信赖值得保护。[②] 因此不应当由受要约人承担承诺迟延的责任,这是完全符合过错责任原则的精神的。同时,从鼓励交

---

① 参见王利明主编:《中国民法典释评·合同编通则》,中国人民大学出版社2020年版,第110页。
② 参见黄薇主编:《中华人民共和国民法典合同编释义》,法律出版社2020年版,第937页。

易的角度出发,承认此种承诺构成有效的承诺,也有利于交易的达成。而承认此种承诺的效力也不损害要约人的利益,因为如果要约人拒绝接受此种承诺,可以及时通知受要约人。

构成特殊的迟延应具备如下条件。

第一,受要约人在承诺期限内发出承诺。这既包括受要约人在要约期限内作出承诺的情形,也包括要约没有规定明确的期限而受要约人在合理的期限内作出承诺的情形。

第二,承诺按照通常情形能够及时到达要约人,但因其他原因,承诺到达要约人时超过承诺期限。这就是说,按照一般的交易习惯和生活经验,此种承诺应当能够按期到达于要约人手中,但由于送信人、传达人等非受要约人的原因而发生迟延。[①] 如果送信人、传达人是根据受要约人的要求从事传达的,则应当视为受要约人的过错。因此,"因其他原因"不应当包括受要约人有过错的情形,而是因第三人的原因致使承诺迟延。

第三,如果要约人未及时通知受要约人因承诺超过期限不接受该承诺,该承诺有效。要约人如果要拒绝此种承诺,应当及时通知受要约人。而且为了防止发生纠纷,要约人拒绝受要约人承诺的通知也应当在到达受要约人后生效,否则,在要约人拒绝承诺以后,若拒绝承诺的通知发生丢失的结果,要约人并不知道,则要约人以为合同没有成立,而受要约人以为合同已经成立,这就极容易发生纠纷。承诺的特殊迟延不同于承诺的通常迟延,对承诺的特殊迟延而言,如果要约人没有及时通知受要约人承诺的迟延,则承诺可以发生效力;而对承诺的通常迟延而言,其通常不发生效力,只有要约人及时通知该承诺有效的,其才能发生承诺的效力。

六、承诺的撤回

所谓承诺撤回,是指受要约人在发出承诺通知以后,在承诺正式生效之前撤回其承诺。承诺作为一种意思表示,应当允许当事人在其生效前撤回。承诺的撤回对要约人也并不会产生不利的影响,因为该撤回的表示需要先于承诺或与承诺同时到达要约人。由于《民法典》第 141 条已经规定了意思表示的撤回制度,故《民法典》合同编并未就此予以重复规定,其第 485 条规定:"承诺可以撤回。承诺的撤回适用本法第一百四十一条的规定。"该规范在分类上属于引致规范,其必须结合《民法典》第 141 条来予以理解。[②] 而根据《民法典》第 141 条的规定,"行为人可以撤回意思表示。撤回意思表示的通知应当在意思表示到达相对人前或者与意思表示同时到达相对人"。依据该条规定,撤回承诺的意思表示只能在如下两种情况下生效:一是撤回的通知应当在承诺到达相对人之前生效。这就是说,在承诺的通知到达以前,承诺撤回的通知到达相对人的,则撤回有效。二是撤回的通知与承诺同时到达相对人。因为承诺一旦先于撤回的通知到达,则意味着承诺已经生效,合同已经成立。在这一点上承诺与要约不同。要约可以在合同生效前撤销,在要约到达后、合同成立前,要约虽然对要约人具有拘束力,但并未成立合同,因此可以撤销。而承诺一旦先于撤回的通知到达,合同就宣告成立,因此双方当事人就必须受到合同的拘束,不履行合同将导致违约责任的产生。

七、承诺的生效

由于《民法典》第 483 条规定了合同成立时间原则上以承诺生效时间为准,因此,承诺生

---

① 参见叶金强:《合同法上承诺传递迟延的制度安排》,载《法学》2012 年第 1 期。

② 参见王利明主编:《中国民法典释评·合同编通则》,中国人民大学出版社 2020 年版,第 108 页。

效的时间对于合同成立时间的判断而言至关重要。《民法典》第 484 条区分了以通知方式作出的承诺和以行为方式作出的承诺,并设置了不同的承诺生效的规则。

（一）以通知方式作出的承诺的生效

《民法典》第 484 条第 1 款规定:"以通知方式作出的承诺,生效的时间适用本法第一百三十七条的规定。"以通知方式作出的承诺属于典型的明示的意思表示,因此应当适用意思表示生效的规则,即《民法典》第 137 条的规定。《民法典》第 137 条对以对话方式作出的意思表示和以非对话方式作出的意思表示的生效规则分别作出了规定。

1. 以对话方式作出的承诺的生效

所谓以对话方式作出的承诺,是指当事人直接以对话的形式作出承诺。例如,当事人面对面地订立口头买卖合同,或者通过电话交谈的方式订立合同。关于以对话方式作出的意思表示的生效,《民法典》第 137 条第 1 款规定:"以对话方式作出的意思表示,相对人知道其内容时生效。"在以对话方式作出的意思表示中,意思表示的发出和受领是同步进行的。[1] 依据该条规定,对以对话方式作出的承诺而言,只有在表意人的意思表示被相对人知悉时,该承诺的意思表示才能够生效。因此,从该条规定来看,《民法典》对以对话方式作出的意思表示生效采取了了解主义。

2. 以非对话方式作出的承诺的生效

所谓以非对话方式作出的承诺,是指当事人以对话以外的形式发出承诺的意思表示。例如,采用邮件、传真等方式订立合同。关于以非对话方式作出的意思表示的生效,《民法典》第 137 条第 2 款第 1 句规定:"以非对话方式作出的意思表示,到达相对人时生效。"可见,关于以非对话方式作出的意思表示的生效,《民法典》采用了到达主义,即到达相对人时生效。所谓到达,是指根据一般的交易观念,该意思表示已经进入相对人可以了解的范围。到达并不意味着相对人必须亲自收到,只要意思表示已进入受领人的控制领域,并在通常情况下可以期待受领人能够知悉意思表示的内容,就视为已经到达。[2]

3. 以非对话方式作出的采用数据电文形式的承诺的生效

依据《民法典》第 137 条第 2 款的规定,对于采用数据电文形式作出的承诺而言,其生效分为两种情形:一是相对人指定了特定的系统接收数据电文的,此时,该意思表示自该数据电文进入该特定系统时生效。二是相对人未指定特定的系统接收数据电文的,则自相对人知道或者应当知道该数据电文进入其系统时生效。在此情形下,相关数据电文到达相对人的任何一个系统,即被推定为相对人知道或应当知道,该数据电文进入其系统时生效,除非相对人举证证明其不应当知道。例如,其所用的邮箱长期不予使用且表意人明知的,则可以认定相对人不应当知道。

承诺以通知方式作出的,如果该通知未到达要约人,依据《民法典》第 137 条的规定,承诺不能发生效力,即承诺不能到达要约人的风险要由受要约人承担。

（二）无须以通知方式作出的承诺的生效

《民法典》第 484 条第 2 款规定:"承诺不需要通知的,根据交易习惯或者要约的要求作出承诺的行为时生效。"因此,根据交易习惯或者要约表明可以通过行为作出承诺的,承诺以行为方式作出时生效,这一规则也延续了《合同法》的规则。以行为方式作出承诺的情形,主

---

① 参见石宏主编:《中华人民共和国民法总则条文说明、立法理由及相关规定》,北京大学出版社 2017 年版,328 页。
② 参见徐国建:《德国民法总论》,经济科学出版社 1993 年版,第 96 页。

要是意思实现。[1] 例如，某甲在入住酒店后，饮用了房间内明码标价的矿泉水。需要指出的是，对于以行为方式承诺的，仅限于法律有明确规定、有交易习惯或要约有明确规定的情形，在没有法律规定、交易习惯或要约明确规定的场合，当事人应当以通知的方式作出承诺的意思表示。

第四节　特殊形式的要约与承诺

一、确认书及其性质

《民法典》第 491 条第 1 款规定："当事人采用信件、数据电文等形式订立合同要求签订确认书的，签订确认书时合同成立。"这就确认了签订确认书的订约方式。所谓确认书，是指在双方达成合意之后，合同的正式成立还需通过特定方式予以确认。确认书通常采用书面的形式，自签订确认书之日起，合同正式宣告成立。从实践来看，在当事人初步达成的合同文本中载明"以我方最后确认为准"，这就是要求签订确认书。

签订确认书实际上是与承诺联系在一起的。如果双方达成协议以后，一方要求以其最后的确认为准，这样其所发出的确认书实际上是其对要约所作出的最终的、明确的、肯定的承诺。在没有签订确认书之前，合同并没有成立。可见，在此种情形下，确认书实际上是承诺的重要组成部分，是判断是否作出承诺的要素。[2] 但如果当事人在合同中仅仅只是表明"交货时间以我方确认为准"，这意味着，当事人只是对合同的某个条款进行确认，而不是对合同成立时间的约定，即当事人只是未最终确定交货时间。

依据《民法典》第 491 条第 1 款的规定，确认书主要适用于当事人采用信件、数据电文等形式订立合同的情况。这是因为当事人采用信件、数据电文等形式订立合同时，其身处两地，没有在一个文件上共同签名，任何一方提出签订确认书都是合理的。如果当事人是以口头形式订约，也就不存在签订确认书的问题。如果一方在通过信件、数据电文等方式订约时，提出要以最后的确认为准，那么，在其未发出确认书以前，双方达成的协议不过是一个初步协议，当事人之间的合同关系并未成立。在商业实践中，当事人也可能在长期谈判之后，签订一份非正式文件，冠以"初步协议""谅解备忘录""意向书"等名，并明确表示，经过一方或双方最终确认合同才能成立。在此情况下，在最终确认以前的任何阶段，订约当事人虽然均可提出要求签订确认书，但当事人之间并未成立合同关系。[3] 也就是说，在订约当事人采用信件、数据电文等形式订立合同时，任何一方都有权提出确认，由一方提出签订确认书，而另一方接受的，那么签订确认书本身是双方约定的结果，应当以签订确认书的时间作为合同成立的时间。

以签订确认书的时间作为合同成立时间，是因为确认书是承诺的重要组成部分，是判断当事人是否已经作出承诺的文件。如果一方正式确认后，另一方在合理的期限内没有表示异议，则认为对方已经接受了确认的条件，双方已经形成了合意，应当受到合同的拘束，任何一方不得事后再提出重新确认，否则其将构成违约。

确认书通常适用于对双方达成的初步协议的确认，而不适用于以合同书形式订立合同

---

① 参见王利明主编：《中国民法典释评·合同编通则》，中国人民大学出版社 2020 年版，第 107 页。

② 参见张玉卿主编：《国际统一私法协会国际商事合同通则 2016(英汉对照)》，中国商务出版社 2019 年版，第 105 页。

③ 同上书，第 111 页。

的情况。因为在以合同书形式订立合同后,双方已经在合同书上签名盖章,除非当事人事先在合同中明确授权一方可在某个时期内再次确认,否则不可能再重新确认。如果双方先前已经达成了协议,但合同允许一方事后确认,后来当事人又签署了确认书,而且确认书对原先的协议进行了修改和补充,该确认书确认的内容是否有效?笔者认为,如果当事人在合同中约定,在合同成立后一方仍然有权最后作出确认,这实际上并不是赋予其确认权,而是赋予其单方面变更、修改、补充合同的权利。一旦一方作出重新确认,另一方对此未表示异议,则双方实际上已达成变更合同的协议。当事人应当按照变更后的协议履行。当然,原先的协议中未修改和补充的部分仍然有效。

二、网上发布的商品或者服务信息符合要约条件时合同的成立时间

《民法典》第 491 条第 2 款规定:"当事人一方通过互联网等信息网络发布的商品或者服务信息符合要约条件的,对方选择该商品或者服务并提交订单成功时合同成立,但是当事人另有约定的除外。"该条来自《电子商务法》第 49 条第 1 款的规定,《民法典》增加这一条款的目的主要在于适应电子商务发展的需要,有效解决关于电子商务合同成立时间的纠纷。因为在实践中,电子合同的订立纠纷较多,双方当事人的信息也存在不对称现象,法律必须明确合同订立的标准。[①] 依据该条的规定,如果一方通过互联网等信息网络发布的商品或服务信息符合要约条件,即由特定人作出、具有受拘束的意思、有相对人且内容确定,那么,相对方只要选择了该商品或服务,且提交订单成功,合同就宣告成立。相对方选择商品或服务并提交订单成功即意味着承诺已经到达要约人。具体而言,该条适用的条件如下:

第一,当事人一方通过互联网等信息网络发布的商品或者服务信息符合要约条件。在网上交易的情形下,当事人通常会通过网络发布相关的交易信息,但网上发布信息的形式多样,有的构成要约,有的只是构成要约邀请,如果当事人一方通过互联网等信息网络发布的广告等信息符合要约的条件,即该信息包含合同的主要条款、内容具体确定,且表明经受要约人承诺,要约人即受该意思表示约束,则构成要约,对方提交订单应为承诺,此时合同成立。

第二,对方选择该商品或者服务并提交订单成功。在网上购物,都需要在平台上提交订单,如果没有特别约定,用户选择该商品或者服务并提交订单成功的,合同成立。也就是说,在此种情形下,合同的成立需要如下两个条件:一是买受人选择了特定的商品或者服务。买受人一旦选择特定的商品或者服务,就确定了合同的标的物。二是买受人提交订单成功。如果买受人只是选择了特定的商品或者服务,则只是表明其有购买该商品或者服务的意向,还不能认定买受人有受该选择拘束的意思,不能据此认定合同已经成立。只有在买受人提交订单后,才能认定买受人已经作出了承诺,合同关系才能成立,买受人提交订单的时间就是合同成立的时间。

第三,当事人另有约定的除外。《民法典》第 491 条第 2 款但书规定,"当事人另有约定的除外",这主要是指当事人约定买受人提交订单为要约,出卖方确定有货并发货时视为承诺。在实践中,有的网购平台会在格式条款中与消费者约定:提交订单成功并不意味着合同成立,而是在发货后合同才成立。因此,当事人可能约定,需要卖方确定有货并且实际发货,合同才能成立,在这种情况下,买受人提交订单在性质上应当属于要约。从实践来看,在某

① 参见石宏:《合同编的重大发展和创新》,载《中国法学》2020 年第 4 期。

些网络交易中，即便当事人已经提交订单，合同关系也并不当然成立。但是由于这些约定通常是以格式条款的方式作出的，因此需要受到格式条款规则的限制。[①]

三、交叉要约

所谓交叉要约，是指订约当事人采取非直接对话的方式，相互不约而同地向对方发出了内容相同的要约。[②] 例如，甲于2013年5月1日在某报刊登一广告“出售位于某地区的豪华别墅一栋，价值200万元，有意者请与××联系”。乙于5月3日去函，表示愿以150万元购买，甲于5月10日复函，称不低于190万元。甲见乙久无回音，于6月24日再致函乙，表示愿以170万元出售，于6月25日到达。乙不知甲的来信，也于6月24日去函给甲，表示愿以170万元成交，于6月26日到达。在该案件中，甲乙同时于6月24日各自向对方去信，表示愿以170万元的价格出售和购买该栋房屋，因此，双方有缔约的相同意愿，这种情况就属于典型的交叉要约。邱聪智教授认为，证券市场上的上市公司股票买卖，期货交易市场上的期货商品买卖，大多采用了交叉要约的方式。上市有价证券之买卖，通常采用电脑撮合，价格符合竞价形成之买卖价格时即自动成交，无待承诺之成立及通知。[③] 可见，交叉要约也是常被采用的订约方式。

交叉要约具有如下特点：第一，双方各自向对方发出要约。交叉要约有两种形式：一是同时向对方发出要约，此处所说的同时，也可以是存在微小时间差的情形。二是双方先后发出要约，但是后发出要约的一方在发出要约时还没有收到先发出的要约。[④] 第二，双方是以口头形式以外的方式发出要约。如果双方以口头形式缔约，则当事人会即时对对方的要约作出表示，不可能存在交叉要约的情形。交叉要约往往是以信件等方式订约时出现的。第三，双方的要约必须到达对方。无论是同时发出，还是先后发出，要约只有到达对方才会发生法律效力，也才有探讨合同成立与否的必要。第四，双方的要约在合同必要条款方面是一致的。如果双方的要约内容在合同必要条款上存在差异，则该交叉要约也不可能成立。

交叉要约最大的特点在于，通过交叉要约成立合同，使合同成立时间提前，从而鼓励交易，减少交易费用。但对于交叉要约能否成立合同的最大质疑在于，双方没有经过协商，而使合同成立时间提前。[⑤] 事实上，采用交叉要约订约时，双方虽然没有经过协商，但双方已经有明确的订约意图，尤其是交叉要约中实际上对主要条款达成了合意，所以，以双方没有经过协商为由而认定合同不成立，与合同是当事人合意的本质不相符合。笔者认为，交叉要约并没有损害要约人的利益，如果要约人希望在承诺之前享有撤回要约的权利，其可以在要约中作出相应表示，以保护其利益。当然，在一方要约到达另一方之后，另一方发出的要约尚未到达对方的，则另一方可以在到达之前撤销该要约。

---

① 参见黄薇主编：《中华人民共和国民法典合同编解读》（上册），中国法制出版社2020年版，第105页。

② 参见史尚宽：《债法总论》，中国政法大学出版社2000年版，第29页。

③ 参见邱聪智：《新订债法各论》（上），姚志明校订，中国人民大学出版社2006年版，第164页。

④ 参见桂万先：《对交叉要约成立合同的质疑》，载《政法论丛》1998年第1期。

⑤ 参见刘俊臣：《合同成立基本问题研究》，中国工商出版社2003年版，第79页。

第五节 悬赏广告

一、悬赏广告的概念和特征

所谓悬赏广告,是指悬赏人以广告的形式声明对完成悬赏广告中规定的特定行为的人,给付广告中约定报酬的行为。例如,悬赏人在其刊登的各种寻人、寻物启事中提出,如帮助寻找到某人或某物,将支付若干报酬。我国《合同法》并未明确规定悬赏广告,但司法实践一直承认悬赏广告。[①]《民法典》在总结司法实践经验的基础上,于第499条规定:"悬赏人以公开方式声明对完成特定行为的人支付报酬的,完成该行为的人可以请求其支付。"这是我国首次从法律层面对悬赏广告作出规定。悬赏广告具有如下特征:

第一,悬赏广告是以公开的方式所作出的意思表示。所谓广告,即广而告之。悬赏广告既可以以招贴画的形式张贴,也可以通过橱窗、路牌、霓虹灯等刊登,还可以通过报纸、网络等媒体刊载,甚至通过电台、广播等发布信息,总之都是以公开的方式发出意思表示。悬赏广告作为意思表示的一种,是悬赏人向不特定的多数人所作出的意思表示,但悬赏广告与一般的意思表示不同,它是采取"广而告之"的方式。[②] 也就是说,悬赏广告是面向不特定的相对人作出的意思表示。

第二,它是以对完成特定行为的人给予报酬为内容的意思表示。悬赏是悬赏人以公开方式声明对完成特定行为的人支付报酬的行为。一方面,给付报酬乃悬赏广告的题中应有之义,悬赏人可以在悬赏广告中声明报酬的种类、数额以及支付方式等。具体而言,各种报酬支付方式如金钱、名誉、财物等,只要不违反法律规定,均可作为悬赏报酬。另一方面,其是针对完成特定的行为作出的,在内容上并没有限制,凡是合法的行为,无论是事实行为,还是法律行为,都可以作为悬赏广告的对象。当然,该行为的内容和类型不得违反法律规定和社会公共利益。[③]

第三,悬赏广告是一种单方法律行为。虽然关于悬赏广告的性质存在争议,但依据《民法典》第499条,悬赏广告在性质上属于一项单方法律行为,其成立并不需要悬赏人与相对人就悬赏广告的内容达成合意。

第四,悬赏广告是独立的债的发生原因。悬赏人一般会在悬赏广告中对实施一定行为的人允诺支付一定的报酬,这也使其负担了一定的债务。[④] 这就在法律上确认了悬赏广告可以作为独立的债的发生原因。

二、悬赏广告的性质

关于悬赏广告的性质,主要有两种观点:一是单方行为说。此种观点认为,悬赏广告在性质上属于单方行为,因为"悬赏广告人以单独之意思表示对完成一定行为的人负给予酬报之义务,在行为人方面无须有承诺,惟以其一定行为之完成为停止条件"[⑤]。单独行为说认

---

① 例如,《合同法司法解释二》(已废止)第3条规定:"悬赏人以公开方式声明对完成一定行为的人支付报酬,完成特定行为的人请求悬赏人支付报酬的,人民法院依法予以支持。但悬赏有合同法第五十二条规定情形的除外。"

② 参见孙森焱:《民法债编总论》(上册),法律出版社2006年版,第66页。

③ 同上。

④ 参见郑玉波:《民法债编总论》(修订二版),陈荣隆修订,中国政法大学出版社2004年版,第54页。

⑤ 王伯琦:《民法债编总论》,正中书局1962年版,第30—31页。

为,悬赏广告是一种单方法律行为,广告人对完成一定行为的人单方面负有支付报酬的义务,而不需要完成行为人作出承诺。[①] 在比较法上,《德国民法典》第 675 条将悬赏广告定义为单方行为,并为日本等国的判例学说所采纳。在德国法上,悬赏广告在性质上属于单方法律行为,而且属于没有相对人的单方意思表示。[②] 二是要约说。此种观点认为,悬赏广告为一种要约,在性质上属于对不特定多数人发出的要约,只要行为人完成悬赏广告所声明的行为,即构成对该要约的承诺,在当事人之间形成悬赏合同,完成行为人享有报酬请求权。[③] 我国台湾地区 1983 年颁布的"民法债编"通则部分条文修正草案则将单独行为说改为契约说。《欧洲合同法原则》(PECL)也有类似的规定。[④]

在我国,司法实践中的通行做法认为,悬赏人以公开方式声明对完成一定行为的人支付报酬,完成特定行为的人请求悬赏人支付报酬的,人民法院依法予以支持。但悬赏有合同无效的情形的除外。但是该条规定并没有明确指明法院支持这种请求权究竟有何种依据,即认为悬赏广告是双方当事人的合同,还是认为其是悬赏人的单方允诺,并没有明确,所以还不能够简单地认为该条就已经将悬赏广告纳入合同的范畴。《民法典》第 317 条第 1 款规定:"权利人领取遗失物时,应当向拾得人或者有关部门支付保管遗失物等支出的必要费用。"但是物权编主要是明确物的归属,不涉及当事人之间的债权请求权问题,当事人之间因遗失物返还而产生的请求权关系应当依据合同法等债的关系予以确定。

关于悬赏广告的性质,《民法典》第 499 条规定:"悬赏人以公开方式声明对完成特定行为的人支付报酬的,完成该行为的人可以请求其支付。"本条实际上明确了悬赏广告的单方行为性质,采纳了单方行为说。这意味着:一方面,悬赏广告作出后,完成特定行为的人,无论是否具有完全民事行为能力,在其完成了悬赏广告指定的行为时,均可以请求悬赏人支付报酬。另一方面,完成特定行为的人无论是否知晓悬赏广告的存在,都可以因完成悬赏行为而要求悬赏人履行义务。例如,某人张贴了自家宠物狗走失、如有人寻获其将给付报酬的广告,那么即使是儿童寻得该宠物狗,也不因其不具有完全民事行为能力而不得请求报酬。我国《民法典》之所以将悬赏广告界定为单方行为而非合同,其原因在于:

第一,采单方法律行为说,有利于有效约束悬赏人的行为,符合诚实信用原则。依据单方行为说,只要悬赏人发出了悬赏广告,不需要他人作出同意即能发生法律效力,悬赏人就应当受到广告的拘束。如果某人不知道悬赏人发出了悬赏广告,而完成了广告中所指定的行为,该人仍能取得对悬赏人的报酬请求权,而悬赏人不得以该人不知广告内容为由拒绝支付报酬。

第二,采单方法律行为说,使限制民事行为能力人、无民事行为能力人在完成广告所指定的行为以后,也可以对悬赏人享有报酬请求权。但若采用合同说,那么限制民事行为能力人和无民事行为能力人即使完成了广告所指定的行为,也将因为其无订约能力,从而无承诺的资格,无法基于合同享有对悬赏人的报酬请求权,这显然就不利于保护限制民事行为能力人和无民事行为能力人的利益。[⑤]

第三,采单方法律行为说,则任何人完成广告中所指定的行为都将是一种事实行为,而

---

① 参见张晓军:《悬赏广告问题研究》,载梁慧星主编:《民商法论丛》(第 6 卷),法律出版社 1997 年版。

② Beck'scher Online-Kommentar BGB/Kotzian-Marggraf, § 657, Rn. 2.

③ 参见郑玉波:《民法债编总论》(修订二版),陈荣隆修订,中国政法大学出版社 2004 年版,第 61 页。

④ PECL Article 2:107.

⑤ 参见王泽鉴:《债法原理》,北京大学出版社 2009 年版,第 257 页。

非具有法律意义的承诺行为,因此,只要相对人完成了广告指定的行为即享有报酬请求权,而不必准确地判定在什么情况下存在有效的承诺以及承诺的时间等,这就可以减轻相对人在请求悬赏人支付报酬时的举证负担。

三、悬赏人负有按照其允诺支付报酬的义务

悬赏广告一旦生效,悬赏人就负有对任何完成悬赏广告所声明的行为的人给付报酬的义务。与此相应,完成特定行为的相对人即享有报酬请求权。此处所说的特定行为是指广告所指定的行为。如果广告中确定了完成特定行为的时间,则这一时间要求也构成对相对人完成特定行为的限制。由于悬赏广告在性质上是单方行为,因此,即便完成悬赏广告指定行为的人在行为时不知道广告的存在,其也仍应有权请求悬赏人支付报酬。[①] 例如,在"鲁某庚诉东港市公安局悬赏广告纠纷案"中,法院认为:"公安局以鲁某庚所提供的线索不符合悬赏通告所规定的条件为由,拒绝将被害人家属用于奖励的 50 万元全部给付鲁某庚,并将其予以占有,超出了被害人家属的委托权限,也不符合其在悬赏通告中的承诺,没有任何的法律依据。鲁某庚对其主张权利,应予支持。"[②]

如果数人都完成了特定行为,则应当按照先来后到的原则,认定谁最先完成了该行为,并由谁获得悬赏。例如,某人发出广告,称如果有人游过某港湾,就奖励现金若干;如果数人完成,则先完成者获得报酬。但如果数人同时完成,广告中又没有明确先后顺序的,则应当由悬赏人向数人支付。而数人同时完成,原则上应当由数人平均分配报酬。[③] 此外,完成指定行为的人开始实施行为时,没有必要通知悬赏人。即使不知道广告的存在而完成了指定行为的人,也享有债权。

如果悬赏人在悬赏广告中声明对完成特定行为的相对人支付报酬,但没有明确具体的报酬数额,则在行为人完成悬赏广告声明的行为时,仍有权请求悬赏人支付相应的报酬,当事人可以就报酬的具体数额进行协商,协商不一致的,可以由法院进行判定。法院在判定数额时,可以参考行为人完成特定行为的时间、成本、所完成工作成果的归属等因素,确定悬赏人应当支付的报酬数额。

值得探讨的是,完成悬赏广告声明行为后所获得的利益的归属问题。相对人完成悬赏广告所声明的行为时,可能产生一定的利益。例如,悬赏人在悬赏广告中声明,对于在一定期限内完成某项工作成果的人,将给予一定的报酬。此时,该工作成果应归属于悬赏人抑或归属于完成该工作成果的行为人?笔者认为,如果悬赏人在悬赏广告中声明,行为人应当将完成悬赏广告中特定行为的工作成果移转给悬赏人,则行为人要获得悬赏广告中声明的报酬,其应当将该工作成果移转给悬赏人。如果悬赏人在悬赏广告中并未约定该工作成果的归属,原则上应当作不利于悬赏人的解释[④],即如果悬赏广告中没有约定该利益归属的,其原则上应当归属于完成悬赏广告的行为人,此时,完成悬赏广告的行为人无须移转该工作成果,但其仍应有权请求悬赏人支付相应的报酬。

---

① 参见梁慧星主编:《中国民法典草案建议稿附理由·债权总则编》,法律出版社 2013 年版,第 67 页。

② 《最高人民法院公报》2003 年第 1 期。

③ 参见〔日〕我妻荣:《债权各论》(上卷),徐慧译,中国法制出版社 2008 年版,第 71 页。

④ 参见黄茂荣:《债法通则之二:债务不履行与损害赔偿》,厦门大学出版社 2014 年版,第 248 页。

第六节 强制缔约

一、强制缔约的概念和特征

所谓强制缔约，是指只要一方当事人提出缔结合同的请求，另一方当事人就依法负有法定的、与之缔结合同的义务。强制缔约制度是对意思自治原则下当事人缔约自由的限制。当代合同法在保障自由价值的同时，也注重伸张社会正义和公平，以实现当事人之间及当事人与社会利益之间的平衡。[①] 强制缔约即为对合同自由的限制，通过此种限制可以有效地保护弱势群体的利益，从而实现合同的实质正义。《民法典》第 494 条第 1 款规定："国家根据抢险救灾、疫情防控或者其他需要下达国家订货任务、指令性任务的，有关民事主体之间应当依照有关法律、行政法规规定的权利和义务订立合同。"这就确认了强制缔约制度。与一般的合同缔结相比，强制缔约具有如下特点：

第一，强制缔约属于法定义务。这就是说，在法律规定强制缔约的情形下，一方当事人依据法律规定而负有义务与对方订约，义务人违反该义务应当承担相应的民事责任，甚至是行政责任。因此，无论当事人是否将强制缔约义务纳入合同，当事人均负有此种义务，且当事人不能在合同中规避这一法定要求。

第二，强制缔约是对合同自由的限制。一方面，它为当事人强加了必须缔约的义务。缔约自由包括当事人有权决定是否缔约，以及选择缔约伙伴的自由，它是实现当事人利益的重要工具。[②] 然而，强制缔约构成对缔约自由的限制，因为缔约当事人负有必须发出订立合同之意思表示的法定义务。[③] 另一方面，它也对缔约的内容加以了限制。针对要适用强制缔约的情形，当事人不仅负有缔约的义务，而且应当按照法律规定的内容来缔约。因为处于弱势地位的一方，其往往不具有谈判能力，如果仅仅对强势一方强加了缔约义务，而没有对缔约内容加以限制，仍然无法实现对弱势群体的保护。从实践来看，缔约内容的限制往往要通过特别法的形式加以明确。[④] 需要指出，在强制缔约关系中，由于合同的缔结仍然需要经过要约和承诺环节，其在形式上仍然是当事人双方进行磋商、意思表达一致的产物。因此，强制缔约并没有从根本上否定合同意思自治的基本规则。"契约关系的发生，仍然有赖当事人互相意思表示一致而成立契约，准此，缔约强制尚未脱离契约原则的范畴。"[⑤]

第三，强制缔约的功能在于维护公共利益。强制缔约往往与特定企业具有相当市场支配力或者垄断地位有关。法律设置强制缔约制度，就是为了防止某些公共服务提供者选择性地提供公共服务、损害广大消费者利益，进而损及大众的公共利益。因为在特定情况下（如一方当事人处于垄断地位），缔约自由这一工具也可能失去其实现双方当事人利益平衡的功能，从而损害一方当事人利益，这关系到社会公共利益的实现。

第四，强制缔约仍然要经过要约和承诺的程序，只不过一方当事人必须发出要约或者必须作出承诺而已。强制缔约并非意味着合同的成立不需经过要约和承诺两个阶段，而仅是

---

① 参见王晨：《日本契约法的现状与课题》，载《外国法译评》1995 年第 2 期。

② MünchKomm/Busche, vor § 145, Rn. 12, 2012.

③ Staudinger/Bork, vor § 145, Rn. 29 f.; Busche, Privatautonomie und Kontrahierungszwang, 1999, S. 243.

④ MünchKomm/Busche, vor § 145, Rn. 14.

⑤ 陈自强：《民法讲义 Ⅰ：契约之成立与生效》，新学林出版股份有限公司 2005 年版，第 158 页。

指当事人负有强制发出要约或作出承诺的义务。在强制缔约的情形,负有缔约义务的一方当事人必须受到约束,不能够拒绝社会上不特定相对人的缔约请求。[①] 一般而言,在强制缔约的情况下,合同的成立也需要经过要约、承诺的阶段,在相对人发出要约后,负有强制缔约义务的一方应当及时发出要约或者作出承诺的意思表示,否则,合同不能成立。如果受要约人不进行承诺,则其可能需要承担法律责任,如依法承担行政责任,但并不能据此认定合同关系已经成立。当然,在特殊情形下,法院也考虑法律设置强制缔约的目的等因素,强制受要约人作出承诺的意思表示,从而使合同成立。[②]

从比较法上来看,各国立法大多规定了强制缔约制度。该制度对保护民生、强化弱势群体保护、维护消费者权益等都具有重要意义。例如,《德国民法典》中并没有规定强制缔约制度,但后来一些商事法律和其他特别法中出现了有关强制缔约的规定,如在铁路运输、能源供应、汽车责任保险[③]、残障人士就业、社会保险等领域,都出现了要求有关企业强制缔约的规定。[④] 也有一些国家不仅确认了公共承运人的强制缔约义务,而且广泛确认了供电、水、气等具有垄断性的公用事业部门均不能拒绝消费者或者客户的要约。[⑤] 由于这些部门居于垄断地位,一旦滥用其订约的自由,拒绝消费者的合理要约,则消费者将无法获得生活所必需的服务或商品,从而导致其生活失去保障。因此,各国为保护消费者利益,大多确立了居于独占地位的公用事业部门的强制缔约义务。

在我国原有的高度集中的经济管理体制下,经济领域大量实行指令性计划,依据指令性计划订立合同,实际上也是一种强制缔约制度。[⑥] 改革开放以来,指令性计划已经大量减少,在社会生活中已经不发挥很大的作用。尽管如此,强制缔约制度在我国仍然有其适用的空间。一方面,我国在很多领域都存在垄断企业,它们与消费者之间形成事实上的不平等地位。为了维护消费者权益,有必要通过强制缔约制度强制垄断企业接受消费者的要约。事实上,强制缔约制度确实是避免合同自由之滥用、保护消费者权益的有效措施之一。[⑦] 另一方面,对于那些日常生活必需的服务和产品(Daseinsvorsorge)[⑧],需要实施强制缔约制度。例如,一些提供社会公共服务的企业,其服务往往关系到民生,不同于一般的商业活动。且由于这些服务的社会性质,国家往往限制这些服务的准入机制,即这些社会服务往往仅仅能够由社会上的少数企业提供,有些情况下甚至为个别企业所垄断,民众如果想要享有这种服务只能和特定的企业签订合同。在此情况下,企业和相对人之间的经济地位会出现明显的不平等。此外,强制缔约义务往往还有一定的法律政策目的,如有关交通责任强制保险的内容,就是国家为了建立受害人的综合救济机制,保证受害人能够及时获得赔偿,化解社会矛盾而设立的。[⑨] 正因如此,我国《民法典》和有关的法律法规也确认了强制缔约制度。例如,《民法典》第 810 条规定:“从事公共运输的承运人不得拒绝旅客、托运人通常、合理的运输要

---

① MünchKomm/Busche, vor § 145, Rn. 23.

② 参见易军、宁红丽:《强制缔约制度研究——兼论近代民法的嬗变与革新》,载《法学家》2003 年第 3 期。

③ MünchKomm-VVG/Brand, § 113, Rn. 17.

④ 参见〔德〕迪特尔·梅迪库斯:《德国债法总论》,杜景林、卢谌译,法律出版社 2004 年版,第 70—71 页。

⑤ Jauernig-BGB, vor § 145, Rn. 9 f.; Bamberger/Roth/ Eckert, § 145, Rn. 14.

⑥ 朱岩:《强制缔约制度研究》,载《清华法学》2011 年第 1 期。

⑦ Jauernig-BGB, vor § 145, Rn. 11 f.

⑧ Staudinger/Bork, vor § 145, Rn. 21; MünchKomm/Busche, vor § 145, Rn. 15; Jauernig-BGB, vor § 145, Rn. 10; Bamberger/Roth/ Eckert, § 145, Rn. 14 f.

⑨ 参见刘锐等:《中国机动车强制保险制度研究》,法律出版社 2010 年版,第 129 页。

求。”因此，只要旅客、托运人提出了通常合理的运输要求(即要约)，从事公共运输的承运人就负有强制承诺的义务。公共承运人承担着公共运输的职能，要求其负有强制缔约的义务，是为了满足社会公众运输方面的一般需求。从今后的发展趋势来看，随着法律上合同正义要求的强化，以及对弱者保护的加强，强制缔约制度的适用范围将会不断得到拓展。

二、根据指令性任务或者国家订货任务的签订合同

强制缔约应当包括对缔约的限制和对内容的限制两方面的内容，因为合同一方当事人不仅负有与相对人订立合同的义务，而且还负有以相对人可接受的合理、相同内容订立合同的义务。①

在我国原有的高度集中的经济管理体制下，国家对企业的生产经营活动实行指令性计划管理，国家有关部门向企业下达指令性计划以后，企业必须严格依据计划订立合同。合同的内容必须与指令性计划的要求相一致，合同在订立后也不得以违约金和损害赔偿代替合同的履行。履行合同不仅是对合同当事人应尽的义务，也是对国家所应尽的完成指令性计划任务的义务。然而，自我国经济体制改革以来，为了搞活企业，扩大企业自主权，指令性计划的管理范围正在逐渐缩小，目前指令性计划的作用已经十分微弱。不过我国自 1992 年起开始试行国家订货制度，旨在维护全国经济和市场的稳定，保证国防军工、重点建设、防疫防灾以及国家战略储备的需要，对于国家还必须掌握的一些重要物资，将以国家订货方式逐步取代重要物资分配的指令性计划管理。② 因此，在法律上有必要对根据指令性任务或者国家订货任务订约的规则作出规定。

《民法典》第 494 条第 1 款规定：“国家根据抢险救灾、疫情防控或者其他需要下达国家订货任务、指令性任务的，有关民事主体之间应当依照有关法律、行政法规规定的权利和义务订立合同。”依据这一规定，一旦国家根据抢险救灾、疫情防控或者其他需要下达订货任务、指令性任务，民事主体就负有订约的义务。例如，在防疫期间，国家需要紧急运送医疗物资，需要给运输企业下达指令性任务。可见，国家根据抢险救灾、疫情防控或者其他需要下达国家订货任务、指令性任务签订的合同属于典型的强制缔约形态，因为一方面，在这些情形下，当事人需要根据国家下达的指令性任务或者订货任务的需要，依照有关法律、行政法规规定的权利与义务订立合同。也就是说，一方当事人负有与相对人订立合同的义务。另一方面，在合同内容上必须根据指令性任务或者国家订货任务签订合同，有关企业不得依据合同自由原则加以拒绝。

三、强制要约

所谓强制要约，是指依据法律或行政法规的规定，一方当事人必须向他方当事人作出要约的意思表示。通常情形下，强制缔约主要体现为强制承诺，但在法律规定的特殊情形下，其才体现为强制要约。《民法典》第 494 条第 2 款规定：“依照法律、行政法规的规定负有发出要约义务的当事人，应当及时发出合理的要约。”可见，强制缔约不仅包括对承诺的强制，还包括对要约的强制。强制要约的特点在于：一是依据法律规定，要约人负有发出要约的义

---

① Staudinger/Bork, vor § 145, Rn. 15.

② 参见胡康生主编：《中华人民共和国合同法实用问答》，中国商业出版社 1999 年版，第 133 页。

务。换言之,根据法律的规定,某一主体有义务及时向他人发出要约以订立合同。[①] 二是要约的内容必须是合理的、符合法律规定的。例如,《证券法》第 65 条第 1 款规定:"通过证券交易所的证券交易,投资者持有或者通过协议、其他安排与他人共同持有一个上市公司已发行的有表决权股份达到百分之三十时,继续进行收购的,应当依法向该上市公司所有股东发出收购上市公司全部或者部分股份的要约。"法律作出此种规定主要是为了保护中小股东的利益,当某一持股者持股比例达到法定数额时,强制其向目标公司持同类股票的全体股东发出公开收购要约。这主要是为了保护中小股东的利益,强制要求持有表决权股份达到 30% 的投资者向所有股东发出出售股份的要约。要约的内容应当符合法律的要求,且要求的条件必须具有合理性,如此才能使受要约人一旦作出承诺,合同就得以成立。如果法律也对要约的内容作出了规定,要约人不能在法律规定之外另外提出要求,否则,相对人有权拒绝。三是违反强制要约的义务,相对人有权请求其继续发出要约,或请求其承担缔约过失责任。

四、强制承诺

所谓强制承诺,是指依照法律或行政法规的规定,一方当事人必须针对他人的要约作出承诺的意思表示,即对接受要约义务的强制。[②]《民法典》第 494 条第 3 款规定:"依照法律、行政法规的规定负有作出承诺义务的当事人,不得拒绝对方合理的订立合同要求。"在强制承诺的情形下,如果一方当事人依照法律、行政法规的规定负有作出承诺的义务,则在一方作出要约的情形下,其就必须依法承诺。例如,《电力法》第 26 条第 1 款规定:"供电营业区内的供电营业机构,对本营业区内的用户有按照国家规定供电的义务;不得违反国家规定对其营业区内申请用电的单位和个人拒绝供电。"这就确认了强制承诺义务。

需要指出的是,即使一方当事人负有强制承诺的义务,合同的成立也需要经过要约、承诺的阶段,在相对人发出要约后,负有强制缔约义务的一方应当及时作出承诺的意思表示,否则合同不能成立。只不过,依据特殊情形,如果受要约人不承诺,要约人可以起诉追究其法律责任,法院应考虑法律设置强制缔约的目的等因素,强制受要约人为承诺的意思表示,从而使合同成立。[③] 例如,就强制责任保险来说,依据《机动车交通事故责任强制保险条例》第 10 条,保险公司具有强制缔约的义务,如果投保人选择某一保险公司投保,保险公司无故拖延或拒绝的,投保人可以向法院起诉要求保险公司与其订立保险合同,法院可以直接判决合同已经成立。如果因为保险公司无故拖延或拒绝给投保人造成损失的,保险公司应当负缔约过失责任。

第七节 合同成立的时间和地点

一、合同成立的时间

(一)承诺生效时合同成立

《民法典》第 483 条规定:"承诺生效时合同成立,但是法律另有规定或者当事人另有约定的除外。"依据该条规定,承诺的效果在于使合同成立,即一旦承诺生效,合同便宣告成立。

---

① 参见朱广新:《合同法总则》,中国人民大学出版社 2008 年版,第 81 页。

② Staudinger/Bork, vor § 145, Rn. 29.

③ 参见易军、宁红丽:《强制缔约制度研究——兼论近代民法的嬗变与革新》,载《法学家》2003 年第 3 期。

承诺生效的时间，是指承诺什么时候产生法律效力。由于要约因承诺而使合同成立，因此，承诺生效的时间在合同编中具有重要的意义，其直接决定了合同成立的时间。因为合同在何时生效，当事人就于何时受合同关系的拘束，享有合同上的权利和承担合同上的义务。双方当事人就合同的主要条款完成要约与承诺的过程，就意味着双方当事人达成了合意，合同也就应当随即宣告成立，因此，承诺生效的时间就应当是合同成立的时间。该条规定承诺生效时合同成立，实际上是确立了合同成立的时间。此外，承诺生效的时间常常与合同订立的地点联系在一起，而合同的订立地点又与法院管辖权的确定以及适用法律的选择问题密切联系在一起。所以，确定承诺生效的时间意义重大。

依据《民法典》第 483 条，承诺生效时合同成立，但是法律另有规定或者当事人另有约定的除外。也就是说，在法律另有规定或者当事人另有约定时，承诺生效也不一定导致合同成立。具体而言，有两种情况：

第一，法律另有规定。此种情形又包括如下两类：一是如果法律明确规定合同应当采用特定的形式（如必须采用书面形式）订立才能成立的，则只有完成该特定的形式，合同才能成立，仅当事人作出承诺，合同还不能成立。二是法律明确规定必须实际交付标的物才能使合同成立的。例如，依据《民法典》第 679 条的规定，自然人之间的借款合同，自贷款人提供借款时成立。

第二，当事人另有约定。除法律另有规定的以外，当事人另有约定的，也应当遵循当事人的约定。例如，当事人约定应当采取书面形式订立合同的，应当在签订书面合同后成立，或当事人约定办理公证后合同成立的，在办理公证前，即便当事人已经达成了合意，合同也并未成立。

（二）以竞价方式订约时合同成立时间的认定

1. 以招投标方式订约

依据《合同编通则解释》第 4 条第 1 款的规定，采取招标方式订立合同的，合同自中标通知书到达中标人时成立。由于招标公告是要约邀请，投标人的投标在性质上是要约，而招标人向投标人发出中标通知书在性质上属于承诺，因此，合同成立时间即为中标通知书到达投标人时。问题在于，如何理解《招标投标法》第 46 条规定的“按照招标文件和中标人的投标文件订立书面合同”？应当看到，书面合同并不仅仅只是指合同书，甚至不限于一份合同书，其可能体现为多份书面文件。投标文件、中标通知书都是书面形式，因此，即使法律、法规规定在中标之后应当订立书面合同，此处的书面合同也不仅仅指中标之后订立的合同，还应当包括投标文件和中标通知书等文件。[①] 另外，订立书面合同只是对招标合同的内容作出确认，而不是在已经成立的招标合同之外另行订立合同。

在中标之后，订立书面形式的合同主要是为了使当事人的权利义务关系更加明确，并起到固定合同权利义务关系的作用，但并不能据此认定当事人之间的合同关系尚未成立。因此，合同成立后，当事人拒绝签订书面合同的，构成违约，依据《合同编通则解释》第 4 条第 1 款的规定，在此情形下，法院应当依据招标文件、投标文件和中标通知书等确定合同内容。

2. 以拍卖形式订立合同

依据《合同编通则解释》第 4 条 2 款的规定，采取现场拍卖、网络拍卖等公开竞价方式订

---

① 最高人民法院起草小组：《〈关于适用民法典合同编通则若干问题的解释〉的理解与适用》，载《人民司法》2024 年第 1 期。

立合同,合同成立时间为拍卖师落槌、电子交易系统确认成交时。拍卖也是一种公开竞价方式,将物品转让给最高应价者,拍卖者发布拍卖公告是要约邀请,而竞买人提出应价属于要约,当竞买人提出最高应价,拍卖师落槌确认后,拍卖合同即宣告成立。至于在拍卖成交后,当事人之间签订拍卖成交确认书,只是拍卖成交的书面证明,也是双方当事人履行合同的义务,并不意味着合同自当事人签订成交确认书之时成立。[①] 因此,合同成立后,当事人拒绝签订成交确认书的,法院应当依据拍卖公告、竞买人的报价等确定合同内容。

3. 产权交易所等机构主持拍卖、挂牌交易

依据《合同编通则解释》第 4 条第 3 款的规定,产权交易所等机构主持拍卖、挂牌交易,如果其公布的拍卖公告、交易规则等文件公开确定了合同成立需要具备的条件,则合同成立时间为该条件具备时。产权交易所是产权交易的中介,其本身并非交易当事人,而只是提供交易场所和交易规则,如果其公布的拍卖公告等文件中已经确定了合同成立需要具备的条件,则其在性质上应当构成要约,而交易相对人完成该条件在性质上构成承诺,此时应当认定合同已经成立。据此,当事人具备相关交易文件所确立的合同成立条件的时间即为此类合同成立的时间。

二、合同成立的地点

(一)承诺生效的地点为合同成立的地点

在合同法上,合同成立的地点具有如下方面的意义:一是选择适用的法律。我国《涉外民事关系法律适用法》第 6 条规定:"涉外民事关系适用外国法律,该国不同区域实施不同法律的,适用与该涉外民事关系有最密切联系区域的法律。"合同签订地也可能被解释为与合同关系有最密切联系区域,所以,可能会对涉外合同关系中适用法律的选择产生影响。二是确定诉讼管辖。《民事诉讼法》第 35 条规定:"合同或者其他财产权益纠纷的当事人可以书面协议选择被告住所地、合同履行地、合同签订地、原告住所地、标的物所在地等与争议有实际联系的地点的人民法院管辖,但不得违反本法对级别管辖和专属管辖的规定。"据此,合同签订地是选择地域管辖的依据。由于合同的成立地有可能成为确定法院管辖权及选择法律的适用等问题的重要因素,因此,明确合同成立的地点十分重要。

《民法典》第 483 条规定:承诺生效时合同成立。因此,确定承诺的生效时间,对于准确认定合同成立时间以及成立地点等,具有重要意义。依据这一规定,可以区分以下几种情形分别确定合同的成立地点:

第一,以对话方式作出承诺的通知。在这种情形下,承诺的生效时间适用《民法典》第 137 条的规定,为要约人知道承诺的内容时,此时,如果双方以面对面的方式作出了要约与承诺,则当事人对话的所在地应当成为合同成立地。如果该对话并非以面对面的方式作出,如以拨打电话等方式订立合同,则要约人知晓承诺内容的地点即要约人的所在地为合同的成立地。

第二,承诺不需要通知的,可以根据交易习惯或要约的要求作出承诺。依据《民法典》第 484 条的规定,如果承诺不需要通知的,在有交易习惯或要约要求的情况下,可以根据交易习惯和要约要求作出承诺,而一旦作出承诺行为,则承诺生效。例如,要约人以现物要约,受

① 参见最高人民法院民事审判第二庭、研究室编著:《最高人民法院民法典合同编通则司法解释理解与适用》,人民法院出版社 2023 年版,第 79 页。

要约人将标的物拆开包装并进行使用，根据交易习惯，如果受要约人使用了标的物，则可以认为其已经作出了购买标的物的承诺，在此情形下，承诺的行为作出时承诺生效，相应的，承诺行为作出的地点则为合同成立的地点。

第三，以实际履行的方式作出承诺时合同的成立地点。如果当事人通过实际履行来订立合同的，则合同承诺到达相对人时发生效力，相应的，合同成立的地点也应当以行为承诺到达的要约人所在地为合同的成立地点。

第四，当事人采用合同书形式订立合同的。《民法典》第 493 条对当事人采用合同书的形式订立合同时合同的成立地点作出了特别规定，不再遵循承诺生效地的规则，即以最后签名、盖章或者按指印的地点为合同成立的地点，但是当事人另有约定的除外。在实践中，如果一方先在合同书或确认书上签字或盖章，再将合同书或确认书寄给另一方签字或盖章，最后签字盖章的地点即为合同签订地。[①]

需要指出的是，合同成立的地点也可以由当事人另行约定。但承诺生效的地点是一个事实，真正有法律意义的是合同成立的地点。按照合同自由原则，当事人可以约定承诺生效的地点，也就是可以约定合同成立的地点。

（二）采用数据电文形式订立合同时合同成立的地点

《民法典》第 492 条规定："承诺生效的地点为合同成立的地点。采用数据电文形式订立合同的，收件人的主营业地为合同成立的地点；没有主营业地的，其住所地为合同成立的地点。当事人另有约定的，按照其约定。"该条是对以数据电文形式订立合同的合同成立地点的规定。

从原则上说，承诺生效的地点就是合同成立的地点，但以数据电文方式进行的意思表示如果遵循非对话方式的一般原则，将会导致以数据电文进入的特定系统所在地为合同成立地。由于数据电文形式的存储系统所在地往往与当事人订立合同没有紧密关系（如提供电子邮件等服务的企业的数据存储地和邮件收发地也并非准确对应），因此，《民法典》第 492 条第 2 款吸收了联合国国际贸易法委员会的《电子商务示范法》第 5 条第 4 款的规则，具体而言：

第一，采用数据电文形式订立合同的，收件人的主营业地为合同成立的地点。主营业务是指营利法人或者非法人组织为完成其经营目标而从事的主要经营活动，可以根据企业营业执照上规定的主要业务范围确定，营利法人在某个地方从事其主要经营活动的，该地方就是其主营业地，收件人的主营业地为合同成立的地点。

第二，没有主营业地的，收件人的经常居住地为合同成立的地点。由于一些营利法人或者非法人组织从事多种经营活动，并没有主营业地，在此情形下，应当以其经常居住地为合同成立的地点。

第三，当事人另有约定的，按照其约定。如果当事人约定以收件人主营业地和住所地以外的地点作为合同成立的地点，则按照当事人约定确定合同成立地点。例如，当事人约定以发件人住所地为合同成立地点的，该约定也有效。

（三）以合同书形式订约的合同成立地点

《民法典》第 493 条规定："当事人采用合同书形式订立合同的，最后签名、盖章或者按指印的地点为合同成立的地点，但是当事人另有约定的除外。"该条是关于采用合同书形式订

---

① 参见庞景玉、何志：《合同纠纷裁判依据新释新解》，人民法院出版社 2014 年版，第 53 页。

立合同时如何确定合同成立地点的规定。依据这一规定,当事人采用合同书形式订立合同的,如果当事人没有就合同成立地点作出约定,则最后签名、盖章或者按指印的地点为合同成立的地点。以最后签名、盖章或者按指印的地点为合同成立的地点,必须符合如下条件:

第一,必须是当事人采用合同书形式订立合同。因为只有以合同书形式订立合同,才有必要在合同书上签名、盖章或者按指印。例如,当事人分处北京、上海两地,虽然合同是由北京一方签名后邮寄给上海一方签名,但是当事人可以在合同中明确约定本合同在北京订立,如果当事人作出了这一约定,则应当认可此种约定的效力。如果当事人采用口头形式订立合同,就没有必要签名、盖章或者按指印,也就没有必要以最后签名、盖章或者按指印的地点为合同成立的地点。

第二,当事人对于合同成立地点有约定的,依照当事人的约定。如果合同约定的签订地与实际签名或盖章地点不符,应当认定约定的签订地为合同成立地。之所以采用这一规则,是因为合同法主要是任意法,按照合同自由原则,应采取约定优先原则。就合同签订地点的判断,应优先适用当事人的约定。

第三,合同没有约定合同成立地点,双方当事人签名或者盖章不在同一地点的,则以最后签名或者盖章的地点为合同成立地。如果当事人在同一时间、同一地点签约,不存在最后签名、盖章、按指印的地点。但是在当事人处于异地的情况下,如一方当事人签署后,邮寄给对方签署,则会出现不止一个签名、盖章地点。因此,本条明确了当事人处于异地情况下,以最后签名、盖章或按指印的地点为合同成立地点。

第六章

合同的内容和形式

第一节　合同内容概述

合同的内容,可以从两方面理解,一是从民事法律关系的角度看,合同内容是指合同当事人享有的权利即债权和承担的义务即债务。[①] 换言之,合同的内容是指合同当事人依据法律规定和合同约定所产生的权利义务关系,简称为合同权利和合同义务。二是指合同的各项条款。合同的条款是合同内容的外在的具体表现,我国《民法典》第 470 条第 1 款中明确规定,“合同的内容由当事人约定”,由此表明,合同的条款是合同内容的固定化和表现,是确定合同当事人权利义务的根据,合同的条款必须明确、肯定、完整,并且不能够自相矛盾,否则将构成合同的缺陷。[②] 合同内容的上述两方面含义是密切相连的,如果将合同理解为一种法律关系,合同当事人的权利义务正是通过合同条款确定和反映出来的。[③] 合同的条款是由当事人协商一致的产物,所以合同的权利义务,除少数由法律直接规定产生之外,大都是由合同当事人约定的。也就是说,是通过合同条款固定的。换言之,合同的权利义务来源于合同项下的条款。合同条款越明确、清楚,当事人之间的关系越确定,就越有利于当事人正确履行合同,并在纠纷发生时能够及时依据合同条款的规定解决。当然,合同条款并不能等同于合同内容,除当事人约定的合同条款外,法律规定、交易习惯以及诚实信用原则等也可以影响合同的内容。

(一) 合同内容的特点

合同的内容是当事人意思表示一致的产物,确定任何一项合同的内容都必须首先确定当事人合意的内容,在当事人合意不明确、不清楚的情况下,则需要法官通过一定的解释规则来具体确定合同的内容。从合同条款的角度,合同的内容具有如下几个特点:

1. 合同的内容是当事人就合同条款达成合意形成的

缔约当事人双方必须按照缔约程序就合同的条款达成合意,所谓合意,就是指双方当事人意思表示一致。至于意思表示,“乃表意人将欲成立法律行为之意思,表示于外部之行为

---

① 参见孔祥俊:《合同法教程》,中国人民公安大学出版社 1999 年版,第 49 页。

② 参见董安生等编译:《英国商法》,法律出版社 1991 年版,第 47 页。

③ 参见郭明瑞、房绍坤:《新合同法原理》,中国人民大学出版社 2000 年版,第 129 页。

也"[①],具体地说,是指行为人将其产生、变更、终止民事权利和民事义务的意思表示于外的行为。

大陆法意思表示理论一般区分为意思主义与表示主义。意思主义着重强调尊重表意人内心的、真正的意思。采用意思主义的法律制度,把尊重当事人个人的意思放在首位,合同是两个相符的意思的合致而产生的。[②] 在纯粹的意思主义之下,内心的意思是第一位的,表示只是意思表达的媒介或者证据,因此所谓合意只能是双方当事人之间内心意思的一致,这就排除了因意思与表示不一致、意思表示不自由所造成的意思表示瑕疵,在出现这些瑕疵时,即便双方的外在表示是一致的,也不能认为当事人已经达成了一种合意。而在纯粹表示主义之下,应以行为人外部表示为准,不管行为人的内心意思如何,只要外部的表示形成了合意,便使合同成立。

笔者认为,纯粹的意思主义与表示主义都过于极端。因为表意人在受欺诈、胁迫等的情况下作出的意思表示,与其真意是不符合的,在此情况下,如果不考虑行为人的真实意志,而使其外部的表示行为有效,则不利于保护表意人的意思,也可能纵容胁迫、欺诈等违法行为。强调在确定合同的效力时,应当考虑当事人表达的意思是否与其真实的意思相符合,并不意味着在法律上仅以表意人的内心意思为依据,而不考虑其外部表示。因为表意人的内心意思往往是局外人所无从考察的,如果行为人随时以意思表示不真实为理由主张合同无效,则可能引发较大的道德风险,使法律行为的效力随时受到影响,而使对方当事人的利益受到损害,所以,在合同成立后,任何当事人都不得找出各种借口推翻合同的效力。除非当事人是在被胁迫、受欺诈以及重大误解等法律规定的情况下作出与其真实意思不符的意思表示,可以请求人民法院或仲裁机构依法撤销该合同。这就是说,只要当事人表示于外部的意思是真实的,双方就此形成了合意,就应当使合同成立,而这些表示于外部的真实的意思便构成了合同的内容。

2. 合同内容由当事人的约定或法律规定而产生

按照合同自由原则,合同的内容应当由当事人在法律规定的范围内自由约定。《民法典》第 470 条第 1 款中规定,"合同的内容由当事人约定",这就强调了当事人选择合同内容的自由,据此,缔约者可以自由地选择合同的标的、价款、交付方式、履约的时间和地点等内容,只要当事人就合同的必要条款达成合意,合同就宣告成立。如果当事人的合意内容不违反法律及社会公共道德,则在法律上是当然有效的。但是,自 20 世纪以来,随着社会经济条件的变化以及对合同自由的限制,法律对当事人自由约定合同内容的范围也逐渐作出了限制。法律的强行性规范以及因诚信原则而产生的义务,也可转化为合同的内容,当事人也负有依据法律的强行性规范和诚信原则履行合同的义务。

合同内容一旦确定,就成为确定当事人之间权利义务的依据,但反过来说,法院在认定当事人之间的权利义务关系时,应当从合同的内容出发,而不应当拘泥于合同所使用的名称。依据《合同编通则解释》第 15 条的规定,首先,认定当事人之间的权利义务关系,不应当拘泥于合同使用的名称,而应当根据合同约定的内容。例如,当事人之间的合同名称为融资租赁合同,但实际上合同的内容为借款合同,此时当事人的真实意思应当是借款,则应该按照当事人的真实意思,判定法律关系,并进而适用借款合同的相关规则。其次,如果当事人

① 郑玉波:《民法总则》,中国政法大学出版社 2003 年版,第 330 页。

② 参见沈达明、梁仁洁编著:《德意志法上的法律行为》,对外贸易教育出版社 1992 年版,第 91 页。

主张的权利义务关系与根据合同内容认定的权利义务关系不一致的，应当结合缔约背景、交易目的、交易结构、履行行为以及当事人是否存在虚构交易标的等事实认定当事人之间的实际民事法律关系。因此，在当事人主张的法律关系与合同内容中的法律关系不一致时，不能简单驳回当事人的诉讼请求，而应就当事人之间的真实意思进行判断。[①] 例如，有时当事人主张撤销合同或合同无效，但是根据真实的意思，合同可能根本尚未成立。此时，还是要从事实出发认定当事人之间的关系性质和内容。

3. 合同的内容可以根据交易习惯填补

两大法系普遍承认交易习惯可以作为合同内容填补的方法。《德国民法典》第 242 条规定："债务人有义务斟酌交易习惯，依照诚实信用原则履行给付。"该条实际上确认了交易习惯可以作为补充合同内容的依据。英美法也承认，即便当事人没有约定协议内容填补的方法，也可以基于双方共同的习惯进行补充，或者根据当事人之间在达成协议之前的交易过程进行补充，或者在达成协议后、履行过程中依据交易习惯进行填补。[②] 例如，在英美法中，如果当事人没有约定价格，则可以根据"交付时的合理价格"予以确定，或者使用"自动扶梯条款"(escalator clause)，使得价格可能根据其他方式确定。[③] 我国《民法典》在多个条款中都提到了交易习惯[④]，根据《合同编通则解释》第 3 条第 2 款，当事人对合同成立发生争议，如果能够认定合同成立的，法院可依据交易习惯等以及《民法典》第 511 条规定予以确定。可见，我国合同法也广泛承认交易习惯在补充合同内容方面的作用。

交易习惯包含两方面内容：一是一定地区、行业在长期交易过程中所形成的、为当事人所熟知的习惯。此种习惯已经自觉地为交易当事人和社会公众所知悉并普遍遵守，其具有一定的惯行性。惯行性也称为"反复适用性"，即人们的行为自觉或不自觉受习惯约束的一种性质。[⑤] 在长期的历史发展过程中，由于此种交易习惯的效力已经得到了社会公众的认可，已经在事实上具有了习惯法的作用，即便当事人没有对此作出约定或者约定不明时，其都可以作为补充合同内容的依据。二是合同当事人双方在交易过程中所形成的习惯。例如，双方当事人在长期合作过程中，通常采用年终结算的付款方式，因而即便合同没有约定付款方式，也可以通过习惯填补的方式，将年终付款的方式解释为付款方式。一些国家的法律和示范法区分了这两种交易习惯，例如，《欧洲民法典草案》第 2—9：101 条区分了惯例与交易习惯。[⑥] 我国《民法典》合同编中的交易习惯并没有作出此种区分，在解释上应当将二者涵盖其中。

（二）合同内容与合同条款

所谓合同条款，是指合同内容的表现和固定化，它是确定合同当事人权利和义务的根据。在合同中，合同条款应当明确、肯定、完整，而且条款之间不能相互矛盾。在合同中，当

---

① 参见最高人民法院起草小组：《〈关于适用民法典合同编通则若干问题的解释〉的理解与适用》，载《人民司法》2024 年第 1 期。

② See Mears v. Nationwide Mut. Ins. Co. ,91F. 3d 1118 (8th Cir. 1996).

③ 参见〔美〕E. 艾伦 · 范斯沃思：《美国合同法》(原书第三版)，葛云松、丁春艳译，中国政法大学出版社 2004 年版，第 213 页。

④ 参见《民法典》第 480 条、第 482 条第 2 款、第 509 条、第 510 条、第 515 条、第 558 条、第 599 条、第 622 条、第 680 条、第 814 条、第 888 条第 2 款、第 891 条等。

⑤ 参见姜堰市人民法院：《司法运用习惯 促进社会和谐——人民法院民俗习惯司法运用经验》，载公丕祥主编：《审判工作经验(三)》，法律出版社 2009 年版，第 338 页。

⑥ 参见〔德〕克里斯蒂安 · 冯 · 巴尔、〔英〕埃里克 · 克莱夫主编：《欧洲私法的原则、定义与示范规则：欧洲示范民法典草案》(第一、二、三卷)，高圣平等译，法律出版社 2014 年版，第 501 页。

事人为保证合同的正确履行,防止发生争议和解决争议,往往会根据不同的需要设置不同的条款,而不同的合同条款在合同中所处的地位和所起的作用各不相同。[①] 有些条款是合同的必备条款,缺少这些条款,合同将不能成立,有些条款则只是非必备条款,缺少这些条款不一定影响合同成立。

按照合同自由原则,合同的内容应当由当事人在法律规定的范围内自由约定。依据《民法典》第470条第1款的规定,"合同的内容由当事人约定",这就强调了当事人选择合同内容的自由,即合同内容由当事人自由约定的原则。按照合同自由原则,当事人有权自由决定合同的内容,只要当事人的约定不违反法律和社会的公共道德,这种约定就能产生法律上的拘束力,但在当事人没有约定或者约定不明确的情况下,可能需要借助《民法典》合同编的任意性规定确定合同的内容。同时,该条也表明,缔约者可以自由地确立契约的标的、价款、交付方式、履约的时间和地点等内容,只要当事人就合同的必要条款达成合意,合同就宣告成立。

可见,合同条款是确定合同内容进而确定当事人的权利义务的主要依据。但合同条款与合同内容仍存在明显区别:

一方面,与合同效力的关系不同。合同条款的缺乏与合同的成立有直接的关系,但与合同的效力没有直接的关系,除非当事人在合同中明确约定,如果合同缺少某一条款将导致合同不能生效,那么缺少该条款将会直接影响合同的效力。如果当事人在合同中没有作出特别的约定,在一般情况下合同欠缺某一个或某几个非主要条款,不应当直接导致合同无效。[②] 合同的条款是当事人合意的产物,当事人的合意主要体现在双方所达成的合同条款上,所以合同条款是与合同的成立联系在一起的。也就是说,当事人只要就合同的必要条款达成合意,合同就宣告成立。而合同的内容(即当事人的权利义务)则直接体现为合同对当事人的法律拘束力,即当事人应当按照合同内容行使合同权利、履行合同义务。合同的内容是否合法,直接影响合同的效力。

另一方面,合同条款与合同内容并非一一对应的关系。传统合同法仅承认合意是合同义务的唯一来源,在此前提下,合同条款就是合同内容的来源。但现代合同法发展的一个重要趋势,就是合同义务来源的多样化。例如,合同法不仅规定了一些可以填补合同漏洞的任意性条款,而且一些法律及法规规定了合同当事人必须遵守的强行性义务,从而形成了合同法中的法定义务。尤其是合同法中确立了诚信原则,并且依据诚信原则产生了合同当事人所应当负有的通知、保护、协助等附随义务,这些义务不管当事人是否有约定,都会自动成为合同权利义务内容,但这些内容显然不是当事人通过合同条款所确定的。因此,合同内容与合同条款并不是严格对应的,合同内容在范围上要大于合同条款所确定的当事人的权利义务关系。

当然,在通过法律规定或者诚信原则确定合同内容时,也不应当完全脱离合同条款,因为当事人在合同中的主给付义务和主要合同权利一般是通过合同条款确定的。也就是说,合同条款对于通过法律规定或者诚信原则确定当事人的权利义务关系具有一种基础性和前提性的作用,其主要体现在以下两个方面:一是在通过法律规定和诚信原则确定当事人依据合同条款而产生的合同权利义务时,应当以合同条款的文义为基础;二是通过法律规定和诚

① 参见郭明瑞、房绍坤:《新合同法原理》,中国人民大学出版社2000年版,第129—130页。

② 参见〔德〕迪特尔·施瓦布:《民法导论》,郑冲译,法律出版社2006年版,第409页。

信原则确定当事人合同条款外的权利义务时（如附随义务），也应当以合同条款为基础和依据。

因此，尽管合同的条款是当事人按照合同自由的原则通过意思表示一致而确立的，但并不是说，所有的合同内容都必须要通过合意来完成。在现代合同法中，为了充分尊重当事人的意志和利益，维护交易的安全和秩序，在特殊情况下，即便合同欠缺必要条款，法律也不简单地宣告合同不成立或无效，而是通过合同填补漏洞的规则填补合同漏洞，或通过合同解释的规则来确定合同的内容。由此可见，虽然合同条款由当事人合意所形成，但在例外情况下也可以通过合同解释的规则予以填补。

第二节　合同条款及其分类

一、合同一般包括的条款

《民法典》第 470 条规定："合同的内容由当事人约定，一般包括下列条款：（一）当事人的姓名或者名称和住所；（二）标的；（三）数量；（四）质量；（五）价款或者报酬；（六）履行期限、地点和方式；（七）违约责任；（八）解决争议的方法。当事人可以参照各类合同的示范文本订立合同。"该条首先强调了合同自由原则，即合同内容由当事人自由约定的原则，按照合同自由原则，当事人有权自由决定合同的内容，只要当事人的约定不违反法律和社会的公共道德，这种约定就能产生法律上的拘束力，但在当事人没有约定或者约定不明确的情况下，将要适用《民法典》合同编的任意性规定。其次，该条使用了"一般包括"的提法，表明该条所规定的合同的主要条款并不是任何合同都必须具备的条款，因为交易纷繁复杂，合同的性质和内容也各不相同，法律不可能要求任何合同都必须具备该条中的各项条款，如价金条款在买卖合同中是主要条款，但是在赠与合同中则不是主要条款，甚至不是合同的条款。合同应当具备什么条款，需要根据不同的合同来确定，除了依据合同的性质所必须具备的主要条款以外，对其他内容的选择完全由当事人自由约定，"一般包括"的表述表明，该条规定主要是建议性的或者提示性的[①]，如果当事人在合同中的约定不具备上述某一项或者某几项条款，并不必然导致合同不能成立。

应当指出，《民法典》第 470 条规定了合同的内容一般应包括当事人的名称或者姓名和住所、标的、数量等条款，但该条并没有明确哪些条款是合同成立的必要条款，即合同应当具备哪些内容后才能成立。司法实践一般认为，当事人对合同是否成立存在争议，人民法院能够确定当事人姓名或者名称、标的和数量的，一般应当认定合同成立，但法律另有规定或者当事人另有约定的除外。即只要合同中的"当事人姓名或者名称""标的"和"数量"等三项合同条款能够确定的，且法律未对合同成立作特别规定或当事人未对合同成立作特别约定的，合同原则上就已经成立。因此，一般而言，"当事人姓名或者名称""标的"和"数量"等三项内容是合同成立的必要条款。不过，该条是针对买卖合同应当具备的主要条款所作出的规定，并不适用于所有的合同，例如，在劳务合同中，并不以数量作为必要条款。因此，合同的性质不同，其必要条款也存在差别，不可一概而论。

（一）当事人的姓名或者名称和住所

合同应当确定当事人的姓名或者名称和住所，并要由双方当事人签名，如果当事人是以

---

① 参见胡康生主编：《〈中华人民共和国合同法〉释义》，法律出版社 1999 年版，第 26 页。

合同书的形式订约的,则必须在合同中明确写明姓名,并且要签名、盖章。当事人的住所是表明当事人的主体身份的重要标志。合同中写明住所的意义在于通过确定住所,有利于明确债务履行地、诉讼管辖、涉外法律适用的准据法、法律文书送达的地点等事宜。当然,如果合同中没有规定住所,只要当事人是确定的,也不应当影响合同的成立。

(二) 标的

标的是合同权利义务指向的对象。合同不规定标的,就会失去合同存在的意义。可见,标的是一切合同的主要条款。当然,在不同的合同中,标的的类型是不同的。例如,在买卖、租赁等转移财产的合同中,标的通常与物联系在一起,换言之,标的是转移特定物使用权和所有权的行为。而在提供劳务的合同中,标的只是完成一定的行为。如果在合同中没有规定标的条款,一般将影响到合同的成立。在合同中,合同的标的条款必须清楚地写明标的物或服务的具体名称,以使标的特定化。

(三) 数量和质量

标的的数量和质量是确定合同标的的具体条件,是某一标的区别于同类另一标的的具体特点。数量是度量标的的基本条件,尤其在买卖等交换标的物的合同中,数量条款直接决定了当事人的基本权利和义务,数量条款不确定,合同将根本不能得到履行。例如,甲向乙发出一项意思表示,问乙是否需要某种货物,如果没有提出数量条款,则该意思表示仍然可能是不确定的,因此可能不构成要约。当事人在约定数量条款时,应当明确计量单位和计量方法,并且可以规定合理的磅差和尾差。除应适用国家明文规定的计量单位以外,当事人依法有权选择非国家标准或国际标准计量单位,但应当确定其具体含义。数量条款在买卖等合同中应为必备条款,但在提供劳务的合同中,并不一定成为必备条款。

合同中的质量条款也可能直接决定着当事人的订约目的和权利义务关系。例如,购买某种类型的货物,当事人通常需要该货物达到特定的质量要求,如果质量条款约定不明确,则极容易产生争议。当然,质量条款在一般情况下并不是合同的必要条款,如果当事人在合同中没有约定质量条款或约定的质量条款不明确,可以依据《民法典》第 510 条和第 511 条的规定填补漏洞,而不是因此简单地宣布合同不成立。

(四) 价款或者报酬

价款一般是针对标的物而言的,如买卖合同中的标的物应当规定价格。而报酬是针对服务而言的,如在提供服务的合同中,一方提供一定的服务,另一方应当支付相应的报酬。价款和报酬是有偿合同的主要条款,因为有偿合同是一种交易关系,要体现等价交换的交易原则,获取一定的价款和报酬也是一方当事人订立合同所要达到的目的。当事人在合同中明确约定价款和报酬,可以有效地预防纠纷的发生。但价款和报酬条款并不会直接影响合同成立的条款,没有这些条款,可以根据《民法典》合同编的规定填补漏洞,但不应当影响合同的成立。

(五) 履行期限、地点和方式

所谓履行期限,是有关当事人实际履行合同的时间规定。换言之,是指债务人向债权人履行义务的时间。在合同成立并生效之后,当事人不必实际地履行其义务,在履行期到来以后才应当实际地履行义务,在履行期到来之前,任何一方都不得请求他方实际地履行义务。履行期限明确的,当事人应按确定的期限履行;履行期限不明确的,可由当事人事后达成补充协议或通过合同解释的办法来填补漏洞。在双务合同中,除法律另有规定外,当事人双方应当同时履行。凡是在履行期限到来时,不作出履行的,将构成履行迟延。

所谓履行地点，是指当事人依据合同规定履行其义务的场所。履行地点与双方当事人的权利义务关系也有一定的联系。在许多合同中，履行地点是确定标的物验收地点、运输费用由谁负担、风险由谁承受的依据，有时也是确定标的物所有权是否转移以及何时转移的依据。

所谓履行方式，是指当事人履行合同义务的方法。例如，在履行交付标的物的义务中，是应当采取一次履行还是分次履行，是采用买受人自提还是采用出卖人送货的方式，如果要采用运输的方法交货，则采用何种运输方式等，这些内容也应当在合同中尽可能作出约定，以免今后发生争议。

应当指出，有关合同的履行期限、地点和方式的条款并不是决定合同成立的必要条款。在当事人就这些条款没有约定或约定不明时，可以采用《民法典》规定的方法填补漏洞。

（六）违约责任

所谓违约责任，是指违反法律规定和合同约定的义务而应当承担的责任。换言之，是指在当事人不履行合同债务时，其所应承担的损害赔偿、支付违约金等责任。违约责任是民事责任的重要内容，它有利于督促当事人正确履行义务，并为非违约方提供补救。但当事人可以事先约定违约金的数额、幅度，可以预先约定损害赔偿额的计算方法甚至确定具体数额，同时也可以通过设定免责条款限制和免除当事人可能在未来发生的责任。当事人应当在合同中尽可能地就违约责任作出具体规定。但如果合同中没有约定违约责任条款，也不应当影响合同的成立。在此情况下，可以按照法定的违约责任制度来确定违约方的责任。

（七）解决争议的方法

所谓解决争议的方法，是指将来一旦发生合同纠纷，应当通过何种方式来解决纠纷。按照合同自由原则，选择解决争议的方法也是当事人所应当享有的合同自由的内容。具体来说，当事人可以在合同中约定，一旦发生争议以后，是采取诉讼还是仲裁的方式，如何选择适用的法律，如何选择管辖的法院等。当然，解决争议的方法并不是合同的必要条款。如果当事人没有约定解决争议的方法，则在发生争议以后，应当通过诉讼解决。《民法典》第470条第1款第8项明确规定了合同的内容一般包括“解决争议的方法”。当然，解决争议的方法并不是合同的必要条款。如果当事人没有约定解决争议的方法，则在发生争议以后，应当通过诉讼解决。

二、合同条款的分类

根据合同条款在合同中的地位和作用，可以将合同条款区分为如下几类。

（一）必要条款和非必要条款

所谓必要条款，是指依据合同的性质和当事人的特别约定所必须具备的条款，缺少这些条款将影响合同的成立。依据《民法典》第470条的规定，合同条款一般包括当事人的姓名或者名称和住所、标的、数量、质量、价款或报酬、履行期限、履行地点、履行方式、违约责任、解决争议的方法等。这些条款中有的是合同的必要条款，有的不一定是合同的必要条款。是否是合同的必要条款应依据合同的性质和当事人的特别约定来确定。司法实践通常认为，当事人对合同是否成立存在争议，人民法院能够确定当事人姓名或者名称、标的和数量的，一般应当认定合同成立。但法律另有规定或者当事人另有约定的除外。因此，当事人姓名或名称、标的和数量一般属于必要条款。

所谓非必要条款，是指依据合同的性质在合同中不是必须具备的条款。也就是说，即使合同不具备这些条款也不应当影响合同的成立,如有关履行期限、质量等条款。在缺少这些条款的情况下,完全可以依据《民法典》第510条和第511条的规定填补漏洞。

必要条款和非必要条款的区别主要表现在:第一,是否依据合同的性质为必须具备的条款不同。必要条款是依据合同的性质所必须具备的条款,如所有的合同都应具备标的条款,买卖合同应当具备价金条款等。而非必要条款则是依特定合同的性质所不必具备的条款。第二,是否根据当事人的特别约定作为认定标准不同。一些必要条款是当事人特别约定合同必须具备的条款。即使是非必要条款,只要当事人在合同中特别约定并将其作为合同成立的必要条款,则这些非必要条款都可以成为必要条款。例如,当事人在合同中规定,本合同必须经过公证才能生效,则公证成为本合同的必要条款。第三,是否影响到合同的成立与生效不同。原则上说,必要条款是特定合同所必须具备的,所以,缺少必要条款会影响到合同的成立或生效,而非必要条款的缺少并不产生如此效果。

(二)格式条款和非格式条款

格式条款是指由一方为了重复使用而预先拟定的、在订立合同时不与对方协商的条款(《民法典》第496条第1款)。非格式条款是指并不是为重复使用而预先拟定的、在订立合同时需要与对方协商的条款。

区分格式条款与非格式条款的主要意义在于加强对相对方(非格式条款制定人)权益的保护。为了加强对格式条款的规范,法律设立了三项重要规则:一是明确格式条款制定者采取合理方式,提请对方注意免除或者限制其责任的条款;二是禁止格式条款的制定者利用格式条款不合理地免除其责任、加重对方责任、限制对方主要权利等;三是在解释格式条款时应当作出不利于提供格式条款一方的解释。这些规定不仅对在经济上处于弱者地位的消费者的权利提供了有力的保障,而且可以有效地防止和限制公司与企业滥用经济优势损害消费者的利益。这些规定显然对消费者的保护是十分必要的。但是对于非格式条款而言,则不受上述规则的限制,因为其主要是针对格式条款的规制而言的。

(三)实体条款和程序条款

实体条款是规定有关当事人在合同中所享有的实体权利义务内容的条款,如有关合同标的、数量、质量的规定等都是实体条款。而程序条款主要是指当事人在合同中规定的履行合同义务的程序及解决合同争议的条款,如有关合同发生争议后的诉讼管辖或仲裁的选择等。区分实体条款和程序条款的意义主要在于:一方面,两种条款对于当事人所享有的实体权利义务的影响不同。实体条款直接影响当事人的权利义务,而程序条款只是间接地影响当事人的权利义务。另一方面,两种条款应适用的法律规范不同。实体条款主要适用《民法典》等实体法的规定,而程序条款主要适用《民事诉讼法》《仲裁法》等程序法的规则。此外,实体条款主要涉及当事人之间的权利义务关系,而程序条款则涉及争议解决的方式,如仲裁条款。

(四)明示条款与默示条款

1. 明示条款

所谓明示条款,是指当事人以口头或书面等形式所约定的条款。通常明示条款是在书面合同中明确规定的,书面合同中规定的所有义务都属于明示条款。但除了书面合同以外,当事人也可以通过口头约定而确定明示条款。当然,当事人必须举证证明该口头约定的存在。明示条款虽然对当事人而言是事先确定的义务,但并不意味着明示条款都是无争议的条款,事实上即使是书面确定的明示条款也可能发生争议,但这并不妨碍将这些条款归入明示条款的范畴。

明示条款还可以进一步分为一般明示条款和“归入条款(Merger clause)”。归入条款是指当事人在磋商谈判中认可的、已经使当事人产生合理信赖、但嗣后合同对此并没有进行规定的条款,如果合同中有条款承认这些陈述与允诺,则这些陈述与允诺均属于归入条款,将成为合同的组成部分。[①] 归入条款和一般的明示条款的区别在于:一方面,一般的明示条款都是当事人事先约定的,而且一般载入合同中,而归入条款则不是当事人事先约定的,一般也不体现为合同的条款。另一方面,一般的明示条款是由当事人事先约定的,当事人明知该条款的内容,对对方当事人受该条款的拘束也有明确的认知;而归入条款则涉及一方当事人合理信赖的保护。《欧洲民法典草案》第2—4:104条承认归入条款,旨在保护双方当事人之间的合理信赖。[②] 例如,实践中准业主买卖房屋,买房者基于对开发商的允诺(例如,允诺有较大面积的公共绿地、较为完善的公共健身设施等)的信赖而购买了房屋,但是广告的内容并没有最终体现在合同的条款中,如果合同中有归入条款,规定出卖人所有的承诺都可以认可为合同内容,则先前开发商关于房屋有关内容的所有承诺都可以视为合同的内容。在法律上承认归入条款,也有利于正确解释有关合同的内容。[③]

2. 默示条款

默示条款是英美法特定的概念,所谓默示条款,是指合同本身虽未规定,但在纠纷发生时由法院确认的合同中应当包括的条款。根据不同的判断标准,默示条款可以分为三类[④]:一是根据交易习惯所确定的默示条款。例如,在1863年的一个案件中,帕克(Baron Parke)法官便提出了引用交易习惯“custom and usage”来补充合同条款的必要性,但根据交易习惯所确定的默示条款,不得与合同明确规定的合同条款相抵触。[⑤] 二是法律所规定的默示条款,此种默示条款是指法律规定了合同当事人所负有的义务,除非当事人在合同中有相反约定,这些法律规定的义务将自动成为合同条款的一部分。这一点尤其体现在美国商品买卖法(Sale of Goods Act)中对出卖人的担保义务的规定。[⑥] 如双方当事人从事样品买卖(sale by sample)时,合同中应当有一项默示条款,即出卖人负有保证买卖标的符合样品的品质的义务。如果双方从事按说明买卖(sale by description)时,则合同中应当有一项默示条款,即货物的质量不仅要符合出卖人的描述,还应当具有通用的质量。[⑦] 三是由法院所推定的默示条款。法院推定的默示条款通常是在合同中未明确规定,但法官依据当事人的意图所确定的合同所应当包括的条款。如在Lynch v. Thorne一案中,法院认为,房屋租赁合同中应含有房屋“适于居住”的默示条款。但默示条款不得与合同中的明示条款相抵触。[⑧]《商事合同通则》第5.1.2条承认了默示条款。根据该条规定,“默示的义务源自:(1) 合同的性质与目的;(2) 各方当事人之间确立的习惯做法,以及惯例;(3) 诚实信用和公平交易原则;(4) 合理性”。显然,该条规定对默示义务的来源作了比较宽泛的规定,尤其是将合理性作为其来

---

① See Tom Egan: Contract-Settlement Agreement-Merger Clause, Massachusetts Lawyers Weekly, 10/24/2017.

② See Christian von Bar et al. (eds.), *Principles, Definitions and Model Rules of European Private Law*, Sellier. European Law Publishers GmbH, 2009, p. 284.

③ 参见《欧洲民法典草案》第2—4:104条。

④ 参见傅静坤:《二十世纪契约法》,法律出版社1997年版,第101页。

⑤ 参见杨桢:《英美契约法论》(修订版),北京大学出版社2000年版,第286—287页。

⑥ “Sale of Goods Act” § 39, § 40 of MIA & § 12— § 15 of Sale of Good s Act l893.

⑦ See Gray v. Gardner S. Ct. Mass. [1821].

⑧ See Lynch v. Thorne [1956] 1 All ER 744, [1956] 1 WLR 303, CA.

源之一,这赋予了法官过于宽泛的自由裁量的权力。

我国司法实践中历来不承认默示条款,《民法典》合同编中虽然没有规定默示条款的概念,但《民法典》总则编第 140 条第 1 款规定:“行为人可以明示或者默示作出意思表示。”据此可见《民法典》承认了默示条款。合同编确立了解释合同的规则,这主要体现在《民法典》第 509 条第 2 款、第 510 条、第 511 条以及总则编第 142 条。默示条款可以适用于如下方面:一是依据合同的性质和目的所确立的默示条款。例如,在承揽合同中,承揽人应当负有提供特定结果的义务;而在委托合同中,当事人应当负有尽最大努力的义务。再如,在旅客运输合同中承运人根据合同的性质负有安全地将旅客运送到目的地的义务,无论当事人在合同中是否对此义务作出了约定,都可以认为承运人负有该默示条款义务。如果违反该义务,将构成违约。二是依据交易习惯所产生的默示条款。所谓交易习惯是指,在当时、当地或者某一行业、某一类交易关系中,为人们所普遍采纳的,且不违反公序良俗的习惯做法。我国《民法典》第 510 条规定:“合同生效后,当事人就质量、价款或者报酬、履行地点等内容没有约定或者约定不明确的,可以协议补充;不能达成补充协议的,按照合同相关条款或者交易习惯确定。”第 142 条规定,对于有相对人的意思表示应当依据交易习惯等进行解释,这就确立了习惯解释的原则。因此,交易习惯成为确定合同默示条款的重要依据。例如,根据交易习惯通常是先住店后付款、先用餐后结账,这实际上确定了默示的先后履行义务。当然,就交易习惯问题应当由当事人举证,法官应当考虑该交易习惯是否客观存在及是否合理,否则不能以此作为确定默示条款的依据。

3. 明示条款与默示条款的区别

首先,是否被明确表示不同。明示条款是明确约定的条款,此类条款是当事人在合同中明确加以确定的,此种确定不以书面形式为限,口头形式同样可以构成明示条款。[①] 默示条款是无约定或者约定不明确时依据法律规定、交易习惯、诚信原则等而拟制的当事人约定。而默示条款则并没有经当事人的明确表示,也并未被记载于合同之内或口头达成约定。

其次,条款的来源不同。明示条款是当事人合意的直接体现,而默示条款往往来自法律规定、习惯、合同目的等[②],默示条款是对当事人合意的补充。例如,在海难救助合同中,在当事人没有特别约定时,往往就适用“无效果则无报酬”这一习惯,从而成为默示条款。

最后,是否要求合理性要件不同。对于明示条款而言,其是当事人合意的直接表现,不需要以合理性作为其成为合同条款的要件。但是对于默示条款而言,比较法上往往要求,只有该条款在当事人的交易中具有合理性(reasonableness),才可以成为有效的默示条款。[③]

(五)确定条款和待定条款

所谓确定条款,是指在条款中,其内容即双方当事人的权利义务都是确定的;反之,则属于待定条款。例如,当事人对合同中的价格规定,“按市场价格,价格另议”,该价格条款类似于“活价条款”,就是待定条款。《商事合同通则》第 2.1.14 条第 1 款规定:“如果当事人各方意在订立一项合同,但却有意将一项条款留待进一步谈判商定或由第三人确定,则这一事实并不妨碍合同的成立。”因此,如果当事人在合同中确定了待定条款,原则上不应当影响到合

---

① 参见韩世远:《合同法总论》(第四版),法律出版社 2018 年版,第 114 页。

② See M. P. Furmston, Cheshire, *Fifoot and Furmston's Law of Contract*, Oxford University Press, 2012, p. 177.

③ 〔英〕埃万·麦肯骓克:《契约法》(影印本)(第四版),法律出版社 2003 年版,第 204 页。

同的成立，除非该条款是合同的必备条款。[①] 例如，当事人约定，“价格另议、随行就市”，该条虽然没有具体明确的价格，但有价格确定的方法，也可以认为价格条款已经确定，所以合同已经成立。按照合同法理论，如果当事人约定了无须当事人作出新的表示便可以确定合同价金的可行方法，则协议并不因其价格或金额之欠缺明确性而不成立。[②] 这就是说，当事人已经明确了具体确定价格的标准，可以通过事后达成协议来确定，因此，不影响合同的成立。

关于待定条款还有如下问题值得探讨：一是待定条款通常只限于合同的非必备条款。如果是合同的必备条款，即使当事人明确表示，将该条款留待将来协商，合同订立时不作决定，或者当事人明确宣称“合同已经成立生效”，也不能认为合同已经成立，此时可以认为当事人之间并没有真正形成合同，否则与合同成立的一般理论相违背。二是待定条款不属于合同漏洞，但有可能转化为合同漏洞。所谓合同漏洞，是指当事人在合同中对于合同条款没有约定或者约定不明确的现象。[③] 一般来说，合同漏洞是当事人在订立合同时所不知道的，且在合同中也没有约定填补漏洞的方法。如果在缔约时已经知道而故意不予规定，尤其是已经在合同中规定了填补漏洞的方法，则不能视为合同漏洞。当然，当事人留待将来确定的条款，应当是可以通过解释确定合同内容的条款，如果无法通过合同解释确定其内容，则属于合同漏洞。在此情况下，有必要运用合同漏洞填补的方法。三是依据当事人约定的方式无法确定待定条款的内容。例如，当事人在合同中约定，“按国家顺价，价格另议”，但是，按照国家顺价无法确定价格。此时，合同是否应当终止？有一种观点认为，应当依据待定条款的性质来确定，如果待定条款不是必备条款，合同仍然有效；但是，如果其是必备条款，则合同终止。笔者认为，待定条款应当是非必备条款，如果按当事人约定的方式无法确定该条款，则应当进行合同漏洞填补。但合同漏洞的存在一般不应影响合同的成立。按照王泽鉴先生的观点，“此多属契约非必要之点”[④]，合同漏洞可以采取各方式填补，但不应当导致合同的终止。

第三节　免责条款

一、免责条款的概念与特征

免责条款是当事人双方在合同中事先约定的，旨在限制或免除其未来的责任的条款。《民法典》第506条对免责条款作出了规定。按照合同自由原则，当事人可以在法律规定的范围内，自由约定合同条款，因此当事人既可以在合同中约定合同义务和违约责任，也可以在合同中约定免责条款。依法成立的免责条款是有效的。在合同编中，免责条款具有如下特征：

第一，免责条款是一种合同条款，它是合同的组成部分。许多国家的法律规定，任何企图援引免责条款免责的当事人必须首先证明该条款已经构成合同的一部分，否则其无权援

① 参见张玉卿主编：《国际统一私法协会国际商事合同通则2016(英汉对照)》，中国商务出版社2019年版，第115页。

② 〔美〕A. L. 科宾：《科宾论合同》(一卷本上册)，王卫国等译，中国大百科全书出版社1997年版，第191页。

③ 参见《合同法》第61条、第139条、第141条、第154条、第156条、第159条、第160条、第161条等。

④ 王泽鉴：《债法原理》(第1册)，作者1999年自版，第244页。

引该免责条款。[1] 如果采用格式条款订立合同的,提供格式条款的一方应当按照对方的要求,对该条款予以说明。提供格式条款的一方未履行提示或者说明义务,致使对方没有注意或者理解与其有重大利害关系的条款的,对方可以主张该条款不成为合同的内容。

第二,免责条款是当事人事先约定的。当事人约定免责条款是为了减轻或免除其未来发生的责任,因此只有在责任发生以前由当事人约定且生效的免责条款,才能导致当事人责任的减轻或免除。若在责任产生以后,当事人之间通过和解协议而减轻或免除责任,则不属于免责条款。

第三,免责条款旨在免除或限制当事人未来所应负的责任。根据免责条款所免除或限制责任的性质不同,可将免责条款分为完全免责的条款和限制责任的条款。完全免责的条款是指完全免除一方责任的条款,如某些商店在其柜台上标明"货物出门,恕不退换",就属于免除责任条款。限制责任的条款是指将当事人的法律责任限制在某种范围内的条款,如当事人在合同中约定,卖方的赔偿责任不超过货款的总额。此种分类在法律上的意义在于,对于完全免责条款应当从严审查,特别是在涉及消费者利益时,更应考虑该条款的合理性和公正性,而限制责任条款因只是免除部分责任,所以审查标准应相对宽松一些。

免责条款的合法性在于:一是按照私法自治原则,既然民事主体可以在不损害国家和社会公共利益以及第三人利益的情况下,自由处分其财产权益。那么,当然可以通过达成协议设定免责条款,以免除其未来的责任。只要免责条款不损害国家、社会公共利益和第三人利益,则国家不应当对其进行干预。二是严格责任。在市场交易活动中,由于交易充满了风险,因此当事人需要通过免责条款合理分配双方的利益和风险。免责条款的设定有助于控制未来风险、合理规避风险、降低交易成本,从而有利于鼓励各类交易、促进交易的发展,也有利于及时解决纠纷。当然,当事人在规定免责条款时,必须符合法律、行政法规的强制性规定。我国《民法典》第 143 条规定,民事法律行为有效必须"不违反法律、行政法规的强制性规定,不违背公序良俗"。这一规定同样适用于免责条款。因此,当事人订立的免责条款必须符合法律和社会公共利益的要求,而不得通过其自行约定的条款排除法律的强行性规范的适用。此亦为我国司法实践所确认。例如,在招工登记表上注明"工伤概不负责",违反了《宪法》和有关劳动法规,也严重违反了社会主义公德,属于无效民事行为。同时,免责条款也不得违反公共秩序和善良风俗。公共秩序和善良风俗体现的是全体人民的共同利益,对此种利益的维护直接关系到社会的安定与秩序的建立,所以当事人不得设立违反公共秩序和善良风俗的免责条款。

二、免责条款的生效和无效

免责条款一旦订入合同,就意味着当事人已经就免责条款达成了合意,但当事人已经达成的免责条款并不是当然有效的。我国法律从合同自由原则及经济效率考虑,允许当事人达成免责条款,但这并不意味着当事人可以对免责条款任意作出约定。虽然违约责任具有一定程度的任意性,但又具有一定的强制性。当事人在不违反法律和公共道德的情况下,可以自由设定免责条款,但免责条款必须符合法律规定,才能合法有效。依据《民法典》第 506 条的规定,合同中的免责条款在以下两种情形下是无效的:

第一,造成对方人身损害的。免责条款不得免除人身伤害的责任。对个人而言,最宝

---

① 参见董安生等编译:《英国商法》,法律出版社 1991 年版,第 62 页。

贵和最重要的利益就是人身的安全利益，个人的生命健康权是最重要的人权，保护公民的人身安全是法律的最重要的任务。如果允许当事人通过免责条款免除造成对方人身伤害的责任，不仅将使侵权责任法关于不得侵害他人财产和人身权利的强制性义务形同虚设，使法律对人身权利的保护难以实现，而且将会严重危及法律秩序和社会公共道德。因此，各国合同法大都规定禁止当事人通过免责条款免除故意和重大过失造成人身伤亡的责任。我国法律明确规定合同中的免责条款免除造成对方人身伤害责任的无效，体现了我国法律充分以人为终极目的和终极关怀这一价值取向，表明法律将对人的保护置于了优先保护的地位。我国司法实践也历来采取此种主张，例如，在某一案例中，最高人民法院的批复认为：张学珍、徐广秋身为雇主，对雇员理应依法给予劳动保护，但他们却在招工登记表中注明"工伤概不负责"。这种行为既不符合宪法和有关法律的规定，也严重违反了社会主义公德，应属于无效的民事行为。[①]

第二，因故意或者重大过失造成对方财产损失的。"故意或重大过失责任不得免除"的规则来源于罗马法，并为大陆法国家的民法典所广泛接受。[②] 我国《民法典》合同编采纳这一规则的依据在于：因故意或者重大过失致人财产损失的，不仅表明行为人的过错程度是重大的，而且表明行为人的行为具有不法性，此种行为应受法律的谴责。例如，双方当事人在合同中特别约定，"卖方交付的货物所造成的全部损失一概由买方负责"，该免责条款显然违反了上述规定。在免责条款设立以后，若一方可以随意毁损他人的财物，砸坏他人的物件，这显然是危害法律秩序的。还要看到，允许当事人通过免责条款免除因故意或者重大过失造成对方财产损失的责任，也可能违反公序良俗。

第四节　合同的形式

一、合同的形式概述

所谓合同的形式，又称合同的方式，它是当事人的合意所采取的方式。合同的形式是合同内容的表现方式，与合同的内容密不可分。从哲学上看，形式是内容的外在表现，任何形式都是为了表达一定的内容。同样，合同的形式是合同法律关系的外在表现形式。合同是一种法律关系，它可以有多种表现形式，其既可以体现为书面形式，也可以是口头形式或者其他形式。形式不过是内容的外在表现，是内容的载体。在某些情况下，合同是否具备特定的形式对于判断当事人之间是否存在合同关系，以及确定合同的具体内容等，均具有重要意义。在法律对合同形式作出明确规定的情形下，合同欠缺法定形式可能导致合同不成立或者无效。如果当事人采用口头形式，但事后无法证明当事人已经就合同的主要条款达成合意，此时也可能导致合同不能成立。

在合同的形式选择方面，各国普遍从合同自由原则出发，采纳了可由当事人自由选择合同形式的原则，因此，在合同形式方面，采纳了以非要式为原则、以要式为例外的立法模式，该原则被许多国际示范法所广泛认可。[③] 我国《民法典》第 469 条第 1 款规定："当事人订立合同，可以采用书面形式、口头形式或者其他形式。"此处使用"可以采用"的表述，表明当事

① 1988 年《最高人民法院关于雇工合同"工伤概不负责"是否有效的批复》(已失效)。

② 参见崔建远：《免责条款论》，载《中国法学》1991 年第 6 期。

③ 参见《销售合同公约》第 11 条，《欧洲合同法原则》第 2：101 条第 2 款，《商事合同通则》第 1.2 条。

人可以依法自主选择合同的形式,这也是合同自由原则的具体体现。但是,对一些特殊类型的交易而言,法律也规定了书面形式的要求。我国《民法典》合同编对许多合同都规定了书面形式,例如,保证合同(第 685 条)、租赁期限在 6 个月以上的租赁合同(第 707 条)、融资租赁合同(第 736 条)、保理合同(第 762 条)、建设工程合同(第 789 条)、建设工程委托监理合同(第 796 条)、技术开发合同(第 851 条)以及技术转让合同、技术许可合同(第 863 条)等,均规定了应当采用书面形式。除《民法典》合同编以外,其他法律、法规也对合同的书面形式作出了规定。[①] 但如果法律、行政法规规定某种类型的合同必须采用书面形式,即便当事人没有采用书面形式,也不宜简单地一概宣告合同不成立,如果一方当事人履行合同主要义务,对方接受的,也可以导致合同的成立。

二、合同形式的种类

《民法典》第 469 条第 1 款规定:"当事人订立合同,可以采用书面形式、口头形式或者其他形式。"因此,合同的形式主要可以分为书面形式、口头形式和其他形式。

(一) 书面形式

所谓书面形式,是指以文字等有形的表现形式订立合同的形式。依据《民法典》第 469 条第 2 款,"书面形式是合同书、信件、电报、电传、传真等可以有形地表现所载内容的形式"。书面形式的主要优点在于,它能够通过文字凭据确定当事人之间的权利义务,既有利于当事人依据该文字凭据作出履行,也有利于在发生纠纷时有据可查,准确地确定当事人的权利义务和责任,从而能够合理公正地解决纠纷。书面形式主要起到证明合同关系存在的作用,有书面形式存在,就能够有效地证明合同关系的存在,并且通常也能证明合同的内容,尤其是作为书面形式的合同书,更能够有效地证明合同关系。但合同并不等于合同书,没有书面形式并不意味着当事人之间并不存在合同关系,也不一定表明当事人无法通过其他形式证明合同关系的存在以及合同的内容,所以不能将合同书等书面形式等同于合同。[②] 在不存在书面形式的情况下,一方当事人要主张合同关系存在,其应当证明双方已经就合同关系的成立达成合意。可见,合同的形式原则上具有证据的效力。

依据《民法典》第 469 条,当事人订立合同,可以选择书面形式、口头形式或者其他形式。这就是说,当事人可以自由约定是否采用书面形式,但如果法律有特别规定和当事人在合同中有特别约定需要采用书面形式的,则应当采用书面形式。书面形式的主要功能在于:一是保存证据的功能,即书面形式的主要作用是保存证据。二是明确合同内容的功能,即通过订立书面合同,可以明确合同内容,避免事后发生争议。毕竟书面合同有据可查,条款清晰,能够进一步明确双方的权利义务关系,有利于督促双方履行合同。三是提醒慎重缔约的功能,即书面形式的目的主要是提醒当事人在缔约时要慎重。四是保护弱者的功能。例如,在不动产买卖、房屋租赁等交易领域,要求采取书面形式,国家发布了一些示范合同,这些示范合同明确将一些保护消费者的条款列入其中,而且当事人不得约定排除,其主要目的就是保护消费者,防止对方当事人利用其优势订约地位侵害消费者的合法权益。五是防止欺诈的功能。书面形式的最大好处是有助于防止欺诈和伪证,因为毕竟口头形式经常缺乏证据留

---

① 例如,《民法典》物权编对许多合同也规定了书面形式要件,如采取招标、拍卖、协议等出让方式设立建设用地使用权的合同(第 348 条),建设用地使用权转让、互换、出资、赠与或者抵押的合同(第 354 条),设立地役权的合同(第 373 条),设立抵押权的合同(第 400 条)以及设定质权的合同(第 427 条)等。

② 参见韩世远:《合同法总论》(第四版),法律出版社 2018 年版,第 109—110 页。

存功能，极容易构成欺诈，所以以书面形式订立合同是实践中当事人采用较多的选择。[①]

如何理解《民法典》第 469 条第 2 款所说的“有形地表现所载内容”？这就是说，一方面，书面形式都应当具有有形的载体，如合同书、信件等，可以有形地展现合同的内容。另一方面，书面形式必须能够记载并表现合同的内容。尤其是此种表现应当是将来可以随时查询的。如果只是暂时的储存而不能随时调取、查询，则不能称为书面形式。依据《民法典》第 469 条第 3 款的规定，“以电子数据交换、电子邮件等方式能够有形地表现所载内容，并可以随时调取查用的数据电文，视为书面形式”，书面形式包括如下三种：

1. 合同书

合同书是指载有合同条款且有当事人双方签名或盖章的文书。合同书是最典型的、也是最重要的书面形式。合同书具有如下特点：第一，必须以文字凭据的方式作为内容载体，也就是说必须要有某种文字凭据。第二，必须载有合同的条款，否则就不能成为合同。例如，收据等文字凭据尽管也可以证明合同关系的存在，但是该凭据上并未载有合同的条款，因此不是合同书。当然，如果一份合同书载有合同的全部条款或主要条款，则该合同书将可以构成一份完整的合同。如果一份合同书载有一项或者某几项条款，这样该合同书将需要和其他的合同书一起共同组成合同内容。第三，必须要有当事人双方及其代理人的签名盖章或按指印。

需要指出的是，《民法典》第 490 条第 1 款第 1 句规定：“当事人采用合同书形式订立合同的，自当事人均签名、盖章或者按指印时合同成立。”该条强调必须是双方均签名、盖章或者按指印时合同才能成立。此种规定有利于鼓励交易、维护当事人的利益。依据该规定，如果当事人双方在合同中明确规定必须要采用合同书的形式缔约，那么在书面文件上只有一方的签名、盖章或者按指印时，不能认为合同已经成立。在实践中，如果合同约定“双方当事人签字、盖章时合同生效”，则意味着签字与盖章是并列关系，即只有签字和盖章均具备的情况下，该合同才能生效。[②] 如果合同没有此种约定，则依据《民法典》第 490 条第 1 款的规定，只要有双方的签名、盖章或者按指印，合同即成立。但是如果对方对此提出异议，应当由提出异议的一方举证证明合同是否已经成立。例如在“天津环球磁卡股份有限公司与甘肃兰州陇神药业有限责任公司借款合同纠纷案”中，最高人民法院认为，根据《合同法》第 32 条的规定，签字或者盖章，合同均可发生效力。因此，展期合同并不因未同时具备签字和盖章的形式上的瑕疵而应当认定无效。[③]

《民法典》第 490 条和第 493 条只是规定了采用合同书形式的，合同成立的时间和地点是当事人最后签名、盖章或者按指印的时间和地点，但是没有规定签名和加盖印章对合同效力和合同效果的归属的规范意义。《合同编通则解释》第 22 条在总结我国司法经验的基础上，对印章和合同效力作出了较为具体的规定，其基本理念是只要法定代表人、负责人或者工作人员在职权范围内以法人、非法人组织的名义订立合同，且未超出权限范围，不能仅以公章真假作为判断合同是否对法人、非法人组织发生归属效力的依据。具体而言，一方面，如果当事人发生印章等争议，依据《合同编通则解释》第 22 条的规定，首先要求审查法定代表人、负责人或者工作人员是否以法人、非法人组织的名义订立合同且未超越权限，即当事

---

① 参见徐炳：《买卖法》，经济科学出版社 1991 年版，第 55 页。

② 深圳发展银行宁波分行与浙江顺风交通集团有限公司借款合同纠纷上诉案，最高人民法院(2005)民一终字第 116 号民事判决书。

③ 最高人民法院(2007)民二终字第 14 号民事判决书。

人是否属于法人的工作人员,其是否是以法人、非法人组织的名义订立合同,以及未超越权限。当然,在确定是否超越权限时,也要考虑相对人是否尽到合理审查义务。另一方面,如果符合上述要件,则当事人不得仅以合同加盖的印章不是备案印章或者系伪造的印章为由主张该合同对其不发生效力。换言之,法人、非法人组织不得以仅有法定代表人、负责人或者工作人员签名或者按指印而未加盖法人、非法人组织的印章为由否定合同的效力。同时,法人、非法人组织也不得以合同仅加盖法人、非法人组织的印章而无人员签名或者按指印,否定合同效力。

上述规定具有合理性,因为审查签约人于盖章之时有无代表权或者代理权,可以根据代表或者代理的相关规则来确定合同的效力。代理人取得合法授权后,以被代理人名义签订的合同,应当由被代理人承担责任。[①] 同时,上述规则对于被代表或者代理的法人并非不公平,毕竟是其内部出现问题,被代表人或者代理人应当承担后果。此外,上述规则也有利于保护相对人的合理信赖,毕竟相对人订约时难以知道公章的真假,不能要求其订立合同时,就作公章鉴定,这不仅不符合交易习惯,而且也会极大地增加交易成本和费用。

2. 信件

所谓信件,是指载有合同条款的文书,它是当事人双方书信交往的文件。合同法中所称的信件不同于一般的书信,其必须载有合同的条款,能够用来作为证明合同关系和合同内容的凭据。但信件又不同于合同书,表现在它不具有双方的签名或盖章,而通常只是有一方的签名或盖章。如果在一个信件上一方签名以后,另一方也在上面签名,则该信件有可能转化为合同书。例如,在"青岛市光明总公司与青岛啤酒股份有限公司啤酒买卖合同纠纷案"中,最高人民法院认为,在双方签订的协议书、补充协议等合同中对文函所载内容没有具体约定时,这些文函应当被认定为光明公司在函件所载内容方面提出的新的意思表示或者新要约,青啤公司在上述文函上签字或者经修改后签字并让光明公司取回且未提异议的行为,应当被认定为对光明公司新的意思表示的认可或承诺,因此应当认定双方就文函所载内容达成了合意,从而对双方具有法律约束力。[②]

《民法典》第 491 条第 1 款规定:"当事人采用信件、数据电文等形式订立合同要求签订确认书的,签订确认书时合同成立。"所谓签订确认书,实际上是最终作出承诺。由于采信件的方式只有一方的签名,且信件的内容也不像合同书那样规范,因而法律允许当事人采用信件缔约时要求签订确认书。但如果当事人采用合同书的形式缔约,则因为签名或盖章后合同已经成立,故不能再要求签订确认书。

3. 电报、电传、传真

电报、电传、传真是典型的书面形式,与本条所规定的"数据电文"是相区分的,"数据电文"主要是指电子数据交换和电子邮件,不包括电报、电传、传真。一方面,电报、电传、传真等可以以书面的载体有形地表现所载内容,而电子数据交换和电子邮件不能够以书面的载体有形地表现所载内容。在这一点上,电报、电传、传真与信件并没有本质的区别。另一方面,只有电子数据交换和电子邮件才有可能进入指定数据电文接收系统。而电报、传真、电传只存在收件地址,而不存在指定系统的问题,这显然与"数据电文"的概念不同。

---

① 参见最高人民法院起草小组:《〈关于适用民法典合同编通则若干问题的解释〉的理解与适用》,载《人民司法》2024 年第 1 期。

② 参见最高人民法院(2004)民二终字第 125 号民事判决书。

我国有关法律历来将电报、电传、传真直接作为书面形式，而不是将其视为书面形式。例如，《海商法》第43条规定："承运人或者托运人可以要求书面确认海上货物运输合同的成立。但是，航次租船合同应当书面订立。电报、电传和传真具有书面效力。"

4. 电子数据交换、电子邮件可视为书面形式

《民法典》第469条第3款规定："以电子数据交换、电子邮件等方式能够有形地表现所载内容，并可以随时调取查用的数据电文，视为书面形式。"依据该款的规定，电子数据交换、电子邮件等方式能够被视为书面形式，必须满足如下两个要件：第一，必须能够有形地表现所载内容。第二，必须可以随时调取查用。根据联合国国际贸易法委员会《电子商务示范法》第6条，"如法律要求信息须采用书面形式，则假若一项数据电文所含信息可以调取以备日后查用，即满足了该项要求"。可见，该规定强调了"信息可以调取以备日后查用"。根据联合国国际贸易法委员会的解释，"'可以调取'意指计算机数据形式的信息应当是可读和可解释的，应当保存读取此类信息所必需的软件。'以备'一词并非仅指人的使用，还包括计算机的处理。至于'日后查用'概念，它指的是'耐久性'或'不可更改性'等会确立过分严厉的标准的概念和'可读性'或'可理解性'等会构成过于主观的标准的概念"[①]。"日后查用"是指数据电文要能够成为书面的形式，仅仅只是可以有形地表现所载的内容是不够的，还必须可以调取以备日后查用。我国《民法典》第469条也要求数据电文"可以随时调取查用"，该规定是借鉴比较法上合同法立法经验的结果，通过数据电文形式订立的合同通常称为电子合同。将数据电文纳入书面形式范畴，符合世界各国商业发展与立法的趋势，也与国际电子商务的立法和实务相衔接。

（二）口头形式

口头形式是指当事人通过口头对话的方式订立合同。在社会生活中，口头形式是最普遍采用的合同订立方式，其优点在于简单、便捷。"今天对于我们来说，不言自明的是，合同不应该要求具有任何特定形式，即使是口头合同也是可履行的，这一点已经得到广泛的认可。"[②] 除了即时交易之外，即使是在大规模的交易中，也可能采取口头形式订约。例如，通过电话预订房间、购买产品等。口头形式实际上是运用语言对话的方式缔约，也就是说，当事人只用语言为意思表示表达内容，而不用文字表达协议内容。《民法典》第469条允许当事人采用口头的形式缔约，凡是当事人没有约定或法律没有规定采用何种形式的合同，都可以采取口头形式。当然，如果采取口头形式，在发生争议的情况下，当事人应当负有举证证明合同关系存在和合同关系内容的义务。

口头形式在实践中也运用得比较广泛，一般对即时结清的买卖服务和消费合同大都要采取口头形式订立，所以在日常生活中经常被使用，其主要优点在于简便易行、快捷迅速，但其固有的缺点是缺乏文字凭据，一旦发生纠纷，也可能使当事人面临不能就合同关系的存在以及合同的内容进行举证的危险。《民法典》合同编允许当事人采取口头形式缔约，既尊重了当事人的合同自由，也有利于鼓励交易。尤其是在现代市场经济条件下，既要求顾及交易安全，同时也要求提高交易效率，尽可能降低交易成本。因此，在许多情况下允许当事人采用口头形式缔约是完全符合交易的要求的。虽然口头形式具有缺乏文字凭据的缺点，但并

---

① 联合国国际贸易法委员会：《电子商业示范法及其颁布指南》，载阚凯力、张楚主编：《外国电子商务法》，北京邮电大学出版社2000年版，第288页。

② 〔德〕海因·克茨：《欧洲合同法》（上卷），周忠海、李居迁、宫立云译，周忠海校，法律出版社2001年版，第113页。

非任何口头形式都不如书面形式。例如,对于一些重要的交易,当事人可以采用录音的方式将双方的对话内容录制下来,这也可以成为一种有效的证据而使用,所以在采用口头形式缔约的情况下,并不一定意味着当事人就不能就合同关系的存在和合同的内容进行举证。当然,与书面形式相比,口头形式的合同还面临证明困难、权利义务不明晰等风险。

(三) 其他形式

所谓其他形式,一是指当事人约定的其他形式。按照合同自由原则,当事人如果约定采取其他形式,为了尊重当事人的约定,也应当肯定此种形式具有法律效力。例如,最高人民法院在“中国电子工业深圳总公司与无锡灵山商业旅游城置业有限公司等商品房预售合同纠纷案”中指出,当事人双方签订的《补充协议》中关于“经公证处公证证明”的约定,是《补充协议》生效的条件。但该《补充协议》后来并未经公证,故因约定的生效条件没有成就而未生效。①

二是指推定形式。所谓其他形式是指以书面和口头形式以外的行为方式缔约的形式,其中主要指推定形式。推定形式是当事人未用语言、文字表达其意思表示,而是仅用行为向对方为要约,对方通过一定的行为作出承诺,从而使合同成立。② 推定形式包括的范围也较为广泛。例如,房屋租赁合同期满后,出租人继续接受承租人所交纳的租金。根据这一特定的行为,可以推定当事人有延长房屋租赁合同的意思表示。在实践中,推定形式大多是指以行为的方式达成合意。也就是说,当事人既没有采用口头形式,也没有采用书面形式缔约,而是通过实际履行主要义务的方式来订约。

在实践中,当事人在交易过程中通过协商谈判,可能并没有就合同主要条款达成书面合同或者口头协议,但事后一方当事人向对方作出了实际履行(如交付了一定数量的货物),而对方又接受该履行的,可以通过当事人实际履行的行为认定合同已经成立。这种订约方式也被称为通过以实际履行的方式订立合同。此种订约方式的特点是,主要通过法律规定认定当事人具有订立合同的效果意思,从而发生法律效果。③

此外,日常生活中常见的公交车刷卡、自动售货机贩卖等合同订立方式,均难以归入口头或书面之中,而可以归入推定形式。在实践中,推定形式大多是指以行为的方式达成合意。也就是说,当事人既没有采用口头形式,也没有采用书面形式缔约,而是通过实际履行主要义务的方式来订约。司法实践即认可了这种推定形式。

三、履行治愈规则

所谓履行治愈规则,是指欠缺法定或者约定形式要件的合同因当事人履行的事实而弥补合同缺陷,使本来无效的合同成为有效合同。④ 在比较法上,履行治愈规则也是被普遍认可的。例如,德国民法就认可该规则。⑤ 拉伦茨(Larenz)教授认为,在治愈规定的情形,法律将保护因法律行为承担义务的当事人免于因操之过急而遭受损害,弥补形式要件的欠缺。如果当事人嗣后履行了义务,那么合同形式要件的目的就已经实现,所以,法律允许形式瑕

① 参见最高人民法院民事审判庭编:《最高人民法院民事案件解析——房地产案件专集》,法律出版社 1999 年版,第 76 页以下。

② 参见吕伯涛主编:《适用合同法重大疑难问题研究》,人民法院出版社 2001 年版,第 17 页。

③ 参见谢鸿飞:《合同法学的新发展》,中国社会科学出版社 2014 年版,第 114 页。

④ 参见王洪:《合同形式欠缺与履行治愈论——兼评〈合同法〉第 36 条之规定》,载《现代法学》2005 年第 3 期。

⑤ Flume, Werner, Allgemeiner Teil des Bürgerliche Rechts, Bd. 2., Das Rechtsgeschäft, 4. Auf. l, 1992, S. 278.

疵在事后得到"补正"[①]。《民法典》第 490 条第 1 款规定:"当事人采用合同书形式订立合同的,自当事人均签名、盖章或者按指印时合同成立。在签名、盖章或者按指印之前,当事人一方已经履行主要义务,对方接受时,该合同成立。"第 2 款规定:"法律、行政法规规定或者当事人约定合同应当采用书面形式订立,当事人未采用书面形式但是一方已经履行主要义务,对方接受时,该合同成立。"该条对履行治愈规则作出了规定,即在法定或者约定形式欠缺的情形下,当事人可以通过实际履行的方式弥补合同形式上的瑕疵。

我国合同法承认当事人可以以实际履行的方式缔约,其原因在于:一是充分尊重当事人的私法自治,符合当事人的意愿。[②] 二是体现鼓励交易、便利交易的原则。三是有利于避免因合同不成立或无效而导致的社会成本支出。如果不承认以实际履行的方式缔约,当事人就可能因合同不成立或无效而要恢复原状,从而造成社会财富的浪费。

通过实际履行的方式促使合同成立,必须符合如下条件:

一是必须是一方履行了主要义务。之所以要求一方履行主要义务,是因为以实际履行方式订约也必须完成要约、承诺的过程,即一方必须以实际履行的方式发出要约。此处的主要义务是指依据合同的成立和缔约目的,合同当事人双方应当承担的基本义务。例如,合同中的主给付义务一般都是主要义务。

二是另一方必须无条件地接受履行,且并未提出异议。对于如何判断"对方已经接受履行",经常发生争议。此处所说的接受,应当是指完全接受,而不能附带条件或提出新的条件,且没有提出任何异议。例如,在"中国银行股份有限公司十堰分行等与十堰荣华东风汽车专营有限公司借款纠纷上诉案"中,湖北省高级人民法院认为,荣华公司与中行湖北分行虽未签订书面借款合同,但一方已实际垫付,另一方已实际使用,双方已形成事实上的借款法律关系。[③] 如果接受履行的一方当事人在接受时提出了异议,或提出新的条件,可能构成反要约,或提出了新的要约,仍然不能导致合同成立。例如,如果一方向另一方交付 100 吨钢材,另一方只接受 50 吨,而不接受另外 50 吨,这意味着当事人可能只是就 50 吨钢材的买卖作出了承诺,而对于另外 50 吨钢材则并未达成买卖协议。但如果这 100 吨钢材的交易是完整的、不可分割的整体,则应当认定合同并未成立,而是受领钢材的一方向对方当事人发出了新的要约。

在判断合同成立时,上述两个要件缺一不可。这表明以实际履行方式订约也应当由当事人双方就合同的主要条款完成要约、承诺的过程,即就合同的主要条款形成合意,否则不能产生订立合同的效果。例如在"内蒙古包钢稀土高新技术产业开发区管理委员会等与包头润华永庆建筑工程有限公司工程款结算纠纷案"中,最高人民法院指出:当事人之间虽未订立书面合同,但是,双方之间发生的以施工为内容的权利义务关系是客观存在的,施工方直接向建设方报告工程进度,建设方直接向施工方支付工程进度款,双方还对施工中的一些具体问题进行协商与核定,以上事实表明施工方与建设方形成了事实上的合同关系。[④]

---

① 〔德〕卡尔·拉伦茨:《德国民法通论》(下册),王晓晔等译,谢怀栻校,法律出版社 2003 年版,第 563—564 页。

② 参见谢怀栻等:《合同法原理》,法律出版社 2000 年版,第 29 页。

③ 参见(2014)鄂民二终字第 00048 号民事判决书。

④ 最高人民法院(1999)民终字第 130 号民事判决书。

第七章

格 式 条 款

第一节　格式条款的概念与特征

一、格式条款的概念和特征

格式条款的产生和发展是20世纪合同法发展的重要标志之一，其出现不仅改变了传统的订约方式，而且对合同自由原则构成了重大的挑战。据此，各国都纷纷通过修改或制定单行法对格式条款加以规范。我国《消费者权益保护法》对格式条款作出了专门规定，《民法典》等对格式条款的订立、内容以及解释适用作出了系统规定。

关于格式条款的名称，不同国家、地区的提法不同，如英国采用标准合同（standard form contract）名称，德国法上称为一般交易条件（Allgemeine Geschäftsbedingungen），而法国法、美国法、日本法称为附合合同、附意合同，葡萄牙法和我国澳门特区使用加入合同的概念，我国台湾地区称其为定型化契约。《欧洲民法典草案》和《商事合同通则》称之为格式条款（standard terms）。[①] 我国《民法典》采用了格式条款的概念。根据《民法典》第496条，格式条款是当事人为了重复使用而预先拟定，并在订立合同时未与对方协商的条款。我国《民法典》采用格式条款而不是格式合同的概念，无论在理论上还是实践中都具有极为重要的意义。因为从实践看，尽管格式条款有可能构成一个完整、独立的合同，但也可能仅仅是合同中的一个条款。例如，经营者以公告的形式张贴于码头、仓库等公共场所；也可能通过“价目表”“使用须知”“通知”“说明”等形式张贴于一定的营业场所，还可能通过简单的告示表现出来（如货物出门概不退换的告示）。[②] 在这些情况下，格式条款大多只是作为整个合同（如买卖合同、运输合同、保险合同等）的组成部分，或作为这些合同的部分条款存在的。假如在法律上将格式条款称为格式合同，则很难解释一个合同中存在部分格式条款的现象。《民法典》采用格式条款的概念，既符合交易实践，也有利于准确适用法律规则。采纳这一概念意味着在一个合同中可以将所有的条款分为两类，即格式条款与非格式条款。即使不存在书面合同，对于已经纳入合同中的和将要纳入合同中的格式条款，也可以适用我国《民法典》第496条、第497条、第498条的规定。

格式条款的产生和发展是20世纪合同法发展的重要标志之一。格式条款一般都是为

---

① 参见《欧洲民法典草案》第2—1:109条，《商事合同通则》第2.1.19条。

② 参见张新宝：《定式合同基本问题研讨》，载《法学研究》1989年第6期。

了重复使用而不是为一次性使用制定的,因此从经济上看有助于降低交易费用,尤其是许多交易活动是不断重复进行的,许多公用事业服务具有既定的要求,通过格式条款的方式可以使订约基础明确、节省费用、节约时间,这也符合现代市场经济高度发展的要求。格式条款的出现,不仅改变了传统的订约方式,而且对合同自由原则形成了挑战。因此,各国都纷纷通过修改和制定单行法律等方式对格式条款进行规范。格式条款具有如下特点:

第一,格式条款是由制定方为了反复使用而预先制定的。格式条款必须是在订约以前就已经预先制定出来,而不是在双方当事人反复协商的基础上制定出来的。一方面,格式条款必须是因重复使用而制定的。正是因为重复使用才能够充分发挥格式条款的提升交易效率的功能。[①] 另一方面,格式条款必须是预先制定的。预先制定表明此类条款并未经过当事人之间的充分协商,缺乏条款确定的谈判过程。也就是说,它是指一种能够重复使用、事先拟定且不能协商的条款。制定格式条款的一方多为固定提供某种商品和服务的公用事业部门、企业和有关的社会团体等。当然也有些格式条款文件是由有关政府部门为企业制定的,如常见的电报稿上的发报须知、飞机票上的说明等。

从比较法来看,普遍认为格式条款是由制定方为了重复使用而预先制定的。例如,《商事合同通则》第 2.1.19 条第 2 款将格式条款界定为:"格式条款是指一方为通常和重复使用的目的而预先准备的条款,并在实际使用时未与对方协商。"该条明确强调重复使用目的在判断格式条款中的重要性。如果是为了一次交易而制定的条款,则并非格式条款。2011 年《欧洲买卖法共同规则》(the Common European Sales Law)对格式条款的解释认为,格式条款是一种事先拟定并为涉及不同当事人的多次交易(for several transactions involving different parties)的条款。我国《合同法》第 39 条采纳这一经验,《民法典》合同编也将重复使用和预先制定作为格式条款的判断标准,主要是基于如下原因:一方面,这符合格式条款的本质属性。如果某些合同条款只是一次性使用,仅为特定当事人准备,而不是为不特定的交易主体准备,则难以将其认定为格式条款。另一方面,这符合法律调整格式条款的目的。法律之所以对格式条款进行调整和规制,就是为了保护不特定的交易当事人,尤其是保护不特定的消费者的利益。如果将重复使用的目的排除在格式条款的认定标准之外,也可能导致格式条款范围的不当扩大。此外,格式条款的优势在于一次制定、重复使用,这也是格式条款发挥其节省交易成本等作用的目的。格式条款的采用可以使订约基础明确、费用节省、时间节约,从而大大降低了交易成本。[②]

格式条款虽然是为了重复使用而制定,但是否必须实际使用?在比较法上,一些国家要求必须实际使用。例如,在德国,"对于'为了大量合同'的特征,使用人相应的意图(Basich des Verwenders)已满足要求,即使其实际上只使用过一次。判例要求至少有使用 3 次的(deface)使用意图,其中满足要求的是已经计划对同等的合同相对人使用"[③]。但依据《合同编通则解释》第 9 条第 2 款,"从事经营活动的当事人一方仅以未实际重复使用为由主张其预先拟定且未与对方协商的合同条款不是格式条款的,人民法院不予支持"。据此,一方面,

① See Ingeborg Schwenzer, Pascal Hachem, Christ Opher Kee, *Global Sales and Contract Law*, Oxford University Press, 2012, p. 164.

② 参见〔英〕P. S. 阿狄亚:《合同法导论》(第五版),赵旭东等译,法律出版社 2002 年版,第 14—26 页。

③ 〔德〕本德·吕特斯、〔德〕阿斯特丽德·施塔德勒:《德国民法总论》(第 18 版),于鑫森、张姝译,法律出版社 2017 年版,第 278 页。

如果相关的条款不是为了重复使用而拟定的,则其不属于格式条款。另一方面,虽然还未开始使用,但如果当事人是为了重复使用而拟定的相关条款,则应当将其认定为格式条款。格式条款必须是在订约以前就已经预先制定出来,而不是在双方当事人反复协商的基础上制定出来的。正是因为重复使用才能够充分发挥格式条款的提升交易效率的功能,但"为了重复使用"仅仅是当事人拟定格式条款的目的,并非要求实际被重复使用。

第二,格式条款的相对方通常是不特定的。格式条款是为与不特定的人订约而制定的,因而,格式条款在订立以前,要约方总是特定的,而承诺方都是不特定的,这就与一般合同当事人双方都是特定主体有所不同。如果一方根据另一方的要求而起草供对方承诺的合同文件,则仍然是一般合同文件而不是格式条款文件。当然,在不特定的相对人实际进入订约过程以后,其事实上已由不特定人变成了特定的受要约人。正是因为格式条款常常将要适用于广大的消费者,所以对格式条款加以规范,对保护广大消费者的利益具有十分重要的作用。

第三,格式条款的内容具有定型化的特点。所谓定型化,是指格式条款具有稳定性和不变性,它将普遍适用于一切与起草人订立合同的不特定的相对人,而不因相对人的不同有所区别。一方面,格式条款文件,普遍适用于一切要与条款的制定者订立合同的相对人,相对人对合同的内容只能表示完全的同意或拒绝,而不能修改、变更合同的内容。因此,格式条款也就是指在订立合同时不能协商的条款。另一方面,格式条款的定型化是指在格式条款的适用过程中,要约人和受要约人双方的地位也是固定的,而不像一般合同在订立过程中,要约方和承诺方的地位可以随时改变。从比较法来看,也普遍认为,格式条款的另一个重要特征在于不能协商,一般的合同条款是当事人在进行协商的基础之上而形成的,而格式条款则缺少了这一环节。例如,《商事合同通则》第 2.1.19 条第 2 款将"未与对方协商"作为格式条款的构成要件。

如何理解"未与对方协商"?所谓"未与对方协商"是指条款内容未协商,而非格式合同的订立完全未经过协商。在格式合同的订立过程中,也同样是遵循了要约承诺的过程。虽然当事人并未参与协商确定条款内容,但是当事人有权拒绝。相对人在格式条款的订立中,有权作出承诺的意思表示。此种表示可以通过在书面文件上签字的方式,也可能通过实施一定的行为(如拍电报、购买物品)等表示出来。无论如何,相对人对格式条款文件可以接受,也有权拒绝。换言之,相对人是否愿意接受另一方提供的服务和购买其生产的产品,由相对人自己决定,另一方无权强迫相对人接受。[①] 我国《民法典》第 496 条将不与对方协商作为认定格式条款的条件,就意在说明,格式条款是不与对方协商的条款。未与对方协商的条款并不意味着条款不能与对方协商,某些条款有可能是能够协商确定的,但条款的制定人并没有与对方协商,而相对人也没有要求就这些条款进行协商,但这并不意味着这些条款便属于格式条款。格式条款只能是不能协商的条款,如果当事人一方在能够协商的情况下而不与对方协商,或放弃协商的权利,则不能将这些未协商的条款直接确定为格式条款。当然,即便对方当事人能够协商,但如果无法对合同条款的内容施加实质性影响,则仍然应当将其认定为格式条款。

第四,相对人在订约中居于附从地位。相对人并不参与协商过程,只能对一方制定的格

---

① 崔建远主编:《合同法》(第七版),法律出版社 2021 年版,第 42 页。

式条款概括地予以接受，而不能就合同条款讨价还价，因而相对人在合同关系中处于附从地位。格式条款的这一特点使它与某些双方共同协商参与制定的“格式条款”不同。后一种合同虽然外观形式上属于格式条款，但因其内容是由双方协商确定的，所以，仍然是一般合同而不是格式条款。[①] 正是因为相对人不能与条款的制定人就格式条款的具体内容进行协商，所以格式条款的适用将限制合同自由，而且极易造成对消费者的损害。因为消费者通常都是弱者，条款的制定人通常都是大公司、大企业，它们有可能垄断一些经营与服务事业，消费者在与其进行交易时通常别无选择，只能接受其提出的不合理的格式条款。[②] 因此，格式条款的制定对制定的一方来说是自由的，而对相对人来说则是不自由的。这就造成了格式条款的弊端，从而有必要对格式条款在法律上进行控制。当然，对于相对人来说，虽然其不具有充分表达自己意志的自由，但从法律上看，其仍然应当享有选择是否接受格式条款的权利，因此仍享有一定程度的合同自由。所以，格式条款的使用，并没有完全否定合同自由原则。

格式条款规则的适用具有强制性，依据《合同编通则解释》第 9 条第 1 款，在符合格式条款条件的情形下，当事人不得通过约定排除其格式条款的法律属性。因为法律关于格式条款的规定，旨在规制格式条款的使用，并强调格式条款制作人负有对异常条款的提请注意、解释、说明等义务，并对处于弱势订约地位的一方当事人提供倾斜保护，该规定具有强制性，在符合格式条款的条件下，不允许当事人通过约定否定其格式条款的属性。例如，在“吴声威诉北京某科技有限公司网络服务合同纠纷”案中，被告拟定的“涉案 VIP 会员协议”导言第 2 款约定：“双方同意前述免责、限制责任条款不属于《合同法》第四十条规定的’免除其责任、加重对方责任、排除对方主要权利’的条款，即您和某科技公司均认可前述条款的合法性及有效性，您不会以某科技公司未尽到合理提示义务为由而声称协议中条款非法或无效。”法院认定，这一条款约定关于免除和限制用户权利的条款不属于格式条款，明显属于预先排除格式条款的法律适用，因此，该约定无效。[③]

合同法采用格式条款而不是格式合同的概念，意味着在一个合同中可以将所有的条款分为两类，即格式条款与非格式条款，即使不存在书面合同，那么对于已经纳入合同中的格式条款，也可以适用《民法典》合同编的相关规定。

二、格式条款与示范合同

格式条款常常与示范合同相混淆。所谓示范合同，是指根据法规或者惯例而确定的具有合同示范作用的文件。在我国，房屋买卖、房屋租赁、建筑等许多行业正在逐渐推行各类示范合同。《民法典》第 470 条第 2 款规定：“当事人可以参照各类合同的示范文本订立合同。”示范合同的推广对于完善合同条款、明确当事人的权利义务、减少因当事人欠缺合同法律知识而产生的各类纠纷具有重要作用。但由于示范合同只是当事人双方签约时的参考文件，对当事人无强制约束力，双方可以修改其条款内容，也可以增减条款，因而它不是格式条款。

---

① 如 1919 年的《德国海上保险约款》就是由德国海上保险公司、海上贸易关系团体及保险契约者保护协会所协商制定的格式条款。

② 崔建远主编：《合同法》（第七版），法律出版社 2021 年版，第 42 页。

③ 北京市第四中级人民法院民事判决书(2020)京 04 民终 359 号。

关于格式条款与示范合同的区分主要有如下几种标准:(1)是否与对方协商不同。根据这一观点,凡是由一方预先拟定的且没有经过双方仔细协商的条款都是格式条款,而示范合同虽然是预先拟定的,但其可由双方当事人自主选择是否适用甚至是修改或者变更示范合同的条款。示范合同只是给订约双方订立合同提供了参考,但它本身并不是合同条款。(2)提供者不同。对于格式条款而言,主要是由合同一方当事人提供;而对于示范合同而言,其通常并非由合同当事人提供,而是由行业协会等机构提供。(3)是否具有强制性不同。许多格式条款都是大企业、大公司单方制定的,而示范合同只是由有关部门制定出来提供给缔约当事人参考的,它并不具有强制性。(4)是否为了重复使用而预先拟定且未与对方协商不同。《民法典》第 496 条采纳了这一种观点。根据该条规定,只要是为了重复使用而由一方预先拟定且未与对方协商的条款,就属于格式条款,而示范合同虽然也是预先拟定的,但并不是为了重复使用的,或者说是可以与对方协商的。在交易实践中,区分格式合同和示范合同(model contract forms)具有重要意义。施米托夫认为,示范合同可以协商,而格式合同是不能协商的。当事人可以对示范合同进行添加补充,所以其是当事人协商的基础,而格式合同是不能更改的。[①] 可以说,条款的内容能否与对方协商,是格式条款与示范合同的根本区别。格式条款是固定的且不能修改的,而示范合同只是订约的参考,因此是可以协商修改的。依据《合同编通则解释》第 9 条第 1 款,在符合格式条款法定条件的情形下,即便相关的条款是依据合同示范文本而制作的,当事人也不得主张其不属于格式条款。这就是说,有些示范合同也可能包含格式条款,也要适用有关格式条款规制的规则。当然,在一个合同中可能存在着两种条款,即格式条款和一般合同条款,关键看这些条款是否定型化、能不能进行协商确定。

第二节 格式条款订入合同

格式条款订入合同是规范及解释格式条款的前提,也是格式条款的效力基础。有许多学者认为,格式条款一旦由条款制作人起草出来,便自然纳入合同,成为合同的条款。在比较法上,许多国家的判例学说认为,格式条款提供者在将格式条款定入合同时,应采取合理的方式提请对方注意该格式条款。我国《民法典》第 496 条第 2 款也对格式条款订入合同作出了明确规定。

一、提供格式条款的一方负有遵循公平原则、提请注意或说明的义务

(一)提供格式条款的一方应当遵循公平原则确定当事人之间的权利和义务

《民法典》第 496 条第 2 款规定:"采用格式条款订立合同的,提供格式条款的一方应当遵循公平原则确定当事人之间的权利和义务……"所谓公平原则,是指民事主体应本着公平、正义的观念实施民事行为,司法机关应根据公平的观念处理民事纠纷,民事立法也应该充分体现公平的理念。在罗马法中,就有一项重要规则,即"无论任何人均不得基于他人的损害而受有利益"(nam hoc natura aequum est neminem cum alterius derimento et iniuria

① 参见〔英〕施米托夫:《国际贸易法文选》,程家瑞编辑,赵秀文选译,郭寿康校,中国大百科全书出版社 1993 年版,第 202 页。

fieri locupletiorem)[①]，这实际上体现的也是公平原则。从比较法上看，有的国家对公平原则作出了规定。例如，《瑞士民法典》第 4 条规定："依本法所作的裁判，或判断具体状况，或认定重要原因是否存在时，法官应根据法理公平裁判。"我国民法历来将公平原则作为基本原则。我国《民法典》在总结这些立法经验的基础上，于第 6 条规定："民事主体从事民事活动，应当遵循公平原则，合理确定各方的权利和义务。"这就在法律上明确确认了公平原则。

公平原则是民事活动的目的性的评价标准。这就是说，任何一项民事活动，是否违背了公平原则，常常难以从行为本身和行为过程作出评价，而需要从结果上按照是否符合公平的要求来进行评价。如果交易导致当事人之间极大的利益失衡，除非当事人自愿接受，否则法律应当作出适当的调整。

由于提供格式条款的一方常常居于优势地位，而相对人在订约中居于附从地位，为了保障交易的公平，法律要求提供格式条款的一方遵循公平原则确定当事人之间的权利和义务，在格式条款的制定中，不得利用其优势地位或者对方的无经验损害另一方的权益，从而导致民事主体之间利益关系的失衡。

（二）提示义务：条款制作人应采取合理的方式提醒对方注意异常条款

依据《民法典》第 496 条，提供格式条款的一方应当采取合理的方式提示对方注意一些重要条款，也就是说，提供格式条款的一方应当在合同订立过程中告知对方，注意一些重要条款，并理解这些条款的内容。因为各种原因，一方提供格式条款后，一些相关的重要条款被表述得似是而非，非专业人士难以理解其中隐藏的含义，特别是其中隐藏的免责条款，更难以被相对人理解，对方可能并没有注意到一些条款的重要性，等到条款生效后已经来不及，这样不仅会使条款显失公平、损害相对人的利益，也会徒增纠纷。因此，法律要求提供格式条款的一方应当采取合理的方式提示对方注意一些重要条款。

《民法典》第 496 条第 2 款规定，提供格式条款的一方应当采取合理的方式提示对方注意免除或者减轻其责任等与对方有重大利害关系的条款。但什么是"与对方有重大利害关系的条款"？对此确实存在不同解释，因为合同中与对方有重大利害关系的条款可能会很多，如标的、数量、质量、价款或者报酬等涉及权利义务关系实质性内容的条款都可能是与对方有重大利益关系，尤其是涉及当事人注意程度较高的条款，如价格条款，即便一方当事人没有提请注意，对方当事人也会高度注意该条款而不需要提示，因为合同本身就是"讨价还价"的产物。如果对所有与"对方有重大利害关系的条款"都要提请注意，则可能导致"满页飘红"，使提示义务流于形式。[②] 这就需要对"对方有重大利害关系的条款"作进一步的限定。据此，《合同编通则解释》第 10 条第 1 款规定："提供格式条款的一方在合同订立时采用通常足以引起对方注意的文字、符号、字体等明显标识，提示对方注意免除或者减轻其责任、排除或者限制对方权利等与对方有重大利害关系的异常条款的，人民法院可以认定其已经履行民法典第四百九十六条第二款规定的提示义务。"该条实际上借鉴了比较法上的经验，将"与对方有重大利害关系的条款"限定为"异常条款"（surprising term）。

所谓"异常条款"是指相对人不能合理预见到，且对当事人的权利、义务、责任等有重大

---

① D. 50，17，206.

② 参见最高人民法院起草小组：《〈关于适用民法典合同编通则若干问题的解释〉的理解与适用》，载《人民司法》2024 年第 1 期。

影响的条款。[①] 此类条款的特点在于：第一，主观上当事人难以预见到该条款会在合同中出现，换言之，对这类条款，当事人的注意义务程度较低，不能像价款、数量条款那样注意到，且按照交易的一般情况，当事人也不会注意到此类条款的存在。[②] 第二，客观上，该条款对当事人的权利义务具有重大影响。此类条款主要包括：一是免除或者减轻责任条款，免责条款是当事人双方在合同中事先约定的、旨在限制或免除其未来的责任的条款。因此，免责条款与当事人的利益攸关。二是仲裁条款、清算条款、选择鉴定单位的条款等。[③] 这些条款一旦没有提请注意，相对人盲目接受，可能会对其造成重大不利。在比较法上，针对这些异常的格式条款，为了保障合同的公平性，而设置了特别规则，即通过效力规范来解决异常条款能否成为合同内容的问题[④]，要求必须合理提示相对人注意此类条款，或者对该条款予以解释，如果相对人表示接受，则并无不可。

采用格式条款是正当的，但是格式条款中的异常条款，应当负有提示、说明义务。依据《民法典》第 496 条第 2 款，提请注意的方式应该合理。这就是说，提供格式条款的一方在订约时，有义务以明示或者其他合理、适当的方式提请相对人注意，且提请注意应当达到合理的程度。所谓合理方式，主要是指能起到引起注意、提请强调的方式。判断其是否达到合理的程度时，应当依据以下四个方面的标准。

第一，文件的外形。从文件的外在表现形式来看，应当使相对人产生它是规定当事人权利义务关系的合同条款的印象。

第二，提请注意的方法。根据特定交易的具体环境，提供格式条款的一方可以向相对人明示其条款或以其他显著方式如广播、张贴公告等形式提请相对人注意。在这些提请方式中，应当尽可能采用个别提醒的方式，不可能采用个别提醒方式的，应采用公告方式。[⑤]

第三，清晰明白的程度，即提请相对人注意的文字或语言必须清楚明白。如果一个正常人都难以注意到格式条款的存在，则难谓尽到了合理的方式提请注意。例如，以公告明示方式来提请注意的，则公告的内容和方式必须以使相对人容易察觉、阅读和理解为原则。[⑥]

第四，提起注意的程度，即必须能够引起一般相对人的注意。合理注意在不同情况下所确定的标准是不同的，但总的来说，应通过合理的方式提请注意而使相对人对条款的内容有足够的了解，或使相对人能够有更多的时间认真考虑格式条款。对一般的格式条款和免除责任的格式条款，在处理上应当有所区别，对后者应当科以制定人更高程度的说明告知义务。

(三) 说明义务：条款制作人应按照对方的要求对异常条款予以说明

《民法典》第 496 条第 2 款增加了对于“与对方有重大利害关系的条款”按照对方的要求进行说明的义务。此种义务是与提请合理注意相配合的一项独立的义务。这就是说，提供格式条款的一方仅仅提请注意是不够的，对于一些专业性、技术性较强的条款，难以为一般

---

① SeeIngeborg Schwenzer, Pascal Hachem, Christ OpherKee, *Global Sales and Contract Law*, Oxford University Press, 2012, p. 165.

② 《商事合同通则》第 2.1.20 条第 1 款规定：“如果标准条款中含有另一方当事人不能合理预见性质的条款，则该条款无效，除非对方明示地表示接受。”

③ Stefan Vogenauer. *Commentary on the UNIDROIT Principles of International Commercial Contracts (PICC)*. Oxford University Press. 2015. pp. 398-399.

④ SeeIngeborg Schwenzer, Pascal Hachem, Christ Opher Kee, *Global Salesand Contract Law*, Oxford University Press, 2012, p. 165.

⑤ 参见崔建远：《合同法总论》(上卷)，中国人民大学出版社 2008 年版，第 148 页。

⑥ 参见余延满：《合同法原论》，武汉大学出版社 1999 年版，第 127 页。

人所理解时，相对人有权要求提供格式条款的一方进行说明。该义务应从如下两方面加以理解：一是由对方提出说明要求。也就是说，此种说明义务并非主动的作为义务，而是按照对方的要求所应当履行的义务。对方要求说明的，提供格式条款的一方有义务按照对方的要求说明，对方没有要求的，则提供格式条款的一方没有义务说明。二是提供格式条款的一方应当对"与对方有重大利害关系的条款"进行说明，而不是对所有的条款均负有进行说明的义务。所谓对该条款予以说明，就是说应当向对方详细阐述该条款的含义，使对方清晰地理解该条款。[①] 依据《合同编通则解释》第 10 条第 2 款，提供格式条款的一方应按照对方的要求，就与对方有重大利害关系的异常条款的概念、内容及其法律后果以书面或者口头形式向对方作出通常能够理解的解释说明。所谓通常能够理解，是指按照一般人的标准对该条款制作人的解释能够理解。如果对方是特殊的人士，如聋哑人等，还应当采取特殊的方法作出特别的解释，让对方能够理解。解释的内容包括异常条款的概念、内容及其法律后果；解释的方式包括书面或者口头形式。

《合同编通则解释》第 10 条第 3 款对通过互联网等信息网络订立电子合同情形下条款制作人的提示说明义务作出了特别规定，该款规定："提供格式条款的一方对其已经尽到提示义务或者说明义务承担举证责任。对于通过互联网等信息网络订立的电子合同，提供格式条款的一方仅以采取了设置勾选、弹窗等方式为由主张其已经履行提示义务或者说明义务的，人民法院不予支持，但是其举证符合前两款规定的除外。"依据该规定，对于通过互联网等信息网络订立的电子合同，提供格式条款的一方仅以采取了设置勾选、弹窗等方式为由主张其已经履行提示义务或者说明义务的，还不足以证明其尽到了提示和说明义务，而必须是针对异常条款、以合理的形式、向对方作出了通常能够理解的解释说明，才能表明其已履行了提示和说明义务。因为一方面，当事人采取设置勾选、弹窗等方式所提示的条款可能并不包含应当进行特别提示、说明的条款；另一方面，当事人采取设置勾选、弹窗等方式所提示的条款可能并不是需要特别提示、说明的条款。例如，在订立电子合同时，消费者查询机票价格，页面显示的机票价格虽然较低，但是如果采用勾选的方式，会将接送机服务、休息室服务等纳入其中，从而导致结算价格高于查询价格，因而提供格式条款的一方不得仅以采取设置勾选、弹窗等方式为由主张其已经尽到了提示义务或者说明义务。条款制作人还必须举证证明其依据法律和司法解释的相关规定履行了提示或者说明义务。如果未尽到提示或者说明义务，对方可主张该条款不成立。

二、提供格式条款的一方违反合理提示或说明义务的后果

从比较法上来看，对于异常条款主要是直接通过无效的方式加以解决，不过无效的原因却经历了转变。近几十年来，往往是通过合同的解释或者约因规则来对这些不公平的条款加以排除，而在这之后，人们逐渐转向适用诚信原则等否定其效力。[②] 我国《合同法》对异常格式条款的效力并没有作出规定。我国已废止的《合同法司法解释二》规定提供格式条款的一方未提请合理注意的，相对人有权请求人民法院予以撤销。[③] 但《民法典》第 496 条修改了

---

① 在比较法上，《商事合同通则》第 2.19 条、《德国民法典》第 305c 条和《奥地利普通民法典》第 864a 条都有类似规定。

② See Ingeborg Schwenzer, Pascal Hachem, Christ Opher Kee, *Global Sales and Contract Law*, Oxford University Press, 2012, p. 164.

③ 《合同法司法解释二》第 9 条规定："提供格式条款的一方当事人违反合同法第三十九条第一款关于提示和说明义务的规定，导致对方没有注意免除或者限制其责任的条款，对方当事人申请撤销该格式条款的，人民法院应当支持。"

这一规则,认为提供格式条款的一方没有履行以合理方式提示或者说明义务的,对方可以主张该条款不成为合同的内容,即这些条款不成立。所谓“不成为合同的内容”,是指这些条款根本没有成立,即因为提供格式条款的一方没有履行以合理方式提示或者说明的义务,从而使对方可以主张这些条款不能成为合同的内容,这就与《商事合同通则》的规定保持了一致。

条款不成立与请求撤销的区别在于,一是如果相对人请求人民法院撤销,其必须通过诉讼方式才能撤销该合同条款。但在主张合同条款不成立的情况下,可以不通过诉讼的方式进行,而可以直接主张该条款不成立,这对于相对人特别是消费者的保护更为有利。二是在条款不成立的情形下,不需要适用有关撤销权行使期限的限制。三是依据《民法典》第 496 条,条款制作人无权主张条款不成立,相对人才有权主张,而对撤销而言,只有撤销权人有权请求人民法院撤销相关条款。如果格式条款的制定方已经提示并说明,另一方没有表示异议,则表明其已经接受了该条款[①],则该条款可以成为合同的内容。

三、格式条款之争(Battle of the Forms)

所谓格式条款之争,是指双方当事人在缔约中都提出了自己的格式条款,并且都坚持以自己的格式条款为内容来达成最终的协议,从而引起合同是否成立,以及如何确定合同条款的争议。[②] 这种现象主要发生在商事交易中,尤其发生在大型公司之间的交易中。从比较法上看,在格式条款之争中形成了以下重要规则:

(1) 实质相同规则。在格式条款之争中,虽然当事人没有就所有的格式条款内容达成合意,但如果双方所提供的格式条款内容相同的部分包含了合同的实质内容(一般是合同的主要条款),则应当认定合同仍可有效成立。该规则强调的是结果的同一性,而非制定过程的同一性。[③] 按照传统的大陆法规则,合同必须经过双方当事人的要约、承诺,并且对合同必备条款达成一致方始成立。如果对方的承诺与要约不一致,则属于反要约。因为双方提出的格式条款不一致,可以认为合同不成立。但在格式条款之争中,如果双方当事人都有订立合同的意愿,并且都以向对方当事人发出格式条款的方式作出要约或者承诺,那么对这些条款中相一致的内容,可以认为当事人达成了合意,而且对于相冲突的规则,如果二者只是形式上的冲突,而实质上一致的情形下,也可以认为双方当事人就此达成了合意。《商事合同通则》第 2.1.22 条和《欧洲民法典草案》第 2—4:209 条采纳了这一规则。但是如果任何一方及时通知对方不受对方格式条款的约束,则不能认为双方当事人形成了合意[④],此时应当认定合同不能成立。

(2) 最后一击规则。在格式条款之争中,在当事人所提供的格式条款不一致时,需要确定哪些格式条款具有约束力。最后一击的含义是指谁发出了“最后一枪”。[⑤] 在商事交易中,

---

① 参见张玉卿主编:《国际统一私法协会国际商事合同通则 2016(英汉对照)》,中国商务出版社 2019 年版,第 141 页。

② See Ingeborg Schwenzer, Pascal Hachem, Christ Opher Kee, *Global Sales and Contract Law*, Oxford University Press, 2012, pp. 171-173.

③ 参见〔德〕克里斯蒂安·冯·巴尔、〔英〕埃里克·克莱夫主编:《欧洲私法的原则、定义与示范规则:欧洲示范民法典草案》(第一、二、三卷),高圣平等译,法律出版社 2014 年版,第 303 页。

④ 同上书,第 302 页。

⑤ See Ingeborg Schwenzer, Pascal Hachem, Christ Opher Kee, *Global Sales and Contract Law*, Oxford University Press, 2012, p. 171.

常常出现要约来回往复、承诺中含有新的条款的情况,这些新的条款按照该规则应当被视为新的要约。在这种情况下,最后一个发出的要约才是最终生效的要约。严格地说,该规则主要是确定哪一个要约是最终生效的要约的规则,其与镜像原则存在密切联系。例如,在英国,其比较严格地适用镜像原则,因而也较多地适用最后一击规则。[①] 在美国法中,常常认为,当事人最后作出的意思表示才构成合同的内容,即谁最终发出反要约,该反要约就是最终的要约。[②] 在荷兰民法中,如果第二次要约拒绝了第一次的要约,则第二次的要约可以生效。[③]

(3) 第一枪规则。在格式条款之争中,如果当事人在事后的磋商过程中所引用的格式条款不一致,则需要确定哪些格式条款具有约束力,因此产生了第一枪规则。所谓第一枪规则,是指如果双方当事人在要约和承诺中引用了不同的格式条款,则第二次所引用的格式条款无效,除当事人明确拒绝第一次所引用的格式条款外,原则上应当适用第一次所引用的格式条款,而且此种拒绝第一次格式条款的意思应当明确作出,而不能从第二次所引用的格式条款的意思中推断出来。[④]《美国统一商法典》采取了第一枪规则,即发出第一个要约一方的文本将最终决定合同的内容。[⑤] 当然,如果当事人第二次所引用的格式条款虽然与当事人第一次所引用的格式条款的内容不同,但其并没有实质性地变更第一次所引用的格式条款的内容时,则第二次所引用的条款也应当成为合同的内容,但相对人明示拒绝该条款成为合同内容的除外。[⑥]

(4) 排除异议规则。按照这一规则,在格式条款之争中,如果双方当事人就合同的实质部分达成了合意,但对合同的非实质部分没有达成合意,则应当认定合同成立。[⑦]《商事合同通则》第 2.1.22 条采纳了排除异议规则,认为双方的格式条款中共同的部分属于合同的内容。对该条的解释认为,其符合要约承诺的一般规则,因为当事人就其共同的部分已经达成了合意。如果双方都明确表示,其都采取格式条款的方式来订约,这意味着,双方接受其共同的部分。也就是说,如果共同部分构成合同的实质部分,合同具备了其必要条款,就可以成立,但当事人未达成合意的部分不能成为合同的内容。[⑧] 对于当事人未达成合意的合同非实质内容,不应当按照任何一方当事人的意思确定其内容,其在性质上属于合同漏洞,应当通过法律规定、普通法等予以填补。排除异议规则是与"合同以合意为基础"的理论存在直接联系的。德国自 20 世纪 70 年代起,曾一度采用所谓"相互击倒"理论[⑨],其认为,已互相同

---

① See Tadas Klimas, *Comparative Contract Law: A Transystemic Approach with an Emphasis on the Continental Law. Cases, Text and Materials*, Carolina Academic Press, 2006, p. 57.

② 参见《美国统一商法典》第 2—207 条。

③ 参见《荷兰民法典》第 6.225(3)条。

④ 参见〔德〕克里斯蒂安·冯·巴尔、〔英〕埃里克·克莱夫主编:《欧洲私法的原则、定义与示范规则:欧洲示范民法典草案》(第一、二、三卷),高圣平等译,法律出版社 2014 年版,第 305 页。

⑤ 参见《美国统一商法典》第 2—207 条。

⑥ 参见〔德〕克里斯蒂安·冯·巴尔、〔英〕埃里克·克莱夫主编:《欧洲私法的原则、定义与示范规则:欧洲示范民法典草案》(第一、二、三卷),高圣平等译,法律出版社 2014 年版,第 305 页。

⑦ See Ingeborg Schwenzer, Pascal Hachem, Christ Opher Kee, *Global Sales and Contract Law*, Oxford University Press, 2012, p. 172.

⑧ See Tadas Klimas, *Comparative Contract Law: A Transystemic Approach with an Emphasis on the Continental Law: Cases, Text and Materials*, Carolina Academic Press, 2006, p. 59.

⑨ See Michael P. Furmston, Cheshire, *Fifoot and Furmston's Law of Contract* (Eleventh Edition), English Language Book Society, 1987, p. 155.

意的条款构成合同的基础,可以就此部分形成合意。相互冲突和追加的条款无效。① 该规则与排除异议规则是类似的。

笔者认为,在格式条款之争中,上述各项规则都具有合理性,但笔者更倾向于采纳最后一项规则,因为通过排除异议规则确定合同内容具有一定的合理性。一方面,双方明确表示以格式条款订立合同,这本身包含了就格式条款中共同的部分来订立合同,共同的部分是其意思表示一致的部分,认定当事人就该部分内容订立合同,符合当事人的意思。双方在同一时间或不同时间各自向对方发出要约,就发出要约的相同部分形成合意,在这一点上类似于交叉要约。另一方面,对于合同中的冲突部分,可以采取合同漏洞填补的方式来解决,而不应当一概认定合同未成立,这也有利于尽量促成合同成立,符合合同法鼓励交易的原则。

第三节 格式条款的无效

一、格式条款无效的事由

所谓格式条款的无效,是指格式条款因为违反了法律、行政法规的强制性规定以及公序良俗,应当被宣告无效。格式条款无效不同于格式条款的不成立,如前所述,在违反《民法典》第496条的规定未履行提请注意和说明义务的情形下,将导致格式条款不成为合同的内容,此项规则在学理上通常称为格式条款的订入控制规则。而格式条款的无效是指格式条款订立中,已经履行了提请注意的义务,该条款已经成立,但是却不能发生效力。这一规则也被称为格式条款的内容控制规则。《民法典》第497条规定的格式条款的无效体现的是格式条款的内容控制。二者的区别体现在格式条款是否已经生效,如果格式条款已经订入并且成为合同内容,但不符合合同条款的有效要件的,此时可能产生格式条款无效的问题。而格式条款的不成立关注的重心主要在于格式条款是否成为合同的内容。格式条款是否成立是判断格式条款是否无效的前提。

尽管格式条款与一般合同条款一样,都应当按照民事法律行为的一般生效标准来判断,但格式条款本身具有其特殊性,对于格式条款的生效,在法律上应当有更为严格的限制。因此,《民法典》第497条规定:"有下列情形之一的,该格式条款无效:(一)具有本法第一编第六章第三节和本法第五百零六条规定的无效情形;(二)提供格式条款一方不合理地免除或者减轻其责任、加重对方责任、限制对方主要权利;(三)提供格式条款一方排除对方主要权利。"可见,格式条款的无效情形,较之于一般合同条款更多,即对格式条款的生效限制更为严格。具体而言,格式条款的无效包括如下情形:

(一)具有《民法典》第一编(总则编)第六章第三节规定的无效情形

《民法典》第153条第1款规定:"违反法律、行政法规的强制性规定的民事法律行为无效。但是,该强制性规定不导致该民事法律行为无效的除外。"依据这一规定,违反法律、行政法规强制性规定的民事法律行为无效。该条规定不仅确立了一种无效民事法律行为的类型,而且确立了判断民事法律行为无效的标准,当然可以适用于格式条款的效力判断。此

① 参见王江雨:《买卖合同成立中的一般规则与国际贸易中的格式之战》,载梁慧星主编:《民商法论丛》(第8卷),法律出版社1997年版。

外，依据《民法典》总则编第六章第三节的规定，恶意串通损害他人合法权益、以虚假的意思表示实施的民事法律行为等，都是无效的，这些规定都可以适用于格式条款的效力认定。

（二）具有《民法典》第 506 条规定的无效情形

在市场交易活动中，由于交易充满了风险，因此当事人需要通过免责条款合理分配双方的利益和风险，事先规避风险。免责条款的设定有助于控制和合理规避未来风险、降低交易成本，从而有利于鼓励各类交易、促进交易的发展，也有利于及时解决纠纷。当事人在设定免责条款时，必须符合法律、行政法规的强制性规定。格式条款中会包括格式的免责条款，对这些条款的效力也应当根据法律关于免责条款效力的认定标准予以判断。《民法典》第 506 条规定："合同中的下列免责条款无效：（一）造成对方人身损害的；（二）因故意或者重大过失造成对方财产损失的。"该规定当然可以适用于格式条款的效力认定。例如，一方在格式条款中规定"如果因本公司售出的设备造成损害，本公司只赔偿设备本身的损害，不赔偿其他的损失"。显然，该条款免除了条款提供者未来因为其售出的设备所造成的其他财产损失以及人身伤害的责任，其也应当属于无效条款。

（三）提供格式条款一方不合理地免除或者减轻其责任、加重对方责任、限制对方主要权利

提供格式条款一方不合理地免除或者减轻其责任、加重对方责任、限制对方主要权利的，意味着提供格式条款一方违反公平原则，不合理地安排当事人之间的权利和义务，导致格式条款对相对方显著不利。需要指出的是，依据《民法典》第 497 条的规定，并非在格式条款出现免除或者减轻其责任、加重对方责任、限制对方主要权利的情形后，该格式条款都无效，而是要确定这些条款本身是否具有不合理性，即需要满足"不合理"这一要件。关于合理和不合理的判断，需要根据一个合理的交易当事人的观点来判断。如果一个理性的交易当事人认为，有关免除或者减轻其责任、加重对方责任、限制对方主要权利的格式条款是不合理的，则应当认为存在效力瑕疵。具体而言，包括如下三种情形：

一是不合理地免除或者减轻责任。免除或者减轻责任条款本身是合法的，但提供格式条款的一方不得不合理地免除或者减轻其责任，如规定在合同履行过程中发生的一切不利后果都由对方负责；再如，商店中标示的"本店商品一经售出概不退换"的告示，都属于不合理地免除或者减轻责任的条款。

二是不合理地加重对方责任。所谓加重责任，是指格式条款中含有在通常情况下对方当事人不应当承担的义务。如合同中约定消费者对于不可抗力发生的后果也应承担责任，有的规定了异常高的违约金。但交易中可能出现的风险和责任并不是加重对方的责任。例如，在"上海中原物业顾问有限公司诉陶德华居间合同纠纷案"中，最高人民法院认为，中介公司通过格式条款与买方在居间合同中约定的禁止买方利用中介公司提供的房源信息同时甩开该中介公司与卖方签订房屋买卖合同的合意（不得跳单）受法律保护；当事人约定跳单行为构成违约，该约定的目的在于防止买方一方面利用自己的信息和服务，另一方面又绕开自己（中介公司），从而使自己得不到应得的报酬，在性质上不属于免除其责任、加重对方责任、排除对方主要权利的情形，因此，该格式条款有效。[①]

三是不合理地限制对方主要权利。例如，条款制定人为了达到长期占有客户或者垄断市场的目的，在格式条款中约定对方不得与任何第三方交易，只能与条款制定人交易，从而限制对方自由交易的权利。例如，在"广东直通电讯有限公司诉洪分明电话费纠纷案"中，法

① 参见最高人民法院 2011 年指导案例 1 号："上海中原物业顾问有限公司诉陶德华居间合同纠纷案"。

院审理认为:被上诉人电讯公司在《广州市数字移动电话(GSM)安装申请卡》的用户须知第10条规定,停机3个月后,其有权将该用户号码转给别人使用,一律不予退还所有入网费用,是以格式条款的形式出现,只强调了自己的权利,忽视了用户的利益,损害了上诉人洪分明的财产权益,违背了公平原则,该格式条款应属无效。电讯公司应对转让洪分明电话号码的行为承担相应的民事责任。[①]

(四)提供格式条款一方排除对方主要权利

所谓排除主要权利,是指格式条款中含有排除对方当事人依据合同的性质和内容应当享有的主要权利的内容,其所对应的义务往往是主给付义务。如果将《民法典》第497条第3项与第2项相比较,可以看出,两者规定的内容具有明显的区别:一是第3项不存在"不合理"的限定,只要是排除对方主要权利,就可以宣告该格式条款无效。二是第3项是排除,而并不包括不合理的限制。所以,在不合理地限制对方主要权利时,适用第2项,出现完全排除对方主要权利的情况时,则适用第3项。

何谓主要权利?《民法典》合同编并未作明文规定,笔者认为,"主要权利"需要根据合同的性质予以确定,因为合同千差万别,性质各不相同,当事人享有的"主要权利"不可能完全一样。认定"主要权利"不能仅仅看双方当事人签订的合同的内容是什么,而应就合同本身的性质来考察。同时,主要权利也应与合同的主要义务相互对应起来考察。如果依据合同的性质能够确定合同的主要内容,则应以此确定当事人所享有的主要权利。[②] 例如,经营者在格式条款中规定,消费者对有瑕疵的物只能请求修理或者更换,不能解除合同或者减少价金,亦不能请求损害赔偿。再如,经营者在合同中拟定发生纠纷只能与其协商解决,而不能进行诉讼或仲裁,或者在合同中自主决定解决争议的方法而排斥消费者的选择权。[③] 当然,如果暂时限制起诉时间,不能认为是排除对方主要权利。例如,在"六盘水恒鼎实业有限公司诉重庆千牛建设工程有限公司等建设工程施工合同纠纷案"[④]中,最高人民法院认为,合同中约定在付款期限内不得提起诉讼的条款,并非排斥当事人的基本诉讼权利,该条款仅是限制其在一定期限内的起诉权,而不是否定和剥夺当事人的诉讼权利,只是推迟了提起诉讼的时间,故一方主张在付款期限内不得提起诉讼的条款无效缺乏事实和法律依据。

二、格式条款无效的后果

格式条款无效是指格式条款因违反了法律、行政法规的规定,而应当被宣告无效。具体而言,格式条款无效将产生如下法律效力:

1. 格式条款的无效不一定导致合同无效

原则上讲,格式条款本身是整个合同的某个或者数个条款,该条款无效并不当然影响整个合同的效力。《民法典》第156条规定:"民事法律行为部分无效,不影响其他部分效力的,其他部分仍然有效。"依据这一规定,应当考虑格式条款无效是否会影响整个合同的效力。如果合同的内容可以分为若干部分,即有效部分和无效部分可以独立存在,一部分无效并不

---

① 《最高人民法院公报》2001年第6期。

② 《上海市合同格式条款监督条例》第8条规定:"格式条款不得含有排除消费者下列主要权利的内容:(一)依法变更或者解除合同;(二)请求支付违约金或者请求损害赔偿;(三)行使合同解释权;(四)就合同争议提起诉讼的权利;(五)消费者依法享有的其他主要权利。"以上内容可资参照。

③ 参见《关于〈上海市合同格式条款监督条例(草案)〉的说明》,载上海市工商行政管理局编:《上海市合同格式条款监督条例释义与应用》,华东理工大学出版社2001年版,第60—61页。

④ 最高人民法院(2016)民终415号。

影响另一部分的效力，那么格式条款的无效，并不等于含有格式条款的合同的无效。对于无效的格式条款应适用《民法典》第 510 条、第 511 条的规定或进行合同漏洞的填补。

当然，如果格式条款与整个合同条款不可分开，则有关格式条款被宣告无效的，整个合同也应当被宣告无效。此外，如果该格式条款为实质性条款或重要条款，也可能导致整个合同无效的效果。

2. 格式条款无效的补正

如果有关格式条款违反法律、行政法规的规定而无效，当事人也可以采取补正的方式使其有效。这就是说，有关格式条款违法，当事人可以通过协商对这些条款进行修正。例如，如果格式条款不合理地免除或者减轻其责任、加重对方责任，可以对这些条款进行重新协商，消除其无效的原因，从而使无效的格式条款变为有效条款。

3. 格式条款无效后的责任

依据《民法典》第 157 条的规定，如果因格式条款无效导致合同无效，则应当产生返还财产、恢复原状、赔偿损失的法律后果。

第四节　格式条款的解释

一、格式条款解释的必要性

所谓格式条款的解释，是指根据一定的事实，遵循有关的原则，对格式条款的含义作出说明。一般来说，如果格式条款的各项条款明确、具体、清楚，而当事人对条款的理解不完全一致，因而发生争执，便涉及合同的解释问题。例如，在我国温州等地，一些典当铺拟定的格式条款中曾有“天灾人祸，皆不负责”的条款，当事人对天灾人祸含义的理解并不一致，容易产生纠纷。因此，对格式条款作出准确的解释，对于正确确定当事人之间的权利义务，保护各方当事人合法权益，并使格式条款保持合法性和公平性，十分必要。

由于格式条款与非格式条款之间存在诸多差异，因而格式条款的解释也具有一定的特殊性。从性质上看，由于格式条款仍然属于合同条款，而不属于法律规范，因而不能按照解释法律的方法来解释格式条款，而应当采纳一般合同解释所应遵循的原则对格式条款进行解释。例如，解释合同应考虑合同的目的，应按照合同的全部条款解释，而不能仅拘泥于个别文字，应公平合理并兼顾双方的利益，不得违反法律规定等。

二、格式条款解释的规则

需要指出的是，格式条款虽然是合同条款，却又与一般合同条款有所区别。因为格式条款是一方为了反复使用而预先制定的，格式条款不是为特定的相对人制定的，而是为不特定的相对人制定的，所以格式条款的解释所依据的原则又具有特殊性。依据《民法典》第 498 条，格式条款的解释应当采取以下三项特殊的解释规则。

（一）应当按照通常理解予以解释

按照通常理解予以解释，是指对于格式条款，应当以可能订约者平均、合理的理解为标准进行解释。既然格式条款是为不特定的人拟定的，那么格式条款就应考虑到多数人而不是个别消费者的意志和利益。因此，在就格式条款发生争议时，应以可能订约者平均的、合理的理解为标准进行解释，具体来说：

第一,除当事人有特别约定以外,格式条款的解释应当依据词句的客观理解展开,同时也应当考虑缔约的具体环境,这样才能探求个别当事人的真实意志。

第二,对某些特殊的术语应作出通常的、通俗的、日常的、一般意义上的解释。如果某个条款所涉及的术语或知识不能为某个可能订约的相对人所理解,则应以可能订约者的平均的、合理的理解为基础进行解释。同时,如果某个条款涉及的术语或知识不能为相对人的平均理解能力所理解,则条款拟定人不能主张该条文具有特殊含义。当然,如果条款所适用的对象本身是具有专门知识的人(如海上保险条款),并为其所理解,则应就条款所使用的特殊术语作出解释。

第三,若格式条款经过长期使用以后,消费者对其中某些用语的理解,与条款拟定方的理解有所不同,则应以交易时消费者的一般理解为标准进行解释。

第四,应根据其适用的不同地域、不同职业团体的可能订约者的一般理解来解释合同。格式条款适用于不同地域和团体时,各个地域和团体内的相对人对格式条款内容的理解是不同的,因此应以不同地域和团体的消费者平均的、合理的理解为标准进行解释。在格式条款中,如果某些术语或文字具有特定的含义,对此种含义,虽然不能被可能订约者的平均、合理的理解能力所理解,但却能为某个具有专门知识的订约人所理解,在此情况下,也仍应以格式条款可能订约者平均的、合理的理解为标准进行解释。

(二)作出对提供格式条款一方不利的解释

法谚上有所谓"用语有疑义时,就对使用者为不利益的解释",各国大多采纳了这一规则。我国《民法典》第498条规定,应当作出不利于提供格式条款一方的解释。因为既然格式条款是由一方拟定而不是由双方商定的,那么各项条款可能是其拟定人基于自己的意志所作的有利于自己的条款,尤其是条款拟定人可能会故意使用意义不明确的文字以损害消费者的利益,或者从维持甚至强化其经济上的优势地位出发,将不合理的解释强加于消费者,所以,为维护消费者的利益,在条款含义不清楚时,就应对条款拟定人作不利的解释。例如,在"戴雪飞诉华新公司商品房订购协议定金纠纷案"中,法院认为,当事人对格式条款中"到期不签约"条款存在不同的解释,即在买受方只见过出售方提供的样板房,尚未见过商品房预售合同文本的情形下,若将此语理解为无论出于何种原因,只要买受方到期不签本约均是违约,势必将买受方置于要么损失定金,要么被迫无条件全部接受出售方提供的商品房预售格式合同的不利境地,出售方则可以借此获利。因此,订购协议中的"到期不签约"一语,显然不包括由于不可归责于双方的原因而到期不签约的情形。[①]

(三)格式条款和非格式条款不一致的,应当采用非格式条款

所谓"非格式条款",是指经当事人个别磋商而约定的条款。关于非格式条款,《商事合同通则》采取了更为宽泛的认定标准。非格式条款不限于书面条款,因此,个别约定的口头条款也可构成。[②] 与此同时,非格式条款的概念也不限于经过协商的或个别约定的条款。对于为特定合同而提前准备的条款,即使未与他方当事人协商,也属于非格式条款的范畴,因为它们至少更可能反映当事人关于特定合同的意图。[③]

在格式条款和非格式条款不一致时,比较法上普遍确认了"协商条款的优先性规则

---

① 参见《最高人民法院公报》2006年第8期。

② Stefan Vogenauer, *Commentary on the UNIDROIT Principles of International Commercial Contracts* (*PICC*), Oxford University Press, 2015, pp. 600-601.

③ Ibid., p. 600.

(precedence of negotiated terms)"[①],这就承认了非格式条款优先适用的规则。此规则导源于"特别规定优先于普通规定"的法谚,现在已经成为各国普遍采纳的规则。例如,《商事合同通则》第2.1.21条规定:"若格式条款与非格式条款发生冲突,以非格式条款为准。"我国《民法典》合同编也吸收了这一规定,依据《民法典》第498条的规定,格式条款和非格式条款不一致的,应当采用非格式条款。因为对格式条款而言,其是由一方预先拟定的,当格式条款与非格式条款的含义不一致时,则意味着当事人就相关合同事项达成了新的合意,尤其是非格式条款"更能反映双方当事人在具体交易中的意图"[②]。此时,认定非格式条款优先于格式条款,这既尊重了双方当事人的真实意思,也有利于保护广大消费者的利益。有一种观点认为,如果格式条款因客观上不明确,或者具有双重含义,或有相互矛盾之处,以至于无法确定其意义时,应视为当事人双方的意思表示不一致,因此合同不成立或应使其无效。笔者认为,此种观点是不妥当的,因为如果个别条款不明确或与其他条款相矛盾,不影响其主要内容时,不能随意认定合同无效或不成立,否则,既违背了当事人的真实意志,同时也对交易双方明显不利。

此外,在格式条款的解释中,还应当遵循严格解释原则。严格解释又称为限制解释,包括两层含义:一方面,它是指在格式条款的解释中,应从维护公平正义的目的出发,对合同没有规定或规定不完备的事项,不得采用类推或扩张适用某些条文的适用范围的方法进行解释。因为,如果允许对格式条款未规定或规定不完备的事项,根据合同的条文简单加以类推、扩张和补充,必然会对相对人产生不利后果。另一方面,如果某个条文在适用范围上不明确时,应从"最狭义"的含义进行解释。例如,免责条款未指明是免除合同责任还是侵权责任时,由于侵权责任具有一定的强制性,常常涉及公共秩序,因而应尽可能地不使当事人通过协议而免责。因此对通过免责条款免除侵权责任应作严格限制。此外,在格式条款中,有时将具体事项一一加以列举,最后用"其他"或"等等"等字样加以概括规定,对于"其他""等等"所包含的内容,应解释为与先前所列举的具体事项属于同一种类。此种解释方法,也是严格解释原则的体现。

---

① See Ingeborg Schwenzer, Pascal Hachem, Christ Opher Kee, *Global Sales and Contract Law*, Oxford University Press, 2012, p. 170.

② 张玉卿主编:《国际统一私法协会国际商事合同通则2016(英汉对照)》,中国商务出版社2019年版,第145页。

第八章

合同的解释和漏洞填补

第一节　合同解释概述

一、合同解释的概念

所谓合同解释，是指依据一定的事实，遵循有关的原则，对合同的内容和含义所作出的说明。[①] 合同是当事人通过合意对于其未来事务的安排，然而，由于当事人在订立合同时，即使具有丰富的交易经验和渊博的法律知识，也难以对未来发生的各种情况事先作出充分的预见，并在合同中将未来的各种事务安排得十分周全，所以合同中的某些条款不明确、具体，甚至出现某些漏洞，是在所难免的。当事人通过合同对于其未来的事务作出安排时，需要通过一定的言语或者文字表达其内容，但由于各方面的原因，缔约当事人对合同的某个条款和用语也可能会产生不同的理解和认识，从而也难免发生争议。这就需要对合同进行解释。为此，《民法典》第466条确立了合同解释的规则。

合同应由谁来解释？关于合同解释的主体，存在着广义的合同解释和狭义的合同解释理论。广义的合同解释理论认为，合同解释的主体不仅包括法院、仲裁机构，还包括当事人本身以及其他人。狭义的合同解释理论认为，合同解释的主体应当仅限于有权解释的主体，即只能由受理合同纠纷的法院和仲裁机构来对合同的含义作出具有法律拘束力的解释。[②] 有学者甚至认为"民法上之合同解释仅指法庭所作的解释"[③]。笔者认为，合同解释的主体应当限于法官和仲裁员。通常，合同解释是与合同的纠纷联系在一起的。解释不是简单地阐明合同应有的含义，而是通过解释来正确地解决纠纷。在没有发生争议时，即使当事人对合同的用语和内容存在着不同的理解和看法，也不必作出解释。同样，除法院和仲裁机构以外的个人和组织对争议的合同所作的解释，属于无权解释，不能直接用于解决纠纷。当然，我们说解释的主体应为法院和仲裁机构，即纠纷的裁判者，这并不是完全绝对地否认当事人对合同作出解释。在某些情况下，当事人对合同的解释可能是其真实意思的表达，这对法官正确地作出解释具有借鉴和参考作用。但是，合同当事人所作的解释因为其本身的利益牵涉其中，无法实现合同正义，而且，因为当事人自身的解释并不具有拘束对方的效力，法律上也

---

① 参见崔建远主编：《合同法》（第七版），法律出版社2021年版，第264页。

② See E. Allan. Farnsworth, "Some Considerations in the Drafting of Agreements: Problems in Interpretation and Gap-Filling". *New York Criminal Bar Association Review* 23 (1968).

③ 梁慧星：《合同的解释规则》，载梁慧星主编：《民商法论丛》（第6卷），法律出版社1997年版，第539页。

不需要对当事人自身进行的解释进行规范。

合同解释的对象是什么？合同解释针对的是合同的内容而不是合同的形式，合同的解释有助于使合同的内容得到补充和完善。[①] 一般来说，合同的解释都不涉及合同形式的确定问题。因为无论是作为合同缔约方式，还是作为法律对当事人特殊的形式要件的要求，都是显而易见的，当事人是否完成了这些形式要件的要求也属于事实判断的范畴，不需要作出解释。所以合同解释所涉及的主要是合同内容的问题。由于合同的内容不明确或者存在漏洞将直接阻碍当事人依合同规定作出履行，并引起合同纠纷，一旦当事人一方将纠纷提交法院或仲裁机构等待作出裁判，法官和仲裁员就需要依据一定的方法和原则来正确解释合同，从而对合同纠纷作出公正的裁判。但在解释合同内容时，首先要判断合同是否成立与生效，因此，合同解释也涉及合同成立和生效的判断。

二、合同解释的目的

合同的解释旨在确定合同是否成立，或补充和完善合同的内容。具体而言，合同解释的目的主要包括如下两个方面：

1. 判断合同的成立和生效

合同的解释常常以合同的成立为前提，但在许多合同的内容不明确或者存在漏洞的情况下，合同既可以被解释为已经成立或生效，也可以被解释为不成立或未生效，此时需要通过合同的解释来促成合同的成立和生效。[②] 例如，甲向乙发出一份传真求购某种型号的钢材，乙在收到该传真后即向甲发送该型号的钢材，甲拒绝收货，双方为此发生了争议，而解决此种纠纷，法官首先需要解释传真的内容和性质，确定该传真是构成要约还是要约邀请。这就是合同解释需要解决的问题。

法官和仲裁机构在解释合同时，必须要正确地判断合同是否成立，是否对当事人已经产生了约束力，而判断合同的成立实际上就是要判断当事人双方是否就合同的主要条款达成了合意。也就是说对主要条款，双方已经经过了要约和承诺过程而达成了合意，为此在解释合同时，法院必须要判断如下几方面：

第一，当事人是否已经完成了要约和承诺过程，还是仍然处于缔约阶段。例如，为了解决上述甲、乙之间的纠纷，法官首先需要解释传真的内容和性质，确定该传真是构成要约还是要约邀请。这就是合同解释需要解决的问题。

第二，当事人是否就主要条款达成了合意，如果仅就次要条款达成了合意，并不能宣告合同成立。这就涉及合同内容的确定问题。例如，甲向乙兜售某表时，乙点头同意，后甲将表交付给乙时，乙拒绝接受。在该纠纷中需要确定合同是否成立，从表面上看乙点头同意是已经作出了承诺，但由于甲在兜售该表时并没有提出表的价格，则乙是否对主要条款作出了承诺，需要作出解释。

第三，当事人虽然没有就主要条款达成口头或书面的协议，但已经对此作出了实际的履行，那么能否从当事人的实际履行行为中确定当事人已经完成了合意，也需要法官作出解释。

---

① See Lon Fuller, "Consideration and Form", 41 *Colum. L. Rev.* 799(1941); Duncan Kennedy, "Form and Substance in Private Law Adjudication", 89 *Harv. L. Rev.* 1685(1976).

② 参见崔建远主编:《合同法》(第七版),法律出版社 2021 年版,第 264 页。

第四,当事人虽然没有就主要条款达成合意,但当事人自愿接受合同的拘束,而又难以达成补充的协议,在此情况下如何根据合同的有关条款、交易习惯、法律关于漏洞填补的规则以及合同解释的规则来解释当事人的真实意思,从而填补合同的漏洞,这也是法官在解释合同中所需要解决的问题。

合同解释不仅要明确合同是否成立,还可能涉及合同是否生效的问题。在实践中,法官不仅要明确合同的内容,还有权决定合同当事人在合同中使用的某些条款是否有效,也就是说,在解释中法院有权决定哪些合同条款不能被强制执行。① 科宾认为,应当将合同的解释(interpretation)理解为"建构"(construction),它是指由法院决定合同中使用的语言,从而决定合同效力的过程。科宾将其称为合同的法律运行的决定过程。② 解释不仅要决定合同用语的含义,而且要决定合同的法律效力。例如,合同的目的解释方法在很大程度上就是要求法官在合同既可能被解释为有效、又可能被解释为无效的情况下,依据合同的目的而将合同解释为有效。长期以来,在我国司法实践中,对于合同条款本身的争议,大多采取一种简单的解决办法,即凡是出现关于合同条款本身的争议,法院一般都认为合同应被宣告无效,而极少考虑在那些合同内容并没有违反法律和社会公共道德,当事人又自愿接受该合同拘束的情况下,应当努力促成该合同的生效。对于许多合同规定不明确甚至没有相关规定的合同,如果按照无效合同来处理,将会使得许多交易被不合理地消灭。从经济上看,此种做法是低效率的,也不符合市场经济所要求的鼓励交易的目标和精神。在合同既可能被解释为有效、又可能被解释为无效的情况下,依据合同的目的而将合同解释为有效,不仅有利于鼓励交易,避免造成财产的损失和浪费,而且符合当事人的订约目的和意图。

2. 明确合同的内容

传统的合同解释方法主要是阐明解释,或称为意义发现的解释,是指当事人在合同中表示的意思不明确、不清楚,或者双方当事人对于合同中的用语在理解上发生了分歧,需要根据一定的解释方法明确用语。阐明解释的目的在于准确地解释、明确当事人的真实意思,从而使合同得到正确履行,纠纷得到合理解决。所谓明确合同的内容,主要要解决如下问题:

(1) 合同中的用语不明确、含混不清。例如在某个案件中,合同第 13 条约定"乙方经济担保人有责任随时检查乙方筹资和还款情况,并在乙方确实无力按期还款时,于逾期 15 日内代乙方承担包括违约金在内的还款责任"。此处提到的"于逾期 15 日内代乙方承担"责任,便是一句含混不清的用语。因为该用语究竟是指保证人在逾期 15 天以后应当直接承担责任,还是指保证人应当在逾期后的 15 天内提出请求,或者是指保证人只限于逾期 15 天内承担责任,超过该 15 天,保证人就不负责任。显然单纯地根据字面含义,并不能确定其具体含义。

(2) 对合同的某些用语产生多种不同的理解。例如,双方在合同中规定购买意大利聚酯漆家具一套,在交货时出卖人交付的是用意大利进口的聚酯漆所涂刷的家具,但买受人认为所谓意大利聚酯漆家具是指从意大利进口的家具,而不是通过聚酯漆所涂刷的国产家具,为此双方就意大利聚酯漆家具的用语产生争议。有时候合同用语可能是明确的,但当事人对合同条款的理解不同。此处所说的理解的差异,是指当事人对合同条款主观的认识不同,此时也需要对合同用语作出解释。

---

① See Arthur L. Corbin, "Conditions in the Law of Contract", 28 *Yale L. J* 739, 740—741(1919).

② See Arthur L. Corbin, "The Parol Evidence Rule", 53 *Yale L. J*. 603, 623(1944).

(3) 合同的内容有遗漏，即对一些重要的条款，在合同中并没有作出规定，这就涉及合同漏洞的填补问题。但如果合同必要条款具备，并不影响合同成立。例如，在“上诉人中国华融资产管理公司贵阳办事处与被上诉人贵州钢绳(集团)有限责任公司、贵州省冶金国有资产经营有限责任公司股权置换纠纷案”中[①]，最高人民法院认为，《股权置换协议》对股权置换交易的标的物、交易时点、交易价格、交易程序、违约责任、解决争议的方式均有明确的约定，具备合同的主要内容，有效成立。贵绳集团与冶金公司关于其对价条款、置换时间条款以及程序条款不够明确因此合同无效的理由不能成立，上述条款不明确可通过合同解释方法予以明确，并不能影响合同的效力。

我国《民法典》通过确定合同解释的规则，在一定程度上限定了法官在合同解释方面的权限，即法官解释合同时必须依据法律规定的程序，同时，合同解释规则也给法官提供了规范的解释方法，帮助法官正确地解释合同，从而有效处理合同纠纷。

第二节　合同解释的基本理论

一、大陆法国家合同解释的三种理论及其发展

合同解释存在三种不同的理论，即意思主义、表示主义和折中主义。这三种理论会对合同解释产生重大影响。下面分别阐述。

(一) 合同解释的几种主要理论

1. 意思主义

此种观点认为，合同解释的目的仅仅在于发现和探求合同当事人的“真意”，在探求合同当事人真意时，应当从订约之时的情势考量，确定其主观的意思。解释合同应当以当事人订立合同时的真实意思为探究的目的，为了准确地查明当事人的真实意思，应当考虑订约过程中的资料、当事人的往来过程，不能仅仅拘泥于文字，而忽略了当事人的真实意图。[②] 意思主义最初来自罗马法，在罗马法中有一个著名的解释规则，即“应考虑者乃当事人本意而非其言辞”(In convertionibus contrahentium voluntatem potius quam verba spectari placuit)。这种主观的解释方法在16世纪曾经占据了支配地位。[③] 18世纪理性主义的发展进一步扩大了意思主义的影响，至19世纪意思主义已经成为合同解释的主流观点，并为法国民法所采纳。《法国民法典》第1156条规定：“解释契约，应从契约中寻找缔结契约之诸当事人的共同本意，而不应局限于用语的字面意思。”第1163条规定：“不论订立契约的用语如何笼统.一般，契约之标的仅包括可推知属于当事人本意立约之事项。”该规定是对意思主义的经典表述。

2. 表示主义

表示主义认为，在合同的解释方面，应当采客观性立场，在意思表示与内心意思不一致时，应当以外部表示为准。至于合同当事人的真意，并不是合同解释的目的。从当事人的外部表示来看，应当根据诚信原则来解释当事人的意思表示。表示主义最初也来源于罗马法，

① 参见最高人民法院(2007)民二终字第190号民事判决书。

② 参见余延满：《合同法原论》，武汉大学出版社1999年版，第142页。

③ 参见〔德〕海因·克茨：《欧洲合同法》(上卷)，周忠海、李居迁、宫立云译，周忠海校，法律出版社2001年版，第156页。

在古罗马法中,当需要依据特别的程序创设法律上的义务时,对意思表示的解释,应当考虑外部的现象。[①] 但在罗马帝国后期,由于受古希腊哲学和基督教教义的影响,遵循外在现象进行解释的方法受到质疑,表示主义的解释理论逐渐被意思主义所替代。[②] 自19世纪开始,学者开始反思意思主义,以德国学者耶林等为代表的学者倡导表示主义,并对《德国民法典》的制定产生了一定的影响。《德国民法典》第157条规定:"契约应顾及交易上惯例及依诚实信用原则解释之。"学者大多认为,该规定实际上是采表示主义。[③]

3. 折中主义

折中主义认为,原则上合同的解释应当探求当事人的真意,但是,如果相对人有合理的信赖,则应当以当事人的表示为准进行解释。它实际上是结合两种理论进行解释,既不否定意思主义,也不否定表示主义,而是要实现两者的相互补充。有学者认为,《德国民法典》第133条和第157条的规定,实际上是意思主义和表示主义的结合,也可以认为,该法典采折中主义的方式。而《奥地利民法典》甚至将这种两种理论同时规定在同一条款之中,即该法典第914条。可见,其也采取折中主义的方式。

(二)合同解释理论的发展

近代以来,合同解释理论经历了一个发展过程,在大陆法系,19世纪采纳的是意思主义理论,意思主义深受德国理性主义哲学的影响。其观点认为,意思表示的实质在于明确行为人的内心意思,表示行为只不过是实现行为人意思自治的手段。在法律行为的构成要素上,意思是法律行为的核心,是产生、变更和消灭权利义务的实质性因素[④],所以合同的解释应当注重当事人内心的意思。然而当事人内心的意思往往是很难真实地判断的,尤其是在当事人作出了某种意思表示以后,相对人可能会对这种意思表示形成某种信赖,而这种信赖利益也应当受到保护。正是由于这一原因,意思主义受到了许多学者的批评。因此自19世纪末期以来,国家对社会生活的干预不断加强,因此意思主义逐渐衰落,表示主义理论也应运而生。《德国民法典》从交易安全考虑,该法第157条的规定采取了表示主义。20世纪以来,大陆法系的民法更注重意思表示的客观意义,即外在表示的客观内容。[⑤]

在英美法中,19世纪初期主要采用主观解释的方法。主观解释说认为,如果当事人对合同用语的理解存在着实质性的差异,则合同不能成立。法院认为合同的形成必须要有实质性的合意。这种主观说也是19世纪意志主义的充分体现。吉尔默教授在1974年发表的著名论文《合同的死亡》中,便认为主观解释说代表了一种深刻的哲学思想,即个人的意思自

---

① 罗马法学家保罗曾经指出,"向其所愿者请求"。此语表达了表示主义的立场。据学者考证,古罗马法中重视法律行为的方式,对法律行为的解释偏重于对文字本身的理解,注重的是意思表示的语句内容,即外在结果,而并不强调内在的意思。例如一种所谓的答问契约(Stipulatio),当事人须依法定语言及法定动作而陈述其主张,如果稍有错误,就会遭到败诉,这就必然导致在合同解释方面注重外部文字而忽视了当事人的真实意思。参见王泽鉴:《债法原理》(第1册),五南图书出版有限公司1999年版,第237页。以后,由于万民法的兴起以及希腊哲学的影响,对法律行为的解释逐渐重视当事人的意思。

② 〔德〕海因·克茨:《欧洲合同法》(上卷),周忠海、李居迁、宫立云译,周忠海校,法律出版社2001年版,第156页。

③ 参见同上;韩光明:《论作为法律概念的"意思表示"》,载《比较法研究》2005年第1期。

④ 参见刘家琛主编:《合同法新制度的理解与适用》(第1辑),人民法院出版社1999年版,第425页。

⑤ See Tadas Klimas, *Comparative Contract Law: A Transystemic Approach with an Emphasis on the Continental Law: Cases, Text and Materials*, Carolina Academic Press, 2006, p. 13.

治是不受限制的。[①] 然而自19世纪末期以来，一些著名的学者如霍姆斯等对此提出了强烈批评。他认为主观说使得合同的履行变得极为困难，因此法院应该采纳一种客观的解释方法。所谓客观的解释方法，是指在解释合同是否成立等方面，主要应注重当事人外部的意思表示，当事人主观上的真实想法并不重要。也就是说，要看当事人愿意成立合同的表达，即当事人如何说和如何做的，以及对方当事人或者第三人对这些行为的理解，而不是他内心真实的想法或者目的。[②]《美国合同法重述》第230条、第233条就深受这种客观主义的影响。然而这一观点又极易导致极端的客观解释，法官依据客观标准所解释出来的用语，与当事人双方的意思相距甚远。正是因为这个原因，当代英美合同法抛弃了极端的客观解释说，而采纳了一种所谓修正的客观解释说。《美国合同法第二次重述》第200条规定，"解释目的是决定合同用语的含义"。第201条规定，如果双方当事人事实上对某一条文的含义具有相同的理解，就应当确定该意思。据此，如果当事人双方所理解的意思，与一个合理的人对合同的理解不同时，则应当按照当事人的意思来进行解释。当然，如果不能确定当事人的意图，则法院应当考虑各种订约过程中的环境、谈判的过程、交易习惯、双方过去交易的情况等因素来决定合同的含义。[③]

总之，合同的解释理论正从主观标准向客观标准转化，这种趋势主要表现在如下几个方面：第一，解释的客观化，即对当事人的真意应当通过客观的外部表示及其他有关的客观环境等因素来进行解释；第二，解释的诚信化，就是指依据诚信原则对合同进行解释，尤其是对格式条款的解释，法官不仅可以依据诚信原则宣告条款是否合法，而且可以通过平衡当事人之间的利益来确定格式条款应有的含义。所以，依据诚信原则对格式条款进行解释已经成为一种对格式条款进行司法控制的手段。从比较法上来看，无论是在大陆法系还是英美法系，合同具有强制执行力的原因是合同的当事人希望受到合同的约束；这也就表明两大法系都承认了合同的客观解释理论，而并不注重考虑当事人缔约时真实的和有关的精神状态。[④]

二、我国合同解释理论

从《民法典》第466条的规定来看，我国合同解释究竟是采纳意思主义还是表示主义，并非十分明确。笔者认为，该条实际上采取了折中主义的立场。一方面，《民法典》第466条规定合同的解释应当依据民事法律行为的解释规则，确定意思表示的含义及行为人的真实意思，在这个过程中，《民法典》要求解释合同应当努力探求当事人的真意，不得由法官自由行使解释权，而忽视当事人内心的真实意思。尤其是在表意人作出表示以后，尽管其表示的内容与真实的意图不符，相对人可能已经知悉表意人的真实意图，或者根据交易习惯以及订约的目的等考虑，能够确定表意人的真实意图。在此情况下，并不能完全忽略表意人的真实意图，而仅仅以外部的表示为主。另一方面，《民法典》第466条中规定，"各文本使用的词句不一致的，应当根据合同的相关条款、性质、目的以及诚信原则等予以解释"，这实际上要求在

① See Charles L. Knapp, Nathan M. Crystal, Harry G. Prince, *Problems in Contract Law: Case and Materials* (Fourth Edition), Aspen Publishers, 1999. p. 415.

② See Tadas Klimas, *Comparative Contract Law: A Transystemic Approach with an Emphasis on the Continental Law: Cases, Text and Materials*, Carolina Academic Press, 2006, p. 13.

③ See Charles L. Knapp, Nathan M, Crystal, Harry G. Prince, *Problems in Contract Law: Case and Materials* (Fourth Edition), Aspen Publishers, 1999, p. 4136.

④ See Tadas Klimas, *Comparative Contract Law: A Transystemic Approach with an Emphasis on the Continental Law: Cases, Text and Materials*, Carolina Academic Press, 2006, p. 13.

解决当事人的争议时,不得仅仅考虑当事人的内心意思,而忽略其外部的表示行为。在合同解释方面,单纯强调内心意思的弊病在于,表意人在作出了意思表示以后,可能会使相对人产生一种合理的信赖,并可能依据该信赖而行为。如果仅仅考虑表意人的内心意思,忽略对相对人的信赖利益的保护,将会危害交易的安全性和确定性,而且表意人的内心意思往往是深藏于内的,他人可能难以完全知晓。由此可见,我国合同法实际上是采纳了一种折中的观点,即要求在对合同进行解释时,应当将意思主义和表示主义结合起来考虑。

此外,合同解释的折中主义立场,也体现了合同自由与合同解释的客观化之间的平衡。在解释合同的过程中,努力探求当事人的真意,实际上是合同自由的充分体现,而合同解释的客观化在很大程度上是合同正义的表现。依据《合同编通则解释》第 1 条第 1 款,法官在解释合同内容时,"应当以词句的通常含义为基础",表明我国合同法在合同解释方法上注重当事人外部表示出来的文义,注重解释的客观化。[①] 但同时也要探究当事人的缔约目的,参考缔约背景、磋商过程、履行行为等因素确定当事人的内心意愿,主观和客观解释并不是根本对立的,而应当是相互融合和相辅相成的。就合同法的目标而言,其不仅要实现当事人的合同自由,也强调合同正义的思想,维护交易的安全和秩序。正是因为合同的解释要体现合同法的双重目标,所以在合同解释规则的确定方面应当采纳折中的原则。笔者认为,在解释合同时,既不能采纳绝对的意思主义,片面强调内心的意思,也不能采纳绝对的表示主义,片面强调表示行为,而应当将内心的意思和外在的表示结合起来考虑,从而确定当事人的真实意思。

第三节　合同解释的规则

一、合同解释应当适用意思表示的解释规则

《民法典》第 466 条第 1 款规定:"当事人对合同条款的理解有争议的,应当依据本法第一百四十二条第一款的规定,确定争议条款的含义。"依据这一规定,对合同条款理解有争议的,应当援引《民法典》第 142 条第 1 款进行解释。依据《民法典》第 142 条的规定,意思表示的解释通常分为有相对人的意思表示的解释和无相对人的意思表示的解释。所谓有相对人的意思表示的解释,是指对表意人向特定的相对人发出的意思表示进行的解释。例如,要约是一种意思表示,但要约必须要到达受要约人,因为它属于向特定人发出的意思表示。所谓无相对人的意思表示的解释,是指对不需要相对人的意思表示进行的解释。例如,发出悬赏广告、订立章程和决议就属于无相对人的意思表示。需要指出的是,《民法典》第 142 条第 2 款规定的是无相对人的意思表示的解释。由于合同作为双方法律行为,其意思表示为有相对人的意思表示,因此其不适用《民法典》第 142 条第 2 款的规定。

二、合同解释的基本规则

针对有相对人的意思表示,《民法典》兼采了主观解释与客观解释两种方式,依据《民法典》第 142 条第 1 款的规定,"有相对人的意思表示的解释,应当按照所使用的词句,结合相

---

① 参见最高人民法院民事审判第二庭、研究室编著:《最高人民法院民法典合同编通则司法解释理解与适用》,人民法院出版社 2023 年版,第 42 页。

关条款、行为的性质和目的、习惯以及诚信原则,确定意思表示的含义”。其中所谓“按照所使用的词句,结合相关条款、行为的性质和目的”解释,要求意思表示的解释应当探究表意人的主观目的和意图,主要体现了主观主义的解释方法,而按照“习惯以及诚信原则”解释,则体现了客观主义的解释方法。从这一意义上说,有相对人意思表示的解释实际上是两种解释方法的结合。针对有相对人的意思表示的解释,首先应当依据合同文本进行解释。在“淄博万杰医院与中国银行股份有限公司淄博博山支行等借款担保合同纠纷管辖权异议案”中,最高人民法院认为,从合同解释角度来看,当事人对合同条文发生争议时,判断当事人的真实意思表示的首要方法是判断当事人字面的意思表示。只有在文义解释不能确定该条款的准确含义时,才能再运用其他解释方法。[①]

依据《民法典》第 142 条第 1 款和《合同编通则解释》第 1 条的规定,在进行解释时应当遵循以下规则:

(一)应当按照所使用的词句进行解释

所谓对用语应当按照通常的理解进行解释,是指在当事人就意思表示本身的用语发生争议以后,对于有关的用语本身,以一个普通人的合理理解为标准来进行解释。[②] 如前所述,《民法典》第 142 条第 1 款规定:“有相对人的意思表示的解释,应当按照所使用的词句,结合相关条款、行为的性质和目的、习惯以及诚信原则,确定意思表示的含义。”在用语不清晰、模糊的情形下,首先需要澄清用语的含义。

用语的含义,当事人往往各执一词,在此种情形下,究竟应当依据何种标准确定其含义?依据《合同编通则解释》第 1 条第 1 款,合同解释“应当以词句的通常含义为基础”,这就强调了文义解释方法在合同解释中的基础性作用,即解释合同内容首先需要考虑合同的文义,合同文义是解释合同内容的基础,解释合同首先应当按照合理的、理性的人对文义的通常理解来进行。这就是说,法官应当考虑一般人在此情况下对有争议的意思表示用语所能理解的含义,以此作为解释意思表示的标准,避免出现荒谬的结论。按照一个普通人的标准来进行解释,法官既不能根据当事人一方的理解来解释意思表示,更不能根据起草一方对意思表示所作的理解来解释意思表示,而应当以一个合理的人对意思表示用语的理解进行解释。一个普通人既可能是一个社会中一般的人,也可能是在一定地域、行业中从事某种特殊交易的人。如果表意人本身是后一种类型的人,则法官应当按照在该地域、行业中从事某种特殊交易的合理人的标准来理解该用语的含义。例如,买卖双方对交货的计量标准“车”的含义发生争执,则应当考虑当事人双方是从事何种活动的买卖,并按照从事该种行业的一般人对“车”的理解来进行解释。当然,在按照常人的理解标准解释合同内容时,也需要考虑当事人特殊的专业和领域的一般理解。当然,解释合同内容既需要以文义为基础,也需要结合其他因素,如合同的相关条款、合同目的、其他解释方法以及缔约背景等。需要考虑其他因素、运用其他解释方法,而不能完全拘泥于文义。

在依据文义解释方法解释合同内容时,应当尊重当事人的共同意思。《合同编通则解释》第 1 条第 2 款规定:“有证据证明当事人之间对合同条款有不同于词句的通常含义的其他共同理解,一方主张按照词句的通常含义理解合同条款的,人民法院不予支持。”这就确立

---

① 最高人民法院(2007)民二终字第 99 号民事裁定书。

② Reinhard Bork, Allgemeiner Teil des Bürgerlichen Gesetzbuchs, 2. Auf., Rn. 545ff, S. 203ff.

了共同真实意思优先规则,即如果有证据证明当事人之间对合同条款有不同于词句的通常含义的其他共同理解,共同真实意思优先于词句的通常含义,在此情形下,不能以词句的通常含义理解合同条款。因为如果当事人双方都已经明确同意合同条款所表达的某种意思,并表明当事人已就此达成了共识,则应当根据尊重私法自治和当事人合同自由原则,按照该共同的理解来进行解释。[①]

(二)结合相关条款、行为的性质和目的、习惯以及诚信原则,确定意思表示的含义

1. 体系解释

体系解释实际上是《合同编通则解释》第1条第1款依据《民法典》第142条第1款所要求的"结合相关条款"进行解释。它要求将合同的各项条款作为一个整体,根据争议条款与相关条款的关系,整体进行解释。[②] 法谚云:"最佳的解释,要前后对照。"[③]在罗马法中,就有"矛盾行为不予尊重"(protestatiodeclarationi)的合同解释规则[④],它实际上强调的是整体解释原则。它要求从整个合同的全部内容上理解、分析和说明当事人争议的有关合同的内容和含义,而不能局限于合同的字面含义,也不应当仅仅考虑合同的条款,更不能将合同的只言片语作为当事人的真实意图,断章取义。

体系解释要求从整个合同的全部内容上理解、分析和说明当事人争议的有关合同的内容和含义,而不能局限于合同的字面含义,也不应当仅仅考虑合同的条款,更不能将合同的只言片语作为当事人的真实意图,断章取义。例如,在"金旺角实业发展集团有限公司诉南宁翼虎房地产顾问有限公司合同纠纷案"中,双方当事人对如何理解奖励金条款中的"本项目"一词产生分歧。最高人民法院认为,虽然合同文本没有对"本项目"的内涵进行限定,但依据字面和上下文理解,应将"本项目"理解为仅指B座楼宇。[⑤] 如果合同中的数个条款相互冲突,应当将这些条款综合在一起,根据合同的性质、订约目的等来考虑当事人的意图,尤其是当事人在合同中所使用的语言文字必须联系起来考察。例如,采取招投标方式订立合同,即应当依据招标文件、投标文件和中标通知书等确定合同内容。也就是说,要将各项招投标的文件作为一个整体,来解释合同争议条款的内容。如果合同中的数个条款相互冲突,应当将这些条款综合在一起,根据合同的性质、订约目的等来考虑当事人的意图。再如,如果合同是由信笺、电报甚至备忘录等构成的,在确定某一条款的意思构成时,应当将这些材料作为一个整体进行解释。如果当事人同时使用多种语言作出意思表示,则即便当事人没有约定各个文本所表达意思之间的关联性,也应当将其解释为具有相同的含义。[⑥]

在适用体系解释原则时,还应当遵循以下规则:

第一,借助整体来理解个别的规则。法谚有云:只有理解了整体,才能理解部分。[⑦] 如果合同中有多个条款表达同一内容,其中,某一条款比另一条款含义更为明确,则含义不够明确的条款可以被删除。例如,合同中多次提到"应根据本地的市价而定"或"根据市价而定",

---

① 参见最高人民法院民事审判第二庭、研究室编著:《最高人民法院民法典合同编通则司法解释理解与适用》,人民法院出版社2023年版,第44页。

② 同上。

③ 郑玉波:《法谚(一)》,法律出版社2007年版,第310页。

④ 参见王泽鉴:《债法原理》,北京大学出版社2009年版,第213页。

⑤ 参见最高人民法院(2013)民抗字第75号民事判决书。

⑥ 参见最高人民法院民事审判第二庭、研究室编著:《最高人民法院民法典合同编通则司法解释理解与适用》,人民法院出版社2023年版,第45页。

⑦ See James A. Holland & JuLians, Webb. *Learning Legal Rules*, Oxford University Press, 2006, p. 242.

显然前者的含义更为明确，可以据此而确定当事人的意思。

第二，特别约定优先于普通约定的规则。如果当事人在合同中增加了特别条款，特别条款的效力可以优先于一般条款的效力。如果分合同规定的是总合同的例外和特殊的情况，当分合同条款的意思与总合同条款的意思不一致时，分合同条款优先。①

第三，手写条款优先规则。在同一份合同文件中，如果印刷条款与手写条款并存，且这些条款彼此间相互矛盾时，则应当认为手写条款优先。

第四，"明示其一，排斥其他"(expressio unius exclusion alterius)的规则，简称为"明示排除其他"，按照该规则，如果合同中明确提及某类东西中的一些，可解释为它无意包括同一类别中并未被提及的事项。例如，合同规定："一方出售房屋连同门前屋后的树木、房屋后的庭院、门前的石狮子一对、假山一座等物"，其中是否包括在庭院中摆放的 20 盆名贵盆花？显然，概括性词语"等物"的外延不应包括 20 盆名贵盆花，因为它不是与特殊列举事物相类同的事物。

第五，同类解释(拉丁语为 Eiusdem Generis)规则，它是指如果合同中列举了具体的人或物，然后将其归属于"一般性的类别"，那么，这个一般性的类别，就应当包括具体列举的人或物。也有学者将该规则称为"较大者包含较小者"规则，即合同列举了一般性事项，就可以包含适用范围较小的事项。②

2. 目的解释

目的解释是指通过探究合同的性质和目的，确定争议条款的含义。依据《民法典》第 142 条第 1 款的规定，应结合合同的目的确定当事人的真实意思。《合同编通则解释》第 1 条第 1 款要求解释合同条款时，应当以词句的通常含义为基础，结合相关条款、合同的性质和目的等因素确定争议条款的含义。这就确定了目的解释原则。按照私法自治原则，民事主体可以在法律规定范围内，为追求其目的而表达其意思，并通过双方的协议，产生、变更民事法律关系。当事人订立合同都要追求一定的目的，目的解释在合同解释中具有重要地位。③ 合同订立的目的是当事人从事交易行为所希望达到的目的，合同本身也不过是当事人实现其目的的手段。因此，一方面，要考虑当事人双方而不是当事人一方的目的进行解释，即考虑当事人在合同订立时的合同目的。如果难以确定双方当事人的缔约目的，则应当从一方当事人表现于外部的并能够为对方所合理理解的目的来解释合同条款。④ 另一方面，当事人使用的多个文本的含义不一致时，应当根据当事人订立合同的目的解释合同。如果当事人在有关合同文本中所使用的用语的含义各不相同，应当根据合同的目的进行解释。例如，当事人双方共同投资兴办一家外商投资企业，在合资合同和章程中明确规定双方共同出资，但在当事人内部的一份合同中，规定双方为借贷关系，两份合同规定的内容不同，但从当事人双方缔约的真实目的在于共同出资兴办合资企业考虑，应当宣告此借贷合同无效。

当然，在当事人双方具有不同的合同目的时，则不能完全按照一方当事人的合同目的进行解释，而应当按照一般人对合同目的的通常理解来进行目的解释。例如，在"枣庄矿业(集团)有限公司柴里煤矿与华夏银行股份有限公司青岛分行、青岛保税区华东国际贸易有限公

① 参见张玉卿主编：《国际统一私法协会国际商事合同通则 2004(英汉对照)》，中国商务出版社 2005 年版，第 311 页。

② 参见崔建远主编：《合同法》(第七版)，法律出版社 2021 年版，第 272 页。

③ See Farnsworth, *Contracts*, Second Edition, Little, Brown and Company, 1990, p. 513.

④ 参见张广兴等：《合同法总则》(下)，法律出版社 1999 年版，第 246 页。

司联营合同纠纷案”中,最高人民法院认为,在通过目的解释的方法明确合同条款的内容时,并非只按一方当事人期待实现的合同目的进行解释,而应按照与合同无利害关系的理性第三人通常理解的当事人共同的合同目的进行解释。①

3. 习惯解释

所谓习惯,是指当事人所知悉或实践的生活和交易习惯。合同乃是一种交易,所以在解释合同的时候通常根据交易习惯来解释当事人的意思。依照《民法典》第 142 条第 1 款的规定,解释合同应当依据交易习惯进行,这就确立了依据交易习惯解释的原则。

交易习惯是习惯的典型形态。依据《合同编通则解释》第 2 条第 1 款的规定,交易习惯是指不违反法律、行政法规和公序良俗的交易中的惯常做法以及地区习惯和行业习惯。交易习惯是解释合同、填补漏洞的重要依据。交易习惯有利于准确认定合同的成立。尤其是在长期的、继续性的交易中,双方当事人往往形成一定的交易习惯,即在合同到期后,只要一方向对方交货,另一方没有及时表示退货,则视为合同成立。交易习惯有利于澄清条款文意,明晰合同中不明确、不清晰的内容,从而准确界定当事人的权利义务关系。将交易习惯作为解释合同的依据,也有利于保护当事人的合理信赖。在对合同进行解释时,需要考虑相对人的信赖利益保护,而不能完全根据表意人的内心真意进行解释。以交易当事人都熟悉或认可的交易习惯进行解释,就体现了解释的客观化。如果表意人在作出意思表示时出现错误,并使相对人基于该错误的意思表示而作出了相关的意思表示,此时,应当承认相对人实际所理解的意义是有效的。② 由于合同本质上是一种交易,因而,如果当事人就合同条款发生争议,则通常应当按照交易习惯解释合同条款。例如,双方订立一份租赁合同,乙方承租甲方 1000 平方米的房屋,但该房屋究竟是以建筑面积还是使用面积计算,双方发生了争议,乙方提出当地的习惯都是按照使用面积来计算租赁房屋的面积。所以,在解释面积条款时,可以以交易习惯作为解释的依据。

关于交易习惯的类型,依据《合同编通则解释》第 2 条第 1 款,包括三种类型,一是系列交易习惯,即当事人在以往的系列交易中形成的惯常做法。二是地区习惯,即在交易行为当地通常采用并为交易对方订立合同时所知道或者应当知道的做法。三是行业习惯,即在某一领域、某一行业通常采用并为交易对方订立合同时所知道或者应当知道的做法。在这三种习惯中确定适用顺位,需要依据各种习惯与当事人真实意思的复合程度进行判断。在存在当事人双方经常使用的系列交易习惯时,这一习惯相较于地区习惯和行业习惯而言,作用的范围更窄也更具有针对性,也更接近于当事人之间的合意,因此,其运用应当优先于其他两种习惯。而就行业习惯与地区习惯而言,则应当遵循特殊习惯优先于一般习惯的原则。也就是说,为当事人所接受和认同的交易习惯约束的范围越小,就越应当优先得到适用。例如,某一地区的某一行业如果存有特别的交易习惯,那么其应当优先于全国性的行业习惯。需要指出的是,系列交易习惯实际上已经为当事人所知道,因此,其常常被称为客观交易习惯,而地区和行业习惯虽然存在,但有可能并不为当事人知道或者应当知道,此时,当事人也不应当受到该习惯的约束。

如果地区习惯与一般的习惯发生冲突,应当以一般的习惯为准。如果地区习惯与行业习惯发生冲突,应当确定行业习惯优先。如果对某一条款发生争议之后,一方是按照一般的

---

① 最高人民法院(2009)民提字第 137 号民事判决书。

② 〔德〕卡尔·拉伦茨:《德国民法通论》(上册),王晓晔等译,法律出版社 2003 年版,第 453—455 页。

或特殊的以及行业的习惯来理解的，而另一方是按照当事人过去从事系列交易时所形成的习惯来理解的，则应当按照系列交易的习惯进行解释，这主要是因为从系列交易中形成的习惯更接近当事人的意思。

各种习惯的存在及其内容应当由相关当事人举证证明，《合同编通则解释》第 2 条第 2 款规定："对于交易习惯，由提出主张的当事人一方承担举证责任。"因为交易习惯本质上是一种事实，应当由主张交易习惯的一方当事人举证证明，法官并没有主动依职权查明交易习惯的义务。例如，在"国泰君安证券股份有限公司郑州花园路证券营业部与中国信达资产管理公司郑州市办事处借款担保合同纠纷上诉案"中，最高人民法院认为，应当考虑交易习惯，对承诺鉴证书的法律性质作出判断，并由当事人举证。通过考察交易习惯，在通常情况下，如果证券营业部为了获取高额回报，违法为客户融资融券，也要与客户有事先的细节商议。但本案缺乏证据证明当事人双方之间有过关于融资融券的意思表示。因此，本案中的承诺鉴证书的性质应当确定为监管性质，花园路证券营业部不承担保证责任。①

4. 依诚信原则进行解释

解释合同应依据诚信原则。从现代民法的发展趋势来看，诚信原则在合同解释中的作用日益重要，诚信原则也因此被称为"解释法"。依据《民法典》第 142 条第 1 款的规定，"有相对人的意思表示的解释，应当按照所使用的词句，结合相关条款、行为的性质和目的、习惯以及诚信原则"进行。《合同编通则解释》第 1 条第 1 款也要求依据诚信原则解释，这实际上是将商业道德和公共道德运用到合同解释之中，以公平解释合同的内容，并填补合同的漏洞。换言之，在采用此种方法进行解释时，法官应当将自己作为一个诚实守信的当事人来判断、理解合同内容和条款的含义，即如果当事人在合同中对相关事项约定不明，则应当按照一个诚实守信的人所应当作出的理智选择进行解释。法官在依据诚信原则解释合同时，需要平衡当事人双方的利益，公平合理地确定合同内容。

依据诚信原则解释合同，应当遵循如下规则：第一，如果当事人对合同的履行时间、地点等约定不明确的，应当作有利于债务履行的解释。例如，合同约定在 6 月 1 日交货，但究竟是在白天交货还是夜间交货并不明确，法官可以直接根据诚信原则确定交货时间应为白天而非夜间。第二，从诚信原则出发，应当认定当事人有相互协作、忠诚等义务，并尽可能按照诚信原则来理解合同条款。第三，诚信原则还可以用来填补合同漏洞。也就是说，在当事人未就相关事项作出约定或者约定不明即存在合同漏洞时，法官要考虑一个合理的诚实守信的商人，在此情况下应当如何作出履行，或者说应当如何作出意思表示，以此来填补合同的漏洞。

上述各项合同解释的原则构成了一个完整的规则体系，一般来说，在当事人就合同条款含义发生争议时，首先应当按照文义解释的方法，对该条款的准确含义进行解释。如果该条款涉及合同的其他条款或规定，则应当适用整体解释的方法。如果依合同本身的文字材料不能进行解释时，应当根据合同的目的等方法进行解释。如果文义解释等与目的解释的结果不一致，也应根据合同的目的进行解释。尤其是当合同存在漏洞时应当适用诚信原则、习惯解释等方法加以解释。

---

① 参见最高人民法院(2008)民二终字第 44 号民事判决书。

5. 对起草者作不利解释

在合同的解释规则中,有一项自罗马法以来便存在的解释规则,即“有疑义时,应作不利条款制定人之解释”(intepretatio contra moferentem),该规则流传至今,深为各国实务所重视。法谚上所谓,“用语有异义时,应对使用者为不利的解释”(verba accipiunter contra proferentem),或者“对签字的法律文书,对该法律文书有异义时,应当对起草者作不利的解释”(verba chartarum fortiter accipiuntur contra proferentem)。这些都表达了共同的含义。英美法一直认为,当合同的内容具有两种以上的含义时,应当对起草者作不利的解释。[①] 大陆法也采纳了这一原则,如《法国民法典》第1162条规定:“契约文义有疑义时,应作不利于债权人而有利于债务人的解释。”学者大都解释为由于债权人一般是债权条款的提出或拟订方,那么债权人对合同条款的歧义或模糊有主观过失,所以法官应对该种条款作有利于债务人的解释。[②]

我国《民法典》在格式条款的解释中也采纳了这一规则,《民法典》第498条中规定,“对格式条款的理解发生争议的,应当按照通常理解予以解释。对格式条款有两种以上解释的,应当作出不利于提供格式条款一方的解释”。这就是说,在解释格式条款时,应当对该起草者作出不利的解释。由此可见,在我国法律中对起草者作不利的解释的原则主要适用于格式条款。对非格式条款,是否可以适用呢?有人认为,尽管当事人在起草合同的过程中,一方起草了合同文本或示范文本,而另一方并没有参与合同的制作过程,但这并不意味着该当事人没有机会参与该合同的制作过程,当事人在交易过程中的地位是完全平等的。如果另一方放弃实际起草和讨论协商的权利,只能认为是因自身的过错造成的,应当自己承担不利的后果。笔者认为,这一观点不无道理。但在非格式条款中,合同解释制度也应当采纳这一原则。原因如下:一方面,从利益的平衡考虑,合同条款的起草者通常在起草合同时充分考虑到了自身利益,如果在合同成立以后,对合同条款发生了争议,应当从利益平衡角度考虑作出对起草者不利而对另一方有利的解释。因为尽管双方在订立一般合同条款时地位是平等的,双方也有协商的机会,但起草者一方毕竟比非起草人具有更多的反映自己利益的机会或优势。在实践中并非所有的当事人都具有足够的法律知识或交易经验,因此对合同的条款发生争议,应当作出对起草者不利的解释。另一方面,从过错考虑,起草人在起草合同时,应当对合同条款负有更多的审核义务。如果因为该条款的理解发生争议,可以认为起草者具有过错或者比非起草者具有更多的过错,因此应当在解释合同时作出对起草者不利的解释。

当然,如果合同是在两个专门从事某种交易的商人之间订立的,由于他们具备充足的知识了解情况,此时,即使其对合同的理解发生争议,也不必对一方进行特别的保护,因此,原则上不宜适用该规则。但在非商人之间或非商人与商人之间可以适用这一规则。还应看到,这一规则在适用于格式条款与非格式条款时还是有区别的。对于格式条款而言,应当将该规则作为首先适用的规则,且不必考虑当事人是否都是商人。而对非格式条款而言,首先应当适用其他的原则来解释合同,只有在其他的原则不能适用的情况下,才适用这一原则来解释合同。

(三)尽量作有效解释

《合同编通则解释》第1条第3款前段规定:“对合同条款有两种以上解释,可能影响该

---

① See Fransworth,“‘Meaning’ in the Law of Contracts”,76 *Yale L. J.* 939,940942(1967).

② 参见尹田编著:《法国现代合同法》,法律出版社1995年版,第257页。

条款效力的,人民法院应当选择有利于该条款有效的解释。”这就确立了尽量作有效解释的解释规则。依据该规定,如果对合同条款有两种以上解释,可能影响该条款效力,此时“应当选择有利于该条款有效的解释”。之所以要选择有利于合同条款有效的解释方案,一是,符合合同法鼓励交易的基本理念,鼓励交易作为合同法的基本理念,是各国普遍认可的规则。二是也更符合当事人的订约意图。因为当事人订立合同的目的在于达成交易,而并非消灭交易,尽量作有效解释,可以避免司法裁判对合同自由进行过度干预。[①]

(四)无偿合同中作有利于债务人的解释

《合同编通则解释》第 1 条第 3 款后段规定:“属于无偿合同的,应当选择对债务人负担较轻的解释。”在无偿合同中,债务人的负担较轻,而在有偿合同中,债务人的负担相对较重,这既是市场交易中等价有偿原则的体现,也符合权利义务相一致原则。因此,对无偿合同而言,在解释合同内容时,如果对合同文义的解释存在两种以上的合理解释,则应当选择对债务人负担较轻的解释方案,这既有利于保护债务人的利益,对债权人也并无不利,因为对无偿合同而言,采取对债务人有利的解释,也不会不当增加债权人的负担。

三、针对采用两种以上文字订立的合同的解释

《民法典》第 466 条第 2 款规定,合同文本采用两种以上文字订立并约定具有同等效力的,对各文本使用的词句推定具有相同含义。各文本使用的词句不一致的,应当根据合同的相关条款、性质、目的以及诚信原则等予以解释。该条第 1 款主要涉及同一文本中具体条款的解释,第 2 款则是针对多个不同文本且使用词句不一致时的解释。例如,双方分别用中英文两种语言签订了买卖合同,在中文合同中约定出现争议交由北京仲裁委进行仲裁,英文文本中则约定为提交仲裁机构进行仲裁。此时就出现了两种以上文本词句不一致的情况。

(一)对各文本使用的词句推定具有相同含义

当事人使用了多种语言表达同一意思表示,即使当事人没有特别约定各意思表示文本之间的关系,也可以推定各个文本所使用的词句具有相同的含义。根据《民法典》第 466 条第 2 款的规定,合同文本采用两种以上文字订立并约定具有同等效力的,对各文本使用的词句推定具有相同含义。例如,甲乙双方在订立合同时使用了中英文两种文字,英文的翻译与中文的用语不一致,如果合同中明确规定两个文本具有同等的含义,便不应认为双方订立了两份合同,而应当考察,哪一个文本是另一个文本的翻译本,则翻译的文本应当根据基础文本确定其应有的含义。[②] 该款主要具有以下方面的意义:

一是肯定两种以上文字的合同可以在当事人之间成立合同关系。在合同文本有两种以上语言时,当事人双方可以约定以一种语言为准,但是如果双方当事人约定两种语言的文本具有相同效力时,也应当认可当事人约定的效力。

二是便于解释具有两种以上文字且效力相同的合同文本。在具有两种以上文字的合同文本的情况下,由于合同使用了两种以上语言,只有推定各种语言的文本所用的词句具有相同的含义,才能有效减少合同争议,便于展开合同的解释。

三是明确举证责任的分担。该款对于两种不同语言的文本中的词句采用了“推定”具有

---

① 参见最高人民法院民事审判第二庭、研究室编著:《最高人民法院民法典合同编通则司法解释理解与适用》,人民法院出版社 2023 年版,第 49 页。

② 参见黄薇主编:《中华人民共和国民法典合同编解读》(上册),中国法制出版社 2020 年版,第 24 页。

相同含义的表述。这一推定实际上是对证明责任分配的规定,即由主张两种文本使用的词句具有不同含义的一方承担证明词句含义不同的证明责任,主张词句含义相同的一方不承担此种责任。

四是明确不同文本的词句含义不一致时的解释方法。在能够举证证明多种文字文本的含义不一致时,就会出现多种可能的解释方案,同时,由于当事人约定各文本具有相同的效力,因此无法确定何种文本优先,只能通过解释确认合同内容。此时,就需要根据合同的相关条款、性质、目的以及诚信原则,进行合同解释,最终确定合同的内容。

(二)各文本使用的词句不一致的,应当根据合同的相关条款、性质、目的以及诚信原则等予以解释

依据该款的规定,在出现这种情形时,应当根据合同的相关条款、性质、目的以及诚信原则等予以解释。

一是根据合同的性质进行解释。合同性质主要是指合同类型,如买卖合同、租赁合同等,依据合同性质可以判断词句不一致时,哪一种是更符合当事人意思的解释。当然,如果是不同文本所使用的词句不一致,合同性质是一样的,则不存在性质的差异问题。

二是根据合同目的进行解释。所谓根据合同目的进行解释是指在文本出现不一致的情况下,结合合同目的确定词句的真实含义。解释合同应当首先判断当事人的目的。当事人订立合同都要追求一定的目的。[①] 合同订立的目的是当事人从事交易行为所希望达到的目的,合同本身也不过是当事人实现其目的的手段。在这种方法中,解释者要探究当事人的目的。例如,在多个文字的原材料买卖的文本中对买卖的标的物使用了不一致的表述时,就可以结合当事人订约的目的是希望用于从事何种产品的生产,来确定当事人真实的购买意愿。

三是依据诚信原则进行解释。诚信原则是合同法中一项极为重要的原则。这就是说,如果当事人在合同中缺乏规定或者条款本身不明确,则应当按照一个诚实守信的人所应当作出的理智的选择进行解释。也就是说法官要考虑一个合理的诚实守信的交易者,在此情况下应当如何作出履行,或者说应当如何作出意思表示,以此来填补合同的漏洞。

四是结合合同的其他条款及交易当事人的订约背景、相关资料以及交易习惯等进行整体解释。例如,关于仲裁机构的选择出现争议,就可以参看以往双方的合同中选择了何种争议解决方式,从而确定当事人的真实意图。

如果合同是由信笺、电报甚至备忘录等构成的,在确定某一条款的意思构成时,应当将这些材料作为一个整体进行解释。例如,当事人在合同中约定,备忘录和附件作为合同组成部分,当事人在附件中都已经签名,在备忘录中只有一方签名,而另一方没有签名,在发生争议以后,未签名的一方提出,其不同意备忘录的内容,已经签名的一方则认为对方实际上已经接受备忘录的条件。笔者认为,既然当事人在合同中已经约定备忘录和附件作为合同组成部分,因此,无论当事人是否在备忘录上签名,都可以认为备忘录已经成为合同的内容,并对当事人产生了拘束力。整体解释要求合同解释不能局限于合同的字面含义,也不应当仅仅考虑合同的条款,更不能将合同的只言片语作为当事人的真实意图,断章取义。

当事人在订立合同时所使用的文字词句可能有所不当,未能将其真实意思表达清楚,或

---

① See Farnsworth, *Contracts*, Second Edition, Little, Brown and Company, 1990, p. 513.

合同未能明确各自的权利义务关系,使合同难以正确履行,从而发生纠纷。此时,法院或仲裁机构主要应当考虑各种因素(如合同的性质和目的、合同签订地的习惯等)以探求当事人的真实意思,正确地解释合同,从而准确地认定责任。尤其应当看到,依据诚信原则来解释合同过于抽象,容易被个别法官滥用。所以,笔者认为,我国《民法典》第 466 条第 2 款在确立合同解释的规则时,将诚信原则放在最后,表明了立法者认为,诚信原则只能是在其他规则不能适用时,才能加以运用。

第四节 合同漏洞填补

一、合同漏洞的概念

所谓合同漏洞,是指当事人在合同中对于合同条款没有约定或者约定不明确的现象。具体来说,一是合同的内容存在遗漏,即对一些合同的条款,在合同中并没有作出约定,如合同中缺少对质量条款的约定;二是合同中的约定不明确或者约定前后矛盾。例如,当事人订立的两份合同中,有关购买黄沙的质量标准不一致,为此,需要解释两份合同之间是构成合同的变更,还是属于表述错误,这就需要对其进行解释,此种情况也构成合同漏洞。

一般来说,合同漏洞是当事人在订立合同时所不知道的,且在合同中也没有约定如何填补。如果在缔约时已经知道漏洞而故意不予约定,尤其是已经在合同中约定了填补漏洞的方法,则不能视为合同漏洞。例如,当事人在买卖合同订立时,因为考虑到市场价格在交货时会急剧波动,所以在合同中并没有规定明确的价格,而只是约定价格随行就市,这就是通常所说的“活价条款”。“活价条款”虽未设定具体的价格,但实际上当事人在缔约时已经意识到这种情况,且约定了确定价格的方法,此种情况并不属于合同漏洞。严格地说,合同漏洞的存在一般不应影响合同的成立。在当事人对合同的非必要条款未作出规定或约定不明确的情况下,可以认定合同已经成立,法院可以依据合同的性质、交易习惯以及法律的任意性规范作出解释,从而填补合同的漏洞。

二、合同漏洞填补的步骤

依据《民法典》第 510 条,“合同生效后,当事人就质量、价款或者报酬、履行地点等内容没有约定或者约定不明确的,可以协议补充;不能达成补充协议的,按照合同相关条款或者交易习惯确定”。《民法典》第 511 条也规定了在存在合同漏洞的情况下,依据第 510 条的规定仍然不能确定的,可以采取的填补合同漏洞的方法。依据《民法典》第 510 条、第 511 条填补合同漏洞,应当按照以下程序进行。

(一)由当事人达成补充协议

填补漏洞的第一步,是由当事人达成补充协议。按照合同自由原则,合同的内容应当由当事人自由约定,在当事人就合同的条款约定不明确的情况下,应由当事人继续通过达成补充协议的方式,来填补合同的漏洞,这就充分体现了合同自由原则。同时,通过当事人达成协议来解决当事人之间的争议,也是最有效的填补漏洞的方式。由当事人达成的补充协议,可以是书面的,也可以是口头的,但补充协议必须针对合同的漏洞而达成,否则仍然不能解决合同条款的相关争议。

(二)按照合同条款或者交易习惯来确定

填补合同漏洞的第二步是在当事人不能达成补充协议的情况下,由法官按照合同的有关条款和交易习惯来确定。所谓按照有关合同的条款来确定,是指根据合同的性质以及现有合同的条款来确定合同究竟需要哪些条款,并在此基础上填补合同的漏洞。

交易习惯也是填补合同漏洞的确定标准。所谓交易习惯,是指在当时、当地或者某一行业、某一类交易关系中,为人们所普遍采纳的,且不违反公序良俗的习惯做法。我国《民法典》第 142 条第 1 款规定:“有相对人的意思表示的解释,应当按照所使用的词句,结合相关条款、行为的性质和目的、习惯以及诚信原则,确定意思表示的含义。”因此,合同应当依据交易习惯进行解释,这就确立了习惯解释的原则。我国《民法典》合同编不仅在通则中将交易习惯确定为填补合同漏洞的标准,而且在分编中有大量根据交易习惯填补合同漏洞的条文。这表明我国《民法典》合同编极为强调以交易习惯来填补合同漏洞,这可以说是我国合同法律制度的一大特点。

如前述,交易习惯包括了地域习惯、行业习惯和当事人之间的系列交易习惯。在这三种习惯中,由于当事人双方经常使用的习惯做法更接近于当事人之间的合意,因此,系列交易习惯的运用应当优先于其他两种习惯。对于交易习惯,由提出主张的一方当事人承担举证责任。当然,交易习惯须具有合法性。只有那些遵守法律和行政法规以及公序良俗的习惯才能够用于合同的解释。需要指出的是,无论是何种交易习惯,都应当具有时间性,也就是只能以合同发生纠纷时存在的习惯为依据,而不能以年代久远且已经不被采用的习惯为依据,且各种交易习惯都应当为各方当事人知道或者应当知道。

(三)根据《民法典》第 511 条的规定作出解释

《民法典》第 511 条规定了当事人对合同内容约定不明确时填补合同漏洞的规则,该条分别对当事人就质量、价款或者报酬、履行地点、履行期限、履行方式、履行费用等约定不明时的补充规则作出了规定,这就解决了合同对履行义务约定不明确的情况下,应当如何履行义务的问题,明确了各种填补合同漏洞的规则。

应当指出,虽然《民法典》第 511 条确定的是填补合同漏洞的规则,但它们都是任意性的规则,也称为填补合同漏洞的任意性规则。也就是说,当事人可以通过其约定来排斥这些规定的适用。在当事人有特别约定的情况下,原则上应当依据当事人的约定;在当事人没有特别约定,又不能根据交易习惯来确定当事人的意图的情况下,则应当适用这些任意性的规定。可见,我国法律在适用顺位优先性的安排上将任意性的规定置于交易习惯之后,表明了交易习惯的重要性。如果交易习惯与任意性的规定发生冲突,则应当优先适用交易习惯。

三、合同解释与合同漏洞填补的关系

从法律解释学上看,《民法典》第 142 条第 1 款规定的合同解释的方法是否优先于《民法典》第 510 条、第 511 条所规定的填补漏洞的任意性规则而适用,这是一个值得探讨的问题。王泽鉴先生指出:“任意规定系立法者斟酌某类型契约的典型利益状态而设。一般言之,多符合当事人的利益,当事人对于契约未详订其内容,也多期待法律设有合理的规定,故有任意规定时,原则上应优先适用。无任意法规时,应依补充的契约解释方法,填补

契约漏洞。”[①]笔者赞同这一观点，即在选择填补合同漏洞的方法时，首先应当使用任意性的规则。也就是说，《民法典》第 511 条对合同漏洞的填补已经规定了特殊的方法的，就应当首先采纳法律的特殊规定，只有在不能适用法律规定的填补漏洞的特殊方法的情况下，才能适用其他方法。其原因在于：

第一，法律关于填补漏洞的任意性规定是专门为合同漏洞的填补而设立的，具有很强的针对性，而合同解释的方法在适用方面极为广泛，它不仅可以用于合同漏洞的填补，而且可以用于对合同是否成立、生效问题的判断。

第二，法律关于填补漏洞的任意性规定，在一定程度上体现了立法者的意思，同时也符合当事人的意愿。因为当事人通常就是期待法律设立任意性规定来填补合同漏洞，这些填补漏洞的任意性规定从根本上也是符合当事人的利益的。合同解释的一般方法虽然也是由法律规定的，但是在适用过程中主要是由法官来认定和操作的，难免带有法官的主观意志。因此，在专门适用于合同漏洞的填补时，应当优先适用法律的任意性规定；只有在适用任意性规定确实不符合当事人的利益时，才应针对该合同的特殊情况，作出补充的解释。[②]

第三，如果能够适用《民法典》第 511 条规定，就应当适用该规则，而不能直接采用合同解释的规则，否则，不仅将使法官享有过度的解释合同和填补漏洞的权限，造成解释者的恣意现象，也会造成“同案不同判、同法不同解”的现象。因此，解释合同也应遵循《民法典》合同编关于合同解释的相关规定。

---

① 参见王泽鉴：《债法原理》（第 1 册），作者 1999 年自版，第 246 页。

② 同上书，第 247 页。

第九章

合同的效力

第一节 合同效力概述

一、合同效力的概念

合同的效力是指依法成立的合同在当事人之间产生的法律拘束力。合同的效力反映了法律对当事人之间合意的评价，因此，已经成立的合同只有具备了法定的生效要件（或称有效要件），才能有效。《民法典》第 502 条第 1 款规定："依法成立的合同，自成立时生效，但是法律另有规定或者当事人另有约定的除外。"合同生效意味着合同产生拘束力，当事人应当依据合同约定行使权利和履行义务，违反合同义务应当承担相应的责任。

合同的效力可以分为对内效力和对外效力。所谓对内效力，是指合同对当事人产生的法律拘束力。《民法典》第 136 条第 2 款规定："行为人非依法律规定或者未经对方同意，不得擅自变更或者解除民事法律行为。"例如，当事人在订立合同后，即应当受到合同的严格拘束，必须严格履行合同，否则应当承担违约责任。所谓对外效力，是指民事法律行为对当事人以外的人产生的法律拘束力。例如，合同一旦生效，也可能会对合同当事人以外的第三人产生效力，其主要表现在为第三人利益的合同、债权保全制度、租赁权物权化、债权不可侵害性等方面。

合同能够产生法律拘束力，从表面上看是当事人的意思自治的结果，或者说是当事人自愿选择的结果；但从实质上看，合同的法律拘束力或合同的效力不仅源于当事人的意志，而且源于法律的赋予。也就是说，由于当事人的意志符合国家的意志和社会利益，因而国家赋予当事人的意志以拘束力，并且使当事人所订立的合同能够产生其预期的效果。合同的效力体现了国家对当事人意志的评价。

《民法典》第 136 条第 2 款规定强调了民事法律行为的拘束力。就合同的效力而言，一方面，任何一方当事人不得擅自变更合同。合同的任何内容都是经过双方协商达成的，因此，变更合同的内容须经过双方协商同意。任何一方未经过对方同意，无正当理由擅自变更合同内容的，不仅不能对合同的另一方产生约束力，反而将构成违约行为。由于合同变更必须经过双方协商，所以，在变更协议未达成以前，原合同关系仍然有效。特殊情况下，依据法律规定可以使一方享有法定的变更合同的权利，如在重大误解、显失公平的情况下，受害人享有请求法院或仲裁机构变更合同内容的权利。但享有变更请求权的人必须实际请求法院或仲裁机构变更合同，且法院或仲裁机构经过审理，确认了变更的请求，合同才能发生变更。

另一方面,合同一旦成立,任何一方当事人都不得随意解除合同。即便当事人享有解除权,其解除合同的程序也应当符合法律规定,否则无法产生合同解除的效力。

二、合同生效与合同成立的区别

所谓合同的成立,是指缔约当事人就合同的主要条款达成合意。一般来说,决定合同成立的主要条款,应当根据合同的性质来决定。合同的性质不同,其所要求的主要条款也不一样。合同的成立只是解决了当事人之间是否存在合意的问题,并不意味着已经成立的合同都能产生法律拘束力。换言之,即使合同已经成立,如果不符合法律规定的生效要件,仍然不能产生当事人所追求的法律效果。

所谓合同的生效,是指已经成立的合同在当事人之间产生了一定的法律约束力,也就是通常所说的法律效力。这里所说的法律效力,并不是指合同能够像法律那样产生约束力。合同本身并不是法律,而只是当事人之间的合意,因此不可能具有法律一样的效力。所谓合同的法律效力,只是强调合同对当事人的约束性。合同之所以具有法律约束力,并非来源于当事人的意志,而是来源于法律的赋予,这要求合同当事人应严格履行合同。所谓合同的法律效力,只不过是强调合同对当事人的拘束性。[①]

应当看到,合同的成立与合同的生效常常是密切联系在一起的。因为当事人订立合同旨在实现合同所产生的权利和利益,也就是使合同对当事人产生拘束力(当事人一方或双方故意订立无效合同的情况除外)。换言之,如果合同不能生效,则订约当事人所订立的合同不过是一纸空文,不能达到其订约目的。正是由于当事人合意的目的就是要使合同生效,罗马法曾规定了"同时成立之原则"(prinzip der simultanitot oder Simultan Erreichung),认为法律行为的成立与其效力同时发生。[②] 不过,在德国或法国继受罗马法时,已根本改变了这一原则。根据我国台湾地区学者王伯琦先生的解释,作出这种改变的原因在于,罗马法十分强调法律行为的方式,而忽视了当事人的意思。一旦法律行为的方式得到遵守,行为自然有效,因此不必要区分法律行为的成立与生效问题。而自文艺复兴以后,个人主义思潮在欧洲勃兴,意思主义在民法中占据主要地位,法律行为的方式逐渐退居次要地位,这就必须区分法律行为的成立与生效、不成立与无效问题。[③] 当然,尽管如此,仍有许多国家和地区的民法并没有严格区分合同的成立与生效问题。[④]

依据《民法典》第 502 条第 1 款,依法成立的合同,自成立时生效。可见,在一般情况下,合法的合同一经成立便生效,合同成立的时间也就是合同生效的时间,因此合同成立的时间可以成为判断合同生效时间的标准。[⑤] 同时,合同的成立也是认定合同效力的前提条件,如果合同根本没有成立,那么确认合同的有效和无效问题就无从谈起,也就谈不上合同的履行、终止、变更以及解释的问题。尽管如此,合同的成立和生效是两个不同的概念,二者的区别主要表现在:

第一,两者可能处于不同的阶段。合同成立是指当事人就合同的主要条款达成合意,在

---

① 参见苏惠祥主编:《中国当代合同法论》,吉林大学出版社 1992 年版,第 98 页。

② 参见郑玉波主编:《民法债编论文选辑》(中册),五南图书出版有限公司 1984 年版,第 892 页。

③ 参见王伯琦:《法律行为之无效与成立》,载同上书,第 727—729 页。

④ 参见同上书,第 726 页。

⑤ 参见赵德铭:《合同成立与合同效力辨——涉外经济合同构成要素研究》,载《法律科学(西北政法学院学报)》1994 年第 3 期。

一般情况下,合同成立以后,只要内容和形式合法,合同成立的同时即为有效。但在特殊情况下,合同成立以后可能因为内容不合法而导致合同无效或者可能因为缺少形式要件而未发生效力,典型的情形如需要政府部门审批的合同等。而合同生效是指在合同成立的基础上,其效力受到法律认可,对当事人产生拘束力。合同成立是生效的前提,首先应当判断合同是否成立。《合同编通则解释》第 3 条第 3 款规定,当事人主张合同无效或者请求撤销、解除合同等,人民法院认为合同不成立的,应当将合同是否成立作为焦点问题进行审理,并可以根据案件的具体情况重新指定举证期限。

第二,是否涉及价值判断不同。合同成立涉及事实认定问题,即当事人之间客观上是否存在合同关系。而合同生效涉及的则是价值判断问题。涉及合同成立问题,可以填补漏洞(《合同编通则解释》第 3 条第 2 款),但涉及效力不能采取此种方式。

第三,两者的构成要件不同。合同的成立需要当事人就合同主要条款达成合意,而合同的生效要件至少应当包括合同成立的全部要件,除此之外,还可能因为法律的规定或者当事人的特别约定而需要其他要件。《民法典》第 143 条规定:"具备下列条件的民事法律行为有效:(一) 行为人具有相应的民事行为能力;(二) 意思表示真实;(三) 不违反法律、行政法规的强制性规定,不违背公序良俗。"此即为合同生效的一般要件,如果合同内容违反法律、行政法规的强制性规定或者违背公序良俗,则虽然合同成立,但因不具备成立要件之外的"合法性要件"而归于无效。此外,当事人也可以特别约定合同的生效要件。例如,当事人在合同中约定合同必须经过公证才能生效的,则"合同公证"成为合同的生效要件,非经公证,已经成立的合同也不发生法律效力。

第四,两者体现的国家干预的程度不同。合同的成立是当事人就合同的主要条款达成一致意见。因此,它主要表现了当事人的意思,而且强调合同成立过程中的合意。至于合同的内容中是否存在着欺诈、胁迫和其他违法的因素,则不是合同的成立制度而是合同的生效制度调整的范围。① 而合同的生效是指国家对已经成立的合同予以认可,如果当事人的合意符合国家的意志,将被赋予法律拘束力。如果当事人的合意违背了国家意志,不仅不能产生法律约束力,而且将要承担合同被宣告无效以后的责任。由此可见,合同生效制度体现了国家对合同关系的肯定或否定评价,反映了国家对合同关系的干预。②

第五,是否需要承担责任不同。合同因为当事人未能够就主要条款达成合意而不成立时,如果不存在任何缔约中的过错,则不涉及责任承担。但如果合同已成立但未生效,则可能涉及缔约过失等责任承担。

可见,合同成立与生效并非完全相同的概念,已经成立的合同需要满足法律所规定的要件,才能发生法律效力。依据《民法典》第 136 条第 1 款,在法律另有规定或当事人另有约定的情形下,合同即使依法成立,也并不一定生效。具体而言:一是法律另有规定,这主要是指合同成立与生效相分离的情形。例如,应当依法办理批准等手续的合同,即使合同成立也不发生效力。二是当事人另有约定,主要是指附条件和附期限的合同。所谓附条件的合同,是指当事人在合同中特别约定一定的条件,以条件的是否成就来决定合同的效力的发生或消灭的合同。附生效条件的合同,自条件成就时生效。所谓附期限合同,是指当事人在合同中设定一定的期限,并把期限的到来作为合同效力的发生或消灭根据的合同。《民法典》第 502

① 参见陈安主编:《涉外经济合同的理论与实务》,中国政法大学出版社 1994 年版,第 102 页。

② 同上书,第 103 页。

条第 1 款的规则与第 136 条第 1 款的规定保持了一致性。

三、合同的效力主要适用《民法典》总则编的规定

（一）合同效力一般主要适用《民法典》总则编的规定

合同效力制度是合同法的重要内容，会直接影响到合同的履行、违约责任的承担等方面。合同的效力瑕疵形态多样，主要包括：一是未生效合同，此类合同主要是指违反法定的报批义务而使合同未生效的情形。二是效力待定的合同，其指合同成立之后，是否已经发生效力尚不能确定，有待于其他行为或事实使之确定的合同。三是可撤销合同。所谓可撤销合同，是指当事人在订立合同时，因意思表示不真实，法律允许撤销权人通过行使撤销权而使已经生效的合同归于无效。四是无效合同。无效合同是指合同虽然已经成立，但因其在内容上违反了法律、行政法规的强制性规定和公序良俗而无法律效力的合同。因欠缺有效要件而不能生效的合同，在学理上一般被称为"欠缺有效要件的合同"，我国《民法典》合同编借鉴《商事合同通则》等国际惯例以及国外立法的经验①，将合同的成立与合同的效力分开，专设了第三章"合同的效力"，从而在合同法中形成了有关合同效力的制度。

然而，合同本身是民事法律行为的一种类型，有关民事法律行为效力的基本规则在《民法典》总则编中已经作出了规定，因此，为了避免与总则编重复，合同编中有关合同效力的规则十分简略，有关无效、可撤销的具体类型和附条件、附期限的合同等，都是由总则编民事法律行为制度规定的。《民法典》第 508 条规定："本编对合同的效力没有规定的，适用本法第一编第六章的有关规定。"由此可知，在合同效力的法律规则适用上，如果合同编没有规定，则适用总则编第六章关于民事法律行为的规定。《民法典》第 508 条在性质上属于指示适用性的规范。例如，有关合同无效中强行性规范的认定标准，由于《民法典》总则编已经进行了规定，就应当直接适用总则编的规定。

（二）如果合同编有特别规定，则适用合同编的规定

依据《民法典》第 508 条，如果合同编中对合同效力有规定的，则应当适用合同编的规定。例如，关于无权代理人订立合同的法律后果（第 503 条）、关于未生效合同（第 502 条）、关于超出经营范围订立合同的效力（第 505 条）、关于免责条款的无效情形（第 506 条）等，合同编已经作出规定，所以应当适用合同编的规定。在此主要讨论《民法典》第 504 条的内容。

《民法典》第 504 条规定："法人的法定代表人或者非法人组织的负责人超越权限订立的合同，除相对人知道或者应当知道其超越权限外，该代表行为有效，订立的合同对法人或者非法人组织发生效力。"相对人知道或者应当知道其超越权限包括两种情况：一是在订立合同时相对人对法定代表人、负责人超越权限的情况是明知的。例如，甲代表法人对外订立担保合同时，未获得董事会的授权，债权人明知这一情况，多次要求甲利用职权私盖公章，后甲按照乙的要求在担保合同上加盖法人印章。二是在订立合同时相对人应当知道法定代表人、负责人超越权限的情况。例如，法律明确规定企业的分离、合并必须要经过董事会的同意，仅由法定代表人一人同意不能决定企业的分离合并问题。而相对人在法定代表人未取得董事会同意的情况下，就与法定代表人订立合同。相对人知道或者应当知道法定代表人、负责人超越权限对外订立合同，该法定代表人超越职权的行为不构成表见代表。其原因在于，在此情况下相对人是恶意的、有过错的，而在相对人存在恶意的情况下，其本身并不产生

---

① 《商事合同通则》中专门设立了以"合同的效力"为名的第三章。

合理的信赖。

四、合同的生效要件

已经成立的合同,必须具备一定的生效要件,才能产生法律拘束力。合同生效要件是判断合同是否具有法律效力的标准。依据《民法典》第 143 条的规定,合同的生效要件包括如下几项:

(一) 行为人具有相应的民事行为能力

行为人具有相应的民事行为能力的要件,在学理上又称为有行为能力原则或主体合格原则。由于任何合同都是以当事人的意思表示为基础,并且以产生一定的法律效果为目的,所以,行为人必须具备正确理解自己的行为性质和后果、独立地表达自己的意思的能力,也就是说,必须具备与订立某项合同相应的民事行为能力。行为人如不具备相应的民事行为能力,就不能独立进行意思表示,即使订立了合同也将会使自己遭受损失。因此,各国民法大都将行为人有无行为能力作为区别法律行为有效和无效的条件。《民法典》第 143 条规定,当事人实施民事法律行为,应当具有相应的民事行为能力。这对于保护当事人的利益、维护社会经济秩序,是十分必要的。

1. 自然人应具有相应的民事行为能力

我国《民法典》将自然人分为三类,即完全民事行为能力人、限制民事行为能力人和无民事行为能力人。除法律有特别规定外,完全民事行为能力人可以独立实施所有民事法律行为。

由于限制民事行为能力人具有一定的判断和理解能力,因而,其可以独立实施一定的民事法律行为,但与完全民事行为能力人相比,其民事行为能力又是受到限制的,即只能从事与其年龄、智力、精神健康状况相适应的民事法律行为。《民法典》第 145 条第 1 款规定:“限制民事行为能力人实施的纯获利益的民事法律行为或者与其年龄、智力、精神健康状况相适应的民事法律行为有效;实施的其他民事法律行为经法定代理人同意或者追认后有效。”据此,限制民事行为能力人只能独立从事两种类型的民事法律行为:一是纯获利益的民事法律行为,即仅仅获得法律上的利益,而不会承担法律义务或减损其既有民事权利。二是与其年龄、智力、精神健康状况相适应的民事法律行为。如何判断“相适应”? 要从行为与本人生活相关联的程度、本人的智力能否理解其行为并预见相应的行为后果,以及行为标的数额等方面认定。例如,对未成年人所从事的打赏行为,是否认定有效,就要考虑上述因素确定。

无民事行为能力人不具有独立作出意思表示的能力,因此,其不能独立实施民事法律行为,我国《民法典》第 144 条规定:“无民事行为能力人实施的民事法律行为无效。”无民事行为能力人只能通过其法定代理人代理其实施民事法律行为。值得探讨的是,无民事行为能力人是否不能独立实施任何民事法律行为? 例如,其能否独立实施纯获利益的民事法律行为? 我国《民法典》没有对此作出规定。我国司法实践一般认为,无民事行为能力人、限制民事行为能力人接受奖励、赠与、报酬,他人不得以行为人无民事行为能力、限制民事行为能力为由,主张以上行为无效。

2. 法人超越经营范围一般不影响到合同的效力

法人的行为能力是特殊的行为能力。我国传统的理论和司法实践认为,法人只能在其核准登记的生产经营和业务范围内活动,如果超越其经营范围和业务范围,即为无效民事行为。从现行立法规定来看,并没有明确规定此类行为一概无效。诚然,在 19 世纪,许多国家的民商法曾要求法人必须在章程规定的范围内活动。但现代民商法为促进交易，保护善意第三人的利益，对传统的越权规则作出了一些调整。根据越权规则，法人从事章程所规定的目的以外的行为无效。这种行为即使经过全体股东的事后追认也无效，但包括于权能之内的行为或附随于权能的行为除外。自 20 世纪以来，这一规则已得到一些改进，许多大陆法国家的公司法大都规定，公司的缔约行为超越章程范围时，如不能证明相对人为恶意则合同仍为有效；在此情况下，仅发生有关负责人对公司的民事责任。此种观点值得我国立法借鉴。

《民法典》第 143 条所规定的行为人具有相应的民事行为能力，也包括法人实施民事行为应当具有相应的民事行为能力。当然，要求法人实施一定的民事行为应当具有行为能力，并不意味着营利法人超越其经营范围的行为，一概应当被宣告无效。依据《民法典》第 505 条的规定，如果合同仅仅只是涉及超越经营范围的问题，不能因此而认定合同无效。当然，对此并不能从反面解释，即认定超越经营范围的合同都是有效的。毕竟对于一些特殊行业，如银行业、保险业等国家限制经营、特许经营的行业，经营范围的确定十分重要。当事人不得超越经营范围行为，否则，将构成对法律、行政法规的强制性规定的违反。对于违反国家限制经营、特许经营以及法律、行政法规禁止经营的规定而超越经营范围的，因为不仅仅是保护第三人利益和维护交易安全的问题，还涉及国家对经济的法律规制和社会公共秩序，因此作为例外，这种超越经营范围的合同应当被认定为无效。

依据这一条规定，在判断超越经营范围的合同是否有效时，“应当依照本法第一编第六章第三节和本编的有关规定确定”，这是因为一方面，总则编第六章第三节是关于法律行为效力的一般规则，超越经营范围订立的合同作为民事法律行为，也应当依据总则编第六章第三节来确定其效力。其中一些法律中关于特定行业经营范围限制的规则可能属于《民法典》第 153 条中的“法律、行政法规的强制性规定”。一旦违反这些规定，超越经营范围所订立的合同应当被宣告无效。例如，《商业银行法》第 11 条规定：“设立商业银行，应当经国务院银行业监督管理机构审查批准。未经国务院银行业监督管理机构批准，任何单位和个人不得从事吸收公众存款等商业银行业务，任何单位不得在名称中使用‘银行’字样。”

3. 非法人组织也应具有订约资格

所谓非法人组织，是指不具有法人资格，但能够依法以自己的名义从事民事活动的组织。依据《民法典》第 102 条第 2 款，它主要包括个人独资企业、合伙企业、不具有法人资格的专业服务机构等。《民法典》第 464 条第 1 款规定：“合同是民事主体之间设立、变更、终止民事法律关系的协议。”其中，“民事主体”就包括了非法人组织。

一般认为，未领取营业执照的非法人组织，不得以自己的名义独立从事民事活动，而只能以法人的名义订约。而领有营业执照的非法人组织，应可以对外签订合同，因为依据我国现行法律，允许领取营业执照的非法人组织对外从事经营活动，实际上是允许其对外订立合同。当然，非法人组织如果不能独立承担民事责任，则应当由法人承担。我国《民法典》承认非法人组织的主体地位，也就是认可了其具有缔约资格。

（二）意思表示真实

意思表示是指行为人将其设立、变更、终止民事权利、义务的内在意思表示于外部的行为。所谓意思表示真实，是指表意人的表示行为应当真实地反映其内心的效果意思。也就是说，意思表示真实要求表示行为应当与效果意思相一致。在大多数情况下，行为人表示于外部的意思同其内心真实意思是一致的。但有时行为人作出的意思表示与其真实意思不相符合,此种情况称为“非真实的意思表示”“意思缺乏”或“意思表示不真实”。意思表示不真实具有两种不同的含义。狭义的意思表示不真实仅指行为人的外部表达的意思不符合其内心的真实意思。广义的意思表示不真实包括两个方面:一是行为人的意思表示不自由。行为人因受到欺诈、胁迫等外在原因导致其处于意志不自由的状态,因此其表达的意思不符合其真实意思。这种情况属于典型的意思表示不真实的情况。针对此种情况,我国《民法典》明确规定,欺诈、胁迫、重大误解、显失公平等行为将导致民事行为无效或者被撤销。二是行为人的意思与表示不一致,即行为人的外部表达的意思不符合其内心的真实意思。例如,甲为了逃避强制执行,与乙通谋,以赠与为名,将其房产移转给乙。在此情况下,甲、乙之间的赠与行为构成通谋的虚伪表示,应当无效。但是,如果乙将此房产转让给善意第三人丙,则甲、乙不得以其赠与行为无效对抗丙,丙可以依据善意取得制度取得该房产的所有权。《民法典》强调意思表示必须真实,才能发生相应的法律效力,主要是为了保障当事人的自主、自愿,充分实现私法自治;同时,否定意思表示不真实情况下民事法律行为的效力,有利于保护处于弱势地位一方当事人的利益,维护交易安全。

(三)不违反法律、行政法规的强制性规定,不违背公序良俗

1. 不违反法律、行政法规的强制性规定

依据《民法典》第 143 条的规定,民事法律行为不得违反法律、行政法规的强制性规定,对该规定可以从两方面进行理解:一方面,不得违反法律、行政法规的规定。因为违法概念的范围十分宽泛,可以把各种违反规范性法律文件的行为都纳入违法的范畴,但如此理解过于宽泛,有必要将其限定在违反法律、行政法规的范围内。此处的法律是指全国人大及其常委会制定的法律,行政法规是指国务院制定的行政法规。违反其他规范性文件,并不当然导致民事法律行为无效。另一方面,不违反法律、行政法规的强制性规定。法律规范可以分为任意性规范和强行性规范。所谓强行性规范,是指这些规定当事人必须遵守,不得通过协议加以改变。所谓任意性规范,是指当事人可以通过协议加以改变的规定。依据《民法典》第 143 条的规定,只有违反法律、行政法规的强制性规定时,民事法律行为才无效,而违反法律、行政法规的任意性规定则不影响合同效力。

2. 不违背公序良俗

民事法律行为不仅应符合法律规定,而且在内容上不得违背公序良俗。公序良俗包括公共秩序与善良风俗,是一个国家经济社会发展所必需的一般道德。公序良俗主要是指社会公共利益和社会公共道德。[①] 社会公共利益体现了全体社会成员的最高利益,公序良俗主要是为了以法律促进道德的调整。[②]《民法典》第 153 条第 2 款规定:“违背公序良俗的民事法律行为无效。”据此,公序良俗也是评价合同效力的重要标准。我国《民法典》将不违背公序良俗作为合同的生效要件,极大地弥补了法律规定的不足。因为毕竟法律的规定是有限的,不能通过法律、行政法规的强制性规定涵盖所有的社会公共利益和公共道德,因此,有必要在法律、行政法规的强制性规定之外,通过公序良俗对合同的效力进行必要的控制。尤其是对于那些表面上虽未违反现行立法的禁止性规定,但实质上损害了全体人民的共同利益、破坏了社会经济生活秩序和善良风俗的行为,都应认为是无效的,从而有利于维护社会公共秩序和社会公共道德。

---

① 参见史尚宽:《民法总论》,中国政法大学出版社 2000 年版,第 334—335 页。

② 参见许中缘:《民法强行性规范研究》,法律出版社 2010 年版,第 104—105 页。

第二节 无效合同

一、无效合同的概念和特征

无效合同是指合同虽然已经成立,但因其在内容上违反了法律、行政法规的强制性规定和公序良俗而无法律效力的合同。笔者认为,合同乃是当事人之间产生、变更、终止民事关系的民事行为,当事人一旦就合同的主要条款达成合意便成立合同,合同是否有效则是法律对当事人达成的合意所进行的一种价值判断,在发生争议时还需要法院来确定。无效合同制度体现了国家对当事人合同自由的干预,对于维护国家和社会公共利益、维护正常的交易秩序具有重要意义。无效合同的特征在于:

1. 具有违法性

无效合同的违法性,是指合同违反了法律和行政法规的强制性规定以及公序良俗原则。这就意味着:

第一,无效合同必须是违反了法律和行政法规的强制性规定。而判断无效的标准,应当以法律和行政法规的规定为依据。至于行政规章以及地方性法规等地方性文件,它们可以作为判断合同效力的参考依据,但不应作为判定合同效力的唯一依据。特别是那些不合理的,甚至与法律和行政法规的规定明显冲突的地方性法规或规章,显然不应该作为判定合同效力的依据。

第二,所谓违法,是指违反了法律和行政法规的强制性规定,而并非指违反了法律和行政法规的任意性规定。对于法律的任意性规定,当事人是可以通过协议而加以改变的。关于强制性规定,司法实践中采纳了理论上关于效力规定和取缔规定区分的理论,作出此种区分的主要原因在于,我国现行立法中的强制性规定过多,如果一概以此认定合同无效,则不利于鼓励交易,导致财富的损失和浪费。强制性规定种类繁多,但是应当将其解释为与合同效力有关的强制性规定,即效力性强制性规定,管理类的强制性规定就不在该条的立法目的范围之内。通过限缩法律条文的文义,使法律条文的适用范围有所缩小,从而得以针对特定的法律关系。[①] 此外,由于国家强制性规定的概念过于宽泛,如果不作限缩解释,当事人就可以选择性主张合同是否无效,对其有利时主张合同有效,对其不利时主张合同无效,这也违反了诚实信用原则。[②] 所以,此种分类符合我国市场经济的本质要求,有利于鼓励交易和维护经济秩序。《民法典》第153条第1款规定:“违反法律、行政法规的强制性规定的民事法律行为无效。但是,该强制性规定不导致该民事法律行为无效的除外。”从解释论来看,该条实际上要求区分效力性强制性规定和非效力性强制性规定,但并没有采取效力性强制性规定和管理性强制性规定的区分方式。

第三,从广义上理解,违法性还包括合同的内容违反了公序良俗。例如,当事人订立进口“洋垃圾”的合同,即使其内容并未违反现行法律规定,但因其内容违反了社会公共利益和公共道德,所以也是无效的。无效合同的违法性表明此类合同根本不符合国家意志,因此不能使此类合同发生法律效力。

---

① 参见梁慧星:《民法总论》(第2版),法律出版社2001年版,第318页。

② 参见沈德咏、奚晓明主编:《最高人民法院关于合同法司法解释(二)理解与适用》,人民法院出版社2009年版,第107页。

2. 具有应受国家干预性

由于无效合同具有违法性,因而对此类合同应实行国家干预,这种干预主要体现在:法院和仲裁机构不待当事人请求,便可以主动审查合同是否具有无效的因素,如发现合同属于无效合同,便应主动地确认合同无效。正是从这个意义上说,无效合同是当然无效的。对无效合同的国家干预还表现在,有关国家行政机关可以对一些无效合同予以查处,追究有关无效合同当事人的行政责任。

需要探讨的是,请求确认合同无效是否应受诉讼时效的限制?本书认为,由于无效合同本质上具有违法性,从维护合法秩序的需要出发,当事人应有权在任何时候针对违法的无效合同请求法院和仲裁机构确认无效。由于对此类合同国家应进行干预,所以法院应当不考虑时效的限制而主动宣告合同无效,如此才能维护法律的实施和合法的秩序。如果认为确认合同无效应受时效的限制,则在经过一定的时间以后,违法的合同将变成合法的合同,违法的行为将变成合法的行为,违法的利益将变成合法的利益,这显然是不符合立法的宗旨和目的的,也与法律秩序的形成相矛盾。

3. 具有不得履行性

所谓无效合同的不得履行性,是指当事人在订立无效合同以后,不得依据合同实际履行,也不承担不履行合同的违约责任。即使当事人在订立合同时不知该合同的内容违法(如不知合同标的物为法律禁止流转的标的物),当事人也不得履行无效合同。若允许此类履行,则意味着允许当事人实施不法行为。例如,保证合同在成立以后,如果主合同因违法而被宣告无效,保证人是否应当继续承担保证责任?本书认为,既然主合同因违法而被宣告无效,则意味着主合同的义务不得履行,故也不允许保证人代替主债务人继续履行,如果保证人仍然要履行保证人的义务,则意味着保证人要继续履行违法的合同,这显然是不符合宣告主合同无效的目的的。

依据《合同编通则解释》第 13 条,如果合同存在无效或者可撤销的情形,即便当事人已经办理了备案、批准或者变更登记、移转登记等手续,也不得以此为由而主张合同有效。这是因为,无效合同因具有违法性,因此,不得实际履行,也不得通过办理备案、实际履行等方式补正合同效力的瑕疵,否则无异于通过履行违法合同而将其转化为有效的合同。虽然在备案、批准或登记过程中,行政机关可能已经对合同作出过审查,但是此种审查行为主要是出于管理的需要而作出的,其不能代替法院所作出的效力性审查[①],因此,即便经过行政机关的审查,也不意味着合同违法的瑕疵因此当然补正。当然,对于无效合同而言,尽管当事人不能实际履行无效合同,但当事人在实际履行以前,可以依据法律的规定,对无效合同予以修正,删去违法的合同条款,使合同的内容完全合法。如果经过修正使合同在内容上已符合法律的规定,则该合同已转化为有效合同。

4. 属于自始无效的合同

由于无效合同在本质上违反了法律规定,因而国家不承认此类合同的法律效力。合同一旦被确认无效,就将产生溯及力,使合同自订立之时起就不具有法律效力,以后也不能转化为有效合同。对已经履行的,应当通过返还财产、赔偿损失等方式使当事人的财产恢复到合同订立之前的状态。当然,之所以确认为无效合同,是因为当事人一方或双方在订立合同

---

① 参见最高人民法院民事审判第二庭、研究室编著:《最高人民法院民法典合同编通则司法解释理解与适用》,人民法院出版社 2023 年版,第 169 页。

时违反了法律的强制性规定或社会公共利益。

需要指出的是,合同无效与合同不成立不同。从结果上看,合同无效与不成立都使合同对当事人没有拘束力,但是两者还存在一定的区别,主要表现在:第一,合同无效主要是因为当事人意思表示不真实或违反法律、行政法规的强制性规定,而合同不成立主要是因为当事人就合同主要条款未形成合意,如买卖合同中没有就标的和数量条款达成合意。再如,在实践合同中,当事人没有按照法律规定交付标的物,导致合同不成立。第二,合同无效是绝对无效、确定无效、自始无效;而合同不成立可能因当事人继续履行而有效。例如,一方向另一方交付了货物,另一方接受的,合同亦可生效。第三,合同不成立主要是一个事实判断问题,而合同无效主要是价值判断问题,它是在合同成立基础上国家对当事人的合意是否真实合法所作出的评判。第四,在合同无效的情形下,应当恢复原状。依据《民法典》第 157 条的规定,"民事法律行为无效、被撤销或者确定不发生效力后,行为人因该行为取得的财产,应当予以返还;不能返还或者没有必要返还的,应当折价补偿"。此处所说的"确定不发生效力"并非指合同不成立,而是指在效力待定的合同中,因权利人拒绝承认或追认而使该合同确定不发生效力。因此,该条仅适用于合同无效与可撤销的情形,不适用于合同不成立的情形。

二、合同的部分无效

无效的民事行为可以分为全部无效的民事行为和部分无效的民事行为。所谓全部无效,是指整个民事法律行为的内容应当被宣告无效。所谓部分无效,仅指民事法律行为的部分内容应当被宣告无效。如果无效合同的某些条款可以与整个合同分开,违法的部分不影响合法的部分,则将只导致部分无效。我国《民法典》第 156 条规定:"民事法律行为部分无效,不影响其他部分效力的,其他部分仍然有效。"依据这一规定,要考虑无效的原因是否及于民事法律行为的全部,如果无效的原因及于全部,则全部无效;如果无效的原因只是及于部分内容,且不影响其他部分效力的,则该部分民事法律行为无效后,其他部分仍然有效。《民法典》第 507 条规定:"合同不生效、无效、被撤销或者终止的,不影响合同中有关解决争议方法的条款的效力。"该条也确认了合同可以部分无效。当然,如果该无效条款为合同的目的条款或核心条款,而不能成为相对独立的部分,该条款被宣告无效后,会影响其他部分效力的,则其他部分也应归于无效。[①]

合同部分无效的前提是合同内容具有可分性。所谓可分性,是指将无效部分分离出来,还能够使一项可以有效的行为继续存在,而且这项行为也不得与当事人的愿望相违背。[②] 例如,在合同中,如果格式条款可以与其他条款分开,该格式条款虽然因剥夺了消费者的主要权利而无效,但其他条款(如争议解决条款等)仍可继续有效。合同部分无效须在除去无效的部分行为后,不影响其他部分的效力,在此情况下,才能发生部分无效。

三、无效合同的类型

(一) 无民事行为能力人订立的合同

《民法典》第 144 条规定:"无民事行为能力人实施的民事法律行为无效。"依据该条规定,无民事行为能力人订立的合同无效,无民事行为能力人包括 8 周岁以下的未成年人,以

---

① 参见庞景玉、何志:《合同纠纷裁判依据新释新解》,人民法院出版社 2014 年版,第 133 页。

② 参见〔德〕迪特尔·梅迪库斯:《德国民法总论》,邵建东译,法律出版社 2000 年版,第 384 页。

及不能辨认自己行为的成年人。例如,8周岁以下的未成年人作出的打赏行为应当认定为无效。法律作出这种规定的原因,主要是为了保护无民事行为能力人的利益,防止其受到欺诈等,因为无民事行为能力人不能判断自己行为的性质、理解自己行为的后果,很容易遭受他人的欺骗。当然,即便规定无民事行为能力人实施的民事法律行为无效,也不妨碍无民事行为能力人可由其法定代理人代为订立合同。[①]

(二)基于双方虚假意思表示而订立的合同

1. 基于双方虚假意思表示而订立的合同的概念

《民法典》第146条第1款规定:“行为人与相对人以虚假的意思表示实施的民事法律行为无效。”该条规定了虚假的民事法律行为的无效。所谓通谋虚伪订立的合同,是指行为人与相对人共同订立了意在掩盖其他真实目的的虚伪协议。此类行为常常被称为通谋虚伪表示。[②] 但是事实上《民法典》第146并未提及“通谋”二字,只需双方当事人之间成立虚假意思表示即可。如果采用“通谋”二字,则当事人需要对此进行举证,这会极大地加重当事人的举证负担,因此,《民法典》第146条第1款规定的是双方虚假意思表示行为。例如,为逃避债务而虚假赠与财产,虚构建筑物施工合同中的债权以达到行使法定优先权的目的等。之所以在法律上要宣告此类行为无效,一方面,是因为此类行为并非当事人的真实意思表示,缺乏效果意思。另一方面,此类行为可能规避了法律的规定,从而违反了某种法律秩序。例如,限购是政府为维护社会经济秩序而采取的一种调控措施,如果随意被通谋虚伪订立的合同所规避,就会损害社会经济秩序,且此类规避行为如不及时宣告无效,将可能诱发连锁效应,极不利于交易安全和交易秩序的保护。

《合同编通则解释》第14条第1款第1句规定:“当事人之间就同一交易订立多份合同,人民法院应当认定其中以虚假意思表示订立的合同无效”。在性质上,虚假民事行为通常以一个虚假的民事法律行为隐藏真实的民事法律行为。例如,为了逃税,当事人订立了“黑白合同”,其中的“白合同”就是虚假的意思表示,而“黑合同”就是隐藏的合同。所谓隐藏的合同,是指被虚假的意思表示所掩盖的民事法律行为。“白合同”属于虚假的行为,依据《民法典》第146条第1款的规定应当认定无效。

2. 以虚假意思表示隐藏真实合同关系的效力

虚假的民事法律行为应当被认定为无效,但是,被隐藏的合同可能是合法的,也可能是非法的,被隐藏的合同既可能有效,也可能无效或者不生效。不能一概地认定为无效,必须依据相关法律规定来认定。例如,在“黑白合同”中,“黑合同”是被隐藏的,但是,“黑合同”也可能是合法的。所以,对此要依据具体情形判断。如果被隐藏的民事法律行为是合法的,则该隐藏行为是有效的;如果被隐藏的民事法律行为是非法的,则该合同是无效的。《合同编通则解释》第14条第1款第2句规定:“当事人为规避法律、行政法规的强制性规定,以虚假意思表示隐藏真实意思表示的,人民法院应当依据民法典第一百五十三条第一款的规定认定被隐藏合同的效力;当事人为规避法律、行政法规关于合同应当办理批准等手续的规定,以虚假意思表示隐藏真实意思表示的,人民法院应当依据民法典第五百零二条第二款的规定认定被隐藏合同的效力。”如果当事人为规避法律、行政法规的强制性规定,以虚假的意思表示隐藏真实的意思表示,由于被隐藏的合同已经违反了法律、行政法规的强制性规定,因

---

① 李适时主编:《中华人民共和国民法总则释义》,法律出版社2017年版,第450页。

② 郑玉波:《民法总则》,中国政法大学出版社2003年版,第339页。

此,可以依据《民法典》第 153 条第 1 款的规定认定该合同无效。如果被隐藏的行为旨在规避法律、行政法规规定的批准等手续,则应当依据未生效合同的规则认定该行为的效力。

如何认定被隐藏合同无效或者确定不发生效力的后果?《合同编通则解释》第 14 条第 2 款规定:"依据前款规定认定被隐藏合同无效或者确定不发生效力的,人民法院应当以被隐藏合同为事实基础,依据民法典第一百五十七条的规定确定当事人的民事责任。但是,法律另有规定的除外。"据此,如果被隐藏的行为无效或者确定不发生效力,也应当按照《民法典》第 157 条关于民事法律行为无效或者被撤销的法律规则认定当事人的责任,但在确定当事人的责任时,应当以被隐藏的合同为基础予以认定。例如,被隐藏的合同内容涉及走私的,则应被认定无效,并应依据《民法典》第 157 条确定无效后的责任。当然,法律另有规定时,应依据法律的规定处理当事人之间的权利义务关系①。

在以虚假意思表示隐藏真实合同关系的情形下,当事人之间可能订有多份合同,因此阴阳合同有时会与合同变更难以区分,为此,《合同编通则解释》第 14 条第 3 款明确了合同变更与阴阳合同的关系。该款规定:"当事人就同一交易订立的多份合同均系真实意思表示,且不存在其他影响合同效力情形的,人民法院应当在查明各合同成立先后顺序和实际履行情况的基础上,认定合同内容是否发生变更。法律、行政法规禁止变更合同内容的,人民法院应当认定合同的相应变更无效。"虽然两者都可以表现为订立多份合同,但是在性质上存在显著的区别:

第一,应当判断当事人就同一交易订立的多份合同是否均系其真实意思表示,且不存在其他影响合同效力的情形。一方面,合同变更是当事人就合同变更达成合意,是其真实意思的表示,通过变更以新的合同代替旧的合同。此时,在认定当事人之间的合同关系时,应当根据当事人最新的意思表示予以确定。而阴阳合同中不存在当事人的新旧意思表示,而只有虚伪的意思和真实的意思,不适用变更规定。另一方面,多份合同都不存在欺诈、胁迫等影响合同效力情形。

第二,查明各合同成立的先后顺序。在合同的变更中,原合同内容也曾经是当事人的真实合意,只不过被当事人之间的新合意所取代,在此情形下,原则上应当根据合意达成的先后顺序确定合同的效力。而在阴阳合同中,表面上的行为并非当事人的真实合意,而只是虚伪表示,当事人并不想受到该行为的拘束。

第三,查明实际履行情况。在变更的情形下,当事人应当按照变更后的合同履行。而在阴阳合同中,当事人虽然订立数份合同,但可能出现的情况是,登记备案的是一份合同,实际履行的是另一份合同,此时就要根据实际履行情况判断当事人的真意,虚假合同应当依法被认定为无效。被隐藏的合同则应当依据其具体情形判断其效力。

第四,法律、行政法规禁止变更合同内容的,不得变更。尽管《民法典》对于合同变更采取变更自由原则,即当事人协商一致可以变更合同内容,但一些法律、行政法规(如《招标投标法》第 46 条)禁止当事人对合同作出变更。因此,即使合同发生变更,该变更也应被认定无效。② 而对阴阳合同而言,当事人形式上订立的合同并非当事人的真实意思表示,其应当属于无效合同。

---

① 参见最高人民法院起草小组:《〈关于适用民法典合同编通则若干问题的解释〉的理解与适用》,载《人民司法》2024 年第 1 期。

② 同上。

如果出现多个合同文本,合同一旦变更,变更前后的法律行为是一个法律行为,变更后原合同自动丧失效力,当事人应当按照变更后的合同履行。而在阴阳合同中,当事人表面上的行为和被隐藏的行为是两个行为,需要分别判断效力。[①]

(三) 违反法律、行政法规的强制性规定的合同

1. 违反法律、行政法规的强制性规定的合同的构成要件

《民法典》第153条第1款规定:“违反法律、行政法规的强制性规定的民事法律行为无效。但是,该强制性规定不导致该民事法律行为无效的除外。”依据这一规定,因违法而无效的合同,必须具备如下条件:

第一,必须违反了法律或行政法规。如前所述,违法性的概念比较宽泛,不仅包括违反法律、行政法规,还包括违反其他规范性法律文件。但是,从合同的角度来看,违法性的判断应当受到限制,这有利于维护交易安全。对此,《民法典》将其限定为法律和行政法规,具体而言,前者是指全国人大及其常委会制定的法律,后者是指国务院制定的行政法规。

第二,必须违反了法律和行政法规的强制性规定。法律规范大体可分为两种,即任意性规范和强行性规范。依据总则编的上述规定,如果合同违反了法律和行政法规的强制性规定,则合同无效。这里所说的“强制性规定”应理解为强行性规范。

第三,必须违反了法律、行政法规的效力性强制性规定。强制性规定可进一步区分为管理性强制性规定和效力性强制性规定。所谓管理性强制性规定,是指法律通过强制性规定禁止实施某种行为,违反该规定将对违法者加以制裁,以禁遏其行为。[②] 而效力性强制性规定是指违反该规定,会导致合同归于无效。《民法典》第153条并没有明确区分效力性强制性规定和管理性强制性规定,不过该规定中指出“该强制性规定不导致该民事法律行为无效的除外”,据此,也可以从中解释出《民法典》的上述规定其实区分了效力性强制性规定和非效力性强制性规定。所谓“不导致该民事法律行为无效”,就是指该规范并不属于效力性强制性规定,而是非效力性强制性规定,违反该规定并不一定导致合同无效。

《民法典》第153条第1款表面上似乎规定了强制性规定导致合同无效是原则,有效是例外,但这仅仅是从形式上对该款所作的判断,从实质上看,该条实质上是在区分效力性强制性规定与非效力性强制性规定。法院在判断合同效力时,首先应当对二者作出界分,并以效力性强制性规定作为认定合同无效的依据。[③]

2. 合同无效的理论基础:违反规范目的

如何认定合同义务违反法律法规的强制性规定而无效?司法实践曾依据《合同法司法解释(二)》第14条,通过区分被违反的强制性规定是属于效力性强制性规定抑或管理性强制性规定,来分别判断合同的效力。但这一做法在理论和实践中存在较大的争议,一方面,区分效力性强制性规定和管理性强制性规定的标准很难把握,这导致司法实践对二者的认定难以完全统一。有的法院甚至认为,凡是行政管理性质的强制性规定都属于“管理性强制性规定”,不影响合同效力,这一观点显然不妥。另一方面,由于效力性强制性规定事实上也是以管理为目标,在广义上也是管理性规范,因此,很难对“管理性”与“效力性”作出明确的

---

① 参见最高人民法院民事审判第二庭、研究室编著:《最高人民法院民法典合同编通则司法解释理解与适用》,人民法院出版社2023年版,第176页。

② 王泽鉴:《民法实例研习(民法总则)》,作者1995年自版,第234页。

③ 参见王利明:《论效力性和非效力性强制性规定的区分——以〈民法典〉第153条为中心》,载《法学评论》2023年第2期。

界分。我国《民法典》第 153 条并没有采纳此种区分,该条第 1 款实际上区分了效力性强制性规定与非效力性强制性规定,只有违反了效力性强制性规定,才会导致合同无效。《合同编通则解释》第 16 条并未直接使用上述概念,而是以合同内容是否符合规范目的作为合同效力的评价标准,该标准主要包括如下内容:

一是考察法律规则的规范目的。规范目的就是立法宗旨,即立法者通过该规范所要实现的目的。从私法层面,规范目的主要是指立法者旨在保护的法益。这就涉及自治和管制的关系。在私法上,无法通过公法责任对当事人的行为自由予以限制,只能通过效力制度配合公法发挥作用。因此,对影响合同效力的规范而言,只有在合同违反法律法规的强制性规定、损害社会公共利益时才有必要认定合同无效。因此,依据《合同编通则解释》第 16 条,在认定合同是否违反法律的效力性强制性规定时,需要考虑相关法律规则的规范目的,即相关法律规则旨在追求的法律效果。在判断合同是否违反效力性强制性规定而应被认定无效时,法官首先应通过法律解释探究该规范的立法意旨和目的。如果合同违反了法律的强制性规定,或者使合同有效将导致相关法律规定的规范目的无法实现的,则应当依法认定该合同无效。例如,《公司法》第 140 条第 2 款规定:"禁止违反法律、行政法规的规定代持上市公司股票。"该条的规范目的旨在防止行为人通过代持上市公司股票的方式逃避相关的监管,行为人违反该规定代持上市公司股票的,将使该规定的规范目的落空,因此,该股票代持合同应当属于无效合同。

二是考察合同的内容。宣告合同无效是因为合同内容违反法律法规的强制性规定,因此合同的内容是认定合同无效的基本依据。在基于合同内容认定合同无效时,应当考虑合同内容与法律强制性规定之间的关系,即合同内容必须能够涵摄入强制性规定的文义范围之内,由于合同法的主要目的在于鼓励交易,因此,我国《民法典》在规定民事法律行为无效的事由时,采取了封闭列举的方法,即在认定合同无效时,必须找到法律明确规定的无效依据,否则不得随意否定合同的效力。如果合同的内容无法涵摄入法律强制性规定的文义范围之内,则无法依据该强制性规定认定合同无效。例如,从前述《公司法》第 140 条第 2 款规定来看,其调整的是上市公司的股票代持行为,如果当事人约定代持的并非上市公司的股票,则无法依据该规定认定该代持合同无效。

三是考察由行为人承担行政责任或者刑事责任能够实现强制性规定的立法目的。依据《合同编通则解释》第 16 条第 1 款的规定,虽然合同违反了法律、行政法规的强制性规定,但如果行为人承担行政责任或者刑事责任能够实现强制性规定的立法目的的,则不必宣告合同无效,这就要求在判断合同效力时,要考量通过承担行政责任或者刑事责任能否实现强制性规定的立法目的。在某些情况下,违反刑法有可能会导致合同无效,例如,当事人串通投标,违反《刑法》第 223 条构成串通投标罪,此时,违反刑法的强制性规定的合同无效。但是在另一些情形下,虽然合同违反法律、行政法规的强制性规定,但如果简单宣告合同无效,可能不利于保护合同当事人特别是无过错的当事人利益。例如,在骗贷骗保的情形下,如果能够通过公法上的责任实现维护金融安全、保障国家利益的规范目的,则不一定要宣告借款合同以及担保无效。相反,如果因行为人构成骗贷罪而宣告借款合同无效,担保合同作为从合同也因此无效,银行的借款本金和利益将难以得到偿还,反而会给金融安全和国家安全造成重大损害。再如,商贩沿街占道摆摊售货,虽然违反《城市道路管理条例》第 32 条关于禁止占道经营的规定,但因为该合同并未严重影响社会公共利益,否定合同效力反而会对众多买家带来不利益,因此,可通过追究行为人相关行政责任的办法达到相关目的,就没有必要否定合同的效力。

四是以比例原则为辅助。所谓比例原则,就是行政机关实施的行政行为,尤其是对公民、法人作出行政处罚时,必须符合一定的比例,根据行政相对人的过错来决定处罚的方式和程度。一般认为,比例原则由三个子原则所构成:适当性原则、必要性原则和均衡性原则。[①] 将比例原则适用于无效合同的判断过程中,要求认定合同无效的后果与规范目的相比较,应当合比例、适度、合理,确定宣告无效作为一种手段是否与规范目的相称。尤其是运用比例原则需要判断按照合同履行,对法律强制性规定立法目的实现的影响程度。如果当事人订立的合同将对法律强制性规定的立法目的产生重大影响,甚至导致该立法目的无法实现,则应当认定该合同无效;相反,如果合同的内容或者履行虽然违反了法律的强制性规定,但其影响程度显著轻微,或者可以通过公法责任承担的方式实现立法目的,在此情形下,就没有必要依据该强制性规定认定合同无效。

3. 不违反法律、行政法规强制性规定的典型情形

为了进一步明确强制性规定的具体类型,《合同编通则解释》第 16 条第 1 款规定还列举了合同不违反法律、行政法规强制性规定的典型情形,具体而言:

第一,强制性规定虽然旨在维护社会公共秩序,但是合同的实际履行对社会公共秩序造成的影响显著轻微,认定合同无效将导致案件处理结果有失公平公正。在此情形下,法院可以认定该合同不因违反强制性规定而无效,适用该规则应当符合如下条件:一是根据违反强制性规定的情节、后果,能够认定合同的实际履行对社会公共秩序造成的影响显著轻微;此处所说的"影响显著轻微"实际上与《刑法》第 13 条关于"情节显著轻微危害不大的,不认为是犯罪"的规定具有内在的一致性,其本质上是比例原则在民法上的适用[②],即宣告合同作为一种手段,应当与强制性规范的目的相符合。二是认定合同无效反而会导致案件处理结果有失公平。例如,依据相关法律规定,销售种子必须获得行政许可,某水果店在未取得种子销售许可的情形下擅自出售种子,就违反了相关强制性规范,但是该水果店出售的种子符合销售要求,且农民已经将该种子播种,由于擅自出售种子的行为给公共利益造成的损害并不严重,但宣告买卖种子的合同无效,则会给农民的利益造成损害;更何况,相关强制性规范的目的就在于维护农民的利益,因此,因无证销售种子而宣告合同无效,就会导致手段和目的的不相称。

第二,强制性规定旨在维护政府的税收、土地出让金等国家利益或者其他民事主体的合法利益,而不是为了维护合同当事人的民事权益,认定合同有效不会影响该规范目的的实现。一方面,法律、行政法规的强制性规定与当事人之间合同的效力并无直接关联,并不针对合同的效力。另一方面,强制性规定的目的在于维护政府的税收和土地出让金,而非合同当事人的民事权益。在这种情形下,如果合同有效有利于维护政府的税收、土地出让金等利益,就不应当认定合同无效。例如,在当事人通过"阴阳合同"规避税收的场合,"阳合同"因构成虚假意思表示,应当认定无效,但"阴合同"所约定的劳务报酬比较高,如果认定合同有效,反而有利于国家税收的实现,因此,此类合同虽然违反了强制性规定,但不宜直接认定合同无效。再如,开发商违反《房地产管理法》第 39 条第 1 项的规定,在未按照出让合同约定

---

① 参见郑晓剑:《比例原则在民法上的适用及展开》,载《中国法学》2016 年第 2 期。

② 参见最高人民法院起草小组:《〈关于适用民法典合同编通则若干问题的解释〉的理解与适用》,载《人民司法》2024 年第 1 期。

支付土地使用权出让金的情形下即转让土地使用权，因为该强制性规定主要是为了维护政府的土地出让金利益[①]，如果当事人之间订立的合同违反该强制性规定并不影响国家土地使用权出让金的收取，不应据此认定合同无效。[②]

第三，强制性规定旨在要求当事人一方加强风险控制、内部管理等，对方无能力或者无义务审查合同是否违反强制性规定，认定合同无效将使其承担不利后果。例如，《商业银行法》第 39 条关于资产负债比例的规定旨在加强银行的风险控制和内部管理，某银行违反资产负债比例规定而给相关的借款人发放了大笔借款，此后银行提出该合同因违反了《商业银行法》的规定而应当被宣告无效。鉴于银行发放贷款的行为虽然违反了上述规定，但上述规定在性质上只是有关银行内部风险控制的规定，借款人难以知晓且借款人对商业银行是否违反该强制性规定也难以审查，也无审查义务，如果因此认定合同无效，对其也极不公平[③]，此时，就不应仅因银行违反该规定就认定合同无效。再如，《公司法》第 15 条关于公司对外担保的规则也属于加强当事人一方风险控制、内部管理的规则，此时需要依据对方当事人是否尽到了合理审查义务，进一步判断相关担保合同的效力，而不宜一概否定其效力。

第四，当事人一方虽然在订立合同时违反强制性规定，但是在合同订立后其已经具备补正违反强制性规定的条件却违背诚信原则不予补正。该项规定包含两个要件：一是行为人虽然违背了强制性规定，但其是可以补正的行为。例如，建设单位在售房时虽然没有取得销售许可，而与买受人订立了房屋买卖合同，但是在合同订立后，建设单位已经具备取得销售许可条件的，即属于效力可以补正的合同。二是在一方可以对违反强制性规定的条件予以补正的情形下，其违反诚信原则不予补正。在此情形下，也不宜否定合同的效力，否则可能鼓励当事人实施违背诚信原则的行为[④]，我国司法实践也采取了此种立场。例如，在"西安闻天科技实业集团有限公司与李某某确认合同无效纠纷案"中，开发商虽然在未取得预售许可证的前提下销售了房屋，但是事后在已经可以获得许可的情况下，故意不取得许可，而是自己主动向法院申请宣告合同无效，就属于典型的违反诚信原则的行为。[⑤] 再如，在"新疆华诚安居房地产开发有限公司、中国铁建大桥工程局集团有限公司建设工程施工合同纠纷二审案"中，最高人民法院认为，当事人本可补正而不补正，违反了诚信原则，不应认定合同无效。[⑥]

第五，法律、司法解释规定的其他情形。鉴于实践中违反强制性规定而不宜否定合同效力的情形较多，难以一一列举，因此，该项设置了兜底条款，保持了该规则的开放性。[⑦] 例如，依据《民法典》第 706 条的规定，当事人订立房屋租赁合同后，未依法办理备案登记的，该行为也不应影响房屋租赁合同的效力。

---

① 参见最高人民法院起草小组：《〈关于适用民法典合同编通则若干问题的解释〉的理解与适用》，载《人民司法》2024 年第 1 期。

② 参见最高人民法院民事审判第二庭、研究室编著：《最高人民法院民法典合同编通则司法解释理解与适用》，人民法院出版社 2023 年版，第 196 页。

③ 同上书，第 197 页。

④ 参见最高人民法院起草小组：《〈关于适用民法典合同编通则若干问题的解释〉的理解与适用》，载《人民司法》2024 年第 1 期。

⑤ 参见西安闻天科技实业集团有限公司与李琛茹确认合同无效纠纷二审案，(2018)陕 01 民终 8145 号判决书。

⑥ 最高人民法院(2019)最高法民终 347 号。

⑦ 参见最高人民法院民事审判第二庭、研究室编著：《最高人民法院民法典合同编通则司法解释理解与适用》，人民法院出版社 2023 年版，第 198 页。

4. 履行行为违法不当然导致合同无效

合同无效主要是指合同的内容因违反法律、行政法规的强制性规定而被宣告合同,但一般不涉及合同的履行行为。合同的履行通常发生在合同生效后,其与合同效力的判断一般并不存在直接关联,因此,合同履行行为违法并不当然导致合同无效。《合同编通则解释》第16条第2款规定:“法律、行政法规的强制性规定旨在规制合同订立后的履行行为,当事人以合同违反强制性规定为由请求认定合同无效的,人民法院不予支持。但是,合同履行必然导致违反强制性规定或者法律、司法解释另有规定的除外。”依据该规定,如果法律、行政法规的强制性规定旨在规定合同履行行为,则通常不能以履行行为违反强制性规定为由而认定合同无效。例如,《中华人民共和国道路运输条例》第34条明确禁止了货物运输超载行为,但该规则旨在规范合同履行行为,因此运输车辆超载是合同订立后承运人的履行行为违法,而不等于运输合同本身违法,因此,对其履行合同可以依法追究其相应的行政责任,但不宜宣告合同无效。

合同履行行为违法之所以不当然导致合同无效,主要是因为,一方面,合同无效主要是涉及合同内容违法,要区分合同履行中的行为和合同约定本身,合同履行行为违反强制性规定,而合同内容并不违反强制性规定的,不能直接认定合同无效。[①] 也就是说,不能以履行行为违法宣告合同无效;在合同内容被认定为有效后,就应当维护其有效性,而不应因嗣后履行行为的违法而影响其效力。另一方面,针对履行违法行为,可以通过民事上的合同解除等方式甚至通过行政上的公法责任来追究相关行为人的责任,不宜通过认定合同无效的方式来解决争议。

当然,依据上述规定,如果合同履行必然导致违反强制性规定或者法律、司法解释另有规定的除外。例如,当事人约定的合同内容虽然并不违法,但一方采取走私的方式履行合同,则合同履行行为必然导致违反法律强制性规定的后果,此时应当依据法律的强制性规定认定合同无效。

5. 违反赋权性规定并不当然导致合同无效

所谓赋权性规范,是指违反该规范仅构成逾越权限,并在未得到公司追认的情况下不发生效力,而非必然无效。在“中建材集团进出口公司诉江苏银大科技有限公司等担保合同案”中,北京市高级人民法院便采取了此种立场。[②] 赋权性规范解释理论主要着眼于解决对权利的设定与限制问题,未能提供不作为判断合同效力的依据。关于当事人订立合同违反赋权性规范的效力,依据《合同编通则解释》第18条的规定,当事人订立合同违反赋权性规定并不当然导致合同无效,因为一方面,赋权性规定虽然有“应当”“必须”或者“不得”等表述,性质上也属于强制性规范,但其主要是针对当事人的行为自由作出的规定,其通常并不涉及公共利益的维护问题。由于权利本身体现的是私益,是否越权以及滥用权利,通常涉及的是私益,而不涉及公共利益,因此即便不符合相关赋权性规范的要求,也没有损害公共利益,因此,不宜宣告合同无效。另一方面,关于违反赋权性规定的后果,法律通常都有相应的规定,应当适用相关的规则认定其效力。例如,代理人不履行职责,造成被代理人损害的,应当依据《民法典》第164条承担相应的责任。《民法典》第171条也规定了无权代理人的责

---

① 参见最高人民法院民事审判第二庭、研究室编著:《最高人民法院民法典合同编通则司法解释理解与适用》,人民法院出版社2023年版,第198页。

② 北京市高级人民法院2009高民终字第1730号判决。

任。如果将这些行为都认定为无效,则法律关于无权代理、无权代表的规定都将形同虚设。此外,对于一方当事人是否违反了赋权性规则,对方当事人可能并不一定知情,如法律规定的限制代表权,可能是通过内部规定的方式进行的,此时第三人可能并不知悉。如果直接认定无效,可能会导致损害善意第三人的利益。

6. 无权处分并不因此导致合同无效

所谓无权处分,是指当事人不享有处分权而处分他人财产。在买卖合同中,出卖人应当对标的物享有所有权或者处分权,但是,由于标的物交由他人经营管理,或因出租、交付他人管理等原因,经营者、管理者、占有者等未经授权,将标的物转让给他人,便形成了无权处分。[①] 在无权处分的情形下,既涉及物权法上受让人能否取得标的物所有权的问题,也涉及合同法中买卖合同的效力问题。

自 1999 年《合同法》颁布以来,关于无权处分的效力,一直是学界争论的话题,司法实务中也有不同的做法,主要有合同效力待定、合同有效以及合同无效三种观点。《合同法》第 51 条对无权处分合同采效力待定说,而 2012 年最高人民法院《买卖合同司法解释》第 3 条采纳了有效说。但从合同立法的发展趋势来看,逐步承认了无权处分合同的效力。例如,《商事合同通则》第 3.1.3 条第 2 款规定:"合同订立时一方当事人无权处分与该合同相关联之财产的事实本身,并不影响合同的效力。"根据起草者的观点,欠缺处分权(lackofthepowerofdi-position)与欠缺能力(lackofcapacity)不同。欠缺能力会影响当事人订立的所有合同效力,而欠缺处分权则不会导致合同无效,只是可能会被作为一种债务不履行的情形来处理。[②]《欧洲合同法原则》(PECL)第 4.102 条和《欧洲民法典草案》(DCFR)对无权处分也采取合同有效立场。[③] 由此可见,对无权处分合同采有效说是符合当代合同法的发展趋势的。

我国《民法典》在总结司法实践经验、借鉴比较法立法经验的基础上,在"买卖合同"章第 597 条第 1 款规定"因出卖人未取得处分权致使标的物所有权不能转移的,买受人可以解除合同并请求出卖人承担违约责任",该条规定无权处分的后果是导致"解除"和"违约责任",实际上表明买卖合同的效力不因无处分权而受到影响。《合同编通则解释》第 19 条第 1 款规定:"以转让或者设定财产权利为目的的订立的合同,当事人或者真正权利人仅以让与人在订立合同时对标的物没有所有权或者处分权为由主张合同无效的,人民法院不予支持;因未取得真正权利人事后同意或者让与人事后未取得处分权导致合同不能履行,受让人主张解除合同并请求让与人承担违反合同的赔偿责任的,人民法院依法予以支持。"该规定进一步完善了《民法典》的上述规则,具体表现在:第一,《民法典》第 597 条仅适用于买卖合同,除了物的所有权变动外,无权处分也涉及在物上设定用益物权和担保物权等形式,同样涉及其他财产权利的转让和担保物权设定。《合同编通则解释》第 19 条第 1 款将第 597 条的适用范围予以扩张,包括"以转让或者设定财产权利为目的的订立的合同",这些合同包括了抵押合同、质押合同、设定用益物权的合同等。第二,无权处分不影响合同效力。因为一方面,有利

① 参见崔建远:《无权处分辩——合同法第 51 条规定的解释与适用》,载《法学研究》2003 年第 I 期。

② Stefan Vogenauer, *Commentary on the UNIDROIT Principles of International Commercial Contracts* (PICC), Oxford University Press, 2015, p. 663.

③ DCFR 第 2-7:102 条规定:"不能仅因合同订立时债务履行不能的当事人对合同所涉及的财产无权处分,而认定合同全部或部分无效(invalid)。"其评注认为,在无权处分场合否定合同效力并非良策,出卖人很有可能在需移转所有权的时候取得处分权。在实践中有很多合同在订立时,标的物还不存在,但是在开始履行时债务人已经取得了标的物的处分权。Christianvon Baretal. (eds.), *Principles, Definitions and Model Rules of European Private Law*, Sellier. European Law Publishers GmbH, 2009, p. 482.

于保护当事人的合理信赖,因为在一方实施无权处分行为的情形下,对方当事人可能难以知晓该事实,承认无权处分合同为有效合同,有利于保护当事人的合理信赖,维护交易安全。另一方面,有利于保护善意买受人的利益。无权处分人将财产处分给他人,如果不符合善意取得的构成要件,而真正权利人又拒绝追认,按效力待定说,合同应为无效,买受人也无权请求出卖人承担违约责任,而只能请求出卖人承担缔约过失责任,从而仅能主张信赖利益的损失。但如果采用有效说,则买受人可以主张违约责任,请求出卖人赔偿其履行利益损失。此外,有效说可以鼓励未来财产交易。现代社会中的商业交易并非全部建立在对已经获得所有权的标的物的处分之上。在相当多的商业交易中,当事人采取订购的方式,约定买卖将来物,也就是说,在合同订立时,标的物可能尚未生产出来,或所有权仍属于他人,当事人只是就尚未生产出来的物或可从他人处购得的标的物作预先安排,从而加速财产的流动。在这些情形中,如果坚持无权处分合同效力未定,将不利于这种交易模式的展开。

《合同编通则解释》第19条虽然确认了无权处分并不因此导致合同无效,但无权处分合同有效并不意味着在完成交付、登记等公示方法后,受让人就可以当然取得相关的财产权利,能否发生财产权的变动,还要进一步确定受让人是否符合善意取得的成立条件。[①]《合同编通则解释》第19条第2款规定:"前款规定的合同被认定有效,且让与人已经将财产交付或者移转登记至受让人,真正权利人请求认定财产权利未发生变动或者请求返还财产的,人民法院应予支持。但是,受让人依据民法典第三百一十一条等规定善意取得财产权利的除外。"据此,在无权处分的情形下,买受人是否可以取得所有权,取决于买受人取得标的物是否符合《民法典》物权编关于善意取得构成要件的规定。如果符合善意取得的构成要件,所有权将发生转移,真正权利人将无法追及,而只能请求无权处分人承担侵权责任或者返还不当得利,如果真正权利人与出卖人之间存在合同关系,则其还可以依法请求出卖人承担违约责任。如果不构成善意取得,则真正权利人可以行使物权请求权。

(四)违反公序良俗的合同

《民法典》第153条第2款规定:"违背公序良俗的民事法律行为无效。"违背公序良俗的合同包括两类行为:一是违背公共秩序的合同。对公共秩序的维护,在法律上大都有明确的规定,危害公共秩序的行为通常也就是违反法律、行政法规的强制性规定的行为。但有时,法律规定并不可能涵盖无遗,因此,《民法典》第153条第2款可以发挥兜底性的作用。只要合同危害了公共秩序,即使没有现行的法律规定,也应当被宣告无效。二是违背善良风俗的合同。善良风俗也被称为社会公共道德,它是指由社会全体成员所普遍认许、遵循的道德准则。各国立法禁止实施违背善良风俗的行为,因为"人们不得通过法律行为,使不道德的行为变成法律上可强制要求履行的行为"[②]。《合同编通则解释》第17条对公序良俗条款的适用作出了细化规定。

1. 法律、行政法规的强制性规定优先于公序良俗条款而适用。《合同编通则解释》第17条规定,"合同虽然不违反法律、行政法规的强制性规定",但违背公序良俗的,可根据《民法典》第153条第2款规定认定合同无效。从该条规定可见,法官在判断合同无效时,首先应当寻找法律、行政法规的强制性规定,如果存在强制性规定,就应该据此来判断,只有在无法

---

① 参见最高人民法院起草小组:《〈关于适用民法典合同编通则若干问题的解释〉的理解与适用》,载《人民司法》2024年第1期。

② 〔德〕迪特尔·梅迪库斯:《德国民法总论》,邵建东译,法律出版社2000年版,第511页。

找到具体的强制性规定时，才需要判断合同是否违背公序良俗。因为公序良俗具有高度抽象性和概括性，而法律法规的强制性规定具有具体针对性，因此应优先适用《民法典》第 153 条第 1 款关于违法无效的规定，优先适用法律法规有助于保障法律的稳定性和安定性。[①] 通过公序良俗条款评价民事法律行为的效力进而对私法自治进行限制时，法官需要进行更为充分的说理论证。[②] 据此，在适用顺位上，公序良俗条款应劣后于法律、行政法规的强制性规定作为判断法律行为无效的依据。公序良俗本身是不确定概念，也是抽象、概括的条款，需要法律对此作出细化规定。

2. 不确定概念的类型化。对违背公序良俗的行为进行类型化区分的功能和作用体现在两个方面。一方面，从法律适用角度来看，类型化方法可以解决作为不确定概念的公序良俗的统一适用。由于对公序良俗内涵的理解因人而异，有必要通过类型化的方法明确公序良俗的内涵和适用范围，为法官提供初步的判断指引。将公序良俗条款具体化为各种案型，法官就可以结合具体类型来判断公序良俗的范围，从而结合其他因素来判断合同效力。另一方面，从法律关系当事人的角度而言，类型化有利于保障交易当事人的合理预期，从而维护意思自治。公序良俗是对私法自治的限制，旨在通过确认合同无效，对交易当事人从事的违背善良风俗的法律行为予以谴责。[③] 之所以需要确认公序良俗这一弹性条款，根本原因在于实现法律对社会秩序的控制，因为法律法规的强制性规定的调整范围是有限的，需要通过公序良俗条款予以补充。[④] 但公序良俗条款对私法自治的限制不能过度，尤其是不能把违反社会道德的行为都认定为违背公序良俗。将公序良俗类型化之后，明确公序良俗的典型类型，有助于当事人在从事特定交易时，判断是否违背特定类型的公序良俗，避免对私法自治造成不当干涉。依据《合同编通则解释》第 17 条的规定，违背公序良俗行为的具体类型包括：

（1）合同影响政治安全、经济安全、军事安全等国家安全的。

公共秩序通常可以分为国家安全和社会公共秩序，因此国家安全是公共秩序的重要内容。《合同编通则解释》第 17 条第 1 款第 1 项是总体国家安全观的具体体现。国家安全工作是党治国理政、保障国泰民安的一项十分重要的工作。只有坚持总体安全观，才能捍卫国家主权，保障国家和社会安全。[⑤] 因此，国家安全是公共利益的重要内容，损害国家安全的民事法律行为，当然违背了公序良俗。例如，未依法取得放贷资格的出借人，反复以营利为目的向社会不特定对象提供借款的，就可能损害国家金融安全，进而应当被认定为合同无效。再如，在"胡兴瑞诉王刚买卖合同纠纷案"中，法院基于对公序良俗的违背而判决当事人买卖比特币"矿机"的合同无效。[⑥] 这实际上就是因为通过矿机"挖取"比特币等虚拟货币的行为可能严重危害国家金融安全，影响金融管理秩序。因而，在没有法律和行政法规明确禁止矿机买卖的情形下，应当依据该行为对公序良俗的违背，而认定该行为无效。

（2）合同影响社会稳定、公平竞争秩序或者损害社会公共利益等违背社会公共秩序的。

典型的社会公共秩序包括公平竞争秩序，因为市场经济以公平竞争秩序为保障。然而，

---

① 参见最高人民法院民事审判第二庭、研究室编著：《最高人民法院民法典合同编通则司法解释理解与适用》，人民法院出版社 2023 年版，第 205 页。

② 参见郑显文：《公序良俗原则在中国近代民法转型中的价值》，载《法学》2017 年第 11 期。

③ Vgl. Armbrüster, in: Münchener Kommentar zum BGB, 9. Aufl., 2021, § 138, Rn. 1-2.

④ Vgl. Armbrüster, a. a. O., Rn. 1.

⑤ 参见王理万：《主权原则在中国宪法中的展开》，载《中国法学》2023 年第 6 期。

⑥ 最高人民法院：《最高法民二庭发布 2022 年度全国法院十大商事案件》，载中华人民共和国最高人民法院网，https://www.court.gov.cn/zixun-xiangqing-387081.html，最后访问时间：2024 年 1 月 18 日。

在当前市场主体间竞争日益激烈的背景下,各类不正当竞争行为已经出现,对公平竞争市场秩序带来新的冲击。例如,约定串通投标或者围标的合同,分割市场、封锁市场的协议,限制销售价格、进货渠道的协议等,均构成对公平竞争秩序的损害。[①] 这就需要借助公序良俗否定相关行为的效力,以维护公平竞争秩序。对于这一类合同约定,在缺乏强制性法律和行政法规的情况下,均可依据违反公序良俗否定合同效力。

(3) 合同背离社会公德、家庭伦理或者有损人格尊严等违背善良风俗的。

公序良俗概念表现了一般的伦理观念,通过公序良俗可以实现道德的法律化。因此,各国立法普遍禁止实施违背善良风俗的行为,因为"人们不得通过法律行为,使不道德的行为变成法律上可强制要求履行的行为"[②]。但社会道德伦理的概念过于宽泛,需要通过类型化以保障公序良俗条款的准确适用。依据《合同编通则解释》第 17 条第 1 款第 3 项,良俗可以包括如下类型:

第一,违反社会公德。[③] 公序良俗通常是指公共道德,但如此很容易被误解为,所有有违道德的行为均因违反公序良俗而无效。就判断合同无效的标准而言,并非所有违背道德的法律行为都是无效的。尤其是在商事交易中,违背一般的商业道德的行为,如缺斤短两、以次充好等,并不一定需要通过法律行为无效的方式予以救济,完全可以通过其他方式提供救济。而如果严重违反社会公德,有必要否定行为效力时,则应当依据《合同编通则解释》第 17 条第 1 款第 3 项否定合同效力。例如,当事人之间订立的赌博合同,就违背了公共道德。又如,当事人订立的斡旋行贿等合同,都应当被认定为违反公序良俗而无效。

第二,违背家庭伦理。家庭伦理是构建和谐稳定家庭秩序的基础,也是社会公共秩序的重要根基。我国民法所规定的公序良俗原则不仅适用于一般合同类型,也适用于有关人身关系的协议。违背婚姻家庭伦理的协议也因违背公序良俗而应当被认定无效,此类行为具体表现为以下几种:一是违反婚姻伦理(例如,当事人之间订立的"包养情妇"的协议)。二是违反家庭伦理。例如,当事人之间订立的否认亲属关系的协议、夫妻间订立的子女只能随父或母一方姓氏的协议、被继承人死亡前继承人预立的将来分割遗产的协议、赡养义务人与被赡养人约定的不承担赡养义务的协议等均构成对家庭伦理的违反,应当认定为无效。三是妨害婚姻自由。当事人之间有关妨害婚姻自由的约定同样构成对公序良俗的违反。例如,夫妻双方离婚后约定禁止一方当事人生育,约定禁止任何一方在离婚后再婚等均构成对婚姻伦理的违反。又如,双方订立合同,约定一方为另一方还债以后,另一方以身相许,或用人单位与女职员约定结婚视为自动离职的所谓"单身条款",也构成对婚姻自由的干涉。四是违反有关收养关系的民事法律行为。例如,收养人和送养人约定将因收养而向送养人给付一定报酬,或达成禁止收养子女的姓氏随送养人的协议等。五是违反性道德的行为。例如,换妻合同等,构成违反性道德的合同。

第三,有损人格尊严。例如,在雇佣合同中规定不准雇员外出,或规定离开商场、工作场地需要搜身等,这显然有损人格尊严。我国《民法典》秉持以人民为中心的理念,在价值理念上不仅确立了保护弱势群体、维护个人人格尊严等人文关怀的理念,而且当人文关怀理念与私法自治价值发生冲突时,优先保护生命健康,优先维护人身自由、人格尊严。生命健康是

---

① 参见《加强反垄断和反不正当竞争司法 维护市场公平竞争法治秩序》,载《人民法院报》2022 年 11 月 18 日,第 001 版。

② 刘得宽:《民法总则》,五南图书出版公司 1996 年版,第 420 页。

③ 〔德〕迪特尔·梅迪库斯:《德国民法总论》,邵建东译,法律出版社 2000 年版,第 511 页。

最高的法益，毕竟财产是个人的，但人是属于社会的，而人身安全、人的尊严等涉及社会利益。[①] 正如康德所说，人是目的，不能作为手段[②]，所以双方当事人关于一方可以侵害对方生命、健康权益的约定都应当是无效的。在实践中，曾经发生双方约定“工伤概不负责”的“生死条款”，应当被认定为无效。

需要指出的是，《合同编通则解释》第 17 条保持了公序良俗类型的开放性，其列举的三项情形都采用了“等”的表述。这是因为不确定概念的不确定性还表现在其发展的、变动的属性上。因此，其在内涵和外延上始终保持了开放性。

3. 综合考虑法定因素。鉴于公序良俗乃是不确定概念，赋予了法官过大的自由裁量权，为了避免该条款被滥用，《合同编通则解释》第 17 条第 2 款规定了认定合同违背公序良俗的考量因素，具体而言：一是以社会主义核心价值观为导向。二是综合考虑当事人的主观动机和交易目的、政府部门的监管强度、一定期限内当事人从事类似交易的频次、行为的社会后果等因素。三是在裁判文书中充分说理。四是当事人确因生活需要进行交易，未给社会公共秩序造成重大影响，且不影响国家安全，也不违背善良风俗的，人民法院不应当认定合同无效。强调综合认定，强化说理，从而限制法官的自由裁量。该规定实际上是比例原则的具体化，即在当事人因为生活需要而订立合同时，即便该行为违反了公序良俗，也应当考虑该行为违背公序良俗的具体程度，如果该行为的违法程度不高，则不应当宣告合同无效，以尽可能满足个人的生活需要。[③]

总之，由于公序良俗条款过于概括和抽象，难免在适用中给予法官过大的自由裁量权，造成同案不同判现象，《合同编通则解释》第 17 条通过明确公序良俗适用顺位、对公序良俗类型化、综合考量法定因素等措施，并通过裁判中的充分说理，来保障公序良俗条款的准确适用。

（五）恶意串通的合同

恶意串通的合同是指双方当事人非法串通在一起，订立合同，造成国家、集体或第三人利益损害。例如，招标人与某一投标人恶意串通，导致其他投标人未能中标，损害其他投标人的利益。《民法典》第 154 条规定：“行为人与相对人恶意串通，损害他人合法权益的民事法律行为无效。”法律上作出此种规定的原因在于，在恶意串通的合同中，行为人的行为具有明显的不法性。恶意串通的合同的构成要件是：

第一，当事人订立合同的目的是出于恶意。恶意是指当事人明知其所订立的合同将造成对国家、集体或者第三人的损害而故意为之。“恶意”在民法上有两种含义：一是明知，即行为人对其行为的相关客观情况是明知的，至于其主观上是否有加害他人的故意，则不予考虑。此种恶意既包括积极的侵害（直接故意），也包含对侵害后果的放任（间接故意）。这种恶意，也可以被称为故意。二是明知且具有损害他人的意图，即行为人不仅明知相关的客观事实，而且在实施行为时主观上有侵害他人的故意。对此种意义上的恶意而言，行为人具有加害他人的不良动机，且必须是民事法律行为的当事人主观上具有损害第三人合法权益的故意。相比较而言，第二种意义上的恶意的主观恶性更大。[④] 笔者认为，在恶意串通的情形

---

① 参见欧洲侵权法小组编著：《欧洲侵权法原则：文本与评注》，于敏、谢鸿飞译，法律出版社 2009 年版，第 63 页。

② 参见〔德〕伊曼努尔·康德：《道德形而上学原理》，苗力田译，上海世纪出版集团 2012 年版，第 36—37 页。

③ 参见最高人民法院起草小组：《〈关于适用民法典合同编通则若干问题的解释〉的理解与适用》，载《人民司法》2024 年第 1 期。

④ 参见茅少伟：《论恶意串通》，载《中外法学》2017 年第 1 期。

下,行为人实施民事法律行为具有损害第三人的意图,因此,其应当属于第二种意义上的恶意。关于当事人的恶意的举证责任,应当由受害人承担。

第二,当事人之间互相串通。所谓串通,是指行为人与相对人在主观意思与客观行为上相互配合、彼此勾结,积极追求恶意损害他人权益的结果。[①] 串通的举证至少包括两个方面的内容:一方面,当事人之间存在意思联络,即都希望通过实施某种行为而损害他人的合法权益,且进行了意思的串通。共同的意思联络既可以表现为当事人事先达成一致的协议,也可以是一方作出意思表示,而对方或其他当事人明知实施该行为所达到的目的非法,而以默示的方式表示接受。另一方面,当事人在客观上互相配合或者共同实施了该非法的民事法律行为。例如,为了逃避侵权责任的承担,侵权责任人与其近亲属签订合同,以极低的价格出售其不动产。

第三,恶意串通的合同损害了他人合法权益。损害第三人利益的情形应当区分为是损害特定的第三人还是不特定的第三人,如果损害的是不特定的第三人的利益,实质上损害的是公共秩序,应当依据《民法典》第 153 条第 2 款认定该法律行为绝对无效。而如果损害的是特定的第三人的利益,则应当适用《民法典》第 154 条,认定其属于相对无效的民事法律行为,只能由该受害的第三人主张无效。因此,此处的损害是指特定的第三人损害,而不是国家利益或集体利益的损害。损害包括现实的损害和可能发生的损害。例如,招标人与某一投标人恶意串通,导致其他投标人未能中标,其他投标人可能在投标中支付了一定的成本,如保证金、制作招投标文本的费用、参与招投标的成本等,因为未中标而导致这些成本不能收回,就是现实的损害,而其他投标人在中标之后可能获得的利润,就是可能发生的损害。可能发生的损害是实际可能获得的利润的损失。

第三节 可撤销的合同

一、可撤销合同的概念和特征

所谓可撤销合同,是指当事人在订立合同时,因意思表示不真实,法律允许撤销权人通过行使撤销权而使已经生效的合同归于无效。例如,因重大误解而订立的合同,误解的一方有权请求法院撤销该合同。对于可撤销的合同,学者常常将其称为意思表示有瑕疵的合同,或者说是表意人在不自愿或不真实的情况下作出意思表示而订立的合同。由于法律对可撤销合同的着眼点在于为意思表示瑕疵的一方提供救济,因而在处理这类合同时,应当按照意思自治和合同自由的精神,充分尊重意思表示瑕疵一方的意愿来确定合同的效力。这就是说,要通过赋予其撤销合同的权利,使其能够审时度势,在充分考虑自己的利害得失后作出是否撤销合同的决定。可撤销合同的基本理论仍然是尊重意思自治。

可撤销合同的法律特征表现在:

第一,可撤销的合同主要是意思表示不真实的合同。这里,首先涉及撤销对象的确定问题。可撤销的法律行为主要指意思表示不真实的行为,撤销权人可以请求法院撤销合同。[②] 我国《民法典》将欺诈、胁迫、乘人之危等合同归入可撤销的合同范围,实际上将撤销的对象

① 朱广新:《恶意串通行为无效规定的体系地位与规范构造》,载《法学》2018 年第 7 期。

② 参见沈达明、梁仁洁编著:《德意志法上的法律行为》,对外贸易教育出版社 1992 年版,第 185 页。

主要限定为意思表示不真实的行为。

第二,可撤销合同须由撤销权人主动行使撤销权。由于可撤销合同主要涉及当事人意思表示不真实的问题,而当事人意思表示是否真实,局外人通常难以判断,即使局外人已得知一方当事人因意思表示不真实而受到损害,如果当事人不主动提出撤销而自愿承担损害的后果,法律也应允许这种行为有效。撤销权人原则上系意思表示不真实的表意人本人[①],如因欺诈、胁迫等而作出意思表示的人。对此类合同的撤销问题,法院应采取不告不理的态度,这一点也与无效合同不同。

第三,可撤销合同在未被撤销以前仍然是有效的。在未被撤销前此种合同既非效力待定,亦非当然无效,可被认为在成立之时起已经生效。

可撤销合同中的撤销权不同于合同解除权。撤销权人行使撤销权而撤销合同,与享有解除权的人行使解除权而解除合同一样,都会导致合同关系的终止,但两者在性质上是不同的。首先,撤销权针对的是意思表示不真实的合同,因意思表示不真实才使得受害一方享有撤销权;而解除权则既可能是基于法律规定的原因而产生的(如不可抗力、对方根本违约等),也可能是基于双方事先约定而使当事人在出现某种情况时享有解除权。其次,撤销既可以针对合同,亦可以针对其他法律行为而实施;解除只适用于合同,而不适用于其他行为。

可撤销合同不同于无效合同。一方面,无效合同具有违法性,无效制度旨在保护公共利益,体现了国家意志的干预,其适用主要集中在违法的民事行为范围内;而可撤销合同主要是意思表示不真实的问题。另一方面,从效力来看,无效合同的效果为自始无效,合同自成立之时起不发生法律效力;而可撤销的行为在未撤销前仍为有效,只是被撤销后,其效力溯及既往地消灭。可撤销合同在未被撤销以前,仍然是有效的。此外,从是否需要由当事人主张来看,无效合同的效果为当然无效。无论当事人是否主张合同无效,都可以认定其无效。而可撤销合同的效力消灭取决于撤销权人行使撤销权的行为,即只有撤销权人行使撤销权才能使合同溯及既往地归于消灭。还应当看到,无效不因时间经过而起变化,而撤销权会因时间经过而消灭。[②]《民法典》第 152 条规定了撤销权的行使期限,超过该期限撤销权消灭,合同转化为不可撤销的、有效的合同。

二、可撤销合同的种类

(一) 基于重大误解订立的合同

《民法典》第 147 条规定:"基于重大误解实施的民事法律行为,行为人有权请求人民法院或者仲裁机构予以撤销。"所谓重大误解的民事法律行为,是指一方因自己的过错而对民事法律行为的内容等发生误解而从事的某种民事法律行为。误解直接影响到当事人所应享有的权利和承担的义务。误解既可以是单方面的误解(如出卖人误将某一标的物当作另一物),也可以是双方的误解(如买卖双方误将本为复制品的油画当成真品买卖)。

发生重大误解的合同的成立需要具备如下条件:

一是表意人对合同的内容等发生了重大误解。《总则编解释》第 19 条第 1 款规定:"行为人对行为的性质、对方当事人或者标的物的品种、质量、规格、价格、数量等产生错误认识,按照通常理解如果不发生该错误认识行为人就不会作出相应意思表示的,人民法院可以认

① 参见洪逊欣:《中国民法总则》,三民书局 1992 年版,第 531 页。

② 参见〔日〕四宫和夫:《日本民法总则》,唐晖、钱孟珊译,五南图书出版有限公司 1995 年版,第 218 页。

定为民法典第一百四十七条规定的重大误解。"可见,该条采纳了传统大陆法的模式,即只要是表意人的错误,无论相对人是否存在过错,表意人都可以撤销。当然,误解必须是重大的,在客观上实质性地影响到了当事人的权利义务。一般来说,重大误解是指对民事法律行为的主要内容发生误解,而不是对次要内容发生误解,正是因为这一原因,才直接影响到当事人所应享受的权利和承担的义务。除对上述情况发生误解以外,对标的物的数量、包装、履行方式、履行地点、履行期限等内容的误解,如果未能影响当事人的权利义务或订约目的的实现,则一般不应作为重大误解。

二是表意人因为误解作出了意思表示。构成因重大误解而订立合同,不仅要求表意人内心出现了重大误解,而且要求表意人因为该误解作出了意思表示。这就是说,表意人的错误认识与其作出意思表示之间具有因果关系。尽管误解在客观上是重大的,但如果一个合理的人在了解到真实情况后,仍然会从事该行为,则不能认为该误解是重大的。[①]《总则编解释》第 19 条第 1 款采用"按照通常理解如果不发生该错误认识行为人就不会作出相应意思表示"的表述,实际上也包含了此种含义。[②]

三是误解是由误解方自己的过错造成的,而不是因为受他人的欺骗或不正当影响造成的。在通常情况下,误解都是由意思表示受领人的过错造成的,即因其不注意、不谨慎造成的。

我国《民法典》中的重大误解是从受领人的角度出发,因而与传统大陆法系中的错误制度虽然相似,但是并不完全相同。在此需要讨论的是,在由于行为人自身的原因发生错误时,行为人能否撤销合同的问题。对于这一问题,大陆法系各国的规定并不一致。笔者认为,如果错误重大,在发生错误后完全背离了当事人订立合同的目的,则可以认为行为人有权撤销合同,但是由此给相对人造成损害的,应当承担赔偿责任。

(二)因受欺诈而订立的合同

1. 因相对人欺诈而订立的合同

《民法典》第 148 条规定:"一方以欺诈手段,使对方在违背真实意思的情况下实施的民事法律行为,受欺诈方有权请求人民法院或者仲裁机构予以撤销。"一般而言,欺诈是指一方当事人故意告知对方虚假情况,或者故意隐瞒真实情况,诱使对方当事人作出错误意思表示的行为。因欺诈而订立合同,是在受欺诈人因欺诈行为发生错误认识而作出意思表示的基础上产生的。可撤销的因欺诈行为而订立的合同须具备以下条件:

第一,欺诈方具有欺诈的故意。所谓欺诈的故意,是指欺诈的一方明知自己告知虚假情况或隐瞒真实情况会使被欺诈人陷入错误认识,而希望或放任这种结果的发生。

第二,欺诈方实施欺诈行为。所谓欺诈行为,是指欺诈方将其欺诈故意表示于外部的行为。《总则编解释》第 21 条规定:"故意告知虚假情况,或者负有告知义务的人故意隐瞒真实情况,致使当事人基于错误认识作出意思表示的,人民法院可以认定为民法典第一百四十八条、第一百四十九条规定的欺诈。"依据该规定,欺诈包括两类行为:一是积极欺诈行为,它是一方故意告知虚假情况,诱使另一方当事人作出错误意思表示的行为。行为人积极实施欺诈行为,要么是捏造根本不存在的事实,要么是对客观事实进行了更改或部分伪造。[③] 二是

① 参见《国际商事合同通则》第 3.2.2 条、《德国民法典》第 119 条。
② 参见贺荣主编:《最高人民法院民法典总则编司法解释理解与适用》,人民法院出版社 2022 年版,第 301 页。
③ 参见杨代雄:《法律行为论》,北京大学出版社 2021 年版,第 315 页。

消极欺诈行为，又被称为不作为欺诈行为、沉默欺诈行为，它是指负有告知义务的人故意隐瞒真实情况，即行为人有义务向他方如实告知某种真实的情况而故意不告知。这就是说，行为人如果依照法律规定、诚信原则、交易习惯等负有告知义务而不告知，也构成欺诈。①

第三，被欺诈的一方因欺诈而陷入错误。受害人基于虚假的信息而对合同内容发生了错误认识，如因误信对方的假药宣传而将假药当成了真药。

第四，被欺诈人因错误认识而作出了意思表示。被欺诈人在因欺诈发生了错误认识以后，基于错误的认识作出了意思表示并订立了合同。这就表明欺诈行为与受害人的不真实的意思表示之间具有因果联系。如果被欺诈人虽因欺诈行为陷入错误，但并未作出意思表示，则不能认为构成欺诈。

2. 因第三人欺诈而订立的合同

所谓因第三人欺诈而订立的合同，是指因第三人实施欺诈行为而使当事人一方在违背真实意思的情况下订立的合同。《民法典》第 149 条规定："第三人实施欺诈行为，使一方在违背真实意思的情况下实施的民事法律行为，对方知道或者应当知道该欺诈行为的，受欺诈方有权请求人民法院或者仲裁机构予以撤销。"因第三人欺诈构成可撤销的合同应当符合如下条件：一是必须是第三人实施了欺诈行为。第三人欺诈中的"第三人"应当是当事人以外的第三人，如果是当事人之间实施欺诈行为，则不构成第三人欺诈。二是受欺诈方因为第三人的欺诈行为而订立合同。在第三人实施了欺诈行为后，受欺诈方因该欺诈而作出了意思表示。三是相对人知道或者应当知道该欺诈行为。在第三人实施欺诈行为的情形下，为了保护交易安全，不应当一概允许受欺诈方主张撤销合同。因此，《民法典》第 149 条将相对人知道或者应当知道该欺诈行为作为受欺诈方撤销合同的条件。

（三）因受胁迫而订立的合同

《民法典》第 150 条规定："一方或者第三人以胁迫手段，使对方在违背真实意思的情况下实施的民事法律行为，受胁迫方有权请求人民法院或者仲裁机构予以撤销。"依据《民法典》第 150 条的规定，因受胁迫而订立的合同包括一方或者第三人实施胁迫，受胁迫方因此所订立的合同。

因胁迫而订立的合同，构成可撤销的合同，应当符合如下条件：

第一，一方或者第三人实施了胁迫行为。胁迫是以将来要发生的损害或以直接施加损害相威胁，使对方产生恐惧并因此而作出的行为。依据《全国法院贯彻实施民法典工作会议纪要》的规定，以给自然人及其亲友的生命、身体、健康、名誉、荣誉、隐私、财产等造成损害或者给法人、非法人组织的名誉、荣誉、财产等造成损害为要挟，迫使其作出不真实的意思表示的，则可以认定其构成胁迫。

第二，一方或者第三人实施了胁迫行为。依据《总则编解释》第 22 条的规定，胁迫行为的构成要件为：一是以将要发生的损害相威胁。就自然人而言，是指涉及生命、身体、财产、名誉、自由、健康、信用等方面的损害；就法人或非法人组织而言，不仅包括对法人、非法人组织财产权益的损害，而且包括对法人、非法人组织名誉、荣誉的损害。当然，将来发生的损害必须是受胁迫者可以相信将要发生的情况，并足以使受胁迫者感到恐惧、害怕。二是胁迫者以直接面临的损害相威胁。也就是说，胁迫者通过实施某种不法行为，形成对对方当事人及其亲友人身损害和财产损害的威胁，从而迫使对方作出民事法律行为。如对对方施行暴力

---

① 参见杨代雄：《法律行为论》，北京大学出版社 2021 年版，第 317 页。

(殴打、肉体折磨、拘禁等)、散布谣言、毁损房屋等。三是虽然胁迫的对象是相对人,但胁迫的内容既包括对相对人本人的损害,也包括对相对人近亲属等主体的损害。如果一方所实施的将要造成损害的威胁是毫无根据、根本不可能发生的,受胁迫者根本不相信,也就不会使受胁迫者感到恐惧,从而不构成胁迫。但只要受胁迫者在当时情况下相信损害将要发生,就可以构成胁迫。

第三,受胁迫方因胁迫而订立了合同。《总则编解释》第 22 条中的“迫使其基于恐惧心理作出意思表示”是指受胁迫方实施民事法律行为必须与胁迫行为之间具有因果关系。也就是说,表意人因为受到胁迫而产生恐惧心理,并在此种心理状态的支配下订立了合同。

第四,胁迫行为是非法的。胁迫行为给对方施加了一种强制和威胁,此种威胁必须是非法的、没有法律依据的。如果一方有合法的根据对另一方施加某种压力,则不构成胁迫。例如,合同订立以后,一方拒不履行合同,另一方以将要提起诉讼等合法手段向对方施加压力,要求其履行合同的,不构成胁迫。

需要指出的是,我国《民法典》关于第三人胁迫的规定,与第三人欺诈有所不同。在第三人欺诈的情形下,要求相对人“知道或者应当知道”该欺诈行为,受欺诈人才可以主张撤销。而在第三人胁迫的情形下,无论相对人是否知道胁迫的存在,受胁迫人都可以主张撤销。从比较法上来看,存在统一模式和区分模式。统一模式认为,应当对第三人欺诈和第三人胁迫统一作出规定,一概采取当事人知道或者应当知道标准。① 而区分模式认为,这两种情形要分别规定,不必要件一致。② 我国《民法典》采取了区分模式。笔者认为,这一做法具有一定的合理性。因为相较于胁迫而言,欺诈的恶性较低,所以要求其证明“对方知道或者应当知道该欺诈行为”是有必要的。但是,在胁迫的情形下,胁迫人的恶意更大,受害人的自由意志受到的侵害更为严重,所以,受害人应当得到更充分的保护。法律上不要求其证明对方当事人知道或者应当知道胁迫行为的存在,这是合理的。

(四) 显失公平的合同

所谓显失公平的合同,是指一方在订立合同时因情况紧迫或缺乏经验而订立了对自己有重大不利的合同。《民法典》第 151 条规定:“一方利用对方处于危困状态、缺乏判断能力等情形,致使民事法律行为成立时显失公平的,受损害方有权请求人民法院或者仲裁机构予以撤销。”依据该条规定,显失公平的构成要件,应包括客观和主观两个方面:

1. 客观要件

客观要件是指当事人的给付与对待给付之间失衡或造成利益不平衡。依据《民法典》第 151 条的规定,只有合同成立时显示公平,表意人才能主张撤销。一是双方当事人的利益明显失衡。也就是说,交易的结果对双方的利益是明显不平衡的,即一方得到的给付明显多于另一方得到的给付。有关利益平衡或不平衡问题,应根据各种交易关系的具体情况加以认定,特别是要通过考虑供求关系、价格的涨落、交易习惯等各种因素而决定。二是必须是合同成立时显失公平。也就是说,这种利益的失衡发生于合同成立时,如果在合同成立时不构成显失公平,而在履行阶段显失公平,则表意人不得依据《民法典》第 151 条主张撤销合同。

2. 主观要件

主观要件是指在订立合同时一方具有利用优势地位或利用对方轻率、无经验等而与其订立显失公平合同的故意。具体来说,主观要件分为如下几种情况:一是利用危困状态。一

---

① 参见《欧洲合同法原则》第 4:111 条、《国际商事合同通则》第 3.2.8 条。

② 参见《德国民法典》第 123 条第 2 款、《法国民法典》第 1138 条第 1 款。

般是指利用某人因陷入某种暂时性的急迫困境，从而急需金钱或有其他急需的状态。例如，某人的家人突患重病，急需交付医药费、住院费等，如果有人利用这种急需要求其以极低的价格出售房屋，则有可能构成显失公平。二是利用对方缺乏判断能力。所谓缺乏判断能力，主要是指欠缺一般的生活经验或交易经验。《合同编通则解释》第11条对显失公平的主观构成要件“缺乏判断能力”进行了细化，该款规定：“当事人一方是自然人，根据该当事人的年龄、智力、知识、经验并结合交易的复杂程度，能够认定其对合同的性质、合同订立的法律后果或者交易中存在的特定风险缺乏应有的认知能力的，人民法院可以认定该情形构成民法典第一百五十一条规定的“缺乏判断能力”。所谓缺乏判断能力，是指对于合同性质、合同效果以及交易存在的特定风险，缺乏相应的认知能力。例如，金融机构的从业人员向判断能力较弱的老年人高价兜售交易极为复杂、风险极高而收益较低的金融理财产品，即可以认定为利用了老年人缺乏判断能力。[①] 依据该条，缺乏判断能力的主体是自然人，判断时点应当是合同订立时。在考量是否缺乏判断能力时，首先应当考虑当事人自身的因素，如当事人的年龄、智力、知识、经验，其次，是考量所涉交易的复杂程度；再次，将两者结合起来，确定行为人是否对具体交易的复杂程度、合同性质、法律后果、特定风险等具有必要的认知能力。如果缺乏判断能力、符合显失公平要件时，受损害方可以请求撤销。此外，除上述情形外，该条使用了“等”字这一表述，表明除了利用对方处于危困状态、缺乏判断能力等情形外，如果存在其他类似影响当事人意思自由的情形，表意人也应当有权主张撤销合同。

三、撤销权及其行使

此处所说的撤销权，是指权利人在符合法律规定的情形下，向人民法院提起诉讼或者申请仲裁，依法主张撤销民事法律行为。撤销权通常由因意思表示不真实而受损害的一方当事人享有，如重大误解中的误解人、显失公平中遭受重大不利的一方。依照我国《民法典》的规定，撤销权的行使具有如下几个特点：

第一，撤销权的主体。撤销权应当由因意思表示不真实而受损害的一方当事人享有，如重大误解中的误解人、显失公平中遭受重大不利的一方。关于实施欺诈、胁迫等行为的人是否可以主张撤销，虽然学界存在争议，但一般认为，其不能享有撤销权。如果欺诈、胁迫行为人也享有撤销权，可能会鼓励其从事违法行为，也违反诚信原则。

第二，撤销权是一种专属的权利，不得与合同相分离而单独转让。也就是说，权利人不能在转让合同时保留撤销权，或者在转让撤销权时保留合同债权。

第三，撤销权虽然是一种形成权，但是其行使必须采取诉讼或仲裁的方式。《民法典》中的多个条款都明确规定，受害人有权请求人民法院和仲裁机构予以撤销。这表明，撤销权的行使应当采取诉讼或仲裁的方式。一般来说，如果撤销权人向对方作出撤销的意思表示，而对方未表示异议，则可以直接发生撤销合同的后果；如果双方对撤销问题产生争议，则必须提起诉讼或仲裁，要求人民法院或仲裁机构予以裁决。

第四，撤销权必须在法定期限内行使。因为撤销权是形成权，其应当适用除斥期间。尤其是撤销权的行使会导致合同被消灭，当事人之间发生恢复原状的后果。如果没有期限限制，可能导致合同的效力长期处于不稳定状态，这就极不利于维护当事人的利益，也不利于保障交易安全。

---

① 李适时主编：《中华人民共和国民法总则释义》，法律出版社2017年版，第474页。

第四节 效力待定的合同

一、效力待定合同的概念

效力待定的合同,是指合同成立之后,是否已经发生效力尚不能确定,有待于其他行为或事实使之确定的合同。效力待定的合同具有如下特点:一是效力待定的合同已经成立,但行为人因缺乏处分权或缺乏行为能力而效力并不齐备。二是效力待定的合同的效力既非完全无效,也非完全有效,而是处于一种效力不确定的中间状态。三是效力待定的合同是否已经发生效力尚不能确定,有待于其他行为或事件使之确定。例如,未成年人在其房屋漏雨时请人修缮房屋,是符合本人和其法定代理人利益的,对此类民事法律行为的效力应由法定代理人行使追认权予以确认,如果法律规定此类民事法律行为一概无效,则违反了未成年人及其法定代理人的利益。

效力待定的合同不同于无效的合同。主要表现在:一方面,无效民事法律行为是当然无效、自始无效。但效力待定的合同只是效力处于不确定的状态。另一方面,对无效合同来说,法律将确认无效的权力赋予法院和仲裁机构,使其可以主动地审查民事法律行为的效力。但对效力待定的合同来说,法院没有权力主动审查其效力,确定其有效与否。法律规定这类合同的目的就是把法律行为效力的确认权赋予当事人,从而排除法院的干预。经权利人的追认使效力待定的合同有效,消除民事法律行为存在的瑕疵,这既尊重了真正权利人的意志和利益,也有利于维护相对人的利益。

二、效力待定合同的类型

效力待定的合同主要有以下几类:

(一) 限制民事行为能力人依法不能独立订立的合同

《民法典》第 145 条第 1 款规定:"限制民事行为能力人实施的纯获利益的民事法律行为或者与其年龄、智力、精神健康状况相适应的民事法律行为有效;实施的其他民事法律行为经法定代理人同意或者追认后有效。"限制民事行为能力人依法不能独立实施的行为,可以在征得其法定代理人的同意后实施。所谓同意,即事先允许。由于同意的行为是一种辅助的法律行为,因此,法定代理人实施同意行为,必须向限制民事行为能力人及其相对人明确作出意思表示。这种意思表示可以采取口头的形式,也可以采取书面的或其他的形式。限制民事行为能力人不能独立实施的民事法律行为,在实施后也可以由法定代理人进行追认,即事后予以同意,而使该法律行为有效。限制民事行为能力人依法不能独立实施的而未经其法定代理人同意的民事行为,只能由其法定代理人代理进行。

(二) 基于狭义无权代理而订立的合同

1. 狭义无权代理的概念和特征

狭义的无权代理,是指表见代理以外的欠缺代理权的代理。狭义无权代理人以被代理人名义与他人订立的合同,是一种效力待定的合同,而不是绝对无效的合同。这类合同尽管因代理人缺乏代理权而存在瑕疵,但此种瑕疵是可以修补的。也就是说,因被代理人的追认可以使无权代理行为有效。《民法典》第 171 条第 1 款规定:"行为人没有代理权、超越代理权或者代理权终止后,仍然实施代理行为,未经被代理人追认的,对被代理人不发生效力。"第 171 条第 3 款规定:"行为人实施的行为未被追认的,善意相对人有权请求行为人履行债务或者就其受到的损害请求行为人赔偿。但是,赔偿的范围不得超过被代理人追认时相对人所能获得的利益。”

因此，无权代理合同只有经过被代理人的追认，才能对被代理人发生效力；未经被代理人追认的，对被代理人不发生效力，由行为人负责。这里所谓的“追认”，是指被代理人对无权代理行为在事后予以承认的一种单方意思表示，一旦作出追认，在性质上视为补授代理权，从而使无权代理具有与有权代理一样的法律效果。追认具有溯及既往的效力。在法律上，被代理人是否作出追认，是被代理人所享有的一种权利，学者通常称其为“追认权”，它在性质上属于形成权的一种。[1] 如果被代理人明确表示拒绝承认，则无权代理行为自始无效，无权代理合同不能对被代理人产生法律效力。

狭义无权代理的特征如下：

（1）它是指表见代理以外的无权代理。民法上通常将无权代理区分为两类，即狭义的无权代理和表见代理，在这两种情况下，代理人都不具有代理权，但就法律效果而言，表见代理和狭义无权代理是不同的。在狭义无权代理情况下，代理人完全不具有代理权，而在其实施代理行为时第三人又不可能相信其具有代理权，因此不能强制被代理人承担责任，只能由被代理人基于自身利益的考虑决定是否承认该行为的效果。可见，表见代理与狭义的无权代理在性质上是根本不同的。

（2）它是指代理人未获得相应的代理权而实施的代理行为。狭义的无权代理与滥用代理权不同，在代理权滥用的情形下，代理人仍然享有代理权。

（3）狭义的无权代理是一种效力待定的行为。所谓效力待定，是指这种行为成立以后，并不能发生符合当事人意思表示的效力。其效力能否发生，尚未确定，一般须经被代理人表示承认才能生效。我国法律认为狭义的无权代理是一种效力待定的行为。依据《民法典》第171条第1款的规定，基于狭义无权代理所实施的民事法律行为属于效力待定的合同。该条之所以作出此种规定，一方面是因为无权代理行为具有代理的某些特征。由于无权代理行为并不是当然都对被代理人不利，所以法律应当给予被代理人一种追认权，由被代理人根据自己的利益和意志来决定是否承认这种行为的效力，经过被代理人追认的，可以消除民事法律行为存在的瑕疵。由此也充分表明了我国法律对当事人利益和意志的尊重。另一方面，因被代理人的追认而使无权代理行为有效，并不违反法律和社会公共利益，相反，经过追认而使效力待定的合同有效，既有利于促成更多的交易，也有利于维护被代理人和相对人的利益。

2. 基于狭义无权代理订立的合同属于效力待定的合同

在狭义无权代理的情形下，代理人与相对人所订立的合同并不属于无效合同，也不属于可撤销合同，而属于效力待定的合同。

（1）被代理人的否认权。

在狭义无权代理情况下，被代理人享有否认权，它是指拒绝承认无权代理行为的效力的权利。被代理人否认的意思必须向相对人明确表示或者在相对人催告以后不作表示。被代理人可以以两种方式行使否认权：一是被代理人发现无权代理人以被代理人名义从事无权代理行为，在相对人催告之前，直接向相对人表示否认该无权代理行为。如果被代理人仅向无权代理人作出否认的表示，还不能当然发生使无权代理行为无效的后果。被代理人和无权代理人之间是一种内部关系，而无权代理人以被代理人的名义对外从事无权代理行为，将

① 参见王伯琦：《民法债篇总论》，作者1962年自版，第42页。

涉及与相对人之间的关系,因此,否认的表示必须向相对人作出;否则,不能当然发生使无权代理行为无效的效果。二是被代理人在相对人作出催告以后,既可以向相对人明确表示拒绝承认无权代理的效果,也可以针对相对人的催告拒绝作出答复。

此外,依据我国《民法典》第171条第2款的规定,相对人可以催告被代理人自收到通知之日起30日内予以追认。被代理人未作表示的,视为拒绝追认。可见,在无权代理的情况下,相对人应当享有催告权和撤销权。一是催告权,它是指相对人有权催促被代理人在30日内明确答复是否追认无权代理行为。追认权的行使必须以催告权的行使为前提,无权代理对相对人是否发生效力尚未确定,才有必要由相对人提出催告。如果被代理人已经承认该行为的效力,或者该行为符合表见代理的构成要件,则没有必要提出催告。催告权应当在规定期限内行使,如果超出合理期限,也不应当产生催告的效力。二是撤销权,它是指相对人在被代理人未承认无权代理行为之前,可撤销其与无权代理人订立的合同。由于善意相对人在与无权代理人从事法律行为时,不知道无权代理人未获得授权,其主观上是善意无过失的,因此在相对人认为无权代理人实施的行为对其不利的情况下,其当然有权在被代理人正式追认以前,撤销其行为。撤销权只能由善意的相对人行使。如果相对人在订约时主观上是恶意的,即明知对方无代理权,而仍与其订立合同,则表明相对人具有恶意,法律自无必要对其进行保护而允许其享有撤销权。当然,如果被代理人已经作出了追认,那么无权代理行为已经发生了有权代理的效力,自然也就不能撤销。

(2) 被代理人的追认权。

如前所述,狭义无权代理在性质上属于效力待定的行为。无权代理行为未经被代理人追认,对被代理人不发生效力。依据《民法典》第171条第1款的规定,在狭义无权代理的情形下,被代理人享有追认权。所谓追认,是指被代理人对无权代理行为在事后予以承认的一种单方意思表示,其特点在于:第一,追认的意思表示应当以明示或者默示的方式向相对人作出。如果仅向无权代理人作出此种表示,则必须使相对人知晓才能产生承认的效果。第二,追认是一种单方意思表示,无须相对人的同意即可发生法律效力。第三,一旦作出追认,在性质上视为补授代理权,从而使无权代理具有与有权代理一样的法律效果,因此,追认具有溯及既往的效力。如果被代理人明确表示拒绝承认,则无权代理行为自始无效,因无权代理所订立的合同不能对被代理人产生法律效力。

被代理人的追认可以采取两种方式作出,即明示的追认和默示的追认。所谓明示的追认,是指明确向相对人表示其愿意以被代理人的身份同相对人订立合同。所谓默示的追认,是指被代理人以一定行为的方式进行追认。《民法典》第503条规定:"无权代理人以被代理人的名义订立合同,被代理人已经开始履行合同义务或者接受相对人履行的,视为对合同的追认。"该条就是对被代理人默示追认的规定。这种默示的追认体现为两种方式:一是被代理人履行合同义务。虽然被代理人没有明确追认,但如果被代理人已经开始履行合同,这一行为足以表明其愿意接受合同的约束。二是接受相对人的履行。如果被代理人已经接受了相对人的履行行为,同样可以构成默示的追认。这主要是因为,被代理人接受履行的行为已经向相对人传达了其愿意接受合同对自己发生效力的意思。

(三) 职务代理人超越代理权限,且相对人未尽到合理审查义务所订立的合同

所谓职务代理,是指根据代理人所担任的职务而产生的代理,即法人或非法人组织的成员以及主要工作人员在其职权范围内的事项所从事的民事法律行为,无须法人或非法人组织的特别授权,其法律效果应当由法人或非法人组织承担。《民法典》第170条规定职务代

理的原因在于，使职务代理人获得概括授权，而不需要针对日常交易进行特别授权，有利于降低交易成本、鼓励交易。但概括授权容易导致一种误解，即认为依据一定的职务，对日常交易之外的重大交易都可以概括授权，这就会损害交易安全。[①] 作为委托代理的一种类型，职务代理也可能发生越权代理的情形。

在职务代理人越权代理的情形下，《合同编通则解释》第 21 条第 1 款前段规定，“法人、非法人组织的工作人员就超越其职权范围的事项以法人、非法人组织的名义订立合同，相对人主张该合同对法人、非法人组织发生效力并由其承担违约责任的，人民法院不予支持。”因此，职务代理人越权订立的合同对法人、非法人组织原则上不产生效力。但《合同编通则解释》第 21 条第 1 款后段又规定：“前述情形，构成表见代理的，人民法院应当依据民法典第一百七十二条的规定处理。”法人或者非法人组织内部对执行一定职务的人员的职权范围限制，不得对抗善意第三人。而在判断善意的过程中，必须要求相对人对职务代理人是否超越其职权范围尽到合理审查义务，如果已经尽到合理审查义务，构成表见代理。如果相对人未尽到合理审查义务，则其不得否认合同的效力。

在职务代理中，相对人应当审查哪些内容？依据《合同编通则解释》第 21 条第 2 款的规定，相对人在与法人、非法人组织的工作人员订立合同时，应当审查如下情形：

一是依法应当由法人、非法人组织的权力机构或者决策机构决议的事项。如果法律、法规已经明确相关的交易应当由股东会、理事会等权力机构或者决策机构作出决议，则相关的工作人员不能基于职务代理而主张享有概括授权，相对人对此也应当进行审查。

二是依法应当由法人、非法人组织的执行机构决定的事项。例如，法律明确规定某类交易应当由执行机构作出决议，如公司对外担保应当由公司的股东会或董事会决议，此时，职务代理人就不得单独从事相关的交易。

三是依法应当由法定代表人、负责人代表法人、非法人组织实施的事项。例如，《公司法》第 196 条规定：“公司以纸面形式发行公司债券的，应当在债券上载明公司名称、债券票面金额、利率、偿还期限等事项，并由法定代表人签名，公司盖章。”从该条规定来看，上述交易应当由法定代表人签名实施，公司的其他工作人员不得基于职务代理实施上述交易。

四是不属于通常情形下依其职权可以处理的事项。该条属于兜底条款，但据此应当区分日常交易和重大交易，重大交易涉及被代表法人、非法人组织的重大利益，因此对代理权限限制的可能性就会很大，基于此种社会期待，相对人对代理权负有一定的合理审查义务，符合一般的商事主体期待。日常交易是代理人与相对人经常实施的交易，相对人对代理权负有的合理审查义务相对较低，针对日常交易，职务代理人依据其职权能够处理的事项，则相关的职务代理行为有效；但对其职务范围外的重大交易，职务代理人所实施的职务代理行为即构成无权代理。

相对人对内部限制原则上不负审查义务。《合同编通则解释》第 21 条第 3 款规定：“合同所涉事项未超越依据前款确定的职权范围，但是超越法人、非法人组织对工作人员职权范围的限制，相对人主张该合同对法人、非法人组织发生效力并由其承担违约责任的，人民法院应予支持。但是，法人、非法人组织举证证明相对人知道或者应当知道该限制的除外。”据此，在职务代理行为并未超出上述规定所列举的职权范围，而只是超出了内部限制的范围

① 参见最高人民法院起草小组：《〈关于适用民法典合同编通则若干问题的解释〉的理解与适用》，载《人民司法》2024 年第 1 期。

时,由于相对人对内部限制通常是无法审查的,因此,相对人不应当负有合理审查义务,即便职务代理行为超出了内部限制,相对人也有权主张该行为对法人、非法人组织是有效的。但如果法人、非法人组织能够证明相对人知道或者应当知道相关的内部限制,则该职务代理行为不能当然对法人、非法人组织发生效力,这与越权代表行为的效力具有相似性。

在职务代理人越权的情形下,如果相对人未尽到合理审查义务,则其不得否认合同的效力,代理人与相对人订立的合同在性质上属于效力待定的行为,如果被代理人追认,则该合同有效,如果拒绝追认,则该合同无效。《合同编通则解释》第 21 条第 4 款规定:"法人、非法人组织承担民事责任后,向故意或者有重大过失的工作人员追偿的,人民法院依法予以支持。"职务代理人实施的越权代理行为可能给法人、非法人组织造成一定的损失,法人和非法人组织承担了民事责任后,其有权对有故意或者重大过失的职务代理人追偿。

(四)法定代表人越权代表,且相对人未尽合理审查义务所订立的合同

所谓越权代表,是指法定代表人超越代表权限实施的代表行为。在越权代表的情形下,如果相对人为善意,则依据《民法典》第 504 条的规定,当事人之间的合同关系应当有效,而且应当由法人、非法人组织承担相应的法律效果。而在相对人未尽到合理审查义务的情形下,此时越权代表行为的效力如何确定?《民法典》并没有对此作出明确规定,学理上对此存在不同观点,一种观点认为,在相对人恶意的情形下,越权代表行为应当属于无效行为。[①] 另一种观点认为,在相对人为恶意的情形下,法定代表人的越权代表行为应当属于效力待定的行为。[②]《合同编通则解释》第 20 条第 1 款中规定,未尽到合理审查义务的相对人主张该合同对法人、非法人组织发生效力并由其承担违约责任的,人民法院不予支持。因此在相对人未尽到合理审查义务的情形下,相对人构成恶意,该合同对被代表的法人不产生效力,相对人也无权对被代表的法人主张违约责任。不过,在越权代表的情形下,即便相对人具有恶意,如果被代表的法人愿意接受合同的拘束,按照私法自治原则,法律也不必干预,因此,越权代表所订立的合同,且相对人构成恶意的,该合同性质上属于效力待定合同,而非无效合同。[③] 其效力取决于被代表的法人是否追认该合同。如果法人追认该合同,则该合同对法人发生效力,法人应当承担法定代表人行为的法律效果。如果拒绝追认,则该合同对法人不发生效力。

可见,在越权代表的情形下,相对人的善意或者恶意将直接影响越权代表行为的效力,《民法典》第 61 条第 3 款仅规定,对法定代表人代表权的限制,"不得对抗善意相对人",但如何认定相对人的善意,存在疑问。依据《合同编通则解释》第 20 条,如果相对人尽到了合理审查义务,就可以被认定为"善意相对人"。关于相对人的合理审查义务,《合同编通则解释》第 20 条区分了不同的代表权限制来源,分别确定了相对人的合理审查义务。

1,代表权法定限制下相对人合理审查义务的确定

依据《合同编通则解释》第 20 条的规定,如果法律、行政法规为限制法人的法定代表人或者非法人组织的负责人的代表权,规定合同所涉事项应当由法人、非法人组织的权力机构或者决策机构决议,或者应当由法人、非法人组织的执行机构决定的,则相对人应当尽到合理审查义务。具体而言,在代表权法定限制下,相对人的合理审查义务应当包括如下内容:

---

① 参见崔建远:《合同法总论》(上卷),中国人民大学出版社 2008 年版,第 356 页。

② 参见曹嘉力:《越权代表行为的法律效力初探——兼评〈合同法〉第 50 条》,载《当代法学》2002 年第 9 期。

③ 参见刘贵祥:《公司担保与合同效力》,载《法律适用》2012 年第 7 期。

一是审查交易事项是否属于法定限制事项。相对人首先需要对合同所涉事项是否属于法律、行政法规所限制的代表权范围进行审查。这就是说,相对人在与公司进行交易时,不能仅查阅公司的交易文件,还应当确定法律、法规对合同所涉事项中代表权的限制。对于法律关于代表权限制的规定,应当推定相对人知悉,且相对人也无法通过反证推翻这一推定。二是审查决议机构是否适格。在审查确认合同事项属于法定代表权限制范围后,交易相对人应当对代表权是否符合法律要求进行审查。而要审查代表权又必须要依据《民法典》第 61 条第 3 款规定,根据法人章程或者法人权力机构对法定代表人代表权的限制,以确定代表权是否合法。三是审查决议表决程序是否有效。依据《民法典》第 134 条第 2 款,"法人、非法人组织依照法律或者章程规定的议事方式和表决程序作出决议的,该决议行为成立"。决议行为与一般法律行为的区别在于,其要求以规定的议事方式和表决程序作出,否则该行为不能成立。就相对人的审查义务而言,表决程序的审查有法律规定的,应当依据法律规定。

2,代表权意定限制下相对人合理审查义务的确定

代表权除受法定限制外,也要受到意定限制。毕竟法律对于重大交易的代表权限制列举有限,许多重大交易,仍有必要通过公司的决策机构或执行机构对代表权进行限制,这种限制只能委诸于意定限制来完成,且许多公司出于对内部治理的特别考量,也会对某些重大交易进行特殊限制,此时,对代表权的意定限制实际上是通过意思自治对于法定代表人制度所带来的权力过度集中问题的矫正,从而避免法定代表人滥用代表权,危害法人利益。[①] 因此,在法律没有规定对法定代表人代表权限进行限制的情形下,也应当尊重法人通过章程等文件对法定代表人的代表权范围进行的限制。《合同编通则解释》第 20 条第 2 款前段规定:"合同所涉事项未超越法律、行政法规规定的法定代表人或者负责人的代表权限,但是超越法人、非法人组织的章程或者权力机构等对代表权的限制,相对人主张该合同对法人、非法人组织发生效力并由其承担违约责任的,人民法院依法予以支持",据此,相对人对于意定限制,原则上并不负有审查义务,因为意定限制属于内部限制,当事人无法得知。当然,根据该款的但书,如果公司能证明相对人知道或应当知道该内部限制,此时相对人应当负有合理审查义务。虽然该款是从举证责任的角度,来确定相对人在知道或应当知道情形下的审查义务,但仍然明确了意定限制的审查范围。

在越权代表的情形下,如果相对人为善意,则依据《民法典》第 504 条的规定,当事人之间的合同关系应当有效,而且应当由法人、非法人组织承担相应的法律效果。因此,越权代表所订立的合同,即便相对人构成恶意,该合同性质上也属于效力待定合同,而非无效合同。

依据《合同编通则解释》第 20 条第 1 款的规定,在越权代表的情形下,法人拒绝追认将导致合同无效,此时,依据过错责任原则,在法人、非法人组织存在过错时,其也应当分担部分损失。同时,依据《合同编通则解释》第 20 条第 3 款的规定,法人、非法人组织承担民事责任后,有权向有过错的法定代表人、负责人追偿因越权代表行为造成的损失。这就确认了越权代表情形下法人、非法人组织的追偿权,这有助于督促法定代表人尽职尽责,也有助于法人治理结构的完善。

(五) 法定代表人、负责人或者代理人与相对人的恶意串通行为

法定代表人、负责人或者代理人与相对人的恶意串通行为,是指法人、非法人组织的法

---

① 参见迟颖:《法定代表人越权行为的效力与责任承担——〈民法典〉第 61 条第 2、3 款解释论》,载《清华法学》2021 年第 4 期。

定代表人、负责人或者代理人在以法人、非法人组织的名义实施民事法律行为时,与相对人恶意串通,损害法人、非法人组织的权益。《民法典》第 154 条规定了行为人与相对人恶意串通,损害他人合法权益的民事法律行为无效,该条是否能够当然适用于法定代表人、负责人或者代理人与相对人的恶意串通行为,历来存在争议。有观点认为,法定代表人、负责人或者代理人与相对人的恶意串通行为属于《民法典》第 154 条的具体化,是当然无效的。笔者认为,二者存在一定的区别:一方面,《民法典》第 154 条规定的是恶意串通损害他人的合法权益的行为,而法定代表人、负责人或者代理人与相对人的恶意串通行为损害的是法人、非法人组织的利益。另一方面,《民法典》第 154 条规定的恶意串通是法律行为当事人的恶意串通,而法定代表人、负责人或者代理人与相对人的恶意串通行为并非法人、非法人组织与相对人的恶意串通,而是法定代表人等与相对人的恶意串通。

法定代表人、负责人或者代理人与相对人恶意串通行为的成立需要具备如下要件:

第一,法定代表人、负责人或者代理人与相对人必须具有恶意。所谓恶意,是指当事人明知其所实施的民事法律行为将造成或可能造成对第三人的损害而故意为之。法定代表人、负责人或者代理人与相对人恶意串通中的恶意是指法定代表人、负责人或者代理人在与相对人交易时,双方都具有损害法人、非法人组织权益的故意。

第二,法定代表人、负责人或者代理人与相对人之间具有串通行为。所谓串通,是指行为人与相对人在主观上具有意思联络,在客观行为上相互配合,积极追求恶意损害他人权益的结果。[①] 串通的举证至少包括两个方面的内容:一是当事人之间存在意思联络,即都希望通过实施某种行为而损害他人的合法权益,且进行了意思的串通。二是法定代表人、负责人或者代理人与相对人在客观上互相配合、订立合同,损害被代理人的利益。

在恶意串通的情形下,受害人往往面临举证的难题。为了解决这一难题,《民事诉讼法司法解释》第 109 条规定:"当事人对欺诈、胁迫、恶意串通事实的证明,以及对口头遗嘱或者赠与事实的证明,人民法院确信该待证事实存在的可能性能够排除合理怀疑的,应当认定该事实存在。"按照该规定,对于恶意串通的证明采取了"排除合理怀疑"的标准,显然,此种证明标准过高。《合同编通则解释》第 23 条第 2 款采用"存在恶意串通的高度可能性的"标准,实际上采取了高度盖然性标准,以减轻当事人的举证负担,降低证明困难,法院能够认定法定代表人、负责人或者代理人与相对人存在恶意串通的高度可能性的,可以要求前述人员就合同订立、履行的过程等相关事实作出陈述或者提供相应的证据。其无正当理由拒绝作出陈述,或者所作陈述不具合理性又不能提供相应证据的,人民法院可以认定恶意串通的事实成立。

第三,损害了法人、非法人组织的合法权益。损害包括现实的损害和可能发生的损害。例如,法人代表人与相对人恶意串通,以不合理的低价出售法人的资产或者高价购入资产,均构成损害法人的合法权益。

关于法定代表人、负责人或者代理人与相对人恶意串通行为的效力,《合同编通则解释》第 23 条第 1 款规定:"法定代表人、负责人或者代理人与相对人恶意串通,以法人、非法人组织的名义订立合同,损害法人、非法人组织的合法权益,法人、非法人组织主张不承担民事责任的,人民法院应予支持。法人、非法人组织请求法定代表人、负责人或者代理人与相对人对因此受到的损失承担连带赔偿责任的,人民法院应予支持。"从该规定来看,其实际上采纳

---

① 朱广新:《恶意串通行为无效规定的体系地位与规范构造》,载《法学》2018 年第 7 期。

了效力待定说，即认为法定代表人、负责人或者代理人与相对人恶意串通，与越权代表、越权代理行为的性质是相同的，恶意串通行为的效力取决于法人、非法人组织是否追认，如果追认，则该行为有效；如果拒绝追认，则该行为对法人、非法人组织不产生效力①。从规范目的来看，《民法典》第 164 条第 2 款旨在保障被代理人的利益，那么将代理人与相对人恶意串通的行为认定为效力待定，交由被代理人进行选择，更能实现规范目的。当然，依据《合同编通则解释》第 23 条第 1 款的规定，如果恶意串通行为给法人、非法人组织造成了损失，法人、非法人组织均有权请求法定代表人、负责人或者代理人与相对人承担连带责任。

第五节 未生效合同

一、未生效合同的概念

所谓未生效合同，是指法律规定了合同生效应当满足特别的批准要件，在这些要件未被满足时合同的状态。② 未生效合同的典型形态是依据法律、行政法规的规定应当办理批准才能生效，而当事人并未办理批准手续的合同。可见，未生效的合同是与法律法规明确规定的审批义务联系在一起的。在实践中，有一些合同如采矿权、探矿权的转让，从事证券经纪、期货经纪业务，国有企业转让国有资产等合同，依照法律法规必须经过有关部门的批准方能生效。在当事人尚未办理批准手续时，合同并未生效。此类合同在实践中发生了不少纠纷，但《合同法》对该类合同的效力、违反该合同所应承担的责任等并未作出明确规定，因此，《民法典》第 502 条第 2 款规定："依照法律、行政法规的规定，合同应当办理批准等手续的，依照其规定。未办理批准等手续影响合同生效的，不影响合同中履行报批等义务条款以及相关条款的效力。应当办理申请批准等手续的当事人未履行义务的，对方可以请求其承担违反该义务的责任。"该条对未生效合同的效力作出了规定，弥补了《合同法》规定的不足。对于《民法典》第 502 条第 2 款的规定，应当从如下方面理解：

第一，依照法律、行政法规的规定，应当办理批准等手续合同才生效的，依照其规定。未生效合同的特点在于，当事人就合同的主要条款达成合意以后，还必须取得相关行政审批部门的批准才能生效，该批准是合同的法定生效条件。③ 法律、行政法规规定应当办理批准等手续生效的合同，主要有如下情形：探矿权、采矿权转让合同，上市公司国有股转让合同，中外合资经营的合营合同，国有土地使用权转让、抵押合同，国有企业的合并合同等。一般认为，法律、行政法规规定应当办理批准等手续生效的，可以补办，补办的时间可以延长至一审法庭辩论终结前，如果在此之前，当事人仍未办理批准等手续的，则合同未生效。

第二，未办理批准等手续的，该合同未生效。这就是说，对于法律、行政法规规定应当办理批准等手续生效的，如果当事人没有办理批准手续，该合同虽然已经成立，但并不产生效力，在此情形下，合同的成立和生效是相互分离的。《合同编通则解释》第 12 条第 3 款规定："合同获得批准前，当事人一方起诉请求对方履行合同约定的主要义务，经释明后拒绝变更

① 参见最高人民法院民事审判第二庭、研究室编著：《最高人民法院民法典合同编通则司法解释理解与适用》，人民法院出版社 2023 年版，第 274 页。

② 参见谢鸿飞：《合同法学的新发展》，中国社会科学出版社 2014 年版，第 179 页。

③ 参见最高人民法院民事审判第二庭、研究室编著：《最高人民法院民法典合同编通则司法解释理解与适用》，人民法院出版社 2023 年版，第 157 页。

诉讼请求的,人民法院应当判决驳回其诉讼请求,但是不影响其另行提起诉讼。”依据该规定,在合同获得批准前,合同虽然已经成立,但整个合同尚未生效,所以一方当事人不得请求对方履行合同主要义务。[①] 如果当事人要求履行合同主要义务,则法院应当对其释明,告知其应当变更诉讼请求。因为简单地驳回其诉讼请求,可能导致当事人因不了解未生效合同的效力而难以通过诉讼维护其权利,因而释明是必要的,但如果经过释明后,当事人仍然拒绝变更请求,则法院应当驳回其诉讼请求,但不影响其另行提起诉讼,即当事人在其主张履行合同主要义务的请求被驳回后,仍有权依法请求对方履行报批义务条款,或者依法请求对方当事人承担违反报批义务的责任;同时,在合同获得批准后,当事人也仍有权依法主张对方履行合同,以及依法请求对方当事人承担违约责任。

需要指出的是,未生效合同不同于无效合同。未生效合同是一个特定的概念,此处所说的未生效合同特指因未履行法定或者约定的审批义务,从而使合同尚未发生效力。其与无效合同的区别主要表现在:一是无效合同主要是因为合同内容违反了法律、行政法规的强制性规定或违背了公序良俗,而未生效合同的内容并不具有违法性,而只是未经过审批,程序上存在瑕疵而已。此类合同已具备合同的有效要件,对双方应具有一定的拘束力,任何一方不得擅自变更或解除该合同。二是未生效仍然有未来生效的可能性,即使在发生争议后,如果当事人补办报批手续,该合同也可能被确认为生效,而并非确定无效、当然无效。[②] 对未生效合同而言,在未报审批的情况下,尽管合同存在形式上的缺陷,但这种缺陷并非不能弥补,法院可以责令负有报批义务的一方履行该义务,从而使合同满足生效要件,一旦弥补了程序上的瑕疵,则可以认定该合同生效,从而体现出尽量维持交易效力的价值考量。而无效合同则是当然无效和绝对无效的,不存在未来生效的可能。三是未生效合同属于未完全生效的合同,其中的报批义务条款和相关条款已经生效,主体权利义务条款尚未生效。而无效合同是指合同自始无效、确定无效、当然无效。

还应当看到,对需要审批的合同而言,从合同签订之日到合同履行之日大多存在一定的时间差,如果采用无效说或者不成立说,则合同当事人在这一期限内可以随时主张合同无效或者不成立,这可能导致对方当事人的信赖落空,从而影响正常市场交易秩序,不利于诚信的维护。[③] 因此,采纳未生效合同的概念,有利于尽量促成合同的生效,符合合同法鼓励交易的精神。

第三,合同未生效不影响报批义务条款的效力。《民法典》第 502 条第 2 款第 2—3 句规定:“未办理批准等手续影响合同生效的,不影响合同中履行报批等义务条款以及相关条款的效力。应当办理申请批准等手续的当事人未履行义务的,对方可以请求其承担违反该义务的责任。”该款承认了报批义务条款具有独立性,《合同编通则解释》第 12 条第 1 款前段规定:“合同依法成立后,负有报批义务的当事人不履行报批义务或者履行报批义务不符合合同的约定或者法律、行政法规的规定,对方请求其继续履行报批义务的,人民法院应予支持。”依据该规定,报批义务条款具有独立性,当事人违反报批义务条款,应当承担违约责任。报批义务条款在性质上类似于合同中的清算条款和仲裁条款,也就是说,尽管合同因未报批而未生效,但是该条款仍应被认定为有效,理由主要在于:一方面,如果否定报批义务条款

① 参见最高人民法院民事审判第二庭、研究室编著:《最高人民法院民法典合同编通则司法解释理解与适用》,人民法院出版社 2023 年版,第 163 页。

② 参见胡康生主编:《〈中华人民共和国合同法〉释义》,法律出版社 1999 年版,第 76 页。

③ 参见蔡立东:《行政审批与权利转让合同的效力》,载《中国法学》2013 年第 1 期。

效力的独立性,则对未办理批准等手续的合同而言,当事人可能拒绝办理报批义务,此时,法律规定报批义务的目的也将难以实现。在现阶段,对合同进行行政审批仍然是政府管理特定经济领域的重要方式,其目的在于对特定行业与领域加强管理,否认报批义务条款效力的独立性,则可能影响这一立法目的的实现。另一方面,否定报批义务条款效力的独立性,不利于贯彻诚实信用原则、妨碍市场秩序的建立。如果认定合同中的报批义务条款在合同未经批准前未生效,则无异于否认报批义务的存在。如果报批义务条款不具有独立性,一旦负有报批义务的一方当事人不报批导致合同未生效,进而认为报批义务不复存在,就会使得负有报批义务的一方规避其义务和责任。[①] 还应当看到,报批义务条款因合同被批准而生效也不符合当事人的订约目的,因为当事人订立合同的目的是使该合同有效并得以履行,只有使报批义务条款生效,法院才可以要求负有报批义务的当事人继续履行合同义务,以实现合同订立的目的。

在未报审批的情况下,尽管该合同整体上未生效,但由于报批义务条款具有独立性,该条款仍然有效,因此,一方当事人依法有权请求应当办理批准等手续的另一方当事人履行义务,如果负有报批义务的人不履行义务,则应当承担继续履行等责任。例如,在"广州市仙源房地产股份有限公司与广东中大中鑫投资策划有限公司、广州远兴房产有限公司、中国投资集团国际理财有限公司股权转让纠纷案"中,最高人民法院认为:由于该合同未生效的原因是未经批准,而批准的前提是当事人报批,促成合同生效的报批义务在合同成立时即应产生,否则,当事人可肆意通过不办理或不协助办理报批手续而恶意阻止合同生效,显然违背诚实信用原则。因此,中鑫公司负有继续报批义务,否则应承担责任。[②]

二、违反未生效合同的责任

违反未生效合同,应当区分为违反整个未生效合同与违反报批义务条款两种情形,二者存在一定的区别。如前所述,报批义务条款本身具有一定的独立性,因此,当事人违反报批义务条款,应当与违反整个未生效合同的责任存在一定的区别。《民法典》第 502 条第 2 款:"应当办理申请批准等手续的当事人未履行义务的,对方可以请求其承担违反该义务的责任。"该条对当事人违反报批义务的责任作出了规定,但对该责任的性质究竟是缔约过失还是违约责任,并未作明确规定。《合同编通则解释》第 12 条区分了两种情形分别作出了规定。

(一) 判决一方履行报批义务前的责任

依据《合同编通则解释》第 12 条第 1 款的规定,当事人违反报批义务的,对方当事人有权依法主张违约责任。由于报批义务条款具有一定的独立性,即使整个合同并未生效,其中独立的报批义务条款也已经发生效力,违反这一已经生效的条款所应承担的责任,可以适用违约责任的相关规定,但就整个未生效合同而言,义务合同尚未生效,此种责任主要包括如下两种:一是继续履行责任,即当事人可以请求负有报批义务的一方继续履行报批义务。二是赔偿责任。负有报批义务的一方拒绝报批的,则可能产生赔偿对方所遭受的损失的责任,但由于合同未生效,此种责任性质上仍然是缔约过失责任。三是解除合同。依据《合同编通则解释》的上述规定,如果负有报批义务的当事人不履行报批义务或者履行报批义务不符合

① 参见杨永清:《批准生效合同若干问题探讨》,载《中国法学》2013 年第 6 期。

② 最高人民法院(2009)民申字第 1068 号民事裁定书。

约定或者法律规定,则对方当事人有权解除合同并请求赔偿损失。需要指出的是,此处的解除合同应当是指解除报批义务条款,因为对此类合同而言,其尚未生效,但报批义务条款已经生效,可以成为被解除的对象,在当事人一方违反报批义务的情形下,对方当事人有权解除报批义务条款。

(二)判决一方履行报批义务后的责任

在一方违反报批义务的情形下,对方当事人有权请求其继续履行报批义务,人民法院也可以依法判决当事人履行报批义务。问题在于,在人民法院判决一方履行报批义务后,当事人仍不履行该义务的,其需要承担何种责任?对此,《合同编通则解释》第 12 条第 2 款规定:"人民法院判决当事人一方履行报批义务后,其仍不履行,对方主张解除合同并参照违反合同的违约责任请求其承担赔偿责任的,人民法院应予支持。"依据该规定,如果在法院判决当事人一方履行报批义务后,其仍不履行的,则对方当事人有权主张解除整个合同,并主张参照违约责任条款请求其承担赔偿责任。此处的解除是一种法定解除权,只要符合该条规定的条件,当事人即可主张解除合同。[①] 此处的赔偿责任在性质上应当是违约责任。

之所以在法院判决一方履行报批义务后应当参照违反合同的违约责任,主要是基于如下原因:一方面,在法院判决要求当事人继续履行报批义务之后,如果其仍不履行,则拟制合同已经生效,其类似于《民法典》第 159 条的附条件法律行为中,如果恶意阻止条件成就,那么就视为条件成就。即在当事人拒绝履行判决确立的报批义务时,拟制合同已经生效,并据此认定当事人的赔偿责任。另一方面,从当事人不履行判决的动机来看,在法院判决后当事人仍不履行报批义务的,意味着其知道该报批申请通常能够被批准,因此其仍不履行报批义务,可能具有获得不当利益的动机。此外,我国《民法典》合同编在规定违约责任时,并未规定违反未生效合同的违约责任,《合同编通则解释》将此种情形纳入其中,并参照违反合同的违约责任确定其责任,也有利于准确认定当事人违反报批义务的责任。正是因为上述原因,在一方当事人不履行判决确定的报批义务时,对方当事人有权解除合同,并主张参照违反合同的违约责任主张赔偿责任。

(三)不予批准应当承担迟延报批的责任

虽然当事人履行了报批义务,但由于不符合批准的条件等原因,致使合同未获批准的,将导致合同确定不生效。我国《民法典》第 157 条并没有对合同不生效的责任作出规定,《合同编通则解释》第 24 条、第 25 条将《民法典》第 157 条扩张适用至合同不成立的情形,因此,该规则也可以适用于合同不生效的情形。《合同编通则解释》第 12 条第 4 款规定:"负有报批义务的当事人已经办理申请批准等手续或者已经履行生效判决确定的报批义务,批准机关决定不予批准,对方请求其承担赔偿责任的,人民法院不予支持。但是,因迟延履行报批义务等可归责于当事人的原因导致合同未获批准,对方请求赔偿因此受到的损失的,人民法院应当依据民法典第一百五十七条的规定处理。"依据该规定,在未能获得批准的情形下,需要根据报批义务人是否具有过错而确定其责任。一是负有报批义务的当事人已经办理申请批准等手续或者已经履行生效判决确定的报批义务,如果批准机关决定不予批准,则合同未生效并非可归责于该当事人的原因,负有报批义务的当事人不具有过错,因此,不应当承担损害赔偿责任。二是负有报批义务的当事人不办理或者迟延办理申请批准等手续导致合同

① 参见最高人民法院民事审判第二庭、研究室编著:《最高人民法院民法典合同编通则司法解释理解与适用》,人民法院出版社 2023 年版,第 163 页。

未获批准，则合同未生效属于可归责于当事人的原因，负有报批义务的当事人对合同未获得报批具有过错的，其应当承担赔偿责任；需要指出的是，此处所说的依据《民法典》第 157 条的规定确定的赔偿责任在性质上应当属于缔约过失责任，而非违约责任，因为在此情形下，合同尚未生效，不存在合同履行以及违约的问题。

三、合同的变更、转让、解除等依法应当办理批准等手续生效的情形

《民法典》第 502 条第 3 款规定："依照法律、行政法规的规定，合同的变更、转让、解除等情形应当办理批准等手续生效的，适用前款规定。"该条第 3 款为新增条款，立法者之所以新增第 3 款，主要是考虑到《合同法》中分别对合同的变更、转让、解除中的批准进行规定。[①] 在《民法典》合同编起草中，为简化《合同法》的上述规定，合同编用该款对变更、转让和解除三种情形集中进行规定，以避免法律条文的冗杂。

该款所规定的变更、转让和解除的批准与该条第 1 款性质相同，对于法律规定需要办理批准等手续才能生效的，不办理批准就不具有合法性，在未办理批准手续前就不应发生效力。例如，《矿产资源法》第 6 条第 1 款第 2 项规定："已取得采矿权的矿山企业，因企业合并、分立，与他人合资、合作经营，或者因企业资产出售以及有其他变更企业资产产权的情形而需要变更采矿权主体的，经依法批准可以将采矿权转让他人采矿。"依此规定，采矿权的转让在批准前并不发生转让的效力。

第六节　合同不成立、无效、被撤销或确定不发生效力的后果

一、合同不成立、无效、被撤销或者确定不发生效力的后果概述

依据《民法典》第 155 条，无效的或者被撤销的民事法律行为自始没有法律约束力。因此，合同被确认无效和被撤销以后，将溯及既往，自合同成立之日起就是无效的，而不是从确认合同无效之时起无效。尤其是对无效合同来说，因其在内容上具有不法性，当事人即使在事后追认，也不能使这些合同生效。一旦合同被确认无效和被撤销，合同关系将不再存在，原合同对当事人不再具有任何约束力，当事人也不得基于原合同而主张任何权利或享受任何利益。合同被确认无效或被撤销之后，应当依据《民法典》第 157 条产生返还财产和赔偿损失等后果。

二、合同不成立、无效、被撤销或者确定不发生效力的具体法律后果

（一）返还财产

返还财产，是指合同当事人在合同被确认无效或被撤销以后，对已交付给对方的财产享有返还请求权，而已经接受财产的当事人则有返还财产的义务。《民法典》第 157 条规定："民事法律行为无效、被撤销或者确定不发生效力后，行为人因该行为取得的财产，应当予以返还；不能返还或者没有必要返还的，应当折价补偿。有过错的一方应当赔偿对方由此所受到的损失；各方都有过错的，应当各自承担相应的责任。法律另有规定的，依照其规定。"返

---

① 例如，《合同法》第 77 条第 2 款规定："法律、行政法规规定变更合同应当办理批准、登记等手续的，依照其规定。"第 87 条规定："法律、行政法规规定转让权利或者转移义务应当办理批准、登记等手续的，依照其规定。"第 96 条第 2 款规定："法律、行政法规规定解除合同应当办理批准、登记等手续的，依照其规定。"

还财产旨在使财产关系恢复到合同订立前的状况。所以,不论接受财产的一方是否具有过错,都应当负有返还财产的义务。当然,返还财产主要适用于已经作出履行的情况。如果当事人尚未开始履行,或者说财产尚未交付,则不适用返还财产。

具体来说,在合同被宣告无效或者被撤销后,当事人返还财产的对象仅限于原物及因原物所产生的孳息,返还的目的是使所有人恢复其对原物的占有。根据《合同编通则解释》第24条第1款的规定,返还财产既包括标的物占有的返还,也包括不动产登记簿册的更正等。这就是说,对动产而言,返还财产指的是返还该动产的占有,而对不动产而言,返还财产除返还该不动产的占有外,还应当包括更正不动产登记簿,从而使当事人的利益状态恢复到订约前的状态。当然,返还原物必须以原物依然存在为要件;若原物已灭失,返还原物在客观上已不可能,所有权人只能要求赔偿损失,而不能要求返还原物。但若适用不当得利责任,以受益人获利为标准,则不论原物是否存在,只要受益人获得利益,就应负返还责任。如果受益人在占有原物以后因占有、使用原物致原物毁损,或已改变形态,或转化成货币,受益人从占有原物中获得利益的,仍应负返还责任。如果当事人接受的财产是实物或货币时,原则上应返还原物或货币,不能以货币代替实物或以实物代替货币。如果当事人接受的财产是劳务或利益,在性质上不能恢复原状的,应以当时国家规定的价格折合成货币返还;没有国家规定价格的,以市场价格或同类劳务的报酬标准折合成货币返还。

相互返还财产实际上在当事人之间成立了债的关系,双方互负债务,各自的给付构成对待给付。一方面,因为双方形成了对待给付的义务,应当适用同时履行原则。《合同编通则解释》第25条第2款中规定,"双方互负返还义务,当事人主张同时履行的,人民法院应予支持"。据此,在双方互负返还义务的情形下,一方未履行自己的返还义务而要求对方履行时,另一方有权提出抗辩。[①] 另一方面,如果符合法定抵销的规则,可以依法予以抵销。依据《合同编通则解释》第25条第2款,在合同被确认无效、被撤销或者确定不发生效力后,占有标的物的一方如果对标的物存在使用或者依法可以使用的情形,则对方有权依法主张标的物使用费,其与对方的资金占用费均为金钱债务,可以依法抵销,即当事人有权主张在相应的范围内予以抵销。

(二) 折价补偿

所谓折价补偿,是指合同被宣告无效后,一方当事人基于合同而取得的对方的财产如果不能返还或者没有必要返还时,可以按照该财产的价值进行折算,以金钱的方式对对方当事人进行补偿的责任形式。[②]《民法典》第157条中规定,"不能返还或者没有必要返还的,应当折价补偿",这就确定了折价补偿的条件。依据该条规定,折价补偿主要适用于以下两种情形:

第一,财产不能返还。在财产不能返还或者没有必要返还时,可以按照该财产的价值进行折算,采取金钱补偿的方式使财产关系恢复原状。[③] 财产不能返还包括两种情形:一是事实上不能返还,即履行的标的物已经发生毁损灭失或已经发生混合、附合等情形,客观上无法返还;二是法律上不能返还,即债权人接受标的物之后将其转让,第三人因善意取得等情

① 参见最高人民法院民事审判第二庭、研究室编著:《最高人民法院民法典合同编通则司法解释理解与适用》,人民法院出版社2023年版,第294页。

② 参见庞景玉、何志:《合同纠纷裁判依据新释新解》,人民法院出版社2014年版,第134页。

③ 参见最高人民法院民事审判第二庭、研究室编著:《最高人民法院民法典合同编通则司法解释理解与适用》,人民法院出版社2023年版,第280页。

形而取得标的物的所有权。当出现不能返还的情况时，接受履行的一方应负损害赔偿的责任。

第二，没有必要返还。所谓没有必要返还，是指返还财产在经济上不具有合理性。例如，返还标的物所需费用过高。

折价补偿在性质上不是损害赔偿，而只是财产关系恢复原状的一种方式。折价补偿应当自认定合同不成立、无效、被撤销或者确定不发生效力之日，以该财产的市场价值或者以其他合理方式计算的价值为基准确定折价补偿的数额。这就是说，如果应当返还的财产在公开市场有替代物时，则应当以该替代物的市场价格折算金钱补偿，无法通过市场价格确定的，可以采取其他合理方式折算金钱补偿。[①]

在合同被宣告无效、被撤销或者确定不发生效力后，一方占有对方资金的情形下，除了返还资金外，还应当支付相应的资金占用费。例如，在借款合同被宣告无效后，当事人应当返还借款，由于合同被宣告无效后，当事人无权主张利息，因此只能通过主张资金占用费的方式填补其损失。对此，《合同编通则解释》第 25 条第 1 款确认了当事人的资金占用费请求权，并区分了当事人对合同不成立、无效、被撤销或者确定不发生效力是否有过错，区分确定了相应的资金占用费计算标准，即有权请求返还价款或者报酬的当事人一方请求对方支付资金占用费的，法院应当在当事人请求的范围内按照中国人民银行授权全国银行间同业拆借中心公布的一年期贷款市场报价利率（LPR）计算。但是，占用资金的当事人对于合同不成立、无效、被撤销或者确定不发生效力没有过错的，应当以中国人民银行公布的同期同类存款基准利率计算。

（三）赔偿损失

合同被确认无效或被撤销以后，也将产生损害赔偿的责任。损害赔偿实际上包括两种情况：一是在不能返还财产的情况下，通过损害赔偿的方法使财产关系恢复原状；二是合同被确认无效或被撤销以后，有过错的当事人应当赔偿对方因此所遭受的损失，如果当事人双方都有过错，则应当各自承担相应的责任。例如，在汽车交易中，当事人在返还汽车之时，汽车可能已经有一定的贬值损失，该损失无法通过返还财产或者折价补偿的方式获得救济。

依据《合同编通则解释》第 24 条第 2 款，合同不成立、无效、被撤销或者确定不发生效力，当事人还请求赔偿损失的，要综合考量如下因素：一是财产增值收益和贬值损失。例如，财产已经发生添附，就会形成增值收益；再如，汽车因发生事故而造成价值贬损，就会发生贬值。损害必须是实际发生的且可以确定的，而不是当事人主观臆测和设想的。当事人一方要主张损害赔偿，必须要证明损害的实际存在。因合同被确认无效或被撤销所造成的损失主要是当事人在实施合同过程中所遭受的损失。二是交易成本的支出，即当事人在缔约过程中所支出的相关成本。三是双方当事人的过错程度及原因力大小。一方面，在合同被确认无效、被撤销或者确定不发生效力时，当事人应当依法承担缔约过失责任，此种责任的认定需要考虑当事人的过错程度以及对损失发生的原因力。过错程度需要区分一方过错或者双方过错。另一方面，还需要考虑过错与损失之间的因果关系。所谓因果关系，是指一方或双方的过错与另一方或双方遭受的损失之间具有前因后果联系。如果不存在因果关系，则

① 参见最高人民法院民事审判第二庭、研究室编著：《最高人民法院民法典合同编通则司法解释理解与适用》，人民法院出版社 2023 年版，第 282 页。

即使一方具有过错,也不能赔偿另一方的损失。例如,一方违反现行法律规定出售货物给对方,另一方接受货物后因保管不善使货物遭受毁损,尽管该合同被确认无效,但另一方遭受的损失是因其自身保管不善造成的,而非合同无效所致,因此受害人的损失与对方的过错之间没有因果联系。四是诚信原则和公平原则。这就是说,赔偿损失的结果应当符合诚信原则和公平原则。例如,在财产返还和折价补偿之后,损失如何在当事人之间进行公平合理的分配,才能更好地体现诚信原则和公平原则,是法官应当考虑的因素。

在合同被确认无效或被撤销以后,非过错方提出赔偿的请求权的根据是什么?笔者认为,受害人应当根据缔约过失来确立责任。由于缔约过失行为所造成的损失一般都是信赖利益的损失,在合同无效的情况下,此种信赖利益的损失是指无过错的一方当事人信赖合同有效,在订立和履行合同中支出了一定的费用和代价,从而在合同被确认无效或被撤销以后,当事人便蒙受了损失,其包括三个方面:一是订约费用。例如往来订立合同的费用,为了订约而赴实地考察所支付的费用。二是履行的费用。此种费用又包括准备履约所支付的费用以及实际履约所支付的费用。三是合理的间接损失。如因为信赖合同将要成立而与对方订立合同,从而丧失了与第三人订立有效合同的机会所蒙受的损失。①

三、合同不成立、无效、被撤销或者确定不发生效力情形下的第三人责任

关于合同无效、被撤销等情形下的第三人责任,《民法典》第 157 条并未作出明确规定,依据《民法典》第 157 条的规定,在民事法律行为无效、被撤销或者确定不发生效力后,“各方都有过错的,应当各自承担相应的责任”,一般认为,此处的“各方”主要是指合同当事人。但是,在第三人实施欺诈、胁迫的情形下,第三人也具有过错,因此,在造成当事人损失的情形下,第三人也应当根据其过错承担赔偿责任。为弥补《民法典》的不足,《合同编通则解释》第 5 条规定:“第三人实施欺诈、胁迫行为,使当事人在违背真实意思的情况下订立合同,受到损失的当事人请求第三人承担赔偿责任的,人民法院依法予以支持;当事人亦有违背诚信原则的行为的,人民法院应当根据各自的过错确定相应的责任。但是,法律、司法解释对当事人与第三人的民事责任另有规定的,依照其规定。”据此,该条确认了在欺诈、胁迫情形下的第三人责任。严格地说,从该条规定来看,在第三人实施欺诈、胁迫行为的情形下,受到损失的当事人请求第三人承担赔偿责任并不以合同被撤销为条件,但是在实践中,当事人请求第三人承担赔偿责任主要是在合同被撤销之后,因此,该条主要适用于合同被撤销的情形。同时,依据该条规定,当事人亦有违背诚信原则的行为的,也应当依据其过错承担责任,此种责任并非连带责任,而是与其过错相适应的责任。例如,出卖人与第三人合谋欺诈买受人的,出卖人也有过错,应当承担相应的责任。

此外,依据上述规定,如果法律、司法解释对当事人与第三人的民事责任另有规定的,则依照其规定。该规则特别适用于会计师、审计师等专业机构造成他人损害的责任,此种责任在性质上主要是侵权损害赔偿责任,而不是合同无效、被撤销等情形下的责任,因此应当适用特别规定。例如,依据《最高人民法院关于审理涉及会计师事务所在审计业务活动中民事侵权赔偿案件的若干规定》第 5 条的规定,注册会计师在审计业务活动中实施与被审计单位恶意串通等行为,造成利害关系人损失的,其应当依法承担赔偿责任。

---

① 参见苏惠祥主编:《中国当代合同法论》,吉林大学出版社 1992 年版,第 137、138 页。

四、合同不成立、无效、被撤销或者确定不发生效力不影响争议解决条款的效力

（一）解决争议方法的条款效力具有独立性

所谓解决争议方法的条款，是指将来一旦发生合同纠纷，应当通过何种方式来解决纠纷。按照合同自由原则，选择解决争议的方法也是当事人所应当享有的合同自由的内容。《民法典》第507条规定："合同不生效、无效、被撤销或者终止的，不影响合同中有关解决争议方法的条款的效力。"这就确立了合同中有关解决争议方法的条款的独立性规则。具体来说，当事人可以在合同中约定一旦发生争议以后，是采取诉讼还是仲裁的方式，如何选择适用的法律，如何选择管辖的法院等，从而对合同未来发生的风险进行必要的控制。当然，解决争议的方法并不是合同的必要条款。如果当事人没有约定解决争议的方法，则在发生争议以后，可以通过诉讼解决。

我国《合同法》对此类条款效力的独立性并没有作出规定。但从比较法上看，各国普遍承认了解决争议方法的条款效力的独立性。《商事合同通则》第7.3.5条第3款规定："终止并不影响合同中关于解决争议的任何规定，或者即便在合同终止后仍应执行的其他合同条款。"在《商事合同通则》中，除争议解决条款外，不受终止影响的条款还包括准据法条款。[①]

我国《民法典》在制定过程中，借鉴了上述立法经验，从两个方面确认了其效力的独立性。也就是说，在合同关系终止以后，并不是所有的合同条款都失去效力，依据法律的规定，合同某些条款的效力具有相对独立性，应当继续有效。这些条款主要包括两种情形：一是合同中解决争议方法的条款，如仲裁条款等。这些条款与当事人约定的实体权利义务关系不同，其主要是关于争议解决的程序性事项。由于合同中的争议解决条款本身涉及对合同终止后事务的处理，且在法律上具有相对独立性，所以，合同终止以后这些条款并不当然终止。二是合同的结算、清理条款。《民法典》第567条规定："合同的权利义务关系终止，不影响合同中结算和清理条款的效力。"所谓合同中的结算、清理条款，是指当事人在合同中约定的，在合同关系终止后如何处理合同遗留问题的约定。依据该条规定，如果当事人事先约定了有关合同终止后的结算和清理条款，则在合同关系终止后，此类条款仍然有效。

但需要指出的是，《民法典》第507条中的争议解决条款，并不包括《民法典》第567条规定的结算和清理条款，应当对二者进行必要的区分，主要原因在于：一方面，争议解决条款主要是关于程序性的条款，而结算和清理条款是关系到实体性权利义务关系的条款；另一方面，争议解决条款通常不涉及违约的问题，而结算和清理条款主要涉及违约后的清算问题。合同权利义务关系终止的原因很多，仅有因为诸如基于违约而解除合同的情形才会涉及违约金和损害赔偿等问题。

《民法典》第507条中规定的解决争议方法的条款，主要包括以下几种类型：一是仲裁条款，即双方人对争议解决方式以及仲裁机构的选择等；二是鉴定机构的条款，这一条款主要是在建设工程合同中，双方约定一旦就建设工程质量发生争议，如何选择鉴定机构；三是管辖权的约定条款，主要包括争议是否交由法院进行裁判以及由何地法院管辖等。

（二）解决争议方法的条款效力具有独立性的原因

为什么合同未生效、无效、被撤销或者终止，不影响合同中有关解决争议方法的条款的

① 参见张玉卿主编：《国际统一私法协会国际商事合同通则2016（英汉对照）》，中国商务出版社2019年版，第523页。

效力？其原因在于：

第一，尊重当事人的合同自由。因为当事人约定了有关解决争议方法的条款，就意味着当事人希望通过适用该条款来解决其发生的争议。如果因为合同未生效、无效、被撤销或者终止，有关解决争议方法的条款也失效，则与当事人约定要实现的订约目的不符。

第二，充分发挥解决争议方法的条款作为救济手段和解决纠纷的程序的作用。解决争议方法的条款的独立性原则可以防止当事人拖延纠纷解决程序，使纠纷得到及时、高效的解决。由于解决争议方法的条款被看作是与主合同或基础合同完全不同的协议，具有独立的性质，因此，即便合同未生效、无效、被撤销或者终止等，当事人仍然可以依据解决争议方法的条款及时解决其纠纷。反之，如果该解决争议方法的条款失效，则纠纷将难以得到及时解决。

第三，该规则是比较法上公认的规则。[①] 例如，《销售合同公约》第 81 条规定："(1) 宣告合同无效解除了双方在合同中的义务，但应负责的任何损害赔偿仍应负责。宣告合同无效不影响合同中关于解决争端的任何规定，也不影响合同中关于双方在宣告无效后权利和义务的任何其他规定……"从世界各国仲裁立法例、有关国际公约以及司法实践来看，仲裁条款独立于合同，与合同应被看作是两个不同的单独的协议，仲裁条款独立于合同的其他条款而存在。

五、合同不成立、无效、被撤销或者确定不发生效力后当事人获利的处理

合同不成立、无效、被撤销或者确定不发生效力后，当事人仍然可能获利。例如，在骗贷的情形下，在借款合同被宣告无效或者被撤销后，一方当事人利用获得的资金可能已经从事了相关的违法行为，并获得了一定的利益，此时，其在返还借款和资金占用费之后，还可能获得其他非法利益。对于该非法获利，我国《民法通则》第 61 条第 2 款曾经规定了在此情形下法院可以采取追缴等措施，但在《民法典》编纂中，删除了该项规定，这主要是考虑到其在性质上为行政责任，而非民事责任，因为这一原因，不能适用行政追缴等公法上的措施剥夺行为人的违法获利。因此，法院只能通过提出司法建议等措施来应对此类问题。[②] 同样的还有《民法通则》第 134 条第 3 款以及《合同法》第 59 条之规定，民事活动当事人承担的民事法律后果，除通常的民事责任外，还有其他制裁措施，包括收缴非法财产、追缴双方合同所得、罚款和拘留等，《民法典》合同编删除了上述规定。依据《合同编通则解释》第 24 条第 3 款的规定[③]，在民事诉讼程序中，不能追究行为人的公法责任，应当通过司法建议和线索移交等方式来实现民事责任之外的民事制裁措施。

---

① 参见全国人大常委会法制工作委员会民法室编：《〈中华人民共和国合同法〉与国内外有关合同规定条文对照》，法律出版社 1999 年版，第 47—48 页。

② 参见最高人民法院民事审判第二庭、研究室编著：《最高人民法院民法典合同编通则司法解释理解与适用》，人民法院出版社 2023 年版，第 286 页。

③ 《合同编通则解释》第 24 条第 3 款规定："合同不成立、无效、被撤销或者确定不发生效力，当事人的行为涉嫌违法且未经处理，可能导致一方或者双方通过违法行为获得不当利益的，人民法院应当向有关行政管理部门提出司法建议。当事人的行为涉嫌犯罪的，应当将案件线索移送刑事侦查机关；属于刑事自诉案件的，应当告知当事人可以向有管辖权的人民法院另行提起诉讼。"

第十章

缔约过失责任

第一节　缔约过失责任的概念和特征

一、缔约过失责任的概念

缔约过失责任是指在合同订立过程中，一方因违背诚信原则和法律规定的义务致使另一方的信赖利益遭受损失的，应承担损害赔偿责任。罗马法中并没有缔约过失的概念。《法国民法典》也没有对此作出规定。直到 1861 年，缔约过失理论才由德国学者耶林提出。耶林在其主编的《耶林法学年报》第四卷上发表了《缔约上过失，契约无效与不成立时之损害赔偿》[①]一文。[②] 他在该文中指出，德国普通法过分注重意志说（Willenstheorie），强调当事人主观意志的合意，因此不足以适应商业活动的需要。[③] 他还指出，导致合同无效的有过错的一方，应对无过错的另一方因为信赖合同的效力所遭受的损害负责，当然无过错的一方不能请求赔偿允诺履行的价值损失，即履行利益的损失。但法律可以通过给予受害人赔偿消极利益或信赖利益的损失，而使其损失得到恢复，即使是粗心大意的允诺者也应当对合同债务的实质上不成立而负责。[④] 耶林关于缔约过失的理论被称为"法学上的重大发现"。

耶林的理论提出以后，对德国法不无影响。《德国民法典》在制定的时候，就对"缔约上过失"问题展开了讨论。尽管民法典的起草人并未完全接受缔约过失的理论，但德国民法中的债法修改了传统的意志理论，尤其是在法典的许多条文中，因受耶林的影响，而作出了对受害人的信赖利益予以保护的规定，在因错误而撤销（《德国民法典》第 122 条）、自始客观不能（《德国民法典》第 307 条）、无权代理（《德国民法典》第 179 条）等情况下，明确规定应保护相对人的信赖利益的损失。按照凯斯勒等人的看法，德国侵权法并没有采纳统一的过错责任原则，且关于雇主对雇员的责任规定不合理，迫使德国的法官在司法实践中采纳缔约过失的概念，依据诚信原则确立雇主的责任。[⑤] 在法国，自 1861 年耶林的文章发表以后，法学界也开始对缔约过失责任问题进行研究。有关的判例也采纳了缔约过失责任。在法国的判例中，承认因欺诈而中断谈判，因此造成对方损失的，欺诈方应承担相应的责任，例如，在法国

① R. von Jhering：Cupla in contrahendo，Jahrbuch für Dogmatik 4（1861）.

② 缔约上过失责任（culpa in contrahendo）又译为"契约缔结之际的过失和先契约责任"。

③ 王泽鉴：《民法学说与判例研究》（第 1 册），北京大学出版社 2009 年版，第 71 页。

④ See Friedrich Kessler and Edith Fine，"Culpa in Contrahendo，Bargaining in Good faith，and Freedom of Contract，A comparative Study"，77 *Harvard Law Rev*. 1964，p. 406.

⑤ 参见刘得宽：《民法诸问题与新展望》，三民书局 1979 年版，第 428—429 页。

2002年的一个判例中，潜在的购买人经准许在合同谈判期间占有了标的物，后来因该潜在的购买人的原因而导致谈判失败，法国最高法院即判决该潜在购买人负赔偿责任。[①]《欧洲合同法原则》在第二章"合同的成立"中的第三节专门规定了"磋商责任"，其中第2.301条"悖于诚信的磋商"集中表达了缔约过失责任。《商事合同通则》第二章在"合同的成立与代理人的权限"中专门规定了缔约过失责任。[②] 由此表明，缔约过失责任已经为世界上许多国家及国际示范法中的民事法律所接受。

我国民法也采纳了缔约过失责任的概念。《民法典》第500条规定："当事人在订立合同过程中有下列情形之一，造成对方损失的，应当承担赔偿责任：(一) 假借订立合同，恶意进行磋商；(二) 故意隐瞒与订立合同有关的重要事实或者提供虚假情况；(三) 有其他违背诚信原则的行为。"确认缔约过失责任制度的意义在于：一方面，有利于在缔约阶段弘扬诚信原则，维护当事人一方对另一方的合理信赖。在缔约阶段，当事人因缔约的需要而进入可以彼此影响的范围，依诚信原则，当事人应尽交易上的必要注意，以维护对方的财产和人身利益，因此，缔约阶段也应受到法律的调整。当事人应当遵循诚信原则，认真履行其所负有的义务，不得因无合同约束，滥用订约自由或实施其他致人损害的不正当行为。否则，不仅将严重妨碍合同的依法成立和生效，影响交易安全，也会影响人与人之间正常关系的建立。另一方面，有利于规范交易关系的各个阶段，从而实现对交易关系的全方位调整，也有利于在缔约阶段中，防止因一方违反诚信义务而造成另一方损害。此外，确立缔约过失责任制度也是完善债法体系的需要。因为缔约过失责任作为一项独立的债权请求权，与合同上的请求权、侵权上的请求权、不当得利和无因管理的请求权一起构成了债权请求权的完整体系，缺少任何一项请求权，债权请求权的体系都是不完备的。尤其是我国民法已经规定了合同被宣告无效或者被撤销以后有过错一方的赔偿责任以及无权代理人的赔偿责任，这就需要通过缔约过失责任制度为受害人的救济提供请求的依据。还应当看到，建立缔约过失责任制度也有利于确立在缔约阶段当事人依据诚信原则所应当负有的义务，从而有利于完善义务体系。

二、缔约过失请求权

关于缔约过失是否为一项独立的请求权，以及该项请求权的基础是什么，在国外的判例和学说中，一直存在不同的观点。概括起来，主要有三种观点，即法律行为说、侵权行为说、法律规定说。[③] 笔者认为，缔约过失责任是一项独立的债的请求权，虽然缔约过失责任规定在合同编中，但并不意味着其属于合同之债的范畴，其在性质上属于独立于合同请求权的债的请求权。因为缔约过失请求权是依法产生的权利，即在符合法律规定的情形下，当事人可以依法主张缔约过失请求权。法律为维护交易的安全与社会经济秩序，完全可以规定一定的法律要件，而在具备此种法律要件时，直接赋予一定请求权的效果。此种请求权亦应独立于基于侵权行为、违约行为、不当得利、无因管理等产生的请求权。因缔约过失产生之债与不当得利之债、无因管理之债、侵权行为之债、合同之债共同构成债的体系，受害人可以直接依据缔约过失请求有过失的一方承担责任。

当然，缔约过失虽然是一种独立的请求权，但它仍然是一种辅助合同上的请求权和侵权

① 参见罗结珍译：《法国民法典》(下册)，法律出版社2005年版，第785页。

② 参见《商事合同通则》2.1.15条。

③ 参见王泽鉴：《民法学说与判例研究》(第1册)，北京大学出版社2009年版，第73—75页。

上的请求权而发生作用的制度。一般来说，如果能够适用合同上的请求权和侵权上的请求权，则可以不适用缔约过失请求权。尤其是从损害赔偿的范围来看，由于缔约过失责任仅仅只是赔偿信赖利益的损失，既不包括履行利益的损失，也不能包括全部的实际损失，因而一般来说，在赔偿的范围上不能完全等同于违约责任和侵权责任的赔偿范围，受害人从为自身利益考虑的角度，也应当首先提出合同上的请求权或侵权上的请求权，在这些请求权不能成立或不利于更有效地保护受害人利益时，才应当提起缔约过失的请求权。反过来说，在绝大多数情况下，如果受害人能够基于违约责任和侵权责任提出赔偿，因其较之于缔约过失责任制度，更有利于保护受害人的利益，因而没有必要再基于缔约过失责任制度请求赔偿。

三、缔约过失责任的适用范围

《民法典》之所以将缔约过失责任规定在合同编中，是因为它与合同关系具有不可分割的密切联系，且适用于合同的多个阶段，具体而言：

第一，其适用于合同的订立阶段。耶林之所以提出缔约过失理论，主要是因为，在合同订立阶段，因当事人之间不存在合同关系，无法适用合同的规则，因此，缔约阶段当事人的权利义务调整成为法律的一块“飞地”。而依据诚信原则，在缔约阶段，当事人应当负有保护、保密等义务，当事人违反该义务的，应当承担缔约过失责任。

第二，适用于合同无效、可撤销、确定不发生效力。依据《民法典》第 157 条中的规定，“民事法律行为无效、被撤销或者确定不发生效力后，行为人因该行为取得的财产，应当予以返还；不能返还或者没有必要返还的，应当折价补偿。有过错的一方应当赔偿对方由此所受到的损失；各方都有过错的，应当各自承担相应的责任”。此处所说的损害赔偿责任主要是缔约过失责任，因为在合同无效、被撤销或者确定不发生效力后，当事人之间不存在有效的合同关系，因此，此处的损害赔偿责任在性质上并不是违约责任，而应当是缔约过失责任。[①]

第三，在一方过失导致合同不成立的情形下，对方有信赖利益损失的，有过失一方应承担缔约过失责任。当然，此处需要平衡一方当事人的信赖利益保护与另一方当事人的合同自由保护之间的关系，而不能当然认定在合同不成立的情形下，有过失方均需要承担缔约过失责任。

第二节　缔约过失责任的构成要件

根据《民法典》第 500 条的规定，缔约过失责任的成立须具备如下条件：

（一）缔约过失发生在合同订立过程中

缔约过失责任与违约责任的基本区别在于，此种责任发生在缔约过程中而不是发生在合同成立以后。只有在合同尚未成立，或者虽然成立，但因为不符合法定的生效要件而被确认为无效或被撤销时，缔约人才承担缔约过失责任。若合同已经成立并生效，因一方当事人的过失而致他方损害，就不应适用缔约过失责任。即使是在附条件的合同中，在条件尚未成就以前，因一方恶意阻碍或延缓条件的成就，视为条件已经成就，也因为合同已经成立且生效，则应按违约责任而不应按缔约过失责任处理。所以，确定合同成立的时间，是衡量是否应承担缔约过失责任的关键。例如，在“时间房地产建设集团有限公司与玉环县国土资源局

① 参见韩世远：《合同法总论》（第四版），法律出版社 2018 年版，第 162—168 页。

土地使用权出让合同纠纷上诉案”中,最高人民法院就确认了缔约过失责任与违约责任的基本区别。[1]

一般来说,合同成立的时间取决于缔约一方当事人对另一方当事人的要约作出承诺的时间。若一方发出了要约,而另一方尚未作出承诺,则合同尚未成立。在双方合意形成以前的阶段就是合同订立阶段。从我国立法和司法实践来看,依法必须以书面形式缔结的合同,双方虽然就合同主要条款达成了口头协议,但尚未以书面形式记载下来并在合同上签名的,应视为合同未成立,当事人仍处于缔约阶段。依据法律、行政法规的规定,应当由国家批准的合同,如果当事人已经就合同内容达成协议,但未获批准时,则应认定当事人仍处于缔约阶段。

缔约过失责任发生在合同缔结阶段,当事人之间已经具有某种订约上的联系,换言之,为缔结合同,一方实施了具有某种法律意义的行为(如发出要约或要约邀请),而另一方对双方将订立合同具有合理信赖。如果是向特定人发出要约或者要约邀请,则至少必须要在这些要约或者要约邀请已经到达受要约人或相对人以后,才能产生缔约上的联系。只有具有缔约上的联系,缔约当事人之间才能产生一种信赖关系,甚至在许多情况下必须要有双方的实际的接触、磋商,才能产生这种信赖关系。也只有在当事人具有某种缔约上的联系以后,一方才能对另一方负有基于诚信原则产生的义务。若双方无任何法律上的联系,无从表明双方之间具有缔约关系,则因一方的过失而致他方损害的,不能适用缔约过失责任。

需要指出的是,如前所述,在合同关系终止后,一方当事人违反因诚信原则而产生的通知、协助等义务,造成对方损失的,也可能构成缔约过失责任,因此,除合同订立阶段外,在特殊情形下,缔约过失责任也可能产生于合同终止后的阶段。

(二)一方违背其依诚信原则所应负的义务

缔约过失最重要的特征在于,缔约当事人具有过失。什么是过失呢?学者大都认为,所谓过失,是指行为人的一种主观心理状态,这实际上是一种主观的过错。但是缔约过失中所说的过失实际上是一种客观的过失而不是主观的过失。所谓客观的过失,是指依据行为人的行为是否违反了某种行为标准而确定其是否具有过失。在缔约过失的情况下,行为人的过失表现在其违反了依据诚信原则所产生的义务,因此应当承担缔约过失责任。换言之,所谓过失,是指违反了诚信原则。例如,在“陕西咸阳星云机械有限公司与彩虹集团电子股份有限公司缔约过失责任纠纷上诉案”中,最高人民法院认为,缔约过失责任是一方因违反先合同义务而造成对方信赖利益损失所应承担的民事赔偿责任。缔约过失责任的承担须以先合同义务的存在及违反作为前提条件。[2]

诚信原则是合同法的一项基本原则,民事主体在从事民事活动时,应讲诚实、守信用,以善意的方式行使权利并履行义务。根据诚信原则的要求,合同在订立时或成立后,当事人负有一定的附随义务。事实上,当事人为缔结契约而接触与协商之际,已由原来的普通关系进入到特殊的联系阶段,双方均应依诚信原则互负协助、照顾、保护等义务。关于此种关系的性质,德国最高法院曾称为“类似的契约关系”(vertragsähnliches Verhältnis),德国学者斯托尔(Stoll)称之为“契约磋商(谈判)的法律关系”。德国学者艾尔曼认为,当事人进入合同谈判过程以后就构成了有限的债权关系,而且是法定的债权关系,其根据是因为“引发另一

---

① 最高人民法院(2003)民一终字第82号民事判决书。

② 最高人民法院(2008)民二终字第8号民事判决书。

方的信任”而产生了保护义务、维持义务、陈述义务以及不作为义务。[①] 也就是说，当事人应负有先契约义务。诚信义务是随着双方当事人联系的密切而逐渐产生的。当事人一方如不履行这种义务，不仅会给他方造成损害，也会妨害社会经济秩序。所以，为了贯彻诚信原则，防止缔约人因故意或过失使合同不能成立或欠缺有效要件，维护社会经济秩序的稳定，法律要求当事人必须履行上述诚信原则产生的义务，否则将要负缔约过失责任。

应当指出，在缔约阶段，一方当事人负缔约过失责任的原因可能并不仅限于其违反了与合同义务相伴的附随义务，还在于要约人违反了其发出的有效要约。所以，缔约过失责任可能因当事人对缔约关系的破坏而产生。由于在缔约阶段，当事人均负有某种法定义务（附随义务和其他义务），从而表明缔约关系并不是事实关系，也不是法律作用不到的领域，违反了该义务而致他人损害的，将构成缔约过失。

（三）造成他人信赖利益的损失

缔约过失责任是一种损害赔偿责任，因此，其成立以造成损害后果为前提，此种损害后果主要是造成他人信赖利益的损失。依据《民法典》第500条的规定，缔约过失责任的承担必须以造成对方损失为前提。由于缔约过失行为直接破坏了缔约关系，因此所引起的损害是指他人因信赖合同的成立和有效而蒙受的不利益，此种不利益即为信赖利益（Vertrauensinteresse，reliance interest）的损失。例如，信赖表意人的意思表示有效的相对人，因表意人滥用订约自由、随意撤销意思表示所受的损害。在大陆法中，信赖利益又称为消极利益或消极的契约利益，是指因信赖无效的法律行为为有效而所受的损害。[②] 例如，信赖表意人的意思表示有效的相对人，因表意人意思表示不真实而撤销意思表示所受的损害。信赖利益与债权人就合同履行时所可获得的履行利益或积极利益是不同的，信赖利益赔偿的结果，是使当事人达到如同合同未曾订立时的状态，而履行利益赔偿的结果，是使当事人达到如同合同完全履行时的状态。笔者认为，缔约过失责任中所说的信赖利益，是指一方基于其对另一方将与其订约的合理信赖所产生的利益；信赖利益的损失是指因另一方的缔约过失行为而使合同不能成立或无效，导致信赖人所支付的各种费用和其他损失不能得到弥补。当然，当事人的信赖必须是合理的，即一方的行为已使另一方足以相信合同能够成立或生效，由于另一方的缔约过失破坏了缔约关系，使信赖人的利益丧失，而且此种损失与缔约过失行为有因果关系。例如，按照交易习惯，当事人不应对合同的成立或者生效产生合理信赖，则即便其为合同的订立支付了一定的费用，也不应当属于信赖利益的损失。倘若从客观的事实中不能对合同的成立或生效产生信赖，即使已经支付了大量的费用，亦不能视为信赖利益的损失。

由于缔约上的过失行为所侵害的对象乃是信赖利益，因此，只有在信赖人遭受信赖利益的损失，且此种损失与缔约过失行为有直接因果关系的情况下，信赖人才能基于缔约上的过失而请求损害赔偿。当然，在例外的情况下如果行为人的行为违反了保护义务或者告知义务，致使他人损害的，损害赔偿的范围也可能大于信赖利益的损失。[③]

（四）加害人具有责任能力

比较法上，缔约过失责任虽然在各国的法律规定中不完全相同，但大多规定加害人必须具有责任能力，因为责任能力是认定过错的基础，也是承担责任的前提。根据责任能力制

---

① Ballerstedt，AcP 151 (1951) 502，N. 7.

② 史尚宽：《债法总论》，作者1990年自版，第278页。

③ 参见韩世远：《合同法总论》（第四版），法律出版社2018年版，第186—187页；林诚二：《民法债编总论——体系化解说》，中国人民大学出版社2003年版，第426页。

度,只有当行为人对其行为的性质及其后果具有识别能力,也即"认识到其行为的不法以及随之产生的责任,并且以任何方式理解其行为的后果"时,行为人才有可能承担责任。[①] 缔约过失责任的成立,也要求加害人具有相应的责任能力。例如,在未成年人实施缔约行为时,虽具有过错,如果其不具有责任能力,就不应当承担缔约过失责任。强调加害人的责任能力,既符合私法自治原则,又有利于对未成年人、精神病人等的保护。[②]

第三节 缔约过失的类型

依据本条规定,缔约过失责任主要有如下几种类型:

(一)假借订立合同,恶意进行磋商

假借订立合同,恶意进行磋商,构成缔约过失。所谓"假借",就是根本没有与对方订立合同的目的,与对方进行谈判只是个借口,目的是损害对方或者他人利益。[③] 换句话说,一方本不想和对方谈判,而是为了拖延时间或为了使对方丧失商业机会而与对方谈判。如甲就某项合同的订立与乙进行谈判,目的在于阻止乙与丙订立合同,或者使乙丧失其他商业机会。所谓"恶意",是指假借磋商、谈判,而故意给对方造成损害。恶意包括两方面内容:一是行为人主观上并没有谈判意图,二是行为人主观上具有给对方造成损害的目的和动机。恶意是恶意谈判构成的最核心的要件,然而,受害人一方必须证明另一方具有假借磋商、谈判而使其遭受损害的恶意,才能使另一方承担缔约过失责任。

应当指出的是,在谈判过程中根据合同自由原则,双方都享有订立和不订立合同的自由,从这个意义上说,双方都有权在达成协议以前中断谈判,一方中断谈判也不需要给另一方合理的理由,除非其进行谈判和中断谈判都出于恶意,且另一方有足够的证据证明其假借订立合同,恶意进行磋商,才可能构成缔约过失。

(二)故意隐瞒与订立合同有关的重要事实或者提供虚假情况

故意隐瞒与订立合同有关的重要事实或者提供虚假情况,属于缔约过程中的欺诈行为。缔约过程中的欺诈行为,是指一方当事人故意实施某种欺骗他人的行为,并使他人陷入错误认识而订立合同。例如,在"吴卫明诉上海花旗银行储蓄合同纠纷案"中,最高人民法院认为,在缔结外币储蓄合同一事上,上海花旗银行与吴卫明的法律地位平等。该行不存在恶意进行磋商、故意隐瞒与订立合同有关的重要事实或者提供虚假情况等行为,收费行为也不构成对小额储户的歧视,因此在订立合同的过程中未发生缔约过失。[④] 构成欺诈,必须符合如下要件:

第一,欺诈方具有故意。这就是说,欺诈方明知自己告知对方的情况是虚假的且会使被欺诈人陷入错误认识,而希望或放任这种结果的发生。故欺诈方告知虚假情况,不论是否使自己或第三人牟利,均不妨碍故意的构成。

第二,欺诈方客观上实施了陈述虚假事实或隐瞒真实情况的行为。所谓欺诈行为,是指欺诈方将其欺诈故意表示于外部的行为。在实践中大都表现为故意陈述虚伪事实或故意隐瞒真实情况使他人陷入错误的行为。一是故意告知虚假情况,也就是指虚伪陈述。例如,将

① MünchKomm-Mertens,1999,§828,Rn. 1.

② 参见李永军、易军:《合同法》,中国法制出版社 2009 年版,第 107 页。

③ 参见全国人大常委会法制工作委员会民法室:《中华人民共和国合同法实用问答》,中国商业出版社 1999 年版,第 137 页。

④ 《最高人民法院公报》2005 年第 9 期。

赝品说成是真迹，将质量低劣的产品说成是优质产品。二是故意隐瞒真实情况，它是指行为人有义务向他方如实告知某种真实的情况而故意不告知。例如，当事人在订立合同过程中，故意隐瞒其财产状况、履约能力，或者没有告知对方当事人标的物属于易燃、易爆或有毒物品等重要情况。在订约过程中，一方当事人故意隐瞒上述与订立合同有关的重要情况，或提供虚假情况的，实际上已构成欺诈，如因此给对方造成财产损失的，应负赔偿责任。

第三，相对人的错误认识与行为人的欺诈行为之间具有因果联系，即相对人因行为人虚假陈述或隐瞒真实情况的行为而陷于错误认识。在欺诈的情况下，受害人须基于虚假的情况而对合同内容发生了错误认识，如因误信对方的假药宣传而将假药当成了真药。若受欺诈方未陷入错误认识或者所发生的错误认识并不是欺诈造成的，则不构成欺诈。

（三）泄露或者不正当地使用商业秘密或者其他应当保密的信息

《民法典》第 501 条规定："当事人在订立合同过程中知悉的商业秘密或者其他应当保密的信息，无论合同是否成立，不得泄露或者不正当地使用；泄露、不正当地使用该商业秘密或者信息，造成对方损失的，应当承担赔偿责任。"该条规定了当事人在订立合同过程中，对于其知悉的商业秘密或者其他应当保密的信息的保密义务。传统的合同法理论认为，当事人在谈判过程中对于彼此所交换的信息没有为对方保密的义务，"由于一方当事人通常可以自由地决定是否披露那些与所谈交易相关的问题，这类信息原则上将被认为是非秘密的信息，即使合同没有达成，另一方当事人既可以公开给第三方，又可以纯粹用于其自己的目的"①。然而，现代合同法认为，在谈判过程中，一方对另一方负有依据诚信原则产生的义务，不论一方在谈判中是否明确告诉对方其披露的信息属于商业秘密或者另一方知道或应当知道该信息属于商业秘密，另一方都应当对了解的秘密负有保密的义务，这不仅有利于维护诚信原则，而且有利于维护双方当事人的合法权益。有关的示范法也采纳这一规定。例如，《商事合同通则》第 2.1.16 条规定："在谈判过程中，一方当事人以保密性质提供的信息，无论此后是否达成合同，另一方当事人都有义务不予泄露，也不得为自己的目的不适当地使用这些信息。在适当的情况下，违反该义务的救济可以包括根据另一方当事人泄露该信息所获得之利益予以赔偿。"

我国《民法典》第 501 条要求当事人在缔约阶段承担保密义务，是为了进一步强化落实诚信原则，充分体现了社会主义核心价值观，同时也加强了对商业秘密的保护，从而强化了对智力成果的保护，有助于激励发明创造与提高经济效率；并有利于维护商业道德，使诚信原则得到切实遵守。我国《反不正当竞争法》和《民法典》侵权责任编都对侵害商业秘密的行为予以了制裁，而《民法典》第 501 条也包括对有关商业秘密转让和使用的合同予以保护的内容，从而形成了对商业秘密保护的完整的法律机制。

依据《民法典》第 501 条的规定，当事人违反其对于所知悉的商业秘密或者其他应当保密的信息的保密义务，造成对方损失的，应当承担损害赔偿责任。此种责任的成立应当具备如下条件：

1. 当事人在订立合同过程中已知悉商业秘密或者其他应当保密的信息

依据《反不正当竞争法》第 9 条的规定，商业秘密是指不为公众所知悉、具有商业价值并经权利人采取保密措施的技术信息、经营信息等商业信息。商业秘密是否为一种权利，以及属于何种性质的权利，仍然存在争议。但毫无疑问，商业秘密作为一种民事主体享有的合法

① 张玉卿主编：《国际统一私法协会国际商事合同通则 2016(英汉对照)》，中国商务出版社 2019 年版，第 127 页。

利益,应当由法律予以保护。当事人在谈判过程中,可能要涉及商业秘密问题。在许多情况下,谈判的一方向另一方透露了某些商业秘密以后,可能明确要求对方不予泄露,或者明确声明某项信息属于商业秘密,但也可能并没有明确地禁止对方泄露。只要一方接触、了解另一方的信息后,知道或者应当知道该信息属于商业秘密,包括秘密配方、技术诀窍和在劳动生产、技术操作方面的经验、知识和技巧以及产品的性能、销售对象、市场营销情况等各种商业秘密,就应依据诚信原则负保密义务,不得向外泄露或作不正当使用。

《民法典》第 501 条规定了当事人在订约中的保密义务。这一规定在《合同法》第 43 条规定的商业秘密基础上,增加了"其他应当保密的信息"。其他应当保密的信息主要是指除商业秘密外的当事人在订立过程中知悉的一经泄露可能给对方带来损失的秘密信息。增加此种信息的主要原因在于,《民法典》合同编所规定的合同,不仅包括商事主体之间所订立的合同,也包括民事主体,如非法人组织、自然人等之间订立的合同,在这些合同关系中,当事人也负有保密的义务。诸如机关、学校甚至自然人等主体在缔约中也存在需要保密的信息,这些信息显然不属于商业秘密的范畴,但仍需要保护。例如,在与学校订立合同过程中了解了学生的数据信息,在与自然人订立合同过程中了解了其疾病状况等,对于这些信息的保密也应当构成一种义务。

2. 泄露、不正当地使用该商业秘密或者其他应当保密的信息

第一,泄露商业秘密或者其他应当保密的信息。所谓泄露,是指将商业秘密透露给他人,包括在对方要求保密的情况下向特定人、少部分人透露商业秘密,以及违背权利人的意思将商业秘密泄露给他人。①

第二,不正当使用商业秘密或者其他应当保密的信息。② 所谓不正当使用,是指未经授权而使用该秘密或将该秘密转让给他人。如将商业秘密用于自己的生产经营,由自己直接利用商业秘密的行为或状态,或非法允许他人使用,都构成侵权。无论行为人是否因此而获取一定的利益,都有可能构成缔约过失责任。

依据《民法典》第 501 条,"无论合同是否成立,不得泄露或者不正当地使用",这就是说,在泄露或者不正当地使用商业秘密或者其他应当保密的信息的情况下,行为人构成缔约过失责任,不能以合同已经成立为由抗辩,即使合同已经成立,也可以构成缔约过失责任。

3. 泄露、不正当地使用该商业秘密或者其他应当保密的信息,造成对方损失

即因泄露和不正当使用商业秘密或者其他应当保密的信息而给商业秘密的所有人造成了损失,至于行为人主观上出于故意或过失则在所不同。

(四) 其他违背诚信原则的行为

其他违背诚信原则的行为较多。例如,在合同无效和被撤销、违反强制缔约义务、无权代理等情况下,也能产生缔约过失责任。

第四节 缔约过失责任与相关责任

一、缔约过失责任与违约责任

按照合同法原则,一方因过错不履行或不完全履行合同义务的,应负违约责任。由于违

① 参见朱广新、谢鸿飞主编:《民法典评注·合同编·通则 1》,中国法制出版社 2020 年版,第 307 页。

② 参见孔祥俊:《合同法教程》,中国人民公安大学出版社 1999 年版,第 150 页。

约责任存在的前提是双方当事人之间的合同关系，因而，违约责任制度保护的是当事人因合同所产生的利益。但是，在合同尚未成立或合同无效时，因一方当事人的过失行为，使另一方当事人蒙受损害的，如何保护受害人并使有过失的一方当事人承担责任，则是违约责任未能解决的难题。传统民法理论和制度因重视合同关系而轻视缔约关系，“在缔约谈判过程中，一方当事人因为应受非难的行为而侵害他方当事人时，应依契约原则（而非依侵权行为规定）负责，至于契约是否成立，此一非难的行为与契约内容是否有关，在所不问”[①]，从而混淆了违约责任和缔约过失责任。事实上，两者虽有密切联系，但在责任根据、举证责任、责任范围、责任的认定标准等方面均存在着区别。

自从耶林提出了缔约过失责任以后，缔约过失责任与违约责任在法律上得以分开。然而，耶林在提出缔约过失责任时，认为缔约过失行为“其所侵害的是，特定当事人的具体债权，因此关于使用人行为、举证责任、时效期间及责任标准等问题，均应适用契约法原则加以处理”[②]。德国某些判例也支持这一观点，认为当事人在从事缔约行为之际就已经默示地缔结了责任契约，德国帝国法院于1911年12月7日关于软木地毯案的判决便采纳了这一观点。在该案中法院认为，基于当事人之行为，在彼此间业已形成了一种为买卖而准备的法律关系，具有类似契约之性质，在出卖人与有意购买之顾客间产生了一种法律上之义务，在展示商品之际，对相对人之健康及其他法益应予注意保护。[③] 一些学者鉴于缔约过失责任是在《民法典》合同编中作出规定的，因此也认为缔约过失责任和合同责任并没有本质的区别。笔者认为，这一观点是值得商榷的。应当看到，缔约过失责任产生于合同订立阶段，即当事人之间为了订立合同而形成了一定的接触和信赖关系，因一方的过失而使合同不能成立，使另一方遭受了损害，所以它与合同责任联系十分密切，它通常都是合同在订立过程中以及合同在不成立、无效和被撤销的情况下所产生的责任，即是在因当事人不存在合同关系难以适用违约责任的情况下所产生的责任。缔约过失责任与违约责任存在明显的区别，表现在：

第一，从责任性质上看，违约责任是因为违反有效合同而产生的责任，它是以合同关系的存在为前提条件的；而缔约过失责任产生的宗旨就是为解决在没有合同关系的情况下因一方的过失而造成另一方信赖利益的损失的问题，所以区分合同责任与缔约过失责任首先要以合同关系是否成立为认定标准。如果存在合同关系则应适用合同责任，如不存在合同关系则可以考虑适用缔约过失责任。

第二，违约责任可以由当事人约定责任形式，如当事人可以约定违约后的损害赔偿的数额及其计算方法，也可以约定违约金条款，还可以约定免责条件和具体事由；而缔约过失责任只是一种法定的责任，不能由当事人自由约定。从责任形式上看，合同责任的形式包括了违约金、损害赔偿、实际履行、修补替换、定金等多种形式；而缔约过失责任只以损害赔偿作为其责任形式。

第三，从赔偿范围上来看，违约责任通常要求赔偿履行利益的损失，履行利益既包括了可得利益，也包括了履行本身。在赔偿了履行利益后，受害人就达到了合同犹如完全履行一样的状态，因此赔偿履行利益可以作为实际履行的替代方法来使用。而在承担缔约过失责任的情况下，当事人只能根据信赖利益的损失而要求赔偿。对信赖利益的保护，旨在使非违

---

① 此观点为大多数学者主张，但受到王泽鉴先生的批评。参见王泽鉴：《民法学说与判例研究》（第2册），北京大学出版社2009年版，第9页。

② 参见王泽鉴：《民法学说与判例研究》（第4册），北京大学出版社2009年版，第7页。

③ 参见王泽鉴：《民法学说与判例研究》（第1册），北京大学出版社2009年版，第77—78页。

约方因信赖合同的有效成立而支付的各种费用得到返还或赔偿,从而使当事人处于合同从未订立之前的良好状态。当事人在合同缔结以前的状态与现有状态之间的差距,应是信赖利益损失的赔偿范围。

第四,从损害赔偿的性质来看,对违约责任中的损害赔偿,法律通常作出了一定的限制。如我国《民法典》第584条规定,当事人一方违反合同的赔偿责任,应当相当于另一方因此所遭受的损失,但是不得超过违反合同的一方订立合同时预见到或应当预见到的因违反合同可能造成的损失。作出此种限制的主要目的是减轻交易风险,鼓励当事人从事交易行为,同时也是为了避免在缔约以后因损害赔偿而发生各种不必要的纠纷。但是在缔约过失责任中,则不存在着与违约责任相同的责任限制的规定。

第五,从免责条件来看,我国法律没有对缔约过失责任规定免责事由,法律关于不可抗力的免责事由仅适用于违约责任。此外,免责条款的设定也仅适用于违约责任。

第六,从归责原则来看,违约责任是严格责任,而缔约过失责任是过错责任。我国合同法借鉴《商事合同通则》等的经验,对违约责任原则上采严格责任。而缔约过失责任虽然规定在《民法典》合同编之中,但采过错责任,这也与德国等国家的做法保持一致。

二、缔约过失责任与侵权行为责任

按照德国学者耶林的观点,缔约过失责任的根据在于,"侵权行为法仅适用于尚未因频繁社会接触而结合之当事人间所产生的摩擦冲突;倘若当事人因社会接触,自置于一个具体生活关系中,并负有相互照顾的具体义务时,则法律应使此种生活关系成为法律关系,使当事人互负具体的义务。违反此项义务时,其所侵害的不是一般人所应注意的命令或禁止规定,而应依侵权行为的规定负其责任"[①]。直到现在德国许多学者仍然认为缔约过失责任主要在于弥补侵权法规定的不足。由于德国民法没有像其他国家的民法那样采纳一般的过错责任原则,而《德国民法典》第823条中关于侵权行为的一般规定也没有将单纯的经济损害(mere pecuniary of harm)赔偿纳入其中,侵权行为的规定又过于简略,因而通过缔约过失责任的创设,来弥补侵权责任规定的不足。[②] 而以法国为代表的一部分国家基本上都认为,缔约过失责任是一种侵权责任。其包括了在磋商过程中当事人造成的侵权损害,以及无充分理由中断磋商,等等。它还可能包括在先合同阶段的各种过错行为。[③]

在我国,缔约过失请求权规定在《民法典》合同编中,其与侵权责任编中规定的侵权请求权是有区别的,但在实践中,基于缔约过失所产生的请求权与侵权行为的请求权具有许多相似之处。一方面,它们大都是在没有合同关系的情况下所发生的责任;另一方面,两种责任都以损害赔偿为内容并且都以过失为要件,尤其是缔约过失请求权与侵权责任法中违反安全保障义务的责任经常容易发生混淆。例如,顾客在酒店就餐期间,将其汽车停放在酒店门前,该车被盗,酒店是否应当负责?如果需要负责,其责任性质属于缔约过失责任还是违反安全保障义务的责任?再如,某人在银行存钱,在银行大厅内被人抢劫,此种情况下,受害人是否有权要求银行赔偿,其究竟应当基于缔约过失还是基于侵权而主张赔偿?毫无疑问,由

---

① 王泽鉴:《民法学说与判例研究》(第4册),北京大学出版社2009年版,第7页。

② See Friedrich Kessler, Edith Fine, "Culpa in Contrhendo, Bargaining in Good Faith, and Freedom of Contract: A Comparative Study", *Harvard Law Rev*, Vol. 77, 1964, p. 407.

③ See Tadas Klimas, *Comparative Contract Law: A Transystemic Approach with an Emphasis on the Continental Law: Cases, Text and Materials*, Carolina Academic Press, 2006, p. 74.

于缔约过失责任的确立使合同外的责任体系更为丰富和完善，不仅可以弥补侵权责任的不足，而且缔约过失责任和侵权责任相辅相成，可以有效调整契约外的责任关系。当然，两者具有明显的区别，表现在：

第一，缔约过失责任的产生具有两个前提条件，一是缔约双方为了缔结合同而开始进行社会接触或交易上的接触，即双方之间已形成了一种实际接触和磋商的关系；二是这种接触使当事人形成一种特殊的联系，从而使双方产生了特殊的信赖关系。但对侵权责任来说，侵权行为的发生并不需要当事人之间存在任何关系，侵权行为发生后才使当事人之间产生了损害赔偿关系。例如，某人进商场购物时因地面很滑而不小心摔伤，或者进商场时因商场正在施工而不小心掉进一深坑中，在这些情况下，由于顾客与商店并未形成订约的实际接触和信赖关系，所以不能按照缔约过失责任处理。

第二，违反义务的性质不同。按照德国学者的观点，当事人之间因订约而形成了一种接触和信赖关系，因此，依据诚信原则，此时当事人之间产生了保护、通知、说明、协力、忠实、照顾等附随义务或其他义务。此种附随义务或其他义务，与基于契约有效成立而发生以及因契约解除或撤销而消灭的给付义务不同，此种义务是独立于契约外而存在的。[1] 所以缔约过失责任在本质上属于违反了依诚信原则而产生的先契约义务。而侵权行为则违反了不得侵害他人财产和人身的一般义务，这种义务是无时不在、无处不在，并为任何人所负有的，因此，侵权法所规定的一般的义务，较之于先契约义务更为广泛。

第三，缔约过失的赔偿范围是信赖利益的损失，此种利益的损失不是现有财产的毁损灭失，也不是履行利益的丧失，而是因为相信合同的有效成立导致的信赖利益的损失。在一般情况下，此种损失主要表现为费用的支出不能得到补偿，或者因为信赖对方将要订立合同而损失的利益。例如，因信赖对方将要出售房屋给自己而将自己的房屋卖掉，由此造成一定的损失。无论是何种表现形态，只要缔约过失行为确实造成信赖关系破坏，从而使得另一方的信赖利益受到损失，受害人就有权要求赔偿。但是侵权责任所保护的并不是一种信赖利益，而是物权、人格权等绝对权。因绝对权受侵害而遭受损失的，才能根据侵权责任而要求赔偿。

根据侵权责任而作出的赔偿，包括受害人所遭受的各种直接的和间接的损失，其在范围上是十分广泛的。各种机会的损失，不应当包括在信赖利益的赔偿范围内，但受害人却可以基于侵权行为要求赔偿。

第四，缔约过失责任是一种补充性的民事责任，即它是在不能适用侵权责任和合同责任的情况下所采纳的一种责任。之所以把缔约过失责任看作是一种补充性责任，主要原因在于虽然缔约过失责任在现行法中已得到明确确认，但依诚信原则产生的义务毕竟不是法律明确规定的义务，而只是法官根据诚信原则所解释出来的义务，所以对缔约过失责任的适用范围应当有严格的限定，它只能在合同责任和侵权责任难以适用的情况下才能适用。通常，在合同无效或被撤销之后，因一方当事人过错导致另一方受损害的，有可能适用缔约过失责任。尤其是在许多情况下，缔约过失责任可以弥补侵权或违约责任的不足，例如，在前述例子中，某人在银行存钱，在银行大厅内被人抢劫，在本案中，如果不能找到侵权人，则受害人可首先基于《民法典》第 1198 条的规定，请求银行基于违反安全保障义务的行为而承担

---

① 参见〔德〕海因·克茨：《欧洲合同法》(上卷)，周忠海、李居迁、宫立云译，周忠海校，法律出版社 2001 年版，第 51 页。

相应的补充责任。如果难以适用侵权责任,可以基于缔约过失责任请求赔偿,从而对于在合同成立以前,因一方违反诚信原则而造成的另一方信赖利益的损失,提供了必要的补救措施。

在我国侵权责任法保障范围扩张的情况下,能否以侵权责任来替代缔约过失责任?依据《民法典》的相关规定,侵权责任法保障的范围是民事权益。据此,许多学者认为,民事权益的范围可以作宽泛的理解,不仅包括因侵权行为而遭受的损害,而且包括因缔约之际的过失而造成的信赖利益损失。有学者认为,侵权责任的一般条款可以包括侵害财产利益在内。① 也有人认为缔约过失责任是德国法下的特殊产物,并不一定适合我国现行立法框架,某些学者表达或者偏向于将缔约过失责任理解为侵权责任。② 笔者认为,侵权责任并不能替代缔约过失责任,因为侵权责任法所保护的民事权益范围原则上不包括信赖利益。尤其是在缔约过程中,尽管一方实施了违反诚信原则的行为,但是,这并非是针对另一方的侵权行为,所以,缔约过失与侵权行为之间存在区别。尤其是,法律上保留缔约过失责任,可以将其作为一种区别于违约责任和侵权责任的责任类型,有助于解决实践中的问题,所以缔约过失责任具有独立存在的价值。

第五节 缔约过失责任的赔偿范围

一、缔约过失责任的赔偿范围是信赖利益的损失

依据《民法典》第 500 条和第 501 条的规定,当事人在订立合同过程中,实施了假借订立合同、恶意进行磋商等违背诚信原则的行为,造成对方损失的,应当承担赔偿责任,即缔约过失责任。

罗马法在确定赔偿损失的数额时,要求债务人赔偿债权人因债务不履行而遭受的损失(damnum emergens),以及若债务人如约履行,债权人可获得的利益(lucrum cessans)。换言之,债务人必须对债权人遭受的全部损失包括直接损失和间接损失承担赔偿责任。③ 但这一标准主要适用于违约责任,在缔约过失责任中,行为人是应当赔偿履行利益即积极利益(Positive Interest),还是赔偿信赖利益即消极利益(Negative Interest),则是一个值得探讨的问题。

笔者认为,在缔约过失责任中,应当以信赖利益的损失作为赔偿的基本范围,信赖利益的损失限于直接损失,直接损失就是指因为信赖合同的成立和生效所支出的各种费用,具体包括:第一,因信赖对方要约邀请和有效的要约而与对方联系、赴实地考察以及检查标的物等行为所支出的各种合理费用。第二,因信赖对方将要缔约,为缔约做各种准备工作并为此所支出的各种合理费用。例如因信赖对方将要出售家具,四处筹款借钱而为此支出的各种费用。第三,为谈判所支出的劳务费用,以及为支出上述各种费用所失去的利息。应当指出,各种费用的支出必须是合理的,而不是受害人所任意支出的。只有合理的费用才和缔约过失行为有因果联系,并且应当由行为人承担赔偿责任。

行为人是否应当赔偿间接损失?所谓间接损失,是指本来缔约一方能够获得各种机会,

① 参见朱岩编译:《德国新债法:条文及官方解释》,法律出版社 2003 年版,第 123 页。

② 参见马俊驹、余延满:《民法原论》(第三版),法律出版社 2007 年版,第 541 页。

③ 参见丁玫:《罗马法契约责任》,中国政法大学出版社 1998 年版,第 93 页。

而在因另一方的过错导致合同不能成立的情况下，使这些机会丧失。[①] 例如，因为合理信赖对方将要出售房屋，而没有考虑其他的交易机会。笔者认为，机会损失不应当包括在信赖利益的范围内。因为信赖利益必须是一种合理的能够确定的损失，而机会所形成的利益是很难合理确定的，如果允许基于缔约过失赔偿机会损失，则缔约过失的赔偿范围过大，这是不利于责任确定的。而且，机会损失在举证上存在困难，赔偿此种损失可能会诱发当事人与第三人恶意串通，索赔巨额机会损失的费用。

二、缔约过失责任赔偿范围的限制

一般认为，信赖利益赔偿以不超过履行利益为限，即在合同不成立、无效或者被撤销的情况下，有过错的一方所赔偿的信赖利益不应该超过合同有效或者合同成立时无过错方所能获得的利益。[②] 笔者认为，在一般情况下，基于信赖利益的赔偿，不可能达到合同有效或者合同成立时的履行利益的范围，但以此来限定信赖利益的赔偿范围，仍然是必要的。因为信赖利益不得超过履行利益乃是一项基本原则。例如，因一方的过错导致合同不能有效成立，另一方可以要求赔偿因信赖合同成立而支付的各种费用，而不能要求赔偿合同成立本应获得的利润。确立这一原则对实践中认定信赖利益的赔偿范围是十分必要的。

一方当事人在缔约过程中违反诚信原则既可能造成对方信赖利益损失，也可能造成对方当事人其他的人身、财产损害，此时，对方当事人能否主张赔偿？自然人享有的生命权和身体权、健康权以及所有权不受他人侵害的权利，在法律上也称为维持利益。一方当事人在缔约过程中违反保护义务，侵害相对人的生命权、身体权、健康权、所有权，应由加害人负全部的赔偿责任，此类损害一般不以履行利益为界限。[③] 但问题在于，遭受维持利益损害的一方当事人能否基于缔约过失请求权请求对方当事人赔偿？许多学者认为，在缔约过程中由于一方当事人违反保护义务而使对方当事人遭受人身或财产的损害时，有过错的当事人应当基于缔约过失请求权请求对方当事人赔偿其人身损害或者信赖利益之外的其他财产损害。[④] 笔者认为，在订约中因一方未尽到保护、照顾等依诚信原则产生的义务而致他方的生命权、身体权、健康权及所有权遭受损害的，也可以构成缔约过失。例如，出卖人在交付商品时，不慎将商品掉下来砸伤买受人，合同也因此而不能订立，对此，出卖人应依缔约过失就受害人信赖利益的损失负赔偿责任。但如果受害人希望赔偿其身体权、健康权、所有权受到侵害的实际损失以及精神损害，原则上只能基于侵权行为提起诉讼，因为此种损害不属于信赖利益的范围。我国《民法典》侵权责任编第 1198 条第 1 款规定："宾馆、商场、银行、车站、机场、体育场馆、娱乐场所等经营场所、公共场所的经营者、管理者或者群众性活动的组织者，未尽到安全保障义务，造成他人损害的，应当承担侵权责任。"因此，在订立合同过程中遭受人身、财产损害时，受害人可以经营者违反安全保障义务为由，主张其承担侵权责任。

在缔约过失阶段，受害人也可能遭受精神损害。例如，甲委托某中介公司购买房屋，中

---

① 参见最高人民法院经济审判庭编著：《合同法释解与适用》(上册)，新华出版社 1999 年版，第 184 页。

② 《德国民法典》第 307 条第 1 款中明确规定："在订立以不能给付为标的的合同时，明知或可知其给付为不能的一方当事人，对因相信合同有效而受损害的另一方当事人负损害赔偿义务，但赔偿额不得超过另一方当事人在合同有效时享有的利益的金额。"该条已被废止。但《德国民法典》第 179 条有类似的规定。

③ 参见韩世远：《违约损害赔偿研究》，法律出版社 1999 年版，第 48 页。

④ 参见崔建远主编：《新合同法原理与案例评释》，吉林大学出版社 1999 年版，第 114 页。

介公司找到欲出售房屋的乙进行谈判,乙告诉中介公司其欲出售的房屋中曾发生过凶杀案。但中介公司并未将这一情况告知甲。甲在购买该房屋之后才知悉这一情况,立即要求解除合同,此时中介公司对甲的缔约阶段的费用支出应当承担赔偿责任。但甲请求中介公司赔偿精神损害,是否可以获得法院支持?笔者认为,在合同成立之后,尚且不能支持精神损害赔偿,而在合同缔约阶段更不能支持精神损害赔偿。除非在合同缔结或履行中发生了侵犯当事人人身权益、造成严重后果的行为,当事人才能请求精神损害赔偿。但此时,其请求权基础已经是侵权责任。

博雅

第三编 | 合同的履行、保全和变动

第十一章

合同的履行

第一节　合同履行的概念和特征

一、合同履行的概念

合同的履行是指债务人依据法律和合同的规定作出给付的行为。合同的履行是合同关系从产生到消亡过程的中心环节，而合同履行制度也是整个合同制度中最核心的制度。“合同严守”(pacta sunt survanda)原则是合同法的最基本原则，按照这一原则，当事人应当严格按照合同约定以及法律规定履行债务。合同严守原则具有悠久的历史渊源，在罗马法中，债被形象地称为“法锁”，也在一定程度上反映了合同必须严守的原则。欧洲中世纪的教会法也规定，个人一旦作出允诺，便应当履行。根据教会法，谎言、伪证和虚假的誓言都是“言语上的罪过”；不遵守其话语和承诺者应当受到惩罚；违背誓言的行为构成一种法律上的不法状态，应当受到法律的制裁。[①] 自然法学家将严守合同作为自然法的基本规则。[②] 格劳秀斯(1583—1645)曾经指出：“依自然法，凡允诺做某事者，如果能做则应当去做。”[③]因此，他认为，履行允诺是自然法最基本的精神。另一位自然法学家普芬道夫(1632—1694)则提出了自然法最为重要的原则之一：“每个人都应该信守其承诺。”由此，“约定必须信守”或者“只有合意才具有约束力”(Solus consensus obligat)都是自然法的内容。在自由资本主义时期，契约自由是近代私法的三大基本原则之一，其也包含了遵守允诺的基本要求。1804 年的《法国民法典》甚至将合同视为当事人之间的法律。中国千百年来以“言必行，行必果”“君子一言，驷马难追”作为做人、经商的基本准则。“民有私约如律令”是中国传统文化的重要组成部分，这其中都包含了严守合同、履行允诺的内涵。我国《民法典》第 7 条规定了诚信原则，要求民事主体秉持诚实，恪守承诺。《民法典》第 465 条也规定依法成立的合同受法律保护，这些都是对合同严守原则的确认。

合同的履行是合同法律制度所要解决的核心问题，“合同履行是其他一切合同法律制度的归宿或延伸”[④]。履行是合同当事人订约所追求目的的实现手段。因为合同当事人订立合

---

① 1234 年，教皇格里高利九世发布了敕令，其中一条敕令写道：“和平必得维持，愿协议必得遵守。”(pax servetur, pacta custodiantur)这一原则后来逐渐在世俗的法庭中得到适用。

② Weller, Die Vertragstreue, 2009, S. 37 f.

③ Hugo Grotius, De Jure Belli ac Pacis, Translated by W. Kelsey, Oxford: Clarendon Press, 1925, pp. 12-13.

④ 苏惠祥主编：《中国当代合同法论》，吉林大学出版社 1992 年版，第 146 页。

同的目的在于履行合同,使债权债务得到实现,如果合同不能得到履行,就会成为一纸空文,合同的订立将毫无意义。市场本身就是成千上万以交易为内容的合同关系的总和,从这个意义上说,市场化就是契约化,市场的有序运行依赖于合同债务的严格履行。要维护、保障市场经济的有序进行与高质量运行,就必然要求当事人必须诚实守信,严格履行合同。[①]

《民法典》中合同的履行部分,不仅规定了合同履行的问题,也发挥了债法总则的功能,在合同的履行部分共规定了 26 个条文,借助于对各种合同之债的履行的规定,从而确认了一些债的共性规则。

二、合同履行的特征

在合同法中,合同履行具有如下特征:

1. 合同的履行是针对合同的内容作出履行。合同的履行是当事人依据法律和合同的约定作出给付、实现合同债权的行为。合同履行的形态是多样的,如交付约定的标的物、完成约定的工作并交付工作成果、提供约定的服务等。合同履行既可以是债务人实施积极的给付行为,也可以是债务人消极的不作为,后者如禁止将书稿再交给其他出版社出版,或禁止将某项权利再转交给他人等,债务人只要不从事合同规定的行为,就被认为是履行了合同,而不需要其作出积极的给付行为。

2. 合同的履行必须是依据法律规定和合同的约定而作出的行为。一是合同的履行首先需要依据当事人的约定,双方当事人应当按照合同约定的标的物、数量、质量、价款等进行履行,只要合同中有约定,就应当严格按照约定进行履行。二是在合同没有约定的情况下,《民法典》合同编可以起到弥补当事人约定不足的作用,通过适用《民法典》合同编的任意性规范,可以对合同履行进行一定的补充。例如《民法典》第 511 条就针对当事人在质量、价款、履行地点等没有约定或约定不明的情形,提供了确定这些履行内容的方法。

3. 合同的履行是债务人自觉实现给付义务的行为。这就是说,一方面,履行是债务人自觉依据法律规定和合同约定实施的行为,而不是在债务人不履行的情况下,由法院强制其履行的行为。当然如果符合法定或约定的条件,债务人在履行期到来以后,有权通过依法行使抗辩权而拒绝作出履行。但没有法定的和约定的根据的,不得拒绝履行。另一方面,虽然履行是债务人实现给付义务的行为,但依据法律规定和合同约定,债权人也负有合作、协力等义务,此种义务在性质上属于不真正义务。[②]

4. 合同的履行旨在实现合同债权。合同债权能否实现,取决于当事人所作出的履行,在履行开始以后,通过当事人的履行行为,才能够使当事人订立合同所期望的目的得以实现,合同债权一旦实现,将使债发生消灭。例如双方可以通过单方抵销、提存的方式消灭债。而除此之外,履行也是使合同债务消灭的重要原因。

合同的履行是债权得以实现的前提,也是建立信用经济的基础,只有合同得到履行,才能形成良好的市场经济秩序。在市场经济条件下,市场的有序运行依赖于合同债务的严格履行和债权的充分实现,市场经济的发展也取决于作为交易基本规则的合同制度的完善。违约对正常交易关系的破坏,以及由此产生的对整个社会经济秩序的危害使得合同法必须

---

① 参见焦富民、蔡养军主编:《合同法》,厦门大学出版社 2012 年版,第 165 页。

② 在德国法上,债权人迟延是不真正义务的违反。我国学者的论述,参见齐晓琨:《解读德国〈民法典〉中的债权人迟延制度》,载《南京大学学报(哲学·人文科学·社会科学版)》2010 年第 2 期;韩世远:《合同法总论》(第四版),法律出版社 2018 年版,第 568—571 页。

通过责任制度制裁违约行为,并预防和减少违约行为的发生。所以,“合同法的基本目标是使人们能实现其私人目的。为了实现我们的目的,我们的行动必然有后果。合同法赋予我们的行动以合法的后果。承诺的强制履行由于使人们相互信赖并由此协调他们的行动从而有助于人们达到其私人目标”[①]。合同法的重要功能就是保障当事人依法订立的合同能够得到切实的履行。为此,合同法规定合同履行制度,就是要从根本上保证合同债务得以正常履行,合同债权得到圆满实现,预防和消除各种违约行为,通过合同关系的不断产生、不断履行和不断消灭,使市场经济有秩序和健康地发展。

三、合同履行与给付

在大陆法系的债法理论中,给付(Leistung)是债的标的,也是实现债权目的的手段。给付一般应当具有合法性、可能性、确定性,理论上也依据当事人给付的不同将债区分为特定之债、种类之债、金钱之债、利息之债、选择之债等。我国《民法典》第 520 条和第 560 条均使用了给付的概念。可见,我国《民法典》既采纳了给付也采纳了履行的概念。从学理上说,履行和给付的概念常常是可以相互替代的,两者都可能是指债务人依据合同的规定为一定行为,德语中的 Leistung 一词也有履行的含义。依据《朗根沙伊特百科词典》对“Leistung”一词的解释,它既可以指履行行为,又可以指“完成、取得,即履行的结果”[②]。但严格地说,履行与给付也存在一些区别,主要表现在:

第一,内涵不同。给付主要是从债的标的的意义上使用,而履行主要是在债的实现的意义上使用。“债之标的,谓构成债的关系之内容之债务人行为,即债权人所得为请求及债务人所应实行者是也。自债务人方面言之,则为给付。”[③]从《民法典》第 520 条和第 560 条来看,这两条都采用了债权债务的提法,因而表明给付不仅适用于合同,还适用于其他债的关系。[④] 给付是从债的要素的角度进行描述,而履行则反映的是债的效果和拘束力。给付仅指称债的标的部分,而履行则是债务人为满足债权人缔结合同的目的而进行交付等行为的过程。

第二,对象不同。履行的对象不仅限于给付义务,合同义务区分为主给付义务、从给付义务和附随义务,《民法典》第 509 条第 2 款规定:“当事人应当遵循诚信原则,根据合同的性质、目的和交易习惯履行通知、协助、保密等义务。”由于履行也应当包括附随义务的履行,因此,履行要比给付的外延更广,给付通常主要针对主给付义务和从给付义务。当然,不是所有的给付义务都可以构成债权人主张履行的对象。在某些特定的债务类型之中,某些特定的给付义务无法由债务人履行。例如,在安全保障义务中,安全保障义务无法由债权人直接主张履行,当债权人提出主张的时候,债务人已经构成给付义务的违反,应承担违约责任。对债务人的这种特定的给付义务而言,它无法由债权人直接主张履行。

第三,观察角度不同。郑玉波先生指出:“清偿与履行及给付三语,乃一事之三面,由债之消灭上言之,谓之清偿;由债之效力上言之,谓之履行;由债务人之行为上言之,谓之给付,名词虽殊,其事一也。”[⑤]给付主要是从静态的角度观察债务人的履行行为及履行结果;而履

---

① 〔美〕罗伯特・考特等:《法和经济学》,张军等译,上海三联书店、上海人民出版社 1994 年版,第 313 页。

② Langenscheidts Enzyklopaedisches Woerterbuch, Teil 2, Muenchen Langenscheidts, 3 Auflage, 1983, 1010.

③ 史尚宽:《债法总论》,中国政法大学出版社 2000 年版,第 231 页。

④ 参见〔日〕我妻荣:《新订债权总论》,王燚译,中国法制出版社 2008 年版,第 17 页。

⑤ 郑玉波:《民法债编总论》(修订二版),陈荣隆修订,中国政法大学出版社 2004 年版,第 469 页。

行侧重从动态的角度揭示债的关系的实现过程,如果履行需要多次完成,则履行是不断地、逐步地消灭债的行为,它是动态性的,反映债的拘束力的全过程。给付的概念是从一方的角度来考察的,给付的概念中通常不涉及给付的顺序以及以对方给付为条件的问题。给付通常是从债务人的角度来考虑的,虽然在大部分合同中,双方当事人都互负义务、互享权利,但是从每一方所承担的义务角度来讲,其都必须进行给付行为。而履行是指双方的行为,即不仅一方当事人负有履行义务,另外一方当事人也负有履行义务,只要合同没有约定履行顺序,则双方均有权要求同时履行①,因此,合同的履行与抗辩权的发生存在一定联系。

第二节 合同履行的原则

合同履行的原则体现在合同履行的具体过程中,指导合同当事人正确履行合同。合同履行的原则是合同法基本原则在合同履行中的具体体现。

一、全面履行原则

《民法典》第 509 条第 1 款规定:"当事人应当按照约定全面履行自己的义务。"合同的全面履行是指合同当事人应当依据合同的约定和法律的规定全面履行其合同项下的义务。换言之,债务人应当全面地、适当地完成其合同义务,从而使债权人的合同债权得到完全实现。全面履行原则是合同必须严守规则的具体要求,也是合同拘束力的直接表现。从维护交易秩序、保障市场经济正常发展的需要出发,必须强化人们诚实守信的道德观念,从法律上鼓励和督促当事人严格履行合同。具体来说,合同全面履行的原则包括以下几方面内容:

1. 依约履行。合同全面履行的原则首先强调当事人必须依据合同约定全面履行义务,即要求合同当事人必须按照合同约定的履行主体、标的、质量、数量、时间、地点以及方式等履行其义务,否则均可构成违约。

《民法典》第 531 条第 1 款规定:"债权人可以拒绝债务人部分履行债务,但是部分履行不损害债权人利益的除外。"这就是说,原则上债务人必须按照约定的数量履行,而不能部分履行,但是在实践中,部分履行也可能并不损害债权人的利益。在此情形下,法律允许债权人从自身利益出发决定是否接受部分履行。不可分给付不得进行部分履行,而可分给付依据法律规定或合同约定可以分割履行。因此,如果法律和合同没有特别的规定或约定,对可分债务也可以分别履行。不可分之债变为可分之债后,各债权人只能就自己的部分请求履行,各债务人亦只就其负担部分履行债务。②

2. 依法履行。依法履行包括两方面内涵:一是除当事人特别约定之外,法律还例外规定了强制性义务,即无论当事人是否有约定,该法定义务都应当纳入合同关系而成为合同义务。因此,在合同履行过程中,当事人应当严格履行上述法定义务。二是如果合同约定不明确或没有约定,则可以依据《民法典》合同编的相关规定,通过任意性规则完善合同,以填补合同漏洞。在此情形下,当事人也应当按照合同编的任意性规则履行义务。另外,双务合同一般应同时履行。合同的全面履行原则上是针对各类合同的履行而设定的。在双务合同

---

① 参见〔美〕E. 艾伦·范斯沃思:《美国合同法》(原书第三版),葛云松、丁春艳译,中国政法大学出版社 2004 年版,第 559 页。

② 参见黄立:《民法债编总论》,中国政法大学出版社 2002 年版,第 589 页。

中，判定当事人全面履行的一个重要标准是，如果合同未规定履行的先后顺序，则双方当事人应同时履行。如果一方不履行其义务，另一方在对方提出履行请求时，有权拒绝自己的履行。

依法履行还包括应当依照法律的规定或合同的约定全面履行合同义务。履行的义务内容包括主给付义务、从给付义务和附随义务。依据《合同编通则解释》第 26 条的规定，当事人一方未履行从给付义务的，对方有权请求继续履行该债务并赔偿因怠于履行该债务造成的损失。合同的义务是一个“义务群”，除了当事人约定的主给付义务之外，还有从给付义务和附随义务。[①] 例如，在合同履行过程中，为更好地保障当事人合同目的的实现，依据诚信原则，当事人还负有相关的附随义务。例如，在合同履行过程中，当事人应当承担相关的照顾、保护、保密等附随义务。双方当事人不仅要严格按合同的约定履行义务，而且在履行合同的过程中应当互相给予对方必要的协作。

3. 适当履行。所谓适当履行，是指债务人应当按照法律规定和合同约定的质量标准或以适当的方式作出履行。从广义上说，适当履行可以包括在全面履行中，但从狭义上理解，全面履行主要强调债务人的履行在数量等方面应当符合法律的规定和合同的约定，而适当履行则主要是指债务人按照法律规定或合同约定的质量和期限履行，或者债务人以适当的方式履行债务。全面履行原则不仅要求主给付义务和从给付义务的全面履行，还要对依诚信原则产生的附随义务进行履行，以实现合同目的。[②] 强调对全部义务的履行，包括对约定义务和法定义务，主给付义务和附随义务，合同义务和先合同义务、后合同义务等的履行。而适当履行更侧重强调履行的方式与效果符合债的本质，特别是履行的有关要求和方式方面。具体来说，适当履行原则包括以下几方面内容：

第一，履行主体适当。履行主体适当是指履行债务的主体适当，接受债务履行的主体也适当。合同履行的主体一般限于债务人，接受债务履行的主体是债权人，代理人代理债务人作出履行或者代理债权人接受履行的，债的履行主体仍然是债务人和债权人。除法律另有规定或者当事人另有约定的以外，债务人不得向债权人之外的第三人履行债务，否则即有违适当履行原则。

第二，履行标的适当。履行标的适当是指债务人所交付的标的物或者提供的服务应当符合法律规定和合同约定的要求。债务人所交付的标的物或者提供的服务不符合法律规定或者合同约定的要求的，即有违适当履行原则。履行标的不适当包括瑕疵给付与加害给付两种情形：(1) 瑕疵给付，又称瑕疵履行，是指债务人所作出的给付存在瑕疵。瑕疵包括质量等方面的瑕疵。在不适当履行的情况下，如果质量不符合约定的，则债务人应当承担修理、更换、重作、退货、减少价款或者报酬等债务不履行的责任。(2) 加害给付，是指因债务人的不适当履行造成债权人的履行利益以外的其他损失。例如，给付腐烂的水果或者有传染病的家畜、修脸时刮掉眉毛、包办酒席致食客中毒等均属此列。在加害给付的情况下，债务人不适当履行债务的行为不仅造成债权人履行利益的损失，而且造成债权人履行利益之外的其他人身、财产损失。

第三，履行方式适当。它主要是指履行债务的方式应当符合法律规定和合同约定的要求。在判断债务履行方式是否适当时，应当考虑法律规定、合同约定以及债的目的等因素。

---

① 参见王泽鉴：《债法原理》(第一册)，中国政法大学出版社 2001 年版，第 34 页。

② 参见王利明主编：《中国民法典释评·合同编通则》，中国人民大学出版社 2020 年版，第 207 页。

当债务人对于履行方式有多种选择时,应当选择对债权人最为有利的方式。此外,在债的履行过程中,债的当事人应当尽到适当的注意、保护义务,以恰当的方法履行债务。例如,甲聘请画家乙到家中绘一幅壁画,乙为作壁画需要对墙面进行一定的清理,但乙在清理墙面时因粗心大意将甲的壁灯砸倒,摔在地上毁损,造成甲 2 万元的损失。在此情形下,因乙履行方式不恰当,造成甲的损害,甲可要求乙承担责任。

第四,履行时间适当。它主要指履行的时间应当符合法律规定和合同约定。在当事人有约定的情况下,应当按照合同约定的时间予以履行;如果当事人不存在明确约定,则按照法律的规定确定履行时间。《民法典》第 628 条规定:"买受人应当按照约定的时间支付价款。对支付时间没有约定或者约定不明确,依照本法第五百一十条的规定仍不能确定的,买受人应当在收到标的物或者提取标的物单证的同时支付。"如果当事人未明确约定合同履行时间,法律也未对此作出明确规定的,则依据《民法典》第 511 条第 4 项的规定,债务人可以随时履行,债权人也可以随时请求债务人履行,当然,债务人或者债权人应当给对方必要的准备时间。

4. 无正当理由不得变更和解除。全面履行原则意味着合同当事人中的任何一方在未经对方同意的情况下不得随意变更合同,否则构成违约并应当承担违约责任。合同在有效成立之后,未经对方同意,当事人一方不享有法定的解除权,不得单方面解除合同。即使其享有解除权,也必须在规定的期限内行使,超过了规定的期限行使解除权则不产生合同解除的效果。

总之,《民法典》第 509 条所规定的全面履行原则是一项内容极为广泛、含义十分丰富的原则,也是合同履行中的首要原则。由于合同履行是合同法的核心,所以全面履行原则也是合同法所强调的首要原则。

二、诚信履行原则

《民法典》第 509 条第 2 款规定:"当事人应当遵循诚信原则,根据合同的性质、目的和交易习惯履行通知、协助、保密等义务。"依据这一规定,在合同履行中,当事人不仅应当按照法律规定和合同约定履行义务,还要按照诚信原则履行。诚信原则作为直接规范交易关系的法律原则,与债权债务关系尤其是合同关系的联系最为密切。在合同订立、履行、变更、解除的各个阶段,甚至在合同关系终止以后,当事人都应当严格依据诚信原则行使权利和履行义务。

在法律上确立依诚信原则履行合同义务具有重要意义:一方面,弥补当事人约定的不足。当事人就合同条款的约定难免存在模糊和漏洞,如果仅依据合同约定进行履行,可能导致不公平的结果,甚至导致合同无法履行。因此,依据诚信原则履行,就可以明确当事人约定的含义,填补合同漏洞,从而使得合同能够得到顺利履行。另一方面,实现合同正义的要求。合同正义不仅要求当事人按照约定履行合同,而且要求合同履行的全过程都符合社会道德的要求,从而实现合同正义。例如,在合同条款存在缺陷的情况下,按照诚信原则的要求,应结合合同的目的理解这些条款的内涵,当事人不得利用这些条款谋取不当利益。[①] 如果不依据诚信原则,就很难全面地履行合同。只有在法律上确认交易当事人在交易活动的

① See Bénédicte Fauvarque-Cosson and Denis Mazeaud (eds.), *European Contract Law*, Sellier. European Law Publishers, 2008, p. 538.

每一个环节都遵循诚信原则，才能强化诚信观念，使商业交易当事人既能遵循商业道德，又能严格守约和正确履约，从而维护正常的交易秩序。

当然，由于诚信原则属于法律的一般条款，其内涵比较抽象，具有一定程度的不确定性，不像合同约定那样具体、明确，因此不能以诚信原则替代当事人约定的义务。只有在合同内容存在漏洞导致不能履行的情况下，才能允许法官依据诚信原则确定合同义务。诚信原则在履行中的适用范围主要包括如下几个方面：

第一，附随义务的履行。在合同履行中当事人应当依据诚信原则，按照合同的性质、目的和交易习惯等履行合同义务。诚信原则要求在合同履行中，当事人除了要履行主给付义务外，还要履行各项附随义务，如前述《民法典》第 509 条第 2 款之规定。虽然附随义务不同于主给付义务和从给付义务，当事人不得独立诉请履行，但是不履行附随义务，同样可以产生违约责任。

第二，相互协作原则。传统的合同法理论是以两个孤立的理性当事人为样本的，认为只要双方能够自主决策，自然就可以利用那些对双方都有利的交易机会，实现利益最大化。但是现代合同法要强调和促进当事人之间的相互协作（the promotion of solidarity）。因为现代社会的生产、交易和居住方式已经发生了结构性的变迁，社会个体需要与其他社会个体开展更深度的相互协作，并通过相互协作增进相互利益，在这一社会背景下，那种建立在“两个孤立的理性当事人”样本基础上的经典合同理论就可能缺乏适用性，在缺乏相互协作的情况下，当事人很难把握潜在的合作机会，也难以使合同得到圆满履行。[①] 因此，现代合同法的一项重要功能就是通过促进当事人之间的相互协作，保障合同的圆满履行，从而实现财富的最大化。

第三，再磋商义务。再磋商义务是指，在合同履行中，如果合同的基础条件发生了当事人在订立合同时无法预见、不属于商业风险的重大变化，继续履行合同对于当事人一方明显不公平，在此情形下，受不利影响的一方当事人，可以依据诚信原则要求与对方当事人重新协商。对方当事人也应当依据诚信原则，履行磋商义务，而不得拒绝磋商。此种磋商义务即可以看作是依据诚信原则所产生的典型附随义务。[②] 日本学者三本显治认为，在一些合同关系，尤其是在继续性合同关系发生纠纷时，依据诚信原则，当事人应当负有再协商的义务，通过协商而不是直接解除合同，有利于维持合同关系的稳定。[③] 此种观点不无道理。通过履行再磋商义务，可以使得当事人在发生情势变更后，消弭情势变更带来的履行障碍，重新达成合同公平的结果，也有利于鼓励交易。

第四，履行依据诚信原则产生的其他义务。依据诚信原则履行义务不仅包括应履行依诚信原则所产生的各种附随义务，还包括依诚信原则履行合同其他义务。[④] 例如，在合同关系终止后，当事人应保护相对人的人身、健康、财产等法益，实际上也是由诚信原则产生的义务。需要指出的是，依据诚信原则履行合同其他义务，其前提是存在合同没有约定或者约定不明的情况，也就是说，只能是双方没有约定或者约定不明，才能通过诚信原则进行补充。

---

① 关于现代社会在生产、生活和居住方式上的结构性变迁，以及民法理论的变化的系统分析，可见熊丙万：《私法的基础：从个人主义走向合作主义》，载《中国法学》2014 年第 3 期。

② 参见〔德〕英格博格·施文策尔：《国际货物销售合同中的不可抗力和艰难情势》，杨娟译，载《清华法学》2010 年第 3 期。

③ 参见〔日〕森田修：《契约责任的法学构造》，日本有斐阁 2007 年版，第 318 页。

④ MüKo/Roth/Schubert, BGB § 242, Rn. 165.

诚信原则只能起到补充和辅助的作用,而不能通过诚信原则代替当事人的约定。

诚信原则与全面履行的关系十分密切。诚信原则要求双方当事人恪守承诺,信守约定,以善意的方式行使合同权利或向债务人提出请求。[①] 依据诚信原则,当事人要尊重合同的效力,全面履行合同本身也要符合诚信原则的要求。[②] 如果法律或合同对合同义务作出了明确规定或者约定的,当事人应当根据法律和合同全面履行义务,但如果法律规定或合同约定不明确,或者当事人没有约定,则应当依据诚信原则进一步确定合同的内容,并在此基础上履行合同。因此,从这个意义上说,诚信原则是全面履行原则的有益补充。毕竟诚信原则属于法律的一般条款,其内涵比较抽象,具有一定程度的不确定性,因而不能以诚信原则直接替代当事人约定的义务。只有在合同约定存在漏洞导致不能履行的情况下,才能允许法官依据诚信原则确定合同义务。

三、节约资源、保护生态原则

我国《民法典》第 9 条规定了绿色原则,这一规则顺应了节约资源和保护环境的现实需要,符合现代立法的发展趋势。为具体落实绿色原则,《民法典》第 509 条第 3 款规定:“当事人在履行合同过程中,应当避免浪费资源、污染环境和破坏生态。”这就明确了当事人在合同履行中负有保护环境和避免浪费资源的义务。因此,节约资源、保护生态也成为合同履行的一项原则。具体而言,该原则主要体现在如下几个方面。

一是应当节约资源,避免资源浪费。例如,《民法典》第 619 条规定:“出卖人应当按照约定的包装方式交付标的物。对包装方式没有约定或者约定不明确,依据本法第五百一十条的规定仍不能确定的,应当按照通用的方式包装;没有通用方式的,应当采取足以保护标的物且有利于节约资源、保护生态环境的包装方式。”这实际上是确立了当事人在履行合同中,应当采取足以保护标的物且有利于节约资源、保护生态环境的包装方式,而不得对标的物进行过度包装,也不得以有毒有害物质对标的物进行包装的义务。该条规定属于法定义务,即使当事人之间没有对这一义务进行约定,当事人也同样负有此种法定义务。此处的资源应作广义解释,不仅指自然资源,也包括对原材料进行加工的产物。[③]

二是不得污染环境和破坏生态。例如,当事人订立有关种植花草、树木的合同时,不能造成土壤污染;进行装修时也不得使用有毒的涂料,不得使用甲醛超标的装修材料。

三是旧物回收义务。《民法典》第 558 条规定:“债权债务终止后,当事人应当遵循诚信等原则,根据交易习惯履行通知、协助、保密、旧物回收等义务。”这就将旧物回收作为当事人的一种附随义务作出了规定。关于当事人履行旧物回收义务的具体方式,《民法典》第 625 条规定:“依照法律、行政法规的规定或者按照当事人的约定,标的物在有效使用年限届满后应予回收的,出卖人负有自行或者委托第三人对标的物予以回收的义务。”例如,打印机硒鼓的出卖人负有回收义务;再如,电脑使用年限届满后,出卖人也应当负有回收的义务,以更好地实现旧物的有效利用。

---

① 参见朱广新、谢鸿飞主编:《民法典评注・合同编・通则 1》,中国法制出版社 2020 年版,第 361 页。

② MüKo/Roth/Schubert, BGB § 242, Rn. 1.

③ 参见朱广新、谢鸿飞主编:《民法典评注・合同编・通则 1》,中国法制出版社 2020 年版,第 362 页。

第三节　合同履行的基本规则

一、履行主体

履行主体是指履行合同债务和接受债务履行的人。债权人、债务人是履行合同义务的主体。债权人、债务人以外的第三人也可以替代债务人向债权人作出履行或者替代债权人接受债务人的履行。

按照合同严守的原则，合同生效以后，当事人必须严格依据合同履行。《民法典》第532条规定："合同生效后，当事人不得因姓名、名称的变更或者法定代表人、负责人、承办人的变动而不履行合同义务。"依据该规定，当事人不得在如下情形下不履行合同义务：一是不得因姓名、名称的变更而不履行合同。姓名、名称的变更并不是合同主体的变更，虽然民事主体对其姓名或名称进行了变更，但是其主体资格并未发生变化，姓名和名称变更前后的主体仍然具有同一性，即不影响合同关系，合同仍有拘束力。[①] 基于这一原因，民事主体在姓名或名称变更前实施的民事法律行为应当仍然对其产生法律约束力。当事人在姓名、名称变更以前所签订的合同，以及其他法律文件，不得因为自然人姓名、法人名称的变更而失效。二是不得因法定代表人、负责人、承办人的变动而不履行合同义务。在法人或者非法人组织内部，法定代表人、负责人、承办人时常发生变动，这些变动并不是合同主体的变更，不影响合同的效力，因此，当事人不得以这些变动为由而不履行合同。法律之所以作出此种规定，一方面是为了维护合同的效力，保障交易的安全和秩序。另一方面，这也是诚信原则的基本要求。诚信是社会主义核心价值观的重要内容，维护民事主体变更前所实施的民事法律行为的效力也是强化诚实守信的重要体现。

关于履行主体，有如下几个方面的问题值得讨论：

（一）履行辅助人的履行行为

所谓债务履行的辅助人，是指由债务人指定的替代债务人完成给付的人。主要包括债务人的代理人以及代理人以外的根据债务人的意思事实上从事债务履行的人。其按照债务人的指挥、命令行为，如同债务人的手足一样。[②] 履行辅助人的确定只需要债务人进行委任或指定即可，而不需要当事人对此作出约定。[③] 债务履行辅助人通常是以债务人的名义履行债务或进行清偿，在缺乏债务人指示的情形下，其不可能出于自己的利益考量，以自己的名义清偿债务。"盖第三人清偿系以自己名义清偿他人之债务，履行辅助人之清偿则为债务人清偿债务，是两者迥异，不可不辨。"[④]因为履行辅助人的过错而致债务不履行的，债务人应对债权人负违约责任。从比较法上看，各国一般也肯定了债务人为其债务履行辅助人负责的规则，例如，《德国民法典》第278条规定："债务人对其法定代理人或其为履行债务而使用的人所有的过失，应与自己的过失负同一范围的责任。"这一规则实际上是债的相对性规则的引申。因此，履行辅助人实际上并非独立的合同履行主体，其只是按照债务人的意思从事债

---

① 参见朱广新、谢鸿飞主编：《民法典评注·合同编·通则1》，中国法制出版社2020年版，第522页。

② 参见陈华彬：《债法通论》，中国政法大学出版社2018年版，第200页。

③ Staudinger/Löwisch/ Caspers, BGB § 278, Rn. 17.

④ 孙森焱：《民法债编总论（下册）》，三民书局2017年版，第1007页。

务履行的人,其行为也被视为债务人的行为。[①]

债务履行辅助与第三人代为履行一样,都允许由第三人作出履行行为。但第三人代为履行与债务履行辅助人的清偿不同,两者的区别表现在:一方面,在第三人代为履行中,第三人并不是按照债务人的意愿履行债务,而是根据自己的利益和意愿履行债务、介入债的关系,如果第三人是按照债务人的要求履行债务,则其可能成为债务人的债务履行辅助人。在第三人履行不符合债的要求时,债权人不能据此请求债务人承担债务不履行的责任。而债务履行辅助人是为债务人履行债务,其履行行为应视为债务人的履行行为。[②] 另一方面,第三人是以自己的名义履行债务,而债务履行辅助人通常是以债务人的名义履行债务。

根据债法的一般规则,债务人应对其履行辅助人的行为负责。履行辅助人通常与债务人之间具有某种委托或劳务合同等关系,但他与债权人之间并无合同关系,因此债务人应就履行辅助人的行为向债权人负责。关于这一规则,王泽鉴先生曾评价道:“此系划时代之立法,是欧陆法制史上的创举。”[③]

(二)因债权人主体资格变动的债务履行

《民法典》第529条规定:“债权人分立、合并或者变更住所没有通知债务人,致使履行债务发生困难的,债务人可以中止履行或者将标的物提存。”该条规定了因债权人的主体资格发生变动或住所变动时债务履行的问题。该条规定针对的是两种不同的情形。一是债权人发生分立、合并,在这种情形下,债权人主体发生变动。二是债权人住所变更,这种情形的履行困难主要发生在赴偿之债中。在上述两种情形下,都可能导致债务人的履行困难,依据法律规定和诚信原则,债权人在发生上述变动后应当及时通知债务人,使得债务人能够继续履行债务。如果债权人未能及时通知债务人,确实导致债务人无法履行的(例如不知向谁履行或在何处履行),则债务人可以选择两种方式寻求救济:一是中止履行,即有权拒绝向债权人继续进行给付,此时债务人的不履行不构成履行迟延;二是提存,即依据《民法典》合同编有关提存的规定提存,以消灭债的关系。

二、履行标的

履行标的是指债务人应当给付的内容,包括交付实物、支付货币、提供劳务等,按照合同的全面履行原则,债务人必须按照法律规定和合同约定的质量、数量等履行其义务。具体来说:

(一)质量要求不明确的履行

《民法典》第511条第1项规定:“质量要求不明确的,按照强制性国家标准履行;没有强制性国家标准的,按照推荐性国家标准履行;没有推荐性国家标准的,按照行业标准履行;没有国家标准、行业标准的,按照通常标准或者符合合同目的的特定标准履行。”依据该条规定,如果合同中质量要求不明确的,按照如下标准履行。

一是按照强制性国家标准履行。对保障人身健康和生命财产安全、国家安全、生态环境安全以及满足经济社会管理基本需要的技术要求,应当制定强制性国家标准。强制性国家标准由国务院有关行政主管部门依据职责提出、组织起草、征求意见和技术审查,由国务院

① 王泽鉴:《民法学说与判例研究》(第6册),作者1989年自版,第70页。

② 孙森焱:《民法债编总论》(下册),三民书局2017年版,第1007页。

③ 王泽鉴:《民法学说与判例研究》(第6册),作者1989年自版,第70页。

标准化行政主管部门负责立项、编号和对外通报(《标准化法》第 10 条第 1 款、第 2 款)。《标准化法》第 2 条第 3 款第 1 句规定:"强制性标准必须执行。"第 25 条规定:"不符合强制性标准的产品、服务,不得生产、销售、进口或者提供。"也就是说,强制性标准是具有法规性质的技术性规范。通常而言,国家强制性标准是这些标准中的最低质量标准要求。[①]

二是没有强制性国家标准的,按照推荐性国家标准履行。对满足基础通用、与强制性国家标准配套、对各有关行业起引领作用等需要的技术要求,可以制定推荐性国家标准。推荐性国家标准由国务院标准化行政主管部门制定(《标准化法》第 11 条)。推荐性国家标准与强制性国家标准不同,并不是具有法律上强制力的技术性规范。但是在当事人缺乏对标的物质量约定的前提下,推荐性国家标准仍然可以成为判定标的物质量的依据,这一标准在效力上虽然不如强制性标准,但是其在适用范围和重要程度上相较于行业性标准更广和更高。

三是没有推荐性国家标准的,按照行业标准履行。《标准化法》第 12 条规定:"对没有推荐性国家标准、需要在全国某个行业范围内统一的技术要求,可以制定行业标准。行业标准由国务院有关行政主管部门制定,报国务院标准化行政主管部门备案。"

四是没有国家标准、行业标准的,按照通常标准或者符合合同目的的特定标准履行。如果对合同标的物没有国家标准和行业标准的,则应当按照通常标准履行。所谓通常标准,是指在同类交易中产品应当达到的质量标准,一般根据合同的目的、产品的性能、产品的用途等各个方面来确定。如果合同中没有特殊的要求,则要交付的标的物的质量应能达到日常交易所采用的标准,即达到此类通常标准的中等品质。[②]

(二) 价款或者报酬不明确的履行

《民法典》第 511 条第 2 项规定:"价款或者报酬不明确的,按照订立合同时履行地的市场价格履行;依法应当执行政府定价或者政府指导价的,依照规定履行。"这就对价款和报酬约定不明时的确定方法进行了规定。这一规定包含如下内容。

第一,首先应当判断该合同的标的物是否有政府定价或政府指导价。如果有政府定价或政府指导价,则应当通过其相关规定确定价款或报酬。《价格法》第 3 条第 4 款、第 5 款规定:"政府指导价,是指依照本法规定,由政府价格主管部门或者其他有关部门,按照定价权限和范围规定基准价及其浮动幅度,指导经营者制定的价格。政府定价,是指依照本法规定,由政府价格主管部门或者其他有关部门,按照定价权限和范围制定的价格。"在通常情形下,政府定价将直接确定标的物的价格,而政府指导价通常只是确定标的物价格的幅度,只要当事人约定的价格在该幅度内,即符合政府指导价的要求。

第二,如果没有政府定价或政府指导价,则按照订立合同时履行地的市场价格履行。依据该条规定,在没有政府定价或政府指导价的情形下,应当按照订立合同时履行地的市场价格进行确定。即市场价格的确定地点必须是履行地而非合同的订立地点;市场价格确定的时间是订立时而非履行合同时。因为通常,合同订立后至合同履行之间,标的物价格不断波动,以合同订立的时间确定价格,更符合当事人订立合同的意愿。

三、履行地点

在学理上,履行地也称为清偿地,是指债务人应当作出履行的地点。履行地一旦确定,

---

① 参见朱广新、谢鸿飞主编:《民法典评注·合同编·通则 1》,中国法制出版社 2020 年版,第 268 页。

② 参见同上书,第 368 页。

债务人就必须在履行地作出履行,债权人也必须在履行地接受履行。合同履行地的确定具有如下几点重要意义:一是对判断债务人义务是否履行完毕有重大影响。履行地一旦确定,债务人就必须在履行地作出履行,债权人也必须在履行地接受履行。二是确定了履行费用的承担人。可见,不同的履行地点对于履行费用的确定有直接影响。

按照履行地点的不同,债务可以区分为两种类型:一是往取债务(Holschuld),它是指债权人应当到债务人所在地请求债务人履行债务,并接受债务人的给付,以实现其债权。[①] 对往取债务而言,一般应当由债权人负担运输标的物的费用。二是赴偿债务(Bringschuld),它是指债务人应当将标的物送至债权人所在地,以履行其债务。[②] 赴偿债务的特殊性在于,其履行地是债权人所在地。[③] 由于债务人要"赴偿",所以,债务人应当负担运输标的物的费用。

对履行地点的判断,当事人有约定的,应当依当事人的约定;当事人没有约定的,则应当依照法律的规定。《民法典》第 511 条第 3 项规定:"履行地点不明确,给付货币的,在接受货币一方所在地履行;交付不动产的,在不动产所在地履行;其他标的,在履行义务一方所在地履行。"依据这一规定,要区分如下情况:一是给付货币的,在接受货币一方所在地履行。货币结算主要通过银行转账来完成,通常交付货币的一方需要通过银行将需要支付的货款打入接受货币一方的开户行,而其开户行一般都在接受货物一方所在地。二是交付不动产的,在不动产所在地履行。不动产是特定物,当事人在订约时就必须要确定具体的不动产所在地。因此,涉及不动产的交付,应当在不动产所在地履行。三是其他标的(包括动产、票据、有价证券等),如果履行地点不明确,则应当在履行义务一方所在地履行。

四、履行期限

所谓履行期限,是指债务人应当履行债务的期限。在履行期限确定以后,债务人在履行期尚未到来之前不必要作出履行,债权人也不得要求债务人作出履行。从这个意义上说,履行期的确定体现了债务人的利益,但如果履行期限是直接为债务人的利益而确定的(如不付利息的借贷),债务人也可抛弃其期限利益提前履行。在履行期到来后,债权人也可以延缓履行期限使债务人缓期履行。

履行期限可以通过具体的期限来表示(如某年某月某日),也可以通过某段时间来表示(如某日至某日、一个月、一年)。例如,合同约定 5 月 1 日交货、6 月底交付房屋、10 月 1 日付款等,都属于对履行期限的约定。以交货为例,当合同作出此种约定时,通常有两种方式,一是约定在确定的某个时间点交货,二是确定一个交货的期间。两者的区别在于,在第一种方式中,卖方必须在确定的时间点交货,既不能提前也不能延迟。在第二种方式中,卖方可在交货期间内的任一时点交货;反之,买方只能在交货期间经过后才能向卖方要求履行交货义务。[④] 从实践来看,当事人约定的履行期限也包括到期日当天。例如,在"魏利生与李云龙股权转让纠纷上诉案"中,最高人民法院认为,从民事判决通常所确定的履行期限的解释来

---

① MüKo/Krüger, BGB § 269, Rn. 5.

② MüKo/Krüger, BGB § 269, Rn. 6.

③ 参见郑玉波:《民法债编总论》(修订二版),陈荣隆修订,中国政法大学出版社 2004 年版,第 489 页。

④ See Ingeborg Schwenzer, Pascal Hachem, Christopher Kee, *Global Sales and Contract Law*, Oxford University Press, 2012, p. 345.

看,在某期日前履行也包括在该期日当天履行。[①]

期限实际上是合同当事人所享有的一种利益。如果合同规定了履行期限,债务人在履行期届至时选择具体的履行时间也必须遵循诚实信用原则。例如,深夜敲门还钱、趁关店时交货等,都违背了诚信原则。一般来说,依诚信原则,应当在工作日内的适当时间履行债务,而不应当在休息日或节假日作出履行。

(一) 法律和合同对履行期限规定不明确的期限确定

合同履行期限通常是当事人约定的,但在特殊情形下,法律也会对合同的履行期限作出规定。当然,法律规定的履行期限通常是在当事人约定不明时作为补充。例如,《民法典》第730条规定:"当事人对租赁期限没有约定或者约定不明确,依据本法第五百一十条的规定仍不能确定的,视为不定期租赁;当事人可以随时解除合同,但是应当在合理期限之前通知对方。"

法律和合同对履行期限规定不明确的,《民法典》第511条第4项规定:"履行期限不明确的,债务人可以随时履行,债权人也可以随时请求履行,但是应当给对方必要的准备时间"。该规定包括了如下几层含义:

第一,由于合同关于履行期限的约定不明确,因此,债务人可以随时履行,债权人也可以随时请求履行。

第二,无论是债务人还是债权人,在作出履行或者请求履行时,都必须要给对方必要的准备时间。因此,在履行期限不明确的情况下,应当根据两个事实来确定具体的期限,一是当事人提出履行或要求履行的期限,二是作出履行必要的准备时间。必要的准备时间通常要根据交易的具体情况进行判定。当然,如果按照合同的性质,必须在特定时间内作出履行债权人的利益才能实现的,债务人应当在该特定时间给付。例如,对于买受人订购月饼的合同,可推定债务人知晓应在中秋节之前的合理时段内交付。

(二) 债务人提前履行债务

在合同履行期确定以后,债务人原则上应当按期限履行,但是由于履行期限涉及期限利益,而期限利益一般属于债务人,因而按照私法自治原则,债务人可以通过提前履行的方式处分自己的期限利益。提前履行是否应在法律上认可,对此存在不同的观点。一种观点认为,只要不损害债权人利益,债权人不能拒绝受领,否则,构成受领迟延。另一种观点认为,提前清偿仍然构成违约,特别在商事交易中,当事人往往存在其自身的安排。即便是金钱的支付,也有可能不利于债权人。[②]

《民法典》第530条第1款规定:"债权人可以拒绝债务人提前履行债务,但是提前履行不损害债权人利益的除外。"依据该条规定,一方面,合同生效以后,当事人应当按照合同规定的履行期限履行,债务人一般不得提前履行。因为债务人提前履行债务可能会打乱债权人的商业安排,并可能损害债权人的利益。当然,债权人也不得请求债务人提前清偿债务、损害债务人的期限利益。所谓期限利益,是指当事人因期限的存续而享有的利益。在没有特别约定的情况下,期限利益一般属于债务人。另一方面,如果提前履行不损害债权人利益,债权人不得拒绝债务人提前履行债务。如果债务人抛弃期限利益,对于债权人可能是有

① 参见最高人民法院(2005)民一终字第39号民事判决书。

② 《欧洲合同法原则》第7:103条规定:"1.当事一方可拒绝在履行期限到来之前的提前履行,除非接受履行并没有不合理地损害他的利益。2.当事一方接受另一方的提前履行并不影响合同规定的他自己履行合同义务的时间。"《商事合同通则》第6.1.5条也规定:"债权人可以拒绝接受提前履行,除非债权人这样做无合法利益。"

利的,因此,在不损害债权人利益的前提下,债务人可以提前清偿债务。[①] 只有在债务人提前履行可能不合理地损害债权人的利益时,债权人才有权拒绝债务人的提前清偿。在许多商事交易中,提前履行在特殊情形下也可能给债权人造成不合理的损害。例如,银行为了收取利息而放贷,提前还贷会打乱银行的贷款计划,可能造成银行的损失。

《民法典》第 530 条第 2 款规定:"债务人提前履行债务给债权人增加的费用,由债务人负担。"此处所说的增加的费用是指因债务人提前履行而导致债权人较之于债务人正常履行时,所多支付的费用。[②] 虽然提前履行时,债务人放弃了其期限利益,但毕竟提前履行不符合合同的约定。如果债务人提前履行债务增加了债权人的费用,对于该增加的费用,应由债务人承担。例如,因为债权人尚未建好仓库,而委托他人保管货物,可能使债权人负担过高的保管费用,或者因债务人履行提前会增加债权人的人力物力支出,由此导致的费用的增加应由债务人负担。

五、履行方式

履行方式是指债务人履行债务所应当采取的具体方法。履行方式有约定的,应严格按照约定履行。例如,在金钱之债中,约定一次付款,就应一次付清。履行方式不明确的,应当按照有利于实现合同目的的方式履行。例如,合同日的确定的是买受人要接受出卖人交付的机器设备,用于投入实际生产,因此,出卖人不能将机器设备分成若干部件进行交付,而应当一次性交付完整的设备。依据《民法典》第 511 条第 5 项的规定,履行方式不明确的,按照有利于实现合同目的的方式履行。

履行方式对于方式性债务尤其重要,因为在这种债务中,并不以完成特定的工作成果为必要,因此履行方式对于判断是否构成违约就具有重要的意义。例如,当债务是提供一定的服务时,当事人可能因为如下原因选择替代性的履行方式,而不是严格按照合同约定的方式履行,如约定的履行方式违法或者不可能,约定的履行方式将给债务人招致巨大负担或成本,约定的履行方式具有一定的人身性或者另一方能够通过其他来源得到合理履行等。[③]

六、履行费用

履行费用是指债务人履行合同所支付的费用。履行费用的负担不明确的,由履行义务一方负担。履行费用包括运输费、包装费、邮寄费、装卸费、登记费、关税等。即使应由债权人负担费用,债务人也只能从清偿总额中扣除该项费用的数额,或在进行清偿后请求债权人返还费用,而不能在清偿的同时请求债权人支付费用,这主要是为了保证清偿的顺利进行。就此,《民法典》第 511 条第 6 项规定:"履行费用的负担不明确的,由履行义务一方负担;因债权人原因增加的履行费用,由债权人负担。"因债权人的原因而导致债务人的履行费用增加的,增加的费用应当由债权人承担,这主要表现在如下三方面:第一,债权人转让债权,增加了债务人的履行费用。如债权人转让债权后的受让人与债权人处于不同的地点,就可能使债务人的履行费用增加。第二,债权人变更营业场所,增加了债务人的履行费用。第三,在原合同规定的清偿地不能作出履行,双方当事人通过约定变更履行地点或由债权人指定

① 参见梁慧星主编:《中国民法典草案建议稿附理由・债权总则编》,法律出版社 2013 年版,第 144 页。

② 参见庞景玉、何志:《合同纠纷裁判依据新释新解》,人民法院出版社 2014 年版,第 151 页。

③ See Bénédicte Fauvarque-Cosson and Denis Mazeaud (eds.), *European Contract Law*, Sellier. European Law Publishers, 2008, p. 479.

新的履行地点，因此增加了债务人的履行费用。

如果因为债务人的原因导致费用增加，应当由债务人负担。例如，《民法典》第 531 条第 2 款规定："债务人部分履行债务给债权人增加的费用，由债务人负担。"这里所说的"增加的费用"也包括了履行费用的增加。

第四节　由第三人履行和第三人代为履行

一、合同约定由第三人履行

所谓由第三人履行的合同，是指当事人约定在不变更合同当事人的情况下合同中的债务由第三人履行。《民法典》第 523 条规定："当事人约定由第三人向债权人履行债务，第三人不履行债务或者履行债务不符合约定的，债务人应当向债权人承担违约责任。"该条规定了由第三人履行的合同。此处的第三人也不同于基于债务承担而加入债权债务关系的债务人。在债务承担的场合，无论是债务加入还是免责的债务承担，第三人都已加入债权债务关系之中，成为新的债务人。而此处所说的第三人并非债权债务关系中的债务人。他也不是保证人，保证人是依据保证合同承担保证责任的人，与由第三人履行的合同存在本质的不同，第三人并非债务人，不对债权人承担违约责任。[①] 无论是一般保证还是连带保证，均以保证合同的存在为必要，此处的第三人却未与债权人签订保证合同。

《民法典》第 523 条规定了由第三人履行的合同。在此类合同之中，合同双方当事人约定合同中的债务由合同关系之外的第三人履行。这种合同通常以减少交易环节、提高交易效率为目的。[②] 此类合同的特点在于：

第一，由第三人履行应取得第三人同意。依据合同相对性原理，合同当事人不得为第三人设定义务和负担，除非得到第三人同意，否则，该约定不能对第三人产生效力。由于在由第三人履行的合同中，只存在债权人与债务人之间的约定，第三人没有与债权人达成合意，因此，双方当事人的合意并不能约束第三人，债权人不能直接向第三人提出请求，第三人并非合同债务人。在第三人不履行或履行不符合合同的约定时，债权人只能向债务人请求履行债务，而不能向第三人请求履行债务或主张违约责任。[③] 严格地讲，合同相对性要求当事人不能为第三人设定债务，在由第三人履行的合同中，第三人是否履行取决于自愿，只有在第三人愿意履行的情形下，才可以由第三人履行。第三人可能是基于其与债务人之间的关系而履行合同，但这并不能成为债权人直接请求第三人履行或承担违约责任的依据。当然，如果第三人不接受合同约定的义务，并不因此导致合同无效，而只是导致由第三人履行的条款无法履行。

第二，由第三人履行合同不同于债务履行辅助。债务人指定履行辅助人来完成合同给付并不以当事人之间有特别约定为必要。因为履行辅助人的行为被完全视为债务人的行为，因此履行辅助人的给付等于债务人的给付。而在由第三人履行的合同中第三人的给付资格是由当事人的约定所确定的，在当事人没有约定由第三人履行时，债权人有权拒绝第三人的给付。

---

① 参见黄薇主编：《中华人民共和国民法典合同编解读》（上册），中国法制出版社 2020 年版，第 210—211 页。

② 参见黄薇主编：《中华人民共和国民法典合同编释义》，法律出版社 2020 年版，第 139 页。

③ 参见黄薇主编：《中华人民共和国民法典合同编解读》（上册），中国法制出版社 2020 年版，第 211 页。

第三,即便此种约定取得了第三人的同意,只要不构成债务承担,在第三人不履行或不完全履行时,最终仍然由债务人承担违约责任。第三人可能是基于其与债务人之间的关系,表示同意由其履行。例如,建设工程合同中的双方当事人约定由第三人向承包方支付建设费用,第三人也表示愿意提供费用。但在第三人没有按期支付工程款时,发包人仍然要向承包方承担违约责任。

第四,此种约定不适用于必须由债务人亲自履行的债务。在一些场合中,债务人的资质和能力是双方当事人订立合同的重要基础。在这类合同中,当事人通常不会约定由第三人进行履行,因为第三人可能并不具有债务人的资质和能力。例如,在某些工程之中,只有债务人才具有特定的工程资质,而劳务之债一般也需要由债务人亲自履行。如果相关的债务必须由债务人亲自履行,则当事人也不得约定由第三人履行债务。

第五,在债权人与债务人之间变更了合同的约定,不再由第三人履行时,如果第三人已经履行的,应当如何处理?如果在当事人变更合同内容之前,第三人已经依据双方当事人的约定进行履行的,如果第三人的履行符合约定,则应当发生清偿的效果。此时,债权债务关系因为获得清偿而消灭。因此,债务人不能因为双方当事人变更了约定,而要求债权人返还第三人的清偿。

二、第三人代为履行

(一) 第三人代为履行的概念和条件

如前所述,依据合同相对性原则,第三人不得介入合同关系,代债务人进行履行,否则债权人有权拒绝。但在特殊情形下,第三人具有法定原因时,可以代为履行。《民法典》第 524 条第 1 款规定:"债务人不履行债务,第三人对履行该债务具有合法利益的,第三人有权向债权人代为履行;但是,根据债务性质、按照当事人约定或者依照法律规定只能由债务人履行的除外。"该条规定了第三人代为履行的规则。第三人代为履行或基于债务人的委托,或基于其本身的赠与意思,或基于第三人对债务人的无因管理。由于债务在绝大多数情况下并不具有专属性,可以由第三人代为清偿,因此,为了促进债权的实现,同时有效保护债务人的利益,只要第三人对履行的债务具有合法利益,且不违反法律的规定和当事人的约定,可以由第三人代为清偿。[①] 第三人代为履行应当具备如下条件:

1. 第三人是指债务人及债务履行辅助人以外的人

第三人代为清偿与债务履行辅助人的清偿不同,第三人相较于债务人具有独立的地位,其清偿不能视为债务人的清偿,在第三人履行不符合债的要求时,债权人不能据此请求债务人承担债务不履行的责任。而债务履行辅助人的履行行为则视为债务人的履行行为。从比较法上来看,有的国家民法典对第三人代为履行作出了规定。例如,《德国民法典》第 267 条规定,债务人无须亲自给付的,第三人也可以履行给付,债务人的允许是不必要的。债务人提出异议的,债权人可以拒绝接受该项给付。《法国民法典》《日本民法典》均作出了类似规定。[②] 我国《民法典》规定了第三人代为履行的规则,填补了法律的空白,确立了新的债务履行规则。

---

① 郑玉波:《民法债编总论》(修订二版),陈荣隆修订,中国政法大学出版社 2004 年版,第 475 页。

② 参见《法国民法典》第 1346 条、《日本民法典》第 474 条。

2. 第三人对履行该债务具有合法利益

在特殊情形下，由于第三人对合同履行具有合法利益，因此法律有必要允许第三人在特定情况下，介入到合同关系之中，作出清偿。法律作出此种规定的原因在于：一方面，保护第三人的利益。只要具有合法利益，债权人就不能拒绝第三人的履行，因为在第三人没有合法利益时，其履行有可能会使债权人的利益受到损害。另一方面，兼顾了债权人的利益。如前所述，按照合同的相对性规则，合同只对当事人产生效力，而第三人不受合同拘束。如果任由第三人介入合同关系，可能会不当干涉原债权债务人之间的交易安排，甚至有可能违背债权人的意愿。因此，只有在具有合法利益的情形下，债权人才不能拒绝第三人的给付。而且，在第三人代为给付时，对于第三人未能清偿的部分，债务并不消灭，债权人仍可以向原债务人主张履行债务。

需要指出的是，合法利益标准是借鉴比较法经验的结果。依据《法国民法典》第 1346 条的规定，于法律有规定之情形，基于某一正当利益而进行清偿之人，自其清偿使得最终应当承担债务之人对其债权人的债务全部或部分消灭之时起，取得代位权。《日本民法典》第 474 条第 2 款规定，非就清偿享有正当利益之第三人，不得违反债务人之意思作出清偿。我国台湾地区“民法”第 312 条也有类似的规定。[①] 有关示范法也规定了代为履行的规则。例如，《欧洲民法典草案》在其第Ⅲ-2:107 条中明确规定了第三方出于合法利益而代为履行义务的情形。该条第 1 款(b)项规定，“第三方出于合法利益诉求而来履行义务，而债务人未能履行义务，或者显然无法按时履行义务”时，债权人不能拒绝第三方履行义务。例如，承租人为避免自己租用的地产被强制出售，而替地产的所有人清偿债务，以避免被设定抵押权的地产被强制执行。[②] 可见，比较法普遍采取了正当利益、利害关系、合法利益等表述，作为对第三人代为履行的限制。[③]

(二) 关于合法利益的判断

问题在于，如何理解“合法利益”？合法利益本身是一个不确定概念，需要根据实践情况和发展，归纳总结出典型形态。[④]

一般而言，合法利益必须是第三人对债务的履行享有受法律保护的特殊的利益。此种利益的享有应当是合法的、正当的、合理的。通常要求第三人对清偿具有事实上或法律上的利害关系，还要求第三人享有一种特殊利益。一般认为，第三人对履行的合法利益是指第三人因债务人不履行而遭受利益上损失。[⑤] 例如，债权人和债务人之间订立了购买某种型号设备的买卖合同，第三人主动要求代债务人向债权人交付该套设备。但是该设备涉及其质量是否合格以及交付后的维修、维护等问题，第三人可能难以完成此项工作。如果债权人不愿意接受第三人履行，法律上不能强迫要求债权人必须接受第三人履行。因此，依据《民法典》的上述规定，只有第三人在具有合法利益时，才能够进行代为履行，且债权人不能拒绝。[⑥]

---

① 我国台湾地区“民法”第 312 条规定，就债之履行有利害关系之第三人为清偿者，于其清偿之限度内承受债权人之权利，但不得有害于债权人之利益。

② 参见〔德〕克里斯蒂安·冯·巴尔、〔英〕埃里克·克莱夫主编：《欧洲私法的原则、定义与示范规则：欧洲示范民法典草案》(第一、二、三卷)，高圣平等译，法律出版社 2014 年版，第 642 页。

③ 参见黄薇主编：《中华人民共和国民法典合同编解读》(上册)，中国法制出版社 2020 年版，第 213 页。

④ 参见同上书，第 214 页。

⑤ 参见朱广新、谢鸿飞主编：《民法典评注·合同编·通则 1》，中国法制出版社 2020 年版，第 490 页。

⑥ 在比较法上也存在先例。《欧洲民法典草案》在其第Ⅲ-2:107 条中也明确规定了第三方出于合法利益而代为履行义务。

哪些人属于《民法典》第524条第1款规定的对履行债务具有合法利益的第三人？依据《合同编通则解释》第30条第1款，对履行债务具有合法利益的第三人包括三种类型：

第一，担保人。依据《合同编通则解释》第30条第1款，保证人或者提供物的担保的第三人都是具有合法利益的第三人。担保人之所以对债务的履行具有合法利益，是因为一方面，担保人提供担保旨在担保债务的履行，其与债务的履行之间具有直接的关联性[①]；另一方面，在债务人不履行到期债务的情形下，债权人有权依法请求担保人承担担保责任，因此，债务能否履行，以及在何种程度上履行，对担保人将来所要承担的担保责任具有重要影响[②]，因此，担保人属于对债务的履行具有合法利益的第三人。

第二，对特定财产享有担保权等权益的人。依据《合同编通则解释》第30条第1款，具有合法利益的第三人包括：一是依法行使涤除权的担保财产的受让人。所谓涤除权，是指在标的物之上存在抵押权时，如果抵押人将标的物转让给第三人，第三人愿意代债务人清偿债务，以消除标的物之上的抵押权。《物权法》曾规定了涤除权，但《民法典》删除了《物权法》中的涤除权规则，改为通过第524条进行调整，即在抵押人转让抵押财产的情形下，可认定买受人对债务的履行具有合法利益，从而允许其代为清偿债务，以消除抵押权。在符合涤除权的情形下，担保财产的受让人可以成为具有合法利益的第三人。例如，抵押财产被抵押后，抵押人将该财产转让给第三人，鉴于抵押财产的价格波动较大，第三人愿意行使涤除权，消除抵押权，对此，抵押权人无权予以拒绝。二是担保财产的用益物权人。用益物权人对担保财产享有占有、使用、收益等权利，在债务人未履行到期债务时，债权人依法行使担保权，可能影响用益物权人的用益物权的实现，因此，担保财产的用益物权人有权通过代为清偿的方式消灭债务，以更好地实现其用益物权。三是担保财产的合法占有人。例如，抵押人将抵押财产出租或者借用给他人，承租人或者借用人为了维持其占有、使用抵押财产的权利，在债务人未履行到期债务时，其应当有权代为清偿，以消灭债务。四是担保财产上的后顺位的担保权人。担保财产上的后顺位担保权人为了维护其担保权益，维持担保财产的价值，在债务人未履行到期债务时，其也应当有权主张代为清偿债务，因此，也属于具有合法利益的第三人。

第三，对债务人的财产享有合法权益且该权益将因财产被强制执行而丧失的第三人。债务人的财产被强制执行可能影响相关第三人的利益，因此，为了稳定法律关系，保护第三人的合法权益，相关第三人也应当有权主张对债务的履行具有合法利益，并有权主张代为清偿。例如，在房屋买卖中，当事人订立房屋买卖合同后，买受人已经支付了大部分价款，但在办理变更登记前，因为出卖人未履行到期债务，该房屋被出卖人的债权人查封，在此情形下，买受人即对该债务的履行具有合法利益，其有权主张代为履行。[③]

第四，与债务人具有特定关系的人。此处所说的具有特定关系的人包括两类：一是债务人的出资人或者设立人。如果债务人为法人或者非法人组织，则其出资人或者设立人在法人或者非法人组织不能清偿债务时，其对该债务的履行即具有合法利益，如果其愿意代为履行，则法律上应予鼓励。例如，由于子公司的债务问题可能会对母公司的信用评级产生不利

---

① 参见最高人民法院起草小组：《〈关于适用民法典合同编通则若干问题的解释〉的理解与适用》，载《人民司法》2024年第1期。

② 参见最高人民法院民事审判第二庭、研究室编著：《最高人民法院民法典合同编通则司法解释理解与适用》，人民法院出版社2023年版，第350页。

③ 同上书，第351页。

影响，因此，子公司未偿还债务的，母公司可代子公司清偿债务。二是债务人的近亲属。在债务人为自然人时，其近亲属对债务人的债务具有利害关系。例如，债务人的父母不愿意债务人因无法履行债务而被列入失信人名单，从而主张代为清偿债务。

第五，其他具有合法利益的第三人。该项规定实际上属于兜底条款，包括了各种法律上没有具体列举的情形。其他具有合法利益的第三人都是指对债务的履行具有利害关系的人，此种利益的享有应当是合法的、正当的、合理的。当然，在对合法利益进行判断时，应当作必要的限缩解释而不是扩大解释，以防止第三人任意干预债的关系。[①] 合法利益应当由第三人举证证明。如果其不能对此作出举证，则债权人对第三人的履行有权予以拒绝。

（三）第三人代为履行的例外

依据《民法典》第524条的规定，在如下情形，债务应当由债务人本人履行，而不得由债务人之外的第三人代为履行。该条规定通常称为符合具有合法利益的第三人的消极条件。如果存在这些消极条件，则即便第三人对债务履行具有合法利益，债权人也可以拒绝其代为履行债务的行为。在第三人未按照约定向债权人履行清偿义务时，原则上应当由债务人对债权人承担违约责任。

一是依据债务性质不能由第三人清偿。某些类型的债具有人身专属性，如以提供劳务为内容的债，债权人选择债务人承担债务可能是基于对其特有的资质、能力的信赖，由第三人代为履行可能会影响债的目的的实现，因此，此类债务原则上应当由债务人本人履行，而不得由第三人代为履行。例如，表演应当由债务人亲自履行，而不能由第三人代为履行。再如，聘请名师讲座的协议，不能由第三人履行。[②]

二是按照当事人约定不得由第三人代为履行。除法律规定的情形外，当事人还可以约定债务必须由债务人本人履行，而不得由第三人代为履行，按照私法自治原则，此种约定具有法律效力。例如，当事人约定承揽工作必须由承揽人完成的，承揽人即不得将工作交由第三人完成。

三是依据法律规定不得由第三人清偿。在特定情形下，法律会对债的履行主体进行一定的限制，规定只能由债务人本人履行，而不能由债务人之外的第三人代为履行。例如，《民法典》第791条第3款后段规定："建设工程主体结构的施工必须由承包人自行完成。"由于承包人在建造工程方面存在一定的资质限制，而且此种资质直接关系到建设工程的质量，因此，为保障建设工程的质量，法律规定建设工程的主体结构必须由承包人自行完成，而不得转包他人。此种情形即属于依据法律规定不得由第三人清偿的情形。

一般情况下，如果第三人对履行债务具有合法利益，且不具有本条所规定的消极条件的，债权人便不得拒绝第三人的履行，但如果具有上述消极条件，则即便第三人对债务履行具有合法利益，债权人也可以拒绝其代为履行债务的行为。在第三人未按照约定向债权人履行清偿义务时，原则上应当由债务人对债权人承担违约责任。

《民法典》第524条第2款规定："债权人接受第三人履行后，其对债务人的债权转让给第三人，但是债务人和第三人另有约定的除外。"此处所说的"债权转让给第三人"应当如何理解？例如，某个债务人甲向银行乙借款1000万元，并请丙提供保证，后来第三人丁为了购买债务人甲的一套房产（考虑房产可能会相应增值），向债权人乙主动提出帮债务人甲还债，

---

① 参见陆家豪：《民法典第三人清偿代位制度的解释论》，载《华东政法大学学报》2021年第3期。

② 参见孙森焱：《民法债编总论》（下册），法律出版社2006年版，第837页。

在还清债务之后,第三人丁能否对保证人丙主张权利?笔者认为,此处所说的"债权转让给第三人",指的是第三人在发生法定债权移转后享有对债务人进行追偿的权利,但是这并不意味着第三人因此享有请求保证人承担保证责任的权利。原因在于:一方面,因为第三人完成清偿债务行为,对于保证人而言,债权已经消灭,保证人没有继续承担债务的义务;另一方面,保证人成立保证关系是基于特定信任关系,其本身与第三人素不相识,保证人也没有义务去为没有任何信任关系基础的第三人继续承担保证责任。

(四)第三人代为履行与由第三人履行合同的区别

所谓由第三人履行的合同,是指当事人约定在不变更合同当事人的情况下,由第三人履行给付义务。《民法典》第523条对由第三人履行的合同作出了规定,即:"当事人约定由第三人向债权人履行债务,第三人不履行债务或者履行债务不符合约定的,债务人应当向债权人承担违约责任。"这一规则同样也是对债的相对性的突破,因为依据债的相对性原理,合同当事人不得为第三人设定义务和负担,除非得到第三人的同意,否则,该约定不能对第三人产生效力。因此,双方当事人关于为第三人设定义务的合意并不能约束第三人,但如果第三人自愿承担合同所约定的义务,在此情形下,即使第三人并非当事人或合同债务人,债权人也可向第三人提出请求。可见,第三人是否履行取决于其自愿,只有在第三人愿意履行的情形下,债权人才能从第三人处获得清偿。第三人作出履行,可能是基于其与债务人之间的特殊关系,也可能是基于赠与的意思,但即便第三人同意履行,在其不履行或不适当履行的情形下,债权人也只能向债务人请求履行债务或主张违约责任,而不能向第三人提出请求。[①]

需要探讨的是,在当事人约定由第三人履行债务的情形下,第三人处于何种地位?换言之,如果债权人与债务人之间约定由第三人履行义务,第三人同意作出履行,此时,第三人究竟是债务加入者,还是债务人的债务履行辅助人?抑或是代为履行的第三人?对此,存在不同观点。

笔者认为,由第三人履行的合同中的第三人并非债务加入者。如前述,在债务加入的情形下,当事人应当就债务加入达成合意,且必须经债权人同意。而在上述情形下,当事人只是约定由第三人履行,当事人并没有就债务转移达成协议,第三人接受的意思并不是要承担债务,不宜因此认定第三人的行为构成债务加入。例如,在"孙永福与王义友、赵艳红房屋买卖合同纠纷案"中,法院认为:合同双方当事人签订的《房屋买卖合同》第2条内容是对买方购买本案争议房屋的付款方式的约定,约定由买方向《房屋买卖合同》之外的第三人履行卖方所欠第三人的借款债务,符合《合同法》第64条关于当事人约定由债务人向第三人履行债务的规定,并不符合债务转移的法律特征,不属于债务转移。[②]

严格地说,在当事人约定由第三人履行债务的情形下,第三人履行债务的法律后果也符合债务履行辅助人的规则。因为第三人履行债务后,债务人的债务即随之消灭,而如果第三人不履行债务或者履行债务不符合约定时,仍然应当由债务人对债权人承担债务不履行的责任。但是,此处所说的第三人在性质上与债务履行辅助人也存在一定的区别。债务履行辅助人通常应当是由债务人选定的辅助其履行债务的人,而在当事人约定由第三人履行债务的情形下,该第三人应当是由合同双方当事人同意的,而非由债务人单方指定的。因此,由第三人履行的合同中的第三人相较于债务履行辅助人完全依附于债务人的地位有所不

① 参见黄薇主编:《中华人民共和国民法典合同编解读》(上册),中国法制出版社2020年版,第211页。

② 延边朝鲜族自治州中级人民法院民事裁定书(2015)延中民四终字第232号。

同。履行辅助人的行为视为债务人的行为。

应当看到，由第三人履行债务与第三人代为履行具有一定的相似性：一方面，在这两种情形下，第三人都没有加入债务，没有成为债的关系的当事人；另一方面，在第三人作出履行时，债权人原则上都不得拒绝。

从制度层面看，《民法典》分别对二者作出规定，表明二者属于不同的法律制度，不得相互替代，在实践中需要区分由第三人履行和第三人代为履行，分别适用不同的法律规则。二者的区别表现在：

第一，第三人履行债务的依据不同。在由第三人履行的情形下，第三人履行债务的依据是债权人与债务人之间的合同，而第三人代为履行依据的是《民法典》第 524 条的规定。严格地说，在由第三人履行的情形下，第三人同意之后，即负有履行的义务；而在第三人代为履行的情形下，只要符合法律规定的条件，则第三人享有代为履行的权利，而非义务。正因如此，在约定由第三人履行的情形下，债务人依据合同有义务督促第三人履行；但在第三人代为履行的情形下，债务人并不负有督促第三人履行债务的义务。

第二，是否需要第三人同意不同。在由第三人履行的情形下，当事人约定由第三人履行，然而，依据合同相对性原则，合同当事人只能为第三人设定权利，而不能为第三人设定义务。因此，合同当事人作出约定后，必须经第三人的同意，才能对第三人产生拘束力。如果第三人表示拒绝，该约定不能对第三人产生效力。而在第三人代为履行的情形下，第三人是主动代债务人履行债务，其并不存在征得第三人同意的问题。

第三，债权人与债务人能否拒绝不同。在由第三人履行的合同中，债权人不能拒绝第三人的履行，债务人也不能拒绝由第三人履行。而在第三人代为履行的情形下，只有第三人对债务履行具有合法利益时，其才能实施代为履行行为，否则，债权人有权予以拒绝。问题在于，债务人能否拒绝？如果第三人代为履行后，债务人向债权人提出，第三人代为履行不符合其意愿和利益，因此，其不接受第三人代为履行，要求债权人向第三人返还财产，此种请求能否得到支持？笔者认为，依据《民法典》第 524 条的规定，只要符合第三人代为履行的条件，则第三人履行债务的行为即可对债务人产生效力，债务人不得事后主张第三人的履行行为无效。

第四，限制条件不同。由第三人履行的合同，因为债权人和债务人约定了由第三人履行，因此不会出现第三人代为履行中的只能由债务人履行的例外情形。也就是说，如果债权人和债务人之间达成协议，由第三人履行，即使依据合同的性质（如合同是提供劳务的合同），不宜由第三人履行，但因当事人已就由第三人履行达成了协议，所以仍然可以由第三人履行。而在第三人代为履行的情形下，如果相关债务是依法不宜由第三人代为履行的债务，则第三人无权代为履行。

第五，法律效果不同。由第三人履行的合同中，在第三人履行后，第三人和债务人之间的关系由其相互之间的合同解决，能否发生债权移转取决于当事人的意愿，而不存在法定的债权移转。而在第三人代为履行中，依据《民法典》第 524 条第 2 款的规定，第三人在履行债务后，将会在其代为履行债务的范围内依法取得债权人的债权，此时发生法定的债权让与。

第六，债务人的抗辩不同。在由第三人履行的合同中，第三人履行后，债务人对第三人是否享有抗辩以及享有何种抗辩，仅由其内部的合同来决定，债务人不能向第三人主张其对债权人的抗辩。而在第三人代为履行中，债务人仍然可以主张其对债权人的抗辩。

（五）第三人代为履行的效力

1. 第三人代为履行也能发生清偿的效果

第三人代为履行与债务人的履行具有同等的效果。《民法典》第 524 条第 1 款前段规定:“债务人不履行债务,第三人对履行该债务具有合法利益的,第三人有权向债权人代为履行。”依据该规定,只要第三人对于履行具有合法利益,第三人就享有作出履行的权利。这就意味着,一方面,在第三人向债权人作出履行时,债权人无权拒绝。在债权人拒绝受领时,第三人可以通过提存制度消灭债务,债务人可以主张受领迟延的责任。另一方面,债务人也不得阻止第三人履行。一旦履行符合合同的约定,就自然发生清偿的效果。

2. 第三人有权作出部分清偿

由于具有合法利益的第三人享有代为履行的权利,此种权利既包括全部履行,也包括部分履行,如果第三人作出部分履行,债权人无正当理由也不得拒绝,在部分履行的情形下,债务将发生部分清偿的效果。[①]

3. 第三人代为履行后发生法定的债权让与效果

在第三人代为履行后,第三人可以对债务人享有何种权利,存在不当得利说、追偿权发生说、求偿代位说以及法定的债权让与效果说等不同观点。笔者认为,法定的债权让与效果说更为合理,因为采纳此种模式也意味原债权人与债务人的债之关系中的抗辩仍然存在,当事人仍然可以行使此种抗辩,从而有效平衡债权人、债务人和第三人之间的利益。法律作出此种规定,既可以避免债务人因此获得不当得利,也可以避免债务人因原有的抗辩不能行使所遭受的损害,同时也有利于鼓励第三人在具有合法利益的情形下向债权人清偿债务。依据《民法典》第 524 条第 2 款的规定,在第三人代为履行后,债权人如果接受了履行,那么债权人享有的对债务人的债权将转让给第三人,这就表明,这将发生法定的债权移转,也就是说,在第三人代为履行后,第三人将在履行债务的范围内取得债权人对债务人的债权。如果第三人已经作出了全部清偿,则可以要求债务人向其进行全部履行;如果第三人只作出了部分的履行,则第三人只能在其履行的范围内,向债务人请求清偿。

法定债权移转在适用中还涉及如下问题:

第一,关于债权发生移转的时间。按照《民法典》第 524 条第 2 款的规定,债权移转的时间是债权人接受第三人履行时。就意定的债权让与而言,在当事人之间达成债权让与的合意时,即可发生债权让与的效果。但是《民法典》第 524 条第 2 款并非涉及意定的债权让与,而是对法定的债权让与的规定。因此,此种债权让与中并无当事人的合意,而只能是自法定的让与事由发生时,产生债权让与的效果。

第二,关于法定债权的部分移转。如果第三人构成不完全履行,此时能否发生债权的部分移转问题,对此,比较法上存在不同的观点,以《法国民法典》为代表的立法例允许第三人作出部分履行,而以《德国民法典》为代表的立法例原则上不允许第三人在部分给付的范围内行使求偿权。[②] 笔者认为,我国《民法典》虽然没有对此作出规定,但从《民法典》第 524 条第 2 款规定来看,该条没有禁止第三人部分履行债务,因此,就第三人与债务人的关系而言,如果第三人部分履行债务的,则其应当在履行债务的范围内获得相应的债权。

---

① 参见最高人民法院民事审判第二庭、研究室编著:《最高人民法院民法典合同编通则司法解释理解与适用》,人民法院出版社 2023 年版,第 354 页。

② 参见《法国民法典》第 1346 条第 3 款、《德国民法典》第 266 条。

第三,该法定债权让与的效果可以被当事人的约定排除。《民法典》第524条第2款的规范,在性质上应当属于任意性规范,即在债务人和第三人另有约定的情况下,该约定优先适用。例如,双方约定第三人清偿后不得再向债务人追偿,则意味着第三人代为履行具有无偿性,此时第三人就不再享有向债务人请求追偿的权利。又如,债务人可以和第三人在事先或事后约定,以一定的补偿金等方式,对第三人进行补偿,在此情形下,第三人不能通过法定的债权转让取得债权。

应当指出的是,即便是具有合法利益的第三人代为履行,其原因也是多样的,有的是基于债务人的委托,有的是基于无因管理,有的是基于赠与。在比较法上,确实有观点认为,应当区分第三人代为履行的不同原因,确定其求偿权,如果第三人是基于赠与的原因而代为履行,则第三人在代为履行之后,就不得再向债务人求偿。[①] 我国《民法典》第524条在规定第三人代为履行的法律效果时,并没有区分不同的原因。笔者认为,法律虽然一概允许第三人取得债权,但第三人也可以抛弃此种权利。债务人如果能够证明第三人是以赠与的意思代为履行债务的,则不应当允许第三人再向债务人主张权利。

第四,《民法典》中关于债权让与规则的类推适用。前已述及,由于第三人在代为履行后获得了法定的债权让与,因此在第三人向债务人请求时,可以适用《民法典》中关于债权让与的规则,这主要体现为:一是从权利也一并转让。第三人通过清偿,使得债权人所有的法定债权的从权利都移转给第三人。[②]《民法典》第547条第1款规定:"债权人转让债权的,受让人取得与债权有关的从权利,但是该从权利专属于债权人自身的除外。"在转让合同债权时从属于主债权的从权利,如抵押权、利息债权、定金债权、违约金债权及损害赔偿请求权等也将随主债权的移转而发生移转,但专属于债权人的从权利除外。二是通知规则的适用。虽然第三人代为清偿不需要债务人的同意,但第三人仍然应当通知债务人,使债务人了解债务已经履行的事实,防止债权人接受重复履行。第三人与债权人都有义务向债务人作出通知,以避免债务的重复履行。三是债务人的抗辩可以向第三人主张。债务人在合同债权转让时所享有的对抗原债权人的抗辩,并不因合同债权的转让而消灭。《民法典》第548条规定:"债务人接到债权转让通知后,债务人对让与人的抗辩,可以向受让人主张。"依据该条规定,在债权转让后,债务人对原债权人所享有的抗辩,仍然可以对受让人主张,这些抗辩包括同时履行抗辩权、不安抗辩权、先履行抗辩权等。四是债务人可以依法向第三人行使抵销权。债务人接到债权转让通知后,债务人对让与人享有债权,并且债务人的债权先于转让的债权到期或者同时到期的,债务人可以向受让人主张抵销。

当然,第三人代为履行后发生法定的债权让与效果只是一种任意性的规定,如果债务人和第三人之间存有特别约定,如第三人清偿后不得再向债务人追偿,则意味着第三人的清偿具有无偿性,此时第三人就不再享有向债务人请求追偿的权利。

4. 第三人代为履行不得损害债权人的利益

根据《合同编通则解释》第30条第2款,"第三人在其已经代为履行的范围内取得对债务人的债权,但是不得损害债权人的利益"。因为第三人代为履行后,在其已经代为履行的范围内取得对债务人的债权,有权向债务人追偿,此种追偿权的产生具有法定性,其无须当

---

① 参见黄立:《民法债编总论》,中国政法大学出版社2002年版,第656页。

② Palandt/Bearbeiter, C. H. Beck, Nötingen, 2009, § 268, Rn. 6.

事人对此作出特别约定。但第三人在向债务人主张追偿权时，不得损害债权人的利益。例如，第三人只是向债权人履行了部分债务，而债务人履行债务的责任财产有限，则第三人向债务人追偿即可能影响债权人债权的实现。在此种情形下，应当以债务人履行债务的责任财产首先向债权人作出履行，而不得因为追偿损害债权人的利益。

5. 担保人代为履行后将依法取得债权人对债务人的债权

依据《合同编通则解释》第 30 条第 3 款的规定，担保人代为履行后，其不仅将依法取得债权人对债务人的债权，且有权向主债务人行使追偿权。[①] 对此，如果当事人之间有约定应当依据其约定，如果没有约定，如果各个担保人提供的是连带共同担保，则某一担保人在代为履行后，其应当有权向其他担保人追偿，如果不存在此类情形，原则上各个担保人之间不能相互追偿，已经作出履行的担保人不能向其他担保人追偿。

第五节 双务合同履行中的抗辩权

一、双务合同履行中的抗辩权概述

(一) 抗辩权的概念及特征

抗辩权又称异议权，是指对抗对方的请求或否认对方的权利主张的权利。“因请求权之所行使权利，义务人有可能拒绝其应给付之权利者，此项权利谓之抗辩权。”[②]抗辩权可以分为程序上的抗辩权和实体上的抗辩权。

程序上的抗辩权是指被告针对原告的诉讼请求提出反驳，此种抗辩在英国法中称为特殊防御，在美国法中称为积极防御。民事诉讼上的抗辩不完全等同于实体法上的抗辩权，因为实体法上的抗辩权毕竟是针对请求权而行使的，它并不限于在诉讼中行使，在诉讼之外也可以行使。

实体上的抗辩所包括的内容是很广泛的，例如主张合同无效或解除合同、时效期间届满，就双务合同中的债务提出同时履行抗辩、抵销等。[③] 在合同法领域，广泛运用的抗辩事由主要包括三类：第一类是否认合同关系的成立和效力抗辩。即当一方主张合同上的权利时，另一方以合同不成立、债务根本不存在、时效届满、合同应被宣告无效或被撤销等为由提出抗辩。如果此种抗辩成立，则当事人无须履行合同义务，也无须承担违约责任。第二类是有关免责的抗辩。即当一方主张合同上的权利时，另一方并不否认合同的成立和效力，而只是以免责条款、不可抗力的存在作为抗辩事由。即另一方提出双方之间已达成某种免责条款，该条款已经成立并生效，据此应被免责，或认为具有法定的不可抗力事由而应被免责。第三类是《民法典》规定的履行抗辩权，即针对对方当事人的履行请求权所提出的抗辩。我国《民法典》第 525—527 条规定了同时履行抗辩权、先履行抗辩权和不安抗辩权。由此可见，从实体角度来看，抗辩和抗辩权并不是同一概念。抗辩的范围非常宽泛，既包括实体法上的抗辩；也包括程序法上的抗辩；既包括抗辩权，也包括抗辩权之外的其他抗辩事由。例如，权利不存在的抗辩或合同债权已经经由清偿而消灭的抗辩都属于抗辩，但是却并无狭义的抗辩

---

① 参见最高人民法院民事审判第二庭、研究室编著：《最高人民法院民法典合同编通则司法解释理解与适用》，人民法院出版社 2023 年版，第 356 页。

② 洪逊欣：《民法总则》，作者 1976 年自版，第 57 页。

③ 参见沈达明编著：《比较民事诉讼法初论》(上册)，中信出版社 1991 年版，第 256 页。

权存在。抗辩权则是由法律明确规定的一方享有的对抗另一方请求权行使的权利。具体来说,实体法上的抗辩权具有如下特征:

第一,抗辩权是由法律明确规定的对抗对方请求权的权利。抗辩权必须由法律规定而产生。如果是约定的抗辩事由,仅产生合同的权利,一方行使基于约定的抗辩事由所产生的权利,仍然是行使合同权利的表现。如果是双方约定的限制或免除责任及迟延履行债务等事由,尽管一方可以据此在另一方提出请求时作出抗辩,或者说可以以这些事由作为抗辩事由,但这只是提出抗辩,并不是行使抗辩权。而抗辩权则是由实体法规定的权利,如《民法典》中规定的先诉抗辩权、同时履行抗辩权、先履行抗辩权、不安抗辩权等。

第二,抗辩权是对抗或否认对方请求权的权利。抗辩权是对抗对方请求的权利,抗辩权行使的主要目的就是对抗对方所提出的履行或承担违约责任的请求,这是抗辩权所具有的一般性质。正如有的学者所指出的:"抗辩权属于广义形成权之一,乃对抗请求权之权利也,其作用在于防御,而不在于攻击,因而必待他人之请求,始得对之抗辩。又抗辩权主要虽在对抗请求,但并不以此为限,对于其他权利之行使,亦得抗辩。"[①]抗辩权的有效成立不仅可以对抗对方的履行请求,而且可以排除违约责任的承担。在此需要区分抗辩与抗辩权。抗辩是一个上位概念,而抗辩权是抗辩的下位概念。

抗辩权的重要功能在于,权利人通过行使抗辩权使对方当事人的请求权消灭,或使其效力延期发生。例如,当事人主张合同无效,并据此对抗对方当事人履行合同的请求权,此种抗辩权一旦成立,将导致对方的请求权消灭,理论上称为消灭的抗辩权(zerstorliche oder permtorische Einreden)。此种抗辩权因可以使请求权的行使永远被排除,故又称为永久的抗辩权。而本章所要探讨的合同履行中的抗辩权则属于延缓的抗辩权(verzögerliche oder dilaterische Einreden),即仅能使对方的请求权在一定期限内不能行使,所以又称为一时的抗辩权。由于抗辩权是针对请求权而行使的,因而只有在一方提出请求以后,另一方才可以行使抗辩权。《民法典》第525条规定,同时履行抗辩是指"一方在对方履行之前有权拒绝其履行请求。一方在对方履行债务不符合约定时,有权拒绝其相应的履行请求"。抗辩权只是给予抗辩权人对抗对方请求的权利,而并没有给予抗辩权人某种补救的权利。这就是说,抗辩权人行使其抗辩权,只是对抗对方的请求,而不能产生解除合同或者请求对方当事人承担违约责任等效力。

第三,抗辩权的行使是正当行使法定权利的表现,不仅不构成违约,而且抗辩一旦成立,将会导致对方的请求权消灭或使其效力延期发生。当然,抗辩权的行使必须严格遵循法律规定的行使条件和程序,不能违反法律规定加以滥用。否则不仅不能发生抗辩的效果,而且可能构成违约。在合同法上,抗辩权的行使与违约责任的构成有着密切的联系。如前所述,各种违约行为都表现为没有正当理由而违反合同所规定的义务,如果当事人有正当理由,则即使从表面上看当事人未履行合同规定的义务,也并不需要承担违约责任,抗辩权的有效行使即属于此类正当理由。正是因为这一原因,英国学者猜图认为,考察违约及其补救问题必须研究同时履行抗辩制度。[②]

抗辩权必须要由权利人主张才能发生效力,法院不能主动援引抗辩权。因为抗辩权本

① 洪逊欣:《民法总则》,作者1976年自版,第57页;梅仲协:《民法要义》,中国政法大学出版社1998年版,第38页。

② See G. H. Treitel, *Remedies for Breach of Contract: A Comparative Account*, Oxford University Press, 1988, pp. 290-295.

质上是一种私权,仅涉及当事人的利益,当事人是否行使抗辩权完全由当事人自己决定,如果当事人不主动援引抗辩权,则可认定其已主动抛弃了该抗辩权。当然,当事人援引抗辩权时必须证明有抗辩事由的存在,并应负担相应的举证责任。

(二)双务合同履行中的抗辩权特征

抗辩权的范围非常广泛,我国《民法典》在合同编第四章中主要规定了三种抗辩权,即同时履行抗辩权、不安抗辩权和先履行抗辩权,这三种抗辩权都是双务合同履行中的抗辩权。它们都具有如下几个共同特征:

第一,都只适用于双务合同。所谓双务合同,是指双方当事人互负对待给付义务的合同[①],即一方当事人愿意负担履行义务,旨在使他方当事人因此负有对待履行的义务,或者说,一方当事人享有的权利也就是他方当事人所负担的义务。双务合同是最为典型的合同,体现了对价平衡。

第二,发生原因都是基于双务合同中对待给付的牵连性。在双务合同中,给付与对待给付具有牵连性,任一给付不能完成就意味着另一给付缺少对价,也同样免于给付。此时,法律规定双务合同履行中的抗辩权,就是因为这一牵连关系的要求。

第三,都是一时性的抗辩。抗辩按照权利作用的时间可以分为一时性抗辩与永久性抗辩。双务合同履行中的抗辩权,在性质上都属于一时性抗辩,在发生抗辩权的事由消除后,当事人就不能再援引这一抗辩。因此,其与诸如时效经过的抗辩等永久性抗辩有显著的区别。

第四,其行使都以给付具有"相应性"为要件。大陆法国家虽然确立了同时履行抗辩等制度,但是抗辩权行使的标准实际上是不明确的。我国《民法典》确立了相应性的标准,所谓相应,就是要求履行和对待履行之间义务的内容或者相互履行的金钱价值大体相当。相应性进一步体现了双务合同的牵连性和对价性,突出反映了双务合同的等价性,也反映了我国民法的等价有偿原则。既然同时履行抗辩权产生的基础是诚信原则,那么当事人行使这一抗辩权也应遵行诚信原则。例如,《民法典》第525条后段规定:"一方在对方履行债务不符合约定时,有权拒绝其相应的履行请求。"此处特别强调"相应"二字。相应的含义是指拒绝履行的部分必须与不符合约定的行为相适应。

二、同时履行抗辩权

(一)同时履行抗辩权的概念和特征

同时履行抗辩权,也称为履行合同的抗辩权,是指双务合同的当事人一方在他方未为对待履行以前,有权拒绝自己的履行。《民法典》第525条规定:"当事人互负债务,没有先后履行顺序的,应当同时履行。一方在对方履行之前有权拒绝其履行请求。一方在对方履行债务不符合约定时,有权拒绝其相应的履行请求。"该条是对同时履行抗辩权概念和行使条件的规定。同时履行抗辩权具有如下特征:

第一,同时履行抗辩权仅适用于双务合同。同时履行抗辩权是在双务合同中产生的,并且仅适用于双务合同关系,而不适用于单务合同(如无偿保管合同、无偿委托合同),以及非真正的(或称不完全的)双务合同(如委托合同)。

第二,同时履行抗辩权适用于双务合同中没有规定履行先后顺序的情况。就双务合同

---

① 参见杨振山主编:《民商法实务研究(债权卷)》,山西经济出版社1993年版,第249页。

来说，依合同是否约定履行先后顺序可以分为两种情况：一是异时履行，即当事人在合同中明确规定应由一方先履行，另一方后履行，如合同规定："卖方应在买方付款后的10天内交货"，因此买方应当先作出履行。二是同时履行。例如，合同规定"货到付款"就属于同时履行。一般来说，异时履行应由合同明确作出约定，如果合同未作出异时履行的约定，应认为双方负有同时履行的义务。针对异时履行和同时履行的情况，我国法律设定了不同的抗辩权。异时履行应适用先履行抗辩权和不安抗辩权，而同时履行则应适用同时履行抗辩权。可见，针对双务合同中的履行无先后顺序的情况而适用，是同时履行抗辩权与其他两种抗辩权的重要区别。

第三，同时履行抗辩权主要是一种拒绝权。《民法典》第525条强调，同时履行抗辩权是指"一方在对方履行之前有权拒绝其履行请求。一方在对方履行债务不符合约定时，有权拒绝其相应的履行请求"。这就表明，同时履行抗辩权是指一方在符合法律规定的条件下享有拒绝对方请求的权利。同时履行抗辩权的内涵为：当一方不履行或不适当履行而要求对方作出履行时，对方有权拒绝其相应的履行要求，它是对抗对方请求权的一种权利。同时履行抗辩权不仅适用于买卖合同，而且适用于各类双务合同，它也绝非仅适用于现货交易和即时结清的买卖，而可以广泛适用于各类不履行和履行不符合约定的情况。

第四，同时履行抗辩权的法律根据在于双务合同的牵连性。所谓双务合同的牵连性，是指在双务合同中，一方的权利与另一方的义务之间具有相互依存、互为因果的关系。此种牵连性表现为发生上的牵连性、履行上的牵连性以及存续上的牵连性三个方面。既然双务合同中双方当事人应同时履行自己所负的债务，一方当事人只有在已经履行或者已提出履行的前提下，才能要求对方当事人履行义务。反过来说，在对方未为对待履行或未提出履行以前，可以将自己的履行暂时中止，而拒绝对方的履行请求。

（二）同时履行抗辩权的适用条件

同时履行抗辩权的行使必须符合下列要件：

1. 须在同一双务合同中双方互负债务。同时履行抗辩权乃是由于双务合同履行上的牵连性，根据诚信原则所产生的制度。同时履行抗辩权发生的前提条件是在同一双务合同中双方互负债务。具体来说，首先，须由同一双务合同产生债务，即指双方当事人之间的债务是根据一个合同产生的。其次，需双方当事人互负相互牵连的债务。所谓互负债务，是指双方根据同一双务合同互相承担债务。所谓牵连关系，是指双方所负的债务相互依存，不是相互独立的。

2. 双方所负的债务之间具有相应性。如何理解《民法典》第525条规定的"相应的履行请求"?《合同编通则解释》第31条第1款规定："当事人互负债务，一方以对方没有履行非主要债务为由拒绝履行自己的主要债务的，人民法院不予支持。但是，对方不履行非主要债务致使不能实现合同目的或者当事人另有约定的除外。"相应的要求实际上也是民法上平等和公平原则的体现。具体而言，该条包含以下几方面含义：

第一，在当事人互负债务的情形下，同时履行抗辩权的行使要求两个债务之间具有相应性，其通常都是合同的主要债务，即主给付义务，一方当事人不得以对方没有履行非主要债务为由主张拒绝履行自己的主要债务，因为二者之间并不具有相应性。例如，甲乙双方订立了价值100万元的买卖合同，此时买方支付货款、卖方交付货物应该就是主要债务，在卖方已经发货但是买方没有支付货款的情况下，如果买方以卖方未开具增值税发票为由主张同时履行抗辩权的，就不能得到法院的支持，因为开具发票一般被认为属于卖方的从给付义务,与交付货款之间不具有相应性。当然,依据该司法解释的规定,相对人虽然不能据此行使主要债务的同时履行抗辩权,但可行使非主要债务的同时履行抗辩权。[①] 如果一方不适当履行债务,如部分履行、履行有瑕疵等,另一方可援引我国《民法典》第525条的规定,拒绝对方相应的履行要求。

一方单纯违反附随义务,但已履行了主给付义务的,另一方不得援用同时履行抗辩权。不过,如果附随义务的履行与合同目的的实现具有密切关系,应认为该附随义务与对方的主给付义务之间具有牵连性和对价关系。[②] 另外,主债务与从债务之间也不具有相应性。主债务与从债务往往是联系在一起的,没有主债务就不发生从债务。一般来说,主债务与从债务之间不具有牵连关系,当然对此亦应作具体分析。如违约金条款是双务合同中的从债务,与主债务之间无对价关系,因此不能成立同时履行抗辩权。

第二,如果一方不履行非主要债务致使对方不能实现合同目的的,则对方当事人有权主张不履行主要债务。也就是说,一方履行主要债务后,一般情况下合同相对人的合同目的就能得到实现,在此情况下其自然不能以此为由主张行使同时履行抗辩权。例如,如果债务人给付货物数量不足,但不足额甚微,对债权人未造成明显损害,债权人不得拒绝接受并援引同时履行抗辩的规定拒付全部货款,而只能拒绝支付供货不足部分的对应价款。但是,如果非主要债务的不履行也会导致对方"合同目的"的落空,此时相对人有权行使同时履行抗辩权;在前述供货数量不足的案例中,如果供货方所供货物是个完整不可分割的整体,部分供货的缺失可能导致其余供货没有使用价值(比如大型机器设备的组成部分缺失),此时相对人自然可以主张同时履行抗辩权。再如,供货方不提供质量检验书,如果会导致标的物的品质难以确定,无法进行后续转让的(比如钻石、珠宝等的质量合格鉴定书),此时供货方不提供质量检验书也会致使对方不能实现合同目的,在此情形下,也应当认定双方的债务具有相应性,买方有权拒绝交付货款。

第三,当事人另有约定的除外。这就是说,同时履行抗辩权的行使一般要求债务之间具有相应性,但这一规定仍然属于任意性规定,当事人之间可对此进行特殊约定排除该规则的适用。仍以前述甲乙双方订立价值100万元的买卖合同为例,如果双方在合同中约定在卖方没有出具增值税发票的情况下,买方可以此为由拒绝支付货款的,就意味着买方可以此为由主张同时履行抗辩权。

3. 须双方互负的债务均已届清偿期。同时履行抗辩权的适用,是双方对待给付的交换关系的反映,并旨在使双方所负的债务同时履行,双方享有的债权同时实现。所以,只有在双方的债务同时到期时,才能行使同时履行抗辩权。这就要求双方当事人互负的债务必须是有效的。如果原告向被告请求支付价金,而买卖合同不成立、无效或已被撤销,或债务业已被抵销或免除,债务实际上不存在,则原告并不享有请求权,被告在此情况下已不是主张同时履行抗辩,而是主张自己无履行的义务。因此,债务的存在是主张同时履行抗辩的前提。

4. 须对方不履行或履行合同义务不符合约定。原告向被告请求履行债务时,原告自己已负有的与对方债务有牵连关系的债务未履行,被告因此可以主张同时履行抗辩权,拒绝履

---

① 参见最高人民法院民事审判第二庭、研究室编著:《最高人民法院民法典合同编通则司法解释理解与适用》,人民法院出版社2023年版,第320页。

② 参见林诚二:《论附随债务之不履行与契约之解除》,载郑玉波主编:《民法债编论文选辑》(中册),五南图书出版有限公司1984年版,第866—867页。

行债务。如果原告已履行债务，则不发生同时履行抗辩权的问题。不过，如果原告未履行的债务与被告所负的债务之间无对价关系，则被告不得援用同时履行抗辩权。[①] 如果一方不适当履行债务，如部分履行、履行有瑕疵等，另一方可援引我国《民法典》第525条的规定，拒绝对方相应的履行要求。

（三）同时履行抗辩权的效力

同时履行抗辩权属于延期的抗辩权，不具有消灭对方请求权的效力。依据《民法典》第525条的规定，其效力仅表现为当事人一方在对方提出给付以前，可以暂时拒绝履行自己的义务，而并不是使自己的义务归于消灭。正当行使同时履行抗辩权不构成违约，因为行使抗辩权是合法行为，它和违约行为在性质上是有根本区别的，不能将两者混淆。例如，一方交付的货物有严重瑕疵时，另一方拒付货款，乃是正当行使抗辩权的行为，不应作为违约对待。当然，在不符合行使抗辩权的条件的情况下拒绝履行义务或滥用同时履行抗辩权等，不属于正当行使权利的范畴，这些行为本身已构成违约，由此造成对方损害的，应负损害赔偿责任。如合同规定甲方交付大米1万千克，甲方依约发运了货物，但乙方收到货后发现缺200千克，乙方将该批大米接受并转卖以后，仍援用同时履行抗辩权的规定拒付全部货款，此时乙方的行为已构成违约。

同时履行抗辩权的行使与合同解除也是不同的。该抗辩权的行使以有效的合同关系的存在为条件，尽管该权利的行使造成合同暂时不能履行，但当事人双方仍然希望维持合同的效力；而解除合同则是终止现有的合同关系，使基于合同发生的债权债务关系归于消灭，并使当事人之间的财产关系恢复到订约前的状况。

（四）同时履行抗辩的程序保障——对待给付判决

同时履行抗辩权旨在保障当事人的互为对待给付，以实现交易公平和交换正义，但在司法实践中，由于缺乏程序保障，该抗辩权在诉讼中常常陷入困境。例如，在买卖合同中，一方起诉另一方要求其履行付款义务，另一方提出抗辩，要求对方作出履行，有的法院直接判决驳回原告的起诉，因此导致双方履行陷入僵局，原告再提起诉讼，也可能被法院以“一事不再理”为由拒绝受理，从而导致程序空转。为解决这一问题，《合同编通则解释》第31条第2款引入了对待给付判决理论。所谓对待给付判决（Urteil auf Erfüllung Zug und Zug），是指法院要求原告向被告提出对待给付后才可对被告进行强制执行的判决。此类判决一般表述为，“被告应在原告履行其义务时，向原告履行义务”[②]，其又被称为交换给付判决、同时履行判决、附对待给付判决。[③] 在具体履行步骤上，对待给付判决要求提起诉讼的原告（即债权人）首先要自己作出给付，在其作出给付后，该判决就立刻产生了执行力，即被告应当立即作出对等给付，如被告不作出给付，则原告即可申请强制执行。[④] 对待给付判决作出之后，已经具有强制执行力。

依据《合同编通则解释》第31条第2款，对待给付判决可分为两类情形：第一，在原告提起诉讼请求后，如果被告并未提起反诉时，法院应当判决被告在原告履行债务的同时，履行

① 参见王家福主编：《中国民法学·民法债权》，法律出版社1991年版，第403页。

② 参见刘海伟：《对待给付判决制度的理论证成与具体适用——兼论〈民法典合同编通则解释(征求意见稿)〉第32条第2款》，载《法律适用》2023年第11期。

③ 参见肖建国、张苏平：《附对待给付义务的诉讼表达与执行法构造》，载《北方法学》2023年第1期。

④ 参见 Emmerich, in: Münchener Kommentar zum BGB, 9. Aufl., 2022, § 322, Rn. 7; Wagner NJW 2013, 198, 201f.

自己的债务,并应当在判项中明确,原告申请强制执行的,法院应当在原告履行自己的债务后,对被告采取执行行为。但被告不能依据对待给付判决申请对原告的对待给付债务进行强制执行。① 因为被告只是消极地提出了抗辩,而没有积极主张原告向自己履行债务。法院不能径直作出裁判,要求原告作出履行,在此情形下,被告没有获得针对原告的执行依据,因此,被告无法申请强制执行。第二,在被告提起反诉的情形下,法院应当判决双方同时履行自己的债务,并在判项中明确任何一方申请强制执行的,人民法院应当在该当事人履行自己的债务后对对方采取执行行为。由此可见,在被告仅主张同时履行抗辩权时,只存在一个诉讼,不存在本诉与反诉的区别。《合同编通则解释》第 31 条第 2 款首先规定了针对原告提出请求的对待给付判决,然后再规定被告提起反诉后的同时履行判决,这就从实体和程序两个方面区分了抗辩权行使与反诉的提起。从法律上看,抗辩与反诉存在重大区别,抗辩作为实体法上的权利,是阻止请求权行使的权利,抗辩成功导致请求权的行使遇到障碍,其本身作为防御性规范,不同于提出请求。而反诉则是针对对方当事人在同一诉讼过程中提出的诉讼请求。虽然反诉有时候确实会对对方当事人的请求起到一定的防御作用,但其本质上仍然是一种向对方提出请求的诉讼请求。在被告没有反诉的情况下,法院仅仅针对原告的给付请求权作出了判决,所以也只有原告可以依据这一判决申请强制执行,被告不能依据该判决强制执行原告的对待给付。但是,在被告提起反诉的情况下,法院对于被告主张的对待给付请求权也应当作出判决。这就形成了同时履行判决,原被告双方都应当向对方作出履行。任何一方都有权申请强制执行,只不过申请强制执行时应当首先履行自己的债务。

对待给付判决作出之后,已经具有强制执行力。但长期以来,由于我国法律没有规定对待给付判决,有的法院即便在判决中明确在原告履行后被告也要作出对待给付,也仅是在"本院认为"部分作为说理,而并非在判项中明确,但判项才是强制执行力的直接根据,因此,判项中没有明确当事人的履行义务的,很难据此申请执行。判决书中"本院认为"部分,是人民法院就认定的案件事实和判决理由所作的叙述,其本身并不构成判项的内容。法院强制执行只能依据生效判决的主文,生效判决中关于履行债务的判决,必须要在判项中明确,从而为法院强制执行的程序提供依据。如果判决主文中没有相应的判项,则"本院认为"部分所作的论述不能作为执行依据②。为了解决这一问题,《合同编通则解释》第 31 条第 2 款明确要求,法院应当在判项中明确说明,一方要申请强制执行的,应当首先履行自己的债务,才能对另一方采取强制执行措施。该条规定了同时履行抗辩的情形下强制执行开始的条件,为执行法院作出了明确的指引,也为合同当事人的权益提供了程序保障。

《合同编通则解释》第 31 条较为巧妙地衔接了实体法和程序法之间的关系,为同时履行抗辩权提供给了一套程序保障机制。

(五)同时履行抗辩权适用的排除

如出现以下情形,不得适用同时履行抗辩权:

第一,法律或合同规定一方负有先行履行的义务。此种情形意味着法律、合同确定了履行顺序,当事人必须按此顺序履行其义务,负有先行履行义务的一方当事人不得要求对方同

① 参见申海恩:《抗辩权效力的体系构成》,载《环球法律评论》2020 年第 4 期。

② 最高人民法院原执行办(现执行局)在一则复函中明确指出:判决主文是人民法院就当事人的诉讼请求作出的结论,参见《关于营口市鲅鱼圈区海星建筑工程公司与营口东方外国语专修学校建筑工程欠款纠纷执行一案的疑请报告》的答复——《关于辽宁省高级人民法院关于能否以判决主文或判决理由作为执行依据请示的复函》(〔2004〕执他字第 19 号)。

时履行，这属于依合同履行义务的问题，不适用同时履行抗辩权。

第二，双方所负的义务无相应性或无牵连性。同时履行抗辩权的理论基础在于合同履行上的牵连性。[①] 如果根据合同的性质或规定，合同双方所负有的义务是彼此独立、无牵连关系的，则一方违反了某项义务，不能成为另一方拒绝履行其义务的理由。例如，在混合合同中，合同规定了数项债务，各个债务的性质是不同的，如某个合同将买卖、租赁有关条款规定在一起，各个条款之间在性质上存在诸多不同，此时，当事人就无法主张同时履行抗辩权。

第三，按照诚信原则不适用同时履行抗辩权。[②] 诚信原则是债务履行中的一项重要原则。根据这一原则，双方应负有相互协力、保护、保密、忠实等义务。按照诚信原则，如果一方交付货物的数量不足，但不足的数量甚少，或交付的标的物的瑕疵极为轻微，对对方无明显损害，或一方违反义务并不影响另一方的履行等，对方不得以此为依据拒绝接受履行并拒绝履行自己的义务。

三、先履行抗辩权

（一）先履行抗辩权的概念

《民法典》第 526 条规定："当事人互负债务，有先后履行顺序，应当先履行债务一方未履行的，后履行一方有权拒绝其履行请求。先履行一方履行债务不符合约定的，后履行一方有权拒绝其相应的履行请求。"该条是关于先履行抗辩权的规定。此种抗辩权是我国法律在同时履行抗辩权和不安抗辩权之外新增加的一种抗辩权，也是一项为我国法所独创的抗辩制度。[③]

抗辩权不仅可对抗对方的履行请求，还可对抗对方所提出的承担违约责任的请求。一方面，如果一方未履行，而要求另一方履行，另一方有权拒绝其履行要求。另一方面，如果一方不适当履行其债务，另一方亦有权拒绝其相应的履行要求。而在后一种情况下，必然是一方已经先作出了履行，因其履行不符合约定，而使后履行一方享有抗辩权。在此情况下，同时履行抗辩与先履行抗辩将会发生竞合。

先履行抗辩权与同时履行抗辩权都适用于双方互负债务的双务合同，但两者具有明显的区别，具体表现在：第一，适用范围不同。同时履行抗辩权适用于当事人互负债务、没有先后履行顺序的情况；而先履行抗辩权适用于当事人存在先后履行顺序的情况。也就是说，同时履行抗辩权针对同时履行而适用，先履行抗辩权针对异时履行而适用。第二，权利主体不同。同时履行抗辩权是为双方提供的，即只要有一方不履行或不适当履行债务，另一方就有可能享有同时履行抗辩权；而先履行抗辩权乃是为后履行的一方所设定的抗辩权，也就是说，只有后履行一方才享有此种抗辩权。第三，是否适用于违约的情形不同。同时履行抗辩权可以适用于违约的情形，如果一方不适当履行其债务，另一方亦有权拒绝其相应的履行要求；而先履行抗辩权一般不适用于违约的情形。

（二）先履行抗辩权的适用条件

依《民法典》第 526 条的规定，先履行抗辩权的行使必须符合如下条件：

第一，同一双务合同中双方互负债务。与同时履行抗辩适用的条件一样，先履行抗辩权

---

① 参见朱广新、谢鸿飞主编：《民法典评注・合同编・通则 1》，中国法制出版社 2020 年版，第 493 页。

② 参见王泽鉴：《民法学说与判例研究》（第 6 册），北京大学出版社 2009 年版，第 124 页。

③ 《商事合同通则》第 7.1.3 条承认了先履行抗辩权。该条第 2 款规定：凡当事人各方应相继履行合同义务的，后履行的一方当事人可在应先履行的一方当事人完成履行之前拒绝履行。该条是否是采纳中国经验的结果，值得探讨。

也是因双务合同履行机能上的牵连性而发生的，其适用的前提是同一双务合同中双方互负债务。所谓同一双务合同中双方互负债务，一方面是指必须由同一双务合同产生债务，也就是说，双方的债务是由一个合同产生的，而不是由两个或两个以上的合同产生的。另一方面，双方当事人必须互负债务，互负债务表明双方应当发生双务合同关系，因为单务合同是很难互负债务的。

第二，须由一方当事人先为履行。履行是否具有先后顺序，是先履行抗辩与同时履行抗辩的根本区别。从原则上说，履行具有先后顺序，应当由当事人双方特别约定，如双方在合同中约定，先交货后付款，或先住店后结账，或先吃饭后付款。如果当事人在合同中未规定履行顺序，可以依交易习惯来确定。如根据当地的习惯，通常是先付款后吃饭，或先结账后住店，则应以此确定履行顺序。如果依据交易习惯不能确定履行顺序的，应当按照等价交换的原则，推定当事人双方负有同时履行的义务。

第三，先履行的一方不履行或履行合同义务不符合约定。先履行抗辩权是针对先履行一方的履行不符合合同规定而设定的。先履行一方未履行的，后履行一方有权拒绝其履行要求。先履行一方履行债务不符合约定的，后履行一方有权拒绝其相应的履行要求。《民法典》第 526 条所提及的“不符合约定”包括不履行或履行合同义务不符合约定的情形(迟延履行、不适当履行、部分履行)。显然在迟延履行和瑕疵履行的情况下，债务人的违约行为必须构成根本违约，非违约方才能行使先履行抗辩权，而在部分履行的情况下，非违约方只能就违约部分拒绝相应的履行要求。

(三) 先履行抗辩权的效力

既然先履行抗辩权为一种独立的抗辩权，则应当具有其独立的适用范围。因先履行抗辩权的行使，将随时阻止对方当事人请求权的行使，而不是导致对方请求权的消灭，从这个意义上说，先履行抗辩权属于延期的抗辩权。由于正当行使抗辩权乃是合法行使权利的表现，因而后履行一方针对一方作出的不适当的先履行行为，可以通过行使先履行抗辩权而拒绝履行自己相应的义务。因先履行抗辩权的行使致使合同迟延履行的，迟延履行责任应由对方当事人承担。当然，在行使抗辩权过程中，必须符合法律规定的条件，且必须遵循诚信原则，而不得滥用抗辩权。由于先履行抗辩权的行使只是阻碍对方请求权的行使，因而在对方当事人完全履行了合同义务以后，该抗辩权的行使条件已不存在，后履行的一方应当履行自己的义务。

《合同编通则解释》第 31 条第 3 款规定：“当事人一方起诉请求对方履行债务，被告依据民法典第五百二十六条的规定主张原告应先履行的抗辩且抗辩成立的，人民法院应当驳回原告的诉讼请求，但是不影响原告履行债务后另行提起诉讼。”这就通过规定先履行判决，为先履行抗辩权的实现程序提供了保障。

先履行判决实际上是针对先履行抗辩权的一种确认，即在一方提出抗辩时，法院应当驳回对方当事人的诉讼请求。先履行判决与对待给付判决具有明显的区别。对待给付判决中，双方当事人只能是同时履行，虽然依据《合同编通则解释》第 31 条第 2 款的规定，一方在请求对对方采取执行措施时应当先履行自己的债务，但其在性质上只是一种执行措施，其也是同时履行抗辩的一种程序保障措施，人民法院在判决中不能确定双方当事人债务的履行顺序，而应当判决双方同时履行。先履行判决与此不同。

一方面，二者的适用对象不同。对待给付判决适用于当事人享有同时履行抗辩权的情形，其在性质上是同时履行抗辩的程序保障规则。当然，就对待给付判决而言，虽然在实际履行过程中，双方当事人的履行存在先后顺序，但在诉讼中，法院只能作出一方为对待给付时另一方应为给付的判决，而不应在判决中确定双方当事人履行的先后顺序，否则就违背了同时履行抗辩权设立的宗旨。[①] 与对待给付判决适用于双方同时履行的情形不同，先履行判决针对的是异时履行的情形。也正是因为这一原因，同时履行抗辩权是为双方当事人提供的，即只要有一方不履行或不适当履行债务，则另一方就有可能享有同时履行抗辩权；而先履行抗辩权乃是为后履行的一方所设定的抗辩权，也就是说，只有后履行一方才享有此种抗辩权。

另一方面，二者的法律效果不同。就对待给付判决而言，如果被告仅提出抗辩，法院应当判决只有原告履行时才能对被告采取执行行为；如果被告提出了反诉，则任何一方只有在作出履行时才能申请对对方采取执行行为。并且，法院也应当在判决书中明确双方应同时履行债务，而不得确定双方的债务履行顺序，这也符合同时履行抗辩权的基本原理。而对先履行判决来说，负有先履行义务的一方请求对方履行债务时，如果被告主张先履行抗辩权且该抗辩权成立的，则法院应当驳回原告的请求，这也是先履行抗辩权的应有之义，因为负有先履行义务的一方未履行债务时，对方当事人有权对其主张顺序履行抗辩。当然，在负有先履行义务的一方的请求被法院驳回后，如果其后来履行了债务，则有权另行起诉。

四、不安抗辩权

（一）不安抗辩权的概念和适用条件

所谓不安抗辩权，是指在异时履行的合同中，应当先履行的一方有确切的证据证明对方在履行期限到来后，将不能或不会履行债务，则在对方没有履行或提供担保以前，有权暂时中止债务的履行[②]。《民法典》第527条规定："应当先履行债务的当事人，有确切证据证明对方有下列情形之一的，可以中止履行：（一）经营状况严重恶化；（二）转移财产、抽逃资金，以逃避债务；（三）丧失商业信誉；（四）有丧失或者可能丧失履行债务能力的其他情形。当事人没有确切证据中止履行的，应当承担违约责任。"该条对不安抗辩权作出了规定。不安抗辩权是与同时履行抗辩权相对应的一种抗辩权。它们分别适用于异时履行与同时履行的情况，两者共同构成了大陆法债法中保护债权的抗辩权体系。尽管不安抗辩权与先履行抗辩权一样都适用于异时履行的情况，但不安抗辩权主要是为了保护先履行一方，是由先履行一方享有的权利；而先履行抗辩权主要是为了保护后履行一方，是由后履行一方所享有的权利。

虽然先履行抗辩权与不安抗辩权都是针对双务合同中异时履行的情况而规定的，但两者之间的区别是较为明显的。一方面，先履行抗辩权是由后履行一方针对先履行一方不履行或不适当履行债务而享有的抗辩权，而不安抗辩权是由先履行一方针对后履行一方将不会或不能履行债务而享有的抗辩权。另一方面，先履行一方行使不安抗辩权并不仅仅是针对后履行一方的不履行行为作出的，抗辩与后履行一方的行为之间并不一定具有"相应"性。

根据《民法典》第527条，不安抗辩权的适用应具备如下条件：

1. 须双方当事人因双务合同互负债务。《民法典》第527条虽然没有将"当事人互负债务"作为不安抗辩权适用的条件之一，但从不安抗辩权的内容来看，它只能适用于双务合同。

---

① 参见刘文勇：《论同时履行抗辩权成立时对待给付判决之采用》，载《国家检察官学院学报》2020年第4期。

② 参见崔建远主编：《合同法》（第七版），法律出版社2021年版，第116页。

在双务合同中,一方当事人承担合同债务的目的,通常是为了取得对方当事人的对待履行,这就使双务合同当事人之间的债务具有对等性,即一方的权利是另一方的义务,反之亦然。只有在双务合同中,才有可能发生当事人之间的债务履行具有先后顺序的现象。因此不安抗辩权只能在双务合同中发生,在单务合同中是不能适用的。由于《民法典》第527条并没有将不安抗辩权的适用限定在某一双务合同中,因而应认为该项抗辩适用于各类双务合同。

2. 须当事人约定一方应先履行债务,即当事人一方有义务向他方先作出履行。在双务合同中,如果履行在同一时间内发生,则仅发生同时履行抗辩权。而不安抗辩权则是因异时履行发生的,这种异时履行必须由当事人特别约定。正是因为履行是在不同时间作出的,所以,一方在对方难以作出对待履行时,有权拒绝先作出履行。从根本上说,不安抗辩权是法律赋予先履行的一方在符合法律规定的条件下所享有的权利,这一点也是不安抗辩权与先履行抗辩权的区别。不安抗辩权的设置,可以有效地防止先履行一方的利益受损害。如先履行的一方已有确切的证据证明另一方信用很差,如果先作出履行,对方极有可能不会作出对待履行,此时行使不安抗辩权,便能预防损害的发生。例如,在"上海新华房地产发展公司诉上海通海房地产实业有限公司等财产损害赔偿纠纷案"中,法院认为,当事人的约定属于分别履行的情形,当事人没有约定先后履行顺序。新华公司认为仲义公司负有先履行义务,新华公司不存在违约行为,法院支持这种主张。[①]

3. 先履行的一方有确切的证据证明另一方不能或不会作出对待履行。《民法典》第527条具体列举了一方在履行后另一方将不能或不会作出对待履行的事由,这些事由主要包括以下几项:一是经营状况严重恶化。所谓严重恶化,是指相对订约时而言,其责任财产和履行能力出现严重减弱的现象,如果是企业,则表现为债务增加、资产减少、盈利能力急剧下降等现象。二是转移财产、抽逃资金,以逃避债务。这些行为均表明债务人信用不佳,存在着极大的违约风险,可能到期不会履行合同。三是丧失商业信誉,即与缔约前的状况相比,其在业界或同行中,商业信用处于不佳状态。四是有丧失或者可能丧失履行债务能力的其他情形。这一兜底性规定既可以填补法律漏洞,又为前述三项具体情形的认定提供了标准。[②]丧失债务能力是指已经不具有履行债务的资产或其他履行债务的能力。例如,某项特定物已遭受毁损,不可能交付该特定物。所谓可能丧失,是指虽然目前没有丧失履行能力,但是在债务到期时应当不具有履行能力的情形。例如,某演员在演出前几天已患重病而卧床不起,并且根据其病情判断,他是无法按时登台演出的,则可以认为其可能丧失履行债务的能力。上述事实既可以表明后履行一方在先履行的一方作出履行后,极有可能不会作出对待履行,也可能表明其届时不会履行。因此先履行一方在出现上述事实后,应有权行使不安抗辩权。

(二)不安抗辩权行使的效力

依据《民法典》第528条,不安抗辩权行使的效力如下:

第一,暂时中止合同的履行。依据《民法典》第527条,先履行一方有确切证据证明对方具有法律规定的不能或不会对待履行的事由以后,可以行使不安抗辩权,暂时中止合同的履行。可见暂时中止合同的履行乃是不安抗辩权行使的主要效果。所谓暂时中止合同履行,是指暂停履行合同。暂时中止合同履行,既不同于终止合同,也不同于解除合同,因为在暂

---

① 参见最高人民法院(2005)民一终字第42号民事判决书。

② 参见崔建远:《合同法》(第三版),北京大学出版社2016年版,第161页。

时中止合同的情况下，合同并没有发生终止或解除，它对当事人仍然是有效的，只不过合同债务暂时得不到履行。一旦另一方提供了适当的担保或恢复履行能力，合同应当继续履行。因此，即使先履行一方有确切的证据证明对方具有法律规定的不能或不会对待履行的事由，也只能暂时中止合同的履行，而不能直接解除合同。依据《民法典》第 528 条，“当事人依据前条规定中止履行的，应当及时通知对方”，从而使对方及时了解合同中止履行的原因和具体情况，并采取必要的措施。

第二，请求提供适当的担保。依据《民法典》第 528 条，“当事人依据前条规定中止履行的，应当及时通知对方。对方提供适当担保的，应当恢复履行”。也就是说，一方在暂时中止合同履行之后，有权要求对方在合理期限内提供担保。此处所说的“担保”是指足以消除对方当事人不安的各种合同担保方式，其不仅包括物的担保，还包括人保即保证，也包括其他的非典型担保方式，以保证其能在合理期限内履行债务。也就是说，担保的方式可以多种形式，如抵押、保证等。此处所说的“适当”，是指能够消除对方当事人不安的各种担保方式。无论采取何种形式，只要其足以消除“不安”，都可以构成有效的担保。

第三，在符合预期违约构成要件的情况下，请求承担违约责任或解除合同。《民法典》第 528 条后段规定：“中止履行后，对方在合理期限内未恢复履行能力且未提供适当担保的，视为以自己的行为表明不履行主要债务，中止履行的一方可以解除合同并可以请求对方承担违约责任。”该条将不安抗辩权与预期违约制度进行了有效衔接。依据这一规定，在符合下列条件时，对方将构成预期违约：一是在合理期限内未恢复履行能力。例如，一方经营状况只是暂时恶化，通过融资等手段在短期内缓解了经营状况恶化情形，已消除对方的不安，此种情形即构成在合理期限内恢复履行能力。二是未提供适当担保。如果当事人在合理期限内没有提供担保，或者提供的担保不适当，将不构成此处所说的提供适当担保。在具备上述两个条件的情形下，将构成预期违约。

（三）不安抗辩权与预期违约的衔接

大陆法系一般并没有认可预期违约制度，而只是设有关于不安抗辩权的规定，并将不安抗辩权作为与同时履行抗辩权相对应的一项制度加以规定。不安抗辩权与同时履行抗辩权构成了一套保护债权的抗辩权体系。而英美法中并没有关于不安抗辩权的规定，也不存在抗辩权体系，而只是设置了预期违约制度[①]，在预期违约的情形下，非违约方也享有中止合同履行的权利，在此种意义上，预期违约制度也发挥了大陆法系中不安抗辩权的制度功能。依据《美国统一商法典》第 2-610 条的规定，非违约方可以在商业化合理的时间内，等待违约方履行合同义务，或者请求对方当事人承担违约责任，而且即便非违约方已经通知违约方，其将等待违约方履行合同，其仍然有权请求违约方承担违约责任。同时，在预期违约的情形下，非违约方可以拒绝自己的履行。[②] 比较而言，虽然不安抗辩权给予了非违约方暂时中止履行的权利，但在暂时中止合同之后合同是否应当继续履行、是否可以解除以及是否继续追究违约方的违约责任等方面并没有作出规定，因此该制度并没有对非违约方提供足够的合同救济。

从性质上说，预期违约制度在性质上属于违约责任制度的范畴，而不安抗辩权在性质上属于抗辩制度。两种制度的适用将产生不同的效果，具体而言，两者的区别还表现在：

---

① 参见李中原：《合同期前救济制度的比较研究》，载《法商研究》2003 年第 2 期。

② UCC § 2-610.

第一,功能不同。不安抗辩权主要是一种防御性的权利,其主要功能在于对抗对方当事人的履行请求权,而不具有积极请求对方当事人承担违约责任的内容。而在预期违约的情形下,非违约方则可以在履行期限届满前要求其承担违约责任,其具有积极主张权利的功能。

第二,行使条件不同。有学者认为,不安抗辩权和预期违约在要件上重复,只能保留其一。[①] 其实两者的要件并不相同,因为从《合同法》第 68 条(即《民法典》第 527 条)的规定来看,不安抗辩权行使的前提条件之一是债务履行时间有先后的区别[②],即只有负有先行履行义务的一方在先作出履行以后,另一方才应作出履行。正是因为履行时间上有先后之分,一方当事人先行履行时,如果可能得不到另一方的对待履行,才会形成不安抗辩权问题,若无履行时间的先后顺序,则只适用同时履行抗辩而不存在不安抗辩权。而从《民法典》第 563 条和第 578 条的规定来看,构成预期违约并不要求当事人的债务履行期存在先后关系。因此,不论是有义务首先作出履行还是同时作出履行的任何一方当事人,均可以依法在对方预期违约时中止履行,寻求法律救济。

第三,权利行使的依据不同。根据法国和德国的法律规定,行使不安抗辩权的条件是对方财产在订约后明显减少并有难为对待给付之虞。[③] 而美国法中的预期违约所依据的理由不限于财产的减少,还包括债务人的经济状况不佳、商业信誉不好、债务人在准备履行及履约过程中的行为或者债务人的实际状况表明债务人有违约的危险。[④] 依据我国法律规定,一方有确切证据证明另一方具有法律规定的不履行或不能履行合同的事由的,就可以暂时中止合同的履行,而并不限于财产的减少。在这方面,我国《民法典》的规定显然受到了美国法的影响。

第四,是否以过错为构成要件不同。大陆法认为,不安抗辩权的成立无须对方主观上有过错,只要其财产在订约后明显减少并有难为对待给付之虞即可,至于因何种原因引起,可不予考虑。而预期违约作为特殊的违约形态,在其构成要件上,考虑到了过错问题,因为明示违约是指一方明确地向另一方作出其届时将不履行合同的表示,行为人从事某种积极行为侵害对方的期待债权,所以,其主观上是有过错的。至于默示违约的构成,因为要以债务人不在合理期限内恢复履行能力或提供履行保证为要件,若债务人未及时恢复履行能力或不能按时提供履约保证,则表明债务人主观上也是有过错的,因此可认定构成违约。

第五,法律救济不同。不安抗辩权的救济方法是权利人可以中止自己对对方的给付,一旦对方提供了充分的担保,则应继续履行义务。德国判例和学说一般认为,提出拒绝担保,并未使相对人陷于迟延,也并不因此使先为给付义务的一方取得解除合同的权利。[⑤] 因为从根本上说,抗辩权的行使,不能为权利人提供救济手段。而预期违约制度的补救方法与不安抗辩权的行使效果完全不同。就明示违约来说,当事人一方明示违约时,另一方可根据自身的利益作出选择,其可以解除合同并要求赔偿损失,也可以置对方的提前违约于不顾,继续保持合同的效力,等待对方在履行期到来时履约,若对方届时仍不履约,则提起违约赔偿之

---

① 参见韩世远:《合同法总论》(第三版),法律出版社 2011 年版,第 316 页、519 页。

② 张谷:《预期违约与不安抗辩之比较》,载《法学》1993 年第 4 期。

③ 参见《法国民法典》第 1613 条、《德国民法典》第 321 条。

④ 徐炳:《买卖法》,经济科学出版社 1991 年版,第 422 页。

⑤ 参见史尚宽:《债法总论》,中国政法大学出版社 2000 年版,第 566 页。但 2002 年德国债法修改之后,对此作出了规定。《德国民法典》第 321 条第 2 款规定:“先履行一方可以确定一个要求同时履行而由对方选择为对待履行或对此提供担保的期间。先履行一方在该期间届满且无结果以后可以解除合同。”

诉。对于默示违约来说，预见他方将违约的一方可中止履行义务，请求对方提供履约担保。如果对方在合理的时间内未能提供履约充分保证，可视为对方违约，从而一方有权解除合同并请求对方承担损害赔偿等违约责任。[①]

由于预期违约与不安抗辩权存在着明显区别，因此二者不能互相替代。有学者认为，只应当保留不安抗辩等制度，没有必要引进预期违约等制度。[②] 其实，预期违约较之于不安抗辩权制度，更有利于保护当事人的利益，维护交易秩序。这主要表现在：首先，不安抗辩权的行使主体仅为依约有先行给付义务的一方，而预期违约制度则平等地赋予合同双方以预期违约救济权，预期违约的适用不存在前提条件，即不以双方当事人履行债务的时间有先后之别为前提条件，这就可以保护依约应后为履行的一方当事人，如果该当事人发现对方确实不能履约，就可以暂时中止合同履行，而不必坐等对方实际违约后再作打算。显然这可以极大地减少其风险和损失。尤其是对于一些从成立至履约有较长时间的合同来说，更显得重要。其次，预期违约制度的适用情况比较广泛，将各种可能有害于合同履行、危及交易秩序的情况均包含在内，而不安抗辩权的行使仅限于后履行一方的财产状况恶化有难为对待给付之虞的情况。最后，预期违约制度对受害人的保护更为充分。不安抗辩权制度并没有使行使抗辩权的一方当事人在对方不能提供履约担保时，享有解除合同甚至请求对方承担违约责任的权利，只能在对方提供担保前，中止自己的对待给付。不安抗辩权制度只是为先履行一方提供了一种拒绝权，而不像预期违约制度那样对非违约方提供了全面的补救。显然，这并不能周密地保护预见到他方不履行或不能履行义务的一方当事人的利益。[③]

依据我国《民法典》第 528 条的规定，在一方当事人构成预期违约的情形下，另一方有权解除合同和请求对方承担违约责任。一方面，虽然履行期限尚未到来，但一方的预期违约行为在性质上已经构成了根本违约，将使得对方当事人订约的目的无法实现。该行为属于《民法典》第 563 条第 1 款第 2 项所规定的"以自己的行为表明不履行主要债务"，因此，对方有权解除合同。另一方面，预期违约实际上也是一种违约形态，在一方构成预期违约的情形下，应当向对方承担违约责任。《民法典》第 578 条规定，一方以自己的行为表明不履行合同义务的，对方可以在履行期到来之前请求其承担违约责任。此种预期违约就属于此类情况，因而非违约方可以请求对方承担违约金、损害赔偿等责任。

第六节　以物抵债协议的履行

以物抵债协议，是指当事人达成以债务人移转房屋所有权等有体物代替原合同债务履行的协议。以物抵债作为一种特殊的交易方式，在现实生活中有利于及时了清债权债务，保障债权的实现。但当事人也可能有通过以物抵债达到逃避债务的目的。针对司法实践中产生不少以物抵债纠纷。《合同编通则解释》第 27 条、28 条将以物抵债协议区分为在履行期届满后达成的以物抵债协议与在履行期届满前达成的以物抵债协议，并分别设置了不同的规则。

---

① 参见杨永清：《预期违约规则研究》，载梁慧星主编：《民商法论丛》(第三卷)，法律出版社 1995 年版。

② 参见李永军：《合同法》(第二版)，法律出版社 2005 年版，第 661 页以下。

③ 参见韩世远：《合同法总论》，法律出版社 2004 年版，第 351 页。

(一)在履行期届满后达成的以物抵债协议

关于在履行期届满后达成的以物抵债协议,性质上究竟是诺成合同还是实践合同,一直存在争议。一是实践合同说。此种观点主张,在当事人达成以物抵债协议后,还需要当事人按照约定实际交付标的物,才能使该协议生效。[①] 二是诺成合同说,此种观点主张,只要当事人达成了以物抵债协议,该协议即发生效力。[②] 依据《合同编通则解释》第27条第1款的规定,当事人一旦达成以物抵债的协议,如果该协议不具有其他效力瑕疵事由的,就应当认定该协议自当事人意思表示一致时生效。该规定改变了长期以来所坚持的以物抵债是要物合同的做法,改采诺成合同的观点。采该观点的合理性在于,诺成合同更符合当事人订立以物抵债协议的目的,一旦订立以物抵债协议,就应当对当事人产生拘束力,至于该协议是否履行,则属于合同履行的问题,不应当影响该协议的效力。[③] 据此,对此类以物抵债协议而言,物的交付属于以物抵债协议中的履行行为,如果一方不交付可以通过违约责任处理。

关于当事人在履行期届满后达成的以物抵债协议的效力,依据《合同编通则解释》第27条第2款的规定,此类以物抵债协议主要具有如下效力:

第一,在当事人履行以物抵债协议之前,原债务和以物抵债两个债务并存,都是合法有效的。据此,即便当事人在履行期届满后达成了以物抵债协议,在该协议履行前,其并不具有消灭原债务的效力。

第二,在以物抵债协议被履行后,将导致原债务消灭。近代民法普遍认为,以物抵债协议并不应作为独立的合同关系,仅属于债务履行的一种方式。因此,新债不过是原债务受到阻碍时产生的一种新的履行方式。[④] 以物抵债协议作为当事人对于代替原债务的安排,一经履行就可以消灭原债务;债权人如果接受双重受偿,将构成不当得利。据此,当事人实际履行此种以物抵债协议的,既会消灭债务人依据该协议负担的债务,也会同时消灭债务人负担的原债务。

第三,债务人或者第三人未按照约定履行以物抵债协议,经催告后在合理期限内仍不履行的,债权人可以选择请求履行原债务或者以物抵债协议。依据《民法典》第515条关于选择之债的规定,在选择之债中,债务人享有选择权。但在以物抵债协议中,由于债务人没有履行,经催告后在合理期限内仍不履行,则选择权将发生移转,此时应当由债权人享有选择权,即债权人有权选择请求债务人履行原债务或者以物抵债协议。此种规定有利于保护债权人。当然,债权人虽然享有选择权,但在以物抵债协议约定的履行期间届满之后,债权人也应当先进行催告,只有债务人在催告后的合理期限内仍然没有履行的,债权人才能行使选择权。[⑤] 当然,依据《合同编通则解释》第27条第2款的规定,债权人享有的选择权可以通过法律规定或者当事人约定予以排除。例如,当事人在合同中约定,即便债务人不履行以物抵债协议,债权人也应当先请求债务人履行以物抵债协议,而不得先主张债务人履行原债务,这实际上就排除了债权人的选择权。

---

① 参见韩世远:《合同法总论》(第4版),法律出版社2018年版,第660—662页。

② 参见崔建远:《以物抵债的理论与实践》,载《河北法学》2012年第3期。

③ 参见最高人民法院民事审判第二庭、研究室编著:《最高人民法院民法典合同编通则司法解释理解与适用》,人民法院出版社2023年版,第311页。

④ 参见王泽鉴:《债法原理》(第1册),中国政法大学出版社2001年版,第125页。

⑤ 参见最高人民法院民事审判第二庭、研究室编著:《最高人民法院民法典合同编通则司法解释理解与适用》,人民法院出版社2023年版,第313页。

第四，以物抵债协议并不能直接产生物权变动的效力。如前所述，以物抵债协议性质上属于诺成合同，只有当事人按照该协议约定交付标的物之后，才能引起物权的变动。但在实践中，有的当事人在达成以物抵债协议后，就请求法院出具司法确认书或者调解书，并依据该法律文书主张对抵债的物享有优先受偿权或者享有所有权，以排除其他权利人的债权主张。依据《合同编通则解释》第 27 条第 3 款的规定，以物抵债协议经人民法院确认形成的确认书或人民法院根据当事人达成的以物抵债协议制作成的调解书并不属于《民法典》第 229 条所规定的直接导致物权变动的法律文书。基于以物抵债协议发生的物权变动仍然属于基于法律行为发生的物权变动，需要适用基于法律行为发生的物权变动的规则，即除该协议外，还必须在践行法定的物权变动公示方法后，才能引起物权变动，也才能依法产生对抗善意第三人的效力。

第五，债务人以他人之物订立无权处分协议的，构成无权处分。《合同编通则解释》第 27 条第 4 款规定："债务人或者第三人以自己不享有所有权或者处分权的财产权利订立以物抵债协议的，依据本解释第十九条的规定处理。"在构成无权处分的情形下，以物抵债协议本身并非无效，但债务人无法履行该协议的，债权人有权依法主张违约责任。在无权处分的情形下，真正权利人有权请求返还标的物，但债权人符合善意取得构成要件的，有权取得所有权，并拒绝真正权利人的返还请求。

（二）债务履行期届满前达成的以物抵债协议

债务履行期届满前达成的以物抵债协议，又称为担保型的以物抵债协议。在债务履行期限届满前，债务人能否履行债务尚不确定，因此，当事人可能会通过订立以物抵债协议的方式，担保该债务的履行。

第一，债务履行期届满前达成的以物抵债协议的效力。《合同编通则解释》第 28 条第 1 款规定："债务人或者第三人与债权人在债务履行期限届满前达成以物抵债协议的，人民法院应当在审理债权债务关系的基础上认定该协议的效力。"由于此种情形下的以物抵债协议具有担保的功能，因此，其效力具有从属性，只有存在合法有效的主债权，该担保才有效。因此，对于此种以物抵债协议的效力，法院应当在审理主债权债务关系的基础上认定该协议的效力。按照从属性规则，如果相关的债权债务关系有效，则原则上应当认定该以物抵债协议有效；如果相关的债权债务关系无效，则应当认定该以物抵债协议无效。

第二，以物抵债协议约定的两种情形。依据《合同编通则解释》第 28 条第 2 款的规定，要区分以物抵债协议的两种情形，分别认定其效力：一是当事人约定债务人到期没有清偿债务，债权人可以对抵债财产拍卖、变卖、折价以实现债权的。该约定只是关于债务到期后债权实现方式的约定，该约定应当有效。因为该约定有效，在债务人不履行到期债务时，债权人可以请求对抵债财产拍卖、变卖、折价以实现债权。二是当事人约定债务人到期没有清偿债务，抵债财产归债权人所有的，人民法院应当认定该约定无效。此种约定类似于流押流质条款，可能会不当损害债务人的利益，因此，当事人作出此种约定的，该约定本身无效，但该条款无效不影响以物抵债协议其他部分效力的，则该协议的其他部分仍然应当有效。例如，当事人除在以物抵债协议中约定上述条款外，还约定债务人不履行债务的，债权人有权请求债务人履行原债务，或者约定债权人有权选择请求债务人履行旧债或者新债等，此类约定仍应当有效。

第三，当事人订立担保型以物抵债协议后，债务人或者第三人未将财产权利转移至债权人名下的，债权人不得主张优先受偿。依据《合同编通则解释》第 28 条第 3 款的规定，债务履行期限届满前达成的以物抵债协议具有担保的功能,但如果当事人没有完成公示,就不能依法产生优先受偿的效力。而在当事人已经完成公示的情形下,即债务人或者第三人已经将财产转移至债权人名下的,则依据《有关担保制度的解释》第 68 条的规定,债权人有权依法主张就该财产优先受偿。

第十二章

合同之债的分类

第一节　单一之债与多数人之债

根据债的主体特征，债可以区分为单一之债与多数人之债。所谓单一之债，是指债权人、债务人仅为一人的债。所谓多数人之债，又称多数当事人的债或复数主体的债，是指债权人或者债务人一方为二人以上的债。① 也就是说，多数人之债中，债的主体是多数人，但其标的为同一给付的债的关系。② 如果各个主体之间发生了多个给付关系，则不属于多数人之债，而是数个独立的债的关系。例如，甲、乙共同向丙借款 200 万元，则成立多数人之债；如果是甲、乙分别向丙各借 100 万元，由于给付不具有同一性，所以其应当属于两个独立的债的关系，即甲和丙之间的债的关系以及乙和丙之间的债的关系，这种情形不属于多数人之债。《民法典》所规定的按份之债和连带之债都属于多数人之债。

单一之债和多数人之债主要具有如下区别：

第一，当事人的数量不同。单一之债中债的双方主体均为一人。由于单一之债中并不存在多数债权人或者多数债务人，债的双方主体都是单一的，当事人之间的法律关系相对简单。而在多数人之债中，既可能存在多个债权人，也可能存在多个债务人。

第二，债的关系的复杂性不同。单一之债中，当事人之间的权利义务关系单纯明确，比较容易把握。此类债中，当事人的对内、对外关系较为简单。多数人之债有多种类型，可以进行不同的分类。按照当事人之间的内部关系，可以将多数人之债分为连带之债、按份之债和不真正连带之债。在对外关系上，要区分连带之债与按份之债。在对内关系上，还需要确定当事人之间是否享有追偿权，以及追偿的范围等。在连带之债中，债务人之间有相应的份额，实际承担债务超过自己份额的连带债务人，有权就超出部分在其他连带债务人未履行的份额范围内向其追偿；且被追偿的连带债务人不能履行其应分担的份额的，其他连带债务人应当在相应范围内按照比例分担。由此可见，连带之债、不真正连带之债与按份之债的区别在于：数个债权人中任一债权人能否要求债务人对自己承担全部清偿义务，或者债权人能否要求数个债务人中任一债务人对自己承担全部清偿义务。

第三，当事人之间的权利义务内容不同。单一之债的权利义务关系较为简单，债权人和债务人都是单一的，基于债的关系相对性原则，债务人仅对某一特定的债权人负担债务，而

---

① 参见〔日〕我妻荣：《新订债权总论》，王燚译，中国法制出版社 2008 年版，第 332 页。

② 参见孙森焱：《民法债编总论》（下册），法律出版社 2006 年版，第 871 页。

债权人也仅对某一特定的债务人享有债权。而在多数人之债中,当事人一方或者双方是多人,在当事人之间需要区分按份之债与连带之债的关系,当事人之间的权利义务关系显然不同于单一之债。

第二节 按份之债和连带之债

一、按份之债

所谓按份之债,是指数个债权人或数个债务人按照一定的份额享有债权或负担债务。在按份之债中,作为债的给付的标的必须是可分的,而且每个债权人按照特定的份额行使权利,每个债务人按照特定的份额承担义务。《民法典》第 517 条在法律上确立了按份之债。按份之债包括按份债权和按份债务。

(一) 按份债权

所谓按份债权,是指二个或者二个以上的债权人就各自的债权份额享有债权。例如,甲、乙筹资 100 万元,借款给丙,借款合同中明确约定甲、乙各自享有 50%的债权,此种情形下,甲、乙对丙所享有的债权即属于按份债权。《民法典》第 517 条第 1 款前段规定:"债权人为二人以上,标的可分,按照份额各自享有债权的,为按份债权。"按份债权是按份之债的一种类型,其成立需要具备如下几个条件:

一是主体必须是两人或者两人以上。按份债权属于多数人之债的范畴,债权人一方为二人或二人以上。如果债权人一方仅有一人,则该债权人享有全部债权,无法成立按份债权。

二是债的标的可分,此处所说的标的可分,是指同一债权的标的可分。在金钱债权中,各个债权人借款的数额是可分的。对非金钱之债而言,其标的可能是可分的,也可能是不可分的。通常,按份之债的标的都是可分的,虽然对按份之债而言,其一般要基于数人的共同行为产生,但标的必须可分,才能确定各个债权人的债权份额,债权人按照确定的债权份额行使权利。

三是各个债权人所享有的债权份额是由法律规定或者当事人约定的,债权人仅能就其享有的债权份额行使权利。

四是各个债权人是按照特定的份额享有债权,也就是说,各个按份债权人只能就其享有的债权份额请求债务人履行债务,且只能在其债权的份额内受领债务人的履行。在按份债权中,某一债权人既无权请求债务人清偿超过其份额的债权,也无权受领超出其份额的清偿。如果其受领超出其份额的清偿,则债务人有权请求其返还不当得利。某一按份债权人在其债权范围内对债务人作出免除、抵销的表示,都是合法有效的,但其属于对自己债权的处分,对其他债权人不应当产生影响。

关于按份债权中各个债权人享有的债权份额,按照私法自治原则,当事人可以对此作出明确约定。如果法律有特别规定,则按照法律规定予以确定。如果当事人没有作出约定,法律也没有作出特别规定,则属于债权份额难以确定的情形,对此,《民法典》第 517 条第 2 款规定:"按份债权人或者按份债务人的份额难以确定的,视为份额相同。"这表明该规则是一个补充性规则,而且是推定规则,在难以确定内部份额时,采用推定的方法,推定每个债权人享有等额的债权份额。[①]

（二）按份债务

所谓按份债务，是指债务人为二人以上，债的标的可分，各个债务人按照份额各自分担债务的多数人之债。在按份债务中，按份债务人只就自己所负担的债务负担清偿义务，对超出自己份额的部分，不负担履行义务。例如，甲将其 100 万元出借给乙、丙二人，约定乙、丙分别负担 50％的债务，此种情形即属于按份债务。《民法典》第 517 条第 1 款后段规定："债务人为二人以上，标的可分，按照份额各自负担债务的，为按份债务。"据此，按份债务中，各个债务人只能按照各自的份额负担债务，且只应就自己负担的债务份额向债权人负担债务。[②]

按份债务的成立需要具备如下几个条件：

一是按份债务的主体必须是二人或者二人以上。这就是说，债务人一方必须是多数人，否则即属于单一之债，而不成立多数人之债。

二是债的标的可分。所谓标的可分，是指同一债务的给付是可以分割的。例如，依据《民法典》第 1172 条的规定，在二人以上分别实施侵权行为造成同一损害的情形下，各个行为人对受害人所负担的损害赔偿之债就属于按份债务。如果多数人之债的给付义务不可分，则只能成立连带之债，而不能成立按份之债。

三是对按份债务而言，各个按份债务人的债务份额可以由法律规定或者当事人约定。通常情形下，如果按份债权人或者按份债务人的份额难以确定的，视为份额相同。各个债务人按照确定的份额承担债务，债权人无权请求某一债务人履行全部债务。

在按份债务中，某一债务人对其他债务人所负担的债务份额并没有履行义务，在某一债务人清偿了超出其债务份额的债务时，如果其具有代为清偿的意愿，符合代位清偿的条件，则其对其他债务人享有追偿权；如果该债务人的清偿构成错误清偿，则其有权请求债权人返还不当得利。同时，在按份债务中，如果债权人免除某一债务人的债务或者抵销，则该行为对其他债务人不产生影响。

从原则上讲，按份之债是多数人之债的常态，而连带之债是多数人之债的特殊形态，由于连带之债对债务人或债权人的利益影响重大，因此在没有法律规定或当事人约定的情形下，多数人之债原则上应当属于按份之债。仅在法律有规定或当事人有约定的情形下，才成立连带之债。按份之债仅成立于可分之债上，可分之债可以在法律规定或者当事人约定的情形下成为连带之债。而对于不可分之债，由于给付不可分，因此只能准用连带之债的规定。[③]

二、连带之债

（一）连带之债的概念

所谓连带之债，是指两个或者两个以上的债权人或者债务人，依照法律或者当事人的约定形成连带关系，享有连带权利的每个债权人，都有权要求债务人履行义务，负有连带义务的每个债务人，都负有清偿全部债务的义务。在连带之债中，各连带债权人或者连带债务人

---

① 朱广新、谢鸿飞主编：《民法典评注·合同编·通则 1》，中国法制出版社 2020 年版，第 397 页。

② 参见黄薇主编：《中华人民共和国民法典合同编解读》（上册），中国法制出版社 2020 年版，第 171 页。

③ 参见史尚宽：《债法总论》，中国政法大学出版社 2000 年版，第 689 页。

之间存在连带关系。在连带债务中,债权人有权要求任何一个债务人作出全部或者部分的履行。《民法典》第 518 条第 1 款规定:"债权人为二人以上,部分或者全部债权人均可以请求债务人履行债务的,为连带债权;债务人为二人以上,债权人可以请求部分或者全部债务人履行全部债务的,为连带债务。"这就在法律上承认了连带之债。

(二)连带之债的成立要件

(1)债的主体是数人。连带之债的债权人或者债务人应当有二人及以上,这也是当事人之间产生连带关系的前提。如果债权人和债务人仅有一人,则无法成立多数人之债。

(2)多数债权人或多数债务人之间存在连带关系。连带关系是指依据法律规定或当事人约定,在多数当事人之间所形成的一种债权、债务的牵连关系,它是连带之债产生的基础。故在连带之债中,对于一个债权人或一个债务人发生效力的事项,也可能对其他债权人或者债务人产生效力。[1] 需要指出的是,尽管连带债权债务在外部关系上是连带的,但从连带之债的内部关系上说,连带债权人和债务人之间又是按份的。也就是说,对于各个连带债权人或各个连带债务人的内部关系而言,应当按照当事人的约定或者法律规定来分配当事人的权利和义务。[2] 例如,就连带债务而言,在某一债务人履行全部债务后,其可以向其他连带债务人追偿。

(3)原则上以同一给付为标的。数个当事人之间的债务之所以能成立连带关系,原因在于他们共同承担的给付义务是同一的。至于给付内容是否可分,则并非连带之债的成立条件。例如,基于同一事实,甲应向丙承担侵权损害赔偿责任,乙应当向丙承担违约损害赔偿责任,即使损害赔偿的数额是相同的,任何一个债务人的履行都能导致另外一方债务的消灭,也不形成连带之债,而仅形成不真正连带之债。

(4)连带之债的产生以法律规定和当事人的约定为限。《民法典》第 518 条第 2 款规定:"连带债权或者连带债务,由法律规定或者当事人约定。"该条对连带之债作出了规定。法律之所以作出此种规定,是因为连带之债加重了单个债务人履行债务的负担,对债务人均有重大影响,对其成立及其适用范围均应作严格限定。[3] 因此,连带之债的成立原则上应当以当事人明确约定或者法律明确规定为限。因为这一原因,连带之债可以分为如下两种:一是法律规定的连带之债,如当事人基于共同侵权而负担的连带债务;二是当事人约定的连带之债,如各个保证人在保证合同中约定,其对债权人负担连带债务。

(三)连带之债与按份之债的区分

按份之债与连带之债都属于多数人之债的范畴,二者之间存在密切关联,都涉及多数债权人或者多数债务人之间关系的确定问题。尤其应当看到,连带之债主要从外部关系的角度考察各个债务人或者债权人之间的关系,就各个债务人或者债权人的内部关系而言,其仍然是按照特定的份额分担债务或者分享债权。但二者毕竟属于不同的法律概念,其区别主要体现在以下几个方面:

第一,适用范围不同。连带之债是债的特殊形态,只有在法律明确规定或者当事人明确约定的情形下才能成立,其适用范围是受到限定的。[4] 依据《民法典》第 178 条第 3 款,连带之债由法律规定或者当事人约定,因此,只有在法律有特别规定或者当事人有明确约定的情

---

① 参见彭周全、骆伟雄:《连带债务略论》,载《社会科学家》1995 年第 1 期。

② 参见孙森焱:《民法债编总论》(下册),法律出版社 2006 年版,第 734 页以下。

③ 参见黄薇主编:《中华人民共和国民法典合同编解读》(上册),中国法制出版社 2020 年版,第 187 页。

④ 参见孔祥俊:《论连带责任》,载《法学研究》1992 年第 4 期。

形下,才能成立连带之债。而按份之债是债的一般形态,在法律没有特别规定或者当事人没有特别约定的情况下,多数人之债一般是按份之债。

第二,给付是否可分不同。对连带之债而言,作为其标的的给付在性质上可以是可分的,也可以是不可分的,即使对于性质上可分的给付,仍可通过当事人的约定或者法律规定成立连带之债。而对按份之债而言,虽然其一般是基于数人共同的行为而产生[①],但作为其标的的给付必须是可分的,这也是各债务人按照确定的份额承担债务或者各债权人按照确定的份额分享债权的基本前提,因为对不可分的给付,债务人仅能为全部履行,无法成立按份之债。

第三,债的效力不同。依据《民法典》第518条、第519条的规定,对连带之债而言,享有连带权利的每个债权人都有权要求债务人履行义务;负有连带义务的每个债务人都负有清偿全部债务的义务,实际承担债务超过自己份额的连带债务人,有权就超出部分在其他连带债务人未履行的份额范围内向其追偿。而对按份之债而言,各个债权人或者债务人按照确定的份额分享债权或者分担债务,即按照份额来处理按份之债的对内对外关系。[②] 例如,对按份债务而言,各个债务人按照确定的份额承担债务,债权人无权请求单一债务人履行全部债务;在按份债权中,各个债权人也仅能请求债务人向其履行其所享有的债权份额。

第四,各个债务人或者债权人之间是否存在内部追偿关系不同。对连带债务而言,如果某一债务人清偿了全部债务或者超出其按照内部关系应当分担的债务数额,则该债务人有权按照内部关系向其他连带债务人追偿;对连带债权而言,如果某一债权人受领了债务人的全部给付或超过其按照内部关系应当享有的债权数额,则其他债权人有权按照内部关系向该债权人追偿。而在按份之债中,各个债务人或者债权人按照确定的份额分担债务或者分享债权,各个债务人仅负有按份清偿的义务,各个债权人也仅能请求债务人为部分清偿,因此,一般不发生各个债务人或者债权人的内部追偿问题。

三、连带债务

(一) 连带债务的概念

所谓连带债务,是指具有连带关系的多个债务人之间所承担的债务。《民法典》第518条第1款后段规定:"债务人为二人以上,债权人可以请求部分或者全部债务人履行全部债务的,为连带债务。"其特点在于:一是债务人必须为多数,即债务人必须为二人以上,连带债务是多数人之债的一种类型。二是各个债务人之间具有连带关系,连带关系是连带之债产生的基础。此种连带关系可以由法律规定,也可以由当事人约定。例如,《民法典》第75条规定了法人的设立人在从事民事活动中,对外所负担的债务为连带债务。三是各个债务人都有义务向债权人作出全部履行[③],而且任何一个债务人作出全部履行后,都可以导致连带债务的消灭。只要债务没有完全清偿,任何一个债务人都负有清偿义务。因此,相对于按份债务而言,连带债务更有利于保障债权的实现。

(二) 连带债务中的追偿权

所谓连带债务中的追偿权,是指连带债务人承担债务超出了其按照内部关系应分担的

① 参见江平主编:《民法学》,中国政法大学出版社2007年版,第449页。

② 参见黄薇:《中华人民共和国民法典合同编解读》(上册),中国法制出版社2020年版,第183页。

③ 参见朱广新、谢鸿飞主编:《民法典评注·合同编·通则1》,中国法制出版社2020年版,第400页。

部分,而享有向其他债务人求偿的权利。我国《民法典》规定了两次追偿的规则。

第一次追偿规则是由《民法典》第 519 条第 2 款规定的。该款规定:“实际承担债务超过自己份额的连带债务人,有权就超出部分在其他连带债务人未履行的份额范围内向其追偿,并相应地享有债权人的权利,但是不得损害债权人的利益。其他连带债务人对债权人的抗辩,可以向该债务人主张。”这是因为,一个连带债务人履行超出自己份额的债务,将导致连带债务在履行范围内的消灭,这使得尚未履行的债务人减轻了履行的负担,获得了好处,设立追偿权可以实现债务人内部的公平。[①] 依据这一规定,连带债务人追偿权的行使条件如下。

第一,连带债务人必须实际承担了超过其份额的债务。例如,甲享有对乙、丙、丁三人的 300 万元债权,乙、丙、丁三人是连带债务人,各自承担的份额相同。那么,在乙向甲清偿 80 万元后,甲未向其他债务人提出请求,此时,乙是否可以向丙、丁二人请求追偿呢?依据《民法典》第 519 条第 2 款的规定,乙不能向二人请求追偿。因为乙实际承担的 80 万元的债务并未超过其应当承担的 100 万元债务份额。

第二,已经承担超过连带债务份额的连带债务人,有权就超过部分对未向债权人承担应履行份额的债务人行使追偿权。在上例中,如果乙向甲清偿了 200 万元的债务,丙向甲清偿了 100 万元的债务,那么乙就不能就其超出份额的部分,向丙请求追偿,因为虽然乙已经承担了超出其份额的债务,但是丙已履行其应履行的份额,因此,乙只能向丁追偿。

第三,行使追偿权的连带债务人只能就其超出自己份额的部分行使追偿权。在连带债务中,各个债务人按照内部关系均应当负担一定份额的债务,而且任何债务人履行债务,均可以导致债权在相应的范围内消灭,因此,行使追偿权的连带债务人可以就其超出自己份额的部分向其他连带债务人追偿。

第四,不得损害债权人的利益。所谓“不得损害债权人的利益”,是指连带债务人在行使追偿权时,其追偿顺序应当在债权人的债权之后,该追偿权的行使不得影响债权人债权的实现。例如,在连带债务中,如果某个债务人对债权人所作出的给付并不足以清偿全部债务,但其所作出的履行已经超出了其按照内部关系应当分担的债务份额,此时,该债务人有权向其他债务人追偿,而债权人对其他债务人也仍然可以主张债权,在此情形下,该债务人在行使内部追偿权时,不得影响债权人债权的实现。“相应地”是指虽然其享有债权人的债权,但是仅是在超出其份额的范围内,而且该移转的权利地位仍劣后于原债权人,应优先保障债权人权利的实现。[②]

第二次追偿规则是由《民法典》第 519 条第 3 款规定的,该款规定:“被追偿的连带债务人不能履行其应分担份额的,其他连带债务人应当在相应范围内按比例分担。”依据这一规定,某个连带债务人实际承担的债务如果超过了自己的债务份额,在向其他债务人追偿时,某连带债务人因为破产、资不抵债等各种原因,导致其无法履行债务,而其他连带债务人已经按照债务份额履行了债务,此时,如果不允许行使追偿权的连带债务人向其他债务人追偿,则事实上将由行使追偿权的债务人承担追偿权不能实现的风险,这显然有失公平。[③] 因此,该条明确了连带债务人之间债务份额的二次分担规则,其适用条件如下:

---

① 参见朱广新、谢鸿飞主编:《民法典评注・合同编・通则 1》,中国法制出版社 2020 年版,第 438 页。

② 同上书,第 443 页。

③ 参见黄薇主编:《中华人民共和国民法典合同编解读》(上册),中国法制出版社 2020 年版,第 181 页。

第一，某个连带债务人实际承担的债务超过了自己的债务份额，这也是该连带债务人行使追偿权的前提。

第二，某个被追偿的连带债务人不能履行其应分担份额。例如，该债务人因为资不抵债、破产等原因，无法履行其应分担的债务份额。

第三，其他债务人应当在相应范围内按比例分担。例如，连带债务人甲、乙、丙、丁共同对债权人戊负担 1000 万元连带债务，各自应当负担 250 万元的份额，甲单独履行了 500 万元的债务，乙、丙也各自承担了 250 万元的债务，而丁并未清偿，此时，甲向丁追偿 250 万元，丁因已无资产，所以无法在追偿之债中向甲作出履行。在此情形下，甲本应追偿的 250 万元面临无法实现的风险，此时，甲是否可以请求乙、丙分担？这就是二次分担规则所要解决的问题。依据《民法典》第 519 条第 3 款，在此情形下，乙、丙应当与甲共同分担剩余的 250 万元债务。

当然，无论行使何种追偿权，前提必须是连带债务人实际享有追偿权。例如，在产品责任中，某个生产者应承担因产品缺陷造成的侵权责任，但生产者是产品缺陷的最终责任者，其无权向其他产品销售者等主体追偿。关于连带债务中各个债务人内部债务份额的确定，《民法典》第 519 条第 1 款规定："连带债务人之间的份额难以确定的，视为份额相同。"依据该规定，除法律另有规定或者当事人另有明确约定外，债务人应当平均分担债务。当某一债务人所清偿的债务超出其所应分担的债务数额时，其有权向其他连带债务人在其未履行的数额内追偿。当然，按照私法自治原则，债务人可以抛弃其追偿权。如果作出履行的债务人明确向其他连带债务人表示抛弃其追偿权，则该行为对所有连带债务人发生效力，此时，作出履行的债务人无权再向其他连带债务人求偿。

（三）连带债务的对外效力和对内效力

1. 对外效力：债权人的权利

连带债务的主要功能即是为了担保债权的充分实现，因此，连带债务必然要对债权人发生效力，此种效力体现在如下几个方面：

一是债权人有权同时或先后向债务人提出请求。债权人既可以同时向数个债务人提出请求，也可以先后向不同的债务人提出请求。如果债权人先以诉讼的方式向部分债务人主张债权，再起诉其他债务人，法院也不应以"一事不再理"为由予以拒绝。

二是债权人有权向部分或全部债务人提出请求。在连带债务中，债权人有权仅向部分债务人主张权利，也有权向全部债务人主张权利。这就意味着，在连带债务中，债权人享有选择的自由。[①] 从实践来看，债权人常常要向具有充足清偿能力的债务人提出请求。在连带债务中，债权人向某一债务人请求清偿全部债务的，债务人不得以其仅应承担部分清偿责任为由提出抗辩。[②]

三是债权人有权请求债务人履行部分或者全部债务。这就是说，在连带债务中，债权人可以仅要求债务人履行部分债务，也可以要求债务人履行全部债务，债权人债权未获清偿的部分，债权人仍可请求全体债务人作出履行。

2. 对内效力：对债务人的效力

既然连带债务的性质为复数之债，则每个债务人对债权人都负有全部清偿的义务。当

---

① 参见郑玉波：《民法债编总论》（修订二版），陈荣隆修订，中国政法大学出版社 2004 年版，第 392 页。

② Hans Brox, Allgemeines Schuldrecht, Muenchen, 2009, S. 411.

某个或者某几个债务人向债权人作出全部履行时,债权人的权利即移转至作出履行的债务人,其有权向其他债务人追偿。对债务人的效力可以分为绝对效力事项与相对效力事项。所谓绝对效力事项,是指不仅对个别债务人产生效力,而且对所有债务人都具有普遍效力的事项。[①] 所谓相对效力事项,是指对某一债务人具有法律效力,对其他连带债务人原则上并不具有法律效力的事项。[②] 通常,在债法中,相对效力是原则,绝对效力是例外。[③] 所以在《民法典》中,绝对效力事项是由法律明确规定的,在法律没有明确进行规定时,仅产生相对效力。

(1) 绝对效力事项。

究竟哪些事项可以产生绝对效力?一般认为,符合如下两个标准可以被认定为具有绝对效力:一是能够使债权人的债权得到实现。例如,某一债务人对债权人作出了清偿,该清偿行为对其他连带债务人也产生效力,其与债权人之间的连带债务也因此消灭。二是有利于简化法律关系。也就是说,虽然某一事实不能使债权人的债权获得完全实现,但为了简化法律关系,避免在当事人之间产生循环求偿的法律关系,也可以将其认定为绝对效力事项。[④] 依据《民法典》的规定,以下事项为绝对效力事项:

第一,履行、抵销或者提存。《民法典》第 520 条第 1 款规定:"部分连带债务人履行、抵销债务或者提存标的物的,其他债务人对债权人的债务在相应范围内消灭;该债务人可以依据前条规定向其他债务人追偿。"依据这一规定,部分连带债务人履行、抵销债务或者提存标的物的行为将产生绝对效力。法律规定部分连带债务人履行、抵销债务或者提存标的物的行为产生绝对效力,主要原因是此类行为使债权人的债权得到实现。例如,某一债务人对债权人作出了清偿,该清偿行为对其他连带债务人也产生效力,其与债权人之间的连带债务也因此消灭。

一是部分连带债务人的履行、抵销、提存导致其他债务人的债务在相应的范围内消灭。这就意味着,因履行、抵押、提存事项导致债务消灭时,其他债务人也免于就该部分债务承担责任,因而其也属于具有绝对效力。例如,甲拥有对乙、丙、丁三人的债权 300 万元,乙、丙、丁三人为连带债务人。乙向甲无论是采取履行、抵销还是提存的方式清偿了 200 万元的债务,对于余下的 100 万元债务,乙、丙、丁都负有向甲继续清偿的义务。乙在内部关系中,依据《民法典》第 519 条的规定,可以向丙、丁追偿。《民法典》第 520 条第 2 款和第 3 款,针对免除和混同的情形,并未规定追偿问题。这主要是考虑到,如在上例中,甲若免除了乙的 100 万元债务,或甲与乙发生混同的情形,丙、丁就还需对甲承担 200 万元债务,乙并不享有追偿权。实际上,免除和混同具有限制的绝对效力。

二是该作出履行、抵销、提存的债务人可以依法向其他债务人追偿。在某一连带债务人对债权人作出履行、抵销、提存时,将导致债权人的债权相应地消灭,这也会相应地减轻其他债务人的债务,从这一意义上说,抵销、提存等产生的效力与履行债务的行为类似[⑤],在此情形下,如果该债务人作出的履行等行为超出了其内部债务份额,则其应当可以依法向其他连

---

① 参见黄薇主编:《中华人民共和国民法典合同编解读》(上册),中国法制出版社 2020 年版,第 195 页。

② Hans Brox, Allgemeines Schuldrecht, Muenchen, 2009, S. 412.

③ 参见史尚宽:《债法总论》,中国政法大学出版社 2000 年版,第 649 页。

④ 参见郑玉波:《民法债编总论》(修订二版),陈荣隆修订,中国政法大学出版社 2004 年版,第 393 页。

⑤ 史尚宽:《债法总论》,中国政法大学出版社 2000 年版,第 653—656 页。

带债务人追偿。从比较法上来看，一些国家的民法典以及示范法都确认了类似的规则。[①]

第二，免除。如果债权人向全体债务人作出免除债务的意思表示，则整个债务将因此消灭。但如果债权人仅向部分债务人作出免除债务的意思表示，则将对其他连带债务人产生何种效力？从理论上看，关于债权人免除行为的效力，主要存在如下两种做法：一是相对效力说。此种观点认为，如果债权人对某一债务人的债务予以免除，该免除行为仅仅对被免除的债务人生效，债权人仍然可以向其他债务人请求赔偿。也就是说，债权人免除部分债务人的债务的行为仅对被免除的债务人发生效力，不影响债权人对其他连带债务人的请求权。[②]《德国民法典》第423条、修订后的《法国民法典》第1315条第3款均如此规定。二是绝对效力说。绝对效力是指免除一个连带债务人的义务，将导致所有连带债务人的义务也一并消灭。按照此种观点，如果债权人免除了部分连带债务人的债务，该行为将产生免除其他连带债务人债务的效力。[③] 例如《意大利民法典》第1301条。

对此，《民法典》第520条第2款规定："部分连带债务人的债务被债权人免除的，在该连带债务人应当承担的份额范围内，其他债务人对债权人的债务消灭。"该规定实际上采纳了限制绝对效力说，即原则上采纳了绝对效力说，但进行了一定的限制。该规定包含了如下几个方面的含义：

一是首先应当区分债权人免除的是全体还是部分债务人的债务。如果债权人的意思是免除全部债务人的债务，则当然发生绝对效力；如果债权人仅具有免除部分债务人的债务的意思，那么则不能认为该免除对所有债务人发生效力。因而，首先需要解释债权人免除的意思。在无法探明债权人的真意时，应当推定为其仅具有免除部分债务人的债务的意思。

二是免除使得被免除人不再负有债务，其他债务人也扣除免除的部分，在剩余的债务范围内承担责任。例如，甲对乙、丙、丁享有90万元的连带债权，其免除了丁30万元的债务，则乙和丙所承担的债务数额也相应减少，应当承担剩余的60万元债务的连带责任，因而构成了限制的绝对效力事项。[④]

三是其他债务人在承担债务后，也不能向被免除人追偿。例如，甲、乙、丙共同向丁承担900万元的连带债务，其内部份额为各300万元。丁免除了甲的300万元债务，该免除仅仅只是对甲有效，即甲不再承担清偿债务的责任，乙、丙并不因为300万元的免除而减少其应当向丁清偿的600万元的债务。乙、丙就600万元承担连带债务，在承担600万元债务后也无权向甲进行追偿。

关于连带债务中债权人免除部分债务人债务的对内效力与对外效力，试举一例予以说明。乙、丙、丁对甲承担90万元的连带债务，各承担30万元，后甲免除了乙的20万元债务，则乙和丙、丁所承担的债务份额也相应减少，仅需对剩余的70万元承担连带债务，在此情形下，乙还要清偿多少？如果丙清偿60万元，能不能向乙行使追偿权？如果丁破产，丙能不能向乙行使追偿权？依据《民法典》第520条第2款，首先，在外部关系上，乙、丙和丁对剩余的70万元承担连带债务，因此，如果甲请求乙清偿，乙有义务清偿70万元。其次，在内部份额承担上，对于剩余70万元债务，乙、丙、丁的内部份额为1∶3∶3，乙应承担的份额为10万元。如果丙清偿60万，依据《民法典》第519条第2款，丙有权向乙追偿，向乙追偿的上限为

① 参见《意大利民法典》第1301条，《商事合同通则》第11.1.6条。

② 史尚宽：《债法总论》，中国政法大学出版社2000年版，第654页。

③ 参见朱广新、谢鸿飞主编：《民法典评注·合同编·通则1》，中国法制出版社2020年版，第453页。

④ 参见黄薇主编：《中华人民共和国民法典合同编解读》（上册），中国法制出版社2020年版，第197页。

乙的份额范围即 10 万元。最后,在丙追偿时,如果丁破产导致其不能履行其应分担份额,则对丙追偿不能的部分,乙仍然应当按比例(即 7 分之一)分担。

从《民法典》第 520 条第 2 款的规定来看,债权人免除部分连带债务人债务的,将产生限制绝对效力。一方面,债权人免除部分连带债务人的债务,如果按照相对效力说,则该行为不会对其他连带债务人产生影响,而从该条规定来看,该行为会对其他连带债务人的债务产生影响,因此,其不属于相对效力。另一方面,如果按照绝对效力说,在债权人对某个债务人作出免除后,应当导致其他连带债务人的债务相应消灭的效力,其他债务人可以进行追偿,而从该条规定来看,其他债务人对债权人的债务只是在被免除债务的债务人应当分担的债务份额内消灭,其他债务人在承担债务后也不能向被免除的债务人追偿。正是因为这一原因,该款的规定采取了限制绝对效力的做法,即债权人免除部分债务人的连带债务将导致在该债务人应当承担的份额内,其他债务人的债务一并消灭。①

我国《民法典》之所以采取限制绝对效力的模式,主要原因在于,如果遵循相对效力模式,则其他债务人在承担责任后,又无法完全向被免除债务的连带债务人追偿,其利益将受到严重的侵害;而如果遵循绝对效力模式,那么债权人免除部分连带债务人的债务将导致所有债务人债务的免除,这与债权人的真实意思相悖。不论是相对效力还是绝对效力,都无法实现当事人权利义务关系的平衡,因此,我国《民法典》采取了限制绝对效力的模式,主要是考虑到此种做法可以有效平衡债权人的意愿与债务人的保护。

第三,混同。如果部分连带债务人的债务与债权人的债权同归于一人,此时就出现了混同。如果部分连带债务人的债务与债权人的全部债权混同,则当事人之间的法律关系就相对简单。问题在于,如果部分连带债务人的债务只是与债权人的债权发生部分混同,此时将产生何种效力?例如,甲、乙、丙三人对丁负担 900 万元的连带债务,后甲获得了丁 500 万元的债权,因而,甲的债务与对丁的债权之间发生了混同,在此情况下,应当如何处理?对此,《民法典》第 520 条第 3 款规定:"部分连带债务人的债务与债权人的债权同归于一人的,在扣除该债务人应当承担的份额后,债权人对其他债务人的债权继续存在。"该条规定具体分为如下规则:

一是扣除发生混同的债务人应当承担的份额。这就意味着,就发生混同的债务份额而言,将从所有的债务份额中予以扣除,其他的债务人也不对这一部分承担责任。因此,混同具有绝对效力。例如,在上例中,甲、乙、丙各自向丁负担 300 万元债务,甲获得了丁 500 万元的债权,因此,应当在该 500 万元中扣除 300 万元,视为甲已经清偿了对丁的部分债务。

二是债权人对其他债务人的债权继续存在。一方面,因为其属于连带债务,因此,即便发生了部分混同,债权人也只是获得了部分清偿,其仍然有权请求各个债务人清偿剩余的全部债务。另一方面,在发生部分混同后,发生混同的债务人可以在其内部债务份额外,要求其他债务人清偿。

从该条规定来看,其采取的是有限的绝对效力模式。在发生混同的情形下,混同也会对其他债务人发生效力,但是其他债务人在扣除混同部分之后承担责任的,并不能向产生混同的债务人进行追偿。

第四,受领迟延。如果某个或者部分连带债务人向债权人作出履行,而债权人受领迟延,在此情形下,产生何种效力?《民法典》第 520 条第 4 款规定:"债权人对部分连带债务人

① 参见黄薇主编:《中华人民共和国民法典合同编解读》(上册),中国法制出版社 2020 年版,第 197 页。

的给付受领迟延的,对其他连带债务人发生效力。”依据该条规定,债权人受领迟延也会对其他连带债务人发生效力。从比较法上来看,普遍认为,债权人受领迟延可以发生绝对效力,即对其他债务人均可产生效力,其原因在于,连带债务中,任何一个债务人的清偿都将导致其他债务人的债务在清偿的范围内消灭,所以债权人因为自身原因造成了迟延,将导致其他债务人也同样受有该利益。[①] 我国《民法典》采纳了这一规则。由此可见,债权人受领迟延将产生绝对的效力。即债权人受领迟延的,对其他债务人同样发生效力。[②]

在债权人受领迟延的情形下,究竟对其他连带债务人产生何种效力?需要明确的是,债权人受领迟延并不会导致债权消灭。一是债权人无权请求受领迟延期间的利息。受领迟延的效果主要规定在《民法典》第589条和第605条。依据这两条的规定,受领迟延期间内债务人无须支付利息。例如,当某一债权人对债务人请求作出履行时,对债权人受领迟延期间所发生的利息,该债务人有权予以拒绝支付。[③] 二是标的物的风险负担发生移转。在买卖合同中,标的物毁损、灭失的风险自买受人违反约定时起移转于买受人。[④]

(2)相对效力事项。

所谓相对效力事项,是指对某一债务人具有法律效力的事项,对其他连带债务人并不发生效力。如前所述,事项以具有相对效力为原则,关于绝对效力通常需要由法律明确规定,对于法律没有规定的事项,一般认为构成相对效力事项。[⑤] 由于相对效力事项类型众多,法律不能进行一一列举,因此我国《民法典》并未采取列举的方式列明相对效力事项。这就表明,对于《民法典》所规定的绝对效力事项之外的其他事项,一般应当认定为相对效力事项。例如,如果债权人仅向某一债务人提起履行债务的请求,该请求只能中断该债务人的诉讼时效,而不能对其他连带债务人发生效力。[⑥]

关于诉讼时效届满究竟产生何种效力,对此存在不同观点。一是绝对效力说。该说认为诉讼时效届满将发生绝对效力。[⑦] 二是相对效力说。该说认为,由于我国诉讼时效经过采纳抗辩权发生说,因此诉讼时效的届满不会导致其他连带债务人的债务也发生诉讼时效届满的效果。[⑧] 笔者认为,在判断某一连带债务人的债务诉讼时效经过是否对其他债务人发生效力时,应当区分不同情形分别认定。如果该债务人主张时效抗辩,债权人无法从该债务人处获得清偿,为了保护该债务人的时效利益,其他连带债务人在清偿债务后原则上也无法向该债务人追偿,此时,其他债务人有权主张在该债务人应当负担的债务份额内免除清偿义务。当然,在该份额范围之外,其他连带债务人仍应当就债务的清偿承担连带责任。[⑨] 在该债务人放弃其时效利益的情形下,债权人有权请求该债务人清偿全部债务,其他债务人在清偿债务后也可以向该债务人追偿,此时,该债务人债务诉讼时效的经过并没有对债权人和其他债务人的利益产生影响。

---

① 参见〔德〕迪特尔·梅迪库斯:《德国债法总论》,杜景林、卢谌译,法律出版社2004年版,第611页。

② 参见黄薇主编:《中华人民共和国民法典合同编解读》(上册),中国法制出版社2020年版,第201页。

③ 同上。

④ 同上书,第200页。

⑤ 同上书,第195页。

⑥ 参见郑玉波:《民法债编总论》(修订二版),陈荣隆修订,中国政法大学出版社2004年版,第400页。

⑦ 参见史尚宽:《债法总论》,中国政法大学出版社2000年版,第654页。

⑧ 参见朱广新、谢鸿飞主编:《民法典评注·合同编·通则1》,中国法制出版社2020年版,第461页。

⑨ 参见史尚宽:《债法总论》,中国政法大学出版社2000年版,第656页。

四、连带债权

(一) 连带债权的概念和特征

所谓连带债权,是指数个债权人因连带关系而享有请求债务人履行全部债务的权利,在这种关系中,任何一个债权人都有权请求债务人履行债务,债务人向任何一个债权人作出全部履行时,都可以导致当事人之间的债权债务关系的消灭。[①]《民法典》第518条第1款前段规定:"债权人为二人以上,部分或者全部债权人均可以请求债务人履行债务的,为连带债权。"这就对连带债权作出了规定。在连带债权中,各个债权人之间具有连带关系,连带关系可以由法律规定,也可以由当事人约定。例如,《民法典》第307条规定了共有的动产和不动产所产生的债权债务,各个共有人对其共有财产所产生的收益等享有连带债权。再如,《民法典》第75条规定了法人的设立人在从事民事活动中,各个设立人之间享有连带债权。

在一般债的关系中,债权和债务是相对应的,一方当事人所享有的债权就是对方当事人所负担的债务,但在连带之债中,二者并不是完全对应的。一方面,既存在无连带债权的连带债务(如数人侵权即可能产生连带债务),也存在无连带债务的连带债权(如行为人侵害他人共有财产,各共有人即对行为人享有连带债权)。另一方面,两种债的关系中的当事人也是不同的,在连带债务中,一般存在数个债务人,债权人可以为数人,可以为一人;而在连带债权中,则通常存在数个债权人,债务人则可以为数人,也可以为一人。因此,对于连带之债,应当从连带债务与连带债权两个角度进行考察,连带债权仍有独立存在的价值。

连带债权主要具有如下法律特征:

第一,每个债权人都有权请求债务人履行全部义务。[②] 在连带债权中,每个债权人都应当有权向债务人提出请求,即有权请求债务人清偿全部债务。如果存在数个债务人,并且各个债务人均对数个债权人负担连带债务的,则债权人既可以向一个债务人提出请求,也可以向全部债务人提出请求,此时,各个债权人除有权请求债务人为全部给付外,还有权针对某一个债务人或数个债务人请求部分履行。只要全部清偿,不论为债务人中的一人或数人清偿,还是为债务人全体清偿,各债务人的债务均消灭,都不再对债权人负清偿义务,但只要债务没有全部清偿完毕,每个债务人不论其是否应债权人的请求履行过债务,对没有清偿的部分,都负有清偿的义务。[③]

第二,每个债权人均有权接受债务人所作出的全部履行。在连带债权中,每个债权人不仅有权请求债务人作出履行,而且在债务人作出履行时,为了便利债务人履行债务,任何一个债权人都有权接受债务人的履行,而且在债务人向任何一个债权人作出全部履行后,其他债权人的债权也同时消灭。

第三,连带债权的给付具有同一性。连带债权的产生以各债权人之间存在牵连关系为前提,也正是基于这一牵连关系,各债权人对债务人的给付享有同一利益,这就是说,各个债权的给付目的具有同一性,各项债权中的一项债权目的实现时,其他债权也随之消灭。[④] 如果各个债权仅在内容上具有同一性,在目的上并不具有同一性,则仍难以成立连带债权。[⑤]

---

① 参见史尚宽:《债法总论》,中国政法大学出版社2000年版,第676页。

② Hans Brox, Allgemeines Schuldrecht, Muenchen, 2009, S. 420.

③ 参见王洪亮:《债法总论》,北京大学出版社2016年版,第488页。

④ 参见黄立:《民法债编总论》,中国政法大学出版社2002年版,第594页。

⑤ 参见史尚宽:《债法总论》,中国政法大学出版社2000年版,第677页。

例如,甲将其房屋出卖给乙,在变更登记前,又将其房屋出卖给丙,此时,乙与丙对甲所享有债权的给付在内容上具有同一性,但由于两项债权在目的上并不具有同一性,其中任何一项债权的实现都不会导致另外一项债权的消灭,因此,这两项债权并不属于连带债权。

第四,连带债权的行使具有特殊效力。在连带债权人中,由于各个债权人的给付利益具有同一性,因而,某一连带债权人向债务人主张权利时,该行为对其他债权人同样产生效力。[①] 在某一债权人受领迟延或拒绝受领时,对其他债权人也发生受领迟延或拒绝受领的效力。但某一个连带债权人未经其他债权人的同意,擅自免除债务人的全部或部分债务的,如因此损害其他债权人的利益,对其他债权人不应当产生效力。[②] 此外,连带债权人中之一人因受领代物清偿,或者因提存、混同、抵销而使债权消灭的,其他债权人的债权亦同时消灭。连带债权人中之一人受到生效的法院裁判或仲裁裁决的,其判决对其他债权人也发生效力。

第五,各个连带债权人的权利具有相对独立性。这就是说,在连带债权中,虽然各个债权人对债务人的给付享有同一给付利益,但各个债权人的权利仍具有相对独立性[③],每个债权人都可以独立向债务人提出请求,在债务人作出履行时,每个债权人也都可以独立受领。各个连带债权人对其债权也享有独立的处分权能,其可以单独免除对债务人所享有的债权,但该免除行为只在其应当分享的债权数额内发生效力。

关于连带债权份额的确定,应当依据法律规定或当事人约定予以确定,但在法律没有规定以及当事人没有约定的情形下,依据《民法典》第 521 条第 1 款的规定,“连带债权人之间的份额难以确定的,视为份额相同”。在实践中,某个债务人向连带债权人作出清偿时,该债权人可能受领超出其份额之外的给付,在此情形下,将产生何种效力?例如,甲、乙、丙共同对债务人丁享有 600 万元的连带债权,甲、乙、丙内部约定,其各自的债权份额为 200 万元,但丁在向甲作出履行时,一次性履行了 600 万元,债务已全部清偿完毕。显然,甲受领的债权超出了其债权份额,对此,依据《民法典》第 521 条第 2 款的规定,甲应当向乙、丙分别返还 200 万元。

由于在实践中较多发生的是连带债务,因此《民法典》第 521 条第 3 款规定:“连带债权参照适用本章连带债务的有关规定。”依据这一规定,就连带债权人与债务人之间的相互关系问题,以及连带债权人之间的相互返还问题,也可以参照适用《民法典》关于连带债务有关履行、抵销、提存、混同等规则的规定。需要指出的是,参照适用主要是就连带债权的外部关系而言的,也就是说,就连带债权人与债务人之间发生的事项对其他债权人发生的效力,可以参照适用《民法典》第 520 条关于连带债务的规定。这主要是涉及绝对效力事项与相对效力事项的判断。[④]

(二) 连带债权的成立

连带债权主要是基于法律规定、当事人约定以及遗嘱而成立。一是基于当事人约定以及遗嘱等行为发生连带债权。按照私法自治原则,当事人有权通过约定的方式对自己的利益关系作出安排,各个债权人可以在合同中对其债权的享有方式作出约定,只要该约定不违反法律法规的强制性规定,即应成为连带债权成立的依据。例如,数个买受人共同购买一栋房屋,他们对于出卖人享有连带债权,都可以请求出卖人交付该房屋。此外,遗嘱也可能成

---

① Hans Brox, Allgemeines Schuldrecht, Muenchen, 2009, S. 420.

② 参见郑玉波:《民法债编总论》(修订二版),陈荣隆修订,中国政法大学出版社 2004 年版,第 410 页。

③ 参见〔日〕我妻荣:《新订债权总论》,王燚译,中国法制出版社 2008 年版,第 397 页。

④ 参见黄薇主编:《中华人民共和国民法典合同编解读》(上册),中国法制出版社 2020 年版,第 203 页。

为产生连带债权的原因。例如,行为人在遗嘱中将某一债权同时分配给两个继承人,此时,即可能在两个继承人之间产生连带债权。

二是基于法律规定。在连带债权基于法律规定而产生的情形下,必须符合法律规定的条件。法律规定某一债权属于连带债权,一般是基于下列原因:首先,各个债权人之间一般具有一定的连带关系。例如,数个合伙人因合伙经营而对第三人享有请求支付价款的权利,这一权利就属于连带债权。其次,债权标的具有不可分性。例如,甲、乙二人共同共有一栋房屋,如果该房屋被丙侵占并造成该房屋部分损毁,则甲、乙对丙所享有的债权即应属于连带债权。

(三)连带债权的效力

1. 对外效力:对债务人的效力

连带债权的对外效力,是指各连带债权人与债务人之间的权利义务关系。在这种关系中,每个连带债权人都有权向债务人提出请求,在债务人作出履行时,任何一个连带债权人都可以受领履行,并因此导致连带债权人与债务人之间债的关系的消灭。

与连带债务相同,在连带债权中,也存在绝对效力事项与相对效力事项的区分,但我国《民法典》对有关连带债权情形下的绝对效力和相对效力事项并没有作出明确的规定。依据《民法典》第521条第3款的规定,在此情形下可以准用《民法典》关于连带债务的规则。

(1) 绝对效力事项。

连带债权中的绝对效力事项,是指在连带债权中,对某一债权人发生效力的事项,对其他连带债权人也发生效力。一般而言,连带债权中的绝对效力事项主要包括以下几种:

第一,向债务人提出请求。在连带债权中,某个连带债权人向债务人提出请求的,该请求将对其他连带债权人具有同等的效力,这主要表现在:一是在连带债权中,如果某一债权人向债务人提出请求,则债务人不仅有义务向提出请求的债权人作出履行,也有义务向其他连带债权人作出履行。二是某一连带债权人向债务人提出履行债务的请求时,对其债权发生时效中断的效力,该效力也及于其他连带债权人。

第二,债权实现。连带债权中,由于各个债权的目的具有同一性,因而,如果某一债权因为债务人履行债务的行为而实现,则其他债权也应当随之消灭,接受债务人履行的债权人对其他连带债权人应负担一定的补偿义务。[①] 因此,债权实现在性质上也属于绝对效力事项。债权实现的方式包括清偿、代物清偿、提存、抵销和混同等,如果债务人以上述方式向任何一个连带债权人作出了给付,都导致全体债权人债权的消灭。[②] 当然,由于连带债权具有独立性,债权人行使抵销权不能损害其他债权人的利益。

第三,受领迟延。在连带债权中,债务人有选择任何一个债权人履行债务的权利,因此,在债务人选择向某一连带债权人履行债务时,如果该债权人受领迟延,则其他连带债权人也应当承担该行为的不利后果,即应当对债务人承担受领迟延的责任。[③] 所以,债权人受领迟延在性质上应当属于绝对效力事项。

第四,债务免除。在连带债权中,虽然各个连带债权人所享有的债权在性质上属于同一债权,但也具有相对的独立性。各个连带债权人对其债权享有一定的处分权能,可以免除债务人对其所负担的债务。单个连带债权人无权处分其他连带债权人的权利,因此,在某一连

---

① Hans Brox, Allgemeines Schuldrecht, Muenchen, 2009, S. 422.

② Larenz, Lehrbuch des Schuldrechts AT, Muenchen, 1987, S. 632.

③ 参见史尚宽:《债法总论》,中国政法大学出版社2000年版,第681页;郑玉波:《民法债编总论》(修订二版),陈荣隆修订,中国政法大学出版社2004年版,第410页。

带债权人免除债务人的债务时，该行为原则上仅在其应分享的债权数额内发生效力，并不能导致全部债务消灭，其他债权人仍有权请求债务人履行债务。[①] 在其他债权人向债务人提出履行债务的请求时，债务人有权主张在免除其债务的连带债权人应分享的债权数额外，对剩余的债权数额负担清偿义务。由于连带债权人免除债务人债务的行为会无条件地对其他连带债权人的权利产生影响，因而，在连带债权中，债务免除在性质上应当属于绝对效力事项。

第五，时效届满。由于连带债权中，各个债权人对债务人的给付享有同一履行利益，因而，某一连带债权的时效完成的，仅仅在该债权人所享有利益的范围内，债务人可以主张时效的抗辩。[②] 即在债权人向债务人提出履行债务的请求时，债务人有权主张仅就时效经过的债权人所分享的债权数额之外的连带债权承担义务。

第六，混同。在连带债权中，债务人有权向任何一个连带债权人履行债务，在因债务承担等原因而使债权、债务混同时，《民法典》并未直接规定其效果。但是依据《民法典》第 521 条的规定，连带债权可以参照适用连带债务的规则，即限制绝对效力的立法模式。[③] 依据这一规定，混同只导致发生混同的债权人享有的债权份额的直接消灭，而扣除该债权人享有的份额后的其他债权仍然存在，任何其他连带债权人均可向债务人主张剩余部分的债权。

(2) 相对效力事项。

连带债权中的相对效力事项，是指对某一连带债权人发生效力的事项，其效力仅及于该债权人本人，而不及于其他连带债权人。[④] 在连带债权中，《民法典》并未规定哪些事项属于相对效力事项。由于连带债权与连带债务一样，各事项以发生相对效力为原则，以发生绝对效力为例外，因此，对于《民法典》没有规定的事项，一般应当认为仅能发生相对效力。例如，在某一连带债权人向债务人提出履行债务的请求时，如果债务人存在迟延履行的情形，其原则上仅对该连带债权人承担迟延履行的责任，而不应当对其他连带债权人承担此责任。再如，就生效判决而言，如果按照其性质仅对某一债权人发生效力，则其在性质上即属于相对效力事项，对其他债权人并不发生效力。

当然，按照私法自治原则，在连带债权中，如果当事人约定某一事项仅对某一连带债权人发生效力，或者对全部债权人发生效力，则按照私法自治原则，此种约定也应当具有法律效力。

2. 对内效力：各连带债权人之间的效力

对内效力，是指连带债权在债权人之间的效力。在连带债权中，如果某一个债权人接受了债务人的全部清偿，应按照其应当享有的利益在内部进行重新分配，扣除其应分享的债权比例后返还给其他债权人。[⑤] 但如何确定各连带债权人所应分享的债权比例？一般认为，如果各个债权人就其内部关系作出了特别约定，首先应当依据当事人的约定确定各债权人所应分享的债权比例。如果当事人没有对此作出约定，则应当依据法律规定予以确定。例如，各个合伙人在成立合伙企业时约定，按照各自的出资比例分享合伙的收益，那么，在合伙对外享有债权时，各个合伙人即应当按照出资比例分享该债权。如果各个债权人没有对连带债权的分享比例作出约定，依据《民法典》第 521 条第 2 款的规定，实际受领债权的连带债权

---

① 参见我国台湾地区“民法”第 288 条第 1 款。

② 参见郑玉波：《民法债编总论》（修订二版），陈荣隆修订，中国政法大学出版社 2004 年版，第 410 页。

③ 参见黄薇主编：《中华人民共和国民法典合同编释义》，法律出版社 2020 年版，第 132 页。

④ Hans Brox, Allgemeines Schuldrecht, Muenchen, 2009, S. 421.

⑤ 参见黄薇主编：《中华人民共和国民法典合同编解读》（上册），中国法制出版社 2020 年版，第 202 页。

人,应当按比例向其他连带债权人返还。这就意味着,各债权人应当按照比例分享债权,如果某一债权人实际受领的债权超过了该比例,就应当进行返还。如果当事人有约定,则应依据当事人的约定确定比例,如果当事人没有约定、也不存在法律的规定,则各个连带债权人应当平均分享债权。①

在既无当事人约定、也无法律特别规定的情形下,按照公平原则确定债权份额,例如,甲、乙、丙三人将其共有的一辆汽车出售给丁,约定就价款 60 万元享有连带债权。甲、乙、丙没有对其分享债权的数额作出约定,法律也没有就该种债权作出规定。此时,如果丁向甲清偿了 60 万元债务,三人应当平均分配该价款,甲在受领全部价款之后应当返还给乙和丙各 20 万元。但如果债务人仅向甲清偿了 18 万元便宣告破产,此时虽然甲受领的给付并未超过自己的份额(20 万元),但其仍然获得了超过比例的清偿,因此甲应当各返还给乙和丙 6 万元。

如果债务人以交付特定物的方式履行债务,则受领标的物的债权人无须向其他连带债权人交付该标的物,而只需要向其他债权人偿还其应当分享的债权份额。③此外,如果连带债权因一个债权人发生混同而消灭,则该债权人也应返还其多得的利益,因为该债权人因混同获得了超出其应享有部分的利益。④

第三节 选择之债和简单之债

一、简单之债和选择之债概述

所谓简单之债,是指在债的关系成立后,债的关系当事人无法在数种给付中作出选择的债。对简单之债而言,债的标的较为单一,债务人应当严格按照法律规定或者当事人的约定履行债务,而不得以他种给付代替履行;债权人也仅能请求债务人按照债的要求履行债务,不得请求债务人提供他种给付以代替原定给付。因此,简单之债又可称为不可选择之债。②

所谓选择之债,是指在债成立时就有两种以上的给付可供选择的债。《民法典》第 515 条规定:"标的有多项而债务人只需履行其中一项的,债务人享有选择权;但是,法律另有规定、当事人另有约定或者另有交易习惯的除外。享有选择权的当事人在约定期限内或者履行期限届满未作选择,经催告后在合理期限内仍未选择的,选择权转移至对方。"该条对选择之债作出了规定。

选择之债有广义和狭义之分。从广义上说,选择之债的范围较为广泛,其可以是对义务履行(如选择给付金钱或提供劳务)或标的物的选择;也可以是对不同履行时间、履行方式、履行地点的选择。除此之外,当事人甚至可以约定选择债务不履行的责任,其在性质上也应当属于选择之债的范畴。因此,凡在债的给付标的、履行时间、履行方式、履行地点、债务不履行的责任等方面可供选择的债,都为选择之债。选择之债并不是形成了数个不同的合同关系,而是由当事人在多个债务履行方式中作出选择。例如,甲、乙订立借款合同后,由于乙无法偿还债务,双方又订立了以物抵债协议,该协议并非形成了另一种法律关系,而只是当事人约定的一种债务履行方式,因此,以物抵债协议的履行会导致原债务的消灭。

---

① 参见郑玉波:《民法债编总论》(修订二版),陈荣隆修订,中国政法大学出版社 2004 年版,第 412 页。

② 参见张广兴:《债法总论》,法律出版社 1997 年版,第 129—130 页。

选择之债与简单之债相比，主要具有如下区别：

第一，是否具有数个履行标的不同。对选择之债而言，债的标的有数个，而且各个给付的内容不同，因此才有选择的必要。而对简单之债而言，债的履行标的是单一的，债的关系当事人无法从数项履行中作出选择。

第二，债的内容或者履行方式不同。对选择之债而言，由于其有数项给付可供选择，因此，在选择权人作出选择之前，债的内容或者履行方式可能是不确定的。[①] 例如，债的关系当事人约定，债务人有权在数种标的物中进行选择，则在债务人作出选择之前，该选择之债的标的就是不确定的。从这个意义上说，选择之债是给付相对不确定的债。[②] 而对简单之债而言，由于其给付是单一的，因此，债的内容以及履行方式等都是确定的，债务人应当严格按照债务的要求履行债务，债权人也应当按照债的要求履行协助义务等。简单之债一旦成立，任何一方当事人原则上都无法对债的内容或者履行方式作出选择。

第三，债在履行前是否需要当事人作出选择不同。对选择之债而言，在选择之前，债的内容、履行方式等是不确定的，债也无法履行。基于债权客体确定原则的要求，当事人必须在数个履行标的中作出选择，在当事人作出选择后，选择之债才能履行。而对简单之债而言，不需要债的当事人就债的履行作出选择。简单之债是债的常态形式，选择之债是当事人特别约定或者法律特别规定的特殊的债的形式。基于私法自治原则，当事人可以约定债的履行方式，如果当事人特别约定成立选择之债，则该约定应当具有法律效力。

二、选择之债的履行

与简单之债相比，选择之债的特殊性主要体现在其履行方面，即在选择之债履行之前，一方对债的履行享有选择权，这也是选择之债的核心特征。

（一）选择权的特点

《民法典》第 515 条第 1 款规定："标的有多项而债务人只需履行其中一项的，债务人享有选择权；但是，法律另有规定、当事人另有约定或者另有交易习惯的除外。"依据这一规定，选择之债中的选择权具有如下特点：

第一，选择权在性质上属于形成权，选择权人行使选择权后即可发生法律效力。一旦权利人作出选择，则债的履行的相关内容便因此确定，即因一方当事人的意思即可使债的履行的相关内容得到确定。选择权人在行使选择权时不得附条件或者附期限。

第二，选择权的行使效果是使给付得以确定。虽然在选择权行使前合同已经成立，但是给付的内容并不确定，通过选择权的行使，可以使给付的内容获得确定。选择之债中选择权的范围十分广泛。一般来说，选择权的范围既包括对标的物的选择（如约定出卖人可以在交付 A 套房与交付 B 套房之间进行选择），也包括对履行行为的选择（如选择债务履行的方式等）。

第三，在效力上具有溯及性，一旦选择权人行使选择权，该选择权的效力溯及于选择之债成立之时。也就是说，就选择之债的效力而言，其并不始于选择权人行使选择权之时，在选择权人行使选择权后，该选择具有溯及至选择之债成立之时的效力。

第四，在没有法律规定或当事人约定的情形下，选择权归属于债务人。选择权的归属一

---

① 参见王洪亮：《债法总论》，北京大学出版社 2016 年版，第 96 页。

② 参见黄立：《民法债编总论》，中国政法大学出版社 2002 年版，第 360 页。

般由当事人约定,但法律也可能对选择权的归属作出特别规定。如果法律规定或合同约定双方或一方有选择权,则应当由有选择权的一方行使选择权。在没有法律规定或当事人约定的情形下,选择权归属于债务人。这是因为选择之债的目的在于便于债务人的履行,只有由债务人享有选择权才可以使债务的目的得以实现。

(二)选择权的行使

在选择权确定以后,应当如何行使选择权?通过选择权的行使将使选择之债变成简单之债,这直接关系到合同义务的履行问题,此处的选择权在性质上为形成权[①],对双方当事人关系重大,因此,有必要明确选择权的行使方式。一般而言,一方当事人行使选择权时,应当向对方当事人明确作出意思表示。选择权一旦行使,除权利人是受欺诈、胁迫等而作出选择的以外,原则上不得撤销或者变更。[②] 在第三人享有选择权的情况下,第三人行使选择权应当向债权人和债务人作出选择的意思表示;如果仅向债的关系的一方当事人为意思表示,而非表明具体选择的内容,原则上不发生选择的效力。

(三)选择权的移转

选择之债中,选择权也可以依法发生移转,选择权的移转原则上应当由法律明确作出规定。关于选择权的移转,应当区分以下几种情况分别作出规定:

(1)当选择权归属于债务人时,如果债务人在约定期限内或者履行期限届满时未作选择的,债权人可以催告债务人选择,债务人在催告后的合理期限内仍未选择的,则债务人不再享有选择权,而应当由债权人行使该选择权。

(2)当选择权归属于债权人时,如果债权人在约定期限内或者履行期限届满时未作选择的,则债务人可以催告债权人选择,债权人在催告后的合理期限内仍未选择的,则债权人不再享有选择权,而应当由债务人享有选择权。

(3)当选择权归属于第三人时,如果第三人在约定期限内或者履行期限届满时未作选择的,则债务人可以催告第三人选择,第三人在催告后的合理期限内仍未选择的,选择权应当由债务人行使。[③]

应当注意的是,在选择之债中,如果数项可供选择的给付中有部分嗣后发生给付不能,则选择权人仅能在剩余的给付中作出选择;如果仅存一项可能的给付,则该选择之债便特定化,当事人应当按照债的要求履行债务。[④]《民法典》第 516 条第 2 款规定:"可选择的标的发生不能履行情形的,享有选择权的当事人不得选择不能履行的标的,但是该不能履行的情形是由对方造成的除外。"该条规定了选择之债中发生履行不能情形的处理方法,这就是说,在当事人一方享有选择权的情形下,如果可选择的债务标的发生不能履行的情形,则享有选择权的当事人不得选择不能履行的标的,除非该不能履行是由对方当事人造成的。例如,双方当事人约定,债权人可以在债务人画廊的两幅某著名画家的画作中,选择一幅请求交付。但是,在债权人选择前,该两幅画作中的一幅,又被该画廊卖给他人。由于另行出售画作,导致债务不能履行的情形是由画廊的原因造成的,因此债权人的选择权便不受《民法典》第 516 条第 2 款的限制,债权人仍然可以选择请求画廊交付已经被出卖的画作。此时,如果发生了不能履行的情形,债权人的合同请求权转化为违约损害赔偿请求权或违约金请求权,即使另

---

① 参见朱广新、谢鸿飞主编:《民法典评注・合同编・通则 1》,中国法制出版社 2020 年版,第 383 页。

② 参见〔日〕我妻荣:《新订债权总论》,王燚译,中国法制出版社 2008 年版,第 52 页。

③ 参见孙森焱:《民法债编总论》(上册),法律出版社 2006 年版,第 352 页。

④ 参见林诚二:《民法债编总论——体系化解说》,中国人民大学出版社 2003 年版,第 257—258 页。

一幅画作仍然可以交付,债权人仍然可以请求画廊承担违约责任。但如果该画作是被他人盗窃,致使其不能交付,那么由于该不能并非画廊造成的,债权人不能选择要求交付被盗窃的画作,而只能请求交付另一画作。

第四节 金钱之债与非金钱之债

一、金钱之债和非金钱之债概述

金钱之债又称货币之债,它是指债务人必须以给付一定货币履行债务的债。《民法典》第 514 条将金钱之债称为“以支付金钱为内容的债”。金钱之债是指借贷、保理等,但几乎在所有合同中都存在金钱债权,如买卖等关系并非金钱之债,但卖方所享有的请求交付价款债权仍然是金钱债权。金钱之债的标的物一般包括:通用货币、外国货币和特种货币。但就我国而言,由于外国货币、特种货币属于限制流通物,因此,这里所说的货币之债仅指以通用货币为标的物的债。《民法典》第 514 条规定:“以支付金钱为内容的债,除法律另有规定或者当事人另有约定外,债权人可以请求债务人以实际履行地的法定货币履行。”在我国国内交易中,作为金钱之债标的物的货币应当为人民币;如果当事人之间的交易是涉外交易,则当事人可以约定以外币交付,如果当事人没有约定,则债权人可以请求债务人以实际履行地的法定货币履行。

金钱之债又可分为特定货币之债、金额货币之债和特种货币之债三种类型。[①] 所谓特定货币之债,是指在此种债中,标的物是经特定化处理后的货币,此类债的货币在性质上已属于特定物。例如,在收藏市场中,经过特殊封装的连号钞票即属此类。特定货币之债的标的物虽然是货币,但由于其标的物已经特定化,在性质上与其他的货币之债不同,其已不属于种类之债,而应当属于特定之债。所谓金额货币之债,是指以一定金额的一般通用货币为标的的债务,即只要债务人向债权人给付一定金额的货币,即可构成对债务的履行,此类债中的货币性质上是典型的种类物。在此类债中,当事人并没有约定必须交付特定种类的货币,债务人只需交付一定数额的通用货币即可。[②] 所谓特种货币之债,是指以特定种类的货币为标的物的债。如当事人约定,债务人必须交付特定种类的货币,从某种意义上说,此类债的货币兼具种类物与特定物的特点。[③] 不过,虽然当事人约定债务人必须交付特定种类的货币,但特种货币之债在性质上仍然属于种类之债。区分这三种货币之债的意义主要在于:一方面,债的履行标的不同,当事人的履行义务也存在一定差别。另一方面,是否可能发生履行不能不同,货币之债在性质上属于种类之债,一般不发生履行不能的问题[④],但对特定货币之债而言,一旦当事人所约定交付的货币灭失,则可能发生履行不能的问题。

所谓非金钱之债,是指以金钱以外的其他物为标的的债。非金钱之债的范围十分广泛,依据给付内容的不同,可以将非金钱之债分为以下两类:一是交付财产之债,主要是指债务人需要按照债的内容向债权人交付一定的财产,以履行债务。此处所说的财产主要是指有形的财产类型,无形财产一般不发生交付的问题。例如,在买卖房屋或汽车的合同中,债务

---

① 参见郑玉波:《民法债编总论》(修订二版),陈荣隆修订,中国政法大学出版社 2004 年版,第 202 页。

② 参见黄立:《民法债编总论》,元照出版公司 2002 年版,第 343 页。

③ 参见〔德〕迪特尔·梅迪库斯:《德国债法总论》,杜景林、卢谌译,法律出版社 2004 年版,第 145 页。

④ 参见王洪亮:《债法总论》,北京大学出版社 2016 年版,第 98 页。

人应当按照合同约定向债权人交付相关的财产,此类交易是最为典型的财产交易。二是提供服务之债,主要是指债务人应当按照债的内容向债权人提供一定的服务,从而实现债的目的。提供服务之债一般以全部或者部分提供服务为债务的主要内容。债务人所提供的服务的范围十分广泛,如提供技术、文化、生活服务等。其又可以分为两大类:一类是债务人仅需要向债权人提供一定的服务,如提供保管服务等;另一类是债务人不仅需要向债权人提供服务,而且需要交付一定的工作成果,如承揽合同之债。而债权人一般需要向债务人支付相应的服务费用。[①]

需要指出的是,金钱之债与非金钱之债并非是就债的总体而进行的区分,而仅仅是就债的部分内容进行的观察。例如,就房屋买卖而言,买受人负有支付货币的义务,因此,其负担的就是金钱债务(或称金钱之债);而就出卖人而言,其负有交付房屋和移转房屋所有权的义务,因此,其负担的就是非金钱债务(或称非金钱之债)。

二、金钱之债和非金钱之债的区别

金钱之债与非金钱之债的区别主要有以下几点:

第一,标的物不同。非金钱之债以货币之外的其他物作为标的物,或者以债务人向债权人提供一定的服务为标的。而金钱之债以一定的货币为标的物,货币的所有权具有其特殊性,即对货币的占有往往可以推定为所有,这也决定了,金钱之债中货币所有权的移转具有特殊性。[②]

第二,能否发生履行不能不同。由于货币在性质上属于种类物,具有较强的流通性和可替代性,因此,金钱之债一般不发生履行不能的问题,即便债务人准备交付的货币因不可抗力灭失,债务人也不能援引不可抗力作为免责事由。

第三,债务的履行不同。由于金钱之债的标的为货币,因此,其在履行上具有一定的特殊性。从《民法典》第 514 条的规定来看,除法律另有规定或者当事人另有约定外,债权人可以请求债务人以实际履行地的法定货币履行。对金钱之债而言,债务人原则上不需要交付特定的货币,而仅需要向债权人交付等值的货币,债权人一般不得要求债务人交付特定的货币。对非金钱之债而言,当事人应当严格按照债的要求履行,不得主张以交付其他标的物代替当事人约定的标的物来履行债务。当然,如果当事人约定的标的物为种类物,而且该种类物未特定化的,则债务人仍有权选择交付特定品质的标的物。

第四,是否约定利息不同。由于金钱之债的标的为货币,所以,金钱之债的履行通常会伴随利息的支付,当事人一般会在金钱之债中约定,债务人应当向债权人支付相关的利息,从而产生利息之债。当然,在金钱之债中,利息之债的效力并非完全独立,而是附属于金钱之债,如果产生金钱之债的主合同被宣告无效,则利息之债也随之不成立。而非金钱之债以财产的给付或者服务的提供为标的,一般不会产生利息之债。

第五,对债的转让的限制不同。金钱作为一般等价物不同于其他的物,其目的就在于流通,因此其转让应当受到较小的限制,金钱债权的转让有利于鼓励融资。而非金钱债权的转让则受到更多的限制。所以,当事人约定非金钱债权不得转让的,不得对抗善意第三人,而

---

① 参见全国人大常委会法制工作委员会民法室编著:《〈中华人民共和国合同法〉及其重要草稿介绍》,法律出版社 2000 年版,第 150 页。

② 参见郑玉波:《民法债编总则》(修订二版),陈荣隆修订,中国政法大学出版社 2004 年版,第 202 页。

约定金钱债权不得转让的，不得对抗第三人。

三、金钱之债的履行

金钱之债的履行具有如下特点：

1. 原则上不发生履行不能的问题。与其他债的关系不同，由于金钱具有很强的可替代性，因此，金钱之债原则上必须实际履行，违约方不得以任何理由针对非违约方的履行请求作出抗辩。《民法典》第579条规定："当事人一方未支付价款、报酬、租金、利息，或者不履行其他金钱债务的，对方可以请求其支付。"从该条规定来看，其实际上赋予非违约方一种继续履行的请求权，即在金钱之债中，不存在履行不能的问题，债权人可以请求债务人实际履行。

2. 即使出现了不可抗力，通常也不应当免除债务人的金钱债务。一般情况下，如果在债的履行过程中发生不可抗力，导致债务人履行不能，则债务人可以因此免责。但是，对金钱债务而言，即便发生不可抗力，债务人仍应当按照债的要求履行其债务。因为作为商品的一般等价物，货币是一种纯粹的可代替物，或称为特殊的种类物，不具有任何个性，任何等额的货币均可以互相代替，这就决定了金钱债务的标的即货币不可能发生不可替代的灭失，也不存在履行在经济上不合理的情况。债务人可能暂时遇到经济困难而不能交付，这也只会导致履行迟延，而不会导致履行不能，从而其也不能援引不可抗力来免除责任。

3. 可能发生货币贬值的问题。与其他债的履行不同，金钱债务的标的物为货币，货币的币值与经济发展状况密切相关，极易发生波动，因此，金钱债务的履行可能发生货币贬值的问题。当然，为了维护债的关系的稳定性，在货币币值出现波动时，债的关系当事人原则上仍应当按照债的要求履行债务，而不得以货币币值变动为由请求增加或者减少给付数额。同时，按照私法自治原则，当事人可以约定保值条款，即当事人可以约定，在货币币值出现变动时，债的当事人应当适当增加或者减少给付，以维持债的标的的价值。例如，在长期租赁合同中，当事人可以在合同中约定保值条款，在合同履行过程中，如果货币贬值，当事人即可依据保值条款请求增加或者减少给付，按照私法自治原则，此种协议在法律上是有效的。当然，在例外情况下，即便当事人没有订立保值条款，也应当允许当事人请求增加或者减少给付。例如，在货币币值波动较为剧烈，按照原定给付履行债务可能显失公平时，当事人可以依据情势变更原则请求适当增加或者减少原定给付的数额。

第五节 种类之债和特定之债

一、种类之债和特定之债概述

种类之债是指以种类物的给付为标的的债。[①] 交易上所说的种类通常都是以物的性质等作为分类标准，包括产地（如金华火腿、道口烧鸡）、用途（如食品、药品）、品质（如一级大米、优等混煤）、商标（如奔驰汽车、雪花啤酒）等。在法律上所说的种类也是以上述分类标准为基础的，并形成了所谓种类物。种类物是指具有共同特征，可以用品种、规格或数量等加以度量的物，如某种标号的水泥、某种牌号的大米等。在现代社会，由于产品主要采用标准化、批量化的方式生产，因此，种类物的类型逐渐多样化，种类之债的适用范围也越来越广

---

① 参见史尚宽：《债法总论》，中国政法大学出版社2000年版，第238页。

泛,种类物在交易中往往可以相互替代。在债法中,以种类物为标的物的债就称为种类之债。

特定之债是与种类之债相对应的概念。所谓特定之债,是指以特定物的给付为标的的债。特定物是指具有特定的特征,不能以其他物代替的物。如某幅图画、某个建筑物等。在交易中,不动产(如房屋、土地、树木等)以及某些动产(如宠物、宝石等),因其具有特定性,因此只能为特定之债的标的物。在特定之债中,债务人应当以指定的特定物履行债务,不得以其他物代替。特定之债一般包括两类:一是标的物自始特定的特定之债,即以特定物为标的物的债。例如,当事人之间订立了房屋买卖合同。二是标的物事后特定的特定之债。也就是说,在债的关系成立时,其为种类之债,但在履行前标的物被特定化,即转化为特定之债,其也被称为种类之债的特定或集中。[①]

种类之债和特定之债是相对应的法律概念,但种类之债和特定之债也是可以互相转化的。例如,某画家乙的作品是特定物,一般是特定之债的客体,但如果甲向乙购买十幅画,并没有指定是哪十幅画,则应当在甲、乙之间成立种类之债。[②] 再如,在种类之债中,债务人为交付种类物而完成必要行为时,或者经债权人同意指定其应交付的标的物时,该种类之债即转化为特定之债,债务人应当以该标的物履行债务。[③] 但如果种类之债没有经当事人的指定转化为特定之债,则当事人应当按照合同目的的要求选择具有中等品质之物交付。

二、种类之债与特定之债的区别

种类之债和特定之债主要具有如下区别:

第一,标的物不同。种类之债以交付种类物为客体,其标的物一般是可替代物。而对特定之债而言,其标的物既可以是特定物,也可以是种类物,即便其标的物是种类物,在该种类物特定化之后,债务人原则上也只能向债权人交付该特定的标的物,而不得以交付其他同类物予以替代。

第二,成立条件不同。特定之债中,由于标的物是特定物,因此,债的关系成立时无须就标的物的数量、质量等作出特别约定,债务人只需要按照债的要求向债权人交付该特定物即可。而在种类之债中,其标的物的性质虽然确定,但标的物的数量在债的关系成立时尚未确定,由于标的物的数量是债的基本内容,是债成立的基本前提,如果标的物的数量无法确定,作为债的标的的给付也就无法确定。[④] 例如,当事人仅在合同中约定购买大米,但没有约定大米的数量,如果当事人事后无法根据《民法典》第 511 条的规定确定标的物的数量,且当事人事后不能达成补充协议的,则应当认定该合同因标的不确定而无法成立。

第三,是否发生履行不能不同。[⑤] 由于种类物具有可替代性,即使债务人的某一部分种类物发生灭失,债务人也可以以其他物替代,或者到市场上购买替代物以代替履行。法谚云:"种类物不灭失"(genus perire non censetur),因此,种类之债不发生履行不能[⑥],一般不适用不可抗力免责规则。债务人一般不能以标的物已毁损灭失、事实上不能履行为由而对

---

① 参见〔日〕我妻荣:《新订债权总论》,王燚译,中国法制出版社 2008 年版,第 28 页。

② 参见黄立:《民法债编总论》,中国政法大学出版社 2002 年版,第 340 页。

③ 参见郑玉波:《民法债编总论》(修订二版),陈荣隆修订,中国政法大学出版社 2004 年版,第 200 页。

④ 参见史尚宽:《债法总论》,中国政法大学出版社 2000 年版,第 239 页。

⑤ 参见张广兴:《债法总论》,法律出版社 1997 年版,第 129 页。

⑥ 参见郑玉波:《民法债编总论》(修订二版),陈荣隆修订,中国政法大学出版社 2004 年版,第 201 页。

债权人实际履行的请求提出抗辩。当然，如果债务人实际履行的费用过高，则按照诚信原则，也应当允许债务人以损害赔偿代替实际履行。而对特定之债而言，由于标的物是特定的，则可能发生履行不能的问题。在买卖合同的风险负担规则中，风险负担的转移必须以标的物特定化为前提。

第四，债务的履行不同。对种类之债而言，其只有在特定化之后才能履行。尽管种类之债中，当事人可能只是约定交付种类物，但在其履行时，必须将种类物中作为履行标的物的部分分离出来，加以具体确定，否则将无法实际履行。由于这种分离，导致种类之债的变更，即由种类之债变更为特定之债，使当事人能够履行合同，但合同的内容没有任何改变。而对特定之债的履行而言，则不存在特定化的问题，特定之债的标的本身就是特定的，债务的履行不需要经过特定化的程序。

三、种类之债的成立

种类之债的成立除了应当具备债的成立的一般条件外，还应当具备如下条件：

（1）标的物是可替代的种类物。如前所述，法学上所谓“种类”，是指按照一般交易观念，具有某些共同特征的一类物品。物品的共同特征越多，则该类物品越具有种类物的特点。种类物通常是可以替代的物，例如，大米、蔬菜等。如果债的标的物是特定物，则其应当属于特定之债。

（2）标的物的数量应当确定。种类之债的标的物虽然是以种类表示的，但应当有明确的数量，否则可能因标的不确定而导致债的关系无法成立。例如，在标的物为种类物的合同之债中，一般而言，当事人应当在合同成立时约定标的物的数量，否则可能因约定不明而导致合同无法成立。当然，标的物数量不确定也不必然导致种类之债无法成立，当事人也可以在事后通过补充约定的方式确定标的物的数量。

（3）标的物的质量应当确定。种类之债中，标的物的质量应当确定，如果当事人没有对标的物的质量作出约定，则应当依据《民法典》第511条的规定予以确定，该条第1项规定：“质量要求不明确的，按照强制性国家标准履行；没有强制性国家标准的，按照推荐性国家标准履行；没有推荐性国家标准的，按照行业标准履行；没有国家标准、行业标准的，按照通常标准或者符合合同目的的特定标准履行。”这是事后确定标的物质量的补充性规定。

在此需要讨论的是，如果种类之债的标的物质量不确定，是否影响种类之债的成立？笔者认为，对此应当具体分析，标的物的质量是债的内容的重要组成部分，在种类之债中，虽然标的物并非完全特定，但当事人也应当就标的物的质量作出约定，如果当事人未约定，则应当依据《民法典》第511条的规定确定其质量，如能确定，则一般不应当影响合同的成立。但如果依据上述标准仍无法确定标的物质量的，则可能导致种类之债无法成立。[①] 例如，乙为某粮油企业，长期出售多种品质的大米，甲向乙表示将购买其10吨大米，但没有指定是何种品质的大米，如果依据《民法典》第511条的规定仍然无法确定甲购买何种品质的大米时，该种类之债即无法成立。基于这一原因，标的物的质量确定应当是种类之债成立的必要条件之一。

四、种类之债的履行

种类之债的履行以标的物的特定化为条件，种类之债的标的物一旦特定化，则种类之债

① 参见〔德〕迪特尔·梅迪库斯：《德国债法总论》，杜景林、卢谌译，法律出版社2004年版，第153页。

即转化为特定之债,当事人应当按照债的要求履行债务。在标的物特定化之后,虽然债的内容发生了一定的变化,但债的内容的同一性并不受影响,因此,原债务之上的担保等仍然有效。

1. 依当事人的约定和债权人的同意而特定。按照私法自治原则,种类之债可以依据当事人的约定和债权人的同意而特定。一方面,种类之债可以因当事人的约定而特定化;另一方面,种类之债可以依债权人的同意而特定化,即在债务人指定某物交付时,债权人事前同意或事后认可的,该物就成为特定物。例如,当事人订立沙发买卖合同,买受人只是指出了沙发的品牌、型号等,没有指定要哪一个沙发,如果出卖人将某沙发包装后的图片发给买受人看,买受人表示同意的,则该套沙发便已经特定化。

2. 依债务人的行为而特定。如果当事人在合同中没有约定使标的物特定化的方法,就应当由债务人在履行时将种类物的一部分分离出来,并予以交付。在债务人交付标的物的行为完成后,标的物也已特定化,此时种类之债就转化为特定之债。债务人的行为达到何种程度,标的物才能特定化?笔者认为,在当事人没有约定的情形下,只有债务人将标的物同其他种类物分离,并且通知债权人的,标的物才能特定化。

在种类之债特定化以后,种类之债已经转化为特定之债,债务人应当向债权人交付特定的标的物。例如,当事人甲、乙只是在合同中约定购买100吨的混煤,混煤在性质上属于种类物,其既包括普通混煤,也包括优质混煤,当事人在合同订立时并没有明确给付特定的混煤,因此,在当事人之间应当成立种类之债。但后来卖方乙将混煤确定为优质混煤,并由买方甲现场确认,此种情况既属于因债务人的行为而确定标的物,也属于因债权人的同意而确定标的物的情形。此时,既然标的物已经确定,该种类之债已经转化为特定之债,乙应当按照约定向甲交付优质混煤,然而乙只向甲交付普通混煤,显然违反了合同约定,乙应当向甲承担违约责任。

问题在于,在种类之债特定化以后,当事人能否对已经特定化的标的物进行变更?在种类之债中,当事人以何种标的物履行债务,应当属于当事人意思自治的范畴,因此,即便种类之债已经特定化,债的双方当事人也可以通过协商变更标的物,对此法律应当允许。但需要讨论的是,种类之债特定化之后,债的一方当事人能否单方变更标的物?笔者认为,种类之债特定化之后,债务人或者债权人原则上不能单独变更标的物,因为标的物一旦确定,种类之债已经转化为特定之债,当事人应当严格按照该特定之债的要求履行债务,而不得单方变更标的物。例如,在前述混煤买卖纠纷案中,在标的物已经特定化的情形下,乙不得单方变更标的物,否则即属于未按照约定履行债务,应当承担违约责任。同时,债权人也不得单方变更债的标的物。但如果标的物灭失,或者因其他原因无法交付,则按照诚信原则,在债务人变更标的物并不会损害债权人利益的情形下,应当允许债务人交付同种类、同等品质的标的物履行债务。

第六节 本金之债和利息之债

一、概述

(一) 本金之债和利息之债的关系

所谓本金之债,是指以给付本金为标的的债。所谓利息之债,是指以给付利息为标的的债。本金之债与利息之债是两种典型的债的形态，也是十分古老的债的类型。根据以色列经济学家唐·帕廷金(Don Patinkin)在其《货币经济学之研究》一书中的考证，早在史前时期乃至货币经济出现以前，就已经出现了利息的概念。[①] 在现代市场经济社会，利息之债是民事主体间提供信用的重要工具。

本金之债与利息之债存在密切关联，二者是不可分割的。本金之债是利息之债产生的前提和基础。虽然本金之债是与利息之债相对应的法律概念，但本金之债可以脱离利息之债而单独存在，即存在无利息之债的本金之债，如无息借贷。例如，针对自然人之间的借款合同，《民法典》第680条第2款规定："借款合同对支付利息没有约定的，视为没有利息。"依据这一规定，在当事人没有约定利率的情形下，应认为是无息的借贷关系，其就属于无利息之债的本金之债。而利息之债在性质上则具有一定的从属性，其成立和效力一般依附于本金之债。利息之债的成立以存在本金之债为前提；本金之债被撤销，或者被宣告无效时，利息之债也应当归于无效；本金之债的担保也可以及于利息之债，即在本金之债有优先受偿的情形下，利息之债原则上也应当具有优先受偿的效力。但利息之债也具有相对的独立性，也就是说，利息之债产生后，债权人可以请求债务人单独履行利息债务，债权人还可以让与其利息债权，而且在本金之债已经得到清偿的情形下，利息之债仍然可以单独存在并发生效力。

依据利息之债产生原因的不同，可以将利息之债分为法定利息之债和约定利息之债。所谓法定利息之债，是指依据法律规定而当然发生的利息之债，其利息称为法定利息。法定利息的种类较多，有本金产生的利息、迟延利息、损害赔偿迟延支付的利息等。所谓约定利息之债，主要是指基于当事人的合意而产生的利息之债，其利息称为约定利息，通常在民间借贷中采用。[②]

(二) 利息之债的特点

第一，利息是一种法定孳息。利息是基于一定的法律关系而产生的收益，利息依附于本金，其产生以本金之债为前提。[③] 利息一般以本金为基础，是按照一定的利率而得出的收益，因此，利息之债原则上不可与本金之债相分离。

第二，利息是以本金为基础、依一定的比例而计算的收益。利息是借款合同的履行标的。按照学者的观点，利息是依据时间长度而确定的报酬，其是基于对资金的使用而产生的。[④] 与物的使用报酬或者费用相比，虽然物的使用报酬或者费用也与物的特征、品质等存在一定关联，但其数额并不是按照物的价值的一定比例予以确定的，而利息的数额则是以本金为基础，按照一定的比例计算出来的。

第三，与本金之债不同，利息之债的数额是随着时间的延续而予以确定的。通常，本金之债的履行额度是确定的，但利息之债则需要依据具体的期限予以确定。为保护债务人的利益，利息之债不得附加条件(如要求债务人额外支付咨询费、手续费等费用)。

第四，利息之债的履行原则上应当以支付金钱的方式进行。也就是说，在利息之债中，债务人履行债务的形式原则上限于金钱给付。当然，按照私法自治原则，如果当事人特别约定以其他替代物的交付代替金钱的支付，也应当有效。例如，在借款合同中，当事人约定债

① 参见刘明亮、邓庆彪主编：《利息理论及其应用》，中国金融出版社2007年版，第1页。

② 参见郑玉波：《民法债编总论》(修订二版)，陈荣隆修订，中国政法大学出版社2004年版，第207页。

③ 参见林诚二：《民法债编总论——体系化解说》，中国人民大学出版社2003年版，第242页。

④ MünchKomm/Berger, § 488, Rn. 154.

务人以交付一定量的大米作为借款的利息,也应当有效。[①]

第五,利息的数额一般受到法律的控制。即法律为了维护正常的经济秩序,防止一方滥用其经济上的优势地位损害对方当事人的利益,一般会对利息之债的最高额设置一定的限制。

二、利息的计算

(一) 利息计算的基本方法

利息要依据一定的利率而计算。[②] 利率,是利息率的简称,它是指一定时期内借款利息与借款本金的比率。利率可分为年利率、月利率、季利率和日利率,可以以百分比(%)、千分比(‰)和万分比(‱)等方式计算。一般说的利率都是年利率和月利率。通常情况下,利息的数学计算公式为:利息=借款本金×利率×借贷时间。从该公式来看,利息之债的计算以本金之债为基础,同时,利息之债的计算要考虑本金之债的期限。[③] 在民间借贷中,如果当事人约定了债务人应当支付利息,但没有约定具体的利息计算方式的,则依据法定利率进行确定,当事人不得约定超过法定利率上限的利率,否则超过部分无效。

(二) 单利和复利

利息可分为单利与复利。所谓单利,是指仅以本金作为计算利息的基础,因此种计算方式而产生的债称为单利之债。所谓复利,是指将已经产生的利息纳入本金中,并将其作为继续计算利息的基础。[④] 因此种计算方式而产生的债称为复利之债。我国民间通常将其称为“利滚利”“驴打滚”。

《最高人民法院关于审理民间借贷案件适用法律若干问题的规定》(以下简称《民间借贷司法解释》)第 27 条的规定,我国并没有完全禁止复利,而只是对复利进行了一定限制,禁止高利的复利。[⑤] 复利只要没有超出法律所规定的最高利率标准,则应当认定其有效。依据该条规定,如果前期贷款合同的本金以及到期后所产生的合法受保护的利息共同计入下一期借款合同的本金中,并重新出具债权凭证,这就构成复利。至于出借人能否以前述计算复利的方式,要求借款人支付复利,需要将借款人依约定应当支付的本息之和,与法律上所认可的复利保护的上限相比较,确定是否超出法定的上限,该上限是指“最初借款本金与以最初借款本金为基数、以合同成立时一年期贷款市场报价利率四倍计算的整个借款期间的利息之和”,如果复利超出了法律保护的上限,则超出部分是无效的,只有未超出部分才是有效的。

(三) 高利贷

高利贷,是指高于合法利率的利息。“高利贷”(usury)一词来自中世纪拉丁文 usura,最初是指利息,后其意思逐渐演化为高出合法利率的利息。《民法典》第 680 条第 1 款已经规定:“禁止高利放贷,借款的利率不得违反国家有关规定。”该条明确禁止高利放贷行为,要求借款的利率不得违反国家有关规定。法律作出此种规定的目的是维护正常的金融秩序,促进实体经济和市场经济的高质量发展,也有利于维护债务人的利益。《民间借贷司法解释》

① 参见林诚二:《民法债编总论——体系化解说》,中国人民大学出版社 2003 年版,第 242 页。
② 参见金永熙:《民间借款诉讼》,人民法院出版社 2000 年版,第 100—101 页。
③ 参见郑玉波:《民法债编总论》(修订二版),陈荣隆修订,中国政法大学出版社 2004 年版,第 205 页。
④ 参见林诚二:《民法债编总论——体系化解说》,中国人民大学出版社 2003 年版,第 245 页。
⑤ 参见郑孟状、薛志才:《论放高利贷行为》,载《中外法学》1992 年第 3 期。

第 28 条也对利率的上限进行了规定，依据该规定，借款利率超过合同成立时一年期贷款市场报价利率的四倍的，超过的部分无效，不受法律的保护。

三、本金之债和利息之债的履行

本金之债和利息之债都属于金钱之债，债的关系一旦成立，当事人即应当严格按照债的要求履行债务。由于金钱具有很强的替代性和流通性，不会因标的物毁损、灭失等导致履行不能，且不能以不可抗力作为本金之债和利息之债不能履行的抗辩。就利息之债而言，只要当事人约定的利息不违反法律规定的限制性标准，原则上都应当具有法律效力，债务人应当按照约定履行债务。此外，在两种债的履行过程中，债权人不得以折扣或者收取手续费、咨询费等方法，获得法定或者合同约定之外的利益。

如果一方迟延履行，如何确定迟延履行的利率？依据《民间借贷司法解释》第 28 条第 2 款的规定，在当事人约定了逾期利息但没有约定逾期利率或者对逾期利率约定不明时，应当区分以下情形分别处理：一是如果当事人既没有约定借期内利率，也没有约定逾期利率，则出借人有权主张借款人自逾期还款之日起承担逾期还款违约责任。二是如果当事人约定了借期内的利率，但没有约定逾期利率，则出借人有权请求借款人自逾期还款之日起按照借期内利率支付资金占用期间的利息。

如果在当事人之间同时存在本金之债与利息之债，而债务人所作出的履行不能完全清偿所有债务，如何确定债务人所清偿的债务是本金债务还是利息债务？这涉及清偿抵充规则的适用问题，请参见本书第十七章第二节的论述。

第七节　可分之债和不可分之债

一、可分之债和不可分之债概述

（一）可分之债概述

1. 可分之债的概念和特征

所谓可分之债，是以可分的给付为标的，由数个债权人分享或数个债务人分担给付的债。我国《民法典》第 517 条第 1 款规定："债权人为二人以上，标的可分，按照份额各自享有债权的，为按份债权；债务人为二人以上，标的可分，按照份额各自负担债务的，为按份债务。"这就对可分之债与不可分之债作出了规定。

依据《民法典》第 517 条第 1 款的规定，可分之债可以分为两种类型：第一，可分债权。所谓可分债权是指给付内容可分的债权。[①] 例如，甲、乙二人向丙购买某种型号的钢材 100 吨，因为钢材的交付属于可分的给付，所以，甲、乙二人享有可分债权。第二，可分债务。所谓可分债务是指给付内容可分的债务。比如，甲、乙二人欠了丙数千元的债务，后来约定以 2000 斤小米来抵债，因为小米的交付是可分的，所以，该债务属于可分债务。

无论是可分债权还是可分债务，都具有如下特征：

第一，二者都属于多数人之债。在可分之债中，可以是债权人为多数，而债务人为单一；也可以是债权人为单一，而债务人为多数。因此，可分之债属于多数人之债的范畴。

---

① 参见孙森焱：《民法债编总论》(下册)，法律出版社 2006 年版，第 711 页。

第二,可分之债的成立必须以同一给付为标的。所谓同一给付,是指给付内容上具有同一性。如果属于不同的给付,不应属于可分之债的范畴,而可能构成数个独立的债。[①]

第三,作为可分之债标的的给付应当是可分的。某一给付在性质上具有可分性,应当符合如下条件:一是该给付在性质上可以分割,且不损害其价值。如果某一给付可以分割为多个部分,而且对该给付进行分割也不会减损其价值,并且分割后的各个部分与原给付在性质上并不存在本质区别,而只是在数量上存在不同,则该给付在性质上是可分的。[②] 例如,给付一定数量小麦的义务,即属于一项可分的给付。可分之债还要求给付的可分性并不影响给付的整体价值,比如,可分物或者金钱的给付。而对于虽然给付可分,但在分割后会显著影响整体价值的,则不能构成可分之债。例如,给付为交付一整套邮票,虽然该给付同一且可分,但是将这一给付分割将显著降低标的物的价值,因此在其之上也不能存在可分之债。二是当事人没有将其约定为不可分的给付,法律也没有将其规定为不可分的给付。虽然某一给付在性质上是可分的,但如果当事人有特别约定或是法律有特别规定,该给付为不可分的给付,那么该给付也将转变为不可分的给付。[③] 因此,一般而言,如果某一给付在性质上是可分的,而且又没有合同约定或法律规定将其设定为不可分之债,就应当属于可分之债。给付的可分性是可分之债认定的基础。例如,夫妻二人购买房屋一套,则该请求交付房屋的债权是不可分的,不可能成立可分之债。

可分之债中究竟应当对给付份额如何分配?依据私法自治原则,首先应当由当事人自行决定。在当事人没有约定或约定不明的情形下,《民法典》第 517 条第 2 款规定:“按份债权人或者按份债务人的份额难以确定的,视为份额相同。”由此可见,在没有特别约定或约定不明的情形下,可分之债以平均分担或分享为原则。所谓分担,就是指负担债务,而所谓分享,则是指享有债权。这就是说,如果可分之债是可分债务,则数个债务人原则上应当平均分担债务;而如果可分之债是可分债权,则数个债权人原则上应当平均分享债权,而且数个债权人之间的债权请求权是相互独立的。[④] 当然,如果法律另有特别规定或者当事人另有约定,也可以突破平均分担或分享的原则。[⑤] 例如,房屋合租合同中载明由甲、乙二人合租丙的房屋,甲、乙向丙支付租金的债务在性质上是可分的。由于当事人没有在合同中特别约定甲、乙支付租金的债务为连带债务,因而,甲、乙向丙支付租金的债务在性质上应当是可分之债,由于当事人没有就租金支付比例作出特别约定,因而,甲、乙应当平均分担债务,丙无权请求甲或乙支付全部租金。此外,在可分之债中,各个债的当事人所负担的债务或者所享有的债权是相互独立的,因此,对可分之债而言,债权人需要承担因部分债务人的原因导致其部分债权无法实现的风险。[⑥]

2. 可分之债与按份之债

可分之债与按份之债存在密切关联,在这两种债中,多数债权人或者债务人都是按照一定的份额分享债权或者分担债务。因为这一原因,关于二者的关系,大陆法系国家学者一直存在争议,主要有两种不同的观点:

---

① Dirk Looschelders, Schuldrecht Allgemeiner Teil, Muenchen, 2007, S. 460; Hans Brox, Allgemeines Schuldrecht, Muenchen, 2009, S. 405.

② 参见黄立:《民法债编总论》,中国政法大学出版社 2002 年版,第 572 页。

③ Dirk Looschelders, Schuldrecht Allgemeiner Teil, Muenchen, 2007, S. 460.

④ Hans Brox, Allgemeines Schuldrecht, Muenchen, 2009, S. 406.

⑤ A. a. O., S. 405.

⑥ 参见江平主编:《民法学》,中国政法大学出版社 2007 年版,第 448 页。

一是等同说。此种观点认为，可分之债与按份之债的内涵相同，这也是德国、法国等国规定可分之债而未规定按份之债的原因。学者持“等同说”的主要理由在于：《德国民法典》第420条规定了可分给付（teilbare Leistung），即：“一人以上负担一项可分给付，或一人以上可请求一项可分给付时，有疑义时，每一债务人仅就一个等份负有义务，各债权人仅就一个等份享有权利。”该条所规定的可分之债实际上就是按份之债（Teilschuld）。

二是区分说。此种观点认为，可分之债与按份之债是两个不同的概念，可分之债原则上是由债务人平均承担债务；而对按份之债而言，每个债务人则不一定平均分担债务，各个债务人所承担的具体份额需要根据案件具体情况予以确定。还有一种观点认为，可分之债与按份之债的区分主要是观察角度的不同，可分之债是与不可分之债相对应存在的，其区别标准主要在于给付标的的性质[①]；而按份之债则是与连带之债相对应存在的，其区分标准主要在于数个债务人与债权人之间的外部关系，即每个债务人是否均对债权人承担全部债务。

笔者认为，按份之债与可分之债虽然存在一定的关联，但二者为不同的概念。从总体上看，二者的区别主要体现在以下几个方面：

第一，二者的划分标准不同。按份之债是与连带之债相对应的法律概念，其是依据各个债务人或者债权人之间的关系对债的类型所作的划分；而可分之债是与不可分之债相对应的法律概念，是从债的给付的角度对债的类型所作的划分。二者并不属于同一层次的法律概念。

第二，可分之债既可能成立按份之债，也可能成立连带之债。虽然按份之债的标的必须是可分的，但对于可分的给付而言，其既可能是按份之债的标的，也可能是连带之债的标的。如前所述，连带之债的标的既可能是可分的，也可能是不可分的。可分之债主要是从其标的的可分性角度进行判断的；而对按份之债而言，其主要是从债的关系当事人的角度对债所进行的观察，即多个债权人或者债务人按照一定的份额分享债权或者分担债务。二者内涵不同，即便作为债的标的的给付是可分的，就债的当事人之间的关系而言，其也可能不是按份之债。

第三，发生原因不同。在可分之债中，各个债权人或者债务人原则上通过约定平均分享债权或者分担债务；而按份之债大多都是约定的，但在特殊情形下，法律也可能对按份之债作出规定。此外，对可分之债而言，法律一般不会对各个债权人或者债务人应当分享债权或者分担债务的数额作出明确规定，债的当事人原则上应当平均分享债权或者分担债务；而对按份之债而言，法律会基于发生原因的不同，明确各个借款人应当分享的债权数额或者各个债务人应当分担的债务数额。

（二）不可分之债概述

不可分之债，是指以不可分的给付为标的的债。不可分之债属于多数人之债，其中如果债权人为多数，属于不可分债权，而如果债务人为多数，属于不可分债务。[②] 例如，甲、乙二人共有一辆奔驰汽车，后来，二人商量将车转让给丙，由于该部汽车是不可分的，所以，就甲、乙二人交付汽车的债务而言，其属于不可分债务。不可分之债与连带之债关系密切，但是，在比较法上，一般认为，两者是不同的概念，存在区别。因为不可分之债并不一定存在连带

---

① 参见〔日〕我妻荣：《新订债权总论》，王燚译，中国法制出版社2008年版，第342页。

② 参见孙森焱：《民法债编总论》（下册），法律出版社2006年版，第758页。

关系。

不可分之债的主要特点在于,作为债的标的的给付必须是同一的,且不可分割。所谓同一,是指给付的内容必须相同。例如,甲、乙、丙共同对丁负有交付一套房屋的义务,此时,各债务人所负担的给付义务即具有同一性。所谓不可分割,是指作为债的标的的给付具有不可分性。[①] 一般而言,判断某一给付是否具有不可分性,依据如下标准进行:第一,从给付自身的性质进行判断。如果某一给付经过分割会影响其价值,则该给付即具有不可分性。[③] 第二,从债的整体目的来考虑。如果给付的分割不损害债的目的,为可分给付,否则为不可分给付。例如,买受人购买出卖人的由多台设备组成的生产线,是为了运用整个生产线来制造产品,所以出卖人就不能仅交付部分设备。第三,需要考虑当事人的意思表示。虽然某一给付在性质上具有可分性,但如果当事人通过特别约定禁止对某一给付进行分割,该种约定也具有法律效力,此时给付具有不可分性,也成立不可分之债。[②] 第四,要考虑交易习惯和用途等因素。比如钥匙与锁的关系,不能仅交付其一。此时,两种物品的给付义务也具有不可分性。

对于不可分债务而言,由于给付具有不可分性,因而,债权人可以请求全体或者部分债务人履行全部给付义务,但不能请求债务人进行部分给付。债务人履行债务时,由于给付的不可分性,也只能进行全部给付,而不能主张为部分给付。[③] 而对不可分债权而言,由于给付具有不可分性,而且债务人给付义务的履行关系到全体债权人的利益,因而,某一债权人向债务人提出请求时,应当请求其向全体债权人履行给付义务,而不能主张其向部分债权人履行债务,债务人主动履行债务时,也只能够向全体债权人履行债务,而不能向部分债权人履行债务,否则难以发生清偿的效果。[④] 而且基于给付义务的不可分性,债权人只能请求债务人为全部履行,而不能请求债务人为部分履行,这与连带之债不同,在连带之债中,债权人既可以请求某一债务人履行全部债务,也可以请求其履行部分债务。[⑤] 不可分之债和连带之债的区别也在于此,两者虽然在形式上具有相似性,但前者的基础在于债的给付是不可分的,而后者的基础在于各个债务人均有清偿全部债务的义务。[⑥]

二、可分之债和不可分之债的区别

可分之债和不可分之债的主要区别在于,作为债的标的的给付是否具有可分性,如果作为债的标的的给付具有可分性,则一般成立可分之债。可分之债应当是债的一种常态形式,而不可分之债是债的特殊形式。所以,在一般情形下,如果作为债的标的的给付在性质上是可分的,除非当事人有特别约定或者法律有特别规定,则原则上应当认定为可分之债。[⑦] 除法律另有规定或者当事人另有约定的以外,在可分之债中,各债权人或者债务人应当平均享有债权或者分担债务。如果作为债的标的的给付在性质上具有不可分性,或者根据法律的规定或当事人的意思,给付不可分的,则应当成立不可分之债。

可分之债与不可分之债在债的履行方面存在重要区别,主要表现在:

---

① 参见郑玉波:《民法债编总论》(修订二版),陈荣隆修订,中国政法大学出版社 2004 年版,第 413 页。

② 参见孙森焱:《民法债编总论》(下册),法律出版社 2006 年版,第 757 页。

③ 参见郑玉波:《民法债编总论》(修订二版),陈荣隆修订,中国政法大学出版社 2004 年版,第 418—419 页。

④ 同上书,第 419 页。

⑤ 参见江平主编:《民法学》,中国政法大学出版社 2007 年版,第 452 页。

⑥ 参见黄立:《民法债编总论》,中国政法大学出版社 2002 年版,第 599 页。

⑦ 参见孙森焱:《民法债编总论》(下册),法律出版社 2006 年版,第 712 页。

第一，有权受领的债权人不同。就可分债权和不可分债权而言，其主要的区别在于，可分债权的每个债权人都有权受领给付，而不可分债权的债权人只能全体受领给付。

第二，能否作出部分履行不同。由于不可分之债的标的具有不可分性，因而不得进行部分履行；而可分之债则可以依据法律规定或合同约定进行部分履行。不可分之债变为可分之债后，各债权人只能就自己的部分请求履行，各债务人也只就其负担部分履行债务。①

第三，对于可分之债来说，可以形成按份之债，债务人依其份额向债权人分别作出履行。但对不可分之债来说，通常不能成立按份之债。例如，不作为债务应当为不可分债务，不能成立按份之债。

第四，能否部分免除、抵销不同。对于可分债务来说，可以实行部分的免除、抵销等，但对不可分债务则不能实行部分的免除、抵销。此外，对于不可分债务可以类推适用连带债务的规定，但法律另有规定的除外。当然，考虑到不可分债务的性质与连带债务的区别，有些规定并不能类推适用。②

三、可分之债和不可分之债的效力

（一）可分之债的效力

可分之债的效力主要体现在对外效力和对内效力两个方面：

1. 对外效力

除非法律另有规定或合同另有约定，可分之债的债权人或债务人应当平均分享权利或平均分担义务，而且各个债权人或债务人之间相互独立。对可分债权而言，某一个债权人不能请求债务人对其履行全部债务；对可分债务而言，债权人也不能请求某一个债务人履行全部债务。例如，在房屋合租的情形中，甲、乙共同对丙负担支付租金的债务，由于当事人没有特别约定甲、乙支付租金的债务不可分，因而，甲、乙支付租金的债务在性质上属于可分债务，丙不能单独请求甲或乙承担支付全部租金的债务。如果债权人受领了超出其可保有的利益部分的给付，则构成不当得利，债务人可以请求返还。③

在可分之债中，因为数个债权人或数个债务人之间不存在牵连关系，所以，不存在类似于连带债务或连带债权中的绝对效力事项。例如，在前述二人合租一套房屋的情形，承租人之一支付了租金，并不导致另一承租人的租金债务消灭，而且某一承租人迟延支付租金的，应当由其单独承担违约责任，按期支付租金的另一承租人则无须承担违约责任。但就数个债权人或者数个债务人所享有的解除权而言，如果可分之债是基于同一合同而产生的，则无论是存在数个债权人，还是存在数个债务人，合同解除权的行使都具有不可分性。例如，甲、乙二人共同出资购买房屋一套出租给丙，后来丙违反约定在该房屋内聚众赌博，甲、乙要解除该合同，就应当共同行使解除权。

对可分之债而言，数个债权人或者数个债务人可以在合同中约定其所享有的份额比例，如果当事人没有对其所享有的比例作出约定，则推定为份额均等。④

---

① 参见黄立：《民法债编总论》，中国政法大学出版社 2002 年版，第 589 页。

② 同上。

③ 参见孙森焱：《民法债编总论》（下册），法律出版社 2006 年版，第 714 页。

④ 参见郑玉波：《民法债编总论》（修订二版），陈荣隆修订，中国政法大学出版社 2004 年版，第 385 页。

2. 对内效力

在可分之债中,对内效力是指多数债权人或多数债务人之间的关系。而且在可分之债中,各个债权人或者债务人的债权、债务相对独立,因而,对可分债权的各个债权人而言,各个债权人原则上应当平均分享债权[①],单个债权人不得请求债务人向其清偿全部债权。对可分债务而言,各个债务人原则上也平均分担全部债务,单个债务人清偿其债务并不导致其他债务人债务的消灭。某一债务人迟延履行债务的,也应当单独承担违约责任,其他债务人无须连带承担违约责任。例如,在前述房屋合租纠纷案中,在乙不支付租金的情况下,甲无须对乙的债务承担连带责任。

(二)不可分之债的效力

不可分之债的效力也可以从对外效力和对内效力两个方面进行考察:

1. 对外效力

由于作为不可分之债标的的给付具有同一性和不可分性,因此对不可分债权而言,各个债权人仅有权请求债务人向全体债权人履行债务,而不能请求债务人向特定的部分债权人履行。对于债权人而言,其应当全体地受领给付。单个的债权人原则上不得单独受领债务人的给付;债务人原则上也应当向全体债权人为给付,而不得向部分债权人履行债务,否则不产生债的履行的效力,但债务人向单个债权人履行债务能够使全体债权人债权获得实现的除外。[②] 对不可分债务而言,由于作为债的标的的给付不可分,因而,债务人无法进行部分给付,债权人可以请求单个债务人或者全体债务人履行债务,单个债务人或者全体债务人也可以向债权人履行债务,当事人之间债的关系因单个债务人或者全体债务人的履行而消灭。[③]

在如下情形,部分债权人的行为导致债的消灭,其效力也及于其他债权人:一是如果债权人中的一人为全体债权人的利益而请求债务人作出履行,而且债务人也已经向全体债权人作出了履行。二是债权人中的一人受领迟延,也使得其他债权人要承担受领迟延的效果。三是债权人共同作出了免除的意思表示,将导致不可分之债消灭。但是,某一债权人与债务人之间达成的免除债权的合意,不影响其他债权人请求债务人履行全部债务。[④]

2. 对内效力

不可分之债的对内效力也应当区分不可分债权与不可分债务而分别确定。对不可分债权而言,除法律另有规定或者当事人另有约定外,各个债权人应当平均分享债权,债权人所受领的给付为金钱或者可分物的,各个债权人应当平均分享该利益。[⑤] 如果债权人所受领的给付利益是不可分物,则各个债权人可以通过将该物变价或者折价等方式,平均分享其变现的价值。对不可分债务中各个债务人的内部关系而言,除法律另有规定或者当事人另有约定外,各个债务人应当平均分担债务。在某一债务人清偿全部债务时,其应当有权请求其他债务人返还其应当负担的债务数额。

① Dirk Looschelders, Schuldrecht Allgemeiner Teil, Muenchen, 2007, S. 459.

② 参见郑玉波:《民法债编总论》(修订二版),陈荣隆修订,中国政法大学出版社 2004 年版,第 415 页。

③ 同上书,第 418—419 页。

④ 参见梁慧星主编:《中国民法典草案建议稿附理由·债权总则编》,法律出版社 2013 年版,第 99 页。

⑤ 参见孙森焱:《民法债编总论》(下册),法律出版社 2006 年版,第 762 页。

第八节 方式性债务和结果性债务

一、方式性债务和结果性债务的概念

所谓方式性债务(obligation de moyens),是指依据法律规定、当事人约定以及交易惯例,债务人在履行债务时只需要尽到相应的注意义务即可,即便没有完成特定的结果,也不构成债务不履行的债务。对方式性债务而言,只要债务人按照既定方式为特定行为,就属于已经履行了其债务。例如,在医疗合同中,医生只要尽到了合理的诊疗义务,就属于完全履行了合同,医院并不负有必须治愈病人的义务。所谓结果性债务(obligation de résultat),是指依据法律规定、当事人约定以及交易惯例,只有债务人的行为实现了特定后果时,其才属于依约履行了义务。例如,在承揽合同中,承揽人必须提交一定的工作成果,此种债务即属于结果性债务。[①] 因此,在结果性债务中,即便债务人在履行债务时尽到了必要的注意义务,但如果没有交付特定的工作成果,仍然构成债务不履行,债务人仍须对债权人承担债务不履行责任。区分方式性债务与结果性债务的意义在于明确不同债的关系中当事人的权利义务关系,也有利于认定债务人是否构成债务不履行,以及明确债务不履行的法律效果。

当然,方式性债务与结果性债务的分类也具有相对性:一方面,有时债务人同时负担多项义务,对某些义务而言,债务人只需要按照约定为一定的行为,并不要求其达成特定的工作成果,而对某些义务而言,债务人履行债务需要达成特定的工作成果。此时,债务人的债务即具有混合性,很难完全归入方式性债务或者结果性债务之中。另一方面,随着社会的发展,立法出于保护特定群体的考虑,可能将一些方式性债务规定为结果性债务。从比较法来看,对于医疗服务合同,一些国家的判例要求债务人尽到告知义务,这是一种结果义务;或者要求债务人负担安全义务,这也是一种结果义务。[②] 确定此种义务的主要目的即在于保护消费者的合法权益。

方式性债务和结果性债务的分类是法国法特有的概念。法国学者普遍认为,方法之债(obligation de moyen)要求债务人尽其所能采取一切履行债务所必需的方法;而结果之债(obligation de résultat)则要求债务人必须达到债务所要求的结果。[②] 现在这一分类已为大陆法系国家许多国家的判例和学说所采纳。[③] 例如,德国学者也指出,虽然《德国民法典》没有明确区分结果之债(erfolgsbezogene Schuldverhaeltnisse)和方式之债(verhaltensbezogene Schuldverhaeltnisse),但是在解释上,还是认可了两者的区分,即区分依附于行为的给付(verhaltensbezogene Leistung)和依附于结果的给付(erfolgsbezogene Leistung)。[④]

我国《民法典》虽然没有从总体上对方式性债务和结果性债务作出区分,但从《民法典》的相关规定来看,其实际上也采纳了方式性债务与结果性债务区分的立场。例如,《民法典》第 770 条第 1 款规定:"承揽合同是承揽人按照定作人的要求完成工作,交付工作成果,定作

---

① 参见曾隆兴:《现代非典型契约论》,三民书局 1996 年版,第 207—250 页。

② Stéphanie Porchy-Simon, Les obligations: Droit civil (2e année), 7e édition, Dalloz-Sirey, 2012, pp. 267-278.

③ See Basil Markesinis, Foreign law and comparative methodology: A subject and a thesis, Oxford hart publishing house, 1997, p. 245.

④ MünchKomm/ Bachmann, § 241, Rn. 18.

人支付报酬的合同。”依据这一规定,在承揽合同中,承揽人不仅应当按照约定完成工作,还需要向定作人交付工作成果,这实际上是将承揽人的债务规定为结果性债务。再如,《民法典》第788条规定的建设工程合同中承包人的债务也属于典型的结果性债务。而《民法典》第961条规定的中介合同中中介人的债务,以及《民法典》第919条规定的委托合同中受托人的债务,在性质上属于方式性债务。

二、方式性债务和结果性债务的区别

方式性债务和结果性债务的区别主要在于:

第一,债务履行的判断标准不同。对方式性债务而言,债务是否已经履行不以达成特定的履行结果作为标准,债务人只要按照约定对债权人作出了给付,即便没有达成债权人预设的结果,债务人也无须承担债务不履行责任。当然,债务人应当谨慎地履行其债务,债权人要请求债务人承担债务不履行责任,必须证明后者存在过错,即债务人未能尽力采取债务履行所必要的方法。而对结果性债务而言,只有债务人履行债务的行为完成了一定的结果,才能认定债务人已经履行了债务,如果债务人履行债务的行为没有达到债权人要求的结果,即便债务人已经按照债务的要求实施了履行行为,也可认定其构成债务的不完全履行。①

对方式性债务而言,清偿必须是债务人正确、适当地履行债务。只有债务人按照债务的要求,正确、适当地履行了债务,才能发生债务清偿的效果。例如,陈某与张某之间存在医疗服务合同关系,就陈某疾病的治疗而言,张某基于医疗服务合同对陈某负担一定的债务。虽然医疗服务合同是一种方式性债务,但医疗机构在履行债务的过程中也应当尽到谨慎治疗等义务。而对结果性债务而言,债务人的清偿行为必须达到特定的结果,否则,即便债务人正确、适当地履行了债务,也难以产生清偿的效果。当然,结果性债务也并非仅考察债务履行的结果,按照诚信原则,债务人在债务履行过程中也应当尽到相关的通知、保密等义务。例如,承揽合同之债即属于结果之债,虽然承揽人只要按照约定向定作人交付特定的工作成果,即属于履行了债务,但在合同存续期间以及合同履行完毕后,承揽人也应当尽到相关的保密、通知等义务,承揽人未尽到前述义务造成定作人损害的,也应当对定作人承担违约责任。

第二,债务履行结果的实现是否取决于债务人之外的其他原因不同。对方式性债务而言,只要债务人作出了给付,即可认为债务履行结果已经实现,因此,方式性债务的履行结果一般仅取决于债务人的履行行为,给付的结果在给付行为实施的同时发生。② 例如,对医疗服务合同之债而言,只要医疗服务提供者按照约定提供了医疗服务,即可认为该医疗服务合同之债的结果已经实现。而对结果性债务而言,其履行结果往往不仅取决于债务人的给付行为,可能还系于债权人或第三人的行为。③ 例如,在承揽合同中,承揽人应当按照约定实施一定的加工行为,并向定作人交付工作成果,其属于结果性债务,此种结果性债务履行结果的实现可能不仅仅取决于承揽人本人,还需要定作人实施一定的协助行为。

第三,归责原则不同。结果性债务大都适用严格责任。在结果之债中,除发生不可抗力之外,债务人必须按照约定为债权人完成特定的结果,如果不能完成,即构成债务不履行。而在方式之债中,大都适用过错责任,债务人只需要按照约定履行其义务,而并不保证达成

---

① Stéphanie Porchy-Simon, Les obligations: Droit civil (2e année), 7e édition, Dalloz-Sirey, 2012, pp. 267-278.

② Jauernig/Mansel, § 241, Rn. 7.

③ A. a. O.

特定的结果。当然,在方式之债中,债务人必须尽到必要的勤勉、注意等义务,如果债务人未尽到上述义务,即构成债务不履行。在结果性债务中,债务人应当提交成果,不宜过多地考虑过错问题。承揽合同中的债务是结果性债务,其原则上应当采严格责任,但在特殊情况下,也应当考虑导致结果发生的原因,从这个意义上说,也要适当考虑当事人的过错。另外,在法律有特别规定的情况下,也应当适用过错责任。例如,《民法典》第784条规定:"承揽人应当妥善保管定作人提供的材料以及完成的工作成果,因保管不善造成毁损、灭失的,应当承担赔偿责任。"此处所说的"保管不善"实际上包含了过错的含义,因此,该条规定的责任就属于过错责任。就方式性债务而言,因为债务人只是负有实施特定行为的义务,其责任的归责原则应当为过错责任原则。

三、方式性债务和结果性债务的效力

方式性债务与结果性债务在债务不履行的责任方面存在显著的区别:

第一,根据合同目的和合同约定,方式性债务不保证结果,结果性债务必须保证结果。在债权人请求强制执行的情况下,对方式性债务而言,一般不能要求债务人必须完成特定的工作成果。在判断债务人是否构成违约时,主要是依据债务人是否尽到合理的注意义务。对于结果性债务而言,由于其以一定的结果的满足作为给付的内容,因此只要结果没有满足,即构成债务不履行,应当承担合同责任。[①]

第二,上述区别对于判定是否构成违约责任非常重要。在方式性债务中不保证结果,所以,债权人往往不会请求实际履行,而会请求损害赔偿或违约金的支付。而在结果性债务中,因为债务人仅仅是要保证特定结果的实现,债务人没有交付工作成果的,债权人有权请求实际履行。例如,医疗美容合同与一般的医疗服务合同相比,由于提供美容服务的一方当事人往往会保证其美容行为达到特定的美容效果,因而,与一般的医疗服务合同不同,医疗美容合同中提供美容服务的债务一般属于结果性债务,在没有达到约定的美容效果时,提供美容服务的一方应当向债权人承担债务不履行的责任。

虽然方式性债务通常并不要求债务人完成特定的成果,但这并不意味着完全不考虑债务履行行为的结果。在方式性债务中,虽然只要债务人按照约定履行债务即属于达到履行结果,但如果债务人履行债务的行为背离债权的目的,导致债权难以实现时,也可能构成债务人履行不适当。[②] 此外,如果约定债务人履行债务的行为必须达到某种结果,其就从方式性债务转化为结果性债务。例如,委托合同中受托人的债务属于方式性债务,但如果合同约定,受托人必须定期提供报告,那么,该提供报告的部分就转化为结果性债务。但是,如果当事人所约定的某种结果,原本就不可能实现,这种约定是否有效?例如,医院与患者约定,必须将其疾病治愈。笔者认为,考虑到某些债务的性质属于方式性债务,如果当事人约定特定结果的出现与此种债务的性质相冲突,而且无法保证该特定结果的出现,则应当认定保证特定结果出现的约定是无效的。

---

① 参见尹田编著:《法国现代合同法》,法律出版社1995年版,第304页。

② 参见周江洪:《服务合同的类型化及服务瑕疵研究》,载《中外法学》2008年第5期。

第十三章

利益第三人合同

第一节　利益第三人合同的概念和法律特征

一、利益第三人合同的概念

所谓利益第三人合同(Vertrag zugunsten Dritter),又称为利他合同、第三人取得债权的合同或为第三人利益订立的合同,它是指合同当事人约定由一方向合同关系外第三人为给付,该第三人即因之取得直接请求给付权利的合同。[①] 此种合同中,订立合同的双方当事人常常被称为"立约人"。由于此类合同中的第三人仅享受权利而不承担义务,因此此类合同又被称为"第三人利益合同",第三人也常常被称为"受益人"[②]。第三人既可为自然人,也可为法人,但第三人在行使权利时应具有权利能力。利益第三人合同中,合同当事人为第三人设定权利,由第三人直接向债务人提出请求,因而,利益第三人合同在一定程度上突破了传统的合同相对性原则,也改变了合同的履行方式,因此,该合同历来为民法判例学说所关注。

罗马法中确立了"任何人不能够为他人立约"(alteri stipulari nemo potest)、"缔约行为应该在要约人和受约人之间达成"(inter stipulantem et promittentem negotium comtrahitur)的规则。因为在罗马法中,债的约束关系所具有的人身性的特征,不允许让一个未直接参与法律关系之缔结的人受到该法律关系的约束。[③] 后来,随着罗马社会经济关系的发展和财产关系的复杂化,才出现了"为第三人利益订立的合同无效"原则的例外情况,即当缔约人与第三人有利害关系时,更确切地说当向第三人所为的给付为缔约人本来应承担的给付时,合同当事人为第三人利益缔约是有效的,第三人亦享有诉权。[④] 根据一些学者的考证,在欧洲,最早承认利益第三人合同效力的立法可以追溯至1348年西班牙阿方索十一世为Alcala de Henarez 辖区的立法。该立法首次明确承认,契约当事人可以通过契约有效地赋予第三人以权利。[⑤]

在《法国民法典》制定时,由于其起草人波蒂埃坚持罗马法的上述规则,认为当事人只能为自己立约,因为"协议除了在当事人之间生效之外别无效力,这是一项原则,因此他们不能

---

① MünchKomm/ Gottwald, § 328, Rn. 3.

② 参见张家勇:《为第三人利益的合同的制度构造》,法律出版社2007年版,第16页。

③ 参见薛军:《利他合同的基本理论问题》,载《法学研究》2006年第4期。

④ 参见陈朝璧:《罗马法原理》(上册),商务印书馆1944年版,第197页。另参见〔意〕彼德罗·彭梵得:《罗马法教科书》,黄风译,中国政法大学出版社1992年版,第313页。

⑤ 参见薛军:《利他合同的基本理论问题》,载《法学研究》2006年第4期。

为非合同当事人的第三人取得任何权利”[①]。受此影响,《法国民法典》并没有对利益第三人合同作出规定,但法国承认为代理人订立的合同、为他人之允诺(la promesse pour autrui)、为他人之约款(la stipulation pour autrui)三种涉他合同情形,其中“为他人之约款”则是为他人设定权利的合同条款,因此也被称为“为他人利益订立合同条款”。第三人被称为受益人(bénéficiaire)。[②] 这实际在一定程度上确认了利益第三人合同。

德国在19世纪接受了第三人在合同中具有权利的观念[③],在民法典的起草过程中,起草人温德夏伊德等赞成利益第三人合同,因此《德国民法典》对利益第三人合同作出了较为完整的规定,《德国民法典》在第二编“债的关系法”第二章中单设一节集中规定了利益第三人合同问题。也就是说,《德国民法典》是将利益第三人合同放在债的总则中,而不是将它作为一个具体的合同来规定的。在该节中,《德国民法典》第328—330条统一规定了真正的利益第三人合同与非真正利益第三人合同。同时,就这两类典型的利益第三人合同的内容分别予以了规定。[④] 其他一些大陆法国家民法对此也作出了明确规定。[⑤]

有关国际公约和示范法也规定了利益第三人合同。《商事合同通则》第5.2.1条规定了第三方受益的合同:(1)合同当事人(即允诺人和受诺人)可通过明示或默示协议将权利授予第三方(即受益人)。(2)受益人对允诺人权利的存在以及内容,由当事人之间的协议确定,并受该协议项下的任何条件或其他限制性规定的约束。[⑥]《欧洲合同法原则》在第6:110(1)条规定:“第三人可以请求合同债务之履行,如果它如此行为之权利已在允诺人与受诺人之间明确地达成协议,或者如果此种协议能够从合同的目的或者案件的具体情事中推断出来。该第三人无须于达成该协议时即已特定下来。”《欧洲民法典草案》(DCFR)在II.-9:301、II.-9:302、II.-9:303三条中分别规定了利益第三人合同的一般规则、救济与抗辩、利益的拒绝与撤销。该草案承认了将未确定或未存在的第三人作为受益人的做法,且将第三人权利的性质与范围完全系于合同的约定,第三人是否享有直接的请求履行合同的权利应依据合同的约定进行判断。[⑦]

在总结我国立法、司法实践经验并借鉴比较法立法经验的基础上,我国《民法典》对利益第三人合同作出了更为全面的规定。[⑧] 一方面,该规定填补了《合同法》关于利益第三人合同规则的缺失。利益第三人合同不仅是一种缔约方式,还是一种典型的合同类型,在交易中被广泛适用。另一方面,利益第三人合同连接了典型合同的立法,例如人身保险合同、运输合同等均可能构成利益第三人合同。在《保险法》《海商法》等特别法没有规定时,可以直接适用《民法典》合同编关于利益第三人合同的规定。

二、利益第三人合同的法律特征

利益第三人合同是一种独立的合同类型[⑨],具有自身的特殊性,利益第三人合同的法律

---

① Pothier, *Treatise on the Law of Obligations or Contracts*, trans. By Wiliam David Evans, Vol. I., 1826, p.29.

② 参见〔法〕弗朗索瓦·泰雷等:《法国债法·契约篇》,罗结珍译,中国法制出版社2018年版,第995—1004页。

③ 〔德〕海因·克茨:《欧洲合同法》(上卷),周忠海、李居迁、宫立云译,周忠海校,法律出版社2001年版,第336页。

④ 参见薛军:《利他合同的基本问题》,载《法学研究》2006年第4期。

⑤ 参见《日本民法典》第537条。

⑥ 参见《国际商事合同通则2016年版》。

⑦ Christian von Bar et al. (eds.), *Principles, Definitions and Model Rules of European Private Law*, Sellier. European Law Publishers GmbH, 2009, p.615.

⑧ 参见黄薇主编:《中华人民共和国民法典合同编解读》(上册),中国法制出版社2020年版,第205页。

⑨ MünchKomm/ Gottwald, § 328, Rn.4.

特征表现如下:

(1) 第三人不是订约当事人,却能够依据合同享有接受债务人的履行或请求其履行的权利,从这个意义上说,第三人也是受益人。从原则上讲,利益第三人享有的权利是根据合同当事人的意愿而创设的,合同当事人有权通过利益第三人合同,自主地为第三方创设权利。[①] 第三人享有的利益在合同中的体现是多方面的,例如,在货物运输合同中,如果托运人与收货人不一致,则收货人作为利益第三人享有接收货物的权利。然而第三人虽然在利益第三人合同中享有利益,但并不参与合同的订立。其并不是合同所明确规定的债权人。

债权人之所以使第三人享有一定的利益,必然有一定的原因存在,但这种原因并不限于对价。在利益第三人合同中,第三人虽然基于合同享有一定的利益,却并不向合同当事人支付一定的对价,或向债权人作出补偿。由于利益第三人合同发生于债权人与债务人之间,依债权人与债务人的合意而成立,因而发生于债权人与第三人之间的对价关系对利益第三人合同的成立毫无影响,两者相互独立。[②] 只要利益第三人合同依法成立,债务人即应向第三人为给付,第三人即取得直接请求给付的权利。因此,债权人与债务人订立利益第三人合同时无须表明对价关系。对价关系不存在时,债务人不得以对价关系不存在为由拒绝给付。尤其是债权人和第三人之间的关系并不一定要在利益第三人合同中表现出来。利益第三人合同之所以被称为"利他",就是表明第三人享有利益是不一定必须支付对价的。

(2) 第三人只享有合同权利,不承担合同义务。根据民法的一般规则,任何人未经他人同意,不应为他人设定义务,擅自为第三人设定义务的合同是无效的。这是罗马法"不得为他人缔约"的法理的体现。[③] 正是因为利益第三人合同只是使第三人享有权利并获得利益,此种合同才受到法律的确认。在利益第三人合同中,第三人仅仅享有合同利益,因此第三人又被称为受益人。一般来说,双方当事人应当在合同订立时确定受益人,但也可以在合同订立之后选定。[④] 受益人可以接受或放弃该受益的权利。在受益人决定是否接受该利益之前,合同当事人可以修改或者撤销受益人所受的利益;一旦受益人决定接受利益,合同当事人对相关利益不得作出修改或撤销。[⑤]

(3) 利益第三人合同的订立,事先无须征得第三人的明确同意,而只需第三人不予拒绝。因为此合同使第三人享有的是纯粹利益,所以第三人本人对此利益接受与否,并不会损害其自身的利益。合同一经成立,该第三人如不拒绝,便可独立享有权利。如果第三人拒绝接受权利,则利益第三人合同不能成立,合同所设定的权利由为第三人利益订约的当事人自己享有。第三人接受权利以后,有权请求债务人向其作出履行,如果债务人不履行义务,第三人和债权人均可以请求其承担责任。

(4) 第三人享有的受益权是受合同当事人指定的,只能由特定人享有,不能任意移转和继承。因为合同当事人指定某个第三人为利益第三人,往往是基于他们之间有某种利益关系、信用关系或身份关系。合同中的利益本来应当由合同当事人享有,当事人之所以将该利益确定由第三人享有,正是基于这些关系的考虑。如果第三人将该利益转让给他人,则是违

---

① 参见张玉卿主编:《国际统一私法协会国际商事合同通则 2016(英汉对照)》,中国商务出版社 2019 年版,第 335 页。

② 王洪亮:《债法总论》,北京大学出版社 2016 年版,第 479 页。

③ 参见朱广新、谢鸿飞主编:《民法典评注·合同编·通则 1》,中国法制出版社 2020 年版,第 477 页。

④ 参见《商事合同通则》第 5.2.2 条。

⑤ 参见《商事合同通则》第 5.2.5 条。

反当事人的利益和意志的。而且由于合同明确约定是由某个特定第三人享有该利益，如果该第三人将利益转让给他人，则与合同约定相违背，且债务人也很难追究利益第三人的违约责任。所以，如果第三人转让其受益权，合同的任何一方当事人都有权根据合同，拒绝利益的受让人所提出的请求。

（5）利益第三人合同是合同相对性原则的例外。基于债的相对性（Relativität des Schuldverhältnisses）[①]，合同产生的义务和权利原则上仅仅约束合同双方当事人[②]，当事人不得通过合同为合同关系之外的第三人设立义务，即为了保护第三人的意思自治，不允许设立给第三人施加负担的合同（Vertrag zulasten Dritter）。[③] 只有合同当事人才能享有基于合同所产生的权利，并承担根据合同所产生的义务，当事人一方只能向对方行使权利并要求其承担义务，不能请求第三人承担合同上的义务，第三人也不得向合同当事人主张合同上的权利和承担合同上的义务。从这个意义上说，合同不具有对第三人的拘束力。但就利益第三人合同而言，法律上推定合同当事人为第三人所设定的权利或利益是符合第三人的需要的，至少不会损害第三人的利益，因此，只要第三人接受，按照私法自治原则，法律没有必要予以禁止。利益第三人合同的产生，使合同不仅在当事人之间产生了拘束力，而且对第三人也发生了效力，这就在一定程度上突破了合同相对性的规则。然而，这种突破并没有根本改变合同相对性规则，因为这种合同只是为第三人设定权利而不是为其设定义务。相反，利益第三人合同的设立，使合同更充分地体现了合同当事人尤其是债权人的意志和利益。债权人通过其与债务人之间的合同，向第三人提供某种利益，直接由债务人向第三人作出履行，而不是以与债务人或第三人分别订立合同或分别作出履行的方式来完成，这就可以减少交易费用，更好地实现债权人的意志和利益。我国《民法典》规定利益第三人合同制度的目的，旨在保护利益第三人合同中第三人的利益，并解决利益第三人合同中的争端。

利益第三人合同突破了合同相对性，但一般认为，该合同的产生与发展并不违反私法自治，甚至可以说是私法自治的应有之义。[④] 根据私法自治，个人因自己的意思表示而受拘束，而且此表意人只受自己意思表示而不受他人意思表示的拘束。在利益第三人合同中，虽然第三人没有参与缔约，但是法律推定给予第三人此种利益，并不违反当事人的利益，同时为了防止强迫第三人接受利益，法律也规定了拒绝权，允许第三人通过行使拒绝权的方式，拒绝利益第三人合同。只要合同为第三人设定利益的条款符合其意志，并且第三人不表示拒绝，则可以认为第三人认可了该条款的成立，这也是其真实意思的体现。

第二节　利益第三人合同的两种类型

利益第三人合同是第三人介入债之关系（Beteiligung Dritter am Schuldverhältnis）的表现形式。在法律上，通常将利益第三人合同分为两种，即真正利益第三人合同和不真正利益第三人合同。[⑤] 德国等国家民法典明确承认了利益第三人合同包括这两类形态，因此，从广义上说，利益第三人合同可以包括这两种类型。

---

① Joussen, Schuldrecht I—Allgemeiner Teil, 5. Aufl., 2018, Rn. 1147.

② MüKoBGB/Gottwald, 8. Aufl. 2019, BGB § 328 Rn. 1.

③ BeckOK BGB/Janoschek, 51. Ed. 1.8.2019, BGB § 328 Rn. 5.

④ 〔德〕海因·克茨：《欧洲合同法》（上卷），周忠海、李居迁、宫立云译，周忠海校，法律出版社2001年版，第357页。

⑤ Vgl. MüKoBGB/Gottwald, 8. Aufl. 2019, BGB § 328 Rn. 1.

一、真正利益第三人合同(echter Vertrag zu Gunsten Dritter)

所谓真正利益第三人合同,是指合同关系之外的第三人依据利益第三人合同的规定,对债务人享有请求权的合同。[①]《德国民法典》第328条以下就规定了真正利益第三人合同。在此种合同中,当事人双方约定使债务人向第三方履行义务,第三人由此取得直接请求债务人履行义务的权利。由于此类合同中的第三人仅享受权利而不承担义务,因此此类合同又被称为"第三人利益合同",第三人也常常被称为"受益人"。《民法典》第522条第2款规定:"法律规定或者当事人约定第三人可以直接请求债务人向其履行债务,第三人未在合理期限内明确拒绝,债务人未向第三人履行债务或者履行债务不符合约定的,第三人可以请求债务人承担违约责任;债务人对债权人的抗辩,可以向第三人主张。"该款是关于真正利益第三人合同的规定。其特点在于:

第一,合同的生效不需要第三人明确同意,通常在当事人达成利他合意时,利益第三人合同即生效,但是为了保护第三人的自由,避免不当干涉他人生活,有必要赋予第三人拒绝权。这就是说,在真正利益第三人合同中,法律推定合同当事人为第三人设定权利是符合第三人利益的,或至少不会侵害其权利,但当事人在合同中为第三人设定权利是否真正符合其利益,第三人是否接受该利益,应当由第三人自己决定,因此,《民法典》第522条赋予了第三人拒绝权。一旦第三人明确表示拒绝,则利益第三人合同中第三人利益条款不能生效,但合同的其他条款仍可在当事人之间生效,在此种情形下,利益第三人合同转化为一般的合同。

第二,合同中的第三人享有请求债务人履行债务的权利,在真正利益第三人合同中,如果债务人没有依约向第三人作出给付,则第三人有权请求债务人承担违约责任。真正的利益第三人合同最突出的特点在于,此种合同赋予了第三人独立的请求权。也就是说,一旦债务人没有向第三人履行或履行不适当,那么第三人有权以自己的名义直接向债务人提出请求,这也是其与不真正利益第三人合同重要的区别所在。[②]

第三,合同中的第三人通常是纯获利益。通常,第三人无须向合同债务人提供对价。由于利益第三人合同是为第三人设定权利和利益,第三人并不支付代价或承担相应的义务。因此,第三人虽然享有合同上的利益,也享有独立的合同上的请求权,但它和合同的债权人所享有的债权仍然是有区别的。因为这一原因,真正利益第三人合同也不属于债权让与。债权让与系已经存在的债权的继受取得,不同于真正利益第三人合同中第三人请求权的原始取得。[③] 由于第三人独特的法律地位,一旦第三人表示了明确同意,或者作出了受领的明确意思表示,此时为了保护第三人的信赖,原本属于债权人的撤销权、变更权以及合同解除权都会受到限制。

第四,承认这类真正利益第三人合同,主要是源于交易的需求。[④] 因为在很多情况下,需要赋予合同关系之外的第三人以直接的给付请求权。这不仅体现在具有保障功能(Versorgungsfunktion)的合同中,如人身保险合同中受益人对保险人享有的请求权,还体现在直接赋予第三人债权的合同中。[⑤] 除此之外,在一般的买卖、承揽等合同中,当事人基于某种需

① Brox/Walker, Schuldrecht, AT, 43. Aufl., 2019, § 32, Rn. 2.

② 黄薇主编:《中华人民共和国民法典合同编释义》,法律出版社2020年版,第998页。

③ MüKoBGB/Gottwald, 8. Aufl. 2019, BGB § 328 Rn. 13.

④ MüKoBGB/Gottwald, 8. Aufl. 2019, BGB § 328 Rn. 1.

⑤ Looschelders, Schuldrecht, AT, 16. Aufl., 2018, § 51, Rn. 1.

要，也可采取真正的利益第三人合同，使第三人取得请求权。

二、不真正利益第三人合同(unechter Vertrag zu Gunsten Dritter)

(一) 不真正利益第三人合同的概念和特征

所谓不真正利益第三人合同，是指债务人应当向合同关系之外的第三人履行，但是第三人并未取得履行请求权的合同类型。[①] 在这种类型的利益第三人合同中，第三人对债务人不享有请求权，债务人向第三人履行债务，实际上是在履行自己对债权人的债务。[②] 也就是说，在不真正利益第三人合同中，债务人虽然有必要向第三人履行债务，但第三人对债务人并不享有债权。[③]《民法典》第522条第1款规定："当事人约定由债务人向第三人履行债务，债务人未向第三人履行债务或者履行债务不符合约定的，应当向债权人承担违约责任。"该款是关于不真正利益第三人合同的规定。适用本条规则的前提是，当事人明确约定由债务人向第三人作出履行，即向第三人进行履行是债务人依据合同约定应当承担的义务。在不真正利益第三人合同中，债权人直接通过其与债务人之间的合同，向第三人提供某种利益，直接由债务人向第三人作出履行，而不是与债务人、第三人分别订立合同，分别作出履行，这就可以减少交易费用，更好地实现债权人的意志和利益。[④]

不真正利益第三人合同中的第三人具有以下几个特征：

一是不真正利益第三人合同中的第三人不同于受领辅助人。受领辅助人是由债权人指定的代其进行受领的人。不真正利益第三人合同中的第三人并非由合同当事人一方指定的，而是由双方当事人共同同意的，二者产生方式不同。

二是不真正利益第三人合同中的第三人不享有合同中的请求权。即在不真正利益第三人合同中，第三人只是可以接受债务人的给付，而不享有合同中的请求权，不能直接向债务人请求给付。不真正利益第三人合同的设立，使合同更充分地实现了合同当事人尤其是债权人的意志和利益。

三是如果债务人不履行，或不按照合同约定履行时，不真正利益第三人合同中的第三人不能向债务人主张承担违约责任，该责任只能由合同债权人向债务人主张。例如，在"广东国民信托投资有限公司与中国农业银行广东省分行、中国农业银行产权转让合同纠纷案"中，最高人民法院认为："合同当事人约定由义务人向第三人履行义务的，第三人获得受领的资格。但受领人获得受领之资格，并不因此而成为本案所涉《产权转让合同》及《产权转让合同补充合同》之权利主体。……国民信托公司接受委托，取得代理人之法律地位，但因该授权委托并非权利转让，国民信托公司并未取得合同的权利，不能以出让方违约为由，以自己的名义进行民事诉讼。"[⑤]

(二) 不真正利益第三人合同与真正利益第三人合同的区别

第一，第三人是否享有独立的请求权不同。在真正利益第三人合同中，第三人享有针对债务人的履约请求权和拒绝履约权，可以以自己的名义独立提起诉讼。而在不真正利益第

---

① Brox/Walker, Schuldrecht, AT, 43. Aufl., 2019, § 32, Rn. 3.

② Looschelders, Schuldrecht, AT, 16. Aufl., 2018, § 51, Rn. 2.

③ MüKoBGB/Gottwald, 8. Aufl. 2019, BGB § 328 Rn. 9.

④ 崔建远:《为第三人利益合同的规格论——以我国〈合同法〉第64条的规定为中心》，载《政治与法律》2008年第1期。

⑤ 最高人民法院(2002)民二终字第115号民事裁定书。

三人合同中,第三人并不享有独立的请求权,其不能独立获得诉讼资格。在这种合同中,第三人的存在通常只是为了缩短给付过程。[①]

第二,在真正利益第三人合同中,如果债务人不对第三人履行债务,第三人有权请求债务人承担继续履行等违约责任;而在不真正利益第三人合同中,债务人不履行债务时,第三人并无违约请求权。

第三,是否享有拒绝权不同。在真正利益第三人合同中,第三人享有拒绝权,可以通过拒绝权的行使避免合同对自己发生效力。而在不真正利益第三人合同中,第三人并不享有拒绝权,其可以直接拒绝受领给付。由于《民法典》第 522 条第 1 款并未规定不真正利益第三人合同中第三人是否享有拒绝权,对此产生了两种不同的观点。一种观点认为,不真正利益第三人合同中第三人也应当享有拒绝权;另一种观点认为,不真正利益第三人合同中第三人可以不受合同的拘束,因而无须享有拒绝权,即可不接受履行。笔者认为,在不真正利益第三人合同中,第三人并不享有直接的给付请求权,其无须受到该合同的拘束[②],因此其可以拒绝接受债务人的给付,因此事实上无须赋予其拒绝权。在第三人拒绝接受履行的情形下,债务人的履行义务可以依据合同当事人之间的合同关系予以确定。

第四,从《民法典》第 522 条的规定来看,其将不真正利益第三人合同置于第 1 款,将真正利益第三人合同置于第 2 款,从体系解释来看,不真正利益第三人合同属于常态,而真正利益第三人合同需要法律规定或当事人约定才能适用,这也符合当事人的意愿。

当然,在实践中,这两种类型的合同常常交织在一起,难以区分。在区分真正利益第三人合同和不真正利益第三人合同时,首先应当探求当事人的意思,即通过对合同条款的解释,来探明当事人是否赋予第三人请求权。[③] 如果当事人没有明确约定第三人享有独立的请求权,则需要结合个案中的具体情况,尤其是依据合同目的来确定该合同是否属于真正利益第三人合同。[④] 例如,实践中具有保障功能的合同,如人身保险合同、定期金合同、附负担的赠与合同等,通常是真正利益第三人合同。[⑤]

第三节 利益第三人合同的效力

一、利益第三人合同对当事人、第三人的效力

利益第三人合同订立后,将对合同当事人产生效力。一旦第三人没有拒绝该合同,那么利益第三人合同就发生对当事人的效力。债务人依据利益第三人合同,必须向第三人作出履行。如果是在真正利益第三人合同中履行不适当的,则第三人有权请求债务人承担违约责任;如果是在不真正利益第三人合同中,一旦债务人不对第三人作出履行,则债权人有权请求债务人承担违约责任。[⑥]

利益第三人合同对于第三人也会发生效力,第三人因为利益第三人合同的生效而成为

---

① 参见〔德〕迪尔克·罗歇尔德斯:《德国债法总论》(第七版),沈小军、张金海译,沈小军校,中国人民大学出版社 2014 年版,第 377 页。

② 黄薇主编:《中华人民共和国民法典合同编释义》,法律出版社 2020 年版,第 999 页。

③ Looschelders, Schuldrecht, AT, 16. Aufl., 2018, § 51, Rn. 3.

④ Brox/Walker, Schuldrecht, AT, 43. Aufl., 2019, § 32, Rn. 4.

⑤ Looschelders, Schuldrecht, AT, 16. Aufl., 2018, § 51, Rn. 3 f.

⑥ 参见黄薇主编:《中华人民共和国民法典合同编释义》,法律出版社 2020 年版,第 999 页。

受益人，享有受领的权限，甚至在真正利益第三人合同中获得独立的请求权。问题在于，第三人作出受益表示后，嗣后能否再次作出拒绝受益的意思表示？对此存在不同观点。笔者认为，在一般情况下，第三人一旦作出受益表示以后，便不得再作出拒绝受益的表示，一旦受益人决定接受利益，合同当事人对相关利益也不得作出修改或撤销。[①] 因为在第三人表示接受该权利后，债务人就已经做了履行合同义务的准备，如果第三人事后放弃接受该利益，则其应当向债务人赔偿其信赖利益的损失。

二、第三人的权利

既然利益第三人合同的订立目的是为第三人设定权利和利益，所以，应当使第三人享有履行请求权，才能真正实现合同目的。[②] 这就是说，在合同成立并且生效以后，债务人应负有向该第三人履行的义务，如果债务人不履行义务，第三人应当享有请求债务人履行的权利，其请求的范围不得超出合同的约定。[③] 同时，在真正利益第三人合同中，第三人一旦作出接受的意思表示，则其将确定地享有独立的请求权，此种请求权是针对债务人而享有的请求权。[④] 如果债务人不向第三人作出履行，则第三人有权请求债务人承担违约责任。除此之外，真正利益第三人合同中的第三人还享有如下权利：

第一，拒绝权。按照合同相对性原则，非合同当事人本不应享有合同权利或承担合同义务，但是在利益第三人合同中，法律推定合同当事人为第三人设定权利是符合第三人利益的，或至少不会侵害其权利，因而合同当事人无权为第三人设定义务，但可以为第三人设定权利。然而，这毕竟只是法律上的推定，当事人在合同中为第三人设定权利是否真正符合其利益，第三人是否接受该利益，应当由第三人自己决定，所以，《民法典》第 522 条赋予第三人拒绝权是十分必要的。当然，《民法典》第 522 条只是规定了真正利益第三人合同中第三人的拒绝权，而在不真正利益第三人合同中，并未作出类似规定。

第二，履行请求权。在利益第三人合同中，第三人并非订约当事人，但其可以请求债务人向其履行债务，并接受债务人的给付。[⑤] 这就是说，在合同成立并且生效以后，债务人应负有向该第三人履行的义务，如果债务人不履行义务，第三人应当享有请求债务人履行的权利。第三人可以请求的内容应当是合同中为其设定的权利和利益，其请求的范围不得超出合同的约定。[⑥] 履行请求权是真正利益第三人合同中第三人享有的基本权利，当然，为了保障第三人顺利行使权利，在利益第三人合同生效后，债权人应当及时告知第三人，否则第三人可能因为不知情而难以行使该权利。

债务人按照约定向第三人履行债务，第三人拒绝受领或受领迟延，第三人是否应当承担违约责任？依据《合同编通则解释》第 29 条第 3 款的规定，第三人拒绝受领的，债权人可以请求债务人向自己履行债务，但债务人无权请求第三人向自己履行债务，因为在真正利益第三人合同中，第三人虽然有权请求债务人履行债务，但其并未因此而成为合同当事人，无法替代合同当事人的地位，因此，在债务人按照约定履行债务而第三人拒绝受领时，债务人无

---

① 参见《国际商事合同通则》第 5.2.2 条。

② 参见韩世远：《试论向第三人履行的合同——对我国〈合同法〉第 64 条的解释》，载《法律科学（西北政法学院学报）》2004 年第 6 期。

③ 参见朱岩：《利于第三人合同研究》，载《法律科学（西北政法学院学报）》2005 年第 5 期。

④ MünchKomm/ Gottwald，§ 328，Rn. 28.

⑤ Vgl. MüKoBGB/Gottwald，8. Aufl. 2019，BGB § 328 Rn. 33.

⑥ 参见朱岩：《利于第三人合同研究》，载《法律科学（西北政法学院学报）》2005 年第 5 期。

权请求第三人向自己履行债务、承担违约责任。由于第三人拒绝受领,导致债务尚未履行,债权人有权继续请求债务人向自己履行债务。但在债权人向债务人提出请求前,如果债务人因为第三人拒绝履行而采取提存等方式消灭了债务,则债权人无权再向债务人提出请求。当然,如果债权人和第三人之间有特别约定(如约定债务人仍然应当向自己作出履行),此时,债权人也可以依据该约定向债务人主张权利。

第三,请求承担违约责任。在真正利益第三人合同中,在债务人未按照约定向第三人履行债务时,第三人是否有权请求债务人承担违约责任？对此一直存在争议。笔者认为,依《民法典》第 522 条的规定,如果债务人没有依约向第三人作出给付,则第三人应当有权请求债务人承担违约责任。但如何确定此处所说的“违约责任”的责任形式和赔偿范围？笔者认为,对“违约责任”应作限缩解释。在利益第三人合同中,第三人也应当享有主张违约责任的请求权,但毕竟第三人不是合同当事人,因此,此种请求权应当受到一定的限制。[①] 具体而言,第三人的违约请求权主要包括如下两个方面:

一是请求继续履行。如果债务人拒绝向第三人履行合同约定的义务,则应当构成违约,第三人应当有权请求债务人继续履行。这种请求权不仅包括按照合同约定交付标的物,而且包括债务人所交付的标的物还应当符合合同约定的质量标准。如果债务人交付的标的物不符合合同约定,则第三人应当有权请求债务人修理、重作、更换。当然,在真正利益第三人合同中,在债务人不履行债务时,第三人虽然有权请求债务人承担违约责任,但这并不意味着第三人能够取代债权人的地位,其请求债务人承担违约责任应当受到一定的限制,不能完全像债权人那样,请求债务人承担各种违约责任。[②]

二是请求赔偿损失。在利益第三人合同成立之后,第三人有可能为合同的履行、接受等作出一定的准备,并支付相应的费用,如果因为债务人没有作出相应的履行,导致费用的损失无法补偿,则其应当有权主张赔偿损失。笔者认为,在真正利益第三人合同中,损害赔偿主要是指赔偿信赖利益的损失,即因为信赖合同有效成立、债务人将履行合同,第三人作了一定的准备并支付了相应费用,因债务人没有履行合同而使其遭受的损失。

这就是说,在利益第三人合同中,第三人应当享有违约损害赔偿请求权,但此种损害赔偿应当主要限于因债务人不履行债务使第三人因为接受履行作出准备而遭受的损失。毕竟第三人不是合同当事人,因此,其违约请求权应当受到一定的限制。[③] 笔者认为,第三人原则上无权主张可得利益损失的赔偿,因为可得利益损失的赔偿是以当事人之间存在对价关系为基础的。

三、关于债务人的抗辩

在利益第三人合同中,在第三人对债务人主张权利时,债务人能否向第三人主张其对债权人的抗辩？对此,《商事合同通则》第 5.2.4 条规定:“允诺人可以向受益人主张其可以向受诺人主张的所有抗辩。”该条确认了债务人可以对第三人主张其对债权人的抗辩。我国《民法典》第 522 条第 2 款最后规定:“债务人对债权人的抗辩,可以向第三人主张。”该条规定也采取了相同的立场。在利益第三人合同中,债务人可以对第三人主张的其对债权人的

---

① 参见叶金强:《第三人利益合同研究》,载《比较法研究》2001 年第 4 期。

② 参见潘重阳:《论真正利益第三人合同中第三人的违约救济》,载《东方法学》2020 年第 5 期。

③ 参见叶金强:《第三人利益合同研究》,载《比较法研究》2001 年第 4 期。

抗辩主要包括：债权不成立的抗辩、产生债权的合同被撤销或者被宣告无效的抗辩、合同债权已经因履行或者清偿等原因而消灭的抗辩、同时履行抗辩、不安抗辩、后履行抗辩等。例如，因为债权人没有付清全部价款，第三人要求债务人交付货物，债务人有权对第三人提出抗辩。

四、关于第三人的撤销权和解除权

在利益第三人合同中，由于第三人不是利他合同当事人，其虽然享有履行请求权和受领权，但并不享有撤销、解除合同的权利。所谓撤销权，是指针对合同中存在欺诈、胁迫等意思表示瑕疵的事由而主张撤销合同的权利；所谓解除权，是指出现法律规定或者合同约定的事项后所享有的解除合同的权利。由于第三人不是合同当事人，虽然在真正的利益第三人合同中，第三人享有类似于债权人的权利，但只是享有请求权，其本身不具有债权人的地位，而撤销权和解除权是作为合同当事人的债权人享有的权利，否则第三人可以撤销或者解除债权人和债务人之间的合同，干预他人的合同关系，就违反了合同相对性原则。因此，依据《合同编通则解释》第 29 条第 1 款的规定，第三人并不享有撤销权和解除权。由此可见，在利益第三人合同中，第三人虽然享有请求债务人履行债务的权利，但在债务人违约时，只能由债权人主张解除合同，第三人并不享有解除合同的权利。

依据《合同编通则解释》第 29 条第 2 款，“合同依法被撤销或者被解除，债务人请求债权人返还财产的，人民法院应予支持”。据此，在利益第三人合同被撤销或者被解除的情况下，一方面，根据合同相对性原则，只有合同当事人才有权请求返还财产。因此，也有权基于违约责任或者缔约过失责任请求债权人返还财产。另一方面，债务人也有权基于物权请求权等基于绝对权的请求权向受领给付的第三人请求返还财产，第三人对该返还财产请求权，不得予以拒绝。

第十四章

情势变更制度

第一节　情势变更的概念和特征

一、情势变更的概念

情势变更(Rücktritt wegen veränderter Umstände/ Störung der Geschäftsgrundlage; changed circumstances)概念,源于拉丁文"rebus sic stantibus"(情势如此发生)。所谓情势,是指合同成立后出现的不可预见的情况,即该情况必须是影响社会整体或部分环境的客观情况。[①] 一般认为,情势泛指作为法律行为成立基础或环境的一切客观事实。所谓变更,是指"合同赖以成立的环境或基础发生异常变动"。[②] 所谓情势变更,是指在合同成立并生效以后、履行终止以前,发生了当事人在合同订立时无法预见的客观情况的变化,致使合同的基础丧失,以至于如果继续履行合同将对一方当事人明显不公平,因此,依据诚信原则应当允许一方当事人变更或者解除合同。[③] 合同一旦有效成立,当事人就必须按照"契约必须严守"的原则履行合同。但在合同订立后,却有可能因当事人在订约时无法预见的客观情况的变化导致合同不能履行或履行过于艰难,如果按照合同履行将产生不公平结果时,对此应予以调整。[④] 例如,当事人在合同订立后,因为出现"非典"疫情,导致作为合同标的的货物奇缺,标的物的价格急剧上涨,在此情形下,应当允许出卖人变更或者解除合同。

罗马法奉行严格责任,采纳"对偶然事件谁也不能负责"或"偶然事件由被击中者承担"的规则,尤其是罗马法确立了"合同必须严守"(Pacta Sunt Servanda)的规则,当事人之间的约定也必须严守,合同成立以后,无论出现何种客观情况的异常变动,都不应影响合同的效力。[⑤] 该原则最早出现在1756年《巴伐利亚民法典》和1794年《普鲁士一般邦法》中。[⑥]但由于1804年的《法国民法典》秉持"合同必须严守"的规则,该法典第1134条"依法订立的契约,对于缔约当事人双方有相当于法律的效力"的规定,实际上否定了情势变更原则。不过,法国在1916年的"波尔多煤气案"中,就发展出了"不可预见"理论,亦可适用于此类情形。[⑦]

---

① 参见彭凤至:《情势变更原则之研究》,五南图书出版有限公司1986年版,第240页。

② 彭诚信:《"情事变更"原则的探讨》,载《法学》1993年第3期。

③ 参见梁慧星:《中国民法经济法诸问题》,法律出版社1999年版,第200页。

④ 参见朱广新、谢鸿飞主编:《民法典评注·合同编·通则1》,中国法制出版社2020年版,第525页。

⑤ Finkenauer, in Münchener Kommentar zum BGB, § 313, Rn. 20.

⑥ Codex Maximilianeus bavaricus civilis von 1756, IV 15 § 12; ALR von 1794, I 5 § 378.

⑦ 参见孙鹏:《合同法热点问题研究》,群众出版社2001年版,第321页。

2016年《法国民法典》修改，第1195条第1款规定："如果在合同订立时不可被预计的情势变化，使得合同的履行对于没有接受承担该情况变化风险的缔约人来说非常昂贵，其可向共同缔约人要求重新磋商合同。在重新磋商过程中其继续履行债务。"这就承认了情势变更原则。

《德国民法典》在制定时仍然坚持"合同必须严守"的原则，排斥了情势变更原则。该法典认为，只有在事实上和法律上出现永久、绝对不能履行的状态，才能免除当事人的给付义务。但在第一次世界大战以后，德国经济陷入困境，货币大幅贬值，货物奇缺，物价暴涨。在此情形下，德国学者奥特曼(Oertmann)于1921年在借鉴了"情势不变条款"等理论的基础上，提出了"行为基础说"(Geschaeftsgrundlage)，该理论区分了合同的基础和合同的内容，认为合同订立时的具体情况并非合同的内容而是合同的基础。[①] 该理论最终为法院判例所采纳，并成为裁判上的根据。[②] 第二次世界大战以后，德国也颁布了一系列特别立法，涉及了情势变更原则[③]，但严格地说，《德国民法典》仍未正式确认情势变更原则。[④] 2002年1月1日，德国颁布了《德国债法现代化法》，对《德国民法典》中的债法部分进行了全面的修改。该法第313条规定："已成为合同基础的情势，在合同订立后发生重大变更，而双方当事人如预见到这些变更，就不会订立此合同或将订立其他内容的合同，如在考虑到个案的全部情况，特别是合同约定的或法定的风险分担的情况后，无法合理期待合同一方当事人遵守原合同的，则可以要求对原合同予以调整"，以维护合同当事人之间的公平。[⑤] 自该法案通过后，德国在民法上正式确立了情势变更原则。[⑥]

英美法在合同判例中也承认了合同落空(Frustration of Contract)原则。[⑦] 1932年美国《合同法重述》第680条规定，凡是在合同订立后发生了与当事人所预期的情况不同的情势，导致合同目的实现极为困难或将付出巨大代价的，则可以免除债务人的履行义务。在1952年的"British Movietonews Ltd. v. London and Pistrict Cinemas Ltd"案中，西蒙法官认为，当事人在履行过程中，可能遇到一些无法预见的事故，如极端异常的价格波动，货币突然贬值，或履行发生意外阻碍等，这些事故在本质上动摇了当事人订约的基础，因此当事人可以解除合同。[⑧] 因此，情势变更具有其特定的适用范围，而不限于极其个别的情况。美国1952年颁布的《统一商法典》第2-615条第1款规定："如果由于发生了订立合同时作为基本前提，而设想其不会发生的特殊情况……致使卖方确实难以按约定方式履约……卖方也不构成违反买卖合同义务。"这就将情势变更作为一项基本原则确定下来，并普遍适用于各类情形。

有关示范法确认了情势变更原则。例如，《欧洲合同法原则》第6:111条和《商事合同通

---

① Finkenauer, in Münchener Kommentar zum BGB, § 313, Rn. 8.

② P. Oertmann, Die Geschaeftsgrundlage, Leipzig. 1921, S. 37；韩世远：《情事变更若干问题研究》，载《中外法学》2014年第3期。

③ 如《第三次紧急租税命令》《抵押权及其他请求权增额评价法》《第三次新订金钱性质法》《德国企业合同法》《法官协助契约法》《德国马克补偿法》等，这些立法都涉及情势变更原则。1952年的《法官协助契约法》中明确规定：对于1948年6月21日前即币制改革以前发生的债务关系，由法官协助合同当事人成立一项新协议，如不能成立协议时，则直接通过裁判来代替当事人所订立的合同。参见梁慧星：《中国民法经济法诸问题》，法律出版社1999年版，第213—214页。

④ Finkenauer, in Münchener Kommentar zum BGB, § 313, Rn. 1.

⑤ A. a. O., Rn. 2.

⑥ 参见朱岩编译：《德国新债法：条文及官方解释》，法律出版社2003年版，第142页。

⑦ 参见孙美兰：《情事变动与契约理论》，法律出版社2004年版，第13页。

⑧ British Movietonews Ltd. v. London and Pistrict Cinemas Ltd. (1952) A. C. 166.

则》第 6.2.3 条确认了情势变更制度,并认为情势变更的法律效果之一是双方当事人可以协商或诉请法院对合同条款作出调整,以便通过合理的方式在当事人之间分配由于情势变更而产生的得与失。《欧洲民法典草案》第 3-1:110 条也确认了该原则。

我国《合同法》没有承认情势变更原则。但是,2003 年"非典"疫情和 2008 年亚洲金融危机的出现,导致住宿合同、旅游合同大量被取消,许多供货合同因为价格的急剧变动,或者因为运输方面的障碍而导致履行成本急剧上升。在此情形下,因为《合同法》没有规定情势变更原则,当事人的利益关系很难得到妥善调整。无论是依据显失公平还是不可抗力制度,都无法对此类案件作出妥当的判决。因此,我国一些法院不得已只能根据对诚信原则和公平原则的解释,创造性地解释出情势变更原则。[①] 2020 年《最高人民法院关于依法妥善审理涉新冠肺炎疫情民事案件若干问题的指导意见(一)》,对情势变更作出了规定。[②]

《民法典》第 533 条第 1 款在总结司法实践经验的基础上,明确规定:"合同成立后,合同的基础条件发生了当事人在订立合同时无法预见的、不属于商业风险的重大变化,继续履行合同对于当事人一方明显不公平的,受不利影响的当事人可以与对方重新协商;在合理期限内协商不成的,当事人可以请求人民法院或者仲裁机构变更或者解除合同。人民法院或者仲裁机构应当结合案件的实际情况,根据公平原则变更或者解除合同。"《合同编通则解释》第 32 条进一步完善了《民法典》的规定。《民法典》和司法解释确认情势变更原则具有重要意义:一方面,合同责任采严格责任,只有在出现不可抗力和当事人约定的免责事由的情形下,当事人才能主张免责,而从实践来看,在合同履行过程中会出现许多当事人订约时无法预见的客观情况变化,此时,仍然按照合同严守原则要求当事人严格履行合同,可能会使双方当事人利益严重失衡,不能实现合同的实质公平正义,因而有必要通过情势变更制度实现当事人利益的平衡。[③] 另一方面,情势变更制度适应了现代市场经济发展的需要。现代社会交易纷繁复杂、形态多样。在经济全球化的背景下,跨国贸易和投资迅速发展,电子商务大量取代了传统的交易方式,与此同时,当事人缔约时不可预测的风险也相伴而生,这就需要法律作出应对。因此,情势变更制度应运而生,成为现代合同法中的重要制度。情势变更原则虽未从根本上改变"合同必须严守"原则,但其已构成对这一原则的修正。

二、情势变更的要件

依据《民法典》第 533 条和《合同编通则解释》第 32 条第 1 款,情势变更应当具备如下要件:

第一,情势变更发生在合同成立后的履行阶段。从《民法典》第 533 条规定来看,情势变更发生在合同成立后,即情势变更的事由发生在合同履行阶段。情势变更的事由并不是发生在合同订立过程中。在合同订立阶段,如果客观情况发生了变化,则根据合同自由原则,当事人可以选择不订立合同,从而规避相关的风险。情势变更的事由也不是合同履行完毕阶段的事由,在合同履行完毕后,合同关系已经消灭,此时,即便客观情况发生变化,也不存

---

① 相关案例和司法实践中的具体做法,参见吴小晗:《在自由与公正间抉择》,载公丕祥主编:《法官办案经验》,法律出版社 2009 年版,第 121 页。

② 该《意见》指出:"继续履行合同对于一方当事人明显不公平,其请求变更合同履行期限、履行方式、价款数额等的,人民法院应当结合案件实际情况决定是否予以支持……因疫情或者疫情防控措施导致合同目的不能实现,当事人请求解除合同的,人民法院应予支持。"

③ 参见朱广新、谢鸿飞主编:《民法典评注 · 合同编 · 通则 1》,中国法制出版社 2020 年版,第 525 页。

在变更、解除合同的问题。

第二,合同的基础条件发生了当事人订立合同时无法预见的重大变化。一是情势变更是当事人订立时无法预见的。如果当事人能够预见到相关的情形,则当事人可以选择不订立合同,或者在合同中对相关风险进行预先安排。如果当事人在合同订立阶段能够预见到相关的风险,但仍然选择订立合同,则其应当负担此种风险的不利后果。二是因情势变更使合同的基础条件发生了变化。《民法典》第533条在规定情势变更时,采用了“合同的基础条件”发生变化这一表述,《德国民法典》称之为交易基础。[①] “合同的基础条件”是关系到当事人订约目的和基本权利义务的条件,它将直接影响当事人的主要权利义务。[②] 合同基础条件的变化可能是因政策调整或者市场供求关系异常变动等原因所导致的。例如,当事人在订立房屋买卖合同后,政府为了调控房价,将房屋首付比例大幅度提高,对买受人的履约产生重要影响,此种情形即属于合同的基础条件发生了重要变化。基础条件需要依据个案进行判断,即这些条件会对当事人是否订立合同以及订立合同的条件发生重大影响,反之,如果政府宏观调控政策的变化不会对当事人的权利义务关系产生实质性影响,则不属于情势变更。三是合同的基础条件必须发生了重大变化。在合同履行过程中,只有合同的基础条件发生了重大变化,才有可能成立情势变更。

第三,情势变更在性质上不属于商业风险。市场交易千变万化,包含多种交易风险,当事人参与市场交易,理应负担相关的商业风险。所谓商业风险,是指市场主体作为一个理性的商人,在从事商业活动时应当意识到并自愿承担的固有风险,其最典型的表现是由于价格的涨落和市场供求关系的变化而导致的商人在财产上受到的损失。[③] 应当看到,正常的商业风险并不属于情势变更。合同本身是一种交易,任何当事人都希望从该交易中获利,同时也就应当承担相应的商业风险,这主要是因为,当事人所承受的商业风险本身是可以通过交易得到补偿的。如果出现任何正常的商业风险,当事人都可以以情势变更为由变更或者解除合同,则合同毫无拘束力可言,正常的交易秩序也难以维系。所以,在法律上能否承认情势变更制度,并使该制度得到妥当适用,必须准确区分情势变更与商业风险。例如,商业风险通常具有一定的可预测性,即便当事人声称其没有预见,也应当从客观情势出发,推定当事人已经预见。[④] 在商业活动中,商业风险和收益是成正比的,即所谓风险越大、收益越大。因此,《民法典》第533条在规定情势变更时,对情势变更与商业风险进行了区分,将商业风险排除在情势变更的事由之外,这种做法值得肯定。

第四,继续履行对当事人一方明显不公平。发生情势变更之后,有可能导致合同无法继续履行,而在有些情形下,合同虽然可以继续履行,但继续履行合同可能对一方明显不公平。例如,在当事人订立采购消毒液的合同之后,发生了重大疫情,导致消毒液的生产成本和售价大幅度提升,此种情形下,如果继续按照原合同履行,将对出卖人一方显失公平。

第五,不属于高风险、高回报的情形。依据《合同编通则解释》第32条第1款,“合同涉及市场属性活跃、长期以来价格波动较大的大宗商品以及股票、期货等风险投资型金融产品

---

① 参见〔德〕迪尔克·罗歇尔德斯:《德国债法总论》(第七版),沈小军、张金海译,沈小军校,中国人民大学出版社2014年版,第277页。

② 参见韩世远:《合同法总论》(第四版),法律出版社2018年版,第492页。

③ 参见沈德咏、奚晓明主编:《最高人民法院关于合同法司法解释(二)理解与适用》,人民法院出版社2009年版,第199页。

④ 参见张建军:《情事变更与商业风险的比较探讨》,载《甘肃政法学院学报》2004年第2期。

的除外”。这就排除了高风险、高回报的情况。对于市场属性活跃、长期以来价格波动较大的大宗商品以及股票、期货等风险投资型金融产品,其价格的异常波动属于正常的市场交易现象,因此,对此类交易而言,价格的异常波动通常不构成订立合同基础的重大变化。

情势变更原则具有法定性。《民法典》第533条关于情势变更原则的规定在性质上属于强制性规范,其旨在保障交易公平,维护诚信原则和交易的公正,因此,不允许当事人通过合同约定加以排除。《合同编通则解释》第32条第4款规定:“当事人事先约定排除民法典第五百三十三条适用的,人民法院应当认定该约定无效。”因此,当事人事先达成排除情势变更原则适用的约定是无效的。

第二节 情势变更与相关概念的区别

一、情势变更和商业风险的区别

事实上,《合同法》在制定时没有采纳情势变更制度的一个重要原因就是,立法者担心其难以与商业风险相区分,从而很容易导致该制度被滥用。如果允许当事人采用情势变更原则,随意对合同进行变更和解除,“可能会引起合同的连锁变更,即某一因合同变更而遭受损失的债务人又成为另一应予变更的合同的债权人”[①],从而导致本来属于商业风险的内容都被情势变更原则吸收,造成情势变更原则被滥用[②],这将不利于市场经济的正常发展。因此,立法者决定在《合同法》中暂不规定情势变更,留待日后根据市场经济以及社会环境的变化而酌定是否应采纳该原则。

如前所述,在法律上能否承认情势变更原则,并使该原则得到妥当适用,必须正确区分情势变更与商业风险。正因如此,在《合同法司法解释二》出台以后,最高人民法院又专门下文强调,人民法院要合理区分情势变更与商业风险。[③]《合同编通则解释》第32条进一步规定情势变更是“不属于商业风险的涨跌”。

区分情势变更与商业风险的重要意义毋庸置疑,可问题的关键在于,如何确定二者的区分标准?从比较法上来看,在德国的有关判例中,法官认为,商品交易中典型的价格波动,一般不属于情势变更。[④] 美国经济分析法学派则区分了完全合同和不完全合同,并对不完全合同适用合同落空提出了一系列的理论,其在很大程度上也是希望区分合同落空与商业风险。[⑤] 严格地说,要在法律上确立普遍性的标准来区分情势变更与商业风险,是不可能的。因为交易的复杂性、风险本身对特定交易影响的特殊性、当事人预见能力的差异等,都决定了这两者的区分只能够在个案中得到落实。在我国,有学者认为,若价格正常浮动,属商业风险;当价格涨落幅度超过平均利润,即会被认为是难以预见的暴涨暴跌。[⑥] 事实上,是否属于情势变更应当根据多个因素进行综合判断,如需要考虑国家政策的变化、供求关系的变化

① 参见全国人大法制工作委员会民法室编著:《〈中华人民共和国合同法〉立法资料选》,法律出版社1999年版,第163页。

② 同上。

③ 2009年《最高人民法院关于当前形势下审理民商事合同纠纷案件若干问题的指导意见》。

④ See Benjamin Leisinger, *Fundamental Breach Considering Non-Conformity of the Goods*, Sellier. European Law Publishers, 2007, p. 119.

⑤ See Steven Shavell, *Foundations of Economic Analysis of Law*, Harvard University Press 2004, pp. 299-301.

⑥ 张庆东:《情事变更与商业风险的法律界定》,载《法学》1994年第8期。

以及国际市场的影响等，不能单独依据价格因素，因为价格波动只是表现，造成波动的原因往往是多种因素综合作用的结果。例如，有人囤积商品，导致商品被哄抢，从而引发价格的暴涨，但是我们不能因此将其认定为情势变更。另外，在判断是否存在情势变更时，除了分析价格涨落的原因以外，也应当考虑价格涨落的后果。例如，影响的范围、对于当事人利益关系的影响程度等，同样该因素也并非认定情势变更的唯一标准。当然，在特殊情形下，如果价格的变动确实符合情势变更的要件，则应当将其认定为情势变更。例如，房产价格因为国家宏观调控政策的变化而出现大的波动，则应当将其认定为属于情势变更的范畴。

准确适用《民法典》的情势变更原则，必须将其与商业风险相区分。依据《合同编通则解释》第 32 条第 1 款，可以参考下列标准对情势变更和一般的商业风险进行区分：

第一，可预见程度标准。所谓可预见性，是指当事人在缔约时对未来可能发生的风险的预见程度。商业风险通常具有一定的可预测性，即便当事人声称其没有预见，也应当从客观情势出发，推定当事人已经预见。[①] 我国近十年来，由于各方面的因素，房产价格持续上涨，当事人在订立房屋买卖合同时，应当预见到房屋价格在未来可能发生的变化，而不能依据情势变更原则主张变更或解除合同。从道理上来说，可预见性标准应当是一个主观标准，即要以特定的订约人在订立合同时的预见状况作为依据。然而，在具体的法律适用中，此标准也逐渐客观化，它并不以特定的订约人，而是以一个抽象的一般理性交易人作为考察的依据。在商业实践中则应当按照商人的标准进行判断，因为商人长期参与商业交易活动，对相关商业风险的判断能力较强。凡是能够为一般理性商人所预见的交易风险，均不能视为情势变更。如果在缔约之时，风险的可预见性程度较高，当事人在订立合同时能够合理地考虑这些事件，就不能将其作为情势变更来对待。[②] 在这个意义上，法官在进行判断时，主要应当考虑客观标准，而非当事人的主观因素。例如，因突如其来的新冠肺炎疫情而导致合同履行困难，是交易当事人无法预见的，可以将因新冠肺炎疫情引发的风险归属于情势变更的范畴。再如，在金融危机爆发之后，原材料价格、商品价格等必然会因货币的贬值或升值而引发急剧波动，在此情况下，当事人若仍然从事相关领域的大规模交易，则应当认为其自愿承担了相应的风险。当然，这种客观性也并非是绝对的，在个别具体的案件中，也存在某些具体的因素必须纳入法官考量范围的情况。

第二，获益标准。通常来说，在商业活动中，商业风险和收益是成正比的，即所谓风险越大、收益越大，从这个意义上来看，如果某项合同给当事人带来的利益越大，则其应当预见并承担的商业风险也就越高。如果某项交易属于高风险、高收益的范围，则出现从事该交易可预见的某种风险通常不能被认为是情势变更，而应当属于商业风险。[③] 例如，当事人投资股票、期货等高风险投资行业时，价格波动如同过山车一样。受价值规律的影响和利益的驱动，有人看准商机，从事高风险投资，能够连连赚钱盈利；也有人在投资中严重亏损，甚至血本无归，这都是当事人应当承担的商业风险。正是这一原因，在区分情势变更与商业风险时，就应当考虑当事人从交易中所获得的利益的程度。[④] 任何理性的交易主体都应当预见到

---

① 参见张建军：《情事变更与商业风险的比较探讨》，载《甘肃政法学院学报》2004 年第 2 期。

② 参见张玉卿主编：《国际统一私法协会国际商事合同通则 2016(英汉对照)》，中国商务出版社 2019 年版，第 441 页。

③ 参见 2009 年《最高人民法院关于当前形势下审理民商事合同纠纷案件若干问题的指导意见》。

④ 参见曹守晔：《最高人民法院〈关于适用中华人民共和国合同法若干问题的解释(二)〉之情势变更问题的理解与适用》，载《法律适用》2009 年第 8 期。

该行业的高风险性,而不能在投资失败后主张适用情势变更原则,即便该领域价格的变化可能是由国家政策的变化而引起的,一般也不应将其归入情势变更的范畴。

第三,影响广泛性标准。如前文所述,造成价格波动的原因有很多,有些原因导致的价格波动只是影响到特定的当事人,而有些原因导致的价格波动则会波及不特定多数的当事人。一般而言,作为情势变更风险的影响应当具有广泛性。这种广泛性表现在:一方面,该风险对诸多的、一系列的交易会产生影响,而不是仅仅对特定的、个别的交易产生影响。例如,政府对购房资格的限制就会对成千上万的购房者产生影响,而不仅仅是对某个特定购房人产生影响,此类情况就可以被视为情势变更。另一方面,该风险对一系列交易的当事人产生影响,而不限于对特定的交易当事人产生影响。

第四,外部性标准。情势变更的内容往往不是交易中所固有的因素,其通常来源于交易的外部因素。例如,供求变化、价格涨落等是商业活动中必然出现的风险,其风险是内生于该交易关系之中的。但是,因新冠肺炎疫情的出现而引起的价格变化,则是由于交易以外的因素所带来的对交易关系的影响。所以,对于情势变更来说,情势变化的因素并非交易活动中所内在含有的,其具有外部性。[①] 当然,交易中的风险来源究竟是内在的,还是外在的,应当视特定交易而定。例如价格的波动究竟达到何种程度,才属于情势变更?对此存在不同观点。如前所述,有学者认为,若价格正常浮动,属商业风险;当价格涨落幅度超过平均利润,方构成难以预见的暴涨暴跌。也有人认为,可以借鉴罗马法上的短少逾半的规则,当价格涨落超过一半时即可认定为情势变更。笔者认为,单纯以平均利润作为商业风险与情势变更的区分标准过于简单,很容易给法官过大的自由裁量权。因为市场供求关系时刻处于不断变动之中,许多偶然因素都可能导致价格的涨落。对于价格涨落是否属于情势变更,应当分析价格涨落的原因,而不应仅仅关注价格涨落的结果。如果引发价格涨落的原因并非交易本身固有的,且当事人在缔约时难以预料,则有可能被认定为情势变更。所以,情势的变化通常并不是商业活动所必然具有的,而是某种外在的因素所造成的,这就是我们所说的外部性。

第五,风险防范标准。作为情势变更的风险来说,其往往是单个当事人无法防范的。由于当事人在缔约时无法预见到该风险的存在,因而也无法采取相应的措施对其进行防范,例如因非典或新冠肺炎疫情引发的风险、因政府颁布房屋限购政策引发的风险等。但对于商业风险而言,当事人是可以采取一定措施进行预防的,因为当事人在从事交易时可以将潜在的商业风险计算在合同价格之中,或者通过约定的方式对商业风险的后果进行必要的防范。[②] 对于具有极大商业风险的交易,当事人完全可以通过订立免责条款等方式作出事先的安排。

还需要指出的是,对情势变更和商业风险的区分应当结合个案进行考量,情势变更原则的重要特点在于,它赋予了法官干预合同的权力。也就是说,它使得法官可以解除合同或者变更合同。这种干预是否合理与必要,很大程度上取决于其能否正确区分情势变更与商业风险。从实践来看,人们对情势变更原则的担忧,也主要源于对法官在个案中是否具备准确区分情势变更和商业风险的能力的担忧。笔者认为,在裁判中援引情势变更原则进行裁决

---

① 参见曹守晔:《最高人民法院〈关于适用中华人民共和国合同法若干问题的解释(二)〉之情势变更问题的理解与适用》,载《法律适用》2009 年第 8 期。

② 同上。

时，法官应当详细地阐释其裁判理由，解释适用情势变更原则的具体依据，尤其是应当详细阐述案件中所涉及的风险不属于商业风险的理由。

二、情势变更与不可抗力

（一）情势变更与不可抗力的区分

情势变更与不可抗力的联系十分密切，因为引起情势变更发生的事由确实与不可抗力存在极大的相似性，二者都具有客观性、偶然性、订约时的不可预见性，当事人对于事件的发生都没有过错；同时，不论是情势变更的事由，还是不可抗力，都会对合同的履行产生较大的影响，导致合同履行十分困难。

尽管不可抗力与情势变更存在上述相似性，但二者仍然存在一定的区别，主要表现在：

第一，功能不同。情势变更在一定程度上是为了实现“给付均衡”，保障合同的实质正义。[①] 也就是说，在合同订立后或者履行过程中，发生了当事人在订约时无法预见的客观情势变化，导致合同订立的基础发生变更，此时需要通过情势变更原则实现当事人之间利益的平衡。而不可抗力的功能主要是在异常事件发生之后，解决如何在当事人之间合理分配风险的问题，避免其因自身原因以外的事由仍然需要负担履行义务。

第二，适用范围不同。不可抗力的适用范围比较广泛，作为法定的免责事由，其除了适用于合同责任以外，还可以适用于侵权责任等其他民事责任中。而情势变更仅仅适用于合同责任领域，在其他民事责任领域中并不能适用该原则。

第三，可预见性和可避免性程度不同。在发生不可抗力的情况下，当事人通常对此是无法预见的，或者即使能够预见，当事人也难以避免。例如，因地震而导致的合同无法履行，这在现代科学技术条件下仍然难以预测，且发生之后也无法避免损害。但是，在情势变更的情况下，虽然当事人在缔约时难以预见，但也可能有一定程度的可预见性。

第四，对合同履行的影响不同。通常不可抗力必然导致合同不能履行或部分不能履行。例如，因为地震而导致道路毁损，无法交付货物。而情势变更则并不一定会使合同完全不能履行，其主要是导致合同履行艰难，或者履行代价过于高昂。[②]

（二）不宜将不可抗力排除在情势变更的事由之外

关于不可抗力与情势变更的关系，我国《合同法司法解释（二）》第 26 条明确区分了不可抗力和情势变更，并将不可抗力排除在情势变更的事由之外，而《民法典》第 533 条并没有将不可抗力排除在情势变更的事由之外，笔者认为，此种立场值得肯定，主要理由在于：

第一，对二者进行区分较为困难。尽管不可抗力和情势变更存在上述区别，但二者并非泾渭分明，在许多情况下很难对二者进行准确界分。例如，在“非典”发生之后，对于究竟应当将其归入情势变更还是不可抗力的范畴，引发了学界极大的争议。将不可抗力排除在情势变更的事由之外，可能会导致法律规则适用的混乱。

第二，情势变更不排斥不可抗力也是一种趋势，这是比较法普遍认可的经验。例如，从

---

① 〔日〕吉田克己：《现代市民社会的民法学》，日本评论社 2008 年版，第 21 页。

② 参见〔德〕卡斯腾·海尔斯特尔、许德风：《情事变更原则研究》，载《中外法学》2004 年第 4 期。

《德国民法典》第 313 条第 1 款规定来看,其并没有严格区分情势变更与不可抗力。[①] 而英美法历来不对情势变更与不可抗力作严格区分,统一将其纳入履行艰难制度之中。美国 1952 年颁布的《统一商法典》第 2-615 条第 1 款规定:"如果由于发生了订立合同时作为基本前提,而设想其不会发生的特殊情况……致使卖方确实难以按约定方式履约……卖方也不构成违反买卖合同义务。"从英美法上情势变更的发展来看,其始终认为,合同的缔结是建立在一定的基础之上的,该基础一旦动摇或丧失,就应当允许当事人变更或解除合同,而不区分造成合同基础动摇或者丧失的原因究竟是不可抗力还是其他原因。还需要注意到,《销售合同公约》没有规定情势变更,但不少学者认为,其关于不可抗力的规定实际上是对情势变更原则的规定。[②] 《商事合同通则》第 6.2.2 条采用"艰难情形"(hardship)的概念来概括合同履行中的异常变化,而艰难情形显然包括了不可抗力在内。[③]

第三,将不可抗力纳入情势变更事由的范畴,符合情势变更的制度功能。情势变更原则存在的目的在于,因为一定情势的发生,导致当事人订立合同的基础动摇或丧失,如果按照原合同继续履行,则对当事人而言也不公平。在这样的考量下,无论是不可抗力,还是其他导致履行困难的原因,只要造成了履行艰难、继续履行对当事人不公平,不论其属于不可抗力还是其他客观原因,都可能构成情势变更。因此,从法律后果上看,很难将不可抗力与造成情势变更的其他原因进行明晰的区分,因为其都属于合同履行的客观障碍。不可抗力与情势变更各有其功能,但二者并非必然冲突,存在功能相互补充之处。[④] 因此,将不可抗力纳入情势变更事由的范围,更有利于实现情势变更的制度功能。

（三）在发生不可抗力的情形下应当允许当事人选择不可抗力或情势变更规定

情势变更和不可抗力确实可能引发不同的法律效果,依据现行《民法典》的规定,不可抗力会导致违约责任的免除和法定解除权的产生。具体而言,一是依据《民法典》第 590 条第 1 款的规定,在出现不可抗力以后,当事人只要依法取得确切证据,并履行了法律规定的有关义务(如通知、防止损害扩大等),就可以自行停止履行合同,并免于承担违约责任。二是依据《民法典》第 563 条的规定,在发生不可抗力的情形下,可能产生法定的解除权。

当然,对情势变更和不可抗力进行效果上的区分,并不意味着不可抗力发生后就不能适用情势变更原则。如果因为不可抗力导致一方履行艰难,也可能按照情势变更的规定产生法律效果,因此不可抗力与情势变更的适用也可能发生竞合。笔者认为,不可抗力除导致合同履行不能外,还可能导致合同履行困难,因为从《民法典》第 180 条第 2 款的规定来看,不可抗力是指不能预见、不能避免并且不能克服的客观情况。该条只是界定了不可抗力的内涵和判断标准,并没有规定不可抗力的法律后果。事实上,不可抗力既可能导致合同履行不能,也可能导致合同履行困难。因此,在因不可抗力导致合同履行不能的情形下,当事人有权依据《民法典》第 563 条的规定行使法定解除权以解除合同,此种情形与情势变更并不存在交叉;而在因不可抗力导致合同履行困难的情形下,则可能和情势变更发生交叉。在出现因不可抗力引起履行艰难的情形下,如果当事人愿意基于情势变更原则变更或解除合同,则

---

① 例如,《德国民法典》第 313 条第 1 款规定:"已成为合同基础的情势,在合同订立后发生重大变更,而双方当事人如预见到这些变更,就不会订立此合同或将订立其他内容的合同,如在考虑到个案的全部情况,特别是合同约定的或法定的风险分担的情况后,无法合理期待合同一方当事人遵守原合同的,则可以要求对原合同予以调整"。

② 参见彭诚信:《"情事变更原则"的探讨》,载《法学》1993 年第 3 期。

③ 参见张玉卿主编:《国际统一私法协会国际商事合同通则 2016(英汉对照)》,中国商务出版社 2019 年版,第 437 页。

④ 参见韩世远:《合同法总论》(第四版),法律出版社 2018 年版,第 498 页。

法院应当准许；如果当事人愿意选择依据不可抗力解除合同，也应当得到许可。在此情形下，按照私法自治原则，应当尊重当事人的选择。

第三节 情势变更的法律效果

一、再磋商义务

（一）再磋商义务的概念

所谓再磋商义务，是指在发生情势变更后，双方当事人所负有的继续依据诚信原则进行磋商，以使合同得以顺利履行的义务。依据《民法典》第533条，在发生情势变更后，当事人负有继续谈判的义务。即在发生情势变更后，受到不利影响的一方有权要求对方继续谈判。继续谈判义务在性质上也称为再磋商义务，在成立情势变更时，规定当事人负有继续谈判的义务有利于尽量维持合同的效力，这也符合《民法典》鼓励交易的立法目的。《民法典》合同编的重要功能在于鼓励交易，在发生情势变更的情形下，并不当然导致合同解除，如果合同仍然有继续履行的可能，则应当课以当事人及时继续谈判的义务，以尽量促成交易。[①]

在出现履行艰难的情形，合同并非绝对不能履行，而只是继续履行合同将导致当事人利益失衡，因此，为了鼓励交易，防止财产的损失与浪费，各国法律普遍认为，即使发生情势变更，也应当鼓励当事人继续谈判，变更不公平的合同条款，从而尽可能维持合同的效力。有关示范法也确认了这一规则。例如，在情势变更的情况下，《商事合同通则》第6.2.3（1）条、《欧洲合同法原则》第6:111（2）条规定了当事人负有继续谈判的义务，此种义务可以看作依据诚信原则所产生的附随义务。[②]

在情势变更的情形下，《民法典》第533条规定了继续谈判义务。确立此种义务的理由主要在于：一是鼓励交易。在情势变更的情形下，合同的履行出现困境，从鼓励交易、最大限度地维护合同关系稳定的角度出发，在当事人申请变更或者解除合同后，法院不应当直接变更或者解除合同，而应当鼓励当事人继续谈判。同时，由于合同性质的特殊性，在继续性合同和长期合同之中，继续谈判义务的作用尤为突出，甚至被称为克服僵硬的"润滑剂"[③]。二是尊重私法自治。在情势变更的情形下，法律上确定的再协商义务，实际上从程序上保障了当事人的私法自治。与法院依据职权决定变更或者解除合同相比，通过当事人之间的磋商，达成对既有交易进行变动的新协议，更能够贯彻私法自治原则。三是强化合作。课以当事人再谈判义务，强制当事人双方继续接触，进行谈判，在一定程度上可以强化合作。在当事人进行长期交易的情况下，通过课以再磋商义务来强化当事人的合作，更有利于实现合同法鼓励交易的立法目的。

再磋商义务应当在合理期间内进行，所谓合理期间，当事人有约定的应当按照约定，在没有约定的情形下，应当根据交易的性质与类型、客观情势的特点、交易习惯、诚信原则等综合进行认定。

---

① 参见刘士国：《科学的自然法规与民法解释》，复旦大学出版社2011年版，第50页。

② 参见〔德〕英格博格·施文策尔：《国际货物销售合同中的不可抗力和艰难情势》，杨娟译，载《清华法学》2010年第3期。

③ 韩世远：《情事变更若干问题研究》，载《中外法学》2014年第3期。

（二）再磋商义务的性质

1. 再磋商义务是法定的义务

在情势变更的情形下，为了尽量促成交易，当事人应当负有再磋商义务。对此，《商事合同通则》第6.2.3条对此作出了规定[①]，但再磋商义务是否是一种法定的义务？一般认为，再磋商义务并不构成专门的债务，但《商事合同通则》秉持诚实信用的基本原则，认为当事人负有合作义务(a duty to co-operate)。这种义务要求当事人作出再磋商请求、对再磋商请求作出回应。[②]《欧洲合同法原则》第6:111(2)条均规定了当事人负有继续谈判的义务，此种义务可以看作依据诚信原则所产生的附随义务。[③] 这种观点可以说是比较法上具有共识的观点。但是，《欧洲民法典草案》第6:111条并没有采纳再磋商义务。因为草案的起草者认为，这一义务过于繁重且复杂。法律不宜强制当事人进行再交涉，而应将债务人诚信地进行磋商作为救济的条件。[④]

我国《民法典》第533条第1款明确规定了再磋商义务。我国《民法典》直接对这一义务进行规定，使得此种义务十分明确，有助于此种义务的履行。如果再磋商义务仅仅是附随义务，则法官在裁判时还需要进行解释，会在一定程度上导致法律适用的不确定。

2. 再磋商义务属于不真正义务

再磋商义务虽然是法定义务，但是在性质上应属于不真正义务，所谓不真正义务，是指违反该义务只是使自己的权利遭受减损，而不会导致损害赔偿责任的产生。在情势变更的情形下，当事人违反再磋商义务可能使其承受一定的不利益后果。从我国《民法典》规定来看，其并没有规定当事人违反再磋商义务的法律后果，但在因当事人违反再磋商义务而导致当事人无法达成协议时，法院应当将当事人是否违反继续谈判义务作为判决的依据进行通盘考虑，从而作出公正的裁决。

（三）违反再磋商义务的后果

在情势变更的情形下，关于当事人违反再磋商义务是否应当承担责任，存在两种观点，一是《欧洲合同法原则》的模式。其起草者认为，在诚信原则的要求下，继续磋商是因情势变更而受影响者必须履行的一项义务，受情势变更不利影响的一方必须在合理时间内提起磋商，并且应当就全部的争议点进行磋商，但违反该义务并不与承担法律责任联系在一起。[⑤]《商事合同通则》第6.2.3条对此采取了回避的态度。二是法国法模式。在法国债法改革后，则认为如果当事人违反重新协商义务，将产生对其不利的后果。[⑥] 甚至有学者认为，即使履行了继续谈判的义务，如果没有达成新的合意，那么当事人还负有调整谈判内容、必须缔

---

① 该条规定："若出现艰难情形，处于不利地位的当事人有权要求重新谈判。但是，提出此要求应毫不迟延地，而且说明提出该要求的理由。重新谈判的要求本身并不能使处于不利地位的当事人有权停止履约。在合理时间内不能达成协议时，任何一方当事人均可诉诸法院。"

② Stefan Vogenauer, *Commentary on the UNIDROIT Principles of International Commercial Contracts* (PICC), Oxford University Press, 2015, p. 1006.

③ 参见〔德〕英格博格·施文策尔：《国际货物销售合同中的不可抗力和艰难情势》，杨娟译，载《清华法学》2010年第3期。

④ See Christian von Bar et al. (eds.), *Principles, Definitions and Model Rules of European Private Law*, Sellier. European Law Publishers GmbH, 2009, pp. 712-713.

⑤ See Ole Lando, Hugh Beale (eds.), *Principles of European Contract Law*, Part Ⅰ & Ⅱ, Hague, Kluwer Law International, 2003, p. 326.

⑥ 依据修改后的《法国民法典》第1195条第2款，"如果(相对人)拒绝重新协商或者重新协商失败，双方当事人可以协议于共同确定的日期、依照共同确定的条件解除合同，或者协商一致请求法官修改合同。若当事人无法在合理期限内达成合意，经一方当事人请求，法官得修改合同或者按照其确定的日期及条件终止合同"。

结新合同的义务。[①]

从《民法典》第533条的规定来看，在发生情势变更后，“受不利影响的当事人可以与对方重新协商”，该条虽然使用了“可以”这一表述，但笔者认为，这实际上是赋予受不利影响的当事人请求对方当事人继续谈判的权利，而对方当事人则负有继续谈判的义务，该义务既是一项法定义务，也是依据诚信原则产生的义务。在发生情势变更后，合同并不当然解除，课以当事人继续谈判的义务，通过变更合同的方式继续维持合同的效力，也符合鼓励交易的价值理念。当然，从《民法典》第533条的规定来看，其并没有对当事人违反该义务的法律后果作出规定，此种义务在性质上应当属于不真正义务，即在当事人违反该义务后，并不会产生违约责任。当然，在法院或者仲裁机构变更或者解除合同后，该方当事人可能承担违反不真正义务所产生的不利后果。由此可见，我国《民法典》事实上采纳了《欧洲民法典草案》的方式。

笔者认为，法律应当鼓励当事人继续谈判，但惩罚并非继续谈判制度设立的目的所在。[②]如果一方拒绝谈判，导致双方不能继续协商，则只能由法院依据自由裁量权确定变更或者解除合同，此时应当将纠纷交给法院处理，而不是由当事人自主决定。因此，一个理性的当事人应当意识到，由法院变更、解除合同不如由自己继续协商、谈判，这在客观上已经形成了一种倒逼机制，法律上没有必要再规定由当事人承担违反继续协商义务的赔偿责任。而且，提起法院诉讼或仲裁应当以再磋商为前置程序，在未进行再磋商时，不能直接提起诉讼或仲裁。[③] 只有这样才能鼓励当事人进行磋商，以自己的意思达成新的合意。

二、再磋商失败后通过诉讼或者仲裁变更和解除合同

在发生情势变更后，如果当事人在合理期限内协商不成，依据《民法典》第533条的规定，则可以请求法院或者仲裁机构变更或者解除合同。从该条规定来看，其并没有赋予当事人一方直接解除合同的权利，而只能请求法院或仲裁机构变更或解除合同。且在当事人无法通过重新协商变更合同的情形下，双方当事人均可请求法院或者仲裁机构变更或者解除合同。[④] 具体而言，一是变更合同内容。例如，由于新冠肺炎疫情影响，导致原培训合同中约定的线下教学活动无法展开，当事人将合同内容变更为线上教育培训。变更合同，可以是变更履行期限，允许债务人延期或分期履行，也可以变更合同标的，增减给付。二是解除合同。例如，由于疫情影响，导致演出合同无法履行，当事人之间可以解除合同，以消灭合同义务。一般而言，凡是能够通过变更合同解决的，应当鼓励当事人进行变更，而在变更不能解决情势变更所带来的问题时，则可以允许当事人解除合同。由于在发生情势变更的情形下，如果仍然强行要求当事人严守合同，可能造成当事人之间新的不公平，所以，允许法官根据情势变更来变更或解除合同，使已经失衡的利益得到调整，这从根本上符合合同正义的要求。

关于法院判决变更和解除合同的适用顺序，依据《合同编通则解释》第32条第2款，如

① 〔日〕和田安夫：《长期合同的变更与合同的再交涉义务》，载《姬路法学》13号，第1页，转引自刘善华：《日本和德国法上的再交涉义务及对我国合同法的启示》，载《山东大学学报(哲学社会科学版)》2013年第6期。

② 〔日〕山本显治：《关于合同交涉关系的法律构造考察(三)——面向私法自治的再生》，载《民商法杂志》第100卷，第811页，转引自刘善华：《日本和德国法上的再交涉义务及对我国合同法的启示》，载《山东大学学报(哲学社会科学版)》2013年第6期。

③ 参见朱广新、谢鸿飞主编：《民法典评注·合同编·通则2》，中国法制出版社2020年版，第529页。

④ 参见黄薇主编：《中华人民共和国民法典合同编解读》(上册)，中国法制出版社2020年版，第242页。

果合同的基础条件发生了重大变化、符合情势变更的条件,人民法院在决定变更或者解除合同时,应当贯彻鼓励交易的原则。具体而言,一是如果当事人均请求变更合同的,则人民法院应当尽量变更合同,而不得解除合同。在情势变更发生以后,面对不公平的结果予以变更,称为第一次效力。如果变更合同仍然不能排除不公平的后果,就应当解除合同,这在学理上称为第二次效力。毕竟解除合同将导致合同消灭,能够变更就不必解除合同。二是如果一方当事人请求变更合同,而另一方当事人请求解除合同,则应当由法院决定变更合同或者解除合同,但法院在决定变更或者解除合同时,也应当尽量贯彻鼓励交易和合同严守的原则[①],并结合案件的实际情况,如变更合同后履行的可能性、变更合同对当事人权利义务的影响等,并根据公平原则判决变更合同或者解除合同。

关于法院判决变更或者解除合同的时间,《民法典》并没有作出规定,《合同编通则解释》第 32 条第 3 款对此作出了细化规定,依据该条款,在情势变更的情形下,应当由法院判决变更或者解除合同的时间。[②] 法院判决变更或者解除合同的时间主要应当考虑如下因素:一是合同基础条件发生重大变化的时间,即因政策或者市场因素的重大变化导致合同基础条件发生重大变化的具体时间。二是当事人重新协商的情况,即在合同基础条件发生重大变化之后,当事人就变更或者解除合同重新协商的相关情况。三是因合同变更或者解除给当事人造成的损失,即在变更或者解除合同的情形下,将给当事人造成损失的大小。人民法院在判决变更或者解除合同时,应尽可能降低因此给当事人造成的损失。四是其他因素,如当事人履行合同的可能性以及履行条件等。

依据《民法典》第 533 条的规定,法院或者仲裁机构在裁判时,应当根据公平原则确定变更或者解除合同。所谓根据公平原则,就是要综合考虑客观情况的变化对当事人权利义务产生的影响,并考虑当事人是否违反继续谈判的义务等多种因素综合予以判断。尤其是在认定是否构成情势变更时,应当秉持公平原则,防止一方当事人滥用情势变更原则,逃避其应履行的合同义务。同时,在确定变更还是解除合同时,也应当基于公平的考量作出准确的认定。[③]

---

① 参见最高人民法院民事审判第二庭、研究室编著:《最高人民法院民法典合同编通则司法解释理解与适用》,人民法院出版社 2023 年版,第 373 页。

② 同上书,第 374 页。

③ 同上。

第十五章

合同的保全

第一节　合同保全概述

一、合同保全概述

(一) 合同保全的概念和特征

合同保全，是指法律为防止因债务人的财产本不应减少却被不当地减少或本应增加却不当地未增加而给债权人的债权带来损害，允许债权人行使撤销权或代位权，以保护其债权。我国《合同法》并未将合同保全作为独立的一章，而是规定在“合同的履行”一章中。我国《民法典》合同编通则单独设立一章(第五章)规定了合同的保全，在该章中，具体规定了债权人的撤销权和债权人的代位权。将合同的保全单设一章进行规定，区分了合同保全与合同履行，说明二者并非同一概念，存在着显著的区别。一方面，虽然保全大多发生在履行过程中，但是保全旨在维持责任财产，而履行旨在获得清偿，二者存在明显区别。另一方面，这种方式凸显了保全的重要性，保全作为债权人维持债务人责任财产的重要方式，在实践中被广泛适用，有必要单独对其进行规定。此外，由于保全制度属于债的一般规则，不限于合同领域，因而立法者对其进行单独规定。[①]

合同保全主要有以下特征：

1. 合同保全的基本方法是确认债权人享有撤销权或代位权。债权人撤销权的主要目的是防止债务人责任财产的不当减少从而影响债权的实现。[②] 例如，债务人在债务履行期限届满前，以不合理的低价转让其财产，导致其无法履行其债务，这就可能影响债权人债权的实现，此时，债权人即有权通过行使撤销权的方式保全其债权。而债权人代位权的主要目的是防止债务人责任财产应当增加而不增加的情形出现，即在债务人怠于行使其到期债权的情形下，债权人即有权代位行使债务人的债权，以保全其债权。这两种措施都旨在通过防止债务人财产不当减少或恢复债务人财产，从而保障债权人的权利实现。不论债务人是否实施了违约行为，只要债务人实施了不当处分其财产的行为而有害于债权人的债权时，债权人就可以采取保全措施。可见，合同保全与违约责任是不同的。

2. 合同保全是合同相对性规则的例外。根据合同的相对性规则，合同之债主要在合同

---

① 参见黄薇:《中华人民共和国民法典释义》(中)，法律出版社 2020 年版，第 1023 页。

② 同上。

当事人之间产生法律效力。但是代位权或撤销权的行使,都会对第三人产生效力,这种现象可以看作是合同相对性规则的例外。[①]

3. 合同保全主要发生在合同有效成立期间。也就是说,在合同生效后至履行完毕前,债权人都可以采取保全措施,但如果合同根本没有成立、生效,或已被解除,或被宣告无效、被撤销,则不能采取保全措施。

4. 债权人保全其债权所享有的代位权和撤销权在性质上属于债权的法定权能。一方面,债权人保全其债权的权利在性质上属于债权的权能。即不论是债权人的代位权还是撤销权,都是债权人债权的重要权能,基于保全其债权的目的,债权人可以向债务人或者第三人提出请求,债权人保全其债权的权利在性质上仅是债权中派生出来的一项权能,不能完全等同于债权。[②] 债权人保全其债权的权利在效力上依附于债权,不得单独转让。如果产生债权的合同不成立、无效、被撤销或者被解除,则债权无效,债权人也不再享有保全债权的权利。另一方面,债权人保全其债权的权利在性质上属于法定的权利,依据法律规定产生,即便当事人没有对债权保全作出约定,在具备相应的行使条件时,债权人仍可以行使代位权或者撤销权,以保全其债权。

(二)合同保全的功能

合同保全是大陆法系民法中特有的制度。债务人的责任财产不仅担保某个债权人债权的实现,而且担保全体债权人债权的实现,所以,为了防止债务人不当减少其责任财产,或者应当增加其责任财产而不增加,法律赋予债权人干预债务人责任财产的权利,以保全其债权。[③] 合同保全制度具有如下功能:

一是债权人代位权和撤销权的直接目的就是要维持债务人的责任财产。任何民事主体都需要以其责任财产对其债务承担责任,因为责任财产是其对外承担责任的基础。责任财产既是民事主体从事交易活动的基础,也是其承担民事责任的基本条件,如果民事主体享有充足的责任财产,其就具备对外广泛从事民事活动的财产基础。而在债务人的责任财产不足以清偿债务时,即便债权人通过强制执行的方式,也无法实现其债权。一般来说,债务人的财产包括积极财产(即现有财产)和消极财产(即有可能实现的财产权利),它们都是债务人对外承担责任的基础。而这些财产有可能因为债务人的恶意行为而不当减少,或者因为债务人怠于行使权利,而使其应当增加的财产未能增加,这都会最终减少其责任财产,而通过合同保全,则可以有效防止债务人责任财产的减少。从这一意义上说,债权人保全其债权、防止债务人责任财产的不当减少或者应增加而不增加,可以看作是债权强制执行效力的预备过程。[④]“责任财产之增减,与债权人之利害,息息相关,因而责任财产如发生不当的减少,而影响于债权之清偿时,法律上乃不能不赋予债权人以防止其减少之权利,俾直接维持债务人之财产状况,间接确保自己债权之获偿。此即保全制度之所由设也。”[⑤]因此,在债务人的行为可能导致其责任财产减少或应当增加而不增加,影响债权人债权实现时,赋予债权人保全债权的权利,可以有效防止债务人责任财产的不当减少。

二是合同保全制度的重要功能在于维护交易安全。按照郑玉波先生的观点,法的安全

---

① 参见朱广新、谢鸿飞主编:《民法典评注·合同编·通则2》,中国法制出版社2020年版,第4页。

② 参见〔日〕柚木馨:《判例债权法总论》(上卷),日本有斐阁1956年版,第11页。

③ 参见孙森焱:《民法债编总论》(下册),法律出版社2006年版,第507页。

④ 同上书,第508页。

⑤ 郑玉波:《民法债编总论》(修订二版),陈荣隆修订,中国政法大学出版社2004年版,第291页。

(Securite juridique)分为静的安全(Securit statique)与动的安全(Securit dynamique)。前者着眼于利益的享有,所以也称为"享有的安全"或"所有的安全",此种安全主要是由物权法来保障的。而后者则着眼于利益的取得,所以也称为"交易的安全",合同法主要是维护交易安全的法律。[①] 而债权人债权的顺利实现则是交易安全的集中体现。在债务履行过程中,如果债务人实施了相关行为,危及债权人债权的实现,交易安全也可能受到影响,合同法若不赋予债权人保全债权的权利,就会使相对人债权的实现存在风险,而且会损害交易安全和交易秩序。[②] 保全制度的主要功能即在于防止债务人从事危及债权人债权的行为,保障债权人权利的顺利实现,从而维护交易安全。

二、合同保全与其他保障债权形式的区别

(一)合同保全与合同担保

在债的关系生效以后,债务人的所有财产,除对特定债权人设有担保物权以外,都应当用来作为对债权的一般担保。[③] 也就是说,债务人的全部财产应作为其清偿债务和承担责任的财产,简称为责任财产。责任财产不仅为某一债权人的担保,而且应成为全体债权人的共同担保。可见,责任财产的增减对债权的实现关系十分重大。从这一意义上说,合同的保全主要是保障债务人责任财产的稳定性,在功能上与合同的担保类似。

虽然合同的保全与合同的担保存在密切关联,但二者属于不同的债权保障制度,其区别主要体现为:

第一,成立时间不同。合同的担保一般设定在合同订立之时,或在合同履行之前就已确定。担保一旦成立,债权人或对担保的财产享有优先受偿的权利,或可请求保证人承担责任,这就为债务的履行或债权的实现提供了比较现实的物质基础。因此,它极有利于督促债务人履行债务。但合同的保全不同于合同的担保,在合同保全的情形下,债权人不像担保权人那样对第三人享有优先受偿的权利,也不能对保证人主张权利,因此,对债权的保障作用不如担保方式那样明显。

第二,权利内容不同。保全是指责任财产的保全,它是指债权人行使代位权和撤销权,防止债务人责任财产不当减少或消极不增加,以确保无特别担保的一般债权得以清偿。担保则是通过对第三人的责任财产,以及特定物或者权利的交换价值的支配如抵押权、质权,来扩充债务人对债务清偿的能力。

第三,权利的产生基础不同。作为债权保全的代位权和撤销权是基于有效债权而产生的,是有效债权内容的延伸,因而属于法定的权利;而无论保证还是担保物权,主要是基于当事人的约定产生,仅在特定情形下基于法定产生如留置权。

第四,权利实现方式的差异。根据《民法典》的规定,除行使保存行为以外,代位权和撤销权均需要以法院诉讼的方式行使,而担保的实现方式多样,既可以通过自力的方式如变卖、折价等实现,也可以通过公力的方式实现。

第五,权利行使的条件不同。合同的担保通常必须是在债务人不履行债务的情况下,担保权人才能行使其担保权;而合同保全的适用并不以债务人不履行债务为前提,即只要债务

---

① 参见郑玉波:《民商法问题研究(一)》,三民书局1982年版,第39页。
② 参见韩世远:《合同法总论》(第四版),法律出版社2018年版,第432页。
③ 同上。

人实施了严重影响其履行债务的行为,符合债权保全条件的,债权人就可以采取债权保全措施。

(二)合同保全与民事诉讼中的财产保全

所谓民事诉讼中的财产保全,是指人民法院在案件受理前或诉讼过程中,为了保证判决的执行,或避免财产遭受损失而对当事人的财产和争议的标的物采取查封、扣押、冻结等措施。[①] 虽然合同保全与民事诉讼中的财产保全都是为了保障特定主体履行债务,防止其责任财产的转移或者减少,但二者存在一定区别:一方面,民事诉讼中的财产保全是《民事诉讼法》所规定的措施;而合同保全则是实体法即《民法典》所规定的制度。民事诉讼中的财产保全是程序法所规定的措施,一般需要由当事人提出申请,而合同的保全是实体法中的制度,它是通过债权人行使代位权、撤销权而实现的。另一方面,诉讼上的财产保全的方法通常包括查封、扣押、冻结存款等措施;而合同保全只是通过债权人行使代位权、撤销权措施而实现的。此外,诉讼中的财产保全一般需要由当事人提出申请,但在特殊情况下,法院亦可主动采取诉讼保全措施;而合同保全则要由债权人提出请求而由法院决定是否采取,法院不得主动依职权采取合同保全措施。

第二节 债权人代位权

一、债权人代位权的概念和特点

债权人的代位权,是指因债务人怠于行使其到期债权及与该债权有关的从权利,对债权人造成损害的,债权人可以向人民法院请求以自己的名义代位行使债务人债权及其从权利的权利。例如,甲欠乙100万元,丙欠甲50万元,甲在其债权到期后,一直不行使对丙的债权,致使其无力清偿对乙的债务,则乙可代位行使甲的权利,督促丙履行其对甲的债务。《民法典》第535条第1款规定:“因债务人怠于行使其债权或者与该债权有关的从权利,影响债权人的到期债权实现的,债权人可以向人民法院请求以自己的名义代位行使债务人对相对人的权利,但是该权利专属于债务人自身的除外。”这就规定了债权人代位权。

关于代位权制度的起源,学者见解并不一致。据许多学者考证,代位权制度起源于古代的日耳曼法,在日耳曼时期曾有一种观点认为,债权人由于与债务人财产的变动有着利害关系,在契约上就体现为像概括性继承人那样可以行使债务人契约上的权利。代位权制度在民法中的正式确认始于1804年的《法国民法典》[②],该法典在确认合同仅在当事人之间发生效力的原则以后,于第1166条规定:“但是,债权人得行使其债务人的一切权利与诉权,专与人身相关的权利除外。”代位权在法国民法理念中又被称为“斜线诉权”(action oblique),它是与直接诉权相对应的,本质仍然是一种诉讼上的权利。[③] 故一些学者将代位权称为代位诉权(action subrogation)。法国法上的代位权制度对其他大陆法系国家产生了一定的影响,

① 参见邵明:《民事诉讼法学》(第二版),中国人民大学出版社2016年版,第203页。

② 参见段匡:《日本债权人代位权的运用》,载梁慧星主编:《民商法论丛》(第16卷),金桥文化出版(香港)有限公司2000年版,第526页。

③ 例如,《日本民法典》第423条明确确认了代位权制度,与法国民法规定所不同的是代位权虽被称作间接诉权或代位诉权,但是它不是作为诉讼上的权利,而是实体法上的权利。此外,《意大利民法典》第2900条以及我国台湾地区“民法”第242条也确认了代位权制度。

并为这些国家所借鉴。[①]

我国《民法典》所确认的代位权是债权人所享有的一项权能，作为一种债权的法定权能，其并不是与物权、债权等权利相对应的民事权利，而是一种依附于债权的权利。[②] 这种依附性表现在，代位权随着债权的产生而产生，随着债权的转移而转移，随着债权的消灭而消灭，代位权不能也不可能与债权相分离。在法律上不可能存在无债权的代位权，或不以债权的有效存在为前提的代位权。代位权的附属性也决定了代位权与债务人之间的追偿权是不同的。所谓追偿权，通常是指某个负有连带责任的债务人代其他债务人偿还了全部债务，有权要求其他负有连带义务的债务人偿付其应当承担的份额。追偿权并不是债权的固有权能，也不是随债权产生而产生的权利，只是因为代其他债务人履行义务而产生的权利，所以它和代位权在性质上是不同的。

债权人代位权作为一种法定的权利，具有如下特点：

1. 代位权针对的是债务人消极地不行使权利的行为，即怠于行使权利的行为。代位权的行使是为了保持债务人的责任财产，即旨在对债务人的责任财产采取法律措施予以保持。债权人行使代位权，一般都是在债权人与债务人之间的债务已经到期的情况下，因此，债权人行使代位权以后，如果没有其他人向债务人主张权利，债权人可以直接获得该财产。

2. 代位权是债权人以自己的名义代位行使债务人的债权及其从权利。代位权是债权人向相对人而不是向债务人提出请求，这就不同于债权人向债务人以及债务人向相对人提出请求。例如，甲欠乙 100 万元的债务，而丙欠甲 150 万元的债务，乙向法院起诉请求丙向其清偿对甲的债务，而甲也同时起诉丙请求其清偿所欠债务。在这两个诉讼中，前一个诉讼属于代位权诉讼，后一个诉讼属于一般的债务诉讼。

3. 代位权的行使须由债权人向人民法院提出请求。我国《民法典》第 535 条严格要求债权人行使代位权必须要向法院提起诉讼，请求法院保全其债权，而不能通过诉讼外的方式来行使。这一规定有利于防止当事人以保全债权为名，采用不正当的手段抢夺债务人的财产，影响社会生活的安定。由于代位权是为了保全债权而代替债务人行使权利，并不是扣押债务人的财产或就收取的债务人的财产而优先受偿，因此它也不是诉讼上的权利，而是一种实体权利。

4. 债权人的代位权是一种权利而不是义务。代位权在性质上仍然属于债权的内容，债权人可以行使代位权，也可以不行使代位权。如果债权人不行使代位权，债权人仍然可以向债务人及其担保人提出请求，在任何时候都不能认为，债权人因没有行使代位权而具有过错。

二、代位权行使的条件

（一）债权人对债务人的债权合法、确定且已届清偿期

债权人对债务人的债权合法，是指债权人与债务人之间必须有合法的债权债务的存在。如果债权债务关系并不成立，或者具有无效或可撤销的因素而应当被宣告无效或者可能被撤销，或者债权债务关系已经被解除，或者债权人和债务人之间的债权是一种自然债权，则

---

① 参见段匡：《日本债权人代位权的运用》，载梁慧星主编：《民商法论丛》（第 16 卷），金桥文化出版（香港）有限公司 2000 年版，第 527 页。

② 参见崔建远：《合同法》（第三版），北京大学出版社 2016 年版，第 167 页。

债权人并不应该享有代位权。依据《合同编通则解释》第40条第2款的规定,只要当事人之间存在合法有效的债权债务关系,债权人依法享有合法有效的债权,其就可以依法行使代位权,该债权并不需要再由生效的法律文书予以确认。当然,如果债务人主张债权人债权不具有合法性,其可以在诉讼过程中提出抗辩,或者另行主张。

债权必须确定,是指债务人对于债权的存在以及内容并没有异议,或者该债权是已经经过了法院或仲裁机构裁判所确定的债权。只有在债权人对债务人的债权确定以后,因为债务人怠于行使其自身的债权,债权人才应当向相对人提出请求。

债权人对债务人享有的债权必须已届清偿期,债权人才能行使代位权。《民法典》第535条第2款明确规定,代位权的行使范围以债权人的到期债权为限。这一点是代位权与撤销权在构成要件上的区别所在。在行使代位权的情况下,债务人对债权人的债务必须到期,然而在债权人行使撤销权的情况下,债务人对债权人的债务不要求必须到期。另外,在债权人从事保存行为时,债权不必到期。

(二)债务人怠于行使其到期债权及其从权利

债务人怠于行使其到期债权,意味着债务人不仅应当对相对人享有债权,而且此种权利必须到期。因为没有到期,则谈不上怠于行使的问题。关于何为债务人怠于行使权利,《民法典》第535条没有作出明确规定,依据《合同编通则解释》第33条的规定,所谓债务人怠于行使权利,是指债务人不履行其对债权人的到期债务,又不以诉讼方式或者仲裁方式向相对人主张其享有的债权或者与该债权有关的从权利,并因此导致债权人的到期债权未能实现。

债务人怠于行使的权利包括两类:一是债务人对相对人的债权。债务人对相对人的债权应当已经到期,否则债务人无权向相对人主张债权,因此,只有债务人的债权已经到期,才有可能构成债务人怠于行使权利。二是从权利。所谓从权利,是指依附于债务人债权的权利,如利息债权和担保债权。主权利消灭,从权利也随之消灭。由于债务人怠于行使从权利,也会影响债权人债权的实现,因此,债权人也有权依法行使代位权。例如,债务人怠于行使担保物权时,可能使债务人无法清偿对债权人的债务,此时,债权人也有权依法行使代位权。

(三)债务人怠于行使权利的行为已经对债权人的到期债权造成影响

我国《合同法》第73条规定,代位权的行使必须因债务人怠于行使其到期债权,并对债权人造成损害。但是如何认定造成债权人损害,在实践中常常难以举证,如果要求债权人举证证明自己因为债务人怠于行使到期债权,遭受了具体的、实质性的损害,则将使债权人常常面临举证不能的困难,如果因为不能举证而无法行使代位权,对债权人确实不公平。[①] 而《民法典》第535条修改了《合同法》第73条的规定,采取了"影响债权人的到期债权实现"这一表述,显然极大地减轻了债权人对损害举证的困难。《合同编通则解释》第33条强调,只要债务人怠于行使债权的行为,影响到债权人债权的实现,债权人就可以行使代位权,这就更有利于对债权人的保护。

具体而言,所谓影响债权人到期债权的实现,应当从以下三个方面加以判断:

1. 债权人对债务人的债权已经到期。这是判断债务人怠于行使权利给债权人造成损害的第一个标准。由于债权人也必须在自己的债权到期以后,才能确定债务人的行为是否有害于其债权,如果债权人的债权尚未到期,债权人不能对债务人提出实际请求,当然也不

① 参见曹守晔:《代位权的解释与适用》,载《法律适用》2000年第3期。

应该行使代位权，要求第三人清偿债务。

2. 债务人构成迟延履行。这就是说，在债权人对债务人的债权到期以后，债务人没有及时清偿债务，已经构成迟延。如果债务人能够及时履行债务，将能够保障债权人债权的实现，此时债权就没有保全的必要，债权人也无权基于债权保全的需要行使代位权。

3. 债务人因怠于行使自己对相对人的权利，增加了债权人到期债权不能实现的风险。这就是说，债务人怠于行使对相对人的权利，造成自己无力清偿对债权人的债务，影响到债权人债权的实现。影响到债权人债权的实现，不一定是债权人的债权全部不能实现，而只需要对债权人债权的实现产生一定的不利影响即可。

至于债务人怠于行使其债权是否造成了债权人实际的、具体的损害，则不予考虑。

（四）债务人的债权不是专属于债务人自身的权利

依据《民法典》第 535 条第 1 款的规定，专属于债务人自身的权利，不得代位行使，据此，债权人可以代位行使的权利必须是非专属于债务人的权利。由此可见，代位权的客体必须是非专属于债务人的债权。对专属于债务人的权利，不得行使代位权。《合同编通则解释》第 34 条对专属于债务人自身的权利作出了规定，依据该条规定，专属于债务人自身的权利包括如下几类：

一是抚养费、赡养费或者扶养费请求权。债务人的抚养费、赡养费或者扶养费请求权是基于债务人的抚养关系、赡养关系、扶养关系等特定的身份关系所产生的请求权，其具有严格的人身专属性，债权人不得代位行使此类权利。

二是人身损害赔偿请求权。人身损害赔偿请求权性质上虽然属于金钱债权，但其功能在于救济受害人的人身损害，如果允许债权人代位行使，则可能使债务人的人身损害难以获得及时救济，因此，该权利也属于专属于债务人自身的权利。

三是劳动报酬请求权。债务人的劳动报酬请求权是债务人在向他人提供一定的劳动之后所享有的一项权利，其通常是基于劳动合同等所产生的一项权利，而且其具有保障债务人基本生活的功能，因此，原则上不得由债权人代位行使。但如果债务人的劳动报酬请求权超过了债务人及其所扶养家属的生活必需费用，则对于超过的部分，债权人可以代位行使。

四是请求支付基本养老保险金、失业保险金、最低生活保障金等保障当事人基本生活的权利。基本养老保险金等具有明显的基本生活保障功能，且具有很强的人身专属性，不得作为代位权行使的对象。

五是其他专属于债务人自身的权利。除上述权利外，还可能存在其他债权人不得代位行使的权利，如执行程序中的应当为被执行人保留生活必需品等权利。这些权利专属于债务人自身，直接关系到有关公民的基本生活和生存的问题，不能强制执行，当然也不能作为代位权的客体。[①]

只有符合上述条件，债权人才能依法行使代位权，并产生相应的法律效果。依据《合同编通则解释》第 40 条第 1 款的规定，如果人民法院经审理后认为债权人行使代位权的条件不具备，则应当驳回其诉讼请求。当然，如果债权人事后具备了行使代位权的条件，则其仍然可以再次依法行使代位权。例如，债权人在行使代位权时，其债权尚未到期，人民法院应当判决驳回其诉讼请求，但如果债权人的债权事后已经到期，则其即可依法行使代位权。

---

① 参见最高人民法院民事审判第二庭、研究室编著：《最高人民法院民法典合同编通则司法解释理解与适用》，人民法院出版社 2023 年版，第 391 页。

三、代位权的行使与仲裁协议

仲裁协议是当事人之间达成的有关将其争议提交给仲裁机构裁决的书面协议。[①] 在实践中,债权人提起代位权诉讼以后,债务人或者其相对人经常以其相互之间存在仲裁协议为由提出抗辩,在此情形下,如何妥当协调债权人权利与债务人、相对人程序性权利之间的关系,是司法实践中长期存在的一大难题。《合同编通则解释》第 36 条妥当协调了二者之间的关系,《合同编通则解释》第 36 条规定确立了如下规则:

(一) 即使存在仲裁协议,债权人也可以通过诉讼程序行使代位权

按照上述司法解释的规定,即便债务人与其相对人约定了仲裁条款,如果债权人行使代位权,在此情形下,人民法院也有权受理。诚然,代位权诉讼应当受债务人与其相对人所约定的仲裁协议的约束,但是,在债权人行使代位权的情形下,法院仍应当受理,因为一方面,代位权诉讼是因为债务人怠于行使其债权从而影响了债权人债权的实现,这就意味着,虽然债务人和相对人之间有仲裁协议,但债务人并不提起仲裁,表明其构成怠于行使债权,债权人从保护自身利益出发,当有权行使代位权。事实上,债务人与相对人之间有仲裁协议而不通过仲裁协议主张权利,就表明其是具有过错的,如果其一直不申请仲裁,此时如果不允许债权人行使代位权,则债权人的权利将难以实现,这是极不合理的。[②] 另一方面,债权人与债务人的相对人之间并不存在仲裁协议,其不应受债务人与其相对人之间达成的仲裁条款的约束[③];事实上,债权人和债务人的相对人之间并不存在合同关系,也没有约定仲裁条款,如果不允许债权人提起代位权诉讼,其利益就难以获得保障。因此,即便债务人与其相对人之间存在仲裁条款,也不能阻止债权人向债务人的相对人行使代位权。[④] 因此,债权人提起代位权诉讼以后,债务人或者其相对人以其相互之间存在仲裁协议为由对法院受理代位权诉讼提出抗辩的,该抗辩不应当获得支持。

当然,在债权人和债务人之间也有仲裁协议,且债务人已经就其与债权人的关系提起仲裁时,债权人此时能否提起代位权诉讼?笔者认为,在此情形下,债权人应当无权提起代位权诉讼,因为在此情形下,一方面,债务人已经行使了其权利。另一方面,债权人与债务人之间的债权并不确定,即债权是否存在并不确定,即便债权存在,即效力、范围、数额等也存在争议,因此首先应当通过仲裁程序确定债权的基本情况,之后债权人才能提起代位权诉讼。在债权人与债务人之间的债权债务关系尚未最终确定的情形下,如果允许债权人提起代位权诉讼,则可能导致当事人之间的法律关系复杂化,并可能因此引发新的纠纷。例如,在债权人提起代位权诉讼后,如果法院继续审理该代位权诉讼,并最终支持了债权人的请求,责令债务人的相对人对债权人履行应负的债务,但债务人与债权人之间的债权事后被认定为无效,则可能在债权人、债务人以及债务人的相对人之间引发新的纠纷。

(二) 债务人或者相对人在首次开庭前已申请仲裁的,可以依法中止代位权诉讼

依据《合同编通则解释》第 36 条的规定,在债务人与其相对人约定了仲裁协议时,不能排除债权人代位权的行使,相反,应当允许债权人提起代位权诉讼。但是,如果债务人或者相对人在一审首次开庭前申请仲裁,将导致代位权诉讼中止,主要理由在于,一方面,这体现

① 参见〔日〕新堂幸司:《新民事诉讼法》,林剑锋译,法律出版社 2008 年版,第 11 页。

② 参见王静:《代位权诉讼若干问题研究》,载《法律适用》2001 年第 4 期。

③ 韩朝炜:《债权人代位权诉讼管辖问题探析》,载《法律适用》2005 年第 7 期。

④ 参见张芳芳:《代位请求权情形下仲裁协议的效力问题探讨》,载《河北法学》2007 年第 7 期。

了对当事人私法自治的尊重。在债务人与其相对人约定仲裁协议的情形下，如果债务人或者相对人已经提起仲裁，则表明当事人旨在通过仲裁的方式解决纠纷，此时，应当尊重与保护当事人对纠纷解决方式的选择，即在此情形下，人民法院应当中止审理债权人的代位权诉讼。另一方面，如果债务人或者相对人已经提起仲裁，则表明债务人与其相对人之间的关系仍然处于不确定状态，此时，如果人民法院继续审理代位权诉讼，则可能使当事人之间的权利义务关系复杂化。例如，在债权人对债务人的相对人提起代位权诉讼时，债务人的相对人应当可以对债权人主张其对债务人享有的抗辩权。再如，如果债务人与其相对人的权利义务关系最终被仲裁裁决认定为无效，或者权利义务的范围与债权人行使代位权所主张的范围不一致，也可能导致诉讼难以进行。还需要指出的是，中止审理也有利于解决代位权纠纷，因为在债务人的相对人提起仲裁的情形下，如果人民法院继续审理代位权诉讼，则可能导致当事人之间权利义务关系的复杂化，并影响代位权诉讼以及仲裁结果的确定性。[①] 法院继续审理代位权诉讼可能导致诉讼和仲裁结果的冲突，这不仅不利于纠纷的解决，也可能极大地增加纠纷解决的成本。因此，在代位权诉讼在一审首次开庭前，债务人与其相对人已就其相互之间的债权债务关系申请仲裁的，法院可以依法中止代位权诉讼。

由于仲裁协议的存在，代位权诉讼的审理应当建立在对于仲裁协议的尊重的基础之上，具体而言，应当区分如下两种不同的情形：

一是在一审首次开庭前次债务关系尚未进入仲裁程序。如果债务人或者其相对人并未及时申请仲裁，此时，对债务人而言，应当构成怠于行使权利，对债务人的相对人而言，应当认定其已经放弃了程序上的抗辩。因此，债权人此时可以直接行使代位权，而不受到仲裁协议的约束。依据《合同编通则解释》第 36 条的规定，债务人或相对人只有在首次开庭前就债务人与相对人的债权债务关系申请仲裁的，人民法院才需要依法中止代位权诉讼，在代位权诉讼一审法庭辩论终结前，债务人或相对人仍未提起仲裁的，则人民法院无须中止代位权诉讼。

二是在一审首次开庭前次债务关系已经提起仲裁。在此种情况下，代位权诉讼虽然已经受理，但也要中止审理。即仲裁程序在代位权诉讼一审首次开庭前就已经启动的，代位权诉讼需要受到次债务关系中仲裁结果的拘束。如前所述，此时次债务关系已经提起仲裁，债务人已经行使了权利，而不构成怠于行使权利，因而尚未满足代位权的产生条件；且只有次债务关系得到确定，代位权诉讼才能继续，而还在仲裁阶段的次债务关系尚未确定，在等待仲裁结果确定后再进行审判有利于提升效率；还应当看到，此种中止代位权诉讼的审理符合《民事诉讼法》第 153 条有关诉讼中止的规定。

需要指出的是，代位权并不是单纯以债务人怠于行使债权为条件，法院还需要继续审查是不是满足代位权发生的其他条件。特别是债务人怠于行使债权的行为是否影响了债权的实现。例如，在债权人提起代位权诉讼后，如果债务人的责任财产足以保障债权人债权的实现，则债权人行使代位权的条件已不具备，其无权提起代位权诉讼。仲裁裁决确定后法院还要进一步审理才能确定债务人怠于行使债权是否会影响债权实现，甚至可能因为债务人还有其他自己的财产而否定代位权的行使。

---

① 参见韩健：《刍议派生仲裁请求权和代位仲裁请求权》，载《中国国际私法与比较法年刊》2001 年第 4 期。

四、保存行为

所谓保存行为,是指债权人的债权到期之前,如果确实因为特殊情形,影响债权人债权实现,债权人可以为保存债权而及时行使代位权①。《民法典》第536条规定:“债权人的债权到期前,债务人的债权或者与该债权有关的从权利存在诉讼时效期间即将届满或者未及时申报破产债权等情形,影响债权人的债权实现的,债权人可以代位向债务人的相对人请求其向债务人履行、向破产管理人申报或者作出其他必要的行为。”法律上之所以规定保存行为,是因为依据《民法典》第535条第2款的规定,代位权的行使范围以债权人的到期债权为限,但是在未到期之前,如果债务人的权利因各种原因不及时行使,将导致债务人的权利丧失或不能实现的,从保护债权人角度出发,例外可允许未到期的债权人以行使债权人代位权的方式保全债权。② 因此,本条属于代位权行使以到期为必要的例外规则。

在债权到期前行使债权人代位权,事实上是基于保存的需要而行使代位权,其情形主要包括以下几种:

一是债务人权利的诉讼时效即将届满的。在债务人权利的诉讼时效期间即将届满时,如果不及时主张权利,则在诉讼时效期间届满后,相对人将享有时效届满的抗辩权,该抗辩权不仅可以对抗债务人,而且可以对抗债务人的债权人。如果债务人怠于行使权利,而债权人碍于自己的债权并未到期,又无法行使代位权,则将导致债务人的债权罹于诉讼时效,债权人在债权到期后再行使代位权将遭到诉讼时效经过的抗辩。

二是债务人的相对人进入破产程序,而债务人怠于申报债权的。在债务人的相对人进入破产程序的情况下,《企业破产法》第45条规定:“人民法院受理破产申请后,应当确定债权人申报债权的期限。债权申报期限自人民法院发布受理破产申请公告之日起计算,最短不得少于三十日,最长不得超过三个月。”债务人应当在此期限内申报债权,参与破产分配。如果债务人未及时申报债权,依据《企业破产法》第56条的规定不能参与申报前的破产分配。这将给债权人带来损失,此时立法允许债权人提前基于保存的需要而行使代位权。

三是其他情形。《民法典》第536条在列举了上述两种情形后使用了“等”字,表明可以在到期前行使代位权的情形不限于上述两种。一般认为,这些情形还应当包括抵销,中断时效,请求不动产的移转登记、变更登记、更正登记、涂销登记等。③ 但是,本条在性质上属于对代位权行使中债务人的债权到期要件的突破,性质上属于例外规定,不宜不加限制地进行扩大解释,否则将不适当地扩大代位权的行使范围,造成对债务人的不适当的干预。所以,应当仅仅在情况紧迫,如果不及时行使将使债权人的债权无法实现的情形下,才能允许对未到期的债权主张代位权的行使。

需要指出的是,《民法典》第536条中规定,“债权人可以代位向债务人的相对人请求其向债务人履行”,在保存行为中,债权人不是请求债务人的相对人向自己作出履行,而是请求其向债务人作出履行。这意味着,保存行为的效果与一般的代位权行使效果不同,一般的代位权行使采取债权人优先受偿规则,而保存行为的效果采取的是入库规则,因为在债权人基于保存行为的目的而行使代位权的情形下,债权人与债务人之间的债权债务尚未到期,债权

① 参见韩世远:《合同法总论》(第四版),法律出版社2018年版,第441—442页。
② 参见黄薇主编:《中华人民共和国民法典释义》(中),法律出版社2020年版,第1027页。
③ 参见史尚宽:《债法总论》,中国政法大学出版社2000年版,第467页。

人如果可以直接从债务人的相对人的给付中优先受偿，就意味着会损害债务人的期限利益。因此，只有在债权人的债权到期后，其才能请求债务人履行债务。这种基于保存的需要而行使代位权的对象，既可以是债务人的相对人，也可能是其他人。一般情形下，债权人的代位权应当向相对人行使，但是，在进行破产申报时，则需要向破产管理人申报，在登记中则可能是向登记机关请求办理登记。

五、代位权诉讼的主体

依据《民法典》第 535 条的规定，债权人行使代位权，可以向人民法院请求以自己的名义代位行使债务人对相对人的权利，即债权人可以提起代位权诉讼。那么，在债权人提起代位权诉讼以后，首先需要确定诉讼当事人。依据《民法典》第 535 条，因为债权人行使代位权，必须要以自己的名义提起诉讼，因此代位权诉讼的原告只能是债权人。

在代位权诉讼中，应当如何确定被告？我国司法实践一般认为代位权诉讼中应当以相对人为被告[①]，因为一方面，由于代位权诉讼所解决的不是债权人和债务人之间的债务纠纷问题，而是债权人和相对人之间因代位权的行使而产生的关系问题，因此，债权人代位权诉讼的被告应当是相对人。另一方面，代位权只是针对相对人而行使，因此，该诉讼应当以相对人为被告。当然，在代位权诉讼中，债务人也应当参加诉讼，因为债务人如不参加诉讼，既不利于查明事实，也不利于对债务人合法利益的保护，同时，还难以防止相对人滥用抗辩权而使债权人的代位权落空，使代位权诉讼的制度设计流于形式。从我国司法实践来看，一般将债务人列为第三人[②]，其在性质上应当属于无独立请求权的第三人。

六、代位权的行使范围

《民法典》第 535 条第 2 款规定，代位权的行使范围以债权人的到期债权为限。这就是说，一方面，某一债权人行使代位权，只能以自身的债权为基础，不能以未行使代位权的全体债权人的债权为保全的范围。另一方面，债权人在行使代位权时，其代位行使的债权数额应与其债权数额大致相等。当然，要求债权的数额绝对一致是非常困难的。如果债务人享有多项债权，债权人代位行使其中一项债权便可以使其债权得到清偿的，债权人便只能针对一项债权行使代位权。

七、代位权行使的效力

（一）对债权人的效力

代位权的行使主体是债权人，债务人的各个债权人在符合法律规定的条件下均可以行使代位权。当然，如果一个债权人已就某项债权行使了代位权，其他债权人也以该项债权行使代位权的，则法院应当将多个代位诉讼合并审理。[③] 但由于债权人在提起代位权诉讼时，债务人并没有进入破产程序，所以，也不必要求债务人的债权人申报债权。

债权人行使代位权将产生如下效力。

---

① 参见《合同法司法解释一》第 16 条的规定，代位权诉讼中应当以次债务人为被告。

② 《合同法司法解释一》第 16 条规定：“债权人以次债务人为被告向人民法院提起代位权诉讼，未将债务人列为第三人的，人民法院可以追加债务人为第三人。两个或者两个以上债权人以同一次债务人为被告提起代位权诉讼的，人民法院可以合并审理。”

③ 参见崔建远主编：《合同法》（第七版），法律出版社 2021 年版，第 126 页。

1. 债权人可获得来自相对人的直接清偿,即优先受偿。优先受偿说的理论依据有多种,如法定说、抵销说、效力说等。[①]《民法典》第 537 条规定:“人民法院认定代位权成立的,由债务人的相对人向债权人履行义务,债权人接受履行后,债权人与债务人、债务人与相对人之间相应的权利义务终止。债务人对相对人的债权或者与该债权有关的从权利被采取保全、执行措施,或者债务人破产的,依照相关法律的规定处理。”这就是说,债权人行使代位权之后,对相对人的清偿优先于债务人的其他债权人而优先受偿。笔者认为,该规则具有合理性,主要理由在于:第一,此种方式具有较强的可操作性。毕竟代位权诉讼属于普通诉讼,如果不赋予提起代位权诉讼的债权人优先受偿的权利,而由所有债权人平均受偿,并要求各个债权人申报债权,这是很难操作的。由于代位权诉讼属于普通诉讼,债务人并没有进行破产程序和清算程序,此时要求各个债权人申报债权,缺乏可操作性。[②] 第二,防止其他债权人“搭便车”。毕竟行使代位权的人主张权利,需要有一定的投入,更何况,代位权人选择通过诉讼行使代位权的行为本身就意味着,代位权人要承担诉讼的成本和因败诉引发的一系列风险。如果将代位权人行使代位权后所取得的财产完全在债务人的全体债权人之间平均分配,这实际上是允许全体债权人“免费搭车”,对代位权人显然是不公平的,这也将使代位权制度对债权人的激励因素丧失殆尽。[③] 第三,有利于鼓励债权人积极行使和主张债权人代位权,保障债权的实现。债权人作为自己利益的最佳判断者,应当根据自身情况去判断提起诉讼的成本和败诉的风险,并获取通过积极诉讼活动而取得的利益。因此,允许相对人直接向债权人履行债务,有利于减少诉讼环节,实现诉讼经济,符合效率原则,而且有利于鼓励债权人提起代位权诉讼。[④] 因此,采代位权人优先受偿说更为合理。

但问题在于,在其他债权人也已经采取了相关的主张权利的措施,如已经查封扣押了债务人的财产,甚至其他债权人已经起诉了债务人并获得了胜诉判决,进入强制执行阶段等情形下,代位权人是否仍然有优先受偿的效力?笔者认为,在上述情形下,由于其他债权人已经采取了相关的措施,而未怠于行使其权利,甚至可能相较于代位权人更早地行使了权利,因此,在这些情况下,代位权人不应当享有优先受偿的权利。只有这样才能与强制执行法中的参与分配制度相衔接,避免出现效果上的矛盾。[⑤] 因此,《民法典》合同编在规定债权人代位权优先受偿效力时,也规定了债权人优先受偿的例外。《民法典》第 537 条后段规定:“债务人对相对人的债权或者与该债权有关的从权利被采取保全、执行措施,或者债务人破产的,依照相关法律的规定处理。”依据该规定,优先受偿效力存在两种例外:

一是债务人对相对人的权利被采取保全、执行措施。在这种情形下,债务人对相对人的权利存在查封优先权(司法优先权),即债权人通过申请法院对债务人的责任财产进行查封、扣押、冻结,而享有对查封财产的查封优先权,在此情形下,代位权人不享有优先受偿权。在隐匿财产逃避债务的现象时有发生的情况下,该规则可以鼓励债权人查找债务人财产,并向法院申请查封财产,可以有效提升执行效率。但需要注意的是,上述查封优先权,仅适用于执行程序,一旦债务人进入破产程序,则不再享有上述权利。

---

① 参见马新彦:《债权人代位权异点析》,载《法制与社会发展》2001 年第 3 期。

② 参见黄薇主编:《中华人民共和国民法典合同编解读》(上册),中国法制出版社 2020 年版,第 260 页。

③ 参见曹守晔:《代位权的解释与适用》,载《法律适用》2000 年第 3 期。

④ 参见谢鸿飞:《合同法学的新发展》,中国社会科学出版社 2014 年版,第 320 页。

⑤ 参见潘重阳:《论债权人代位权制度之存废——以实体与程序交叉为视角》,载《大连海事大学学报(社会科学版)》2015 年第 3 期。

二是债务人破产。在债务人进入破产程序时，债务人的所有财产将进入破产分配，此时，应当依照破产法的规定进行破产分配，代位权人不享有优先受偿权。需要明确的是，代位权诉讼从制度定位上讲，只是债权实现的一种途径，其并不能突破破产程序中破产财产分配的规则。①

2. 在相对人向债权人作出履行后，将导致"债权人与债务人、债务人与相对人之间相应的权利义务终止"。如何理解此处的"相应的权利义务终止"？笔者认为，其包含了如下方面含义：

第一，债权人行使代位权后，接受了债务人相对人的履行，无论该清偿多或少，都能够导致清偿部分的债权因得到实现而消灭。也就是说，在相对人向债权人作出清偿后，该清偿即发生法律效力，此种清偿与一般情形下债务的清偿在效果上并不存在区别。因此，在相对人对债权人作出履行后，将在其清偿范围内发生消灭债务的效力。

第二，如果相对人作出的履行不足以清偿债权人的全部债权，则债权人的债权并不全部消灭，对于未清偿的部分，债权人当然有权继续向债务人请求清偿。② 对于相对人而言，在债权人行使代位权的情形下，相对人向债权人作出履行实际上等于向债务人作出履行，所以，如果相对人作出的履行不足以完全清偿其对债务人的债务，则相对人对债务人所负担的义务仍然存在；如果相对人的清偿超出其应当承担的债务，则可能构成非债清偿的不当得利，债权人应当返还于相对人。因此，此处的"相应的权利义务终止"并不意味着代位权一经行使，就消灭所有债权债务关系，而只是相应地消灭债权范围内的已经清偿的部分。

（二）对债务人的效力

债权人行使代位权之后，如果债务人的相对人对债权人履行义务，债权人接受履行后，将对债务人发生效力：一方面，这将导致债权人与债务人之间的权利义务关系相应地终止。例如，债务人欠债权人 1000 万元，如果相对人向债权人清偿了 500 万元，则导致债权人与债务人之间的 500 万元债务关系消灭。另一方面，债务人与相对人之间的权利义务关系也将相应地终止。同时，债务人还应当负担债权人行使代位权的必要费用，对此，《民法典》第 535 条第 2 款后段规定："债权人行使代位权的必要费用，由债务人负担。"之所以要求债务人负担这一费用，原因主要在于，该费用的产生乃是由于债务人到期不履行债务，且在次债务中又怠于行使债权所致。而且这一费用即使由债务人向相对人主张，也同样需要支付。因此，在符合债权人代位权的要件的前提下，债权人行使代位权所支出的必要费用由债务人承担较为合理。

此外，在债权人提起代位权诉讼后，应当导致债权人的债权和债务人的债权的诉讼时效发生中断，因为债权人虽然是以自己的名义向相对人提起诉讼，但其所主张的是债务人的债权，因此，一旦债权人提起代位权诉讼，就意味着其同时主张了自己的债权与债务人对相对人的债权，并因此导致两个债权的诉讼时效中断。

（三）对相对人的效力

债权人一旦提起代位权诉讼，则将发生债权人和相对人之间的代位诉讼关系，相对人应作为被告参与诉讼，一方面，相对人不得以其与债权人之间无合同关系为由，拒绝参与诉讼或以此为由提出抗辩。但与此同时，代位权的行使不会使第三人对债务人的法律地位受到

---

① 参见黄薇：《中华人民共和国民法典释义》（中），法律出版社 2020 年版，第 1033 页。

② 同上书，第 1031 页。

不利影响。[①] 另一方面,在债权人行使代位权的请求获得法院支持的情形下,债务人的相对人应当向债权人作出履行,债权人也有权对相对人作出的给付优先受偿。

当然,如果相对人认为债权人行使代位权的条件不具备,如债权人的债权已经消灭,则其仍然可以提出抗辩。

八、针对代位权的抗辩

当债权人向债务人的相对人主张权利时,相对人能否根据其对合同当事人一方的抗辩而向请求权人提出抗辩,则需要分析这种抗辩能否有效地对抗对方的请求。从原则上说,在债权人行使代位权的情况下,相对人不能以债权人与其无合同关系为由提出抗辩,因为代位权作为法定的债权权能,已经突破了合同的相对性,代位权制度乃是合同的相对性制度的例外,如果符合代位权行使的条件,相对人必须参加诉讼,根据法院的裁判向债务人作出履行。但相对人在参加诉讼后,其也可以依法提出有关的抗辩,以维护其权利。

在代位权行使的情况下,债权人向债务人的相对人主张权利,相对人可以享有如下三种抗辩:

第一,相对人可以以代位权成立要件欠缺为由提出抗辩,以对抗债权人。例如,相对人可以举证证明债务人并未怠于行使其到期债权,或者债务人的行为并未影响债权人债权的实现,或者债务人的债权是专属于债务人自身的债权,等等。有一种观点认为,怠于行使权利的抗辩应当由债务人提起。笔者认为,代位权成立要件是否欠缺,直接关系到相对人的利益,因此,相对人也可以以此抗辩。

第二,可以根据其对债务人的抗辩,对抗债权人的请求。《民法典》第 535 条第 3 款规定:"相对人对债务人的抗辩,可以向债权人主张。"该规定承认了相对人对债务人的抗辩可以向债权人进行主张,因为债权人行使代位权虽然是以自己的名义向相对人提出请求,但其所行使的仍然是债务人对相对人的权利,应当允许相对人对债权人提出抗辩,而不应当因为主张权利的主体不同而使相对人处于更不利的地位。相对人对债务人所享有的抗辩主要包括:权利不发生或消灭的抗辩、债权未到期或抵销的抗辩、同时履行抗辩、债务免除的抗辩、权利瑕疵的抗辩等,相对人也可以向债权人主张其对债务人的上述抗辩。[②] 如果债务人对相对人的债权尚未届期,债务人的相对人也可以对债权人提出抗辩。当然,在代位权诉讼过程中,应当对债务人处分其权利的权利进行必要的限制,以防止不当影响债权人代位权的行使。依据《合同编通则解释》第 41 条,在代位权诉讼过程中,债务人不得无正当理由减免相对人的债务或者延长相对人的履行期限,否则,相对人无权以此对抗债权人行使代位权。减免相对人的债务,既包括放弃全部债权,也包括部分债权。延长相对人的履行期限是指不正当、不合理地使相对人的履行期限延长。通常,债务人与相对人协商变更合同可能是合理的,但如果无正当理由减免相对人的债务或者延长相对人的履行期限,已经表明其旨在恶意阻止债权人行使代位权,相对人无权以此提出抗辩,对抗债权人的代位权[③]。

第三,相对人可以以债务人对抗债权人的理由来提出抗辩,如认为债权人向债务人提出请求的时效已经届满等。由于债务人对于债权人的抗辩也可以有效地对抗债权人,如债权

---

① 参见崔建远、陈进:《债法总论》,法律出版社 2021 年版,第 162 页。

② 同上书,第 162—163 页。

③ 参见最高人民法院民事审判第二庭、研究室编著:《最高人民法院民法典合同编通则司法解释理解与适用》,人民法院出版社 2023 年版,第 458 页。

人所享有的债权不成立或者已经被宣告无效等，可以用来否定代位权的成立，因此相对人可以向债权人主张。例如，甲欠乙 10 万元货款未支付，甲提出乙交付的货物有瑕疵，同时，丙欠甲 5 万元工程款未支付，丙提出甲交付的工程存在质量问题。乙是否可以行使代位权，要求丙交付工程款？笔者认为，债权人的代位权应受到抗辩权的阻碍，相对人可以援用债务人对债权人的抗辩，对抗债权人行使代位权的请求。

九、代位权诉讼的当事人

（一）代位权诉讼以债务人的相对人为被告

依据《合同编通则解释》第 35 条第 1 款，"债权人依据民法典第五百三十五条的规定对债务人的相对人提起代位权诉讼"，因此，债权人在提起代位权诉讼时，应当以债务人的相对人为被告，因为一方面，债权人提起代位权诉讼虽然是为了保全其对债务人的债权，但其是针对债务人的相对人提起的，其所解决的不是债权人和债务人之间的债务纠纷问题，而是债权人和债务人的相对人之间因代位权的行使而产生的关系问题。在代位权诉讼中，债权人不能仅以债务人作为被告，否则，不仅不能体现出代位权关系的性质和特点，而且难以与一般的债权债务诉讼相区分。另一方面，由于代位权行使的方式是债权人以自己的名义向债务人的相对人行使，而不是直接向债务人行使权利，因而也不宜将债务人和债务人的相对人作为共同被告。

（二）债务人应追加为第三人

在代位权诉讼中，仅仅将债务人的相对人作为被告是不够的，毕竟债权人行使代位权是为了保全其对债务人所享有的债权，因此，在代位权诉讼中，债务人也应当参加诉讼，否则既不利于查明事实，也不利于对债务人合法利益的保护；同时，债务人参加诉讼也有利于防止债务人的相对人滥用抗辩权而使债权人的代位权落空，使代位权诉讼的制度设计流于形式。关于债务人在代位权诉讼中的诉讼地位，《合同编通则解释》第 37 条第 1 款规定："债权人以债务人的相对人为被告向人民法院提起代位权诉讼，未将债务人列为第三人的，人民法院应当追加债务人为第三人。"据此，债务人应当作为第三人参加代位权诉讼，主要理由在于：

第一，在代位权诉讼中，债务人不能作为被告，因为代位权本质上是债权人以自己的名义对债务人的相对人主张的权利，因此，代位权诉讼只能以债务人的相对人为被告。同时，债务人也不能作为共同被告，因为债务人与债务人的相对人没有共同的权利和义务，其对债权人也不共同负担义务。[①]

第二，代位权诉讼所涉及的两个法律关系均与债务人有关。一方面，由于代位权行使的前提是债权人对债务人所享有的债权，这就决定了在代位权诉讼中必然要涉及债务人。例如，债权人行使代位权只能以其债权为限，其原则上不得超过债权人对债务人所享有的权利的范围，这就需要具体确定债权人对债务人所享有的债权的数额以及是否履行等问题。如果债务人不能参与诉讼，显然不能确定代位权的行使范围问题。另一方面，债权人对债务人的相对人提起诉讼，其所主张的是债务人对其相对人所享有的权利，该法律关系同样涉及债务人。因此，法院将债务人作为第三人，使其参加代位权诉讼，有利于查明案件事实，明确各方主体的权利义务关系。

---

① 参见最高人民法院民事审判第二庭、研究室编著：《最高人民法院民法典合同编通则司法解释理解与适用》，人民法院出版社 2023 年版，第 423 页。

第三,债务人的相对人提出抗辩均与债务人相关。例如,债权人在行使代位权时,债务人的相对人可以向债权人主张其对债务人的抗辩以及债务人对债权人的抗辩,而这两种抗辩均与债务人相关,其能否成立以及产生何种效力,均需要债务人参与诉讼才能确定。因此,债务人作为第三人参加代位权诉讼,也有利于代位权诉讼活动的顺序进行。

第四,债务人作为第三人参加诉讼,不仅有利于查明事实,而且有利于确定代位权费用的承担问题。债权人在行使代位权以后,会涉及行使代位权费用的承担问题。《民法典》第535条第2款后段规定,"债权人行使代位权的必要费用,由债务人负担",此处并没有明确规定支出费用负担的根据。有学者认为,债权人有权基于无因管理的规则请求债务人负担行使代位权的必要费用。笔者认为,根据无因管理请求返还费用理由并不充分,因为一方面,无因管理的成立必须有为本人的利益而管理的意思存在,而债权人行使代位权,并没有为债务人管理事务的意思。另一方面,无因管理是指管理人在没有法律规定和合同约定的情况下管理他人的事务,而债权人行使代位权具有法律规定的原因,其并不构成无因管理。因此,既然行使代位权只是债的保全的一种措施,那么债权人在行使代位权时所支出的费用,可以视为是债务人清偿债务过程中的费用,此种费用本就应当由债务人支出,所以将这种费用从债务人的财产中扣除是合理的。既然债权人行使代位权的必要费用应当由债务人负担,因此,债务人作为第三人参加诉讼,也有利于债务人了解行使代位权必要费用的产生原因,从而减少纠纷。

(三)多个债权人针对同一相对人提起代位权诉讼

在债务人怠于行使权利的情形下,其多个债权人可能针对债务人的相对人提起多个代位权诉讼,针对此种情形,《合同编通则解释》第37条第2款作出了规定。具体而言,第一,多个代位权诉讼可以依法合并审理。依据《合同编通则解释》第37条第2款,"两个以上债权人以债务人的同一相对人为被告提起代位权诉讼的,人民法院可以合并审理"。当然,多个代位权诉讼合并审理的前提是多个债权人对同一相对人提起代位权诉讼,如果各个债权人所提起的代位权诉讼并非针对同一相对人,则无法合并审理。第二,按比例清偿。这就是说,多个债权人对同一相对人提起多个代位权诉讼,而债务人对其相对人享有的债权又不足以同时清偿多个债权时,则应当按照债权平等原则,依据债权人享有的债权比例,确定相对人对各个债权人履行债务的比例。但是,如果法律另有规定,则应当适用法律的特别规定。例如,如果相对人已经进入破产程序,则应当按照破产法的规定确定债务清偿规则。

十、代位权诉讼的管辖

(一)代位权诉讼应由被告住所地人民法院管辖

代位权诉讼应当适用诉讼管辖的一般规则,即适用原告就被告的规则,因此,依据《合同编通则解释》第35条第1款的规定,债权人提起代位权诉讼的,应当由被告住所地人民法院管辖(即"原告就被告"的一般地域管辖原则),此处的被告住所地人民法院即为债务人的相对人住所地的人民法院。

但是,如果债务人怠于行使的对相对人的权利属于法定的专属管辖的范围时,应当依法适用专属管辖。依据《合同编通则解释》第35条第1款的规定,代位权诉讼不得突破专属管辖的限制。因为一方面,专属关系具有极强的排他性,其可以依法排除其他管辖规则的适用，确定代位权诉讼的管辖同样应当遵守专属管辖的规则。[①] 另一方面，专属管辖规则是《民事诉讼法》所作出的规定，属于法律的特别规定，司法解释不得排除该规则的适用。当事人之间也不得通过协议对专属管辖的规则作出变更。[②]

（二）针对代位权诉讼的管辖不应受到债务人与相对人之间的协议管辖的约束

《合同编通则解释》第 35 条第 2 款规定："债务人或者相对人以双方之间的债权债务关系订有管辖协议为由提出异议的，人民法院不予支持。"依据该规定，在债权人提起代位权诉讼时，即便债务人与相对人之间约定了管辖协议，该协议对债权人也不具有约束力，因为一方面，按照合同相对性的基本原理，合同原则上仅对当事人产生拘束力，在债务人与相对人约定管辖协议的情形下，该协议原则上也仅对债务人与相对人产生拘束力，而不能约束债权人提起代位权诉讼的行为。另一方面，从《合同编通则解释》第 35 条第 1 款规定来看，代位权诉讼采取由被告住所地人民法院管辖的原则，本身已经考虑到了被告的管辖利益保护，平衡了债权人、相对人之间的利益，一般不会给被告带来不便，因此，应当适用一般管辖原则，[③]债务人与相对人的管辖协议也不得改变一般管辖原则。

（三）债权人起诉债务人之后又提起代位权诉讼的管辖

债权人在起诉债务人之后，在法院作出判决前，其又在同一法院向债务人的相对人提起代位权诉讼，此时，也涉及诉讼管辖的问题。应当看到，这两个诉讼的性质存在一定的差异，一个是基于债权债务关系提起的诉讼，另一个是基于代位权的行使提起的诉讼，二者所涉及的法律关系以及诉讼主体均存在区别，虽然二者具有密切联系，但其并不构成重复诉讼，不违反一事不再理规则[④]，依据《合同编通则解释》第 38 条，如果依法可以由同一法院管辖，则可以将二者合并审理。但二者也可能不适合合并审理，如债务人的相对人的住所地属于其他法院的管辖范围，在此情形下，法院就不宜将二者合并审理。此时，法院应当告知债权人向有管辖权的法院另行起诉。

债权人对债务人的诉讼尚未终结前，债权人又提起了代位权诉讼，在此种情形下，依据《合同编通则解释》第 38 条的规定，代位权诉讼应当中止。该规定具有合理性，因为依据《民事诉讼法》第 153 条的规定，"本案必须以另一案的审理结果为依据，而另一案尚未审结的"，应当中止诉讼。对代位权诉讼而言，在本诉进行的情形下，债权人在本诉终结后是否享有债权，以及所享有的债权数额并不确定，债务人是否享有抗辩等，同样并不明确，因此，应当中止代位权诉讼，否则也可能使当事人之间的法律关系复杂化。

（四）债务人对超过债权人代位请求数额的债权部分起诉相对人的管辖

债权人所提起的代位权旨在保全其债权，因此，其只能在其债权范围内对债务人的相对人行使代位权，而债务人对其相对人所享有的债权数额可能大于债权人的债权数额，此时，债务人对超过债权人代位请求数额的部分应当有权起诉相对人。因为一方面，对于债权人代位请求数额之外的债权数额，债务人依法享有权利，其也当然可以依法起诉相对人，以主张其债权。另一方面，允许债务人就超过债权人代位请求数额的债权部分起诉相对人，也不

① 参见最高人民法院民事审判第二庭、研究室编著：《最高人民法院民法典合同编通则司法解释理解与适用》，人民法院出版社 2023 年版，第 398 页。

② 参见江伟、肖建国主编：《民事诉讼法》（第七版），中国人民大学出版社 2015 年版，第 106 页。

③ 参见最高人民法院民事审判第二庭、研究室编著：《最高人民法院民法典合同编通则司法解释理解与适用》，人民法院出版社 2023 年版，第 400 页。

④ 同上书，第 432—433 页。

影响债权人保全其债权,因为其是在债权保全的范围之外主张债权。因此,对于债务人的请求,法院应当依法予以支持。此外,即便在代位权诉讼终结之后,债务人再对超出代位权诉讼的部分债权提起诉讼,也不构成重复起诉,对此种诉讼,法院应当受理。对此,依据《合同编通则解释》第 39 条的规定,如果债务人提起的上述诉讼与代位权诉讼属于同一人民法院管辖,可以合并审理。如果不属于同一人民法院管辖的,则法院应当告知债务人向有管辖权的法院另行提起诉讼。此外,在代位权诉讼终结前,由于债务人的相对人对债权人应当履行的债务数额尚未确定,其最终对债务人应当履行的债务数额也因此无法确定,此时,债务人对相对人的诉讼应当中止。

第三节 债权人撤销权

一、债权人撤销权的概念和特征

(一)债权人撤销权的概念

所谓债权人撤销权,是指因债务人实施减少其财产的行为对债权人造成损害的,债权人可以请求人民法院撤销该行为的权利。例如,甲欠乙 1000 万元,在法院执行甲的财产时,甲故意将其一栋价值 2000 万元的房屋,作价 200 万元卖给其亲戚丙,乙便向法院提起诉讼,请求撤销甲与丙之间的行为。《民法典》第 538 条规定:“债务人以放弃其债权、放弃债权担保、无偿转让财产等方式无偿处分财产权益,或者恶意延长其到期债权的履行期限,影响债权人的债权实现的,债权人可以请求人民法院撤销债务人的行为。”此处虽然采用了“可以请求”的表述,但撤销权的行使必须依一定的诉讼程序进行,也就是说,行使撤销权必须由债权人向法院起诉,由法院作出撤销债务人行为的判决才能发生撤销的效果。通过法院对撤销权的行使予以审查,有利于防止撤销权的不当适用。[①] 因此,撤销权又被称为“撤销诉权”或“废罢诉权”。

一般认为,撤销权制度起源于罗马法的废罢诉权制度,该制度对后世的民法产生了重大影响,许多大陆法国家和地区的民法都采纳了这一制度。不过,一些大陆法国家和地区的法律通常将撤销权制度分为两部分:一是破产法上的撤销权,此种撤销权规定在商法或者单独的破产法中。二是破产法外的撤销权,该制度通常规定在民法或债法之中。例如,《法国商法典》第 424 条规定了破产法上的撤销权,在民法典中也规定了破产法外的撤销权,允许债权人为保全自己的债权,以自己的名义对债务人用欺诈手段侵害其权利的行为提出控告。德国曾于 1994 年《破产法》(Insolvenzordnung/InsO)第 129 条以下规定了破产撤销权(Insolvenzanfechtung),同时,在 1994 年《支付不能程序以外的债务人法律行为撤销法》(AnfG)中也规定了一般的债权人撤销权。《日本民法典》第 242 条规定,债权人知道债务人加损害于其债权时,可以请求法院取消该债务人的行为。一旦发生撤销,对全体债权人的利益都要产生效力。2004 年的《日本破产法》第 160 条至第 170 条也规定了撤销权。我国台湾地区“民法”第 244 条、第 245 条也对债权人撤销权作出了专门规定。

我国《合同法》为强化对债权人的保护,设立了债的保全制度,从而填补了长期以来在债的保全制度方面的空白。我国《民法典》继续沿用了《合同法》关于撤销权的规定,并进行了

① 参见黄薇主编:《中华人民共和国民法典释义》(中),法律出版社 2020 年版,第 1035 页。

进一步完善。《民法典》赋予债权人撤销权旨在遏制债务人积极诈害债权的行为，恢复债务人的责任财产，防止债务人的责任财产不当减少，从而保全合同债权。[①] 可见，我国《民法典》对债权人撤销权作出规定，有利于形成良好的信用制度和商业道德，有效防止债务人实施各种不正当的行为逃避债务、切实保障债权人的债权。当然，我国《民法典》也对债权人撤销权的行使条件作出了严格限定，即只有符合法定条件时，债权人才能行使撤销权，这也在一定程度上兼顾了债务人的利益，防止债权人不当干预债务人的私人事务。

（二）债权人撤销权的特征

债权人撤销权的特征主要表现在如下方面：

第一，撤销权针对的是债务人从事的有害于债权人债权的积极行为。与代位权所针对的债务人消极不行使权利的情况不同，撤销权针对的是积极的作为，这些行为主要是指《民法典》第 538 条所规定的债务人放弃其到期债权、实施无偿或低价处分财产的行为。因此，为了保护债权人的权利，有必要赋予其撤销权。

第二，撤销权具有法定性。撤销权作为债权的一项权能，是由法律规定所产生的，但它并不是一项与物权、债权相对应的独立的民事权利，而只是附属于债权的实体权利。这就是说，一方面，撤销权必须依附于债权而存在，不得与债权相分离而进行处分。当债权转让时，撤销权也随之发生转让；当债权消灭时，撤销权也随之消灭。另一方面，撤销权作为债权的一项权能，其在本质上仍然属于债权，而不能产生物权的效力。[②]

第三，撤销权兼具请求权和形成权的特点。撤销权不是单纯的请求权，其作为债权法上的权利，兼有请求权和形成权的特点。[③] 一方面，债权人行使撤销权，可请求因债务人的行为而获得利益的第三人返还财产，从而恢复债务人的责任财产的原状。另一方面，撤销权的行使又以撤销债务人与第三人的民事行为为内容。当然，撤销权的主要目的是撤销已实施的民事行为，返还财产只是因民事行为被撤销所产生的后果。

第四，撤销权可以对第三人产生效力。根据债的相对性，合同之债主要在合同当事人之间产生法律效力。然而在特殊情况下，因债务人与第三人实施一定的行为致使债务人用来承担责任的财产减少或不增加，从而使债权人的债权难以实现。法律为保护债权人的债权，允许债权人享有并行使撤销权。一旦债权人在法院提起诉讼，行使撤销权，撤销债务人不当处分财产的行为，就必然对第三人产生效力。可见，撤销权是债的对外效力的体现。

第五，撤销权的行使必须要向法院提起诉讼，由法院作出撤销债务人行为的判决才能发生撤销的效果。正是从这个意义上，该撤销权又被称为撤销诉权或废罢诉权。由法院对撤销权的行使进行严格审查，防止撤销权被不当利用，从而妥当平衡各方当事人的利益。[④]

二、撤销权制度与其他相关制度的比较

（一）撤销权与代位权

债权人撤销权和代位权一样，都使债权能够产生对第三人的效力。这两种权利的行使都涉及了债的关系以外的第三人，并对第三人产生了法律上的拘束力。可见，合同的保全是债的对外效力的体现。撤销权与代位权都是法定的债权权能，都属于债的保全内容，且必须

---

① MüKo/Kirchhof, AnfG, Einf., Rn. 1.

② 参见崔建远、陈进：《债法总论》，法律出版社 2021 年版，第 138 页。

③ 参见朱广新、谢鸿飞主编：《民法典评注・合同编・通则 2》，中国法制出版社 2020 年版，第 41 页。

④ 参见黄薇主编：《中华人民共和国民法典合同编解读》（上册），中国法制出版社 2020 年版，第 268 页。

附随于债权而存在。然而,代位权和撤销权又是有区别的,这主要表现在:

第一,两者针对的对象不同。代位权针对的是债务人不行使债权的消极行为,通过行使代位权旨在保持债务人的财产,而撤销权针对的是债务人不当处分财产的积极行为,行使撤销权旨在恢复债务人的财产。①

第二,两者的构成要件不同。代位权和撤销权各自具有其不同的行使要件。例如,代位权的行使要求债务人必须怠于行使其到期债权,且债权人对债务人的债权必须到期,而撤销权的行使不需要具备这些要件。②

第三,两者的效果不同。例如,债权人行使代位权,一般都是在债权人与债务人之间的债务已经到期的情况下行使的,因此,债权人行使代位权以后,如果没有其他人向债务人主张权利,债权人可以直接获得该财产。但是,债权人行使撤销权可能是在债权人与债务人之间的债务尚未到期的情况下行使的,所以债权人行使撤销权以后,第三人向债务人返还了财产的,该财产不能直接交付给债权人,而应当由法院代为保管,待债务到期以后,再交付给债权人。③

第四,两者的行使是否需要证明主观要件不同。代位权的行使不需要证明债务人或相对人存在故意或者重大过失等主观要件;而撤销权的行使,根据类型的不同,需要证明的主观要件的内容、过错的类型存在重大差异。具体而言:在债务人无偿处分财产权益的情形下,撤销权的行使不需要证明相对人存在恶意的主观要件;在债务人延长到期债权的履行期限的情形下,则需要证明债务人存在恶意;在债务人以不合理高价受让财产、以不合理低价转让财产或为他人提供担保,并影响债权的实现的情形下,则需要证明相对人主观上知道或者应当知道该情形。

第五,是否以债权到期为债权保全的行使要件不同。代位权以债权人对债务人的债权到期为前提;而撤销权的行使不以债权人的债权到期为要件,无论债权是否到期,撤销权人均有权行使撤销权。

(二) 撤销权与可撤销合同

撤销权与在可撤销的合同中一方当事人所享有的撤销权,在名称上具有相似之处,且在撤销的后果上也具有相似之处,因为两种撤销权的行使都会导致民事行为自始不发生效力。所以,行使债的保全的撤销权也会发生与请求撤销意思表示不真实的行为一样的效果。但是,两者在性质上却存在着根本的区别,这主要表现在:

第一,撤销权与可撤销合同制度是合同法上两种不同的制度,分别属于债的保全制度与合同效力制度。可撤销合同制度设立的目的是贯彻意思自治原则,使撤销权人针对意思表示不真实的行为请求撤销,从而实现撤销权人的意志和利益。而撤销权制度是法律为了保全债权人的利益,防止债务人的财产不当减少所设立的一种措施。④ 其设立的目的主要是保全债权而并不在于实现当事人真实的意思。

第二,从主体上来看,可撤销合同中的撤销权人,一般是意思表示不真实的人或受害人。而在债的保全制度中,撤销权的主体是债权人。

第三,从撤销的对象来看,可撤销合同针对的是一方当事人与另一方当事人之间意思表

---

① 参见〔日〕我妻荣:《新订债权总论》,王燚译,中国法制出版社 2008 年版,第 154 页。

② 参见李永军、易军:《合同法》,中国法制出版社 2009 年版,第 310 页。

③ 参见韩世远:《债权人撤销权研究》,载《比较法研究》2004 年第 3 期。

④ 参见朱广新、谢鸿飞主编:《民法典评注 · 合同编 · 通则 2》,中国法制出版社 2020 年版,第 37 页。

示不真实的情形，撤销权人请求撤销的是其与另一方当事人之间的合同。[1] 也就是说，撤销的是自己的行为。而撤销权主要是针对债务人与第三人之间实施的有害于债权人权利的转让财产的行为而设定的。债权人行使撤销权，旨在撤销债务人与第三人之间的民事行为，所以此种撤销权的行使撤销的是他人的行为。

第四，从效力上来看，在可撤销合同制度中，撤销只是在当事人之间发生，所以撤销权的行使只是在当事人之间发生效力。而在债的保全之中，撤销权的行使将突破债的相对性原则，对第三人发生效力。

第五，从权利的存续期间来看，两种撤销权的行使都要求从撤销权人知道或者应当知道撤销事由之日起1年内行使。就债权人撤销权而言，《民法典》第541条规定："撤销权自债权人知道或者应当知道撤销事由之日起一年内行使。自债务人的行为发生之日起五年内没有行使撤销权的，该撤销权消灭。"但是，后一句规定并不适用于可撤销合同制度。

三、撤销权行使的条件

债权人撤销权的行使不仅对债务人产生效力，干预债务人的行为自由，而且会对第三人产生效力，因此，有必要对债权人撤销权的行使条件进行必要的限制，我国《民法典》区分有偿和无偿的处分行为而分别作出了规定。

（一）针对债务人无偿处分财产权益行使撤销权的条件

《民法典》第538条规定："债务人以放弃其债权、放弃债权担保、无偿转让财产等方式无偿处分财产权益，或者恶意延长其到期债权的履行期限，影响债权人的债权实现的，债权人可以请求人民法院撤销债务人的行为。"该条专门就债务人无偿处分财产权益时债权人行使撤销权的条件作出了规定，具体如下：

1. 债务人实施了无偿处分财产的行为。在债务人无偿处分财产的情形下，债务人处分财产并未获得任何对价，导致其责任财产减少，进而可能影响债权人债权的实现。依据《民法典》第538条的规定，债务人无偿处分财产的行为包括如下几种：

(1) 放弃债权。债务人放弃债权是指债务人明确表示免除其债务人的债务。无论债务人的债权是否到期，债务人放弃其债权，都将导致其责任财产的减少，如果因此导致债权人的债权无法实现的，则债权人有权依法行使撤销权。

(2) 放弃债权担保。债权担保有利于保障债权的实现，在债务人无法履行债务时，债权人有权请求担保人承担担保责任，从而使其债权得到清偿，但如果债务人放弃其债权的担保，将使其债权的担保人不再承担担保责任，从而可能影响其债权的实现，这也可能导致其责任财产不足以清偿债权人的债权。

(3) 无偿转让财产。无偿转让财产，主要是指将财产赠与他人。当然，此处所说的赠与是指赠与已经实际生效，如果债务人与第三人只是达成了赠与合同，还没有交付赠与物，则债权人不得请求撤销。

(4) 其他无偿处分财产权益的行为。除上述无偿处分财产的方式外，如果债务人实施了其他无偿处分财产权益的行为，债权人也有权依法行使撤销权。例如，债务人实施名为买卖、实为赠与的行为，也将导致其责任财产不当减少，该行为也属于无偿处分财产权益的行为。

---

[1] 参见崔建远：《合同法》(第三版)，北京大学出版社2016年版，第182页。

(5) 恶意延长其到期债权的履行期限。债务人恶意延长到期债权的履行期限,也会导致债务人无法获得其应当获得的给付,这也可能影响债权人债权的实现。例如,债务人的债权到期后,债务人向相对人表示可以将其债权再延长10年,从而导致其债权无法得到及时清偿。

2. 债务人处分财产的行为已经发生法律效力。债权人之所以要行使撤销权,乃是因为债务人处分财产的行为已经生效,财产将要或已经发生了转移。如果债务人的行为并没有成立和生效,或者属于法律上当然无效的行为(如债务人与第三人恶意串通隐匿财产),或者该行为已经被宣告无效等,都不必由债权人行使撤销权。对债务人与第三人实施的无效行为,债权人可基于无效制度请求法院予以干预,宣告该行为无效。如果债务人与第三人以损害债权人为目的进行恶意串通,且客观上此种行为侵害了债权人的债权,债权人应有权对该第三人提起侵害债权之诉。当然,债务人的处分行为必须在债权发生之后,如果发生在债权成立之前,则谈不上损害债权的问题,债权人不能行使撤销权。

3. 债务人无偿处分财产的行为影响债权人债权的实现。《民法典》修改了《合同法》的相关规定,不要求债权人证明债务人无偿处分财产的行为造成其损害,而仅要求该行为影响债权人债权的实现。这就是说,债务人虽然实施了无偿处分财产的行为,但如果债务人有充分的财产清偿债务,就不能认为债务人无偿处分财产的行为将影响债权人债权的实现。在此情形下,债务人无偿处分其财产是其正当行使权利的表现,法律上不能对此进行干预,债权人更不得主张撤销。那么,如何判断影响债权人债权的实现呢?只要债务人在实施处分财产的行为以后,已不具有足够资产清偿债权人的债权,就可以认定为影响债权人债权的实现。[①] 严格地说,债权人提出债务人所实施的行为影响债权人债权的实现,只是一种推断,债权人很难作出举证。既然是一种推断,则应当允许债务人通过反证加以辩驳。如果债务人能够举证证明其在实施该行为以后,仍有足够的资产清偿债务,则不能认为其行为严重有害于债权。如何判断"足够",就要看债务人实施了处分行为以后,其现有的资产是否与其债务大体相当。在确定债务人的资产时只能以债务人实有的财产来进行计算,而不能将债务人的信用、劳力计算到债务人的资产之中。

(二) 针对债务人有偿处分财产权益行使撤销权的条件

《民法典》第539条规定:"债务人以明显不合理的低价转让财产、以明显不合理的高价受让他人财产或者为他人的债务提供担保,影响债权人的债权实现,债务人的相对人知道或者应当知道该情形的,债权人可以请求人民法院撤销债务人的行为。"该条针对债务人有偿处分财产权益的行为时撤销权行使的条件作出了规定,具体而言:

1. 债务人实施了明显不合理的有偿处分财产权益的行为

(1) 判断债务人实施的明显不合理的有偿处分行为的标准。《合同编通则解释》第42条第1款规定:"对于民法典第五百三十九条规定的'明显不合理'的低价或者高价,人民法院应当按照交易当地一般经营者的判断,并参考交易时交易地的市场交易价或者物价部门指导价予以认定。"这就确定了明显不合理的低价或者高价的标准。

一方面,判断是否是明显不合理的低价或者高价,应当以交易时当地一般经营者为标准。所谓一般经营者,是指交易当地的一般的、普通的经营者,交易当地应根据交易财产的

---

① 参见朱广新、谢鸿飞主编:《民法典评注·合同编·通则2》,中国法制出版社2020年版,第43页。

性质、种类,结合市场流通、交易管理、关税区域等综合因素判定。[①] 从交易的内容来看,应当以一般经营者的认知能力、判断能力为标准确定,而将非经营者从事的不符合交易常识或市场行情的交易行情予以排除。[②] "一般经营者"是虚拟的、合理的经营主体,既不能以交易当事人为标准,也不能以法官自身为标准。例如,在"国家开发银行与沈阳高压开关有限责任公司等借款合同撤销权纠纷案"中,最高人民法院认为,"东北电气明知自己与沈阳高开交易支付的十台汽轮发电机组价值仅为2787.88万元,还仍然与沈阳高开进行股权置换,该交易行为严重损害了沈阳高开债权人国开行的利益"。因此,国开行享有撤销权。[③]

另一方面,参考交易时交易地的市场交易价或者物价部门指导价予以认定。一是从时间上,必须是以交易当时的价格作为判断标准;二是应当以市场交易价或者物价部门指导价为标准。参考交易时交易地的市场交易价或者物价部门指导价,结合其他相关因素综合考虑予以确认。例如,在"中国工商银行蒙阴县支行与山东省蒙阴棉纺织有限公司、山东恒昌集团股份有限公司撤销财产转让合同纠纷案"中,最高人民法院指出:"当事人之间商品买卖的定价依据应当是商品买卖即时的市场价格,账面成本在商品买卖的定价机制中并不起决定性作用,不宜以此作为判断是否构成低价的依据",因此债务人的行为不属于低价转让。[④]

(2) 债务人实施的明显不合理的有偿处分行为的类型。

第一,以明显不合理的低价转让财产。以明显不合理的低价转让财产,如将价值100万元的房屋故意以1万元的价格转让给他人,此种行为大多是一种隐匿财产、逃避债务的行为。《合同编通则解释》第42条第2款前段规定:"转让价格未达到交易时交易地的市场交易价或者指导价百分之七十的,一般可以认定为'明显不合理的低价'。"当然,这个标准只是适用于一般情形,在特殊情形下,即便交易价格低于上述标准,也不宜认定其构成积极诈害债权,如在冷鲜食品即将变质,或者服装即将换季等情形下,债务人出于减少损失、资金回笼等需要,所设定的交易价格可能低于上述标准,此时就不宜认定其行为构成诈害债权。[⑤]

第二,以明显不合理的高价受让他人财产。以明显不合理的高价受让他人财产,也会导致自己责任财产的减少,在很多情况下属于变相转移财产、逃避债务的行为。这也需要结合具体的交易类型与交易情况进行综合判断,可参照当地指导价或者市场交易价作为判断明显不合理的高价的标准。《合同编通则解释》第42条第2款后段规定:"受让价格高于交易时交易地的市场交易价或者指导价百分之三十的,一般可以认定为'明显不合理的高价'。"此处所说的高于市场交易价也是就一般情况而言的,在某些情形下,当事人之间可能存在系列交易,某一交易中的交易价格可能较低,而其他交易中的交易价格可能较高,这应当是当事人之间正常的商业交易安排,通常不宜认定其构成诈害债权。

当然,上述"百分之七十""百分之三十"的判断标准只是相对的,因为市场交易纷繁复杂,很难采用一个标准判断,例如,有一些季节性很强的商品需要及时出售,有必要大幅降价,还有些高风险高回报的交易,商品价格出现大幅波动也是正常的,不能简单地采用上述

---

① 参见最高人民法院民法典贯彻实施工作领导小组主编:《中华人民共和国民法典合同编理解与适用(一)》,人民法院出版社2020年版,第536页。

② 参见庞景玉、何志:《合同纠纷裁判依据新释新解》,人民法院出版社2014年版,第191页。

③ 参见最高人民法院(2008)民二终字第23号民事判决书。

④ 参见最高人民法院(2005)民二终字第172号民事判决书。

⑤ 参见最高人民法院民事审判第二庭、研究室编著:《最高人民法院民法典合同编通则司法解释理解与适用》,人民法院出版社2023年版,第474页。

“百分之七十”“百分之三十”的标准判断,还要根据交易性质、特点等情形具体判断。[①] 还应当看到,《合同编通则解释》第 42 条第 3 款规定:“债务人与相对人存在亲属关系、关联关系的,不受前款规定的百分之七十、百分之三十的限制。”该规则实际上是针对内部人(insider)交易所作出的规定,即债务人与相对人之间存在关联关系或者亲属关系,在此种情形下,因为当事人之间的关系十分密切,利益攸关,除标的的市场价值外,当事人之间的关联关系或者亲属关系也是当事人决定是否进行交易以及交易价格的重要考虑因素,此时,就难以用一般的市场标准来评判该交易的合理性。

(3) 为他人的债务提供担保。债务人为他人的债务提供担保,将有可能导致其承担担保责任,这必然也会减少其责任财产,从而影响债权人债权的实现。

与《民法典》第 538 条中的放弃债权、放弃债权担保和无偿转让财产不同,该条所规定的三种情形,除提供担保外,都是以有偿的形式作出的。此时,就需要对债务人低价转让财产和高价受让财产进行判断,以确定价格是否合理。而《民法典》第 538 条中的行为均为无偿的行为,因而并不存在价格是否合理的问题。“明显不合理”通常应当按照一般人的评判标准,即在理性的市场主体看来,定价与实际价格相比是否差距过大,如果差距过大则应当属于“不合理的价格”。

(4) 其他以明显不合理的价格处分财产的行为。《民法典》第 539 条针对债务人有偿处分行为的列举没有采用兜底规定,实行封闭式列举,这导致存在规范漏洞。实践中出现了各种不合理处分财产的行为,对此类行为,债权人主张撤销的,法院难以找到法律依据。因此,《合同编通则解释》第 43 条列举了其他以明显不合理的价格处分财产的行为,具体包括:一是互易财产。互易是指双方用价值相等的财产相互交换,但如果双方交换的财产明显不对等,就可能构成以明显不合理的价格处分财产的行为。二是以物抵债,如以高价的房屋抵偿数额不大的债务,以转移财产、逃避债务。三是出租或者承租财产,例如,债务人低价出租或者高价承租财产。[②] 四是知识产权许可使用。例如,债务人以明显不合理的低价许可他人使用自己拥有的知识产权。虽然出租或者承租财产、知识产权许可使用并不属于严格意义上的财产转让行为,但仍然可能构成转移财产的交易行为。该条在列举了这些行为之后,采用了“等”的表述,保持了此类行为的开放性,弥补了《民法典》第 539 条封闭式列举的不足。例如,实践中存在的对价严重失衡的股权置换,可以适用该规定。[③]

2. 影响债权人债权的实现

所谓“影响债权人债权的实现”,是指债务人有偿处分财产的行为,可能影响债权人债权的完全实现。这不仅包括债权受到的现实的损害,也包括将来受到的损害。[④] 影响不一定是债权人的债权全部不能实现,只要对债权人债权的实现产生一定的不利影响即可。例如,在“福建金石制油有限公司等与瑞士嘉吉国际公司合同纠纷上诉案”中,最高人民法院认为,在行使撤销权的情况下,债权人只需要举证证明“债务人无偿转让财产”或者“债务人以明显不合理的低价转让财产对债权人造成损害,且受让人知道该情形”,其中只要债权人能够举证

---

① 最高人民法院民事审判第二庭、研究室编著:《最高人民法院民法典合同编通则司法解释理解与适用》,人民法院出版社 2023 年版,第 475 页。

② 参见最高人民法院(2008)最高法民二终字第 23 号民事判决书;江苏省连云港市中级人民法院(2020)苏 07 民终 27 号民事判决书。

③ 同上。

④ 参见崔建远、陈进:《债法总论》,法律出版社 2021 年版,第 173 页。

证明“受让人知道债务人的转让行为是以明显不合理的低价”，就足以认定受让人知道会因此对债权人造成损害。[①] 当然，虽然债务人可能实施了上述行为，但是债务人仍然有充足的财产用于清偿的，只要债务人能够证明其实施的上述行为不影响债权人债权的实现，就不能适用《民法典》第539条的规定。

3. 相对人具有恶意

《民法典》第539条规定，在债务人实施不合理的有偿处分财产权益的行为时，只有“债务人的相对人知道或者应当知道该情形”时，债权人才能行使撤销权。关于受让人恶意的内容，学术界有两种不同的观点：一种观点认为，受让人只需要知道债务人是以明显不合理的低价转让，便构成恶意；另一种观点认为，受让人不仅要知道债务人以明显不合理的低价转让，而且要知道此种行为会对债权人造成损害，才构成恶意，即受让人知道债务人还有其他债权人存在，债务人的行为会对其他债权人带来不利，受让人是否与债务人一样具有诈害债权人的意图，在所不问。[②] 笔者认为，要求债权人举证证明受让人在取得一定财产或获取一定的财产利益时，已经知道债务人所实施的处分财产的行为有害于债权人的债权，这对债权人来说是十分困难的。因为债权本身具有非公开性，很难推定受让人完全知道债权人和债务人之间的债权和债务的内容。因此，相对人的恶意不仅仅限于明知，依据具体情形，也包括应当知道影响债权的实现。笔者认为，依据《民法典》第539条的规定，此处相对人的恶意应当是指相对人知道或者应当知道债务人不当处分财产权益的行为将影响债权人债权的实现，该条规定要求相对人必须主观上存在恶意，目的在于保护交易安全与相对人的合理信赖。当然，对相对人的恶意，应当由债权人举证证明。

四、撤销之诉的主体

（一）撤销之诉的原告

依据《民法典》第538条、第539条，在撤销之诉中，撤销权人应当是因债务人不当处分财产的行为而使债权受到损害的债权人。债权人撤销权的行使必须由享有撤销权的债权人以自己的名义向法院提起诉讼，请求法院撤销债务人不当处分财产的行为。如果债权人为多数人，可以共同享有并行使撤销权。对此，《合同编通则解释》第44条第2款规定：“两个以上债权人就债务人的同一行为提起撤销权诉讼的，人民法院可以合并审理。”依据该规定，如果某一个债权人向债务人提出撤销之诉以后，其他债权人也针对同一债务人提起了撤销之诉，人民法院可以合并审理。在确定撤销之诉的原告是否合法时，还必须要确定在哪一些债权中债权人可以行使撤销权。也就是说，债权人不仅要对债务人享有合法有效的债权，而且这些债权要能够成为撤销权行使的前提和基础。对那些根本不适合行使撤销权的债权，如劳务之债，则不能行使撤销权，自然，享有这些债权的权利人也不能成为撤销之诉的原告。

（二）撤销之诉的被告

根据《合同法司法解释一》第24条，债务人是被告，而相对人（受益人或者受让人）是第三人，《合同编通则解释》第44条第1款对此作出修改，规定“债权人依据民法典第五百三十八条、第五百三十九条的规定提起撤销权诉讼的，应当以债务人和债务人的相对人为共同被告”。在撤销权诉讼中，债权人之所以应当以债务人和债务人的相对人为共同被告，是因为

---

① 参见最高人民法院(2012)民四终字第1号民事判决书。

② MüKo/Kirchhof, AnfG, § 3, Rn. 28 ff.

一方面,债权人所要撤销的行为大多是双方行为,相对人能够作为被告。[①] 另一方面,因为撤销权诉讼对相对人的实体利益将产生重大影响,将其列为共同被告有利于充分保护其诉讼权利。从司法实践来看,也大量存在将债务人和相对人列为共同被告的做法。[②] 因此,以债务人和债务人的相对人为共同被告是合理的。如果债务人或者相对人没有参加诉讼的,法院应当依据《民事诉讼法》第 135 条通知其参加诉讼。

在撤销权诉讼中,由于债务人和相对人诉讼当事人地位的变化,也导致诉讼的管辖相应发生变化。依据《合同编通则解释》第 44 条第 1 款的规定,由于撤销权诉讼中存在债务人与债务人的相对人两个被告,债务人或者债务人的相对人的住所地人民法院均享有管辖权。当然,撤销权诉讼的管辖也不得违反专属管辖的规定,因为法律特别规定专属管辖,有利于传唤被告、调查取证、查明案情和裁判执行等,撤销权诉讼的管辖也应当遵守专属管辖的规定。[③]

五、撤销权行使的范围

撤销权行使的范围是指债权人可以在多大范围内行使撤销权。《民法典》第 540 条前段规定:"撤销权的行使范围以债权人的债权为限。"依据该条规定,撤销权的行使范围以债权人的债权为限,此处所说的债权不限于到期债权,因为债权人撤销权行使的对象是债务人积极实施的不当处分财产的行为,甚至是一种积极侵害债权的行为,必须及时予以制止,因此,即便债权人的债权没有到期,只要符合债权人撤销权的行使条件,债权人即可行使撤销权。具体而言:

第一,某一债权人行使撤销权只能以自身的债权为基础,而不能以未行使撤销权的全体债权人的债权为保全的范围。[④] 笔者认为,撤销权设立的目的并不在于保全全体债权人之债权,因此,撤销权的行使范围应当以行使撤销权的债权人的债权范围为限,以此兼顾债权人的保护与债务人的行为自由。[⑤] 因为在一般情况下,债权人行使撤销权时并不知道债务人的其他债权人,也无法得知各债权人债权的总额,如果允许债权人撤销权的范围扩大到全体债权人的债权,则撤销权的范围将会过于宽泛,这可能导致债权人不当干涉债务人的行为。

第二,各债权人都有权依撤销权起诉,其请求范畴仅限于各自债权的保全范围。从《民法典》的规定来看,其并没有对提起撤销权的债权人的身份作出限定,这也意味着,只要符合债权人撤销权的行使条件,不论其他债权人是否已经提起债权人撤销权诉讼,相关债权人均有权行使债权人撤销权。

第三,债权人在行使撤销权时,其请求撤销的数额原则上不应当大于其债权数额。在债务人实施了多个不当处分财产的行为时,债权人也应当在其债权数额范围内行使撤销权。撤销的范围原则上应仅及于债权保全的范围,对债务人不当处分财产的行为超出债权保全必要的部分,不应发生撤销的效力。否则,势必不当地干涉债务人正当行为的自由。《合同

---

① 参见最高人民法院民法典贯彻实施工作领导小组主编:《中华人民共和国民法典合同编理解与适用(一)》,人民法院出版社 2020 年版,第 531 页。

② 最高人民法院起草小组:《〈关于适用民法典合同编通则若干问题的解释〉的理解与适用》,载《人民司法》2024 年第 1 期。

③ 同上。

④ 参见崔建远主编:《合同法》(第七版),法律出版社 2021 年版,第 140 页。

⑤ 参见朱广新、谢鸿飞主编:《民法典评注 · 合同编 · 通则 2》,中国法制出版社 2020 年版,第 55 页。

编通则解释》第 45 条第 1 款规定:“在债权人撤销权诉讼中,被撤销行为的标的可分,当事人主张在受影响的债权范围内撤销债务人的行为的,人民法院应予支持;被撤销行为的标的不可分,债权人主张将债务人的行为全部撤销的,人民法院应予支持。”依据该规定,应当根据撤销行为的标的是否可分来确定撤销权行使的范围,具体而言:

一是如果标的不可分,债权人应当在受影响的债权范围内行使撤销权,对债务人的行为请求撤销。以一般种类物、金钱为债权标的的,其标的通常是可分的,依据上述规定,在标的可分的情形下,债权人只能在债权保全的范围内行使撤销权,而不得在该范围之外行使撤销权。该规定确定了债权人可以行使撤销权的范围,超出该范围,就超出了债权保全的必要范围,债权人行使撤销权也将丧失正当性。债权人在受影响的债权范围之外行使撤销权的,债务人可以提出抗辩,如果抗辩成立,则法院不应当支持债权人的撤销权请求。

二是如果标的不可分,则债权人将无法在债权范围内行使撤销权,此时,债权人可以主张撤销债务人的全部撤销行为。[①] 因为此种撤销在一定程度上超过了债权保全的限度,但对于保护债权人合法有效的债权是必需的,且不违背《民法典》第 540 条的本意。[②] 例如,债务人将某台机器以不合理的低价转让给他人,由于将机器拆分将会极大地贬损该机器的价值,此时,债权人有权主张撤销债务人处分机器的行为。

六、撤销权行使的效力

(一)对债权人的效力

债权人行使撤销权以后,对债务人和受让人所返还的财产是否能够优先受偿,在各国和有关地区的法律规定中并不完全相同。从法律上说,在撤销债务人的行为以后,某一债权人取回的一定的财产或利益,应作为债务人的全体债权人的共同担保,各债权人对这些财产都应当平等受偿。依据《民法典》第 542 条的规定,在债权人行使撤销权之后,债务人所实施的行为自始没有法律约束力,但该条并没有对债权人的优先受偿权作出规定,这实际上是采纳了入库原则。所谓入库原则,是指产生恢复原状的效果,即债务人不当处分的财产应当回复到债务人的责任财产范围,属于全体债权人的共同担保,行使撤销权的债权人对这一财产并不享有优先受偿的地位。[③]

(二)对债务人的效力

《民法典》第 542 条规定:“债务人影响债权人的债权实现的行为被撤销的,自始没有法律约束力。”因此,债务人的行为一旦被撤销,则自始无效。所谓自始无效,是指债务人所实施的影响债权实现的行为从一开始就不发生效力。依据本条的规定,债权人行使撤销权后,产生溯及既往的效力,对于这些法律行为而言,自始不发生效力。因此,已经履行的需要恢复原状,没有履行的不再履行,不能恢复原状的则要予以损害赔偿。如果债务人的处分行为被撤销,则债务人免除他人债务的行为应视为没有免除,承担他人债务的行为应视为没有承担,为他人设定担保的行为应视为没有设定,让与财产的行为应视为没有让与。

在债权人提起撤销之诉时,债权人与债务人之间的债务可能并没有到期,如果在撤销之后,债务人和受让人直接向债权人交付财产以清偿债务人的债务,则势必会剥夺债务人的期

---

① 参见黄薇主编:《中华人民共和国民法典释义》(中),法律出版社 2020 年版,第 1037 页。

② 最高人民法院民事审判第二庭、研究室编著:《最高人民法院民法典合同编通则司法解释理解与适用》,人民法院出版社 2023 年版,第 502 页。

③ 参见崔建远、陈进:《债法总论》,法律出版社 2021 年版,第 188 页。

限利益。在此种情况下,可以将财产暂时交给法院代为保管,待债务到期以后,再交付给债权人。当然,如果债务已经到期,就可以该财产直接向债权人作出清偿。

此外,《民法典》第 540 条后段规定:“债权人行使撤销权的必要费用,由债务人负担。”由债务人负担债权人行使撤销权的必要费用的原因在于,债权人之所以行使撤销权,皆由债务人的行为引起,债务人对此具有过错,因而债务人应当负担相应的费用。《合同编通则解释》第 45 条第 2 款规定:“债权人行使撤销权所支付的合理的律师代理费、差旅费等费用,可以认定为民法典第五百四十条规定的‘必要费用’”。这就确定了合理的律师代理费、差旅费等费用属于必要费用。所谓所支付的合理费用,是指债权人行使撤销权所必须支付的必要费用。但对风险代理提成等尚未实际发生的律师费用,通常不应支持。除了合理的律师代理费和差旅费之外,该款还规定了“等费用”作为兜底条款,包括确定财产价值而发生的评估费用、针对处分标的所采取的财产保全费用等必要费用。[①]

(三)对相对人的效力

虽然《民法典》第 537 条明确了债权人代位权行使的法律效果,即行使代位权的债权人可以直接从相对人处获得给付,突破入库规则后的债权人获得了优先于其他债权人的地位,然而《民法典》在关于撤销权的规定中,却回避了债权人是否可以请求相对人向自己返还财产等问题,因而出现了不少债权人虽然获得撤销权诉讼的胜诉判决,但却无法顺利获得清偿的现象。为解决上述问题,《合同编通则解释》第 46 条在《民法典》第 542 条规定的行使撤销权效果的基础上,增加了撤销权行使的三重效果:即请求恢复原状和履行到期债务、向相对人申请强制执行以获得债权的清偿和申请保全,由此形成的对于行使撤销权的债权人的三重保护措施。

第一,债权人可请求恢复原状和履行到期债务。《民法典》第 542 条只是规定债权人行使撤销权以后,被撤销行为自始没有法律约束力,在债务人不当处分财产的行为被撤销后,相对人负有恢复原状的义务,也就是说,如果财产已经为受让人(受益人)占有或受益的,其应向债务人返还其财产和收益,如果原物不能返还,则应折价赔偿。但《民法典》第 542 条并没有规定如何返还财产、恢复原状,这就导致实践中撤销权的法律效果难以实现。而且,法院基于《民法典》第 524 条宣告合同自始无效之后,常常没有明确返还财产的主体、也没有明确的法律依据来保障返还财产。针对这些问题,《合同编通则解释》第 46 条第 1 款规定:“债权人在撤销权诉讼中同时请求债务人的相对人向债务人承担返还财产、折价补偿、履行到期债务等法律后果的,人民法院依法予以支持。”这就明确了债权人可以在撤销权诉讼中请求相对人向债务人返还财产、折价补偿。相应地,相对人负有向债务人返还财产的义务,因此,法院在撤销权诉讼中,应当依据债权人的请求,在依法宣告撤销之后,进一步明确相对人负有此种义务。

第二,债权人可向相对人申请强制执行以获得债权的清偿。如前述,《民法典》第 537 条规定了在代位权诉讼中“由债务人的相对人向债权人履行义务”,但在撤销权诉讼中却并未作出类似规定,这就难以对行使撤销权的债权人提供充分保护。针对这一现象,《合同编通则解释》第 46 条第 3 款规定:“债权人依据其与债务人的诉讼、撤销权诉讼产生的生效法律文书申请强制执行的,人民法院可以就债务人对相对人享有的权利采取强制执行措施以实现债权人的债权。债权人在撤销权诉讼中,申请对相对人的财产采取保全措施的,人民法院

① 参见最高人民法院民事审判第二庭、研究室编著:《最高人民法院民法典合同编通则司法解释理解与适用》,人民法院出版社 2023 年版,第 502 页。

依法予以准许。”据此该解释采取了“撤销权＋强制执行说”的观点，以债权人与债务人诉讼和撤销权诉讼中的给付内容的强制执行，为债权人获得清偿提供保障。

采取“撤销权＋强制执行说”的观点的正当性在于，可以鼓励债权人行使撤销权，防止债务人的其他债权人“搭便车”。具体而言，一方面，由于长期以来撤销权诉讼遇到的诟病就是，行使撤销权的债权人往往花费诸多精力和成本，即便胜诉，最终可能一无所获。因此，直接赋予债权人对相对人申请强制执行，用于实现自己的债权的权利，从而确保债权人胜诉后权益的实现，鼓励了债权人积极行使撤销权。[①] 另一方面，此种模式有利于减少诉讼环节，实现诉讼经济，符合效率原则，且体现了公平原则。

第三，债权人可在撤销权诉讼中申请保全。在实践中，如果债权人提起撤销权诉讼获得胜诉判决后且进入执行程序，或者基于撤销权诉讼产生的生效法律文书申请强制执行时，债务人已经面临多个诉讼并且都已申请强制执行，此时，即便《合同编通则解释》赋予了债权人申请执行的法律效果，但因为有其他债权人存在，申请强制执行仍然难以保障行使撤销权的债权人的债权，因此，《合同编通则解释》第 46 条第 3 款第 2 句明确了债权人可以在撤销权诉讼中对相对人财产申请保全。该规定可以起到进一步保护撤销权人的作用，有效防止行使撤销权的债权人获得清偿的目的落空。一方面，保全可以确保相对人有财产可被执行。另一方面，保全还在一些情形下可以实现撤销权人的优先受偿。虽然保全本身并不会直接使得债权人获得优先受偿的地位，但是却可以使得撤销权人的权利获得清偿的顺位提前。

七、撤销权的行使期限

《民法典》第 541 条规定：“撤销权自债权人知道或者应当知道撤销事由之日起一年内行使。自债务人的行为发生之日起五年内没有行使撤销权的，该撤销权消灭。”撤销权事由出现后，债权人应当及时行使，否则，相关的法律关系可能长期处于不确定的状态，因此该条确立了撤销权行使的具体期限。包括两种情形：

第一，关于 1 年的规定。《民法典》第 541 条规定的 1 年期间的性质，理论上一直存在除斥期间与诉讼时效两种观点，笔者认为，其在性质上应当属于除斥期间，理由主要在于：一方面，该期限在性质上属于固定期限，不发生中止、中断、延长。另一方面，从该条规定来看，该期限届满的法律后果是债权人的撤销权消灭，而不是使债务人产生时效届满的抗辩。[②] 因此，债权人在知道或者应当知道撤销事由之日起 1 年内没有行使撤销权的，将导致撤销权消灭。

第二，关于 5 年的规定，其在性质上属于最长保护期限。即经过 5 年的时间后，即使该撤销权并未超过除斥期间，法律也不予保护。例如，撤销权人在第六年才知晓自己享有撤销权，此时法律出于保护交易关系的稳定的考虑，也不再保护这一权利。例如，在“深圳市蒲公堂信息咨询服务有限公司与深圳市南山区投资管理公司、深圳市科汇通投资控股有限公司撤销权纠纷案”中，最高人民法院认为：“债权人撤销权的五年行使期间在性质上类似于除斥期间，因此债权人撤销权属于一种实体权利，债权人未在法律规定的行权期间内行使，便发生消灭实体权利的效果。”[③]

---

① 参见谢鸿飞：《合同法学的新发展》，中国社会科学出版社 2014 年版，第 320 页。

② 参见黄薇：《中华人民共和国民法典合同编解读》（上册），中国法制出版社 2020 年版，第 273 页。

③ 最高人民法院（2007）民二终字第 32 号民事裁定书。

第十六章

合同的变更和转让

第一节　合同的变更

一、合同变更的概念和特征

合同变更，有广义和狭义之分。广义的合同变更是指合同的内容和主体发生变化。所谓主体的变更，是指以新的主体取代原合同关系的主体，即新的债权人、债务人代替原来的债权人、债务人，但合同的内容并没有发生变化。在这种变更方式中，债权人变更的，称为债权转让或债权移转；债务人变更的，称为债务移转。对此种合同的转让，下文将专门加以探讨。

合同内容的变更乃是狭义的合同变更，它是指在合同成立以后，尚未履行或尚未完全履行以前，当事人就合同的内容达成修改或补充的协议。《民法典》第 543 条规定："当事人协商一致，可以变更合同。"这实际上就是指此种合同的变更。这种变更具有如下特征：

1. 从原则上说，合同的变更必须经当事人双方协商一致，并在原合同的基础上达成新的协议。在《民法典》中，合同变更可以分为协议变更和裁判变更。所谓裁判变更是指，依据法律的规定，在符合特定要件的情形下，法院可依当事人的申请变更合同内容。[①] 在此类变更中，当事人只是享有请求变更合同的权利[②]，而不能直接变更合同内容，具体是否能够变更以及应当如何变更，应该由法院或仲裁机构进行裁判。裁判变更主要是指如下情形：一是对于可撤销合同，当事人既可以主张撤销，也可以主张变更。例如，在重大误解、显失公平的情况下，受害人享有请求法院或仲裁机构变更合同内容的权利。二是在符合情势变更的情况下，当事人可以主张变更或解除合同。三是违约金数额的调整；《民法典》第 585 条第 2 款规定："约定的违约金低于造成的损失的，人民法院或者仲裁机构可以根据当事人的请求予以增加；约定的违约金过分高于造成的损失的，人民法院或者仲裁机构可以根据当事人的请求予以适当减少。"四是租赁合同中租金与租期的变更。《民法典》第 713 条第 1 款规定："承租人在租赁物需要维修时可以请求出租人在合理期限内维修。出租人未履行维修义务的，承租人可以自行维修，维修费用由出租人负担。因维修租赁物影响承租人使用的，应当相应减少租金或者延长租期。"该条对租赁物需要维修情形下减少租金或者延长租期的规则作出了

---

① 例如，《民法典》第 533 条第 2 款规定："人民法院或者仲裁机构应当结合案件的实际情况，根据公平原则变更或者解除合同。"

② 参见韩世远：《合同法总论》（第四版），法律出版社 2018 年版，第 588 页。

规定，其在性质上也属于裁判变更规则。

所谓协议变更是指依据当事人双方的合意，对原合同进行变更。《民法典》合同编第一分编第六章所说的变更主要是指此种变更。通常所说的合同变更指的也是协议变更，即变更合同的内容须经过双方协商同意。任何一方未经过对方同意，无正当理由擅自变更合同内容的，不仅不能对合同的另一方产生约束力，反而将构成违约行为。由于合同变更必须经过双方协商，所以，在变更合同的协议未达成以前，原合同关系仍然有效。

2. 合同内容的变更是指合同关系的局部变化，也就是说，合同变更只是对原合同关系的内容作某些修改和补充，而不是对合同内容的全部作变更。如标的数量的增减，交货地点、时间、价款或结算方式的改变等，均属于合同内容的变更。如果合同内容已全部发生变化，则实际上导致了原合同关系的消灭，产生了一个新的合同。因为合同内容的变更是在保持原合同效力的基础上，再形成新的合同关系，这种新的合同关系应当包括原合同的实质内容。如果新的合同关系产生以后没有吸收原合同的实质内容，就不属于合同的变更，而是在合同消灭以后订立的一个新合同。由于标的本身是权利、义务指向的对象，属于合同的实质内容，标的变更会使合同的基本权利与义务也发生变化。因此，变更标的，实际上已结束了原合同关系。当然，如果仅仅是标的数量、质量、价款发生变化，一般不会影响到合同的实质内容，而只是影响到局部内容，所以不会导致合同关系消灭。

3. 合同的变更也会产生新的债权债务内容。当事人在变更合同时，可能会增加新的内容或改变某些内容。合同变更以后，不能完全以原合同内容来履行，而应按变更后的权利义务关系来履行。当然，这并不是说在变更时必须首先消灭原合同的权利义务关系。事实上，合同的变更是指在保留原合同的实质内容的基础上产生一个新的合同关系，它仅是在变更的范围内使原债权债务关系消灭，而变更之外的债权债务关系仍继续生效。从这个意义上讲，合同变更只是非实质性变更，并不导致原合同关系消灭。

二、合同变更与合同更新

所谓合同更新，又称合同债务的更替，它不是使旧的债权债务由一方转至另一方，而是消灭旧的债权债务，设定新的债权债务。简单而言，合同更新就是以一个新的合同代替一个旧的合同。[①] 一般来说，合同的更新要以一项因为其标的或性质不同于原债的新债取代原债，原债消灭。我国《民法典》合同编规定了合同的变更，但没有规定合同更新。我国法上的合同变更与德国民法上所称合同的变更相类似，不同于法国法、日本法所称的合同更新或更改。[②]

合同更新不同于合同的协议解除，因为合同的更新不仅终止原合同关系，而且产生新的合同关系，新旧合同尽管存在本质的区别，但仍然有一定程度的连续性。例如，尽管合同的标的发生了变化，但有关履行期限、价款等并没有变化，新的合同中可能也要涉及已经履行的原合同的问题。所以，合同的更新不仅终止了原合同，还产生了新合同，而新的合同中可能涉及已经终止的原合同问题。而合同解除只是终止合同关系，不会产生新的合同关系。因此，合同解除制度不能适用于合同的更新。

合同的更新包括如下几种情况：一是双方当事人约定以另一种标的物代替原标的物履

---

① 参见周林彬主编：《比较合同法》，兰州大学出版社 1989 年版，第 311 页。

② 参见韩世远：《合同法总论》（第四版），法律出版社 2018 年版，第 587 页。

行,例如,以交付大米来代替交付小麦。二是当事人通过设立与原合同性质不同的合同来代替原合同。例如,甲借用乙的房屋,双方订立一个合同,之后双方又订立了一个租赁合同,以代替原借用合同,由于合同性质已经发生变化,应当视为合同发生更新。三是合同的价款、酬金条款发生了重大变更。但单纯的履行期限、履行地点和履行方式的变更不能认为是债的更新。

合同变更不同于合同更新,二者的区别主要表现在:

第一,尽管合同的变更导致了合同内容的变化,但此种变化并非根本性的,变更以前的内容和变更后的合同仍保持一定的连续性,因此原合同关系仍然继续存在并有效。但是在合同的更新中,合同的内容发生了根本性变化,在新旧合同的内容之间,可能并无直接的内在联系。例如,将赠与合同改为买卖合同,使合同的内容发生了实质性变化。[①] 因为这种变化使原合同关系发生了消灭,产生了新合同关系。

第二,如果原合同是连带债务的,某一连带债务人在没有取得全体连带债务人同意的情况下,与债权人达成了更新协议的,其他债务人对新债不承担责任,除非当事人另有约定。更新前到期的利息,在更新后不应当再追索。因为利息作为一种从义务,是附着于主义务的,在原债务已经终止的情况下,其自然也已经终止。但合同变更不存在这些问题。

第三,从方式上来看,合同的变更主要是通过协商而实现的,但是在特殊情况下,出现了法定的可以变更的情形(如不可抗力等)的,则当事人可以要求变更合同。但是合同的更新一般都是通过约定产生的。

三、合同变更的要件

合同的变更也必须具备一定的条件,只有在满足如下条件时才能变更合同:

1. 原已存在有效的合同关系。合同的变更是在原合同的基础上,通过当事人双方的协商,改变原合同关系的内容。因此,不存在原合同关系,就不可能发生变更问题。如果合同应被确认无效,则不能变更原合同。

2. 合同的变更在原则上必须经过当事人协商一致或具有法律规定。《民法典》第 543 条规定:“当事人协商一致,可以变更合同。”合同是当事人双方协商一致的产物,因而合同的变更也必须经过双方的协商,任何一方未经协商不得单方变更合同内容,否则,将构成违约。变更合同时必须订立变更合同的合同。此种合同也必须经过要约和承诺阶段,符合民事法律行为的生效要件,任何一方不得采取欺诈、胁迫的方式来欺骗或强制他方当事人变更合同。如果当事人之间没有形成一致的意思表示,则不能变更合同。《民法典》第 544 条规定:“当事人对合同变更的内容约定不明确的,推定为未变更。”所谓“推定为未变更”,是指推定当事人并没有达成变更合同的协议,原合同仍然有效,当事人仍应当按原合同履行。法律作出此种规定是为了减少当事人可能就合同的变更产生的纠纷,维护合同关系的稳定性。例如,最高人民法院在审理“河南大鹏汇东石业有限公司与河南广发实业有限公司土地使用权转让合同纠纷上诉案”中指出:合同变更实际上是合同内容变更部分的重新订立,应符合《合同法》关于合同订立的相关规定。合同一方将载有合同变更内容的《承诺书》发给对方,对方没有作出任何表示,不产生合同要约承诺双方意思表示的后果,即合同没有变更。[②]

---

① 参见韩世远:《合同法总论》(第四版),法律出版社 2018 年版,第 587 页。

② 最高人民法院(2005)民一终字第 120 号民事判决书。

3. 合同变更必须使合同内容发生变化。合同变更通常表现为当事人通过协商对合同条款进行修改和补充。所谓修改,就是对原合同条款的改变。所谓补充,就是指在原合同中增加新的条款,在补充的情况下,尽管原合同内容没有发生变化,但增加了新的合同条款,因此,其在性质上也属于合同的变更。需要指出的是,合同的变更应当限于合同内容的非实质性变更,如果合同的内容出现实质性变更,则将构成合同的更新,并因此使合同关系丧失同一性。换言之,这些条款的变更并不导致原合同关系的消灭和新合同关系的产生。至于何种条款为实质性条款或非实质性条款,只能根据具体合同进行分析,依据当事人意思或者一般交易观点予以确定。[①]

4. 合同的变更必须遵循法定的程序和方式。《民法典》第 502 条第 3 款规定:"依照法律、行政法规的规定,合同的变更、转让、解除等情形应当办理批准等手续的,适用前款规定。"这就要求合同的变更必须遵循法定的程序和方式。在某些情况下,法律为维护国家利益、社会公共利益和当事人利益,维护社会经济秩序,预防和减少不必要的纠纷,对一些合同规定了一定的成立方式,如抵押合同、保证合同的成立应当采用书面形式。在这些情况下,当事人仅仅达成变更合同的协议是不够的,还必须依照法律、行政法规的规定采用书面形式或办理批准、登记等手续。否则,合同不能发生变更。

在商事实践中,一些合同可能事先约定,"当事人未来不得以口头方式修改合同"。关于这种条款的效力,各国的做法存在差异。一些国家认为,在当事人作出此种约定的情形下,即便后来有足够证据表明,当事人存在修改原合同的口头协议,其也不能优先于双方关于"当事人未来不得以口头方式修改合同"的事先书面约定,即该口头协议不具有法律效力。当然,也有一些国家认为,既然有充分的证据证明当事人存在修改原合同的口头协议,则应当尊重当事人的意思表示。[②] 笔者认为,如果当事人没有作出"禁止口头修改"的约定,则当事人可以通过口头约定变更合同内容;但如果当事人作出了上述约定,则表明当事人对变更合同的方式作出了明确限定,此时,即便当事人事后达成了变更合同的口头协议,其也不具有变更合同的效力。

四、合同变更的效力

(一) 合同变更对当事人的效力

1. 已经作出的履行仍然有效。这就是说,合同的变更原则上不具有溯及力,即当事人所作出的履行仍然有效。因为在合同变更前,当事人是按照合同约定作出的履行,该履行仍应有效,如果当事人在变更合同时特别约定合同变更前的履行无效,这一约定也不发生效力。因此,合同的变更只能对未来产生效力,对于已按原合同所作的履行无溯及力,任何一方都不能因为合同的变更而单方面要求另一方返还已经作出的履行。

2. 当事人应当按照变更后的合同的内容作出履行。按照私法自治原则,当事人对合同内容的变更也具有法律拘束力,合同的变更属于当事人对其利益所作出的新安排,任何一方违反变更后的合同内容都构成违约。合同没有发生变更的部分对当事人仍具有拘束力。

3. 合同变更原则上不影响违约责任的承担。关于合同变更后,一方是否可以请求另一

---

① 参见韩世远:《合同法总论》(第四版),法律出版社 2018 年版,第 587 页。

② See Ingeborg Schwenzer, Pascal Hachem, Christ Opher Kee, *Global Sales and Contract Law*, Oxford University Press,2012, p. 193.

方赔偿因合同的变更所遭受的损失的问题,存在两种观点。笔者认为,对合同的变更应当区分两种不同的情况:一是依法变更合同。例如,依据情势变更制度,请求法院或仲裁机构变更合同内容,此种规定原则上不影响当事人要求赔偿损害的权利。二是约定变更合同。对于约定变更而给一方造成损失的,当事人应当在变更协议中对赔偿问题明确约定,如果未作约定,合同变更不应当影响违约责任的承担。[①] 即使在依据法律规定变更内容的情形下,在法院或仲裁庭变更了合同内容以后,因为合同继续有效,所以对先前的违约行为仍然应当承担违约责任。就约定变更而言,情况就比较复杂,关键是要看双方达成协议时,是否有免除对方违约责任的意图,如果已经通过协议免除了违约方的责任,则不得再对此行为追究责任,如果并没有单方面免责的表示或双方达成免责的协议,则可以对先前的违约行为追究违约责任。

(二) 合同变更对保证人的效力

合同变更只是使合同内容发生变化,按照合同相对性原则,合同变更原则上不会对第三人产生效力。但在合同涉及保证人的情形下,合同变更也会对保证人产生一定的影响。《民法典》第 695 条第 1 款规定:“债权人和债务人未经保证人书面同意,协商变更主债权债务合同内容,减轻债务的,保证人仍对变更后的债务承担保证责任;加重债务的,保证人对加重的部分不承担保证责任。”该条规定根据合同变更对债务人债务的不同影响分别规定了保证人的各类责任:当主合同变更减轻债务人的债务时,无论保证人是否同意,保证人仍应当承担保证责任,但只需对变更后的合同债务承担保证责任。如果主合同变更加重了债务人的债务,且此种变更得到保证人同意的,保证人应当对变更后的合同债务承担保证责任;未得到保证人同意的,保证人仍应当承担保证责任,但保证人可主张对加重的部分不承担保证责任。[②] 该规定在一定程度上有利于保护保证人的利益,并有利于防止债务人与债权人合谋损害保证人的利益。[③]

第二节 合同债权的转让

一、合同债权转让的概念和特征

合同债权的转让,是指合同债权人通过协议将其债权全部或部分地转让给第三人的行为。合同债权在性质上是财产权,具有可转让性。

罗马法曾经禁止债权的转让,早期的罗马法认为,债权为连接债权人与债务人之间的法锁,无论是变更债权人,还是变更债务人,都会使债权丧失同一性。因此凡是以契约变更债权要素时,就必须视为旧债权消灭、成立新的债权,所以罗马法严格限制合同的转让。[④] 在《十二铜表法》中已开始承认继承人继承被继承人的人格,债权债务始可直接在其间转移,但将债移转于第三人则仍为法律所不允许。[⑤] 自帝政时期,罗马法开始,逐渐承认了一般的转

---

① 参见韩世远:《合同法总论》(第四版),法律出版社 2018 年版,第 592 页。

② 参见最高人民法院民二庭(原经济庭)编著:《担保法新释新解与适用》,新华出版社 2001 年版,第 278—279 页。

③ 参见高圣平:《担保法论》,法律出版社 2009 年版,第 169 页。

④ 参见〔日〕於保不二雄:《日本民法债权总论》,庄胜荣校订,五南图书出版有限公司 1998 年版,第 277 页。

⑤ 参见周枏:《罗马法原论》(下),商务印书馆 1994 年版,第 828 页。

让契约。[①]

进入自由资本主义时期后，债权转让已经成为促进市场经济发展的重要方式，尤其是随着证券市场的发展，资产的证券化进一步促进了债权的转让。法国曾在历史上认为债权与债权人的人身不得分离，因而不承认债权的转让。[②] 但《法国民法典》第三卷在取得财产的各种方法中，专门规定了"债权与其他无形财产的转让"。《法国民法典》第1689条明确规定债权可以移转，卖方通过向买方移交债权的文件而"交付"该权利。《德国民法典》在制定时，曾就是否应当允许债权转让发生过争论，但大多数人认为应当规定债权转让。[③] 因而，《德国民法典》在第二编债务关系法中，详细规定了债权转让制度。

在现代社会，债权转让已经成为融资的重要手段。[④] 各国立法已经普遍地承认了债权转让制度。范斯沃思指出："绝大多数的合同权利都可以自由让与，如果法律状况与此相反，那么，我们的信用经济将无法存在。"[⑤]拉德布鲁赫曾指出："债权已不是取得对物权或对物利用的手段，它本身就是法律生活的目的。经济价值不是静止地存在于物权，而是从一个债权向另一个债权不停地移动。"[⑥]由于债权本身在性质上属于财产权，其应当能够进入市场，成为交易的对象，债权转让不仅极大地促进了交易的繁荣与发展，而且为融资带来了便利，进一步促进了投资的流动化，使债权的证券化得到了迅速的发展，也为当事人通过债权进行融资创造了便利。可以说，债权让与也为金融的创新提供了前提和基础。比较法上普遍承认了债权转让制度。自20世纪以来，由于法律上承认指示式债权、证券式债权等特殊债权，或促使抵押制度发展，或促成抵押制度与有价证券的结合，这些措施不仅在私法方面开辟了新时代最复杂的领域，而且创设了特殊银行、交易所制度等公法制度，导致债权转让的形态进一步发展。[⑦]

我国《民法典》不仅规定了债权转让制度的基本规则，而且新增了保理合同作为有名合同，这就是典型的应收账款的转让交易形态。此外，《民法典》还对金钱债权的转让进行了特别规定，适应了市场经济的发展需要，也便于当事人融资，债权让与已经成为重要的交易方式，促进了交易的发展和财富的增长。实践中，市场主体可能基于投资需要或者产业升级等原因而进行合同转让，在此情形下，合同转让也成为市场主体调整其经营策略的重要选择。

合同债权的转让主要具有如下特征：

1. 合同债权转让的主体是债权人和第三人，债务人不是也不可能是合同债权转让的当事人。尽管权利转让时债权人应当及时通知债务人，但这并不意味着债务人成为合同债权转让的当事人。不过，转让的合同债权必须是有效的权利，无效的权利是不能转让的。例

---

① 参见〔日〕我妻荣：《债权在近代法中的优越地位》，王书江、张雷译，谢怀栻校，中国大百科全书出版社1999年版，第22页。

② 参见杨明刚：《合同转让论》，中国人民大学出版社2006年版，第26—27页。

③ 参见王勤劳：《债权让与制度研究》，法律出版社2013年版，第22页。

④ 参见张玉卿主编：《国际统一私法协会国际商事合同通则2016(英汉对照)》，中国商务出版社2019年版，第607页。

⑤ 〔美〕E. 艾伦·范斯沃思：《美国合同法》(原书第三版)，葛云松、丁春艳译，中国政法大学出版社2004年版，第699页。"如果有人问我们——是谁完成了对人类财富最为影响深远的发现？我们认为，在深思熟虑之后，我们可能会较为把握地回答——是首次发现债权是一种可流通商品的那个人。"Macleod, Henry Dunning, *The Principles of Economical Philosophy*, Volume 1, Nabu Press, 1982, p. 481.

⑥ 〔德〕拉德布鲁赫：《法学导论》，米健等译，中国大百科全书出版社1997年版，第64—65页。

⑦ 〔日〕我妻荣：《债权在近代法中的优越地位》，王书江、张雷译，谢怀栻校，中国大百科全书出版社1999年版，第23页。

如,在“北京地鑫房地产开发有限责任公司与中国华融资产管理公司北京办事处等借款担保合同纠纷上诉案”中,最高人民法院认为,只要债权转让不违反法律的强制性规定,虽然《金融资产管理公司条例》对相关债权的转让进行了一定限制,但该限制并不当然导致该债权转让合同无效。[①]

2. 合同债权转让的对象是合同债权。债权是一种财产权,因此可作为转让的标的。合同规则调整交易关系,物权的流转关系和债权的流转关系都应当受其调整。但是,由于物权具有特殊性,整个物权的处分行为还要受到物权法律的调整。合同债权转让也不同于有价证券转让。一方面,合同债权转让的对象是合同权利,而有价证券转让的对象是一种证券化的权利。另一方面,合同债权的转让通常没有形式上的要求,一般情况下,债权人与受让人所订立的债权让与协议生效时,即可产生债权转让的效果。而有价证券的转让通常还需要交付或者办理变更登记。[②]

3. 合同债权的转让既可以是全部转让,也可以是部分转让。在合同债权全部转让时,受让人将完全取代转让人的地位而成为合同当事人,原合同关系消灭,新的合同关系产生。在权利部分转让的情况下,受让人作为第三人将加入原合同关系之中,与原债权人共同享有债权。

不管采取何种方式转让,都不得因权利的转让而增加债务人的负担,否则,应由转让人或者受让人承担费用或损失。需要指出的是,《民法典》合同编在债权转让方面使用了“债权人转让债权”的表述,这就意味着债权转让不仅适用于合同债权的转让,也适用于合同之外的其他债权的转让。

4. 合同债权的转让主要基于约定而产生。合同债权的转让涉及两种关系:一是债权人与债务人之间的原合同关系,二是转让合同关系。转让合同关系是转让人与受让人之间的合同关系,其完全可由当事人在不违背法律和社会公共利益的前提下自由约定。上述两种合同关系虽然关联密切,但不应将二者混淆。转让债权是对债权的处分[③],当事人订立债权让与合同后,让与人即应当将债权转让给受让人,并将相关的债权证明文件交付受让人,以便于受让人向债务人主张债权。

二、合同债权转让的条件

合同债权转让的要件可以从积极要件和消极要件两方面去理解。所谓积极要件是指当事人要转让合同债权时必须满足的条件,而消极要件是指当事人转让合同债权时不能够违背的条件。

(一) 合同债权转让的积极要件

第一,转让人必须享有合法有效的合同债权。这是合同债权转让的根本前提。如果合同根本不存在,或者已经被宣告无效或被撤销、被解除,在此情况下,所发生的转让行为都是无效的,转让人应对善意的受让人所遭受的损失承担损害赔偿责任。对于诉讼时效已经完成的合同债权是否可为让与的标的,理论上有不同的看法。通说认为,诉讼时效完成后的合同债权也可以转让,但受让人应承担因时效届满使其债权不能得到清偿的后果。[④]

---

① 参见最高人民法院(2003)民二终字第14号民事判决书。

② 参见《商事合同通则》第9.1.2条,《欧洲民法典草案》第3-5:101条。

③ 参见韩世远:《合同法总论》(第四版),法律出版社2018年版,第598页。

④ 参见崔建远、陈进:《债法总论》,法律出版社2021年版,第256页。

第二，转让人与受让人之间必须达成合法的转让协议。所谓合法，是指合同转让的内容和形式必须符合法律规定。从内容上看，合同的转让不得违背法律的禁止性和强制性规定。例如，法律禁止转让或当事人特别约定不得转让的权利，权利人不得对此作出转让。如果转让合同被宣告无效或者被撤销，则无法产生合同权利转让的效力，此时，如果受让人已经接受债务人的履行，则将构成不当得利，原债权人有权请求其返还。社会公共利益是合同转让所应遵守的利益。如果合同的转让违背了社会公共利益，也应当被宣告无效，有过错的当事人应当承担相应的法律责任。需要指出的是，关于转让合同是否必须采取书面形式，《民法典》没有明确规定。从解释上，按照合同自由原则，既然法律没有规定，就属于不要式合同。[①]

第三，债权具有可让与性。转让的债权合法有效还意味着，该债权应当具有可让与性(Abtretbarkeit)，不能让与的权利不能转让。[②] 所谓不能让与，是指依据债权的性质以及法律规定或者当事人约定，某项特定的债权只能由债权人享有，不得转让给他人。除了不能让与的债权之外，其他债权可以作为一种财产进入市场进行交易。由于债权可以转让，所以当事人可以通过合同处分债权[③]，将债权作为转让的对象，体现了对当事人处分财产利益自由的尊重。

关于将来的债权是否具有可让与性？所谓将来的债权，是指虽然有一定的基础法律关系存在但尚未发生，必须等待一定条件的成就或者原因的出现，才可能发生的债权。例如，保证人对主债务人的求偿权，必须在保证人承担保证责任以后才能产生。关于将来的债权能否转让，存在不同主张。法谚有云："让与一个尚不存在的债权在法律上是不可能的"(nemo plus iuris transferre potest quam ipse haberet)，据此，不少学者认为，将来债权的转让具有一定的投机性，对交易安全可能会产生不利影响。如未来养老金债权的转让、未来工资收入的转让等有可能难以实现，从而会损害受让人的利益。[④] 但随着现代市场经济的发展，新的交易方式的涌现，需要扩大交易标的，特别是在担保领域，随着让与担保等制度的发展，未来债权的移转在一定程度上已经被接受。笔者认为，将来的债权尽管在订立债权转让协议时并不存在，而且在将来是否实际发生尚且处于不确定的状态，但并非完全不能移转。对于将来的债权是否可以转让，应当根据具体情况分析，关键要看将来的债权是否具有确定性[⑤]，如果是极不确定的，则不能转让。这就是说，尽管将来的债权在未来是否实际发生尚处于不确定的状态，但如果有发生的可能性，对当事人具有一定的经济意义或财产价值就可以转让。[⑥] 1988 年国际统一私法协会制定的《国际保理公约》以及《联合国国际贸易中应收账款转让公约》都确认了未来的债权可以转让。我国《民法典》并没有以合同标的在合同成立时确定、可能作为合同的生效要件，因此将来的债权也可以转让。

关于可撤销的合同是否可以转让，笔者认为，即使是可撤销的合同，在撤销权人行使撤销权以前，仍然是合法有效的，因此，可以由债权人转让。至于在撤销权人行使撤销权以后，因合同被撤销而给受让人造成损失的，则应当由转让人承担赔偿责任。

第四，合同的转让应当符合法律规定的程序。

---

① MüKo/Roth, BGB § 398, Rn. 13, 33.

② 参见〔德〕克里斯蒂安·冯·巴尔、〔英〕埃里克·克莱夫主编：《欧洲私法的原则、定义与示范规则：欧洲示范民法典草案》(第一、二、三卷)，高圣平等译，法律出版社 2014 年版，第 892 页。

③ MüKo/Roth, BGB § 398, Rn. 13.

④ 参见〔德〕海因·克茨：《欧洲合同法》(上卷)，周忠海等译，法律出版社 2001 年版，第 392 页。

⑤ BeckOK/Rohe, BGB § 398, Rn. 32 f; MüKo/Roth, BGB § 398, Rn. 79 ff.

⑥ 参见《欧洲民法典草案》第 3—5:106 条。

从比较法上看,债权转让一般不要求取得债务人的同意[①],但为了便于债务人履行债务,债权人应当及时将债权让与的事实通知债务人。依据法律和行政法规的规定,债权转让必须办理行政审批手续的,只有在办理该手续后才能进行债权转让。

(二)合同债权转让的消极要件

所谓消极要件,是指当事人在合同债权转让时不能够违背的条件,如果当事人出现这些情况,有可能导致合同债权转让的相对无效,甚至是绝对无效。《民法典》第545条第1款规定:"债权人可以将债权的全部或者部分转让给第三人,但是有下列情形之一的除外:(一)根据债权性质不得转让;(二)按照当事人约定不得转让;(三)依照法律规定不得转让。"依据该条规定,下列合同债权不得转让:

1. 根据合同债权的性质不得转让的债权

所谓根据合同的性质不得转让的债权,是指根据合同债权的性质,合同只能在特定当事人之间生效,如果转让给第三人,将会使其内容发生实质性变更,从而使转让后的合同内容与转让前的合同内容失去同一性,且违反了当事人订立合同的目的,因此此类债权不能转让。也就是说,债权必须具有可转让性(Übertragbarkeit)。[②] 一般来说,根据合同性质不得转让的债权主要包括如下几种:

第一,根据个人信任关系而发生的债权。如雇佣人对受雇人的债权、委任人对受托人的债权等。在这些合同中,当事人双方之间均存在一种特殊的信赖关系,强调要由一方亲自履行[③],如果一方不能亲自履行,常常会使另一方当事人的利益受到损害。如受托人随意将委托人委托其办理的事务转托给他人办理,则极有可能造成对委托人的损害,故此类合同权利不能转让。

第二,以选定的债务人为基础发生的合同债权,即具有高度人身性的债权。[④] 如以某个特定演员的演出活动、某个作家的创作活动为基础所订立的演出合同、出版合同等。在此类合同中,如果当事人发生变更,必然会使合同的权利义务内容发生重大变化,使转让后的权利与其前的合同内容失去了同一性。如某知名演员的演出与其他不知名演员的演出是不同的。因此,这类合同权利亦不得转让。[⑤]

第三,从权利。从权利是指附随于主权利的权利。如因担保产生的权利,相对于主债权而言是从权利。根据民法的一般原理,从权利随主权利的移转而移转,随主权利的消灭而消灭,主权利无效,从权利亦将无效,因此,从权利不得与主权利相分离而单独转让。[⑥] 例如保证债权是担保债权而存在的从权利,如果与主债权发生分离,则担保的性质也将丧失,因此,保证债权是不得单独转让的。

第四,债权内容中包括了针对特定当事人的不作为义务,如当事人约定,必须由受让人使用某项财产,而不得由他人使用。此种情形实际上是当事人对债权让与作出了限制性约定,即当事人禁止让与的特约,在此情形下,债权人仍然让与该债权的,则应当构成违约,但

① 参见〔德〕克里斯蒂安·冯·巴尔、〔英〕埃里克·克莱夫主编:《欧洲私法的原则、定义与示范规则:欧洲示范民法典草案》(第一、二、三卷),高圣平等译,法律出版社2014年版,第889页。

② BeckOK/Rohe, BGB § 398, Rn. 43 ff; MüKo/Roth, BGB § 398, Rn. 62.

③ MüKo/Roth, BGB § 399, Rn. 26.

④ MüKo/Roth, BGB § 398, Rn. 62.

⑤ 参见杨明刚:《合同转让论》,中国人民大学出版社2006年版,第94页。

⑥ MüKo/Roth, BGB § 401, Rn. 1 ff.

如果受让人善意的，也可依法产生债权让与的效力。

2. 法律规定禁止转让的合同债权

法律规定禁止转让的合同债权不能自由转让。例如，根据《文物保护法》的规定，文物的收购和经营应当由专门机关进行，禁止私自倒卖文物，因此，有关文物的债权一般也不得转让。另外，依照法律规定应由国家批准的合同，当事人在转让权利义务时，必须经过原批准机关批准；如原批准机关对权利的转让不予批准，则权利的转让无效。

3. 根据当事人的约定而不得转让的债权

如果债权人和债务人就债权是否允许转让有特别约定时，该约定的效力如何，值得探讨。除法律规定对其限制以外，当事人也可以在合同中明确约定禁止转让债权，此种约定属于禁止转让的特别约定。一般来说，这种禁止转让的约定主要是针对权利转让，因为义务的转让要求必须取得债权人的同意，即使当事人事先没有对禁止转让的事项达成协议，债务人转让债务时，如果债权人认为债务转让对其不利，也可以以拒绝转让的方式而禁止债务人转让债务。所以，对债务转让而言没有必要规定禁止转让的特约。

三、禁止金钱债权和非金钱债权转让特约

（一）禁止转让特约的概念

所谓禁止转让特约，是指当事人在合同中明确约定不得将合同权利转让给第三人。禁止转让债权的特约属于合同的内容，构成合同的组成部分。当然，当事人也可以在合同之外单独订立禁止转让的协议。笔者认为，在合同中规定禁止转让特约，可以将这种约定作为合同义务加以规定，任何一方转让合同权利都构成违约，并应当承担相应的违约责任。由于合同大多都为双务合同，双方当事人互负权利义务，所以，禁止转让特约不是对一方行为的限制，而常常是对双方权利的限制。关于禁止权利转让的特约中规定的禁止让与债权的范围，法律上未作任何限制，一般认为，对各种债权转让，当事人都可以特别约定禁止转让，只要这种约定不违反法律和公序良俗，都是有效的。[①]

（二）禁止转让特约的效力

对此种禁止转让特约的效力，大陆法各国和地区民法采取不同的态度：一是约定无效说。法国民法采纳此种观点。二是特约有效，但不得对抗善意第三人说。[②] 即禁止转让特约具有对抗第三人的效力，但第三人是善意的除外。[③] 我国台湾地区通说也采取此说。[④]《意大利民法典》第 1260 条后项也规定："双方当事人得排除债权的转让：但是如果不能证明受让人在受让时知道该排除的，则该协议不得对抗受让人。"在美国法中，当事人可以自由约定一方当事人的权利或者义务不得转让，在没有制定法规定之前，大多数法院都支持此类阻止让与条款，认为约定有效。但是，《美国统一商法典》第 2—210 条第 3 款规定，"除非客观情况作出相反表示，禁止让与合同，应解释为仅禁止将让与人的履约义务向他人让与"。在实践中，美国法院一般认为，应当优先保护合同自由原则，允许当事人自由订立禁止转让特约，但禁止转让特约只是使债权人负有不得让与债权的义务。然而即便存在禁止转让特约，债

---

① 参见杨明刚：《合同转让论》，中国人民大学出版社 2006 年版，第 114 页。

② 参见《日本民法典》第 466 条第 2 款。

③ 参见〔日〕我妻荣：《新订债权总论》，王燚译，中国法制出版社 2008 年版，第 463—464 页。

④ 参见林诚二：《民法债编总论——体系化解说》，中国人民大学出版社 2003 年版，第 496 页。

权人仍让与债权的,不应一概认定该让与行为无效。[①]

笔者认为,禁止转让特约涉及两种利益冲突:一是对合同自由和债务人利益的保护,债务人可能不愿意向第三人履行债务,或者因为受让人可能被兼并或者其他原因,会额外增加债务人履行债务的负担。二是对财产的流通性的保护,因为债权属于财产权,允许债权让与,有利于财产的流通。为平衡两者的关系[②],《商事合同通则》第 919 条和《欧洲合同法原则》第 11:301 条区分了金钱债权和非金钱债权,对金钱债权的让与,二者限制较少,而对非金钱债权的让与则限制较多,因为金钱债务的履行方式较为简单,债权让与一般不会增加债务人履行债务的负担。上述规定是法律上关于债权让与的一般性规定,按照合同自由原则,如果当事人对债权的可让与性作出特别约定,只要该约定不违背法律强制性和公序良俗,即具有约束力。因此,法律应肯定当事人之间禁止转让特约的效力。[③]

但问题在于,在当事人作出禁止转让特约的情形下,如果当事人违反该约定转让债权,能否发生债权让与的效力?例如,甲、乙之间订立金钱借贷合同,乙向甲借款 50 万元,双方在合同中也规定了禁止转让的协议,但合同订立后甲将其债权转让给丙,并向乙作出了转让债权的通知,乙是否可以其与甲之间订立了禁止转让特约为由而认为转让协议无效,并拒绝向丙作出履行?笔者认为,当事人违反禁止转让特约转让债权能否发生债权让与的效力,应当区分受让人是否为善意:如果受让人明知当事人已经作出了禁止转让的特约,仍然与债权人订立转让债权的协议,这表明其主观上是恶意的,不应当受到保护。但如果受让人是善意的,即不知道当事人存在禁止转让的特约,本着对合同效力给予保护的法律精神,应认为受让人可以取得合同权利。[④] 当然,对债务人来说,如果其要对受让人拒绝作出履行,则应当举证证明受让人具有恶意,否则不得提出抗辩。[⑤]

关于禁止转让特约的效力,我国《民法典》区分了金钱债权与非金钱债权。《民法典》第 545 条第 2 款规定:"当事人约定非金钱债权不得转让的,不得对抗善意第三人。当事人约定金钱债权不得转让的,不得对抗第三人。"所谓金钱债权,是指以给付金钱为内容的债权。在现代社会中,保理、资产证券化和不良资产处置等,都是通过金钱债权让与的方式实现的,金钱债权让与是企业融资的重要方式,也是实现资产有效利用的重要途径,对于促进资本回收和资本流动具有重要的意义。[⑥] 且金钱债权的转让,对于债务人的影响较小,鼓励金钱债权的转让,有利于促进资金融通和交易发展,因此,秉持鼓励金钱债权转让的精神,法律上应当支持和鼓励金钱债权的转让。[⑦] 该条规定区分了金钱债权转让和非金钱债权转让,两者的区别主要表现在:

首先,对于金钱债权而言,由于金钱债权并不具有人身属性,所以法律往往鼓励金钱债权的转让;而对非金钱债权而言,尤其是涉及提供服务或者劳务等,具有一定的人身属性,法律上对其转让是有一定的限制的,当事人可以在合同中约定禁止转让的条款。

---

① 参见〔美〕E. 艾伦·范斯沃思:《美国合同法》(原书第三版),葛云松、丁春艳译,中国政法大学出版社 2004 年版,第 712 页。

② 参见〔德〕克里斯蒂安·冯·巴尔、〔英〕埃里克·克莱夫主编:《欧洲私法的原则、定义与示范规则:欧洲示范民法典草案》(第一、二、三卷),高圣平等译,法律出版社 2014 年版,第 901 页。

③ MüKo/Roth, BGB § 398, Rn. 62.

④ 参见崔建远主编:《新合同法原理与案例评释》,吉林大学出版社 1999 年版,第 395 页。

⑤ 参见史尚宽:《债法总论》,中国政法大学出版社 2000 年版,第 716—717 页。

⑥ 参见邓曾甲:《日本民法概论》,法律出版社 1995 年版,第 288 页。

⑦ 参见石宏:《合同编的重大发展和创新》,载《中国法学》2020 年第 4 期。

其次，在金钱债权的转让中，受让人无论是善意还是恶意都能取得债权。而且债务人不能对受让人主张债权禁止转让的抗辩，在当事人之间达成禁止转让约定后，即便受让人为恶意，也不影响债权让与的效果，当事人之间不得转让的特约仅在当事人之间发生效力。从比较法上看，有关的国际公约也采纳了此种立场。例如，《商事合同通则》(PICC)第 9.1.9 条规定："尽管让与人和债务人之间存在限制或禁止转让的协议，请求金钱支付权利的转让仍然具有效力。但是让与人可能因此向债务人承担违约责任。"此时，可以通过要求债权人向债务人承担违约责任，为债务人提供救济，而不应阻碍受让人取得该债权。而对非金钱债权而言，如果当事人约定该债权不得转让，则该约定不得对抗善意第三人。也就是说如果受让人为善意，其就可以取得债权。债务人不得以该债权禁止转让，向善意受让人提出抗辩。[①] 例如，在汽车买卖合同中，买受人可以与出卖人约定请求交付汽车的债权不得转让。此时，如果买受人将交付汽车的债权转让给第三人时，可能就会造成出卖人履行合同的困难。因此，对于非金钱债权而言，其转让并不像金钱债权一样自由，需要受到一定限制，法律规定受让人只有在善意的情况下，才能够主张该债权转让有效。

四、债权转让中的通知

（一）我国《民法典》采纳通知主义

合同权利的转让通常涉及两种关系：一是债权人与债务人之间的原合同关系，二是转让合同关系。转让合同关系作为转让人与受让人之间的合同关系，完全可由当事人在不违背法律和社会公共利益的前提下自由约定。但就债权人与债务人的关系而言，尽管债权人转让权利乃是根据其意志和利益处分其权利的行为，但此种处分通常涉及债务人的利益，这就产生了一个法律上的权益冲突现象。在债权转让的情形下，关于是否有必要通知债务人，各国和地区立法的立场并不一致，主要有三种观点：一是自由主义。此种观点认为，债权人转让其债权依原债权人与新债权人的合同即可，不必征得债务人的同意，也不必通知债务人。德国法采取了这一规则，因为债权人的通知仅仅涉及债务人抗辩的行使，从而保护债务人的利益[②]，而美国法实际上也承认合同权利的转让无须经过债务人的同意[③]。二是债务人同意主义。此种观点认为，合同权利的让与必须经过债务人的同意才能生效。例如，我国原《民法通则》第 91 条前段规定："合同一方将合同的权利、义务全部或者部分转让给第三人的，应当取得合同另一方的同意，并不得牟利。"根据该规定，债务人同意是合同权利转让的成立要件，因此，债权人转让其债权，只有在征得债务人同意后，债权转让才能生效。三是通知主义。此种观点认为，合同权利的让与必须作出通知，关于通知对债权让与效力的影响，也存在不同的主张。例如，《法国民法典》第 1690 条规定："受让人，仅以其向债务人送达转让通知，始对第三人发生占有权利的效力。"《日本民法典》第 467 条也作出了同样的规定。

上述三种立法例各有利弊。我国《民法典》第 546 条第 1 款规定："债权人转让债权，未通知债务人的，该转让对债务人不发生效力。"可见我国《民法典》采纳了通知主义，其合理性在于：一方面，有利于保护债权人处分债权的权利。因为债权作为一项民事权利，债权人应当有权自主决定是否将其转让，我国《民法典》对债权让与采通知主义，而不要求债权让与必

① 参见石宏：《合同编的重大发展和创新》，载《中国法学》2020 年第 4 期。

② BeckOK/Rohe, BGB § 409, Rn. 1; MüKo/Roth, BGB § 409, Rn. 1.

③ 参见沈达明编著：《英美合同法引论》，对外贸易教育出版社 1993 年版，第 196 页。

须取得债务人同意,充分尊重了债权人处分债权的权利。另一方面,有利于减少纠纷。通知主义有利于保障债务人及时了解债权转让的情况,避免债务人因重复履行或者错误履行造成损失的情况。此外,通知主义对债权转让也是便利的,其也有利于维护交易的安全和秩序,兼顾了各方当事人利益的平衡。①

(二)通知的主体、对象、时间、形式

1. 通知的主体

从我国《民法典》第546条第1款的规定来看,债权让与的通知主体为让与人,而非受让人。法律之所以作出此种规定,主要是因为,一方面,债权是基于让与人的意思而发生的转让,或者说债权的让与完全符合债权人的意志和利益,因此,让与人应当将债权让与的行为通知债务人。另一方面,由让与人作出通知,有利于减少一些纠纷。例如,在让与人没有作出通知的情况下,受让人向债务人作出通知,要求债务人向其作出履行,但债务人向受让人作出履行以后,让与人事后如否认转让关系的存在,要求债务人继续向其作出履行,就极容易发生纠纷。② 因此,《民法典》第546条将通知的主体规定为让与人。

问题在于,受让人能否成为通知的主体?在比较法上,对此存在不同做法。一是肯定说。此种观点认为,受让人也可成为债权让与通知的主体。③ 法国、意大利法律规定应当由受让人通知。二是否定说。此种观点认为,受让人无法成为债权让与的通知人。④ 日本法采纳此种观点。三是折中说。此种观点认为,无论是让与人还是受让人,都可以对债务人作出通知。瑞士法、我国台湾地区"民法"规定由让与人或受让人通知。⑤《商事合同通则》第9.1.10条也采纳了此种模式。从我国《民法典》第546条第1款的规定来看,其并没有对受让人的通知规则作出规定,但该条也没有禁止受让人对债务人作出通知。笔者认为,允许受让人作出通知是合理的,因为在某些情况下,让与人可能无法对债务人作出通知,此时,如果受让人能够提供充足的证据证明债权让与的事实,也应当允许其对债务人作出通知。例如,让与人在债权让与后注销或下落不明的,受让人此时已不可能要求让与人及时作出通知,则受让人一旦向债务人出示权利让与凭证或者债权转让证书,并举证证明由原债权人通知已不可能的,应视为已经通知。债务人有异议的,可以请求人民法院审查确定。⑥ 同时,无论是让与人通知,还是受让人通知,其目的均是使债务人了解债权让与的事实,如果受让人能够证明该事实,则其也应当有权作出通知,而且在受让人作出通知时,债务人可以向让与人核实债权让与的事实,这也并不必然增加债务人的负担。此外,如果让与人在让与债权后丧失行为能力,其将无法对债务人作出通知,此时,在受让人能够证明债权让与事实的情形下,一概禁止其作出通知,显然有失妥当。⑦

2. 通知的对象

债权人应当向债务人或债务人的受领辅助人作出通知。如果让与人向其他人发出转让通知,即使债务人已经知道,该转让对债务人也不发生效力。

---

① 参见黄薇主编:《中华人民共和国民法典合同编解读》(上册),中国法制出版社2020年版,第290页。

② 同上书,第291页。

③ 参见韩海光、崔建远:《论债权让与和对抗要件》,载《政治与法律》2003年第6期。

④ 参见李永军:《合同法》(第三版),法律出版社2010年版,第373页。

⑤ 参见董灵:《合同的履行、变更、转让与终止》,中国法制出版社1999年版,第142页。

⑥ 参见吕伯涛主编:《适用合同法重大疑难问题研究》,人民法院出版社2001年版,第140页。

⑦ 参见张玉卿主编:《国际统一私法协会国际商事合同通则2016(英文对照)》,中国商务出版社2019年版,第635页。

3. 通知的时间

通知应当在合理期限内作出，如果债权转让以后长时间不通知债务人，因为债权转让没有确定，债务人不知道应向谁作出履行，这将会损害债务人的利益，当然也会损害受让人的利益。在此情况下，受让人和债务人都可以催告债权人作出通知。一般来说，让与人即原债权人应当在履行期到来之前作出通知，而不应在履行期到来后通知，否则债务人将不知如何履行。

4. 通知的形式

《民法典》第 546 条并没有规定通知应当采取什么形式，这就意味着通知可以采取口头的形式，也可以采取书面的形式。如果当事人对是否通知产生异议，应当由让与人对其是否已作出通知承担举证责任。通知既可以采取个别通知的形式，也可以采用公告的形式，还可以通过提起诉讼、由法院送达起诉状副本的方式代替通知，具体采取何种形式，应当根据具体的债权形式确定。《合同编通则解释》第 48 条第 2 款前段规定："让与人未通知债务人，受让人直接起诉债务人请求履行债务，人民法院经审理确认债权转让事实的，应当认定债权转让自起诉状副本送达时对债务人发生效力。"依据该规定，受让人有权以诉讼的方式作出通知，因为债权转让通知为观念通知，为债务人了解即可，而诉讼通知可以达到这一目的。如果让与人未通知债务人，受让人又不能通过直接起诉通知，也不利于对受让人的保护。[①] 但采取诉讼通知方式的，必须以起诉状副本送达之时作为债权转让通知发生效力的时间。不过，该条对此作出一项限制，即必须经法院审理确认债权转让事实以后，才能使起诉状副本送达产生债权转让通知的效力。一旦确认"债权转让事实"存在，起诉状副本送达债务人，就可以发生对债务人通知的效力。

因为让与人未通知债务人，因此给债务人增加的费用或者造成的损失，应当从认定的债权数额中扣除。在债权转让后，让与人未通知债务人，造成债权债务关系不确定、不稳定，此种结果是因让与人的过错所致，因此造成的费用和损失不应当由债务人承担，而应当由让与人承担，因此，应当从认定的债权数额中扣除。[②]

（三）关于通知的效力

《民法典》第 546 条第 1 款规定："债权人转让债权，未通知债务人的，该转让对债务人不发生效力。"依据该规定，通知的效力可从如下几个方面理解：

（1）通知并不是债权让与的构成要件。对让与人与受让人之间的债权让与关系而言，是否通知不影响债权让与的效力，即一旦当事人之间达成债权让与协议，该协议即在当事人之间发生效力，债权已经发生移转，任何一方违反协议，都应当负相应的违约责任。所以，转让人不得以没有通知为由而否认债权转让的效力。

（2）如果债权人没有通知债务人，则债权转让协议对债务人不产生效力。所谓不产生效力，包括如下内容：一是该债权转让协议只能在债权人和受让人之间产生拘束力，而不能对债务人产生效力。二是债务人无须向受让人履行债务。例如，在"北京金丰国际企业家俱乐部有限公司与吉林省合浦投资咨询有限公司、长春市中麒物资经销有限公司债权转让合同纠纷案"中，最高人民法院认为：债权人转让权利的，应当通知债务人。未经通知，该转让

---

① 参见最高人民法院民事审判第二庭、研究室编著：《最高人民法院民法典合同编通则司法解释理解与适用》，人民法院出版社 2023 年版，第 527 页。

② 同上书，第 528 页。

对债务人不发生效力。故此种情况下,对债务人而言,享有债权的仍然是原债权人。① 因此,即使债务人已经实际知道债权转让的情况,但如果债权人没有对其通知,债权转让仍然对其不产生拘束力,其仍有权向原债权人作出履行。② 三是债务人向让与人作出履行的,仍然可以产生债务履行的效力,也就是说,债务人向让与人作出履行后,其债务将因此消灭。依据《合同编通则解释》第48条第1款的规定,债务人在接到债权转让通知前已经向让与人履行了债务的,则该履行行为将产生效力,其债务也因此消灭,此时,受让人也无权再请求债务人履行债务。当然,在债务人已经接到债权转让的通知后,其仍然向让与人履行债务的,则无法产生消灭自身债务的效力,受让人仍然可以请求其履行债务。可见,在我国《民法典》中,通知具有保护债务人的作用。一旦作出通知,对债务人而言就确定了债权的归属,债务人可以依据通知清偿债务,债务人根据通知清偿债务以后即可免责。

(3) 债权的多重让与原则上适用"通知在先、权利在先"的规则。所谓债权的多重让与,是指债权人将同一债权转让给多个受让人。《合同编通则解释》第50条第1款原则上采取了"通知在先、权利在先"的规则,但适用这一规则时,又通过"明知"规则作出限制。例如,债权人甲将其对债务人乙的债权转让给丙、丁,应当如何确定债务人作出履行的归属?根据第50条第1款,应当按照如下规则确定债权归属:

第一,让与人将同一债权转让给两个以上受让人,债务人如果已经向最先通知的受让人作出了履行,则该履行行为有效,如果其他受让人要求债务人向其作出履行时,则债务人有权予以拒绝。这实际上采纳了"通知在先、权利在先"的规则。例如,债务人乙在收到向丙转让的通知后,向丙作出了履行,则该履行有效,债务消灭。乙不再负担履行债务的义务,如此规定主要是为了保护债务人利益。因为在债务人收到最先通知的受让人的通知后,其对该通知具有合理的信赖,其也不负有审查谁是真正债权受让人的义务,因此,其基于通知作出了履行,即可主张免责。③

第二,债务人明知接受履行的受让人不是最先通知的受让人,而仍然向接受履行的受让人作出履行的,则最先通知的受让人有权请求债务人继续履行债务或者依据债权转让协议请求让与人承担违约责任。例如,债务人乙不仅收到向丙转让的通知,同时也收到向丁转让的通知。此时,债务人"明知"最先通知的受让人是丙,而不是丁,但其仍然向丁履行,在此情形下,丙既可以请求债务人乙履行债务,也可以请求债权人甲履行债权转让协议,即最先通知的受让人丙既可以请求债务人乙作出履行,也可以请求出让人甲承担相应的违约责任。此时,因债务人乙具有过错,因此不能被免责。作出此种规定,一方面有利于激励受让人及时发出通知,一旦发出通知,其就具有优先受领的效力④;另一方面,其也有利于防止债务人恶意损害受让人的利益。

第三,最先通知的受让人无权请求接受履行的受让人返还其接受的财产。由于债权让与并不需要进行公示,债权让与的通知同样无须公示,因此,某一受让人在收到债权让与的通知后,其对是否有其他在先的债权让与通知并不知情,在此情形下,其接受债务人作出的

---

① 最高人民法院(2006)民二终字第219号民事调解书。

② 参见杨明刚:《合同转让论》,中国人民大学出版社2006年版,第132页。

③ 参见最高人民法院民事审判第二庭、研究室编著:《最高人民法院民法典合同编通则司法解释理解与适用》,人民法院出版社2023年版,第551页。

④ 同上书,第552页。

履行应当受到法律保护，最先通知的受让人也无权请求其返还相关的财产。[①] 同时，该条作出此种规定也有利于防止债务人与他人恶意串通损害接受履行的受让人的利益，因为如果承认最先通知的受让人有权请求接受履行的受让人返还财产，则债务人可能与他人通过虚构在先通知的方式，损害受让人的利益。且最先通知的受让人既然可以向债务人或让与人请求履行或承担违约责任，则也没有必要要求接受履行的受让人返还财产。

第四，接受履行的受让人明知该债权在其受让前已经转让给其他受让人的，则最先通知的受让人有权请求其返还接受的财产。司法解释作出此种规定，有利于保护最先通知的受让人的利益，同时，其也惩罚了有过错的接受履行的受让人，使其承担了不利后果。例如，受让人丁明知之前丙最先受让了债权，且债务人乙已经收到了该债权转让的通知，此时，受让人丁却仍然接受债务人的履行，在此情形下，受让人丁具有过错，其不应当受到保护，受让人丙可以向丁行使不当得利返还请求权。但如果丙无法举证证明丁具有明知的情形，则无法行使不当得利返还请求权。

（4）通知不得撤销。《民法典》第 546 条第 2 款规定："债权转让的通知不得撤销，但是经受让人同意的除外。"债权转让通知一旦到达债务人，就直接发生上述法律效力，债权人不得撤销已经到达的通知。这主要是为了保护受让人的利益，促进债权的转让。[②] 因为既然债权的转让不需要通过债务人的同意，所以一旦向债务人作出债权转让的通知，则债权转让已经生效，让与人当然不能再撤销其通知。如果允许撤销就意味着原债权人仍然可要求债务人向其履行，这显然不符合债权让与的目的，将造成交易的不稳定和混乱，损害受让人的利益，使已经转让的权利处于不稳定的状态。[③] 对此，依据《合同编通则解释》第 49 条第 1 款的规定，在债务人已经接到债权让与通知后，该通知即对其发生效力，在此情形下，除债权让与通知被依法撤销的情形外，让与人不得随意否定该通知的效力。如果让与人已经对债务人作出了债权让与的通知，但事后让与并未发生，或者债权让与合同事后被宣告无效或者被撤销，而债务人已经向受让人作出了履行，受让人已经接受该履行[④]，则此种情形属于表见让与。根据德国判例学说，在表见让与的情形下，不论债务人是否明知债权让与不发生效力，其所作出的履行都能够产生债务履行的效力。[⑤] 笔者认为，在表见让与的情形下，应当区分债务人善意与恶意而分别认定其效力：如果债务人明知债权让与没有发生，此时，即便让与人对其作出了债权让与的通知，其仍应当向让与人履行债务，如果其向受让人履行债务的，不应当发生债务履行的效力；如果债务人不知道未发生债权让与的情形，则应当保护债务人的合理信赖，此时，债务人的履行行为应当产生债务履行的效力，在此情形下，就让与人与受让人之间的法律关系而言，受让人保有相关的利益欠缺法律上的原因，让与人应当有权请求受让人返还该利益。

虽然债权转让的通知对受让人产生重要的效力，对受让人的利益影响较大，但是如果受让人同意，就可以撤销该债权转让的通知。需要指出的是，一旦撤销该通知，造成受让人的损害的，债权人应当承担赔偿责任。

---

① 参见最高人民法院民事审判第二庭、研究室编著：《最高人民法院民法典合同编通则司法解释理解与适用》，人民法院出版社 2023 年版，第 554 页。

② 参见黄薇主编：《中华人民共和国民法典释义》（中），法律出版社 2020 年版，第 1048 页。

③ 参见董灵：《合同的履行、变更、转让与终止》，中国法制出版社 1999 年版，第 142 页。

④ 参见朱广新：《合同法总则》（第二版），中国人民大学出版社 2012 年版，第 326 页。

⑤ 参见〔德〕迪特尔·梅迪库斯：《德国债法总论》，杜景林、卢谌译，法律出版社 2004 年版，第 561 页。

(5) 让与人未通知给债务人造成损失的,应当从债权数额中扣除。《合同编通则解释》第 48 条第 1 款规定:“债务人在接到债权转让通知前已经向让与人履行,受让人请求债务人履行的,人民法院不予支持;债务人接到债权转让通知后仍然向让与人履行,受让人请求债务人履行的,人民法院应予支持。”该条确定了如下规则:第一,债务人接到债权转让通知后,该债权转让即对债务人发生效力。债权转让合同一旦生效,让与人退出债的关系,受让人成为债的关系的债权人;但如果没有对债务人作出通知,则对债务人不发生效力。债权让与协议虽然不以通知债务人为生效要件,但是通知乃是债权让与协议约束债务人的要件,该规定的宗旨在于保护债务人,但债务人一旦收到转让通知就要受到该通知的约束。第二,债务人在接到债权转让通知前已经向让与人履行的,发生债务清偿的效果,受让人不得再向债务人请求履行,否则,将导致债务人作出两次履行。依据反对解释,债务人未接到债权转让通知的,受让人不得请求债务人履行的。第三,债务人接到债权转让通知后仍然向让与人履行,受让人请求债务人履行的,债务人不能被免除清偿责任,其仍然有义务向受让人履行。一旦通知之后,债务人只有向受让人履行才构成清偿,如果债务人继续向原债权人进行清偿,将不会产生债的清偿的效果。这种清偿构成非债清偿,适用不当得利的相关规则。

《合同编通则解释》第 48 条第 2 款规定:“让与人未通知债务人,受让人直接起诉债务人请求履行债务,人民法院经审理确认债权转让事实的,应当认定债权转让自起诉状副本送达时对债务人发生效力。债务人主张因未通知而给其增加的费用或者造成的损失从认定的债权数额中扣除的,人民法院依法予以支持。”该条实际上明确了如下规则:一是起诉状副本送达可以发生债权转让通知的效力。因为债权转让通知为观念通知,只要向债务人告知债权转让的消息即可,而诉讼通知也可以达到此种效果。[①] 因此,在让与人未通知债务人的情况下,受让人可以直接起诉债务人请求履行债务,法院应当予以受理并进行审理。一旦确认“债权转让事实”,起诉状副本送达债务人,就可以发生对债务人通知的效力。二是因为让与人未通知债务人,因此给债务人增加的费用或者造成的损失,应当从认定的债权数额中扣除。在债权转让后,让与人未通知债务人,造成债权债务关系不确定、不稳定,此种结果是因让与人的过错所致,因此造成的费用和损失不应当由债务人承担,而应当由让与人承担,因此,应当从认定的债权数额中扣除。[②]

五、合同债权转让的法律效力

合同债权转让的生效,首先应取决于两个条件:一是债权转让合同的成立;二是债权人将权利转让的事实通知债务人以后,债务人未表示异议。在符合这两个条件的情况下,合同债权转让将会产生一定的法律效力。这种效力包括对内效力和对外效力。

(一) 合同债权转让的对内效力

对内效力,是指合同债权转让在转让双方即转让人(原债权人)和受让人(第三人)之间发生的法律效力,这种效力具体表现在:

第一,合同债权由让与人转让给受让人。如果合同债权转让是全部权利的转让,则受让人将作为新债权人而成为合同债权的主体,转让人将脱离原合同关系。如果是部分权利的

---

① 参见最高人民法院民事审判第二庭、研究室编著:《最高人民法院民法典合同编通则司法解释理解与适用》,人民法院出版社 2023 年版,第 527 页。

② 同上书,第 528 页。

转让，则受让人将加入合同关系，成为共同债权人。

第二，在转让合同债权时从属于主债权的从权利，如抵押权、利息债权、定金债权、违约金债权及损害赔偿请求权等也将随主权利的移转而发生移转，但专属于债权人的从权利不能随主权利移转而移转。《民法典》第 547 条第 1 款规定："债权人转让债权的，受让人取得与债权有关的从权利，但是该从权利专属于债权人自身的除外。"哪些从权利具有人身专属性，该条并没有作出细化规定。一般而言，诸如解除权、撤销权等关系到合同整体存续的权利就是专属于债权人自身的权利。当然，在债权转让中，当事人也可以就哪些权利进行转让进行约定。例如，合同中如果约定了一些特别条款，要求债务人必须亲自行使某些权利的，则这些权利不得转让。

但问题在于，受让人取得从权利时，该从权利是否受未办理登记或未取得占有的影响？对此存在两种不同观点。一种观点认为，如果没有办理登记或移转占有，受让人不能取得从权利，否则将违反物权公示的原则。另一种观点认为，只要债权一经移转，从权利便一并移转，即便未办理登记或进行交付，也不影响从权利的移转。《民法典》第 547 条第 2 款规定："受让人取得从权利不因该从权利未办理转移登记手续或者未转移占有而受到影响。"这就是说，在合同债权转让的情形下，合同债权的从权利将随之移转，而不需要办理相关的权利移转登记手续。例如，在合同债权转让的情形下，为该债权实现而设定的不动产抵押权也将随之移转，即便没有办理抵押权登记手续，受让人也能够取得该抵押权，因为抵押权是债权的从权利，不能单独存在，在债权让与时，也应当随债权一并移转。采纳这一观点的主要原因在于，受让人取得从权利的原因并非基于法律行为，而是基于法律的规定，因此发生权利变动并不以交付或登记为必要。①

第三，转让人应保证其转让的权利有效存在且不存在权利瑕疵。如果在权利转让以后，因权利存在瑕疵而给受让人造成损失的，转让人应当向受让人承担损害赔偿责任。当然，转让人在转让权利时，若明确告知受让人权利有瑕疵，则受让人无权要求赔偿。

第四，转让人在将某项权利转让给他人以后，不得就该项权利再作出转让。如果转让人重复转让债权，则涉及应由哪一个受让人取得受让的权利的问题。一般认为应当按照"先来后到"的规则，先前的受让人应当优先于在后的受让人取得权利。

第五，因债权让与而增加的履行费用，应当由让与人负担。《民法典》第 550 条规定："因债权转让增加的履行费用，由让与人负担。"尽管合同债权的转让一般不会增加债务人的履行费用，但在特殊情形下，债权转让也可能增加债务人的履行费用。例如，因债权让与而导致合同履行地发生变动的，即可能因此增加债务人履行债务的负担。由于履行费用的增加是因债权让与而产生的，而且债权让与人从中获得了利益，因此，其应当负担因此给债务人增加的履行费用，避免因债权让与使债务人的处境更为不利。② 同时，依据该条规定，因债权让与而增加债务履行费用的，让与人仅需要负担因此增加的履行费用，而不需要负担所有的履行费用。此外，因债权让与导致合同履行费用增加的，具体增加的数额应当由债务人举证证明。

（二）合同债权转让的对外效力

对外效力，是指合同债权转让对债务人所具有的法律效力。合同债权转让生效且通知

---

① 参见石宏：《合同编的重大发展和创新》，载《中国法学》2020 年第 4 期。

② 参见黄薇：《中华人民共和国民法典释义》（中），法律出版社 2020 年版，第 1053 页。

债务人后,针对债务人产生如下效力:

第一,债务人不得再向转让人即原债权人履行债务。如果债务人仍然向原债权人履行债务,则不构成债权的履行,不导致债权终止。如果债务人向原债权人履行,造成受让人损害的,债务人应负损害赔偿的责任。同时原债权人接受此种履行的,构成不当得利,受让人和债务人均可请求其返还。

第二,债务人负有向受让人即新债权人作出履行的义务,同时债务人也不再对原债权人负担债务。在债务人向受让人作出履行后,即便转让合同被宣告无效或被撤销,债务人对原债权人也不再负担债务。

第三,债务人的抗辩权。债务人所享有的对抗原债权人的抗辩,并不因合同债权的转让而消灭。《民法典》第 548 条规定:"债务人接到债权转让通知后,债务人对让与人的抗辩,可以向受让人主张。"依据该条规定,在债权转让后,债务人对原债权人所享有的抗辩,仍然可以对受让人主张,这些抗辩不仅包括债务人可以对原债权人所主张的抗辩权(如同时履行抗辩权、不安抗辩权、先履行抗辩权等),也包括抗辩权之外的一些抗辩(如债权不成立的抗辩、产生债权的合同被撤销或者被宣告无效的抗辩、合同债权已经因履行或者清偿等原因而消灭的抗辩等)。从该条规定来看,不论是上述抗辩权,还是抗辩,只要债务人可以向原债权人主张,其都可以对债权受让人主张。需要指出的是,依据该规定,债务人只有接到债权让与的通知后,才可以主张上述抗辩,在没有接到通知前,债务人仅能向原债权人主张上述抗辩权,即便债务人已经知道债权让与的事实,其也不能向受让人主张。[①] 依据《合同编通则解释》第 47 条第 1 款,在债权转让的情形下,如果债务人对债权的受让人主张其对让与人可以主张的抗辩(如提出让与人与债务人之间的合同不成立、无效等),则法院可以追加让与人为第三人,以便于查清案件事实,确定相关的抗辩是否成立。但如果债务人并没有对让与人的权利提出抗辩,而只是对让与人是否及时发出通知、受让人是否履行合同等提出抗辩,则不必追加让与人为第三人。[②]

第四,债务人享有抵销权。债务人接到债权转让通知时,债务人对让与人享有债权,并且债务人的债权先于转让的债权到期或者同时到期的,债务人可以向受让人主张抵销。依据《民法典》第 549 条的规定,有下列情形之一的,债务人可以向受让人主张抵销:

一是债务人接到债权转让通知时,债务人对让与人享有债权,并且债务人的债权先于转让的债权到期或者同时到期。此种情形下,债务人在主张抵销时,实际上是满足了抵销的一般条件。如果债务人对让与人所享有的债权后于转让的债权到期的,则债务人不得主张抵销,否则会损害让与人的期限利益。

二是债务人的债权与转让的债权是基于同一合同产生,即债务人与原债权人基于同一合同而互负债务。这是在债权转让中债务人可以行使抵销权的一种特殊情形。例如,甲与乙订立买卖设备的合同,约定甲向乙出卖该设备,并且甲将提供设备的组装服务。甲将价款的债权进行转让,丙取得了对乙的债权,如果甲拒绝提供组装服务的话,乙对甲就将取得损害赔偿请求权,由于乙对甲享有的损害赔偿请求权与甲对乙享有的价款请求权都是基于同一合同产生,乙有权将其享有的损害赔偿请求权与甲转让给丙的价款请求权进行抵销,且不

---

① 参见黄薇主编:《中华人民共和国民法典合同编解读》(上册),中国法制出版社 2020 年版,第 297 页。

② 参见最高人民法院民事审判第二庭、研究室编著:《最高人民法院民法典合同编通则司法解释理解与适用》,人民法院出版社 2023 年版,第 522 页。

受《民法典》第549条第1项要求主动债权先于被动债权到期或同时到期的限制。关于债权转让时债务人对让与人基于同一合同的债权可以向受让人主张抵销的问题，在比较法上得到了普遍的承认。[①]《民法典》之所以增设这一规定，主要原因在于，在《民法典》第549条第1项中，实际上是法定抵销权在债权转让中的具体体现，适用法定抵销必然要求债务人的债权必须先于转让债权到期或同时到期。如果债务人的债权与转让的债权是基于同一合同产生，受让人完全可以通过调查的方式判断该合同中是否可能产生可供债务人抵销的权利，因此，此时就不宜过度保护其权利，可以不再对抵销作出时间上的限制。因为在债务人的债权与被转让的债权基于同一合同产生的情形下，受让人能通过调查预知该主动债权的存在，且能够相应地采取控制风险的措施，就没有必要特别保护。同时，这种规定可以有效保护债务人，毕竟债权转让没有经过债务人的同意，不能使其利益受损。[②] 例如，在同一买卖合同关系中，产生了瑕疵担保的问题，买方可以依照瑕疵担保责任与支付价金的请求权进行抵销，而不需要考虑是否到期的问题，因为这是债务人基于该合同本身就享有的权利，不应因为债权转让而受到影响。但如果债务人的债权与被转让的债权不是基于同一合同产生的，受让人就无法预知债务人享有该主动债权，此时就应当保护受让人的利益，应通过《民法典》第549条第1项所规定的诸多要件对抵销予以限制。[③]

当然，从《民法典》第549条规定来看，其在规定债务人的抵销权时，并没有对抵销的其他条件作出规定，笔者认为，此种情形下的抵销属于法定抵销。债务人在行使抵销权时，也应当符合法定抵销的一般条件。

（三）债务人确认债权真实存在的效力

所谓债务人确认债权真实存在，是指债务人向受让人确认其与债权人之间存在真实的债权债务关系。例如，甲与乙之间并不存在真实的债权债务关系，后甲与丙订立债权让与协议，约定将其对乙的债权转让给丙，后丙向乙确认其与甲之间是否存在真实债权债务关系，如果乙承认其与甲之间的债权债务关系存在，即构成此处的债务人确认债权真实存在。关于债务人确认债权真实存在的效力，《合同编通则解释》第49条第2款规定："受让人基于债务人对债权真实存在的确认受让债权后，债务人又以该债权不存在为由拒绝向受让人履行的，人民法院不予支持。但是，受让人知道或者应当知道该债权不存在的除外。"依据该规定，如果债权不存在而债务人确认债权真实存在，则受让人有权请求债务人向其履行债务，债务人也不得再以债务不存在为由主张不履行债务。债权具有相对性，一般不具有权利外观，原则上不适用善意取得，但如果债务人确认了债权存在，则债权也将具有权利外观，使受让人对此产生合理信赖，此种信赖利益也应当受到保护。[④] 当然，如果受让人知道或者应当知道债权不存在，则即便债务人确认债权真实存在，受让人也无权请求债务人履行债务。

（四）债权转让对争议解决条款的影响

在债权转让后，争议解决条款是否有效？事实上，争议解决条款对于当事人的利益关系重大，当事人选择的争议解决方式，或者约定的管辖法院或仲裁条款将会对当事人的实体权

---

① 《日本民法典》(新)第469条、《荷兰民法典》第6:130条第1款、《应收账款转让公约》第18条、《欧洲合同法原则》第11:307条第2款、《欧洲民法典草案》第3-5:116条第3款、《美国统一商法典》第9-404条(a)、《担保交易示范法》第64条第1款均肯定了基于同一合同产生债权或债权紧密联系时的抵销规则。

② 参见黄薇主编:《中华人民共和国民法典合同编解读》(上册),中国法制出版社2020年版,第300页。

③ 同上。

④ 参见最高人民法院民事审判第二庭、研究室编著:《最高人民法院民法典合同编通则司法解释理解与适用》,人民法院出版社2023年版,第541页。

利义务产生重要的影响。在债权转让的情形下,如果认定债权转让后争议解决条款对于受让人一并发生效力,将明显影响受让人的利益。

应当看到,在债权转让中,争议解决条款与其他合同条款具有显著的不同,其应当具有一定的独立性,当事人对于争议解决的安排应当独立于实体权利义务的安排。因此,有关实体权利义务安排的条款对于受让人可以发生效力,但是争议解决条款不应当直接对受让人发生效力。对于争议解决的安排,应当由受让人与债务人重新进行协商,在协商不成的情况下,依据法律的规定确定争议解决的方式。当然,如果认定债权让与后争议条款对第三人不发生效力,也可能损害债务人的利益,因为债权让与并不需要取得债务人的同意,因此,债权人在让与债权时,就争议解决条款的效力,需要单独取得债务人的同意。

第三节　合同债务的转移

一、合同债务转移的概念和特征

合同债务的转移又称债务承担,它是指基于债权人、债务人与第三人之间达成的协议将债务转移给第三人承担。合同债务转移包括免责的债务承担与债务加入。《民法典》第 551 条第 1 款规定:“债务人将债务的全部或者部分转移给第三人的,应当经债权人同意。”该条是对免责的债务承担所作出的规定。《民法典》第 552 条也对债务加入作出了规定。合同债务转移可因法律的直接规定而发生,也可因法律行为而发生。一般所指的合同债务转移,仅指依当事人之间的合同将债务人的债务转移于第三人承担。

合同债务转移具有如下特征:

第一,合同债务转移时,合同内容没有发生变化,而债务人发生了变化。债务人的变化又包括两种情况,即原债务人退出而由第三人替代,或原债务人不退出而新债务人加入。

第二,转移的对象是债务而不是债权。如果包括债权,就成为概括转移,而不是单纯的合同债务的转移。由于合同债务转移的对象是债务,债务不是一种可以由债务人处分的财产,而是一种负担的转让,所以债务的转移必须取得债权人的同意。一般来说,转让的债务必须在转让时已经有效成立,对于已不存在的债务或已履行的债务,即使当事人之间已订立转让协议,也不应发生转移的效果。[①]

合同债务的转移与合同债权的转让都属于合同转让,并都将导致合同当事人发生变化,但二者仍存在一定区别:一方面,从价值理念上看,债权让与以促进债权的流通和对债务人的保护并重,即债权让与的制度目的之一是促进债权的流转,当然,债权让与也不得不当加重债务人履行债务的风险和负担;在比较法上,不得损害债务人利益是债权让与的一项基本原则,也为我国《民法典》所认可。债务承担则主要是为了保护债权人[②],而债务人转移债务不得增加债权人债权实现的风险,因此,在债务人与第三人订立债务承担的协议时,必须经过债权人的同意,否则不产生债务承担的法律效果。另一方面,二者的构成要件不同。债权让与一般不会不当加重债务人履行债务的风险和负担,因此,债权让与一般不需要经过债务人的同意;而债务承担则可能增加债权人债权实现的风险,因此,其需要取得债权人

① 参见史尚宽:《债法总论》,中国政法大学出版社 2000 年版,第 742 页。

② 参见朱广新:《合同法总则》,中国人民大学出版社 2008 年版,第 328 页。

的同意。

第三，债务转移可以是全部的转移，也可以是部分的转移。债务转移可以是在原债务人退出债的关系的情形下，由新的债务人替代原债务人的位置；也可以是原债务人不退出债的关系，由原债务人与新债务人共同负担债务。无论是何种转移，合同债务的转移都必须要求债务是确定的且具有可转移性，如果是必须由债务人亲自履行的债务，则不得转移，否则不发生转移的效力。

第四，债务的转移必须符合法定的形式要件。法律、行政法规规定应当办理批准、登记等手续的，应依法办理这些手续。

二、债务转移与第三人代为履行的区别

债务转移与第三人代为履行存在如下区别：

第一，在债务转移的情况下，债务人或债权人应与第三人达成转让债务的协议，基于该协议由第三人取代债务人的地位对债权人负担债务。该协议既可以在债权人与第三人之间达成，也可以由债务人与第三人达成，且经债权人同意；还可以是由债权人、债务人与第三人共同达成。而在第三人代为履行的情形下，第三人单方表示代替债务人清偿债务或者与债务人达成代替其清偿债务的协议，但并没有与债权人或债务人达成债务转移的协议。因此，在第三人向债权人提出代债务人履行债务时，即便债权人表示同意，也不宜认定其构成债务承担。

第二，债务转移分为两种情形：一是在免责的债务承担的情形下，如果是债务的全部转让，则第三人将完全代替债务人的地位，债务人将退出该合同关系，原合同关系也将发生消灭。即使是部分转让，第三人也将加入合同关系成为债务人。二是在债务加入的情形下，第三人将加入债的关系，与原债务人共同负担债务。但是在第三人代替债务人履行债务的情况下，第三人只是履行主体而不是债的当事人。即便第三人与债务人之间存在代为履行债务的协议，债权人也不得直接请求第三人履行债务。[①] 从这个意义上讲，债务并没有真正在法律上发生移转。而在第三人代为履行的情形下，第三人与债权人之间并不存在债权、债务关系，债权人对第三人并不直接享有请求权。例如，在"张生成与伍兵抵押合同纠纷上诉案"中，法院认为，"此种契约与债务承担类似，但实不相同，申言之，履行承担乃承担人立于既存的债务关系之外，而以第三人之地位，负有履行债务人之债务之义务，而债务承担乃承担人加入既存的债务关系之内，而自己亦居于债务人之地位，负履行债务之义务"[②]。

第三，从责任承担层面看，在第三人代为履行的情形下，第三人不履行或不完全履行债务时，债权人只能请求债务人承担债务不履行的责任。[③] 而在债务承担的情形下，债务承担人已经成为债的关系的当事人，如果其未能依照债的要求履行债务，则债权人可直接请求其履行义务和承担责任。同时，在免责的债务承担的情形下，债务承担人已完全代替债务人的地位，此时，债权人也不能要求债务人履行债务或承担责任。正如《德国民法典》第 329 条所规定的，"在合同中，一方承担向另一方的债权人清偿的义务，而不承担债务的，有疑义时，不

① 参见周林彬主编：《比较合同法》，兰州大学出版社 1989 年版，第 299 页。

② 江苏省苏州市吴中区人民法院（2003）吴民一初字第 1089 号民事判决书；江苏省苏州市中级人民法院（2004）苏中民一终字第 568 号民事判决书；高为民、金美珍、陈静英：《利害关系人代位清偿后追偿权的正确行使》，载《人民司法》2008 年第 6 期。

③ MüKo/Bydlinski, Vor. § 414, Rn. 25.

得认为该债权人应直接取得向该方请求清偿的权利”。正是因为债务承担与第三人代替履行之间存在明显的区别，所以二者是不可相互替代的。如果当事人在合同中虽然使用债务承担的表述，但并不涉及债的主体的变化，则应当属于第三人代为履行，而不应当属于债务承担。例如，在“宁夏金泰实业有限公司与宁夏基荣实业发展有限公司联营合同纠纷上诉案”中，最高人民法院认为，当事人虽然在合同中使用了债务转让的字样，但其本质上仍属于第三人代为履行债务，并没有使合同关系当事人发生变化，因此该案仍属于第三人代为履行，在第三人没有履行债务或者没有全面履行时，债权人只能向原债务人主张，而不能向第三人主张。[①]

第四，第三人代为履行后，也不产生债务转移的效果。《民法典》第 524 条第 2 款规定：“债权人接受第三人履行后，其对债务人的债权转让给第三人，但是债务人和第三人另有约定的除外。”应如何理解此处所说的“债权转让给第三人”？对此有不同的观点。例如，某个债务人甲向银行乙借款 1 000 万元，并请丙提供保证，后来第三人丁为了购买债务人甲的一套房产(考虑房产可能会相应增值)，故其向债权人乙主动提出帮债务人甲还债，在还清债务之后，第三人丁能否对保证人丙主张权利？在实践中，有一种观点认为，虽然第三人代为履行本身不是债的转移规则，但在第三人代为履行以后，也会发生债务转移的后果。但事实上，第三人代为履行后，将会发生法定的债权转让，而不会发生债务转移。因为在第三人代为履行后，第三人只是在其履行债务的范围内取得了债权，而不会发生债务转移的效果。

三、免责的债务承担

所谓免责的债务承担，是指债权人或债务人与第三人之间达成转让债务的协议，将债务全部或部分转移给第三人，由第三人全部或部分取代原债务人的地位而负担债务。《民法典》第 551 条第 1 款规定：“债务人将债务的全部或者部分转移给第三人的，应当经债权人同意。”这就对免责的债务承担作出了规定。例如，债务人与第三人约定，将买卖合同中支付价款的债务全部由第三人承担，经债权人同意后，债务人不再承担该债务。此类债务承担的主要特点在于：

第一，第三人在债务转移的范围内取代债务人的地位。在债务全部转移的情形下，第三人将完全取代债务人的地位，成为新的债务人；在债务部分转移的情形下，第三人仅在债务转移的范围内取代债务人的地位，与债务人一起对债权人负担债务。

第二，第三人在债务承担的范围内对债权人负担债务。在免责的债务承担的情形下，如果是债务的部分转移，则第三人与债务人均属于债权人的债务人，二者共同对债权人负担债务，但与债务加入不同，第三人仅在债务承担的范围内对债权人负担债务，其承担的是一种按份责任。

第三，免责的债务承担应当经债权人同意。由于免责的债务承担将导致原债务人免责，而新的债务人能否履行债务，债权人对此往往并不了解，因此，此种债务承担应当经债权人同意。债权人同意既可以体现为债权人与第三人订立协议，也可以是债务人与第三人订立协议并经债权人同意。《民法典》第 551 条第 2 款规定：“债务人或者第三人可以催告债权人在合理期限内予以同意，债权人未作表示的，视为不同意。”从该条规定来看，在免责的债务承担的情形下，债权人应当通过明示的意思表示或者通过行为明确表示同意，如果债权人未

---

① 最高人民法院(2005)民二终字第 35 号民事判决书。

作表示的,则视为其不同意债务承担。

四、债务加入

(一)债务加入的概念和特征

债务加入又称为并存的债务承担,它是指第三人与债务人约定加入债务,或者第三人向债权人表示愿意加入债务,原债务人并没有脱离债的关系,其将与第三人共同向债权人承担债务。《民法典》第552条规定:“第三人与债务人约定加入债务并通知债权人,或者第三人向债权人表示愿意加入债务,债权人未在合理期限内明确拒绝的,债权人可以请求第三人在其愿意承担的债务范围内和债务人承担连带债务。”该条对债务加入作出了规定。例如,第三人向债权人表示,其愿意与债务人共同负担债务,债权人未予以拒绝的,则成立债务加入。债务加入的特征主要在于:

(1)第三人加入债的关系,成为债务人,但原债务人并没有退出债务关系,而是与第三人作为共同债务人,对债权人负担债务。正是因为第三人与债务人均对债权人负担债务,因此,此种债务承担构成债务加入。

(2)债务加入包括如下情形:

第一种情形是第三人与债务人约定加入债务并通知债权人。此种情形下的债务承担应当具备如下条件:一是第三人与债务人约定债务承担。第三人与债务人约定债务承担的,该约定在性质上属于利益第三人合同,可以适用《民法典》合同编关于利益第三人合同的规定,不包括第三人与债权人约定以及第三人、债务人、债权人共同约定。二是通知债权人。这就是说,第三人约定承担债务的,虽然不需要取得债权人的同意,但应当通知债权人,使债权人了解有新的债务人加入。三是债权人没有在合理期间内拒绝。如果债权人认为新的债务人的加入有损其利益的,其有权予以拒绝。

第二种情形是第三人向债权人表示愿意加入债务。第三人向债权人表示愿意加入债务的,第三人与债务人对债权人负担连带债务。此时,判断第三人是否加入债务,可以不考虑债务人的意志,只要债权人在合理期限内不拒绝即可。

在此种形态中,一是第三人加入债务的意思表示必须明确。《有关担保的司法解释》第36条第2款规定:“第三人向债权人提供的承诺文件,具有加入债务或者与债务人共同承担债务等意思表示的,人民法院应当认定为民法典第五百五十二条规定的债务加入。”因为第三人加入债务,只是使第三人承担债务,且不对债务人享有追偿权利,因此,必须要求其具有加入债务的明确意思表示。

二是债权人未在合理期限内明确拒绝。《民法典》第552条后段规定:“债权人未在合理期限内明确拒绝的,债权人可以请求第三人在其愿意承担的债务范围内和债务人承担连带债务。”这就是说,在并存债务的情形下,第三人因为加入债的关系,成为债务人,但原债务人并没有退出债务关系,而是与第三人作为共同债务人,对债权人负担债务;因此,无论债务加入采取何种形式,并不需要经过债权人同意,只要债权人未在合理期限内明确拒绝即可。例如,债权人明确表示不同意第三人加入债务人之中的,则债务加入不能成立。

在债务加入的情形下,如果第三人只是承担部分债务,则第三人仅在债务承担的范围内与债务人负担连带债务。如果第三人没有明确表示仅仅承担部分债务,则应当就全部债务与债务人一起向债权人承担连带责任。有关并存债务承担的规则要适用《民法典》合同编关于连带债务的规定。

需要指出的是,《民法典》第552条并没有规定第三人与债权人之间通过约定是否可以使第三人加入债务的问题。笔者认为,此种情形属于典型的利益第三人合同,依据《民法典》第522条,该约定是合法有效的。因为如果债权人与第三人就债务加入达成协议,一般而言,此种协议对债务人是有利的,至少不会损害债务人的利益,应当可以产生并存债务承担的效力。学理上通常认为,此种情形下,债权人与第三人所达成的协议属于利益第三人合同[①],因此,法律上不需要对此种债务加入方式作出规定,而可以适用利益第三人合同的规则确定当事人之间的权利义务关系。但此时应当允许债务人对第三人加入债务提出异议。因为一方面,第三人与债务人之间可能因各种原因导致债务人认为第三人不宜加入债的关系,从尊重债务人的意思自由出发,应当允许其对第三人加入债的关系提出异议。另一方面,债务人本人可能不愿意第三人取得求偿权,而成为债务人的债权人。因此,应当允许债务人提出异议,但如果债务人没有对第三人的加入提出异议,或者明知第三人代替其履行债务而没有提出异议的,则应当认定债务加入有效。

(二)债务加入和免责的债务承担的区别

债务加入和免责的债务承担都是债务转移的形式,但事实上,二者存在一定的区别:

第一,原债务人是否退出债务关系不同。在免责的债务承担中,原债务人将退出债的关系,而在债务加入中,原债务人并未退出债的关系。

第二,当事人之间的法律关系不同。在债务加入中,新的债务人与原债务人将在债务承担的范围内对债权人承担连带债务;而在免责的债务承担中,由于原债务人将退出债的关系,因此,当事人之间并不成立连带债务关系。

第三,是否需要债权人表示同意不同。在免责的债务承担中,债务的转移需要经债权人同意,而债务加入并不需要经过债权人同意。在免责的债务承担的情形下,新的债务人加入债务后,原债务人将退出债的关系,而新的债务人是否具有清偿债务的能力,并不确定,因此,免责的债务承担应当取得债权人的同意。[②] 而在债务加入的情形下,原债务人并未退出债的关系,而且新的债务人的加入对债权人债权的实现是有利的,因此,其不需要取得债权人的同意。只要债权人没有在合理期限内表示拒绝,则债务加入就能够发生效力。

(三)债务加入与连带责任保证

债务加入与连带责任保证具有相似性,不论是新加入的债务人,还是连带责任保证中的保证人,都要对债权人负连带责任,但二者的区别在于:

第一,从从属性的角度看,保证人为债务人的债务提供担保,即在主债务人无力清偿时保证人负责清偿债务,因此,保证债务从属于主债务。而在债务加入中,加入人加入他人的债务,从而产生自己的债务[③],因此,加入人对债权人的债务与债务人对债权人的债务之间并无从属性(Akzessorietät)[④]。这就决定了,保证人的责任原则上具有次位性,即保证人原则上只有在主债务人无法清偿时才负责清偿。而债务加入人的责任并没有从属性,加入人是对自己的债务负责,在原债务人不履行债务时,债权人无须先就债务人的财产受偿即可要求加入人清偿。[⑤] 由于保证具有从属性,债务人从债权人处获得了给付,因此,债权人原则上应

---

① 参见朱奕奕:《并存的债务承担之认定——以其与保证之区分为讨论核心》,载《东方法学》2016年第3期。

② 参见朱广新、谢鸿飞主编:《民法典评注·合同编·通则2》,中国法制出版社2020年版,第109—110页。

③ Staudinger/Stürner (2020), Vorbem. zu § § 765, Rn. 406.

④ Joussen, Schuldrecht I, Allgemeiner Teil, 2018, Rn. 1341.

⑤ Looschelders, Schuldrecht, AT, 18. Aufl., 2020, § 53, Rn. 25.

当首先请求债务人履行债务，即便保证人提供的是连带责任保证，保证人承担保证责任也需要债权人向其提出请求，同时，保证人承担的也只是替代性的保证责任。所以保证人的责任相对要轻一些。

第二，从对债务人追偿的角度看。在债务加入中，加入人与原债务人对债权人的债务并无区别；由于新加入的债务人对债权人履行债务本质上是为自己履行债务，而不是代原债务人履行债务，因此，除当事人另有约定外，新加入的债务人在对债权人履行债务后，其原则上不能向原债务人追偿。而在保证中，保证债务是原债务的从债，保证人履行的是主债务人的债务，而非其自身的债务。[①] 依据《民法典》第 700 条，保证人在承担保证责任后，其有权向债务人追偿。但我国《民法典》并没有承认债务加入人可以追偿。[②] 在当事人之间没有特别约定的情况下，第三人承担债务后无权向债务人追偿。因为既然其加入债务，则履行债务就是其应尽的责任，不能在履行后再向债务人追偿。由此可见，债务加入中新加入债务人的责任要重于保证人的责任。

第三，从责任的限制层面而言，在债务加入关系中，债权人对新加入的债务人的权利行使受诉讼时效的限制。如果该债务的诉讼时效期间届满，新加入的债务人有权主张诉讼时效抗辩，拒绝履行其债务。但债务加入不同于保证，债权人对新加入的债务人的权利并不受保证期间的限制。而就保证而言，无论是一般保证还是连带责任保证，债权人对保证人的保证债权都既受诉讼时效、也受保证期间的限制。[③] 另外，在债务加入中，原债务人与债务加入人对债权人承担连带责任，因此，原债务人债务的变动，会对债务加入人的债务产生影响；而在保证中，未经保证人同意的债务变更，并不当然对保证人的责任产生影响。[④]例如，债权人与债务人约定加重债务的，依据《民法典》第 695 条的规定，保证人对加重的部分不承担保证责任。

第四，从抗辩主张的角度看，在债务加入中，新加入的债务人处于债务人的地位，其不仅对债权人负担债务，而且享有债务人的抗辩权。而依据我国《民法典》的规定，在保证关系中，保证人所享有的抗辩要多于债务加入人的抗辩，因为保证人不仅享有债务人对债权人的抗辩，而且可以主张其基于保证合同对债权人所享有的抗辩。而在债务加入中，债务加入人享有哪些抗辩，我国《民法典》并未作出规定。一般而言，在债务加入的情形，第三人只能基于债权债务关系的抗辩来对抗债权人，而不享有保证人所特有的抗辩事由。因此，在适用意思表示推定规则时，将其推定为保证，更有利于保护保证人。

正是因为在并存债务承担中第三人的责任要重于保证中保证人的责任，因此《有关担保的司法解释》第 36 条第 3 款规定了"存疑推定为保证"的规则。该条规定："前两款中第三人提供的承诺文件难以确定是保证还是债务加入的，人民法院应当将其认定为保证。"笔者认为，该规定更为合理。因为连带责任保证相较于债务加入，显然债务人的责任重于保证人，根据"义务从轻解释规则"，从有利于减轻保证人责任的角度考虑，在债务加入和连带责任保证不明的情形下，应推定为保证更有利于减轻保证人的负担。

---

① 施建辉：《债务加入研究》，载《南京大学学报（哲学・人文科学・社会科学版）》2010 年第 6 期。

② 参见黄薇主编：《中华人民共和国民法典合同编解读》（上册），中国法制出版社 2020 年版，第 287 页。

③ 参见黄薇主编：《中华人民共和国民法典释义》（上），法律出版社 2020 年版，第 203—204 页。

④ 施建辉：《债务加入研究》，载《南京大学学报（哲学・人文科学・社会科学版）》2010 年第 6 期。

（四）债务加入人对债务人的追偿权

《民法典》第552条首次明确规定了债务加入，但没有规定债务加入人对债务人的追偿权。《合同编通则解释》第49条第1款对债务加入人对债务人的追偿权作出了规定。规定追偿权的必要性在于：一方面，承认债务加入人的追偿权有利于鼓励债务加入行为，提升当事人加入债务的积极性。从实践来看，市场上存在大量具有担保功能的债务加入，债务加入的目的是帮助债务人获得融资，加入的债务人越多，那么债权也就越安全。另一方面，承认债务加入人的追偿权有利于鼓励交易和降低融资成本。债务加入具有为原债务人增信的功能，是一种便利和可靠的增信手段，可以降低债务人获取融资的成本，促成交易的开展。因此，肯定债务加入人的追偿权以鼓励债务加入行为，可以为债务人提供更为便利的增信手段。此外，承认债务加入人的追偿权有利于化解交易风险，维护金融安全。①

行使追偿权具有两种情形：

（1）约定追偿权。《合同编通则解释》第51条承认了债务加入人可以与债务人就追偿权作出约定。按照私法自治原则，当事人有权对追偿权作出约定，即在债务加入发生时，如果当事人确实就追偿权以及追偿的时间、数额等作出了规定，则应当尊重当事人的约定。此种约定通常具有三种方式：一是三方共同订立债务加入合同，即债权人、原债务人与债务加入人共同订立债务加入合同。二是债务加入人与原债务人约定加入债务。三是债务加入人与债权人约定加入债务，在此种情形下，原债务人处于类似利益第三人的地位。需要指出的是，原债务人虽然接受债务加入人加入债务，但如果其明确拒绝债务加入人的追偿权，在此情形下，虽然第三人加入债务的行为仍然有效，此时将依法在债务人与第三人之间成立连带债务关系，但债务加入人应当无权向原债务人追偿。如果原债务人并未明确拒绝债务加入人的追偿权，则应当认定债务加入人有权依法向原债务人追偿。

（2）未约定追偿权。《合同编通则解释》第51条第1款中段规定，“没有约定追偿权，第三人依照民法典关于不当得利等的规定，在其已经向债权人履行债务的范围内请求债务人向其履行的，人民法院应予支持”。该条主要采取了不当得利说作为追偿权的请求权基础，也就是说，债务加入人加入债务后，其向债权人作出清偿的，债务人构成不当得利，据此，债务加入人有权追偿。不过，《合同编通则解释》第51条第1款采用“等的规定”的表述，也保持了开放性，为解释追偿权的路径预留了解释空间。笔者认为，《民法典》第700条规定了保证人承担保证责任后有权向债务人追偿，而《民法典》第552条没有规定债务加入人对原债务人的追偿权。而从《民法典》的规定来看，债务加入人的责任要重于保证人。但由于债务加入与保证在功能上具有相似性，可以采用类推适用的方法认定债务加入人的追偿权。当然，如果当事人明确约定排除追偿权、原债务人拒绝追偿等情形下，则应当对债务加入人的追偿权进行必要的限制，甚至予以排除。此外，根据《合同编通则解释》第49条第1款，如果第三人在加入债务时“知道或者应当知道”加入债务会损害债务人利益，则不得追偿。例如，债务人一时陷入供货紧张状态，第三人不通知债务人，直接通过加入债务、向债权人提供货物，从而抢夺了该债务人的供货机会，这甚至构成不正当竞争。所谓知道，是指第三人主观上明知，即第三人知道其加入债务的行为会损害债务人的利益。所谓应当知道，是指以理性

---

① 参见王利明：《论债务加入人的追偿权——以〈合同编通则司法解释〉第51条为中心》，载《法商研究》2024年第1期。

的市场主体为标准，判断第三人知道其债务加入行为会损害债务人利益。

关于追偿权的数额，在追偿的情形下，债务加入人只能就其实际承担的债务部分向原债务人追偿，而不能在此范围之外行使追偿权。债务加入人追偿的具体数额又包括主债务、利息、违约金、损害赔偿金等费用，主要债务加入人实际承担了相关的债务，都应当有权向债务人追偿。

在债务加入人向债务人追偿的情形下，债务人有权依法提出抗辩。依据《合同编通则解释》第 51 条第 2 款的规定，债务人有权向债务加入人主张其对债权人享有的抗辩。例如，甲欠乙 100 万元债务，已经清偿 20 万元，甲认为发生清偿错误，要求乙继续清偿 100 万元，乙予以拒绝。丙加入债务后，甲向丙要求清偿 100 万元债务，丙清偿了 100 万元债务。此时，如果丙向乙追偿，乙可以将其对甲享有的抗辩向加入债务的丙主张。当然，如果债务人与第三人之间约定了债务人不得向第三人提出抗辩，则按照私法自治原则，该约定也是合法有效的。①

五、合同债务转移的条件

合同债务的转移只有符合一定条件，才能产生效力。根据我国法律的规定，合同债务的转移须具备如下条件。

（一）必须有有效的合同债务存在

当事人转移的合同债务只能是有效存在的债务。如果债务本身不存在，或者合同订立后被宣告无效或被撤销，自然不能发生债务转移的后果。将来可发生的债务虽然理论上也可由第三人承担，但仅在该债务有效成立后，债务承担合同才能发生效力。例如，附生效条件的合同债务，自合同债务有效发生时，转移协议才能生效。

（二）转让的合同债务必须具有可让与性

因为合同债务转移后，合同债务主体发生变更，所以，所转移的合同债务必须具有可让与性。依据法律的规定或合同的约定不得转移的义务，不得转移。例如，因扶养请求权而发生的债务，不得转移。

（三）必须存在合同债务转移的协议

合同债务的转移，须由当事人达成转移的协议。该合同债务转移协议的订立有两种形式：一是债务人与第三人订立协议。债务人与第三人之间可以订立承担债务的协议，该协议一旦成立便生效，第三人作为债务承担人将取代原债务人，原债务人被免除债务。二是在免责的债务承担的情形下，可以由债权人与第三人订立协议。在债权人与第三人之间订立合同债务转移协议时，可以认为债权人已经同意由该第三人履行债务，故债权人与第三人之间订立的合同债务转移的协议，一旦成立便生效。

（四）必须经过债权人的同意或债权人未明确拒绝

一般来说，债权转让不会给债务人造成损害，但债务的转让则有可能损害债权人的利益。因为债务人在转让其债务以后，新的债务人是否具有履行债务的能力，或者是否为诚实守信的商人等，这些情况都是债权人所无法预知的。如果允许债务人随意转让债务，而受让

---

① 参见最高人民法院民事审判第二庭、研究室编著：《最高人民法院民法典合同编通则司法解释理解与适用》，人民法院出版社 2023 年版，第 568 页。

人没有能力履行债务,或者有能力履行而不愿意履行,将直接导致债权人的债权不能实现。传统大陆法系一般认为,债务加入并不需要经过债权人的同意。但从比较法的发展趋势来看,不论是免责的债务承担,还是债务加入,均需要经债权人同意。[①] 例如,《欧洲民法典草案》第 3—5:203 条没有区分免责的债务承担与债务加入,而且不论是债务的全部承担还是部分承担,只要是债务承担,均需要经债权人同意。《商事合同通则》第 9.2.3 条规定,原债务人和新债务人以协议方式转移债务,须经债权人同意。该条也没有区分免责的债务承担与债务加入,而一概要求债务承担需要经债权人同意。从我国《民法典》的规定来看,其区分了免责的债务承担与债务加入。在免责的债务承担的情形下,依据《民法典》第 551 条的规定,其应当经债权人同意;对债务加入而言,依据《民法典》第 552 条的规定,不论是债务人与第三人订立债务承担协议,还是第三人向债权人表示愿意承担债务,只要债权人未在合理期限内明确拒绝的,则可成立债务加入。

(五) 必须依法办理有关手续

如果法律、行政法规规定,转移合同债务应当办理批准、登记等手续的,则在转移合同债务时应当办理这些手续。

六、合同债务转移的效力

1. 新债务人负有清偿债务的义务

对于免责的债务承担而言,合同债务全部转移的,新债务人将代替原债务人的地位而成为当事人,原债务人将不再作为债的一方当事人。如果新债务人不履行或不适当履行债务,债权人只能向新债务人而不能向原债务人请求履行债务或要求其承担违约责任。

对于债务加入而言,原债务人与新加入的债务人共同对债权人承担连带责任。对于债务加入而言,无论多少新的债务人加入,原债务人和新加入的债务人都要对债权人承担连带责任。如果原债务人与新债务人就其应承担的债务份额作出了约定,则应当依据该协议确定债务份额。例如,债务人欠债权人 1000 万元,将债务划分为四份,原债务人承担一份,新加入的三个债务人各承担 1/4。由于在一起承担债务以后,每个人承担的债务仅限于 250 万元,而不再是 1000 万元,因而,任何一个债务人不履行债务都将使债权人的债权不能得到实现。由于此种方式使债权人债权的保障受到影响,所以此种债务承担必须要取得债权人的同意。当然,严格地说,此种情形并非债务加入,而是免责的债务承担,因此,如果各个债务人不履行合同债务,债权人只能向债务承担人请求承担违约责任。

2. 新债务人可以主张原债务人对债权人的抗辩

合同债务转移后,新债务人可以主张原债务人对债权人的抗辩。依据《民法典》第 553 条的规定,"债务人转移债务的,新债务人可以主张原债务人对债权人的抗辩"。新债务人享有的抗辩既包括合同履行中的抗辩权,如同时履行抗辩权、不安抗辩权、先履行抗辩权等,也包括其他抗辩,如合同被撤销和无效的抗辩、合同不成立的抗辩、诉讼时效已过的抗辩等。当然,这些抗辩事由必须是在合同债务转移时就已经存在的。不过,专属于合同当事人的合

① 例如,《欧洲民法典草案》第 3-5:203 条没有区分免责的债务承担与债务加入,而且不论债务人是全部承担还是部分承担,只要是债务承担,均需要经债权人同意。《商事合同通则》第 9.2.3 条规定,原债务人和新债务人以协议方式转移债务的,须经债权人同意,该条也没有区分免责的债务承担与债务加入,而一概要求债务承担需要经债权人同意。

同解除权和撤销权非经原合同当事人的同意，不能转移给新的债务人享有。依据《合同编通则解释》第 47 条第 2 款，在债务转移的情形下，如果新债务人主张原债务人对债权人的抗辩，由于该抗辩涉及原债务人，因此，人民法院可以追加原债务人为第三人，以便于更好地查清案件事实，确定相关的抗辩是否成立。

3. 新债务人不得主张原债务人对债权人的抵销权

在合同债务转移的情形下，依据《民法典》第 553 条的规定，“原债务人对债权人享有债权的，新债务人不得向债权人主张抵销”，这实际上就确认了，在债务承担中，原债务人对债权享有债权的，新债务人不得向债权人主张抵销的规则。例如，甲对乙享有债权，同时，还负有对乙的债务，丙承担乙对甲的债务后，不得主张以乙对甲的债权进行抵销。法律作出此种规定的原因在于：一方面，原债务人只是与新债务人之间达成了债务承担的协议，如果允许新债务人就原债务人对债权人所享有的债权对债权人主张抵销，实际上是允许新债务人行使原债务人对债权人的债权，这显然已经超出了债务承担的范畴，将损害原债务人的合法权益。[①] 另一方面，债务承担只是使新的债务人承担了原债务人的债务，与原债务人对债权人所享有的债权并非同一债的关系，二者属于两个不同的法律关系，新的债务人不得主张抵销，因此，即便原债务人可以对债权人主张抵销，新的债务人也不得主张抵销。从这个法条所处的位置来看，其不仅适用于免责的债务承担，也适用于债务加入。

4. 从债务的转移

合同债务转移后，从债务也相应地发生转移，新债务人应当承担与主债务有关的从债务。例如，买卖合同的主要义务转移以后，有关交付单证、办理相关手续等从义务也相应转移。《民法典》第 554 条规定：“债务人转移债务的，新债务人应当承担与主债务有关的从债务，但是该从债务专属于原债务人自身的除外。”从债务与主债务是密切联系在一起的，不能与主债务相互分离而单独存在。所以，当主债务发生转移以后，从债务也要发生转移，新债务人应当承担与主债务有关的从债务。值得注意的是，主债务转移后，专属于原债务人自身的从债务（如特许经营资格的延续）不得转移。

第四节　合同权利和义务的概括转移

一、合同权利和义务概括转移的概念和特征

所谓合同权利和义务的概括转移，是指由原合同当事人一方将其债权债务一并转移给第三人，由第三人概括地继受这些债权债务。《民法典》第 555 条规定：“当事人一方经对方同意，可以将自己在合同中的权利和义务一并转让给第三人。”这就是对合同权利和义务的概括转移的规定。这种转移与前面所说的权利转让和义务转移的不同之处在于，它不是单纯地转让债权或转移债务，而是概括地转移债权债务。由于转移的是全部债权债务，与原债务人利益不可分离的解除权和撤销权也将因概括的权利和义务的转移而转移给第三人。

合同权利和义务的概括转移具有如下法律特征：

第一，合同权利和义务的概括转移包括合同债务承担和合同债权让与。合同权利和义

① 参见朱广新、谢鸿飞主编：《民法典评注・合同编・通则 2》，中国法制出版社 2020 年版，第 115 页。

务的概括转移不同于前述合同权利的让与和合同义务的承担,而是概括地转移合同债权债务。这并非是债权转让和债务转移的简单结合,而是由第三人概括承受其中一方的主体地位,与该法律地位有关的撤销权、解除权等,也由该第三人享有。[①] 在合同当事人一方与第三人达成概括转移权利义务的协议后,必须经另一方当事人同意方可生效。因为概括转移权利义务,包括了义务的转移,故必须取得合同另一方的同意。在取得另一方同意之后,概括承担人将完全代替原合同当事人一方的地位,原合同当事人的一方将完全退出合同关系。如在转让之后不履行或不适当履行合同义务,概括承担人应承担相应责任。

第二,合同权利和义务的概括转移主要适用于双务合同。由于合同权利义务的概括转移,将要出让整个合同的权利义务,因而只有双务合同中的当事人一方才可以转让此种权利和义务。在单务合同中,由于一方当事人可能仅享有权利或仅承担义务,因而不能出让全部的权利义务,故单务合同一般不发生合同权利义务概括转移的问题。

第三,合同权利义务的概括转移,既可以依据当事人的合意而发生,也可以因为法律的规定而产生(如因企业合并、分立而发生的合同权利义务的概括转移)。需要指出的是,此处采用"合同中的权利和义务"概括转移的表述,表明该规则仅仅适用于合同之债,而不适用于其他债权债务关系。

二、合同权利和义务概括转移的类型

合同权利和义务的概括转移,可以依据当事人之间订立的合同而发生,也可以因法律的规定而发生。权利和义务的概括转移常常是因法律规定而产生的,但按照私法自治原则,当事人也可以约定由第三人取代一方当事人的地位,从而实现合同权利和义务的概括转移,此种类型的合同权利和义务的概括转移又称为契约承担(Vertragsübernahme)。[②]

在法律规定的转移中,主要包括如下情况:

第一,合同概括转移,也称为合同承担,是指一方当事人与第三人之间订立合同,并经原合同的另一方当事人同意,由第三人承担合同一方当事人在合同中的全部权利和义务。例如,在房屋租赁合同签订之后,承租人经出租人的同意,将承租人的地位全部转让给第三人,承租人不再是合同当事人,而由第三人取代其在合同中的地位。第三人不仅要承担承租人所负的债务(如交付租金),而且要享受承租人所享有的权利(如使用房屋)。在合同当事人一方与第三人达成概括转移权利义务的协议后,必须经另一方当事人同意后方可生效。

第二,企业合并和分立。所谓企业合并,是指两个以上的企业合并在一起成立一个新的企业,由新的企业承担原先的两个企业的债权债务,或者一个企业被撤销之后,将其债权债务一并转移给另一个企业。在实践中,企业合并常常采取吸收合并或新设合并两种方式,都会引起债权债务的概括转移。所谓企业分立,是指依照法定程序,将原企业分立为两个或两个以上的新企业。企业的分立引起的债权债务转移,是指在撤销一个企业的基础上,成立一个或数个新的企业,被撤销企业的债权债务转移给新的企业承担。可见,在企业合并的情况下,因为由多个企业合并成一个企业,因此由合并后的企业行使合同权利、履行合同义务。

① 参见黄薇:《中华人民共和国民法典释义》(中),法律出版社 2020 年版,第 1059 页。

② BeckOK/Rohe, BGB § 415, Rn. 26.

如果由一个企业分立为数个企业的，由分立后的企业对合同的权利和义务享有连带债权、承担连带债务。如果债权人和债务人另有约定的，则可以不适用上述规定。

第三，营业转让。营业转让也可能发生合同权利和义务的概括转移。营业转让是商法上的概念，它是指具有一定营业目的有组织的机能性财产的全部或者重要部分的有偿转让。[①] 营业转让在一般情形下不发生合同权利和义务的概括转移，其与合同权利和义务的概括转移不同：一方面，合同权利义务的概括转移涉及合同权利义务主体的变化，而营业转让只是企业资产或者分支机构的转让，不涉及合同权利义务主体的变化。另一方面，合同权利义务的概括转移的主要内容是转让合同的权利义务，而营业转让的主要内容是转让企业的资产，其一般不涉及合同权利义务的转让。但在营业转让中，有一种承担债务的方式与合同权利义务的概括转移类似，即在资产与债务等价的情况下，兼并方以承担被兼并方债务为条件接收其资产，这种方式实际上是以一方当事人承担债务为接收营业资产的对价而实现的营业转让[②]，在此种营业转让中，原企业的财产和经营转让给新的企业，但原企业可能继续存在，新企业也并不沿用转让经营的企业的名称，新企业在吸收他人的财产和营业的同时，也要概括承受原企业的债权债务。我国《民法典》虽然在第 555 条、第 556 条对合同权利与义务的概括转让和由于主体合并分立导致的债权债务的概括转让有明文规定，但并没有规定营业转让情形下合同权利和义务的概括转移，不过，在解释上应当认为，此种类型的营业转让也可以成为合同权利和义务概括转移的原因。

第四，继承。在被继承人死亡以后，被继承人的遗产（包括债权）转让给继承人继承的同时，继承人也应当概括继承被继承人的债务。当然，继承人对被继承人的债务应当在被继承的遗产的范围内予以清偿。《民法典》第 1161 条第 1 款规定："继承人以所得遗产实际价值为限清偿被继承人依法应当缴纳的税款和债务。超过遗产实际价值部分，继承人自愿偿还的不在此限。"依据该条规定，继承人在继承遗产时，也应当承受被继承人的债务。由于被继承人的债权在性质上属于遗产的范畴，应当由继承人继承，因而，继承也可以产生合同权利义务概括移转的效力。

三、合同权利和义务概括转移的效力

《民法典》第 556 条规定："合同的权利和义务一并转让的，适用债权转让、债务转移的有关规定。"依据这一规定，在合同权利义务概括转移时，要适用《民法典》合同编关于合同债权让与和合同债务承担的规则，这些法律规定的内容具体包括：第一，根据合同性质、当事人约定和法律规定不得转让的权利，不得因债权债务的概括转移而转让。第二，如果某些从权利专属于债权人，则受让人无法因合同权利义务的概括转移而享有该从权利。第三，债务人对原债权人所享有的抗辩权，仍可以对抗受让人；同时，新债务人可以主张原债务人对债权人的抗辩。依据《合同编通则解释》第 47 条第 3 款，在当事人主张上述抗辩的情形下，人民法院可以追加让与人为第三人，以便于查清案件事实，确定相关的抗辩是否成立。该条实际上

---

① 参见王文胜：《论营业转让的界定与规制》，载《法学家》2012 年第 4 期。

② 例如，《德国民法典》第 419 条规定："依契约承受他人财产者，该他人之债权人，于原债务人之转让仍继续外，得对于承受人，自契约订立时起，主张其时业已成立之请求权。承受人之责任以所承受之财产之现状及依契约归属于承受人之请求权为限。"日本修正后的《商法典》第 28 条规定："营业之受让人，虽不续用让与人之商号，而以承担因让与人营业所生之债务之旨为公告时，债权人对于受让人得为清偿之请求。"

包括两种情形:一是一方将合同权利义务一并转让后,对方针对原合同的抗辩(如同时履行抗辩、先履行抗辩等)可以针对受让人提出。原合同关系中当事人的权利,不得因为合同转让而受到减损。二是转让合同中的受让人基于合同的相对性可对转让人提出抗辩。第四,如果债务人对让与人享有债权且符合抵销的条件,则债务人可以向受让人主张抵销。第五,新债务人应当承担与主债务有关的从债务,但该从债务专属于原债务人自身的除外。第六,法律、行政法规规定转让权利或者转让义务应当办理批准、登记手续的,应依照其规定。

博雅

第四编 | 合同的终止

第十七章

合同权利义务的终止

第一节　合同终止概述

一、合同权利义务终止的概念与特征

合同权利义务终止，简称为合同终止。合同终止可以分为广义的终止和狭义的终止。广义的终止既包括合同关系向未来的消灭，也包括合同关系溯及既往的消灭。而狭义的终止仅指合同关系向未来的消灭，当事人没有恢复原状的义务。我国《民法典》第557条采用了债权债务终止这一表述，其列举的事项包括债务已经履行、债务相互抵销、债务人依法将标的物提存、债权人免除债务、债权债务同归于一人、法律规定或者当事人约定终止的其他情形，这显然是采用了广义的终止概念。

合同终止具有如下特征：

1. 合同的终止包括了向过去发生效力，同时，由于合同关系消灭使当事人不再负履行义务，因此，合同终止也包括了向将来发生效力。

2. 合同终止的对象是已经发生效力的合同。合同债权都具有期限性，不能永久存在，期限届满，债权即归于消灭。债权期限的有限性决定了合同债权的终止是一个必然现象。在这一点上它和物权特别是所有权是不同的，因为所有权都没有期限限制，在法律上推定其永久存在。

3. 合同的终止是使合同关系在客观上不复存在，合同一旦终止，当事人不再受合同关系的约束，最直接的效果是特定给付义务的消灭。[①] 因此，合同终止不同于合同履行的暂时中止。例如，一方在行使不安抗辩权时，可以暂时中止合同的履行，但合同关系依然对合同当事人产生约束力，并没有因合同履行的中止而终止。

从广义上说，合同解除也属于合同终止的一种原因，因为合同一旦被解除，将导致合同当事人的权利义务关系终止，将在事实上消灭合同关系。正是因为这一原因，我国《民法典》第557条将解除作为合同终止的一种原因，与合同终止的其他原因一并作出规定。但是，合同解除与合同终止的其他原因又存在区别，主要表现在：第一，解除不仅仅是合同终止的原因，在违约解除的情形下，其也是非违约方所享有的一项权利。第二，在解除的情形下，合同的权利义务关系并未完全终止，因为当事人之间还要依据合同进行清算，非违约方有权依据

---

① 参见朱广新、谢鸿飞主编：《民法典评注・合同编・通则2》，中国法制出版社2020年版，第127页。

合同约定向违约方主张损害赔偿。正是因为这一原因,《民法典》第557条第2款规定"合同解除的,该合同的权利义务关系终止",而不是与债权债务终止的其他原因一并规定在第1款。这也表明,合同终止是合同不再向未来发生效力。但由于合同解除后,并不免除当事人因违反合同而产生的责任,还涉及解除后多种权利义务关系的清算[①],因此《民法典》第557条将合同解除作为合同权利义务终止的事项而单独予以规定。第三,由于解除仅仅适用于合同权利义务关系,所以,解除只是导致合同权利义务关系终止,而其他的终止原因将导致债权债务关系终止,因此,终止不仅适用于合同,也适用于其他债的关系。

合同的终止也不同于合同的变更。合同的变更是指合同内容的变化,合同债权债务关系在客观上依然存在,并没有消灭。在合同变更的情况下,变更后的合同与原合同具有同一性,但如果当事人通过协议变更合同时,对原合同的内容作出了实质性变更或者使合同的客体发生了变化,可以认为合同关系已经发生了更新。在此情形下,原合同关系在客观上已经消灭,而产生了一种新的合同关系。但如果没有发生此种变更,则合同内容的变更不会导致合同关系的终止。

二、合同终止的效力

(一)合同终止产生的效力

(1)合同权利义务关系归于消灭。合同终止的事由发生以后,无论是主义务还是从义务,均自合同终止的事由发生之时起消灭。合同的终止解除了双方当事人履行或接受履行的全部义务。合同关系消灭后,依附于主权利义务关系的从权利和从义务一并消灭,如担保物权、保证债权、违约金债权、利息债权等。

(2)合同终止不应影响非违约方对违约方所享有的损害赔偿请求权。尽管终止后合同的权利义务关系消灭了,但一方违反合同而给另一方造成的损害赔偿责任不因终止而被免除。

(3)债权人负有返还负债字据或涂销该字据的义务。此种义务属于后合同义务的范畴。负债字据是合同权利义务的证明,合同权利义务关系终止后,债权人应将负债字据返还给债务人[②];如果负债字据仍留在债权人手中,则债权人将来有可能以此为依据仍请求债务人履行义务,这对债务人极为不利,因此,该字据应当返还或者予以涂销。[③] 如果负债字据灭失而不能返还,则债权人应向债务人出具债务消灭的字据。如果债权部分消灭的,债务人有权请求将消灭事由记入字据,或者出具其他证明。

(4)合同关系消灭后,依附于主权利义务关系的从权利和从义务一并消灭,如担保物权、保证债权、违约金债权、利息债权等。对此,《民法典》第559条规定:"债权债务终止时,债权的从权利同时消灭,但是法律另有规定或者当事人另有约定的除外。"例如,就独立保证而言,即便当事人之间的债权债务关系终止,保证债务也并不当然消灭。再如,就保证人的保证责任而言,当事人可以约定,其不仅对债务人的合同债务承担保证责任,而且在合同被宣告无效或者被撤销后,保证人也对债务人责任的履行承担保证责任。

(5)合同中争议解决方法的条款和结算、清理条款继续有效。在合同关系终止以后,并

① 参见王利明主编:《中国民法典释评·合同编通则》,中国人民大学出版社2020年版,第437页。

② 参见董灵:《合同的履行、变更、转让与终止》,中国法制出版社1999年版,第172页。

③ 参见郑玉波:《民法债编总论》(修订二版),陈荣隆修订,中国政法大学出版社2004年版,第466页。

不是所有的合同条款都失去效力，依据法律的规定，合同某些条款的效力具有相对独立性，应当继续有效，这些条款主要包括两种情形：

一是合同中的争议解决方法的条款。《民法典》第507条规定："合同不生效、无效、被撤销或者终止的，不影响合同中有关解决争议方法的条款的效力。"所谓合同中的争议解决方法条款，是指当事人在合同中约定的解决合同争议的条款，如仲裁条款等。这些条款与当事人约定的实体权利义务关系，是关于争议解决的程序性事项。由于合同中的争议解决方法条款本身涉及对合同终止后事务的处理，且在法律上具有相对独立性，所以，合同终止以后这些条款并不当然终止。

二是合同的结算、清理条款。《民法典》第567条规定："合同的权利义务关系终止，不影响合同中结算和清理条款的效力。"所谓合同中的结算、清理条款，是指当事人在合同中约定的、在合同关系终止后如何处理合同遗留问题的约定。依据该条规定，如果当事人事先约定了有关合同终止后的结算和清理条款，则在合同关系终止后，此类条款仍然有效。

《民法典》第507条与第567条均规定了合同无效或权利义务终止后部分条款效力的独立性，二者在实践中容易发生混淆，但《民法典》第567条中的结算和清理条款与《民法典》第507条中的争议解决方法条款并不能混为一谈。两者的区别主要在于：一方面，争议解决方法条款主要是程序性的条款，而结算和清理条款是关系到实体性的权利义务关系的条款[①]；另一方面，争议解决方法条款通常不涉及违约的问题，而结算和清理条款主要涉及违约后的清算问题。合同权利义务关系终止的原因很多，通常是因为诸如基于违约而解除合同的情形才会涉及违约金和损害赔偿等问题。

(6) 后合同义务的产生。后合同义务是指合同关系消灭以后，当事人依诚信原则和交易习惯应负有某种作为或不作为的义务。我国《民法典》第558条规定："债权债务终止后，当事人应当遵循诚信等原则，根据交易习惯履行通知、协助、保密、旧物回收等义务。"该条确定了所谓后合同义务，后合同义务也是合同终止产生的效力。

(二) 后合同义务

后合同义务义务的特点表现在：

第一，它是在合同关系终止后当事人负有的义务。后合同义务旨在妥善处理合同终止后的各项事务，防止合同终止后的纠纷产生。法律规定此种义务，有利于合同目的的实现。后合同义务与一般的合同义务的不同之处在于，其产生的时间点位于合同关系终止后，正是因为这一原因，虽然违反后合同义务也会产生一定的法律责任，但是并不会导致合同解除的效果，因为合同关系已经终止。[②]

第二，它是依据法律规定、诚信原则以及交易习惯所产生的。一是依据法律规定产生的。例如《民法典》第558条规定的"旧物回收"义务，就属于法律规定的义务。二是依据诚信原则产生的。虽然《民法典》第558条也规定了通知、协助、保密义务，但该义务可以说是诚信原则的延续。三是依据交易习惯而产生的。当然，并非所有的合同均具有相同的后合同义务，在合同履行的不同阶段以及根据合同履行的具体情形，经常要根据交易习惯确定后合同义务的内容。

第三，后合同义务具有一定的特殊性，它主要包括：一是通知义务。所谓通知，是指当事

① 参见朱广新、谢鸿飞主编：《民法典评注·合同编·通则2》，中国法制出版社2020年版，第217页。

② 参见庞景玉、何志：《合同纠纷裁判依据新释新解》，人民法院出版社2014年版，第231页。

人应当根据交易习惯将合同已经履行的情况及时告知对方当事人。二是协助义务,即债务人在作出履行后,债权人也应当给予必要的协助。例如,租赁关系终止后,出租人应当将其所收到的承租人的信件及时交付给承租人。三是保密义务。在合同履行过程中,一方当事人可能掌握对方当事人的一些商业秘密以及其他私密信息,在合同关系终止后,当事人应当负有此种保密义务。四是旧物回收义务,此种义务主要是基于环保的角度考虑而增加的附随义务,与《民法典》的绿色原则保持一致。不过,该项义务的有无须根据诚信等原则、依据交易习惯进行判断。在买卖合同中,如果根据《民法典》第 625 条的规定无法确定出卖人负有回收旧物的义务的,不得再根据《民法典》第 558 条,依据诚信等原则和交易习惯判断出卖人的回收旧物的义务。这是因为买卖物交付之后,买卖物的孳息与负担均应当由买受人承受。而买卖物因使用消耗而成为旧物后,该旧物如何处理,应当属于该买卖物产生的负担,由买受人承担。当然,买受人可以要求出卖人回收,但出卖人未回收的,不应当因此承担违约责任。

违反后合同义务也应当产生一定的法律责任。关于违反后合同义务所产生的责任的性质,学说上存在不同的看法,主要有如下几种:一是合同责任说。此种观点认为,后合同义务性质上仍然是合同义务,对此种义务债权人有权请求债务人履行,债务人违反后合同义务时,与违反一般的合同义务相同,应承担债务不履行的责任。[①] 二是缔约过失责任说。此种观点认为,缔约过失责任既可以适用于合同订立前,也可以适用于合同消灭后。凡是违反基于诚信原则而产生的义务,都应承担缔约过失责任。三是侵权责任说。此种观点认为,由于合同关系已经终止,不存在合同义务,因而在一般情况下,后合同义务不能成为合同义务。尤其是后合同义务主要是法定的强行性义务,违反此种义务与违反约定义务不同。也有观点认为其是一种独立的责任,因为后合同义务的违反可以适用继续履行的规定,而且后合同义务存在于具有信赖关系的当事人之间而非陌生人之间。[②]

笔者认为,后合同义务毕竟是合同终止后的义务,且不属于当事人约定的义务,如果因违反该义务而产生违约责任,将混淆约定义务和法定义务。而缔约过失责任主要适用于缔约过程中,而不适用于合同终止以后的情形。例如,《商事合同通则》《欧洲合同法原则》等都明确规定[③],缔约过失责任适用于谈判过程。尤其是违反后合同义务时,当事人赔偿的是实际利益损失,而缔约过失责任中赔偿的是信赖利益损失。所以,将此种责任扩张到后合同义务也不妥当。比较而言,本书赞成第三种观点,即违反后合同义务的当事人应当承担侵权责任。一方面,此种义务主要是法定义务,其与约定义务不同,不宜归入违约责任的范畴。[④] 另一方面,由于对此种义务的违反可能造成对民事权益的侵害,且行为人违反义务也具有过错,所以,常常符合侵权责任的构成要件。后合同义务主要是侵权法上的保护、保密等义务,而不应成为合同法上的义务。在许多情况下,如果一方当事人是在合同关系不存在的情况下违反后合同义务,对此种义务的违反不构成违约,也不能适用缔约过失责任,而可能构成侵权。例如,乙受雇于甲,合同期满以后,乙要求延长,甲不同意续聘,乙对此强烈不满,半年后受聘于丙,乙知道甲与丙之间具有业务竞争关系,便向丙透露了甲的许多内幕信息,尤其是披露了甲的客户名单,以及延揽客户的各种方法,丙按照乙披露的情况,与甲争夺客户,使

---

① 参见王泽鉴:《债法原理》,北京大学出版社 2009 年版,第 36 页。

② 参见朱广新、谢鸿飞主编:《民法典评注·合同编·通则 2》,中国法制出版社 2020 年版,第 141 页。

③ 参见《商事合同通则》第 2.1.15 条,《欧洲合同法原则》第 2:301 条。

④ 参见王利明主编:《中国民法典释评·合同编通则》,中国人民大学出版社 2020 年版,第 448 页。

甲半年内减少 200 名客户，而丙增加了同样多的客户。甲知道该情况后，向乙提起诉讼，要求乙赔偿其泄密造成的损失。[①] 此种损失不是信赖利益的损失，而是直接利益的损失，应当适用侵权责任。现行法中对此种权益的保护没有明确规定，可以依据《民法典》侵权责任编的相关规定处理。

第二节　清　　偿

一、清偿概述

（一）清偿的概念和构成要件

所谓清偿，是指债务人按债务本旨而实现债务内容之给付，以此使债权人实现其获得一定财产的目的，并消灭债权。[②] 清偿可以从两方面来理解：一是指履行合同债务的行为，也就是说，清偿是一种给付行为。二是指履行的结果，也就是说因为债务人履行债务，使债权得到实现。“债之关系的目的，在于完全满足债权人之目的，如实现债务内容时，是为清偿。”[③]《民法典》第 557 条规定中“债务已经履行”的表述实际上指的就是清偿。

关于清偿和履行的区别，学界存在不同观点。从语义上看，德语中的 Erfuellung 和英语中的 performance 都既可以指清偿，也可以指履行。据此，有学者认为，我国学界所称的不良履行中的履行，实际上是清偿，即不良履行当为不良清偿的意思。[④] 郑玉波指出，清偿与履行实际上是从不同的角度来观察，从债务消灭的角度来看是清偿，从债务效力的角度来看是履行。[⑤] 笔者认为，履行实际上是一个动态的行为概念，而清偿则是一种履行的结果。我国《民法典》第 557 条规定，“债务已经履行”将导致合同关系终止，这实际上就准确地概括了清偿的含义。但《民法典》也在合同编中使用了“清偿”的概念，例如，《民法典》第 560 条第 1 款规定：“债务人对同一债权人负担的数项债务种类相同，债务人的给付不足以清偿全部债务的，除当事人另有约定外，由债务人在清偿时指定其履行的债务。”可见，在《民法典》中，清偿和履行也是从不同角度对债务人履行债务的行为进行的描述，履行是从债的效力角度的动态观察，而清偿则是立足于债的关系的终止的静态角度。[⑥]

构成清偿应当具备以下条件：

（1）清偿必须是双方当事人依据合同的规定作出了履行。由于合同大多为双务合同，双方当事人都互负权利义务，所以合同应当由双方作出履行才能因清偿而发生合同关系的消灭。如果仅仅是一方作出了履行，而另一方没有作出履行，对一方来说已经履行了其合同义务，对另一方来说尚未履行其合同义务，则不构成合同的清偿，此时不应认定合同关系已终止。

（2）清偿必须是当事人正确地、适当地履行了合同义务。所谓正确地、适当地履行合同义务，是指当事人依据法律的规定和合同的约定，以及根据诚信原则正确地、适当地履行其

---

① MüKo/Bachmann/Roth, BGB § 241, Rn. 120.

② 参见〔日〕於保不二雄：《日本民法债权总论》，庄胜荣校订，五南图书出版有限公司 1998 年版，第 329 页。

③ 黄立：《民法债编总论》，中国政法大学出版社 2002 年版，第 647 页。

④ 参见杜景林、卢谌：《论德国新债法积极侵害债权的命运：从具体给付障碍形态走向一般性义务侵害》，载《法学》2005 年第 4 期。

⑤ 参见郑玉波：《民法债编总论》（修订二版），陈荣隆修订，中国政法大学出版社 2004 年版，第 469 页。

⑥ 参见崔建远、陈进：《债法总论》，法律出版社 2021 年版，第 282 页。

义务。从这一意义上说,清偿不同于履行,履行还应当包括不适当履行、迟延履行、部分履行等形态。尽管这些履行不符合合同的约定,不能发生因清偿而导致合同关系消灭的效果,但在法律上其仍然是一种履行,而清偿必须是正确、适当地履行了债务。[①] 因此,当事人只有依据合同的约定作出履行,才能构成完整的清偿,债务人未按照约定履行债务的,则不构成清偿。当然,由于合同约定的内容不明确、不具体,或者存在合同漏洞等原因,仅根据合同的约定作出履行是不够的,或是十分困难的,此时,当事人还应当依据法律规定和诚信原则的要求,适当地履行合同义务。例如,合同中没有对履行时间、履行地点等作出规定的,则要依据法律规定或诚信原则作出履行。

(3) 清偿必须使当事人订立合同的目的得以实现。按照合同的目的向债权人或者其他有受领权的人进行清偿,经其受领的,债权债务关系消灭。持有债权人签名的收据或者持有有效的债权凭证的,视为有受领权人。但债务人已知或者因过失而不知其无权受领的除外。债务已经履行的,债权因达到其目的而消灭。按照我国《民法典》的规定,在合同终止以后,附随义务仍然可能存在。这并不是说,必须要等到全部附随义务履行完毕,才能认为完成了清偿,合同才能终止。实际上只要合同的基本义务都履行完毕,合同目的已经达到,即可认为完成了清偿。

(二) 清偿的性质

关于清偿的性质,学术界存在几种不同的看法:一是法律行为说。此种观点认为,清偿为发生私法上效果的合法行为,应为法律行为,既然为法律行为,清偿行为也须有清偿意思,清偿意思即为使债务消灭的意思,欠缺清偿意思,不发生债务消灭的效果。[②] 二是多种行为说。此种观点认为,清偿行为主要是事实行为,当事人在客观上促成给付效果的实现,无须当事人的主观意思即可发生清偿效果。为清偿所为的给付行为可能是事实行为,也可能是法律行为,甚至可能是不作为,应依具体情形决定。[③] 如果给付行为是事实行为,不能适用有关法律行为的规定,只有在给付行为是法律行为时,才可以适用有关法律行为的规定。[④] 三是最终给付效果说(Theorie der finalen Leistungsbewirkung)。该说认为,除了债务人事实上提出给付以外,清偿无须当事人之间就给付的目的达成合意,只要提出给付的债务人有给付目的即可,给付指向特定债权的清偿,即清偿确定(Tilgungsbestimmung)。[⑤]

笔者认为,清偿的性质可从如下几个方面理解:

第一,清偿首先是一种私法上的行为,将产生合同关系消灭的法律效果。但从性质上看,清偿不能等同于法律行为。因为一方面,对清偿行为而言,并不要求确定清偿人主观上是否具有清偿意思,只要依客观事实足以认定清偿人作出履行有一定的原因,即可发生清偿效果。[⑥] 例如,第三人代债务人作出了履行以后,要求债务人考察清偿人主观上是否有代为清偿的意思是十分困难的,除非有足够的证据证明第三人的履行是一种错误的清偿,否则这种清偿是有效的。任何人在清偿债务以后,只要是对自己债务的清偿,就不能以自己没有清偿意思为由而要求宣告清偿无效。另一方面,清偿并不要求清偿人必须有行为能力,即使是

① 参见崔建远、陈进:《债法总论》,法律出版社 2021 年版,第 64—65 页。

② 参见黄立:《民法债编总论》,中国政法大学出版社 2002 年版,第 649—651 页。

③ 参见林诚二:《民法债编总论——体系化解说》,中国人民大学出版社 2003 年版,第 524 页。

④ 参见〔日〕於保不二雄:《日本民法债权总论》,庄胜荣校订,五南图书出版有限公司 1998 年版,第 331 页。

⑤ Gernhuber, Die Erfüllung und ihre Surrogate, § 5 Ⅱ 8.

⑥ 参见邱聪智:《民法债编通则》,作者 1988 年自版,第 488 页。

无行为能力人代他人作出清偿，也是有效的。在例外情况下，清偿也可以是法律行为，例如票据的签发等。

第二，在一般情况下，清偿是一个事实行为，因为清偿不需要清偿人作出某种意思表示，即使清偿人具有某种清偿的意思，它和法律行为中的效果意思也是不同的。例如，交付标的物、支付价款等，并不需要行为人是否明确表示将导致债的关系的消灭。所以，清偿一般都是事实行为。更何况，在清偿行为中，提供一定劳务、完成一定工作等属于纯粹的事实行为。所以，笔者认为，应当将清偿作为事实行为对待。

第三，在特殊情形下，清偿也可能是法律行为，因为清偿也可能通过实施一定的法律行为来完成。例如，行为人履行行纪合同，需要与相对人订立买卖合同；受托人履行委托合同也可能需要与相对人从事法律行为。

二、清偿的主体、标的和期限

（一）清偿的主体

清偿的主体包括清偿人和清偿受领人。

1. 清偿人

清偿人是清偿债务的人，它不仅包括债务人，还包括被授予清偿权限的人和第三人。债务人负有清偿的义务，必须向债权人作出清偿。当债务的履行不仅需要债务人的行为，而且还需要其他人协助时，债务人可以使用履行辅助人。

债务人以外的第三人也可以为债务人履行。第三人代为清偿或基于债务人的委托，或基于其本身的赠与意思，或依无因管理处理。《民法典》第523条规定了当事人约定由第三人履行的情形，第524条规定了第三人对履行该债务具有合法利益的，有权向债权人代为履行。但依据法律规定、合同约定，以及合同的性质决定，必须要由债务人亲自履行的，不得由第三人代为履行。对于第三人依据法律规定或合同约定向债权人作出的清偿，债权人不得拒绝。但如果依据债的标的的性质或当事人的约定，债务必须由债务人亲自履行的，或第三人清偿可能对债权人造成明显损害的，或债权人有其他拒绝接受的正当理由的，债权人可拒绝接受清偿。

2. 清偿受领人

清偿受领人，即接受清偿的人。在一般情况下，若将清偿行为定性为非法律行为，无行为能力人、限制行为能力人也可以作为清偿受领人。[①] 债务人应当向债权人作出清偿，债务人向债权人及其代理人以外的第三人作出的清偿，不发生债务消灭的效力。在作出清偿以后，接受履行的债权人应当依债务人的请求为其出具收据并签名。清偿人对受领清偿人，也可以请求其交还受领证书。在实践中，凡是持有债权人签名的收据或者有效的债权凭证的，应当视为有受领权人。在清偿人作出清偿以后，必须由受领人予以受领，才能发生清偿的效果。债权人是当然的债权受领人，如果债权人已进入破产程序，则债权人不能亲自受领其债权，而必须由其破产清算人受领。

债权人是当然的债权受领人，除此之外，第三人也可能成为受领权人[②]，其主要包括：一是被债权人授予受领权的代理人、管理人。按照私法自治原则，债权人可以授权他人代为受

---

① 参见黄立：《民法债编总论》，中国政法大学出版社2002年版，第660页。

② MüKo/Fetzer, BGB § 364, Rn. 14.

领。例如,他人移转夫妻财产可以由一方受领。再如,合同当事人双方约定了受领给付的第三人的,该第三人当然也具有受领的权利。二是破产清算人。如果债权人已进入破产程序,则债权人不能亲自受领其债权,而必须由破产清算人受领。三是在债的保全诉讼中的代位权人。如果债务人的债权人提起代位之诉,依据法律规定的条件行使代位权的人对债务人的债权也有受领的权限。四是债权的准占有人。未经债权人授权的第三人,以债权人的名义受领债权,债务人有合理的理由相信其享有受领权的,构成表见受领,该受领也是有效的。当然,如果第三人持有的权利凭证是伪造的,则该受领不应受到保护。①

债务人必须向受领人作出清偿,并由受领人予以受领,才能发生清偿的效果,如果债务人向无受领权的第三人作出清偿,则不发生清偿的效果。但在如下情况下,债务人向无受领权的第三人作出清偿的,也可以产生清偿的效果:第一,受领人的受领经过债权人的追认或其后取得受领权的。经债权人追认的,受领权的欠缺即被补正,该受领有效。债权人作出追认的,溯及于清偿时发生效力。受领人事后取得受领权的,债务人的清偿也有溯及效力,但以受领人事后取得的债权数额为限。② 第二,债权客观上已经获得了清偿。例如,无受领权人将获得的利益返还给债权人,债权人的利益已经实现。在此情形下,即使债权人对受领人没有授权,但如果债权人事实上从受领中获得了利益,债权人的目的已经达到,也应当依据具体情况,认定该债务的清偿有效。③

我国《民法典》第522条规定了利益第三人合同,并区分了不真正利益第三人合同与真正利益第三人合同。在这两种情形下,第三人均有权受领债务人的给付。

(二)清偿的标的

清偿的标的,即履行的标的、给付的内容,其因债的关系的差异而存在差异。④ 清偿人应当依照全面履行和诚信原则全面、准确、适当地履行债务,否则即构成违约行为,应承担违约责任。当事人在合同中约定必须交付特定物的,要按照合同约定交付特定物,不得以其他标的物替代。如果标的物发生意外毁损灭失的情况,则合同因为履行标的物的不存在而不能实际履行,但债务人仍然应当承担违约责任。如果债务人必须提供一定劳务的,债务人应根据债的性质和交易习惯向债权人亲自履行;如果是约定支付金钱的,债务人不能以履行不能为由而被免除实际履行的责任,也不能援引不可抗力作为免责事由。原则上,债务人必须按照合同约定的数量全部履行债务,但部分履行不损害债权人利益的除外。

(三)清偿的期限

在合同履行期确定以后,债务人原则上应当按期限履行,但是由于履行期限涉及期限利益,而期限利益一般属于债务人,因此债务人可以按照私法自治原则,通过提前履行而处分自己的期限利益。债务人抛弃自己的期限利益,在一般情况下,对债权人都是有利的,但提前清偿给债权人造成损害的,债务人应当承担赔偿责任。

在履行期确定以后,如果合同没有规定分期履行,债务人不得分期清偿,但如果分期履行不损害债权人利益,而债务人确有正当理由需分期履行的,债权人依据诚信原则应当同意债务人作出分期履行。如果债权人予以拒绝的,法院可以在不损害债权人利益的前提下,根据债务人的请求允许债务人分期清偿。

---

① 参见〔日〕於保不二雄:《日本民法债权总论》,庄胜荣校订,五南图书出版有限公司1998年版,第337页。

② 参见孙森焱:《民法债编总论》(下册),法律出版社2006年版,第837页。

③ 同上书,第850页。

④ 参见崔建远、陈进:《债法总论》,法律出版社2021年版,第74页。

三、清偿抵充

（一）清偿抵充的概念和条件

所谓清偿抵充，是指一人负担数宗债务，而给付的种类相同的，在清偿人提出的给付不足以清偿全部债务额时，由清偿人在清偿时指定其抵充的债务。[①] 例如，乙欠甲本金1万元，利息5000元，费用1000元，乙偿还8000元，该清偿是对本金的清偿，还是对费用或利息的清偿？这就可以由清偿人作出指定，究竟其清偿的是哪部分债务。如果清偿人没有指定，应依据法定的顺序进行抵充。《民法典》第560条对清偿抵充规则作出了规定。依据该条规定，清偿抵充必须具备如下几个条件：

（1）某一债务人对同一债权人负担多项债务。这一要求包含了如下几方面的内容：第一，清偿抵充的债务人应当是同一债务人。具体而言，只有在同一债务人负担多项债务时，才有可能发生清偿抵充的问题，如果是多个债务人对同一债权人负担多项债务，则各个债务人应当分别清偿其债务，并不发生抵充问题。[②] 第二，清偿抵充的债权人应当是同一债权人。如果债务人对不同债权人负担多项债务，则原则上应当按照债权平等原则，分别对各个债权人作出清偿，而不发生清偿抵充的问题。第三，清偿抵充的成立以债务人负担多项债务为条件。如果债务人只是对债权人负担一项债务，债务人应当按照债的要求清偿该债务，如果不能完全清偿，则可能产生部分履行的问题，而无法成立清偿抵充。[③] 当然，债务人所负担的多项债务既可能是同时产生的，也可能是因债务承担等原因而发生的。

（2）债务人负担的债务给付的种类相同。所谓给付的种类相同，是指债务人所负担的给付义务应当属于同一种类，即债务人所负担的数项债务都是交付同一性质的财产或者提供同类劳务。[④] 如果债务人所负担的债务种类不同，则债务人应当严格按照债的要求履行债务，而不存在清偿抵充的问题。例如，在同一合同关系中，债务人既要交付某个标的物，也要提供某项劳务，则债务人应当严格按照合同的约定履行债务，因两项债务种类不同，不能以交付标的物清偿提供劳务之债。[⑤]

（3）清偿人提出的给付不足以清偿全部债务。也就是说，只有在债务人所提供的给付无法清偿全部债务时，才有必要由债务人确定其所作出的给付用于清偿哪一债务。如果债务人的给付可以清偿全部债务，则债权人的各项债权都能够实现，此时就没有必要再确立各个债权的清偿顺序。

只有符合上述条件，在债务人作出给付时，才能由清偿人在清偿时指定其抵充的债务，或者依据法律的规定进行抵充。

（二）清偿抵充的形式

清偿抵充具有三种形式：

（1）约定抵充。约定抵充是指当事人就抵充的方法达成合意，有约定时从约定，这是合同自由的表现。约定抵充应当优先于指定抵充和法定抵充。约定抵充既可以在清偿前进行，也可以在清偿时进行。例如，乙欠甲借款、货款各1万元，均已届期，乙向甲清偿8000

---

① 参见史尚宽：《债法总论》，中国政法大学出版社2000年版，第793页。

② 参见孙森焱：《民法债编总论》（下册），法律出版社2006年版，第868页。

③ 参见史尚宽：《债法总论》，中国政法大学出版社2000年版，第793页。

④ MünchKomm/Fetzer, § 366, Rn. 4.

⑤ 参见史尚宽：《债法总论》，中国政法大学出版社2000年版，第793页。

元,如果双方约定该笔给付用于抵充借款,则从其约定。《民法典》第560条承认了约定抵充优先的规则。

(2)指定抵充。指定抵充是指当事人一方以其单方意思确定债务人的清偿应抵充的债务。指定抵充符合私法自治原则,而且有利于简化法律关系。[①] 依据《民法典》第560条的规定,在当事人没有规定抵充顺序的情形下,则"由债务人在清偿时指定其履行的债务",这实际上是赋予了债务人指定抵充顺序的权利。从该条规定来看,指定抵充的主体限于债务人。但按照私法自治原则,当事人也可以约定由债权人享有指定权,即由债权人来指定清偿何种债务。[②] 在当事人没有约定的情形下,指定权应当归属于债务人。指定权的行使,在性质上属于准法律行为,其与意思通知类似,即只要债务人对债权人作出清偿抵充的意思表示,就可以发生清偿抵充的法律效果。[③]

此外,指定抵充不得损害债权人的利益。债务人指定抵充时,不得滥用其权利。例如,要求先抵充本金,再抵充利息,这就必然会给债权人带来损害。[④]

(3)法定抵充。法定抵充是指在当事人未约定抵充或作出指定抵充时,应依据法律规定的顺序和方法,对债务进行抵充。各国法律大多对法定抵充作出了明确规定。《商事合同通则》通过三步分类法(three-step taxonomy)明确清偿的究竟为何笔债务:即先由债务人进行指定清偿;如果债务人未在清偿期行使其权利的,此指定权移转于债权人;如果债权人也没有指出清偿的先后顺序的,抵充则按照通则所规定的规则来进行。[⑤] 而我国《民法典》采取的清偿抵充的基本原则是,有约定的依约定,无约定的依指定,无指定的依法定。此处所说的指定是指债务人的指定。这一规则借鉴了《商事合同通则》第6.1.12条的规定,但与其不同[⑥],并没有承认债权人指定的权利。之所以排除债权人指定,是因为法定抵充的顺序应当更多地减轻债务人的负担,而在债务人没有指定时,《民法典》所规定的法定抵充规则已经兼顾了债权人的利益,因而没有必要规定债权人指定的规则。《民法典》第560条第2款规定了法定抵充顺序。依据该条规定,法定抵充的顺序如下:

第一,债务人未作指定的,应当优先履行已经到期的债务。《民法典》第560条第2款作出此种规定,原因在于:一方面,保护债务人的期限利益。因为在债务未到期时,债务人并不负有清偿的义务,如果将债务人的给付用于抵充未到期的债务,则可能侵害债务人的期限利益;另一方面,在债务人的某一债务未到期的情形下,除非清偿人指定,否则,到期的债务优先抵充,这也更符合当事人的本意。例如,在"北京湘临天下餐饮有限责任公司与唐某某民间借贷纠纷上诉案"中,法院认为,鉴于湘临天下公司所负11万元债务已届清偿期,而80万元债务并未约定还款期限,唐某某有权随时要求还款,而唐某某提起诉讼视为该笔债务已届清偿期。因此,上述两笔债务的清偿存在先后顺序,根据《合同法司法解释》(二)第20条之规定,应认定7万元系抵充11万元债务,湘临天下公司应对剩余债务的本金和利息承担偿还义务。[⑦]

---

① 参见郑玉波:《民法债编总论》(修订二版),陈荣隆修订,中国政法大学出版社2004年版,第495页。

② MünchKomm/Fetzer, § 366, Rn. 8.

③ MünchKomm/Fetzer, § 366, Rn. 9 f.

④ 参见陈建勋:《论债的清偿抵充》,载《人民司法》2001年第11期。

⑤ Stefan Vogenauer, *Commentary on the UNIDROIT Principles of International Commercial Contracts (PICC)*, Oxford University Press, 2015, p. 968.

⑥ 参见黄薇主编:《中华人民共和国民法典合同编解读》(上册),中国法制出版社2020年版,第331页。

⑦ 北京市第一中级人民法院(2013)一中民终字第13207号民事判决书。

第二，数项债务均到期的，优先履行对债权人缺乏担保或者担保最少的债务。《民法典》第560条第2款作出此种规定的原因在于：已经有担保的债权或者担保较多的债权，其不能清偿的风险要小于没有担保或者担保较少的债权，因此，从保障债权人利益的角度出发，应当优先抵充没有担保或者担保较少的债权。

第三，均无担保或者担保相等的，优先履行债务人负担较重的债务。例如，连带债务和个人债务相比较，对债务人而言，个人债务的负担显然要重于连带债务，因此，先抵充个人债务对债务人而言更为有利。对债权人而言，在连带债务中，债权人还可以请求其连带债务人清偿，因此，在债务人清偿债务时，以其给付优先抵充其个人债务，也有利于债权人债权的实现。[①] 再如，如果债务人对同一债权人所负担的两项债务的担保数额相同，但如果其中一项债务的违约责任较重，则应当优先抵充该债务。[②] 法律作出此种规定，主要是为了保护债务人的利益，尽量减轻债务人的负担。

第四，负担相同的，按照债务到期的先后顺序履行。因为债务已经到期，且担保相同，因此，债权人因清偿所获得的利益没有差别，此时应按照债务到期的顺序，先到期的债务优先抵充。从价值取向上来说，这是为了优先保护债权人的利益，以防止有的债权因时效经过而无法获得清偿。

第五，到期时间相同的，按照债务比例履行。在各个债权人的债权到期时间相同时，按照债权平等主义，应当公平对待各个债权人的债权，因此，应当按照债务比例履行。

四、附利息债务的清偿顺序

所谓利息债务，是指以利息为标的的债。利息债务实际上是主债务的从债务。在利息之债中，债务人应当按照约定的利率支付利息。但是在债务人作出的给付不足以支付本金和利息时，就涉及应当优先清偿哪一部分债务的问题。对此，《民法典》第561条规定："债务人在履行主债务外还应当支付利息和实现债权的有关费用，其给付不足以清偿全部债务的，除当事人另有约定外，应当按照下列顺序履行：（一）实现债权的有关费用；（二）利息；（三）主债务。"依据这一规定，在涉及支付利息和费用的情况下，清偿的顺序是：一是实现债权的有关费用。此处所说的费用包括保管费用、诉讼费用、执行费用等。二是利息。利息包括法定利息和约定利息。利息是债权人预期的收益，所以，应当先于本金得到清偿。[③] 三是主债务。这是根据债权的保障确立的规则，因为本金是最能够得到保障的，而实现债权的费用最难得到保障。为了保障债权人利益，需要优先清偿实现债权的费用。

第三节　抵　　销

一、抵销的概述

（一）抵销的概念

所谓抵销，是指二人互负相同种类债务，各使双方债务在对等额内相互消灭的法律制度。抵销作为合同消灭的一种原因，为罗马法以来各国立法所普遍承认。在抵销中，提出抵

---

① 参见孙森焱：《民法债编总论》（下册），法律出版社2006年版，第871页。

② 参见史尚宽：《债法总论》，中国政法大学出版社2000年版，第797页。

③ 参见郑玉波：《民法债编总论》（修订二版），陈荣隆修订，中国政法大学出版社2004年版，第498页。

销的一方所享有的债权,称为主动债权(Aktivforderung);被抵销的债权,称为被动债权(Passivforderung)。[①] 抵销依其产生的依据不同,可分为合意抵销和法定抵销。所谓合意抵销是根据合同当事人双方的约定所发生的抵销,它是当事人意思自由的体现,只要双方的合意不违背法律的禁止性规定,都应予准许。而所谓法定抵销则是指在符合法律明确规定的构成要件的情况下,依当事人一方的意思表示而发生的抵销。两种抵销都会导致债权债务的消灭。

抵销具有如下功能:一是消灭债权债务的功能。通过抵销的方法,免除双方互相履行的劳力、时间和费用,消灭债权债务,从而有利于降低交易费用,从经济效率上说,抵销是一种能有效降低交易成本、增进效率的方法。二是简化法律关系的功能。在抵销的情况下,当事人不必分别履行,就可以直接终止债权债务关系。因此可以使法律关系简化,避免当事人分别计算债务的麻烦。三是担保的功能。抵销具有担保功能,因为在双方当事人互负债务时,如当事人一方只行使自己的债权,不履行其义务,那么,对方当事人就不能确保自己债权的实现,特别是在一方当事人财产状况恶化不能履行债务时,对方当事人行使抵销权就免除了自己的债务,实现了其债权。[②] 四是代替清偿的功能。从效果上看,抵销与清偿并没有本质的区别,因为单方抵销实际上是不考虑对方的意思而实行自己债权的方式,通过抵销也可以使当事人双方的债权实现,从而产生与清偿相同的效果。从这个意义上说,抵销具有代替清偿的功能。

(二)抵销与清偿

抵销与清偿具有密切的联系,但是二者并不完全相同。所谓清偿,是指债务人按照合同的约定实现合同债权目的的行为。许多法国学者认为,抵销具有清偿的功能,《法国民法典》有关规定采纳了这一看法。[③] 该观点强调抵销实际上是充抵了债务,从而使债务发生了全部或部分的清偿。抵销作为债权消灭的原因的根据,曾有所谓清偿说、代物清偿说、拟制清偿说、特殊清偿说等理论。[④] 在有些国家,抵销被作为清偿的一种特殊类型。我国也有许多学者认为,抵销是清偿的一种方法。例如,有学者认为,"抵销是指二人互负债务时,各以其债权充当债务之清偿,而使其债务与对方的债务在对待额内消灭"[⑤]。笔者认为,抵销从效果上看,与清偿并没有本质的区别,因为单方抵销实际上是不考虑对方的意思而实现自己债权的方式,通过抵销也可以使当事人双方的债权实现,从而产生与清偿相同的效果。但是,在我国《民法典》合同编中,抵销是作为不同于清偿的债的消灭原因规定的。

严格地说,抵销和清偿仍然存在区别,表现在:一方面,在抵销的情况下,可能只是使部分债务发生消灭,例如,甲欠乙房租100万元,乙欠甲工程款50万元,乙将甲欠其的50万元与其欠甲的50万元相抵销,从而使甲欠其的部分债务发生了消灭。这种消灭债的方法无论甲是否同意,一旦抵销即发生效力。但如果是清偿,则债务人不能仅仅只作部分履行,更不能强迫债权人接受部分履行。另一方面,如果是清偿,必须要在规定的时间内作出,逾期不清偿将构成违约。但对于抵销来说,即便债务没有到期,当事人双方也可以通过约定将双方的债务抵销。此外,如果债务人以其对第三人的债权,"抵销"其自身的债务,此种情形不属

---

① MüKo/Schlüter, BGB § 387, Rn. 1.

② 参见潘卫东、杨坤:《贷款银行抵销权的法理探究》,载《财经问题研究》2000年第7期。

③ 参见《法国民法典》第1297条、1298条、1295条。

④ 参见郑玉波:《民法债编总论》(修订二版),陈荣隆修订,中国政法大学出版社2004年版,第557页。

⑤ 崔建远主编:《合同法》(第七版),法律出版社2021年版,第192页。

于抵销,而属于代位清偿。[1]

(三)抵销与同时履行抗辩权

通过抵销权的行使,双方当事人的债务在同等额度范围内同时消灭。从表面上看,这似乎也是一种同时履行,并且会发生同时履行抗辩的问题。但抵销与同时履行抗辩权是不同的,一方面,法定抵销在性质上是一种形成权,而不是一种抗辩权,就法定抵销而言,只要具备法律规定的条件,一方作出了抵销的意思表示,该意思表示到达对方时,就可以发生抵销的效果,对方不得以任何事由提出抗辩。而同时履行抗辩权只是抗辩权的一种。另一方面,同时履行抗辩权是在履行过程中发生的,其构成要件与抵销的要件完全不同。抵销既可以在履行过程中发生,也可以在债务发生后、履行以前,基于双方的约定而发生。同时,主动债权应已经到期,如果允许未届清偿期的债权作为主动债权,将损害债务人的期限利益。[2] 但在这种情况下,是不可能发生同时履行抗辩问题的。

二、法定抵销

(一)法定抵销的概念和构成要件

法定抵销是抵销的典型形式,也可说是抵销的一般形式。法定抵销,是指在符合法律规定的条件下,一方作出抵销的意思表示而使双方的债权债务发生消灭的一种抵销方式。《民法典》第 568 条规定:"当事人互负债务,该债务的标的物种类、品质相同的,任何一方可以将自己的债务与对方的到期债务抵销;但是,根据债务性质、按照当事人约定或者依照法律规定不得抵销的除外。当事人主张抵销的,应当通知对方。通知自到达对方时生效。抵销不得附条件或者附期限。"这就在法律上确认了法定抵销的要件和效力。

法定抵销不同于合意抵销的特点在于:一方面,法定抵销的条件是由法律规定的,而在合意抵销的情形下,抵销并不需要符合法定抵销的条件。一般而言,合意抵销是当事人合意的结果,其条件要低于法定抵销的条件。另一方面,对法定抵销而言,一旦具备法律规定的抵销条件,抵销权人就可以通过单方面行使抵销权,使双方的债权债务关系消灭。而在合意抵销的情形下,需要当事人就各自债务的抵销达成合意。需要指出的是,对法定抵销而言,尽管抵销权的行使仅由当事人单方的意思表示即可为之,无须他方承诺,即可发生效力,但即使符合法律规定的条件,也只是具备了一种可能性。是否发生抵销的效果,还需要当事人行使抵销权。如果抵销权人不主张抵销,愿意继续作出清偿,法律也不宜对此作出干预。

依据《民法典》第 568 条的规定,法定抵销的构成要件主要包括如下方面:

(1) 当事人互负债务。一是双方当事人相互负担对应的合法债务,也相互享有对应债权,这是抵销成立的前提。抵销需要双方互负债务,如果一方对他方未负有债务,则不可能发生抵销。这就是说,被动债权的债务人须为主动债权的债权人,这种相互对立性必须在抵销的意思表示成立时就已经存在。同时也意味着一方当事人只能以自己对对方当事人所享有的债权,而不能以第三人的债权进行抵销。因为任何人对他人的债权都没有处分权,不能进行抵销。例如,保证人不得以主债务人对债权人的债权,与主债务人对债权人所负的债务主张抵销。另一方面,如果债务人用于抵销的债权已经在处分上受到限制(例如已经设立质权等),也不能抵销。二是双方的债权必须是合法有效的。这就是说,能够抵销的债权债务

---

① MüKo/Schlüter, BGB § 387, Rn. 52.

② 参见朱广新、谢鸿飞主编:《民法典评注·合同编·通则 2》,中国法制出版社 2020 年版,第 223—224 页。

都是基于合法有效的债的关系而产生的,如果合同虽然成立,但是,其应被宣告无效或者已经被撤销,当事人也不能进行抵销。

(2)抵销标的物的种类、品质相同。《民法典》第568条第1款前段规定:“当事人互负债务,该债务的标的物种类、品质相同的,任何一方可以将自己的债务与对方的到期债务抵销。”给付标的物种类、品质相同,才能主张抵销。因此,抵销的标的原则上是动产。所谓种类相同,就是指动产的类型是同一的,如同为某型号的钢材或某等级的大米。所谓品质相同,是指标的物的质量是相同的。例如,一级大米与二级大米之间尽管种类是相同的,但品质是不同的,因此,原则上不得抵销。但是,如果主动债权的品质优于被动债权的,则应当允许抵销。[①] 具体来说,第一,双方债权均以特定物为标的的,即使该特定物属于相同的种类,一般也不得抵销。[②] 因为不动产都是特定物,彼此之间品质存在很大差异,所以,不动产债务原则上不适用抵销。第二,可以抵销的债权限于种类之债。种类之债的债权人,不得以其种类债权对特定债权主张抵销,但特定债权的债权人,则可以其特定债权,主张对种类债权的抵销。[③] 同属种类债权时,范围较窄的种类债权可以作为主动债权,而范围较广的种类债权,则不得为主动债权。第三,货币是特殊的种类物,它们之间在种类、品质上都是相同的,因此,货币之间可以进行抵销。第四,选择之债依选择而使债权确定以后,可以成为抵销的对象,在未作出选择以前,因债的标的不确定,不能适用抵销制度。第五,破产债权人在破产宣告时,对于破产人负有债务的,无论给付的种类是否相同,都可以进行抵销。

(3)主动债权已届清偿期。《民法典》第568条第1款中规定:任何一方可以将自己的债务与对方的到期债务抵销。从该条规定来看,在抵销的情形下,并不需要双方债权均届清偿期,而只需要主张抵销的一方当事人的债权已届清偿期,即主动债权已届清偿期。法律作出此种规定的原因在于,在主动债权已届清偿期的情形下,如果被动债权尚未届清偿期,主动债权的债权人主张抵销的,等于其放弃了期限利益,实质上是债务的提前清偿,法律应当允许。反之,如果主动债权尚未届清偿期,此时,其主张抵销将损害对方当事人的期限利益。[④]

(4)双方的债务都不属于不能抵销的债务。抵销的债务应当具有合法性,应当说能够作为抵销标的的债权是十分广泛的,除了依据法律法规的规定以及债务的性质等不得抵销的以外,原则上一般债权都能够抵销。

(二)不得抵销的债务

依据《民法典》第568条,如下债务不能抵销:

1. 依债务的性质不得抵销

根据债务的性质,如果不清偿不能实现债权的目的的,则必须相互清偿,而不能予以抵销。这主要包括如下几种情形:一是具有人身专属性的债务(如提供劳务的债务等),是不可抵销的。这些债务通常必须由当事人亲自履行,如果允许当事人抵销,则会使缔约目的不能实现。[⑤] 二是不作为的债务。三是信托财产所产生的债权不得与其固有财产产生的债务相抵销。在信托法上,为了保持信托财产的独立性,受托人必须严格区分其自有财产与信托财产,不得在自有财产与信托财产之间进行抵销。我国《信托法》第18条第1款规定:“受托人管理运用、处分信托财产所产生的债权,不得与其固有财产产生的债务相抵销。”此种限制正

① 参见刘春堂:《判解民法债篇通则》,三民书局1991年版,第233页。

② 参见余延满:《合同法原论》,武汉大学出版社1999年版,第506页。

③ 参见王利明主编:《中国民法典释评·合同编通则》,中国人民大学出版社2020年版,第515页。

④ 同上书,第513页。

⑤ 参见林诚二:《民法债编总论——体系化解说》,中国人民大学出版社2003年版,第560页。

是基于信托制度的性质而作出的限制。[①] 四是保障基本生活条件的债务。例如抚恤金债务等。

2. 侵害人身权益产生的债务，侵权人不得主张抵销

关于侵权之债的抵销，在侵权债权作为被动债权时，抵销是由侵权之债中的债务人提出的，此种抵销就需要受到限制。在比较法上，往往区分侵权之债因故意抑或过失而产生。例如，《德国民法典》第 393 条、《日本民法典》第 509 条均规定，因故意产生的侵权之债不得抵销，而对于因过失产生的侵权之债在符合要件的情况下则允许抵销。也有一些国家民法典区分受侵害的是生命、身体利益还是其他利益。[②]《民法典》第 568 条第 1 款规定了"根据债务性质、按照当事人约定或者依照法律规定不得抵销的除外"，从而对抵销的适用进行了限制。《合同编通则解释》第 57 条规定："因侵害自然人人身权益，或者故意、重大过失侵害他人财产权益产生的损害赔偿债务，侵权人主张抵销的，人民法院不予支持。"作出此种规定的主要理由在于，一方面，其有利于强化对受害人的救济，在人身权益遭受侵害时，如果允许侵权人主张抵销，则可能使受害人无法获得侵权损害赔偿，这不利于其及时获得救济。[③] 另一方面，有利于防范侵权的风险，也防止出现道德风险。因为如果允许侵权人主张上述因侵权而产生的债务抵销，可能诱发债权人在债权不能获得清偿时直接故意侵权以泄私愤的道德风险。[④]

对于侵害自然人人身权益的债务，侵权人不得主张抵销。该条的目的在于保护人身权益。因此，不考虑侵权人主观上是否具有故意或者重大过失，在这一点上不同于财产权侵害，这也是为了进一步强化对受害人生命、健康、身体的保护。需要指出的是，《合同编通则解释》第 57 条规定侵权人不得主张抵销，但并不排斥被侵权人主张抵销。[⑤] 即在侵害人身权益的情形下，受害人对侵权人所享有的侵权损害赔偿债权可以作为主动债权予以抵销。对侵害生命权、身体权、健康权而产生的债权，不得作为被动债权抵销，这主要是因为，对于生命或身体遭受侵害而产生的债权，应当充分保障其获得实现，以充分地救济受害人，这也充分体现了民事权益的位阶要求，对于生命和身体的权益进行最为优先的保护。因此，侵权之债的抵销应当受到限制。

3. 故意或者过失侵害他人财产权益产生的债务，侵权人不得主张抵销

依据《合同编通则解释》第 57 条的规定，因侵权人故意、重大过失侵害他人财产权益产生的损害赔偿债务，不得抵销。具体而言：一是侵权人实施侵权行为，造成他人的财产权益的损害。财产权包括物权、债权、知识产权、数据、网络虚拟财产等，债权也包括在内。二是因侵害财产权产生的损害赔偿之债。侵权人侵害他人财产必须造成财产损害，受害人作为债权人对侵权人享有债权。三是侵权人具有故意或者重大过失。之所以将侵害他人财产权益产生的债务限定为故意或者重大过失，主要是因为，在侵害财产权益的情形下，不涉及人身权益、人格尊严的问题。针对故意或者重大过失侵害财产权的行为，法律必须予以处罚。

---

① MüKo/Schlüter, BGB § 387, Rn. 15.

② 例如，《日本民法典》在 2017 年的修正中，在第 509 条增设了"侵害人之生命或身体之损害赔偿债务"不得抵销的规定。依据这一规定，因侵害生命或身体而产生的侵权之债的债权不得成为被动债权，无论行为人是基于故意还是过失，受害人的债权均不得被抵销。

③ 参见〔日〕我妻荣：《新订债权总论》，王燚译，中国法制出版社 2008 年版，第 294 页。

④ 参见王洪亮：《债法总论》，北京大学出版社 2016 年版，第 178 页。

⑤ 参见最高人民法院民事审判第二庭、研究室编著：《最高人民法院民法典合同编通则司法解释理解与适用》，人民法院出版社 2023 年版，第 635—636 页。

如果允许侵权行为人抵销,就可能会鼓励行为人故意实施相关的侵害行为。[①] 当然,在行为人故意或者重大过失侵害他人财产权益的情形下,只是侵权人一方不得主张抵销,受害人仍然可以主张抵销。

4. 按照当事人的约定不得抵销

如果当事人约定某些债务不得抵销,则应当尊重当事人的约定。例如,当事人在合同中约定,债权人对债务人所享有的价金债权不得与债务人的其他债权抵销,该约定即具有法律效力。

5. 违法的债务不得抵销

违法的债权债务本来不应当受到法律保护,因此也不能抵销。[②] 例如,因赌博而产生的债权,是不能抵销的。此外,不具有强制执行效力的债权(如时效届满的债权),其不能作为主动债权抵销,但可以作为被动债权抵销。

(三) 诉讼时效期间届满的主动债权不得自动产生抵销的效力

依据《合同编通则解释》第 58 条,对于已过诉讼时效的债权,如果债权人向债务人主张抵销,则债务人有权提出抗辩,一旦抗辩成立,已过诉讼时效的债权就不能作为主动债权抵销,其不能自动产生抵销效力。如果对方不提出抗辩,则意味着对方放弃了时效利益,将发生抵销效力。这与《民法典》第 192 条的规定是相一致的。依据《民法典》第 192 条第 1 款的规定,"诉讼时效期间届满的,义务人可以提出不履行义务的抗辩"。这就是说,义务人可以提出时效抗辩,也可以不提出时效抗辩。《合同编通则解释》第 58 条规定已过诉讼时效的债权不能自动产生抵销的效力,理由主要在于:

第一,保障债务人依法享有的抗辩权。允许超过时效的债权作为主动债权抵销,将导致损害债务人利益的后果。一方面,这将剥夺债务人所享有的拒绝履行抗辩权,从债务人的角度来说,在时效届满之后,其享有拒绝履行的抗辩权。如果债权人提出请求,则债务人有权拒绝,法院也不得强制债务人履行其义务。另一方面,由于抵销是单方法律行为,主张抵销一方只要作出抵销的意思表示,就发生抵销的法律效力,故对于被抵销的一方而言,抵销具有强制性。因此,抵销权亦可称为强制的利用权,即强制地以他人的财产供自己利用的权利。但已过诉讼时效之债权已经失去其法律上之强制执行力,属于效力不齐备的债权,故债权人不具有强制性地以他人财产供自己之用的权利,因此不得作为主动债权进行抵销。

第二,维护债权的确定性。罹于诉讼时效的债务性质上属于自然债务,而允许时效届满的主动债权抵销不符合自然债务的性质。自然债务并不具有强制执行力,即在债权人诉请债务人清偿债务时,法院不得强制债务人清偿债务。诚然,自然债务可以履行,且债权人享有受领权。但抵销应当以主动债权具有可强制执行性为必要条件,所以允许行使抵销权则意味着变相地赋予自然债务强制执行的效力。从这一角度而言,除非债务人作出了愿意放弃时效利益进行清偿的承诺,否则罹于时效的债权不再满足抵销要求。因此,对诉讼时效已经届满的债权,如果债权人向债务人提出请求,只要债务人行使抗辩权,债权人便不得以抵销的方式处分债权。

第三,督促债权人积极行使权利。一方面,抵销权虽然是一项形成权,但是其始终依附于债权而存在,而诉讼时效本身就是针对债权而设,以督促债权人及时行使权利为目的。债权人在诉讼时效期间内不积极行使抵销权,事实上已经违反了诉讼时效制度所内含的及时

---

① 参见最高人民法院民事审判第二庭、研究室编著:《最高人民法院民法典合同编通则司法解释理解与适用》,人民法院出版社 2023 年版,第 637 页。

② 参见林诚二:《民法债编总论——体系化解说》,瑞兴图书股份有限公司 2001 年版,第 414 页。

行使权利的要求。如果允许已过诉讼时效的债权继续作为主动债权抵销，就意味着诉讼时效制度的立法目的难以实现，这在事实上也保护了躺在权利上睡觉的人。另一方面，此种做法也导致债权债务关系处于不确定状态。因为按照此种观点，时效届满的债权在先前出现抵销适状时，也可以自动抵销。如此一来，原本债权人将其已经超过诉讼时效的债权与债务人享有的未过时效的债权抵销时，债务人享有拒绝履行抗辩权，此时债权债务关系是确定的，而且债务人对此存在合理期待。但如果要溯及于时效届满前的状态，则必然会导致债权债务关系具有不确定性。

第四，保障公平清偿。抵销本身具有公平清偿和相互担保的功能，但这种功能发挥的前提是发生抵销的两个债务相互间具有可互换性，由于抵销的结果将导致两个债务在同等数额内消灭，因此，两个债务之间应当在价值上具有同等性。如果主动债权已经超过诉讼时效，而被动债权并未超过时效，这就表明双方的债务有一个是自然债务，效力并不完备，而另一个是效力齐备的债权，除非被动债权人自愿，否则相互抵销将违反公平清偿原则。因此，此类权利抵销必须受到权利自身性质的限制。在主动债权因为时效经过而成为自然债权的情形下，允许其抵销将导致诉讼时效制度目的的落空且违反了公平清偿的原则。

已过诉讼时效债权能否抵销取决于对方是否提出抗辩。依据《合同编通则解释》第 58 条，已过诉讼时效债权不能自动产生抵销效力，但是已过诉讼时效债权的债权人主张抵销时，如果对方没有提出时效抗辩，则已过诉讼时效的债权仍然可以作为主动债权抵销，并可以依法产生抵销的效力。

已过诉讼时效债权可以作为被动债权抵销。《合同编通则解释》第 58 条后段规定，“一方的债权诉讼时效期间已经届满，对方主张抵销的，人民法院应予支持”，这就确立了时效届满的债权可以作为被动债权抵销的规则。该规定具有合理性，因为一方面，时效已经届满的债权虽然效力上不齐备，债权人在主张债权时，债务人有权提出时效抗辩，但该债权仍然是合法、有效的债权，在债务人作出履行时，债权人仍然有权保有该履行利益，而不构成不当得利。因此，对时效已经届满的债权而言，应当允许其作为被动债权抵销。另一方面，该条规定的主要目的在于保护对方当事人的时效利益。而在一方债权的诉讼时效已经届满的情形下，如果对方当事人以其合法的且效力齐全的债权主张抵销，则表明其放弃了时效利益，法律上应当允许。因此，该条允许已过诉讼时效的债权作为被动债权抵销。至于被动债权人在行使抵销权时不知道被动债权已过诉讼时效，已经发生抵销效果的，其也不能主张撤销。这一观点与《民法典》第 192 条第 2 款的规定一致，该条中规定，“义务人已经自愿履行的，不得请求返还”。

（四）法定抵销权的行使

《民法典》第 568 条第 2 款规定：“当事人主张抵销的，应当通知对方。通知自到达对方时生效。抵销不得附条件或者附期限。”据此，主张抵销时应当注意如下几点：

（1）当事人要有主张抵销的意思（Aufrechnungserklärung）。[①] 抵销的意思表示是以债权的消灭为目的的处分行为，也是一种旨在以发生权利关系的变动为目的的形成行为（Gestaltungsgeschäft）。[②] 只要符合抵销的法定条件，抵销权人就可以通知对方而发生抵销

---

① MüKo/Schlüter, BGB § 388, Rn. 1.

② MüKo/Schlüter, BGB § 387, Rn. 2.

的效果。[①] 也就是说,抵销为形成权之一种,“为抵销时既不需相对人之协助,亦无经法院裁判之必要”,“一径向他方为意思表示即生消灭债务之效果,不待对方之表示同意”[②]。抵销实际上是对债权作出的一种处分,作出抵销的意思表示之人必须具有行为能力。由于抵销是一种单方行为,因而抵销权人行使抵销权无须征得相对人同意。不过,相对人也可能对抵销持有异议。但相对人提出异议,必须在法定的或约定的异议期内提出。

(2) 抵销的意思表示必须通知对方。[③]《合同编通则解释》第 55 条也明确规定,抵销的通知必须到达对方时,才能发生抵销的效力。这就是说,享有主动债权的一方应当向享有被动债权的一方作出表示,这种表示既可以向被动债权人自身作出,也可以向其代理人作出,但不得向第三人作出。如果发生债权的转让,且符合抵销的要件,则债务人必须要以受让人作为相对人,而作出抵销的意思表示。抵销的意思表示应当以通知的方式表现出来。有学者认为,对于法定抵销发生效力的时间,我国立法采用到达主义,即抵销的意思表示需在通知到达对方时,才能产生抵销的效力。[④] 此种观点值得赞同。

(3) 抵销的意思表示必须到达相对人。合同当事人行使抵销权的意思表示,虽然是单方意思表示,但是,属于有相对人的意思表示。抵销的意思表示必须到达相对人才能生效,此种表示在法律上是一种不要式的行为,也就是说,一方在通知对方的时候,既可以采取口头的形式,又可以采取书面的形式,但一般来说,必须采用明示的方式,并能够为对方所了解。

(4) 抵销的意思表示不得附条件或者附期限。[⑤]《民法典》第 568 条第 2 款规定抵销不得附条件或者附期限。抵销之所以不得附条件和期限,其主要原因在于:一方面,抵销权在性质上是形成权,基于抵销权人的单方意思便可以发生效力。形成权的行使本身就是为了简化法律关系,避免使法律关系陷入不确定的状态。如果对抵销权的行使设立条件和期限,并规定必须在条件和期限到来后,才能行使抵销权,则抵销就不能产生确定的效力。另一方面,抵销的效力应当溯及于抵销的条件成立之时,如果抵销的意思表示中附有始期,则抵销就不能产生溯及力。所以,在比较法上,一般认可这一规则。例如,《德国民法典》第 380 条规定:“抵销以向另一方作出意思表示的方式进行。附条件或期限进行表示的,表示无效。”

(5) 抵销权的行使必须遵循法律规定。权利的行使都必须依法进行,抵销权的行使也不例外。例如,抵销不得违反国家有关外汇管制的政策。如果两项债权的标的是两种不同的货币,依据有关外汇管制的规定不得相互抵销。

三、合意抵销

(一) 合意抵销的概念和功能

合意抵销,也称约定抵销,是指当事人双方通过订立抵销合同而使双方互负的债务发生抵销。《民法典》第 569 条规定:“当事人互负债务,标的物种类、品质不相同的,经协商一致,也可以抵销。”可见,《民法典》允许当事人采取约定的方式抵销双方的债务。合意抵销有两种情况:一是双方在合同中约定一定的行使抵销权的条件,待条件成就时一方可以行使抵销权;二是当事人双方可通过协议将双方的债务相互抵销。在此情况下,抵销合同是一种独立

---

① 参见崔建远主编:《合同法》(第七版),法律出版社 2021 年版,第 196 页。

② 黄立:《民法债编总论》,中国政法大学出版社 2002 年版,第 714 页。

③ MüKo/Schlüter, BGB § 388, Rn. 1.

④ 参见陈伯诚、王伯庭主编:《合同法重点难点问题解析与适用》,吉林人民出版社 2001 年版,第 255 页。

⑤ MüKo/Schlüter, BGB § 388, Rn. 3.

的合同，并不是原合同的组成部分，而是在原合同成立后，通过订立抵销合同使得双方的债务消灭。[①] 法律上之所以允许当事人通过合意抵销，其主要原因在于：一方面，其充分尊重了当事人的私法自治。另一方面，合同债权是当事人双方约定的权利，既然法律允许当事人抛弃债权，当然也应当允许当事人通过合意抵销双方的债务。

合意抵销是合同自由的产物。通常情形下，法律关于法定抵销的规定在当事人没有约定或约定不明时适用，当事人也可以就抵销另行作出约定，法律认可该约定的效力。[②] 当事人通过约定使债务发生抵销，将会改变法定抵销的条件或弥补法定抵销的不足，因为在不具备法定抵销的情况下，当事人从各自利益的考虑，需要及时将双方互负的债务加以抵销，从而充分地实现其利益。由于法定抵销的条件较为严格，在不具备法定抵销条件的情况下，要使得双方的债务归于消灭，必须通过约定的方式实现抵销。当事人可以采取约定抵销的方式，实际上是授予了合同双方以抵销权，使之能够直接将对方的债务予以抵销。由于合意抵销是以抵销合同的形式进行的，故抵销合同的成立及效力应当符合合同法关于合同成立以及生效的一般规则，自不待言。[③]

合意抵销也应当符合一定的要件，具体包括：(1) 当事人双方互负债权债务。此处所说的债权债务应当是合法有效的，而且与前述法定抵销中对债权合法有效的要求是相同的。合意抵销可以改变法定抵销的条件，具体来说，主要有如下两种情况：一是因为双方的债务没有到期，当事人愿意通过合意抵销债务；尤其是在主动债权没有到期的情况下，主动债权人与被动债权人希望通过达成协议抵销债务。二是在合意抵销的情形下，按照私法自治原则，只要当事人就抵销达成合意，不论债务是否到期，均可发生抵销的效力。[④] (2) 双方当事人就合意抵销达成合意。合意抵销实际上是就抵销达成合意，该合意的内容是双方协议确定的。通常来说，当事人达成抵销的协议是在债权债务成立以后。当然，当事人也可以在合同成立时约定一方享有抵销权的条件和行使方式等。

（二）双方合意排除抵销

所谓双方合意排除抵销，是指当事人双方在合同中明确约定，禁止行使法定抵销权。[⑤] 如前所述，依据我国《民法典》第 568 条的规定，凡是依照法律规定或者合同性质不得抵销的债务，不得抵销。但在双方互负债务时，合同当事人是否可以约定不得抵销？合同法上缺乏明确的规定。我国司法实践认为，当事人在合同中可以针对互负债务的情形，约定不得抵销的情形，即使是依据合同法的规定可以抵销的合同债权，只要当事人约定不能抵销，也不得抵销[⑥]，这就赋予当事人更多的意思自治空间。[⑦] 当事人事先在合同中明确约定禁止抵销，则已表明当事人认为，要求对方严格履行合同债务更符合其合同目的，因此，法律应当尊重当事人作出的此种安排。此时，即便符合法定的抵销条件，当事人也不能行使抵销权。从这

---

① 关于抵销合同的性质，存在不同看法。有人认为属于清偿或拟制清偿，有人认为属于代物清偿，有人认为属于无因的债务免除合同，有人认为属于两个独立的合同。参见史尚宽：《债法总论》，中国政法大学出版社 2000 年版，第 826 页。但笔者认为，此种合同应为独立合同。

② MüKo/Schlüter, BGB § 387, Rn. 52.

③ 参见裴丽萍主编：《合同法法理与适用重述》，中国检察出版社 1999 年版，第 202 页。

④ 参见王利明主编：《中国民法典释评 · 合同编通则》，中国人民大学出版社 2020 年版，第 437 页。

⑤ 参见黄薇主编：《中华人民共和国民法典释义》（中），法律出版社 2020 年版，第 1095 页。

⑥ 《合同法司法解释二》第 23 条曾规定："对于依照合同法第九十九条的规定可以抵销的到期债权，当事人约定不得抵销的，人民法院可以认定该约定有效。"

⑦ MüKo/Schlüter, BGB § 387, Rn. 58.

个意义上讲,《民法典》关于抵销的规定仍然属于任意性规范,应当允许当事人加以排除。

四、抵销权行使的效力

抵销权行使的效力是指在具备法定的抵销权构成要件的情况下,当事人通过行使抵销权而发生的效果。具体来说,抵销权的行使后果表现在以下方面:

1. 抵销权的行使,使债务人和受让人之间的债权债务关系按照双方能够相互抵销的同等数额而消灭,受让人在被抵销的债权范围内,不能再向债务人主张权利。[①] 如果在抵销以后,就原债务进行清偿,根据某些国家民法的规定,清偿人可以以不当得利为由请求返还。抵销的意思表示作出以后,将发生双方债权债务的消灭,因抵销的债权消灭,不得发生恢复原状的后果,当事人之间已作出抵销的意思表示的,不得撤销。

2. 抵销的发生,只是使双方在同等数额内所互负的债权发生消灭。对于未被抵销的部分,债权人仍然有权向债务人请求清偿,因此,在双方所互负的债权债务并不完全相等的情况下,并不发生债权债务的完全消灭,而只是部分消灭。

虽然抵销权的行使将使双方的债权债务关系在同等数额内消灭,但问题在于,如果主动债权数额较小,不足以抵销当事人所负担的数项债务,或者不足以抵销包括费用、利息和主债务在内的全部债务额,在此情形下,如果当事人在行使抵销权时并未指明抵销哪些债务,则需要确定抵销债务的顺序。《民法典》并未对此作出规定,依据《合同编通则解释》第 56 条的规定,在上述情形下,抵销要参照适用《民法典》第 560 条、第 561 条关于清偿抵充的规则,因为不管是抵销还是债务清偿,均属于使债务消灭的原因,债务消灭原因的不同不会影响债务消灭的先后顺序所涉及的利害关系,此时参照清偿抵充解决是较为合理的选择。[②] 因此,《合同编通则解释》第 56 条规定可将清偿抵充规则参照适用于抵销的情形。[③] 具体而言:第一,参照适用《民法典》第 560 条。依据《合同编通则解释》第 56 条第 1 款的规定,如果行使抵销权的一方享有的债权不足以抵销全部债务,除当事人另有约定外,首先要抵销已经到期的债务;如果各项债务均到期的,则应当优先抵销对方缺乏担保或者担保最少的债务;如果各项债务均没有担保或者担保相等的,则应当优先抵销债务人负担较重的债务;如果负担相同,则应当按照债务到期的先后顺序确定抵销债务的顺序;如果各个债务的到期时间相同,则按照各个债务的比例进行抵销。第二,参照适用《民法典》第 561 条。依据《合同编通则解释》第 56 条第 2 款的规定,在行使抵销权的一方享有的债权不足以抵销其负担的包括主债务、利息、实现债权的有关费用在内的全部债务时,除当事人另有约定外,参照适用《民法典》第 561 条规定的清偿抵充的规则,应当按照下列顺序履行:即实现债权的有关费用、利息、主债务。当然,即便行使抵销权的一方享有的债权不足以抵销全部债务,但当事人并没有因抵销的顺序发生争议的,则不必参照适用《民法典》关于清偿抵充的规则。

3. 一旦行使抵销权,则自抵销通知到达对方时产生抵销的效力。《合同编通则解释》第 55 条规定:"当事人一方依据民法典第五百六十八条的规定主张抵销,人民法院经审理认为抵销权成立的,应当认定通知到达对方时双方互负的主债务、利息、违约金或者损害赔偿金

---

① 参见王利明主编:《中国民法典释评·合同编通则》,中国人民大学出版社 2020 年版,第 523 页。

② 参见黄薇主编:《中华人民共和国民法典解读·合同编》(上)(精装珍藏版),中国法制出版社 2020 年版,第 354 页;崔建远:《合同法》(第四版),北京大学出版社 2021 年版,第 331 页。

③ 参见最高人民法院民事审判第二庭、研究室编著:《最高人民法院民法典合同编通则司法解释理解与适用》,人民法院出版社 2023 年版,第 618 页。

等债务在同等数额内消灭。"从该条规定来看,抵销自通知到达之日起发生效力,双方互负的主债务、利息、违约金或者损害赔偿金等债务在同等数额内消灭。在通知到达前,即便出现抵销适状的状态,也不能在抵销适状时产生抵销的效力,这实际上是否定了抵销的溯及力[①]。

4. 抵销不具有溯及力。所谓抵销的溯及力,是指抵销权行使的效力溯及到抵销适状的时点。抵销适状是指在某一时间点上,双方当事人互负的债务满足了抵销条件,如果抵销具有溯及力,那么在一方行使抵销权以后,抵销权的效力将会溯及至以往曾经出现抵销适状的时点。[②] 抵销权是否具有溯及力的实质差异在于:一是利息、违约金或者损害赔偿金的计算时点不同。倘若抵销权不具有溯及力,那么利息、违约金或者损害赔偿金应当以抵销权的行使为准进行计算,即以通知到达对方时为准进行计算;倘若抵销权具有溯及力,那么利息、违约金或者损害赔偿金应当计算至抵销权适状时的时点。二是已过诉讼时效的债权能否作为主动债权进行抵销,如果抵销权不具有溯及力,那么在已过诉讼时效债权的债权人主张抵销时,对方可以提出时效抗辩;如果抵销权具有溯及力,那么由于抵销适状时,主动债权尚未过诉讼时效,因此对方不可以提出时效抗辩。例如,甲行使抵销权时主动债权已过诉讼时效,但是一年前抵销适状时,其主动债权未过诉讼时效,此时甲行使抵销权可以溯及到一年前抵销适状的时点发生效力,乙不得提出时效抗辩。如果抵销不具有溯及力,乙仍然可以以时效届满提出抗辩。《合同编通则解释》第 55 条采取了不具有溯及力的观点。

从表面上看,承认抵销溯及力的制度构造确实有利于发挥及时了结债务等功能,因为在诉讼时效期间届满前,如果确实存在抵销适状,当事人进行抵销似乎也是合理的,但这种制度设计,实际上带来了一系列问题。笔者认为,《合同编通则解释》第 55 条规定否定抵销具有溯及力的观点是科学合理的,理由如下:

第一,承认抵销溯及力的最大弊病是带来债权债务的不确定性。抵销具有溯及力表明,当事人之间存在的悬而未决的不确定状态,不利于维持法律关系的明确性和安定性。[③] 因为抵销的功能在简化清偿,但简化清偿不等于简化计算。[④] 抵销溯及力观点认为,在抵销适状时,包括主债务、利息、违约金、赔偿金等在内的全部债务数额应自动抵销,但由此会带来许多问题,例如,抵销的条件是否成就?从何时开始确定抵销的条件已经成就?即便主债权是确定的,但利息、迟延损害赔偿、违约金等如何计算?违约金数额约定过高时能否减少?这些问题会引发许多新的争议,徒增纠纷。

第二,承认抵销溯及力将会损害当事人之间的合理信赖。抵销溯及力理论认为,其有利于保护当事人的合理信赖,也就是说,取得主动债权的一方,无须立刻发出抵销的意思表示,而可以信赖在主动债权的金额范围内,债权人不会再请求债务人履行,从而对主动债权之上的利息不再负义务,也不会陷入迟延。[⑤] 但此种观点值得商榷。因为一方面,在时效届满后,债权人应当认识到自己的债权已经罹于时效,债务人可能提出时效抗辩权。[⑥] 另一方面,当

---

① 需要指出的是,《合同编通则解释》第 55 条在征求意见时,列举了承认抵销溯及力和不承认抵销溯及力两种观点,供公众讨论,征求意见,但最终该司法解释采纳的是否定说。

② 参见〔德〕迪特尔·梅迪库斯:《德国债法总论》,杜景林、卢谌译,法律出版社 2004 年版,第 75 页。

③ 参见 Zimmermann, DieAufrechnung-Einerechtsvergleichende Skizzezum Europäischen Vertragsrecht, in: FestschriftfürDieterMedicus, Köln: Heymann, p. 723.

④ 参见陈自强:《契约之内容与消灭》(第四版),元照出版公司 2018 年版,第 346 页。

⑤ Schlüter, in MüKo BGB, 2022, § 389 Rn. 6.

⑥ Vgl. Peters/Zimmermann, Verjährungsfristen, Gutachten und Vorschläge zur überarbeitung des Schuldrechts, Band I, Köln, 1981, S. 266.

事人发生抵销适状时,抵销权人并没有行使抵销权,其对于抵销后产生的法律后果不会产生信赖。[①] 故对于此种信赖不应当通过溯及力规则进行保护[②],就诉讼时效届满的主动债权而言,在主动债权人行使抵销权之前,即使在某个时间段,其没有行使债权,导致时效已经届满,被动债权人也有合理的理由相信,其真实的意愿是从行使抵销权之时发生抵销,在此之前的债权债务并不予以抵销,基于此种信赖,其将安排自身的商业计划和经营活动,如果认可抵销溯及既往的效力,将使抵销权行使前的债权债务完全处于不确定状态,也会损害被动债权人的合理信赖。

第三,抵销具有溯及力也不符合当事人推定的意思。[③] 一方面,抵销权虽然效力强大,但必须自愿行使,在当事人未行使抵销权的情形下,很难认定当事人的真实意愿,尤其在商业交易中,如果当事人没有行使抵销权,就表明当事人排斥了抵销具有溯及力。[④] 另一方面,如果出现了抵销适状情形,只是表明抵销符合法定条件,如果没有实际行使抵销权,并不意味着双方的债权债务关系当然消灭。即使在符合法律规定的抵销条件的情况下,当事人可能也不愿意抵销。如果采抵销当然主义,在符合抵销的要件以后,当然发生抵销的后果,则可能违背当事人的意愿。因此,是否愿意通过抵销以实现债权债务关系的消灭,最终应当由当事人来决定,并通过行使抵销权的方式表示出来。如果承认抵销有溯及力,且可以当然生效,反而干涉了权利人不行使权利的自由,因此,强行赋予抵销溯及力,并不符合私法自治原则。

第四,抵销具有溯及力也赋予了法官过大的自由裁量权力。当事人在长期的商业往来过程中,可能形成大量的互负债务的情况,绝大多数企业都要通过对账等结算方式进行抵销,但如果企业相互之间没有通过对账的方式,将相互之间的债务遗留下来,而由法院确定过去的债务甚至是陈年旧账是否抵销,由法官确定哪些债权债务符合抵销的条件,哪些不符合抵销的条件,可能赋予法官过多的自由裁量权,这样一来,既可能不当干预当事人之间的债权债务关系,也不利于案件的公平、公正审理。

此外,应当看到,否定抵销溯及力的做法符合国际上的发展趋势。近几十年来,一些示范法放弃了承认抵销溯及力的做法。例如,《欧洲民法典草案》第 3-6:107 条规定:"抵销自通知时起,使债务在相互重叠的范围内消灭。"《国际商事合同通则》第 8.5 条规定:(1) 抵销使债务消灭;(2) 如果债务数额不同,抵销使债务在较小债务的数额内消灭;(3) 抵销从通知之时发生效力。《欧洲合同法原则》第 13:104 条规定,抵销权以向对方作出通知的方式行使;第 13:106 条规定,当两项债务可以抵销时,抵销自通知之时使债务消灭影响所及,《欧洲示范民法典草案》(DCFR)第 3-6:107 条也采纳这一主张。这就表明,《合同编通则解释》第 55 条规定否定抵销具有溯及力的观点是符合这一发展趋势的。

---

① Vgl. Reinhard Zimmermann, Die Aufrechnung, Festschrift für Dieter Medicus zum 70. Geburtstag, Köln u. s. w., 1999, S. 723.

② 参见崔建远:《论中国民法典上的抵销》,载《国家检察官学院学报》2020 年第 4 期。

③ 参见〔日〕我妻荣:《新订债权总论》,王燚译,中国法制出版社 2008 年版,第 309 页。

④ 参见 Reinhard Zimmermann, *Comparative Foundations of a European Law of Set-off and Prescription*, Cambridge University Press, 2002, p. 39.

第四节　提　　存

一、提存的概念和特征

所谓提存，是指由于债权人的原因，债务人无法向债权人清偿其到期债务，将合同标的物交付给特定的提存部门，从而完成债务的清偿，使合同债务消灭。[①] 广义而言，提存包括担保提存和清偿提存，此处所说的提存限于清偿提存。由于债权人的原因导致债务人不能履行债务的，债务人可以通过提存而使债务消灭。例如，债权人下落不明，债务人可以通过提存使其债务消灭。在债务履行期限到来后，债务人一直处于应向债权人履行债务的履行准备状态之中，附随于债务的担保或者违约金条款也不能消灭，甚至使债务人处于随时有义务履行债务的状态，这对债务人是极为不利的。所以法律上要寻求一种能够使债务人从原合同关系中解脱出来的方法，这就产生了提存制度。

提存最早起源于罗马法。现代各国民法一般都借鉴了罗马法的经验，并在此基础上发展出了提存制度，将提存规定为债的消灭的主要原因之一。在英美法系国家，虽然没有"提存"的概念和制度，但在信托法上规定了类似提存的制度。[②] 我国《民法典》用 5 个条款详细规定了提存制度，表明了提存作为清偿方式的重要性。提存的主要特征在于：

第一，由于债权人的原因导致债务人不能履行债务。债务人履行其债务往往需要债权人协助。当债务人为履行其债务而向债权人交付标的物时，如果债权人不予协助，债务人将无法履行其债务，虽然此时债务人有权请求债权人承担迟延履行的责任，也可以要求债权人赔偿因债权人的原因增加的履行费用，但要求债权人承担责任并不能使合同关系终止，债务人也仍然不能免负交付标的物的义务。在因债权人原因导致债务人不能履行债务时，债务人有权通过提存的方式消灭其债务。

第二，债务人将合同标的物交付给特定的提存部门。债务人因为债权人的原因不能交付标的物，但又不能因此免除债务人交付标的物的义务，毕竟交付标的物属于债务人依据合同所负的主要义务。虽然因为债权人地址变更等原因使债务人难以履行义务，但毕竟债权人没有明确表示免除债务人的债务。因此，法律为了平衡债权人和债务人的利益，一方面，在上述情况下，规定不免除债务人的交付义务；另一方面，通过允许债务人向提存机关提存以消灭债务，从而保障了债务人的利益。

第三，在债务人提存后，债务人的债务消灭。尽管提存行为不是向债权人交付标的物，但在功能上也是债的履行的一种特殊方式。提存作为清偿的替代方法存在，债务人履行债务无须得到债权人的协助即可完成，得以免除给付义务。提存将产生与完成履约义务、清偿到期债务完全相同的结果，有利于债务人从合同关系中及时解脱出来，对增进效率是有利的。

关于提存的性质，理论上存在一定的争议。提存在性质上不同于清偿，但其也可以产生与清偿相同的效果，即债务人一旦完成提存，即可使其债务消灭。提存之所以是一种私法上的行为，原因在于一方面，尽管提存机关是公法上的主体，但就提存人和债权人之间的关系

---

① 参见崔建远主编：《合同法》(第七版)，法律出版社 2021 年版，第 198 页。

② 参见郝倩：《试论我国的提存制度》，载《烟台大学学报(哲学社会科学版)》1999 年第 1 期。

来说,完全是一种私法上的保管合同关系。事实上,在标的物被提存以后,债权人可以随时请求返还提存物。因此,提存是债务人与提存机关为债权人利益所订立的合同,在性质上也具有为第三人设定利益的内容。另一方面,提存将产生清偿的效果,这是私法上的效力的范畴。债务人从事的提存行为将导致合同关系终止,而不导致行政关系的产生、变更和终止。即使提存中包含了公法上的因素,其消灭债权债务关系的效果仍然是私法上的效果。[①] 而且提存并不是债务人对国家负有的义务,而只是其消灭债务的一种方式。所以,提存在性质上被认为是一种能够产生清偿效果的债务履行行为。

二、提存的条件

(一)具有法律规定的提存原因

(1)债权人无正当理由拒绝受领。债权人无正当理由拒绝受领是指债权人应当并且能够受领,却无正当理由不予受领。所谓拒绝受领的正当理由,通常是指债务人履行不适当,如债务人的履行标的、履行地点、履行时间、履行方式等不符合合同的约定,则债权人可通过行使抗辩权拒绝受领。由于不可抗力使债权人无法接受标的物的,债权人也可以拒绝接受债务人交付的标的物。在债权人有正当理由拒绝受领的情况下,债务人不得提存。如果债务人的履行完全符合合同的约定,债权人能够受领却拒绝受领,其拒绝受领无正当理由,此时,债权人的拒绝接受行为已经构成违约。债务人可以请求其承担违约责任,也可以依法提存标的物,使其债务消灭。

在履行期到来之前,债权人有权向债务人表示,如果债务人作出履行,债权人将拒绝接受履行。此时,由于债务人并不能提前清偿,其必须在履行期到来时向债权人作出履行,在债权人拒绝清偿之后再提存也为时未晚,因此没有必要在履行期前提前提存。

(2)债权人下落不明。债务人履行其债务,需要债权人在合同履行地接受其履行,如果债权人下落不明,债务人可以将标的物提存以消灭其债务。所谓下落不明,是指当事人离开自己的住所、不知去向,或因为债权人地址不清而无法查找。债权人下落不明应当也包括债权人的代理人下落不明,因为如果债权人的代理人的下落是清楚的,则债务人可以向债权人的代理人交付标的物,而不得将标的物提存。[②] 债权人离开住所后在履行期限内难以查找的,即使债权人未被宣告失踪,债务人也有权提存。当然,如果债权人已经被宣告失踪,人民法院已为债权人指定了财产代管人,则债务人应当向债权人的财产代管人履行债务,而不得将标的物提存。

(3)债权人死亡时未确定继承人或者其丧失民事行为能力且未确定监护人。债权人死亡或者丧失民事行为能力,并不必然导致债务人债务的消灭。当债权人死亡时,由于该债权人的继承人可以继承其债权,因此,在继承开始后遗产分配之前,债务人应当向遗产管理人履行债务。如果债权人死亡以后其继承人不能确定,债务人就无法履行其债务,因此,债务人可以将标的物提存。

(4)法律规定的其他情形。例如,因债权人分立、合并或者变更住所没有通知债务人,导致债务人无法履行债务的,债务人可以将标的物提存。

---

① 参见孙森焱:《民法债编总论》(下册),法律出版社 2006 年版,第 888 页;林诚二:《民法债编总论——体系化解说》,中国人民大学出版社 2003 年版,第 553 页;郑玉波:《民法债编总论》(修订二版),陈荣隆修订,中国政法大学出版社 2004 年版,第 501 页;〔日〕我妻荣:《新订债权总论》,王焱译,中国法制出版社 2008 年版,第 273 页。

② 参见郭明瑞、房绍坤:《新合同法原理》,中国人民大学出版社 2000 年版,第 317 页。

（二）标的物适合于提存

提存的标的物是指债务人依合同的约定应当交付的并且也适于提存机关保管的标的物。一般来说，提存的标的物以适于提存者为限。债务人提存的标的物，原则上应当是清偿的标的物，并且在标的物是特定物时，应当是该特定物原物。标的物不适于提存或者提存费用过高的，债务人可以依法拍卖或者变卖标的物，提存所得的价款。例如，各种鲜活物品是不适合提存原物的，债务人可以将该物拍卖、变卖，并提存其价款。

关于提存标的物的范围，《民法典》未作具体规定，《提存公证规则》第 7 条规定："下列标的物可以提存：（一）货币；（二）有价证券、票据、提单、权利证书；（三）贵重物品；（四）担保物（金）或者替代物；（五）其他适宜提存的标的物。"理论上一般认为，动产可以成为适宜提存的物。标的物不适于提存或者提存费用过高的，债务人经提存机关的许可，依法可以拍卖或者变卖标的物，提存所得价款。不动产是否可以提存主要是一个能否管理的问题。由于提存机关受领不动产以后，可以自行保管，也可以由委托人进行保管，因此不动产原则上也可以提存。

在某些条件下，法律也允许债务人出卖标的物而提存价金。《民法典》第 570 条第 2 款规定："标的物不适于提存或者提存费用过高的，债务人依法可以拍卖或者变卖标的物，提存所得的价款。"据此，提存价金可以有两种情况：一是标的物不适合提存，如笨重物品，难以提交保管，又如果品肉类，因易于腐烂而不适合提存。二是标的物提存费用过高，如喂养牛马等牲口，需要支出饲养费用。当标的物不适于提存或者提存费用过高时，债务人可以将标的物变价后提存价金。

（三）提存主体合法

提存涉及三方当事人，即提存人、提存机关和提存受领人。一般来说，提存人主要是指债务人。债务人在提存时应当具有完全行为能力，无行为能力人和限制行为能力人提存应当取得其法定代理人的同意。第三人原则上不应当成为提存的主体，尽管第三人自愿表示承担债务，但毕竟第三人与债权人之间没有形成合同关系，因而第三人不得接受提存。否则，应视为为他人保管物品。

提存机关是指依法负责接受提存物，并进行寄托、保管提存物等活动的机构。提存应当在清偿地的提存机关进行。无提存机关的，应向清偿地的基层人民法院提存。提存机关的职责是：第一，负责审查债务人的提存申请是否符合条件。第二，在接受提存物以后，在提存期间对提存物负有妥善保管的责任，并不得挪用提存物，也不得在条件成就后拒绝向提存人或债权人交付提存物。如果提存机关及其工作人员擅自挪用提存标的物，或因过错造成提存的标的物的毁损灭失等，应当向当事人承担损害赔偿责任。第三，在符合条件的情况下，应向债权人及时交付提存物。

三、提存的效力

由于提存涉及三方当事人，即债务人、债权人与提存机关，因而提存的效力可以区分三方的关系来确定。

（一）对债务人的效力

（1）债务人的债务得以免除。由于提存是清偿的代替方法，因而债务人将标的物提存可以使债务人与债权人之间的债权债务关系归于消灭。《民法典》第 571 条规定："债务人将标的物或者将标的物依法拍卖、变卖所得价款交付提存部门时，提存成立。提存成立的，视为债务人在其提存范围内已经交付标的物。”依据这一规定，对标的物不适于提存或者提存费用过高的，应当将拍卖、变卖所得价款交付给提存部门，债务人一旦将提存的标的物交付给提存部门，提存就成立。而且依据该条第 2 款，提存成立的，则视为债务人已经交付标的物，在其交付标的物的范围内消灭其债务。此处的“视为”表明其并非一定使债务消灭，如果提存的标的物存在瑕疵，则将不可能构成有效提存。①

债务人依法将标的物提存的，债务人的债务消灭。虽然《民法典》合同编将提存作为消灭债的原因之一，但为了充分保护债权人的利益，应当允许债权人在提取提存物时，对提存物是否符合合同的约定提出异议。当然，在债权人提出异议之前，应当推定提存是符合合同约定的，并可以产生与清偿同样的后果，使该债务人被免责，债权人的债权归于消灭。债权人仅能向提存机关领取提存物，而不得向债务人请求清偿。

(2) 支付利息义务以及收取孳息权利的消灭。在债务人将标的物提存后，债务人的债务消灭，债务人也不再负担支付利息的义务。同时，《民法典》第 573 条规定，提存期间，标的物的孳息归债权人所有。据此，债务人在将标的物提存后，其也不再享有收取标的物孳息的权利。

(3) 特殊情形下取回提存物的权利。一般情形下，债权人自提存 5 年内不领取提存物的，提存物归国家所有。《民法典》第 574 条第 2 款规定了在下列两种情形下，债务人享有取回提存物的权利：一是债权人未履行对债务人的到期债务。例如，出卖人为完成交付标的物的义务进行提存，而提存后买受人没有支付价金给出卖人。但是 5 年后，如果债权人破产，债务人参与破产程序未获得清偿，这将对债务人很不利。此时，应当例外允许债务人可以取回提存的提存物。这是为了避免债务人先履行的可能风险，保障债务人债权的实现。② 二是债权人书面表示放弃领取提存物的权利时，由于债权人放弃的是受领给付的权利，考虑到债务人对货物有利益，因此，应允许债务人负担提存费用后取回提存物。

(4) 风险转移。债务人将标的物提存后，标的物毁损灭失的风险负担由债务人转移至债权人。对此，《民法典》第 573 条前段规定：“标的物提存后，毁损、灭失的风险由债权人承担。”因为既然提存行为等同于交付，应当视为标的物已经交付，因此标的物毁损、灭失的风险也就当然转移，由债务人转移至债权人。③

(5) 债务人的通知义务。依据《民法典》第 572 条的规定，标的物提存后，债务人应当及时通知债权人或者债权人的继承人、遗产管理人、监护人、财产代管人。因为债务人及时通知债权人，可以使债权人了解债务已经履行的情形，而且债务人在作出通知后，也可以使债权人及时提取提存物，避免因提存物的长期保存而增加其提存费用负担。通知不一定采取个别通知的方法，而完全可以采用公告通知等其他方式。因此，即使在债权人下落不明从而无法向其为通知时，债务人也应当通过公告的方式予以通知，使债权人及早知道提存行为已经发生。

除债务人之外，提存机关是否有通知的义务？比较法上大多规定由提存人通知债权人。我国《民法典》并未明确规定提存机关的通知义务，但是《提存公证规则》第 18 条第 1 款、第 2 款规定：“提存人应将提存事实及时通知提存受领人。以清偿为目的的提存或提存人通知有

---

① 参见黄薇主编：《中华人民共和国民法典释义》(中)，法律出版社 2020 年版，第 1101 页。

② 同上书，第 1104 页。

③ MüKo/Fetzer, BGB § 379, Rn. 3.

困难的，公证处应自提存之日起七日内，以书面形式通知提存受领人，告知其领取提存物的时间、期限、地点、方法。”因此，在我国，提存机关也负有通知义务。但是在提存以后首先应当由债务人通知，在债务人通知有困难时，可以申请提存机关作出公告，通知债权人。

（二）对债权人的效力

（1）标的物所有权转移于债权人。由于提存行为本身是一种替代履行的行为，一旦提存，视为标的物已经交付，因而其所有权也就自然从债务人转移到债权人。因此，在债务人将标的物交付给提存机关之时，提存物的所有权即转移于债权人。①

（2）提存物领取请求权。依据《民法典》第574条第2款的规定，关于债权人领取提存物的权利，包含如下几方面的内容：

一是债权人享有领取提存物的权利。债务人将标的物提存以后，由于标的物所有权已经发生转移，债权人自然对提存物享有领取的权利，该权利人在性质上属于物权请求权。

二是债权人可以随时领取提存物。在行使提存物领取请求权时，债权人不仅可以请求交付提存的原物，也可以请求交付由提存物所产生的孳息。但债权人申请领取提存物及其孳息的，应当持有提存通知书并提交债权合法有效存在的证明文件。

三是债权人必须及时行使领取提存物的权利。首先，债权人虽然在债务人提存以后可以随时领取提存物，但是如果债权人长期不行使该权利，则不但提存机关将会遭受累积充塞之苦，而且提存物将长期处于闲置状态，其使用价值得不到发挥，不利于物尽其用。因此，对债权人的提存物领取请求权的行使时间作出限制是必要的。其次，领取提存物的权利自提存之日起5年内不行使而消灭，也就是说，提存物领取请求权受5年期限的限制，该期限类似于除斥期间，不发生中止、中断以及延长的问题。

如果债权人长期不提取提存物，则依据《民法典》第574条的规定，自提存之日起5年内，债权人提取提存物的权利消灭，提存物扣除提存费用后归国家所有。需要指出的是，对于逾期不领取提存物的，提存物归国家所有还是债权人所有，学理上存在不同看法。笔者认为，此时属于国家所有比较合适，因为提存物提存后，所有权已经转移给债权人，债权人在5年之后仍然不领取提存物，可以推定债权人事实上已经抛弃该财产，此时提存物已经作为无主财产存在，根据《民法典》物权编关于无主财产归国家所有的规定，该物应该归国家所有。②

（3）支付提存费的义务。提存的费用是指提存机关的保管费用。由于提存主要是债权人的原因造成的，并且提存机关保管提存物是为了债权人的利益，因而，因提存而支付的费用理所当然应该由债权人承担。《民法典》第573条明确规定“提存费用由债权人负担”。不仅如此，在标的物不适于提存而需要拍卖或者变卖的情况下，拍卖或变卖的费用也应由债权人负担。当债权人领取提存物时，提存机关有权要求债权人支付此项费用，否则，提存机关有权留置提存物。

（三）对提存机关的效力

（1）提存机关负有保管义务。对此，我国《提存公证规则》第19条规定，公证处“应当采取适当的方法妥善保管提存标的，以防毁损、变质或灭失。对不宜保存的、提存受领人到期不领取或超过保管期限的提存物品，公证处可以拍卖，保存其价款”。在提存期间内，提存机关未尽妥善保管义务，故意或者重大过失造成提存物毁损灭失的，应当由提存机关承担损害

---

① 参见史尚宽：《债法总论》，中国政法大学出版社2000年版，第843页。

② 参见王利明主编：《中国民法典释评·合同编通则》，中国人民大学出版社2020年版，第551页。

赔偿责任。

(2) 提存机关负有交付提存物的义务。因债权人的请求,提存机关应当及时向债权人交付提存物,无法定的理由不得拒绝债权人的请求。

(3) 提存机关有权向债权人收取合理的费用。在债务人将标的物提存以后,提存机关与债权人之间事实上已形成了保管关系,这种保管是有偿的,其有偿性表现在提存机关有权向债权人收取合理的费用(包括提存公证费、公告费、邮电费、保管费、评估鉴定费、代管费、拍卖变卖费、保险费等)。如果债权人拒绝支付费用,则提存机关有权留置价值相当的提存标的物(《提存公证规则》第 25 条第 3 款)。

(4) 债权人对债务人负有到期债务的,提存机关有权依法拒绝债权人领取提存物。《民法典》第 574 条第 1 款规定:"债权人可以随时领取提存物。但是,债权人对债务人负有到期债务的,在债权人未履行债务或者提供担保之前,提存部门根据债务人的要求应当拒绝其领取提存物。"在债务人将标的物提存后,债权人虽然可以随时领取提存物,但应以债权人履行了自己的合同义务或提供担保为必要。在双务合同中,在债务人通过提存消灭自己的债务后,如果债权人未履行到期债务,或者债权人向提存部门书面放弃领取提存物权利的,债务人在支付相关的提存费用后,有权取回提存物。因此,在债权人并未履行自己的合同义务或提供担保的情形下,债权人并不当然直接享有与提存物相关的权利。债务人在提存后,可以向提存部门说明债权人没有履行债务,只要债权人未履行合同义务或提供担保,提存部门就可以拒绝债权人领取提存物。这一规定的目的在于保护债务人,是双务合同中同时履行抗辩权的延伸。

第五节 免 除

一、免除概述

免除,是指债权人基于其单方行为,免除债务人全部或部分的债务,从而导致合同权利义务关系全部或部分的消灭。在免除债务的情况下,债权人也应当作出意思表示。当这种免除债务的意思表示的通知送达债务人时,发生债的消灭。《民法典》第 575 条规定:"债权人免除债务人部分或者全部债务的,债权债务部分或者全部终止,但是债务人在合理期限内拒绝的除外。"该条对债务的免除作出了规定。

关于免除的性质,存在不同观点。一是契约说。罗马法曾采取要式的免除契约制度(acceptilatio)。受此制度影响,法国、德国的立法认为债务免除是一种契约行为[①],该合同为一项抽象的处分合同。[②] 采纳契约说的理由主要在于,一方面,即使是债权人免除债务人的债务,也应该尊重债务人的意思,尽管免除债务人的债务对债务人是有利的,或者说对债务人给予了一定的恩惠,但如果债务人拒绝接受此恩惠,则法律上不得强制债务人接受。债务人同意接受免除,实际上意味着双方达成了一个协议。另一方面,债权人和债务人之间是一种相对的法律关系,不能仅仅根据债权人的单方意志来消灭合同关系。为避免权利滥用,保

---

① 例如《德国民法典》第 397 条规定:"债权人以契约向债务人免除其债务者,债的关系消灭;债权人以契约向债务人承认债的关系不存在者,亦同。"

② MüKo/Schlüter, BGB § 397, Rn. 6; BeckOK/Dennhardt, BGB § 397, Rn. 2.

护债务人的利益,采合同说更为合理。[①] 二是单方行为说。此种观点认为,债务免除是一种单方行为,根据债权人的单方意志就可以成立。日本民法采纳这一观点,《日本民法典》第519条规定:"债权人对债务人表示免除债务的意思时,其债权消灭。"采纳这一观点的理由在于:债权人免除债务人的债务,实际上是一种无偿行为,免除债务对于债务人一般都是有利的,债务人大都会因为债务的免除而获益,因此也就没有征得其同意的必要。如果免除必须征得债务人的同意,那么在债务人不同意时,债权人既不能免除债务人的债务,又不能抛弃其债权,这显然违反事理。[②]

我国《民法典》原则上采纳了单方行为说。依据《民法典》第575条的规定,在债务人没有明确拒绝的情况下,免除当然发生效力。但是,基于"恩惠不得强施"的原则,即使免除对债务人是有利的,无须债务人明确同意,但也不能强迫债务人接受,特别是考虑到,实践中免除的情形较为复杂,免除行为未必都符合债务人的利益,因此,该条实际上给了债务人在合理期限内予以拒绝的权利。正是因为免除是单方行为,因此,债权人实施免除的行为不需要征得债务人的同意,而且债权人一旦向债务人作出免除债务的意思表示,即可以发生免除的效力。当然,如果债务人在合理期限内予以拒绝,则不能发生免除的效果。[③]

债务免除具有如下特征:

1. 债务免除是一种单方行为。虽然《民法典》承认了债务人的拒绝权,但这并不意味着免除需要双方意思表示。通常而言,在债务人没有明确拒绝的情形下,免除当然发生效力,无须取得债务人同意,因此与一般的订立合同不同。《民法典》在免除时并不以债务人同意为要件,而只是赋予债务人拒绝的权利,因此应当认为免除仍然属于单方行为,只不过债务人可以拒绝,以防止债权人滥用免除权损害债务人的利益。在债权人作出了免除的意思表示以后,该行为便产生效力,债权人可以依法撤回该免除的意思表示,但一旦免除行为发生效力,债权人原则上就不得再撤销该意思表示。

2. 债务免除是一种无因的行为。债权人作出免除的行为时,不管其实施免除行为的原因和动机如何,都会导致免除的效果。债务人免除可能是基于赠与的动机,或基于与债务人的和解等,无论是何种原因,只要债务的免除不损害国家利益、社会公共利益或他人的利益,不违反社会公共道德,该免除的表示都是有效的。必须指出的是,债权人作出免除以后,如果该合同本身具有无效的因素,则该合同应被宣告无效,而不应适用免除的规定。

3. 债务免除是一种无偿行为。债务免除是债权人消灭债务人的债务负担的行为,并不以债权人取得相应对价为条件,免除本身为无偿行为。在免除的情形下,债务人不需要支付一定的对价,但债权人作出免除行为不得损害第三人利益,否则对第三人不发生效力。如果债权人已经将其债权出质给第三人,此时,债权人的免除行为即不得对第三人发生效力。[④]

免除原则上可以附条件,因为按照私法自治原则,债权人在实施免除行为时可以就债务的免除附加期限或者条件,而且债权人就免除行为附条件和期限原则上也不会损害债务人的利益,应当承认其效力。例如,债权人对债务人表示,一旦其实施某特定行为,即免除其债务,应当承认其效力。

4. 债务免除是一种处分债权的行为。债权人享有对债权的处分权能,因此其可以通过

---

① 参见史尚宽:《债法总论》,中国政法大学出版社2000年版,第829页。

② 参见胡长清:《中国民法债篇总论》,作者1964年自版,第602—603页。

③ 同上。

④ 参见黄薇主编:《中华人民共和国民法典合同编解读》(上册),中国法制出版社2020年版,第397页。

债务免除而作出处分。和任何权利的处分一样,债务免除也应当由权利人单方面决定,不需要征得对方同意。从这一点来说,免除应当是一种单方行为,属于债权的抛弃。①

5. 债务免除是一种不要式行为。免除没有特定的形式要件的要求,无论是口头或者是书面的形式均可以。②

免除制度是各国法律普遍认可的制度,我国《民法典》确认免除制度,充分尊重了当事人的私法自治,也尊重了债权人对其债权的处分权。债权人在不损害国家利益、社会公共利益和他人利益的情况下,完全可以通过免除处分自己的债权,法律对此不应当作出干涉,也不应当强制债权人行使权利。如果免除债务必须征得债务人的同意,则意味着债权人处分其权利的行为还要受到债务人的限制,这就不合理地限制了债权人的处分权,显然是不妥当的。但是《民法典》第 575 条同时规定了债务人可以在合理期限内行使拒绝权,从而有效平衡了债务人和债权人的利益。

二、免除的要件

债务免除作为一种单方的法律行为,应当符合法律行为的构成要件。

1. 债务免除人应当享有合法的债权,或对债权享有处分权。一方面,债权人对于被免除的债务,必须享有合法的债权或处分权。也就是说,债权人即使对债务人享有诸多的债权,但债权人在免除债务人债务时如果并不享有该债权,或者对该债权没有处分权,则对此亦不能免除,否则将构成无权处分。另一方面,债务免除必须是处分自己的债权,而不能是处分他人的债权。如果是代理他人作出免除债务的意思表示,则必须要获得债权人的明确授权,并有权对债权作出处分。如系共同债权,则一个债权人免除债务人的债务时应当取得其他债权人的同意。

2. 债务免除人应当具有完全行为能力。由于免除行为解除了债务负担,使债权人遭受了一定程度的不利益,因此,只有那些能够具有完全的行为能力,能够独立认识、理解、判断自己行为性质和后果的人,才能从事免除行为。无行为能力人或者限制行为能力人未征得其法定代理人的同意,不得为免除行为。

3. 免除的对象必须是债务人的债务。如果债权人放弃债的担保,不能认为其当然地免除了债务人的债务。在按份之债中,债权人免除了某一债务人的债务,只是使该债务人的债务被免除,其他债务人的债务并没有当然地被免除。还需要指出的是,免除应当是无偿的,在免除债务时不能要求债务人支付一定的对价或给债务人附加新的义务。而在连带债务中,如果债权人免除了连带债务人中的部分人的债务,则一般应当视为免除了全部债务人的债务,也就是说,免除对于其他债务人同样发生效力。当然,如果债权人明确表示只免除部分债务人应负担的债务部分,那么其他债务人的债务就仍然存在。

4. 免除的意思表示应当向债务人明确作出。既然免除是一种单方行为,则该意思必须要向债务人或其代理人明确作出,并且该意思表示应当直接通知债务人或其代理人。向任何第三人所作出的免除的意思表示都不能产生免除的效果。

5. 免除不得损害第三人的利益。虽然债权人有权免除债务人的债务,但是该权利的行使以不损害第三人的利益为限。例如,在债权人的债权上已经设定了质权,如果债权人免除

---

① 参见郑玉波:《民法债编总论》(修订二版),陈荣隆修订,中国政法大学出版社 2004 年版,第 521 页。

② 参见余延满:《合同法原论》,武汉大学出版社 1999 年版,第 514 页。

债务人的债务,将损害质权人的利益。此时,债权人就不得免除债务人的债务。

6. 债务人未在合理期限内拒绝。在通常情形下,债权人免除债务对债务人都是有利的,但在特殊情形下,债务免除对债务人而言未必都是有利的。例如,债务人十分重视自己的个人声誉,不愿意对方免除自己的债务,认为债权人免除自己的债务会影响自己的声誉,或者认为债权人免除自己的债务会对自己产生其他不利影响,此时,依据《民法典》第 575 条的规定,其应当有权拒绝债权人免除债务的行为。[①]

三、免除的效力

债务免除的直接效果是消灭合同关系。但合同关系是否完全消灭还要根据免除的内容决定。如果是免除全部债务的,则从免除生效之日起合同关系完全消灭;如果是免除部分债务的,则在免除的范围内发生合同权利义务的消灭。例如,甲欠乙 1000 万元债务,后乙免除了甲 500 万元债务,在此情形下,甲仍应当履行对乙的 500 万元债务。

《民法典》第 559 条规定:“债权债务终止时,债权的从权利同时消灭,但是法律另有规定或者当事人另有约定的除外。”据此,在免除债务的同时,因主债务被免除,附属于主债权的保证债权、利息债权等从权利也发生消灭。[②] 在债务全部免除以后,债权人应当向债务人返还有关债权的凭证。

关于将来债务的免除,通说认为,应当视为附生效条件之债的免除,理论上应予承认。[③]但是,因为将来的债还没有发生,所以,只有当将来的债务实际发生时,该免除才可能发生效力,对此,应解释为附生效条件的债的免除。[④] 笔者认为,按照私法自治原则,当事人可以免除将来债务,但由于免除行为生效的前提是存在有效的债务,因此,只有在该将来债务实际发生后,免除行为才能发生效力,因此,该免除行为在性质上应当属于附生效条件的行为。

第六节 混　同

一、混同的概念

混同有广义与狭义之分,广义的混同包括权利与权利的混同(如所有权与他物权的混同)、义务与义务的混同(如主债务与保证债务的混同),以及权利与义务的混同(如债权与债务的混同)三种形态。狭义的混同仅指权利与义务的混同。此处所探讨的混同是指狭义的混同,即债权与债务同归于一人,从而使合同关系消灭的事实。自罗马法以来,各国法律普遍承认混同作为合同终止的事由。我国《民法典》第 576 条规定:“债权和债务同归于一人的,债权债务终止,但是损害第三人利益的除外。”这就在法律上确认了混同可以作为合同终止的原因。

从狭义上理解的混同具有如下特点:第一,仅限于债权和债务的混同。合同法中所说的

---

① 参见王利明主编:《中国民法典释评・合同编通则》,中国人民大学出版社 2020 年版,第 553 页。

② 同上书,第 559 页。

③ 参见郑玉波:《民法债编总论》(修订二版),陈荣隆修订,中国政法大学出版社 2004 年版,第 523 页;黄立:《民法债编总论》,中国政法大学出版社 2002 年版,第 722 页。

④ 参见孙森焱:《民法债编总论》(下册),法律出版社 2006 年版,第 925 页;〔日〕我妻荣:《新订债权总论》,王燚译,中国法制出版社 2008 年版,第 326 页。

混同,只限于权利和义务的混同,不包括权利和权利的混同以及义务和义务的混同。第二,在混同前债权债务分别归属于债权人和债务人,而因为各方面的原因使债权和债务合并为由一人享有和承担,债权人与债务人合并为一人。由于在法律上任何人对自己享有债权是没有意义的,所以在混同以后,有必要导致原债权的消灭。[①] 第三,混同成立的基本条件是债权与债务归属于一人,无须任何意思表示,因此,混同不是法律行为或事实行为,而是一种事件。[②] 只要存在混同的事实就可以导致原债权债务关系的消灭。

二、混同的原因

混同因债权或债务的承受而发生。债权或债务的承受包括概括承受与特定承受两种情形:第一,概括承受。它是指合同关系一方当事人概括地承受他人的权利与义务。如买卖合同关系的出卖人与买受人合并,成立为一个新的法人,该法人将原来买卖关系中债权人和债务人的权利和义务全部接受过来,债权人与债务人成为一人,原买卖合同关系归于消灭。[③] 再如,债权人继承被继承人对其负担的债务或者债务人继承被继承人对其享有的债权,均可发生混同。第二,特定承受。它是指因债权让与或者债务承担而承受权利与义务。例如,债务人从债权人处受让债权,债权人承担债务人的债务,也发生混同。再如,债权人承受了债务人的债务,如在甲乙之间订立了借款合同之后,乙将其债务转移给了丙,后丙又将该债务转移给了甲,此时,债权债务均归属于甲,发生混同,债权债务关系原则上即归于消灭。

三、混同的效力

混同的效力表现为合同关系归于消灭。并且,主债消灭,附随于主债的从债(如利息债权、违约金债权、担保物权等)均归于消灭,为债务人提供担保的第三人亦被解除责任。但在下列情况下合同并不因混同而消灭:

第一,在损害第三人利益的情况下,虽然债权人与债务人发生混同,合同关系并不消灭。为了保护第三人利益,债权不能因混同而消灭。[④] 我国《合同法》第 106 条规定,“涉及第三人利益的除外”,《民法典》第 576 条将其修改为“损害第三人利益的除外”,这主要是考虑到,涉及第三人利益的情形较为宽泛,而且如果仅仅只是涉及第三人利益,可能未必会损害第三人利益,此时,仍应当承认混同的效力。只有当混同会损害第三人利益时,才应当认定合同关系并不消灭。例如,承租人经出租人同意而转租,后出租人将租赁标的物转让给承租人,虽出租人与承租人之间构成混同,但混同会损害次承租人的利益,因此租赁权也不得因混同而消灭。

从原则上讲,在债权与债务同时归属于一人的情形下,债权债务已经丧失继续存在的基础。但是,在一些情形下,混同导致债权消灭可能损害第三人利益。例如,债权人以应收账款出质于第三人,债权人与债务人通谋由债务人收购债权人,此时已经基于混同消灭债权,但将导致第三人遭受损害。因此,应当例外规定债权在债权人和债务人之间消灭,而对第三人不发生消灭的效力。

第二,在连带债务中,如果连带债务人中的一人与债权人混同,根据《民法典》第 520 条

① 参见孙森焱:《民法债编总论》(下册),法律出版社 2006 年版,第 929 页。
② 参见郑玉波:《民法债编总论》(修订二版),陈荣隆修订,中国政法大学出版社 2004 年版,第 524 页。
③ 同上。
④ 黄薇主编:《中华人民共和国民法典合同编解读》(上册),中国法制出版社 2020 年版,第 400 页。

第3款，如果部分连带债务人的债务与债权人的债权同归于一人的，发生限制绝对效力，在扣除该债务人应当承担的份额后，债权人对其他债务人的债权继续存在，而其他债务人对该债务人不能行使追偿权。例如，甲、乙、丙对丁承担900万元的连带债务，甲对丁的500万元债权与该900万元的债务发生混同，此时，乙和丙对丁就剩余400万元承担连带债务，如果乙向丁履行400万元的债务后，仅能就超出其应当承担的份额100万元，向丙追偿，而无法向甲追偿。对甲而言，超出其应当承担的份额200万元部分，能否追偿，《民法典》虽然未作规定，但根据《民法典》第519条，其应能够向其他债务人进行追偿。

第十八章

合同的解除

第一节　解除的概念和特征

一、合同解除的概念和特征

合同解除是指合同有效成立以后，当具备合同解除条件时，因当事人一方或双方的意思表示，而使合同关系自始消灭或向将来消灭的一种行为。罗马法恪守合同严守原则，但法律也允许当事人通过合意解除合同，当事人解除合同的合意也称为“相反合意”(contrarius consensus)。[①] 在特定情形下(如存在失权约款时)，罗马法也允许当事人单方解除合同。[②]《法国民法典》确认了合同解除制度，但对合同解除的情形和程序均作了严格限制。[③] 从比较法上看，两大法系都承认了合同解除制度，合同解除制度既是合同关系终止的原因，也是合同救济制度的重要组成部分。合同解除是合同终止的原因之一，即合同解除将导致合同权利义务关系终止。《民法典》第 557 条第 2 款规定：“合同解除的，该合同的权利义务关系终止。”

但是，合同解除与其他合同终止事由并不完全相同。一方面，合同解除不仅是合同终止事由，而且是一种违约救济方式，即通过合同解除，使当事人尽快从合同关系中摆脱出来，而其他合同终止原因并不是合同违约补救的方式。另一方面，解除作为一种救济方式，可以与损害赔偿并存，这表明解除仅能适用于合同债权债务关系，不能适用于其他法定债权债务关系。还要看到，合同的解除导致的是合同整体债权债务关系的消灭，而非单个债权债务的终止。[④] 因此，《民法典》在合同终止的原因中单独对其作出了规定。事实上，合同解除作为合同法中一项独立的制度，它与合同其他制度，如合同无效、合同变更、合同担保等互相配合，共同构成我国《民法典》合同编的完整体系。

合同解除具有以下特征：

1. 合同解除适用于有效成立的合同。合同解除的对象是有效成立的合同。合同只有在成立以后，履行完毕以前，才有可能被解除。如果合同已经被宣告无效或被撤销，也不发生合同的解除，此类合同应该由合同无效或撤销制度来调整。尽管合同无效和可撤销在效

---

① 黄风：《罗马法》，中国人民大学出版社 2009 年版，第 188 页。

② 参见史尚宽：《债法总论》，中国政法大学出版社 2000 年版，第 525 页。

③ 参见《法国民法典》第 1184 条。

④ 参见王利明主编：《中国民法典释评 · 合同编通则》，中国人民大学出版社 2020 年版，第 437 页。

力上溯及既往,在这一点上与非继续性合同的解除具有相似性,但合同无效和被撤销与合同的解除在性质上是完全不同的。需要指出的是,对于可撤销合同而言,在被撤销之前,合同是有效的,应当可以成为撤销的对象。

在此需要讨论的是,合同解除制度能否适用于未生效的合同?所谓未生效的合同主要是指依据法律、法规应当经过批准才能生效的合同,在经过批准之前,其属于未生效的合同。笔者认为,对已经生效的合同,当事人可依法解除;但对尚未生效的合同部分,因为合同未成立和生效,不能适用解除规则。当然,由于报批义务条款具有独立性,该条款已经生效,当事人有权依据法律的规定解除合同,不受该条款规定的义务的拘束。[①]

2. 合同解除必须具备一定的条件。合同解除的条件可以是法定的,也可以是约定的。法定解除条件就是由法律规定在何种情况下合同当事人享有解除合同的权利。所谓约定解除条件,是指当事人在合同中约定,如果约定的条件满足,当事人一方或双方享有解除权。无论是法定解除、约定解除抑或协议解除,都需要满足一定的要求。例如,在法定解除中,当一方的违约行为构成根本违约时,才可能导致合同的解除;在协议解除中,则需要合同双方当事人达成新的合意。

3. 合同的解除必须有解除行为。我国《民法典》没有像日本等国家的立法那样采纳当然解除主义。所谓当然解除主义,是指只要符合解除条件,合同就自动解除,而不以当事人作出解除合同的意思表示(Rücktrittserklärung) 为必要。[②] 这种方式虽然可迅速导致合同的解除[③],但没有充分考虑到当事人的意志,特别是没有充分考虑到有解除权一方的利益。例如,享有解除权的一方可能并不希望解除合同,而是希望对方继续履行,若采用自动解除方式,则不管解除权人是否愿意都要导致合同解除。由于此种方式存在明显弊端,因而未被我国《民法典》所采纳。依据《民法典》的解除制度,无论是由双方事先约定解除权,还是依法律规定的原因解除合同,合同都不能自动解除。必须由当事人行使约定或法定的解除权,才可以解除合同。一方行使解除权,作出解除合同的意思表示的,这种意思表示不需要征得对方同意。但当事人根据约定解除权或法定解除权主张解除合同的,必须通知对方,合同自通知到达对方时解除。如果当事人超过规定的期限不行使解除权,则该解除权消灭。享有解除权的一方事后不得再主张解除。在协议解除的场合,虽然并不需要一方当事人行使解除权,但是仍然需要合同双方当事人达成新的合意,以解除原合同。

4. 合同解除的效力是使合同关系自始消灭或向将来消灭。在当事人有约定的情况下,只要这种约定没有损害国家利益和社会公共利益,就应尊重当事人的这种约定;当事人若没有特别约定,合同解除的效力应依据法律的规定和合同的性质而具体确定。也就是说需要根据具体情况判断解除是否产生溯及既往的效力。

合同的解除是否为一种违约补救的方式?合同的解除与违约责任的关系十分密切。《民法典》第 566 条第 1 款规定:"合同解除后,尚未履行的,终止履行;已经履行的,根据履行情况和合同性质,当事人可以请求恢复原状或者采取其他补救措施,并有权请求赔偿损失。"由此可见,合同的解除与违约责任是密切联系在一起的。因为在一方违约之后,非违约方如不希望继续受到合同的拘束,而愿意从原合同关系中解脱出来,寻找新的合作伙伴,此时,即

---

① 参见崔建远:《合同解除的疑问与释答》,载《法学》2005 年第 9 期。

② MüKo/Gaier, BGB § 349, Rn. 1.

③ See Guenter H. Treitel, *International Encyclopedia of Comparative Law*, *Vol. Ⅶ*, *Contract in General*, Chapter 16, Remedies for Breach of Contract, Tübingen, 1976, p. 1.

需要寻求解除合同的补救方式。在许多情况下,合同的解除乃是法律允许非违约方在对方违约的情况下可以寻求的一种有效的补救方式,此种方式常常与损害赔偿、实际履行方式相对应。[①] 因为一方的违约行为,可能使合同继续履行丧失意义,或者继续履行会使其遭受更大的损害。所以,解除合同对其是最有利的方式,此时,法律赋予非违约方解除的权利,也是对其利益的维护。同时,在因一方违约而导致合同解除的情况下,合同的解除并不免除违约方所应负的违约责任。我国《民法典》第566条第2款规定:"合同因违约解除的,解除权人可以请求违约方承担违约责任,但是当事人另有约定的除外。"所以,将合同解除作为违约补救的一种方式对待,允许非违约方作出选择是十分必要的。

二、合同解除与合同终止

在大陆法系国家,基本上都根据是否具有溯及力而区分终止与解除的概念。没有溯及力的称为终止,有溯及力的称为解除。[②] 大陆法学者大多认为,合同解除权与合同终止权虽然都是形成权,但二者的适用范围和效力是不同的。

从体系结构来看,我国《民法典》采用了广义的终止概念,在《民法典》合同编第七章"合同的权利义务终止"中规定了解除,因而是将"终止"作为"解除"的上位概念。尤其需要指出,《民法典》将解除分为两类,即有溯及力和没有溯及力,其中没有溯及力的解除就相当于大陆法系国家的"终止"。《民法典》第566条第1款规定:"合同解除后,尚未履行的,终止履行;已经履行的,根据履行情况和合同性质,当事人可以请求恢复原状或者采取其他补救措施,并有权请求赔偿损失。"可见,合同的解除既可能是向过去发生效力,也可能向将来发生效力。[③]

从解释论上看,也可以从狭义上理解终止的概念,即将终止权理解为不溯及既往地消灭合同关系的一种形成权,此种意义上的终止与解除是不同的,二者的主要区别如下:

第一,效力不同。按照传统大陆法的规定,合同的解除是指合同关系成立以后,根据解除行为而使合同关系溯及既往地消灭。[④] 合同解除溯及既往,将产生恢复原状的效力。同时,由于合同关系消灭使当事人不再负履行义务,因而也是向将来发生效力。而合同的终止虽然使合同关系消灭,但其并不具有溯及既往的效力,而只向将来发生效力,当事人不负有恢复原状的义务。例如,在德国法上,终止是一方的意思表示,使继续性合同向将来消灭的一种行为,在租赁、劳务、委托、合伙等合同中,当事人相互作出的给付无须返还,也不必恢复原状。[⑤]

第二,适用范围不同。在我国《民法典》合同编第七章中,关于合同权利义务终止的规定针对合同的解除明确规定,合同解除导致"合同的权利义务关系终止",而对解除之外的其他终止事由,规定为"债权债务终止"。由此表明,有关合同解除的规则仅适用于合同关系,而解除之外的其他终止事由不仅适用于合同关系,还可以适用于合同之外的其他债权债务关系。此外,合同解除既包括约定解除,也包括因根本违约等事由引发的法定解除;而合同终

---

① See Guenter H. Treitel, *International Encyclopedia of Comparative Law*, *Vol.Ⅶ*, *Contract in General*, Chapter 16, Remedies for Breach of Contract, Tübingen, 1976, p. 1.

② 参见李永军:《合同法》,法律出版社2004年版,第631页。

③ 参见孔祥俊:《合同法教程》,中国人民公安大学出版社1999年版,第366页。

④ MüKo/Gaier, BGB § 346, Rn. 1.

⑤ 参见李永军:《合同法》,法律出版社2004年版,第631页。

止大多适用于非违约的情况，尤其是有些合同只能适用合同终止，不能适用合同解除。合同终止一般适用于继续性合同。①

第三，适用条件不同。合同在有效成立以后，任何一方都不得随意解除合同，法律设立合同解除制度的重要目的就是要保障合同解除的合法性，禁止当事人在没有任何法定或约定根据的情况下任意解除合同。合同解除的条件可以是法定的，也可以是约定的。② 所谓法定解除条件则是由法律规定在何种情况下合同当事人享有解除合同的权利。所谓约定解除条件则是指当事人在合同中约定，如果出现了某种约定的情况，当事人一方或双方享有解除权。在合同解除的情况下，如果非违约方已经接受了履行，则意味着其放弃了解除合同的权利。而在合同终止的情况下，即便非违约方接受了履行，仍然可以终止合同。

正是因为合同解除与合同终止存在一定的区别，我国《民法典》第 557 条虽然将合同的解除列入合同终止的事由之中，但在该条第 1 款具体列举债权债务终止的事由时，并没有将合同解除列入其中，而是单列第 2 款规定合同解除，表明合同解除虽然属于合同终止的一项事由，但又不同于合同终止的其他情形。

无论是狭义的终止还是解除，它们都发生合同关系消灭的效力。但在合同的权利义务终止以后，依据《民法典》第 558 条的规定，“债权债务终止后，当事人应当遵循诚信等原则，根据交易习惯履行通知、协助、保密、旧物回收等义务”。这就是说，在合同关系消灭以后，当事人仍然负有后合同义务，它是基于诚信原则而产生的附随义务。此种义务不是当事人在合同中事先约定的，也不是合同成立时就产生的，而是随着合同关系的发展不断变化的。在合同关系终止后，当事人仍然负有保护、照顾、保密、协作等附随义务，以不辜负另一方当事人的期望，不使对方遭受损失。例如，双方当事人解除租赁合同以后，第三人寄给承租人的信件，出租人应当转交给承租人，或者告知承租人的新地址。再如，在技术转让合同中，当事人一方知悉的对方的商业秘密，应当注意保密。

第二节　合同解除的种类

一、协议解除

（一）协议解除的概念和特征

《民法典》第 562 条第 1 款规定：“当事人协商一致，可以解除合同。”这是对协议解除的确认。所谓协议解除，是指合同成立以后，在未履行或未完全履行之前，当事人双方通过协商解除合同，使合同效力消灭的行为。由于此种方式是在合同成立以后，通过双方协商解除合同，而不是在合同订立时约定解除权，因此又称为事后协商解除。从合同自由的角度讲，既然允许当事人双方协商订立合同，也应该允许当事人双方在一定情况下协商解除合同。③ 从我国实践来看，大部分的合同解除都属于协议解除。协议解除不仅符合合同自由原则，而且可以充分发挥当事人双方相互配合和协力的作用，妥善解决当事人之间的各种分歧、减少各种不必要的损失。协议解除的法律特征在于：

① MüKo/Gaier, BGB § 314, Rn. 1.

② MüKo/Gaier, BGB § 346, Rn. 2, 4.

③ See Ingeborg Schwenzer, Pascal Hachem, Christ Opher Kee, *Global Sales and Contract Law*, Oxford University Press, 2012, p. 711.

第一,协议解除本身是通过订立一个新的合同以解除原来的合同,当事人协商的目的是达成一个解除合同的协议(Aufhebungsvertrag)。[①] 实际上是通过订立新合同解除原来的合同,需要双方对解除形成合意,在协议达成前,原合同仍然有效。[②] 有学者将此种合同称为反对合同,其主要内容是解除原合同关系。在协议解除的情形下,一旦解除合同的协议生效,则原合同关系即解除,当事人无须再受原合同关系的拘束。需要指出的是,协议解除必须双方当事人就解除合同意思表示一致,否则不发生合同解除的效力。例如,在"孟元诉中佳旅行社旅游合同纠纷案"中,北京市第一中级人民法院认为:本案中,上诉人提出解除合同和要求退款是可以理解的,但中佳旅行社亦有权提出异议。在双方没有达成一致时,仍应继续履行合同所规定的权利和义务,违反合同约定的一方,应承担合同违约的责任。上诉人在双方未对是否解除合同达成一致意见时,拒绝对方减少损失的建议,坚持要求对方承担解除合同全部损失,并放弃履行合同,致使损害结果发生,故应承担全部责任。[③]

第二,协议解除不需要以提出解约的一方是否享有解除权为前提。《合同编通则解释》第52条第1款规定:"当事人就解除合同协商一致时未对合同解除后的违约责任、结算和清理等问题作出处理,一方主张合同已经解除的,人民法院应予支持。但是,当事人另有约定的除外。"该条之所以作出此种规定,是因为一方面,协议解除本身就是通过订立一个新合同解除原则,既然当事人就解除合同协商一致,按照私法自治原则,应当允许当事人通过协商解除合同。另一方面,因协议解除的性质属于当事人双方合意"以第二次之契约终止原有之契约"[④],在该合同中,违约责任、结算和清理等问题并非合同的主要条款,而是合同解除的后果,因此,即便当事人未对此达成合意,只要当事人就解除合同协商一致,就不影响合同解除的效力。[⑤]

第三,当事人解除合同的协议必须合法有效。协议解除合同的内容虽然由当事人双方自己决定,但如果协议内容违反法律、损害国家利益或者社会公共利益,则该解除协议无效,当事人仍要按原合同履行义务。如依法必须获得有关部门批准才能解除的合同,当事人不得擅自协议解除。

第四,协议解除的法律后果可由当事人作出约定。在法定解除的情形下,合同解除的后果是由法律明确规定的。而在协议解除的情况下,合同解除后是否恢复原状、如何恢复原状,合同解除是否发生溯及既往的效力等,均可由当事人协商决定。

由于解除合同协议的内容主要是解除合同,因而其不同于和解协议。所谓和解协议,是指当事人双方约定的通过相互让步以终止其争议或防止争议再发生的合同。按照合同自由原则,当事人可以通过合同设立、变更和终止民事权利义务关系,也可以基于合同在原债权债务基础上设立新的债权债务关系。和解协议就是当事人在原合同的基础上所设立的一种新的债的关系。解除合同的协议与和解协议一样,都需要针对原合同的内容作出新的安排,但两者之间存在明显的区别,表现在:一方面,解除合同的协议仅仅针对原合同而产生;而和解协议是双方通过约定达成解决争议的协议,它既可以适用于合同争议,也可以适用于侵权

① Jan Harke, Schuldrecht, AT, 2010, S. 102, Rn. 108.

② 参见黄薇主编:《中华人民共和国民法典合同编解读》(上册),中国法制出版社2020年版,第337页。

③ 《最高人民法院公报》2005年第2期。

④ 王泽鉴:《债法原理》(第二版),北京大学出版社2013年版,第23页。

⑤ 参见最高人民法院民事审判第二庭、研究室编著:《最高人民法院民法典合同编通则司法解释理解与适用》,人民法院出版社2023年版,第574页。

等其他法律纠纷。另一方面，解除协议是以协议的方式，将原合同废弃，使原合同债权债务消灭[①]；而和解协议虽然是在原合同基础上达成的，但却是为了换取对方的自愿履行而在相互让步的基础上达成的协议，其内容已经与原合同的内容有较大不同。[②] 如果和解协议对原合同内容作出了实质性变更，则构成合同更新，此时将形成一个新的合同关系。

合同协议解除后，合同关系终止，当事人无权再依据合同约定主张权利，也无须再按照合同约定履行义务。问题在于，合同协议解除是否产生恢复原状等效力？按照私法自治原则，合同协议解除后的损害赔偿问题也可以由当事人进行约定。在此需要讨论的是，如果当事人在协议解除时没有对违约损害赔偿及相关问题作出约定，当事人在协议解除后还能否主张违约责任？学者对此存在不同观点，一种观点认为，当事人双方虽达成解除协议，但并不影响非违约方主张损害赔偿[③]，因为损害赔偿权利的抛弃事关重大，应予明示，解除协议若没有对此作出明确约定，应视为没有约定。另一种观点认为，如果当事人在协议解除合同时没有对违约损害赔偿责任作出特别约定，则视为放弃了要求赔偿的权利，合同解除后一方又要求赔偿损失的，参照合同的协议变更，一般不予支持。[④] 笔者认为，这两种观点都有一定的道理。如果当事人在协议解除合同时未对违约损害赔偿作出约定，则首先应当探究当事人的真意，即探究当事人是否有放弃违约损害赔偿的意思，如果协议从未提到损害赔偿的权利或当事人并未就损害赔偿达成一致的，则当事人损害赔偿的权利不受影响。[⑤] 因此，如果当事人在协议中明确放弃违约损害赔偿请求权的，违约方不再负担违约损害赔偿责任；但如果当事人仅有解除合同的意思，而没有就损害赔偿达成一致意见，则当事人依法可以就违约产生的损失请求赔偿。

（二）法定解除与约定解除的衔接

为准确适用《民法典》第 561 条第 1 款关于协商解除合同的规定，《合同编通则解释》第 52 条第 2 款规定：有下列情形之一的，除当事人一方另有意思表示外，人民法院可以认定合同解除：

（1）当事人一方主张行使法律规定或者合同约定的解除权，对方同意解除。

符合该项解除事由必须符合如下条件：一是一方当事人行使法定解除权或者约定解除权，请求解除合同。其实，在合意解除的情形下，一方当事人是否享有解除权并不重要，关键在于其是否提出了解约的请求。二是经法院审理认为并不符合法定或约定解除权的行使条件。三是对方同意解除合同，表明在一方提出解除的要约以后，另一方已经作出了承诺，双方达成了解除合同的合意。在一方当事人提出解约的要求以后，无论是否合理，是否解约的选择权在另一方。另一方不同意解除合同的，则因为一方不符合合同解除的条件，因此不能解除合同。[⑥] 此处所说的“同意”，既可以明示的方式表现出来，也可以实施一定的行为的方式表现出来。

如果满足上述条件，法院应当认定合同解除。其原因在于，一方面，在一方行使合同解

---

① 参见崔建远：《合同法》（第三版），北京大学出版社 2016 年版，第 284 页。

② 参见肖建国主编：《民事执行法》，中国人民大学出版社 2014 年版，第 187 页。

③ 参见崔建远：《合同法》（第三版），北京大学出版社 2016 年版，第 306 页。

④ 参见〔日〕我妻荣：《新订债权总论》，王燚译，中国法制出版社 2008 年版，第 199—201 页；吕伯涛主编：《适用合同法重大疑难问题研究》，人民法院出版社 2001 年版，第 146 页。

⑤ Jan Harke, Schuldrecht, AT, 2010, S. 102, Rn. 108.

⑥ 参见最高人民法院民事审判第二庭、研究室编著：《最高人民法院民法典合同编通则司法解释理解与适用》，人民法院出版社 2023 年版，第 575 页。

除权以后,虽然法院认为其并不符合法定或约定的条件,但因为其解除合同的请求得到了另一方的同意,则表明双方已经形成了解除合同的合意[①],这就与双方协商解除合同相同,可适用协商解除的相关规定。另一方面,在双方协商解除合同的情形下,不以解除权的存在为必要前提,只要双方达成解除合意,就可以解除合同。

(2) 双方当事人均不符合解除权行使的条件但是均主张解除合同。

双方分别主张解除合同,虽然均不符合解除条件,但其在解除合同这一观点上意见一致,表明双方均同意解除合同(如一方起诉请求解约,另一方反诉也请求解约),此时法院不必审查双方提出解除是否符合解除的条件,可以适用双方协商解除合同的相关规定,认定合同解除。[②] 但如果一方的解除主张符合解除的条件,就应当按照行使法定解除权或者约定解除权的规定处理。[③]

二、基于约定解除权的解除

约定解除权是指当事人双方在合同中约定,在合同成立以后,没有履行或没有完全履行之前,当事人一方在某种解除合同的条件成就时享有合同解除权,并可以通过行使解除权,使合同关系消灭。《民法典》第 562 条第 2 款规定:"当事人可以约定一方解除合同的事由。解除合同的事由发生时,解除权人可以解除合同。"该条是关于约定解除权的规定。

约定解除权与协议解除都属于基于当事人约定而解除合同的情形,合同解除都是基于当事人约定而产生的后果,但二者也存在一定的区别:一方面,协议解除是当事人根据交易中发生的情形,在合同订立后、履行过程中出现相关事由后,当事人通过协商达成了解除合同的协议。而约定解除权是当事人事先约定,如果出现某些情形,则一方或者双方享有解除合同的权利。另一方面,协议解除的目的在于解除合同,同时,当事人也可以对合同解除后的损失分担等作出约定,一旦当事人达成协议后,则合同即随之解除;而约定解除权通常是当事人预先就合同解除权所作出的约定(也可以在合同订立后约定),在出现了约定的合同解除事由后,一方或者双方享有解除合同的权利,只有当事人行使合同解除权,合同关系才解除。同时,在约定解除权的情形下,当事人通常也不会就合同解除后的损失分担等问题作出约定。[④]

基于约定解除权的解除具有如下特征:

1. 它是指双方在合同中约定一方享有解除合同的权利。解除权可以在订立合同时约定,也可以在订立合同后另行约定。但是,约定解除权的解除属于事前的约定,它规定了在将来发生一定情况时,一方享有解除权。但即便发生上述事由,也只是导致解除权的产生,而并不直接导致合同的解除,只有在当事人实际行使解除权后方可导致合同的解除。

2. 双方约定解除合同的条件。约定解除权的解除是由双方当事人在合同中约定未来可能出现的解除合同的条件。如双方在租赁合同中约定,"一旦甲方的儿子回城,则甲方有权将房屋收回自用,解除租赁合同"。条件是可能发生也可能不发生的事实,一旦产生解除合同的条件,则将使一方享有解除权。

---

① 姚明斌:《基于合意解除合同的规范构造》,载《法学研究》2021 年第 1 期。

② 王泽鉴:《债法原理》(第二版),北京大学出版社 2013 年版,第 23 页。

③ 参见最高人民法院民事审判第二庭、研究室编著:《最高人民法院民法典合同编通则司法解释理解与适用》,人民法院出版社 2023 年版,第 576 页。

④ 参见黄薇主编:《中华人民共和国民法典合同编解读》(上册),中国法制出版社 2020 年版,第 338 页。

3. 享有解除权的一方实际行使解除权才导致合同解除。解除合同的事由出现以后，只是使一方享有解除合同的权利，即解除权，但合同本身并不能自动发生解除。合同的解除，必须要由享有解除权的一方实际行使解除权，如不行使该权利，则合同将继续有效。

约定解除权的合同与附解除条件的合同是不同的。所谓附解除条件的合同，是指当事人双方在合同中约定，以一定的条件的成就或不成就作为合同解除的条件。此种合同与约定解除权的合同的区别在于：第一，是否约定了解除权。在附解除条件的合同中，当事人并没有被赋予解除权。而在约定解除权的情况下，合同当事人被赋予了解除权。第二，合同解除的具体方式不同。在附解除条件的合同中，只要双方约定的条件成就或不成就，则合同自动解除。例如，双方约定“一旦甲方的儿子回城，则租赁合同自动解除”，即属于此种情况。而在约定解除权的情况下，双方以一定条件的成就或不成就作为合同解除权的产生原因，双方约定的条件成就的，一方享有解除权，而合同并不是自动解除。如上例中，假如双方约定“一旦甲方的儿子回城，则甲方有权将房屋收回自用，解除合同”，则属于约定解除权。第三，是否适用除斥期间不同。在附解除条件的合同中，条件成就合同自动解除，没有适用除斥期间的可能。而在约定解除权的情况下，解除权必须在一定的除斥期间内行使，否则解除权消灭。

依据《民法典》第 562 条的规定，在当事人约定解除权行使条件的情形下，如果该条件成就，则解除权人可以行使解除权。例如，在“北海越亚房地产开发有限公司与合浦县华兴房地产开发公司土地使用权转让合同纠纷再审案”中，最高人民法院认为：当事人在合同中明确赋予一方当事人以单方解除合同的权利，当解除条件成就时，当事人行使解除权，经法院审查该解除条件不违反法律强制性规定，没有侵害国家、第三人的利益，合同依约定解除。即使对方当事人已经履行了绝大部分的合同义务，也不得对抗解除合同的事由。① 但约定的解除权也必须在规定的期限内行使，这主要是因为，解除权是形成权，权利人可以基于自己的单方意志来决定合同是否解除，为了适当限制该权利的效力，避免给交易带来严重的不确定性，该权利的行使应当受到除斥期间的限制。②

当事人在约定解除权的同时，也可以就解除权的行使方式作出约定，按照私法自治原则，当事人原则上可以自由约定解除权的行使方式。在没有特别约定的情形下，当事人行使约定解除权的，也应当通知对方，除非当事人有特别约定，否则，在通知到达对方时发生效力。有关通知的效力，适用《民法典》第 565 条关于合同法定解除权行使的通知效力的规则。③ 需要指出的是，当事人所约定的合同解除事由必须符合民事法律行为的生效要件，否则该约定无效。当然，该条款的无效可能并不影响合同本身的效力。在约定的解除权发生的条件成就以后，一方获得解除权，但该解除权必须在规定的期限内行使，且必须符合法定的程序。因当事人行使约定解除权导致合同解除的，并不影响当事人的违约损害赔偿请求权。④ 此外，当事人行使约定解除权后，依据《民法典》第 566 条第 1 款的规定，尚未履行的部分应该终止履行，对于已经履行的部分可以请求恢复原状或采取其他补救措施，且不影响违约损害赔偿的主张。

---

① 最高人民法院(2013)民申字第 764 号民事裁定书。

② 参见韩世远：《合同法总论》(第四版)，法律出版社 2018 年版，第 691 页。

③ 黄薇主编：《中华人民共和国民法典合同编解读》(上册)，中国法制出版社 2020 年版，第 339 页。

④ MüKo/Gaier, BGB § 346, Rn. 59.

三、法定解除

(一) 法定解除的事由

法定解除,是指在合同成立以后,没有履行或没有履行完毕以前,当事人一方通过行使法定的解除权而使合同效力消灭的行为。《民法典》第 563 条第 1 款规定:“有下列情形之一的,当事人可以解除合同:(一) 因不可抗力致使不能实现合同目的;(二) 在履行期限届满前,当事人一方明确表示或者以自己的行为表明不履行主要债务;(三) 当事人一方迟延履行主要债务,经催告后在合理期限内仍未履行;(四) 当事人一方迟延履行债务或者有其他违约行为致使不能实现合同目的;(五) 法律规定的其他情形。”依据该条规定,在如下情形,当事人享有法定的解除权,并可通过行使解除权而解除合同:

(1) 因不可抗力致使不能实现合同目的。不可抗力发生以后,对合同的影响程度是不一样的。有些只是暂时阻碍合同的履行,有些只是影响到合同部分内容的履行。因此,只有在因不可抗力致使不能实现合同目的时,才能解除合同。所谓“不能实现合同目的”,是指当事人在订立合同时所追求的目标和基本利益不能实现。如出卖货物是希望获得价金,支付价金是希望获得货物,如果上述目的因不可抗力的发生而不可能实现,才能解除合同。

(2) 在履行期限届满之前,当事人一方明确表示或者以自己的行为表明不履行主要债务。本项规定的是预期违约的情形,其包括了明示毁约与默示毁约两种情形。所谓“当事人一方明确表示……不履行主要债务”,是指履行期届满前的明示毁约;所谓“以自己的行为表明不履行主要债务”,主要是指履行期届满前的默示毁约。在预期违约的情况下,该当事人具有完全不愿受合同约束的故意,合同对于该当事人已形同虚设。在此情况下,另一方当事人应有权在要求其继续履行和解除合同之间作出选择。当非违约方选择了解除合同时,合同对双方不再有约束力。只有允许非违约方在违约方已构成预期违约的情况下解除合同,才能使其尽快地从合同关系中解脱出来,避免其遭受不必要的损失。

(3) 当事人一方迟延履行主要债务,经催告后在合理期限内仍未履行。并非债务人在履行期限到来后不履行债务,都会使债权人享有解除合同的权利。因为合同的解除将导致合同关系的终止,一旦解除将会消灭一项交易,如果允许债权人在债务人有任何迟延履行行为的情况下都可以解除合同,必然会导致许多不应当被解除的合同被解除,造成财产不必要的损失和浪费。[①] 因此《民法典》第 563 条第 1 款第 3 项规定,只有在一方迟延履行主要债务,经催告后在合理期限内仍未履行时,另一方才能解除合同。该规定必须符合如下条件:第一,必须是债务人在履行期限到来后未履行主要债务,而不是未履行次要债务。主要债务和次要债务应根据合同的内容与债务性质来确定。第二,必须经过债权人的履行催告,如债权人未催告则不能随意解除。在此需要讨论的是,债务人在履行期限到来时,未作出履行,债权人是否应经过催告才能构成迟延?根据《民法典》的有关规定,对于有履行期限的合同而言,“期限代人催告”,不必经过催告,只要债务人违背了履行期限的规定便构成迟延;如果债务人没有约定履行期限,则必须经过催告之后,才构成迟延。第三,在催告后,债权人要给予债务人一段合理的宽限期,给债务人继续履行一个必要的准备时间。在合理的宽限期到来后,如果债务人仍不履行,则债权人有权解除合同。至于宽限期多长才算是合理的,笔者认为对此要根据每一个合同的具体情况来判断,不能由非违约方单方面确定。

---

① 黄薇主编:《中华人民共和国民法典合同编解读》(上册),中国法制出版社 2020 年版,第 346 页。

(4) 当事人一方迟延履行债务或者有其他违约行为致使不能实现合同目的。这又可分为两种情况:一是迟延履行影响到合同目的的实现的,则不需要经过催告程序,便可以解除合同。迟延履约是否导致合同目的不能实现,应考虑时间对合同的重要性。如果时间因素对当事人的缔约目的的实现至关重要,迟延履行将导致合同目的不能实现,应允许非违约方解除合同;如果时间因素对合同并不重要,迟延履行造成的后果也不严重,则在迟延履行以后,不能认为迟延履行造成了合同目的落空而解除合同。例如,双方订立购买家具的合同,出卖人迟延交付家具 2 天,买受人并不急等该家具使用,因此迟延 2 天并没有导致买受人订约目的的丧失,买受人不应解除合同。在德国法上,区分绝对定期行为与相对定期行为,在迟延的情形下,前者直接导致合同解除,后者并不当然导致合同解除。此种观点也不无道理。二是有其他违约行为致使不能实现合同目的。需要指出的是,该项规定在"有其他违约行为致使不能实现合同目的"时,非违约方有权解除合同,实际上是赋予非违约方在违约方的违约已构成根本违约(fundamental breach)的情况下解除合同的权利。

(5) 法律规定的其他情形。除了上述法定解除权以外,我国《民法典》合同编在典型合同以及民事特别法中,也规定了不少法定解除的情形。一方面,在《民法典》合同编中规定了一些合同法定解除的特殊情形。例如,在融资租赁合同中,《民法典》第 752 条规定:"承租人应当按照约定支付租金。承租人经催告后在合理期限内仍不支付租金的,出租人可以请求支付全部租金;也可以解除合同,收回租赁物。"依据该条规定,如果承租人未按照合同约定支付租金,经出租人催告后仍不支付的,出租人即有权解除合同并主张收回租赁物。该条即规定了出租人的法定解除权。另一方面,除《民法典》外,有关特别法也在特殊类型的合同关系中规定了合同法定解除的特殊事由。[①]

(二) 根本违约的认定

根本违约是指一方违反合同而致另一方损害,导致非违约方的缔约目的无法实现。在根本违约情形下,非违约的一方当事人有权解除合同。这一制度产生于普通法,是普通法从条件和担保条款的分类中所发展出来的概念,而《销售合同公约》借鉴了这一经验,在第 25 条中确立了根本违约的概念。[②]《销售合同公约》第 25 条规定:"一方当事人违反合同的结果,如使另一方当事人蒙受损害,以至于实际上剥夺了他根据合同规定有权期待得到的东西,即为根本违反合同,除非违反合同一方并不预知而且一个同等资格、通情达理的人处于相同情况中也没有理由预知会发生这种结果。"从该条规定来看,其根据违约的后果而非当事人违反合同条款的性质来界定根本违约。按照《销售合同公约》第 51 条的规定,只有在买方完全不交付货物或不按照合同规定交付货物等于根本违反合同时,才可以宣告整个合同无效。例如,出售的货物被污染,且不符合明示的质量标准,构成根本违约。[③]《欧洲合同法原则》第 8:101 条、第 9:301 条,《商事合同通则》第 7.3.1 条都采纳了根本违约的概念。可见,比较法上普遍将根本违约作为合同法定解除的条件。[④] 我国《合同法》第 94 条也规定了

---

① 例如,《消费者权益保护法》对消费者的撤回权作出了明确规定。该法第 25 条第 1 款规定:"经营者采用网络、电视、电话、邮购等方式销售商品,消费者有权自收到商品之日起七日内退货,且无需说明理由……"再如,《旅游法》第 66 条第 1 款规定旅游者有患有传染病等疾病、携带危害公共安全的物品且不交由有关部门处理等情形的,旅行社有权解除合同。

② See Henry Gabriel, *Contracts for the Sale of Goods: A Comparison of US and International Law*, Oxford University Press Inc, Second Revised Edition, 2008, p. 528.

③ See Peter Schlechtriem, *UN Law on International Sales*, Springer, 2009, p. 111.

④ 参见崔建远:《论合同目的及其不能实现》,载《吉林大学社会科学学报》2015 年第 5 期。

根本违约制度。

《民法典》第563条在总结我国合同立法和司法实践经验,并借鉴上述比较法上的经验的基础上,规定了根本违约制度。根本违约制度严格限制了合同解除的条件,为合同严守确定了重要的保障。在某种意义上,根本违约制度成为合同解除的重要判断标准,且有效平衡了合同严守与合同解除制度之间的关系。该制度也为合同解除后的救济提供了合理的标准。该条不仅适用于迟延履行的情况,也可以适用于其他构成根本违约的情况。然而,《民法典》仅规定了违约行为"致使不能实现合同目的",而没有对如何判断根本违约作明确规定,这显然过于抽象,还有赖于司法解释作细化规定。笔者认为,在这方面可以参考《销售合同公约》和《商事合同通则》的立法经验,从如下几个方面判断一方是否构成根本违约:

一是构成"重大剥夺",即一方是否实质上剥夺了另一方依据合同有权期待的利益,除非另一方并不能事先合理预见到利益被剥夺的后果。从《销售合同公约》第25条规定来看,其根据违约的后果而非当事人违反合同条款的性质来界定根本违约。[①]《商事合同通则》第7.3.1条中规定:"不履行从实质上剥夺了受损害方根据合同有权期待的利益,除非另一方当事人并未预见也不可能合理地预见到此结果。"可见,重大剥夺包括了两个因素:一方面,受损方必须就其被合同赋予的期待内容发生了重大剥夺。另一方面,违约方必须不构成《商事合同通则》第7.3.1条第2款b项所规定的不可预见的例外。[②]

二是要确定是否违反了主给付义务。《商事合同通则》第7.3.1条中还规定:"对未履行义务的严格遵守是合同项下的实质内容。"但也有观点认为,就内部考虑而言,合同义务并不要求对价性(Gegenseitigkeit),故无须区分主给付义务和从给付义务。[③] 笔者认为,《商事合同通则》的规定具有其合理性,因为一方的主给付义务将直接影响对方合同目的的实现的程度。当然,需要指出的是,一方虽然违反主给付义务,但如果并没有给对方造成重大损害,或者并未导致其合同目的无法实现,也不宜认定其构成根本违约。依据《合同编通则解释》第26条的规定,当事人一方未根据法律规定或者合同约定履行开具发票、提供证明文件等从给付义务的,因为没有导致对方合同目的不能实现,对方通常不得主张解除合同。但如果当事人一方违反该义务致使对方不能实现合同目的的,则应当构成根本违约,对方当事人有权依法主张解除合同。

三是违反义务导致另一方不能相信违约方将来所作出的履行,尤其是在长期性的合同中,一方违约后,另一方有证据证明,将来的履行是不可能实现的。《商事合同通则》第7.3.1条规定:"不履行使受损害方有理由相信,他不能信赖另一方当事人的未来履行。"即使是附随义务的违反,在严重危害交易的情况下导致受损方不再相信违约方的,也可以构成根本违约,因而可以解除合同。[④]

四是合同解除是否导致了另一方的重大损害。德国法认为,根本违约应当是一方重要

---

① 不过,联合国国际贸易法委员会近来的讨论认为:"委员会在深思熟虑后,认为指定违约方在何时应当预见或有理由去预见违约后果是毫无必要的。"See John O. Honnold, *Uniform Law for International Sales under the 1980 United Nations Convention*, Kluwer Law International, 1999, p. 208.

② Stefan Vogenauer, *Commentary on the UNIDROIT Principles of International Commercial Contracts* (PICC), Oxford University Press, 2015, p. 1104.

③ Heinrich Hossel, Kommentar zum UN-Kaufrecht, 2. Aufl., 2010, S. 239.

④ Herbert Bernstein & Joseph Lookofsky, *Understanding the CISG in Europe*, Kluwer Law International, 2003, p. 125.

的合同利益受损(Beeinträchtigung eines wesentlichen Vertraginteresses)。[①]《商事合同通则》第 7.3.1 条规定:“若合同被终止,不履行方将因已准备或已履行而蒙受不相称的损失。”《销售合同公约》第 25 条转向了违约造成损害的程度(the degree of the detriment resulting from the breach),即因违约而剥夺了非违约方的权益,使其遭受了重大损害。可见,域外法一般都将非违约方遭受重大损害作为根本违约的重要参考因素。

(三)不定期继续性合同的随时解除

所谓继续性合同,是指合同义务并非经一次给付即宣告完成,而是持续实现的合同。[②]所谓不定期继续性合同,是指在继续性合同中,当事人没有明确约定合同履行期限,或者对合同履行期限约定不明确。[③]不定期继续性合同包括两种情形:一是当事人没有明确约定期限或约定期限不明的;二是当事人明确约定了合同履行期限,但期限届满以后一方继续履行义务,另一方没有提出异议。例如,租赁合同中,当事人在合同中明确约定了租赁期限,但期限届满后,一方继续交付现金,另一方接受的。从比较法上看,各国大多对继续性合同的解除规则作出了特别规定。如果继续性合同的双方没有约定履行期限,则应当允许当事人在通知后解除合同。[④]如果继续性合同已经转化为不定期合同,则应当允许当事人随时解除合同。《欧洲示范民法典草案》第Ⅲ1:109 条规定了合同关系可能因单方通知而终止的两种情形,第 1 款规定了第一种情形,即合同条款对此进行了约定;第 2 款规定了第二种情形,即永久性或持续时间不确定的继续性合同关系可被任何一方当事人通知终止。这实际上意味着,对继续性合同而言,如果其构成不定期合同,则当事人可以依法随时解除合同。《商事合同通则》区分了长期合同与一次性履行合同。第 7.3.7 条对长期合同终止后的法律效果进行了规定。依据该条第 1 款的规定,“长期合同终止时,只可就终止生效后的期间,主张恢复原状,而且要以合同可分割为条件”。虽然长期合同与继续性合同的概念并不完全相同,但是,在终止的效果上,继续性合同与长期合同也同样仅向将来发生效力,因而有别于一次性履行的合同。《商事合同通则》的评注明确指出,对于长期合同而言,只能对将来发生终止效力,对之前的履行而言,要求分割返还并不现实。[⑤]

我国《民法典》第 563 条第 2 款在借鉴上述立法经验的基础上,对继续性合同的解除规则作出了明确规定。从《民法典》第 563 条第 2 款的规定来看,我国《民法典》实际上认为,以持续履行的债务为内容的不定期合同,当事人可以随时解除合同,但必须在合理期限之前通知对方当事人。这实际上将不定期的继续性合同的解除上升为合同法的一般规则,从而使不定期继续性合同的当事人不受合同的无限期拘束,这无疑是合同法规则的进步和完善。[⑥]该规则仅适用于不定期的继续性合同。[⑦]法律之所以作出此种规定,一方面,是为了使当事人从持续给付的合同关系中解脱出来;另一方面,在继续性合同的履行过程中,由于给付持续进行,当事人无法通过行使同时履行抗辩权的方式,拒绝履行对待给付,在这种情况下,就更有必要赋予当事人预告终止的权利[⑧],使对方有合理时间作出准备。

---

① Heinrich Hossel, Kommentar zum UN-Kaufrecht, 2. Aufl., 2010, S. 239.

② 参见王文军:《继续性合同及其类型论》,载《北方法学》2013 年第 5 期。

③ Vgl. Brox/Walker, Allgemeines Schuldrecht, 44. Aufl., 2020, § 17, Rn. 13.

④ 参见朱虎:《分合之间:民法典中的合同任意解除权》,载《中外法学》2020 年第 4 期。

⑤ 张玉卿主编:《国际统一私法协会国际商事合同通则 2016(英汉对照)》,中国商务出版社 2019 年版,第 537 页。

⑥ 参见朱广新、谢鸿飞主编:《民法典评注 · 合同编 · 通则 2》,中国法制出版社 2020 年版,第 178 页。

⑦ 参见黄薇主编:《中华人民共和国民法典释义》(中),法律出版社 2020 年版,第 1082 页。

⑧ 王文军:《继续性合同之同时履行抗辩权探微》,载《南京大学学报(哲学 · 人文科学 · 社会科学)》2019 年第 1 期。

对于不定期继续性合同的随时解除权,有学者将此种解除权称为预告解除权,即在不定期限的继续性合同中,一方当事人通过预告的方式解除继续性合同履行的权利。[①] 从而将此种权利与一般的任意解除相区分,因为对一般的任意解除权而言,当事人行使解除权并不需要提前通知对方。从这个意义上说,将其称为预告解除权也不无道理。

《民法典》第 563 条第 2 款规定的不定期继续性合同中任意解除权的行使包括如下要件:

第一,该权利仅适用于继续性合同。由于继续性债务的履行具有其特殊性,即当事人需要在一定时间内不间断地作出履行,所以,继续性合同的履行期限可能是不确定的。[②] 继续性合同通常也可能约定一定的履行期限,而在该期限届满后,当事人仍然可能选择继续履行,此时,该合同可能成为不定期合同,因为任何债务人都不能因合同关系永久存续而长期背负债务,因此,法律上应当规定此类合同的解除规则。

第二,该继续性合同必须是不定期的。如前所述,不定期合同包括两种情形:一是当事人没有明确约定期限或约定期限不明的;二是期限届满以后一方继续履行义务,另一方没有提出异议。

第三,给付是持续进行的,当事人无法通过行使同时履行抗辩权的方式,拒绝履行对待给付。

第四,在解除权的行使中,解除权人必须在合理期限之前通知对方,以使对方作出合理准备。《欧洲民法典草案》第Ⅲ-1:109 条规定,任何一方当事人要结束一个无期限或持续时间不确定的合同关系,必须作出合理通知。依据我国《民法典》第 563 条第 2 款,在任意解除不定期的继续性合同时,解除权人必须在合理期限之前通知对方,以使对方作出合理准备。如前所述,法律要求一方在解除合同时在一定期限内提前通知对方,可以使相对人做好合同解除后的准备[③],如及时进行结算、寻找新的交易对象等。因此,对于这种合同,应当允许当事人在合理期限内通知对方予以解除,以避免当事人无限制地受到约束。[④] 关于通知的合理期限,我国《民法典》没有作出明确规定,应当根据合同性质、内容以及履行情况等综合判断。

第三节 合同解除的程序

合同解除的程序是指合同解除所要经过的必要步骤。除协议解除之外,合同解除一般应当遵循如下程序。

一、解除权的行使方式

(一) 单方行使解除权

单方行使解除权既包括当事人依法单方解除合同的情形,即行使法定解除权的情形,也包括当事人依据约定单方解除合同的情形,即行使约定解除权的情形。在单方享有解除权的情况下,当事人的解除权在性质上属于形成权。形成权是指当事人一方可以以自己单方的意思表示,使法律关系发生变动的权利。解除权作为一种形成权,同样使解除权人享有无

---

① 参见王文军:《论继续性合同的解除》,载《法商研究》2019 年第 2 期。

② 同上。

③ 参见黄薇主编:《中华人民共和国民法典合同编解读》(上册),中国法制出版社 2020 年版,第 354 页。

④ 参见朱广新、谢鸿飞主编:《民法典评注·合同编·通则 2》,中国法制出版社 2020 年版,第 179 页。

须合同另一方同意就可以解除合同的权利。按照梅迪库斯的看法，形成权是“法律允许权利主体对某项法律关系采取单方面的行动”[①]。但是如果当事人仅仅享有解除权，而不实际行使，并不能发生解除的效果。要实际行使解除权，当事人必须作出一定的意思表示。

无论是法定解除权还是约定解除权的行使，都以解除权存在为前提，依据《合同编通则解释》第53条，如果当事人不享有解除权，即使解除的通知到达对方，也无论对方是否提出异议，都不会发生解除的效果。[②]《民法典》第565条第1款规定：“当事人一方依法主张解除合同的，应当通知对方。合同自通知到达对方时解除；通知载明债务人在一定期限内不履行债务则合同自动解除，债务人在该期限内未履行债务的，合同自通知载明的期限届满时解除。对方对解除合同有异议的，任何一方当事人均可以请求人民法院或者仲裁机构确认解除行为的效力。”依据该条规定，单方行使解除权应当符合如下条件：

第一，在行使形成权的情况下，权利人直接依据自身的意志，不需要依据他方的同意。解除权是一种形成权，解除权人无须合同另一方同意就可以行使解除合同的权利。但是一方仅享有解除权，而不实际行使，则不能产生合同解除的效果。要实际行使解除权，当事人必须作出一定的意思表示。当事人在行使解除权时，必须要将解除的意思明确地向非解除权人作出通知，否则不产生解除的效力。

第二，如果以催告函的方式行使解除权，且催告函中载明了合理期限，在该期限内，另一方仍不履行的，合同将自动解除。在一方享有解除权的情形下，解除权人为了给对方确定一定的宽限期，要求对方在该期限内作出履行，这有利于督促对方自动履行。如果在该期限内，对方仍不履行，则合同将自动解除，而无须解除权人另行行使解除权。[③]

第三，当事人行使解除权的意思表示是有相对人的意思表示，在意思表示到达相对人时合同发生解除的效果。我国《民法典》第565条规定：合同自通知到达对方时解除。这就是说，一方面，在行使解除权时，必须要明确地向对方作出通知解除的意思表示，且解除的意思必须要实际到达对方，否则不能产生解除权行使的效果。[④] 只要享有解除权的一方表达解除的意思到达对方，且对方没有异议，则自通知到达之时起即发生合同解除的效果。另一方面，解除的通知不能针对其他任何人作出，而必须针对合同的另一方当事人即非解除权人作出[⑤]，否则也不产生解除的效力。

第四，在收到解除权人解除合同的通知后，对方有异议的，可以请求人民法院或者仲裁机构确认解除合同的效力。当然，也可以直接向作出解除通知的一方提出异议。异议的期限可以由当事人约定，如果没有约定的，则异议期限为解除合同的通知到达之日起的合理期限内，在此期限内仍不提出异议的，则丧失再提出异议的权利。因为相对方如果不及时行使异议权，将使得合同效力处于不确定状态，不利于解除权人的利益保护和交易安全的维护。因此，异议权的行使也应当及时。[⑥] 关于通知的形式，我国法律并没有严格限定为书面形式，但为了尽量减少纠纷，应以采用书面形式为宜。

---

① 〔德〕迪特尔·梅迪库斯：《德国民法总论》，邵建东译，法律出版社2000年版，第68页。

② 参见最高人民法院民事审判第二庭、研究室编著：《最高人民法院民法典合同编通则司法解释理解与适用》，人民法院出版社2023年版，第587页。

③ 参见石宏：《合同编的重大发展和创新》，载《中国法学》2020年第4期。

④ 参见黄薇主编：《中华人民共和国民法典合同编释义》，法律出版社2020年版，第1082页。

⑤ MüKo/Gaier, BGB § 349, Rn. 6.

⑥ 参见庞景玉、何志：《合同纠纷裁判依据新释新解》，人民法院出版社2014年版，第245页。

第五,解除权原则上应当在规定的期限内行使。[①] 解除权在性质上属于形成权,其行使期间在性质上属于除斥期间[②],因此不能长期存在,否则合同效力将处于不确定状态。我国《民法典》第564条第1款规定:“法律规定或者当事人约定解除权行使期限,期限届满当事人不行使的,该权利消灭。”据此,合同解除权必须在规定的期限内行使,如果当事人未在该期限内行使解除权,则解除权消灭。

第六,无论是何种形式的解除,都必须遵守法定的形式要件。如果法律、行政法规规定解除合同应当办理批准、登记等手续的,应依照其规定。

(二)通过诉讼或者仲裁方式解除合同

《民法典》第565条第2款规定:“当事人一方未通知对方,直接以提起诉讼或者申请仲裁的方式依法主张解除合同,人民法院或者仲裁机构确认该主张的,合同自起诉状副本或者仲裁申请书副本送达对方时解除。”这就确认了通过司法或者仲裁程序解除合同的时间。在实践中,在法院或仲裁机构依法作出判决或裁决时,合同自何时开始解除不仅影响到权利义务的终止,还影响到违约金等责任的计算等问题。因此,该款规定了合同解除的时间,即“合同自起诉状副本或者仲裁申请书副本送达对方时解除”,以该时点作为合同解除的时间,从而避免出现纠纷。该款规则适用于有解除权的一方没有通过通知的方式解除合同,而是以诉讼或仲裁的方式向人民法院或仲裁机构主张解除的情形。在此种情况下,如果法院或者仲裁机构确认合同解除,那么合同解除的时点为起诉状副本或者仲裁申请书副本送达对方的时间。[③] 需要注意的是,此处法院或者仲裁机构确认解除合同,实际上是因为主张解除一方当事人享有解除权,法院或仲裁机构确认了其解除权,如果当事人并不享有解除权就不能适用该条的规定。

但当事人一方在通过诉讼的方式解除合同时,可能会撤诉,并在撤诉后再次起诉主张解除合同,此时如何认定合同解除的时间?依据《合同编通则解释》第54条的规定,在当事人起诉主张解除合同又撤诉后,再次起诉主张解除合同,人民法院经审理支持该主张的,则合同自再次起诉的起诉状副本送达对方时解除。因为当事人在以起诉的方式解除合同时,虽然起诉状副本已经送达对方,但法院并未确认当事人的解除主张成立,而申请撤诉乃是撤回解除合同的意思表示,因此,难以按照第一次起诉的起诉状副本送达对方的时间确定合同解除时间。在当事人一方撤诉后,双方当事人嗣后都可能继续履行合同,认定合同自起诉状副本送达对方时已经解除,可能引发不必要的争议。[④] 如果当事人一方撤诉后再次起诉,经人民法院审理认定解除权成立的,合同自再次起诉的起诉状副本送达对方时解除。但是,依据《合同编通则解释》第54条,在当事人一方撤诉后又通知对方解除合同,而且该通知已经到达对方的,则应当适用通知的规则认定合同的效力,此种情形即属于按照通知的方式解除合同,而非以起诉的方式解除合同。如果发出通知的一方享有解除权,则合同自通知到达对方时解除。

---

① MüKo/Gaier, BGB § 350, Rn. 1.

② 参见黄薇主编:《中华人民共和国民法典合同编解读》(上册),中国法制出版社2020年版,第356页。

③ 参见石宏:《合同编的重大发展和创新》,载《中国法学》2020年第4期。

④ 参见最高人民法院民事审判第二庭、研究室编著:《最高人民法院民法典合同编通则司法解释理解与适用》,人民法院出版社2023年版,第597页。

二、解除权的行使期限

1. 法律规定了解除权的行使期限或者当事人约定了解除权的行使期限。依照《民法典》第 564 条第 1 款的规定，解除权必须在法律规定或者当事人约定的期限内行使。如果当事人未在约定的期限内行使解除权的，则解除权消灭。

2. 法律没有规定解除权的行使期限，当事人也没有约定解除权的行使期限。在法律没有规定且当事人没有约定合同解除期限的情形下，解除权也不能长期存在，否则合同的效力将长期处于不确定状态，这也会影响当事人的合理预期，影响财产秩序的稳定。[①] 为此，《民法典》第 564 条第 2 款规定："法律没有规定或者当事人没有约定解除权行使期限，自解除权人知道或者应当知道解除事由之日起一年内不行使，或者经对方催告后在合理期限内不行使的，该权利消灭。"这一规定包括两种情形：

一是自解除权人知道或者应当知道解除事由之日起 1 年内。所谓解除权人知道或者应当知道解除事由，是指解除权人明知存在解除事由，或者根据合同履行的情况应当知道存在解除事由。此时，解除权的行使期限为 1 年。在当事人没有催告、法律没有规定、当事人也没有约定时，法律规定 1 年的除斥期间，这主要是考虑到与解除权性质相同的撤销权的除斥期间即为 1 年。[②] 由于《民法典》第 199 条规定除斥期间"自权利人知道或者应当知道权利产生之日起计算"，因此，本条也采取了"知道或者应当知道解除事由"的表述，从而与《民法典》总则编的规定保持一致。[③]

二是在对方当事人催告后的合理期限内行使。这就是说，如果法律没有规定或当事人没有约定解除权的行使期限，对方当事人需要确定是否履行以及何时履行，此时可以催告享有解除权的当事人行使解除权。[④] 严格地说，催告并不是确定解除权行使的条件，催告只是赋予了非解除权人确定对方是否解除合同的权利，但非解除权人是否催告不应当影响解除权因逾期行使而丧失的效力。这主要是考虑到解除权作为形成权，长期不行使会使得相对人处于不安定的状态，因此有必要给对方以催告消灭解除权的手段。[⑤] 更何况在实践中非解除权人大多是违约方，要由违约方来催告非违约方是否解除合同，且将这种催告作为解除权丧失的条件，也不符合情理。从《民法典》第 564 条第 2 款规定来看，即便当事人没有催告，权利人自知道或者应当知道解除事由之日起 1 年内没有行使解除权的，解除权也将消灭。立法者为解除权设立期限限制，目的就是要督促解除权的及时行使，使合同关系得到尽快的确定和稳定。如果以催告作为解除权丧失的条件，也不符合立法的意图。因此，相对人可以自由选择催告或不催告。

三、相对人提出异议的权利

《民法典》第 565 条第 1 款后段、第 2 款规定："对方对解除合同有异议的，任何一方当事人均可以请求人民法院或者仲裁机构确认解除行为的效力。当事人一方未通知对方，直接以提起诉讼或者申请仲裁的方式依法主张解除合同，人民法院或者仲裁机构确认该主张的，

---

① 参见黄薇主编：《中华人民共和国民法典合同编解读》(上册)，中国法制出版社 2020 年版，第 357 页。

② 参见朱广新、谢鸿飞主编：《民法典评注・合同编・通则 2》，中国法制出版社 2020 年版，第 185 页。

③ 参见黄薇主编：《中华人民共和国民法典合同编解读》(上册)，中国法制出版社 2020 年版，第 357 页。

④ 同上书，第 356 页。

⑤ 参见郑玉波：《民法债编总论》(修订二版)，陈荣隆修订，中国政法大学出版社 2004 年版，第 340 页。

合同自起诉状副本或者仲裁申请书副本送达对方时解除。”依据这一规定,应适用如下规则:

1. 一方依法行使解除权,如果对方没有提出异议,则合同自解除通知到达对方时起发生效力。一般认为,解除权是形成权而非形成诉权,其行使并不必须以提起诉讼的方式进行。因此,作为普通的形成权,合同解除权的行使在解除通知到达相对人时就会发生效力。[①]《民法典》第565条规定:通知载明债务人在一定期限内不履行债务则合同自动解除,债务人在该期限内未履行债务的,合同自通知载明的期限届满时解除。也就是说,如果解除的通知中已经明确告知了对方在一定期限内不履行债务,将导致合同解除,则对方未在该期限内履行债务的,合同关系即告解除。

2. 对方有异议的,可以提出异议,也可以不提出异议。提出异议,实际上是指当事人对合同解除权的权利不存在、不能行使或已经消灭的抗辩。如果对方提出异议,则合同不能当然解除。[②] 如果约定了异议期限,当事人应当在约定期限内提出异议。如果当事人没有约定异议期限,则当事人应当在法定期限内提出异议。

3. 一旦一方提出解除异议,则任何一方都可以通过诉讼或仲裁解除合同。在一方提起诉讼以后,主张解除的一方是否享有解除合同的权利,法院或者仲裁机构应当对此予以审查。如果一旦确定当事人享有解除权,则应当宣告合同解除。但如果当事人不享有合同解除权,法院或者仲裁机构的裁判结果确认解除权事实上没有成立、更不存在解除权有效行使这一事实的,则应当继续维持合同的效力,当事人一方向另一方发出解除通知的行为当然自始不发生合同解除的法律效力。[③] 如果提出解除的一方不享有解除权,另一方可以提出异议。在法律上赋予另一方异议权,可以防止合同当事人随意解除合同;同时,也能够使另一方最大限度地保护自己的利益,避免在不符合解除条件的情况下使自己的利益遭受损害。

《合同编通则解释》第53条规定:“当事人一方以通知方式解除合同,并以对方未在约定的异议期限或者其他合理期限内提出异议为由主张合同已经解除的,人民法院应当对其是否享有法律规定或者合同约定的解除权进行审查。经审查,享有解除权的,合同自通知到达对方时解除;不享有解除权的,不发生合同解除的效力。”该条明确了如下规则:

第一,一方通知解除合同必须以其享有合同解除权为前提。一方行使解除权能否产生解除合同的效力,主要看一方行使解除权是否符合法定或者约定解除权的行使条件,如果符合解除权的行使条件,则自解除通知到达对方起,认定已经被解除;否则,不产生解除合同的效果。通知解除合同只是满足了解除合同的程序要件,但其不是解除合同的实质要件,为防止一方当事人通过合同解除的方式逃避债务,维护诚信原则,必须要求当事人通知解除时享有合同解除权。[④] 换言之,一方行使解除权能否产生解除合同的效果,关键是看当事人解除合同的条件是否具备。不享有解除权的,不发生合同解除的效力。

第二,即便双方当事人约定了异议期间,而另一方没有在该异议期间内提出异议的,也不意味着该解除权能够当然产生解除合同的效力。《合同法司法解释二》第24条曾明确规定提出异议的法定期限为自解除通知到达之日起3个月。但因为一方发出解除通知并不意

① 参见贺剑:《合同解除异议制度研究》,载《中外法学》2013年第3期。

② 参见同上。

③ 参见韩世远:《合同法总论》(第四版),法律出版社2018年版,第668页。

④ 参见最高人民法院民事审判第二庭、研究室编著:《最高人民法院民法典合同编通则司法解释理解与适用》,人民法院出版社2023年版,第586页。

味着其实际上真的享有解除权，在没有解除权的情形下，因异议期间经过而使合同被解除，这显然不符合《民法典》关于合同解除的基本规则。同时，一方发出解除通知，而另一方不提出异议可能存在多种原因，仅凭异议期间内没有提出异议而认定合同被解除，不利于对真正享有解除权人的利益的保护。例如，一方无正当理由向对方发出解除合同的通知，另一方对此不予理会，不能因为超过异议期间后就认定合同已经被解除，如此可能纵容当事人的恶意违约行为。[①]

第三，享有解除权的，合同自通知到达对方时解除。一方提出解约以后，如果不享有解除权的，即使通知已经到达对方，或者对方未提出异议，也不发生合同解除的效力。在此情形下，可以视为一方提出了解除合同的要约，必须要对方作出承诺，合同才能解除。[②] 但提出解约的一方享有解除权的，则合同将发生解除。解除的时间应当自通知到达对方时计算。

解除权是形成权的一种，按照财产权原则上可以抛弃的原理，解除权也可以抛弃。[③] 具体来说，解除权可以采取明示或默示的方式予以抛弃。所谓明示的方式就是直接向非解除权人表示抛弃解除权。所谓默示方式是指一方以自己的行为表明其已经抛弃了解除权。当然，由于解除权的抛弃事关当事人的重大利益，即便是默示抛弃，也应当能够确定当事人有抛弃解除权的意思，如果从单纯的缄默中认定具有抛弃解除权的意思，必须有当事人的约定或者法律的规定，否则不能认定具有抛弃的意思。

第四节 合同解除的法律后果

一、合同解除的法律效果

合同解除究竟导致怎样的效果，学说上素来存在争议。从比较法上看，关于合同解除的效力存在如下几种观点：

第一，间接效果说。此种观点认为，合同解除并不导致合同关系消灭，而只是使合同的作用受到障碍，因此，对于合同未履行的部分，债务人可以行使拒绝履行的抗辩权，对于已经履行的部分，则应当恢复原状，予以返还。此说认为，关于恢复原状的性质，不是基于合同溯及既往地消灭，而是因为解除本身而产生的法定债务，并非基于意定而产生。由于合同尚未消灭，反之是转化为法定之债，因此违约金条款和其他相应的清理结算条款仍然有效。[④]。

第二，直接效果说。此种观点认为，合同因解除而溯及既往地消灭，已经履行的应当返还，尚未履行的不再履行。直接效果说内部又存在不同的学说，一是认为已经履行部分的返还义务，在性质上属于不当得利返还义务；二是认为在不承认物权行为独立性和无因性的前提下，恢复原状在性质上属于不当得利或行使所有物返还请求权；三是认为解除只是使得债

---

① 参见最高人民法院民事审判第二庭、研究室编著：《最高人民法院民法典合同编通则司法解释理解与适用》，人民法院出版社2023年版，第584页。

② 参见最高人民法院民事审判第二庭编著：《〈全国法院民商事审判工作会议纪要〉理解与适用》，人民法院出版社2019年版，第311页。

③ MüKo/Gaier, BGB § 349, Rn. 7.

④ 参见朱广新、谢鸿飞主编：《民法典评注·合同编·通则2》，中国法制出版社2020年版，第205页；韩世远：《合同法总论》（第四版），法律出版社2018年版，第670页。

权合同消灭,物权并未自动复归,所以只是发生了债的关系的消灭。[①] 由于合同消灭,违约金条款和结算条款也一并消灭。

第三,折中说。此种观点认为,在合同解除的情形下,合同的效力是否因解除而消灭,不能一概而论,而应当依据合同解除的具体情形予以判断,即尚未履行的债务自解除时消灭,而已经履行的部分并不消灭,只是发生新的返还债务的清算关系。解除后违约金条款和清算关系是原债务形态的一种转换,仍然有效。[②]

直接效果说与间接效果说的主要区别在于,合同解除是否使合同效力消灭以及损害赔偿的范围如何确定。从比较法上来看,一般认为,德国在债法改革中,已经由直接效果说,转向采纳折中说。[③]《销售合同公约》第 81 条规定:"宣告合同无效解除了双方在合同中的义务,但应负责的任何损害赔偿仍应负责。"这就是说,合同解除只是免除了当事人继续履行的义务,但仍然存在溯及既往的效力,即对于造成的损害应当承担赔偿责任。这实际上是采纳了折中说。《欧洲统一民法典草案》第Ⅲ-3:509 条规定:"当事人未履行的合同债务或者未履行债务的相关部分消灭。"该规定与《销售合同公约》具有相同的观点。此外,《国际商事合同通则》第 7.3.5 条和《欧洲合同法原则》第 9:305 条基本都肯认了折中说。可见,折中说是立法发展的新的趋势。

笔者认为,上述各种观点都不无道理,但是折中说更为可取。从《民法典》第 566 条第 1 款的规定来看,一方面,解除原则上是导致了合同的终止,《民法典》将其作为终止的原因,主要是因为其可以产生终止的效果,而依据《民法典》第 567 条的规定,合同终止不影响结算和清理条款的效力。依据《合同编通则解释》第 52 条第 3 款的规定,合同解除不影响结算和清理等条款的效力。在双方协商解除合同时,如果原合同规定了结算和清理等条款,则这些条款不因合同解除而失效;如果原合同没有规定结算和清理等条款,当事人在协议解除合同之外,特别规定了结算和清理等条款,这些条款仍然合法有效。[④] 另一方面,解除向将来发生效力,对于尚未履行的部分,应当停止履行。此外,在合同解除后,对于已经履行的债务事实上产生的是清算的法律效果。这就是说,并非原权利义务关系已经宣告不复存在,而只是因为解除的发生,导致原来已经履行的部分,需要发生清算的效果。

二、合同解除的具体效果

(一)合同解除的溯及力

关于合同解除是否具有溯及力,存在不同的认识。[⑤]《民法典》第 566 条第 1 款规定:"合同解除后,尚未履行的,终止履行;已经履行的,根据履行情况和合同性质,当事人可以请求恢复原状或者采取其他补救措施,并有权请求赔偿损失。"依据这一规定,合同解除的溯及力包括如下几点:

---

① 参见崔建远主编:《合同法》(第七版),法律出版社 2021 年版,第 183—184 页;韩世远:《合同法总论》(第四版),法律出版社 2018 年版,第 669 页。另见朱广新、谢鸿飞主编:《民法典评注・合同编・通则 2》,中国法制出版社 2020 年版,第 205 页。

② 参见韩世远:《合同法总论》(第四版),法律出版社 2018 年版,第 671 页;黄薇主编:《中华人民共和国民法典合同编解读》(上册),中国法制出版社 2020 年版,第 354 页。

③ 参见朱广新、谢鸿飞主编:《民法典评注・合同编・通则 2》,中国法制出版社 2020 年版,第 209 页。

④ 参见最高人民法院民事审判第二庭、研究室编著:《最高人民法院民法典合同编通则司法解释理解与适用》,人民法院出版社 2023 年版,第 579 页。

⑤ 参见黄薇主编:《中华人民共和国民法典合同编解读》(上册),中国法制出版社 2020 年版,第 364—365 页。

第一，尚未履行的终止履行。《民法典》承认合同解除应向将来发生效力，即对于尚未履行的应终止履行。既然合同已经解除，当事人的合同权利义务将消灭，任何一方都不得继续履行合同。

第二，已经履行的可产生溯及既往的效果。这就是说，已经履行的，可以根据履行情况和合同性质，要求恢复原状或采取其他补救措施。一是根据履行情况确定，即根据合同具体的实际履行情况进行判断。如果违约方已经作出履行，但履行不适当，对非违约方来说，只有将这些履行返还给违约人才对其最为有利。例如，交付有瑕疵，非违约方可拒绝接受。假如不能返还，则非违约方只能接受有瑕疵的标的物，并向对方支付相应的价款，这显然对非违约方不利。二是根据合同性质判断，即根据合同标的的属性确定合同不可能或者不宜恢复原状的，则不必恢复原状。[①] 例如，对于一些继续性合同而言（如租赁合同），已经发生的给付根本不可能返还或恢复原状，此时也不能发生溯及既往的效力。再如，对提供服务的合同而言，由于服务具有很强的人身专属性，而且服务的提供具有不可逆性，因此，此类合同关系解除，一般并不产生溯及力。[②]

所谓溯及既往是指可以要求恢复原状或采取其他补救措施。一是恢复原状，它是指当事人应恢复到订约前的状态。在合同解除以后，当事人所负有的恢复原状的义务应当根据合同现有的状态与合同订立前的状态予以比较，恢复原状就是要使当事人从现有的状态恢复到订约前的状态。二是如果依据合同的性质或当事人的实际状况，无法使合同履行恢复原状时，当事人可以采取修理、重作、减价等措施代替返还财产、恢复原状。即便是合同解除后，也可以采取修理、重作等方式。例如，因一方交付的产品质量不合格，导致非违约方解除合同，非违约方不一定要返还财产，而可以通过减价的方式，以质论价，处理当事人之间的权利义务关系。再如，因为受领的标的物发生毁损、灭失，无法恢复原状的，可以折价补偿。

（二）返还请求权

所谓返还请求权，是指合同解除之后，当事人请求返还其已经作出的给付。在合同解除以后，当事人要达到订约前的状态，也就是说要恢复原状，而返还请求权是实现恢复原状的效果最直接、最典型的方式。在解除后，关于原物的返还问题，因是否采纳物权行为理论而有所不用。在采纳物权行为理论的观点看来，合同解除不影响已经发生了的物权变动，因此当事人不能行使所有物返还请求权，而只能行使不当得利返还请求权。但是在不采纳物权行为理论的前提下，合同的解除导致债的关系的消灭，此时依据合同取得标的物的当事人不再是所有权人，以此可以依据所有物返还请求权请求其返还原物。[③] 由于我国《民法典》并未采纳物权行为理论，因此应当允许当事人行使所有物返还请求权。

当事人行使返还请求权时有权请求返还原物，同时，对于已经作出履行的部分，要恢复原状。除返还财产以外，还应补偿因返还所支付的费用。当事人也有权请求采取补救措施或请求赔偿损失。[④] 此外，在返还原物时，如果该物已经产生孳息，则也应当返还孳息，且一方在占有标的物时为维护标的物而支付的必要费用也应返还。但是，由于解除合同本身是对受害人的一种补救方式，体现了对违约方的制裁，所以，返还作出的履行，应充分考虑保护

① 参见黄薇主编：《中华人民共和国民法典合同编解读》（上册），中国法制出版社 2020 年版，第 365 页。

② 周江洪：《服务合同在我国民法典中的定位及其制度构建》，载《法学》2008 年第 1 期。

③ 参见韩世远：《合同法总论》（第四版），法律出版社 2018 年版，第 674 页。

④ 参见朱广新、谢鸿飞主编：《民法典评注 · 合同编 · 通则 2》，中国法制出版社 2020 年版，第 207 页。

非违约方的利益以及对违约行为的制裁,如果非违约方已经获得孳息,则其有权依法行使抵销权。

(三)合同的解除与损害赔偿的关系

1. 合同的解除与损害赔偿的关系

从比较法上来看,关于合同解除后是否产生损害赔偿责任,各国立法对此存在两种观点:一是选择主义,此种观点认为,合同解除与损害赔偿不能并存,当事人只能择一行使,因为解除合同将使合同关系不复存在,基于合同不履行而产生的损害赔偿责任失去了存在基础。二是并存主义,此种观点认为,合同解除并未使合同关系溯及既往地消灭,而只是终止尚未履行的合同债务,双方要产生恢复原状等关系,因此,合同解除与损害赔偿可以并存。①

从比较法的发展趋势来看,各国立法大多采纳了并存说,承认违约方一般可以同时主张解除合同与解除后的赔偿。② 我国《民法典》第566条第2款规定:"合同因违约解除的,解除权人可以请求违约方承担违约责任,但是当事人另有约定的除外。"依据这一规定,承认解除不影响当事人应承担的损害赔偿的责任。依据《合同编通则解释》第52条第3款的规定,合同解除不影响违约责任的承担。可见,我国《民法典》采纳了并存说,采纳并存说的理由主要在于:一方面,解除的效果只是使得当事人从既有的合同关系中脱身,并发生清算的效果,因此,在合同解除以后,还应当通过损害赔偿的方式清算当事人之间的权利义务关系,因而解除可以与损害赔偿并存。③ 另一方面,如果是因一方的根本违约导致合同解除,合同解除只是违约的一种救济方式,其无法替代损害赔偿等救济方式。在一方违约的情形下,另一方当然可以寻求损害赔偿。因为合同解除作为一种补救手段,只是使受害人摆脱了合同关系的束缚,从而使其可以选择新的订约伙伴,但其因对方的违约造成的损失并没有得到补救。即使是在解除后采取恢复原状的方法,也不能使受害人遭受的损失得到补偿。在某些情况下,要使当事人完全达到订约前的状态,仅仅通过返还履行的方法是不够的,还必须采用损害赔偿的方法。例如,一方交付的财产发生了毁损灭失而不能返还,只能采用损害赔偿的方法。当然,如果赔偿损失已足以保护受害人权益(例如,非违约方希望保留合同标的物,而对方交付的标的物不合格),在此情况下,可以通过损害赔偿方法保护其利益,而不必解除合同。④ 当然,合同解除与损害赔偿并存也存在一定的例外。例如,在协议解除的情形下,如果当事人在解除合同的协议中明确约定放弃损害赔偿的权利,则合同解除协议生效后,不仅产生合同解除的效果,而且也产生消灭损害赔偿责任的效力。

需要指出的是,解除作为一种救济方式与继续履行、修理、更换、重作等责任形式是不能并用的。因为这些责任方式都是合同中给付义务的具体延伸,且以合同的有效存在为前提,换言之,非违约方只有在不主张解除而主张实际履行的情形下,才能主张上述违约责任形式。因而,解除与继续履行、修理等责任形式是相互排斥的。⑤

2. 违约解除时的损害赔偿范围

在因违约发生解除时,并不影响非违约方的损害赔偿请求权,该损害赔偿的范围如何界

---

① 参见朱广新:《合同法总则》(第二版),中国人民大学出版社2012年版,第530页。

② See Ingeborg Schwenzer, Pascal Hachem, Christ Opher Kee, *Global Sales and Contract Law*, Oxford University Press, 2012, p. 710.

③ 参见朱广新、谢鸿飞主编:《民法典评注·合同编·通则2》,中国法制出版社2020年版,第204页。

④ 参见朱广新:《合同法总则》(第二版),中国人民大学出版社2012年版,第530页。

⑤ 石宏:《合同编的重大发展和创新》,载《中国法学》2020年第4期。

定？对此存在如下不同主张：

第一，履行利益说。此种观点认为，合同的解除与违约损害赔偿可以并存。在一方不履行合同时，债权人可以请求履行利益的损失。非违约方除了能够解除合同以外，还可以请求违约方承担因违约而产生的损害赔偿责任，其根据在于：因债务不履行而发生的损害赔偿在合同解除前就已经存在，不因合同的解除而丧失。日本、意大利民法采纳了此学说。我国有学者认为，合同因违约解除后，非违约方有权请求违约方赔偿其履行利益损失，此种损失的范围包括订立合同支出的必要费用、因相信合同能够履行而支出的必要费用和可得利益损失等。[①] 我国大多数学者主张履行利益说，认为可以赔偿可得利益的损失。[②]

第二，信赖利益说。此种观点认为，在合同解除之后，应当仅限于赔偿信赖利益的损失，因为合同已经解除，不可能赔偿履行利益。有学者主张，合同解除应当具有溯及力，如果肯定非违约方有权请求履行利益赔偿，将与合同解除的溯及力相矛盾。[③] 合同因解除而消灭，当事人一方不得基于债务不履行请求另一方承担损害赔偿责任。此种责任是以合同的有效存在为前提的，既然合同已经解除，就不再产生此种责任。但是在一方违约的情况下，非违约方会遭受因相信合同有效存在而实际不存在所致的损害，即信赖利益的损害。信赖利益的损害可以要求赔偿。

如果采信赖利益说，非违约方仅能就信赖利益的损失获得赔偿；而如果采履行利益说，则对非违约方的救济比较充分。笔者认为，应当区分具体的违约行为来确定损害赔偿的范围。[④] 一方面，因违约导致的合同解除，非违约方原则上有权请求违约方赔偿其履行利益的损失，因为合同解除具有补救非违约方的功能，合同解除使非违约方摆脱了合同关系的束缚，但非违约方因对方当事人违约行为而遭受的损失并没有因合同解除而得到清算，如果否定非违约方请求违约方赔偿其履行利益损失的权利，既不利于对非违约方进行救济，也不利于阻遏恶意违约行为。另一方面，违约已经导致非违约方的损害，此种损害是客观存在的，需要法律予以救济。只有通过履行利益的赔偿，才能使受害人恢复到如同损害没有发生的状态，符合完全赔偿原则。当然，从法律上看，合同的解除不应超出合同解除效力所应达到的范围。在确定履行利益的赔偿范围时，也应当考虑合同解除的因素，即应适用损益相抵规则，如应当扣除非违约方因合同解除而节省的相关费用支出。

对于解除后的损害赔偿问题而言，应当区分不同的解除原因而区别对待。[⑤] 在因违约而解除合同的场合，如果合同可以继续履行，非违约方主张解除合同的，则其可以主张信赖利益损失赔偿，而不得主张履行利益损失赔偿。因为一方面，在合同可以继续履行时，非违约方仍可请求违约方继续履行合同，以实现其合同目的，但如果其选择解除合同，主动消灭合同的效力，则应无权再主张对合同享有履行利益，无权再请求违约方赔偿其履行利益损失。另一方面，从当事人的本意看，在一方违约的情形下，如果合同仍可履行，则非违约方可以请求违约方继续履行合同，而如果其主张解除合同，则可以认定，继续履行合同对非违约方已经没有必要，或者其认为自身的信赖利益损失已经大于履行利益损失，此时，非违约方应当

---

① 参见杨立新：《中国合同责任研究(下)》，载《河南省政法管理干部学院学报》2000年第2期。

② 参见马俊驹、余延满：《民法原论》，法律出版社2007年版，第607页；韩世远：《合同法总论》(第四版)，法律出版社2018年版，第688—689页。

③ 参见蔡立东：《论合同解除制度的重构》，载《法制与社会发展》2001年第5期。

④ MüKo/Gaier, BGB § 346, Rn. 59 ff.

⑤ 参见曾凡昌：《解除原因视角下的合同解除损害赔偿范围研究》，载《西南政法大学学报》2011年第2期。

可以主张信赖利益损失的赔偿。但在合同无法继续履行的情况下,应当允许解除权人主张履行利益的损失。

需要指出的是,在特殊情况下,特别是在订立所谓“亏本合同”的情形下,合同的履行可能使非违约方的财产减少,在此情形下,非违约方的信赖利益损失可能大于其履行利益损失。此时,应当允许非违约方选择请求违约方赔偿其信赖利益损失。[①]

(四)合同解除与实际履行等措施

合同解除与实际履行关系十分密切。实际履行要求当事人按照合同规定的标的作出履行,而不得以违约金、赔偿金等方式代替合同的履行。实际履行与合同解除一样都可以作为违约后的补救措施,因此在许多情况下,应允许非违约方在实际履行和解除合同之间作出选择。如果非违约方认为实际履行对其有利(例如他希望得到标的物,或者在对方交货不足情况下希望对方交足,对方交付了瑕疵产品,希望对方修理、更换等),其就应选择实际履行而不应解除合同。一旦非违约方选择了实际履行,就意味着其放弃了合同解除的权利。

根据《民法典》第566条第1款的规定,在合同解除后,根据履行情况和合同性质,当事人可以采取其他补救措施。一些学者认为,所谓“其他补救措施”,主要是指修理、更换等措施。因为如果当事人根据已经履行的情况和合同性质,不愿意恢复原状,而愿意继续保留对方交付的财产,则在合同解除后,也可以要求对方修理、更换已经交付的标的物。笔者认为,此种观点不完全妥当。因为修理、更换是在合同有效的情况下,依据合同履行义务或承担违约责任,如果合同已经解除,显然不应再采取此种方式。[②] 事实上,此处所说的“其他补救措施”是指合同解除以后,如果恢复原状不足以保护受害人的利益,受害人还可以根据违约情况而请求对方承担支付违约金等责任。

(五)合同解除后的担保责任

《民法典》第566条第3款规定:“主合同解除后,担保人对债务人应当承担的民事责任仍应当承担担保责任,但是担保合同另有约定的除外。”从实践来看,关于主合同解除后保证人是否需要承担保证责任,一直存在争议。《民法典》第566条对主合同解除后担保人的担保责任作出规定,明确了担保人在主合同解除后仍应当继续承担担保责任。此种规定具有合理性,因为在主合同被解除后,债务人所应当承担的责任是其合同债务的一种延续,担保人仍应当对此承担担保责任。当然,如果当事人在担保合同中明确约定,主合同解除后,担保人不再承担担保责任的,该约定也有效。

第五节 合同的司法终止

一、合同的司法终止的概念和特征

与合同的解除具有密切关联的是合同的司法终止。所谓合同的司法终止,又称为打破合同僵局,是指合同当事人请求法院或者仲裁机构解除合同,由法院或者仲裁机构决定是否解除合同。比较法上普遍认为,只有非违约方才享有解除合同的权利,违约方无权主张解除

---

① 参见李永军:《合同法》(第三版),法律出版社2010年版,第554页。

② 参见黄薇主编:《中华人民共和国民法典合同编解读》(上册),中国法制出版社2020年版,第367页。

合同[①]，有关国际公约和示范法也采纳了这一规则[②]。但在交易实践中，因为只有非违约方才享有解除权，可能会导致合同僵局的产生。所谓合同僵局，是指在长期合同中，一方因为经济形势的变化、履约能力等原因，导致其不可能履行长期合同，需要提前解约，而另一方拒绝解除合同。从审判实践来看，出现合同僵局大多是因为合同难以继续履行，或者事实上不可能实际履行。在出现合同僵局的情形下，有必要通过司法终止方式打破合同僵局。从比较法上来看，一些国家承认了司法终止。2016 年修订后的《法国民法典》新增的第 1228 条规定："任何情况下，都可以通过司法途径主张解除"，这即为"司法解除"(résolutionjudiciaire)制度。这一条文源自 2016 年债法改革前第 1184 条，但该条文此前仅适用于双务合同；而 2016 年债法改革法令扩张了这一条款的适用范围；法国学理认为，一些其他类型的合同(有偿的单务合同)也可以采取司法解除，而一些双务合同有可能不能被解除。在当事人申请司法解除后，法院不仅可以确认解除权人权利行使的效力，还可以直接认定合同的解除。法国法关于司法解除的经验也被许多国家所采纳。例如，比利时法和卢森堡法，以及东欧和中亚多国的法律中，均接受了这一观点。[③]

《德国民法典》第 275 条第 1 款就履行不能的法律效果原则上采取了义务消灭模式，即针对事实不能与法律不能，原定给付义务消灭。而针对实际不能与人身专属给付(《德国民法典》第 275 条第 2 款和第 3 款)，德国法采取了抗辩权构成理论，即如果债务人根据实际不能或人身专属给付的规定拒绝给付，则债权人的给付请求权就被排除了。[④]

在违约救济的方式上，我国《民法典》将实际履行和损害赔偿交由非违约方选择，但在司法实践中，经常因为各种原因而使合同难以履行，但非违约方拒绝解除合同，从而导致合同陷入僵局，在此情形下，法律确有必要设定相应的规则，以终止合同关系，打破合同僵局。例如，一方与另一方订立 5 年租赁合同后，刚租满半年，承租人就因工作调动而无法继续承租房屋，但此种情形又不构成情势变更，不能依据情势变更规则解除合同，继续履行合同将使承租人无法实现订约目的，由于承租人提前解约，已构成违约，其不享有解除权。而出租人又不愿意解除合同，此时合同就陷入僵局。《全国法院民商事审判工作会议纪要》第 48 条第 1 款中段规定："在一些长期性合同如房屋租赁合同履行过程中，双方形成合同僵局，一概不允许违约方通过起诉的方式解除合同，有时对双方都不利。"因此，应当允许违约方根据一定的条件起诉解除合同。

对此，《民法典》第 580 条第 2 款也规定："有前款规定的除外情形之一，致使不能实现合同目的的，人民法院或者仲裁机构可以根据当事人的请求终止合同权利义务关系，但是不影响违约责任的承担。"该条规定借鉴了比较法的经验，同时也吸纳了我国司法实践的经验，有助于解决此种合同僵局的情况。法律上之所以要打破合同僵局，主要原因在于：一方面，有

---

① See Treitel, *The Law of Contract*, 14th edition, Sweet & Maxwell, 2015, p. 953.

② 《销售合同公约》第 25 条规定："一方当事人违反合同的结果，使对方实际上剥夺了他根据合同规定有权期待得到的东西，除非违约方并没有预见到，且一个理性的同行在相同情况下也不可能预计到会发生这种损害结果。"显然，《销售合同公约》是将合同的法定解除权赋予了非违约方，即非违约方可以在违约方根本违约的情形下解除合同。有关的示范法也基本采纳这一观点。例如，《欧洲民法典草案》(DCFR)第Ⅲ-3:502 条规定，因债务人不履行合同债务，债权人可以解除合同。《商事合同通则》(PICC)第 7.3.1 条也规定了在一方根本违约的情形下，非违约方享有解除合同的权利。

③ 参见〔德〕克里斯蒂安·冯·巴尔、〔英〕埃里克·克莱夫主编：《欧洲私法的原则、定义与示范规则：欧洲示范民法典草案》(第一、二、三卷)，高圣平等译，法律出版社 2014 年版，第 762 页。

④ Dirk Looschelders, Schuldrecht, Allgemeiner Teil, 17. Aufl., 2020, § 22., Rn. 2.

利于维护公平和诚信原则。在出现合同僵局时,享有解除权的一方当事人拒绝行使解除权,常常是为了以"敲竹杠"的方式向对方索要高价,从而要求超出自己所应获得利益的赔偿,这就违反了诚信和公平原则。如果任由非违约方拒绝解除,可能造成双方利益的严重失衡。因而,在法律上有必要予以纠正。另一方面,降低交易成本。打破合同僵局可以使当事人及时从合同僵局中脱身,并及时开展其他交易,这在整体上可以降低交易的成本。

合同的司法终止的特征主要表现在:第一,必须出现合同僵局。出现合同僵局意味着虽然一方因履行不能致使不能实现合同目的,其并不享有单方解除合同的权利。但另一方拒绝解除合同,当事人也无法达成解除合同的协议。在此情形下,合同就出现僵局,履行不能的一方无法从合同中摆脱出来,另行签订合同。

第二,不属于情势变更的情形。虽然合同僵局与情势变更具有相似性,但两者也具有明显的区别,不能将构成情势变更作为认定合同僵局的前提条件。一方面,二者产生的原因不同。情势变更的发生原因是客观原因,并且是当事人在合同订立时无法预见的客观原因。而产生合同僵局的原因大都不是当事人在合同订立时无法预见的客观原因,而可能是当事人一方主观原因造成的。另一方面,对当事人利益的影响不同。在情势变更的情形下,因一定的客观原因的发生将导致继续履行合同对一方当事人明显不公平,或者不能实现合同目的;而在合同僵局的情形下,合同僵局的出现通常只是导致一方当事人的合同履行成本过高,并不当然导致当事人的合同目的无法实现。所以,出现合同僵局时无法完全依据情势变更规则打破合同僵局。当然,在履行不能的情形下,如果符合情势变更的适用条件,直接适用情势变更规则即可解决相关问题,而不需要适用《民法典》第 580 条第 2 款的规定。

第三,必须由法院或者仲裁机构决定是否终止合同。在出现合同僵局的情形下,当事人不享有解除权,其仅仅是享有申请司法机关终止合同的权利,最终由法院或者仲裁机构经过审查予以判断。因此,该条并没有赋予任何一方单方面解除合同的权利。[①]

二、司法终止的条件

依据《民法典》第 580 条第 2 款的规定,如果符合如下情形,可以请求法院和仲裁机构解除合同:

第一,必须因履行不能致使不能实现合同目的。在出现合同僵局的情形下,合同本身并非完全不能履行,相反,在许多情形下,合同是可以履行的,但因为一方的原因,导致合同履行艰难,或者履行在经济上不合理。

一方面,在司法终止的情形下,必须发生履行不能,履行不能既包括不能履行,也包括履行费用过高。具体而言,存在三种情形:一是法律上不能履行。例如当事人签订合同后由于政府的征收征用政策而导致合同不能履行,即构成法律上不能履行。二是事实上不能履行,即出现了一定的事由导致合同在事实上不能履行。例如,在合同订立后、债务人履行前,作为特定物的标的物发生毁损灭失,已无法从市场上获得替代品,此时就发生事实上的不能履行。三是履行费用过高。在比较法上,履行费用过高就是在成本和收益之间作了一个相对

① 参见黄薇主编:《中华人民共和国民法典合同编解读》(上册),中国法制出版社 2020 年版,第 419 页。

的经济评估(comparative economic assessment),来确定是否要适用履行请求权。[①]

另一方面,因此种履行不能导致合同目的不能实现。例如,违约方租赁房屋的目的是用于自己居住,但因为其赴外地工作,继续租赁该房屋已经无法实现其缔约目的,因此,必须终止合同。如果不能请求继续履行的仅仅是从给付义务,则可能并不会必然导致合同目的不能实现,此时当事人不能申请终止合同。

第二,非违约方拒绝违约方解除合同的请求。之所以合同会形成僵局,是因为一方继续履行无法实现合同目的,因此其要求解除合同,而非违约方因为各种原因拒绝解除合同。在许多情形下,非违约方拒绝解除合同是为了"敲竹杠"、借机发难、索要更高的赔偿。这些行为本质上都违反了诚信原则,造成当事人之间的利益失衡,所以才有必要允许当事人请求司法机关决定是否终止合同。[②]

第三,必须由当事人提出请求,不能依职权终止合同。毕竟,在出现合同僵局的情形下,是否有必要打破合同僵局、提前终止合同关系到当事人自身的利益,应当由当事人自己提出请求,法院或者仲裁机构没必要依职权终止合同。

如果符合上述条件的,任何一方当事人(包括违约方)都可以请求法院或者仲裁机关确认合同关系终止。《民法典》第580条第2款最主要的法律后果是:当事人有权申请终止合同。这里所说的当事人是指双方当事人,包括守约方和违约方。当然,允许违约方主张终止合同也只是允许其请求法院或者仲裁机构通过裁判终止合同,而不是赋予违约方解除合同的权利。

依据《民法典》第580条第2款的规定,在合同终止后,违约方本应当承担的违约责任不能因此而减少或者免除。

三、司法终止的时间

在出现合同僵局的情形下,当事人提起诉讼、申请司法终止之后,如何确定合同终止的准确时点,对此一直存在争议。依据《合同编通则解释》第59条的规定,法院一般应当以起诉状副本送达对方的时间作为合同权利义务关系的终止时间,这主要是因为:一方面,有利于为司法终止情形下合同权利义务终止的时间提供明确的判断标准。与起诉状副本送达对方的时间相比,其他时间点通常不够明确,难以为合同权利义务的终止提供明确的判断标准。另一方面,有利于鼓励当事人及时提出请求。在出现合同僵局的情形下,当事人依法享有请求司法终止合同的权利,以起诉状副本送达对方的时间作为合同权利义务终止的时间,也有利于鼓励当事人及时提出请求,以尽快打破合同僵局。[③]

当然,在司法终止的情形下,以起诉状副本送达对方的时间作为合同权利义务终止的时间只是一般情形,而司法终止的情形较为复杂,一概以起诉状副本送达对方的时间作为合同权利义务终止的时间,有可能不符合公平和诚信原则。例如,在一方故意违约的情形下,其具有过错,但其并没有与对方协商,而直接申请司法解除,在此情形下,如果以起诉

---

① Stefan Vogenauer, *Conmentary on the UNIDROIT Principles of International Commercial Contracts (PICC)*, Oxford University Press, 2015, p. 1076.

② 参见黄薇主编:《中华人民共和国民法典合同编解读》(上册),中国法制出版社2020年版,第419页。

③ 最高人民法院起草小组:《〈关于适用民法典合同编通则若干问题的解释〉的理解与适用》,载《人民司法》2024年第1期。

讼状副本送达对方的时间作为合同终止的时间,可能并不公平。因此,依据《合同编通则解释》第59条的规定,以其他时间作为合同权利义务关系终止的时间更加符合公平原则和诚信原则的,法院也可以以该时间作为合同权利义务关系终止的时间。这就赋予了法官一定的自由裁量权,由法官根据公平和诚信原则,确定合同司法终止的时间点。[①] 因此,由法院根据案件具体情况,依据公平和诚信原则确定合同终止的时间点,有利于实现原则性与灵活性的统一。

① 参见最高人民法院民事审判第二庭、研究室编著:《最高人民法院民法典合同编通则司法解释理解与适用》,人民法院出版社2023年版,第660页。

第五编　违约责任

第十九章

违约责任概述

第一节　违约责任的概念和特征

一、违约责任的概念

违约责任，也称为违反合同的民事责任，是指合同当事人因违反合同义务所承担的责任。《民法典》第577条规定："当事人一方不履行合同义务或者履行合同义务不符合约定的，应当承担继续履行、采取补救措施或者赔偿损失等违约责任。"该条是对违约责任的一般规定，确定了违约责任的归责原则、责任形式。违约责任的产生是以合同的有效存在为前提的。合同一旦生效以后，将在当事人之间产生法律约束力，当事人应按照合同的约定全面地、严格地履行合同义务，任何一方当事人因违反有效合同所规定的义务均应承担相应的违约责任，所以违约责任是违反有效合同所规定义务的后果。

违约责任是民事责任的一种类型，其不同于债务。我国《民法典》第176条规定："民事主体依照法律规定或者按照当事人约定，履行民事义务，承担民事责任。"依据该条规定，责任与债务不同，责任是在债务人不履行债务时，国家强制债务人履行债务或承担法律责任的表现，即在债务人不履行债务时，在债权人提出请求后，债务在性质上将转化为一种强制履行的责任。从这一意义上说，责任是为确保债务履行而设置的措施，它以债务的存在为前提，以督促债务人履行债务并保障债权人的债权为宗旨。[①] 意大利帕维亚大学教授甘多芬(Gandolfi)主持起草的《欧洲合同法草案》(又称为"帕维亚计划")第89条规定："合同一方当事人或其辅助人的行为违反了合同所确定的义务，或者合同履行的事实上或法律上的后果不符合合同当事人的承诺，就构成合同债务的违反。"[②]由此可以看出，合同不履行实际上就是合同一方当事人的履行行为不符合法律或合同的规定，而违反义务的结果就是产生合同责任。

我国学者大多认为，违约责任是指不履行合同义务或履行合同义务不符合约定的法律后果[③]，其以合同的有效存在为前提。违约责任与合同债务的联系表现在：一方面，合同债务是违约责任产生的前提。合同债务是因，违约责任是果，无合同债务则无违约责任，违约责

---

① 梁慧星：《民法学说判例与立法研究》，中国政法大学出版社1993年版，第253页。

② Bénédicte Fauvarque-Cosson and Denis Mazeaud (eds.), *European Contract Law*, Sellier. European Law Publishers, 2008, p. 206.

③ 参见朱广新：《合同法总则》(第二版)，中国人民大学出版社2012年版，第396页。

任是合同债务不履行的后果。因此,如果债务关系本身不存在或被宣告无效、被撤销,则一般不发生违约责任问题。另一方面,违约责任是在债务人不履行债务时,国家强制债务人履行债务和承担法律责任的表现。也就是说,一旦债务人不履行债务,则债务将转化为强制履行的责任。与债务相比,责任具有明显的强制性和制裁性,因为在债务人不履行合同债务时,法律强迫其承担不利的后果及责任,这本身就体现了对违约行为的制裁。违约责任的制裁性也是有效督促债务人履行债务、保证债权实现的重要途径。我国《民法典》合同编单设一章(第八章)详细规定了违约责任。

二、违约责任的特征

合同法的目的"在于对受允诺人提供救济,以弥补违约"①。违约责任作为违反合同债务而产生的民事责任,与其他类型的民事责任相比,具有如下特征:

第一,违约责任是合同当事人不履行合同债务所产生的责任。违约行为(breach of contract)的概念在欧洲合同法上又常常使用"contractual default"一词来表达,其中包括了合同的不履行和不适当履行。② 违约行为不仅包括当事人违反主给付义务,还包括当事人违反从给付义务和附随义务;不仅包括违反约定义务,还包括违反法定义务和基于诚信原则产生的附随义务。③ 如果当事人违反的不是合同义务,而是其他法律规定的作为和不作为的义务,则可能需要承担其他责任。例如,行为人违反了侵权责任法所规定的不得侵害他人财产和人身的义务,造成他人的损害,则行为人需要依法承担侵权责任。再如,占有人非法占有他人的财产的,所有权人有权请求占有人返还财产。如果订约当事人在订约阶段,违反了依诚信原则而产生的忠实、保密等义务,造成另一方信赖利益的损失,则可能需要承担缔约过失责任。因此,违约责任是因不履行合同债务而产生的,这是其区别于侵权责任、不当得利返还责任、缔约过失责任的主要特点。

第二,违约责任具有相对性。违约责任只能在特定的当事人之间即合同关系的当事人之间发生,合同关系以外的人原则上不承担违约责任,合同当事人也不对合同当事人以外的主体承担违约责任。违约责任的相对性包含三方面的内容:一是违约当事人应对因自己的违约行为所造成的后果承担违约责任。当然,根据合同法的一般规则,合同当事人应对其履行辅助人的行为向债权人负责,因为履行辅助人是根据债务人的意思从事辅助债务履行的行为。二是在因第三人的行为造成债务不能履行的情况下,债务人仍然应当向债权人承担违约责任,原则上不应由第三人向债权人负违约责任。但特别法有规定的依照特别规定。④ 我国《民法典》第593条明确规定:"当事人一方因第三人的原因造成违约的,应当依法向对方承担违约责任。当事人一方和第三人之间的纠纷,依照法律规定或者按照约定处理。"债务人为第三人的行为向债权人负责,既是合同相对性规则的体现,也是保护债权人利益所必需的。当然,如果第三人的行为已直接构成侵害债权,那么第三人应依侵权法的规定向债权人负责。三是债务人只能依据法律或合同向债权人承担违约责任,而不应向国家或第三人

---

① 〔美〕E. 艾伦·范斯沃思:《美国合同法》(原书第三版),葛云松、丁春艳译,中国政法大学出版社2004年版,第750页。

② See Bénédicte Fauvarque-Cosson and Denis Mazeaud (eds.), *European Contract Law*, Sellier. European Law Publishers, 2008, p. 205.

③ 参见崔建远主编:《合同法》(第七版),法律出版社2021年版,第218—219页。

④ 参见黄薇主编:《中华人民共和国民法典合同编解读》(上册),中国法制出版社2020年版,第474页。

承担违约责任。由于其他主体不是合同当事人,债务人无须对其承担违约责任。

第三,违约责任主要具有补偿性。所谓违约责任的补偿性,是指违约责任旨在弥补或补偿因违约行为造成的损害后果。违约责任的补偿性包含两方面的内容:一方面,违约责任主要以填补非违约方的实际损失为内容。违约责任虽然有多种责任承担方式,但最重要的责任承担方式是违约损害赔偿,因而违约责任的补偿性质体现得较为明显,特别是英美法将损害赔偿作为违约后首要的补救方式,而将实际履行只作为衡平法上例外的补救措施,并且当事人约定的赔偿金,只能相当于受害人所受的损失,如果约定的赔偿金过高,则将因为体现了惩罚性而被宣告为无效。[①] 另一方面,虽然某些违约责任形式,如定金责任、违约金等,具有一定程度上的惩罚性,但违约责任在内容上主要是为了填补非违约方的实际损失。在当事人承担多种责任形式的情况下,多种责任形式的并用,应当与违约行为造成的损害后果大致相当,受害人不能因违约方承担责任而获得超过其所受损害之外的利益。[②] 例如,从违约责任的补偿性出发,一方在违约之后,所承担的赔偿责任应相当于另一方因此所受到的损失。

违约责任具有的补偿性从根本上说是平等、等价原则的具体体现,也是市场交易关系在法律上的内在要求。根据平等、等价原则,因一方违约使合同关系遭到破坏、当事人的利益失去平衡时,法律即通过违约责任的方式要求违约方对受害人所遭受的损失给予充分补偿,从而使双方的利益状况达到平衡。

第四,违约责任具有一定程度的任意性。美国学者富勒曾经指出,合同责任不同于侵权责任的最大特点在于,其贯彻了私法自治原则(the principle of private autonomy)。[③] 弗莱德也认为,合同法不同于侵权法的特点在于,其贯彻了合同自治理论。[④] 当事人的自治不仅体现在他们对合同内容的安排方面,而且体现在其可以对违约责任作出事先的约定,一旦发生违约,可以按照当事人的事先安排确定责任。因此,违约责任尽管具有明显的强制性特点,但仍有一定程度的任意性,主要表现在:一是当事人可以事先对违约责任进行约定。当事人可以在法律规定的范围内对违约责任作出事先安排,如当事人可以事先约定违约金的数额、幅度,可以预先约定损害赔偿额的计算方法甚至确定具体数额。二是当事人可以事先约定免责条款限制和免除当事人可能在未来发生的责任。违约责任本身就是一种风险,如果当事人在订立合同时感觉未来的风险太大,则可以通过约定免责条款控制未来的风险。当然,承认违约责任具有一定的任意性,并不意味着否定和减弱违约责任的强制性。如果违约责任失去了强制性,则债务也会失去对当事人的真正的拘束力,当事人约定的各种条款,包括违约责任条款,也都失去了应有的约束力。所以,违约责任的强制性是当事人违约责任得以实现的保障。同时,为了保障当事人设定的违约责任条款的公平合理,法律也要对违约责任的约定予以干预。如果约定不符合法律要求,也将会被宣告无效或撤销,从而适用法定的违约责任。

第五,违约责任具有财产性。违约责任是一种财产责任,不对债务人的人身进行强制。从违约责任发展过程来看,古代法律如罗马法曾允许对债务人的人身实行强制,债权人有权

① E. Allan Farnsworth, *Contracts*, Fourth Edition, Aspen Publishers, New York, 2004, p. 741.

② Hein Kötz, Europäisches Vertragsrecht, 2. Aufl., Mohr Siebeck, 2015, S. 380.

③ See Lon L Fuller, "Consideration and Form", 41 *Column. L. Rev.* 799 (1941).

④ See Fried, Charles, *Contract As Promise: A Theory of Contractual Obligation*, *Cambridge*, Harvard University Press, 1981, pp. 7-8.

将债务人出卖,而现代民法彻底废除了对人身实行强制的制度,以损害赔偿的方法作为违约责任的主要方式,正如《法国民法典》第1142条规定的一切作为或不作为的债务均可以转换成损害赔偿之债。在我国古代,民刑不分,对欠债现象曾经采取刑事制裁的办法。不过,债务毕竟是一种民事关系,而违反民事义务应当产生民事后果,如果对欠债的债务人予以刑事制裁,则惩罚措施未免过于苛刻。因此,在一方违约的情况下,只能通过合同责任解决纠纷。现代民法普遍承认,违约责任主要是财产责任,并禁止对违约当事人实行监禁,由此体现了法律文明的发展。在现代文明社会,任何债务都不会发生人格责任。[①] 我国现行的合同立法规定了损害赔偿、支付违约金、强制实行履行等责任方式,基本上都可以财产、货币来计算,因而都属于财产责任范畴。从合同责任的功能来看,在一方违约的情况下,法律责令另一方承担违约责任,其重要目的在于使受害人所受损害及时得到恢复或补救,从而维护当事人利益的平衡。因此,将违约责任限定于财产责任的范畴是必要的。

第六,违约责任是民事责任的一种形式。民事责任是指民事主体在民事活动中,因义务的违反而依照民法应承担的民事法律责任。违约责任不仅是合同法的核心内容,也是我国民事责任制度的组成部分。

违约责任和合同责任的概念虽然经常被等同,但二者之间仍然存在区别。从广义上说,合同责任是违约责任的上位概念,其包括了《民法典》合同编中规定的因合同而产生的责任类型(如缔约过失责任、违约责任、无效后的返还责任、合同终止后的责任等)。从这一意义上说,违约责任只是合同责任的一种类型。但如果将合同责任仅限于违反有效合同而产生的责任,则二者可以被等同对待。

三、违约责任与债务不履行责任的区分

所谓债务不履行的责任,是指对债务人不履行债务的违法行为的一种法律制裁。[②] 债务不履行责任是债的效力的直接体现,也就是说,为了保障债权人权利的实现,法律要通过规范债务人的行为,使其按照法律规定或者当事人之间的约定,全面履行其所负担的债务,使债的目的得以实现;如果债务人不履行债务,则应负债务不履行的责任。大陆法系国家民法典大多采用债务不履行责任的概念,其中包括了违约责任。[③] 有的国家的民法典甚至对债务不履行作出明确的定义。[④] 我国现行立法并没有采纳债务不履行的概念[⑤],但在我国《民法典》中,合同编通则实际上发挥了债法总则的功能,合同之外的债的关系的不履行也可能需要适用或者准用合同编通则的规定,因为违约责任与违反其他债务的责任之间存在一定的相似之处。例如,它们都以违反债务或者不履行债务为构成要件;一般都以不可抗力或债权人的过错作为免责事由;同时都以损害赔偿作为责任形式,并且损害赔偿也是债务不履行责任的共同的、基本的形式。正是因为这一原因,所以《民法典》第468条规定:“非因合同产生

---

① 参见王利明主编:《中国民法典释评·合同编通则》,中国人民大学出版社2020年版,第565页。

② 参见覃有土、王亘编著:《债权法》,光明日报出版社1987年版,第138页。

③ 参见《德国民法典》第271条以下、《法国民法典》第1139条、《瑞士债务法》第75条以下。

④ 例如,《意大利民法典》第1218条规定:“债务人不能证明债的不履行或者迟延履行是因不可归责于自己的给付不能所导致的,未正确履行给付义务的债务人应承担损害赔偿责任。”《日本民法典》第415条第1款规定:“债务人不按其债务本旨履行债务时,或者债务履行不能时,债权人得请求因此所生之损害赔偿。但是,该债务不履行依合同及其他债务发生原因或交易上之社会观念来看乃因不可归责于债务人之事由而致使的,不在此限。”

⑤ 当然,有学者主张,我国立法有必要采纳债务不履行的概念。参见朱广新:《合同法总则》(第二版),中国人民大学出版社2012年版,第392页;崔建远主编:《合同法》(第七版),法律出版社2021年版,第218—219页。

的债权债务关系，适用有关该债权债务关系的法律规定；没有规定的，适用本编通则的有关规定，但是根据其性质不能适用的除外。”而所谓合同编通则的规定，其实就包括了违约责任的规定。

但应当看到，违约责任与其他债务不履行责任仍有区别。由于债的发生原因多种多样，因而债务不履行的形态也表现为多种形式，债的发生原因包括合同、侵权行为、不当得利、无因管理、缔约过失等，与此相应，债在类型上也包括合同之债、侵权之债、不当得利之债、无因管理之债、缔约过失之债等。违反这些债的规定，都将发生债务不履行的责任。可见，违约责任只是债务不履行责任的一种，不应将二者等同。两者的区别主要表现在：

第一，违约责任主要是因违反约定的义务而产生的，而债务不履行责任既包括违反法定义务所产生的责任，也包括违反约定义务而产生的责任。特别是对非合同之债的责任而言，主要是违反法定义务所产生的。例如，在不当得利债务产生以后，拒绝履行返还义务，也构成债务不履行，但其并非违约责任。在违约责任产生时，当事人之间已经具有合同关系，而在其他债务不履行责任发生之前，当事人之间可能并不存在某种法律关系。例如，侵权行为发生之前，当事人之间并不具有某种联系，而只是因为侵权行为的发生而使当事人之间发生侵权之债。

第二，违约责任可以由合同当事人事先约定。如当事人可以事先确定损害赔偿的数额或支付损害赔偿额的方法，而其他的债务不履行责任都是根据法律的规定所产生的。例如，不当得利人应向受害人返还不当得利，本人应向无因管理人偿还必要的管理费用等都是法定责任，不是基于当事人的约定而产生的。

第三，在责任形式方面，违约责任除损害赔偿方式以外，还采用了支付违约金，修理、重作、更换，定金制裁等责任形式，这些责任形式显然不能为其他债务不履行的责任形式所包括。即使就损害赔偿的方式而言，合同责任中的损害赔偿可以由当事人约定，法律对违约损害赔偿的范围也作出了限制等。这些规定仅适用于违约责任。

除上述区别以外，在归责原则、责任范围、诉讼时效等方面，违约责任与其他债务不履行的责任也存在诸多区别。所以，笔者认为，在讨论债务不履行的责任时，认为只要有债务不履行责任的共同规则，就不必另设违约责任制度的观点显然忽视了违约责任与其他债务不履行责任的区别，因此是不可取的。

四、违约责任与违约补救

（一）违约责任与违约补救的概念比较

违约补救（remedies for breach of contract）一词来源于英美法律，相当于大陆法国家关于债务不履行的规定。美国《统一商法典》第 1201 条第 34 项规定，“补救”是指受损方通过或不通过法院而取得救助的权利；同条第 36 项特别指出权利包括救济。我国《民法典》采纳了违反合同责任的规定，虽然在有关条文中也使用了补救一词，但其含义与英美法上的违约补救存在较大的差异。例如，《民法典》第 577 条规定：“当事人一方不履行合同义务或者履行合同义务不符合约定的，应当承担继续履行、采取补救措施或者赔偿损失等违约责任。”其中提到了补救一词。但此处所说的补救，其本意是指通过修补、更换等方式，恢复财产的原状，其并非等同于英美法上的违约补救。因此，从我国《民法典》的规定来看，其并没有采用“违约补救”的概念。

在合同法中补救确与违约责任类似。首先，两者均以违约行为作为存在的前提。违约补救与违约责任一样,是违约的直接法律后果,只有在有效合同存在且当一方当事人违反合同义务的情况下才发生违约补救问题。如果合同自始不存在,或者被宣告无效或被撤销,则不会产生违约补救和违约责任问题。其次,我国现行法规定的各种主要的补救措施,如损害赔偿、支付违约金、实际履行,也是合同责任的主要形式;补救是赋予非违约方的权利,而责任是违约方应承担的法律后果。再次,从补救的目的来看,违约补救以补偿受害人的损失为主要目的,同时违约补救也具有惩罚过错行为的功能。也就是说,通过对违约行为实行经济上的惩罚,以矫正违约所造成的不良后果。这一点也与违约责任类似。

尽管补救与违约责任极为相似,但它们仍然有区别。这主要表现在:

第一,两者的侧重点不同。Farnsworth 认为,违约补救是对被允诺人的救济,而不是强制允诺人以预防其违反合同。这就体现了违约补救与违约责任的区别。[①] 违约补救更注重于补偿非违约方所遭受的损失,强调的是受害方的利益补偿,可以说侧重于对受害人的保护,而违约责任是侧重于对违约方的责任追究。

第二,两者的内容不同。违约责任是法律责任,其主要是由国家强制力保障实现的责任,但是,违约补救包括了两种类型,即司法救济和自助。[②] 也有的学者称之为司法上的救济和司法外救济。[③] 在合同法中,由于合同当事人不得依靠自己的力量获取合同标的物,所以,自助所适用的范围是很小的。法国法曾经在合同法中贯彻了一条原则,即"任何人不得凭强力寻求正义"(nui ne pent se faire jusfice a soimeme),然而合同法中毕竟存在着自助现象,这主要包括庭外和解、合同解除、受害人排除侵占人的占有等。[④] 美国《统一商法典》第 2706 条规定,在买方违约的情况下,卖方有权将有关货物和未交付的货物转卖;第 2712 条规定,在卖方违约的情况下,买方有权将有关货物和未交付的货物转卖;并且,买方有权购买替代货物。以上这些情况,均属于自助。可见补救可以不通过司法程序而实现。但是对于违约责任来说则必须要通过司法程序。但我国《民法典》合同编并未规定自助,甚至对保护性购买、保护性销售也未规定。

第三,表现方式不同。违约责任是指一方不履行或不适当履行所产生的实际履行、违约金、损害赔偿等责任,一般不包括合同解除。尤其应当看到,就违约金责任来说,其是典型的责任形式,而不是补救形式。因为按照"无损害则无救济"的原理,没有损害就不可能有补救。但是,违约后即使无损害,违约方仍然要承担违约金责任。从违约补救所包含的内涵来看,补救主要包含三种措施,即实际履行(又称为特定补救)、损害赔偿(又称为替代补救)和解除合同。例如,《销售合同公约》第 45 条规定,违约补救的方式包括:请求继续履行、给予宽限期、请求减价、损害赔偿、解除合同等。[⑤] 一般认为,在过错违约时,合同解除是通过结束合同关系的办法使违约方承受其不利,具有强制合同当事人履行其债务的作用。[⑥] 但在我国合同法中,并不承认合同解除是违约责任的具体形式。《民法典》合同编将解除作为终止的原因,而未规定在违约责任中,由此可见,责任形式与补救还是有区别的。

还需要指出的是,在例外情形,违约责任可以采用惩罚性赔偿。但这种方式只能适用于

① Farnsworth,"Damages and Specific Relief",27 *American Journal of Comparative Law* (1979) 247-253.

② 李宜琛:《日尔曼法概说》,商务印书馆 1943 年版,第 3 页。

③ A. J. Pannetl, *Law of Tors*, Sixth Edition, Longman Group UK Lfd., 1992, p. 268.

④ H Beale, *Remedies for Breach of Contract*, London, Sweet & Maxwell, 1980, p. 2.

⑤ 参见张玉卿编著:《国际货物买卖统一法:联合国国际货物销售合同合约释义》(第三版),中国商务出版社 2009 年版,第 294 页。

⑥ 崔建远:《合同责任研究》,吉林人民出版社 1992 年版,第 40 页。

例外情形，它是责任形式，而不属于补救方式，因为其已经超出了补救的限度。

（二）救济累积理论

在违约补救方面，各国普遍承认了“救济累积理论”（Cumulation of Remedies）。依据该理论，在违约的情形，各种不相冲突的救济方式，可以合并适用。[①] 因为在一方违约后，仅仅只是一项救济，可能不能给受害人提供充分的救济。在此情形下，应当允许受害人获得各种救济。《欧洲合同法原则》第 8:102 条规定：“不是相互抵触的补救办法可以累加。特别是一方当事人在行使其请求补救的任何其他方法时，其请求损害赔偿的权利不容剥夺。”各种救济方式合并适用的唯一障碍，就是其无法实现相互“兼容”。例如，实际履行和赔偿损失往往是无法同时适用的。总体上，按照累积救济的基本规则，受害人可以同时请求多种违约的救济，但是，其不能获得双倍的赔偿，这就是说，非违约方不能因违约而获得额外的利益。[②]

我国《民法典》虽然没有采纳“违约补救”的概念，但是，其实际上采纳了救济累积理论。《民法典》第 577 条规定在违约的情况下，受害人可以选择多种违约责任方式，尤其是该条使用“等”字，就意味着，凡是法律允许的救济方式，受害人都可以主张，也就是说我国采纳了救济累积理论。采纳这一理论的主要理由在于，通过给受害人提供更多的救济途径，为其提供最有效的保护，达到如同合同适当履行的状态。但是，在采纳这一规则时，也应当认可两种例外：一是各种救济方式之间不能相互矛盾；二是非违约方不能获得额外的利益，即符合禁止获利原则。

五、违约责任的归责原则

（一）违约责任的一般归责原则

所谓归责原则，乃是确定当事人民事责任的法律原则，它是确定行为人承担民事责任的根据和标准。我国《民法典》合同编将严格责任作为违约责任的一般归责原则。所谓严格责任，是指只要当事人不履行合同义务或者不适当履行合同义务，就要承担违约责任，不考虑其是否具有过错。[③] 在严格责任原则之下，原告只需向法院证明被告未履行合同义务的事实，即证明被告未履行或者履行不符合合同约定或法律规定，违约方就应当承担责任。严格责任既不要求原告证明被告对于违约具有过错，也不要求被告证明自己对于违约无过错。《民法典》第 577 条规定：“当事人一方不履行合同义务或者履行合同义务不符合约定的，应当承担继续履行、采取补救措施或者赔偿损失等违约责任。”第 579 条也规定：“当事人一方未支付价款、报酬、租金、利息，或者不履行其他金钱债务的，对方可以请求其支付。”这些规定显然是对严格责任的规定，而没有考虑主观过错。也就是说，根据这些规定，非违约方只需举证证明违约方的行为不符合合同的规定，便可以要求其承担责任，并不需要证明其主观上是否具有过错。[④] 可见，我国《民法典》已将严格责任作为一般的归责原则加以规定，我国司法实践也贯彻了这一归责原则。严格责任所具有的显而易见的优点，表现在：

第一，督促当事人严守合同，保护当事人的合理信赖。遵守允诺既是基本的商业道德，也是合同法的一项基本原则。遵守允诺要求当事人积极为履约做准备，在一方当事人无法履行合同时，如果允许其以自己不存在过错为由提出抗辩，则可能导致大量的合同因当事人

---

① 参见张玉卿：《国际统一私法协会国际商事合同通则 2004（英汉对照）》，中国商务出版社 2005 年版，第 451 页。

② Reiner Schulze(ed.), *New Features in Contract Law*, Sellier. European Law Publishers, 2007, p. 194.

③ 参见韩世远：《合同法总论》（第四版），法律出版社 2018 年版，第 748 页。

④ 参见黄薇主编：《中华人民共和国民法典合同编解读》（上册），中国法制出版社 2020 年版，第 405 页。

以外的原因无法履行,不利于合同的履行。违约行为发生后,如果没有免责事由,违约方就应承担违约责任,可以避免在过错责任原则之下,违约方企图寻求各种无过错的理由以期望逃脱责任的现象,有利于增强当事人的责任意识和法律意识。[①] 而且在合同订立后,当事人对合同能够有效履行的合理信赖应当受到法律保护,这也是交易安全的重要内容,在因不可归责于另一方当事人的原因导致合同无法履行时,如果允许其主张免责,则不利于保护交易主体的合理信赖。

第二,减轻非违约方的举证负担。在严格责任原则之下,非违约方只需向法院证明违约方违约的事实,即证明被告未履行合同或者履行合同不符合合同约定或法律规定,违约方就应当承担责任。由于不履行和免责事由均属于客观存在的事实,其存在与否的证明与判断相对来说比较容易,而过错属于主观的心理状态,其存在与否的证明与判断相对来说比较困难,因而,实行严格责任极大地减轻了非违约方的举证负担,有利于保护非违约方的利益,也比较方便裁判,有利于诉讼经济。[②]

第三,符合违约责任的本质。违约责任与一般侵权行为责任不同,它是由合同当事人双方约定的义务转化而来,本质上是当事人违反了双方约定的义务而不是法律强加的义务。合同相当于当事人双方为自己制定的法律。法律确认合同具有拘束力,在一方不履行时追究违约责任,不过是执行当事人的意愿和约定而已。因此,违约责任与一般侵权责任比较,应当更严格。也就是说,一旦当事人违反了自己约定的义务就应当承担违约责任,而不需要由非违约方证明其具有过错,这就要求采用严格责任。[③]

应当看到,严格责任确具有其优点,但也具有其缺陷。表现在:一方面,在某些情况下不利于准确认定责任。如因为承租人保管不善造成租赁物毁损灭失的,必须考虑其是否具有过错,否则,要求其承担责任未免过于苛刻,尤其是严格责任也不利于在许多情况下分清双方的责任、根据双方的过错来确定责任。如前所述,在双方都具有过错的情况下,只能根据双方的过错程度来确定责任,这一做法已为我国法官所普遍接受,而且已被实践证明是行之有效的。[④] 另一方面,不利于惩罚有过错的行为,实现合同正义。我国《民法典》虽然重视鼓励交易和提高效率,但同时也注重维护交易安全和合同正义,合同法既重视维护非违约方的利益,也要求在交易中贯彻诚信原则,从而维护市场经济的道德秩序。一个人只有对他的过错行为负责,才是符合道德原则的。在合同法中同样也要体现这一原则。违约行为在道德上的应受非难性,历来是合同责任存在的重要依据。[⑤] 合同正义要求违约责任既要对受害人提供充分的补救,又要体现对违约行为的制裁。中国传统法律历来具有伦理化的倾向,在合同法中表现得十分明显,而对有过错的行为实行制裁,即具有强烈的道德属性和逻辑性。惩罚有过错的违约行为,也在于传达一种信息,即合同必须严守,允诺必须遵守,合同应以善意的方式履行,采用严格责任也无法依据当事人的过错来确定其相应的责任。

需要指出的是,从合同法的发展趋势来看,合同法的归责原则已经逐渐从过错责任向严格责任发展,过错责任作为归责原则的地位也受到挑战。《销售合同公约》和《国际商事合同

① 参见孙鹏:《合同法热点问题研究》,群众出版社 2001 年版,第 345 页。

② 参见黄薇主编:《中华人民共和国民法典合同编释义》,法律出版社 2020 年版,第 1111 页。

③ 参见梁慧星:《从过错责任到严格责任》,载梁慧星主编:《民商法论丛》(第 8 卷),法律出版社 1997 年版。

④ 参见崔建远:《严格责任? 过错责任?》,载梁慧星主编:《民商法论丛》(第 11 卷),法律出版社 1999 年版,第 197 页。

⑤ 参见韩世远:《合同法总论》(第四版),法律出版社 2018 年版,第 752 页。

通则》都采取严格责任。我国合同法采用严格责任也符合现代合同法发展的趋势。

(二)违约责任的特殊归责原则

由于合同法上的交易类型纷繁复杂,合同法也在该一般归责原则之外针对特殊情形确立了过错责任原则,这主要表现在:一是关于双方违约的情形下当事人之间应当基于各自的过错承担责任。《民法典》第 592 条第 1 款规定:“当事人都违反合同的,应当各自承担相应的责任。”二是适用减轻责任的情形,即非违约方对损失的发生也有过错的,应减轻违约方的赔偿责任。《民法典》第 592 条第 2 款规定:“当事人一方违约造成对方损失,对方对损失的发生有过错的,可以减少相应的损失赔偿额。”这实际上是对过错相抵的明确规定,意味着在违约责任中并非完全不考虑过错。所谓双方“应当各自承担相应的责任”,实际上是指应当根据双方的过错程度来确定双方应当承担的责任,而不能各打五十大板,由双方各自承担一半的责任。三是对免责条款效力的认定考虑当事人的过错问题。《民法典》第 506 条规定,“因故意或者重大过失造成对方财产损失的”免责条款无效,这实际上也考虑了当事人的过错。四是在典型合同中规定了一些过错责任规则。例如,在租赁合同中,《民法典》第 714 条规定:“承租人应当妥善保管租赁物,因保管不善造成租赁物毁损、灭失的,应当承担赔偿责任。”再如,在保管合同中,《民法典》第 897 条规定:“保管期内,因保管人保管不善造成保管物毁损、灭失的,保管人应当承担赔偿责任。但是,无偿保管人证明自己没有故意或者重大过失的,不承担赔偿责任。”上述规定中的“保管不善”实际上是指当事人有过错。例如,《民法典》第 824 条规定客运合同中乘客随身携带的物品毁损、灭失的,承运人只有在有过错的情况下才承担赔偿责任。这些规定可以表现出严格责任是合同法律的一般归责原则,过错责任是合同法律的特殊归责原则。

总之,对违约责任而言,其原则上采严格责任归责原则,过错责任主要发挥补充严格责任的作用。从法律适用层面看,过错责任仅适用于法律明确规定的情形,在法律没有就违约责任归责原则作出特别规定的情形下,都应当适用严格责任归责原则。

第二节 违约责任的构成要件

违约责任的构成要件,是指违约当事人应具备何种条件才应承担违约责任。违约责任的构成要件可分为一般构成要件和特殊构成要件。所谓一般构成要件,是指违约当事人承担任何违约责任形式都必须具备的要件。所谓特殊构成要件,是指各种具体的违约责任形式所要求的责任构成要件。例如,损害赔偿责任构成要件包括损害事实、违约行为、违约行为与损害事实之间的因果关系、不存在法定和约定的免责事由。各种不同的责任形式的责任构成要件是各不相同的。本节仅讨论违约责任的一般构成要件。

一、违约行为

违约行为,是指违反合同义务的行为。[①] 我国《民法典》采用了“当事人一方不履行合同义务或者履行合同义务不符合约定”的表述来阐述违约行为的概念。在学理上,违约行为也

① 参见朱广新、谢鸿飞主编:《民法典评注 · 合同编 · 通则 2》,中国法制出版社 2020 年版,第 204 页。

被称为不履行合同债务的行为。

违约行为具有以下特征：

1. 违约行为的主体是合同关系的当事人。也就是说，违约行为的主体具有特定性。这一特征从根本上说，是由合同的相对性原则决定的。根据相对性原则，只有合同当事人的行为才有可能构成违约，而第三人的行为不会构成违约。由于第三人不是合同当事人，因此，其所实施的侵害合同债权的行为在性质上属于侵权行为，而不属于违约行为，第三人只需要依法承担侵权责任，而不需要承担违约责任。当然，实施违约行为的当事人既可以是合同一方当事人，也可以是合同双方当事人。

2. 违约行为是以合同关系的有效存在为前提的。也就是说，在违约行为发生时当事人已经受到有效合同关系的约束。如果合同关系并不存在(如尚未成立、被宣告无效或被撤销)，则不可能发生违约行为，任何一方当事人也不能基于合同请求另一方承担违约责任。

3. 违约行为在性质上都违反了合同义务。合同义务主要是由当事人通过协商而确定的。在特殊情况下，法律为维护公共秩序和交易安全，也为当事人设定了一些必须履行的义务。尤其应看到，根据诚信原则，当事人还负有忠实、协助、保密等附随义务。可见，合同义务不限于当事人所约定的义务，还包括了法定的和附随的义务，违反这些义务都可能构成违约行为。同时，当事人不履行合同义务的行为既可以体现为完全不履行合同义务，如当事人在合同履行期限到来后拒绝履行合同义务，也可以体现为当事人不适当履行合同义务，如当事人虽然履行了合同义务，但其履行不符合约定，如其所交付标的物的数量不足或者质量不合格。[①]

4. 违约行为是指无正当理由不履行或不适当履行合同义务。所谓正当理由，指的是能够阻却违约责任的法定事由。其主要包括如下几种：一是一方的不履行具有合法的抗辩事由，即当事人享有抗辩权或者具有其他抗辩事由。二是具有法定或者当事人约定的免责事由。三是不履行或者不适当履行是因对方的原因造成的。[②] 例如，在建筑工程承包合同中，发包人应当及时提供设计图纸等，因发包人的原因导致承包人无法在约定的期限内完成建设工程的，则承包人并不构成违约。

5. 违约行为在后果上都导致了对合同债权的侵害。违约行为不同于侵权行为的一个重要特点在于，侵权行为主要是对绝对权(如物权、人格权)的侵害，而违约行为则是对相对权即合同债权的侵害；由于债权是以请求权为其核心的，债权的实现有赖于债务人切实履行其合同义务，债务人违反合同义务必然会使债权人依据合同所享有的债权不能实现。所以，任何违约行为都会导致对债权人的债权的侵害。

违约行为包括各种不同的类型，如不履行、迟延履行、不适当履行等。各种违约行为发生后，行为人如不存在法定或约定的免责事由，都应当承担违约责任。

二、不存在法定或约定的免责事由

我国合同立法一直坚持合同严守，在违约责任方面原则上采纳了严格责任原则，按照这一原则，只要一方当事人构成违约，如果没有法定或者约定的免责事由，其就需要依法承担违约责任，而不需要证明其具有过错。因此，在严格责任之下，法定或者约定的免责事由才

① 参见黄薇主编：《中华人民共和国民法典合同编释义》，法律出版社 2020 年版，第 1110 页。

② See Treitel&Peel, *The Law of Contract*, Fifteenth Edition, Thomson Reuters, 2020, pp. 2298-2302.

是免除违约责任的依据,具体而言:

一是法定的免责事由。法定的免责事由是指由法律规定的免责事由。《民法典》第180条第1款规定:“因不可抗力不能履行民事义务的,不承担民事责任。法律另有规定的,依照其规定。”因此,不可抗力是法定的免责事由。在《民法典》合同编分则中,也规定了一些免责事由。例如,《民法典》第729条规定:“因不可归责于承租人的事由,致使租赁物部分或者全部毁损、灭失的,承租人可以请求减少租金或者不支付租金;因租赁物部分或者全部毁损、灭失,致使不能实现合同目的的,承租人可以解除合同。”此处所说的“不可归责于承租人的事由”既包括不可抗力,也包括意外事件,构成独立的免责事由。①

二是约定的免责事由。所谓约定的免责事由,主要是指免责条款。免责条款其实是当事人通过约定对未来可能出现的违约和纠纷产生风险的一种控制机制。借助免责条款,可以使当事人预见将来可能发生的风险,并对其进行控制。当然,免责条款必须符合法律关于免责条款的生效要件,否则无法发生效力。②《民法典》第506条对免责条款的效力规则作出了规定。

上述两个要件是违约责任的一般构成要件。不过,当事人要请求违约方承担违反某个具体合同义务的责任,还需要根据该合同特定的性质和内容负有不同的举证责任。如在有偿保管合同中,寄存人请求保管人承担违约责任的,还需要证明保管人存在过错。值得注意的是,非违约方在请求违约方承担违约责任时,是否需要证明其遭受了损害?笔者认为,违约行为不能代替损害事实。一方面,违约并不当然导致损害,一方当事人违反合同约定的义务,并不必然会给另一方带来损害。例如,在租赁合同中,承租人违约后,出租人收回房屋,但该房屋很快被其他人以更高的租金租用,出租人并未遭受实际损害。另一方面,一方当事人违约给对方造成了损害,但此种损害可能难以确定,特别是要由对方当事人就其遭受的损害数额、损害与违约行为之间的因果关系举证,十分困难,可能使非违约方放弃损害赔偿的请求,而选择其他的请求,如实际履行、违约金责任、定金责任等。此类违约责任承担方式的适用并不当然需要以非违约方遭受损害为条件,因此,非违约方在主张此类违约责任时,并不当然需要证明其遭受了一定的损害。因此,损害事实不应成为违约责任的一般构成要件。

第三节 免责事由

一、免责事由的概念

免责是指在合同履行的过程中,因出现了法定的或合同约定的免责条件而导致合同不履行,债务人将被免除履行义务。这些法定的或约定的免责条件被统称为免责事由。此处所说的免责事由,是指合同不履行的责任事由,仅适用于违约责任。违约责任的免责事由既包括法定的责任事由,即不可抗力,也包括当事人约定的责任事由,即免责条款。在合同关系中,法律完全允许当事人自愿确立权利义务关系,也可通过设定免责条款而限制、免除其未来的责任。只有在法定的免责事由和约定的免责事由导致合同不能履行时,才能使债务

---

① 参见黄薇主编:《中华人民共和国民法典合同编解读》(下册),中国法制出版社2020年版,第844页。

② Cohen, N,“The Impact of an Exemption Clause upon the Right of Restitution for Payments Received from Third Party Case”, *Tel Aviv University Law Review*, Vol. 7, Issue 2, 1979-1980, pp. 460-485.

被免除。合同约定的免责事由即免责条款,已在前文作了说明,在此不再赘述。

二、不可抗力

(一)不可抗力的概念和类型

不可抗力,是指人力所不可抗拒的力量,它包括某些自然现象(如地震、台风、洪水、海啸等)和某些社会现象(如战争等)。在我国《民法典》合同编中,法定的免责事由仅指不可抗力。其主要特点在于:第一,不可抗力是一种客观现象。尽管各国判例和学说对不可抗力的解释存在着客观说、主观说和折中说等不同学说,但一般认为它是一种事件,因此种事件的发生而对合同履行形成障碍。[①] 第二,不可抗力是指不能预见、不能避免并且不能克服的客观情况。一是具有不能预见性。所谓不能预见是指当事人在订立合同的时候无法合理预见到该客观情况的发生。在判断是否可以预见时,必须以一般人的预见能力及现有的科学技术水平作为标准。二是具有不能避免并不能克服性。这就表明,对不可抗力事件,即使当事人已经尽到最大努力仍不能避免其发生,或者在事件发生以后,即使当事人已经尽到最大努力也不能克服事件所造成的损害后果、使合同得以履行。[②] 三是它是独立于人的行为之外的事件,不包括单个人的行为。例如,第三人的侵害行为对被告来说是不可预见并且不能避免的,但第三人的行为并不具有独立于人的行为之外的客观性的特点,因此不能作为不可抗力对待。只有同时具备上述三个特征,才构成不可抗力。

不可抗力具有如下几种:

第一,自然灾害,如地震、台风、洪水、海啸等。尽管随着科学技术的进步,人类已经不断提高了对自然灾害的预见能力,但自然灾害仍频繁发生并影响人们的生产或生活,阻碍合同的履行,因此,自然灾害属于典型的不可抗力。

第二,政府行为。这主要是指当事人在订立合同以后,政府当局颁布新政策、法规和行政措施而导致合同不能履行。如合同订立后,由于政府颁布禁运的法规,使合同不能履行。

第三,社会异常事件。这主要是指一些偶发的事件阻碍合同的履行,如罢工、骚乱等。这些行为既不是自然事件,也不是政府行为,而是社会中人为的行为,但对于合同当事人来说,在订约时是不可预见的,因此也可以作为不可抗力事件。

虽然不可抗力为合同的免责事由,但有关不可抗力的具体事由很难由法律作出具体列举式的规定。按照合同自由原则,当事人也可以在订立免责条款时,具体列举各种不可抗力的事由(如将罢工作为不可抗力),一旦出现这些情况,便可以导致当事人被免责。

不可抗力的发生必须实际导致对合同履行的障碍。这就是说,一方面,必须实际发生了不可抗力的事件;另一方面,该不可抗力导致合同不能履行。不可抗力发生后,其可能从多个方面对合同的履行产生影响。一是阻碍债务人对合同的履行。此种障碍既可能导致债务人全部不能履行合同,也可能导致债务人部分不能履行合同;既可能导致债务人永久不能履行合同,也可能导致债务人暂时不能履行合同。[③] 二是对合同履行的方式产生影响,如当事人约定一次性履行全部债务,但因不可抗力发生后,债务人客观上难以一次性履行全部债务。三是对合同标的物产生影响,如因不可抗力的发生导致合同标的物毁损、灭失,并导致

---

① 参见韩世远:《合同法总论》(第四版),法律出版社2018年版,第482页。
② 参见王利明主编:《中国民法典释评·合同编通则》,中国人民大学出版社2020年版,第629页。
③ 参见韩世远:《合同法总论》(第四版),法律出版社2018年版,第486页。

债务人难以履行债务。如果不可抗力的发生对合同履行没有发生影响，其就不能成为免责事由。

（二）不可抗力的效力

不可抗力发生以后将导致当事人被免除责任。《民法典》第590条第1款规定："当事人一方因不可抗力不能履行合同的，根据不可抗力的影响，部分或者全部免除责任，但是法律另有规定的除外。因不可抗力不能履行合同的，应当及时通知对方，以减轻可能给对方造成的损失，并应当在合理期限内提供证明。"依据这一规定，不可抗力的效力具体体现为：

第一，根据不可抗力的影响，部分或者全部免除债务人的责任。施米托夫曾经提出"规范风险理论"，他认为，不可抗力的效力应当依据其影响的后果而定，法律应该规定"严重的不可抗力"可以使合同解除。而"轻微的不可抗力"可以使得合同推迟履行。[①] 在某些情况下，不可抗力的事由只是导致合同部分不能履行或暂时不能履行，此时，当事人只能部分被免除责任，或者暂时停止履行，如果在不可抗力事由消除以后能够履行，则还要继续履行。[②]所以，不可抗力是否应导致当事人被全部或部分免除责任，应视不可抗力影响的范围而定。具体而言，不可抗力导致免责包括如下内容：一是免除当事人继续履行的责任。在发生不可抗力的情形下，通常会导致当事人无法继续履行债务，所以，在难以继续履行的情形下，应当被免责，但依据《民法典》第579条的规定，"当事人一方未支付价款、报酬、租金、利息，或者不履行其他金钱债务的，对方可以请求其支付"，因此，即使发生不可抗力，金钱债务也不能产生完全免责的效果，因为金钱债务不会发生履行不能。二是免除其他违约责任。这就是说，除了继续履行责任外，有关违约金责任、损害赔偿责任、定金责任等，也应当相应被免除，只有在法律另有规定或者当事人另有约定时，才能继续适用此类违约责任。例如，依据《邮政法》第48条第1项的规定，即使发生不可抗力，因不可抗力造成的保价的给据邮件的损失仍然应该赔偿。

第二，解除合同。依据《民法典》第563条第1款第1项的规定，因不可抗力致使不能实现合同目的的，当事人可以解除合同。但解除合同必须要确定是否导致合同目的不能实现。

第三，变更合同。如果不可抗力并没有导致合同目的不能实现，而只是暂时影响合同的履行或者导致合同部分不能履行，在此情形下，债务人可以主张变更合同的履行期限和内容，但一般不能解除合同。

第四，迟延后发生不可抗力的，债务人仍应承担责任。我国《民法典》第590条第2款规定："当事人迟延履行后发生不可抗力的，不免除其违约责任。"因为债务人迟延履行后，债务不能及时履行，债务人已构成违约。而在迟延后发生的不可抗力与债务人的违约行为之间具有因果联系。如果债务人没有迟延履行，则不可抗力的发生也不会导致债务的不能履行。所以，在迟延后发生不可抗力的，债务人仍然应当继续履行，不能继续履行的，应当承担违约责任。

第五，发生不可抗力后的通知义务和证明义务。《民法典》第590条第1款后段规定："因不可抗力不能履行合同的，应当及时通知对方，以减轻可能给对方造成的损失，并应当在

① Schlegel, Of Nuts, and Ships, and Sealing Wax, Suez, and Frustrating Things, "The Doctrine of Impossibility of Performance", 23 *Rutgers L. Rev.* 419, 447(1969).

② 参见韩世远：《合同法总论》（第四版），法律出版社2018年版，第487页。

合理期限内提供证明。"这就确立了两项义务:一是通知义务。也就是说,在发生不可抗力之后,当事人应当及时通知对方当事人,以减轻对方当事人的损失。例如,因发生地震使建造的房屋倒塌,开发商不能及时向购房人交付房屋的,则开发商应当在地震发生后向购房人发出因不可抗力而导致不能及时交房的通知,以使购房人能够及时决定是否继续等待该房屋。如果不履行一方不及时发出通知,对由此给对方造成的损失,还应当承担损害赔偿责任。二是证明义务。也就是说,不可抗力将导致违约责任被免除,对当事人产生重大影响,是一种法定的免责事由,因而,被免责的一方应当在合理期限内提供证据证明不可抗力的发生及其对债务履行的影响。至于当事人在何种期限内提供证明材料,则应当由法院和仲裁机构具体予以判断。[①]

应当指出的是,不可抗力除了能够作为免责事由外,还可作为合同解除的事由。换言之,不可抗力的发生也是合同解除的法定事由。《民法典》第 563 条第 1 款第 1 项规定:"因不可抗力致使不能实现合同目的"的,当事人可以解除合同。这就是说,如果不可抗力将导致合同主要义务不能履行,或者导致合同不能及时履行和全部履行,而继续履行也会使对方订约目的不能实现的,则对方有权解除合同。

三、因债权人原因导致的违约

(一) 债权人的原因可以成为免责事由

所谓债权人的原因,是指债务人不履行合同或不适当履行合同是由于债权人的原因造成的,换句话说,债权人的过错与不履行或不适当履行的行为之间具有因果联系。在此情况下,债权人的原因应作为债务人免除责任的正当理由。从比较法上看,各国立法大多认为,如果完全是因为债权人的原因导致不能履行,则债权人无权请求债务人承担违约责任。[②] 由于我国《民法典》对违约责任采严格责任原则,只要债务人未按照合同约定履行债务,都应当构成违约,因此,债权人的原因应属于违约责任的免责事由;而且我国《民法典》的相关规定(如《民法典》第 893 条)已经将债权人的原因作为违约责任的免责事由。因此,债权人的原因应当属于违约责任的免责事由。

债权人的原因之所以可以成为免责事由,是因为如果债务人不履行债务是因债权人的原因导致的,则债权人所遭受的损失并非因债务人不履行债务所致,那么债权人无权请求债务人承担违约责任。如果受害人在发生违约之后,没有采取积极行动减少损失,那么,受害人的不作为就很可能导致损害赔偿的减少,但并不能因此免除违约方的违约责任。[③] 只有在违约行为完全是因为债权人的原因引发时,债权人的原因才能成为违约责任的免责事由。例如,甲为布置大会而向乙购买一部梯子,但该梯子质量不合格。甲为正常使用该梯子,自己搭建了一个临时支架,后因该支架不稳导致其摔倒,造成人身伤害。在该案中,虽然乙的行为构成违约,但甲的损害是因自身的原因导致的,因此,甲无权请求乙承担违约责任。[④]

我国《民法典》合同编通则部分虽没有明确规定债权人的原因可以成为违约责任的免责

---

① 参见黄薇主编:《中华人民共和国民法典合同编解读》(上册),中国法制出版社 2020 年版,第 463 页。

② See Ingeborg Schwenzer, Pascal Hachem, Christ Opher Kee, *Global Sales and Contract Law*, Oxford University Press, 2012, p. 675.

③ Ibid., p. 590.

④ See Quinn v. Burch Bros (Builders) Ltd [1966] 2 QB 370.

事由，但《民法典》的相关规定体现了这一思想。例如，《民法典》第 592 条第 2 款规定："当事人一方违约造成对方损失，对方对损失的发生有过错的，可以减少相应的损失赔偿额。"从该条规定来看，如果对方对损失的发生有过错的，可以相应地减少该方当事人的赔偿责任，换言之，如果损失完全是因债权人的原因导致的，则应当免除债务人的责任。在《民法典》合同编分则中，相关规定也体现了这一理念。例如，依据《民法典》第 893 条的规定，"寄存人未告知，致使保管物受损失的，保管人不承担赔偿责任"，这实际上也将债权人违约作为免责事由。由此可见，如果损失完全是因债权人的原因导致的，则债务人有权主张免责。

（二）债权人原因成为免责事由的条件

债权人原因成为免责事由应具备如下条件：

第一，债权人的行为本身构成违约。这就是说，债权人无正当理由而违反了合同规定的义务，如定作人不按照合同规定提供合格的材料或图纸，或者中途变更承揽工作的要求，致使承揽人不能按期交付工作成果。再如，因发包人变更计划，提供的资料不准确，或者未按照期限提供必需的勘察、设计工作条件而造成勘察、设计的返工、停工或者修改，致使承包人不能按期交付工程。可见，债权人的行为本身已经构成违约。

第二，债权人的行为与债务人不履行或不适当履行的行为之间具有因果联系。比较法上一些国家通常通过因果关系理论来解释债权人原因作为减轻或者免除违约责任的事由。如果违约的损害后果完全是因为债权人的行为导致的，则债务人的违约行为与债权人的损害之间没有因果关系，债务人无须对债权人承担责任①，此时，债权人的行为即属于违约责任的免责事由；如果债权人的行为只是导致违约行为发生的部分原因，则债务人仍需对债权人承担违约责任，此时，债权人的行为属于减轻违约责任的事由。②

第三，债务人不履行或不适当履行的行为完全是由债权人的行为造成的。从比较法上看，一些国家法律区分债权人的原因发生在违约前还是违约后，通常只有在违约前，债权人的原因才可能成为免责事由，该规则称为违约前的免责规则(pre-breach exemption rule)。③但也有一些国家并没有采纳这一规则。一般认为，只有当债权人的行为是造成债务人不履行或不适当履行的唯一原因时，其才能成为免责事由，否则，债权人的原因只能作为减轻责任的事由。例如，债权人的行为只是影响到债务人对债务的履行，而并未完全导致债务人不能履行，债务人只能根据债权人的过错来要求减轻责任，但不能要求完全免除责任。例如，在双方违约的情况下，债务人已经构成违约，债权人也因为接受迟延或者其他过错而构成违约。债权人的过错可能对债务人的违约的产生形成了一定影响。但如果债权人的行为不是造成债务人不履行或不适当履行的唯一原因，则应当将此种情况作为双方违约对待。

（三）因债权人的原因导致违约的效力

因债权人的原因导致违约的效力，在比较法上有两种做法：一是完全是因债权人的原因导致债务不履行的，则债务人不构成违约，债务人享有抗辩权，可以对抗债权人所享有的违

① See Ingeborg Schwenzer, Pascal Hachem, Christ Opher Kee, *Global Sales and Contract Law*, Oxford University Press,2012, p. 676.

② See Schwenzer/Manner, "'The Claim is Time-barred': the Proper Limitation Regime for International Sales Contracts in International Commercial Arbitration", 23 *Arbitration International* (2007), p. 307.

③ See Ingeborg Schwenzer, Pascal Hachem, Christ Opher Kee, *Global Sales and Contract Law*, Oxford University Press,2012, p. 675.

约责任请求权,德国等国采取此种做法。二是将债权人的原因作为免责事由。在此情形下,债务人不履行债务的行为仍然构成违约,只不过债权人的原因可以构成债务人违约责任的免责事由。[①] 法国等国家采取了此种做法。[②] 上述两种做法是从不同角度对债权人的原因进行的观察,如前所述,依据我国《民法典》的相关规定,因债权人原因导致违约的情形可以减轻违约方所承担的责任,如果是债权人全部违约的,另一方也可以被免除全部责任。

① 参见〔德〕克里斯蒂安・冯・巴尔、〔英〕埃里克・克莱夫主编:《欧洲私法的原则、定义与示范规则:欧洲示范民法典草案》(第一、二、三卷),高圣平等译,法律出版社 2014 年版,第 673 页。

② 参见《法国民法典》第 1147 条。另根据法国相关判例,承运人只有证明事故的发生完全是由于乘客本身的具有不可抗力性质的过错所引起的,才能免除责任。参见《法国民法典》(下册),罗结珍译,法律出版社 2005 年版,第 855 页。

第二十章

违 约 行 为

第一节 违约行为概述

一、违约行为形态的体系

违约行为形态,简称违约形态,是指根据违约行为违反义务的性质和特点而对违约行为所作的分类。① 如前所述,违约行为是对合同义务的违反,由于合同的义务性质不同(如按期履行的义务、依合同规定的质量交付标的物的义务等各不相同),对这些义务的违反,可以形成不同的违约形态。所以,违约形态所确定的依据,乃是合同义务的类型化,即由合同义务作出不同分类所决定的。② 所谓违约形态体系,是指在对违约形态作出合理分类的基础上所形成的具有内在逻辑结构的违约行为体系。从比较法上来看,关于违约行为形态体系的构建,存在着如下三种模式:

1. 具体区分模式。所谓具体区分模式,是指将违约行为形态具体区分为各种类型,并为不同的违约行为设计不同的违约责任形式。德国法一直区分不同违约行为形态,并据此确定相应的补救方式。例如,将不同的违约类型区分为履行不能、履行迟延和瑕疵给付或者是所谓的"积极侵害合同"。而这种模式对大陆法系国家的合同法产生了很大影响。③ 根据《意大利民法典》第 1218 条,其区分了债务不履行和履行迟延、给付不能、不适当履行的形态,并在相关的条款中确立了不同的责任形式。

2. 概括模式。所谓概括模式,就是指以概括的"违约"或"不履行"概念来划分各种违约行为形态,而并不严格区分各种违约行为形态,并在此基础上适用不同的救济方式。例如,在英美法上,并没有严格区分各种不同的违约行为形态,而是将所有违约的形态都归入一项违反合同的统一观念。④ "违反合同"即意味着当事人的履行偏离了合同的约定,比如不履行债务。

3. 折中模式。在这两个极端之间,许多国家都采取了一种折中模式,即以统一的违反合同观念为起点,再辅之以具体的类型化违约形态,例如荷兰等国家。《销售合同公约》受英

---

① 参见韩松等编著:《合同法学》(第二版),武汉大学出版社 2014 年版,第 126 页。

② Guenter H. Treitel, *International Encyclopedia of Comparative Law*, *Vol.* Ⅶ, *Contract in General*, Chapter 16, Remedies for Breach of Contract, Tübingen, 1976, pp. 82-83.

③ 参见朱广新、谢鸿飞:《民法典评注 · 合同编 · 通则 2》,中国法制出版社 2020 年版,第 302 页。

④ Reiner Schulze, *New Features in Contract Law*, Sellier. European Law Publishers, 2007, p. 184.

美法的影响,也没有严格区分各种违约行为形态。《国际商事合同通则》第 7.1.1 条采用“不履行”的概念,高度概括了各种违约行为形态。任何情况下的不履行,无论是不可免责的不履行,还是免责的不履行,都可以纳入不履行的概念之中。[①] 但同时,在“不履行”的概念之下,又区分了瑕疵履行、迟延履行、拒绝履行等。[②]《销售合同公约》第 45 条和第 61 条,在高度概括了违约的概念的同时,又在相关条款中规定了不完全履行、履行迟延、预期违约等形态。《德国民法典》第 280 条也采纳了这一模式。

从合同法的发展趋势来看,折中模式是一种发展的趋势,它兼顾了具体区分模式和概括模式的优点,同时,可以避免具体区分模式的僵化和概括模式的模糊。我国《民法典》并非采取原因进路,而是采取救济进路,更关注救济的获得,而非确定违约形态。[③] 我国《民法典》第 577 条规定:“当事人一方不履行合同义务或者履行合同义务不符合约定的,应当承担继续履行、采取补救措施或者赔偿损失等违约责任。”在解释上,有学者认为,其仅仅表达了违约的概念,并没有对违约行为形态进行分类,它类似于德国法上的“违反义务”和《国际商事合同通则》上的“不履行”(non-performance)的概念。[④] 笔者认为,《民法典》第 577 条是对违约概念和补救措施的概括,但是,其同时也揭示了违约行为形态。严格地说,该条区分了“不履行”和“不适当履行”,因为不履行有两层含义,一方面,从广义上理解,不履行包括拒绝履行、迟延履行和预期违约。另一方面,从狭义上理解,不履行是指拒绝履行。如果采广义的不履行概念,可以认为,我国《民法典》所确立的违约行为形态主要由此两种类型构成的。但是,如果采狭义的不履行概念,那么在不履行和不适当履行项下,还可以包括迟延履行、部分履行等违约形态。因此,笔者认为,我国违约行为形态应当由拒绝履行、预期违约、迟延履行、部分履行、瑕疵履行组成。

在法律上对违约形态进行分类,具有如下意义:一是有利于准确认定违约行为。违约责任的前提是违约行为的存在,所以,无论是从受害人主张违约责任的角度,还是从司法人员认定违约责任的角度,都必须借助于违约行为形态的体系。对违约行为进行区分,有利于准确认定当事人是否存在违约行为。二是有利于对当事人进行救济。违约行为形态总是与特定的补救方式和违约责任联系在一起的。从债务的角度来观察,在合同关系成立以后,债务人必须依据法律的规定和合同的约定全面履行其债务。债务人不仅要在交付的标的物的数量、质量方面符合合同的规定,也必须按照债的履行期限而按期交付,不得提前或迟延。债务人能够履行而拒绝履行或不作出全部履行的,都应承担责任。不同类型的违约行为与违约责任是联系在一起的,例如,在不适当履行的情况下,债务人负有修理、更换的责任;在部分履行情况下,债务人负有补足的责任。因此,确定违约形态有利于当事人选择补救方式,维护其利益。

二、违约行为的分类

(一) 预期违约和实际违约

所谓实际违约,是指履行期到来以后的违约,换言之,是指在履行期到来以后因为一方不履行或不适当履行而构成的违约。从狭义的违约概念看,违约仅限于实际违约,而不包括

---

① 参见张玉卿:《国际统一私法协会国际商事合同通则 2004(英汉对照)》,中国商务出版社 2005 年版,第 449 页。
② 同上书,第 449 页以下。
③ 参见王利明主编:《中国民法典释评 · 合同编通则》,中国人民大学出版社 2020 年版,第 574—575 页。
④ 参见朱广新:《合同法总则》(第二版),中国人民大学出版社 2012 年版,第 412 页。

履行期前的不履约危险，即预期违约。所谓预期违约(anticipatory breach)来源于美国法，是指在履行期到来以前的违约。《民法典》第578条规定："当事人一方明确表示或者以自己的行为表明不履行合同义务的，对方可以在履行期限届满前请求其承担违约责任。"预期违约包括明示毁约和默示毁约，两者都构成违约。所谓明示毁约是指在合同履行期限到来之前，一方当事人无正当理由而明确肯定地向另一方当事人表示其将不履行合同。所谓默示毁约，是指在履行期限到来前，一方当事人有确凿的证据证明另一方当事人在履行期限到来时，将不履行或不能履行合同，而另一方又不愿提供必要的履行担保。英国学者特里特尔(Treitel)曾指出，在规定的履行期到来前，合同一方当事人表示了将不履行，或者不可能、无能力履行合同的，这样的行为有时被称为预期违约。[①] 在预期违约的情形下，虽然履行期限尚未到来，但当事人的行为已经构成违约，对非违约方而言，其应当有权主张继续履行、赔偿损失等违约责任。[②]

将预期违约纳入违约形态体系中并使之与实际违约相对应，也是我国《民法典》中违约形态体系的特点。在履行期限到来以后，当事人不履行或履行不符合约定，都将构成实际违约。其中，履行不符合约定又分为迟延履行、部分履行和不适当履行，据此，实际违约行为具体包括拒绝履行、部分履行、迟延履行和不适当履行这四种类型。

（二）不履行和履行不符合约定

《民法典》第577条规定："当事人一方不履行合同义务或者履行合同义务不符合约定的，应当承担继续履行、采取补救措施或者赔偿损失等违约责任。"依据该条规定，可以将违约行为区分为不履行和履行不符合约定。所谓不履行，是指债务人无正当理由在客观上没有按照约定作出履行。不履行的概念十分宽泛，从外延上看，不履行包括了债务人基于各种原因未按照约定履行债务，如履行迟延和拒绝履行，各种不履行债务的行为形态各异，因此，不履行在性质上并不属于独立的违约形态，而只是对履行不符合约定之外的不履行债务的行为的统称。《商事合同通则》第7.1.1条规定："不履行是指一方当事人未履行其合同项下的任何一项义务，包括瑕疵履行和迟延履行。"因而不履行包括了除完全不履行之外的各种违约形态。[③] 所谓履行不符合约定，是指债务人虽然作出了履行，但该履行行为不符合当事人的约定或者法律规定。不履行和履行不符合约定都构成违约，但两者存在如下区别：

第一，一方是否已经作出履行不同。所谓不履行，是指债务人并未作出履行，通常表现为在履行期到来后无正当理由不履行债务，包括拒绝履行和迟延履行等。而在履行不符合约定的情况下，债务人已经作出了履行，只是该履行行为不符合当事人的约定或者法律规定，其主要包括不适当履行(如交付的产品不合格)、部分履行(如交付的标的物在数量上不足)、履行方法不适当(如本应一次履行却分期履行，本应选择最近的运输路线却确定了较远的运输路线等)、履行地点不适当(如本应在合同规定的地点交付，却在其他地点交付)，以及其他违反附随义务的行为(如违反重要事项的告知义务而给债权人造成损害)等。

第二，是否包括多种违约形态不同。不履行实际上是一个集合概念，其包括了除不完全履行之外的多种违约形态，但是履行不符合约定通常主要指的是不适当履行。

第三，是否构成根本违约不同。不履行一般构成根本违约，如拒绝履行直接导致债权人

---

① G. H. Treitel, *The Law of Contract*, Tenth Edition, Sweet & Maxwell, 1999, p. 645.

② Corbin, *Corbin on Contracts* § 970 (1951).

③ 张玉卿主编：《国际统一私法协会国际商事合同通则2016(英汉对照)》，中国商务出版社2019年版，第455页。

合同目的不能实现,非违约方有权解除合同。而履行不符合约定一般不构成根本违约,但在例外情形下,如果债务人的履行不符合约定导致债权人合同目的无法实现,则也可能构成根本违约,在此情形下,债权人有权基于《民法典》第563条的规定解除合同。

第四,救济方式不同。对不履行而言,由于债务人并未作出履行,债权人有权请求债务人继续履行,而一旦不履行构成根本违约时,债权人不仅有权解除合同,而且有权请求债务人承担违约责任。而在履行不符合约定的情形下,债权人通常只是有权请求债务人承担修理、更换、重作、减价等违约责任。如果债务人作出的给付数量不符合约定,债权人也有权请求债务人继续履行。当然,在履行不符合约定构成根本违约时,债权人也有权解除合同。

（三）单方违约和双方违约

所谓单方违约,是指违约是由一方当事人的行为造成的。在单方违约的情况下,应由一方承担违约责任。在实践中,违约大都是单方违约。

所谓双方违约,是指合同的双方当事人都违反了其依据合同所应尽的义务。我国《民法典》第592条第1款规定:"当事人都违反合同的,应当各自承担相应的责任。"第2款规定:"当事人一方违约造成对方损失,对方对损失的发生有过错的,可以减少相应的损失赔偿额。"由此可见,双方违约包括两种情形:一是双方各自违约,这就是说,如果合同中关于合同当事人义务的约定是各自独立的,当事人双方分别违反了合同所约定的义务,则构成双方各自违约。例如,在建设工程合同中,承包人负有按期施工并按期交付工程的义务,而发包人负有提供勘察、设计图纸以及提供必要的工作条件、设施的义务,双方的义务是各自分开的,如果双方均违反义务,则构成双方各自违约。但在双务合同中,一方违约可能使对方当事人产生抗辩权,此时可能并不构成双方各自违约。二是与有过失,又称为过失相抵,即遭受损害的一方对损害的发生也有过错,因而在计算损害赔偿的数额时,应当根据其具有过错的情形酌情减轻对方当事人的违约责任。《民法典》第592条的两款规定分别规定了上述两种情形。[①]

双方违约的构成要件在于:第一,双方违约主要适用于双务合同。对于单务合同来说,因只有一方负有义务,故不产生双方违约问题。如前所述,如果双务合同中各方的义务具有牵连性,则在一方违反合同义务时,对方当事人可能依法享有抗辩权,此时可能并不构成双方违约。只有在双方义务相互独立时,双方各自违反其合同义务,才构成双方各自违约。第二,双方当事人都违背了其应负的合同义务。例如,双方都作出了履行,但履行都不符合合同的规定。在此应当区分两种情况:一是完全是因为债权人的原因导致违约,则债务人有权主张免责,此种情形下,债权人违约构成违约责任的免责事由。二是债权人和债务人均违反了合同义务,此种情形下,债务人不得以债权人违约为由主张不承担责任。例如,债务人所交付的货物质量不合格,而债权人也受领迟延;再如,发包人没有提供必要的施工条件,而承包人也未按照约定施工,此时构成双方违约,债权人也构成与有过失。第三,双方的违约行为对损害的发生具有因果联系。在债务人违约后,如果债权人也出现了违约,而债权人的违约行为对损害的发生并无影响,此时也可能无法适用双方违约的上述规则。例如,债务人交付的标的物质量存在严重瑕疵,而债权人迟延三天受领,此种情形下,债权人受领迟延对标的物瑕疵所造成的损害并无影响,此时并不当然能够适用双方违约的规则。[②] 第四,双方的

① 参见黄薇主编:《中华人民共和国民法典合同编解读》(上册),中国法制出版社2020年版,第466页。

② 同上书,第468页。

违约都无正当理由。如果是一方行使同时履行抗辩权或不安抗辩权，则不能认为是双方违约。例如，一方交付的货物有严重的瑕疵，另一方拒付货款，乃是正当行使抗辩权的行为，不应作为违约对待。如果当事人在对方违约后采取适当的自我补救措施的（如在对方拒绝收货时将标的物以合理价格转卖），也不构成违约。

产生双方违约的原因主要有如下几种情况：第一，在双务合同中，双方所负的债务并不都具有牵连性和对价性，其所负的各项债务有些是相互牵连的，也有一些合同义务是彼此独立的，如果他们各自违反这些相互独立的义务，既不能适用同时履行抗辩权，也不能适用不安抗辩权，则将产生双方违约问题。如在买卖合同中，出卖人交付的货物不符合约定的质量要求，而买受人也没有依照约定为出卖人的履行提供必要的协助，双方违反的义务并不具有牵连性，因而构成双方违约。第二，双方均作出了履行，但履行都不符合合同的规定。如甲方依据合同向乙方发运货物，乙方也向甲方支付了货款，但甲方的货物与合同的规定不符，乙方的付款方式也违背了合同约定。第三，一方作出的履行不符合合同的约定（如发生迟延或标的物不符合合同约定等），另一方受领迟延，则双方均违反了合同约定。第四，一方作出的履行不符合合同的约定，而另一方违反了合同约定的不得妨碍对方履行的义务，因而构成双方违约。

在双方违约的情况下，应当根据双方的过错程度及因其过错而给对方当事人造成的损害程度确定各自的责任。如果双方过错程度相当，且因其过错而给对方当事人造成的损害程度大体相同，则双方应当各自承担其损失。因此，双方违约将产生如下法律后果：一是各自承担违约责任。在双方违约的情况下，应当根据双方的过错程度及因其过错而给对方当事人造成的损害程度而确定各自的责任。如果双方过错程度相当，且因其过错而给对方当事人造成的损害程度大体相同，则双方应当各自承担其损失。如果一方的过错程度明显大于另一方，且给对方造成的损失也较重，则应当承担更重的责任。例如，一般来说，一方交货有严重瑕疵的行为与另一方受领迟延相比较，前者的过错更重。再如，一方故意违约，而另一方未尽到减轻损害的义务，两者的过错程度也是不同的。所以，在双方违约时，必须要正确地认定各方所应承担的责任，而不能“各打五十大板”，使双方平均承担责任。二是减轻违约方的责任。在双方违约中，一种典型的形态是债权人与有过失，在此情形下，因为债权人的过错也造成了损害后果的发生，此时，应当相应地减轻违约方的责任。与有过错的直接后果是减轻违约方应当承担的责任，具体扣减的数额应当是根据双方违约的情况，具体确定其责任份额。①

（四）根本违约和非根本违约

所谓根本违约，是指一方的违约致使另一方订约目的不能实现。所谓非根本违约，是指一方的违约并没有导致另一方订约目的不能实现，或者使其遭受重大损害。根本违约和非根本违约的区别主要表现在：第一，关于合同的解除。《民法典》第563条第4项规定：“当事人一方迟延履行债务或者有其他违约行为致使不能实现合同目的”，另一方可以解除合同。而在非根本违约的情况下，非违约方可以要求对方承担违约责任，但不能解除合同。第二，关于拒绝接受标的物。《民法典》第610条中规定，“因标的物不符合质量要求，致使不能实现合同目的的，买受人可以拒绝接受标的物或者解除合同”。而在非根本违约的情况下，非违约方不能拒绝接受标的物。

---

① 参见黄薇主编：《中华人民共和国民法典合同编解读》（上册），中国法制出版社2020年版，第469页。

（五）因当事人的原因违约与因第三人的原因违约

因当事人的原因违约是指违约是由当事人一方或者双方的原因造成的。因第三人的原因违约是指违约是由第三人的原因造成的。严格地说，依据合同的相对性规则，因当事人的原因违约与因第三人的原因违约，两者之间是没有区别的，即都应当由当事人一方向另一方承担责任，或者由双方各自依据过错承担责任。我国《民法典》为强调合同的相对性，在第593条中规定，"当事人一方因第三人的原因造成违约的，应当依法向对方承担违约责任。当事人一方和第三人之间的纠纷，依照法律规定或者按照约定处理"。根据该规则，在因第三人的行为造成债务不能履行的情况下，债务人仍然应当向债权人承担违约责任，债权人也只能要求债务人承担违约责任。债务人在承担违约责任以后，有权向第三人追偿。这就是所谓的"债务人为第三人的行为向债权人负责的规则"。《民法典》第593条在《合同法》第121条的基础上，增加了"依法向对方承担违约责任"的表述，规定"依法"二字，本质上强调依据《民法典》合同编的规定，在一方违约的情形下，对方当事人有权依据《民法典》合同编的规定请求其承担违约责任。[①]

因第三人的原因违约的情形较多，如第三人造成标的物的毁损、灭失，致使合同不能履行，债务人可要求第三人依法承担侵权责任。债务人也可以依据其事先与第三人的合同而向第三人追偿。如第三人不依据合同向债务人交货，使债务人不能履行其对债权人的交货义务，债务人在向债权人承担责任后，可依据其与第三人的合同要求第三人承担责任，但两个合同关系必须分开。此处的第三人既可能是债务人的上级机关，也可能是与债务人具有供应链关系的第三人，还可能是实施侵权行为的第三人，例如，因第三人实施侵权行为，造成标的物毁损、灭失。因此，《民法典》第593条后段规定，"当事人一方和第三人之间的纠纷，依照法律规定或者按照约定处理"。这就是说，如果债务人一方与第三人之间具有合同关系，因第三人未供货而导致债务人无法向债权人履行债务，此时，债务人仍应当向债权人承担责任。当然，债务人在向债权人承担责任后，可依据其与第三人的合同，要求第三人承担责任。再如，如果因第三人实施侵权行为造成标的物毁损、灭失，导致债务人无法向债权人履行债务，此时，债务人也应当向债权人承担违约责任，同时再依法请求第三人承担侵权责任。

此外，债务人还应对履行辅助人的行为负责。所谓债务履行辅助人，顾名思义，就是指辅助债务人履行其债务的人。一般认为，债务履行辅助人包括两类，即代理人和使用人。[②]所谓使用人是指根据债务人的意思，事实上从事债务履行的人。罗马法对于债务人不履行采过错责任原则，债务人仅就其故意或者过失负责，因此，在因第三人的原因导致违约的情形，只有在债务人就选任、指示或者监督债务履行辅助人具有过错时，其才需要承担责任。[③]履行辅助人具有如下特点：一是履行辅助人是根据债务人的意思而事实上从事债务履行的人。这就是说，履行辅助人必须是出于债务人的意愿而为债务履行行为[④]，履行辅助人的行为视为合同当事人自身的行为。如果第三人未取得债务人的同意而介入债务的履行，则是一种干涉他人事务的行为，该第三人应对自己的过错独立承担责任。二是履行辅助人是依据法律规定或合同约定而产生的。绝大多数履行辅助人都是根据债务人与履行辅助人之间

---

① 参见黄薇主编：《中华人民共和国民法典合同编解读》(上册)，中国法制出版社2020年版，第470页。

② 参见王泽鉴：《债法原理》，北京大学出版社2009年版，第218页。

③ Vgl. Staudinger/Georg Caspers (2014) BGB § 278 Rn. 18.

④ Staudinger/Löwisch/ Caspers, BGB § 278, Rn. 17.

的委托合同而确定的，如委托某人代送信件、委托运送行李等；也有一些履行辅助人是根据雇佣合同、劳务合同等产生的，如商店的雇员根据商店的要求为某人送货等。还有一些履行辅助人是直接根据法律规定产生的，如法定代理人为了维护被代理人的利益而参与交易活动。三是履行辅助人必须在事实上从事了辅助履行债务的行为。也就是说，履行辅助人所从事的行为，是帮助债务人履行债务，而不是为自己履行债务或者从事其他性质的行为。否则，不能成为债务履行辅助人。在民法上，普遍确认了债务人就履行辅助人的故意和过失应与"自己的故意或过失负同一责任"的原则。这就是说，在债务履行过程中，债务人通常需借助履行辅助人的辅助行为而履行债务，同时，对履行辅助人的过错承担责任。此项原则称为"为债务履行辅助人而负责"。且合同当事人对其履行辅助人的行为负责，并不以合同当事人自身具有过错（如选任、指示过失等）为要件。在解释上可以认为，《民法典》第 593 条规定的"当事人一方因第三人的原因造成违约"既包括因履行辅助人的原因造成违约，也包括因履行辅助人以外的人的原因造成违约。但履行辅助人在性质上并不是第三人，而属于"债务人一方"，因此，债务人应当对履行辅助人履行债务的行为负责，且从保护债权人的利益出发，应使债务人承担责任。

第二节 预期违约

一、预期违约的概念和特点

预期违约也称为先期违约，是指在履行期限到来之前一方无正当理由而明确表示其在履行期到来后将不履行合同，或者其行为表明其在履行期到来以后将不可能履行合同。预期违约是英美法上的制度，并为一些国际公约所采纳。[①] 我国《民法典》借鉴英美法及一些国际公约的做法，于《民法典》第 578 条规定："当事人一方明确表示或者以自己的行为表明不履行合同义务的，对方可以在履行期限届满前请求其承担违约责任。"从我国合同法的规定来看，预期违约包括两种形态，即明示毁约和默示毁约。由于这两种形态都是发生在履行期到来之前的违约，因而可以看作是与实际违约相对应的一种特殊的违约形态。概括而言，预期违约具有如下特点：

1. 预期违约是在履行期到来之前的违约

预期违约行为是在履行期到来之前的违约，表现为未来将不履行义务，而不像实际违约那样，表现为现实地违反义务。有些学者认为此种毁约只是"一种毁约的危险"，也有人称为一种"可能违约"。[②] 不过，这并不意味着此种毁约就不属于违约。从债务人角度来看，履行期限不过是债务人实际从事履行行为的期限，在此期限之前，债务人已经负担了履行义务。这就是说，履行期限只是实际从事履行行为的期限而不是债务发生的期限。如果债务人单方面毁约，即使这种毁约发生在履行期前，也将会使债务人违反合同规定的义务，同时表明其根本漠视了其应负的合同债务，因此应构成违约。当然，由于这种毁约毕竟发生在履行期前，对债权人造成的损害等也是不同的。实际违约可能会造成期待利益的损失，如亟待原材

---

① 例如，《销售合同公约》第 72 条规定："（1）如果在履行合同日期之前，明显看出一方当事人将根本违反合同，另一方当事人可以宣告无效；（2）如果时间许可，打算宣告合同无效的一方当事人必须向另一方当事人发出合理的通知，使他可以对履行义务提供充分保证；（3）如果另一方当事人已声明他将不履行其义务，则上一款的规定不适用。"

② G. H. Treitel, *The Law of Contract*. Sweet & Maxwell, Twelfth Edition, 2007, p. 644.

料投入生产,因对方到期不交付产品使其不能按时投入生产获取利益。然而,就预期违约来说,一般造成的是信赖利益的损害,如因信赖对方履行而支付一定的准备履行的费用等,因此在损害赔偿的范围上是各不相同的。

2. 预期违约侵害的是对债权实现的期待

如果合同规定了履行期限,则在履行期限到来之前,债权人不得请求债务人提前履行债务,所以在履行期限届至以前,债权人享有的债权只是期待债权而不是现实的债权。[①] 对债务人来说,此种期限也体现为一种利益即期限利益,该利益应当为债务人享有。因此,债权人不得在履行期前要求清偿债务。法谚云"未到期限之债务等于无债务",不过,尽管债权人不得要求债务人提前履行,但其仍然享有一种期待权利,这种权利也是不可侵害的,若债务人毁约,使其履行利益不能实现,债务人也应承担毁约的责任。

3. 在补救方式上也不同于实际违约

在明示毁约中,由于合同尚未到履行期,所以债权人为了争取对方继续履行合同,可以不顾对方的毁约表示,而等待合同履行期到来以后,要求对方继续履行,如对方仍不履行,则预期违约已转化为实际违约,此时,债权人可采取实际违约的补救方式。

无论是实际违约还是预期违约,均构成对债权人权利的侵害和对合同关系的破坏,必将影响交易的正常进行,所以法律应使违约人承担责任。不过,预期违约发生的时间与实际违约不同,我们通常所说的实际违约行为乃是指履行期到来后的违反义务的行为,而预期违约发生在履行期到来之前,该行为侵害的只是期待的债权而不是现实的债权,因此应将此行为作为一种特殊的违约形态对待。如果将预期违约纳入违约形态之中,作为一种特殊的违约形态对待,则预期违约是与实际违约相对应的违约形态。预期违约包括明示毁约和默示毁约两种,而实际违约则包括不履行、履行迟延、不适当履行、其他不完全履行行为四种形态。按照这样一种分类方法,违约形态可以被分为两大类:预期违约和实际违约,它们共同构成了我国违约形态体系和内容。

二、明示毁约

所谓明示毁约,是指一方当事人无正当理由,明确肯定地向另一方当事人表示其将在履行期限到来时不履行合同。根据《商事合同通则》第 7.3.3 条,"如果在一方当事人履行合同日期之前,情况表明该方当事人将根本不履行其合同义务,则另一方当事人可以终止合同"。该条确立了这样一个原则,即"预期的不履行与履行到期后发生的不履行是相同"[②]。因此,只要有情况表明一方当事人将根本不履行其合同义务,即使该方当事人没有明确表示"将不履行",另一方当事人也可以终止合同。我国《民法典》第 578 条规定:"当事人一方明确表示……不履行合同义务的,对方可以在履行期限届满前请求其承担违约责任。"据此,构成明示毁约应具备如下条件:

第一,明示毁约方必须明确肯定地向对方表示拒绝履行。美国《合同法第二次重述》第 250 条提出,只有在一方自愿地、肯定地提出毁约的情况下才构成明示毁约。或者说,只有在一方无条件地、确定地提出毁约时才构成明示毁约。[③] 在此类违约中,一方表示的毁约意

① 参见韩世远、崔建远:《先期违约与中国合同法》,载《法学研究》1993 年第 3 期。

② 参见张玉卿主编:《国际统一私法协会国际商事合同通则 2004(英汉对照)》,中国商务出版社 2005 年版,第 513 页。

③ Frienducan v. Katzner 139Md 195114A 884(La21).

图是十分明确的，不附有任何条件，如明确表示其不愿意付款或交货等。根据我国《民法典》的规定，只要一方有证据证明另一方在履行期到来前明确表示不履行合同义务，就可以证明对方已构成明示毁约，而不必通过催告来确定其是否构成明示毁约。

第二，不履行合同的主要义务。明示毁约之所以对另一方当事人的利益构成重大威胁，将严重损害其期待利益，也正是因为被告将不履行合同的主要义务，从而会导致非违约方订立合同的目的落空。如果被拒绝履行的仅是合同的部分内容，甚至是次要义务，并且不妨碍债权人所追求的根本目的，这种拒绝履行就不构成预期违约。

第三，不履行合同义务无正当理由。在实践中，一方提出不履行合同义务通常有可能会找出各种理由和借口，如果这些理由能够成为法律上的正当理由则不构成明示毁约。各种正当理由主要包括：因债权人违约而使债务人享有解除合同的权利；因合同具有无效因素而应被宣告无效；合同应被撤销；合同根本没有成立；债务人享有抗辩权；因不可抗力而使合同不能履行。在具有正当理由的情况下，一方拒绝履行义务是合法的，不构成明示毁约。

在一方明示毁约的情况下，另一方有权拒绝。这就是说，另一方可以根本不考虑一方所作出的毁约表示，而单方面坚持合同的效力，等到履行期限到来以后要求毁约方继续履行合同或承担违约责任。如在某些情况下，另一方认为，在履行期到来以后请求违约方承担赔偿责任，比在履行期到来前请求其承担此种责任对自己更为有利，就可以等待履行期到来后提出请求。再如，另一方相信毁约方可能会在履行期到来之前撤回其毁约的表示，从而消除毁约的状态，也可以等待履行期到来后提出请求。如果另一方认为，等待履行期到来再提出请求，将使其蒙受更大的损失，或者认为毁约方不可能撤回其毁约的表示，则可以依据《民法典》第 578 条的规定，立即提出请求，要求对方在履行期到来前承担违约责任。

尽管《民法典》允许另一方可以在履行期到来前采取各种违约补救方式，如要求毁约方在履行期到来时履行合同、赔偿损失、支付违约金以及解除合同等，但应当看到，履行期前的责任和履行期到来后的责任仍然是有区别的。例如，在确定预期违约的损害赔偿时，只能根据履行期前的市场价格而不能根据履行期到来时的市场价格来计算损失，确立毁约方应赔偿的数额。再如，在计算赔偿数额时，应当考虑到从预期违约到履行期到来，另一方可能有较长时间采取措施减少损害。如果其未采取措施减轻其应当减轻的损害，该数额应当从赔偿数额中扣除。总之，在确定预期违约的责任时，不能以履行期到来后的标准予以确定，否则将会使毁约方承担过重的责任。

三、默示毁约

所谓默示毁约，是指在履行期到来之前，一方以自己的行为表明其将在履行期到来之后不履行合同，且另一方有足够的证据证明一方将不履行合同，也不愿意提供必要的履行担保。《民法典》第 578 条规定：“当事人一方……以自己的行为表明不履行合同义务的，对方可以在履行期限届满前请求其承担违约责任。”这就确认了默示毁约行为。

默示毁约与明示毁约一样，都发生在合同有效成立后至履行期届满前，但默示毁约与明示毁约又有不同之处，表现在：一方面，明示毁约是指毁约一方明确表示其将不履行合同义务；而在默示毁约的情况下，债务人并未明确表示其将在履行期到来时不履行合同，只是从其履行的准备行为、现有经济能力、信用情况等，可预见到他将不履行或不能履行合同，而这种预见又是建立在确凿的证据基础之上的。另一方面，明示毁约行为对期待债权的侵害是明确肯定的，债务人的主观状态是故意的；而默示毁约行为对期待债权的侵害不像明示毁约行为那样明确肯定,债务人对毁约的发生主观上可能出于过失。明示毁约的构成要件简单,只要当事人作出明确的意思表示即可。而默示毁约则受到很多限制,即使一方的行为表明,其将在履行期限届至时无法履行合同,也不意味着其构成默示毁约。是否构成默示毁约,还需要符合法律规定的其他条件。

无论默示毁约因何种原因产生,都会使债权人面临一种因债务人可能违约而使自己蒙受损失的危险,这种危险应该及早予以消除,若债权人只能等待履行期限到来后才能提出请求,无异于坐以待毙。根据《民法典》第 578 条等规定,默示毁约须具备如下构成要件:

第一,一方当事人具有《民法典》第 527 条所规定的情况,包括经营状况严重恶化,转移财产、抽逃资金,以逃避债务,丧失商业信誉,有丧失或者可能丧失履行债务能力的其他情形。无论何种情况,默示毁约方都没有明确地表示其将毁约或拒绝履行合同义务,否则构成明示毁约。当然,尽管默示毁约方没有明确表示毁约,但根据其行为和能力等情况表明其将不会或不能履约,从而将会辜负对方的合理期望,使对方的期待债权不能实现,所以,亦可构成违约。

第二,另一方具有确凿的证据证明对方具有上述情形。如果另一方只是预见到或推测一方在履行期到来以后将不履行合同,不能构成确切的证据。关于默示毁约的标准,我国《民法典》第 527 条采取了"确切证据"标准,即要求预见的一方必须举证证明对方届时确实不能或不会履约。由此可见,我国法律的规定加重了非违约方的举证负担,在实践中也更为可行。当然,非违约方所提供的证据是否确切,应由司法审判人员予以确定。例如,甲向乙购买房屋,约定 10 月交房,但乙在 9 月仍未打地基,在 10 月份不可能将房屋建好,且乙在合理期限内又不愿提供适当的履约担保,此种行为即构成默示毁约。

第三,一方不愿提供适当的履约担保。另一方虽有确切的证据证明一方将不履行合同,但还不能立即确定对方已构成违约。依据《民法典》第 528 条,另一方要确定对方违约,必须首先要求对方提供履约担保。只有在对方不提供履约担保的情况下,才能确定其构成违约并可以要求其承担预期违约的责任。如何理解"适当的履约担保"?一般来说,履约保证应包括保证按期履行的表示,如不能履行合同如何偿付债权人的损失等。只要足以使债权人消除对债务人有可能违约的疑虑,任何担保都是适当的履约担保。一项担保是否充分,应由债权人自己决定;如果他人认为该担保是不充分的,但债权人认为已经充分,则应认为已经充分,法律不应多加干预。如果债务人提供的担保,在一般人看来已经足够,而债权人仍要求债务人必须找到其指定的公司或个人为债务人作担保,则属于不合理的要求,债务人应有权予以拒绝。履约保证应在合理的期限内作出,超过了合理期限,则债权人亦有权拒绝。

债务人是否能够提供适当的履约保证,是确定其是否构成默示毁约的重要标准。因为即使债权人有确切证据证明债务人可能到期不会或不能履约,但债务人毕竟没有作出毁约的表示,相反,其可能会通过各种途径筹措资金、清偿债务。更何况随意允许债权人以对方毁约为借口而中止履行,对交易秩序的维护也是不利的。所以若债务人能够在合理的期限内提供履约保证,则证明对方不构成毁约。

只有符合上述要件,才能构成默示毁约。在默示毁约的情况下,非违约人可以暂时中止履行合同。采取此种措施,有利于减轻预见方的损失,防范一旦实际发生违约事实而使其遭受重大损失,但暂时中止合同的履行不同于解除合同。在暂时中止合同的情况下,合同并没有解除,它对当事人仍然有效,只是合同债务暂时得不到履行。

在默示毁约的情况下,依据《民法典》第 578 条,非违约方可以不必等待履行期限的到来而直接要求毁约方实际履行或承担违约责任，也可以在履行期限到来以后要求毁约方实际履行或承担违约责任。

第三节 拒绝履行

一、拒绝履行的概念

所谓拒绝履行，是指在债务履行期到来后，债务人无正当理由明确表示拒绝履行自己的债务。① 拒绝履行通常都是债务人能够作出履行而拒绝履行，但在履行不能的情形下，债务人实际上已经无法作出履行，此种情形也可能成为拒绝履行的原因。例如，因债务人的过错，造成特定物毁损、丢失的，构成履行不能，其与没有正当理由的不履行债务在性质上并没有多少差别，债权人有权请求债务人承担违约责任。拒绝履行是违约的典型形态，在各国法律中，都对拒绝履行作出了明确规定。《销售合同公约》虽然没有列举违约行为形态，但是，其对拒绝履行的救济也作出了规定。《商事合同通则》第 7.1.1 条所规定的“不履行”也包括了拒绝履行。《欧洲民法典草案》中拒绝履行包括了履行期前和履行期后的两种拒绝履行。② 我国《民法典》第 577 条所提及的“一方不履行合同义务”就是指拒绝履行的行为。拒绝履行的特点在于：一是一方当事人明确表示拒绝履行合同规定的主要义务。如果仅仅是表示不履行部分义务，则属于部分不履行的行为。二是一方当事人拒绝履行合同义务无正当理由。三是一方拒绝履行主要义务，经催告在合理期限内仍不履行，则构成了根本违约。

由于我国《民法典》所规定的违约责任是严格责任，因而在司法实践中，只要在履行期到来时债务人无正当理由不履行债务，无论债务人以何种借口解释不履行的合理性，都不能免除因不履行而应负的责任。③ 拒绝履行与履行不能也常常发生联系，二者都可能导致相对人的合同目的无法实现，相对人可以解除合同。但二者存在明显的区别，主要表现在：一方面，拒绝履行是一种独立的违约形态，具有特殊的救济方式；而我国现行立法并没有将履行不能作为独立的违约形态。履行不能并不属于独立的违约形态，其只是在客观上描述了当事人无法履行债务的事实状态。另一方面，在拒绝履行的情形下，债务人只是明确表明不履行债务或者以自己的行为表明将不会履行债务，但其履行行为则是可能的；而在履行不能的情况下，债务人因多种原因在客观上无法履行债务。④

在一方拒绝履行的情况下，另一方有权要求其继续履行合同，也有权要求其承担违约金责任和损害赔偿责任。但另一方是否有权解除合同，《民法典》第 563 条没有明确作出规定，而只是规定“当事人一方迟延履行债务或者有其他违约行为致使不能实现合同目的”的，另一方可以解除合同。实际上，根据该条的精神，履行期届至后，一方拒绝履行的，其行为已转化为迟延履行，且此种违约通常构成根本违约，另一方有权解除合同。尤其应当看到，无正当理由拒绝履行合同，已表明违约当事人完全不愿接受合同约束，实际上已剥夺了受害人根据合同所应得到的利益，从而使其订立合同的目的落空，因此，受害人没有必要证明违约已

---

① Müko/Ernst, BGB § 281, Rn. 51 ff., § 286, Rn. 64.

② See Christian von Bar et al. (eds.), *Principles, Definitions and Model Rules of European Private Law*, Sellier. European Law Publishers GmbH, 2009, p. 82.

③ 参见崔建远：《物的瑕疵担保责任的定性与定位》，载《中国法学》2006 年第 6 期。

④ 崔建远：《合同法》(第三版)，北京大学出版社 2016 年版，第 342 页。

造成严重的损害后果便可以解除合同。

二、拒绝履行的构成要件

1. 须有合法的债务存在。拒绝履行从根本上违反了合同债务,但是,这种债务必须是客观存在的。如果是自然债务或者一方误认为是债务,而实际上并不存在,或合同已被宣告无效或者撤销,那么,债务人在债权人提出履行的要求时有权予以拒绝。当然,如果一方当事人认为合同具有重大误解、显失公平的因素而要求撤销该合同,或者认为合同的成立并非出于当事人的真实意思而要求宣告该合同无效的,除公然违法的合同以外,在合同尚未被宣告无效或被撤销之前,该合同仍然有效,并应对当事人产生拘束力。合同当事人也不能随意撕毁合同,拒绝履行。

2. 债务人向债权人表示拒不履行合同。[①] 这就是说,债务人向债权人作出了拒绝履行的意思表示,这种表示可以是明示的(如根本不承认合同存在、通知债权人他将不履行合同等),也可以是默示的(债务人将应交付给债权人的特定物转移给第三人)。债务人因自身的过错而导致合同到期不能履行的,也应被视为拒绝履行。

3. 拒绝履行是在履行期限到来之后作出的。[②] 如果债务人在履行期限到来之前,作出拒绝履行的意思表示,应视为预期违约。

4. 拒绝履行无正当理由。双务合同原则上应当同时履行,一方只有在已经作出履行或者提出履行债务后,才能要求对方履行。[③] 在一方未作出履行或者提出履行债务时,对方当事人有权拒绝其履行请求,此时,相对人的拒绝履行具有正当理由,不构成违约。此外,在债务尚未到期、合同约定的条件尚未成就、时效已经完成、债务人享有留置权等情形下,债务人拒绝履行债务具有正当理由,不构成违约。

拒绝履行性质上是公然违约,实践中通常表现为单方终止合同,并因此构成根本违约,相对人有权解除合同。例如,在“安徽省福利彩票发行中心与北京德法利科技发展有限责任公司营销协议纠纷案”中,最高人民法院认为:“《宣传营销协议书》及《补充协议》是双方当事人真实意思表示,不违反法律、行政法规的效力性禁止性规定,应认定有效。安徽彩票中心单方终止合同的履行,已构成根本违约,合同应予解除。”[④]

三、拒绝履行的法律效果

1. 继续履行。在拒绝履行的情形下,通常是债务人无正当理由单方面终止合同履行,该行为虽然构成根本违约,但债权人可以选择不解除合同,而选择请求债务人继续履行,并请求债务人承担违约责任。当然,作为一种违约责任形式,继续履行应当在维持合同效力的前提下予以适用,在拒绝履行的情形下,如果债权人选择解除合同,其就不能再请求债务人继续履行。

2. 解除合同。[⑤] 拒绝履行在通常情况下可以构成根本违约。《民法典》第 563 条第 2 项

---

① Müko/Ernst, BGB § 323, Rn. 98 ff.

② Müko/Ernst, BGB § 281, Rn. 51 ff.

③ 参见〔德〕克里斯蒂安·冯·巴尔、〔英〕埃里克·克莱夫主编:《欧洲私法的原则、定义与示范规则:欧洲示范民法典草案》(第一、二、三卷),高圣平等译,法律出版社 2014 年版,第 733 页。

④ 最高人民法院(2008)民提字第 61 号民事判决书。

⑤ Müko/Ernst, BGB § 323, Rn. 64.

规定,“在履行期限届满前,当事人一方明确表示或者以自己的行为表明不履行主要债务”的,相对方可以解除合同。根据该条规定,既然在履行期限届满之前,债务人不履行主要债务都可以导致合同的解除,按照“举轻以明重”的解释规则,在履行期限到来之后债务人拒绝履行,债权人更应当可以解除合同。由于拒绝履行已经公然地表明了其违约意图,而且表明债务人主观上具有恶意,因而是一种严重的违约行为,债权人有权解除合同,并请求债务人承担违约责任。

3. 拒绝受领。在拒绝履行之后,债权人可以另行购买合同标的物或者另外聘请他人来实现合同利益,如果债务人此时再作出履行,债权人有权拒绝。[①]

4. 损害赔偿。[②] 在债务人拒绝履行的情形下,债务人的行为构成根本违约,可能给债权人造成一定的损失,不论债权人选择请求债务人实际履行债务,还是选择解除合同,都不应当影响债权人的违约损害赔偿请求权。因此,在拒绝履行的情形下,债权人有权请求债务人承担违约责任,赔偿其所遭受的损失。

第四节 不适当履行

一、不适当履行的概念

所谓不适当履行,是指债务人虽然履行了债务,但其履行在质量上不符合合同约定和法律规定,也就是说履行具有瑕疵。我国《民法典》合同编规定了瑕疵担保义务,但没有采取德国法中的瑕疵担保责任。所谓瑕疵担保责任,是指债务人负有担保其移转的权利完整和标的物质量合格的义务,如当事人违反此种义务,则应当承担瑕疵担保责任。其又分为权利瑕疵担保责任与物的瑕疵担保责任。它是和违约责任相并列的独立的责任形态。[③]《销售合同公约》并未区分缺陷和所保证品质的欠缺,只要实际交付的物与合同要求不符,就存在物之瑕疵。[④]《销售合同公约》的规定使得确定瑕疵的标准统一、完整,而且极为简便易行[⑤],被认为是取得了世界范围内的成功。[⑥] 从合同法发展的趋势来看,两大法系都从区分瑕疵担保责任与违约责任而逐渐走向统一化,而形成了统一的履行不合格的责任制度。[⑦] 我国《民法典》采纳了此种模式,认为不适当履行是一种独立的违约行为,违约当事人应当承担违约责任,在不适当履行的情形下,非违约方可以选择各种违约补救方式维护其权利。《民法典》第 582 条规定:“履行不符合约定的,应当按照当事人的约定承担违约责任。对违约责任没有约定或者约定不明确,依据本法第五百一十条的规定仍不能确定的,受损害方根据标的的性质以及损失的大小,可以合理选择请求对方承担修理、重作、更换、退货、减少价款或者报酬等违约责任。”这就是说,在不适当履行的情况下,如果合同对责任形式和补救方式已经作出了明确规定(如规定产品有瑕疵应当首先实行修理、替换),应当按照合同的规定确定责任。如果

---

① 参见郑玉波:《民法债编总论》(修订二版),陈荣隆修订,中国政法大学出版社 2004 年版,第 270 页。

② Müko/Ernst, BGB § 281, Rn. 50, 55.

③ 参见韩世远:《出卖人的物的瑕疵担保责任与我国合同法》,载《中国法学》2007 年第 3 期。

④ 参见《公约》第 35 条、第 39 条。

⑤ Peter Schlechtriem, *UN Law on International Sales*, Springer, 2009, p. 262.

⑥ See O. I. Schwenzer, P. Hachem, C. Kee, *Global Sales and Contract Law*, Oxford University Press, 2012, p. 37.

⑦ Peter Schlechtriem, *UN Law on International Sales*, Springer, 2009, p. 248.

合同没有作出明确规定或者规定不明确,受害人可以根据具体情况,选择各种不同的补救方式和责任形式。

不适当履行与部分履行极易发生混淆。按照我国台湾地区许多学者的观点,不适当履行包括的范围是很广泛的。郑玉波先生指出:"瑕疵给付,或为品质不合(牛肉灌水),或为数量不符(缺斤短两),但债务人为一部给付,而债权人亦作为一部给付而受领时,乃一部给付之问题。"[①]还有观点认为应当依据数量瑕疵是否影响物的属性来判断。[②] 笔者认为此种观点值得商榷。从实践来看,尽管数量的短缺也可能引起质量问题,或者说数量的短缺本身就是质量问题(如供应煤气不足,使买受人不能正常使用,或者交付的布匹不够,致使买受人不能制作衣服等),但是,在绝大多数情况下,数量不足和质量不合格是有区别的。我国《产品质量法》在规定产品不合格和具有缺陷的责任时,未将数量不足包含在质量不合格之中。由此可见,我国法律是将数量不足与产品不合格严格区别开来的。区分不适当履行与部分履行的主要意义在于:首先,是否适用法律关于担保义务的规定不同。我国《产品质量法》第26条、第34条规定了生产者、销售者对商品质量负有明示和默示的担保义务。如果交付有瑕疵的产品则违反了担保义务;而交付的数量不足或多交付的,则不构成违反担保义务的问题。其次,补救方式不同。不适当履行主要采取补正方式(修理、更换、退货),造成损失的,应负责赔偿;而交付数量不符合规定,则主要采取补交或拒收的方式;补交以后构成履行迟延的,应负履行迟延责任。

我国《民法典》将不适当履行规定为独立的违约行为形态,但没有将不履行作为独立的违约行为形态,而是通过拒绝履行、履行迟延等违约行为形态涵盖不履行的内容。相对于不履行行为而言,不适当履行的构成要件主要包括:

第一,当事人已经作出了履行。在不适当履行的情况下,债务人已经实际履行了其债务,只是因为履行存在瑕疵,并不能导致完全履行的效果。

第二,一方的履行在质量、方式等方面不符合合同约定,即通常所说的履行瑕疵。此种违约行为形态所包含的类型较多,具体来说:一是质量不符合规定。这就是说,债务人交付的标的物质量不符合法定的或约定的标准,这是不适当履行的最典型形态。质量不符合约定包括瑕疵给付和加害给付。在加害给付的情况下,标的物的瑕疵导致债权人固有利益的侵害。[③] 例如,因交付的汽车发生自燃,导致买受人的车库受损等。二是履行地点不符合规定。例如,应当在甲地交付,而将货物置于乙地。三是履行方式不符合规定。例如,应当一次履行而分期履行,应当以人民币支付而以美元支付。四是包装不符合规定。例如,应当采用集装箱运输,而采取散运的方式。

第三,不适当履行无正当理由。此处说的正当理由包括了抗辩事由以及各种免责事由等。例如,虽然出卖人交付的产品不具备该产品应当具备的使用性能,但出卖人在合同中已对此作出了明确声明。再如,当事人在合同中约定,包装不合格不视为违约,也可以将包装不合格的情况排除在不适当履行的范畴之外。

二、不适当履行与加害给付

所谓加害给付,是指债务人的不适当履行行为造成债权人的履行利益以外的其他财产

① 郑玉波主编:《民法债编论文选辑》(中册),五南图书出版有限公司1984年版,第718页。
② 参见陈自强:《契约违反与履行请求》,元照出版公司2015年版,第85页。
③ 参见崔建远:《合同法》(第三版),北京大学出版社2016年版,第341页。

损失和人身损害。例如,交付不合格的汽化炉造成火灾,致使债务人受伤等。加害给付具有如下特点:第一,债务人的履行行为不符合合同的规定。这就是说,债务人虽履行了合同,但履行不适当。第二,债务人的不适当履行行为造成了债权人履行利益以外的其他利益损害。所谓履行利益以外的其他利益,学理上又称为固有利益或维护利益,是指债权人享有的不受债务人和其他人侵害的现有财产和人身利益。[①] 例如,交付的财产有缺陷,造成他人的人身伤害。交付财产属于履行利益,人身伤害属于履行利益以外的损失。第三,加害给付是一种同时侵害债权人的合同债权与其他人身、财产权利的行为,因此,加害给付通常会构成违约责任与侵权责任的竞合。当然,在出现加害给付行为以后,受害人不能同时请求加害人承担违约责任和侵权责任,而只能根据责任竞合的规定选择一种请求权,提出请求和提起诉讼。

在加害给付的情况下,可适用《民法典》侵权责任编中有关产品责任损害的概念,加害给付类似于因产品缺陷造成多种损害的情况,受害人可不选择适用《民法典》第 186 条的规定,而直接依《民法典》侵权责任编获得救济。例如,因发动机缺陷导致汽车自燃,同时导致驾驶员和车内财物的损害。此时,如果受害人只能依据《民法典》第 186 条请求赔偿,将不利于对受害人的保护。《民法典》第 1202 条针对的就是此种情形,该条扩张了损害的概念,对受害人提供更充足的保护。在加害给付的情形下,如果非违约方选择请求相对人承担违约责任,则违约方的行为在性质上仍然属于不适当履行,而如果非违约方选择请求相对人承担侵权责任,则不再从不适当履行的角度考察相对人的行为。

三、不适当履行的责任形式

(一) 修理、重作、更换、退货、减价

《民法典》第 582 条规定:“履行不符合约定的,应当按照当事人的约定承担违约责任。对违约责任没有约定或者约定不明确,依据本法第五百一十条的规定仍不能确定的,受损害方根据标的的性质以及损失的大小,可以合理选择请求对方承担修理、重作、更换、退货、减少价款或者报酬等违约责任。”依据这一规定,在违约责任方面,有约定的依约定。例如,当事人如果约定了违约金,则应当按照违约金确定违约责任。如果当事人没有就违约责任作出约定,可以达成协议补充。如果不能达成协议,也可以按照合同的相关条款和交易习惯确定。但如此仍然不能确定违约责任承担方式的,则受损害方可以根据标的的性质以及损失的大小,合理选择请求对方承担修理、重作、更换、退货、减少价款或者报酬等违约责任。对此可作如下理解:一是要考虑标的的性质。所谓根据标的的性质,是指根据标的物的性质、特点等因素,确定合理的违约责任承担方式。例如,如果标的物是特定物,则难以采用更换的方式;如果标的物是种类物,则可以找到适当的替代物,此时就不一定要采用修理、重作的方式。再如,买受人到汽车销售店购买新车,如果该汽车存在瑕疵,则应当允许买受人主张更换。二是要考虑损失的大小。例如,如果标的物的瑕疵是轻微的,损失并不大,可以通过修理、重作等方式弥补其损失;但如果标的物的瑕疵是重大的,在此情形下,很难通过修理等方式弥补其损失。[②] 就不适当履行所应采取的补救措施而言,应当包括:

第一,修理。所谓修理,是指因债务人交付的标的物有瑕疵,如果该瑕疵能够修理且修理瑕疵并不影响债权人订约目的的实现,可以通过修理的方式来予以补救。修理可以采取

---

① 参见崔建远:《合同法》(第三版),北京大学出版社 2016 年版,第 341 页。

② 参见黄薇主编:《中华人民共和国民法典合同编解读》(上册),中国法制出版社 2020 年版,第 398 页。

两种方式:一是由债务人进行修理。由债务人自己修理,其也应当承担因修理产生的修理、运输等各种合理费用。二是委托他人修理,而由债务人承担修理费用。[①]

第二,重作。所谓重作,是指债务人交付的标的物有瑕疵,可以使债务人真正按照合同规定的质量重新制作标的物,并向债权人交付标的物,从而使债权人获得符合合同规定的质量的货物。例如,如果承揽方交付定作物或完成工作不符合合同规定的质量而定作人不同意受领的,应由承揽方负责修理或重作,若经过修理或重作以后,仍不符合合同规定的,定作方有权拒收,并可援用同时履行抗辩权而拒绝支付价款或报酬。

第三,更换。所谓更换,是指如果债务人交付的标的物不符合约定,而该标的物是种类物的,则可以通过寻找合适的替代品的方式,由债务人予以更换。在更换的情况下,更换物应当在质量、规格、品种等方面与原物保持相同。

第四,退货。退货是指由于债务人交付的标的物不符合约定,债权人将已经获得的标的物退还给债务人。退货并不一定导致合同解除,在退货的情况下,当事人还可以予以更换,或者采取其他补救措施,从而使交付的标的物符合约定的标准。但如果债务人没有采取其他补救措施,则债权人有权解除合同。

第五,减价。所谓减价,是指债务人不履行合同义务或者履行合同义务不符合约定时,债权人主张相应减少合同价款的违约责任方式。减价实际上就是以质论价,通过减少价款或者报酬,使当事人已经作出的履行符合其价值,从而实现当事人利益的平衡。此种责任体现了交互正义,有利于物尽其用、提高交易效率。减价的适用条件主要包括:

一是交付的合同标的物不符合约定。减价责任的产生原因在于,标的物不符合约定,影响债权人订立合同目的的实现。因此,减价应当以合同标的物不符合约定为前提条件。

二是债权人同意接受标的物。债权人主张减价实际上是同意接受标的物,如果债权人主张更换标的物或者主张解除合同,则不得再主张减价。如果因产品交付有瑕疵,买受人不愿意采用减少价款或者报酬的方式,而愿意采用损害赔偿的方式[②],在此情况下就不适用减价的方式。

三是减价必须依据一定的比例。减价必须以符合约定的标的物和实际交付的标的物按交付时的市场价值计算差价。关于减少价款或者报酬的方式,一些学者认为,可以考虑原合同价金(T)乘以卖方在交货时的不符货物的实际价值(D)与在交货时相符货物价值(C)的比例:(T×D/C)。用原合同价金减去减价幅度,即 T－T×D/C,即为买方应付给卖方的实际价金。[③]

减价对质量而言,必须依质论价;对数量而言,应按照数量占全部数量的比例计算。不过,减少价款或者报酬的方式的运用只是使已经交付的货物符合其实际价值,不属于实际履行方式。

上述各种方式都是在不适当履行情况下的补救措施,无论采取何种措施,都应当允许非违约方作出选择。但依据《民法典》第 582 条的规定,在不适当履行的情形下,非违约方“可以合理选择请求对方承担修理、重作、更换、退货、减少价款或者报酬等违约责任”,也就是说,非违约方不能任意选择违约责任承担方式,其所选择的方式应当具有可行性,与案件的

① 参见黄薇主编:《中华人民共和国民法典合同编解读》(上册),中国法制出版社 2020 年版,第 399 页。

② 参见张玉卿主编:《国际货物买卖统一法:联合国国际货物销售合同公约释义》,中国对外经济贸易出版社 1998 年版,第 169 页。

③ 同上。

具体情形相符合。在作出选择时，也同样适用《民法典》第 580 条第 1 款，即如果采取这些方式事实上不能履行、履行费用过高或者债权人未在合理期限内提出请求时，则债权人不得再主张相关的责任形式。[①] 例如，债权人购买某件工艺品时，该工艺品遭受第三人侵害，如果进行修理或者重作费用巨大，则债权人不得主张此种违约请求。

（二）赔偿损失

从比较法上来看，在大多数国家，减价并不排斥损害赔偿责任，也就是说，非违约方请求减价后，仍可请求违约方赔偿损失。[②]《民法典》第 583 条规定："当事人一方不履行合同义务或者履行合同义务不符合约定的，在履行义务或者采取补救措施后，对方还有其他损失的，应当赔偿损失。"例如，在采取修理、更换、重作方式以后，受害人依然有损害的，有权要求赔偿损害。一般来说，如果货物价格不断上涨，则买受人可能希望得到货物，在此情况下，买受人可能愿意采用减少价款或者报酬的方式。如果货物价格不断下降，则买受人很难采取减价方式。

（三）支付违约金

《民法典》第 582 条规定，履行不符合约定的，应当按照当事人的约定承担违约责任。这就意味着如果当事人双方在合同中已经明确规定了违约金条款，且该违约金针对瑕疵履行，则非违约方有权要求对方支付违约金。

（四）解除合同

如果不适当履行使非违约方订立合同的目不能达到，则其可以根据《民法典》第 563 条而要求解除合同。当然，在一般情况下，出卖人支付的货物虽有瑕疵，但瑕疵轻微，可以要求修理、重作、更换的，买受人不宜直接解除合同。因为在能够利用货物或要求出卖人继续履行合同的情况下，选择解除合同的方式在经济上也并不合理。

第五节　迟延履行

一、迟延履行概述

（一）迟延履行的概念和特征

迟延履行有两种含义。广义的迟延履行，包括给付迟延（债务人的迟延）和受领迟延（债权人迟延）；而狭义的迟延履行，则单指债务人的迟延。学者大多采纳狭义的概念。这是因为一方面，从违反义务的性质来看，债权人受领迟延违反的是不真正义务[③]，不应承担违约责任。另一方面，债权人受领迟延并不属于违约行为的形态，而只是要自行承受损失的原因。

关于迟延履行是否应当作为一种违约形态的问题，各国法律规定并不完全一致。德国旧债法从原因的角度来构建违约规则，比如将不同的违约类型区分为履行不能、履行迟延、瑕疵给付或者是所谓的"积极侵害合同"。德国债法修改以后，继续保留了迟延履行的概念。[④] 英国普通法并没有将迟延履行作为一种独立的违约行为形态，而是以"违反合同"的概

---

① 参见黄薇主编：《中华人民共和国民法典合同编解读》（上册），中国法制出版社 2020 年版，第 425 页。

② 参见〔德〕克里斯蒂安·冯·巴尔、〔英〕埃里克·克莱夫主编：《欧洲私法的原则、定义与示范规则：欧洲示范民法典草案》（第一、二、三卷），高圣平等译，法律出版社 2014 年版，第 791 页。

③ Müko/Ernst，BGB § 293，Rn. 18.

④ Müko/Ernst，BGB § 286，Rn. 1.

念包含了违约行为的各种形态。[①]《商事合同通则》第7.1.1条采纳了广义的不履行概念,迟延履行被作为不履行的一种具体情形来规定。我国《民法典》第577条虽然没有将迟延履行作为一种独立的违约形态,但该条中的"履行合同义务不符合约定"实际上包括了迟延履行,也就是说,债务人履行债务的时间不符合约定。尤其是《民法典》第563条第1款明确规定,非违约方可以行使解除权的情况主要有两种:一是"当事人一方迟延履行主要债务,经催告后在合理期限内仍未履行";二是"当事人一方迟延履行债务……致使不能实现合同目的",在这两种迟延的情况下,非违约方可以解除合同。可见,迟延履行债务也属于我国《民法典》所规定的一种违约行为形态。当然,依据《民法典》第577条的规定,迟延履行是不履行的下位概念。

迟延履行的特征在于:

第一,债务人未在履行期限内作出履行。所谓履行期限,是指债务人向债权人履行义务和债权人接受债务人的履行的时间。履行期限明确的,当事人应按确定的期限履行;依据《民法典》第511条第4项,"履行期限不明确的,债务人可以随时履行,债权人也可以随时请求履行,但是应当给对方必要的准备时间"。必要的准备时间也就是合理的履行期限。凡是违反履行期限规定的履行,无论是债务人还是债权人,都构成履行迟延。凡是在履行期限到来时,不作出履行和不接受履行,均构成迟延履行。[②]

第二,债务人尚未作出履行。迟延履行不同于不适当履行,不适当履行是指在履行期限到来时,债务人作出了履行,但履行不符合规定的质量的要求;而迟延履行则是在履行期限到来时没有作出履行。

第三,履行仍是可能的。迟延履行虽然构成违约,但其给付仍然是可能的,如果债务人的履行不可能,则债权人有权解除合同,并请求债务人承担违约责任。[③]

第四,迟延履行属于独立的违约行为形态。因为迟延履行与其他违约形态存在明显区别。

尽管迟延履行表现为在履行期限到来时不履行合同,但它与拒绝履行仍有所不同。主要表现在:首先,在迟延履行情况下,债务人仍然能够继续履行,并且可能愿意继续履行;而拒绝履行是债务人在履行期到来时,明确表示不履行或因其过错而导致不能履行。当然,如果在迟延之后,债务人明确表示不再愿意继续履行,则迟延履行已转化为拒绝履行。所以,区分迟延履行与拒绝履行,关键在于债务人是否具有愿意履行的意思。其次,从补救上来看,在迟延履行的情况下,对债权人解除合同的权利,法律上是有一定限制的;而在拒绝履行的情况下,由于拒绝履行常常表明债务人公然毁约,致使债权人订约目的无法实现,因而,债权人享有解除合同的权利。

(二)迟延履行的成立原则上无须催告

根据我国《民法典》的有关规定,有履行期限的,不必经过催告,只要债务人违背了履行期限的规定便构成迟延履行,如果当事人没有约定履行期限,必须首先确定合同履行期限,才能认定当事人是否构成迟延履行。这是期限代为催告规则适用的必然结果。迟延履行的

---

① See Reiner Schulze, *New Features in Contract Law*, Sellier. European Law Publishers, 2007, p. 184.

② 参见易军:《违约责任与风险负担》,载《法律科学(西北政法学院学报)》2004年第3期。

③ See Schwenzer, I. & Kee, "C. International Sales Law: The Actual Practice", 29 *Penn State Inernational Law Review*(2011).

催告在合同解除中也具有较为重要的意义。[①] 因此，在订有履行期限的情况下，只要债务人没有按照约定期限履行债务，即构成迟延履行；在当事人没有明确约定履行期限的情况下，债权人应当催告债务人及时履行债务，并允许债务人在合理期限内履行债务，只有该期限经过后债务人仍未履行债务的，才能构成履行迟延。

二、债务人迟延

（一）债务人迟延的概念和构成要件

所谓债务人迟延，是指债务人在履行期限到来时，能够履行而没有按期履行债务。[②] 构成债务人迟延，必须满足如下要件：

第一，违反了履行期限的规定。判断债务人是否迟延履行，通常以债务是否到了履行期限且债务人是否履行债务为标准。履行期限到来之后，债务人不履行债务的，将构成迟延。在许多情况下，债务人在迟延一段时间之后，还会作出履行。但如果迟延之后拒绝继续履行债务的，则在拒绝之时，迟延履行已转化为拒绝履行。

第二，在迟延履行的情况下，履行是可能的。如果履行期限到来时，债务人仍然可以继续履行，则构成迟延履行；如果履行期限到来以后，债务人已不能履行，则应区分是因债务人的过错还是非因债务人的过错所致而确定责任。如果因为债务人的过错使债务根本不能履行，此时已构成不履行。

第三，在履行期限到来以后，债务人没有履行债务。此处所言没有履行，仅指迟延履行，而不包括不适当履行和其他履行不完全的行为（如履行地点不当、履行违反了附随义务等）。如果履行了部分债务，则可能构成部分履行。但如果债务人明确表示对未履行的部分不再履行，则构成部分履行和拒绝履行。

第四，迟延履行无正当理由。按照诚信原则的要求，如果在特殊情况下，债务人确有正当理由而暂时不能履行合同，可以被免除实际履行的责任，或者债务人依法行使同时履行抗辩权而暂不履行债务，则不构成迟延。但是，如果非因债务人的过错而是债权人的原因造成迟延（如债权人改变地址未及时通知债务人），则应由债权人负责。

在迟延履行的情况下，非违约方可能要给予违约方继续履行的“延展期”（Nachfristsetzung）。所谓延展期，是指在迟延履行发生后，经非违约方催告后确定的继续履行的合理期限。[③] 在合同已经明确约定履行期限的情形下，一旦债务人没有按照约定履行债务，即构成迟延履行；但在当事人没有明确约定债务履行期限的情形下，在债权人请求债务人履行后，可能存在延展期的问题。延展期可以由非违约方具体确定准确的期间，如果没有具体确定，则应按合理的期限来确定，合理期限包括准备履行和作出履行的期限。在比较法上，关于延展期限的性质，有人认为，它是非违约方给违约方确定的新的履行期限；也有人认为，它是解除合同的限制期限。[④] 笔者认为，延展期是给予债务人继续履行的一次补救机会，是继续履行请求权在履行过程中的进一步延展。在合同法中规定延展期的意义主要在于：一是对合同解除作出了必要限制；即在延展期内，非违约方不得解除合同。因为一旦给予延展期就表

---

① 参见陆家豪：《履行迟延的合同解除规则释论》，载《政治与法律》2021年第3期。

② 参见朱广新、谢鸿飞主编：《民法典评注·合同编·通则2》，中国法制出版社2020年版，第174页。

③ Müko/Ernst, BGB § 323, Rn. 46 ff.

④ 参见张玉卿编著：《国际货物买卖统一法：联合国国际货物销售合同公约释义》（第三版），中国商务出版社2009年版，第403页。

明其愿意接受履行,如果再允许解除,就违反了禁反言的原则。二是在延展期内,债权人不得强制债务人履行债务。因为既然非违约方给予了对方延展期,就应当等待期限届满后再采取补救措施。在延展期内,非违约方不能直接请求法院要求违约方承担违约责任。[①]

(二) 债务人迟延与提前履行

所谓提前履行(Leistung vor Fälligkeit),是指债务人在履行期限到来之前作出的履行。[②] 债务人迟延与提前履行是存在区别的。从本质上说,债务人迟延是典型的违约行为形态,而提前履行不是违约行为形态。从理论上来说,债权都是暂时存在的权利。债权本身是手段性的权利,而不是目的性的权利。履行仅仅是合同消灭的多种原因之一,但它是合同消灭的主要原因。[③] 所以,提前履行在法律上不宜禁止,尤其是提前履行本身在性质上不能视为违约,其属于债务人抛弃其期限利益。法律上规定提前履行,目的主要是明确债权人原则上不得拒绝提前履行,除非提前履行损害了其利益。[④]

(三) 债务人迟延的效果

债务人在迟延的情况下,应承担如下违约责任:

第一,继续履行。在迟延履行的情况下,债务人一般是能够履行的,因此,债务人应当继续履行,债权人也有权要求债务人继续履行。[⑤] 但是,如果期限直接关系到合同当事人订约的目的,在债务人迟延之后继续履行,对债权人已失去利益,债权人有权拒绝受领并要求债务人赔偿损失。这就涉及在迟延履行的情况下,债权人可否解除合同的问题。我国学者大都主张在迟延履行之后,债权人有权解除合同。因为,债务人未按期履行,债权人虽可请求法院予以救济,追究债务人的责任,但由于程序复杂,费时较长,应允许债权人选择单方解除合同,以免除对待给付义务。[⑥] 笔者认为,此种观点值得商榷。因为迟延履行的情况复杂,并非各种迟延履行都使债权人的订约目的丧失,如果迟延履行对债权人利益并未造成多大损害,且债务人又能够继续履行,则债权人解除合同并不妥当。当然,如果迟延履行已使当事人丧失了订约目的,或者在允许推迟履行的期限内,债务人仍未履行合同,债权人有权解除合同。例如,中秋节前订购的月饼,在中秋节后才交付,显然已使债权人丧失了订约目的,债权人应有权解除合同。笔者认为,在迟延履行的情况下,对债权人解除合同的权利作出适当限制是必要的。因为,在迟延仅仅造成债权人轻微损害的情况下,允许债权人解除合同,既不符合诚信原则的要求,也不利于鼓励交易。特别是在出卖人已将货物生产出来的情况下,如果仅仅迟延数日(此种迟延对买受人利益影响并不大),就允许买受人解除合同,必然会造成财产的损失和浪费,也不符合效率原则。

第二,赔偿损失。我国《民法典》第583条规定:“当事人一方不履行合同义务或者履行合同义务不符合约定的。在履行义务或者采取补救措施后,对方还有其他损失的,应当赔偿损失。”因迟延造成的损失,债务人应负赔偿损失的责任。当然,债务人所应当负责赔偿的损害,必须与迟延履行有因果关系。但在金钱债务中,债务人迟延履行之后,无论债务人是否

---

① 参见张玉卿编著:《国际货物买卖统一法:联合国国际货物销售合同公约释义》(第三版),中国商务出版社2009年版,第467页。

② Müko/Krüger, BGB § 271, Rn. 35.

③ 参见〔美〕E. 艾伦·范斯沃思:《美国合同法》(原书第三版),葛云松、丁春艳译,中国政法大学出版社2004年版,第549页。

④ Müko/Krüger, BGB § 271, Rn. 35.

⑤ Müko/Ernst, BGB § 280, Rn. 71.

⑥ 参见杨振山主编:《民商法实务研究(债权卷)》,山西经济出版社1993年版,第186页。

具有过失，都应当负责赔偿迟延利息。

第三，支付迟延违约金。如果当事人就迟延履行约定了违约金，则在迟延履行发生后，非违约方有权请求违约方支付约定的违约金。我国法律允许当事人专门就迟延履行约定违约金，该违约金在性质上具有一定的惩罚性，一旦一方迟延履行，另一方即可依据该约定主张违约金责任。

第四，对在迟延期间因不可抗力造成的损害负责。[①]《民法典》第 590 条第 2 款规定："当事人迟延履行后发生不可抗力的，不免除其违约责任。"债务人在迟延履行之后，发生了不可抗力而造成损害（如发生地震造成标的物毁损灭失）的，如果此种损害确与债务人迟延履行之间有因果联系，则债务人不得以不可抗力为由主张免责。但是，根据诚信原则，即使债务人不迟延也会发生标的物毁损灭失的，则可免责。

三、受领迟延

受领迟延又称为债权人迟延，它具有两种不同的含义。一是指债权人在债务人作出履行时，未能及时接受债务人的履行；二是指债权人除未能及时受领债务人的履行以外，也没有为债务人履行债务提供必要的协作。[②] 笔者认为，仅就受领迟延本身的含义来说，应将其限于应当对债务人的履行及时受领而没有受领，而不应包括未提供必要的协作。因为依据诚信原则，合同当事人在履行中均负有相互协作的义务，双方都有可能违反相互协作的义务。而受领迟延作为与债务人迟延相对应的概念，只是指债权人的违约，受领的固有含义中不应该包括未提供协作的行为。

受领迟延是债权人实施的行为，对此种行为在性质上如何确定，存在以下不同的观点：

1. 违反义务说。此种观点认为，债权人受领债务人的履行乃是其义务，若未能按时受领，则违反了其义务。《法国民法典》第 1257 条规定："债权人拒绝受领清偿时，债务人得对债权人提供实物清偿；债权人拒绝接受时，债务人得将提供的金钱或实物提存。"第 1260 条规定："提供实物及提存，如依法律为有效者，其费用由债权人负担。"显然此处所说的"负担"实际上是债权人违反了义务所应承担的责任。在法国的判例中，如因债权人拒绝受领债务人的履行而使债务人遭受损害的，债务人可依侵权行为的规定要求债权人赔偿损害。[③]

2. 不行使权利说。此种观点认为，债权人并无受领的义务，受领实际上是债权人所享有的权利，此种权利常常称为给付受领权。《德国民法典》采取与法国相反的理论，将债务人迟延履行规定于给付义务一节之中，而将债权人受领迟延单列一节加以规定，唯在个别场合如买卖（第 433 条）、承揽（第 640 条）中，规定债权人有受领的义务。德国学者也大多主张受领迟延乃是不行使权利的行为。我国台湾地区学者大多采纳了此种观点，认为债权为一种财产权利，其行使与否，应为债权人的自由。受领迟延责任，实为权利不行使的一种效果，因而债务人不得强制债权人受领其履行。由于受领并非一种义务，因而"债权人受领迟延，仅负迟延责任，债务人不得据以请求损害赔偿或解除契约，并不得以诉讼强制其受领"[④]。

3. 违反合同说。英美法并没有区别债务人迟延履行和债权人迟延履行问题，而认为当事人双方原则上应当同时履行，而且双方在履行中应当负有相互协作和合作的义务。如果

---

① Müko/Ernst, BGB § 287, Rn. 1.

② 参见崔建远：《合同责任研究》，吉林大学出版社 1992 年版，第 106 页。

③ 参见史尚宽：《债法总论》，荣泰印书馆股份有限公司 1978 年版，第 407 页。

④ 同上书，第 408 页。

一方拒绝对方提出的履行或者作出某种行为阻碍对方履行,则构成对合同义务的违反,并应负损害赔偿责任。[①] 当然,如果拒绝履行并没有给对方造成损害(如拒绝金钱债务的履行,没有给债务人造成损害),则不负损害赔偿责任。

受领迟延是债权人实施的过错行为。如前所述,债权人应当负有受领标的物的义务,违反该义务也应当构成违约,主要理由在于:一方面,将债权人的受领义务认定为一项合同义务,有利于合同的圆满履行,在债务人作出给付后,认定债权人负有受领的义务,在债权人违反该义务时,债务人有权请求债权人及时受领给付,这也有利于保障合同的有效履行。另一方面,债权人违反其受领义务,可能造成债务人损失,债务人可能支付相关的仓储费、保管费等,如果将其认定为不真正义务,债权人违反此种义务后不承担违约责任,则难以对债务人的损失予以救济。例如,在债务人提出交付时,债权人无正当理由迟延受领,导致债务人债务履行成本增加。在此情形下,如果将债权人的受领义务界定为不真正义务,则无法对债务人的损失提供救济。还要看到,从我国司法实践来看,并没有因为债权人迟延的特点而排除债权人所应承担的责任。债权人的迟延通常是司法实践中大量存在的"双方违约"现象产生的原因,一般都是按照违约行为处理的,此种司法经验也具有其合理性。此外,将受领给付作为债权人的义务,也有利于督促双方当事人全面履行其债务,保障合同目的的圆满实现。从理论上看,如果债权人受领债务人的履行不是其应负的义务而是其应享有的权利,那么只要此种权利不行使,且没有造成对债务人的损害,则债权人不应承担任何责任。如果认为在迟延受领没有造成债务人任何损害的情况下,债权人不应当承担任何责任,这显然将使债权人可以对债务人的履行不提供任何协助,从而损害了协作履行规则,从根本上违背了法律关于债权人应及时受领履行的义务规定,将会使许多债务难以得到切实的履行。

从法律上看,债权人受领迟延的构成要件如下:

第一,存在合同的履行需要债权人受领的债务。合法有效的债的关系的存在使债务人负有按期履行的义务,同时也使债权人负有及时受领履行的法律义务。所谓受领,是指债务人作出履行后,需要债权人及时接受履行(如接受标的物),如果债务的履行不需要接受(如履行不作为的债),也就不需要受领,正是因为有需要债权人受领的债务的存在,才有可能发生受领迟延。[②]

第二,债务人已按期作出了履行且履行适当。[③] 如果债务人未按期作出履行,或者履行在质量、数量等方面不符合合同约定,债权人有正当理由拒绝接受债务人的履行,则不能认为债权人构成迟延。依据大陆法系国家的法律规定,只要债务人提出给付,债权人未及时受领,即构成受领迟延。[④] 对提出给付应该作扩张解释,它是指债务人已经实际作出了履行[⑤],而不仅仅限于口头表示将要履行。如果债务人并没有按期作出履行,而是向债权人作出通知准备履行,并不能表明债务人已如期作出履行。

第三,债权人未按期接受履行。[⑥] 这就是说,在履行期限到来时,债务人作出了履行,债权人应及时受领,否则将构成受领迟延。值得注意的是,受领迟延与拒绝受领是不同的。前

① See Ingeborg Schwenzer, Pascal Hachem, Christ Opher Kee, *Global Sales and Contract Law*, Oxford University Press, 2012, pp. 451-452.

② 参见郑玉波:《民法债编总论》(修订二版),陈荣隆修订,中国政法大学出版社 2004 年版,第 285 页。

③ Müko/Ernst, BGB § 293, Rn. 6.

④ 参见《德国民法典》第 293 条、《瑞士债务法》第 91 条、《日本民法典》第 413 条。

⑤ Müko/Ernst, BGB § 293, Rn. 12.

⑥ Müko/Ernst, BGB § 293, Rn. 15.

者是指未按期接受履行，后者是指无正当理由拒不接受履行(如退货等)。如果合同没有规定交货方式，债务人作出履行后，债权人是否负有应及时接受履行的义务，应依具体情况决定。

第四，债权人的迟延受领无正当理由。如果债权人是因行使同时履行抗辩权或者因为债务人提前履行而拒绝，或根据债务的性质不负有接受履行的义务(如不作为的债务)等，则债权人具有正当理由不接受债务人的履行。

在受领迟延的情况下，债权人应当自行承受其不利后果。受领迟延的法律后果主要表现在：一是债务人注意义务的减轻。[①] 因为债权人迟延，导致标的物毁损灭失，债务人仅仅对故意与重大过失承担责任。[②] 例如，我国《民法典》第605条规定："因买受人的原因致使标的物未按照约定的期限交付的，买受人应当自违反约定时起承担标的物毁损、灭失的风险。"二是债务人自行免责。债权人受领迟延之后，债务人的债务并不自行消灭，但是债务人可通过提存而消灭债权债务关系。[③] 例如，债权人迟延以后，如果标的物为动产的，债务人可以以提存方式使债务发生消灭；如果不便提存或提存费用过大时，债务人可以以拍卖或变卖方式，将其价金提存而消灭债务。三是债务人的利息停止支付。[④] 在债权人受领迟延之后，无论是法定利息还是约定利息，都不再另行支付。四是债权人承担必要的费用。在债权人受领迟延之后，债权人需要承担保管标的物的费用、提存的费用等。[⑤] 五是如果在受领迟延期间发生标的物的毁损灭失，应当类推适用《民法典》第897条保管合同的规定，即"保管期内，因保管人保管不善造成保管物毁损、灭失的，保管人应当承担赔偿责任。但是，无偿保管人证明自己没有故意或者重大过失的，不承担赔偿责任"。在受领迟延中，债务人事实上类似于保管人。因此，如果在受领迟延期间，标的物发生毁损灭失的，债权人可能负有赔偿责任。

---

① Müko/Ernst, BGB § 300, Rn. 2.

② 参见《德国民法典》第300条、我国台湾地区"民法"第237条。

③ Müko/Ernst, BGB § 293, Rn. 22.

④ Müko/Ernst, BGB § 301, Rn. 2.

⑤ Müko/Ernst, BGB § 304, Rn. 1.

第二十一章

违约责任的形式

第一节 实际履行责任

一、实际履行的概念与特征

实际履行也称为继续履行、强制实际履行。作为一种违约后的补救方式，它是指在一方违反合同时，另一方有权要求其依据合同的规定继续履行。我国《民法典》第 179 条将继续履行作为承担民事责任的一种方式。《民法典》第 577 条规定："当事人一方不履行合同义务或者履行合同义务不符合约定的，应当承担继续履行、采取补救措施或者赔偿损失等违约责任。"《民法典》第 579 条和第 580 条针对金钱债务和非金钱债务两种情况中的实际履行问题也分别作出了规定。

从表面上看，实际履行是继续履行原合同规定的义务或者说履行原合同债务，但实际上，它已与一般的依约履行合同义务在性质上有所不同，这不仅表现在强制履行合同义务通常是在履行期到来后债务人没有履行时发生的，更重要的是实际履行义务与当事人在订约后按合同的规定履行义务在性质上是有区别的。在前一种情况下，由于义务的履行是借助国家强制力实行的，这种履行不仅是对当事人的责任，而且是对国家的责任。而在后一种情况下，当事人只是按合同的规定履行义务，履行过程本身还没有借助于司法的强制，当事人并没有实际地承担对国家的责任。所以实际履行与债务人履行合同义务在性质上是不同的。

实际履行的特征是：

1. 实际履行是一种违约后的补救方式。一方违约后，另一方有权要求违约方继续履行合同，也有权要求其承担支付违约金和损害赔偿等责任。当然，在一方违约后，是否请求实际履行是非违约方的一项权利。在学理上，常常将修理、重作、更换作为实际履行的具体形式，因为采取这些补救措施也是使违约方继续履行。然而，《民法典》第 577 条将继续履行与这些补救方式区别开来，表明实际履行并不包括这些补救措施。

2. 实际履行的基本内容，是要求违约方继续依据合同规定作出履行。在大陆法系债法理论中，请求实际履行被认为是债权人的一项权利，而不是一种违约救济方式。但是现代合同法普遍认为，在一方违约的情况下，非违约方当然可以要求实际履行。实际履行既是一种权利，又是一种救济方式。[1] 在我国，实际履行也是《民法典》第509条关于"当事人应当按照约定全面履行自己的义务"的规定的具体体现，由于其旨在要求严格按照合同的约定履行义务，所以实际履行最有利于实现当事人的缔约目的。这是因为，当事人订立合同，自己应依约作出履行，也希望借助对方当事人的履行获得履行利益。尤其是在合同标的物是特定物的情形，由于买受人很难在市场中找到相应的替代物，因而其往往无法通过损害赔偿获得完全救济。[2]

3. 实际履行具有独特的适用范围。对实际履行的适用，《民法典》区分了金钱债务和非金钱债务两种情况。对金钱债务，如果一方不支付价款或报酬，另一方当然有权要求对方支付价款和报酬，因此，金钱债务都可以实际履行。而对于非金钱债务，虽然非违约方原则上可以请求实际履行，但在法律上有一定的限制(参见《民法典》第580条)。

4. 实际履行可以与违约金、损害赔偿和定金责任并用，但不能与解除合同的方式并用。因为当事人一旦解除合同，将会消灭合同关系，此时，债权人无权再请求债务人履行义务，因此，解除合同是与实际履行相对立的补救方式。

实际履行是"合同必须严守"的必然要求，合同就是当事人之间的法律，只有督促当事人严守合同，才能实现当事人的缔约目的，并实现社会的安全和秩序。坚持合同严守规则，必须督促当事人按照约定履行合同。当代合同法理论认为，遵守承诺、履行合同是诚信的体现，不仅具有道德合理性，也具有经济合理性。具体来说，合同得到实际履行的比例越高，市场主体相互间的交易成本也就越低[3]，但如果实际履行确实发生障碍或者经济上具有不合理性，则可以以损害赔偿替代实际履行。正如有学者所指出的，"从讲求实用的观点看，强制债务人赔偿损失要比强制他履行具有种种属性的合同债务来得容易。以损害赔偿代替实际履行，更为实用可靠"[4]。

二、金钱债务的实际履行

关于金钱债务的实际履行，《民法典》第579条规定："当事人一方未支付价款、报酬、租金、利息，或者不履行其他金钱债务的，对方可以请求其支付。"依据该条规定，在债务人不履行金钱债务的情形下，债权人有权请求其实际履行，也就是说，对金钱债务而言，无论出现何种情形，债权人都可以请求债务人实际履行。法律作出此种规定的主要理由在于，金钱债务的客体为支付一定的货币，而货币具有很强的可替代性，并不存在履行不能的情形，因此，依据《民法典》第579条，所有的金钱债务均可适用继续履行的违约责任形式。

所谓金钱债务，是指以给付一定的金钱作为内容的债务，包括了支付价款、报酬、租金、利息等多种形式。[5] 从《民法典》第579条规定来看，金钱债务的范围十分宽泛，其主要包括如下几种情形：一是支付价款。支付价款的债务主要发生在买卖合同中，在买受人未支付价款的情形下，出卖人有权请求买受人支付价款。二是支付报酬。支付报酬的债务主要发生

---

① See Fitzgerald, CISG, "Specific Performance, and the Civil Law of Louisiana and Quebec", 16 *Journal of Law and Commerce* (1997), 300. ff.

② See Ingeborg Schwenzer, Pascal Hachem, Christ Opher Kee, *Global Sales and Contract Law*, Oxford University Press, 2012, p. 561.

③ Ibid.

④ 参见〔法〕勒内·达维：《英国法与法国法：一种实质性比较》，潘华仿、高鸿钧、贺卫方译，清华大学出版社2002年版，第126页。

⑤ 参见黄薇主编：《中华人民共和国民法典合同编解读》(上册)，中国法制出版社2020年版，第441页。

在劳务合同中,即提供劳务的一方有权依法请求接受劳务的一方按照约定支付报酬。三是支付租金。支付租金的债务主要发生在租赁合同中,即出租人有权请求承租人按照约定支付租金。四是支付利息。支付利息的债务发生在借款合同中,即贷款人有权请求借款人按照约定支付利息。五是其他金钱债务。从《民法典》第579条规定来看,其在列举金钱债务的类型时采用了"其他金钱债务"这一兜底表述,这表明金钱债务的类型并不限于支付价款、报酬、租金、利息等情形,只要是以支付金钱为客体的债务,通常都属于金钱债务的范畴。

从比较法上看,各国法律均规定金钱债务应当实际履行。[①] 金钱债务发生履行迟延以后,债权人无须作出损害证明,可直接请求依法定利率计算支付迟延利息。[②] 之所以要求金钱债务必须实际履行,主要是因为一方面,作为商品的一般等价物,货币是一种纯粹的可代替物,或称为特殊的种类物,不具有任何个性,任何等额的货币价值相等,可以互相代替,具有高度的流通性,这就决定了金钱债务的标的,即货币,不可能发生不可替代的灭失,也不存在履行在经济上不合理的情况,债务人可能暂时遇到经济困难而不能交付,但这只会导致履行迟延,而不会导致履行不能,因此无法援引不可抗力主张免除责任。[③] 另一方面,金钱债务的特殊性还在于,货币作为典型的可替代物和流通物,可以损害赔偿的方式作为其他标的物的代替手段,如交付标的物的债务,可以转化为违约金或损害赔偿等货币之债。但货币之债本身不可能也没有必要转化成其他债务。还要看到,金钱债务应当实际履行也符合道德原则,"欠债还钱"历来被认为是基本的道德法则,规定金钱债务必须实际履行,有利于强化诚信观念,防止交易当事人以各种理由拒绝履行其债务。除非债权人明确同意,否则不能以实物或劳务替代金钱的履行,即使出现不可抗力,也不应当免除债务人的金钱债务。[④]

《民法典》第579条强调了金钱债务应实际履行,并没有提及金钱债务是否可以因不可抗力而被免责的问题。笔者认为,对该规定实际上也可以理解为,无论在何种情况下,只要一方未支付价款或者报酬,另一方就有权要求其支付。金钱之债在任何情况下都必须履行,债务人不得以履行不能提出抗辩,具体来说:第一,在借款合同中,借款人到期未归还借款和利息。在此情形下,贷款人应当催告,但不必继续为债务人确定还款的合理期限。因为确定继续履行的合理期限主要是针对交付货物而言的,对于还款迟延的,不必有继续履行的准备期限。第二,一方交付货物以后,另一方无正当理由不支付价款的,出卖人有权要求其继续履行,即支付价款。第三,一方提供了一定的服务或者劳务以后,另一方无正当理由不支付报酬。此种情况下一方有权要求对方继续履行,即支付报酬。第四,其他标的为金钱和报酬的债务。此外,在一方违约以后,也对另一方负有违约损害赔偿之债,损害赔偿之债在性质上也属于金钱之债,债权人也有权要求实际履行。

三、非金钱债务的实际履行

关于非金钱债务的实际履行,《民法典》第580条第1款规定:"当事人一方不履行非金

① 参见〔德〕克里斯蒂安·冯·巴尔、〔英〕埃里克·克莱夫主编:《欧洲私法的原则、定义与示范规则:欧洲示范民法典草案》(第一、二、三卷),高圣平等译,法律出版社2014年版,第715页。

② 参见梅仲协:《民法要义》,中国政法大学出版社1998年版,第238页。《德国民法典》第1135条规定:"如债务限于支付一定金钱时,由于迟延发生的损害赔偿,除有关交易和保证的特别规定外,仅得判令支付法定利率的利息。"

③ 参见叶昌富:《论强制实际履行合同中的价值判断与选择》,载《现代法学》2005年第2期。

④ 参见黄薇主编:《中华人民共和国民法典合同编解读》(上册),中国法制出版社2020年版,第411页。

钱债务或者履行非金钱债务不符合约定的，对方可以请求履行，但是有下列情形之一的除外：（一）法律上或者事实上不能履行；（二）债务的标的不适于强制履行或者履行费用过高；（三）债权人在合理期限内未请求履行。”从该条规定来看，对于非金钱债务，非违约方原则上也可以要求实际履行。当然，非金钱债务具有如下特点，可以采取其他方式替代：一方面，非金钱债务的标的大多具有可替代性，即随着市场的发达，物质的日益丰富，非违约方获得了金钱补偿以后可以到市场上获得替代品，而不必要求实际履行。另一方面，非金钱债务的不履行本身可以转化为损害赔偿，通过赔偿可以给受害人提供充分的补救。当然，在许多情况下，当事人订立合同的目的主要不是在违约以后寻求金钱赔偿，而是实现其订约目的，实际履行具有现实的需要，应当提出实际履行的请求。但是，若采取实际履行在经济上不合理，或确实不利于维护非违约方的利益，则非违约方可以采取解除合同、赔偿损失等其他补救措施。从非违约方角度来看，其有权要求对方作出实际履行，如果出现《民法典》第 580 条第 1 款规定的情形，违约方有权提出抗辩。依据《民法典》第 580 条的规定，在以下三种情况下，非金钱债务的违约方可以针对对方的履行请求提出抗辩。

（一）法律上或者事实上不能履行

债务人必须能够实际履行是适用实际履行的前提条件，如果违约方确实无能力继续履行合同，则即使强迫其继续履行也是不可能实现的。从比较法上看，各国普遍认为，不得强迫任何人履行不能履行的债务。[①] 实际履行的目的是促使违约方履行原合同规定的义务，但如果因违约方的违约使合同丧失了履行的可能性（例如，合同的标的物是特定物并已遭受毁损灭失），在此情况下，强制债务人履行义务也是不可能的，具体而言，其包括如下两种情形：

（1）法律上不能履行。它是指合同的履行将违反法律的规定。一方面，在某些情况下，法律并不要求违约方负实际履行责任，而只是要求违约方承担违约金和损害赔偿责任。例如，在一房二卖的情形下，如果出卖人甲已经将房屋出卖给了乙，并为其办理了变更登记，在此情形下，如果甲与丙已经订立了房屋买卖合同，由于甲已经丧失了房屋所有权，因此，丙无权请求甲继续履行，而只能依法请求甲承担其他违约责任。另一方面，法律从保护债务人的利益和交易秩序考虑，也不允许在某些情况下实际履行。例如，在债务人破产时，如果强制其履行与某个债权人所订立的合同，这实际上赋予了该债权人某种优先权，使其优先于违约方的其他债权人而受偿，这与破产法的有关规定是相违背的。再如，买卖合同订立后，因为法律变化而导致标的物成为非流通物，该合同的履行违反法律的禁止性规定，因而也不能请求强制履行。

（2）事实上不能履行。事实上不能履行是指履行的标的客观不能或永久不能，如果债务人采取一定的行为或作出 定的努力仍可以履行合同，或者合同只是部分不能履行或暂时不能履行，则表明合同仍可以实际履行。事实上不能履行主要发生在非金钱债务的实际履行中。如果合同的标的为特定物，如某件祖传的瓷器，或某幅画家的名作，因为失火等原因造成毁损、灭失，在此情形下，债务人事实上已经不能继续履行，因此，债权人无权请求债务人继续履行。[②] 当然，如果债务人仅仅只是暂时不能履行，经过一段时间后，债务人仍然可

① 参见〔德〕克里斯蒂安·冯·巴尔、〔英〕埃里克·克莱夫主编：《欧洲私法的原则、定义与示范规则：欧洲示范民法典草案》（第一、二、三卷），高圣平等译，法律出版社 2014 年版，第 725 页。

② See Ingeborg Schwenzer, Pascal Hachem, Christ Opher Kee, *Global Sales and Contract Law*, Oxford University Press, 2012, p. 561.

以继续履行[1],如某个煤矿被临时查封、扣押,使得债务人不能交付,但在相关的查封、扣押措施结束后,债务人仍然可以继续履行,此时,债务人仍然负有继续履行的义务。

(二)债务的标的不适于强制履行或者履行费用过高

(1)债务的标的不适于强制履行。债务的标的不适于强制履行,是指依据合同的性质以及合同所确立的标的,债务不适合强制履行。具体来说分为两个方面:第一,从合同的性质来看,一些基于人身依赖关系而产生的合同,如委托合同、信托合同、合伙合同等,往往是因信任对方的特殊技能、业务水平、忠诚等所产生的,因此具有严格的人身性质,如果强制债务人履行义务,则与合同的根本性质相违背,故违约发生后,最适当的办法就是采取解除合同或赔偿损害等补救方式。[2] 第二,从合同的标的来看,对于许多提供服务和劳务的合同来说,标的本身都具有不得实际履行的性质。在提供一定的服务或劳务的合同中,一般不得采用实际履行的方式。对人身的强制曾经在许多国家的历史上采用过,但已被现代民法所抛弃。现代大陆法系国家往往采用替代履行方式予以解决。我国宪法和民法都规定公民的人格尊严和人身自由不受侵害,这也意味着对公民个人的人身不得实行强制的方法,如果采取实际履行措施,则将对个人实施某种人身强制,这与法律的规定是相违背的。[3]

(2)履行费用过高。所谓"履行费用过高",是指债务人的履行仍然可能,但继续履行可能导致债务人的履行负担过重。履行费用过高主要是指如下两种情形:一是继续履行在经济上不具有合理性,会造成一定的损失和浪费。[4] 例如,某人将一枚戒指出卖给他人,但是戒指不慎落入湖水中,只有排干湖水才能找到戒指,此时受让人就不得主张实际履行。任何合同的履行都要体现经济上的合理性,对于违约补救来说也应当如此。诸如支付的费用过大,义务人作出实际履行与其获得的利益之间极不相称,实际履行需要花费很长时间等,均属于在经济上不合理,因而不能适用实际履行。[5] 例如,在"新宇公司诉冯玉梅商铺买卖合同纠纷案"中,法院认为:所谓"履行费用过高",可以根据履约成本是否超过各方所获利益来进行判断。当违约方继续履约所需的财力、物力超过合同双方基于合同履行所能获得的利益时,应当允许违约方解除合同,用赔偿损失来代替继续履行。[6] 二是如果履行时间过长且难以监督,也会导致履行费用过高,不适合实际履行。因为对合同履行实行长期监督在经济上是不合理的,法院也缺乏必要的力量监督履行。可见,实际履行也必须符合效率的要求。

(三)非违约方在合理期限内未提出继续履行的请求

我国《民法典》合同编从保护债权人的利益出发,将是否请求实际履行的选择权交给非违约方,由非违约方决定是否采取实际履行的方式。如果非违约方认为实际履行更有利于保护其利益,则可以采取这种措施。如果非违约方决定采取实际履行的补救措施,则必须在合理的期限内向违约方提出继续履行的要求。如果在违约方违约后,非违约方未在合理期限内提出实际履行的要求,则依据《民法典》第580条的规定,不得再提出此种要求。合理期限通常可由当事人在合同中约定,如果当事人未作出约定,事后也难以达成补充协议,则应

① 参见黄薇主编:《中华人民共和国民法典合同编解读》(上册),中国法制出版社2020年版,第415页。

② 同上。

③ 同上。

④ 参见〔德〕克里斯蒂安·冯·巴尔、〔英〕埃里克·克莱夫主编:《欧洲私法的原则、定义与示范规则:欧洲示范民法典草案》(第一、二、三卷),高圣平等译,法律出版社2014年版,第725页。

⑤ 参见陈伯诚、王伯庭主编:《合同法重点难点问题解析与适用》,吉林人民出版社2001年版,第291页。

⑥ 《最高人民法院公报》2006年第6期。

当根据合同的性质、目的、交易习惯等因素予以确定。[①] 一般来说，如果在一方违约以后，非违约方曾经要求违约方赔偿损失或支付违约金，而没有要求违约方实际履行，可以认为非违约方未在合理期限内要求履行，即使事后再提出此种请求，债务人也有权予以拒绝。法律之所以作出此种规定，主要是因为，一般而言，债务人为履行债务需要作出一定的准备，在债务履行期限届满后，债权人长时间不主张继续履行的，如果仍然肯定债权人享有请求继续履行的权利，则可能使是否需要履行债务长期处于不确定的状态，会不当增加债务人履行债务的负担。[②]

还应看到，如果当事人在订立合同时明确规定，一方违约时，另一方只能要求其承担给付违约金和损害赔偿的责任，不得要求其强制履行，而此种约定又不违背法律和社会公共道德，按照私法自治原则，应当认定其有效。因此，在当事人作出此种约定的情形下，债权人也不再享有要求实际履行的权利。如果债务人无法继续履行合同，且已经构成根本违约，债权人有权依法解除合同，并请求债务人承担违约责任。

四、第三人替代履行

第三人替代履行，简称为代履行，是指债务不得被强制履行时，由第三人替代债务人履行，而由债务人支付费用。例如，甲因生病不能履行演出合同，由乙替代演出，甲支付费用。《民法典》第 581 条规定："当事人一方不履行债务或者履行债务不符合约定，根据债务的性质不得强制履行的，对方可以请求其负担由第三人替代履行的费用。"这就确立了第三人替代履行规则。依据该条规定，在根据债务的性质不得强制履行时，非违约方可以与第三人订立合同，由第三人作出替代履行，而由违约方负担替代履行的费用，这实际上是将无法请求继续履行的非金钱债务转化为损害赔偿，既有利于债权人合同目的的实现，也有利于违约责任的承担。严格来说，即使对于依据债务性质可以强制履行的债务，在对方当事人违约的情形下，非违约方此时也可以出于减小损失的考虑，而选择由他人履行，此时由他人履行的费用也构成了违约损害，因而应当获得赔偿。但是《民法典》第 581 条仅仅将替代履行费用赔偿的规则局限于根据债务性质不能强制履行的情形。在解释上，不应简单对该条进行反面解释，也应当允许债权人在依据债务性质可以强制履行时，请求第三人代为给付，并请求费用的赔偿。

第三人替代履行，从债权人角度而言，债权人获得了履行，因此类似于实际履行；从债务人角度而言，更类似于损害赔偿。例如在租赁合同中，出租人拒不履行其维修义务，如果不对租赁物进行维修，承租人的合同目的将完全落空，而维修在市场上可能是较为容易获得的。因此，在第三人替代履行的情况下，承租人的合同目的得以实现，相当于实际履行所实现的最终结果；而出租人需要支付相关费用，这类似于出租人承担了损害赔偿责任。

《民法典》第 581 条规定的构成要件主要包括以下方面：

第一，一方不履行债务或履行债务不符合约定。该条所规定的替代履行费用的赔偿属于违约责任的一种承担方式。因此，只有在债务人不履行债务或履行债务不符合约定时，才能够适用本条。

第二，合同债务依其性质不能强制履行。不能强制履行的债务主要包括依据委托合同、

---

① 参见黄薇主编：《中华人民共和国民法典合同编解读》(上册)，中国法制出版社 2020 年版，第 416 页。

② 同上。

技术开发合同、合伙合同、演出合同、出版合同等具有人身专属性的合同所产生的义务,这些合同义务之所以不能被强制履行,主要是基于对人格的尊重和人身自由的保护。例如在演出合同中,演出人不能履行演出义务的,该义务就不能被强制履行。而支付金钱、移转财物等债务则一般认为是可以强制履行的债务。①

第三,债权人希望能够继续获得给付。该条主要是以保障债权人利益为目的,因此,是否采取此种方式作为违约救济应当由债权人决定。债权人选择替代给付是一项权利而非义务,只有在债权人愿意获得替代履行的情况下才有本条的适用余地。

需要指出的是,替代履行的费用必须合理。在第三人替代履行的情形下,非违约方有权请求违约方承担替代履行的费用,因为第三人替代履行仍然是履行债务,该费用本应由债务人支出。第三人替代履行不同于损害赔偿,一般以第三人替代履行的实际花费为限,而且替代履行的费用应当合理。

在替代履行的费用是否合理的问题上,双方很可能产生争议。如果债权人任意寻找替代给付,造成替代给付的费用过高,债务人可能不愿承担该费用的赔偿,双方可能就此发生纠纷。虽然在发生纠纷后,当事人可以通过诉讼等方式确定该费用是否合理,但这一过程可能需要经过鉴定等环节,容易造成效率的低下和额外的费用支出。因此,笔者认为,为避免上述争议的发生,在确定费用时,应当参照当时当地的市场价标准。

五、实际履行与补救措施的关系

所谓补救措施,是指在一方不适当履行合同的情况下,受害人可以通过合理选择,要求违约方承担修理、更换、重作的责任。《民法典》第 577 条规定:“当事人一方不履行合同义务或者履行合同义务不符合约定的,应当承担继续履行、采取补救措施或者赔偿损失等违约责任。”从该条规定来看,《民法典》实际上将其与实际履行并列,因此实际履行不包括补救措施。但是,《民法典》第 582 条规定:“履行不符合约定的,应当按照当事人的约定承担违约责任。对违约责任没有约定或者约定不明确,依据本法第五百一十条的规定仍不能确定的,受损害方根据标的的性质以及损失的大小,可以合理选择请求对方承担修理、重作、更换、退货、减少价款或者报酬等违约责任。”从该条规定来看,容易使人误解为补救措施只是在不适当履行情况下的一种实际履行方式,所以实际履行可以包含补救措施。

应当承认,在一方不适当履行义务时,非违约方在不解除合同的情况下要求违约方修理、重作、更换,确实具有实际履行合同义务的特点,采取这些补救措施,也有利于实现非违约方的订约目的。正是从这个意义上说,修理、重作、更换可以实现实际履行的功能,也可以说是实际履行的特殊形态。但修理、重作、更换与实际履行又有一定的区别,两者的区别主要表现在:

第一,适用对象不同。在请求实际履行时,通常是一方当事人没有作出履行,而修理、重作、更换主要针对履行不适当的情形。在瑕疵履行的情况下,债务人已经作出了履行,因此,不存在债权人要求实际履行的问题。从这个意义上讲,实际履行和针对瑕疵履行的修理等补救措施属于不同的概念。②

---

① 参见朱广新、谢鸿飞主编:《民法典评注·合同编·通则 2》,中国法制出版社 2020 年版,第 363 页。

② See Charlesworth, “Consumer Protection in Sale of Goods Agreements: An Ancient Right in Morden Guise”, 16 *Liverpool Law Review*, 1994, p. 168.

第二，目的不同。实际履行常常要求按照合同约定的货物数量和质量作出履行。而修理、重作、更换主要是为了保障履行符合合同的约定，消除已作出给付的瑕疵。

第三，实际履行与货币赔偿是两种不同的形态。实际履行一般不通过金钱进行补偿。[①]但在修理、重作、更换的情形下，即便违约方的履行最终符合合同约定，也可能使非违约方遭受一定的损失，此时，非违约方也有权请求违约方对其进行货币补偿。

另外，减少价款是否属于实际履行？在一方交付的标的物或提供的劳务不符合合同规定的情况下，非违约方按值论价，减少给付的价金或酬金，这是合同等价交换原则的体现，也是合同效力的具体表现。减少价金只是使违约方交付的商品或劳务符合其应有的价值，而不是使违约方承担某种责任，因此，不应该将减价看作是实际履行的形式。《民法典》第577条是将其作为独立于实际履行的补救形式规定的。

第二节 损害赔偿责任

一、损害赔偿责任概述

（一）损害赔偿责任的概念与特征

“损害”一词(拉丁文为 damnmu，英文为 damage，德文为 der Schaden，法文为 le dommage)，是指权利和利益的不利益状态。在损害赔偿方面，传统大陆法(特别是德国民法)侧重于从一个抽象的层面对“何为损害”作出界定[②]；而英美法因受到传统令状之诉的影响，倾向于对“损害”作个案具体分析，讨论特定个案需要什么样的损害救济。[③] 不过，在违约责任中，损害作为一种事实，是指因一方违约而使非违约方遭受的不利益。任何人只有在因他人不履行合同债务而遭受实际损害的情况下，才能请求违约方赔偿损失。损害是违约损害赔偿责任适用的基本前提。

违约损害赔偿是指违约方因不履行或不完全履行合同义务而给对方造成损失，依据法律和合同的规定应承担损害赔偿的责任。在市场经济中，由于违约造成的损害，大多可以通过市场价格进行计算，且简便易行，能够有效弥补非违约方的损害，因而损害赔偿成为违约责任承担较为常见的方式，也是充分保护受害人利益的一种补救方式。在当事人没有特别约定违约救济方式的情形下，就可以适用违约损害赔偿责任，甚至即便当事人已经约定了违约金责任，当事人也可以依法主张违约损害赔偿责任。

违约损害赔偿既是一种债务，也是一种责任。一方面，违约损害赔偿是一种因债务不履行所发生的损害赔偿之债，也就是说，因债务人违约而使债权人遭受损害，当事人之间的原合同债务就转化为损害赔偿的债权债务关系。债权人作为受害人，其有权请求债务人赔偿损害，而债务人作为加害人，有义务赔偿因其不履行债务给债权人造成的损害。[④] 但损害赔偿之债与原合同债务并不能完全等同，原合同债务是因当事人之间的合意产生的，权利义务

---

① See Ingeborg Schwenzer, Pascal Hachem, Christ Opher Kee, *Global Sales and Contract Law*, Oxford University Press, 2012, p. 562.

② See Schlechtriem, P., *Uniform Sales Law: The UN-Convention on Contracts for the International Sale of Goods*, Mainz, Vienna, 1986, p. 232.

③ See Markesinis/Deakin, *Tort Law*, Oxford University Press, 2007, p. 683.

④ 参见韩世远:《合同法总论》(第四版)，法律出版社 2018 年版，第 776—777 页。

内容是事先约定的;而损害赔偿之债是因为违反原合同债务所发生的,是原债务的转化形态。[①] 另一方面,违约损害赔偿就是指违约方因不履行或不完全履行合同义务而给对方造成损失,依法或根据合同规定应承担的损害赔偿责任,也可以称为损害赔偿责任。这就是说,原合同债务是当事人事先约定或者法律规定的义务,违反此种义务造成损害的将产生法律责任。

违约损害赔偿具有以下特征:

(1) 损害赔偿是因债务人不履行合同债务所产生的责任。因债务人违约而使债权人遭受损害,当事人之间的原合同债务就转化为损害赔偿的债务关系。作为违约责任形式的损害赔偿,与合同无效后的损害赔偿、合同撤销后的损害赔偿的不同之处在于,它只能基于有效的合同提出请求,也就是说,合同关系的有效存在是违约损害赔偿存在的前提。如果合同不存在、被宣告无效或被撤销,则不适用违约损害赔偿。当然,即便合同被解除,也不影响违约损害赔偿责任的成立。此外,违约损害赔偿与其他损害赔偿在范围上也是不同的。

(2) 损害赔偿原则上仅具有补偿性而不具有惩罚性。所谓惩罚性损害赔偿,是指由法院判令加害人支付给受害人的超过其财产损失范围的一种金钱赔偿。惩罚性赔偿是集补偿、惩罚、遏制等功能为一身的一项制度[②],其具有补偿受害人遭受的损失、惩罚和遏制不法行为等多重功能,因为惩罚性赔偿在性质上是惩罚性的,而不是救济性的。惩罚性赔偿仅适用于法律有特别规定的情形。例如,《民法典》第 179 条第 2 款规定:“法律规定惩罚性赔偿的,依照其规定。”笔者认为,从等价交换原则出发,任何民事主体一旦造成他人损害,都必须以等量的财产予以补偿。一方违约后,必须赔偿对方因违约遭受的全部损失。损害赔偿也应完全符合这一交易原则。这就是说,损害赔偿应当具有补偿性,尽管我国《民法典》合同编规定了惩罚性赔偿,但它只是合同法律中损害赔偿的例外,而并非损害赔偿的一般原则。

(3) 损害赔偿具有一定程度的任意性。当事人在订立合同时,可以预先约定一方当事人在违约时应向对方当事人支付一定数额的金钱。这种约定方式既可以用具体金钱数额表示,也可采用某种损害赔偿的计算方法来确定,同时,当事人也可以事先约定免责的条款从而免除其未来的包括损害赔偿责任在内的违约责任。

(4) 损害赔偿以赔偿当事人实际遭受的全部损害为原则。一方违反合同后,另一方不仅会遭受现有财产的损失,而且会遭受可得利益的损失,这些损失都应当得到赔偿。我国《民法典》第 584 条前段规定,“当事人一方不履行合同义务或者履行合同义务不符合约定,造成对方损失的,损失赔偿额应当相当于因违约所造成的损失,包括合同履行后可以获得的利益”。只有赔偿全部损失才能使非违约方获得在经济上相当于合同得到正常履行情况下的同等收益,由此才能督促当事人有效地履行合同。

(5) 违约损害赔偿是以金钱赔偿的方式来救济非违约方。在比较法上,损害赔偿具有两种形式:一是以德国法为代表的恢复原状模式,即以恢复原状为主,金钱赔偿为辅。[③] 在不少情形中,恢复原状要么是不可行的,要么会导致畸高的成本。在这些情形下,金钱补偿则构成更为经济和有效的替代性补救方案。在德国法中,金钱赔偿在以下情形将被采用:损害的是财产、生命、身体,或者恢复原状已经没有实际意义,或者受害人没有在合理期间内得到

① Dirk Looschelders, Schuldrecht, Allgemeiner Teil, 17. Aufl., 2019, S. 203.

② See Malzof v. United States, 112 S. Ct. 711, 715(1992).

③ 参见《德国民法典》第 249 条的规定。

恢复的预期。[①] 二是以普通法为代表的金钱补偿模式。普通法将损害赔偿的方式严格限定为金钱赔偿。[②] 这种模式为示范法和一些国际公约所接受。例如,《销售合同公约》第74条在规定损害赔偿时就没有采用恢复原状的方式。我国《民法典》第584条基本是借鉴了《销售合同公约》第74条的规定,因此,我国《民法典》中所说的违约损害赔偿仅限于金钱赔偿,与德国法中的恢复原状是不同的。一方面,这符合违约损害赔偿的发展趋势。因为从现代各国合同法来看,越来越倾向于采纳金钱赔偿体制。违约损害赔偿实际上就是用金钱对因违约造成的损害进行衡量,并通过金钱补偿的办法来救济受害人。[③] 另一方面,虽然以金钱确定和填补损害并不一定都是很精确的,但金钱赔偿确实比其他方式的赔偿更为合理,且便于执行。随着市场经济的建立和完善,以金钱为标准来确定损害赔偿数额更为准确,金钱赔偿方式的合理性也不断显现。

由于金钱赔偿是损害赔偿的基本方法,损害应当用金钱来弥补,而用于赔偿损害的金钱,通常称为赔偿金。[④] 在一般情况下,损害赔偿和赔偿金是同一概念,这就是说,债务人应当赔偿多少损害,也就应当支付多少数额的赔偿金。但在特殊情况下,这两个概念也还是有区别的。例如在支付违约金以后不足以弥补受害人损失的,受害人仍然可以要求赔偿损失,在这种情况下,赔偿金和应当赔偿的损害的范围就不一致。当然,如果合同没有违约金的规定,只要造成了损失,就应向对方支付全部赔偿金,在这种情况下,这两个概念是等同的。

(二)损害赔偿与实际履行

《民法典》第583条规定:"当事人一方不履行合同义务或者履行合同义务不符合约定的,在履行义务或者采取补救措施后,对方还有其他损失的,应当赔偿损失。"可见,损害赔偿和实际履行这两种补救方式各有特点,是不能相互替代的。两者的区别主要表现在:

第一,两者的补救路径不同。实际履行是实现合同目的、维护合同秩序所必须采取的补救方式。实际履行方式可以使债权人获得原合同规定的标的,并能防止违约当事人通过违约而从事投机行为,获得不正当利益。而损害赔偿是违约方通过金钱补偿来弥补非违约方的损失。

第二,两者的适用范围不同。我国合同法虽然将实际履行作为首要的补救方式,但是,其适用范围是有一定限制的,尤其是在非金钱债务中,如果实际履行在事实上不可能或在经济上不合理,则不能请求实际履行。而对损害赔偿来说,其适用范围是没有限制的,只要有损害就可以适用,它可以适用于任何违约行为,也可以适用于对所有类型合同债务违反的救济。

第三,两者的责任构成要件不同。实际履行的适用前提是,其适用是可能的,而且在经济上是合理的,其并不以非违约方遭受了实际损害为前提。而损害赔偿的适用前提是非违约方遭受了实际的损害。因此,在损失难以确定的情况下,实际履行可能更利于保护非违约方的利益。

第四,非违约方所承担的举证责任不同。从举证责任来看,非违约方采用实际履行的补

---

① See Ingeborg Schwenzer, Pascal Hachem, Christ Opher Kee, *Global Sales and Contract Law*, Oxford University Press, 2012, p. 601.

② 〔美〕E. 艾伦·范斯沃思:《美国合同法》(原书第三版),葛云松、丁春艳译,中国政法大学出版社2004年版,第761页。

③ Münchener Kommentar BGB/P Huber, Art 74 CISG, para. 17.

④ 参见韩世远:《合同法总论》(第四版),法律出版社2018年版,第776页。

救方式,可不必承担对违约损失的举证责任,这对于非违约方是十分有利的。而非违约方主张损害赔偿的,其应当证明自身所遭受的损害。违约造成的损失难以确定也是实际履行方式运用的原因之一。①

那么,在违约方承担了实际履行责任以后,受害人是否仍有权要求赔偿损失?这就涉及实际履行与损害赔偿是否可以并用的问题。依据《民法典》第583条的规定,在违约方履行义务或者采取补救措施以后,如果非违约方还有其他损失的,则违约方还应当赔偿损失。例如,债务人迟延交货使债权人生产停顿,遭受重大经济损失,尽管通过实际履行使债权人获得了合同规定的货物,但已经遭受的损失仍未得到弥补。如对这一部分损失不予赔偿,不仅不能保护债权人利益,也不能有效地制裁违约当事人,维护交易秩序和安全。可见,实际履行与损害赔偿是完全可以并存的。二者可以并用的主要原因是:实际履行虽然具有实现当事人的订约目的的特点,但是仅仅有实际履行仍不足以弥补非违约方的损失。

关于实际履行与损害赔偿之间的适用关系,存在争议,这就是说,在一方违约以后,是否应当完全赋予非违约方对违约救济方式的选择权?还是应当由法律来规定一定的请求顺序,如原则上先实际履行?我国《民法典》第577条、第579条和第580条原则上肯定了债权人的实际履行请求权,此后又规定了损害赔偿和违约金,但是并没有对实际履行与损害赔偿的适用关系作出界定。笔者认为,考虑到违约责任制度的主要功能是救济非违约方,因此,非违约方有权依据法律和合同规定选择各种救济方式,当然,如果依据法律规定不能请求实际履行,则只能选择其他救济方式。

此外,损害赔偿与修理、重作、更换的关系也值得探讨。在瑕疵履行的情况下,如果瑕疵可以修补,债权人有权要求债务人修补瑕疵,并由债务人承担修补费用。但如修补后仍使债权人遭受损失的,债权人有权要求损害赔偿。例如,债务人修补瑕疵造成迟延履行,而因迟延使债权人遭受损失,那么债权人有权要求赔偿损失。

二、损害赔偿的类型

(一) 法定的损害赔偿和约定的损害赔偿

法定的损害赔偿,是指依据法律规定而确定的违约损害赔偿。《民法典》第584条规定:"当事人一方不履行合同义务或者履行合同义务不符合约定,造成对方损失的,损失赔偿额应当相当于因违约所造成的损失,包括合同履行后可以获得的利益;但是,不得超过违约一方订立合同时预见到或者应当预见到的因违约可能造成的损失。"该条不仅确定了损害赔偿的范围,也确定了损害赔偿的类型,以及限制损害赔偿的规则。

约定损害赔偿是指当事人在订立合同时,预先约定一方违约时应向对方支付一定的金钱或约定损害赔偿额。《民法典》第585条第1款规定:"当事人可以约定一方违约时应当根据违约情况向对方支付一定数额的违约金,也可以约定因违约产生的损失赔偿额的计算方法。"该条允许当事人约定损害赔偿。这就承认了当事人可以约定损害赔偿额的计算方法。约定损害赔偿的特点在于:一是事先约定。它与法定损害赔偿不同,它不是在损害发生之后予以确定的,而是当事人在损害发生之前所约定的。二是预定性。也就是说,约定损害赔偿通常是就损害赔偿的计算方法甚至赔偿数额作出预先的确定,以避免在违约发生后出现损

① Charles L Knapp, *Problems in Contract Law: Cases and Materials*, Second Edition, Little Brown and Company, 1987, p. 1158.

害计算的困难;而一般损害赔偿都是在违约行为发生后根据违约造成的损失予以计算的。

约定损害赔偿的预定性、约定性表明了它与法定损害赔偿不同。尽管约定损害赔偿的范围与实际损害的范围可能不尽一致,它毕竟也是以违约和损害的发生为前提的,在这一点上它与法定损害赔偿相似。一般来说,损害赔偿的主要形式是法定损害赔偿,而约定损害赔偿是为了弥补法定损害赔偿的不足而产生的,该不足即法定损害赔偿常常要求考虑与实际损害完全一致,而非违约方可能难以证明其损害,法院也会遇到确定损害范围的困难。约定损害赔偿额解决了这一难题。法定的损害赔偿和约定的损害赔偿是密切联系在一起的,如果当事人约定了损害赔偿的计算方法,就能够用于确定损害赔偿的数额。约定损害赔偿一般要优先于法定赔偿而生效,这一规则正是合同自由下合同优先规则的具体反映。只有没有约定时,才适用法定的损害赔偿。合同一旦生效,约定损害赔偿也应当发生效力。但是如果约定的损害赔偿数额过高或过低时,应当允许法院类推适用关于违约金调整的规则予以调整。

(二)迟延赔偿和填补赔偿

所谓迟延赔偿,是指在迟延履行的情况下,就迟延履行所造成的损害的赔偿。[①] 也就是说,当事人仅仅是针对迟延本身所产生的损害赔偿,但是不影响债务人的继续履行。而填补赔偿,是指作为原本给付的替代的损害赔偿。也就是说,债务人已经发生迟延的违约行为,导致债权人不希望债务人继续履行,从而主张替代全部给付的损害赔偿。两者作为违约损害赔偿的类型,仍然具有较多的共同性,例如,都以损害的存在为前提,都体现了违约损害赔偿与原合同债务之间的同一性等。

但是,迟延赔偿和填补赔偿具有明显的区别,具体来说:第一,二者的适用范围不同。迟延赔偿主要适用于迟延履行且该迟延造成损害后果的场合,而填补赔偿不一定发生于迟延履行的场合,在不履行或瑕疵履行之中则普遍存在。第二,填补赔偿是替代原给付的赔偿救济,而迟延赔偿是对迟延本身所产生的损害赔偿,其不影响原定给付的履行。[②] 第三,填补赔偿作为原给付的变形,不能够和实际履行责任一并主张。而迟延赔偿则并不排斥实际履行的责任形式。在发生迟延履行时,非违约方主张迟延损害赔偿的,可以同时主张实际履行。

(三)补偿性损害赔偿与惩罚性赔偿

补偿性损害赔偿,是指以非违约方遭受的实际损害为标准确定的损害赔偿。通过此种利益的救济,就使非违约方处于如同合同能够如期履行的状态。[③] 一般的损害赔偿都是补偿性的损害赔偿。因为损害赔偿本身就是反映交易的一种责任形式,因此,应当以补偿为其基本特点。强调补偿性有利于鼓励交易,而强调惩罚性可能会使出违约方承担的损害赔偿额,超过其在订立合同时可以预见的程度,从而不利于当事人从事各种交易活动。

惩罚性赔偿,是指由法庭所作出的赔偿数额超出了实际的损害数额的赔偿[④],它具有补偿受害人遭受的损失、惩罚和遏制不法行为等多重功能。惩罚性赔偿本来是美国法上的概念[⑤],但是,在大陆法系国家,也逐渐采用了此种制度。在合同法中,它是指依据法律规定,违

---

① 参见韩世远:《合同法总论》(第四版),法律出版社 2018 年版,第 820 页。

② 同上书,第 777 页。

③ See Farnsworth,"Damages and Specific Relief",27 *American Journal of Comparative Law* (1979), pp. 247-253.

④ Huckle v. Money,95Eng. Rep. 768 (K. B. 1763).

⑤ Malzof v. United States, 112 S. Ct. 711, 715(1992).

约方给予的超过非违约方实际损失的赔偿。惩罚性赔偿仅适用于法律有特别规定的情形。例如,《民法典》第179条第2款规定:"法律规定惩罚性赔偿的,依照其规定。"惩罚性赔偿仅针对欺诈行为而适用,目的在于充分保护消费者的权益。在特殊情况下,法律从保护当事人利益和维护社会公共秩序出发,也可能规定惩罚性赔偿金,如《消费者权益保护法》第55条、《食品安全法》第148条就作出了惩罚性损害赔偿的规定。法律作出这种规定,其主要目的在于对消费者利益进行特殊的保护,同时也有利于预防和打击各种侵害消费者权益的行为。但这种规定仅仅适用于例外情况,并不能据此否认损害赔偿的补偿属性。

补偿性损害赔偿与惩罚性赔偿的主要区别在于:第一,是否以非违约方所遭受的实际损失为计算标准不同。补偿性损害赔偿以填补非违约方的实际损失为目的,因此,补偿性损害赔偿的数额应当以非违约方的实际损失数额为限。而惩罚性赔偿虽然也可能考虑非违约方的实际损失,但其目的在于惩罚违约方的违约行为,因此,其数额并不限于非违约方的实际损失数额。第二,是否具有补偿性不同。一般的损害赔偿主要具有补偿性,以完全赔偿为原则;而惩罚性赔偿侧重于惩罚,对此种行为的惩罚性损害赔偿,是要体现"任何人不得从其恶行中得利"的原则[①],并不完全在于对受害人所遭受的损失进行救济。第三,适用范围不同。补偿性损害赔偿是损害赔偿的一般形式,即只要法律没有特别规定,均可以适用。而惩罚性赔偿属于法律规定的例外情形,其仅适用于法律明确规定的情形。合同法中原则上不适用惩罚性损害赔偿。[②] 因为一方面,采用这一方式不符合等价交换的赔偿原则;另一方面,采用这一方式将会给对方当事人带来极大的、不确定的风险,不符合交易的要求。

(四)财产损害赔偿与精神损害赔偿

所谓财产损害赔偿,是指因一方的违约造成另一方财产损失的赔偿。所谓精神损害赔偿,是指因违约而导致对他人人格权益的损害的赔偿,从合同法的发展来看,在例外情形下可以适用精神损害赔偿。[③]《民法典》第996条规定:"因当事人一方的违约行为,损害对方人格权并造成严重精神损害,受损害方选择请求其承担违约责任的,不影响受损害方请求精神损害赔偿。"据此,在因违约形成责任竞合、损害对方人格权并造成严重精神损害的情形下,非违约方有权在违约责任中主张精神损害赔偿责任。

在违约责任中,财产损害赔偿与精神损害赔偿的区别主要在于:

第一,适用范围不同。财产损害赔偿适用的范围较为宽泛,其适用于一般的违约责任情形,即违约方的行为只要造成了非违约方的财产损害,就可以适用财产损害赔偿。而精神损害赔偿仅适用于违约责任与侵权责任竞合的情形,即违约方的违约行为同时构成对非违约方人格权益的侵害。也就是说,在违约发生时,当事人之间存在着合同关系,正是因为一方违反了合同义务且造成了另一方的损害,才应当承担违约损害赔偿责任。而违约中的精神损害赔偿仅仅只适用于法律规定的例外情形。依据《民法典》第996条,在特殊情况下,因侵权行为直接导致违约后果,从而产生责任竞合。从该条规定来看,仅在违约责任与侵权责任竞合的情形下,非违约方才能在违约责任中主张精神损害赔偿责任,否则,即便非违约方遭受了严重的精神损害,其也无权在违约责任中主张精神损害赔偿责任。

第二,是否适用于侵害人格权的情形不同。财产损害赔偿适用于因违约造成财产损失

---

① Micheline Decker, Aspects internes et internationaux de la protection de vie privée et droits fran § ais, allemands et anglais, PUAM, 2001, pp. 160-161.

② Farnsworth, "Legal Remedies for Breach of Contract", 70 *Colum. L. Rev.*, 1970, p. 1145.

③ 参见韩世远:《合同法总论》(第四版),法律出版社2018年版,第780—782页。

的情形，这是因违约造成损害的通常情形，因为合同是一种交易关系，合同债权也是一种财产权，在违约的情形下，通常是造成非违约方的财产损失。当然，在违约的情形下，也可能造成当事人人格权益的损害，例如，当事人之间订立医疗美容合同后，医疗机构一方违约，造成患者一方面部受损，其身体权受到侵害。一般认为，精神损害赔偿是对人格利益进行直接保护的救济方式。对于财产权和合同权利的侵害，通常不会导致对个人人格利益的直接侵害，由此引发的精神损害通常也不会得到赔偿，除非此种损害严重侵害了人的尊严或人的身体完整性。①

第三，是否因违约给对方造成严重精神损害不同。在一般的违约情形下，违约所造成的是财产损失后果，通常不会造成非违约方的精神损害，因此，非违约方通常只能主张财产损害赔偿。而在赔偿精神损害的情形下，依据《民法典》第 1183 条，必须受害人遭受严重精神损害时，才能适用精神损害赔偿责任。

三、完全赔偿原则

（一）完全赔偿原则的概念和内容

所谓完全赔偿原则(full-compensation)，是相对于超额赔偿(over-compensation)而言的，它是指因违约方的违约使受害人遭受的全部损失都应当由违约方负赔偿责任。换言之，凡是与违约行为具有因果关系的一切损害都应该获得赔偿。完全赔偿是对受害人的利益实行全面、充分保护的有效措施。从公平和等价交换原则来看，由于违约当事人的违约而使受害人遭受损害，违约当事人也应以自己的财产赔偿全部损害。② 具体来说，完全赔偿原则包括如下内容：

第一，在因违约造成财产损失的情况下，应当以实际的损失作为确定赔偿范围的标准，无损失则无赔偿。也就是说，在没有任何损失的情况下，受害人不能请求赔偿。同时，在造成损害的情况下，应当按照损失的大小来赔偿。

第二，损害赔偿不能超过实际的损失。完全赔偿还意味着，受害人不能因此而获利。如果受害人负有减轻损害的义务，按照完全赔偿原则，其应当采取合理措施，否则，其赔偿数额应当酌情减少。③ 例如，甲乙双方签订三年租赁合同，租用半年后，承租人无法继续承租，出租人要求承租人支付三年的租金，出租人在获得租金后，又将该租赁物出租给他人，再次获得了两年半的租金。显然，出租人要求承租人赔偿三年租金的请求将使其从中获得不当利益，从而违反了完全赔偿原则。

第三，在赔偿时，一般不应根据违约方的过错程度来确定责任的范围。违约方的过错影响到责任的成立，但不应当影响到违约损害赔偿的范围。不能因为违约方的过错重就多赔偿，过错轻就少赔偿。

第四，违约损害赔偿应限制在法律规定的合理范围内。一般来说，其要依据可预见性规则来限制。如果违约方请求获得可得利益，就应当将其为获得该利益而需要支出的必要成本予以扣除，因为这是其为获得利益而需要支出的必要成本。④

完全赔偿为违约损害赔偿确定了一项重要原则，也为违约当事人的赔偿责任确定了明

---

① Neethling, Potgieter & Visser n 1 above at 63-5; Karner & Koziol n 27 above at 110.

② 参见韩世远：《合同法总论》(第四版)，法律出版社 2018 年版，第 795 页。

③ 参见〔德〕U. 马格努斯主编：《侵权法的统一：损害与损害赔偿》，谢鸿飞译，法律出版社 2009 年版，第 44 页。

④ 参见黄薇主编：《中华人民共和国民法典合同编解读》(上册)，中国法制出版社 2020 年版，第 432 页。

确标准。从完全赔偿原则出发,许多国家的法律要求根据不同的情况,通过赔偿使受害人恢复到合同订立前的状态,或者恢复到合同如期履行的状态,损害赔偿不仅要包括受害人遭受的全部实际损失,还应包括可得利益的损失,这些都是完全赔偿原则的具体体现。《销售合同公约》第 74 条规定:“一方当事人违反合同应负的损害赔偿额,应与另一方当事人因他违反合同而遭受的包括利润在内的损失额相等。”我国《民法典》第 584 条前段规定:“当事人一方不履行合同义务或者履行合同义务不符合约定,造成对方损失的,损失赔偿额应当相当于因违约所造成的损失,包括合同履行后可以获得的利益。”可见,完全赔偿原则是我国《民法典》中的重要规则。合同法中的完全赔偿与侵权法中的完全赔偿原则的含义是不同的。合同法中的完全赔偿是对违约造成的财产损失提供充分补救,而侵权法中所说的完全赔偿是指侵权行为人应当赔偿因其侵权行为而给受害人造成的财产损失、人身伤亡和精神损害。

（二）实际损失的赔偿

实际损失是指非违约方因违约行为而遭受的现实损害。例如,在一方不交货的情况下,非违约方因未收到货物所致的损害、因停工或窝工而遭受的损失,以及第三人请求非违约方承担的赔偿责任等。实际损失是一种现实的财产损失,其通常是指已经发生的实际的损害,而可得利益的损失是指本来应该得到的利益而没有得到。实际损失是因违约造成现有财产的减少和费用的支出,具体包括各种为履行合同而支出的费用、因标的物存在缺陷而遭受的损失以及因履行迟延造成的利息损失和其他财产损失等。因此,实际损失包括两个方面:一是因违约所造成的现有财产的减少。例如,买受人支付了货款而没有得到货物。二是因违约而支出的费用。例如,在卖方违约的情形,买方不得不另行聘请工人进行工作的工资支出。

按照完全赔偿原则,受害人有权就其因为对方的违约所遭受的各种费用支出要求赔偿,如为了准备合同的履行所支付的各种费用,如果受害人能够证明这些费用通过合同履行可以得到补偿,那么就应当予以赔偿。也就是说,这些费用在合同得以如期履行情况下本来是可以得到补偿的,因为违约方的违约而使这些费用没有得到补偿。应当指出的是,这里所说的费用支出必须是合理的。在此需要探讨的是,非违约方为订约而支出的费用能否纳入实际损失的范畴?美国学者富勒和珀杜认为,信赖利益主要包括履行合同而耗费的支出,但受害人在合同订立之前耗费的某些支出,如果本来能够在合同履行之后得到补偿,也可以包括在赔偿范围之内。[①] 美国许多判例也都持此观点。但笔者认为,非违约方为订约而支出的费用不应包括在损害赔偿范围内,因为此种费用的支出不是因违约行为引起的,故不应当属于违约责任的救济范畴。此种损失应当属于信赖利益的损失,即当事人因信赖合同能够有效订立而遭受的损失,如果合同因一方当事人的原因被撤销或者被宣告无效,则另一方当事人有权基于缔约过失责任请求有过错的一方赔偿该损失。

损害赔偿旨在弥补受害人遭受的全部实际损失,但并不赔偿其因从事一桩不成功的交易所蒙受的损失。如果不成功的交易所带来的损失由违约方承担,则实际上是将全部风险转给违约方,使违约方实际上充当了非违约方的保险人。如果正常交付时,市场价格已经下跌,就不应当赔偿经营利益。例如,当事人订立买卖某一型号钢材的合同,合同规定每吨价格为 4000 元,履行期到来时,市场价格为每吨 3000 元,卖方迟延 10 天交付货物,交付时已

① 参见〔美〕L. L. 富勒、小威廉·R. 帕杜:《合同损害赔偿中的信赖利益》,韩世远译,中国法制出版社 2004 年版,第 6 页。

跌至每吨 2500 元，那么损害赔偿额应以每吨 3000 元减去 2500 元（即每吨 500 元）为基点来计算。因为合同若按期履行，市场价格为每吨 3000 元，货物从每吨 4000 元跌至每吨 3000 元，就是买受人应承担的经营风险。

（三）可得利益的赔偿

1. 可得利益的概念

所谓可得利益，是指合同在履行以后可以实现和取得的利益。例如，在生产、销售或提供服务的合同中，生产者、销售者或服务提供者可能取得的预期纯利润，就属于可得利益。可得利益的损失与间接损失的概念是不同的，间接损失与直接损失相对应，而可得利益损失是与积极损失相对应的。一些间接损失如给第三人造成的损失，是现实遭受的实际损失，但不是可得利益的损失。[①] 可得利益的损失也不一定都是违约行为的间接后果。例如，买方因卖方不交货而无法转售，其所遭受的利润损失就是卖方违约的直接后果，很难说它只是一种间接损失。可得利益的损失具有如下特点：

第一，它是未来的利益损失。可得利益因当事人是生产企业还是经营企业而分为不同的类型。一是生产利润，即因买受人违约导致出卖人正常的生产经营计划被打乱，因此而遭受的损失。例如，在合同签订后，因买方单方面要求取消合同，而卖方已经实际安排了生产经营计划，并购买了原材料或半成品，这时卖方的损失就属于生产利润的损失。在计算生产利润损失时，可以通过非违约方之前的生产利润情况或者通过相同市场环境下的同类企业利润率进行计算。[②] 二是经营利润。在承包经营合同、租赁经营合同以及提供服务或劳务的合同中，一方的违约还可能给非违约方造成经营利润的损失。例如，在租赁合同中，因出租人没有交付租赁物，导致承租人无法取得租赁物进行经营而遭受的损失。三是转售利润。转售利润是指因卖方违约而导致买方无法及时转售货物而因此失去的可得利润。[③] 例如，在当事人以同一标的物进行买卖的系列交易中，就可能出现转售利润的问题。但在确定转售利润的损失时，要求非违约方应当已经订立了转售合同，或者已经有明确的转售计划，否则不得主张赔偿此种可得利益的损失。[④]

第二，它必须具有一定的确定性。任何可以补救的损害都必须具有一定程度的确定性，否则是不能要求赔偿的。可得利益必须是一种按照通常情形通过合同的实际履行可以获得的利益。换言之，是当事人订立合同时能够合理预见到的未来可以获得的利益[⑤]，因此，非违约方必须要举证证明此种利益的存在。例如，在“香港锦程投资有限公司与山西省心血管疾病医院、第三人山西寰能科贸有限公司中外合资经营企业合同纠纷案”中，最高人民法院认为，当事人一方违约造成对方损失的赔偿额可以包括履行合同后可以获得的利益，但本案合作项目及合资公司所需的资金并没有全部到位，合作项目、合资公司亦没有实际运作，根本没有利润可言。何况合资公司是否盈利取决于诸多因素，故锦程公司仅依据政府文件认定其应当获得人民币 1000 万元的可得利益赔偿依据不足，不应予以支持。[⑥] 由于可得利益损失具有一定的不确定性，所以，非违约方要获得此种损失的赔偿也必须要证明违约行为与非

---

① 参见崔建远主编：《合同法》（第七版），法律出版社 2021 年版，第 244 页。

② 参见王业可：《基于诉讼支持的法务会计研究》，浙江大学出版社 2013 年版，第 172 页。

③ 参见黄薇主编：《中华人民共和国民法典合同编解读》（上册），中国法制出版社 2020 年版，第 433 页。

④ 参见黄茂荣：《债法通则之二：债务不履行与损害赔偿》，厦门大学出版社 2014 年版，第 202 页。

⑤ 参见黄薇主编：《中华人民共和国民法典合同编解读》（上册），中国法制出版社 2020 年版，第 434 页。

⑥ 参见最高人民法院（2010）民四终字第 3 号民事判决书。

违约方可得利益损失之间应当具有一定的因果联系，正是因为从违约的视角来看，可得利益赔偿仍然是违约损害赔偿的组成部分，因而与其他的违约损害赔偿一样，都应当具有违约行为与损害后果之间的因果联系。在如下情形下，非违约方不得请求可得利益的赔偿：一是如果非违约方的可得利益损失不是因为违约导致的，而是自身原因导致的，则不得主张赔偿。二是如果可得利益损失是因为当事人以外的其他原因所致的，非违约方也不得主张赔偿。

第三，必须具有可预见性。依据《民法典》第584条，损害赔偿不得超过违反合同一方订立合同时预见到或者应当预见到的因违反合同可能造成的损失，这就确定了可预见性规则。规定该规则的一个作用在于，限定可得利益损失赔偿的范围。在确定可得利益损失的赔偿时，非违约方要证明这些损失是违约方在签订合同时能够合理预见的。可预见的损失不是准确的数额，只要预见大致的损失范围就已足够。

在标的物价格不断波动的情况下，可得利益赔偿的最高限额应该是非违约方在合同完全履行的情况下所应取得的各种利益。也就是说，在此种情况下，应当根据非违约方在合同完全履行的情况下所应取得的各种利益作为赔偿的标准来补偿非违约方的全部损失，而按此标准赔偿，就已经使非违约方获得了其应取得的全部利益。但如果标的物价格在不断下跌，或者非违约方为准备履行或作出履行所支付的必要代价已经超出了合同在如期履行情况下所应得到的利益，那么在对方违约后，非违约方有权基于信赖利益损失要求赔偿，而不必按上述标准请求赔偿。

非违约方有权就其依照合同本来应获得的可得利益要求赔偿，但是可得利益必须是纯利润，而不应包括为取得这些利益所支付的费用。例如，甲、乙双方订立一份房屋租赁合同后，承租人又与第三人订立了转租合同。在订立转租合同期间，承租人支付了广告等各项费用1万元。在出租人违约后，承租人要求赔偿原合同租金与转租合同租金的差额，同时要求赔偿因转租所支付的1万元的费用。显然，这1万元的费用就不应计算在损害赔偿额中，因为该费用是为获得转租利益所支付的必要代价，并可通过转租利润的获得而得到必要补偿。要获得转租利润，就不能主张费用损失；要主张费用损失，就不能主张利润。否则，必然导致重复计算。

在此需要讨论的是，机会损失是否属于可得利益的损失？关于机会损失如何界定以及是否赔偿，学界和实务界目前尚未达成共识，有待审判实践进一步总结。笔者认为，通常情况下，一方违约，会使守约方丧失与他人订立同类合同的机会，从而使其遭受一定的机会损失，但机会损失通常难以确定，与行为人违约行为之间的因果关系较为遥远，而且机会损失一般难以通过金钱计算，因此，原则上机会损失不应当纳入可得利益损失的范畴。但如果非违约方有确凿的证据证明相关订约机会的丧失使其遭受了一定的损失，并且该损失具有较大的确定性，则应有权请求违约方赔偿。

2. 可得利益的计算标准

(1) 以替代交易规则确定可得利益损失。

长期以来，由于对可得利益赔偿的计算缺乏一致的标准，导致法院在计算可得利益时存在偏高或偏低的现象，要么对违约方苛加过重的责任，要么无法为非违约方提供充分救济、不利于当事人严守合同。这两种情形均不符合完全赔偿原则。为统一可得利益赔偿计算标准，《合同编通则解释》第60条引入了以替代交易规则确定可得利益损失的规则，并赋予非违约方在替代交易法和市场价格法之间的有限选择权。

所谓替代交易规则，是指在特定的条件下，因为一方违约，另一方可以通过与他人订立另一个合同，形成替代交易，并可以请求违约方赔偿原合同与替代交易之间的价格差。替代交易包括替代性购买与替代性销售。[①] 例如，在买卖合同中，当出卖人违反约定不交付货物时，买受人可以购买替代货物；当买受人违反约定不支付货款或拒绝接收货物时，出卖人可以另行寻找买受人出售货物。[②]《合同编通则解释》第 60 条第 2 款前段规定："非违约方依法行使合同解除权并实施了替代交易，主张按照替代交易价格与合同价格的差额确定合同履行后可以获得的利益的，人民法院依法予以支持。"根据该规定，非违约方可以主张以替代交易规则确定《民法典》第 584 条规定的可得利益损失，可得利益的计算方式为替代交易价格和合同价格的差额。该条首次明确规定了替代交易规则的适用条件、方法和法律效果，完善了《民法典》违约损害赔偿体系，统一了裁判规则，也符合合同法发展的趋势。[③] 具体而言：

第一，确立了替代交易可以作为计算可得利益损失的方法。根据《合同编通则解释》第 60 条第 2 款前段，非违约方可以主张以替代交易法确定《民法典》第 584 条规定的可得利益损失，可得利益的计算方式为替代交易价格和合同价格的差额。《合同编通则解释》之所以规定替代交易规则，主要是因为其符合违约损害赔偿旨在实现的公平和效率价值[④]，具体而言：一是采替代交易规则可以使得非违约方达到合同严格履行时所处的利益状态，获得完全赔偿；替代交易的法律效果是，如果替代交易合同价格与原合同价格之间存在差异，非违约方有权向违约方主张差价损失赔偿。因为该损失既然是因债务人违约引起的，理应由其承担该损失。二是替代交易规则可以鼓励非违约方及时采取措施进行替代安排，避免影响后续生产经营、造成损害扩大。三是替代交易规则具有很强的客观性和可操作性，解决了非违约方对损害数额的举证困难。四是替代交易规则可以充分利用市场机制、提高资源利用效率。以买卖合同为例，当买受人违约时，出卖方可以迅速将货物转售他人，从而避免资源闲置；当出卖人违约时，买受人可以从其他渠道补购货物，以安排后续生产经营等。替代交易规则不仅有利于非违约方的利益实现，还是非违约方履行减损义务的方式，这一规则也符合效率原则。

第二，应以市场价格判断替代交易的合理性。《合同编通则解释》第 60 条第 2 款后段明确，替代交易需要受到合理性的限制。该解释承认非违约方可以以替代交易价格和原合同价格的差额确定可得利益，并不意味着非违约方可以随意实施替代交易，并计算可得利益的损失。替代交易虽然能作为可得利益判断的有效标准，但也可能引发非违约方不当转嫁交易风险、与第三人恶意串通订立替代交易合同以及采用极不合理的交易价格进行替代交易等行为，这就会给违约方造成损害、破坏公平清偿的规则。为此，《合同编通则解释》第 60 条第 2 款规定，如果"替代交易价格明显偏离替代交易发生时当地的市场价格"，将排除替代交

① 参见最高人民法院民事审判第二庭、研究室编著：《最高人民法院民法典合同编通则司法解释理解与适用》，人民法院出版社 2023 年版，第 670 页。

② 广义上的替代交易还包括《民法典》第 581 条规定的替代履行中的修理等。在比较法上，也有将替代交易视为广义替代履行的一部分的观点。由于修复费用的适用及其限制有独特的规则，在学说和实践上一般不将其与狭义替代交易一起考察。参见韩世远：《合同法学》（第二版），高等教育出版社 2022 年版，第 295 页。

③ 参见《联合国国际货物销售合同公约》（CISG）第 75 条、第 76 条；《欧洲合同法原则》（PECL）第 9:506 条、第 9:507 条，《欧洲示范民法典草案》（DCFR）第 III.-3:706 条、III.-3:707 条，《国际商事合同通则》（PICC）第 7.4.5 条、第 7.4.6 条，《欧洲共同买卖法》（CESL）第 164 条、第 165 条等。

④ 参见最高人民法院民事审判第二庭、研究室编著：《最高人民法院民法典合同编通则司法解释理解与适用》，人民法院出版社 2023 年版，第 670 页。

易规则的适用,即替代交易只有具有合理性时,才可以将替代交易价格与合同价格的差额作为可得利益的计算标准。例如,某个标的物当时的市场价格仅为每公斤 100 元,而替代交易的价格为每公斤 120 元,显然,明显偏离替代交易发生时当地的市场价格,因而是不合理的。当然,应当看到,替代交易的价格与市场价格存在偏差是常见的现象。在判断替代交易是否"明显偏离替代交易发生时当地的市场价格"时,必须要考虑到交易时间的有限性和替代交易本身所需的交易成本。例如,在出卖人违约,买受人急需进行替代买入的场合,不能苛求买受人必须以市场价格进行替代性买入,此时虽然价格高于市场价格,但是可能对于维持买受人的正常生产,并避免扩大损失仍然具有必要性,也可以认为该替代交易具有合理性。

第三,确立了非违约方在替代交易法和市场价格法之间的选择权。实施替代交易不是非违约方必须履行的义务。《合同编通则解释》第 60 条第 3 款规定:"非违约方依法行使合同解除权但是未实施替代交易,主张按照违约行为发生后合理期间内合同履行地的市场价格与合同价格的差额确定合同履行后可以获得的利益的,人民法院应予支持。"依据该条规定,如果非违约方不进行替代交易,就可以按照违约行为发生后合理期间内合同履行地的市场价格与合同价格的差额,确定合同履行后可以获得的利益。这一规定赋予非违约方在替代交易规则和市场价格法则之间进行选择的权利:即如果非违约方选择进行替代交易,就可以适用《合同编通则解释》第 60 条第 2 款计算可得利益;如果非违约方选择不进行替代交易,就适用《合同编通则解释》第 60 条第 3 款计算可得利益。需要明确的是,非违约方在替代交易规则和市场价格法则之间的选择权不是任意选择权。《合同编通则解释》第 60 条第 3 款明确将"未实施替代交易"作为适用市场价格法则的前提。如果非违约方实际进行了替代交易,就不能再主张市场价格法则。可见,《合同编通则解释》采取了"以替代交易法为原则、以市场价格法则为补充的计算模式"。①

(2) 以持续履行的债务为内容的定期合同中可得利益的计算。

所谓以持续履行的债务为内容的定期合同,也称为继续性定期合同,主要是以价款、租金等为债务内容,以财产使用期限或服务时间等作为价款计算标准的定期合同。② 继续性合同和一时性合同的根本区别是时间因素对合同义务履行影响不同。③ 由于继续性合同要以财产使用期限或服务时间等作为价款计算标准,因此,针对继续性定期合同的可得利益计算较为复杂,《合同编通则解释》第 61 条第 1 款对于以持续履行的债务为内容的定期合同确定了如下规则:

第一,综合考量各种法定因素以确定非违约方寻找替代交易的合理期限。《合同编通则解释》第 61 条第 1 款规定,对于以持续履行的债务为内容的定期合同而言,如果一方不履行支付价款、租金等金钱债务,对方主张解除合同的,在确定非违约方的可得利益损失时,应当参考合同主体、交易类型、市场价格变化、剩余履行期限等因素确定非违约方寻找替代交易的合理期限,并据此确定其可得利益损失的数额。

第二,应当扣除非违约方所节省的履约成本。这一规则旨在填补违约方不履行合同之后、替代交易履行之前的"时间差"所对应的损失,这部分损失无法被替代交易所覆盖,因此

---

① 参见最高人民法院民事审判第二庭、研究室编著:《最高人民法院民法典合同编通则司法解释理解与适用》,人民法院出版社 2023 年版,第 679 页。

② 同上书,第 687 页。

③ 参见韩世远:《合同法总论》(第四版),法律出版社 2018 年版,第 87 页;屈茂辉、张红:《继续性合同:基于合同法理与立法技术的多重考量》,载《中国法学》2010 年第 4 期;王文军:《论继续性合同的解除》,载《法商研究》2019 年第 2 期。

需要额外计算这部分损失。该款规定，违反继续性合同的可得利益损害计算需要先确定“寻找替代交易的合理期限”，再按照该期限所对应的合同利益计算可得利益。例如，在房屋租赁合同中，如果租金下跌，出租方在承租方违约后不仅就原合同和替代交易履行的“时间差”存在损失，还存在“时间差”外的剩余合同履行期限的价格差损失，这两部分损失都是可得利益损失。就“时间差”所对应的租金损失而言，应当适用《合同编通则解释》第 61 条第 1 款的规则；就“价格差”而言，应当视出租方是否实际进行了替代交易以及替代交易是否合理分别适用第 60 条第 2 款前段、第 2 款后段和第 3 款的规则。

第三，不得主张按照合同解除后的剩余期限确定其可得利益损失的数额。依据《合同编通则解释》第 61 条第 2 款的规定，在以持续履行的债务为内容的定期合同中，在合同被解除后，非违约方不得主张按照合同解除后的剩余期限确定其可得利益损失的数额。例如，在房屋租赁合同中，双方订立 5 年房屋租赁合同，承租人租用 2 年后，因为工作调动需要解约，出租人不得以剩余 3 年期间所获得的租金作为可得利益的损失。该规则进一步明确了非违约方应当通过寻找替代交易减轻自身的损失，即替代交易是非违约方减损义务的表现形式。[①]当然，依据《合同编通则解释》第 61 条第 2 款的规定，如果非违约方寻找替代交易的合理期限多于合同的剩余履行期限（例如，在房屋租赁合同中，双方订立 5 年房屋租赁合同，承租人租用 4 年 7 个月后，因为工作跳动需要解约，而寻找替代交易需要 6 个月），则非违约方有权主张按照合同解除后剩余履行期限扣除其履约成本后确定其可以请求赔偿的利益损失的数额。

（3）违约方因违约获益时的可得利益计算。

《合同编通则解释》第 60 条、第 61 条虽然确定了可得利益的计算规则，但是以替代交易和市场价格为标准计算可得利益的损失，可能仍然难以具体确定一些特殊情形下非违约方的可得利益损失数额，这就需要为法官计算可得利益损失提供明确的标准。《合同编通则解释》第 62 条规定：“非违约方在合同履行后可以获得的利益难以根据本解释第六十条、第六十一条的规定予以确定的，人民法院可以综合考虑违约方因违约获得的利益、违约方的过错程度、其他违约情节等因素，遵循公平原则和诚信原则确定。”该规则主要适用于侵害知识产权、个人信息等情形，在此类情形下，非违约方的损失往往难以确定，而侵权人却因此获利，而按照替代交易和市场价格又难以确定非违约方的可得利益损失数额，此时就需要法院综合考虑违约方因违约获得的利益、违约方的过错程度、其他违约情节等因素，遵循公平原则和诚信原则确定非违约方的可得利益损失数额。[②]

四、履行利益和信赖利益损失的赔偿

损害赔偿依据恢复非违约方的状态的不同，有两种不同的赔偿范围：一是赔偿履行利益的损失，二是赔偿信赖利益的损失。履行利益的损失是指非违约方相较于合同已经被履行的状态而言所遭受的损害。例如，因违约行为而导致非违约方丧失了合同履行可以获得的利润属于典型的履行利益损失。而信赖利益的损失是指非违约方相较于如同未听说合同的

---

① 参见崔建远：《论减轻损失规则》，载《云南社会科学》2024 年第 1 期；〔日〕内田贵：《契约的时代：日本社会与契约法》，宋健译，商务印书馆 2023 年版，第 168 页。

② 参见最高人民法院民事审判第二庭、研究室编著：《最高人民法院民法典合同编通则司法解释理解与适用》，人民法院出版社 2023 年版，第 699 页。

状态所遭受的损害。例如,为订立合同而支出的费用就属于典型的信赖利益损失。[①] 信赖利益与履行利益损失的赔偿分别旨在将非违约方置于合同已经被履行和根本未听说过该合同的状态。

信赖利益与履行利益的区分可以追溯至罗马法,虽然罗马法中并没有严格的信赖利益与履行利益的概念,但是区分了解除合同之诉和减价之诉两种情形的赔偿范围。[②] 在两大法系之中,也均对这两种不同的损害范围进行了区分。在大陆法系,这两种赔偿范围分别被称为积极利益与消极利益,而在英美法系这两者则分别被称为期待利益与信赖利益。

(一)履行利益的损失

履行利益的损失,有时候也称为积极利益和期待利益的损失,此种损失也被理解为"一方因违约而遭受的损失,即合同被正常履行时非违约方所应处的状态"[③]。对履行利益损失的赔偿,是从合同履行的经济角度考虑的。在某种程度上,实际履行请求权被转变成了金钱给付请求权。

履行利益与可得利益极为相似。但两者是有区别的,二者是从不同角度对合同损害进行的描述。可得利益仅限于未来可以得到的利益,它不包括履行本身所获得的利益,即主要是指利润而不包括交付货物和支付货款本身。而履行利益的范围更为广泛,履行本身的价值也构成履行利益的一部分。因而履行利益损失实际上包括了可得利益的损失。根据我国《民法典》第584条的规定,损失赔偿额应当相当于因违约所造成的损失,包括合同履行后可以获得的利益。这实际上确定了损害赔偿的一般标准,即损害赔偿应当使债权人的利益恢复到假定合同被全面履行的状态。也就是说,在违约以后,只要造成了损害,就要确定受害人遭受损害的数额,此种损害不仅包括实际损失,也包括可得利益的损失。通过这种赔偿,使非违约方处于合同如果能够履行而应当具有的状态。[④]

(二)信赖利益的损失

信赖利益,是指"法律行为无效而相对人信赖其为有效,因无效之结果所蒙受之不利益也,故信赖利益又名消极利益或消极的契约利益"[⑤]。信赖利益的损失,是指合同当事人相对于未曾听说过合同的状态而遭受的损失。[⑥] 如根据合同约定,甲应当向乙作金钱投资,乙方为此购置设备、雇佣工人以及购买原材料而花费了各项费用,甲并未履行合同规定的义务,乙所付出的费用就是信赖利益的损失。信赖利益的损失包括直接损失(如准备合同的履行所丧失的费用)和间接损失(如因对方的违约而丧失的利润)。[⑦] 在信赖利益损失内部又可以进一步划分:一是"必要的信赖利益"的损失,如准备履行的费用、缔结其他合同的机会;二是"附属的信赖利益"的丧失,是指原告从合同中能够合理预见到的其他信赖利益的损失。[⑧]

对于违约损害赔偿是否包括信赖利益的赔偿,学界存有争议。一种观点认为,当事人订立合同就是以获得履行为目的,因此,在发生违约时,只能请求履行利益的损害赔偿,以将非

---

① See Ingeborg Schwenzer, *Global Sales and Contract Law*, Oxford University Press, 2012, p. 605.

② 参见〔德〕鲁道夫·冯·耶林:《论缔约过失》,沈建峰译,商务印书馆2016年版,第25—26页。

③ Robinson v. Harman, 1 Exch (1848), 850 at 855.

④ See E. Allan Farnsworth, *Contract*, Little, Brown and Company, 1990, p. 752.

⑤ 林诚二:《民法上信赖利益赔偿之研究》,载林诚二:《民法理论和问题研究》,中国政法大学出版社2000年版,第238页。

⑥ See Ingeborg Schwenzer, *Global Sales and Contract Law*, Oxford University Press, 2012, p. 605.

⑦ See Treitel, *The Law of Contract*, Sweet & Maxwell, 2015, para. 20-025.

⑧ See Fuller and Perdue, "THe Reliance of interest in Contract Damage", 46 *Yale L. J*, 1936, p. 11.

违约方置于如同合同已经被履行的状态。而信赖利益则只是应当在缔约过失责任中获得赔偿。[①] 另一种观点则认为，在违约之中，应当允许当事人选择主张信赖利益还是履行利益的赔偿。[②]

笔者认为信赖利益在违约中获得赔偿也具有一定的正当性。理由在于：一方面，对履行利益的保护并非在任何情况下都对受害人有利，因而需要通过对信赖利益的赔偿来充分保护债权人的利益。法律只允许赔偿能够证明的损害[③]，在某些情况下，确定期待利益的损失可能会遇到一定的困难。“因违约所造成的利润收入的损失有时是很难估计的，这不仅因为各种偶然因素使损失难以确定，而且确定允诺履行的金钱价值或原告的代价是困难的。然而，原告在违约发生以前，通过准备履行或部分履行而已经支付的费用则不难证明。”[④]另一方面，在某些情况下，非违约方信赖合同将要被履行而付出了巨大的代价，这些花费甚至超过了期待利益，也就是说，超过了在合同履行情况下应该获得的利益，则赔偿信赖利益的损失对原告更为有利。如果被证明作出履行将使原告蒙受损失，则赔偿期待利益的损失对原告并不有利。总之，保护信赖利益有利于全面保护受害人的利益。

我国《民法典》第 584 条所规定的违约损害赔偿主要是指履行利益的赔偿，但是在特殊情形下，也应当包括信赖利益的损害赔偿。[⑤] 这主要包括如下几种情形：一是履行利益证明困难，而信赖利益损害的存在和数额均可以证明。例如，双方当事人之间订立了包销合同，非违约方可以轻易地证明其为订立和履行该包销合同已经支付了大量的费用，但是却无法证明包销合同履行后其可以获得的收益。二是信赖利益损失已经明显超过履行利益损失的场合。例如，在包销合同中，由于房屋价格下跌，包销人为销售房屋已经支付了合理的费用，即便因为房屋价格下跌，导致其可能获得的履行利益会少于信赖利益，但由于对方违约，也应当允许包销人主张信赖利益的损害赔偿。这就是说，如果债权人为准备履行所支付的费用过大，则请求赔偿信赖利益是合适的，但信赖利益的请求必须合理，即债权人所支付的费用应是必需的，不能将其因从事交易所蒙受的亏损转嫁给债务人。上述情形中，应当允许当事人在信赖利益和履行利益的赔偿之中进行选择。

（三）信赖利益原则上以履行利益为限

信赖利益的赔偿在法律上存在一定的限制，即信赖利益不得超越履行利益。在实践中，信赖利益的损失可能超过受损害方的履行利益。如果当事人在合同订立过程中的支出高于其在合同正常履行情况下可得的收益，那么信赖利益的损失就可能超过履行利益的损失。在此种情况下，许多国家法律规定，应将信赖利益的损失限定在可能的预期利益损失范围内。[⑥]

信赖利益的赔偿不得超过履行利益的规则作为一项基本原则，是合理的。因为一方面，非违约方实际的支出已经大大超过了其通过履行可以得到的利益，即表明这些支出本身是不合理的，其从事了不适当的交易，做了亏本的买卖，这是市场交易过程中买卖双方所应当

① 参见王泽鉴：《民法学说与判例研究》（第 5 册），北京大学出版社 2009 年版，第 150—151 页。

② 参见韩世远：《合同法总论》（第四版），法律出版社 2018 年版，第 784 页。

③ See Richard L. Harson, *Remedies*, Wolters Kluwer, 2017, p. 108.

④ 〔美〕A. L. 科宾：《科宾论合同》（一卷本下册），王卫国等译，中国大百科全书出版社 1998 年版，第 188 页。

⑤ 参见黄薇主编：《中华人民共和国民法典合同编解读》（上册），中国法制出版社 2020 年版，第 433 页。

⑥ See Ingeborg Schwenzer, Pascal Hachem, Christ Opher Kee, *Global Sales and Contract Law*, Oxford University Press, 2012, p. 606.

承担的正常风险,无论在何种情况下,都应当由自己承担。否则,必然会使受害人在获得了其从交易中应获得的利益同时,又将交易风险全部转嫁给了对方。另一方面,当信赖利益超过履行利益时,这本身说明,这些损失是违约一方在订立合同时无法预见的,因而损害的结果与被告的违约行为之间没有因果关系,同时非违约方在缔约时如果了解信赖利益将超过履行利益的状况,仍然与违约方缔约,则表明非违约方将要接受这种损失,属于非违约方的自愿行为。

但是,笔者认为,信赖利益不能超过履行利益的规则也并非绝对,确有一些例外的情况。一些英美法系学者,如富勒等人对信赖利益赔偿的限制规定提出异议,认为在特殊情况下,如违约方具有欺诈等行为时,将非违约方的全部损失转嫁给违约方也是必要的,而不能固守信赖利益不能超过履行利益的原则。[①] 这一观点具有一定的道理。没有必要在法律上将信赖利益的赔偿不得超过履行利益的规则绝对化,应当允许例外的存在。例如,被告欺骗原告,提出只要原告做好前期投入,被告履行之后,原告将获得巨大的利益。但原告在作出巨大投入之后,其获得的利润较少,后因为被告违约,原告要求被告赔偿其实际费用的支出。但事实上,即便被告按照约定履行自己的义务,原告也无法获得被告所承诺的利益,此时如果不赔偿非违约方的实际损失,而使受害人仅在履行利益的范围内获得补救,确实不利于对受害人的保护。而且,因不能足够地保护善意信赖人的利益,而不能有效地维护信用关系,保障诚实信用原则的实现。

五、损害赔偿的限制

1. 损害的可预见性规则

依据《民法典》第 584 条,损害赔偿不得超过违反合同一方订立合同时预见到或者应当预见到的因违反合同可能造成的损失。根据这一规定,只有当违约所造成的损害是违约方在订约时可以预见到的情况下,才能认为损害结果与违约行为之间具有因果关系,违约方才应当对这些损害负赔偿责任。如果损害不可预见,则违约方不应赔偿。[②] 可预见性规则是比较法上运用得较为广泛的理论。其在合同法上的意义主要表现在:一方面,它限制了损害赔偿的范围,有利于降低交易当事人的风险,鼓励交易。任何损害只要应当由合同法予以补救,就应当适用可预见性规则。损害赔偿的风险,合同当事人在订约时应该有所预见,双方应当有效地传递信息,并且彼此评估发生风险的可能性以确定合同的条款。[③] 这对于合理地确定赔偿范围和交易风险、鼓励当事人从事交易活动、维护当事人利益,具有十分重要的作用。如果未来的风险过大,则当事人就难以从事交易活动。例如,在"山西数源华石化工能源有限公司与山西三维集团股份有限公司租赁合同纠纷上诉案"中,最高人民法院认为,数源公司要求三维公司赔偿其全部经营利润亏损,将使数源公司在不需要继续投入任何经营成本的情况下,直接获取经营利润,超出了合同的履行利益和三维公司签订合同时可以预见的损失范围。[④] 另一方面,确定了因果关系的标准,从而实现了合同法上的风险分配功能。只有当违约所造成的损害是可以预见的,才表明损害结果与违约之间具有因果关系。所以,

---

① See Fuller and Perdue, "The Reliance Interest In Contract Damages", 46 *Yale L. W.* 52. 77. (Pt. 1)(1936).

② Guenter H. Treitel, *International Encyclopedia of Comparative Law*, *Vol. Ⅶ*, *Contract in General*, Chapter 16, Remedies for Breach of Contract, Tübingen, 1976, p. 156.

③ 参见马特、李昊:《英美合同法导论》,对外经济贸易大学出版社 2009 年版,第 232 页。

④ 参见最高人民法院(2012)民一终字第 67 号民事判决书。

可预见性理论可以限制事实上的因果关系的发生，将赔偿责任限制在一个合理的范围内。

所谓可预见性规则，是指违约方订约时可预见。一方面，预见的主体限于违约方，非违约方预见的内容不能作为确定因果关系的标准，因为可预见性规则的主要目的在于保护违约方的利益，限制其责任，从因果关系的角度来看，只有在已发生的损害是违约方在订约时能够合理预见的时，才表明该损害与违约之间具有因果关系，并且应当由违约方负赔偿责任。同时，预见的主体也不是合同当事人之外的主体，因为当事人身份、职业及相互之间所了解情况不同，也决定了违约方可能比一般人更为了解非违约方的订约目的以及从订约和履行中获得的利润，也可能更了解在违约以后其可能遭受的实际损失。

另一方面，预见的时间为订立合同之时，即损害限于在订立合同时违约方所能预见到的损害。至于在合同履行过程中，违约方所能预见到的损害，则不能作为确定赔偿范围的依据。作出此种规定的主要理由在于：在合同订立时，当事人要考虑其所承担的各种风险和费用，如果风险过大，则当事人可达成有关免责条款来限制责任；如果要由当事人来承担在订立时不应当预见的损失，则当事人就会因考虑到交易风险过大而不订立合同。所以应该以订约时预见的情况来决定违约方是否应当预见。笔者认为，原则上应当以订约时的预见情况为标准，但也应当考虑一些特殊情况，如当事人在订约时并未占有足够的信息，或者彼此之间了解不多，那么在合同订立以后，一方向另一方提供了更多的信息、意外风险的情况，或者双方彼此了解了一些新的情况的，这些因素也应在确定预见范围时加以考虑。

关于违约方可预见的内容，《合同编通则解释》第 63 条第 1 款引入了动态系统论，要求根据订约目的综合考量订约因素，来确定违约方在订约时可以预见到的违约损失。依据《合同编通则解释》第 63 条第 1 款，法院应当根据当事人订立合同的目的，综合考虑合同主体、合同内容等因素确定。

（1）基础因素：合同订立目的。合同目的是指当事人双方订立合同时追求的利益与目标，在适用可预见规则时需要考量合同目的，既是对当事人意思自治的尊重，也是信赖保护的要求。例如，对于生产企业而言，其购买原材料的目的通常是从事生产，对于其生产利润损失，违约方应当可以预见，相反，如果该生产企业购买原材料的目的是转售，那么对于该转售利益就不具有可预见性。

（2）参考因素：合同主体、内容等。一是合同主体。在适用可预见规则时，需要考量合同主体的预见能力，如商事主体的预见能力一般较民事主体更高。二是合同内容。合同内容包括标的、数量、价款或报酬、履行期限等。由于合同基于当事人合意而成立和生效，可预见性的判断也应围绕当事人合意展开，这就需要结合合同条款以及当事人的认识能力和预见能力来确定权利和义务。[①] 例如，在双方订立买卖合同后，卖方拒绝按期交货，如果价格急剧上涨，那么，违约方就可能从中获益，而非违约方却可能遭受重大损失，因此，应根据非违约方寻求替代交易的市场价格所遭受的损失来计算可得利益损失。对此，违约方应当可以预见。三是交易类型。某些交易就是高风险、高收益的（如期货买卖），当事人在订立合同时，理应预见到此种风险，如果对其赔偿范围进行限制，则不符合当事人的缔约目的和意愿。四是交易习惯。如果当事人之间存在系列交易、地区或行业习惯的交易，依据该交易习惯可以确定损失，则违约方应当可以合理预见。例如，当事人之间存在长期合作关系，依据当事

① 参见叶金强：《可预见性之判断标准的具体化——〈合同法〉第 113 条第 1 款但书之解释路径》，载《法律科学（西北政法大学学报）》2013 年第 3 期。

人之间的交易习惯,违约方对其违约行为给守约方正常经营造成的损失具有更强的预见能力。[①] 五是磋商过程。因为违约的损失赔偿额不得超过违约一方"订立合同时"预见到或者应当预见到的损失,可预见性的判断时点为订立合同时,而并非违约方实际违约时,而缔约时间如果难以确定时,就需要考虑磋商过程。同时,磋商过程的考量也有利于判断当事人知道或应当知道的事实与情况,这就要求当事人在合同磋商过程中对特定风险作提示。

(3) 按照与违约方处于相同或者类似情况的民事主体作出判断。依据《合同编通则解释》第 63 条第 1 款,所谓按照与违约方处于相同或者类似情况的民事主体在订立合同时预见到或者应当预见到的损失予以确定,是指在判断违约方对损失的预见范围时,应当按照一般人的标准予以判断,该规则旨在保护非违约方的利益,因为即便参考上述因素,违约方仍然可能主张其无法预见相关的损失,此时可能不利于保护非违约方的利益。例如,买受人从出卖人处购买某机器设备,将会在通常情况下获得利润,因此对于通常的利润损失,违约方应当预见。如果以不同于一般企业的利用方式进行利用,由此获得的利润,出卖人通常不能预见,但双方在从事系列交易的过程中,出卖人已经了解了该情况,则应当可以预见到此种利润损失。因此,按照一般人的标准确定违约方可预见的范围,可以为合理预见规则提供相对客观的判断标准,这更有利于确定违约方的违约损害赔偿范围,从而保护非违约方的利益。

《合同编通则解释》第 63 条第 2 款明确了可预见的对象不限于可得利益,还包括其他损失,即"向第三人承担违约责任应当支出的额外费用等其他因违约所造成的损失"。这些损失必须与违约行为之间具有因果联系。例如,因为一方违约而使非违约方向第三人承担财产损害赔偿、名誉与商誉损失赔偿等,对这些损失也应当具有可预见性。

2. 损害赔偿的减轻

所谓损害赔偿的减轻,是指在一方违约并造成损失后,另一方应及时采取合理的措施以防止损失的扩大,否则,应对扩大部分的损失负责。我国《民法典》第 591 条第 1 款规定:"当事人一方违约后,对方应当采取适当措施防止损失的扩大;没有采取适当措施致使损失扩大的,不得就扩大的损失请求赔偿。"依据《合同编通则解释》第 63 条第 3 款的规定,在确定违约损失赔偿额时,违约方主张扣除非违约方未采取适当措施导致的扩大损失的,法院也应当依法予以支持。这就确立了减轻损害的义务,减轻损害规则具有以下几个特点:

第一,一方的违约导致了损害的发生。这就是说,受害人对损失的发生没有过错,因而不构成双方违约。从广义上讲,受害人没有尽到减轻损害的义务也表明受害人具有过错,但是,如果从狭义上认为混合过错仅指当事人双方对损害的发生均具有过错,而不包括一方或双方对损害的扩大具有过错,那么减轻损害与混合过错是不同的。如果认为混合过错包括对损害扩大的过错,那么,受害人未尽到减轻损害的义务,也属于混合过错。

第二,受害人未采取合理措施。如何确定受害人采取的措施是合理的,主要应考虑受害人主观上是否按照诚信原则,努力采取一切措施以避免损失的扩大。受害人采取的措施不仅要在经济上合理,而且要及时,不得在损害发生以后迟迟不采取措施减轻损害。例如,在违约发生后,受害人应为违约当事人妥善保管标的物,而不能置标的物于不顾使其遭受毁损灭失。如果一方在履行期到来前明确表示不履行合同,另一方便不能在坐等履行期到来的

---

① 参见最高人民法院民事审判第二庭、研究室编著:《最高人民法院民法典合同编通则司法解释理解与适用》,人民法院出版社 2023 年版,第 709 页。

期间内，继续支出各种费用甚至增加履行费用。

第三，因未采取合理措施而造成了损失的扩大。这就是说，违约已经发生并造成了损害，而受害人未能防止损害的进一步扩大。不过，在违反减轻损害的义务的情况下，受害人并没有从违约中获得利益。如果违约方的违约行为使受害人得到了某种利益，例如，因违约方的违约而使受害人免除了履行义务，并节省了履行费用，则应在确定损害赔偿额时，采取损益相抵的规则，扣除所得的利益，而不适用减轻损害的规则。

《民法典》第 591 条第 1 款确定的减轻损害义务通常称为不真正义务。所谓不真正义务，是指不与责任相对应的义务，违反此种义务，并不导致违约责任的产生，而只是使自己的权利遭受减损。[①] 相对人不能主动请求负有义务的一方履行该义务。[②] 由于此种义务是依据诚信原则而产生的，未尽到减轻损害义务的，则构成对诚信原则的违反。同时，按照过错责任原则的要求，一方在另一方违约后未能采取合理措施防止损失扩大，其本身也是有过错的，应承受对自己不利的后果。当然，减轻损害的规则，对于防止损害的扩大、减少财产的浪费和有效地利用资源，也具有重要意义。

受害人在采取措施减轻损害的过程中，也要支付一定的费用。《民法典》第 591 条第 2 款规定："当事人因防止损失扩大而支出的合理费用，由违约方负担。"也就是说，依据诚信原则，在一方违约后，对方当事人负有防止损失扩大的义务，对于因防止损失扩大而支出的合理费用，应由违约当事人承担。

3. 过失相抵

所谓过失相抵，是指根据受害人的过错程度依法减轻或免除加害人赔偿责任的制度。[③] 过失相抵制度，自罗马法以来，即为各国法制所采用。过失相抵实际上是一种形象的说法，并不是说过失本身可以相互抵销，而只是形象描述根据当事人的过错程度来确定责任。《民法典》第 592 条第 2 款规定："当事人一方违约造成对方损失，对方对损失的发生有过错的，可以减少相应的损失赔偿额。"虽然我国《民法典》合同编采严格责任原则，但应当看到，严格责任主要是就责任的成立而言，解决的是是否应当承担责任的问题。在责任承担方面，仍然需要考虑双方当事人的过错及其对损害发生的影响，从而准确认定当事人的责任。换言之，过失相抵解决的是在对方有过错的情形下，是否能够减轻违约方的责任问题，《民法典》规定该规则与严格责任并不存在矛盾。[④] 依据《合同编通则解释》第 63 条第 3 款的规定，在确定违约损失赔偿额时，如果非违约方也有过错，并造成相应的损失，则应当相应地减轻违约方的违约责任。据此，在一方违约的情形下，如果另一方对损害的发生也有过错的，则应当适用过失相抵规则，减轻违约方的责任。例如，一方迟延交付货物，但另一方在接受后也没有妥善保管货物，导致货物因未能得到妥善保管而受到重大损害，此时，买受人就无权请求出卖人赔偿其全部损害，而应当对因其过错导致损害扩大的部分承担责任。

需要指出的是，《民法典》第 592 条第 2 款所规定的过失相抵不同于双方违约，因为在一方违约的情形下，对方当事人可能对损害的发生具有过错，但该行为不一定与该方当事人的合同义务相关，并不当然构成违约。

---

① 参见王泽鉴：《债法原理》(第二版)，北京大学出版社 2013 年版，第 88 页。

② 参见韩世远：《合同法总论》(第四版)，法律出版社 2018 年版，第 808—809 页。

③ 参见程啸：《侵权行为法总论》，中国人民大学出版社 2008 年版，第 433 页。

④ 参见石宏：《合同编的重大发展和创新》，载《中国法学》2020 年第 4 期。

4. 损益相抵

所谓损益相抵,又称为损益同销,是指受害人基于损失发生的同一原因而获得利益时,在其应得的损害赔偿额中,应扣除其所获得的利益部分。[①] 依据《合同编通则解释》第 63 条第 3 款的规定,在确定违约损失赔偿额时,如果非违约方因违约获得了额外利益或者减少了必要支出,则应当相应地减轻违约方的违约责任。例如,甲、乙订立建筑施工合同,甲方作为发包人没有及时提供原材料,导致承包人长期不能开工,承包人因此节省了租赁设备和支付员工工资的费用。这些节省的费用在计算损害赔偿数额时应予扣除。但这种扣除并不意味着是两个债权的相互抵销。[②] 这一规则旨在确定受害人因对方违约而遭受的"净损失",它是计算受害人所受"真实损失"的法则[③],也是确定损害赔偿额的基本规则。损益相抵的构成要件包括以下几点:

第一,非违约方从对方当事人违约行为中获得了利益。这就是说,一方面,在违约行为发生以后,受害人不仅遭受了损害,而且获得了一定的利益。此种利益既包括积极利益(如受托人逾期抛售有价证券,委托人后因有价证券涨价而获得利益),也包括消极利益(如因对方中止投资而节省建筑材料、人员工资等费用);既可以是已经取得的利益,也可以是本来应当取得的利益。对于本来应当取得的利益,如果因为受害人的故意和重大过失而怠于取得,此种利益亦应从损失中扣除。另一方面,损失与利益应是基于同一违约行为所产生的,获得利益与违约行为之间具有因果关系。强调获利与违约之间有因果关系,意味着如果获利是因合同的订立和履行所产生的,而不是因违约所产生的,则不应将此利益从损害赔偿金中扣除。[④] 如买卖合同订立后,标的物的价格上涨使买受人获得利益,这是因合同的订立所产生的利益,与违约行为是否发生无关。如果获得利益与损害原因事实之间不存在因果关系,就无法适用该规则。[⑤] 这里所说的利益应当限于财产利益,不包括非财产利益,因为非财产利益无法进行"相抵"。

第二,非违约方所获得的利益应当是可以扣除、可以计算的财产利益。一方面,违约行为发生后,非违约方可能因该违约行为获得一定的利益,但并非其所获得的所有财产利益都是可以扣除的利益。用于扣除的利益应当是非违约方因对方违约行为所获得的额外利益,否则不得从违约方的赔偿责任中扣除。例如,一方当事人违约造成对方人身损害,非违约方因此获得一定的保险金。[⑥] 另一方面,非违约方所获得的利益应当是可以计算的利益。损益相抵只是减少部分赔偿额,而不是免除责任。利益和损失应当都是可以计算的财产损失。损益相抵规则是从损害赔偿额中扣除所得的利益,扣除所得利益的差额就是违约方应当支付的损害赔偿额。如果非违约方所获得利益并非财产利益,无法用金钱计算,则一般不得因此减轻违约方的责任。

---

① 参见韩世远:《合同法总论》(第四版),法律出版社 2018 年版,第 814 页。

② 同上。

③ 参见崔建远:《合同责任研究》,吉林大学出版社 1992 年版,第 218 页。

④ 参见韩世远:《合同法总论》(第四版),法律出版社 2018 年版,第 814 页。

⑤ 参见〔德〕U. 马格努斯主编:《侵权法的统一:损害与损害赔偿》,谢鸿飞译,法律出版社 2009 年版,第 148 页。

⑥ 参见韩世远:《合同法总论》(第四版),法律出版社 2018 年版,第 816 页。

第三节 违约金责任

一、违约金概述

(一) 违约金的概念和特征

违约金是指由当事人通过协商预先确定的、在违约发生后作出的独立于履行行为以外的给付。《民法典》第585条第1款规定:"当事人可以约定一方违约时应当根据违约情况向对方支付一定数额的违约金,也可以约定因违约产生的损失赔偿额的计算方法。"可见,违约金具有以下特征:

(1) 违约金的数额主要是由当事人双方通过事先约定而确定的。从原则上说,违约金必须是当事人事先约定的。明确违约金主要是由当事人约定的意义在于:第一,违约金由当事人约定,表明违约金必须通过当事人双方自愿的合意才能成立,这既强调了违约金的补偿性而非惩罚性,也充分表现了当事人的意思自治。第二,按照约定优先的原则,当违约金与法定损害赔偿并存时,首先应当支付违约金,除非违约金条款应当被宣告无效。第三,违约金作为由当事人约定的条款,在性质上是从合同,它是附属于主合同的。主合同不成立、被宣告无效或者被撤销的,则违约金条款也将被宣告不成立或失效。违约金条款虽然是从合同,但也可以单独约定。违约金只要在合同履行之前确定便可,而不一定必须与主合同同时成立。《民法典》第585条只是规定"当事人可以约定一方违约时应当根据违约情况向对方支付一定数额的违约金",但并没有规定违约金必须与主合同同时成立。违约金虽然是由当事人约定的,但也可以采用格式条款方式,如一些商店中规定"出现假货,买一罚十",这属于以格式条款方式确定的违约金。

(2) 违约金是由双方约定的,在违约后由一方向另一方支付的一笔金钱。首先,违约金是一种违约后生效的补救方式。换言之,违约金在订立时并不能立即生效,而只有在一方违约以后才能产生效力。其次,违约金必须是一方向另一方支付的一笔金钱。最后,违约金原则上是向当事人一方支付的,当然,当事人也可以特别约定,在双方违约的情形下,当事人均应当支付违约金。

(3) 违约金的支付是独立于履行行为之外的给付。在大陆法系和英美法系国家,只要当事人没有特别约定,支付违约金的行为就不能替代合同履行,当事人在支付违约金后并不免除履行主债务的义务,即违约金并没有给予债务人一种违约的权利。尽管合同规定了违约金条款,但不妨碍主债务的履行。我国法律和司法实践也不允许以支付违约金替代实际履行。

(4) 违约金的支付是一种违约责任形式。违约金作为一种责任形式,实际上是当事人约定的内容,按照合同自由原则,当事人的约定应当优先于法律的任意性规定而适用,所以,违约金责任应当优先于法定的损害赔偿责任而适用。

违约金条款与约定损害赔偿条款关系非常密切,两者具有相似性。一方面,两者都是事先约定的,都可以在违约发生后对受害人起到补救作用。从我国立法和司法实践来看,约定违约金与约定损害赔偿常常是相互替代的。另一方面,从担保的角度来看,约定损害赔偿金也能起到督促合同当事人履行合同的作用,在这一点上与违约金也是相似的。但约定的损害赔偿与违约金毕竟是有区别的,因为违约金的支付不以实际发生损害为前提,只要有违约行为的存在,不管是否发生了损害,违约当事人都应支付违约金。而约定损害赔偿的适用应以实际发生损害为前提。在约定的违约金数额可能小于实际损失时,可同时适用损害赔偿,因此违约金可与损害赔偿并用。而在约定损害赔偿的场合,在取得了赔偿额以后,受害人就不能再另外要求违约金了。

(二)违约金的功能

所谓违约金的功能,是指违约金所具有的价值或作用。关于违约金的功能,历来存在争议,主要有如下几种观点:一是担保说,此种观点认为,违约金不仅是违约责任形式,而且是一种债的担保形式。这就涉及对违约金的功能的认识问题。二是责任说。此种观点认为,违约金在性质上是一种承担民事责任的方式,违约金是债务人不履行债务所应承担的违约责任,不是担保形式。许多学者认为,违约金作为一种责任形式实际上是当事人约定的合同内容。三是双重功能说。在德国学者看来,违约金具有双重功能,首先作为一种压力工具,发挥的是违约金的预防功能。其次可以作为一种无须证明损害的最低赔偿,发挥损害赔偿功能。[①] 许多学者认为,对违约金功能的考察,应当区分补偿性违约金和惩罚性违约金。惩罚性违约金起到担保债务履行的作用,而补偿性违约金是为了补偿非违约方的损失。[②] 换言之,在德国民法中,当事人可通过违约金条款排除损害赔偿,使违约金变成单纯的惩罚性违约金,即压力工具。当事人也可以举证证明损害大于违约金,从而主张额外的损害赔偿。

从我国《民法典》的相关规定来看,首先确认了违约金是一种责任形式,具有补偿受害人损失的功能。因为《民法典》关于违约金的规定是置于合同编通则第八章“违约责任”中的,尽管现行立法并没有规定要根据违约方的过错来确定违约金,但违约金作为违约后发生效力的条款,是当事人对违约损失的事先预估,其适用具有节省举证、及时救济受害人损失的作用。其次,从我国《民法典》的相关规定来看,也应当承认违约金具有担保的功能,因为一方面,违约金实质上是为担保主债务的履行而设定的从债务,它以主债务的存在为前提,如果主债务被宣告无效或被撤销,则违约金债务也失效;如果主债务被免除,则违约金债务也随之被免除;如果主债务发生转让,则违约金债务也应随之转让。[③] 正是因为违约金债务是从债务,违约金才能发挥其担保作用。另一方面,违约金的设定可以使当事人预知不履行的后果,在合同订立以后,当事人对违约可能造成的损失及承担责任的范围,均能事先了解,而当事人为避免承担支付违约金的责任,就必须适当履行合同。正是从这个意义上,违约金可以督促当事人严格履行合同,确保债权的实现,因此,其也具有担保功能。[④] 当然,由于违约金数额与主债务的价值不可能完全相等,因而支付违约金不能完全代替主债务的履行。

总之,笔者认为,违约金既是一种违约责任形式,又是一种独特的担保方式。因为违约金是一种责任形式,所以不能将违约金条款完全留待当事人约定,尤其是对不公正的违约金条款,可由司法审判人员适当增减数额。同时由于违约金也是一种约定的担保方式,因而也应尊重当事人在法定范围内设定违约金条款的自由。

二、违约金责任的适用条件

违约金条款是一种从合同,它是以主合同生效为条件的,也就是说,只有在双方当事人

---

① Looschelders, SAT, 2009, 7. Aufl., Rn. 808ff.

② 参见〔德〕迪特尔·梅迪库斯:《德国债法总论》,杜景林、卢谌译,法律出版社2004年版,第341—342页。

③ 参见韩世远:《履行障碍法的体系》,法律出版社2006年版,第286页。

④ 参见韩强:《违约金担保功能的异化与回归——以对违约金类型的考察为中心》,载《法学研究》2015年第3期。

就主合同的内容达成一致的意见并且合法生效的情况下，违约金条款才能生效。如果主合同根本不成立，或被宣告无效或被撤销，那么作为主合同的一项条款，违约金条款自然也不成立或生效。

但违约金在成立之后，并不会当然适用，虽然违约金条款在当事人约定以后就能够成立并生效，但此种责任并不是立即发生效力的，必须在一定条件下，一方才有义务向另一方支付违约金。违约金支付须具备以下两个条件：

(1) 违约行为的存在。只有在一方当事人违反合同的情况下，另一方当事人才有权要求其支付违约金。一般来说，各种违约的形态，如不履行、不适当履行、迟延履行等都可以导致违约金的支付，但是如果当事人在合同中仅就某种具体的特定违约行为约定了违约金(如仅就退货或延期付款的违约行为约定了违约金)，则应以合同具体约定的特定的违约行为作为支付违约金的条件。如果没有发生此种违约行为，则不应依据合同的约定请求支付违约金。[①]

(2) 合同是有效的。违约金作为合同条款的一部分，其效力取决于合同整体的效力。只有在整个合同有效的情况下，违约金条款才能发生效力。尽管不能单独宣布某个违约金条款无效，但如果整个合同是无效或可撤销的，在整个合同被宣告无效或被撤销后，违约金条款也应相应无效。需要注意的是，如果合同因违约被解除，不影响非违约方要求违约方支付违约金的权利。[②]

一般认为，违约金的支付不以实际的损失发生为条件，即违约金的成立根本不应当考虑实际的损失问题。[③] 我国《民法典》合同编认为违约金与损害赔偿的区别在于损害赔偿要以实际损失为前提，而违约金的支付则不需要具体证明实际的损失。但如果当事人在合同中明确约定违约金为预定的损害赔偿，尽管此种违约金在性质上与预定的损害赔偿略有区别，但它毕竟是为避免计算损失的困难而确定的，旨在代替损害赔偿而发生作用，这种违约金仍然需要以实际损失的发生为条件。

违约金条款不同于附条件的合同。在某些附条件的合同中，当事人也往往规定当某种条件(如死亡、出生、债务人破产等)成就时，将导致一笔金钱的支付。这种金钱支付的义务是主债务，而违约金条款所规定的因一方违约所产生的金钱支付的义务并不是主债务，而是一种从债务，是独立于履行行为以外的给付。

三、违约金和其他补救方式

(一) 违约金与损害赔偿

1. 违约金与损害赔偿的区别

违约金作为一种违约的补救方式，具有损害赔偿所不具有的特点。由于违约金数额可由当事人在订立合同时约定，这样当事人对违约后承担责任的范围可以预先确定，一旦发生违约，则不必具体计算损害范围，受害人就可以要求支付违约金。所以违约金与损害赔偿相比，一个重要特点在于：违约金的支付避免了损害赔偿方式在适用中常常遇到的计算损失的范围和举证的困难，从而节省了计算上的花费，甚至可避免诉讼程序、节省诉讼

① 参见韩强：《违约金担保功能的异化与回归——以对违约金类型的考察为中心》，载《法学研究》2015 年第 3 期。

② 例如，《买卖合同司法解释》第 20 条规定："买卖合同因违约而解除后，守约方主张继续适用违约金条款的，人民法院应予支持；但约定的违约金过分高于造成的损失的，人民法院可以参照民法典第五百八十五条第二款的规定处理。"

③ 参见朱广新、谢鸿飞主编：《民法典评注 · 合同编 · 通则 2》，中国法制出版社 2020 年版，第 413 页。

费用。

违约金在适用中与损害赔偿的方式是密切联系在一起的。当然,二者的联系常受违约金性质的影响。在英美法中,因强调违约金的补偿性,因而违约金实际上取代了预定的损害赔偿方式;而大陆法因承认违约金的补偿性和惩罚性,因而不同性质的违约金与损害赔偿分别发生着不同的联系。对于补偿性违约金来说,因此种违约金旨在赔偿实际的损失,因而可以代替损害赔偿的方式,如果获得此种补偿性违约金,则不得另行要求赔偿损失;而要求支付此种类型的违约金,也必须证明违约已造成了实际损失,当然,非违约方不必具体计算实际损失的范围。而对于惩罚性违约金来说,因此种违约金旨在制裁违约行为,因而可与旨在恢复受害人所受损失的损害赔偿方式并用。如果获得了此种违约金,非违约方可另行要求赔偿损失,同时,获得此种违约金也不必证明有实际的损害发生。

在我国,违约金主要是补偿性的,但我国《民法典》并没有确认违约金为预定的损害赔偿。其原因在于,即使是补偿性的违约金也不能完全等同于预定的损害赔偿。二者的区别主要表现在:

第一,违约金是当事人事先约定的,而损害赔偿既可以是当事人约定的,也可以是法定的。违约金是当事人事先在合同中约定的,即在一方不履行债务或者不完全履行债务时应当承担的责任。就损害赔偿而言,当事人可以在合同中约定损害赔偿的确定方式等,但即便当事人没有对违约损害赔偿作出约定,在一方违约后,非违约方也可以请求违约方依法赔偿其实际损失。

第二,适用条件不同。违约金的适用不以非违约方遭受实际损失为条件,不管是否发生了损害,当事人都应支付违约金;而损害赔偿的适用则要以实际损失的发生为前提,如果非违约方在违约发生以后,不能证明违约造成的实际损害,则不能适用损害赔偿。所以损害赔偿通常要与实际损害相符合;而违约金数额与实际损失之间并无必然联系,即使在没有损害的情况下,也应支付违约金。

第三,是否考虑过错不同。惩罚性违约金要以过错作为其适用的前提,过错程度通常也会影响到惩罚性违约金的数额。当然,过错程度主要是法院和仲裁机构在确定违约金数额时参考的因素。但对于损害赔偿方式来说,一般不考虑过错和过错程度的问题,而仅考虑实际的损害。

第四,功能不同。损害赔偿主要是一种补偿性的责任形式,其主要功能在于填补非违约方的实际损失。而违约金则具有补偿和惩罚的双重属性,其适用不以非违约方遭受损失为条件。[①]

虽然违约金具有损害赔偿所不具有的作用,但与损害赔偿相比,也具有明显的缺陷。由于违约金是事先约定的,当事人订立违约金条款时,毕竟难以预料到违约后的实际损失,如果当事人订立违约金条款旨在恢复违约后所遭受的实际损害,则违约金可能因数额低于实际损害而不能完全弥补受害人的损害。在这方面,损害赔偿方式则具有其明显的优点。一方面,损害赔偿范围是根据违约后的实际损失所确定的,损失多少赔偿多少,因此在数额上较为准确。另一方面,在市场经济条件下,市场的发展和物质的丰富为当事人采取替代购买和替代销售的方法提供了条件,因此损害赔偿在绝大多数情况下可替代合同履行,从而能充分实现当事人的订约目的,这就意味着在交易中,应允许当事人自由选择补救方式,不能完

① 参见朱广新、谢鸿飞主编:《民法典评注·合同编·通则 2》,中国法制出版社 2020 年版,第 408 页。

全以违约金形式取代损害赔偿方式。

2. 违约金与损害赔偿的并用

关于违约金与损害赔偿是否可以并用,《民法典》并未予以规定。从比较法上看,不同的国家采取不同的立场。例如,在法国法中,除非违约金被明确约定为迟延违约金,否则不得与损害赔偿一并主张。[①] 但其他国家并没有完全采纳此种观点。

在我国,一般认为,补偿性违约金并不完全排斥损害赔偿的运用。如果违约金主要是补偿性的,则违约金可以替代损害赔偿。如果违约金的数额明显低于非违约方遭受的损害,则非违约方可以在请求支付违约金外,另外要求赔偿损失。我国司法实践一般认为,在约定的违约金过低的情形下,非违约方可以因此主张损害赔偿。当然,在合同约定的违约金数额大于或者等于实际损失时,补偿性的违约金实际上就代替了损害赔偿,合同当事人不能重复请求违约金和损害赔偿金。如果约定的违约金少于实际损失,则非违约方可以请求增加违约金的数额,或者在违约金之外请求对剩余部分的损害赔偿。[②] 反之,如果非违约方请求了足额的损害赔偿,则其不能再请求支付违约金,更没有必要要求调整违约金。

但在司法实践中,也有观点认为,既然法律没有明确规定可以并用,则当事人不能选择并用。如果违约金不足以弥补实际损失,则可以通过调整违约金数额的方式来救济非违约方。[③] 笔者认为,如果违约金数额不足以弥补实际损失,通过调整违约金数额的方式不一定妥当。因为一方面,违约金的调整应当以非违约方提出请求权为前提,如果非违约方未提出请求,法院不能直接调整。另一方面,调整违约金给法官过大的自由裁量权力,而如果违约金与损害赔偿并用,则应当以非违约方证明自身损害为基础,这需要进行损害的计算,其结果也将更为精确。因而,相比之下,允许违约金与损害赔偿的并用是更为妥当的选择。当然,如果当事人在合同中已经明确约定,违约金与损害赔偿不得一并主张,则应当尊重当事人的约定,排除二者的并用。在此情形下,如果违约金的约定过低,只能请求法院调整违约金。

还应当指出的是,如果违约金与惩罚性损害赔偿并存时,原则上债权人不能同时就违约金的支付和惩罚性赔偿责任的承担提出请求,而只能在两者之间择一请求。因为惩罚性赔偿已经超出了实际损害,如果在违约方承担了此种责任以后,再要求其支付违约金,对违约方的惩罚过重,也会使非违约方获得不应有的利益。例如,当事人在就瑕疵给付约定违约金以后,因为出卖人欺诈性地交付了有瑕疵的货物,可以适用惩罚性赔偿,在此情况下,买受人只能在两种责任之间择一请求。

(二) 违约金与实际履行

违约金责任是为了担保债务的履行而存在的,其主要目的是督促当事人履行债务并制裁违约行为,违约金的支付并没有使非违约方获得其基于订立合同所预期的利益,也不可能与其根据合同所应当得到的履行利益相一致。即使违约金在客观上能够补偿非违约方的损失,它的功能也主要在于制裁违约行为,使非违约方在获得违约金后仍然可以要求实际履行,以充分保护非违约方的利益。在实践中,违约金的支付是独立于履行之外的。如果当事人没有特别约定当事人在支付违约金后免除履行主债务的义务,则违约金的支付并没有给

① 参见韩世远:《违约金的理论问题——以合同法第 114 条为中心的解释论》,载《法学研究》2003 年第 4 期。

② 参见崔建远主编:《合同法》(第七版),法律出版社 2021 年版,第 262 页。

③ 参见韩世远:《履行障碍法的体系》,法律出版社 2006 年版,第 289 页。

予债务人一种违约的权利,债务人不得以支付违约金完全代替实际履行。《民法典》第585条第3款规定:"当事人就迟延履行约定违约金的,违约方支付违约金后,还应当履行债务。"这就表明违约金的支付与实际履行可以并存。例如,双方在合同中约定,在履行期到来后,一方不交付货物的,每迟延一天,应按货款的万分之一支付违约金,迟延交货的一方在支付该违约金后还负有继续交货的义务。不过,要求实际履行的权利在于非违约方,也就是说,如果非违约方愿意要求实际履行,则可使违约金与实际履行并存,否则,违约方只应承担违约金责任。

(三)违约金与解除合同

合同的解除是否影响到当事人要求支付违约金的权利,我国《民法典》合同编对此未作明确规定。笔者认为,在一方违约导致合同解除的情况下,不能免除有过错的一方支付违约金的责任。这样,对同一违约行为来说,违约金和解除合同是可以并用的。因为违约金的主要作用就在于制裁违法行为以担保债务履行。尽管合同因一方的违约而宣告解除,但是合同的解除是因一方过错产生的,对此过错行为应当通过支付违约金的方法来加以制裁。且违约金条款属于结算清理条款[①],依据《民法典》第567条的规定,合同的权利义务终止,不影响结算和清理条款的效力。所以,在一方违约导致合同解除的情况下,不能免除有过错的一方支付违约金的责任。

四、对违约金数额的调整

(一)调整违约金数额的条件

违约金作为当事人双方约定的从合同,一旦成立以后,只要主合同是有效的,则违约金条款都是有效的。如果主合同无效,则违约金条款当然无效。但这并不意味着违约金的约定是不能调整的。

我国法律采纳了对违约金条款予以干预的原则。《民法典》第585条第2款规定:"约定的违约金低于造成的损失的,人民法院或者仲裁机构可以根据当事人的请求予以增加;约定的违约金过分高于造成的损失的,人民法院或者仲裁机构可以根据当事人的请求予以适当减少。"据此,违约金调整的条件如下:

第一,违约金的调整必须依据当事人的请求,不能由法院直接依据职权调整。《民法典》第585条第2款依据私法自治原则,明确规定了违约金的调整应当由当事人提出,而不能由法院依据职权主动进行,从而尊重了当事人的自愿选择。当然,依据《民法典》第585条第2款的规定,对于违约金的调整,是由人民法院或仲裁机构依据当事人的请求而进行的。这也就意味着,当事人只是具有请求人民法院或仲裁机构调整的权利,而具体应当如何调整,则属于法院或仲裁机构的职权。问题在于,当事人请求调整违约金,不一定必须以提起诉讼的方式进行,在有关合同的纠纷中,一方请求调整违约金,有时很难以直接起诉的方式进行,如何尊重当事人请求法院调整的权利?依据《合同编通则解释》第64条第1款,当事人除通过直接向法院提出调整违约金的请求外,还可以通过反诉或者抗辩的方式提出请求。允许当事人以反诉或者抗辩方式请求调整违约金,可以方便诉讼,便利违约方提出调整违约金的请求。

第二,启动违约金调整程序必须符合过分高于损失的条件。依据《民法典)第585条第2

① 参见韩世远:《履行障碍法的体系》,法律出版社2006年版,第300页。

款，要确定违约金调不调的问题，只有一个标准，即违约金过分高于损失，这是在总结我国实践经验，并在借鉴《国际商事合同通则》经验的基础上所作出的比较科学的规定。因此一方面，针对违约金调整，法官必须首先要查明非违约方的损失，这是调整违约金的前提和基础，也是违约金调整必须坚持的基本原则。另一方面，法院要将损失与违约金的约定相比较，得出违约金是否过高的结论。这是违约金调整不可逾越的法定程序，凡是省略该程序而直接认定违约金过高并启动调整程序的做法，均有违《民法典》第 585 条的规定。

第三，违约金调整中要合理分配举证责任。依据《合同编通则解释》第 64 条第 2 款，一是违约方在主张违约金过分高于违约造成的损失时，其应当对此承担举证责任。根据“谁主张，谁举证”的基本思路，也应当由主张酌减违约金的违约方承担证明责任。[①] 违约金是双方当事人约定的在一方违约后应当承担的责任，体现了对守约方的保护。如果违约方随意提出调整违约金，并完全由守约方对违约金过分高于违约造成的损失举证，将对守约方极为不利，明显违反了违约金制度的规范目的。违约方对“过分高于”的证明标准应当符合民事诉讼当中的一般证明标准，也即应当达到《民事诉讼法解释》第 108 条所规定的“高度可能性”。换言之，当违约方使法官认为违约金有高度的可能性过分高于实际损失时，违约方的举证责任就已经完成。二是非违约方主张违约金合理的，应当提供相应的证据。毕竟非违约方也提出了违约金合理的主张，也应当为此举证，尤其是在实践中，一些有关非违约方因违约所遭受的损失的证据可能掌握在守约方的手中，违约方可能难以举出非违约方损失的全部证据[②]，因此应当由非违约方提供相应的证据。在违约方的举证责任完成后，证明违约金合理的举证责任就被分配到非违约方一方，其应当提出相应的证据证明违约金合理、没有过分高于实际损失。当然，从该条规定来看，如果非违约方主张违约金合理的，也只是提供相应的证据，而非和违约方一样要“承担举证责任”。[③] 在违约金是否合理这一事实真伪不明时，仍然应当由违约方承担不利的后果，即不能调整违约金。

第四，在违约金的调整中必须进行综合考量。《合同编通则解释》第 65 条第 2 款规定：“约定的违约金超过造成损失的百分之三十的，人民法院一般可以认定为过分高于造成的损失。”该条规定了违约金过高的判断标准，即超过损失的 30%，符合该标准也是当事人请求法院调整违约金的前提。当然，由于实践中交易类型较为复杂，在特殊情形下，即便当事人约定的违约金数额超过造成损失的 30%，也不宜将其认定为过分高于造成的损失。在超过损失的 30%后，如何调整违约金，《合同编通则解释》第 65 条第 1 款引入了动态系统论对违约金的调整进行认定。即要求以《民法典》第 584 条规定的损失（实际损失和可得利益损失）为基础，综合考量如下因素：一是要考虑合同主体。所谓合同主体，主要是考虑是民事主体还是商事主体，虽然我国采取了民商合一的体系，但是商事主体之间的交易，相较于民事主体之间的交易仍然有其特殊性。商事主体通常对自己的行为有专业判断能力，当事人在缔约能力和预见能力方面都具有同等性，很少出现地位不对等的情形。因此，对商事主体之间的违约金调整应当更为谨慎。[④] 二是要考虑交易类型。不同的交易类型中，违约金的数额大小可能是不同的，特别是在高风险高回报的交易中，违约金也会相应提高。因此，对于高风险

---

① 最高人民法院民事审判第二庭、研究室编著：《最高人民法院民法典合同编通则司法解释理解与适用》，人民法院出版社 2023 年版，第 718 页。

② 同上书，第 719 页。

③ 参见同上书，第 718—720 页。

④ 参见王洪亮：《违约金酌减规则论》，载《法学家》2015 年第 3 期。

高收益的交易,违约金调整也应当更为谨慎。三是要考虑合同的履行情况,包括合同的履行程度、违约发生时间、违约造成的后果、是根本违约还是轻微违约等。例如,在部分履行对合同目的的实现影响程度很轻时,可以适当调整违约金数额;而在部分履行严重影响合同目的的实现时,则应当审慎调整或者不予调整违约金。[①] 四是考虑当事人的过错程度。当事人的过错既包括违约方的过错以及过错程度,也包括非违约方的过错以及过错程度。五是考虑履约背景。履行背景主要是考虑交易时的宏观经济状况等因素。例如,为鼓励中小企业度过时艰,应当适当调减过高的违约金。[②] 六是其他因素,如当事人履行合同的情况、是轻微违约还是重大违约,等等。

在综合考量因素后,依据《合同编通则解释》第 65 条第 1 款,还应当遵循公平原则和诚信原则。司法酌减违约金,不仅要求法官在决定是否调整违约金时应当遵循这些原则,而且对调整后的结果进行检验,也应当考虑是否符合公平原则和诚信原则。

第五,损失必须包括实际损失和可得利益损失。依据《民法典》第 585 条第 2 款的规定,违约金高低的判断标准是当事人的损失。对于该款中的"约定的违约金超过造成损失"中的"损失"应当如何理解?依据《合同编通则解释》第 65 条第 1 款,"当事人主张约定的违约金过分高于违约造成的损失,请求予以适当减少的,人民法院应当以民法典第五百八十四条规定的损失为基础"。从《民法典》第 584 条的规定来看,违约损害赔偿数额包括实际损失与可得利益损失。只有在调整的标准包括可得利益损失的情况下,才能使非违约方因违约金责任的承担而达到如同合同被完全履行时的状态,或者说像没有发生违约行为一样。在判断违约金是否过高时,应当以第 584 条所规定的损失范围作为判断基准。因此,《合同编通则解释》第 60 条中关于可得利益损失的计算方法也可以作为计算损失的方法。在将可得利益损失也纳入违约金数额调整的基数后,损失的基数将因此增加,违约金数额调整的难度也将加大。

第六,恶意违约的一方不得请求调整违约金。《合同编通则解释》第 65 条第 3 款将恶意违约排除于违约金调整的范围之外,但该条并未界定恶意违约的内涵。所谓恶意违约,是指无任何理由公然毁约,或者不与对方协商即不履行合同义务的行为。违约方不仅具有违约的故意,而且完全不考虑违约给非违约方所造成的损失。恶意违约的一方不得请求调整,体现了对于恶意违约行为的制裁,有利于鼓励当事人严守合同,维护诚信原则。[③] 不过,恶意违约行为应当局限于主给付义务的不履行或不当履行,对于从给付义务和附随义务的违反而言,不应当认为其构成恶意违约行为。

一般而言,违约金的调整主要是针对赔偿性违约金而言的。如果是专为迟延设定的惩罚性违约金,则不应当要求违约金的数额与实际损失基本保持一致,由于其具有私人之间惩罚的性质,只要违约金的数额与实际的损失相比,不是过分高于或低于损失,法院和仲裁机构就不应当对违约金的数额作出调整。[④] 但是对于某些作为损害赔偿预定的违约金而言,其数额应当与实际损失大体保持一致。如果不一致,则法院和仲裁机构有权依当事人的申请予以调整。

---

① 郭锋、陈龙业、蒋家棣:《〈全国法院贯彻实施民法典工作会议纪要〉理解与适用》,载《人民司法》2021 年第 19 期。

② 参见最高人民法院民事审判第二庭、研究室编著:《最高人民法院民法典合同编通则司法解释理解与适用》,人民法院出版社 2023 年版,第 729 页。

③ 参见王洪亮:《违约金酌减规则论》,载《法学家》2015 年第 3 期。

④ 参见崔建远主编:《合同法》(第七版),法律出版社 2021 年版,第 258—260 页。

（二）当事人不得预先放弃请求调整违约金的权利

请求调整违约金是当事人依法享有的一项权利。《合同编通则解释》第 64 条第 3 款规定："当事人仅以合同约定不得对违约金进行调整为由主张不予调整违约金的，人民法院不予支持。"该款明确将违约金调整规范作为强制性规范，不允许当事人事先约定排除。从这一规定来看，虽然违约金调整是一项民事权利，但是出于维护法律秩序和避免当事人权利被不当剥夺的考虑①，该款规定明确排除了当事人事先放弃违约金调整请求的可能。而且，依据该款规定，如果合同约定不得对违约金进行调整，无须考量对于违约金调整请求的放弃是否实质上违反公平原则，就可以直接认定该约定无效。

（三）违约金调整的释明

在司法实践中，一方当事人在法院起诉、主张合同无效，但法院认定合同有效，其应当承担违约责任，而违约金的数额可能过高，在此情形下，如果不对违约方进行释明，其可能就失去了请求调整违约金的机会，因此，《合同编通则解释》第 66 条确立了对违约金的调整应当释明的规则，该条确立了如下规则：

一是违约方就违约金请求权的发生进行抗辩的，法院应当对违约金调整进行释明。在实践中，面对非违约方主张违约金责任，违约方可能会以合同效力不存续、无违约行为或者无违约损害等理由进行抗辩，如果这些抗辩成立，那么违约金请求权就不会发生。但是，如果这些抗辩并未成立，那么违约方可能就会面临只能另行起诉调整违约金的局面。而这显然会大量增加案件数量，浪费司法资源，不利于诉讼的简洁便利，也不利于保护当事人的权利。② 为此，第 1 款直接规定了法院应当就若不支持该抗辩，当事人是否请求调整违约金进行释明。

二是一审支持违约金请求权发生抗辩且未释明的，二审可以释明后改判。这一规定旨在保障当事人的程序性权利。因为在一审中，法院支持抗辩的，不会对违约损失等进行充分的举证、质证和辩论，在二审程序中，法院原则上应当发回重审而不应直接改判。但是，同样出于减轻诉累、提高效率的考量，应当允许二审进行改判。但是为了保障违约方的程序性权利，二审需要对违约金调整进行释明，否则当事人就可能丧失了对违约金过高这一事实进行充分证明的机会。③

依据《合同编通则解释》第 66 条第 2 款的规定，违约方一审因客观原因没有到庭的，二审时也可以请求减少违约金，法院可以直接改判。该规定旨在保护违约方主张调整违约金的权利。因为在一些情形下，如一方当事人众多的案件或系列案件中，违约方可能因客观原因无法到庭，如果法院作出允许部分违约方调整违约金，而部分违约方不调整违约金的判决，则不利于同案同判。④ 如何理解该款规定的"客观原因"？有观点认为，客观原因主要是指没有通知到庭的情况，避免被告恶意不参加诉讼。⑤ 笔者认为，除此之外，还应当包括其他非故意或过失的不到庭。例如，因为发生不可抗力等原因而不能到庭、未能参加诉讼的情形。

---

① 参见最高人民法院民事审判第二庭、研究室编著：《最高人民法院民法典合同编通则司法解释理解与适用》，人民法院出版社 2023 年版，第 721—722 页。

② 同上书，第 736 页。

③ 参见谭启平、张海鹏：《违约金调减权及其行使与证明》，载《现代法学》2016 年第 3 期。

④ 同上。

⑤ 参见最高人民法院民事审判第二庭、研究室编著：《最高人民法院民法典合同编通则司法解释理解与适用》，人民法院出版社 2023 年版，第 741 页。

(四)违约金调整与损害赔偿的关系

如果违约金数额过低,而非违约方不请求调整过低的违约金,只是另行请求损害赔偿的,从贯彻完全赔偿原则出发,应当允许。因为违约金的目的在于弥补当事人的损害,在违约金低于实际损害时,如果当事人能够证明其实际损害,应当允许其就实际损害未获得违约金填补的部分请求赔偿。在此情形下,非违约方也可以请求调整违约金,以提高违约金的数额,从而弥补其遭受的损失。但在请求调整违约金之后,非违约方还能否再主张赔偿损失?一般认为,鉴于现行立法并未对此作出规定,非违约方此时无权再主张赔偿损失。因此,如果法院已经依据非违约方的请求调高了违约金,在调整之后,非违约方就不能再另行请求赔偿损失。

第四节 定金责任

一、定金的概念

所谓定金,是指合同双方当事人约定为担保合同的履行,由一方预先向对方给付一定数量的货币或其他代替物。在理论上,定金的形式包含立约定金、证约定金、成约定金、解约定金以及违约定金等类型,但是除违约定金外,其他形式的定金都有特殊的要件要求,如解约定金需要当事人在定金条款中约定合同解除的内容。因此,在当事人没有特别约定定金时,定金一般都是指违约定金。关于定金责任,《民法典》第586条第1款规定:“当事人可以约定一方向对方给付定金作为债权的担保。定金合同自实际交付定金时成立。”可见,定金合同也是一种合同。定金的交付将在当事人之间产生定金合同关系,该合同是当事人设立定金时所达成的协议。定金合同可以在合同的主文中载明,作为合同中的一项条款,也可以单独设立。无论采取何种形式,都要求当事人就设立定金事宜达成一致协议。

定金合同具有如下几个特点:

第一,定金的标的物为金钱或其他可代替物。定金的标的物通常是金钱,但当事人也可以其他可代替物作为其标的[①],如以粮食、食油等作为定金的标的。作为定金标的的“物”是否限于可代替物,学者对此看法不一。大多数学者认为,由于定金要在一方违约以后发生双倍返还的问题,如果作为定金标的的物是不可代替物,则在一方违约以后,不能实行双倍返还,故定金标的物必须是可替代物。[②] 也有学者认为,“当事人如约定以不可代替物,例如随身所戴钻戒作为定金,或转移土地、房屋等不动产作为定金,约定对方违约应加倍返还相当钻戒、土地或房屋价金之现金者,……似无不许之理”[③]。笔者认为,为减少各种不必要的纠纷,定金主要应以金钱为标的,某物要作为定金的标的物,就必须是可代替物,不可代替物因为是独特的,不能在一方违约以后实行双倍返还,即使可以折合为现金,折合的标准也很难掌握。总之,作为定金标的的物必须是可以同种类、同数量替代的物。

第二,定金是当事人预先交付的。就违约定金而言,定金是当事人在合同履行前交付的,其目的在于担保合同的履行。正是因为它是预先交付的,所以才能对合同的履行产生担

---

① 参见郭明瑞等编著:《担保法》,中国人民大学出版社2008年版,第245页。

② 参见史尚宽:《债法总论》,中国政法大学出版社2000年版,第493页。

③ 曾隆兴:《民法债编总论》,作者1992年自版,第450页。

保作用。[①] 如果合同已经履行完毕或者在履行期限到来后一方已出现违约，则不宜再适用定金形式。

第三，定金合同是实践合同。依据《民法典》第 586 条第 1 款的规定，定金合同是实践合同，应以定金的实际交付为合同成立条件。也就是说，即使当事人就定金的设立已经达成了协议，但如果没有实际交付定金，则定金合同也没有成立。[②] 一般的合同大多为诺成合同，而当事人订立定金合同不能仅仅依据双方达成合意而生效。也就是说，当事人设定的定金合同能否生效，取决于一方预先给付另一方一定数量的货币或其他替代物作为定金。在合同履行完毕后，定金应当原数退还或抵作价款。由于定金合同是实践合同，因此，在定金合同因一方不交或少交而不成立以后，任何一方都不得请求法院强制另一方履行给付定金的义务，法院也不得强制一方向另一方给付定金，正是从这个意义上，本书赞同此种观点，即由于“定金是实践合同，定金交付后，合同生效，定金的担保效力才正式形成”[③]。

第四，定金合同是一种从合同。定金合同是主债权债务的从合同。[④] 由于定金合同是为了担保主合同的履行而产生的从合同，所以它必须以主合同的成立和生效为前提条件。主合同无效或被撤销，也将影响定金合同的效力。[⑤]

第五，定金具有担保合同债务的履行和制裁违约的双重功能。就违约定金而言，一方面，当事人预先设立定金，可以督促双方自觉履行合同。由于定金是预先交付的，定金数额在事先也是明确的，因此可使当事人预先了解不履行的后果和违约可能造成的损失和赔偿的范围。因而，通过定金罚则的运用可以起到担保合同履行的作用。[⑥] 另一方面，定金既可以作为担保方式，也可以作为违约责任形式，我国现行法律所规定的定金主要是违约定金，法律关于定金的规定在原则上包含了对不履行合同的制裁。而由于定金罚则是对违约行为的惩罚，即给付定金的一方如果不履行合同将无权请求返还定金，而接受定金的一方不履行合同将双倍返还定金，这样定金也可以成为一种债务不履行的责任形式，因而对违约的制裁也是定金的另一个目的。

二、定金与相关概念的区别

定金不同于预付款。所谓预付款，是由双方当事人商定的在合同履行前所给付的一部分价款。定金和预付款一样都是预先交付的金钱，但二者存在明显的区别，主要表现在：一方面，预付款的交付在性质上是一方履行主合同义务的行为，也就是说，尽管履行期尚未到来，但一方自愿提前履行合同义务，给付部分价款，而另一方愿意接受这种对其有利的提前履行，但它并不起合同担保的作用；而定金的交付并不是履行主合同的行为，定金合同只是基于主合同所产生的从合同，它主要起担保合同履行的作用。[⑦] 另一方面，由于支付预付款在性质上属于部分履行合同债务，所以它不能适用定金的制裁罚则。如果合同没有履行，则预付款应当返还或者从违约损害赔偿责任中扣除。如果预付款超出了实际损失，那么超出

---

① 参见黄薇主编：《中华人民共和国民法典合同编解读》(上册)，中国法制出版社 2020 年版，第 449 页。

② 参见郑玉波：《民法债编总论》(修订二版)，陈荣隆修订，中国政法大学出版社 2004 年版，第 200—435 页。

③ 参见朱广新、谢鸿飞主编：《民法典评注・合同编・通则 2》，中国法制出版社 2020 年版，第 427 页。

④ 参见胡长清：《中国民法债编总论》，作者 1964 年自版，第 359 页。

⑤ 参见李贝：《定金功能多样性与定金制度的立法选择》，载《法商研究》2019 年第 4 期。

⑥ 参见庞景玉、何志：《合同纠纷裁判依据新释新解》，人民法院出版社 2014 年版，第 317 页。

⑦ 郑玉波：《民法债编总论》(修订二版)，陈荣隆修订，中国政法大学出版社 2004 年版，第 311 页。

部分也应该返还。而对定金来说则完全不同,因一方不履行合同将导致丧失或双倍返还定金的后果。此外,由于给付预付款在性质上属于部分履行合同债务,因此,对预付款的数额法律上没有必要作出限制,而完全应由当事人自己决定,当事人所交付的预付款只要在主合同规定的全部的价款数额内都应当允许。但对于定金来说,因合同不履行将产生失去或双倍返还定金的作用,所以定金数额不能过高,法律需要对定金的数额作出明确的限定。[①]

定金也不同于留置金、担保金、保证金、订约金、押金或者订金等,后者都具有担保性质或者属于预付款,容易与定金相混淆。《合同编通则解释》第 67 条第 1 款前段规定:"当事人交付留置金、担保金、保证金、订约金、押金或者订金等,但是没有约定定金性质,一方主张适用民法典第五百八十七条规定的定金罚则的,人民法院不予支持。"据此,如果当事人在形式上约定的是留置金、担保金、保证金、订约金、押金或者订金等,而没有明确约定定金性质,则不宜将其认定为定金,无法适用定金规则。因为虽然留置金、担保金、保证金、订约金、押金或者订金等与定金相似,但仍然存在如下区别:一是性质不同。定金是我国《民法典》所规定的一种典型的金钱担保方式,而留置金、担保金、保证金、订约金、押金或者订金等属于其他的担保方式。二是功能不同。定金既是一种金钱担保方式,也是一种法定的违约责任承担方式;而留置金、担保金、保证金、订约金、押金或者订金等承担着不同的担保功能。三是适用条件不同,有关定金的适用条件,《民法典》第 586 条、第 587 条以及司法解释都作出了特别规定,对于留置金、担保金、保证金、订约金、押金或者订金等的适用条件,法律上没有作出明确规定。四是类型不同。定金包括立约定金、成约定金、解约定金以及违约定金等类型,而对于留置金、担保金、保证金、订约金、押金或者订金等,法律上并没有作出明确分类。五是效力不同。依据《民法典》第 587 条,"给付定金的一方不履行债务或者履行债务不符合约定,致使不能实现合同目的的,无权请求返还定金;收受定金的一方不履行债务或者履行债务不符合约定,致使不能实现合同目的的,应当双倍返还定金"。司法解释也对其他定金的效力作出了明确规定。但对于留置金、担保金、保证金、订约金、押金或者订金等的效力,《民法典》并没有作出明确规定。当然,按照合同自由原则,即便当事人在形式上约定的是留置金、担保金、保证金、订约金、押金或者订金等,但如果当事人明确约定其属于定金性质,也应当认定其属于定金,依法适用定金规则。[②]

三、定金的种类

《合同编通则解释》借鉴比较法的经验,并在总结我国司法实践经验的基础上,规定了以下几种定金:

第一,立约定金。它是指当事人为保证以后正式订立合同而专门交付的定金。立约定金不是合同成立的要件,也不是为了证明合同的成立而产生的,而只是为了保证当事人在未来订立合同。[③]《合同编通则解释》第 67 条第 2 款规定:"当事人约定以交付定金作为订立合同的担保,一方拒绝订立合同或者在磋商订立合同时违背诚信原则导致未能订立合同,对方主张适用民法典第五百八十七条规定的定金罚则的,人民法院应予支持。"该款对立约定金

---

① G. H. Treitel, Remedies for Breach of Contract: *A Comparative Account*, Oxford University Press, 1988, p. 238.

② 参见最高人民法院民事审判第二庭、研究室编著:《最高人民法院民法典合同编通则司法解释理解与适用》,人民法院出版社 2023 年版,第 752 页。

③ 参见朱广新、谢鸿飞主编:《民法典评注 · 合同编 · 通则 2》,中国法制出版社 2020 年版,第 423 页。

作出了规定。当事人在订立立约合同时,常常会约定将交付定金作为订立本约的担保,在交付定金后,一方拒绝订立合同,或者在磋商订立合同时违背诚信原则导致合同无法订立的(如漫天要价,导致当事人无法订立本约),在此情形下,就应当依据《民法典》第 587 条的规定适用定金罚则,即给付定金的一方拒绝订立合同的,无法请求返还定金,收受定金的一方拒绝订立合同的,则应当双倍返还定金。与其他类型的定金不同,当事人约定立约定金旨在保障当事人将来订立主合同,而在当事人约定立约定金时,尚未订立主合同,因此,立约定金在主合同成立之前已经成立,其效力独立于主合同。①

第二,成约定金。它是指以交付定金作为合同成立或者生效条件的定金,也就是说,合同是否成立或者生效完全取决于定金是否交付,如果一方当事人不交付定金,则主合同不能成立。《合同编通则解释》第 67 第 3 款规定:"当事人约定以交付定金作为合同成立或者生效条件,应当交付定金的一方未交付定金,但是合同主要义务已经履行完毕并为对方所接受的,人民法院应当认定合同在对方接受履行时已经成立或者生效。"该款对成约定金作出了规定。由于在通常情况下,定金不应成为合同成立或者生效的要件,是否交付定金不应影响当事人所订立的主合同的成立或者生效,因而成约定金的设立及对主合同成立的影响,应由当事人特别约定。② 成约定金在性质上是当事人就合同成立或者生效所约定的条件,是合同成立或者生效的特殊情形。成约定金的效力主要体现为,在当事人约定成约定金的情形下,成约定金的交付将成为合同的成立条件或者生效条件。当然,在当事人约定成约定金的情形下,当事人也可以通过合同履行行为促成合同的成立或者生效,在此情形下,可以认为,当事人通过实际履行的行为变更了有关成约定金的约定。

第三,解约定金。它是指当事人为保留单方解除主合同的权利而交付的定金。一方在交付解约定金以后,可以放弃定金而解除合同,而接受定金的一方如果愿意加倍退还定金也可以解除合同。③《合同编通则解释》第 67 第 4 款规定:"当事人约定定金性质为解约定金,交付定金的一方主张以丧失定金为代价解除合同的,或者收受定金的一方主张以双倍返还定金为代价解除合同的,人民法院应予支持。"该款对解约定金作出了规定。此种定金的特点在于,一方面,通过定金的放弃和加倍返还而给予了当事人解除合同的权利或机会。解约定金必须要由当事人在合同中特别约定,当事人可以在定金条款中规定交付定金一方可以抛弃定金而解除合同。这样定金的设定就为一方保留了解除合同的权利。④ 另一方面,赋予了当事人通过接受定金罚则的方式取得解除合同的权利。也就是说,交付定金的一方要解除合同,将要丧失定金;而接受定金一方要解除合同,则必须双倍返还定金。因为接受定金方已经占有了对方交付的定金,实际享有了一定的利益,因而其行使解约权要付出更大的代价。因此,解约定金具有担保当事人不得随意解除合同的功能。当事人采用解约定金的形式可以控制将来发生的难以预见的风险,这对于当事人在订约时计算成本、减少风险是必要的,也有利于鼓励交易。

第四,违约定金。它是指在接受定金以后,一方当事人不履行主合同,应按照定金罚则予以制裁。违约定金是实践中广泛采用的一种定金。我国《民法典》对违约定金作出了规

---

① 参见最高人民法院民事审判第二庭、研究室编著:《最高人民法院民法典合同编通则司法解释理解与适用》,人民法院出版社 2023 年版,第 750 页。

② 参见胡长清:《中国民法债编总论》,作者 1964 年自版,第 360 页。

③ 参见韩世远:《合同法总论》(第四版),法律出版社 2018 年版,第 839—840 页。

④ 参见孙森焱:《民法债编总论》,作者 1990 年自版,第 498 页。

定,违约定金的主要特点是:一是违约定金针对违约行为而设定,该定金设立的目的主要是防止一方违约,督促双方履行。违约定金罚则已经成为一种责任形式。二是违约定金必须适用定金罚则。这就是说,在当事人设定违约定金以后,如果债务人履行了债务,定金应当抵作价款或者收回。给付定金的一方不履行约定的债务的,无权要求返还定金;收受定金的一方不履行约定的债务的,应当双倍返还定金。违约定金较之于立约、证约、成约定金而言,具有明显的担保功能。因为丧失定金或者双倍返还定金的罚则,有助于督促当事人履行合同。[①] 三是违约定金也具有证明合同成立的作用。一方实际交付定金而另一方实际接受定金,这本身也可以证明合同的成立。四是违约定金是定金的一般形态。一般来说,如果当事人在合同中没有特别指明定金的类型,则应当认为当事人约定的定金为违约定金。自《担保法》作出规定以来,我国民事立法历来规定,违约定金是定金的基本类型,其他定金只是例外情形,发挥着特殊的功能,我国《民法典》第 587 条所规定的定金即为违约定金。《合同编通则解释》第 67 条第 1 款规定:"当事人约定了定金性质,但是未约定定金类型或者约定不明,一方主张为违约定金的,人民法院应予支持。"据此,如果当事人没有特别约定定金的类型或者约定不明,应当认定该定金为违约定金[②],适用违约定金罚则。

总之,上述四种定金方式各有特点。在实践中,当事人完全可以从交易本身的实际需要出发,选择各种不同的定金形式。除上述定金形式以外,还有一种定金形式即证约定金,它是指当事人在订立合同时为证明合同已经成立、防止一方以合同未成立为由违约而专门设立的定金。[③] 与立约定金不同,证约定金并不是当事人为了保证以后正式订立合同而专门设立的定金,而只是为了证明合同关系的存在。证约定金也不同于成约定金,定金是否交付并不是主合同成立的要件。"证约定金谓为证明契约之成立所交付之定金,此种定金不为契约成立之要件,仅以证明契约成立为目的。"[④]证约定金的效力仅在于证明合同成立,不适用定金罚则。因此,证约定金也不同于解约定金,因为在一方接受证约定金时,主合同已经成立,即使当事人一方违反合同,也不能根据证约定金而实行双倍返还。在主合同履行以后,证约定金应当全部返还。虽然我国《民法典》和《合同编通则解释》并未直接规定证约定金,但是按照合同自由原则,当事人约定证约定金的,也应当承认其效力,这既是合同自由的必然要求,也是符合市场经济需要的。

四、定金的数额

关于定金的数额,我国《民法典》第 586 条第 2 款规定:"定金的数额由当事人约定;但是,不得超过主合同标的额的百分之二十,超过部分不产生定金的效力。实际交付的定金数额多于或者少于约定数额的,视为变更约定的定金数额。"依据该条规定,当事人可以约定定金的数额,也就是说,按照私法自治原则,当事人可以在法律允许的范围内自由约定定金的数额。当然,当事人在约定定金数额时,也应当受到一定的限制,因为定金的数额如果过高,一旦适用,可能使合同的履行变相成为一种赌博行为。因此,依据《民法典》第 586 条的规定,当事人所约定的定金数额不得超过主合同标的额的 20%,否则超过的部分不发生定金的

---

① 参见朱广新、谢鸿飞主编:《民法典评注·合同编·通则 2》,中国法制出版社 2020 年版,第 423 页。

② 参见最高人民法院民事审判第二庭、研究室编著:《最高人民法院民法典合同编通则司法解释理解与适用》,人民法院出版社 2023 年版,第 750 页。

③ 参见何孝元:《民法债编总论》,作者 1977 年自版,第 194 页。

④ 史尚宽:《债法总论》,作者 1964 年自版,第 491、494 页。

效力。所谓不发生定金的效力，也就是说，对于超过主合同标的额20%部分的定金，并不属于法律所承认的具有定金效力的“定金”。对于超过主合同标的额20%部分的定金，相对于具有给付义务的一方而言，可视为预付款；对于受领预付款的一方而言，可视为受领了预付款。①

《民法典》第586条第2款后段规定，“实际交付的定金数额多于或者少于约定数额的，视为变更约定的定金数额。”法律之所以作出此种规定，一方面是因为，定金合同以实际交付定金为成立条件，但有关交付的数额，有约定的，应当按照合同的约定，如果当事人交付的定金数额多于或少于约定的数额，而另一方接受的，则应当认定当事人对定金的数额作出了变更；另一方面，如此规定也有利于鼓励交易，即尽量促成定金合同的成立，而不轻易否定其效力。

需要指出的是，我国《民法典》合同编所规定的定金责任并不具有补偿性，它与实际的损失之间并没有直接的联系，尤其是我国法律已经将定金的数额限制在主合同标的额的20%以内，这就没有必要在当事人约定了定金以后，再对定金的数额进行调整。即使定金的数额高于一方的实际损失，只要没有超过主合同标的额的20%，则无论该数额是否合理，都不应当对该数额进行调整。在一方违约以后，可以根据违约的情况确定是否适用定金，依据《民法典》第587条的规定，只有在根本违约的情况下，才适用定金罚则，如果是轻微违约，则不应当适用定金罚则。无论如何，不能根据违约的情况而减少定金责任的数额。即使是在部分履行的情况下，如果部分履行构成根本违约，也应当适用定金罚则。

《民法典》第587条第1句规定：“债务人履行债务的，定金应当抵作价款或者收回。”这就是说，定金主要发挥担保作用，担保债务人履行债务，如果债务人已经按照约定履行债务，则应当将其抵作价款，或者债务人有权收回该定金，究竟作何种处理，可以由债务人作出选择。

五、定金责任与其他责任形式

（一）定金与违约金

违约定金与违约金的关系十分密切：一方面，两者都针对违约行为而适用，在一方违反合同的情况下，违约金和定金都是一种对违约的补救方式，作为责任形式，两者都以违约行为作为责任构成要件。另一方面，两者都具有担保作用，或者说都是担保合同履行的手段。但是，违约定金针对违约行为而设定，违约定金罚则已经成为一种责任形式。另外，尽管两种责任具有相同的功能，但定金和违约金在性质上是不同的，即便就违约定金而言，也不能将其等同于违约金。因为一方面，违约定金是预先交付的一笔金钱，设立定金是一种要物合同，其成立以定金的交付为要件，而违约金并不需要实际交付，只需要事先约定具体数额。另一方面，违约金可以视为损害赔偿的预定，它具有补偿和惩罚的双重功能，而违约定金主要具有惩罚性，一般不能将其视为损害赔偿的预定。法律对定金的数额作出了明确的限制，但对违约金没有作出数额的限制。因此，不能将违约定金视为违约金，且两者由于在适用的对象、目的、功能等方面具有相似性，因此原则上不能并用。因为一方面，当事人约定定金与违约金的目的均在于约定违约的法律后果，二者在功能上具有重合性。另一方面，违约金和定金都具有惩罚的功能，如果叠加适用，可能使一方承担过重的责任，导致债权人取得过高

---

① 参见朱广新、谢鸿飞主编：《民法典评注·合同编·通则2》，中国法制出版社2020年版，第430—431页。

的赔偿,违反诚信原则。[1] 对此,《民法典》第 588 条第 1 款规定:“当事人既约定违约金,又约定定金的,一方违约时,对方可以选择适用违约金或者定金条款。”依据该条规定,当事人同时约定违约金与定金的,在一方违约的情形下,另一方面只能选择主张违约金责任或者定金责任,而不能同时主张两种责任。

(二) 违约定金与赔偿损失

违约定金和赔偿损失是两种既相区别又相联系的责任形式,二者的区别主要体现为:

一方面,定金责任的适用不以实际发生损害为前提,即无论一方的违约是否造成实际损害都可能导致定金责任。但需要讨论的是,如果定金责任超出了实际损害,是否应认定定金条款无效?或者认为交付的定金在性质上属于部分价金?笔者认为,在此情况下仍然应确定定金条款的有效性并适用定金责任,因为定金的设定并不考虑实际的损害,定金罚则具有强烈的惩罚性,它只针对不履行或其他根本违约行为而发生效力,而无论这些违约是否产生实际损害或产生多大范围的实际损害。如果认为定金罚则的适用必须等同于实际损害,定金责任也不得超过实际的损害,这就意味着定金责任不得与法定赔偿责任相冲突,此种观点实际上等于否定了定金责任可以作为法定损害赔偿责任之外的一种单独责任存在。据此,笔者认为,定金乃是最低损害赔偿额的观点是不妥当的。

另一方面,定金也不是法定损害赔偿的总额。理由在于:一是如果定金是损害赔偿的预定,为什么要由合同当事人一方先行交付呢?因为在当事人预定损害赔偿总额的情况下,并不需要当事人一方实际交付定金,而只需要在合同中约定具体的赔偿数额,便可以解决赔偿额的预定问题。二是违约造成的损害绝不是定金的丧失或者双倍返还能够限制的,因为当事人设立定金时并没有考虑也不可能考虑到未来所发生的损害,其很难与实际损害一致。

关于定金与违约损害赔偿是否可以并用,《民法典》第 588 条第 2 款对此持肯定立场,即:“定金不足以弥补一方违约造成的损失的,对方可以请求赔偿超过定金数额的损失。”其根本原因在于,定金责任有数额的限制,即不能超过主合同标的额的 20%,而这一数额很可能低于守约方的损失金额。因为在一方违约以后,违约方给非违约方造成的损失是在订立合同时难以确定的,违约方可能给非违约方造成较小的损失,甚至没有损失,也可能造成较大的损失,该损失可能超过全部合同标的的总值,而按照完全赔偿原则,只要这些损失是违约方在订约时能够合理预见的、依据《民法典》合同编能够赔偿的,违约方都应当赔偿。绝不能因为一方已经交付了定金,便可以以定金的丧失或双倍返还来作为损害赔偿的最高数额。因此,在定金不足以弥补违约造成的损失的情况下,非违约方应当有权请求赔偿超过定金数额的损失。[2]

问题在于,在当事人设定了违约定金以后,如果当事人一方丧失或者双倍返还定金,是否可以不再承担违约损害赔偿责任?笔者认为,当事人在合同履行完毕以前,并不因为其丧失或者双倍返还定金而可以保留履行或者不履行的权利,甚至终止合同的权利。如一方在交付定金以后,发现继续履约对其不利,希望以抛弃定金为代价,而不履行合同,这在法律上是不能成立的。因为一方面,在我国,违约定金并不是损害赔偿的预定,一方丧失或者双倍返还定金,并不是违约后的损害赔偿的最高数额。在违约方承担定金责任以后,当事人还有其他损失的,非违约方仍有权主张违约损害赔偿责任。另一方面,违约定金的设定也没有为

---

① 参见朱广新、谢鸿飞主编:《民法典评注·合同编·通则 2》,中国法制出版社 2020 年版,第 445 页。
② 参见黄薇主编:《中华人民共和国民法典合同编解读》(上册),中国法制出版社 2020 年版,第 453 页。

任何一方保留履行或者不履行合同的权利。

六、定金罚则的适用

任何责任形式都具有其适用条件,定金责任也不例外。在定金合同成立之后,当事人双方都有可能不履行合同或者不完全履行合同,都有可能适用定金责任,但适用定金责任应当符合一定的条件。依据《民法典》第 587 条,“债务人履行债务的,定金应当抵作价款或者收回。给付定金的一方不履行债务或者履行债务不符合约定,致使不能实现合同目的的,无权请求返还定金;收受定金的一方不履行债务或者履行债务不符合约定,致使不能实现合同目的的,应当双倍返还定金”。从该条规定来看,无论是接受定金的一方,还是给付定金的一方,只有在构成根本违约的情形下,才能适用定金罚则。依据这一规定,定金责任既适用于不履行行为,也适用于不完全履行行为,但定金罚则仅适用于根本违约的情形,如果当事人只是轻微违约,则不适用或不完全适用定金罚则。[①]

定金罚则的内容是,对给付定金的一方适用定金罚则的后果是无权请求返还定金,而对收受定金一方适用定金罚则的后果是应当双倍返还定金。因为定金本身是合同履行的担保,在当事人不按照约定履行合同构成根本违约时,应当适用定金罚则;同时,对当事人适用上述定金罚则,也符合当事人的真实意愿,即给付定金的一方实施给付定金的行为,就意味着其违约时不得请求返还,而对收受定金的一方而言,其收受定金也意味着,在其不履行合同时,应当向给付定金的一方双倍返还定金,这也符合权利义务相一致的原则。

如前所述,定金罚则体现了对违约一方当事人的制裁。由于适用这种制裁会给违约一方经济上带来极为不利的后果,特别是这种制裁也可与违约金、实际履行等补救方式并用,因此,应当严格限定定金责任的适用条件。《合同编通则解释》第 68 条对此作出了规定。

第一,定金罚则通常适用于一方根本违约的情形。因为根据《民法典》第 587 条的规定,定金罚则具有明显的惩罚功能,而且其适用不以当事人遭受实际损失为条件。如果任何违约,哪怕是轻微的违约,都要适用定金罚则,那么将会使定金罚则的适用变成一种赌博。也就是说,在一方出现轻微违约后,如果适用定金罚则,则可能给违约一方强加极为沉重的经济负担,不利于其继续履行合同,并且与诚信原则相悖。为了防止定金罚则被不当适用,《民法典》第 587 条将定金罚则适用于违约“致使不能实现合同目的”的情形,这就是说,定金罚则仅适用于一方根本违约的情形。《合同编通则解释》第 68 条也贯彻了这一精神。因此,只有在一方完全不履行合同或者不完全履行合同的行为构成根本违约,使非违约一方基于合同所产生的期待利益丧失,订立合同的目的不能达到时,才能适用定金罚则。

在适用定金罚则的情形下,根本违约主要表现为如下几种情形:一是给付定金的一方不履行合同,如明确拒绝履行;二是一方履行债务不符合约定致使不能实现合同目的,也就是说,债务人不适当履行债务的行为已经构成根本违约。例如,债务人应当按照约定在中秋节之前交付月饼,但其在中秋节之后才交付月饼,致使债权人无法实现合同目的,应当构成根本违约。三是一方部分履行导致根本违约。《合同编通则解释》第 68 条第 2 款规定:“当事人一方已经部分履行合同,对方接受并主张按照未履行部分所占比例适用定金罚则的,人民法院应予支持。对方主张按照合同整体适用定金罚则的,人民法院不予支持,但是部分未履行致使不能实现合同目的的除外。”依据该规定,一方面,一方已经部分履行合同的,对方有

---

① 参见黄薇主编:《中华人民共和国民法典合同编解读》(上册),中国法制出版社 2020 年版,第 453 页。

权按照未履行部分所占比例请求适用定金罚则。例如,双方约定,一方应当向对方交付1000斤大米,但一方仅交付500斤,对方接受500斤大米以后,可以就未交付的500斤大米请求适用定金罚则。另一方面,除非部分履行已经构成根本违约,否则,非违约方不得按照合同整体请求适用定金罚则。例如,对方接受500斤大米以后,只能就未交付的500斤大米请求适用定金罚则,而不能就一方应当交付1000斤大米请求适用定金罚则,但如果部分履行构成根本违约,则接受履行的一方仍有权主张按照合同整体适用定金罚则,而作出部分履行的一方也不得以其已经作出部分履行为由主张按比例适用定金罚则。

第二,双方当事人均构成根本违约的,一方不得主张适用定金罚则。《民法典》第587条仅调整一方违约的情形,而没有规定双方违约情形下定金罚则的适用问题。所谓双方违约,是指双方当事人都违反了合同规定,在许多合同,特别是双务合同中,经常会发生双方违约的情形。例如,一方交货有瑕疵,另一方付款迟延。如果双方的违约构成根本违约,可否适用定金罚则?《合同编通则解释》第68条第1款规定:“双方当事人均具有致使不能实现合同目的的违约行为,其中一方请求适用定金罚则的,人民法院不予支持。当事人一方仅有轻微违约,对方具有致使不能实现合同目的的违约行为,轻微违约方主张适用定金罚则,对方以轻微违约方也构成违约为由抗辩的,人民法院对该抗辩不予支持。”该规定进一步完善了定金罚则的适用规则,依据该规定,如果双方当事人均构成根本违约,则不适用定金罚则,因为一方面,如果双方根本违约,而仅要求一方承担定金责任,显然对其是不公平的,在此情形下,定金罚则的惩罚功能无法实现。从功能上看,适用定金罚则既要体现对根本违约方的惩罚,也要保护非根本违约方,如果仅对一方惩罚,定金罚则的上述双重功能都难以实现。[①] 另一方面,适用定金罚则会导致当事人之间权利义务关系的复杂化。如果双方根本违约,允许双方都主张适用定金罚则,就会导致法律关系的复杂化,徒增纠纷解决成本,而不能从根本上解决纠纷。

当然,依据《合同编通则解释》第68条第1款的规定,如果一方当事人构成根本违约,而另一方当事人仅构成轻微违约,则轻微违约的一方当事人仍有权主张适用定金罚则。如果一方仅轻微违约,而对方构成根本违约,如果根本违约的一方以对方以轻微违约方也构成违约为由提出抗辩,主张不适用定金罚则的,人民法院对该抗辩不应当予以支持。

第三,因不可抗力致使合同不能履行可以免除法定责任。《合同编通则解释》第68条第3款规定:“因不可抗力致使合同不能履行,非违约方主张适用定金罚则的,人民法院不予支持。”这就是说,如果当事人不能履行合同是因为不可抗力导致的,则非违约方不得主张适用定金罚则,该款之所以作出此种规定,是因为定金责任在性质上是一种违约责任,而不可抗力作为违约责任的法定免责事由,其也应当适用于定金责任。

---

① 参见最高人民法院民事审判第二庭、研究室编著:《最高人民法院民法典合同编通则司法解释理解与适用》,人民法院出版社2023年版,第759页。

主要参考书目

一、中文文献

黄薇主编:《中华人民共和国民法典合同编解读》(上、下册),中国法制出版社 2020 年版。

黄薇主编:《中华人民共和国民法典释义》(上、中、下),法律出版社 2020 年版。

最高人民法院民法典贯彻实施工作领导小组主编:《中华人民共和国民法典合同编理解与适用》[(一)—(四)册],人民法院出版社 2020 年版。

朱广新、谢鸿飞主编:《民法典评注·合同编·通则 1》,中国法制出版社 2020 年版。

朱广新、谢鸿飞主编:《民法典评注·合同编·通则 2》,中国法制出版社 2020 年版。

谢鸿飞、朱广新主编:《民法典评注·合同编·典型合同与准合同 4》,中国法制出版社 2020 年版。

王利明主编:《中国民法典释评·合同编通则》,中国人民大学出版社 2020 年版。

茆荣华主编:《〈民法典〉适用与司法实务》,法律出版社 2020 年版。

韩世远:《合同法总论》(第四版),法律出版社 2018 年版。

焦富民、蔡养军主编:《合同法》,厦门大学出版社 2012 年版。

张玉卿主编:《国际统一私法协会国际商事合同通则 2016(英汉对照)》,中国商务出版社 2019 年版。

胡康生主编:《〈中华人民共和国合同法〉释义》,法律出版社 1999 年版。

全国人大常委会法制工作委员会民法室:《中华人民共和国合同法实用问答》,中国商业出版社 1999 年版。

朱广新:《合同法总则》(第二版),中国人民大学出版社 2012 年版。

崔建远主编:《合同法》(第七版),法律出版社 2021 年版。

谢鸿飞:《合同法学的新发展》,中国社会科学出版社 2014 年版。

易军、宁红丽:《合同法分则制度研究》,人民法院出版社 2003 年版。

郭明瑞、房绍坤:《新合同法原理》,中国人民大学出版社 2000 年版。

李永军、易军:《合同法》,中国法制出版社 2009 年版。

余延满:《合同法原论》,武汉大学出版社 1999 年版。

孔祥俊:《合同法教程》,中国人民公安大学出版社 1999 年版。

张家勇:《为第三人利益的合同的制度构造》,法律出版社 2007 年版。

徐炳:《买卖法》,经济日报出版社 1991 年版。

张玉卿主编:《国际货物买卖统一法:联合国国际货物销售合同公约释义》,中国对外经济贸易出版社 1998 年版。

徐国栋:《民法基本原则解释——成文法局限性之克服》,中国政法大学出版社 1992 年版。

傅静坤:《二十世纪契约法》,法律出版社 1997 年版。

庞景玉、何志:《合同纠纷裁判依据新释新解》,人民法院出版社 2014 年版。

尹田编著:《法国现代合同法》,法律出版社 1995 年版。

杨桢:《英美契约法论》,北京大学出版社 1997 年版。

王泽鉴:《民法总则》,中国政法大学出版社 2001 年版。

王泽鉴:《民法学说与判例研究》(第 6 册),北京大学出版社 2009 年版。

黄立:《民法债编总论》,中国政法大学出版社 2002 年版。

王泽鉴:《债法原理》,北京大学出版社 2009 年版。

黄茂荣:《买卖法》(增订版),中国政法大学出版社 2002 年版。

郑玉波:《民法债编总论》(修订二版),陈荣隆修订,中国政法大学出版社 2004 年版。

林诚二:《民法债编总论——体系化解说》,中国人民大学出版社 2003 年版。

邱聪智:《新订民法债编通则》(下),中国人民大学出版社 2004 年版。

孙森焱:《民法债编总论》(上、下册),法律出版社 2006 年版。

戴修瓒:《民法债编总论》,作者 1978 年自版。

郑玉波:《民法总则》,作者 1979 年自版。

詹森林:《民事法理与判决研究》,作者 1998 年自版。

刘得宽:《民法诸问题与新展望》,三民书局 1979 年版。

何孝元:《诚实信用原则与衡平法》,三民书局 1977 年版。

二、译著

〔德〕莱因哈德·齐默曼:《德国新债法:历史与比较的视角》,韩光明译,法律出版社 2012 年版。

〔德〕海因·克茨:《欧洲合同法》(上卷),周忠海等译,周忠海校,法律出版社 2001 年版。

〔德〕克里斯蒂安·冯·巴尔,乌里希·德罗布尼希主编:《欧洲合同法与侵权法及财产法的互动》,吴越等译,法律出版社 2007 年版。

〔德〕莱因哈德·齐默曼,〔英〕西蒙·惠特克主编:《欧洲合同法中的诚信原则》,丁广宇等译,林嘉审校,法律出版社 2005 年版。

〔德〕罗伯特·霍恩,海因·科茨,汉斯·G. 莱塞:《德国民商法导论》,楚建译,中国大百科全书出版社 1996 年版。

〔加拿大〕Peter Benson 主编:《合同法理论》,易继明译,北京大学出版社 2004 年版。

〔美〕A. L. 科宾:《科宾论合同》(一卷本上册),王卫国等译,中国大百科全书出版社 1997 年版。

〔美〕E. 艾伦·范斯沃思:《美国合同法》(原书第三版),葛云松、丁春艳译,中国政法大学出版社 2004 年版。

〔美〕弗里德里希·凯斯勒等:《合同法:案例与材料》(上)(第三版),屈广清等译,中国政法大学出版社 2005 年版。

〔美〕罗伯特·A. 希尔曼:《合同法的丰富性:当代合同法理论的分析与批判》,郑云瑞译,北京大学出版社 2005 年版。

〔美〕迈克尔·D. 贝勒斯:《法律的原则——一个规范的分析》,张文显等译,中国大百科全书出版社 1996 年版。

〔美〕詹姆斯·戈德雷:《现代合同理论的哲学起源》,张家勇译,法律出版社 2006 年版。

〔日〕内田贵:《契约的再生》,胡宝海译,中国法制出版社 2005 年版。

〔日〕四宫和夫:《日本民法总则》,唐晖、钱孟珊译,五南图书出版有限公司 1995 年版。

〔日〕我妻荣:《新订债权总论》,王燚译,中国法制出版社 2008 年版。

〔日〕我妻荣:《债权在近代法中的优越地位》,王书江、张雷译、谢怀栻校,中国大百科全书出版社 1999 年版。

〔英〕A. G. 盖斯特:《英国合同法与案例》,张文镇等译,中国大百科全书出版社 1998 年版。

〔英〕施米托夫:《国际贸易法文选》,程家瑞编辑,赵秀文选译,郭寿康校,中国大百科全书出版社 1993 年版。

〔英〕P. S. 阿狄亚:《合同法导论》(第五版),赵旭东等译,法律出版社 2002 年版。

〔德〕迪特尔·梅迪库斯:《德国债法总论》,杜景林、卢谌译,法律出版社 2004 年版。

〔德〕克里斯蒂安·冯·巴尔、〔英〕埃里克·克莱夫主编:《欧洲私法的原则、定义与示范规则:欧洲示范民法典草案》(第一、二、三卷),高圣平等译,法律出版社 2014 年版。

〔美〕罗伯特·考特等:《法和经济学》,张军等译,上海三联书店、上海人民出版社 1994 年版。

〔德〕格哈德·瓦格纳:《损害赔偿法的未来:商业化、惩罚性赔偿、集体性损害》,王程芳译,中国法制出版社 2012 年版。

〔美〕格兰特·吉尔莫:《契约的死亡》,曹士兵、姚建宗、吴巍译,中国法制出版社 2005 年版。

三、外文文献

Ingeborg Schwenzer, Pascal Hachem, Christ Opher Kee, *Global Sales and Contract Law*, Oxford University Press, 2012.

Stefan Vogenauer, *Commentary on the UNIDROIT Principles of International Commercial Contracts (PICC)*, Oxford University Press, 2015.

Ole Lando & Hugh Beale (eds.), *Principles of European Contract Law*, Part Ⅰ & Ⅱ, Kluwer Law International, 2003.

Herbert Bernstein & Joseph Lookofsky, *Understanding the CISG in Europe*, Kluwer Law International, 2003.

E. Allan. Farnsworth, *Contracts* (Second Edition), Little Brown & Co Law & Business, 1990.

Charles L. Knapp、Nathan M. Crystal、Harry G. Prince, *Problems in Contract Law: Case and Materials* (Fourth Edition), Aspen Publishers, 1999.

Bénédicte Fauvarque-Cosson, Denis Mazeaud (eds.), *European Contract Law*, Sellier. European Law Publishers, 2008.

UNCITRAL. *Digest of Case Law: On the United Nations Convention on Contracts for the International Sale of Goods*. United Nations. New York, 2012.

Christian von Bar et al. (eds.), *Principles, Definitions and Model Rules of European Private Law*, Sellier. European Law Publishers, 2009.

Honnold. *Uniform Law for International Sales Under the 1980 United Nations Convention*. Kluwer Law International, 1999.

Arthurvon Mehren. *International Encyclopedia of Comparative Law. Volume VII/2: Contracts in General*. Tübingen, 1997.

Reinhard Zimmermann. *The Law of Obligations: Roman Foundations of the Civilian Tradition*. Clarendon Press, 1996.

Schlechtriem & Schwenzer. *Commentary on the UN Convention on the International Sale of Goods* (CISG). Oxford University Press, 2010.

Donald Harrls Denis Tallin. *Contract Law Today*. Clarendon Press, 1990.

后　记

本书是在《民法典》颁行后，根据笔者参与《民法典》起草和在合同法教学中的一些心得，整理而成。本书在写作过程中得到了中国人民大学法学院朱虎教授，中央财经大学法学院王叶刚副教授，中国人民大学潘重阳、任久岱博士生的帮助，北京大学出版社蒋浩副总编辑、周菲编辑为本书的出版提供了大量帮助。在此一并致谢！由于时间仓促，笔者水平有限，敬请广大读者批评指正。

王利明

2022年1月8日